[제3판] 집행관실무제요

저자 문성진

도서출판 유로

/제3판 머리말/

저자의 개정판(2판)에서 다소 미흡하였던 실무사례들을 제3판에서는 전국법원집행관연합회에서 발행한 집행관업무편람에서 많이 찾아 보충하였습니다. "동산·채권 등의 담보에 관한 법률에 따른 담보권 실행"은 애초 단행본으로 발간하려 하였으나 사정이 여의치 아니하여 제3판에 다시 수록 하였습니다.

그리고 부동산 등 인도집행에서 필요한 업무처리지침 관련 재판예규와 실무 사례, 송달 관련 사례들을 충실하게 보완하였습니다. 개정판(2판) 발행 이후 4년간 변경된 예규 등 자료가 부족하여 어려움이 있던 차, 집대성하여 발행된 집행관업무편람 등 많은 자료를 제공하여 주신 허형구 집행관님의 도움으로 개편작업을 할 수 있었습니다. 깊은 감사를 표합니다.

그리고 제3판의 출간을 위해 勞心焦思 고생하신 유로출판사 김정원 사장님, 그리고 개편보완 부분이 많아 힘들었음에도 편집을 하여주신 직원분들 모두에게 깊은 감사를 드리며, 마지막으로 소리 없이 응원하고 격려해준 아내에게도 감사의 마음을 전합니다.

2024년 5월

저자 문 성 진 올림

/개정판 서문/

  2017년도 이 책이 발행된 이후 법령과 예규가 바뀐 부분이 있고 다른 한편 집행관업무의 중요도에 따라 부동산·선박 인도청구권의 집행사무를 앞쪽으로 배치를 다시 하였고 일본의 집행관 실무사례를 더 많이 수록하였습니다. 아무쪼록 이 책이 강제집행 실무에 좋은 안내서가 되기를 바라마지 않습니다.

2020. 04. 20.

저자 문 성 진 올림

머/리/말

우리나라 근대적 사법제도가 도입된 지 100여 년이 지났지만, 아직도 강제집행의 마지막 단계에서 강제집행의 근거 법령에 대한 해석이 복잡 미묘하고 이에 대하여 정립된 선례나 판례조차 귀일(歸一)되어 있지 않은 부분이 있어 집행당사자들이 어려움을 겪고 있는 사례가 종종 발생하고 있고, 또한 장시간의 시간과 경제력을 들인 재판에서 힘겹게 승소하여 취득한 집행권원(예를 들어 부동산 인도·명도 판결 등)을 그 주문대로 권리를 실현하지 못하고 사문화(死文化)되는 집행불능 판결을 강제집행 현장에서 보아왔던 사례들이 있었습니다.

이에 저자는 민사 강제집행 실행 부분에 대하여 법원행정처에서 발행한 법원실무제요 민사집행 편과 민사집행규칙 해설, 법원공무원교육원에서 발행한 집행관연찬집, 전국법원 집행관연합회에서 발행한 집행관업무자료집, 주석 민사집행법 등을 참고하였고, 일본의 집행관제요, 집행관사무협의요록, 집행관실무의 안내에서 집행 실무 사례를 심층 분석 추가하여 이 책을 서술하였으며 관련 일본법 조문은 일본의 집행 실무 사례를 이해하는 데 필요하다고 생각하여 함께 게시하였음을 참고하시기 바랍니다.

이 책은 총 9편으로 구성하였으며 제1편에서는 집행관의 전반적인 직무, 업무취급의 근거, 집행시행, 불복, 집행비용에 관하여 서술하였고, 제2편에서는 집행관의 가장 주요 업무인 당사자의 집행신청(위임)에 의한 사무, 특히 새로이 신설된 동산담보권 실행과 부동산 인도·명도 등 집행에서 일본의 실무, 목적 외 동산의 처리, 인도·명도 집행 등에서 필요한 노무자의 수와 각종 수당 지급 등 비용 등, 이론과 실무 예규 등을 상세하게 서술하였습니다.

3편은 원조사무, 4~5편에서는 법원의 직무명령에 따른 사무로 매각명령의 집행사무와 현황조사 등 조사명령사무를 서술하였고, 특히 부동산경매 집행관의 매각진행 입찰절차 중 입찰표 유·무효 처리기준, 기타 매각절차에 관하여 서술하였고, 6편에서는 법원의 임명에 관한 사무로 부동산 관리인과 보관인 사무를, 7편에서는 기타 집행관 사무로 대체집행, 간접강제, 송달, 거절증서에 관한 작성사무를, 8편에서는 특별법상의 사무로 채무자회생 및 파산에 관한 법률 중 봉인에 관한 사무, 9편에서는 집행관의 민사집행사무 절차에 수반하는 집행권원, 강제집행의 개시 요건, 정지, 제한, 취소 등을 서술하였습니다. 9편은 이 책의 전반에 서술해야 할 강제집행의 부수 절차이었으나 편집상 강제집행 실행 부분을 먼저 전반에 서술하였습니다.

한편 민사 신청 및 기타집행 사건 부분이 일부 서술되었으나 이는 집행관 실무와 연관된 부분이 있어서 그 과정을 이해할 수 있도록 별도로 서술하였으며, 이 책이 법조 관계기관에 종사하시는 분들과 나아가서 강제집행의 마지막 실행주체인 집행관들에게 업무수행의 참고자료로 활용되기를 바라마지 않습니다. 그리고 이 책자가 구체적인 사안에서 판례 이외에 법원의 공식적인 견해를 밝히는 것이 아니라는 점을 참고하시기 바랍니다.

마지막으로 이 책을 만들 수 있게 용기와 힘을 준 저의 아내와 딸, 그리고 교정과 출간 방향을 제시하여 주신 조상문 전 집행관님, 박주성 집행관님, 유로 출판사 김정원 사장님과 편집을 하여주신 직원분들에게도 깊은 감사의 인사를 드립니다.

2017년 6월 5일

저자 문 성진 올림

[법령 약어표]

가사소송법	가소
민사소송법	민소
민사소송규칙	민소규
민사소송등인지법	인지법
민사소송인지규칙	인지규칙
민사소송비용법	민소비용법
민사소송비용규칙	민소비용규칙
민사조정법	민조
민사집행법	민집
민사집행규칙	민집규
법원재판사무처리규칙	법재규
법원조직법	법조법
부동산등기법	부등법
비송사건절차법	비송절차법
소송촉진등에관한특례법	소촉법
소액사건심판법	소액
형사소송법	형소
민법	민
상법	상
동산·채권 등 담보권에 관한 법률	동산담보법

[일본집행관 실무사례 약어표]

昭和元年 執研	1926년 집행관연수
平成元年	1989년
提要	집행관 제요(제5판)
民集	최고재판소 민사판례집
高民集	고등재판소 민사판례집
下民集	하급재판소 민사판례집
實務	집행관 실무(제3판)
집수규	집행관 수속규칙
民保法	민사보전법
執行官事務に關する協議要錄	집행관사무

차/례

| 제3판 머리말　iii
| 개정판 서문　iv
| 머리말　v
| 법령약어표　vii
| 일본집행관 실무사례 약어표　viii

제1편
집행관의 민사집행사무 총론

제1절 집행관과 그 직무 ·· 3
　　1. 집행관 ·· 3
　　2. 집행관의 임명과 감독기관 ·· 4
　　3. 출장소의 설치와 직무의 대행 ·· 5
　　4. 집행관의 제척 ·· 5
　　5. 집행관에 대한 수수료 및 비용 ·· 6
　　6. 집행관의 관할 ·· 8
　　　　가. 토지관할 ··· 8
　　　　나. 집행에 관한 직무관할 ··· 8

제2절 집행관 업무 취급의 근거 ··· 9
　　1. 총 설 ··· 9
　　2. 당사자의 집행신청(위임)에 의한 사무 ·· 10
　　　　가. 압류 및 현금화 사무 ··· 10
　　　　나. 보전처분의 집행사무 ··· 11
　　3. 집행법원의 직무명령에 따른 사무 ·· 11
　　4. 집행법원의 임명 때문인 사무 ·· 11

제3절 집행신청(위임)에 의한 집행실시 ·············· 12
   1. 강제집행의 신청 ·············· 14
      가. 신청의 방식 ·············· 14
      나. 신청의 요건 ·············· 14
   2. 집행위임 ·············· 14
      가. 집행위임의 방식 ·············· 15
      나. 위임자의 능력 ·············· 15
      다. 집행위임의 거절 ·············· 16
      라. 집행위임의 취하 ·············· 16
      마. 집행위임의 효과 ·············· 16
      바. 특별위임 ·············· 17
   3. 집행관의 집행일시의 지정 등 ·············· 17
   4. 집행현장에서의 절차 ·············· 17
   5. 공휴일·야간의 집행 ·············· 18
      가. 허가신청 ·············· 18
      나. 재 판 ·············· 18
      다. 허가 없이 공휴일 또는 야간에 한 집행행위 ·············· 19
      라. 공휴일 또는 야간집행 관련 실무사례 ·············· 19
   6. 채무자 집행 목적물의 조사 ·············· 20
   7. 압수·수색 및 동산집행 시 강제개문(强制開門)의 시기 등 ·············· 20
   8. 저항의 배제 ·············· 22
      가. 저항의 배제 등 실무사례 ·············· 26
   9. 증인의 참여 ·············· 27
      가. 증인의 참여 관련 실무사례 ·············· 28
   10. 집행관에 의한 영수증의 작성·교부 ·············· 28
      가. 의무를 일부 이행한 경우 ·············· 29
      나. 제3자가 변제한 경우 ·············· 29
      다. 공동채무자가 변제한 경우 ·············· 29
      라. 채무자가 직접 채권자에게 변제한 경우 ·············· 30
      마. 어음·수표의 경우 ·············· 30
      바. 채무자의 영수증 청구권 ·············· 30
   11. 집행조서의 작성 ·············· 30
      가. 집행조서의 작성의무 ·············· 30
      나. 집행조서의 기재사항(민집 10조 2항) ·············· 31
      다. 집행참여자의 서명날인을 받지 못한 경우의 조치 ·············· 33

12. 최고와 통지	34
가. 집행관이 최고 또는 통지하여야 할 경우	34
나. 집행행위에 속한 최고, 그 밖의 통지 및 조서작성	34
다. 최고와 통지 관련 실무사례	37
13. 집행기록의 열람, 등본의 부여	38

제4절 집행관의 집행실시에 대한 불복신청(집행에 관한 이의신청) … 39

- 1. 의 의 … 39
- 2. 이의의 대상 … 40
  - 가. 집행법원의 집행절차에 관한 재판으로서 즉시항고를 할 수 없는 것 … 40
  - 나. 집행관의 집행처분, 그 밖에 집행관이 지킬 집행절차 … 42
  - 다. 집행관의 집행위임의 거부, 집행행위의 지체 및 수수료 … 42
- 3. 이의사유 … 42
- 4. 이의의 절차 … 43
  - 가. 관 할 … 43
  - 나. 당사자적격 … 43
  - 다. 신청과 접수 … 43
  - 라. 심 리 … 44
  - 마. 재 판 … 44
  - 바. 잠정처분 … 47
  - 사. 사법보좌관의 처분에 대한 이의신청 … 47
  - 아. 집행에 관한 이의신청 실무사례 … 48

제5절 집행비용의 예납 및 부담 … 49

- 1. 예 납 … 49
  - 가. 총 설 … 49
  - 나. 집행관이 집행기관인 경우 … 49
  - 다. 집행관 집행미제사건 등 처리지침(대법원 행정예규 496호) … 51
- 2. 예납의 유예 … 54
  - 가. 예납의 유예를 받는 자 … 54
  - 나. 예납유예를 받을 비용의 범위 … 55
  - 다. 예납유예의 취소 … 56
  - 라. 유예비용의 추심 … 56
- 3. 집행비용의 부담 … 57
- 4. 집행관 수수료 규칙 … 58
  - 가. 집행관의 수수료 및 비용 산정기준(대법원 행정예규 제787호) … 63
- 5. 정보처리시스템에 의한 집행관사무처리지침(대법원 행정예규 제311호) … 68

제2편
당사자의 집행신청(위임)에 의한 사무

제1장 유체동산에 대한 강제집행 ········· 87

제1절 총 설 ········· 87
1. 의 의 ········· 87
2. 절차의 개요 ········· 87

제2절 압류의 대상이 되는 유체동산 ········· 91
1. 유체동산 집행 목적물의 범위 ········· 91
   - 가. 민법상 동산 ········· 91
   - 나. 등기할 수 없는 토지의 정착물로서 독립하여 거래의 객체가 될 수 있는 것(민집 189조 2항 1호) ········· 94
   - 나-1. 유체동산 집행목적물의 범위 관련 등 실무사례 ········· 97
   - 다. 토지에서 분리하기 전의 과실로서 1월 이내에 수확할 수 있는 것(민집 189조 2항 2호) ········· 99
   - 라. 유가증권으로서 배서가 금지되지 아니한 것(민집 189조 2항 3호) ········· 101
   - 라-1. 유가증권 압류 관련 실무사례 ········· 102
   - 마. 채무자와 그 배우자의 공유로서 채무자가 점유하거나 그 배우자와 공동으로 점유하고 있는 유체동산 ········· 102
2. 압류할 수 있는 경우 ········· 104
   - 가. 채무자가 점유하고 있는 경우(민집 189조) ········· 104
   - 가-1. 채무자 점유 관련 압류 실무사례 등 ········· 108
   - 나. 채무자 외의 사람이 점유하고 있는 경우(민집 191조) ········· 115
   - 다. 채무자 외의 사람이 점유하고 있는 경우 관련 실무사례 ········· 119
3. 압류의 제한 ········· 120
   - 가. 초과압류의 금지 ········· 120
   - 나. 초과압류의 취소(민집규 140조) ········· 121
   - 다. 초과압류 취소 관련 실무사례 ········· 123
   - 라. 무잉여(無剩餘) 압류의 취소 ········· 125
   - 마. 무잉여 압류 취소의 실무사례 ········· 126
   - 바. 매각의 가망이 없는 압류의 취소(민집규 141조) ········· 127
   - 사. 매각의 가망이 없는 압류취소 실무사례 ········· 129
   - 아. 국가에 대한 강제집행에 있어서의 압류의 제한 ········· 129
   - 자. 압류가 금지되는 물건 ········· 130
   - 차. 압류가 금지되는 물건에 관한 실무사례 ········· 142
   - 카. 재판에 의한 압류금지의 변경, 취소 및 가처분 ········· 144

타. 압류금지물의 범위 관련 실무사례 ································· 148

제3절 압류절차 ·· 148
1. 유체동산의 집행신청 ··· 148
　　　가. 신청서의 기재사항 ··· 149
2. 집행관의 관할구역 ·· 154
　　　가. 원 칙 ··· 154
　　　나. 특 칙 ··· 154
3. 압류물의 선택 ·· 156
　　　가. 압류물 선택에 관한 실무사례 ·································· 157
4. 압류의 방법 ··· 159
　　　가. 집행관에 의한 목적물의 점유 ·································· 159
　　　나. 압류물의 채무자 보관 ·· 161
　　　나-1. 압류물의 채무자 보관에 관한 실무사례 ··················· 165
　　　다. 채권자 또는 제3자에의 보관 ··································· 166
　　　라. 압류의 구체적 절차 ··· 166
　　　마. 압류조서의 작성 ··· 167
　　　바. 채무자에 대한 압류사유의 통지 ······························· 171
5. 압류물의 보존, 점검, 회수 및 인도명령(민집 198조) ············ 171
　　　가. 압류물의 보존 ·· 172
　　　가-1. 압류물 보존 관련 실무사례 ·································· 178
　　　나. 보관압류물의 점검(민집규 137조) ······························ 180
　　　나-1. 보관압류물 점검에 관한 실무사례 ·························· 181
　　　다. 압류물의 회수 ·· 182
　　　다-1. 압류물의 회수에 관한 실무사례 ····························· 183
　　　라. 압류물의 인도명령 ·· 184
　　　라-1. 압류물의 인도명령 관련 실무사례 ·························· 187

제4절 현금화 절차 ·· 187
1. 금전을 압류한 경우 ··· 187
　　　가. 총 설 ··· 188
　　　나. 압류 금전의 채권자에의 인도 ·································· 189
　　　다. 집행관의 금전추심(金錢推尋)의 효과 ························· 189
　　　라. 압류한 금전의 교부·배당 ······································· 190
2. 압류물의 호가경매(呼價競賣) ··· 191
　　　가. 총 설 ··· 191
　　　나. 값비싼 물건의 평가 ··· 192
　　　나-1. 값비싼 물건의 평가 관련 실무사례 ························ 196

다. 값비싼 물건 이외의 압류물의 평가 ·················· 198
　　라. 호가경매 기일의 지정 등 ····························· 198
　　마. 호가경매기일의 변경, 연기, 속행 ···················· 200
　　바. 집행관에 대한 채권자의 매각 최고(민집 216조) ······ 201
　　사. 호가경매장소(민집 203조) ······························ 202
　　아. 호가경매의 공고와 통지 ······························ 204
　　아-1. 경매의 공고 등에 관한 실무사례 ··············· 207
　　자. 호가경매의 실시(민집 205조 2항) ······················· 210
　　자-1. 호가경매 실시 매각조건 관련 실무사례 ········ 223
　　자-2. 호가경매실시 매각할 유체동산의 열람에 관한 실무사례 ········ 224
　　자-3. 호가경매의 방식 관련 실무사례 ················ 225
　　차. 대금의 지급 ·· 225
　　차-1. 대금의 지급 관련 실무사례 ····················· 229
　　카. 목적물의 인도와 소유권의 취득 ···················· 230
　　카-1. 매각물건의 인도에 관한 실무사례 ············· 232
　　타. 집행조서의 작성 ······································· 233
　　파. 재매각 ··· 236
3. 압류물의 입찰(入札) ··· 237
　　가. 의 의 ·· 237
　　나. 절차의 개요 ·· 238
　　다. 기일입찰 ··· 238
　　라. 개찰과 매수의 허가 또는 매각불허가 ············ 238
　　마. 부동산에 있어서 기일입찰 등 규정의 준용 ····· 238
　　바. 매각의 공개 ·· 239
4. 특별현금화(特別現金化) 방법(집행법원 아닌 집행관에 의한) ·············· 239
　　가. 금·은붙이의 현금화 ································· 240
　　가-1. 금·은붙이 현금화 관련 실무사례 ············· 244
　　나. 유가증권(有價證券)의 현금화 ······················ 244
　　나-1. 실물주권(종이증권) 매각처리 절차 등 및 유가증권의 현금화
　　　　 관련 실무사례 ······································· 249
　　다. 현금화 전의 보존행위 ······························· 250
　　다-1. 현금화 전 보존행위 관련 실무사례 ··········· 253
　　라. 현금화 이후의 조치 ·································· 253
　　라-1. 현금화 이후 조치 관련 실무사례 ·············· 255
5. 법원의 명령에 따른 특별한 현금화 방법(민집 214조) ············· 256
　　가. 개 설 ·· 256
　　나. 특별한 현금화 방법 ·································· 257

다. 특별현금화 방법의 내용 ·· 258
라. 특별현금화 관련 실무사례 ···································· 261

제5절 압류의 경합 ·· 261
1. 총 설 ··· 262
2. 동시압류(공동압류) ·· 262
   가. 의 의 ·· 262
   나. 집행절차 ·· 262
   다. 배당요구 ·· 263
3. 이중압류(압류의 경합) ·· 263
   가. 의 의 ·· 263
   나. 이중압류의 요건 ·· 263
   다. 이중압류의 절차 ·· 267
   라. 이중압류의 효과 ·· 269
   마. 이중압류 관련 실무사례 ···································· 271
4. 배당요구(민집 217조에서 220조) ·································· 273
   가. 총 설 ·· 273
   나. 배당요구권자의 범위 ·· 274
   다. 배당요구의 방식과 절차 ···································· 279
   라. 배당요구의 시기(始期) ······································ 281
   마. 배당요구의 통지(민집 219조) ····························· 283
   바. 배당요구의 효력 ·· 284
   사. 배우자의 지급요구(민집 221조) ························· 286
   사-1. 배우자의 지급요구 실무사례 ······················· 288
   아. 공유관계부인의 소(共有關係否認의 訴) ··········· 289
   자. 배당요구 관련 실무사례 ···································· 292

제6절 변제(辨濟)절차 ··· 294
1. 총 설 ··· 294
2. 집행관에 의한 매각대금 등의 교부 ···················· 295
   가. 매각대금 등을 교부 할 수 있는 경우 ············· 295
   나. 매각대금 등을 교부 할 수 없는 경우 ············· 295
   다. 매각대금 등의 교부절차 ···································· 297
3. 집행관에 의한 매각대금 등의 배당 ···················· 297
   가. 배당할 경우 ·· 297
   나. 배당협의 ·· 297
4. 채무자의 불복방법 ·· 301
5. 집행법원에 의한 배당 ·· 302

  6. 변제의 충당 ··· 303

제7절 압류의 취소(해제) ·· 303
  1. 압류의 소멸 ·· 303
  2. 압류취소(해제)의 원인 ·· 303
  3. 압류취소(해제)의 방법 ·· 304

제2장 담보권(擔保權)의 실행(實行)을 위한 경매 실시사무 ················ 307
  1. 총 설 ·· 307
  2. 강제경매에 관한 규정의 준용범위 ··· 308
  3. 유체동산(有體動産)을 목적으로 하는 담보권의 실행을 위한 경매 ··· 308
   가. 총 설 ·· 308
   나. 절 차 ·· 309
   다. 유치권(留置權)에 의한 유체동산의 경매 ······························ 310
   라. 간이변제충당(簡易辨濟充當) ·· 310

제3장 동산(動産)·채권(債權) 등의 담보에 관한 법률에 따른 담보권 실행 ····· 311
  1. 총 설 ·· 311
  2. 동산담보권의 주요 내용 ··· 312
   가. 개 설 ·· 312
   나. 동산담보권의 성립 ··· 313
   다. 동산담보권의 목적물 ·· 313
   라. 담보권설정자(擔保權設定者) ·· 316
   마. 담보권자 ·· 316
   바. 담보약정 ·· 317
   사. 담보등기 ·· 317
   아. 담보권의 효력 ··· 319
   자. 동산담보권의 존속기간 ··· 320
  3. 동산담보권의 공적실행(公的實行) ·· 321
   가. 공적실행 개요 ··· 321
   나. 규정형식과 절차의 특징 ··· 322
   다. 집행신청(집행관에게 집행위임) ·· 324
   라. 압류 등 ·· 336
   마. 현금화 ··· 352
   바. 채권의 만족 ·· 357
   사. 구제절차 ·· 362
  4. 사적실행(私的實行) ··· 366

가.	방 법	366
나.	과실 수취(果實收取)에 의한 충당(充當)	366
다.	동산담보권(動産擔保權) 실행에 관한 약정	367
라.	채무자 등에 대한 통지	367
마.	귀속정산(歸屬定算)의 절차	367
바.	처분정산(處分定算)의 절차	368
사.	사적실행(私的實行)의 중지	368
아.	담보목적물 취득자 등의 지위	369
자.	후순위 권리자의 권리행사	369
차.	매각대금 등의 공탁	369
카.	이의신청	370

제4장 유체물 인도청구권의 집행사무 ································· 371

제1절 금전채권 외의 채권에 기초한 강제집행과 집행관사무 ············ 371
1. 총 설 ··· 371
2. "물건의 인도 등을 목적으로 하는 채권"에 기초한 강제집행 ············ 372
3. "작위나 부작위를 목적으로 하는 채권"에 기초한 강제집행 ·············· 372
   가. 유체물의 인도 청구권에 관한 실무사례 ······································ 373

제2절 동산인도청구권의 집행 ··· 373
1. 특정동산인도청구권의 집행사무 ··· 373
   가. 개 설 ··· 374
   나. 집행의 대상 ··· 374
   나-1. 유아(乳兒)의 인도 청구 실무사례 등 ·· 376
   다. 인도청구권의 성질 ··· 378
   라. 인도의 의의 ··· 378
   마. 집행의 절차 ··· 379
   바. 제3자이의의 소 제기시기 ··· 381
   사. 집행의 종료와 그 통지 ··· 382
   아. 특정동산 인도청구권집행 관련 실무사례 ······································ 382
2. 대체물의 일정한 수량의 인도를 목적으로 하는 청구권의 집행 ············ 384
   가. 인도청구권의 성질 ··· 384
   나. 인도의 대상 ··· 384
   다. 집행기관과 집행절차 ··· 384
   라. 집행의 종료와 통지 ··· 385
   마. 동산인도의 강제집행 예에 따르는 경우 ·· 385

제3절 부동산·선박 인도청구권의 집행사무(직접강제) ········· 386
  1. 개 설 ··· 390
  2. 집행의 목적물 ·· 391
    가. 부동산 등 ·· 391
    나. 선박 등 ·· 392
  3. 인도·명도의 의의 ··· 392
  4. 집행절차 ··· 393
    가. 집행기관 ·· 393
    나. 집행보조자 ·· 393
  5. 집행방법 등 ·· 394
    가. 직접강제 ·· 394
    나. 명도의 사전최고(예고) ······································ 395
    나-1. 사전최고(예고) 절차 실무사례 ······················ 395
    다. 채권자 또는 그 대리인의 출석 ························ 398
    라. 금전지급과 상환으로 부동산을 인도·명도 하는 경우 ········ 398
    라-1. 금전지급과 상환으로 부동산을 인도·명도 하는 경우 실무사례 ··· 399
    마. 목적부동산 등의 확인과 점유의 인정 등 ······· 400
  6. 목적부동산 점유자의 가족, 동거자 등에 대한 집행(점유보조자) ············ 402
    가. 개 설 ·· 402
    나. 당해 가족이 점유자인지 점유보조자 인지 인정 ······· 403
    다. 같은 생계를 영위하는 부부의 경우 점유 ········ 403
    라. 독립된 권원(權原) 없이 점유하고 있는 사람의 경우 점유 ········· 404
    마. 독립된 권원(權原)에 의한 사람의 경우 점유 ········ 404
    바. 호텔이나 여관 등의 접객업소에서 임시로 머무르고 있는 사람들의 점유 ······ 405
  7. 가족 전원부재(全員不在)인 경우 집행 ·················· 405
  8. 공동점유자에 대한 집행 ··· 405
  9. 목적부동산 일부에 대한 집행 ······························· 406
    가. 일부 집행의 가능 요건 ···································· 406
    나. 일부 집행이 가능한 경우 ································ 406
    다. 일부 집행과 집행정지결정 ······························ 407
    라. 일부 집행종료 후의 재침입 ···························· 407
    마. 호텔·빌딩 등 장시간이 소요되는 명도 집행 ········· 408
  10. 집행관 보관의 가부 등 ··· 408
  11. 건물·수목 등이 있는 토지의 인도 집행 ············ 409
    가. 과수 수거집행 방법(1986. 7. 24 재판예규 제260호) ········· 411
  12. 강제집행의 목적물이 아닌 동산의 처리 ············ 412

가. 채무자 등에게 인도 ·· 412
　　　나. 집행목적물이 아닌 동산을 인도할 수 없는 때 ················· 414
　　　다. 집행목적물이 아닌 동산의 인도와 보관절차 ··················· 419
　　　라. 보관이 곤란하거나 보관할 가치가 없는 집행목적물이 아닌 동산의
　　　　　사전처리 등 ·· 421
　　　마. 보관 동산의 점검 등 ·· 421
　　　바. 보관자 등이 채무자나 제3자에게 집행목적물이 아닌 동산
　　　　　인도거부 시 조치 ··· 422
　　　사. 보관 동산의 매각절차 ·· 423
　　　아. 매각대금의 공탁 ·· 425
　　　자. 집행목적 건물 내의 동산이 다른 채권자의 압류·가압류·가처분
　　　　　등이 된 경우 처리 ·· 425
　　　차. 불복방법 ··· 426
　13. 집행의 종료와 그 통지 ·· 426
　14. 집행조서의 작성 ··· 428
　15. 부동산 등 인도의 강제집행 예에 따르는 경우 ··················· 428
　16. 목적물을 제3자가 점유하는 경우의 인도집행 ···················· 428
　　　가. 총 설 ·· 428
　　　나. 집행기관과 집행방법 ··· 429
　　　다. 이부명령의 효력 ·· 430
　17. 부동산·선박 인도청구권 관련 실무사례 ·························· 430
　18. 부동산 인도 집행 시 사용할 노무자 등의 수와 수당 지급 관련 예규 등 ···· 434
　18-1. 대법원 행정예규 1112호, 4조 및 5조 6조에 의한 집행에 사용할
　　　　노무자 수의 수당에 관한 실무기준 ······························ 438
　18-2. 부동산 등 인도집행에 있어서 업무처리지침(재민 2021-1) ·········· 441

제5장 인도명령·보관명령의 집행사무 ································ 443

제1절 매각부동산 인도명령의 집행 ·································· 443
　1. 총 설 ·· 443
　2. 인도명령의 당사자 ··· 444
　　　가. 신청인 ·· 444
　　　나. 상대방 ·· 445
　　　다. 부동산점유자 ·· 446
　　　라. 부도 공공건설임대주택을 주택매입사업시행자 이외의 자가
　　　　　매수한 경우 임차인에 대한 인도명령의 가부 ················· 449
　3. 인도명령의 신청 ·· 450
　　　가. 신청의 방법 ·· 450
　　　나. 신청의 시기 ·· 450

다. 관할법원 ·· 450
　　4. 인도명령의 재판 ·· 450
　　　가. 심 리 ··· 450
　　　나. 재 판 ··· 451
　　5. 인도명령의 집행 ·· 452
　　6. 인도명령에 대한 불복방법 등 ··· 454
　　　가. 인도명령의 신청에 관한 재판에 대한 불복 ·· 454
　　　나. 인도명령의 집행에 대한 불복 ·· 455
　　　다. 집행정지 ··· 455
　　7. 매각부동산 인도명령의 집행 관련 실무사례 ·· 457

제2절 부동산 강제집행에 있어서의 매각을 위한 보전처분으로서의 집행관 보관명령집행 ·· 458

　　1. 부동산의 침해방지를 위한 조치 ·· 459
　　2. 당사자 ·· 460
　　　가. 신청권자 ··· 460
　　　나. 신청의 상대방 ··· 460
　　3. 보전처분의 요건과 내용 ·· 460
　　　가. 금지명령, 작위명령의 경우(민집규 44조 1항) ······································· 460
　　　나. 집행관 보관명령의 경우(민집규 44조 2항) ··· 461
　　4. 발령 및 집행 ··· 461
　　　가. 발령의 절차 ··· 461
　　　나. 명령의 집행 ··· 462
　　5. 부동산 강제집행에 있어서의 매각을 위한 보전처분으로서의 집행관 보관명령집행 실무사례 ··· 462

제3절 선박, 항공기 강제집행, 임의경매에 있어서의 선박, 항공기 국적증서 등의 인도명령집행 사무 ·· 463

　　1. 선박에 대한 선박국적증서의 인도명령집행 ·· 464
　　　가. 선박 강제집행신청 전의 선박국적증서 등의 인도명령집행 ··············· 464
　　　나. 선박 임의경매에 있어서의 선박 임의경매 신청 전의 선박국적증서의 인도명령집행 ··· 466
　　　다. 선박 임의경매에 있어서 선박의 점유자에 대한 선박국적증서 등의 인도명령 ··· 467
　　　라. 「선박국적증서 등」 관련 실무사례 ·· 470
　　2. 항공기에 대한 항공기 국적증서 등의 인도명령집행 ································· 470
　　　가. 항공기 강제집행신청 전의 항공기 국적증서 등의 인도명령집행 ···· 470
　　　나. 항공기 임의경매 신청 전의 항공기 국적증서의 인도명령집행 ······ 471

다. 외국항공기에 대한 강제집행방법 실무사례 ································ 473

제4절 자동차와 건설기계 집행에 있어서 인도명령의 집행 ························ 473
1. 자동차인도명령의 집행 ··· 473
   가. 총 설 ··· 473
   나. 인도명령의 종류와 절차 ·· 474
   다. 인도명령의 성질 및 집행 ··· 479
   라. 인도명령에 대한 불복 ·· 479
   마. 집행관의 인도집행 신고 ·· 479
   바. 인도집행 불능으로 말미암은 집행절차의 취소 ······················ 481
   사. 인도명령의 실효와 자동차의 반환 ····································· 481
   아. 자동차의 보관 ··· 481
   자. 운행허가 ·· 483
   차. 자동차의 이동명령 및 인계명령의 촉탁 ····························· 486
   카. 자동차 인도 집행 관련 실무사례 ····································· 489
2. 건설기계에 대한 집행에 있어서 인도명령집행 ······························· 490
   가. 건설기계의 의미 ·· 490
   나. 건설기계에 대한 집행 ·· 490

제5절 유체동산 강제집행에 있어서 압류물 인도명령 집행압류물의 회수와 인도명령 ··· 491
1. 압류물의 회수와 인도명령 ··· 491
   가. 의 의 ··· 491
   나. 제도의 취지 ·· 491
2. 관할 문제 ··· 491
3. 신청인과 상대방, 법원의 심리 ·· 492
4. 집행위임에 의한 집행관의 집행 ··· 493

제6장 보전처분의 집행사무 ··· 494

제1절 총 설 ·· 494
1. 보전처분 집행의 일반원칙 ··· 494
   가. 강제집행 규정의 준용 ·· 494
   나. 집행기관 ··· 494
2. 보전처분 집행의 특색 ·· 495
3. 보전처분 집행 신청의 요부 ·· 495
4. 채무자에 대한 송달과 집행착수와의 관계 ···································· 496
   가. 집행법원이 집행기관인 경우 ··· 497
   나. 집행관이 집행기관인 경우 ··· 497

5. 보전집행기간 · 497
    가. 의 의 · 498
    나. 법적 성질 · 498
    다. 기산점과 진행 · 499
    라. 집행의 의미 · 502
    마. 집행기간 도과의 효과 · 504
    사. 보전처분 일반 실무사례 · 505

제2절 가압류의 집행사무 · 507
1. 총 설 · 507
2. 유체동산에 대한 가압류집행 · 507
    가. 개 요 · 508
    나. 유체동산 가압류 집행의 대상 · 508
    다. 가압류집행의 신청 · 509
    라. 집행의 방법 · 510
    마. 금전의 가압류 · 511
    바. 가압류물의 현금화 · 513
    사. 가압류 집행의 효력 · 514
    아. 다른 절차와의 경합 · 515
3. 지시채권에 대한 가압류 · 516
    가. 개 요 · 516
    나. 가압류명령 · 516
    다. 집 행 · 517
4. 유체동산의 인도 또는 권리이전청구권에 대한 가압류 · 518
    가. 개 요 · 518
    나. 집 행 · 518
5. 그 밖의 재산권에 대한 가압류 · 519
    가. 총 설 · 519
    나. 골프회원권, 스포츠회원권, 콘도회원권에 대한 가압류 · 520
    다. 주식에 대한 가압류 · 522
    라. 출자증권에 대한 가압류 · 525
    마. 사원 또는 조합원의 지분권에 대한 가압류 · 526
    바. 인터넷 도메인에 대한 가압류 · 527
6. 가압류 집행사무 관련 실무사례 · 529

제3절 각종의 가처분과 그 집행사무 · 532
1. 가처분의 종류와 의의 · 532
    가. 다툼의 대상에 관한 가처분(민집 300조 1항) · 533

나. 임시의 지위를 정하기 위한 가처분(민집 300조 2항) ································· 533
 2. 가처분 명령의 집행절차 ·· 534
　　가. 가압류집행의 준용 ··· 534
　　나. 집행의 요건 ··· 535
　　다. 집행방법 ··· 535
　　라. 가처분 집행(일반적 문제) 실무사례 ··· 535
　　마. 가처분 집행(집행관보관) 실무사례 ··· 537
　　바. 가처분집행(부작위를 명한) 실무사례 ··· 540
 3. 부동산에 대한 점유이전금지의 가처분 집행 ··· 542
　　가. 의 의 ··· 542
　　나. 점유이전금지가처분의 피보전권리(被保全權利) ··· 543
　　다. 보전의 필요성 ··· 544
　　라. 신 청 ··· 545
　　마. 주문례 ··· 545
　　바. 집행과 그 효력 ··· 546
　　사. 집행관 점유의 성질 ··· 547
　　아. 가처분의 경합 ··· 547
　　자. 현상변경 시의 조치 ··· 548
　　차. 점유이전금지가처분 관련 실무사례 ··· 551
 4. 공사금지가처분 등과 집행관의 사무 ··· 552
　　가. 개 요 ··· 552
　　나. 가처분의 유형에 따른 피보전권리와 보전의 필요성 ································· 553
　　다. 당사자 ··· 556
　　라. 주문례 ··· 556
　　마. 집행과 그 효력 및 집행관의 사무 ··· 558
　　바. 공사금지가처분 관련 등 실무사례 ··· 559
 5. 채권자의 행위에 대한 수인의무(修因義務)를 명하는 가처분에 대한
　　위반과 집행관사무 ·· 559
　　가. 개 요 ··· 559
　　나. 주문례 ··· 560
　　다. 가처분 위반행위와 집행관의 사무 ··· 561
 6. 방해물배제의 가처분과 집행관사무 ··· 561
　　가. 개 요 ··· 561
　　나. 주문례 ··· 562
　　다. 가처분의 대체집행과 집행관의 사무 ··· 562
 7. 인도·철거·수거 등 단행가처분과 집행관의 사무 ··· 562
　　가. 총 설 ··· 562

나. 심 리 ·· 563
　　다. 주문례 ·· 564
　　라. 가처분의 집행 ·· 565
8. 선박·항공기·자동차·건설기계에 대한 점유이전금지가처분과 집행관
　사무 ··· 567
　　가. 개 요 ·· 567
　　나. 선박·항공기·자동차·건설기계에 대한 처분금지가처분 ············· 567
　　다. 선박·항공기·자동차·건설기계에 대한 점유이전금지가처분 ········ 568
9. 유체동산에 대한 가처분과 집행관사무 ······································ 570
　　가. 점유이전금지가처분 ··· 570
　　나. 신청과 주문례 ·· 571
　　다. 가처분 목적 동산의 현금화 ·· 572
10. 동산인도단행가처분과 집행관사무 ·· 572
　　가. 개 요 ·· 572
　　나. 주문례 ·· 572
11. 유가증권에 대한 가처분과 집행관 사무 ··································· 573
　　가. 개 요 ·· 573
　　나. 신 청 ·· 573
　　다. 주문례 ·· 573
　　라. 가처분집행 ··· 574
12. 그 밖의 재산권에 대한 가처분과 집행관사무 ···························· 574
　　가. 지식재산권에 대한 가처분 ··· 574
　　나. 지식재산권에 대한 침해금지가처분 ································· 576
　　다. 가처분 집행과 집행관 사무 ·· 583
13. 주식에 관한 가처분과 집행관 사무 ··· 583
　　가. 주식의 처분을 금지하는 가처분 ······································ 583
　　나. 의결권 행사금지 또는 허용의 가처분 ······························· 585
　　다. 임시로 주주의 지위를 정하는 가처분 ······························· 588
　　라. 신주발행금지가처분 ··· 589
　　마. 회계장부 등 열람·등사 가처분 ·· 590
　　바. 주주명부 등 열람·등사 가처분 ·· 593
14. 노동사건에 관한 가처분과 집행관사무 ····································· 595
　　가. 총 설 ·· 595
　　나. 가처분의 당사자 ··· 595
　　다. 근로자 측 가처분 ·· 597
　　라. 사용자 측 가처분 ·· 605
15. 업무방해금지·인격권침해금지가처분과 집행관사무 ····················· 609
　　가. 총 설 ·· 609

나. 법원의 심리상 특질 및 주문례 ··· 610

제7장 채권과 그 밖의 재산권에 대한 현금화 사무 ··············· 614

제1절 금전채권에 대한 강제집행 중 특별현금화 방법에 따른 현금화 사무(민집 241조) ··· 614
1. 총 설 ··· 615
2. 특별현금화명령의 발령 ··· 616
   가. 신 청 ··· 616
   나. 관할법원 ··· 617
   다. 특별현금화의 재판 ·· 617
   라. 특별현금화명령의 송달 ·· 618
3. 특별현금화명령에 대한 불복방법 ··· 618
4. 특별현금화명령에 따른 현금화(매각명령의 집행) ························· 619
5. 그 밖의 상당한 방법에 따른 현금화 ······································ 620
6. 기 타 ·· 621

제2절 유체동산인도 청구권 등의 강제집행 및 현금화 ··············· 621
1. 총 설 ··· 622
   가. 유체물 인도 또는 권리이전청구권의 현금화 ···························· 622
   나. 유체동산인도 또는 권리이전청구권의 현금화 ··························· 622
2. 압 류 ·· 624
   가. 압류명령의 신청 ·· 624
   나. 압류명령의 내용 ·· 625
   다. 압류명령의 송달 ·· 626
3. 추 심 ·· 627
   가. 추심명령의 신청 ·· 627
   나. 추심명령 신청의 내용 ··· 627
   다. 추심절차 ·· 628
4. 현금화(=집행관에 의한 매각) 절차 ······································ 628

제3절 부동산 청구권 등에 대한 강제집행 ·························· 629
1. 총 설 ··· 629
2. 압 류 ·· 631
   가. 압류명령의 신청 ·· 631
   나. 압류명령의 내용 ·· 632
   다. 압류명령의 송달 ·· 633
   라. 압류의 효력 ·· 633
3. 보관인선임과 인도 또는 권리이전등기절차 ······························· 634
   가. 신 청 ··· 635

나. 결 정 ·· 636
　　다. 결정의 송달 ·· 638
　　라. 결정의 효력 ·· 638
　4. 추심 및 현금화 ·· 638
제4절 그 밖의 재산권의 현금화 ·· 639
　1. 총 설 ·· 640
　2. 적용범위 ·· 640
　3. 압류 절차 ·· 641
　4. 현금화 절차 ·· 641
　5. 그 밖의 재산권 현금화의 구체적 사례 ·· 642
　　가. 전화사용권에 대한 집행 ·· 642
　　나. 골프회원권 집행 등 ·· 644
　　다. 주식에 대한 집행 ·· 648
　　라. 예탁유가증권에 대한 집행 ·· 652
　　마. 출자증권에 대한 집행 ·· 665
　　바. 합명회사 등 사원(社員)의 지분(持分)에 대한 집행 ·························· 668
　　사. 민법상의 조합에서 조합원의 지분에 대한 집행 ······························ 671
　　아. 특허권, 실용신안권, 디자인권, 상표권 및 저작권에 대한 집행 ··· 672
　　자. 전세권, 임차권 등 용익권, 리스이용권 등에 대한 집행 ················ 676
　　차. 각종 허가권·면허권, 등기상의 권리 등 집행 ·································· 677
　　카. 분양권에 대한 집행 ·· 678
　　타. 묘지 분양권에 대한 집행 ·· 679
　　파. 인터넷 도메인에 대한 집행 ·· 680

제3편
원조사무

1. 의 의 ·· 685
2. 집행관 이외의 자의 요구에 의한 원조 ·· 685

제4편
법원의 직무명령에 따른 사무

제1장 매각명령의 집행 ·· 689

제1절 부동산 강제경매 실시사무 ·· 689
1. 총 설 ··· 689
　가. 법원사무관 등의 집행관에 대한 경매기록의 교부 ············· 689
　나. 법원사무관 등의 매각사건목록 작성과 매각물건명세서 등의 비치 ···· 690
　다. 집행관 매각기일의 개시 ·· 691
2. 매각의 진행절차 ·· 693
　가. 매각장소의 질서유지 ··· 693
　나. 매수신청의 최고(기일입찰, 호가경매) ···························· 694
　다. 매수신청인의 자격 ·· 695
3. 매수신청의 방법 ·· 701
　가. 기일입찰 ·· 702
　나. 기간입찰 ·· 712
　다. 기간입찰봉투에 흠이 있는 경우 처리기준(재판예규 제1853호) ············· 717
　라. 첨부서류 등에 흠이 있는 경우의 처리기준(재판예규 제1853호) ············ 719
　마. 기일입찰표의 유·무효 처리기준(재판예규 제1853호) ························· 719
　바. 기간입찰표의 유·무효 처리기준(재판예규 제1853호) ························· 721
　사. 보증서의 무효사유(재판예규 제1853호) ··· 723
　아. 호가경매 ·· 724
　자. 차순위매수신고 ··· 724
4. 매수신청의 보증금(매수보증금) ·· 727
　가. 기일입찰에서의 매수보증금 ··· 727
　나. 호가경매, 기간입찰에서의 매수신청보증금 ····················· 730
5. 매수신청보증의 제공방법 ·· 730
　가. 기일입찰, 호가경매에서 매수신청보증의 제공방법 ········· 730
　나. 기간입찰에서 매수신청보증의 제공방법(민집규 70조) ·············· 734
　다. 호가경매에서 매수신청보증의 제공방법 ························ 736
　라. 한국자산관리공사가 매수신고인이 되는 경우의 매수신청 보증의
　　　특례 ··· 736
　마. 주택매입사업시행자의 우선 매수신고 보증의 특례 ·········· 736
6. 매수신청의 효력 ·· 736
　가. 부적법한 매수신청 ·· 736
　나. 신고가에 의한 구속 ··· 737
　다. 부동산 훼손 또는 권리변동의 경우 ······························· 737
7. 매각의 진행절차 ·· 737
　가. 기일입찰 기일의 절차 ·· 737
　나. 기간입찰에서 매각기일(개찰기일)의 절차 ······················· 745
　다. 호가경매 기일의 절차 ·· 746

라. 매수신청보증의 반환 ··· 748
　　　마. 외국 주소를 가진 최고가매수신고인 등의 송달영수인신고 ········ 749
　　　바. 무잉여 통지에 따른 채권자의 매수신청이 있는 경우의 주의사항 ··· 750
　8. 공유자의 우선 매수 ·· 751
　　　가. 취 지 ··· 751
　　　나. 우선 매수권을 행사할 수 있는 시한 ·· 752
　　　다. 매수경쟁 ··· 753
　　　라. 매각기일 전의 우선 매수권 행사 ·· 753
　　　마. 공유자 우선 매수청구권의 행사와 그 제한 ····································· 754
　　　바. 차순위매수신고인의 지위 포기(민집규 76조 3항) ································ 755
　　　사. 공유자 우선 매수가 인정되지 않는 경우 ··· 755
　　　아. 기타 특별법에 따른 우선 매수 ··· 756
　　　자. 공유자 우선 매수 관련 판례들 ··· 759
　　　차. 공유자 우선 매수에 관한 실무자료 ·· 761
　　　카. 공유자 우선 매수 시 참고사항 ··· 762
　9. 매각기일조서 ··· 763
　　　가. 매각기일조서의 작성 ··· 763
　　　나. 매각기일조서 및 보증금의 인도 ··· 766
　　　다. 농지매각을 할 때의 최고가매수신고인 등 증명서의 교부 ············ 767
　10. 매각수수료의 지급 ··· 768
　　　가. 매각허가의 경우 ··· 768
　　　나. 매수신청이 없거나 매각이 불허가된 경우 ······································· 768
　11. 새 매각 ·· 769
　　　가. 개 념 ··· 769
　　　나. 허가할 매수가격의 신고가 없는 경우의 새 매각 ··························· 770
　　　다. 매각 불허가를 한 경우의 새 매각 ·· 772
　　　라. 부동산의 훼손이나 권리변동으로 매각불허가 등을 한 경우의
　　　　　 새 매각 ··· 773

제2장 조사명령의 집행사무 ·· 774

제1절 부동산현황조사 ·· 774
　1. 법원의 현황조사명령 ·· 774
　　　가. 조사명령 ··· 775
　　　나. 명령시기 ··· 775
　　　다. 수명자 ··· 775
　　　라. 불 복 ··· 775

마. 추가조사명령, 재조사명령 ·· 776
　2. 집행관의 조사사항 ··· 776
　　　가. 농지에 대한 매각 절차에서 집행관의 현황조사 시 유의사항
　　　　　등(재판예규 제1725호) ·· 779
　3. 집행관의 조사권한 ··· 781
　　　가. 강제력 사용권 및 직무집행구역 밖에서의 현황조사권 ·········· 781
　　　나. 경찰 또는 국군의 원조 요청 ·· 781
　　　다. 야간·휴일 조사 ·· 782
　4. 현황조사보고서 ··· 782
　　　가. 조사사항 ··· 782
　　　나. 조사 시 유의할 점 ·· 782
　　　다. 현황조사 및 보고서 작성 시 유의사항 ································ 783
　　　라. 현황조사서에 대한 불복방법 ·· 785
　5. 집행법원의 조치 ··· 785
　　　가. 현황조사서의 비치 ·· 785
　　　나. 집행법원에 의한 심문 ··· 785
　　　다. 집행법원의 임차인에 대한 통지 ·· 786
　　　라. 임차인에 대한 경매절차 진행 사실 등의 통지(재판예규 제1883호) ······ 786
　6. 농지에 대한 집행법원의 사실조회를 위한 집행관의 보고 ············· 791
　7. 부동산경매·입찰절차 관련 판례 ·· 794
　8. 현황조사 관련 실무사례 등 ··· 794

제2절 선박 현황조사사무 ·· 796
　1. 의 의 ·· 796
　2. 현황조사보고서의 특칙 ··· 797
　　　가. 보고서의 내용 ·· 797
　　　나. 기재사항 ··· 797
　　　다. 불복방법 ··· 798
　　　라. 첨부서류 ··· 798

제3절 미등기건물 조사사무 ·· 799
　1. 의의 및 성질 ·· 799
　2. 미등기 부동산과 경매 ··· 799
　　　가. 의 의 ·· 799
　　　나. 민사집행법 81조 1항 2호 본문에 따른 집행방법 및 경매신청절차 ···· 800
　　　다. 민사집행법 81조 1항 2호 단서에 따른 집행방법 ················· 802
　　　라. 민사집행법 81조 1항 2호 단서에 따른 경매신청절차 ··········· 803

제5편
기타 직무명령에 따른 사무

제1절 선박 강제집행에서의 선박국적증서의 수취제출명령 집행 ········ 807
 1. 의 의 ········ 807
 2. 선박강제경매신청에 대한 법원의 심리와 개시결정 ········ 807
  가. 심 리 ········ 807
  나. 강제경매개시결정의 내용 ········ 807
  다. 경매개시결정등기의 촉탁 ········ 809
 3. 선박국적증서 등의 수취·제출 ········ 810
  가. 개 설 ········ 810
  나. 수취·제출명령의 대상문서와 그 시기 ········ 810
  다. 수취·제출명령의 내용과 상대방 ········ 811
  라. 수취·제출명령의 효력 ········ 812

제6편
임명에 관한 사무

제1절 부동산 강제관리 관리인으로서의 사무 ········ 817
 1. 총 설 ········ 817
  가. 의 의 ········ 817
  나. 절차의 개요 ········ 817
 2. 관리인 ········ 820
  가. 총 설 ········ 820
  나. 관리인의 임명 ········ 820
  다. 관리인의 해임·사임 ········ 822
  라. 관리인의 지위 ········ 823
  마. 관리인의 권한 ········ 823
  바. 관리인의 의무 ········ 825
  사. 법원의 지휘·감독 ········ 827
  아. 관리인의 보수 ········ 827

제2절 부동산관리명령 관리인으로서의 사무 ········ 828
 1. 총 설 ········ 828
 2. 관리명령의 신청 ········ 828

        가. 신청권자 ·· 828
        나. 신청의 시기 ·· 829
        다. 관 할 ·· 829
        라. 신청의 방법 ·· 829
    3. 관리명령의 재판 ·· 830
    4. 관리의 착수 ··· 831
    5. 인도명령 ·· 831
    6. 관리의 방법 ··· 833
    7. 관리의 종료 ··· 833
        가. 매수인이 대금을 다 낸 경우 ·· 833
        나. 매각허가결정이 실효된 경우 ··· 833
    8. 관리비용 ·· 834

제3절 부동산수익권에 대한 가압류(강제관리) 관리인으로서의 사무 ············ 834
    1. 개 요 ··· 834
    2. 보전의 필요성 ·· 835
    3. 수익의 공탁 ··· 837

제4절 선박 강제집행의 감수·보존인으로서의 사무 ······································ 837
    1. 감수·보존처분의 의의와 집행관의 사무 ·· 837
    2. 감수·보존처분의 신청과 명령 ··· 839
        가. 신 청 ·· 839
        나. 비 용 ·· 840
        다. 감수·보존명령의 내용 ·· 840
    3. 감수·보존처분의 집행 ·· 842
        가. 집행의 방법 ··· 842
        나. 집행의 내용 ··· 843
    4. 감수·보존처분의 효력 ·· 844
        가. 압류의 효력발생 ··· 844
        나. 감수·보존처분의 효력지속시기 ··· 845
        다. 감수명령을 위반한 발항(發港)의 효력 ··· 845

제5절 부동산 등의 인도 또는 권리이전청구권에 대한 집행에 있어서
보관인으로서의 사무 ··· 845
    1. 의 의 ··· 845
    2. 보관제도의 취지 ··· 846
    3. 집행의 대상 ··· 847
    4. 보관인선임과 인도나 권리이전등기절차 ··· 847
        가. 보관인선임과 인도·권리이전명령의 신청 ····································· 847

나. 재판의 내용 ·· 848
다. 결정의 송달 ·· 850
라. 결정의 효력 ·· 850
5. 추심 및 현금화와 보관인의 인도 ··· 851

제7편
그 외 기타 집행관 사무

제1장 대체집행의 작위실시자로서의 사무 등 ··························· 855

제1절 "하는 채무"에 대한 강제집행방법 일반 ······················· 856

제2절 대체적 작위채무(민법 389조 2항 후단)에 대한 강제집행(대체집행) ············ 857
1. 의 의 ·· 857
2. 작위채무의 대체성 ··· 858
   가. 대체성의 판단 기준 ·· 858
   나. 구체적 사례 ·· 859
3. 수권(授權)결정 ·· 860
   가. 신청과 관할 ·· 860
   나. 심 리 ··· 861
   다. 채무자의 심문 ·· 864
   라. 결 정 ··· 865
   마. 수권결정의 집행력과 집행문부여의 요부 ························· 867
4. 수권결정에 기초한 작위의 실시(대체집행의 시행) ············· 867
   가. 작위실시자의 결정 ·· 867
   나. 작위실시자의 지위 ·· 868
   다. 작위의 실시 ·· 868
   라. 대체집행의 종료와 집행정지 등 ·· 873
5. 대체집행의 비용 ·· 874
   가. 수권결정절차의 비용 ·· 874
   나. 작위 실시의 비용 ·· 875
   다. 대체집행비용의 선지급결정 ·· 875
6. 대체집행 관련 실무사례 ·· 879

제3절 부작위의무위반에 대한 대체집행 ··································· 881
1. 총 설 ·· 881
   가. 부작위채무 ·· 881

나. 대체집행의 내용 ··· 882
　　2. 대체집행의 절차 ·· 883
　　　가. 신　청 ·· 883
　　　나. 심리와 결정 ··· 884

제4절 간접강제 ·· 886
　　1. 간접강제의 적용범위 ·· 886
　　　가. 간접강제의 보충성 ··· 886
　　　나. 부대체적 작위채무 ··· 887
　　　다. 부작위채무 ·· 888
　　　라. 간접강제가 허용되지 않는 경우 ·· 889
　　　마. 제한능력자에 대한 간접강제 ·· 890
　　2. 부대체적 작위채무의 간접강제 ··· 890
　　　가. 신청과 관할 ··· 890
　　　나. 심　리 ··· 891
　　　다. 결　정 ··· 891
　　　라. 배상금의 집행 ·· 894
　　　마. 집행의 정지 및 취소 ··· 895
　　　바. 간접강제 결정의 재발령 ··· 897
　　3. 부작위채무의 간접강제 ·· 897
　　　가. 신청과 관할 ··· 897
　　　나. 심　리 ··· 898
　　　다. 결　정 ··· 899
　　　라. 간접강제 결정의 집행 ··· 899
　　4. 간접강제의 구체적 실무사례 ··· 900
　　　가. 부대체적 작위 의무인 경우 ·· 900
　　　나. 부작위 의무인 경우 ··· 901

제2장 송달사무 등 ·· 903

제1절 송달사무 ·· 903
　　1. 송　달 ··· 903
　　　가. 송달의 의의 ··· 903
　　　나. 송달기관 ··· 903
　　　다. 송달시행의 방법 ·· 904
　　2. 집행관이 송달하는 경우 ·· 904
　　　가. 소송서류의 송달 ·· 904
　　　나. 집행증서의 정본 등의 송달 ·· 905

```
  3. 송달의 요건 ······································································· 906
    가. 송달장소(민소법 제183조) ···················································· 906
    나. 송달을 받을 사람 ······························································· 907
    다. 송달의 방법 ······································································ 909
  4. 송달의 절차 ······································································· 917
    가. 송달사무취급의 단서 ··························································· 917
    나. 송달의 시행 ······································································ 918
  5. 송달의 통지 ······································································· 919
  6. 개정된 집행관의 송달사무처리 지침에 관한 예규 ····················· 919
  7. 부실 송달에 따른 영향 ························································ 923
    가. 부정적 효과 ······································································ 923
    나. 부실 송달에 따른 관련 판례들 ············································· 923
```

제2절 거절증서의 작성사무 ·· 925

```
  1. 거절증서의 의의 ································································ 927
  2. 거절증서의 필요성 ····························································· 927
  3. 거절증서의 작성 ································································ 928
    가. 작성기관 ·········································································· 928
    나. 작성위탁자 ······································································· 928
    다. 작성장소 ·········································································· 929
    라. 작성기간 ·········································································· 929
  4. 기재사항 ··········································································· 929
    가. 거절자 및 피 거절자의 성명이나 명칭 ································· 929
    나. 거절자에 대하여 청구를 한 뜻 등 ········································ 930
    다. 청구하였거나 이를 하지 못한지 및 연월일 ···························· 930
    라. 거절증서작성의 장소 및 연월일 ··········································· 930
    마. 법정장소 이외의 지에서 거절증서를 작성한 때에는 거절자가 이를
        승낙한 사실 ···································································· 930
    바. 지급인이 어음법 24조 1항의 전단의 규정에 따라 제2의 제시를 구한
        때에는 그 뜻 ··································································· 930
    사. 작성자의 기명날인 ···························································· 930
    아. 거절증서 작성 관련 판례 ···················································· 931
```

제8편
특별법상의 사무

제1절 채무자 회생 및 파산에 관한 법률에서의 직무 ·········· 935
1. 봉인 및 봉인의 제거 ·········· 935
2. 조사의 원조 ·········· 936

제2절 벌금 등의 재판 집행 ·········· 936
1. 의의 및 집행절차 ·········· 936
2. 집행관에 대한 명령의 방식 ·········· 937

제9편
집행관의 강제집행 관련 부수 사무(집행권원 등)

제1절 강제집행 요건 등 ·········· 941
1. 집행당사자 ·········· 941
  가. 의 의 ·········· 941
  나. 집행당사자의 확정 ·········· 942
  다. 집행당사자의 적격과 변동 ·········· 942
  라. 집행당사자능력과 소송능력 ·········· 950
  마. 집행당사자의 대리 ·········· 951
2. 집행권원(執行權原) ·········· 951
  가. 의 의 ·········· 952
  나. 집행권원의 필요성 ·········· 952
  다. 집행권원의 내용 ·········· 953
  라. 집행권원의 경합 ·········· 958
  마. 집행권원의 실효(失效) ·········· 959
  바. 집행권원의 양도 ·········· 960
  사. 집행권원의 종류 ·········· 960
3. 집행문 ·········· 983
  가. 의 의 ·········· 983
  나. 집행문의 요부 ·········· 983
  다. 집행문 없이 한 집행의 효력 ·········· 985
  라. 집행문부여기관 ·········· 986
  마. 집행문부여의 요건 ·········· 987

바. 집행문부여의 절차 ·· 1005
제2절 강제집행 개시의 요건 ·· 1009
　1. 의의 및 조사 ··· 1009
　2. 적극적 요건 ·· 1010
　　가. 집행당사자의 표시 ··· 1010
　　나. 집행권원의 송달 ·· 1011
　　다. 집행문 및 증명서의 송달 ·· 1014
　　라. 이행일시의 도래 ·· 1015
　　마. 담보제공증명서의 제출과 그 등본의 송달 ·· 1015
　　바. 반대의무의 이행 또는 이행의 제공 ·· 1016
　　사. 대상청구(代償請求) ·· 1018
　3. 소극적 요건(집행장애) ·· 1019
　　가. 채무자의 파산 ·· 1019
　　나. 채무자에 대한 회생절차의 개시 ·· 1022
　　다. 개인채무자를 위한 개인회생절차의 개시 ··· 1022
　　라. 강제경매 개시 후 파산 등의 등기가 된 경우 ································· 1023
　　마. 집행채권의 압류 등 ·· 1023
　　바. 특수보전처분의 집행 ··· 1024
　　사. 목적부동산이 공장재단, 광업재단 일부일 때 ·································· 1025
　　아. 신탁법상의 신탁재산 ··· 1025

제3절 강제집행의 개시 및 종료 ··· 1026
　1. 집행의 개시 ·· 1026
　2. 집행의 종료 ·· 1027
　　가. 전체로서의 강제집행종료 ·· 1027
　　나. 개개의 집행절차종료 ··· 1027

제4절 강제집행의 정지, 제한, 취소 ··· 1028
　1. 집행의 정지와 제한 ·· 1029
　　가. 강제집행의 정지 ·· 1029
　　나. 강제집행의 제한 ·· 1030
　　다. 집행정지의 원인 ·· 1030
　　라. 집행정지의 방법 ·· 1034
　　마. 집행정지의 효력 ·· 1039
　　바. 정지된 집행의 속행 ·· 1040
　2. 집행처분의 취소 ··· 1041
　　가. 의 의 ·· 1041
　　나. 집행처분 취소의 사유 ··· 1042

다. 집행처분 취소의 방법 ·· 1043
　라. 건물명도 집행 중 강제집행정지 결정정본이 제출된 경우 실무사례 ··· 1044
　마. 집행신청취하서 또는 집행 포기의 서면이 제출된 경우의 조치 ···· 1044
　바. 집행처분 취소의 효과 ·· 1045

찾아보기 ··· 1047

제1편

집행관의 민사집행사무 총론

제1절 집행관과 그 직무

1. 집행관

집행관법 2조에 의하면 "집행관은 지방법원에 소속되어 법률이 정하는 바에 따라 재판의 집행, 서류의 송달, 그 밖의 법령에 따른 사무에 종사한다."라고 하였으며 집행관은 자기의 판단과 책임하에 독립적으로 국가의 권한을 행사하는 기관이고 법원 또는 법관의 단순한 보조기관이 아니다.

집행관은 실질적 의미에 있어서는 국가공무원이다.[1] 따라서 집행관은 영리업무의 겸직금지와 그 밖의 겸직금지 국가공무원법 64조 및 법원공무원규칙 88조의 적용을 받으며 집행관이 그 직무를 수행함에 있어 주의의무를 위배함으로써 손해를 기한 경우 국가는 그 피해자에게 국가배상법 2조에 의하여 손해를 배상할 의무가 있다. 관련 판례는 아래와 같다.

> **대법원 2003. 9. 26. 선고 2001다52773 판결**
> [판시사항]
> [1] 유체동산의 집행에 있어서 집행관이 관계 법규에 대한 부지와 조사부실로 인하여 타인에게 손해를 가한 경우 불법행위가 성립하는지 여부(적극)
> [2] 유체동산의 집행에 있어서 압류금지물을 압류한 경우 집행관이 임의로 압류를 해제할 수 있는지 여부(소극) 및 피해자가 압류 부당해제에 대한 구제절차를 취하지 아니하였다는 사유만으로 부당한 압류해제로 인한 손해 발생이 부정되는지 여부(소극)
>
> [판결요지]
> [1] 집행관이 독립·단독의 사법기관으로서 스스로 법령을 해석하고 집행할 권한이 있고, 특히 유체동산집행은 개시부터 종료까지 집행관의 고유권한으로서 무잉여인지 여부도 스스로 판단하는 것이라고 하더라도, 집행관은 유체동산집행에 관한 법률전문가로서 집행의 근

---
[1] 법원행정처 2014, 법원실무제요, 민사집행(Ⅰ), 21면.

거로 삼는 법령에 대한 해석이 복잡, 미묘하여 워낙 어렵고, 이에 대한 학설, 판례조차 귀일되어 있지 않는 등의 특별한 사정이 있는 경우가 아니라면 유체동산집행에 관한 관계 법규나 필요한 지식을 충분히 갖출 것이 요구되는 한편, 압류하려는 물건이 환가가능성이 있는지 여부는 통상적인 거래관행과 사례를 기초로 합리적으로 판단하여야 할 것이며, 만일 집행관으로서 당연히 알아야 할 관계 법규를 알지 못하거나 필요한 지식을 갖추지 못하였고 또한 조사를 게을리 하여 법규의 해석을 그르쳤고 이로 인하여 타인에게 손해를 가하였다면 불법행위가 성립한다.

[2] 공장저당의 목적인 동산은 공장저당법에 의하여 유체동산집행의 대상이 되지 아니하는 이른바 압류금지물에 해당하므로 집행관은 압류하여서는 아니 되지만, 금지규정을 어겨 압류한 경우에는 집행관은 집행에 관한 이의에 의한 법원의 결정이나 채권자의 신청에 의하지 아니하고는 스스로 압류를 해제할 수 없는 것이고, 압류의 부당해제의 경우 집행관의 처분에 대한 이의로서 구제받을 것을 예정하고 있다고 하더라도, 그러한 구제절차를 취하였더라면 부당한 압류해제로 인한 손해를 방지할 수 있었다고 단정할 수 없는 이상 구제절차를 취하지 아니하였다는 사유만으로 부당한 압류해제로 인한 손해발생을 부정할 수는 없다.

그러나 '집행관사무소의 사무원'은 뇌물죄의 주체인 '공무원'에 해당하는지는 판례는 소극적이다.[2]

2. 집행관의 임명과 감독기관

집행관은 집행관법 3조에 의하면 10년 이상 법원주사보, 등기주사보, 검찰주사보, 마약주사보 이상의 직급으로 근무하였던 사람 중에서 지방법원장이 임명하며 집행관은 소속 지방법원장이 감독한다(집행관법 7조). 지방법원장은 소속 판사 중에서 집행관의 감독에 관한 사무를 직접 담당할 1명 또는 여러 명의 감독관을 지정하여야 하고, 소속 직원 중에서 감독관을 보좌할 사람을 지정할 수 있고 그 감독관은 감독업무로 집행관의 기록장부 또는 그가 보관하는 금품을 조사하거나 그 조사를 위하여 이를 제출케 하는 행위와 집행관이 직무를 집행하는 현장에 나가 그 직무집행을 감찰하는 행위, 일정한 사항을 지정하여 집행관으로 하여금 보고하게 하는 행위로 감독하게 된다.

---

[2] 대판 2011. 3. 10. 선고 2010도14394

3. 출장소의 설치와 직무의 대행

지방법원장은 지방법원의 지원 소재지에 집행관이 없는 경우에는 관할구역의 집행관에게 지원 소재지에 출장소를 설치하도록 명하거나 지방법원 및 지원의 법원 서기관, 법원사무관, 등기사무관, 법원주사, 등기주사, 법원주사보 또는 등기주사보로 하여금 집행관의 직무를 대행하게 할 수 있다.

지방법원의 지원 소재지에 집행관이 없는 경우에는 지방법원장은 그 관할구역의 집행관에게 지원 소재지에 출장소를 설치하도록 명하거나 지방법원 및 지원의 법원 서기관, 법원사무관, 등기사무관, 법원주사, 등기주사, 법원주사보, 등기주사보(이하 '법원서기관 등'이라 한다)로 하여금 집행관의 직무를 대행하게 할 수 있다(집행관법 11조). 집행관이 질병, 제척 등 정당한 이유로 그 직무를 수행할 수 없을 때에는 지방법원장 또는 지원장은 그 직무의 집행을 다른 집행관이나 대행자로 지정된 법원 서기관 등에게 명해야 한다.

집행관의 직무를 행하는 법원 서기관 등은 집행관의 직무에 관한 한 독립된 기관으로서 지위를 누리며 상사의 지휘에 따라야 하는 것은 아니다. 법원 서기관 등이 집행관의 직무를 대행하는 경우에도 당사자는 집행관이 직무를 행하는 경우와 동일한 수수료(집행관수수료규칙 2조 또는 19조)와 비용(집행관수수료규칙 20조)을 지급하여야 한다.

그러나 이들이 국가로부터 봉급을 받는 법원 직원이므로 수수료는 모두 국고수입으로 되나 그 밖의 비용은 실비로서 세입세출의 현금출납 대상으로 되어 집행관직무대행자는 이를 예납금으로부터 수시로 지출하여 직무집행에 충당할 수 있다. 집행관직무대행자가 직무상 여행을 하는 경우에는 '법원 공무원 여비 규칙'에 따라 여비, 숙박비 등을 지급 받되 그 액수가 집행관수수료규칙 22조 기준에 미달할 경우에는 이 기준에 의하여야 한다.

4. 집행관의 제척

> **집행관법**
>
> 제13조(제척)
> 집행관은 다음 각 호에 해당하는 경우에는 그 직무를 수행할 수 없다.

> 1. 자기 또는 배우자나 자기 또는 배우자의 4촌 이내 혈족 또는 인척이 당사자 또는 피해자이거나 당사자 또는 피해자와 공동권리자·공동의무자 또는 상환의무자의 관계가 있는 경우
> 2. 자기 또는 배우자나 자기 또는 배우자의 4촌 이내 혈족 또는 인척이 당사자, 피해자 또는 그 배우자의 친족인 경우. 인척의 경우에는 혼인이 해소되었을 때에도 또한 같다.
> 3. 자기가 동일한 사건에 관하여 증인 또는 감정인이 되어 신문(訊問)을 받았던 경우 또는 법률상 대리인이 될 권리가 있거나 있었던 경우

제척사유가 있는 집행관이 한 압류나 그 밖의 집행행위는 당연히 무효는 아니고 이해관계인의 집행에 관한 이의신청으로 취소될 수 있음에 불과하며 집행관에 대하여 기피나 회피 제도는 인정되지 않는다.

5. 집행관에 대한 수수료 및 비용

집행관은 위임을 받은 직무를 수행하는 경우에는 체당금을 변제(辨濟)받고 대법원규칙으로 정하는 바에 따라 수수료를 받는다. 한편 집행관은 정하여진 수수료를 초과하여 징수하거나 특별한 보수를 받지 못한다. 집행관은 국가로부터 봉급을 받지 않고 사인의 위임 또는 국가기관(법원, 검사)의 명령에 따라 취급한 사건에 관해 법정의 수수료를 받을 뿐이다(집행관법 19조 1항).

다만 법원 또는 검사의 명령에 따라 서류와 물품의 송달, 영장의 집행 등의 사무를 처리하는 경우에는 체당금 외에 수수료를 받지 못한다(집행관법 20조). 집행관은 정하여진 수수료를 초과하여 징수하거나 특별한 보수를 받지 못하며 법원 서기관 등이 집행관의 직무를 수행한 경우에는 그 수수료는 국고수입으로 한다(집행관법 19조 2항, 3항).

집행관은 서기료, 통신료, 공고료, 감정인과 참여인의 일당·여비·감정료, 물건의 운반·보관·감수 및 보존비용, 집행관의 여비 및 숙박료 등 법정의 제반 비용을 받는다(집행관수수료규칙 20조). 집행관의 직무집행을 위한 일당 및 여비는 '법원 공무원 여비 규칙' 중 5급 공무원과 동액으로 한다(집행관수수료규칙 22조). 집행관이 동일채권자의 위임으로 같은 날 같거나 근접한 곳에서 2건 이상의 압류 등 집행행위를 한 경우의 여비는 1건에 해당하는 부분만 받는다.

채권자를 달리하는 2건 이상의 압류 등 집행행위를 같은 날 같은 특별시, 광역시, 시, 군내에서 실시한 경우 그 장소가 근접하지 않은 때에는 사건마다 각각 그 여비를 받게 될 것이나, 그 장소가 같거나 근접할 경우에는 한 건에 해당하는 분만의 여비를 받아야 하고 이때 각 사건 당사자가 똑같이 나누어 그 여비를 분담하게 되어 있다.[3]

집행관은 모든 사무를 담당함에 있어서 수수료 기타 비용의 계산액을 위임자에게 예납시킬 수 있고, 미리 내지 아니하는 때에는 위임에 응하지 아니할 수 있다(집행관수수료규칙 25조 1항). 예납제도는 집행관의 편의를 위한 것이므로, 집행관이 미리 받지 아니하고 사무를 실시하여도 그 덕분에 발생하는 불이익을 집행관이 감수하는 한 무방하며 미리 내야 할 금액은 사건의 종국에 이르기까지에 필요한 것으로 예정되는 수수료 등의 계산액이다.

예납금이 부족할 시에는 추가예납을 시킬 수 있고 추납하지 아니할 때에는 사무를 행하지 아니할 수 있다(집행관수수료규칙 25조 2항). 예납명령은 말 또는 서면으로 할 수 있으며 실무상은 구두로 예납명령을 하고 납부를 하며 수수료 및 비용 내용을 명기한 영수증을 납부인에게 내준다. 예납명령에 대하여 불복이 있으면 집행관에 대한 이의신청으로 다툴 수 있다.

집행관이 당사자로부터 직접 집행위임을 받은 경우라면 집행관 스스로 미리 받아 이를 보관·지출하지만 법원의 명령에 따라 사무를 처리할 경우, 예를 들어 현황조사, 경매의 시행이나 선박의 감수보존 등의 경우에는 법원이 당사자로부터 미리 받아 집행관의 사무실시결과에 따라 집행관에게 지급한다. 사무가 종료한 때에는 집행관은 바로 예납금의 정산을 하여야 하며 예납자의 청구가 있으면 정산의 내용을 명시한 서면을 내주어야 한다(집행관수수료규칙 25조의2).

집행관수수료 및 비용에 대한 집행관의 예납금 보관·지출·환급에 관하여는 '정보처리시스템 의한 집행관의 사무처리 지침'(대법원 행정예규 816호)에 따른다. 집행관은 예납이 없으면 위임에 응하지 않을 수 있으나 예외적으로 강제집행 신청인이 소송구조를 받는 사람인 때에는 예납 없어도 위임에 응하여야 한다(집행관수수료규칙 25조 1항).

---

3) 대법원, 행정예규, 787호, 22조

6. 집행관의 관할

가. 토지관할

집행관은 다른 법령에 정하여져 있는 경우를 제외하고는 임명받은 지방법원 본원 또는 지원의 관할구역 외에서는 그 직무를 행할 수 없다. 그러나 집행개시 후 법원의 관할구역이 변경된 경우에는 종전 법원 소속집행관이 집행을 속행한다(집행관규칙 4조 1항). 강제집행을 위임받은 집행관은 동시에 집행할 수개의 물건이 동일 지방법원 관할 구역 내 본원과 지원 상호 간의 관할에 산재해 있는 경우에는 소속 지방법원장의 허가를 받아 이를 집행할 수 있다(집행관규칙 4조 2항).

지방법원장은 집행관의 업무량 조정 등 필요한 경우에는 정원에 불구하고 소속집행관을 관내의 다른 관할구역의 집행관과 겸임하게 하거나, 관내의 다른 관할구역에 일정 기간 파견 근무하게 할 수 있다(집행관 규칙 4조 3항). 관할을 위반한 집행관의 집행행위는 위법하나 집행에 관한 이의신청(민집 16조 1항)을 할 수 있을 뿐 당연히 무효로 되는 것은 아니다.

나. 집행에 관한 직무관할

집행관은 강제집행의 원칙적인 집행기관으로 되어 있으나 여기에는 널리 예외가 인정되어 실제 그 직무는 주로 사실행위를 수반하는 집행처분에 한한다. 직무관할에 위반한 집행관의 집행행위는 무효이며 집행관의 구체적인 직무관할은 다음과 같다.

(1) 독립의 집행행위
① 동산·채권 등의 담보에 관한 법률(제13953호)에 따른 동산담보권 실행
② 유체동산에 대한 압류집행(민집 189조)
③ 유체동산에 대한 가압류집행(민집 296조)
④ 동산인도청구의 집행(민집 257조)
⑤ 부동산, 선박 인도청구의 집행(민집 258조)
⑥ 담보권 실행 등을 위한 동산의 경매(민집 272조, 274조)
⑦ 인도단행가처분 등 일정한 내용의 가처분 집행(민집 301조, 296조, 305조)

(2) 집행법원이 행하는 집행절차에 부수된 행위
① 지시 증권상 채권의 압류에서 증권의 점유(민집 233조)
② 채권압류에서 채권증서의 취득(민집 234조 2항)
③ 유체동산에 관한 청구권에 대한 집행에서 목적물의 수령 및 현금화(민집 243조 1항, 3항)
④ 그 밖의 재산권에 대한 집행에서 그 재산권의 매각 등의 방법에 따른 현금화(민집 251조 1항)
⑤ 부동산의 강제경매, 강제관리, 담보권 실행 등을 위한 경매에서 목적물의 현황조사(민집 85조, 163조, 268조, 274조)
⑥ 부동산의 강제경매, 강제관리, 담보권 실행 등을 위한 경매에서 매각의 실시(민집 107조, 112조, 172조, 187조, 269조, 270조, 274조)
⑦ 부동산 강제관리에서 관리인의 부동산 점유 시의 원조(민집 166조 2항)
⑧ 매각된 부동산의 인도명령의 집행(민집 136조 6항, 268조, 274조)

제2절 집행관 업무 취급의 근거

1. 총 설

집행관이 그 사무를 맞게 되는 근거는 당사자의 집행위임, 집행법원의 직무명령 또는 집행법원의 관리인 등으로 집행관의 임명 등을 들 수 있다. 어떤 사무가 위임을 단서로 하는 것인지, 집행법원의 명령 또는 임명을 단서로 하는 것인지는 관련 법규에 따라 정해진다.

집행법원의 명령에 기초하여 강제집행을 하는 경우라도 매각부동산의 인도명령의 집행과 같이 매수인이 집행법원으로부터 인도명령을 받아서 그 인도명령을 근거로 집행관에게 인도 집행을 위임하여야 집행관이 사무 취급을 하게 되는 경우도 있고, 집행법원의 부동산매각명령과 같이 집행법원이 직접 집행관에게 매각명령을 함으로써 집행관이 사무취급을 하는 경우도 있다.

집행법원의 임명이 사무취급의 단서가 되는 경우로는 부동산 강제관리에 있어서의 관리인으로 집행관이 임명되어 관리인의 업무를 수행하는 것이 한 예이며 당사자의 위임이나 집행법원의 명령은 반드시 집행관에게 행해지는 것이지만 관리인의 경우는 관리인으로 선임될 수 있는 자가 집행관으로 정해져 있는 것은 아니어서 집행관이 아닌 자도 관리인으로 임명될 수 있지만, 집행관이 관리인으로 선임되어 사무취급을 하는 경우로서, 집행관 특유의 사무라고 볼 수는 없지만 민사집행사무의 절차 속에서 행해지는 업무이고 집행관이 관리인 등으로 임명되는 경우가 많으므로 위와 같이 분류하여 설명한다.

2. 당사자의 집행신청(위임)에 의한 사무

당사자의 위임이 사무취급의 단서가 되는 경우로는 압류 및 현금화 사무, 가압류, 가처분 등의 보전처분 집행사무, 유체물 인도청구권의 집행사무, 각종의 인도명령사무, 보관명령의 집행사무, 그 외 대체집행의 작위실시자로서의 사무 및 원조사무 등으로 구별해 볼 수 있다.

가. 압류 및 현금화 사무

압류 및 현금화 사무는 유체동산에 대한 압류 및 현금화 사무, 채권과 그 밖의 재산권에 대한 압류 및 현금화 사무, 동산담보권 실행을 위한 현금화 사무 등이 있는데, 유체동산에 대한 압류 및 현금화 사무, 동산담보권 실행 등은 집행관 업무에서 가장 큰 비중을 차지하는 사무로써 집행관 주도하에 강제집행을 하는 사무이며, 채권과 그 밖 재산권의 강제집행은 집행법원이 압류명령, 전부명령, 추심명령을 통하여 현금화를 행하고 대부분 집행관의 역할이 없지마는 그 현금화 과정에서 받아내기 곤란한 재산권인 경우에는 집행법원의 양도명령, 매각명령 등의 특별현금화 명령을 통하여 현금화를 하게 되며 집행법원의 매각명령이 있는 경우에는 집행관이 그 업무를 취급하게 된다.

또한 배서가 금지되지 않은 증권채권의 경우에는 유체동산으로 보아 유체동산 강제집행절차에 의해서 그 집행이 이루어지지만(민집 189조 2항), 배서가 금지된 증권채권의 경우에는 집행법원의 압류명령에 따라 집행관이 점유하여야 효력이 발생하므로(민집 233조) 이 범위에서 집행관이 그 업무를 취급하게 된다.[4]

---

4) 법원행정처, 2004, 집행관 실무편람, 63면.
  이러한 압류명령에 따른 집행관 증권의 점유도 집행법원의 압류명령을 근거로 당사자가 집행관에게 집행을 위임해야 하므로 위임에 의한 사무의 범주에 속한다.

나. 보전처분의 집행사무

유체동산의 가압류, 동산 또는 부동산인도의 가처분, 채무자의 점유해제·집행관 보관의 가처분 등은 집행관이 이를 집행한다.

3. 집행법원의 직무명령에 따른 사무

집행법원의 직무명령이 사무취급의 근거가 되는 경우로는 부동산, 선박, 자동차 등의 강제경매·담보권 실행 등을 위한 경매에서 매각의 실시(민집 107조, 112조, 172조, 187조, 268조, 269조, 270조, 274조) 부동산의 강제경매, 강제관리, 담보권 실행 등을 위한 경매에서 목적물의 현황 조사(민집 85조, 163조, 268조, 274조), 선박·항공기 강제집행, 담보권실행 등을 위한 경매와 선박·항공기 가압류집행에 있어서의 선박 국적증서와 항공기등록증명서의 수취·제출명령(민집 174), 자동차 강제경매, 임의경매에 있어서 자동차 이동명령, 인계명령(민집규 118조 1항, 동조 2항 197조) 등이 있다.

4. 집행법원의 임명 때문인 사무

집행법원의 임명이 사무취급의 단서로 되는 경우로는 부동산의 강제관리에 있어서의 강제관리인으로의 임명(민집 166조 1항), 부동산 강제집행, 담보권 실행 등을 위한 경매에 있어서의 부동산관리명령의 관리인으로의 임명(민집 294조) 선박 강제집행, 담보권 실행 등을 위한 경매에 있어서의 감수보전명령의 감수보존인으로의 임명(민집 178조 2항, 299조) 등이 있다.

제3절 집행신청(위임)에 의한 집행실시

|도표| **집행절차 개요도**

```
┌─────────────────────────────────────────────────────────┐
│   집행채권자의 강제집행 신청을 위한 사전준비              │
│   (준비서류: 집행권원, 송달증명원, 확정증명원, 자격증명 등) │
└─────────────────────────────────────────────────────────┘
                            ↓
┌─────────────────────────────────────────────────────────┐
│   관할법원 집행관에게 강제집행의 신청(신청서 양식 아래 참고) :│
│   신청서 기재사항 확인(민집 4조, 민집규 131조)            │
└─────────────────────────────────────────────────────────┘
                            ↓
┌─────────────────────────────────────────────────────────┐
│   강제집행 수수료 등비용의 예납 : 관할 집행관의 수수료 등의 계산 후 │
│   비용 예납(집행관법 19조, 집행관수수료규칙 4조)           │
└─────────────────────────────────────────────────────────┘
                            ↓
┌─────────────────────────────────────────────────────────┐
│   집행관과 협의 사항 : 집행방법, 입회인, 집행보조자, 열쇠기술자, 노무자 등의 │
│   필요 여부, 집행기일의 지정 등,                          │
└─────────────────────────────────────────────────────────┘
                            ↓
┌─────────────────────────────────────────────────────────┐
│   강제집행의 착수·완료 : 집행조서의 작성(민집 10조, 민집규 6조) │
└─────────────────────────────────────────────────────────┘
                            ↓
┌─────────────────────────────────────────────────────────┐
│                  집행권원의 부기 환부                      │
└─────────────────────────────────────────────────────────┘
                            ↓
┌─────────────────────────────────────────────────────────┐
│   강제집행 수수료 등 비용의 정산 : 집행사무 완료 후 비용의 정산 │
│   확인 반환(집행관법 19조)                                │
└─────────────────────────────────────────────────────────┘
                            ↓
┌─────────────────────────────────────────────────────────┐
│              강제집행 사건기록의 보존과 폐기              │
└─────────────────────────────────────────────────────────┘
```

[양식] **강제집행신청서**

강 제 집 행 신 청 서

○○지방법원　○○지원　집행관사무소　집행관　귀하

채권자	성 명		주민등록번호 (사업자등록번호)		전화번호	
					우편번호	□□□-□□□
	주 소					
	대리인	성명(　　　　)			전화번호	

채무자	성 명		주민등록번호 (사업자등록번호)		전화번호	
					우편번호	□□□-□□□
	주 소					

집행목적물 소재지	□ 채무자의 주소지와 같음 □ 채무자의 주소지와 다른 경우 소재지 :
집 행 권 원	
집행의 목적물 및 집행방법	□ 동산가압류　□ 동산가처분　□ 부동산점유이전금지가처분 □ 건물명도　　□ 철거　　　□ 부동산인도　　□ 자동차인도 □ 금전압류　　□ 기타(　　　　　　)
청 구 금 액	원(내역은 뒷면과 같음)

위 집행권원에 기한 집행을 하여 주시기 바랍니다.

※ 첨부서류
1. 집행권원　1통
2. 송달증명서 1통
3. 위임장　　1통

20　.　.　.
채권자　　　　　　　　　(인)
대리인　　　　　　　　　(인)

※ **특약사항**

1. 본인이 수령할 예납금잔액을 본인의 비용 부담하에 오른쪽에 표시한 예금계좌에 입금하여 주실 것을 신청합니다.
　　　　채권자　　　　　(인)

예금계좌	개설은행	
	예 금 주	
	계좌번호	

2. 집행관이 계산한 수수료 기타 비용의 예납통지 또는 강제집행 속행의사 유무 확인 촉구를 2회 이상 받고도 채권자가 상당한 기간 내에 그 예납 또는 속행의 의사표시를 하지 아니한 때에는 본 건 강제집행 위임을 취하한 것으로 보고 완결 처분해도 이의 없음.
　　　　　　　　　　　　　　　채권자　　　　　　　(인)

1. 강제집행의 신청

가. 신청의 방식

강제집행은 채권자의 신청에 따라 개시된다. 집행신청은 관할 집행기관에 위의 양식 서면으로(민집 4조) 일정한 집행절차 또는 집행행위를 구하는 취지를 진술함으로써 한다. 집행 신청을 함에 있어서는 집행력 있는 정본을 관할법원 집행관 또는 집행관 합동사무소에 제출함으로써 한다(민집 43조, 81조 1항, 163조, 172조).

나. 신청의 요건

집행신청이 허용되기 위해서는 그 집행기관이 관할권을 가질 것, 집행당사자의 능력이나 대리권에 흠결이 없을 것, 집행력 있는 정본이 존재할 것 등이 필요하다. 구 민사소송법 489조는 집행치를 관할하는 지방법원의 소재지에 주거 또는 사무소가 없는 경우 채권자는 그 소재지에 가주소를 선정하여 법원에 신고하여야 한다고 규정하고 있었으나 민사집행법에서는 삭제되었다.

그 대신 민사집행법 14조 2항 규정에 따라 ① 집행에 관하여 법원에 신청이나 신고를 한 사람 또는 법원으로부터 서류를 송달받은 사람이 송달받을 장소를 바꾼 때에는 그 취지를 법원에 바로 신고하여야 하며 ② 제1항의 신고를 하지 아니한 사람에 대한 송달은 달리 송달할 장소를 알 수 없는 경우에는 법원에 신고된 장소 또는 종전에 송달을 받던 장소에 대법원규칙이 정하는 방법으로 발송할 수 있다. ③ 제2항의 규정에 따라 서류를 발송한 경우에는 발송한 때에 송달된 것으로 본다(민집 14조 2항, 민집규 9조).

2. 집행위임

집행의 위임은 강제집행개시의 전제요건이다. 채권자는 강제집행 신청을 그 관내 소속 집행관에게 집행력 있는 정본을 교부 하고 강제집행을 위임할 수 있으며 이 강제집행 위임은 민법상의 위임과는 다르며 집행의 개시를 구하는 신청이라고 볼 것이다(민집 42조). 다만 집행위임이 있더라도 집행을 개시하기 위해서는 일정한 요건을 필요로 한다(민집 39조, 40조, 41조).

가. 집행위임의 방식

채권자의 집행위임은 서면으로 하여야 한다. 실무상 집행의 편의를 위하여 집행목적물의 소재지 약도를 첨부하도록 하고 있다. 신청서에는 집행력 있는 정본(민집 42조 1항)과 집행개시의 요건을 충족하였음을 증명하는 서면(민집 39조, 40조, 41조)을 첨부하여야 하고 연대채권 또는 불가분채권의 경우에 각 채권자는 채권 전부에 관하여 집행위임을 할 수 있으나 가분채권인 경우에는 자기의 채권액에 관하여서만 집행위임을 할 수 있다.

연대채무 또는 불가분채무의 경우에 채권자는 각 채무자에 대하여 채권 전부의 집행위임을 할 수 있으나, 가분채권의 경우에는 각 채무자에 대하여 그 부담부분에 한하여 집행위임을 할 수 있다. 조합채권과 같은 합유 채권의 경우에는 채권자 전원이 공동으로 집행위임을 하여야 한다. 신청 시에는 집행관 수수료규칙 25조 1항에 따라 비용을 예납 하여야 한다.

한편 집행관이 집행사건을 수임 할 경우 위임인을 확인하기 위하여 아래와 같은 행정예규에 의한 조처를 하여야 한다.

대법원 행정예규 495호

① 위임인으로 하여금 주민등록증을 제시하게 하여 채권자 본인 또는 권한 있는 대리인인가의 여부를 확인하고 직무부 등 채권자 또는 경매신청인 등의 이름 기재란에 주민등록번호를 병기하여야 한다.
② 변호사가 채권자의 대리인으로서 그 사무원으로 하여금 집행사건을 위임케 하는 경우에 집행관은 그 사무원임을 증명하는 신분증과 주민등록증을 제시하게 하여 이를 확인하고 각종 장부에 기재할 위임인의 이름란에는 변호사의 이름 다음에 사무원의 이름, 주민등록번호와 사무원증번호를 병기하여야 한다.
③ 압류직무부 등의 비고란에 위임인(변호사 사무원이 집행위임한 경우는 그 사무원)의 인장을 압날 할 수 있다.

나. 위임자의 능력

위임자는 소송능력자임을 필요로 하며 대리인에 의한 위임에는 유효한 대리권의 수여가 필요하고 그 권한은 위임장으로 증명하여야 한다.

다. 집행위임의 거절

집행관은 그 직무에 관한 명령 또는 위임을 정당한 이유 없이 거절할 수 없으며(집행관법 14조) 다만 법으로 집행위임이 있으면 위임의 요건을 조사하여 형식적 요건이 구비 되어 있는 한 정당한 사유(관할권의 부존재, 제척원인의 존재, 비용의 미납 등) 없이 위임을 거절할 수는 없으나, 흠결이 있는 때에는 그 보완을 요구하고 보완이 없으면 위임을 거절할 수 있다. 집행법원의 집행절차에 관한 재판으로서 즉시항고를 할 수 없는 것과 집행관의 집행처분, 그 밖에 집행관이 지킬 집행절차에 대하여서는 법원에 이의를 신청할 수 있으며 집행관이 집행을 위임받기를 거부하거나 집행행위를 지체하는 경우 또는 집행관이 계산한 수수료에 대하여 다툼이 있는 경우에는 법원에 이의를 신청할 수 있다(민집 16조 3항).

라. 집행위임의 취하

집행의 시행은 채권자의 의사에 의존하는 것이므로 채권자는 집행종료 전이면 언제든지 집행위임을 취하할 수 있다. 그러나 집행관은 정당한 사유 없이는 수임 후에 직무수행을 그만둘 수 없다.

마. 집행위임의 효과

위임을 받은 집행관은 사건의 처리를 다른 집행관에게 위임하지 못한다. 다만 명령 또는 위임을 한 사람의 승낙이 있는 경우에는 그러하지 아니하다(집행관규칙 16조). 위임을 받은 집행관은 집행기관으로서 독립하여 자기의 책임과 판단으로 법규에 따라 그 권한을 행사하여야 하며 채권자의 지시를 따를 필요는 없다.

채권자로부터 적법한 위임을 받았고 집행력 있는 정본을 가지고 있으면 채무자와 제3자에 대하여 강제집행을 하고 민사집행법 42조에 규정된 행위를 할 수 있는 권한을 가지며, 채권자는 그에 대하여 위임의 흠이나 제한을 주장하지 못한다(민집 43조 1항). 집행관은 집행력 있는 정본을 가지고 있다가 관계인이 요청할 때에는 그 자격을 증명하기 위하여 이를 내보여야 한다(민집 43조 2항).

바. 특별위임

집행관이 채권자로부터 특별한 위임을 받은 때에는 민사집행법 42조에 규정되어 있지 아니한 행위, 특히 화해, 변제의 연기, 대물변제의 수령 등 일정한 사법상의 권한을 행사할 수 있다. 이것은 집행의 원활화와 신속, 정확한 실시를 가능케 하는 것이므로 허용하여도 무방하기 때문이다. 이러한 범위에 있어서 집행관은 개인으로서 채권자의 임의대리인이 될 것이다.[5]

3. 집행관의 집행일시의 지정 등

집행관은 정당한 이유 없이 그 직무에 관한 명령이나 위임을 거절할 수 없는바 민사집행의 신청(위임)을 받은 때에는 바로 민사집행을 개시할 일시를 정하여 신청인에게 통지하여야 한다. 민사집행의 신청인 또는 그 대리인은 채무자가 거절하지 않는 이상 집행관이 채무자에 대하여 집행처분을 하는 자리에 참여할 수 있으므로 그 집행일시를 통지할 필요가 있다. 다만 신청인이 통지가 필요 없다는 취지의 신고를 한 때에는 그러하지 아니하다(민집규 3조 1항).

여기서 당사자의 신청위임이란 민법상의 위임과 달리 집행을 개시하는 신청을 의미하는 것으로서 서면으로 하여야 한다. 아울러 집행관이 민사집행을 개시하는 날은 부득이한 사정이 없으면 신청을 받은 날부터 1주일 안의 날로 정하도록 규정하고 있다(민집규 3조 2항).

4. 집행현장에서의 절차

집행관이 그 직무를 집행할 때에는 지방법원장이 발급한 신분증을 지녀야 한다(집행관법 17조 1항). 또한, 집행력 있는 정본을 가지고 있어야 하고 또한 집행관은 집행력 있는 정본을 가지고 있다가 관계인이 요청할 때에는 그 자격을 증명하기 위하여 이를 내보여야 한다(민집 43조 2항). 집행관 외의 사람으로서 법원의 명령에 따라 민사집행에 관한 직무를 행하는 사람(예를 들어, 민집 97조의 감정인 등)도 그 신분 또는 자격을 증명하는 문서를 지니고 있다가 관계인이 신청할 때에는 이를 내보여야 한다(민집 7조 1항).

---

5) 법원행정처, 2014, 법원실무제요, 민사집행(1), 29면.

따로 규정은 없지만, 집행관은 집행현장에 임하여 집행 전에 임의이행을 촉구할 것이며 집행개시를 하였다 하여 임의이행을 거절할 수 없다. 집행관은 인도 집행 등의 제1회 기일에는 집행현장에서 채무자에게 임의이행을 촉구하며 제2회 기일을 지정하고, 그 기일까지 임의이행이 없는 경우에 비로소 인도 집행 등으로 나아가는 것이 통상적인 실무이다.

5. 공휴일·야간의 집행

> **민사집행법**
> **제8조(공휴일·야간의 집행)**
> ① 공휴일과 야간에는 법원의 허가가 있어야 집행행위를 할 수 있다.
> ② 제1항의 허가명령은 민사집행을 실시할 때에 내보여야 한다.

공휴일과 야간에는 법원의 허가로 집행행위를 할 수 있으며 이 허가 명령은 민사집행을 할 때에 내보여야 한다(민집 8조 1, 2항). 주간 또는 평일에 착수한 집행행위의 속행으로 야간이나 휴일에 이른 때에도 이 허가가 있어야 한다. 야간이란 일몰 후부터 일출 전까지이다. 여기서 말하는 집행행위는 압류, 수색과 같은 실력행사 행위를 말하고, 집행력 있는 정본이나 집행문의 송달, 그 밖의 집행에 관한 명령의 송달이나 진술을 구하는 최고 등(민집 39조, 227조 2항, 229조 4항, 237조 2항, 240조 2항, 251조 2항 등)은 이에 포함되지 아니한다.

가. 허가신청

신청은 채권자는 물론 집행관도 할 수 있다. 채권자가 신청하는 경우에는 1,000원의 인지를 첨부하여야 한다. 신청은 집행사건으로 접수(사건부호는 타기)하여 집행사건부에 전산 입력한 후 별책으로 만든다.

나. 재 판

집행법원은 변론 없이 재판할 수 있으며(민집 3조 2항), 필요한 때에는 이해관계인, 그 밖의 참고인을 심문할 수 있다(민집규 2조). 법원은 자유로운 판단으로 결정으로 허가 여부의 재판을 한다. 허가결정은 "위 당사자 간의 ○○지방법원 20

○○가합○○ 손해배상 사건의 집행력 있는 판결정본을 근거로 한 집행은 야간(또는 휴일)에 이를 할 것을 허가한다."라는 형식이 된다.

허가 여부의 결정은 신청인에게 송달하면 충분하고 채무자에게 송달할 필요는 없으나, 허가가 있는 때에는 허가결정을 집행 시에 채무자에게 제시하여야 하므로(민집 8조 2항) 허가결정의 정본을 집행관에게 교부 한다. 허가 여부의 재판에 대하여는 집행에 관한 이의신청(민집 16조 1항)을 할 수 있다.

다. 허가 없이 공휴일 또는 야간에 한 집행행위

집행관이 집행법원의 허가 없이 공휴일 또는 야간에 집행행위를 한 경우에는 채무자는 집행에 관한 이의신청(민집 16조 1항)을 할 수 있다.

라. 공휴일 또는 야간집행 관련 실무사례[6]

(1) 휴일, 야간집행의 "허가를 받았음을 증명하는 문서"의 범위 「昭和 54 熊本」
* 민사집행법 8조 2항의 "허가를 받았음을 증명하는 문서"란 허가결정원본만을 지칭하는가?
* 허가결정의 원본 외에 그 정본, 등본, 허가가 있었다는 취지의 재판소 서기관의 증명서, 집행관이 집행현장에서 스스로 작성한 허가를 받았다는 취지의 전화청취서도 포함된다. 전화에 의한 허가의 청구는 어쩔 수 없는 긴박한 경우에 한하여 청구해야 한다.

(2) 이른바 공동압류의 방법으로 집행하는 경우 민사집행법 8조의 허가 「昭和 55 執研」
* 동산집행사건의 압류에 관하여, 법 8조의 허가를 받은 후 압류에 착수하기 전에 다시 다른 채권자로부터 동일채무자에 대하여 동산집행 사건이 신청되어서 양 사건을 사전에 병합한 다음에 이른바 공동압류의 방식으로 집행하는 경우 후에 신청된 사건에 관하여도 동조의 허가를 받아야 하는가?
* 동조의 허가는 원칙적으로 사건마다 필요하지만, 이른바 공동압류의 방법으로 집행하는 경우에는 압류는 1개의 절차로서 동일한 기회에 행해지고, 채무자의 주거 평온의 유지 관점에서 채무자에게 각별한 불이익은 발생하지 않는 것으로 생각하기 때문에, 일방의 사건에 관하여 허가가 있었으면, 다른 사건에 관하여는 다시 허가를 받을 것을 필요로 하지 않는다.

---

6) 日 最高裁判所 事務總局, 1997, 執行官事務(제3판), 「32」, 「34」

6. 채무자 집행 목적물의 조사

> **민사집행법**
> **제5조(집행관의 강제력 사용)**
> ① 집행관은 집행하기 위하여 필요한 경우에는 채무자의 주거·창고 그 밖의 장소를 수색하고, 잠근 문과 기구를 여는 등 적절한 조치를 할 수 있다.
> ② 제1항의 경우에 저항을 받으면 집행관은 경찰 또는 국군의 원조를 요청할 수 있다.
> ③ 제2항의 국군의 원조는 법원에 신청하여야 하며, 법원이 국군의 원조를 요청하는 절차는 대법원규칙으로 정한다.

집행관은 집행함에 있어서 집행을 받는 채무자가 집행권원에 표시된 사람에 해당하는가, 그의 소유재산인가, 그가 점유하고 있는 것인가 등을 조사하여야 한다. 다만 그 개연성을 인정할 수 있는 외관과 징표에 의하여서만 판단할 수 있을 뿐이며 실질적 조사권은 없다.

7. 압수·수색 및 동산집행 시 강제개문(强制開門)의 시기 등

집행관은 집행하기 위하여 필요한 경우에는 채무자의 주거·창고 그 밖의 장소를 수색하고, 잠근 문과 기구를 여는 등 적절한 조치를 할 수 있다(민집 5조 1항). 집행관은 채무자의 주거에 들어가기 위하여 그것이 채무자의 주거인가를 제반 사정에 의하여 판단할 권한이 있고, 또 직무상의 재량에 의하여 일단 채무자의 주거라고 판단한 경우에는 채무자 이외의 사람이 채무자의 주거가 아니라고 주장한 때라도 그것을 확인하기 위하여 그 주거에 들어가 채무자의 소유물건이 있는가 여부를 조사할 수 있다.

만약 창고, 금고 또는 상자 등의 문이 잠겨 있는 때에는 우선 채무자에게 이를 열도록 할 것이고 이에 불응한 때에는 집행관 스스로 또는 제3자에게 명하여 실력으로 열어서 수색할 수 있다. 이때 자물쇠를 파손하지 않고서는 이를 열 수 없는 경우에는 필요한 한도에서 파손이 있더라도 불가피하다. 그러나 이러한 경우라도 채무자에게 가장 손해가 적은 방법을 선택하여야 할 것이다. 채무자나 그 가족 등이 신체나 의복 등에 채무자 소유의 현금이나 귀금속 등을 감추고 있는 것이 분명하다고 인정될 때에는 호주머니, 옷소매 등을 검사하여도 무방할 것이다.

  (1) 강제개문 등 실무사례[7]

(1) 강제개문(強制開門) 시기
집행관은 민사집행법 5조 1항에 의하여 집행을 위하여 필요한 경우 채무자의 잠긴 문과 기구를 여는 등 적절한 조치 즉 강제개문(強制開門)을 할 수 있는바, 그 강제개문(強制開門) 시기에 대하여는 채무자가 부재중이거나, 집행을 거부하며 문을 열어 주지 않을 경우 집행기일 1회에 즉시 강제개문에 의한 집행을 원칙으로 하여야 한다는 경우와 집행관은 보충적(補充的)으로 강제력을 사용해야 하므로 특별한 사정이 있는 경우에만 1회 기일에 강제개문하고 통상적으로는 2회 기일 이후부터 강제개문 하여야 한다는 견해가 있다. 그러나 1회 기일부터 강제개문을 실행하면
① 채무자 등이 부재중일 때 점유자가 누구인지 확인할 수 없는 경우도 있어 착오(錯誤) 집행의 가능성도 있고,
② 채무자 등의 만남이 없이 즉시 강제집행을 하게 되면 당사자 간 최종적인 합의로 해결될 기회가 상실되며
③ 강제개문 집행을 당한 채무자의 정신적인 고통, 수치심, 사생활 침해 등 심각한 인권 침해 소지가 있어 특별한 경우(1회 기일에 강제개문 집행을 하지 않으면 집행의 목적을 달성할 수 없음을 소명하는 경우, 채권자 주소와 집행목적지 거리가 원거리이고 채권자가 채무자 등이 거주하고 있다는 주민등록표 등·초본을 소지한 경우, 집행관사무소와 집행 목적지가 도서 벽지이거나 원거리이고 아무도 거주하고 있지 않음이 인정되는 경우, 기타 특별한 사정상 1회 기일에 강제개문 집행의 필요성이 있다고 집행관이 판단한 때)에만 1회 기일에 강제집행을 하는 것이 바람직하다.

(2) 강제개문(強制開門)의 절차와 방식
① 집행관은 채무자 부재 시 강제개문 집행을 하기 위해서는 사전 또는 당일까지 집행목적물 소재지 장소에 채무자가 거주하고 있음을 소명할 주민등록·등초본을 제출케 하여 확인절차를 거친다.
② 강제개문 시 출입문이 최신 디지털 도어록이나 지문 인식기 등이 부착되어 개문에 실패한 경우에는 야간집행허가를 받아오도록 하여 집행하거나, 자물쇠 파손의 방법에 따라 개문할 수 있다.
③ 자물쇠 파손의 방법에 따라 집행을 한 경우에는 채권자, 아파트관리인, 또는 열쇠공 등 적당한 사람에게 열쇠의 보관을 맡기거나 직접 보관하는 등 적절한 보관방법을 취하고 집행내용과 집행관 연락처를 기재한 안내문을 부착하여 채무자 등에게 불편을

---
[7] 전국법원 집행관연합회, 2010, 집행관 업무자료집, 46~47면.

가져오거나 불이익을 주어서는 아니 된다.
④ 강제개문 방식에 의한 집행의 경우 채권자가 영수증을 첨부하여 개문비용(開門費用)을 청구한 경우 집행비용에 포함한다.
⑤ 집행관이 열쇠기술자를 선정함에 있어 집행관사무소에 등록된 열쇠기술자를 안내할 수 있으나 직접 누구를 추천하거나 선정에 개입하여서는 안된다.

8. 저항의 배제

민사집행법 5조에서 말하는 저항이란 집행관의 직무집행에 대한 방해 행위를 말한다. 따라서 방해자에게 방해의 대상인 행위가 집행관의 직무집행인 것의 인식이 필요하다. 집행관이 채무자에 대하여 퇴거를 명했음에도, 이에 따르지 않은 때, 예컨대 가옥에 열쇠를 채워 집행관을 출입하지 못하게 한다든지, 가옥 내에 주저앉아 완강하게 퇴거를 거부한다든지, 가재도구의 반출을 방해하는 등으로 저항하는 때는, 강제집행의 목적을 실현하기 위하여 필요한 위력과 저항의 배제(폐문한 문을 열기 위해 열쇠를 파손하는 것은 어쩔 수 없고, 주저앉은 사람은 손을 써서 끌어내는 것도 가능하다)를 행사하여 퇴거를 강요할 수 있다.

집행관이 적법한 집행의 신청에 따라 집행권원을 소지하고 행하는 집행에 대하여는, 채무자는 정당한 국가권력의 행사로서 그 집행을 수인할 의무가 있는 것이어서, 집행관은 그 집행을 방해하는 저항을 받으면 이를 제거하기 위하여 위력을 사용할 수 있다. 채무자 등의 저항이 격렬하여 집행관이 이를 진압할 수 없고 위급한 경우에는 가장 가까운 경찰관서에 구두로 직접 원조 요청을 할 수도 있다.

저항은 적극적 저항뿐만 아니라 소극적 저항 또는 언어에 의한 저항, 예를 들어 협박도 포함한다. 그러나 가령 채무자 또는 그의 가족이 와병하고 있고 퇴거 때문에 현저히 병세를 악화시킬 우려가 있는 등의 사정이 있는 경우에는 집행에 대하여 저항을 한다고 볼 수 없을 것이기 때문에 집행관은 위력(威力) 행사를 피해야 한다.[8] 퇴거를 강요하는 것이 채무자의 생명에 위험을 가져오

---

8) 따라서 이 같은 경우 채무자 등의 질병의 유·무 정도가 명백하지 않은 경우에는 의사의 진단서 등의 제출을 요구할 수도 있고 이때 채무자 등이 진단서의 제출을 거부할 때에는 질병을 가장한 저항으로 보아 이후의 절차를 밟더라도 무방하다 할 것이다.

는 경우에는 집행은 사실상 불능으로 하여 중지할 수밖에 없다.

저항은 구체적인 집행행위에 대한 것에 한하며, 일단 집행행위를 완전히 종료하여 그 효력이나 상태가 계속 중에 채무자 또는 제3자가 그 집행의 효과를 배제하려고 실력을 행사하는 등의 경우는 포함되지 아니한다. 그러나 반드시 집행 중인 경우에만 한하는 것이 아니라 집행개시 직전 또는 종료 직후 이에 근접한 시점도 포함되는 것으로 보는 것이 타당하다.

건물인도의 강제집행에 있어서 집행관이 이를 실시하기 위하여 목적 건물에 들어가거나 들어가려고 한 때에는 비록 현실로 인도 집행의 내용을 이루는 사실행위, 예를 들어 동산의 반출, 채무자의 배제 등에 착수하지 않았다 하더라도 이에 포함되며, 또 집행관이 채무자의 목적 건물에 대한 점유를 풀고 채권자에게 그 점유를 넘겨 준 직후에 채무자가 다시 목적 건물에 들어가 그 점유를 침탈하려고 실력을 행사하는 경우에도 그 저항을 배제할 수 있다. 채무자의 저항은 물론 제3자의 저항도 포함되며 저항이 집행관 자신에 대하여 가하여진 것인가 집행보조자에게 가하여진 것인가를 묻지 않는다.

그러나 집행관 스스로 어느 정도의 위력을 사용하여 그 저항을 간단히 배제할 수 있는 경우라면 경찰 또는 국군의 원조를 요청할 필요는 없을 것이다. 집행행위의 종료 후에 압류 등의 효과를 배제하려고 하는 경우, 예를 들어 압류물의 양도, 반출 등은 여기서 말하는 저항이 아니다.

집행관이 경찰에 대한 원조요청을 할 필요가 있다고 판단되는 때에는 사전에 그 집행에 관한 직무의 수행 장소를 관할하는 경찰서장에게 경찰원조요청서에 의하여 집행 시 경찰의 원조가 필요한 사유를 통지하면서 원조를 요청할 수 있고, 다만 관할 경찰서장에게 사유를 통지하면서 경찰의 원조를 요청할 수 있는 시간적 여유가 없을 정도로 긴급을 요구하는 때에는 집행 장소에서 가장 가까운 곳에 있는 파출소 등의 경찰관에게 구두로 직접 원조를 요청할 수 있으며, 집행관이 해상에서 집행에 관한 직무를 수행함에 있어 경찰에 대해 원조요청을 할 필요가 있다고 판단되는 때에는 가장 가까운 곳에 있는 해양경찰서장에게 위와 같은 통지 및 원조요청을 할 수 있다.

저항을 배제하는 행위는 바리케이드의 철거 등 대물적인 행위뿐만 아니라 저항하는 사람을 직접 밀어내는 등의 대인적인 행위도 허용된다. 집행관 외의 사람으로서 법원의 명령에 따라 민사집행에 관한 직무를 행하는 사람은 그 직무를 집행하는데 저항을 받으면 집행관에게 원조를 요구할 수 있고(민집 7조 2항),

그 원조요구를 받은 집행관은 민사집행법 5조(강제력 사용, 경찰 또는 국군의 원조 요청), 6조(증인 참여)에 규정된 권한을 행사할 수 있다(민집 7조 3항).

집행관 외의 사람으로서 법원의 명령에 따라 민사집행에 관한 직무를 행하는 사람이란 감정인(민집 97조), 강제관리의 관리인(민집 166조), 선박의 감수·보존인(민집 178조) 등을 말한다. 다만 강제관리의 관리인에 대하여는 민사집행법 166조 2항에 관리인이 관리와 수익을 하기 위하여 부동산을 점유함에 있어서 저항을 받으면 집행관에게 원조를 요구할 수 있다는 별도의 규정을 두고 있고, 민사집행법 97조 3항은 부동산평가 감정인이 집행관의 원조를 요구하는 때에는 법원의 허가를 받아야 하는 것으로 제한하고 있다.

위 감정인, 관리인 등에 임명된 사람이 집행관인 때에는 민사집행법 7조 2항의 적용이 없음은 규정 자체에 비추어 명백하다. 집행관이 집행법원의 명령에 따라 민사집행에 관한 직무를 행하는 경우 이는 집행관법 2조에 의하여 집행관의 직무로 되므로, 그 직무를 집행하는데 저항을 받으면 다른 집행관의 원조를 구할 필요가 없이 스스로 위력을 행사하거나 경찰 등에 별지 아래에 의한 원조를 요청할 수 있다.

|서식| **경찰원조요청서**

○ ○ 지 방 법 원
경 찰 원 조 요 청 서

수   신   ○ ○ 경찰서장 귀 하
사   건   20 . . .
신 청 인(채권자)
피신청인(채무자)

 본인이 위 사건에 관하여 귀서의 관할 내에서 다음 기재와 같은 집행에 관한 직무를 수행함에 있어 채무자 등의 저항이 예상되어 민사집행법 제5조 제2항의 규정에 의하여 경찰의 원조를 요청하오니, 협조하여 주시기 바랍니다.

다   음

집행의 일시
집행의 장소·목적물
예상되는 채무자 등의 저항 정도·내용

20 . . .

○ ○ 지방법원 집행관   ○ ○ ○ ㉑

집행관 사무소 소재지		전 화		전 송	

민집 5②

가. 저항의 배제 등 실무사례9)

(1) 저항의 배제를 위한 강제력의 한계 「昭和 37 福岡」

* 채무자 저항의 배제에 임하여 강제력행사의 한계는 어디까지인가?
* 일반적으로 강제집행의 목적을 실현하기 위하여 필요한 한도 내에서 강제력을 행사하는 것은 어쩔 수 없다. 예컨대 건물명도 집행 시에 내부의 동산을 운반할 수 없는 경우 시정 장치를 파손한다든가, 채무자가 건물 내에 점유하고 퇴거하지 않은 때에 데리고 나가는 것 모두 가능하며 채무자가 와병 중일 때는 인도상의 견지에서 집행을 연기해야 할 경우도 있을 것이다.

(2) 저항의 판단과 배제방법 「平成 3 執硏」

* 독신여성 거주 주택의 동산집행에서 그녀가 독신여성임을 들어 주택에의 출입을 거부한 경우, 이를 저항으로 볼 수 있는지?
* 현관에서 막아서고 열쇠를 잠그고 열지 않는 경우는 저항으로 보아도 무방하지만 단지 말로만 출입을 거부하는 것만으로는 저항이라고 말하기는 어렵다. 집행관으로서는 현장에 임한 목적, 집행절차의 내용, 집행관의 권한을 상세하게 설명하고 원활한 집행을 위하여 노력해야 한다. 또한, 저항에 해당하는 행위가 있는 경우에는 증인을 입회시킨 다음 강제력을 사용하여 이를 배제할 수 있다. 이때 저항의 행태에 따라 여성보조자를 사용하거나 여성경찰관에게 원조를 구하는 것도 고려할 것이다.

(3) 맹견이 있는 경우의 대책 「昭和 63 秋田」

* 동산집행 혹은 현황조사를 위하여 현장에 임한바, 개 목줄이 있거나 혹은 풀어 기르는 맹견 때문에 주택에의 출입이 곤란한 경우, 맹견의 유효적절한 배제방법은 없는가?
* 집행채무자 혹은 소유자에 대하여 맹견을 묶거나 혹은 제거하도록 하여 출입이 용이하도록 최고를 하고, 이에 응하지 않는 경우에는, 부작위(不作爲)에 의한 저항이 있다고 해석할 수 있기 때문에 이를 배제하기 위하여 보조자로서 맹견처리 전문업자 등을 불러서 출입에 장애가 없는 장소로 이동시키든가 경찰관서의 원조를 구하는 것도 가능하고, 집행재판소를 통하여 관공서의 원조를 구하는 것도 가능하므로, 소관 보건소에 맹견제거의 원조요청을 하는 방법이 고려된다.

---

9) 日 最高裁判所 事務總局, 2011, 執行官事務 (第4版), 「6」, 「9」, 「11」

9. 증인의 참여

집행관은 집행하는데 저항을 받거나 채무자의 주거에서 집행하려는데 채무자나 사리를 분별할 지능이 있는 그 친족·고용인을 만나지 못한 때에는 성년 두 사람이나 특별시·광역시의 구 또는 동 직원, 시·읍·면 직원(도농복합형태의 시의 경우 동지역에서는 시 직원, 읍·면 지역에서는 읍·면 직원) 또는 경찰공무원 중 한 사람을 증인으로 참여하게 하여야 하며(민집 6조), 위에서 규정된 공무원들은 집행관으로부터 집행실시의 증인으로 참여하도록 요구받은 경우 정당한 이유 없이 그 요구를 거절하여서는 아니 된다(민집규 5조).

여기서 말하는 사리를 분별할 수 있는 자란 획일적으로 기준을 정할 수는 없으나 통상 유체동산 압류 실무에서는 강제집행의 의미를 이해하고 왜 강제집행을 당하는지를 이해할 수 있는 중학생 정도의 지능과 나이면 사리를 분별할 수 있는 의사능력이 있는 것으로 보고 있다. 그러나 연소자의 경우에는 충격을 받지 않도록 보호자와 전화통화를 시켜 안심시킨다든가 하는 세심한 배려가 필요하다.

그리고 여기서 말하는 저항이란 실력으로 집행을 방해하는 것은 물론 집행을 거부하는 것도 포함된다 할 것이나, 단순히 말로 이의를 제기한 데 그친 경우에는 저항이라 볼 수 없을 것이다. 경찰의 원조 요청(민집 5조 2항)에 따라 원조를 하는 경찰관은 집행관 측의 처지에 있는 것이므로 그 경찰관 이외의 증인이 필요하다.

채무자가 법인인 경우의 주소, 즉 사무소나 영업소는 이 규정의 적용을 받지 아니하므로 저항이 없는 한 대표자가 없어도 집행할 수 있다. 고용인이란 반드시 채무자와 동거하고 있는 사람임을 필요로 하지 않으나, 주거에서 집행하는 경우이므로 가사에 관한 고용인임을 필요로 하고, 채무자가 별도로 사업장을 가지고 경영하는 사업의 종업원은 이에 해당하지 않는다 할 것이다. 집행에 있어 저항이 예상되는 경우에는 미리 증인을 동행하여도 무방하다.

이러한 증인의 참여가 없는 집행행위는 채무자 또는 이해관계인의 집행에 관한 이의신청으로 취소될 수 있으나 당연히 무효로 되는 것은 아니다. 또한, 채무자의 집행 이의권 포기로 그 하자가 치유되며, 채무자가 집행관을 만났음에도 고의로 집행의 참여를 거부할 때도 집행이의 권의 포기로 보아 집행의 착수 또는 속행할 수 있다.

가. 증인의 참여 관련 실무사례

(1) 사람의 거주 범위[10] 「平成 元年 熊本」
* 주택의 현관 앞 부지에 놓여있는 물건을 압류집행 할 때 채무자가 부재인 경우 민사집행법 7조(입회인)의 절차가 필요한지?
* 집행관이 사람의 주거에 출입하여 직무를 행하는 경우 건물주 등을 만나지 못한 경우에는 증인으로 적당하다고 인정되는 자의 입회가 필요하다. 이는 사람의 생활근거지인 주거의 평온을 보호하는 것을 그 목적의 하나로 되어 있지만, 대상으로 되는 주거는, 현재 주거로 이용되고 있는 것임을 요하고, 공가, 창고, 사무소 등은 포함되지 않는다. 그러나 주거의 일체로 이용되고 있는 정원 등은 포함된다. 따라서 현관 앞은 주거에 포함된다고 보기에 민사집행법 7조에 해당하는 입회인이 필요하다.

(2) "증인으로서 상당하다고 인정되는 자"의 의미[11] 「昭和 54 執研」
* 법 7조에서 규정하는 "증인으로서 상당하다고 인정되는 자"란 어떠한 자를 말하는가?
* "증인으로 상당하다고 인정되는 자"란 집행관의 직무집행 적정 확보를 위한 증인으로서 적격성을 가진 자를 말한다. 민사소송법상의 증인능력을 갖추고 있는 자임을 요한다. 또한, 성인임을 요구하지는 않지만 적어도 의무교육 종료 정도의 나이에 달할 필요가 있을 것이다. 채권자의 대리인, 집행관의 집행보조자 등은 집행관의 직무집행 적정 확보의 취지에서 이에 해당하지 않는다고 해석된다.

10. 집행관에 의한 영수증의 작성·교부

채권자가 집행관에게 집행력 있는 정본을 교부 하고 강제집행을 위임한 때에는 집행관은 특별한 권한을 받지 못하였더라도 지급이나 그 밖의 이행을 받고 그에 대한 영수증서를 작성하고 교부 할 수 있다. 집행관은 채무자가 그 의무를 완전히 이행한 때에는 집행력 있는 정본을 채무자에게 교부 하여야 한다(민집 42조 1항).

만약 여러 통의 집행 정본이 교부된 때에는 그 모두를 교부 하여야 한다. 채권자가 집행관에게 집행력 있는 정본을 교부 하고 강제집행을 위임한 때에는 집행관은 특별한 권한을 받지 못하였더라도 지급이나 그 밖의 이행을 받고 그

---

[10] 日 最高裁判所 事務總局, 2011, 執行官事務(第4版), 「20」
[11] 전게서, 「12」

에 대한 영수증서를 작성하고 교부 할 수 있다. 집행관은 채무자가 그 의무를 완전히 이행한 때에는 집행력 있는 정본을 채무자에게 교부 하여야 한다.

가. 의무를 일부 이행한 경우

이 경우에 집행관은 집행력 있는 정본에 그 사유를 덧붙여 적고 영수 증서를 작성하여 채무자에게 교부 하여야 한다(민집 42조 2항). 이중의 이행청구나 이중의 집행을 받을 위험을 제거하기 위함이다.

나. 제3자가 변제한 경우

채무의 변제는 제3자도 할 수 있다. 그러나 채무의 성질 또는 당사자의 의사표시로 제3자의 변제를 허용하지 아니하는 때에는 그러하지 아니하며 이해관계없는 제3자는 채무자의 의사에 반하여 변제하지 못한다는 민법 469조의 제한에 해당하지 않는 한 제3자도 변제를 할 수 있으므로, 이 경우 집행관이 제3자의 변제를 받은 때에는 그 제3자에게 영수증서를 교부 하여야 하고, 일부 이행의 경우 집행력 있는 정본에 그 사유를 덧붙여 적어야 함은 채무자가 변제한 경우와 같다. 그러나 그 의무를 완전히 이행한 경우에 집행 정본을 누구에게 교부할 것인가에 관하여는 채무자에게 교부할 것이라는 견해와 변제자에게 교부할 것이라는 견해가 있다.[12]

다. 공동채무자가 변제한 경우

(1) 분할채무자 중의 1인이 자기 부담부분 전부를 갚았더라도 그 집행 정본은 다른 채무자에 대한 집행에 필요하므로 이를 반환할 수 없고 그 변제의 취지를 집행 정본에 덧붙여 적고 영수증서를 작성하여 교부한다. 그리고 전원의 채무가 변제되었다 하더라도 전원을 위한 대리인이 선임되어 있지 않은 한, 집행력 있는 정본을 채무자 중 1인에게 교부할 것이 아니라 채무가 전부 이행되었다는 뜻을 집행력 있는 정본에 덧붙여 적은 다음 집행관의 기록에 첨부하여 두는 것이 무난한 처리 방법이 될 것이다.

(2) 불가분채무자 또는 연대채무자 중의 1인이 채무 전부를 변제한 때에는

---

12) 법원행정처, 2014, 법원실무제요, 민사집행(1), 35면.

그에게 집행력 있는 정본과 영수증서를 교부한다. 그 중 1인이 일부만을 변제한 때에는 그 취지를 집행력 있는 정본에 덧붙여 적고 영수증서를 작성하여 교부한다. 각 채무자가 각각 1부씩을 차례로 변제한 결과 완제가 된 때에는 최후의 변제자에게 집행력 있는 정본을 교부할 것이다.

라. 채무자가 직접 채권자에게 변제한 경우

집행관은 영수증서를 작성하여 교부하거나 집행력 있는 정본을 교부하거나 집행력 있는 정본에 그 사유를 덧붙여 적을 의무는 없으나 채권자가 동의하면 집행력 있는 정본을 채무자에게 교부하여도 무방하다.

마. 어음·수표의 경우

어음·수표는 상환증권이므로 그 채권의 집행에 있어서 집행관은 그 어음·수표를 채무자에게 제시하여야 한다. 변제가 있는 때에 집행관은 어음·수표에 영수를 증명하는 기재를 하여 집행력 있는 정본과 함께 채무자에게 교부하여야 한다. 다만 어음·수표의 제시와 상환에 의한 변제는 채무자의 이익을 위한 것이므로 채무자가 그 이익을 포기하고 임의변제를 하는 경우에 집행관은 그 제시 없이도 변제를 받을 수 있다.

바. 채무자의 영수증 청구권

채무자가 집행관으로부터 영수증서의 교부를 받을 수 있다고 하여 채권자에 대하여 영수증청구권(민법 474조)을 행사할 수 없는 것은 아니다(민집 42조 3항 참조). 또 채무를 완전히 이행한 때에 채무자는 집행관으로부터 집행력 있는 정본을 교부받는 것과 관계없이 채권자에 대하여 채권증서의 반환을 청구할 수 있다 할 것이다(민법 475조).

11. 집행조서의 작성

가. 집행조서의 작성의무

집행관은 민사집행을 한 때에는 집행조서를 작성하여야 한다(민집 10조 1항). 민사집행법 10조 2항에서는 주로 형식적인 기재사항을 규정하면서 실질적인 기재사항에 대해서는 같은 법 10조 2호에서 "집행의 목적물과 그 중요한 사정의 개요"라고 추상적으로 규정하고 있을 뿐이므로 민사집행규칙 6조가 이를 구체화한 것이다.

압류를 한 때에는 압류조서를, 매각기일을 진행한 때에는 매각기일조서를 작성하여야 하며(민집 116조), 가압류·가처분의 집행에 관하여서도 조서를 작성하여야 한다. 대체집행의 결정에 기초한 집행(민집 260조 1항), 저항배제를 위한 참여(민집 166조 2항), 매각부동산에 대한 인도명령의 집행(민집 136조 6항), 그 밖에 집행관이 직무집행을 함에 있어 강제력을 행사할 수 있는 사무는 모두 집행행위에 해당하므로 조서를 작성하여야 한다.

그러나 정형적인 사무가 아닌 행위, 예를 들어 부동산현황조사, 부동산 강제관리인의 사무 등에 관하여는 조서의 작성을 요구하지 아니한다. 집행조서의 작성은 집행행위의 유효요건은 아니며, 그 기재에 흠결이 있다 하더라도 집행행위의 효력에 아무런 영향을 주지 아니한다. 집행조서의 증명력에 관하여, 학설상으로는 집행조서는 변론조서와는 달라서 집행방식에 관한 규정의 준수에 관하여 유일한 증거방법이 아니므로, 증인이나 그 밖의 증거에 의한 반대증명이 가능하다는 설과 집행조서의 경우에도 조서 이외의 증거에 의한 증명이 허용되지 아니한다는 설로 나뉘어 있으나, 판례는 부동산경매절차에서의 절차가 적법하게 행하여졌느냐의 여부는 매각기일조서의 기재만이 유일한 증명자료가 된다는 처지에 있다.[13]

집행조서는 집행기록 일부로서 가철 되어 3년간 보존되며(집행관 규칙 28조 1항 5호 가목), 이해관계인은 집행관에게 신청하여 이를 열람하고 등본·초본을 교부받을 수 있다(민집 9조, 집행관규칙 32조 1항).

나. 집행조서의 기재사항(민집 10조 2항)

(1) 집행한 날짜와 장소

(2) 집행의 목적물과 그 중요한 사정의 개요
집행의 목적물은 집행의 대상이 된 물건을 특정할 수 있도록 적어야 한다.

---

13) 대결 1994. 8. 22. 94마1121

유체동산 압류조서에 집행의 목적물을 적는 때에는 압류물의 종류·재질, 그 밖에 압류물을 특정하는 데 필요한 사항과 수량 및 평가액(토지에서 분리하기 전의 과실에 대하여는 그 과실의 수확시기·예상수확량과 예상평가액)을 적어야 한다(민집규 134조 2항). 중요한 사정이란 집행관이 현실적으로 행한 집행행위의 구체적 내용 가운데 중요한 사정을 말한다. 집행조서에 기재할 중요한 사정의 개요는

① 집행에 착수한 일시와 종료한 일시

본 호에서의 "일시"는 현실로 집행을 한 시간을 적어야 하며 집행에 착수한 이상 당일 집행행위가 종료되지 아니하여 정지 또는 속행한 경우나 집행 불능으로 종료된 경우에도 조서를 작성해야 하며 이 경우 각기 그 종료 일시를 적으면 된다.

② 실시한 집행의 내용(유체동산 호가경매조서에 적을 "실시한 집행의 내용"에 관하여는 민집규 150조 1항 참조)

집행관이 현실적으로 실시한 집행행위를 구체적으로 적는다. 어느 정도 상세하게 적느냐는 집행관의 판단에 따르지만, 법률적으로 의의가 있는 중요한 사항을 빠뜨려서는 안된다.

③ 집행에 착수한 후 정지한 때에는 그 사유

여기에서 집행의 정지는 민사집행법 49조에 규정된 문서의 제출에 의한 정지뿐만 아니라 집행 도중에 임의변제(任意辨濟)를 받는다거나, 동산인도절차에서 채권자나 그 대리인이 도중에 퇴거하는 등의 사유로 집행을 중지한 경우도 포함된다.

④ 집행에 저항을 받은 때에는 그 취지와 이에 대하여 한 조치

저항을 한 사람과 저항의 태양(態樣), 상황을 적고 집행관 또는 그 보조자가 강제력을 사용한 경우에는 그에 관한 내용을 적어야 하고 경찰이나 국군에 원조를 요청한 경우에는 그 취지를 적어야 한다.

⑤ 집행의 목적을 달성할 수 없었던 때에는 그 사유

집행목적물의 부존재, 채무자 소재불명, 매각불능, 무잉여(無剩餘) 등 사정을 구체적으로 적어야 한다. 다만 집행의 착수 전이면 본 호 규정의 집행조서를 작성할 의무는 없지만, 중지조서 또는 불능 조서라는 서면을 작성하는 것이 실무례이다.

⑥ 집행을 속행한 때에는 그 사유 등이다(민집규 6조 1항).

집행 도중에 일몰이 되어 야간이 된 경우, 집행할 물량이 방대하여 하루에

마치지 못하고 다음날로 속행한 경우 등이 이에 해당한다.

공휴일·야간집행의 허가재판(민집 8조 1항), 압류금지 물건을 정하는 재판(민집 196조 1항), 특별한 현금화 방법의 재판(민집 214조 1항) 등의 집행행위에 관하여 집행법원의 재판이 있는 때에는 그 요지를 기재하는 것이 좋고, 임의변제를 받은 경우 그 내용을 기재하는 것도 이에 속한다. 한편, 유체동산 압류조서에는 민사집행법 10조 2항, 3항과 민사집행규칙 6조에 규정된 사항을 적는 외에 채무자가 자기 소유가 아니라는 진술을 한 압류물에 관하여는 그 취지를 적어야 한다(민집규 134조 1항).

(3) 집행참여자의 표시

채권자 또는 그 대리인, 채무자 또는 사리를 분별할 지능이 있는 친족이나 고용인, 그리고 이들이 없었던 때에는 참여증인(민집 6조), 매수인 또는 최고가매수신고인 등 집행관계인으로서 집행에 참여한 사람을 표시하여야 한다. 집행관이 보조자로서 사용한 사람과 원조를 한 경찰관 등은 여기의 집행참여자에 해당되지 아니한다.

(4) 집행참여자의 서명날인

집행참여자의 서명날인은 서명무인으로 갈음할 수 있다(민집규 6조 2항).

(5) 집행참여자에게 조서를 읽어 주거나 보여 주고, 그가 이를 승인하고 서명날인 또는 서명 무인한 사실

(6) 집행관의 기명날인 또는 서명

(7) 기 타

민사집행법 10조의 기재사항은 아니나, 사건을 특정하기 위하여 실무상 당사자의 이름과 사건번호를 기재함이 통례이며, 집행의 기본이 된 집행권원도 이를 기재하는 것이 좋다.

다. 집행참여자의 서명날인을 받지 못한 경우의 조치

집행참여자로부터 위와 같은 서명날인 또는 서명무인을 받지 못하거나 승인을 받지 못한 때에는 그 이유를 기재하여야 한다(민집 10조 3항). 특히 채무자는 집행조서에 기재한 사항의 승인과 서명날인을 정당한 이유 없이 거부하는 예가 많다. 집행참여자가 서명날인을 거부하는 경우는 물론, 집행 도중 또는 서명날인을 받으려고 할 무렵 현장을 떠나버린 경우 등에도 그러한 사유를 기재하여야 한다. 집행현장에서 조서를 작성할 수 없어 열람 등을 못한 때에는 그 취지를 기재하여야 한다.

12. 최고와 통지

가. 집행관이 최고 또는 통지하여야 할 경우

집행관은 집행에 있어서 이해관계인에게 최고나 통지를 하여야 할 경우가 많이 있다. 최고는 이해관계인에 대하여 일정한 행위를 하도록 촉구하는 것이고, 통지는 일정한 사항을 이해관계인에게 알리는 것으로 아래 같은 경우가 있다.

① 기일입찰 또는 호가 경매의 방법에 따른 매각기일에 법원이 정한 매각방법에 따라 매수가격을 신고하도록 최고하는 것(민집 112조, 115조 4항)
② 매각기일에 차순위 매수신고를 최고하는 것(민집 115조 1항)
③ 매수가격신고가 없는 때의 재차 매수가격신고의 최고(민집 115조 4항)
④ 미완성의 어음 등을 압류한 경우에 채무자에게 어음 등에 적을 사항을 보충하도록 최고하는 것(민집 212조 2항)
⑤ 동산압류 시의 채무자에 대한 통지(민집 189조 3항)
⑥ 배당요구의 채권자에 등에 대한 통지(민집 219조)
⑦ 채권매각결정의 경우 제3 채무자에 대한 통지(민집 241조 5항)

나. 집행행위에 속한 최고, 그 밖의 통지 및 조서작성

> **민사집행규칙**
>
> **제8조(최고·통지)**
> ① 민사집행절차에서 최고와 통지는 특별한 규정이 없으면 상당하다고 인정되는 방법으로 할 수 있다.
> ② 제1항의 최고나 통지를 한 때에는 법원서기관·법원사무관·법원주사 또는 법원주

> 사보(다음부터 이 모두를 "법원사무관 등"이라 한다)나 집행관은 그 취지와 최고 또는 통지의 방법을 기록에 표시하여야 한다.
> ③ 최고를 받을 사람이 외국에 있거나 있는 곳이 분명하지 아니한 때에는 최고할 사항을 공고하면 된다. 이 경우 최고는 공고를 한 날부터 1주가 지나면 효력이 생긴다.
> ④ 이 규칙에 규정된 통지(다만 법에 규정된 통지를 제외한다)를 받을 사람이 외국에 있거나 있는 곳이 분명하지 아니한 때에는 통지를 하지 아니하여도 된다. 이 경우 법원사무관 등이나 집행관은 그 사유를 기록에 표시하여야 한다.
> ⑤ 당사자, 그 밖의 관계인에 대한 통지(다만 법 102조 1항에 규정된 통지를 제외한다)는 법원사무관 등 또는 집행관으로 하여금 그 이름으로 하게 할 수 있다.

 민사집행절차에서 최고와 통지는 특별한 규정이 없으면 상당하다고 인정되는 방법으로 할 수 있다(민집규 8조 1항). 상당하다고 인정되는 방법으로는 송달의 방법으로 하는 경우는 물론이고, 전화, 팩스, 구두에 의한 전달 등의 방법에 따라도 상관이 없다.14) 다만 민사집행법 11조가 적용되는 경우 예컨대 집행관의 차순위매수신고 최고나 입찰의 최고는 그 규정에 따라 말로하고 조서에 기록하여야 할 것이다. 집행행위에 말로 최고나 통지를 할 수 없는 경우에는 민사소송법 181조·182조 및 187조의 규정을 준용하여 그 조서의 등본을 송달한다. 이 경우 송달증서를 작성하지 아니한 때에는 조서에 송달한 사유를 적어야 한다.
 집행하는 곳과 법원의 관할구역 안에서 민사집행법 11조 2항의 송달을 할 수 없는 경우에는 최고나 통지를 받을 사람에게 대법원규칙이 정하는 방법으로 조서의 등본을 발송하고 그 사유를 조서에 적어야 한다(민집 11조 3항). 다만 특별한 정함이 있는 경우에는 이에 따라야 하고, 위 규정이 적용되지 않음은 당연하다. 예를 들어, 압류채권을 매각한 경우 집행관은 채무자를 대신하여 제3채무자에게 서면으로 양도의 통지를 하여야 하고(민집 241조 5항), 말로 최고나 통지를 할 수 없는 경우에는 민사소송법 181조, 182조 및 187조의 규정을 준용하여 그 조서의 등본을 송달하면 된다(민집 11조 2항).15) 송달방법은 교부송달, 보

---
14) 법원행정처, 2002, 민사집행규칙 해설, 31면.
15) 즉, 군사용의 청사 또는 선박에 속하여 있는 사람에 대한 송달(민소 181조), 교도소·구치소 또는 경찰관서의 유치장에 체포·구속 또는 유치된 사람에 대한 송달(민소 182조) 같은 경우에는 집행관이 말로 최고나 통지를 할 수 없으므로 조서의 등본을 그 청사 또는 선박의 장이나 교도소 등의 장에게 송달하면 된다.

충송달, 유치송달의 방법이 원칙일 것이지만, 이러한 방법으로 송달할 수 없는 때에는 등기우편으로 발송할 수 있다(민소 187조, 민소규 51조).

위의 어느 경우에나 송달증서를 작성하지 아니한 때에는 조서에 그 사유를 기재하여야 한다. 또한, 집행하는 곳과 법원의 관할구역 안에서 위 송달을 할 수 없는 경우(집행관 소속의 지방법원 본원 또는 지원의 관할구역 안에서 송달할 수 없는 경우)에는 최고나 통지를 받을 사람에게 등기우편으로 조서의 등본을 발송하고 그 사유를 조서에 적어야 한다(민집 11조 3항, 민집규 9조).

그러나 채무자가 외국에 있거나 있는 곳이 분명하지 아니한 때에는 집행행위에 속한 송달이나 통지할 필요가 없도록 하였다(민집 12조). 집행행위에 속한 송달이나 통지는 집행행위의 효력에 거의 영향을 미치지 않으므로, 그것을 하지 않음으로써 받게 되는 채무자의 불이익을 무시하고 집행의 신속을 기하여 채권자의 이익을 도모하는 것이 바람직하다고 본 것이다.

다만, 강제집행개시의 요건에 해당하는 집행권원·집행문의 송달(민집 39조)이나 집행행위에 해당하는 재판(예를 들어 강제경매개시결정, 채권압류 및 전부명령)을 알리는 방법으로 하는 송달은 여기서 말하는 집행행위에 속한 송달에 포함되지 아니하므로 일반의 규정에 따라서 반드시 송달하여야 한다. 이 경우 외국송달에 관한 특례를 정한 민사집행법 13조의 규정이 적용된다.16) 만일 경매개시결정이 채무자에게 송달되지 않으면 유효하게 경매절차를 속행할 수 없다.17) 최고나 통지를 받을 사람이 무능력자인 경우에는 법정대리인에게 최고나 통지를 하여야 한다(민소 179조 준용).

한편 집행행위에 속하지 않는 최고와 통지는 특별한 규정이 없으면 상당하다고 인정되는 방법으로 할 수 있고(민집규 8조 1항), 이 경우 집행관은 그 취지와 최고 또는 통지의 방법을 기록에 표시하여야 한다(민집규 8조 2항).

또 최고를 받을 사람이 외국에 있거나 있는 곳이 분명하지 아니한 때에는 최고할 사항을 공고하면 되고, 이 경우 최고는 공고를 한 날부터 1주일이 지나면 효력이 생긴다(민집규 8조 3항). 그리고 민사집행법에 규정된 통지를 제외한

---

16) 제13조(외국송달의 특례)
① 집행절차에서 외국으로 송달이나 통지를 하는 경우에는 송달이나 통지와 함께 대한민국 안에 송달이나 통지를 받을 장소와 영수인을 정하여 상당한 기간 이내에 신고하도록 명할 수 있다.
② 제1항의 기간 이내에 신고가 없는 경우에는 그 이후의 송달이나 통지를 하지 아니할 수 있다.
17) 대결 1997. 6. 10. 97마814

민사집행규칙에 규정된 통지의 경우(민집규 3조 1항, 17조, 23조 2항, 127조 2항, 137조 2항, 142조 1항, 2항, 146조 2항, 155조 2항, 165조 3항, 187조, 193조) 통지를 받을 사람이 외국에 있거나 있는 곳이 분명하지 아니한 때에는 통지하지 않아도 되고, 이 경우 집행관은 그 사유를 기록에 표시하여야 한다(민집규 8조 4항). 당사자, 그 밖의 관계인에 대한 통지(다만 법 102조 1항에 규정된 통지를 제외한다)는 법원사무관 등 또는 집행관으로 하여금 그 이름으로 하게 할 수 있다.

다. 최고와 통지 관련 실무사례

> **목적 외 동산에 관하여 채무자에 대한 통지**[18] 「平成 7 長崎」
> * 건물명도의 강제집행 시에 채무자가 부재이고 나아가 목적물이 아닌 동산이 있는 경우 채무자에게 인수하도록 최고하는 서면을 현관 등에 공고하고 그 결과 규칙 3조 4항을 유추적용 하여 공고한 날부터 1주간이 경과한 시점에 최고의 효력이 생긴다고 해석할 수 있는지?
> * 집행관은 채무자에 대하여 동산을 인수하도록 한 서면을 현관 등에 붙이는 경우가 있지만, 이 행위는 민사집행법 168조 4항에서 "동산을 채무자등에게 인도할 수 없는 때에는 집행관은 이것을 보관하여야 한다."라고 규정되어 있는 것을 고려하여, "인도할 수 없는 때"의 판단을 쉽게 하기 위하여 사실상 채무자에게 주의를 환기 시키는 것으로 판단된다.
>   한편 집행관이 하는 최고는 민사집행법에는 그 규정이 없고, 민사집행규칙에서 "입찰의 최고", "차순위 매수신청의 최고", "백지어음 등 보충 최고", "은행 등에 대한 금전 지급 최고"가 각 규정되어 있지만 각각의 최고는 상대방에 대하여 일정한 행위를 하도록 청구하는 것이기 때문에 이들 규정도 제한적으로 규정된 것이라고 해석된다.
>   따라서 채무자에 대하여 동산을 인수하도록 한 서면을 현관 등에 붙이는 행위를 억지로 규정상 최고라고 하고 1주간의 경과에 의하여 효력이 발생한다고 해석하는 것은 그 필요성에서도, 입법 취지에서도 타당성은 적다고 생각된다. 그러므로 집행관으로서는 "인도할 수 없는 때"의 판단은 집행관의 재량으로 결정해도 지장이 없다고 판단된다.

---

18) 日 最高裁判所 事務總局, 1997, 執行官事務(第3版), 「526」

13. 집행기록의 열람, 등본의 부여

집행관은 집행조서, 집행위임장, 집행권원 송달보고서 또는 민사집행법 42조에 의하여 교부하지 아니한 서류 등 집행에 관한 서류를 함께 편철하여 집행기록으로 보존하며, 이해관계인 있는 사람이 신청하면 이 집행기록을 볼 수 있도록 허가하고 기록에 있는 서류의 등본을 교부하여야 한다(민집 9조). 집행관 규칙 32조는, 당사자나 이해관계를 소명한 제3자는 집행기록 기타 집행관이 직무상 작성하는 서류의 열람이나 등본·초본의 교부 또는 집행관이 취급한 사무에 관한 증명서의 교부를 청구할 수 있고, 등·초본 또는 증명서에는 그 취지와 작성연월일을 기재하고 집행관이 기명날인하여야 한다고 규정하고 있다.

집행관은 서류의 보관 또는 직무상의 필요에 따라 기록을 볼 수 있는 일시와 장소 등을 제한할 수 있다. 열람교부 청구인은 집행관수수료규칙 20조, 23조에 의한 서기료나 수수료를 지급하여야 한다. 이해관계인이라 함은 채권자, 채무자나 그들의 승계인, 민사집행법 48조(제3자이의의 소)의 제3자, 배당요구채권자, 매수인 등을 말한다. 만약 집행관이 그 열람을 허가하지 않거나 등본(집행관 규칙 32조에서 정한 초본 또는 증명서 포함)의 교부를 거부한 때에는 민사집행법 16조 1항에 의하여 집행에 관한 이의신청을 할 수 있다.

제4절 집행관의 집행실시에 대한 불복신청
(집행에 관한 이의신청)

> **민사집행법**
>
> 제16조(집행에 관한 이의신청)
> ① 집행법원의 집행절차에 관한 재판으로서 즉시항고를 할 수 없는 것과 집행관의 집행처분, 그 밖에 집행관이 지킬 집행절차에 대하여서는 법원에 이의를 신청할 수 있다.
> ② 법원은 제1항의 이의신청에 대한 재판에 앞서, 채무자에게 담보를 제공하게 하거나 제공하게 하지 아니하고 집행을 일시 정지하도록 명하거나, 채권자에게 담보를 제공하게 하고 그 집행을 계속하도록 명하는 등 잠정처분(暫定處分)을 할 수 있다.
> ③ 집행관이 집행을 위임받기를 거부하거나 집행행위를 지체하는 경우 또는 집행관이 계산한 수수료에 대하여 다툼이 있는 경우에는 법원에 이의를 신청할 수 있다.

1. 의 의

집행법원의 집행절차에 관한 재판으로서 즉시항고를 할 수 없는 것과 집행관의 집행처분, 그 밖에 집행관이 지킬 집행절차에 대하여서는 법원에 이의신청할 수 있다(민집 16조 1항). 집행관이 집행위임을 거부하거나 집행행위를 지체하는 경우 또는 집행관이 계산한 수수료에 관하여 이의가 있는 때에도 집행에 관한 이의신청으로 다툴 수 있다(민집 16조 3항). 집행에 관한 이의 관련 판례는 아래와 같다.

> **대법원 2014. 6. 3.자 2013그336 결정**
>
> [판시사항]
> 집행관이 미등기건물에 대한 철거 시 철거대상 미등기건물이 채무자에게 속하는지를 판단하기 위하여 조사·확인하여야 할 사항 및 집행관이 현재 건축주 명의인이 채무자와 다르다는 이유만으로 철거대상 미등기건물이 채무자에게 속하지 않는다고 판단하여 철거하지 않은 경우, 채권자가 집행에 관한 이의신청으로 구제받을 수 있는지 여부(적극)
>
> [결정요지]
> 집행기관은 집행을 개시함에 있어 집행대상이 채무자에게 속하는지를 스스로 조사·판단

> 하여야 하고, 이는 건물철거의 대체집행에서 수권결정에 기초하여 작위의 실시를 위임받은 집행관이 실제 철거를 실시하는 경우에도 마찬가지이다. 그런데 미등기건물에는 소유권을 표상하는 외관적 징표로서 등기부가 존재하지 아니하므로, 집행관이 미등기건물에 대한 철거를 실시함에 있어서는 건축허가서나 공사도급계약서 등을 조사하여 철거대상 미등기건물이 채무자에게 속하는지를 판단하여야 할 것이고, 또한 대체집행의 기초가 된 집행권원에는 철거의무의 근거로서 철거대상 미등기건물에 대한 소유권 등이 채무자에게 있다고 판단한 이유가 기재되어 있기 마련이므로, 집행관으로서는 집행권원의 내용도 확인하여야 할 것이다.
>
> 한편 미등기건물의 건축 허가상 건축주 명의가 변경되었다고 하더라도, 변경시점에 이미 건물이 사회 통념상 독립한 건물이라고 볼 수 있는 형태와 구조를 갖추고 있었다면 원래의 건축주가 건물의 소유권을 원시취득하고, 변경된 건축주 명의인은 소유자가 아니므로, 집행관이 변경된 현재의 건축주 명의인이 채무자와 다르다는 이유만으로 철거대상 미등기건물이 채무자에게 속하는 것이 아니라고 판단하여 철거를 실시하지 않았다면, 이는 집행관이 지킬 집행절차를 위반하여 집행을 위임받기를 거부하거나 집행행위를 지체한 경우에 해당하여 채권자는 집행에 관한 이의신청으로 구제받을 수 있다.

2. 이의의 대상

가. 집행법원의 집행절차에 관한 재판으로서 즉시항고를 할 수 없는 것

즉시항고가 허용되는 집행법원의 재판에 대하여는 집행에 관한 이의를 신청할 수 없다. 여기서 재판이란 법원 또는 법관(사법보좌관)의 판단행위를 가리키고 재판에 해당하는 한 그것이 집행처분의 성질을 가졌는지를 묻지 않는다. 따라서 공휴일과 야간 집행의 허가(민집 8조)에 대하여도 집행에 관한 이의신청을 할 수 있다.

그러나 재판이 아닌 사실행위(예를 들어, 매각물건명세서의 작성, 민집 105조 1항)에 대하여는 집행에 관한 이의신청을 할 수 없다는 견해와 이를 제외하는 경우 사실상 불복방법이 없다는 점에서 그 유추적용이 가능하다는 견해로 나뉘어 있다. 집행절차란 집행신청으로 개시된 구체적인 집행절차를 말하고 그 준비를 위한 절차는 이에 포함되지 아니하므로, 집행문을 내어달라는 신청이 거절된 때에는 집행에 관한 이의신청을 할 수 없다. 집행문을 내어 달라는 신청에 대한 불복방법은 뒤에서 본다.

공탁사유신고 각하결정에 대한 불복방법,[19] 경매절차취소사유가 있음에도 집행법원이 취소결정을 하지 않을 경우의 불복방법,[20] 경매절차에서 배당기일에 불출석한 채무자가 자신에게 공탁된 배당 잔여액의 출급을 위하여 집행법원에 지급위탁서의 송부와 자격증명서의 교부를 신청하였다가 거절당한 경우의 불복방법,[21] 가처분결정취소판결정본의 제출에 따른 간접강제결정취소결정에 대한 불복방법,[22] 가처분해제신청서가 위조되었다고 주장하는 가처분채권자가 법원의 촉탁으로 말소된 가처분기입등기의 말소회복을 구하는 방법,[23] 집행법원이 최고가매수신고인임이 명백한 사람에 대하여 특별한 사정 없이 매각허가 여부의 결정을 하지 아니하는 경우의 불복방법,[24] 집행권원상의 청구권을 양도한 채권자가 집행력이 소멸한 이행권고결정서의 정본을 근거로 하여 강제집행절차에 나아간 경우의 불복방법,[25] 집행취소서류의 제출로 집행처분을 취소하는 재판에 대한 불복방법[26]은 모두 집행에 관한 이의신청이다.

한편 민사집행법의 명문 또는 해석상 불복할 수 없는 재판에 대하여는 즉시항고나 집행이의에 관한 이의신청을 할 수 없고, 특별항고만 할 수 있다. 즉시항고에 따른 집행정지 등의 재판(민집 15조 9항), 집행에 관한 이의신청에 따른 집행정지 등의 재판(민집 16조 2항, 15조 9항 유추), 집행에 관한 이의신청에 대한 재판 중 이의신청을 기각한 경우나 민사집행법 17조 1항 등에 해당하지 않아 즉시항고의 대상이 되지 않는 경우,[27] 집행문부여 거절처분에 대한 이의신청을 기각한 재판,[28] 집행문부여에 대한 이의신청에 관한 재판,[29] 집행문부여에 대한 이의의 소·청구이의의 소·제3자 이의의 소에 따른 집행정지 등의 재판(민집 46조 2항, 48조 3항, 민소 500조 3항 유추),[30] 이송의 재판(민집 182조 2항, 민집규 119조 2항), 압류금지 물건

---

19) 대결 1997. 1. 13. 96그63
20) 대결 1997. 11. 11. 96그64
21) 대결 1999. 6. 18. 99마1348
22) 대결 2000. 3. 17. 99마3754
23) 대판 2000. 3. 24. 99다27149, 대결 2010. 3. 4. 2009그250
24) 대결 2008. 12. 29. 2008그205
25) 대판 2008. 2. 1. 2005다23889
26) 대결 2011. 11. 10. 2011마1482
27) 대결 2005. 10. 31. 2005그87, 대결 2008. 5. 22. 2008그90
28) 대결 2011. 6. 13. 2011그57
29) 대결 1995. 5. 13. 94마2132, 대결 2008. 8. 21. 2007그49
30) 대결 2001. 2. 28. 2001그4

・채권의 범위를 정하는 신청과 그 범위를 변경하는 신청에 따른 집행정지 등의 재판(민집 196조 5항, 민집 246조 4항) 등이 이에 해당한다.

나. 집행관의 집행처분, 그 밖에 집행관이 지킬 집행절차

집행관의 집행처분은 집행관이 집행기관으로서 하는 법률효과를 수반하는 처분을 말한다. 따라서 집행관이 집행기관이 되는 유체동산에 대한 금전집행이나 물건 인도청구의 집행 등에서 집행관이 한 처분에 대하여는 집행에 관한 이의신청으로 불복할 수 있다. 집행관이 집행법원의 보조기관으로서 하는 직무행위, 예를 들어 현황조사(민집 85조), 경매의 실시(민집 107조)라든가, 또는 집행관 외 집행법원의 보조기관이 하는 직무행위, 예를 들어 대체집행의 수권결정을 근거로 하여 채권자나 채권자의 위임을 받은 제3자가 실시하는 대체적 작위행위(민집 260조, 민 389조) 등도 이의신청의 대상이 되는가에 관하여는 긍정설과 부정설로 견해가 나뉘어 있다.

집행관이 지킬 집행절차는 집행관의 집행처분 외에 집행관이 집행에서 지켜야 하는 절차를 말한다. 예를 들어, 법률효과를 수반하지 않는 집행관의 사실행위(민집 7조 2항에 의하여 행하는 저항배제를 위한 원조 등)가 위법인 경우, 집행관이 집행기록의 열람을 거부하는 경우 등이 이에 해당한다.

다. 집행관의 집행위임의 거부, 집행행위의 지체 및 수수료

집행관이 집행을 위임받기를 거부하거나 집행행위를 지체하는 경우에 집행에 관한 이의를 신청할 수 있다(민집 16조 3항 전단). 이는 집행행위를 고의로 하지 않는 경우뿐만 아니라 태만으로 지연하는 경우도 포함한다. 집행법원이 집행처분을 지체하는 경우에도 집행에 관한 이의신청을 할 수 있는가에 관하여는 긍정설과 부정설이 있다. 집행관이 계산한 수수료에 대하여 다툼이 있는 경우에도 집행에 관한 이의를 신청할 수 있다(민집 16조 3항 후단).

3. 이의사유

원칙적으로 집행법원 또는 집행관이 스스로 조사·판단할 수 있는 사항에 한한다. 주로 절차상의 사유가 되겠지만, 집행법원 또는 집행관이 스스로 조사·판단할 수 있는 사항이라면 실체상의 사유(민집 40조, 41조)도 예외적으로 이의

사유가 된다. 집행권원의 내용인 청구권의 부존재, 소멸 또는 외관상의 명의나 점유가 실체상의 권리와 맞지 않는 것을 다투는 것은 청구에 관한 이의의 소나 제3자이의의 소로 하여야 한다.

4. 이의의 절차

가. 관 할

집행법원이 관할법원이 된다. 집행관의 집행행위에 대하여는 그 집행절차를 실시할 곳이나 실시한 곳을 관할하는 지방법원이 집행법원으로 된다(민집 3조 1항). 그 중 토지관할은 전속관할이다(민집 21조). 집행법원 이외의 법원에 이의가 신청된 때에는 민사소송법 34조를 준용하여 관할법원에 이송하여야 한다(민집 23조 1항). 따라서 집행에 관한 이의신청만이 인정되고 즉시항고가 허용되지 아니하는 경우 이에 대하여 불복하면서 제출한 서면의 제목이 '즉시항고장'이고 그 끝 부분에 '항고법원 귀중'이라고 기재되어 있다 하더라도 이를 집행에 관한 이의신청으로 보아 처리하여야 할 것이므로, 집행법원이 그 불복사건을 항고법원으로 보냈다면 항고법원으로서는 그 사건기록을 집행법원으로 보내 집행법원으로 하여금 그 신청의 당부를 판단하도록 하여야 한다.[31]

나. 당사자적격

이의신청은 집행기관의 위법한 처분에 대하여 불복의 이익이 있는 집행채권자, 집행채무자와 제3자가 할 수 있다. 이의절차는 편면적(片面的)이므로 상대방이 없으나, 실무에서는 그 재판에 대하여 대립하는 이해관계가 있는 사람을 상대방으로 정하여 심리하고 결정문에도 그를 상대방을 표시하여 주는 예가 많다. 그러나 집행관이 집행위임이나 시행을 거부하여 이의신청에 이른 때에도 집행관을 상대방으로 하여서는 안된다.

다. 신청과 접수

(1) 신청의 방식

이의신청은 집행법원이 실시하는 기일에 출석하여서 하는 경우가 아니면

---

31) 대결 2000. 3. 17. 99마3754

서면으로 하여야 한다(민집규 15조 1항). 이 이의신청에 상대방의 표시는 필요하지 않으나, 심리에서는 대립하는 이해관계인을 상대방으로 정하여 관여시키는 경우가 많음은 앞서 본 바와 같다. 신청서에는 1,000원의 인지를 붙여야 한다(인지법 9조 5항 4호). 이의신청하는 때에는 이의의 이유를 구체적으로 밝혀야 한다(민집규 15조 2항).

이는 절차지연 등의 의도로 정당한 이유 없이 집행에 관한 이의신청을 하는 것을 막기 위한 것이다. 따라서 이의의 이유를 밝히지 아니하는 때에는 바로 신청을 각하할 수 있다. 다만 집행에 관한 이의신청은 즉시항고보다 간이한 불복방법이므로 즉시항고 이유의 기재방법(민집규 13조)과 같은 정도를 요구하는 것은 아니고 그 이유를 구체적으로 밝히는 것으로 충분하다. 그리고 집행에 관한 이의신청에는 즉시항고에서의 항고이유서 제출 강제주의(민집 15조 3항)와 같은 규정이 없으므로 이의재판 당시까지 이유를 추가하는 것이 가능하다.

(2) 신청의 시기

이의신청은 원칙적으로 집행이 개시된 뒤에 하여야 한다. 다만 집행관이 집행의 위임을 거부하는 경우에는 집행개시와 상관없이 이의를 신청할 수 있다. 강제집행절차가 종료한 후에는 이의신청이 허용되지 않는다.[32] 다만 집행관의 수수료 계산에 대한 이의신청은 집행종료 후에도 할 수 있다.

라. 심 리

집행법원의 재판은 변론 없이 할 수 있다(민집 3조 2항). 집행법원은 집행처분을 하는 데 필요한 때에는 이해관계인, 그 밖의 참고인을 심문할 수 있다(민집규 2조). 증명의 정도에 관하여서는 특별한 규정이 없으므로 소명으로는 부족하고 증명이 있어야 한다. 이의의 재판에서도 당사자가 신청하지 아니한 사항이나 신청의 범위를 넘어서는 재판할 수 없다.

마. 재 판

(1) 재판의 형식과 고지

집행에 관한 이의신청에 대한 재판은 결정으로 한다. 변론을 거친 경우에도

---

32) 대결 1979. 10. 29. 79마150, 대결 1996. 7. 16. 95마1505

같다. 이의신청에 정당한 이유가 있다고 인정한 때에는 그 집행처분을 허가하지 않는다든가 또는 집행관에게 특정한 집행을 하여야 한다는 취지를 선언한다. 이의신청이 부적법하다고 인정한 때에는 그 신청을 각하할 것이고, 정당한 이유가 없다고 인정한 때에는 기각한다.

집행 불허의 재판이 선언되면 신청인은 그 재판의 정본을 집행기관에 제출하여 집행처분의 취소를 구할 수 있다(민집 49조 1호, 50조). 이의신청을 전부 또는 일부 인용한 결정은 신청인과 상대방에게 알려야 하지만, 이의신청을 기각하거나 각하한 결정은 신청인에게만 알리면 된다(민집규 7조 1항 2호, 2항). 다만 민사집행법 16조 2항의 잠정처분이 이루어진 경우에는 이의신청을 기각하거나 각하한 경우에도 신청인과 상대방에게 알려야 한다(민집규 7조 1항 4호).

(2) 재판의 효력과 주문례

집행에 관한 이의신청에 대한 재판은 결정으로 이루어지므로 기판력이 없다. 그러나 동일 사유를 근거로 하여 다시 집행에 관한 이의신청을 하는 것은 정당한 이익이 없어 허용되지 않는다고 할 것이다. 신청을 인용하는 주문례를 유형별로 예시하면 다음과 같다.

(가) 집행관에게 집행의 시행을 명하는 경우

"○○법원 소속 집행관 ○○○은 위 법원 20○○타기○○○호 부동산인도명령결정 정본을 근거로 한 신청인의 위임에 따라 별지목록 기재 건물에 대해 인도집행을 하여라."라는 등으로 집행관의 소속, 이름, 집행권원, 집행목적물 및 집행행위의 내용을 특정하여 표시하여야 한다.

(나) 집행관에게 집행위임을 명하는 경우

"○○법원 소속 집행관 ○○○은 위 법원 20○○나○○○호 집행력 있는 화해조서 정본을 근거로 한 신청인의 위임을 받아들여 상대방에 대해 강제집행을 하여라."라는 등으로 표시한다. 이 경우는 집행위임을 명할 뿐 구체적인 집행행위를 명하는 것이 아니므로 집행목적물과 집행처분을 특정하지 않아도 무방하다.

(다) 집행행위를 취소 또는 허락하지 않는 경우

"신청인과 상대방 사이의 ○○법원 20○○카단○○○호 유체동산가압류명령신청사건의 결정정본을 근거로 한 상대방의 위임에 따라 위 법원 소속 집행관이 별지 목록 기재의 동산에 대하여 실시한 가압류집행은 이를 취소한다."라는 등으로 위 (가) 항과 같은 4가지 사항을 표시하면 될 것이다. 불허 하는 경우에는 말미 부분에 "이를 허가하지 아니한다."라고 선언한다.

(라) 강제집행절차 중 일부를 취소하는 경우

"○○법원 소속 집행관 ○○○이 신청인과 ○○○ 사이의 위 법원 20○○가단○○○ 판결정본을 근거로 하여 20○○. ○○. ○○. 실시한 별지 목록 기재 동산에 대한 경매절차 중 그 매각대금을 배당한 처분을 취소한다. 신청인의 나머지 신청을 기각한다."라는 등의 표현으로 취소되는 부분을 특정하여야 한다.

(마) 집행관에게 특정한 집행을 명하는 경우

"○○법원 소속 집행관 ○○○은 ○○법무법인 작성의 20○○년 증제○○호 집행력 있는 공정증서정본을 근거로 한 신청인의 위임에 따라 20○○. ○○. ○○. 압류한 별지 목록 기재 동산에 대하여 경매집행을 하여라."라는 등으로 구체적인 집행행위를 표시할 것이다.

(3) 불복방법 등

집행에 관한 이의신청에 대한 재판 중
① 집행절차를 취소하는 결정,
② 집행절차를 취소한 집행관의 처분에 대한 이의신청을 기각·각하하는 결정,
③ 집행관에게 집행절차의 취소를 명하는 결정 및
④ 경매개시결정에 대한 이의신청에 관한 재판에 대하여만 즉시항고를 할 수 있다(민집 17조 1항, 86조 3항).

위 ①, ②, ③의 재판에 대하여 즉시항고를 인정한 것은 이들 재판으로 하나의 집행절차가 목적을 달성하지 못한 채 종료하게 됨으로써, 이 단계에서 항고를 인정하지 않으면 상급심의 판단을 받을 기회를 상실하기 때문이고(다만, 집행관은 상급기관인 집행법원의 감독을 받는 지위에 있으므로 위 재판에 대

하여 불복할 수 없고 이에 따라야 할 뿐이다). 위 ④의 재판에 대하여 즉시항고를 인정한 것은 경매개시결정이 이해관계인에게 미치는 영향이 매우 크기 때문이다. 집행에 관한 이의신청에 대한 재판 중 그 밖의 경우, 즉 이의신청을 기각한 경우나 위 ①, ②, ③, ④의 재판에 해당하지 않는 경우에 대하여는 불복이 허용되지 아니하여 특별항고만이 가능하다.33)

한편 집행에 관한 이의신청에 대한 재판 중 위 ①, ②, ③의 재판은 확정되어야 효력을 가지지만(민집 17조 2항), 위 ④의 재판(다만 경매개시결정에 대한 이의신청을 받아들여 집행절차를 취소하는 결정은 위 ①의 재판에 해당한다)이나 나머지 재판은 즉시 효력을 가진다.

바. 잠정처분

잠정처분의 재판은 집행법원이 직권으로 하는 것이고 당사자에게 신청권이 있는 것이 아니므로, 당사자의 잠정처분신청은 단지 법원의 직권발동을 촉구하는 의미밖에 없다. 따라서 즉시항고에서의 경우와 마찬가지로 법원은 이 신청에 대하여는 재판을 할 필요가 없고, 설령 법원이 이 신청을 거부하는 재판을 하였다고 하여도 불복이 허용될 수 없으므로 그에 대한 불복은 특별항고도 부적법하다고 할 것이다.

민사집행은 집행에 관한 이의신청으로 정지되지 않는다. 그러나 법원은 그 이의신청에 대한 재판에 앞서 채무자에게 담보를 제공하게 하거나 제공하게 하지 아니하고 집행을 일시 정지하도록 명하거나 채권자에게 담보를 제공하게 하고 그 집행을 계속하도록 명하는 등 잠정처분을 할 수 있다(민집 16조 2항). 이 잠정처분의 재판은 민사집행의 신청인과 상대방에게 알려야 한다(민집규 7조 1항 4호). 명문의 규정은 없으나 민사집행법 15조 9항을 유추하여 잠정처분의 재판에 대하여는 불복할 수 없다고 할 것이므로, 특별항고만이 가능하다.

사. 사법보좌관의 처분에 대한 이의신청

사법보좌관 규칙 3조 2호는 사법보좌관이 집행에 관한 이의신청의 대상이 되는 처분을 하였을 경우 이해관계인이 민사집행법 16조 1항에 따라 이의신청을 하고 이에 대한 재판은 판사가 담당하도록 하였다. 이러한 절차는 해당 처

---

33) 대결 2005. 10. 31. 2005그87, 대결 2008. 5. 22. 2008그90

분을 판사가 한 경우와 원칙적으로 같다.

아. 집행에 관한 이의신청 실무사례

집행이의의 신청기간[34] 「昭和 60 廣島」

* 동산집행에서 집행관이 매각 가망이 없다고 민사집행법 130조에 의하여 압류를 취소한 경우, 취소처분에 대하여 집행이의 신청이 가능한 시기는 언제까지인가?
* 집행이의의 신청기간에 관하여는 특별한 규정은 없고, 신청의 이익이 있는 한 언제까지라도 이를 할 수 있다고 해석된다. 그런데 집행관이 민사집행법 130조에 의하여 압류를 취소한 경우에 관하여는, 동산집행의 절차 자체가 종결하므로 그 후 다시 집행이의의 신청을 할 수 있는가 아닌가에 대하여 다툼이 있고 적극, 소극의 양설이 주장되고 있다.

소극설은 집행절차 종료 후에는 불복신청의 이익이 없다는 것이 주된 이유다. 그러나 절차종결 이후에는 대체로 불복신청의 이익이 없다고 해석하는 것도 문제이다. 왜냐하면, 기본절차가 종결된 후에 위 종결처분과는 별도로 절차 내의 처분에 관하여 불복을 신청해도 기본이 되는 절차가 부활하지 않으므로 불복신청의 이익은 없지만, 본문과 같이 기본이 되는 절차가 본래의 목적을 달하지 못하고 종결된 경우에는, 종결처분의 하자를 주장하여 기본절차 자체의 속행을 구할 경우에는 불복신청의 이익을 충분히 긍정할 수 있기 때문이다.

또한, 구 민사소송법 544조 2항은, 집행관이 강제집행의 신청을 각하한 경우에 집행(방법)이의를 신청할 수 있다는 취지로 규정하고 있고 민사집행법하에서도 마찬가지로 해석이 채택되고 있다고 생각되지만, 이것은 절차종결 후에도 불복신청의 이익이 있다는 것을 나타내는 하나의 징표이다. 이상과 같이 절차종결 후에도 불복신청의 이익을 긍정할 수 있지만 나아가 민사집행법 12조 1항은 「민사집행의 절차를 취소하는 집행관의 처분에 대하여 집행이의」라는 문언을 사용하고 있고 민사집행법도 간접적이기는 하지만 민사집행의 절차를 취소하는 집행관의 처분에 대하여 집행이의를 신청할 수 있다는 것을 인정하고 있다. 따라서 적극설이 상당할 것이다.

다음으로 그 경우의 불복신청 기간이지만 ① 신의칙상 이의신청권의 실효를 인정해야 할 사정이 발생하기까지로 하는 설과 ② 채권자가 취소통지를 받은 때부터 1주간이라고 하는 설 등이 주장되고 있다. 신청기간에 대하여 명문의 제한이 없지만 ①설에서는 그 종기가 명확지 아니하므로 실무상 곤란을 수반할 것이다. 일정 기간으로 정할 필요가 있지만, 집행항고기간(1주간)보다 긴 기간을 부여하여 채권자를 보호할 필요는 없으므로 ②설이 타당하다.

제5절 집행비용의 예납 및 부담

1. 예납

가. 총설
집행비용은 종국적으로는 채무자(소유자)의 부담으로 되지만(민집 53조 1항, 민집 275조), 집행절차 내에서 회수할 수 없는 경우도 있기 때문에 신청인으로 하여금 일정한 소요경비를 미리 내게 한 후 배당 등의 절차 단계에서 이를 청산하도록 하고 있다. 채권자가 예납 하여야 할 비용을 미리 내지 아니하면, 집행관은 위임에 응하지 아니하거나 사무를 행하지 아니할 수 있고(집행관수수료규칙 25조) 집행법원은 결정으로 신청을 각하하거나 집행절차를 취소할 수 있다(민집 18조 2항). 다만, 집행채권자가 소송구조를 받은 때(민소 129조, 집행관수수료규칙 25조 1항 단서) 또는 대체집행에서 채권자의 신청에 따라 법원이 미리 채무자에게 집행비용을 지급할 것을 명한 때(민집 260조 2항)에는 예납 할 필요가 없다.

나. 집행관이 집행기관인 경우
(1) 개설

집행관은 집행관수수료규칙 25조에 의하여 수수료 기타 비용의 계산액을 예납시킬 수 있다. 예납제도는 집행관의 편의를 위한 것이므로 집행관이 불이익을 감수하고 예납 없이 집행할 수도 있다.

(2) 예납 하여야 할 비용 및 예납액

예납 하여야 할 비용은 위임한 집행사건에 관하여 집행관이 지급 받을 수수료(집행관수수료규칙 2조 이하) 및 그 집행사건을 수행함에 드는 비용(집행관수수료규칙 20조)이다. 집행관은 채권자가 예납 하여야 할 수수료 및 비용의 계산액을 집행관수수료규칙에 따라 결정한다. 그 계산액은 그 집행사건이 통상 절차에 따라 진행될 것을 예상하여 그 사건 종료까지에 통상적으로 필요한 수수료 및 비용액을 산출한다.

예를 들어, 동산에 대한 강제집행에서는 압류수수료, 경매수수료, 압류통지

---

34) 日 最高裁判所 事務總局, 2011, 執行官事務(第4版), 「38」

비용, 공고비용, 평가비용, 집행관의 여비 등으로 계산액을 산출할 것이다. 사무를 개시한 후 예납금이 부족한 때에 집행관은 추가예납을 시킬 수 있다(집행관수수료규칙 25조 2항). 한편 집행절차 중 생기는 특별한 비용, 예를 들어 압류물 보존을 위한 특별처분에 필요한 비용 등은 집행위임 시의 예납액에 포함되는 것이 아니고 그 필요시에 예납시키면 된다(민집 198조 2항).

(3) 예납의무자

예납의무자는 민사집행(강제집행, 담보권의 실행 등을 위한 동산경매) 및 가압류·가처분의 집행을 신청한 사람이다. 벌금, 과료, 추징금 등 재산형이나 과태료의 집행에서도 수수료, 비용의 계산액을 납부시킬 수 있다.

(4) 예납절차, 예납의 효과, 예납금의 출급

(가) 집행관은 강제집행신청 또는 담보권의 실행 등을 위한 동산경매신청이 있으면 당해 사건의 집행에서 지급 받아야 할 수수료 및 비용의 계산액을 산정하여 신청인에 대하여 위 계산액을 상당한 기간 내에 예납 할 것을 고지하고, 예납금을 납부하고자 하는 사람에게 납부서를 교부하여 예납금 납부당사자가 취급점(해당 은행 타 취급점 포함)에 직접 납부하게 하는 것이 원칙이다. 취급점(해당 은행 타 취급점 포함)이 납부자로부터 예납금 등을 납부받았을 때에는 납부자에게 영수증을 교부하고, 그 내역을 바로 집행관사무소로 전송한다.

(나) 집행 중에 예납금이 부족하게 되면 다시 그 부족분을 추가로 예납시킬 수 있다. 추납하지 아니하는 때에 집행관은 사무를 행하지 아니할 수 있고(집행관수수료규칙 25조 2항) 이미 행한 집행을 취소할 수도 있다 할 것이다. 그러나 유체동산에 대한 금전 집행에서 경매가 신속히 시행되어 매각대금으로부터 즉시 수수료와 비용을 확실하게 지급 받을 수 있다고 예측되는 때에는 추가예납명령에 응하지 않는다는 이유만으로 이미 행한 압류를 해제하는 것은 부당하다.

동산집행사건에서 집행관은 원칙적으로 위임받을 때에 그 사건의 집행 완료 시까지의 전체 수수료 등의 액을 계산하여 신청인으로 하여금 이를 전부 미리 내게 하여야 하고(행정예규 297호 2조 본문), 다만 아래 '집행관 집행미제사건 등 처리지침(행정예규 496호)' 1. 가. 의 특별계약사항에 대하여 승낙한 신청인이 일부 예납의 의사표시를 할 경우에는 그 수수료 등의 일부만을 예납 하게 할 수 있으며(행정예규 297호 2조 단서), 이 경우 수수료 등의 일부만을 예납 한 신청인이 압류 후 1개월이 경과하여도 나머지 수수료 등을 추가 예납 하지 아니할 경우에 집행관은 위 '집행관 집행미제사건 등 처리지침'에 의하여 바로 신청인에게 추가 예납을 촉구하는 통지를 하는 등의 절차를 밟아야 한다(행정예규 297호 4조). '집행관 집행미제사건 등 처리지침(행정예규 496호)'에 의하면 이 경우 채권자가 예납통지와 예납 재통지를 받고도 수수료 기타 비용의 계산액을 예납 하지 아니할 때에는 강제집행 위임을 취하한 것으로 보아 바로 집행권원을 채권자에게 반송하고 기록은 보존절차를 밟아야 한다.

다. 집행관 집행미제사건 등 처리지침(대법원 행정예규 496호)

집행관 집행미제사건 등 처리지침

본 지침은 집행관에게 위임된 강제집행사건 중 수수료 기타 비용이 부족하거나 압류물건의 부존재 등의 사유로 강제집행 진행에 장애사유가 발생한 사건에 대한 처리지침을 정함을 목적으로 한다.

1. 수임 시 특약의 체결

가. 집행관은 사건 수임 시 채권자와 다음과 같은 내용의 특약을 체결할 수 있다.
"채권자가 집행관이 계산한 수수료 기타 비용의 예납통지 또는 강제집행 속행의사 유무 확인 촉구를 2회 이상 받고 상당한 기간 내에 그 예납 또는 속행의 의사표시를 하지 아니한 때에는 강제집행 위임을 취하한 것으로 간주함에 이의없음"

나. 위 특약사항을 명백히 밝히기 위해 강제집행위임장에 "본 건 위임은 집행관이 계산한 수수료 기타 비용의 예납통지 또는 강제집행 속행의사 유무 확인 촉구를 2회 이상 받고도 채권자가 상당한 기간 내에 그 예납 또는 속행의 의사표시를 하지 아니한 때에는 강제집행 위임을 취하한 것으로 보고 완결처분 해도 이의 없음. (인)"이라고 인쇄하여 놓고 채권자가 특별계약에 동의하는 경우에는 특약 사항 말미에 채권자의 날인을 받는다.

2. 특별계약이 성립된 사건의 처리

가. 채권자가 수수료 기타 비용을 미리 내지 아니하거나, 예납액의 부족이 있는 경우
(1) 예납 통지
집행관은 채권자에게 상당한 기간을 정하여 수수료 기타 비용의 계산액을 예납 할 것을 통지하여야 한다.
(2) 예납 재통지
위 (1)의 통지를 받고도 채권자가 수수료 기타 비용의 예납을 하지 아니할 때에는

집행관은 다시 상당한 기간을 정하여 수수료 기타 비용의 계산액을 예납 할 것을 재통지하여야 한다.
(3) 취하 간주
위 (1) 및 (2)의 (재) 통지를 받고도 채권자가 수수료 기타 비용의 계산액을 예납하지 아니할 때에는 강제집행 위임을 취하한 것으로 보아 지체없이 집행권원을 채권자에게 반송하고 기록은 보존절차를 밟는다. 위 집행권원이 송달불능된 경우에는 집행관은 이를 별도로 영구보존한다.
(4) 예납 (재) 통지가 송달불능된 경우
위 (1) 또는 (2)의 (재) 통지가 송달불능된 경우에는 집행관은 민사소송법 제185조와 제187조 및 민사소송규칙 제51조 에 의해 등기우편에 의한 발송송달로 통지 또는 재통지 할 수 있다. 이 경우 채권자가 수수료 기타 비용의 계산액을 미리 내지 아니한 때에는 그 사건기록을 집행관법시행규칙 제30조 소정의 가 보존기록의 처리에 따라 정리한다. 다만 후에 채권자가 수수료 기타 비용의 계산액을 예납 한 경우에는 즉시 강제집행절차를 진행한다.

나. 채무자의 타관 이사 기타 사유로 담당구역 내에 압류 물건이 존재하지 아니하는 경우
(1) 강제집행 속행의사 유무 확인 촉구
집행관은 채권자에게 상당한 기간을 정하여 강제집행 속행의사가 있으면 속행의 의사표시를 할 것을 촉구하여야 한다.
(2) 강제집행 속행의사 유무 확인 재촉구
위 (1)의 촉구를 받고도 채권자가 속행의 의사표시를 하지 아니할 때에는 집행관은 다시 상당한 기간을 정하여 강제집행 속행의사가 있으면 속행의 의사표시를 할 것을 재촉구하여야 한다.
(3) 취하 간주
위 (1) 및 (2)의 (재) 촉구를 받고도 채권자가 강제집행 속행의 의사표시를 하지 아니할 때에는 위 가·(3)을 준용한다.
(4) (재) 촉구가 송달불능된 경우
위 (1) 또는 (2)의 (재) 촉구가 송달불능된 경우에는 집행관은 민사소송법 제185조와 제187조 및 민사소송규칙 제51조 에 의해 등기우편에 의한 발송송달로 촉구 또는 재촉구 할 수 있다.
이 경우 채권자가 강제집행 속행의 의사표시를 하지 아니할 때에는 위 가.'(4)를 준용한다.

3. 특약이 성립되지 않은 사건의 처리
가. 채권자가 수수료 기타 비용을 예납 하지 아니하거나, 예납액의 부족이 있는 경우

(1) 예납 통지
집행관은 채권자에게 상당한 기간을 정하여 수수료 기타 비용의 계산액을 예납 할 것을 통지하여야 한다.
위 예납 통지가 송달불능된 경우에는 등기우편에 의한 발송송달로 통지한다.
(2) 예납 재통지
위 (1)의 통지를 받고도 채권자가 수수료 기타 비용의 예납을 하지 아니할 때에는 집행관은 다시 상당한 기간을 정하여 수수료 기타 비용의 계산액을 예납 할 것을 재통지하여야 한다. 위 예납 재통지가 송달불능된 경우에는 등기우편에 의한 발송송달로 통지한다.
(3) 기록의 정리
위 (1) 및 (2)의 (재) 통지를 받고도 채권자가 수수료 기타 비용의 계산액을 예납 하지 아니할 때에는 그 사건기록을 집행관법시행규칙 제30조 소정의 가 보존기록의 처리에 따라 정리한다. 다만 후에 채권자가 수수료 기타 비용의 계산액을 예납 한 경우에는 즉시 강제집행절차를 진행한다.
(4) 강제집행위임취하서 송부
위 (1) 또는 (2)의 (재) 통지를 하는 때에는, 동시에 채권자에게 강제집행 속행의 의사가 없는 경우, 강제집행 위임의 취하를 하도록 종용하는 취지도 부기 할 것이며, 취하하는 경우의 편의를 위하여 강제집행 위임취하서(채권자가 서명날인만 하면 완전한 취하서가 되도록 작성하여야 하고, 반송용 봉투 및 우표를 동봉하여야 함)를 동봉하여야 한다.
(5) 집행권원의 반송
채권자가 위 (4)의 (재) 통지를 받고 강제집행위임 취하서를 제출한 때에는 지체없이 집행권원을 채권자에게 반송하고 기록은 보존절차를 밟는다. 위 집행권원이 송달불능된 경우에는 집행관은 이를 별도로 영구보존한다.

나. 채무자의 타관전거 기타 사유로 담당구역 내에 압류 물건이 존재하지 아니하는 경우
(1) 강제집행 속행의사 유무 확인 촉구
집행관은 채권자에게 상당한 기간을 정하여 강제집행 속행의사가 있으면 속행의 의사표시를 할 것을 촉구하여야 한다.
위 촉구가 송달불능된 경우에는 등기우편에 의한 발송송달로 촉구한다.
(2) 강제집행 속행의사 유무 확인 재촉구
위 (1)의 통지를 받고도 채권자가 속행의 의사표시를 하지 아니할 때에는 집행관은 다시 상당한 기간을 정하여 강제집행 속행의사가 있으면 속행의 의사표시를 할 것을 재촉구하여야 한다. 위 재촉구가 송달불능된 경우에는 등기우편에 의한 발송

송달로 촉구한다.
　(3) 기록의 정리
　　위 (1) 및 (2)의 (재) 촉구를 받고도 채권자가 강제집행 속행의 의사표시를 하지 아니할 때에는 위 3. 가. (3)을 준용한다.
　(4) 강제집행위임취하서 송부
　　위 (1) 또는 (2)의 (재) 촉구를 하는 때에는 위 3. 가. (4)를 준용한다.
　(5) 집행권원의 반송
　　채권자가 위 (4)의 (재) 촉구를 받고 강제집행위임 취하서를 제출한 때에는 위 3. 가. (5)를 준용한다.

4. 송달방법
　집행관이 이 처리지침에 따른 통지 또는 촉구하는 때에는 서면으로 하여야 하며, 송달은 특별송달 방식(송달통지서가 제출되는)에 의함을 원칙으로 하되, 별도의 규정이 있는 경우에는 그에 의한다.

(다) 사무가 종료한 때에 집행관은 바로 예납금의 정산을 하여 예납금에 잔액이 있으면 신청인에게 잔액을 반환하여야 하고, 예납자의 청구가 있는 때에는 정산의 내용을 명시한 서면을 교부하여야 한다(집행관수수료규칙 25조의2). 집행관의 예납금 관리, 정산 및 잔액환급의 절차는 '정보처리시스템에 의한 집행관 사무처리지침(행정예규 1024호)'에서 정한 절차에 의하는데, 집행사건이 종결되면 집행관은 바로 수수료 기타 비용 등 예납금을 사용할 사항이 있는지를 확인한 후 종결사실을 전산시스템에 등록하고, 종결된 사건에 대한 예납금의 환급은 대표집행관이 승인하여 그 승인 시 환급 내역을 취급점으로 전송하며, 예납자가 계좌입금신청을 한 경우에는 그 계좌로 환급금을 입금하고, 예납자가 직접 환급청구를 한 때에는 대표집행관은 출급지시서를 예납자에게 교부하여 이를 취급점에 제출하게 한다.

2. 예납의 유예

가. 예납의 유예를 받는 자

　소송구조를 받은 사람(민소 128조)이 민사집행신청을 하는 경우에는 집행비용예납의 유예를 받고(민소 129조 1항 1호) 국고에서 지급한다. 소송구조는 구조결정을 받은 사람에 한하여 효력이 있으므로(민소 130조 1항) 피구조자의 승계인이 민사집행 신청을 한 경우에는 승계인이 새로이 구조결정을 받아야 예납의 유예를 받을 수 있다. 구조의 재판은 제1심뿐만 아니라 상소심에서도 할 수 있기 때문에 어느 심급의 구조결정이 민사집행에 효력을 미치는가에 관하여는 어느 심급의 구조결정도 무방하다는 견해와 집행권원인 판결을 한 법원에 의한 구조결정이 있어야 한다는 견해가 있다.

판결절차와 별도로 집행절차에서만 구조신청을 할 수도 있다(소송절차에서의 구조 없이 집행단계에서만 이루어지는 구조를 소송구조와 대비하여 '집행구조'라고 한다). 구조신청의 관할법원에 관하여는 집행법원이 구조의 재판을 한다는 견해(통설)와 제1심의 수소법원이 할 것이라는 견해가 있는데, 민사소송법에 "소송구조에 대한 재판은 소송기록을 보관하고 있는 법원이 한다."라는 규정이 있지만(민소 128조 3항) 위 규정을 민사집행에 준용할 때 위 규정상의 '소송기록'을 '집행기록'으로 보아야 할 것이므로(집행관에게 하는 집행신청사건의 경우에도 동일하게 해석할 수 있을 것임), 집행법원이 관할법원이라는 견해가 타당하다고 생각된다.

한편 위 견해의 대립은 강제집행의 경우에 한정된 것이고, 담보권 등의 실행을 위한 경매신청사건(형식적 경매 포함)에는 수소법원의 개념이 없으므로 집행법원이 관할법원으로 될 수밖에 없을 것이다. 집행법원이 구조신청을 기각한 경우 신청인은 즉시항고를 할 수 있다(민소 133조 준용). 구조의 결정은 장래를 향하여 발생하는 것이 원칙이나, 신청 시로 소급시킬 수도 있다. 이 경우에 신청인이 이미 예납하였으면 이를 반환하여야 할 것이다.

나. 예납유예를 받을 비용의 범위

피구조자는 민사집행에 필요한 재판비용, 변호사·집행관의 보수와 체당금의 지급이 유예된다(민소 129조 1항 본문). 다만 법원이 타당한 이유가 있어서 이 중 일부에 대한 소송구조를 한 경우에는 그 일부에 대하여만 예납이 유예된다(민소 129조 1항 단서). 법원이 집행기관인 경우에는 인지, 송달료, 집행관의 수수료, 여비, 감정인의 여비, 보수 등의 예납이 유예된다.

송달료, 감정인의 보수, 공고게재비 등은 국고에서 대납 지급되고, 집행관의 보수·체당금은 지급이 유예되며 나중에 채무자로부터 추심되지 아니한 경우에는 강제집행절차가 종료된 후 소송구조를 한 법원이 보수를 받을 집행관의 신청을 받아 집행관수수료규칙을 참조하여 결정으로 정한 금액을 국고에서 지급하게 된다(민소규 26조). 경매개시결정등기의 등록면허세는 재판비용에 따라 국고에서 대납 된다.

집행준비를 위한 재판비용, 예를 들어 집행문부여신청서 첩용인지, 송달증명신청서 첩용인지, 승계집행문 송달비용 등에도 구조의 효력이 미친다. 집행관이 집행기관인 경우에는 수수료와 그 직무집행에 필요한 비용에 관하여 예납이 유예된다. 그러나 당사자비용, 예를 들어 서류의 서기료, 제출비용, 등기사항증명서 교부수수료 등은 구조의 대상이 되지 아니한다.

다. 예납유예의 취소

집행절차 진행 중에 피구조자가 비용을 납입할 자금능력이 있음이 판명되거나 그 자금능력이 있게 된 때에 집행법원은 직권 또는 이해관계인의 신청에 따라 언제든지 구조를 취소하고 예납을 유예한 비용의 납입을 명할 수 있다(민소 131조 준용). 유예비용납부결정 [수봉결정(收捧決定)]은 집행력 있는 집행권원과 같은 효력이 있으므로(민비 12조 1항) 구체적으로 비용액을 결정하여야 한다.

라. 유예비용의 추심

(1) 예납이 유예된 비용은 당연히 집행비용이 되어 채무자의 부담으로 되므로 별도로 비용의 지급을 명하는 재판을 할 필요 없이 강제집행과 동시에 받아낼 수 있다(민집 53조 1항). 그러나 채권에 대한 집행에서 전부 또는 추심명령을 발하는 경우에 국고가 받아야 할 재판비용을 채권압류명령에 표시하여 채권자에게 전부하거나 추심권을 부여하는 것은 적당하지 아니하므로 이러한 경우에는 민사소송비용법 12조에 의하여 채무자에 대한 비용 수봉결정을 하여 이를 집행권원으로 하여 추심 하여야 한다. 대체집행·간접강제에서 국고가 지급 받아야 할 재판비용의 추심도 위와 같은 방법으로 한다.

(2) 집행관이 동산 또는 부동산 등의 인도집행을 한 경우의 수수료와 비용은 기본이 되는 강제집행절차에서 받아낼 수 없으므로 집행관은 비용액의 확정결정신청을 하여 이 결정을 집행권원으로 하여 강제집행을 할 수 있다(민소 132조 준용).

(3) 집행법원이 유예비용을 추심한 때에는 수입편입절차를 밟아야 한다.

3. 집행비용의 부담

(1) 강제집행에 필요한 비용은 종국적으로 채무자가 부담하고 그 집행으로 먼저 변상을 받는다(민집 53조 1항). 즉, 강제집행의 준비와 시행을 위한 모든 비용은 채권자가 우선 지출하여야 하나 그 중 강제집행에 필요한 부분은 집행비용이 되어 비용부담의 재판이 필요하지 않고 채무자의 부담으로 되는 것이다. 집행에 불필요한 비용은 채권자가 부담한다. 예를 들어, 채권자가 집행신청을 하면서 부주의로 채무자의 주소를 오인하여 집행관이 불필요한 여비를 지출한 경우 그 여비는 채권자가 부담한다.

(2) 채권자가 집행준비를 위하여 지출한 비용은 강제집행을 개시하지 아니하면 집행비용으로 고려될 여지가 없다. 집행이 개시된 다음에 지출한 비용이라 하더라도 집행신청이 취하되거나 집행절차가 취소되는 등 집행 본래의 목적인 청구권의 실현을 보지 못하고 종료된 경우에 그 비용은 채권자가 부담한다. 채권자가 집행신청 일부를 취하하거나 집행절차 일부가 취소된 경우 등에서 그 일부의 집행에 든 비용도 채권자가 부담하고 집행비용으로 되지 않는다.

(3) 집행당사자 이외의 제3자가 집행비용을 부담하는 경우도 있다. 예를 들어, 부동산경매절차에서 전의 매수인이 재매각기일의 3일 이전까지 대금, 그 지급기한이 지난 뒤부터 지급일까지의 대금에 대한 대법원규칙이 정하는 이율에 따른 지연이자와 절차비용을 지급하여 재매각절차를 취소하는 경우가 있다(민집 138조 3항). 담보권 실행 등을 위한 경매에도 민사집행법 53조가 준용되나(민집 275조), 민사집행법 53조의 문언 자체에 의하더라도 "그 집행으로 우선적으로 변상"을 받게 되어 있음에 비추어 볼 때 실체법상의 비용부담자는 별론으로 하더라도(민 473조 참조) 그 경매절차에서는 경매목적물의 귀속주체인 소유자를 경매비용의 부담자로 보아야 할 것이다.

4. 집행관 수수료 규칙

집행관수수료규칙

제1조(목적)
 이 규칙은 「집행관법」 제19조 제1항의 규정에 따라 집행관의 수수료에 관한 사항을 정함을 목적으로 한다.

제2조(서류송달)
 ① 서류의 송달(집행행위에 속한 것은 제외한다)수수료는 1건에 1,000원으로 한다.
 ② 제1항의 사무가 신청에 따라 휴일 또는 야간에 행하여지는 경우의 수수료는 1건에 1,500원으로 한다.
 ③ 동일사건에 관하여 같은 일시, 장소에서 동일인에게 소송에 관한 서류를 송달하는 경우에는 그 통수에 관계없이 1건으로 한다.

제3조(압류, 가압류)
 ① 압류 또는 가압류 집행의 수수료는 별표 1과 같다.
 ② 가압류한 물건에 대한 본 압류 수수료는 제1항에 정한 수수료의 반액으로 한다.
 ③ 집무시간이 3시간을 초과할 때에는 그 초과하는 1시간마다 제1항에 정한 수수료의 10분의 1을 가산하고, 초과시간이 1시간에 미달하여도 1시간으로 산정한다.
 ④ 집행관이 압류 또는 가압류할 현장에 임하였으나 압류할 물건이 없거나, 압류한 물건을 현금화하더라도 강제집행의 비용을 충당함에 그치는 때의 수수료는 제1항에 정한 수수료의 10분의 3으로 한다.

제4조(압류의 경합)
 「민사집행법」 제215조 제1항의 규정에 의한 사무를 실시하는 경우의 수수료는 제3조 제1항에 정한 수수료의 반액으로 한다.
 다만 이미 압류한 물건외의 다른 물건을 추가 압류한 경우의 수수료는 제3조 제1항에 정한 수수료의 전액으로 한다.

제4조의2(현금화를 위한 인도)
 현금화하기 위하여 유체동산의 인도를 받는 경우의 수수료는 제3조 제1항에 정한 수수료의 반액으로 한다.
 다만 인도받은 물건을 즉시 현금화하는 때에는 제16조에 정한 수수료만 받는다.

제5조(집행취소 등에 의한 물건의 인도)
 ① 압류, 가압류한 물건이나 가처분 기타 보전처분에 의하여 보관중인 물건을 집행처분의 취소로 채무자 기타 수취권자에게 인도하는 경우의 수수료는 제3조 제1항에 정한 수수료의 반액으로 한다. 다만 수수료는 4,000원을 초과하지 못한다.
 ② 현금화하기 위하여 인도받은 물건을 현금화 절차의 취소에 의하여 소유자 기타 수

취권자에게 인도하는 경우의 수수료는 제1항과 같다.

제6조(압류물 등의 점검)

① 압류, 가압류한 물건과 가처분 기타 보전처분한 물건의 현황을 점검하는 경우의 수수료에 관하여는 제5조의 규정을 준용한다.

② 집행처분의 취소에 의하여 제1항의 물건을 인도하는 경우에 행하는 점검과 현금화를 실시하는 경우에 행하는 점검에 대하여는 수수료를 받지 못한다.

제7조(임의변제금 등의 수취)

채무자가 임의 변제한 금전을 수취하여 이를 채권자에게 교부하는 경우의 수수료는 별표 2와 같으며, 금전 이외의 물건을 수취하여 교부하는 경우의 수수료는 2,000원으로 한다.

제7조의2(어음 등의 지급을 위한 제시등)

① 어음·수표 기타 금전의 지급을 위한 유가증권에 대하여 인수나 지급을 위한 제시 또는 지급의 청구를 하는 경우의 수수료는 2,000원으로 한다.

② 제1항에 규정된 사무를 행한 경우에 지급이 있은 때에는 그 금액에 따라 제1항의 금액에 제7조의 금액을 가산한다.

제8조(배당요구 등)

① 배당요구에 관한 사무의 수수료는 1,000원으로 한다.

② 「민사집행법」 제221조 제1항의 규정에 의한 매각대금의 지급사무에 관하여는 제1항을 준용한다.

제9조(거절증서의 작성)

거절증서의 작성에 대한 수수료는 1건에 2,000원으로 한다.

제10조(집행이외의 고지, 최고)

당사자의 위임에 의하여 고지 또는 최고를 하는 경우의 수수료는 1건에 1,000원으로 한다.

제10조의2(원조, 참여는)

① 「민사집행법」이나 동 규칙 또는 「채무자 회생 및 파산에 관한 법률」에 의하여 원조를 하거나 재산에 봉인하는 경우의 수수료는 10,000원으로 한다.

② 제1항의 봉인을 제거하는 경우의 수수료는 제1항에 정한 수수료의 반액으로 한다.

제11조(동산 등의 인도)

① 특정한 동산이나 대체물의 일정한 수량을 채무자로부터 수취하여 채권자에게 인도할 경우의 수수료는 그 가액이 10만 원 이하인 때에는 4,000원, 10만 원을 초과할 때에는 6,000원으로 한다. 집무시간이 2시간을 초과할 때에는 그 초과하는 1시간 마다 1,000원을 가산하고 초과시간이 1시간에 미달하여도 1시간으로 산정한다.

② 제1항의 경우에 집행관이 현장에 임하였으나, 당해 동산이나 대체물이 없는 때에는 동항에 정한 수수료의 반액으로 한다.

③ 「민사집행법」 제193조 제1항의 규정에 따른 명령에 의하여 압류물을 인도받는 경우의 수수료에 관하여는 제1항, 제2항의 규정을 준용한다.

제12조(부동산 등의 인도)

① 부동산 또는 선박에 대하여 채무자의 점유를 해제하고 채권자로 하여금 점유하게 할 경우의 수수료는 15,000원으로 한다. 다만 집무시간이 2시간을 초과할 때에는 그 초과하는 1시간마다 1,500원을 가산하고, 초과사건이 1시간에 미달하여도 1시간으로 산정한다.

② 제1항의 경우에 집행관이 현장에 임하였으나, 당해 부동산 또는 선박이 없는 때에는 동항에 정한 수수료의 반액으로 한다.

제13조(대체집행)

「민사집행법」 제260조 제1항의 규정에 따른 결정에 의하여 집행하는 경우의 수수료에 관하여는 제12조의 규정을 준용한다.

제14조(보전처분)

가처분 기타 보전처분의 집행으로서 제2조 내지 제13조에 규정된 사무에 해당되지 아니하는 경우의 수수료는 5,000원으로 한다.

제15조(부동산의 현황조사)

「민사집행법」 제81조 제4항, 제85조 제1항 또는 제111조 제3항의 규정에 의한 조사를 하는 경우에는 제3조에 정한 구분에 따라 수수료를 받는다.

제15조의2(압류부동산의 보전처분)

「민사집행법」 제83조 제3항, 「민사집행규칙」 제44조 제2항의 규정에 의한 명령에 따라 압류부동산을 보관하는 경우의 수수료는 10,000원으로 한다.

제15조의3(선박 등 국적증서의 수취등)

① 선박국적증서 그 밖에 선박운행에 필요한 문서를 수취하거나 인도받는 경우의 수수료는 10,000원으로 한다.

② 항공기 등록증명서 기타 항공기의 운항에 필요한 서류를 수취하거나 인도받는 경우의 수수료에 관하여는 제1항의 규정을 준용한다.

제15조의4(자동차의 인도 등)

① 「민사집행규칙」의 규정에 의하여 자동차, 건설기계 또는 소형선박의 인도를 받는 경우의 수수료는 6,000원으로 한다.

② 「민사집행규칙」의 규정에 의하여 자동차, 건설기계 또는 소형선박을 이전하는 경우의 수수료에 관하여는 제1항의 규정을 준용한다.

제16조(매각)

① 매각수수료는 매각금액이 10만 원에 달하는 때까지 5,000원으로 한다.

② 제1항의 경우에 매각금액이 10만 원을 초과할 때에는 그 초과하는 매 10만 원마다 1,000만원까지는 2,000원을, 1,000만 원 초과 5,000만원까지는 1,500원을, 5,000만 원

초과 1억 원까지는 1,000원을, 1억 원 초과 3억 원까지는 500원을, 3억 원 초과 5억 원까지는 300원을, 5억 원 초과 10억 원까지는 200원을 각 가산한다. 다만 초과금액이 10만 원에 미달하여도 10만원으로 산정하며, 매각금액이 10억 원을 초과할 때에는 10억 원으로 본다.

③ 입찰, 호가경매 이외의 다른 적당한 방법으로 매각하는 경우의 수수료에 관하여는 제1항 및 제2항의 규정을 준용한다.

④ 매각수수료는 매각허가결정이 확정된 이후에 지급받을 수 있다. 다만 매각허가결정이 확정되기 전에 그 결정이 취소되지 아니한 상태에서 경매신청이 취하된 경우에는 그 취하가 있는 때에 지급받을 수 있다.

제17조(집행정지, 제한 등의 경우)

① 집행관이 집행에 착수하기 전 또는 후에 강제집행이 정지 또는 제한된 때, 위임의 소멸에 의하여 강제집행을 하지 아니하게 된 때 또는 지급 및 인도로 인하여 강제집행의 위임이 종료된 때에는 각 본조에 정한 수수료의 10분의 3으로 한다. 다만, 제16조의 경우에 그 수수료는 1,000원을 초과하지 못한다.

② 다음 각 호의 경우의 수수료도 제1항과 같다.
1. 매각기일에 허가할 매수가격의 신고가 없는 경우
2. 「민사집행법」 제96조의 규정에 의하여 경매취소가 있는 경우
3. 「민사집행법」 제123조의 규정에 의하여 매각이 불허된 경우
4. 「민사집행법」 제127조 제1항의 규정에 의하여 매각이 불허되거나 매각허가결정이 취소된 경우
5. 항고 또는 재항고로 매각허가결정이 취소된 경우

③ 매수인이 대금지급기한에 그 의무를 완전히 이행하지 아니하여 실시하는 재매각의 경우에는 수수료를 받지 못한다.

제18조(야간, 휴일의 집무)

당사자의 신청에 의하여 제3조 내지 제6조, 제9조 내지 제14조에 규정된 사무의 집행이 야간 또는 휴일에 행하여진 때에는 각 본조에 정한 수수료의 반액을 가산한다.

제19조(유사집무의 수수료)

이 규칙에 정하지 아니한 집무에 대하여는 그와 유사한 집무에 대하여 정하여진 수수료를 받는다.

제20조(비용)

집행관은 다음 비용의 지급을 받는다.
1. 서기료
2. 통신료
3. 공고료
4. 감정인 및 참여인의 일당·여비·감정료

5. 기술자 및 노무자의 수당
6. 「민사집행법」제211조 또는 제212조 제1항의 규정에 의한 행위를 하기 위한 비용
7. 인신의 인도비용
8. 물건의 운반·보관·감수 및 보존비용
9. 과실 수확의 비용
10. 관청 기타 공공단체로부터 증명을 받은 비용
11. 물건의 현황을 기록하기 위하여 촬영하는 사진의 비용
12. 집행관의 여비 및 숙박료. 다만, 집행관이 소송서류를 송달하는 경우 지급할 여비에 관하여는 「민사소송비용규칙」제4조의2의 규정을 준용한다.
13. 「민사소송 등에서의 전자문서 이용 등에 관한 법률」제12조의 전자문서 출력비용. 출력비용은 1장마다 50원으로 한다.

제21조(감정인의 일당등)

서기료 및 감정인과 참여인의 일당·여비 등에 관하여는 「민사소송비용법」을 준용한다.

제22조(여비의 기준)

집행관의 직무집행을 위한 일당 및 여비는 「법원공무원 여비규칙」중 5급 공무원과 동액으로 한다.

제23조(열람 등 수수료)

① 집행기록 기타 서류의 열람 등에 관한 수수료는 아래와 같다.

1. 열람·복사

   1건마다 500원(복사물이 10장을 초과할 경우 초과 1장마다 50원)

2. 등·초본

   원본 5장까지 500원, 초과 1장마다 50원

3. 기타의 증명

   증명사항 1건마다 500원

② 수수료를 산정할 때 100원 단위 미만 금액은 계산하지 아니하고, 복사가 열람과 동시에 또는 열람 후 즉시 이루어지는 때에는 열람수수료를 별도로 계산하지 아니한다.

제24조(수수료의 변제기)

집행관은 각개의 사무를 완료하거나 또는 그 사무를 속행할 필요가 없게 된 후가 아니면 그 사무에 대한 수수료를 받을 수 없다. 다만, 이 규칙 또는 다른 법률에 특별한 규정이 있는 경우에는 그러하지 아니하다.

제25조(비용예납)

① 집행관은 모든 사무를 담당함에 있어서 수수료 기타비용의 계산액을 위임자에게 예납시킬 수 있고 예납하지 아니하는 때에는 위임에 응하지 아니할 수 있다. 다만, 강제집행 신청인이 소송구조를 받는 자인 경우에는 그러하지 아니하다.

② 사무를 개시한 후 예납금이 부족한 때에는 집행관은 추가예납 시킬 수 있고 추납하

지 아니하는 때에는 사무를 행하지 아니할 수 있다.

제25조의2(예납금의 정산)

사무가 종료한 때에는 집행관은 지체 없이 예납금의 정산을 하여야 한다. 이때 예납자의 청구가 있는 때에는 정산의 내용을 명시한 서면을 교부하여야 한다.

제26조(수수료 등의 부기)

집행관은 그 직무집행에 있어서 작성한 서류의 정본 또는 등본에 수수료 및 체당금의 액을 부기하여야 한다.

집행증서의 내용으로 보아 집행하는 데에 조건이 붙어 있는 때에는 신청인이 제출한 서류에 의하여 조건이 성취되었음이 증명되는가, 승계집행문의 부여신청이 있는 때에는 신청인이 제출한 증명서에 의하여 승계의 여부가 증명되는가? 등을 심사하여야 한다.
집행관수수료규칙 개정 2013. 11. 27. [규칙 제2497호, 시행 2013. 12. 1.]

가. 집행관의 수수료 및 비용 산정기준(대법원 행정예규 제787호)

제1조(목적)

이 예규는 「집행관수수료규칙」(이하 "규칙"이라 한다)에 의하여 집행관이 받는 수수료 및 직무집행에 필요한 비용 등의 산정기준을 정함을 목적으로 한다.

제2조(서류송달)

① 서류송달이 휴일의 야간에 이루어진 경우, 규칙 제2조 제2항의 규정에 따른 수수료는 중복하여 받을 수 없다.

② 휴일 또는 야간 송달의 신청은 그 뜻을 신청서에 명확히 기재하여야 한다. 다만, 송달부 비고란에 신청의 취지를 기재하고 신청인의 서명 또는 날인을 받음으로써 이를 대신할 수 있다.

③ 송달 받을 사람이 이사 가거나 없는 경우 또는 송달장소가 잘못 표시됨으로 인하여 그 장소에 도착하지 못한 경우 등 집행관에게 책임 없는 사유로 송달을 실시하지 못한 경우에는 송달사유통지서를 제출 또는 교부할 때마다 1건으로 한다.

④ 집행권원의 송달과 동시에 집행을 하는 경우, 집행행위의 수수료 이외에 송달수수료를 받는다.

제3조(압류·가압류)

① 규칙 제3조의 수수료는 집행권원 개수에 관계없이 집행을 받는 채무자별로 각각 받는다. 채무자가 동일하더라도 다른 일시 또는 장소(이하 "다른 기회"라고 한다)에서 집행을 하는 경우에는 각각 수수료를 받는다.

② 수명의 채권자를 위해서 동시에 압류 또는 가압류 집행을 하는 경우에는 합유채권, 연대채권 또는 불가분채권에 의하는 경우를 제외하고 채권자별로 그 집행할 채권액에 따라 규칙 제3조의 수수료를 받는다.

③ 동일 채무자 또는 주채무자와 보증인(연대보증인은 제외한다)에 대하여 다른 기회에 집행을 하는 경우, 후행 집행 또는 보증인에 대한 집행에 있어서 집행할 채권액은 선행 압류물건의 평가액을 공제한 금액으로 한다. 연대채무(연대보증을 포함한다), 불가분채무 등의 경우에 집행할 채권액은 다른 채무자에 대한 압류 유무를 고려하지 아니한다.
④ 집행할 채권액은 집행일까지의 이자 및 지연손해금을 포함하여 계산한다.
⑤ 집무시간에는 다음 각호의 시간을 포함한다.
1. 집행 현장에서 채무자에게 임의이행을 촉구하거나 직무행위에 대하여 설명하는데 소요된 시간
2. 집행 현장 또는 그 부근에서 채무자의 귀가를 기다리는 등 직무수행상 상당하다고 인정되는 시간
3. 집행 현장에서 이루어진 조서작성을 위한 시간 및 집무집행에 필요한 공작물을 만드는데 소요된 시간

제4조(현금화를 위한 인도)

규칙 제4조의2의 수수료는 「민사집행법」 제243조 제1항의 규정에 의하여 동산(자동차·건설기계를 포함한다)을 인도 받는 경우에 받는다. 압류의 경합 등에 따라 다른 집행관으로부터 압류물 등을 인도 받을 경우에는 규칙 제4조의2의 수수료를 받을 수 없다.

제5조(집행취소 등에 의한 물건의 인도)

① 규칙 제5조의 수수료는 집행관이 스스로 보관하고 있는 물건을 수취권자에게 인도하거나, 채무자 또는 채권자나 제3자에게 보관시키고 있는 물건을 집행관이 그 보관현장에서 수취권자에게 인도하는 경우에 받는다.
② 인도 받는 자가 수인 있는 경우에는 인도가 동일한 기회에 행하여지더라도 각각 규칙 제5조의 수수료를 받는다.
③ 규칙 제5조의 수수료는 다른 수수료와 중복하여 받을 수 있다(예 : 매각의 결과 압류물의 일부 매득금으로 채권자에게 변제를 하고 집행비용을 충당할 수 있게 되었기 때문에 그 나머지 압류물의 집행처분을 취소하고 인도하는 경우에는 경매수수료와 함께 규칙 제5조의 수수료를 받는다).

제6조(압류물 등의 점검)

① 규칙 제6조 제1항의 수수료는 채무자 또는 채권자나 제3자에게 보관시키고 있는 물건을 다른 사람의 보관으로 옮길 때 하는 점검의 경우에도 받는다.
② 집행관이 압류물 등을 스스로 보관하고 있는 경우에는 규칙 제6조 제1항의 수수료를 받을 수 없다.

제7조(임의변제금 등의 수취)

① 규칙 제7조의 수수료는 임의변제금 등을 수취하여 채권자에게 교부할 때마다 각각 받는다.

② 규칙 제7조의 수수료는 다른 수수료와 중복하여 받을 수 있다(예 : 일부변제를 받은 다음, 경매를 실시하였을 경우에는 경매 수수료와 함께 규칙 제7조의 수수료를 받는다).

제8조(어음 등의 지급을 위한 제시 등)
규칙 제7조의2 제1항의 수수료는 어음 등의 통수에 관계없이 동일 사건에 대해서 동일한 기회에 수행하는 집무별로 받는다.

제9조(배당요구 등)
① 규칙 제8조 제1항의 수수료는 배당요구별로 「민사집행법」 제219조 제1항(「민사집행법」 제272조에서 준용하는 경우를 포함한다)의 규정에 따른 통지를 행한 경우에 받는다.

② 집행관 이외의 법원 직원이 배당요구를 수리한 경우라 하더라도 제1항의 규정에 의한 통지를 집행관이 행한 경우에는 집행관이 규칙 제8조 제1항의 수수료를 받는다.

제10조(집행 이외의 고지·최고)
① 당사자의 위임에 의하여 고지서 또는 최고서를 송부하는 경우, 규칙 제10조의 수수료는 문서의 통수별로 각각 받는다.

② 제1항의 경우를 제외하고, 당사자의 위임에 의하여 고지서 또는 최고서를 송부할 때의 규칙 제10조의 수수료 산정에 대하여는 제2조의 규정을 준용한다.

제11조(원조, 참여 등)
① 규칙 제10조의2 제1항의 수수료는 동일한 기회에 수행하는 집무별로 받는다. 동일한 신청에 의한 것이라 하더라도 서로 다른 기회에 집무를 하는 경우에는 각각 수수료를 받는다.

② 부동산·선박·자동차·건설기계 또는 항공기의 봉인 또는 그 제거 수수료는 목적물별로 받는다.

제12조(동산 등의 인도)
① 규칙 제11조 제1항의 수수료는 집행권원 또는 인도하여야 할 물건의 개수에 관계없이 동일한 당사자간에 동일한 기회에 행하는 집행별로 받는다. 다만, 인도하여야 할 물건이 항공기·자동차 또는 건설기계인 경우에는 제18조 제1항의 규정을 준용한다.

② 집행을 받는 채무자가 수인 있는 경우에는 동일한 기회에 집행을 하는 경우에도 각각 수수료를 받는다. 수인의 채무자가 공동점유하고 있는 물건에 대하여 집행을 하는 경우에도 동일하다.

③ 집무시간에 대하여는 제3조 제5항을 준용한다.

제13조(부동산 등의 인도)
① 규칙 제12조 제1항의 수수료는 인도나 명도하여야 할 부동산 또는 선박별로 받는다. 부동산의 개수는 등기부상의 개수에 관계없이 그 위치, 형상, 구조, 사용상황 등에 따라 사회통념상 독립된 존재라고 인정되는 것을 1개로 한다.

② 점유를 풀어야 할 채무자가 수인 있는 경우에는 동일한 부동산 등이라 하더라도 각각 수수료를 받는다.

③ 규칙 제12조 제2항의 수수료는 인도나 명도하여야 할 부동산 등이 수개 있을 경우에 그 전부가 존재하지 않거나 발견할 수 없을 때에만 받는다.

④ 집무시간에 대하여는 제3조 제5항을 준용한다.

제14조(대체집행)

① 규칙 제13조의 수수료는 목적물 및 행위의 종류별로 받는다(예 : 철거해야 할 가옥이 수개 있는 경우에는 동일한 결정에 따른 것이라 하더라도 각각 수수료를 받는다). 목적물의 개수에 대하여는 제13조 제1항 후문의 규정을 준용한다.

② 집행채무자가 2인 이상이라 하더라도 각각 수수료를 받을 수 없다.

③ 가옥철거 대체집행과 그 부지인 토지의 인도를 동시에 실시하는 경우에는 각각 수수료를 받는다.

제15조(보전처분)

① 가처분 등의 보전처분 집행 수수료는 보전처분에서 정한 사무의 종류별로 받는다. 따라서 1개의 보전처분명령으로 수개의 사무가 정해진 경우에는 각각 수수료를 받는다. 다만, 주된 사무에 대한 수수료를 받을 경우에는 여기에 부수되는 사무(예 : 부동산점유이전금지가처분에 있어서 그 내용의 공시방법 실시)는 주된 사무와 별도로 수수료를 받을 수 없다.

② 가처분 등의 보전처분사무가 규칙 제14조 이외의 각조의 사무(규칙 제19조의 규정에 따라 유사한 사무에 해당되는 사무를 포함한다)에 해당되는 경우(예 : 채권자에게 동산 또는 부동산을 인도하라는 소위 단행가처분)에는 그 사무에 관계된 수수료를 받고, 그 어디에도 해당되지 않는 것에 한하여 규칙 제14조의 수수료를 받는다.

③ 규칙 제14조의 적용을 받는 사무에 대한 수수료는 행위 종류별 및 목적물별로 각각 받는다.

제16조(부동산의 현황조사 등)

① 규칙 제15조의 수수료는 집행법원의 명령별로 받는다.

② 조사에 착수한 이후, 목적물의 멸실 등으로 인하여 조사불능된 경우라도 조사 결과를 보고하고 규칙 제15조의 수수료를 받는다.

제17조(압류부동산의 보전처분)

규칙 제15조의2의 수수료 산정에 대하여는 제13조의 규정을 준용한다.

제18조(자동차의 인도 등)

① 규칙 제15조의4의 수수료는 인도를 받거나 이전해야 할 자동차 등의 대수별로 받는다.

② 매수인에 대한 자동차 등의 인도는 매각행위에 포함되므로 경매수수료 이외에 규칙 제15조의4의 수수료를 받을 수 없다.

제19조(매각)

① 규칙 제16조의 수수료는 기일마다 강제집행에 있어서는 채무자별로, 담보권실행으로서의 매각에 있어서는 소유자별로 계산하여 받는다. 다만, 동일기일에 수개의 부동산(매각 절차가 부동산에 준하는 것도 포함한다)을 매각한 경우(일괄 매각의 경우는 제외한다)에는 부동산별로 수수료를 계산한다.

② 규칙 제16조 제1항 및 제2항의 수수료는, 동산 매각에 있어서는 매각이 결정되었을 때, 부동산 매각에 있어서는 매각허가결정이 확정되었을 때, 「민사집행법」 제241조 제1항의 매각명령에 의한 매각(「민사집행규칙」 제181조의 예탁유가증권지분매각명령에 의한 매각을 포함한다)에 있어서는 매각대금 및 관계서류를 집행법원에 제출하였을 때 받는다.

제20조(야간·휴일의 집무)

① 규칙 제18조에서 정한 사무에 관계되는 집무가 휴일의 야간에 이루어진 경우에도 규칙 제18조에 의한 가산은 중복하여 하지 않는다.

② 규칙 제18조의 가산 수수료를 받으려고 하는 경우에는 집무가 휴일 또는 야간에 이루어졌다는 것을 집행조서 기타 직무집행에 대해서 작성하는 서류에 명확히 기재하여야 한다.

제21조(서기료)

규칙 제20조 제1호의 서기료는 「민사집행법」 제241조 제5항(이를 준용하거나 그 예에 의하는 경우를 포함한다)에서 규정하고 있는 증서의 작성에 대하여 받는다.

제22조(여비)

① 집행관이 동일채권자의 위임에 의하여 같은 날 동일하거나 근접한 곳에서 2건 이상의 압류 등 집행행위를 한 경우의 여비는 1건 분만을 받는다.

② 채권자를 달리하는 2건 이상의 압류 등 집행행위를 같은 날 같은 특별시·광역시·시·군내에서 실시하는 경우 그 장소가 근접하지 않은 때에는 사건마다 각각 여비를 받을 수 있을 것이나, 그 장소가 동일하거나 근접한 때에는 1건 분만의 여비를 받아야 하고, 이 때에는 각 사건 당사자가 안분하여 그 여비를 부담한다.

제23조(숙박료)

수개의 사건을 처리하기 위하여 숙박을 한 경우에는 1개의 숙박료를 받아야 하고 이 때의 숙박료는 각 사건에 안분한다.

이 예규는 2008년 12. 30.부터 시행한다.

|별표 1| **압류 가압류 수수료 표**

집행할 채권액	수 수 료
50,000원까지	2,000원
100,000원까지	2,500원
250,000원까지	4,000원
500,000원까지	6,000원
750,000원까지	8,000원
1,000,000원까지	10,000원
3,000,000원까지	20,000원
5,000,000원까지	30,000원
5,000,000원 초과	40,000원

|별표 2| **임의 변제금의 수취·교부 수수료**

변제 금액	수수료
500,000원까지	700원
1,000,000원까지	1,000원
5,000,000원까지	1,500원
5,000,000원 초과	2,000원

5. 정보처리시스템에 의한 집행관사무처리지침(대법원 행정예규 제311호)

집행관집행관이 「정보처리시스템에 의한 집행관 사무처리규칙」(이하 규칙이라 함)에 따라 집행 사무를 처리하는 경우에는 아래 지침에 따라 처리한다.

1. 집행사무의 처리

가. 사건의 접수

지정집행관사무소의 집행관이 채권자등 위임인으로부터 사건을 위임받는 경우 별지 제1호 서식의 강제집행신청서를 사용한다.

나. 접수증등의 발급

(1) 집행관이 채권자등 위임인으로부터 사건을 위임받은 경우 위임인에게 별지 제2호 서식의 접수증(인터넷 조회를 위한 비밀번호가 표시됨)과 별지 제3호 서식의 납부서를 교부한다.

(2) 집행관은 채무자에게 압류의 사유를 통지할 때 기타 적정한 시기에 서류의 교부등

적당한 방법으로 인터넷 조회를 위한 비밀번호를 알려주어야 한다.

다. 집행조서의 작성등

(1) 집행관은 「민사집행법」 제10조의 집행조서를 개인휴대정보단말기(PDA)등을 이용하여 정보처리시스템에 의하여 작성한다. 다만, 압류물 종류의 과다 기타 부득이한 사정이 있는 경우에는 정보처리시스템에 의하여 작성하지 아니할 수 있다.

(2) 집행관은 정보처리시스템에 의하여 집행조서를 작성하지 아니한 경우에도 압류내역 및 정보처리시스템에 의하여 작성하지 아니한 취지를 정보처리시스템에 입력하여야 한다.

라. 집행기록 등·초본 작성방법

집행관은 집행기록의 등·초본을 작성하는 경우 집행조서 등 정보처리시스템에 의하여 처리된 사항도 포함하여 작성한다.

마. 송달통지서 작성방법

집행관은 기재사항의 과다 기타 부득이한 사정이 있는 경우에는 규칙 제5조에 따라 작성한 통지서를 출력한 후 추가로 송달에 관한 사항을 기재할 수 있다. 이 경우 추가로 기재하였음을 표시한 후(예 : 가 ○○자 등) 날인한다.

바. 기록의 정리등

(1) 집행관은 예납금등 사용내역 기타 정보처리시스템에 의하여 처리·기록한 사항은 장부, 집행사건기록 등에 별도로 기재하지 아니할 수 있다. 다만, 집행기록 등본을 작성하는 경우 등 필요한 경우에는 이를 출력하여 기록에 첨부한다.

(2) 정보처리시스템에 의하여 처리·기록하지 아니한 예납금등 사용에 관한 증빙서류(변제공탁서사본등) 기타 서류는 집행기록에 철한다.

2. 예납금등의 관리

가. 대표집행관의 성명의 통지등

대표집행관은 다음 사유가 발생하였을 때에는 지체없이 자신의 직위와 성명을 당해 취급점에 통지하고 인감을 송부한다.

1. 규칙 제6조 제2항에 의하여 취급점(해당 은행 타취급점 포함)을 지정한 때
2. 대표집행관으로 선임되었을 때

나. 예납금등의 납부

(1) 집행관은 수수료 기타 비용등 예납금을 납부하고자 하는 자에게 별지 제3호 서식의 납부서를 교부하여 예납금 납부당사자가 취급점(해당 은행 타 취급점 포함)에 직접 납부하게 한다.

다만, 집행현장에서 예납금이 부족함을 알게 되고 납부당사자가 현장에서 납부를 원하는 경우에는 집행관이 이를 수령한 후 납부자를 대리하여 별지 제3호 서식의 납부서를 작성(『납부당사자 기명날인』난에 대리인 집행관 ○○○라고 표시함)하고 취급점(해당 은행 타취급점 포함)에 납부할 수 있다.

(2) 채권자에게 교부하지 못한 매각대금과 매수신고인으로부터 제공받은 매수신고보증금은 집행관이 별지 제3호 서식의 납부서를 작성하여 취급점에 납부한다.
 이 경우 납부서에는 경매물건 소유자의 성명, 주민등록번호(법인의 경우 사업자등록번호), 주소를 기재하여야 하며, 『납부자』란에는 매수인 또는 매수신고보증금 납부자의 성명 등을 기재하고 『납부당사자 기명날인』난에는 대리인 집행관 ○○○라고 표시한다.
 (3) 취급점은 지방법원장의 허가를 받아 해당 은행 본·지점 또는 인터넷 등을 통하여 예납금을 예탁받을 수 있다.

다. 계좌입금신청
(1) 계좌입금의 원칙
 지정집행관사무소에서는 예납금등의 출급을 계좌입금에 의하여 처리하는 것을 원칙으로 한다.
(2) 계좌입금신청
(가) 집행관은 채권자등 위임인으로부터 집행사건을 위임받을 때에는 예납금 잔액 환급을 위하여 위임인에게 계좌입금신청(별지 제1호 서식 강제집행신청서의 특약사항 1. 계좌입금 신청란에 기재함)을 하도록 한다.
(나) 집행관은 다음 각호의 경우에는 신청인에게 별지 제4호 서식의 계좌입금신청서를 제출하게 한다.
1. 위임인이 사건을 접수한 후에 예납금 잔액 환급을 위한 계좌입금신청을 하는 경우.
2. 채권자등이 배당금의 계좌입금을 신청하는 경우
3. 집행관이 예납금을 집행비용으로 사용할 때 출급청구자가 계좌입금을 신청하는 경우
(3) 포괄계좌입금신청
(가) 계좌입금신청인은 향후 자신이 출급청구자가 되는 모든 사건에 대하여 같은 계좌로 입금하여 줄 것을 신청(이하 포괄계좌입금신청이라 함)할 수 있다.
 이 경우 별지 제5호 서식의 포괄계좌입금신청서를 제출하여야 한다.
(나) 포괄계좌입금을 신청하는 경우의 예금계좌는 신청인 본인 명의의 계좌이어야 하며 예금통장 사본을 첨부하여야 한다.
(다) 포괄계좌입금신청을 해지하고자 하는 때에는 별지 제6호 서식의 포괄계좌입금해지신청서를 제출하여야 한다.
(라) 대표집행관은 포괄계좌입금신청 또는 해지신청이 있는 때에는 별지 제7호서식의 포괄계좌입금신청자 명부를 작성하고 신청서와 함께 관리한다.
(4) 계좌입금신청에 대한 처리
(가) 집행관은 계좌입금신청을 접수한 경우 이를 전산시스템에 등록한다.
(나) 집행관은 계좌입금신청인이 출급지시 전에 계좌입금신청을 철회하거나 포괄계좌입금신청을 해지하지 아니하는 한 계좌입금 방식으로 예납금등을 지급하여야 하며, 신청인 또는 그 대리인에게 직접 예납금등을 지급하여서는 아니된다.

라. 예납금등의 출급

(1) 예납금등의 출급사유가 발생하면 집행관은 출급사항을 전산시스템에 등록한다. 이 경우 출급금이 원천징수의 대상이면 취급점으로 하여금 원천징수세액을 공제한 잔액을 지급하도록 한다.
(2) 출급사항은 대표집행관이 승인하며, 승인시 다음 각호의 사항을 취급점으로 전송한다.
  1. 사건번호 및 관리번호
  2. 집행관사무소코드
  3. 출급금액, 출급금의 종류 및 출급의 구분
  4. 출급청구자 및 대리인의 성명, 주소, 주민등록번호(사업자등록번호), 전화번호 및 우편번호
  5. 출급지시일, 대표집행관명
  6. 계좌입금신청을 한 경우 그 계좌번호
(3) 출급을 승인한 경우 대표집행관은 출급청구자에게 별지 제8호 서식의 출급지시서를 교부하여 이를 취급점에 제출하게 한다. 다만, 계좌입금신청이 있는 경우에는 그러하지 아니하다.

마. 이자

(1) 이자의 귀속
(가) 예납금의 이자는 예납자에게 귀속된다.
(나) 매각대금에 대한 이자 중 납부일로부터 배당협의기일 전일까지의 이자는 소유자에게 귀속되고(배당금에 합산됨), 배당협의기일 이후의 이자는 배당받을 자에게 귀속된다.
(다) 집행관은 「민사집행규칙」 제149조 제5항에 따라 매수신고보증금을 매각대금에 산입하는 경우 매수신고보증금 납부자에게 반환할 금액과 매각대금에 산입하는 금액으로 구분하여 관리하며, 납부자에게 반환할 부분으로 구분된 금액에서 생긴 이자는 납부자에게 귀속된다.
(2) 이자의 조회
(가) 집행관이 매각대금 배당을 위하여 이자를 조회하는 경우 관리번호별로 배당협의기일을 입력하여 조회하고 별지 제9호 서식의 이자조회서를 출력하여 기록에 편철한다.
(나) 집행관은 배당의 연기 등 사유가 있을 때에는 이자를 재조회한다.

바. 배당금등의 공탁

집행관이 「민사집행법」 등 관련법규에 의하여 매각대금 또는 배당금을 공탁하는 경우 소유자 또는 배당금수령권자 명의로 출급하여 공탁한다.

사. 예납금등의 출납에 대한 업무 처리

(1) 취급점의 처리

(가) 취급점(해당 은행 타취급점 포함)이 납부자로부터 예납금등을 납부받았을 때에는 납부자(다만, 매각대금 또는 매수신고보증금의 경우에는 집행관)에게 영수증을 교부한다.

(나) 취급점(해당 은행 타취급점 포함)이 예납금등을 납부받은 경우 및 취급점이 예납금등을 출급한 경우에는 그 내역을 지체없이 집행관사무소로 전송한다.

(다) 취급점은 매일 오전 전일 출납내역을 별지 제10호 서식의 일계표에 의하여 집행관사무소로 전송한다.

(라) 대표집행관이 예납금등 잔액의 증명을 요구하는 경우에는 취급점은 별지 제11호 서식의 잔액증명서를 발급한다.

(2) 집행관사무소의 처리

(가) 대표집행관은 예납금등에 대한 취급점의 잔액과 정보처리시스템 잔액이 일치하는지 여부를 매일 확인한다. 이 경우 별지 제10호 서식의 일계표 등을 이용한다.

(나) 집행관이 사건별 예납금등의 출납내역을 확인하고자 하는 경우에는 별지 제12호 서식의 사건별예납금등출납내역서를 이용한다.

아. 예납금등의 환급

(1) 예납금의 환급

(가) 집행사건이 종결(가보존 사건은 제외)되면 집행관은 지체없이 수수료 기타비용 등 예납금을 사용할 사항이 있는지 여부를 확인한 후, 종결사실을 전산시스템에 등록한다.

(나) 종결된 사건에 대한 예납금의 환급은 대표집행관이 승인한다. 승인시 환급 내역을 취급점으로 전송하며, 예납자가 계좌입금신청을 한 경우에는 그 계좌로 환급금을 입금한다.

(다) 예납자가 직접 환급청구를 한 때에는 대표집행관은 별지 제8호 서식의 출급지시서를 예납자에게 교부하여 이를 취급점에 제출하게 한다.

(2) 매수신고보증금의 환급

(가) 집행관은 「민사집행규칙」 제149조 제3항의 규정에 따라 제공받은 매수신고보증금 중 같은 조 제5항에 따라 매각대금에 산입되는 금액에 상당하는 부분을 제외한 금액을 뒤의 매각이 종료한 후 지체없이 매수신고보증금 납부자에게 환급한다.

(나) 매수신고보증금의 환급절차는 예납금의 환급방식에 따른다.

(3) 잔액환급통지

(가) 취급점은 대표집행관이 예납금등 환급을 승인한 후 3일이 경과한 사건에 대하여 지체없이 납부자에게 우편으로 잔액환급통지를 한다. 다만, 환급할 금액이 통지에 소요되는 우편료를 초과하지 아니하는 경우에는 그러하지 아니하다.

(나) 잔액환급통지는 별지 제13호 서식의 환급통지서에 의한다.
(다) 잔액환급통지에 소요된 우편요금의 출급은 대표집행관의 출급지시 없이 해당 예납금등 계좌에서 출급할 수 있다. 이 경우 사건별예납금등출납명세서 등에 출급내역이 표시되게 하여야 한다.

(4) 변제공탁

(가) 잔액환급통지서를 발송한 때로부터 1개월 이내에 예납금등 환급청구권자가 환급청구를 하지 아니한 때에는 집행관은 「민법」 제487조의 규정에 의하여 예납자등 환급청구권자를 피공탁자로 하는 변제공탁을 할 수 있다. 다만, 환급할 금액이 공탁통지서 송달 비용보다 적은 경우에는 공탁하지 아니한다.
(나) 집행관이 위 (가)에 따라 공탁을 하는 경우에는 집행관소재지 관할 공탁소에 공탁을 할 수 있다. 이 경우 집행관이 환급청구권자의 명의로 출급하며, 피공탁자의 주소를 소명하는 서면은 채권자의 주소가 기재된 강제집행신청서 등의 사본으로 갈음할 수 있다.
(다) 변제공탁서는 집행사건기록에 철하지 아니하고 별도로 관리한다.

(5) 미환급금의 관리

(가) 위 (3) (가)의 단서에 따라 환급통지를 하지 아니한 금액과 (4) (가)의 단서에 따라 공탁하지 아니한 금액 등 미환급액은 사건별 계좌로 계속 보관한다.
(나) 대표집행관은 매년 말을 기준으로 위 미환급 잔액 총액을 다음 해 1월 20일까지 지방법원장에게 보고한다. 이 경우 정보처리시스템에 의하여 처리하기 전 사건에 대한 잔액과 정보시스템에 의하여 처리한 사건 잔액으로 구분하여야 하며, 각 잔액을 증명하는 서면을 첨부한다.

부 칙

제1조(시행일자) 이 예규는 2003. 2. 10. 부터 시행한다.
제2조(폐지예규) 집행관의수수료기타비용예납금의관리및정산에따른잔액환급절차에관한예규(행정예규 제367호)는 이를 폐지한다.
제3조(경과조치) 「정보처리시스템에 의한 집행관 사무처리규칙」에 따라 지정집행관 사무소로 지정되기 이전에 접수된 사건에 대하여는 종전 규정에 의하여 처리한다.

이 예규는 2022년 8월 9일부터 시행한다.

[별지 제3호 서식]

납부서(은행제출용)

실명확인			(인)

집행관사무소		사건번호	
납부금 종류		은행관리번호	
납 부 금 액			
납 부 장 소			

납부자	성 명		주민등록번호(사업자등록번호)	
	전화번호		우편번호	
	주 소			
	전액환급계좌		(예금주 :	)
대리인	성 명		주민등록번호(사업자등록번호)	
	전화번호		우편번호	
	주 소			

위 금액을 납부합니다.

20 . .

납부자 (인)

대리인 (인)

1. 납부시 실명확인을 위하여 필요하오니 납주자의 주민등록증(대리인이 납부시에는 대리인의 주민등록증)을 지참하시기 바랍니다.
2. 집행관이 매각대금 및 매수신고보증금 납부시, 『납부자』란에는 매수인 또는 매수신고보증금 납부자의 성명 등을 기재하고 『납부당사자 기명날인』란에는 대리인 집행관 ○○○라고 표시하며, 아래에 경매물건 소유자의 성명, 주민등록번호(법인의 경우 사업자등록번호), 주소를 기재하여야 합니다.
3. 납부는 법원별 지정 취급점 또는 해당 은행 타취급점에 납부하시기 바랍니다.

성 명		주민등록번호(사업자등록번호)	
주 소			

|별지 제4호 서식|

계좌입금신청서

사건번호 및 사건명				
신청인	성 명		주민등록번호 (사업자등록번호)	
	주 소			
예금계좌	개설은행		은행 지점	
	계좌번호			
	예금주			

　신청인이 수령할 예납금등을 신청인 비용부담하에 위의 예금계좌에 입금하여 주시기 바랍니다.

20 . . .

　　　신청인　성　명　　　　　　(인) [전화번호 :　　　　　　]

　　　대리인　성　명　　　　　　(인) [전화번호 :　　　　　　]

　　　주민등록번호

　　　주　소

○○지방법원 집행관사무소 귀중

[별지 제5호 서식]

포괄계좌입금신청서

입금대상		향후 신청인이 출급청구권자가 되는 예납금등 전부	
신청인	성 명		주민등록번호 (사업자등록번호)
	주 소		
예금계좌	개설은행	은행	지점
	계좌번호		
	예금주	신청인 본인	

　향후 신청인이 출금권자가 되는 모든 사건에 대하여 동일계좌 입금을 신청하오니, 수령할 금액을 신청인의 비용부담하에 위의 예금계좌에 입금하여 주시기 바랍니다.

덧붙임 : 예금통장 사본 1부.

20 . . .

신청인　성　명　　　　　　(인)　[전화번호 :　　　　　]

대리인　성　명　　　　　　(인)　[전화번호 :　　　　　]

　　　　주민등록번호

　　　　주　소

○○지방법원 집행관사무소 귀중

|별지 제6호 서식|

포괄계좌입금 해지신청서

본인이 귀 사무소에 신청한 아래 계좌에 대한 포괄계좌입금신청에 대하여 해지를 신청합니다.

　예금계좌 : ○○ 은행 ○○ 지점

　예 금 주 : 신청인 본인

　　　　　　　　　　　　　　20 . . .

　　　　　　신청인　　성　　명　　　　　(인)　[연락처 :　　　　　]
　　　　　　　　　　　주　　소

　　　　　　대리인　　성　　명　　　　　(인)　[연락처 :　　　　　]
　　　　　　　　　　　주　　소

　　　　　　　　○○지방법원 집행관사무소 귀중

[별지 제7호 서식]

포괄계좌입금신청자 명부

관리번호	신청인			입금계좌			신청일자(해지일자)
	성 명	주민등록번호(사업자등록번호)	전화번호	금융기관명	계좌번호	예금주	

|별지 제8호 서식|

출 급 지 시 서

사건번호	관리번호	출급금액	원천 징수 세금액		세금공제후 지급액
			소득세	주민세	

출급금 종류	
출급 청구일	

청구자	성 명		전화번호	
	주민등록번호 (사업자등록번호)		우편번호	
	주 소			

대리인	성 명		전화번호	
	주민등록번호 (사업자등록번호)		우편번호	
	주 소			

출 급 구 분	( ) 원금만 지급	( ) 원금 및 이자지급
	( ) 원금 및 전체이자 지급	( ) 이자만 지급

입금은행 및 계좌번호	계좌번호		이름		입금은행	

위 금액을 ○○은행 ○○지점에서 출급할 것을 인가합니다.
20 . . .
○○ 지방법원 집행관사무소
집행관 ○ ○ ○ (인)

위와 같이 금액(이자)를 수령하였습니다.
20 . . .

청구인 성명   (인) | 실명확인 | (인) |
대리인 성명   (인)

※ 출급시 실명확인을 위하여 필요하오니 주민등록증과 인장을 지참하시기 바랍니다.

|별지 제9호 서식|

이자조회서

사건번호 :

배당협의기일 :

관리번호	납부금종류	대상금액	기　간	이　자
계				

[별지 제10호 서식]

일 계 표

20 . . .

구 분	입 금		출 금				잔 액
	건수	금 액	건수	금 액 (세 전)	이자지급 건 수	이자지급액	
합 계							

[별지 제11호 서식]

잔 액 증 명 서

대표집행관 앞

예탁현황은 다음과 같습니다.

예탁액 (당월분)	원
누 계	원
출급 및 환급액(당월분)	원
누 계	원
잔 액	원

년   월   일

○○은행   ○○지점장   (인)

[별지 제12호 서식]

사건별 예납금등 출납내역서

사건번호 :

처리일자	관리번호	성 명	내 역	입금액	출급액	비 고
합 계						

|별지 제13호 서식|

환급통지서

아래 사건이 종결되어 환급을 통지하니 해당 집행관사무소에 환급을 청구하시기 바랍니다.

집행관사무소명		사건번호	
환급금 내용		관리번호	
환 급 금 액		납입일자	
납부자 성명			
납주자 주소			

20 . . .

○○은행 ○○지점

※ 환급금 출급시 실명확인을 위하여 필요하오니 주민등록증과 인장을 지참하시기 바랍니다.
※ 환급통지서를 발송한 날로부터 1개월 이내에 환급청구를 하지 않으면 민법 제487조의 규정에 의하여 변제공탁을 하는 수도 있습니다.

제2편
당사자의 집행신청(위임)에 의한 사무

제1장
유체동산에 대한 강제집행

제1절 총 설

1. 의 의

민사집행법에서 말하는 유체동산은 같은 법이 정한 동산 중에서 채권 그 밖의 재산권을 제외한 물건 및 유가증권으로 화체(化體)된 재산권을 말한다. 유체동산에 대한 강제집행은 '금전채권에 기초한 강제집행' 중 동산에 대한 강제집행의 일종으로 분류된다. 유체동산에 대한 집행의 특색은 다른 집행절차와는 달리 집행관이 1차적 집행기관이라는데 있다.

이를 개관하면 채권자의 집행위임으로 집행관이 대상물을 선택 압류하고, 원칙적으로 입찰 또는 호가경매(呼價競賣)의 방식으로, 예외적으로 다른 방법으로 현금화하여 집행채권자에게 내주거나 배당을 하되, 일정한 경우에는 압류물을 현금화하여 집행채권자에게 내주거나 배당하되, 압류물을 현금화한 매각대금을 공탁하여 집행법원이 배당한다.

2. 절차의 개요

채권자가 집행관에게 집행신청(집행위임)을 하면 집행관은 채무자 소유의 유체동산 중 압류금지물건(민집 195조)을 제외하고 압류를 한 후(민집 188조에서 192조) 압류물을 입찰 또는 호가경매의 방법으로(민집 199조 이하) 또는 적당한 매각의 방법으로(민집 209조, 210조) 현금화한다.

다만 법원은 직권 또는 압류채권자, 배당요구채권자, 채무자의 신청에 따라 일반 현금화의 방법에 따르지 아니하는 다른 방법에 따른 현금화나 다른 장소에서의 매각 또는 집행관 이외의 자에 의한 매각 등 특별한 현금화 방법을 명할 수 있다(민집 214조).

집행관은 채권자가 한 사람인 경우에는 압류한 금전 또는 압류물을 현금화한 대금을 압류채권자에게 인도하여야 한다(민집 201조 1항). 공동집행(민집 222조 2항), 이중압류(민집 215조) 또는 배당요구의 결과 채권자가 여러 사람인 경우 집행관은 압류 금전 또는 매각대금으로 각 채권자의 채권과 집행비용 전부를 변제할 수 있는 때에는 각 채권자에게 채권액을 교부하고 나머지가 있으면 채무자에게 교부하여야 한다(민집규 155조 1항).

그러나 그것으로 각 채권자의 채권과 집행비용 전부를 갚을 수 없는 때에는 채권자 사이에 배당협의가 이루어지면 그 협의에 따라 배당을 하고, 만약 협의가 이루어지지 아니하면 집행관은 그 매각대금을 공탁한 후(민집 222조 1항, 2항, 민집규 155조 2항 또는 4항, 156조) 그 사유를 집행법원에 신고하여야 한다(민집 222조 3항, 민집규 157조). 위 공탁 및 사유신고가 있으면 집행법원은 배당절차를 개시하게 된다(민집 252조 1호).

|도표| **동산집행절차 도해도**

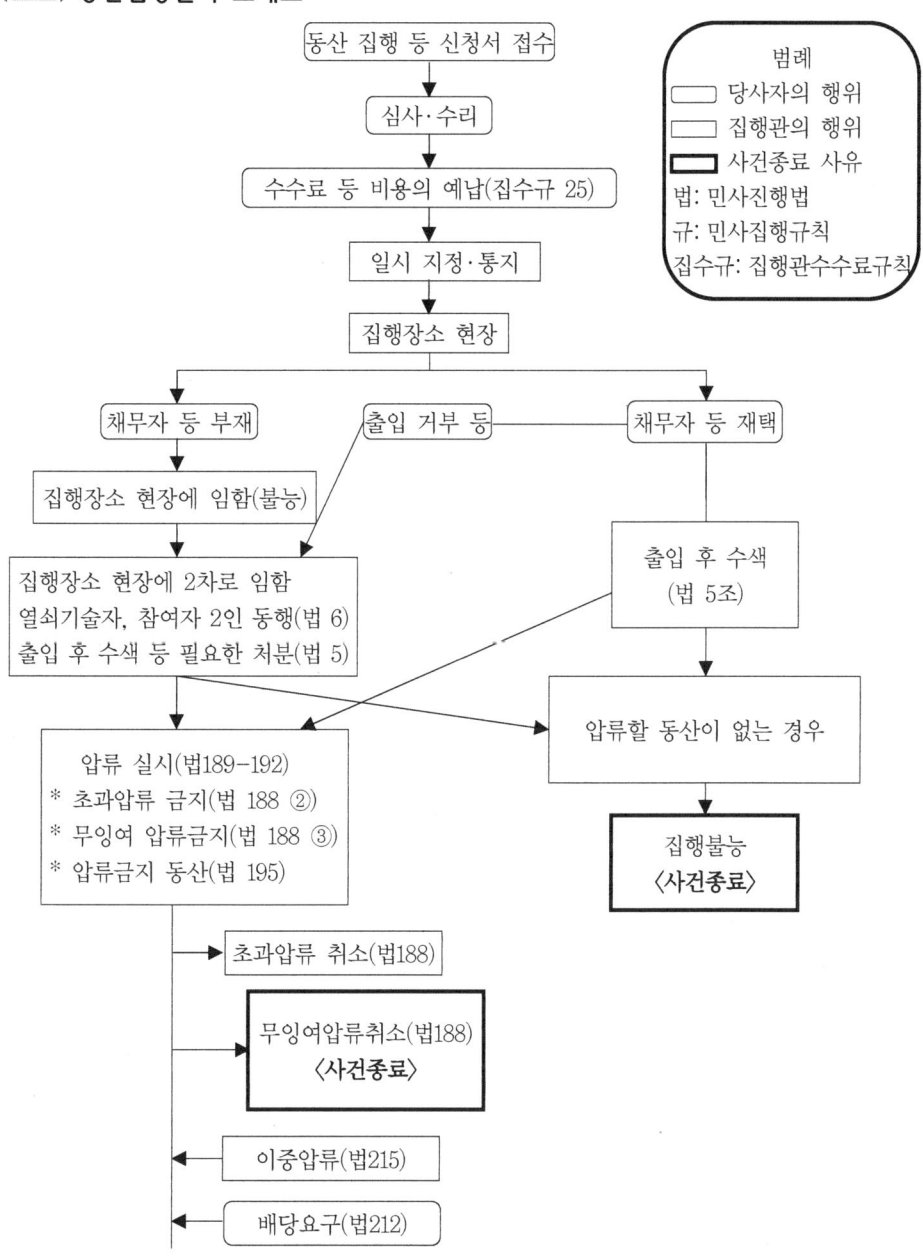

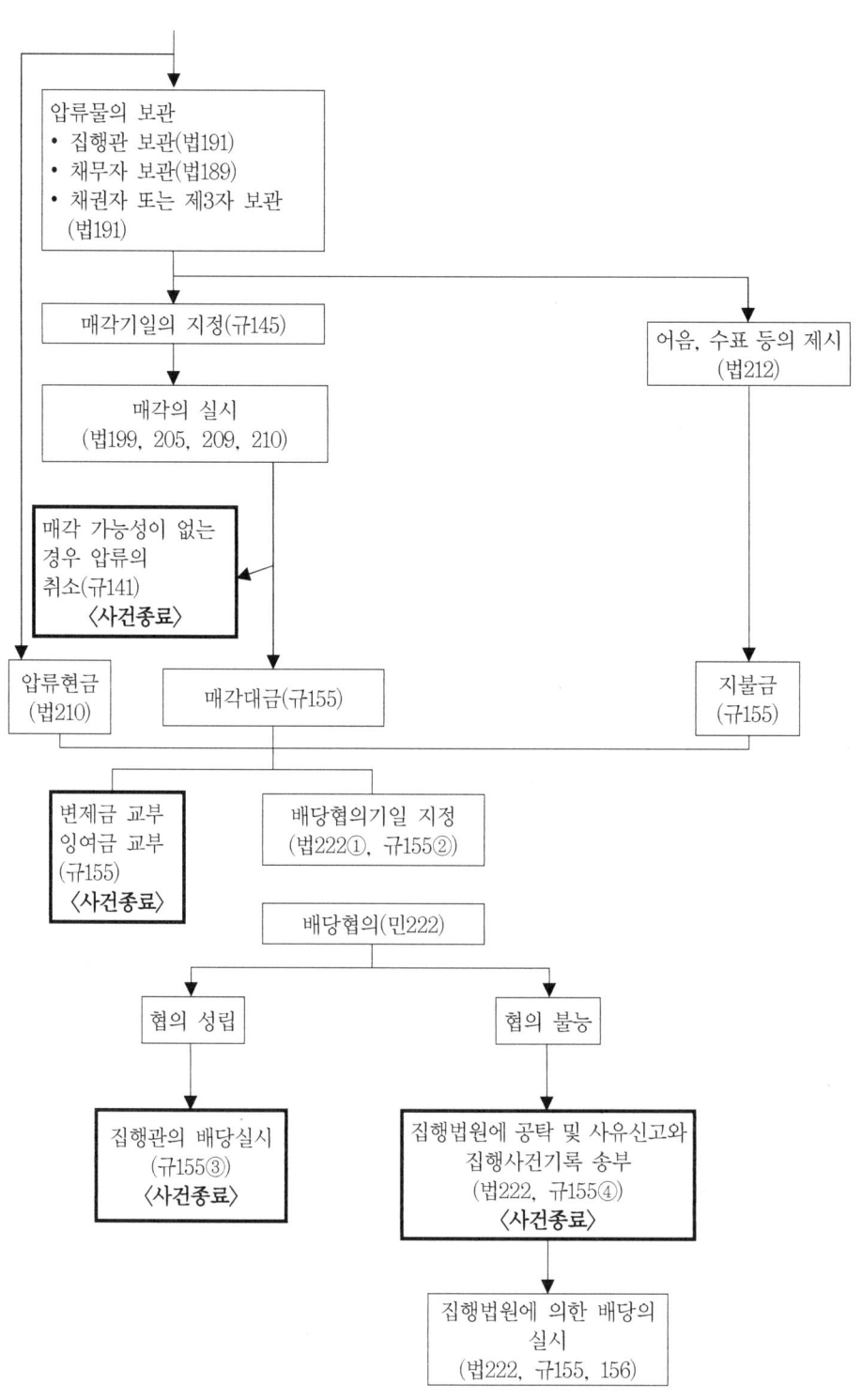

제2절 압류의 대상이 되는 유체동산

> **민사집행법**
>
> 제189조(채무자가 점유하고 있는 물건의 압류)
> ① 채무자가 점유하고 있는 유체동산의 압류는 집행관이 그 물건을 점유함으로써 한다. 다만, 채권자의 승낙이 있거나 운반이 곤란한 때에는 봉인(封印), 그 밖의 방법으로 압류물임을 명확히 하여 채무자에게 보관시킬 수 있다.
> ② 다음 각 호 가운데 어느 하나에 해당하는 물건은 이 법에서 유체동산으로 본다.
> 1. 등기할 수 없는 토지의 정착물로서 독립하여 거래의 객체가 될 수 있는 것
> 2. 토지에서 분리하기 전의 과실로서 1월 이내에 수확할 수 있는 것
> 3. 유가증권으로서 배서가 금지되지 아니한 것
> ③ 집행관은 채무자에게 압류의 사유를 통지하여야 한다.

1. 유체동산 집행 목적물의 범위

민사집행법 189조 2항은 유체동산 집행의 대상을 규정하고 있다. 토지 및 그 정착물은 부동산이고, 부동산 이외의 물건은 동산이다(민법 99조). 압류의 목적이 되는 유체동산은 민법상의 동산뿐 아니라 일정한 유가증권 등 민사집행법 189조 2항의 규정에 따른 물건을 포함하는 것이므로 실체법상의 유체동산의 개념과 반드시 일치하는 것은 아니다. 어떤 재산을 어떠한 집행방법에 따라 강제집행을 하게 할 것인가에 관해서는 정책상의 문제로 실체법상의 분류와 일치하는 것은 아니다.

가. 민법상 동산

민법상의 동산은 원칙적으로 유체동산 집행의 대상이 되나 다른 법령에 특별한 규정이 있는 경우, 예를 들어 선박법 및 선박등기법의 규정에 따라 등기할 수 있는 선박,[35] 항공법에 따라 등록된 항공기, 자동차 관리법에 따라 등록된 자동차와 자동차 등 특정동산 저당법에 따른 소형선박, 건설기계관리법에 따라 등록된 건설기계는 각각 선박 집행(민집 172조), 항공기 집행(민집 187조, 민집규

---

35) 총톤수 20t 이상의 기선과 범선 및 총톤수 100t 이상의 부선(다만, 선박계류용·저장용 등으로 사용하기 위하여 수상에 고정하여 설치하는 부선은 제외)

106조), 자동차 집행(민집 187조, 민집규 130조, 108조), 건설기계 집행(민집 187조, 민집규 130조)의 대상이 되므로 유체동산의 집행에서 제외된다.

　등기의 대상이 아닌 선박, 등록대상이지만 등록되지 아니하였거나 등록이 말소된 항공기, 자동차, 건설기계, 소형선박 등은 유체동산으로서 압류할 수 있다.36)

　공장 및 광업재단 저당법에 따른 공장재단과 광업재단을 구성하는 기계, 기구, 차량, 선박, 전주, 전선, 배관, 레일 그 밖의 부속물 등은 부동산으로 본다(공장 및 광업재단 저당법 12조, 13조, 53조, 54조).37)

　입목(立木)은 일반적으로 토지의 정착물로서 부동산의 일부 또는 종물(민법100조 2항)에 불과하지만,38) 특히 입목에 관한 법률에 따라 소유권보존등기된 것은 독립된 부동산으로 취급된다(입목법 2조, 3조). 유가증권 자체는 민법상의 동산이지만, 배서가 금지된 것은 그 증권에 화체된 권리를 집행대상으로 파악하여 채권 그 밖의 재산권의 집행방법에 따라야 한다(민집 189조 2항 3호, 223조 이하).

　종물(從物)은 주물(主物)의 처분에 따르는 것이므로(민법 100조 2항) 주물에 대한 압류의 효력은 종물에도 미친다. 주물과 종물의 관계는 부동산과 부동산 사이, 동산과 동산 사이 성립하는 것이 보통이지만, 동산이 부동산의 종물이 될 수 있다. 부동산이나 선박의 종물 또는 그로부터 분리된 천연과실(天然果實)이나 구성 부분(석등, 떼어낸 문짝 등)은 유체동산 집행의 대상이 된다.

　그러나 부동산 등의 종물인 동산은 경제상 주물과 일체를 이루므로 주물인 부동산 등이 압류된 후에는 독립하여 유체동산압류의 대상이 되지 못한다. 종물은 주물의 상용과 이바지하는 관계에 있어야 하고, 주물의 상용에 이바지한다 함은 주물 그 자체의 경제적 효용을 다하게 하는 것을 말하는 것으로서 주

---

36) 1998, 집행관연찬집 「36」
　　미등록 굴삭기 버킷(bucket)의 유체동산 압류에 대해 굴삭기가 조립된 상태에서는 버킷만 압류하는 것은 적당하지 아니하고 분리된 후 유체동산 압류가 가능하다.
37) 대판 1972. 11. 28. 72다945
　　공장 저당권의 효력이 미치는 기계·기구 등을 그 토지나 건물과 분리하여 압류한 조치는 공장 및 광업재단 저당법 8조 2항의 규정에 어긋나는 하자가 있는 것이나 그 강제집행의 결과로 이를 매각한 자의 선의취득의 효력에는 영향이 없다.
38) 골프장 용지가 신탁법에 따라 신탁되었을 때 그 부지에 식재된 수목은 유체동산으로 강제집행 할 수 있는지에 대하여 토지의 정착물인 수목은 명인방법 또는 입목에 관한 법률에 따른 입목등기에 의하지 아니하는 한 민법 제256조에 의하여 식재된 토지에 부합하는 것이고, 토지의 처분에 따른 것으로 골프장 용지에 부합된 수목이라면 부지와 일체를 이루는 부동산으로 볼 수 있고 신탁재산으로서 신탁법에 따라 강제집행이 금지되므로 유체동산으로 보아 집행을 할 수 없다.

물의 소유자나 이용자의 상용에 공여되고 있더라도 주물 그 자체의 효용과 직접 관계가 없는 물건은 종물이 아니다.39)

신·구 폐수처리시설이 그 기능 면에서는 전체적으로 결합하여 유기적으로 작용함으로써 하나의 폐수처리장을 형성하고 있지만 신 폐수처리시설이 구 폐수처리시설 그 자체의 경제적 효용을 다하게 하는 시설이라고 할 수 없으므로 종물이 아니다.40) 호텔건물에 부착되어 고정된 것이 아니라 단순히 객실에 비치된 전화기, 텔레비전, 세탁기 등은 호텔건물의 종물이 아니다.41)

그러나 백화점 건물의 지하 2층 기계실에 설치된 전화교환설비는 위 건물의 상용에 제공된 백화점 건물의 종물이고,42) 주유소의 주유기는 주유소 건물의 종물이며 축사의 통로로 이용되는 축사부지 밖의 소독시설은 종물이 아니며 주물과 다른 사람의 소유에 속하는 물건은 종물이 될 수 없다. 관련 판례는 아래와 같다.

> **대법원 1997. 10. 10. 선고 97다3750 판결**
> [판시사항]
> [1] 공장저당의 목적인 공장 토지 및 이에 인접한 타인 소유의 토지에 걸쳐서 설치된 폐수처리시설에 공장저당권의 효력이 미치는지 여부(적극)
> [2] 종물인지 여부의 판단 기준
>
> [판결요지]
> [1] 폐수처리시설이 공장저당법에 의하여 근저당권이 설정된 공장 토지와 그에 인접한 공장 토지가 아닌 타인 소유의 토지에 걸쳐서 설치되어 있는 경우, 그것이 설치된 토지에 부합되었다고 보기보다는 그 구조, 형태 또는 기능 등에 비추어 볼 때, 공장저당의 목적인 공장에 속하는 토지와 건물 및 기계, 기구와 함께 일체를 이루는 기업시설로서 그 공장 소유자의 소유에 속한다고 봄이 상당하므로, 그 공장에 속하는 토지와 건물 및 기계, 기구 위에 설정된 공장저당권의 효력은 그 폐수처리시설에도 미친다.
> [2] 종물은 주물의 상용에 이바지하는 관계에 있어야 하고, 주물의 상용에 이바지한다 함은 주물 그 자체의 경제적 효용을 다하게 하는 것을 말하는 것으로서 주물의 소유자나 이용자의 상용에 공여되고 있더라도 주물 그 자체의 효용과 직접 관계가 없는 물건은 종물이 아

---

39) 대판 1997. 10. 10. 97다3750
40) 대판 1997. 10. 10. 97다3750
41) 대판 1985. 3. 26. 84다카269
42) 대판 1993. 8. 13. 92다43142

> 니다(신, 구 폐수처리시설이 그 기능면에서는 전체적으로 결합하여 유기적으로 작용함으로써 하나의 폐수처리장을 형성하고 있지만, 신폐수처리시설이 구폐수처리시설 그 자체의 경제적 효용을 다하게 하는 시설이라고 할 수 없으므로 종물이 아니라고 한 사례).

금전과 관련하여서는 채무자가 혼주인 결혼축의금이 압류의 대상이 되는가?에 관한 연찬 사례[43]가 있다.

나. 등기할 수 없는 토지의 정착물로서 독립하여 거래의 객체가 될 수 있는 것
(민집 189조 2항 1호)

여기서 말하는 '등기할 수 없는 토지의 정착물'은 토지에의 정착성은 있으나 현금화한 후 토지로부터 분리하는 것을 전제로 하여 거래의 대상으로서의 가치를 가지는 것이라고 보아야 하고[44], 독립하여 거래의 객체가 될 수 있는 것인지는 그 물건의 경제적 가치 및 일반적인 거래의 실정이나 관념에 비추어 판단하여야 한다. 관련 판례는 아래와 같다.

> **대법원 2003. 9. 26. 선고 2001다52773 판결**
> [판시사항]
> [3] 구 민사소송법 제527조 제2항 제1호에 의하여 유체동산 집행의 대상이 되는 '등기할 수 없는 토지의 정착물'의 의미 및 판단 기준
>
> [판결요지]
> [3] 구 민사소송법(2002. 1. 26. 법률 제6626호로 전문 개정되기 전의 것) 제527조 제2항 제1호에서 규정하는 "등기할 수 없는 토지의 정착물"은 토지에의 정착성은 있으나 현금화한 후 토지로부터 분리하는 것을 전제로 하여 거래의 대상으로서의 가치를 가지는 것이라고 보아야 하고, 독립하여 거래의 객체가 될 수 있는 것인지는 그 물건의 경제적 가치 및 일반적인 거래의 실정이나 관념에 비추어 판단하여야 한다.

---

43) 결혼축의금에 대하여 채권자의 신청에 따라 강제집행 하여야 한다는 견해와 혼주인 부모에 대한 축의금과 신랑 신부에 대한 축의금이 혼합되어 있고 누구에 대해 건네진 축의금인지 분간이 곤란하므로 압류의 대상이 불분명함을 이유로 집행불능 조서를 작성함이 상당하다는 견해가 있었으며 연찬 결과 다수였다(법원공무원교육원, 2010, 집행관연찬집「4」).
44) 대결 1995. 11. 27. 95마820

따라서 등기되지 아니한 토지의 정착물이라도 그 정착물이 부동산등기법 그 밖의 법령에 따라 등기할 수 있는 이상 유체동산 집행의 대상은 되지 아니한다. 이미 완성된 건물은 부동산등기법상 당연히 등기 적격이 있는 것인바, 비록 사용승인을 받지 아니하여 보존등기를 마치지 못하였다고 하더라도 그와 같은 사정만으로 위 완성된 건물이 유체동산 집행의 대상이 되는 것은 아니며45), 이는 부동산집행절차에 따라야 한다(민집 81조 1항 2호 단서).

그런데 판례는 독립된 부동산으로서의 건물이라고 하기 위해서는 최소한의 기둥과 지붕, 그리고 주벽을 갖추어 달라고 요구하므로,46) 건축 중인 건물로서 이에 이르지 아니한 것은 등기가 불가능하여 부동산 집행절차에도 따를 수 없고 독립하여 거래의 객체가 될 수 없으므로 유체동산 집행의 대상으로도 되지 않는 것으로 보아야 한다.

따라서 지하 1층, 지상 15층으로 설계된 아파트건물 중 9층까지의 기둥, 벽 등이 완성된 상태에서 공사가 중단되고 있는 경우는 등기할 수 없는 토지의 정착물이기는 하나, 현금화한 후 토지로부터 분리하는 것을 전제로 하여 거래의 대상으로서의 가치를 가지는 것이라고 보기는 어려우므로 결국 위 건물은 독립하여 거래의 객체가 될 수 있는 것이라고는 볼 수 없다.47)

민사집행법 189조 2항 1호는 그 가운데 토지와는 독립하여 거래의 객체가 될 수 있는 것만을 유체동산 집행의 대상으로 규정하고 있고, 독립하여 거래의 객체가 될 수 있다는 것은 토지에의 정착성(定着性)은 있으나 환가(換價) 후 토지로부터 분리하는 것을 전제로 하여 그 물건의 경제적 가치 및 일반적인 거래의 실정이나 관념에 비추어 판단하는 것을 의미한다.

유체동산 집행의 대상이 되는 정착물의 예로는 송신용 철탑, 정원석이나 정원수, 주유소의 급유기, 벽돌이나 옹기를 굽는 가마, 입목에 관한 법률에 따라 등기가 되지 아니한 입목도 여기에 해당하며, 판례는 과목48), 식재된 수목49), 임야 내의 자연석을 조각하여 제작한 석불50) 등은 독립하여 거래의 객체가 될

---

45) 대결 1994. 4. 12. 93마1933
46) 대판 2001. 1. 16. 2000다51872
47) 대결 1995. 11. 27. 95마820
48) 대판 1971. 12. 28. 71다2313
49) 대판 1967. 3. 7. 66다353, 354
50) 대판 1970. 9. 22. 70다1494

수 있다고 하여 유체동산 집행의 대상이 된다고 하였으나, 건물의 옥개(屋蓋) 부분51), 논둑52), 시설용지에 정착된 레일53), 무허가 미등기건물이나 미완성의 건축 중인 건물 등에 대하여는 견해가 나뉠 수 있지마는 토지로부터 분리할 수 없는 성질의 것이어서 유체동산 집행의 대상은 되지 않는다고 하였다. 관련 판례는 아래와 같다.

> **대법원 1995. 11. 27. 자95마820 결정**
> [판시사항]
> [1] 민사소송법 제527조 제2항 제1호에 의하여 유체동산 집행의 대상이 되는 '등기할 수 없는 토지의 정착물'의 의미
> [2] 9층까지 골조공사가 되어 있는 미완성의 철근콘크리트조 아파트 건물이 [1]항의 유체동산 집행의 대상이 될 수 없다고 본 사례
>
> [결정요지]
> [1] 민사소송법 제527조 제2항 제1호 소정의 유체동산 집행의 대상이 되는 '등기할 수 없는 토지의 정착물'은 토지에의 정착성은 있으나 환가한 후 토지로부터 분리하는 것을 전제로 하여 거래의 대상으로서의 가치를 가지는 것이라고 보아야 한다.
> [2] 9층까지 골조공사가 되어 있는 미완성의 철근콘크리트조 아파트 건물이 [1] 항의 유체동산 집행의 대상이 될 수 없다.
>
> **대법원 1996. 6. 14. 선고 94다53006 판결**
> [판시사항]
> [1] 등기부표시와 실제 건물의 동일 여부에 관한 결정 기준
> [2] 증축 부분이 기존 건물에 맞는지에 대한 판단 기준
> [3] 독립된 부동산으로서의 '건물'의 요건
>
> [판결요지]
> [1] 건물에 관한 소유권보존등기가 당해 건물의 객관적, 물리적 현황을 공시하는 등기로서 효력이 있는지의 여부는, 등기부에 표시된 소재, 지번, 종류, 구조와 면적 등이 실제 건물과 간에 사회 통념상 동일성이 인정될 정도로 합치되는지의 여부에 따라 결정된다.
> [2] 건물이 증축된 경우에 증축 부분의 기존 건물에 부합 여부는 증축 부분이 기존 건물에

---

51) 대판 1960. 8. 18. 4292민상859
52) 대판 1964. 6. 23. 64다120
53) 대결 1972. 7. 27. 72마741

부착된 물리적 구조뿐만 아니라, 그 용도와 기능 면에서 기존 건물과 독립한 경제적 효용을 가지고 거래상 별개의 소유권의 객체가 될 수 있는지의 여부 및 증축하여 이를 소유하는 자의 의사 등을 종합하여 판단하여야 한다.
[3] 독립된 부동산으로서의 건물이라고 함은 최소한의 기둥과 지붕 그리고 주벽이 이루어지면 법률상 건물이라고 할 수 있다.

나-1. 유체동산 집행목적물의 범위 관련 등 실무사례

(가) 저당권이 설정된 택지상의 정원수 등에 대한 동산 집행[54] 「昭和 56 福岡」
* 저당권이 설정된 택지상에 존재하는 정원수, 정원석, 석등에 대하여 동산집행을 할 수 있는지?
* 택지상에 존재하는 정원수, 정원석, 석등은 토지의 정착물이고 정착물이 존재하는 토지에 저당권이 설정된 때에는 그 저당권의 효력은 설정행위에서 별도의 약정을 한 경우 등을 제외하고는 이들 물건에도 미친다. 저당권의 효력이 정착물에도 미치는 때에는 정착물만을 강제집행의 목적물로 압류하는 것은 허용되지 아니한다.
　다만 집행관으로서는 압류 시에 압류하려고 하는 동산이 채무자의 점유에 속하는가 아닌가를 판단하면 충분하고 그 동산이 채무자의 소유에 속하는가 어떤가, 저당권의 효력이 그 동산에 미치는가? 등의 實體的인 권리관계에 관하여는 고려할 필요가 없으므로 설문의 토지의 정착물에 관하여도 채무자의 점유에 속한다고 인정되는 한 압류를 하여야 한다. 저당권의 효력이 미치는가 아닌가는 제3자이의의 소에서 판단하게 된다. 특히 저당권의 효력이 미치고 있을 개연성이 높은 경우에는, 달리 압류에 적당한 동산이 있는 한, 우선 그 동산부터 압류하는 것이 적당할 것이다.

(나) 선박 종물(從物)의 범위[55] 「昭和 41 東京」
* 저당권이 설정된 선박에 부착된 무선전신기, 어군탐지기, 방향탐지기 등의 물건은 동산으로 압류할 수 있는지?
* 선박에 통상 부착된 물건, 예컨대 무선전신기는 선박의 종물이기 때문에 선박에 저당권이 설정된 경우는 그 효력이 미치고, 이것을 동산으로 압류할 수 없다. 어선의 어군탐지기도 마찬가지이다. 이 경우 속구(屬具)목록에 기재되어 있는가 아닌가는 불문한다. 그러나 방향탐지기라면 현재로서는 대체로 선박이라면 부착되어 있다고 할 수 없고, 종물로 보는 것은 문제가 있다.

(다) 이동식 조립식 건물이 유체동산으로 집행할 수 있는지[56]
* 이동이 가능한 조립식 건물을 건축하여 펜션으로 사용하고 있는 경우, 이를 유체

동산으로 보아 집행할 수 있는지?
* 조립식 건물도 등기능력이 있으므로 미등기 건물 보존등기 절차를 거쳐 부동산경매절차에 의하여 집행하여야 한다는 견해가 있으나, 이는 민사집행법 189조 2항 1호의 등기할 수 없는 토지의 정착물로 독립하여 거래의 객체가 될 수 있는 것으로 유체동산으로 본다고 하고, 대법원 판례 95마920에 의하면 민사소송법 527조 2항 1호 소정의 유체동산 집행의 대상이 되는 '등기할 수 없는 토지의 정착물'은 토지에의 정착성은 있으나 환가한 후 토지로부터 분리하는 것을 전제로 하여 거래의 대상으로서의 가치를 가지는 것이라고 보아야 한다고 하였고, 대법원 등기예규 제1086호 등기능력이 있는 물건 여부 판단에 관한 업무처리기준에서 건축물의 등기능력 판단 기준을 보면,

 ① 건축법상 건축물에 관하여 건물로서 소유권보존등기를 신청한 경우 등기관은 그 건축물이 토지에 견고하게 정착되었는지, 지붕 및 주벽 또는 그에 유사한 설비를 갖추고 있는지, 일정한 용도로 계속 사용할 수 있는 것인지를 당사자가 신청서에 첨부한 건축물대장 등에 의하여 종합적으로 심사하여야 한다.
 ② 토지에 정착물
 건축공사현장사무소, 전시용 모델하우스, 운반이 가능한 승차권판매소, 가스나 석유탱크류 등과 같은 가설 건조물은 상식적인 면에서는 건물이라고 할 수는 있을지라도 등기능력이 있는 건물이라고는 할 수 없다. 이는 단순히 용도에 맞게 지상에 설치된 것에 불과하므로 특별한 기초공사에 의해서 지상에 부착되지 않은 이상 등기능력이 없다고 하였다."고 규정하므로 이건 이동식 조립 주택은 민사집행법 189조 2항에 의한 유체동산으로 보아 집행이 가능할 것으로 본다(적극).

(라) 가솔린스탠드의 지하유조설비 집행방법[57] 「昭和 56 大阪」

* 가솔린스탠드의 지하유조설비는 가솔린스탠드의 건물 또는 토지와 함께 부동산 집행의 대상이 되는가?
* 가솔린스탠드의 지하유조설비는 등기할 수 없는 토지의 정착물이다. 등기할 수 없는 토지의 정착물은 일반적으로 동산집행의 대상이 되지만, 정착물의 토지에의 정착의 정도는 다양하고 그 정착의 정도는 높고 토지와 분리해서는 거래가치가 없는 것은 동산집행의 대상으로는 되지 않는다고 판단할 수 있다. 설문의 지하유조설비는 토지에의 정착성이 낮고 쉽게 토지로부터 분리할 수 있는 것을 제외하고 동산집행의 대상으로는 되지 않는다고 판단해야 할 것이다.

(마) 동산으로 압류된 건물이 소유권보존등기를 마친 경우 처리[58] 「昭和 56 大阪」

* 건축 중의 건물을 동산으로 압류한바, 그 후 채무자가 지붕을 덮고 등기 절차를 마친 경우 어떠한 조처를 해야 하는가?

* 이 사건 건물은 이미 부동산으로 되었다고 보아야 하므로 동산 집행절차는 즉시 중지하고 집행불능으로 사건을 종료시켜야 한다. 이 경우 민사집행규칙 15조, 127조에 따라 통지하여야 한다.

(바) 중요문화재에 대한 집행 가부[59] 「昭和 56 福岡」
* 정착물에 대한 동산집행에서 대상물이 국가의 지정에 관련된 중요문화재(정원을 구축하는 수목, 돌, 석등 등)이더라도 집행은 가능한가?
* 중요문화재이더라도 특히 압류제한의 규정이 없으므로 집행의 대상으로 하는 것은 무방하다. 다만 중요문화재에 관하여는 문화재보호법 등에서 그 관리보호의 세부내용이 정해져 있고 보관을 위한 이동 등 현상의 변경에 관하여는 특별한 배려가 요구되기 때문에 채무자의 신청 등에 의하여 압류물이 중요문화재인 것이 판명된 경우에는 신속하게 지방교육위원회 등에 연락하고 압류 후의 이동, 보관 및 환가에 관하여는 신중하게 대처할 필요가 있다.
  주) 우리나라 국유문화재의 양도 등 금지조항(문화재보호법 66조)이 있으나 단순히 소지 또는 판매만을 금지하고 있는 것은 압류 또는 강제집행 자체의 장애가 되는 것은 아니나 압류 후의 현금화에 영향을 미치는 사유가 된다.

다. 토지에서 분리하기 전의 과실로서 1월 이내에 수확할 수 있는 것(민집 189조 2항 2호)

압류의 효력은 압류물에서 산출한 천연물에도 미치므로 과실이 토지에서 분리하기까지는 토지의 정착물로서(민법 99조 1항, 101조 1항, 102조 1항) 독립하여 거래의 대상으로 되지 아니하고, 그에 대한 강제집행은 토지에 대한 강제집행에 부수할 수밖에 없으나, 근래 미분리 과실이라도 독립하여 거래의 대상으로 되어 가는 추세에 있으므로 이를 압류의 대상으로 한 것이다.

압류의 효력은 압류물에서 생기는 천연물에도 미치므로(민집 194조), 여기의 과실은 천연과실을 의미하지만, 민법상의 천연과실의 범위와 일치하는 것은 아니다. 즉 토지에 생육하는 식물로서 수확을 목적으로 하는 것에 한정된다고

---

54) 日 最高裁判所 事務總局, 2011, 執行官事務(第4版), 「196」
55) 전게서, 「203」
56) 법원공무원교육원, 2013, 집행관연찬집, 3-6면 요약.
57) 日 最高裁判所 事務總局, 2011, 執行官事務(第4版), 「197」
58) 전게서, 「200」
59) 전게서, 「207」

해석된다. 벼, 보리, 감자, 고구마 등의 경작물과 사과, 배, 감 등의 과실류, 엽연초, 뽕잎 등이 이에 해당한다. 석탄, 석괴, 광물 등은 천연과실이지만 성숙기에 수확할 것에 해당하지 아니하므로 여기의 과실에는 포함되지 않는다. 미분리 과실에 대한 압류는 채무자가 점유하고 있는 때(민집 189조)나 이를 점유하는 제3자가 압류를 거부하지 않는 때(민집 191조)에 한하여 할 수 있다.

 토지의 점유자이면 충분하고 반드시 그가 토지의 소유자일 것을 필요로 하지 아니하며 농지의 경우에는 권원 없이 경작, 점유하여도 무방하다. 타인의 농지를 권원 없이 경우라도 그 생산물은 이를 경작배양(耕作培養)한 사람의 소유에 해당한다고 하는 것이 판례이기 때문이다. 경작자의 지위가 농지 소유자의 고용인에 불과한 때에는 경작자를 채무자로 하는 집행권원으로써 입도(立稻)에 대하여 압류할 수 없다.

 "1월 이내에 수확할 수 있는 것에 한정"한 것은 그 이전에 압류를 허용하게 되면 당사자뿐만 아니라 일반 경제상으로도 불이익하기 때문이다. 1월 이내에 수확할 수 있는지는 압류한 때를 기준으로 판단할 것이지만 그 지방의 과실의 평균적인 성숙기를 고려하여야 하고, 필요한 경우에는 감정인의 감정에 의할 수 있다.[60]

(1) 농산물에 대한 집행실무 사례

> **(가) 성숙(成熟) 중인 포도의 집행 방법 실무사례[61]**
> ① 수확기 기산일 및 수확 기간: 농촌지도소 등에 대한 사실조회 등으로 객관적 기준을 정하고 채권자와 채무자가 그 수확기에 대해 진술이 일치할 때 그에 따른다.
> ② 압류 대상: 나무 수와 가장 적게 달린 포도나무 수확량을 세어서 그 수확량에 나무 수를 곱하여 계산하는 방법과 포도송이를 일일이 세어 정하는 방법이 있다.
> ③ 압류물의 표시 방법: 공시서(나무판 등에 공시서를 부착하되 훼손되지 않게 함)에 의함
> ④ 보존조치: 집행관이 수확하는 경우 그 방법으로 노무자를 사용하여 직접 수확한다.
> ⑤ 감정: 시간적 여유가 있을 때는 통상의 절차에 의하고, 이미 수확기에 있을 때는 감정사를 통하여 감정토록 한다.
> ⑥ 경매: 성숙 후 수확하지 않은 채 경매하는 방법과 수확한 후 경매하는 방법
> ⑦ 조기 경매 : 수확하고 있거나 수확기 직전인 경우(압류 기간 7일 제외)

---

60) 한국 사법행정학회, 2012, 민사집행법(V), 220면.

(나) 생육(生育) 중인 인삼의 집행 방법 실무사례[62]

인삼산업법 제19조 규정은 환가에 관한 특별 규정일 따름이고 압류에 대한 특별 규정이 아니고, 인삼은 통상 3년근 또는 5년근이 되어 채굴하는 것이 일반적이므로 최소한 3년근으로 채굴하기 1개월 이내에만 압류 강제집행이 가능하다.

압류의 방법으로는 유체동산의 압류에 관한 일반원칙에 따라 집행관이 이를 점유함으로써 하며, 토지 그 자체는 압류의 대상이 아니므로 이론상 채무자의 토지에 대해서는 점유를 침해해서는 안 되지만 실제로 집행 시 토지의 점유를 어느 정도 제약하지 않을 수 없고, 또 성질상 다른 곳으로 반출도 불가하므로 일반적으로는 토지의 일정 범위에 압류의 표시를 하고 채무자의 보관에 맡기는 방법으로 하는 것이 적당하다. 이처럼 압류된 미분리과실은 그 성숙 후에 매각하여야 하며 압류 중에 성숙한 때에는 집행관이 직접 또는 제3자로 하여금 이를 수확하게 할 수 있다.

라. 유가증권으로서 배서가 금지되지 아니한 것(민집 189조 2항 3호)

유가증권의 개념, 배서가 금지된 것인지의 아닌지 등은 모두 실체법의 해석에 의한다. 어음, 수표, 화물상환증, 창고증권, 선하증권[63], 지시증권, 국채, 지방채, 공채, 사채, 외국의 정부, 공공단체, 외국 법인이 발행한 채권, 무기명주권과 상품권, 승차권, 입장권 등의 무기명채권증권(소지인출급식 증권) 따위가 여기의 유가증권에 해당한다. 그러나 면책증권(민법 526조)은 유가증권이 아니므로 여기의 유체동산이 아니다.

면책증권은 증권 자체에 권리가 화체된 것이 아니라 그 증서의 소지인에게 변제하면 그 사람이 비록 진정한 채권자가 아닌 경우에도 채무자가 선의인 한 그 책임을 면하는 것에 그치기 때문이다. 철도수화물인환증, 휴대물예치증, 은행예금증서, 적하수도증, 옷 표나 신표 등이 그것이다.

---

61) 법원공무원교육원, 2000, 집행관연찬집 「13」
62) 법원공무원교육원, 1997, 집행관연찬집 「16」
63) 대판 2003. 1. 10. 2000다70064 선하증권은 해상운송인이 운송물의 수령을 증명하고 지정된 양륙항에서 정당한 소지인에게 운송물을 인도할 채무를 부담하는 유가증권으로서, 선하증권을 받은 자는 운송 계약상의 권리를 취득함과 동시에 양도목적물의 점유를 인도받은 것으로 그 운송물의 소유권을 취득한다.

순수한 증거증권도 여기의 유가증권에 해당하지 않는다. 예를 들어, 차용증서나 유한회사가 그 사원에게 발행한 지분에 관한 증서, 전기공사공제조합의 출자증권 등이 그것이다. 이러한 증서들은 모두 유체동산이 아니므로 채권압류 후 강제집행의 방법으로 집행관이 그 증서를 인도받을 수 있을 뿐이다(민집 234조).

유가증권으로서 배서가 금지되지 않은 것이 압류된 경우, 그 압류의 효력은 그 증서 자체만이 아니라 증서에 화체된 권리에까지 미친다. 그러나 그 권리의 목적인 물건(예를 들어, 화물상환증의 목적인 화물) 자체에까지 압류의 효력이 미치는 것은 아니다. 유가증권이 배서가 금지된 것인 때에는 법원의 압류명령으로 집행관이 그 증권을 점유하여야 한다(민집 233조). 이러한 유가증권은 채권 그 밖의 재산권에 대한 집행의 대상이며 유체동산 집행의 대상이 아니다.

라-1. 유가증권 압류 관련 실무사례[64]

> **채무자발행의 어음·수표를 압류하는 것의 當否** 「昭和 54 靜岡」
> * 동산집행에서 채무자발행의 어음·수표를 압류하는 것이 상당한가?
> * 소극, 채무자 발행의 어음·수표는 채무자가 당좌예금이 준비금으로 되어 있고 어음·수표를 압류하더라도 채무자의 행위로 그 지급의 준비금으로 되어있는 당좌예금의 액이 증감하는 것이다. 따라서 재산적 가치는 당좌예금에 있고 어음·수표에 있다고 하기 어렵다. 또한, 당좌예금을 압류하는 것이 가능하므로 채무자 발행의 어음·수표를 압류할 필요성은 없다. 나아가 어음행위가 성립함에는 어음의 교부가 요한다고 하는 견해를 취하면, 어음채무의 발생에 관하여 문제가 생긴다.

마. 채무자와 그 배우자의 공유로서 채무자가 점유하거나 그 배우자와 공동으로 점유하고 있는 유체동산

> **민사집행법**
> 제190조(부부공유 유체동산의 압류)
> 채무자와 그 배우자의 공유로서 채무자가 점유하거나 그 배우자와 공동으로 점유하고 있는 유체동산은 제189조의 규정에 따라 압류할 수 있다.

---

64) 日 最高裁判所 事務總局, 1997, 執行官事務(第3版), 「208」.

부부의 공유에 속하는 유체동산으로 채무자, 또는 그 배우자가 공동점유하고 있는 것인 때에는 이를 압류할 수 있다. 이는 부부 일방에 대한 채권자, 즉 부부의 일방에 대해서만 집행권원을 가지고 있는 채권자가 강제집행 하는 경우에 관한 것이다. 부부 쌍방에 대하여 집행권원을 가지고 있는 경우에는 부부의 특유재산(特有財産)이건 공동재산이건 가리지 아니하고 모두 강제집행의 대상으로 삼을 수 있으므로 민사집행법 190조가 적용될 여지는 없다.

민법은 부부별산제를 원칙으로 하고 귀속불명재산에 한하여 부부의 공유로 추정하고 있으므로(민법 830조 2항), 배우자의 특유재산에 대하여는 배우자에 대한 집행권원으로써 집행할 수 있을 뿐이다. 유체동산이 부부의 공유인가 여부는 실체법에 따라 정하여진다. 다만 유체동산의 압류는 점유, 즉 소지를 표준으로 하여 행하는 것으로서 실체법상의 소유 귀속을 고려할 것이 아니므로 집행관이 압류함에 있어서는 그 유체동산이 부부의 공유인지 여부를 조사할 필요는 없다.

채무자가 점유하거나 그 배우자와 공동으로 점유하고 있는 것에 한한다. 부부의 공유재산은 부부가 공동으로 관리·사용·수익함이 일반적이므로 부부공유재산은 보통 그 공동점유에 속할 것이나, 부부가 일시 별거하고 있는 경우와 같이, 실체법상 공유이면서 점유, 즉 소지는 채무자만이 하는 경우도 있다. 배우자의 특유재산이면서 채무자가 부부 사이의 임대차계약 등에 의하여 배타적으로 점유하고 있는 경우는 여기의 유체동산에 해당하지 아니함은 물론이다.

부부공유 유체동산의 압류에 관한 민사집행법 190조의 규정은 체납처분의 경우에도 유추 적용되고[65], 부부공동생활의 실체를 갖추고 있으면서 혼인신고만을 하지 아니한 사실혼관계에 있는 부부의 공유 유체동산에 대하여도 유추 적용된다.[66] 부부공유재산을 제외한 유체동산의 공유지분은 유체동산 집행의 대상이 아니므로 그 밖의 재산권에 대한 집행(민집 251조)의 방법에 따라 압류한다. 부부의 누구에게 속한 것인지 분명하지 아니한 재산은 부부의 공유로 추정하고(민법 830조 2항), 채무자와 그 배우자의 공유로서 채무자가 점유하거나 그 배우자와 공동으로 점유하고 있는 유체동산은 압류할 수 있는데(민집 190조), 이와 같은 부부공유재산의 추정과 부부공유의 유체동산에 대한 압류는 혼인관계가

---

65) 대판 2006. 4. 13. 2005두15151
66) 대판 1997. 11. 11. 97다34273

유지되고 있는 부부를 전제로 할 것이다. 관련 판례는 아래와 같다.

> **대법원 1997. 11. 11. 선고 97다34273 판결**
> [판시사항]
> 사실혼관계에도 민사소송법 제527조의2를 유추적용 할 수 있는지 여부(적극)
>
> [판결요지]
> 민사소송법 제527조의2는 채무자와 그 배우자의 공유에 속하는 유체동산은 채무자가 점유하거나 그 배우자와 공동 점유하는 때에는 같은 법 제527조의 규정에 의하여 압류할 수 있다고 규정하고 있는바, 위와 같은 규정은 부부공동생활의 실체를 갖추고 있으면서 혼인신고만을 하지 아니한 사실혼관계에 있는 부부의 공유 유체동산에 대하여도 유추적용된다.
>
> **대법원 2013. 7. 11. 선고 2013다201233 판결**
> [판시사항]
> 부부공유재산의 추정과 부부공유의 유체동산에 대한 압류는 혼인관계가 유지되고 있는 부부를 전제로 하는지 여부(적극)
>
> [판결요지]
> 가. 부부의 누구에게 속한 것인지 분명하지 아니한 재산은 부부의 공유로 추정하고(민법 제830조 제2항), 채무자와 그 배우자의 공유로서 채무자가 점유하거나 그 배우자와 공동으로 점유하고 있는 유체동산은 압류할 수 있는데(민집 190조), 이와 같은 부부공유재산의 추정과 부부공유의 유체동산에 대한 압류는 혼인관계가 유지되고 있는 부부를 전제로 한다고 할 것이다.
> 나. 그런데 원심판결 이유에 의하면, 원고와 소외인이 2008. 2. 12. 협의 이혼한 사실을 알 수 있으므로 그 협의이혼에도 불구하고 원고와 소외인 사이에 사실상의 부부관계가 여전히 유지되고 있다는 등의 특별한 사정이 없는 한 원고가 그 거주지에서 점유하고 있는 동산들을 원고와 소외인의 공유로 추정할 수 없음에도 원심이 원고와 소외인 사이에 압류 당시 부부관계 유지 여부에 대한 심리·판단 없이 위 동산들을 원고와 소외인의 공유로 추정하여 그에 대한 강제집행이 가능하다고 판단한 데에는 부부공유재산의 추정에 관한 법리를 오해한 위법이 있다고 할 것이다.

2. 압류할 수 있는 경우

가. 채무자가 점유하고 있는 경우(민집 189조)

본래 채무자 소유의 유체동산에 대하여 압류를 하여야 마땅하나 실체상의 귀속관계를 주제로 조사할 권한을 가지지 아니하므로 채무자가 점유하고 있는 유체동산이라면 그것이 진실로 채무자의 소유에 속하는지를 묻지 않고 집행관은 그 물건을 압류할 수 있다(민집 189조 1항 참조).[67]

집행관은 설사 채무자 또는 제3자가 그 물건이 제3자의 소유임을 신고하거나 증거자료(예를 들어, 양도담보 공정증서 등)를 제출하더라도 그 물건이 채무자가 점유하고 있다고 인정되는 때에는 압류하여야 한다.

다만 채권자의 다른 의사표시가 있거나 따로 이에 대신할 적당한 압류물이 있을 때에는 압류하지 않는 것이 타당하다. 이처럼 집행관은 채무자의 점유상태만 확인하고 압류하면 된다는 원칙에 대한 예외로서,

① 채무자의 점유 외관 자체로 보아 이미 타인의 물건이라는 것을 쉽게 알 수 있는 경우, 예를 들어 수하인의 명찰이 붙어 있는 운송품, 수리상에 맡긴 수리품 등 같은 경우에는 압류를 피하여야 하고,

② 파산관재인, 유언집행자와 같이 타인의 재산에 대한 관리인의 자격에서 소송수행을 한 이른바 직무상의 당사자가 받은 판결의 집행에 있어서는 직무상의 당사자가 관리하는 재산만이 책임재산이 되므로 집행관은 목적물이 그의 관리재산에 속하는가를 조사하여 이에 대하여만 압류할 수 있다. 채무자가 점유하고 있는 이상 제3자가 그 물건에 대하여 소유권 그 밖의 권리를 가지고 있더라도 압류는 위법하지 않고, 다만 이때에 제3자는 제3자이의의 소를 제기하여 구제받을 수 있다.[68]

(1) 점유의 내용

민사집행법 189조 점유의 내용 관련 판례는 아래와 같다.

> **대결 1996. 6. 7. 96마27**
> [결정요지]
> 민사소송법 제527조 제1항은 채무자가 점유하는 유체동산을 압류대상의 하나로 규정하고 있는바, 여기에서 '점유'는 민법상의 점유를 말하는 것이 아니라 물건에 대한 순수한 사실상의 지배 상태인 '소지'를 의미하는 것으로 보아야 한다.

---

[67] 대판 1994. 5. 13. 93다21910 동산에 대한 압류의 효력 문제는 압류채무자가 실제 보관자인가 여부를 기준으로 그 적법 여부를 판별하게 되는 것이다.
[68] 대판 1996. 11. 22. 96다37176

위 판례에서 보듯이 여기서 점유라 함은 민법상의 점유를 말하는 것이 아니라 물건에 대한 순수한 사실상의 지배 상태인 소지를 의미한다. 그 주체의 의사(자기를 위한 것인지, 타인을 위한 것인지)를 불문한다. 이 점에서 민법상 점유와는 다른 개념이다. 따라서 자주점유일 필요가 없다.

민법상의 간접점유는 여기서 말하는 점유에 해당되지 않고, 반대로 타주점유인 수임인, 수탁자, 운송인, 위탁매매인, 사무 관리자의 경우에는 사실상의 지배력을 가지므로 집행법상의 점유자이다. 고용인과 같이 외관상 명백히 타인의 지시를 받아 물건에 대한 사실상의 지배를 하는 점유보조자는 원칙적으로 점유자라고 볼 수 없다.

점유의 취득에 흠이 있느냐 여부는 묻지 아니한다. 채무자가 제3자로부터 임차사용 중인 유체동산과 같이, 타인이 그 물건에 대하여 간접점유를 하고 있더라도 무방하다. 이에 반해 채무자가 제3자와 함께 공동으로 점유하고 있는 경우에는, 부부공동재산으로서 민사집행법 190조의 특칙에 해당하지 아니하는 한 민사집행법 191조의 규정에 따라 그 제3자가 물건의 제출을 거부하지 아니하는 경우에 한하여 압류할 수 있다.

(2) 점유 여부에 관한 판단 기준

점유하고 있느냐 여부는 구체적 사실을 판단하여야 한다. 의심스러운 경우에는 경험칙에 따라 판단할 수밖에 없을 것이다. 점유 여부에 대한 개략적인 기준을 본다면 아래와 같다.

① 의복, 지갑, 손목시계 등과 같이, 채무자가 직접 신체에 부착하거나 지니고 있는 물건은 그 점유 아래 있는 물건이다.

② 지갑이나 책가방, 여행 가방 등 가방의 주인은 그 속에 들어 있는 물건을 소지하고 있다고 보아야 하고, 주거나 그 밖의 공작물의 지배자(소유자이건 임차인이건 불문)는 원칙적으로 그 안에 있는 물건을 점유하고 있다고 보아야 한다.

그러나 주거 안에 있는 물건이라 하여도 소지의 외관 자체로 보아 제3자의 물건임이 명백한 경우는 집행관은 그 주거의 지배자에 대한 집행권원으로 압류할 수 없다. 예를 들어, 임차인(또는 전차인)이 세 들어 있는 방, 가정부가 이용하는 방실 안에 있는 물건, 가족의 개인용으로 쓰이는 것으로 보이는 물건(처의 옷가지나 아동의 완구, 책 등), 행상인이 팔려고 갖고 온 물건, 도서관의 장서인이 있는 대출본 등이 그것이다.

　부부가 이용하는 거실 안의 물건 가운데, 부부 중 누구의 소유에 속하는 물건인가 분명치 않은 경우에는 민사집행법 190조의 규정에 따라 유체동산으로 압류할 수 있다. 채무자 주소 이외의 장소에 있는 물건이라도 채무자의 점유에 속하는 것으로 인정할 수 있는 경우에는 압류할 수 있다.

　③ 사업체의 업주는 그 사업체 내의 물건은 물론 사업 용품에 대하여 점유하고 있다. 소유권 관계는 문제 되지 않는다. 직원, 근로자는 단지 점유보조자에 지나지 아니하므로 여기의 점유자라고 할 수 없다. 또 업주가 이들에게 가공하도록 맡긴 물건도 이들이 점유하고 있다고 할 수 없다. 업주가 누구인가 하는 것은 반드시 영업 명의만을 기준으로 할 것이 아니다. 영업 명의인이 처(妻)라 하여도 채권자가 신청하는 여러 사정을 종합하여, 영업의 진실한 업주가 남편이라고 인정되면 그 영업소에 있는 영업용품이나 상품을 남편의 점유물로 보아 압류하여도 무방하다.[69] 모순 저촉되는 가처분이 경합하는 경우 후행가처분의 집행은 허용되지 아니한다.[70]

　④ 법인은 그 기관을 통해서만 물건을 사실상 지배한다. 따라서 기관이 법인을 위하여 지배하고 있는 것은 법인의 점유나 그 소지에 속하는 것이고, 기관이 점유하는 것이 아니다. 따라서 이 같은 경우에는 법인에 대한 집행권원으로 집행할 수 있으며 따로 기관에 대한 집행권원이 필요하지 않다.

　영업이 양도되었을 때 영업양도인에 대한 집행권원으로 바로 영업양수인의 소유재산에 대하여 강제집행을 할 수 없고[71] 갑 회사와 을 회사가 기업의 형태, 내용이 실질적으로 같고 갑 회사가 을 회사의 채무를 면탈할 목적으로 설립한 것으로서 법인격을 남용하는 것으로 인정될 때도 을 회사에 대한 집행권원으로 갑 회사에 대하여 강제집행을 할 수 없다.[72]

　채무자의 점유 여부를 알 수 없는 경우 예컨대 채무자의 주소나 영업소 외의 허허벌판이나 공터 등에 압류목적물이 있고 채권자는 채무자의 소유라고 주장하는 경우와 같이 채무자의 점유 여부에 관한 판단자료가 채권자의 주장만 있는 경우에는 집행에 나아갈 수 없을 것이다.

---

69) 대판 1967. 9. 26. 67다1802
70) 대판 1981. 8. 29. 81마86
71) 대판 1967. 10. 31. 67다1102
72) 대판 1995. 5. 12. 93다44531

법정대리인은 제한능력자의 법률행위에 관하여 대리권이 있기 때문에 그에 관계되는 범위 내에서는 제한능력자의 재산을 관리하고 점유하는 법률상의 권한을 가진다.

따라서 법정대리인이 미성년자인 제한능력자의 재산에 대하여 관리하고 있으면, 제한능력자 자신이 소지하고 있는 것이라고 할 것이므로 제한능력자에 대한 집행권원으로 이를 압류할 수 있다.

가-1. 채무자 점유 관련 압류 실무사례 등

가. 동산(가)압류 집행에 있어서 채무자의 거주 및 점유 여부 판단에 관한 기준례[73]

(1) 특정 건물에 채무자가 거주함에 관한 판단

(가) 채무자가 거주함에 대한 판단자료들
① 주민등록표 등·초본에 의하여 그곳이 거주지로 주민등록이 되어 있을 것.
② 채무자가 그곳에서 생활하고 있음을 나타내는 물적 자료들
   ㉮ 그 건물에서 발견되는 채무자의 주민등록증·운전면허증·건강보험증·보험증권·예금통장·채무자 명의의 각종 우편물(편지, 전기요금청구서, 전화요금청구서, 은행카드 대금청구서)·각종 공과금영수증(건강보험료납부서, 아파트관리비납부서, 종합토지세영수증, 재산세영수증, 자동차세 영수증)·약봉지·명패·기념패·사진(성명이 기재된 결혼사진, 가족사진, 앨범, 단독사진)·신발이나 양복의 이름표·세탁물에 붙은 꼬리표 등
   ㉯ 채무자의 전화번호를 발신하여 그 건물 내의 전화에서 수신되는지를 확인
   ㉰ 그 건물에 부착된 문패, 간판, 상호로 확인
③ 그 건물 주변에서 상시 활동하는 사람들로부터의 진술
   ㉮ 주소지 내 거주자(건물주, 임차인) 등에게 문의하여 확인
   ㉯ 인근 주민에게 문의 확인
   ㉰ 아파트 등 공동주택은 관리사무소나 경비원을 통하여 확인
④ 그 밖의 자료들
   ㉮ 채권자의 진술: 채권자가 그곳에서 최근에 채무자를 만났었는지를 확인
   ㉯ 그곳에서 발견되는 자녀의 교과서나 노트 상에 나타난 성명을 비교하여 판단 확인
   ㉰ 그 밖에 그곳에서 발견되는 거주자의 소지품을 합리적으로 판단.

(나) 채무자가 거주함에 관한 판단
① 위 (가) ①에 의하여 주민등록이 되었음이 확인되고 위 (가) ② 또는 (가)③ 항목 내용 중 하나 이상을 통해 거주가 확인되었을 때는 일응 채무자가 특정 건

물에 거주한다고 판단을 해도 좋을 것임
② 채권자가 채무자의 주민등록표 등·초본을 제출하지 않은 경우, 가능한 한 먼저 이를 제출하게 하여 채무자의 거주지를 소명하도록 할 것임
③ 주민등록을 하지 않은 상태로 거주하는 경우도 있을 것이나 이때 채무자의 거주를 인정하기 위해서는 위 (가)② 및 (가)③의 각 항목 중 각 하나 이상을 통해 거주가 확인되었을 때만 채무자의 거주를 인정함이 타당할 것임
④ 이상과 같은 방법을 통해서 채무자가 거주함에 관한 확인 없이 채권자의 단순한 진술에 의하여 특정 건물에 채무자가 거주하는 것으로 단정해서는 아니 되며 타인의 주거침입죄가 성립될 수도 있음

(2) 유체동산을 채무자가 점유함에 관한 판단

(가) 집행 장소에서 채무자가 거주한다고 판단되는 경우
① 1인이 단독으로 거주하고 있는 경우
건물 속에 있는 유체동산은 통상 그 건물 사용자의 점유에 속한다고 보는 것이 합리적이므로 위(1)에 의하여 특정건물에 채무자가 거주하고 있는 것으로 판단될 때에는 그 건물 속에 있는 유체동산에 대하여 채무자의 점유를 인정하여도 될 것임
② 다수자가 공동거주하고 있는 경우의 주의사항
　㉮ 친족관계인 다수자가 공동거주하고 있는 경우
　　㉠ 채무자가 세대주(건물의 주요 사용자, 생계주체)인 경우
　　　ⓐ 누가 세대주인가 하는 판단은 명의상의 형식에 구애되지 말고 생계주체가 누구인가 하는 사실에도 배려해서 실질적인 세대주 즉 건물의 주된 사용자가 누구인가 하는 관점에서 검토하되, 문패나 주민등록표 등본 등에 표시된 명의상의 세대주가 건물의 주된 사용자가 아니라는 사실을 알 수 있는 외형적인 징표가 없는 한 명의상 세대주를 실질적인 세대주로 보아도 될 것임.
　　　ⓑ 동거 친족의 특별한 재산으로서 그 자만이 오직 점유 사용하고 있다고 인정되는 물건을 제외하고는 유체동산들이 세대주 즉 건물의 주요 사용자인 채무자의 점유에 속한다고 해석해도 될 것임.
　　　ⓒ 부모와 자녀가 함께 거주하고 있다고 하더라도 미혼자녀를 부모가 데리고 거주하는 경우와 독립 자력이 풍부한 자녀가 부모를 모시고 사는 경우를 구분하여 동산점유관계를 파악하여야 할 것이므로 건물의 소유자가 누구로 되어 있는가? 등을 고려하여 생계의 주체 즉 건물의 주 사용자가 누구인지를 판단해야 할 것임.
　　㉡ 채무자가 세대주(건물의 주요 사용자, 생계주체)가 아닌 경우
　　　세대주가 아닌 동거친족이 채무자인 경우에는 그 채무자가 특별히 소유하

는 재산으로서 혼자서 점유해 사용하고 있는 것이라고 인정되는 물건에 한정해서 가압류, 압류해야 할 것이며, 이 경우 세대 구성원이 각자 전용 방을 가졌는지, 해당 물건을 채무자가 사용할 가능성이 있는지 등을 종합적으로 고려해서 사안에 따라 신중하게 처리해야 할 것임.

㉮ 친족관계가 아닌 다수자가 공동거주하고 있는 경우
이 경우는 어느 한 사람이 생계의 주체라고 하기 어렵고 따라서 한 사람만이 건물의 주된 사용자라고 하기 어려우므로 채무자가 점유하는 것으로 판단되는 유체동산에 대해서만 가압류, 압류집행을 하여야 할 것임.

(나) 동산이 소재하고 있는 장소가 채무자의 주거 및 그가 운영하는 법인의 사무소와 병존하는 건물일 경우
이 경우에는 건물 구조상의 구분, 유체동산의 종류 및 용도, 소재위치, 사용상황 등을 고려해서 압류하려고 하는 유체동산이 채무자 개인의 점유에 속하는지, 그가 경영하는 회사 등 법인의 점유에 속하는지를 판단하여야 할 것임.

(3) 가압류나 압류 집행을 해서는 안 되는 경우

(가) 위 (1) 및 (2)의 항목에 따르는 판단으로 채무자의 점유가 인정되지 않는 유체동산을 가압류나 압류집행을 하여서는 안 될 것임.

(나) 외관 자체로 보아 제3자의 물건임이 명백한 경우 압류해서는 안 될 것임.
① 임차계약서가 있는 정수기, 수하인 명찰이 붙어있는 운송품, 수리상에 맡긴 수리품, 도서관의 장서인이 있는 대출본 등.
② 파산관재인, 유언집행자와 같이 타인의 재산에 대한 관리인의 자격에서 소송수행을 한 자가 받은 판결의 집행에 있어서는 그가 관리하는 재산만이 책임재산이 되므로 그의 관리재산에 속하지 않는 물건 등)

(4) 채무자의 거주 및 점유 여부가 불명확한 경우의 처리
위 (1) 항 및 (2) 항의 항목에 따르는 판단에 의해서도 채무자의 거주 및 점유 여부가 불명확한 경우에는 집행불능 처리(조서에 불능사유 반드시 기재)하고 채권자에게 이의할 수 있음을 적당한 방법으로 알린다.

(5) 사업장 내 유체동산에 대한 가압류, 압류집행의 경우
(가) 사업체의 업주는 그 사업체 내의 물건 및 사업채 내의 물건 및 사업 용품에 대하여 점유하고 있다고 볼 수 있으므로 위 1차적으로는 사업자등록증의 명의를 기준으로 판단하되, 간판의 상호, 영업소 내에 부착된 광고물, 거래명

세서, 세금계산서, 각종영수증, 종업원의 진술 등을 통하여 실질적인 업주를 확정하여 점유자로 인정하여야 할 것임. 다만, 사업주가 누구인가 하는 것은 반드시 사업 명의인만을 기준으로 할 것은 아니고 사업 명의인이 처(妻)라고 하여도 채권자가 제시하는 여러 사정을 종합하여 사업의 진실한 업주가 남편이라고 인정되면 그 사업장 내에 있는 영업용품이나 상품을 채무자인 남편의 점유로 보아 가압류나 압류를 하여도 무방할 것임.

(나) 법인은 기관을 통하여 물건을 사실상 지배하는 것이므로 기관이 법인을 위하여 지배하고 있는 물건은 법인의 점유에 속하는 것이고 기관이 점유하는 것이 아님.

나. 동산집행에서 점유(세대주 점유) 인정방법[74] 「平成 5 佐賀」

* 동산집행사건에서 집행 장소에 임한바, 가옥의 문패는 채무자의 부친으로 되어있다. 부친에게 문의하니 세대주는 자신이라고 주장하고, 전기요금이나 가스대금의 영수증도 부친 명의로 되어 있지만, 부친은 노령으로 실질상의 세대주는 채무자라고 생각된다. 압류해야 하는가? 동산의 압류는 세대주 주의를 원칙으로 하고 있지만, 농거가족의 고유동산 이외는 세대주 점유로 하여 압류의 대상으로 해야 하는 것은 아닌가?

* 동산집행의 점유인정(세대주 주의)

우선, 동산집행에서 점유인정은 당해 동산이 채무자의 점유에 있으면 통상 채무자의 소유에 속하고 그 책임재산에 속한다고 하는 개연성에 기초를 두는 것이고, 따라서 인정의 대상으로 되는 점유는 외형상 물건의 직접지배 즉 "소지"를 지칭한다고 하는 것을 명기하고 싶다. 그런데 이른바 "세대주 주의"라고 하는 견해에 관한 것이지만, 이것은 건물 내에 있는 동산은 통상 "건물의 주요사용자"의 점유(소지)에 속한다고 판단하는 것이 자연스럽고 합리적이다. 그리고 통상의 세대주에 있어서는 이른바 "세대주"가 그 "건물의 주요사용자"로 되는 경우가 많아서, 이른바 "세대주"인 것이 그 건물 내의 동산의 점유인정을 위한 지극히 유력한 외형적인 징표로 되는 경우가 많다고 하는 발상이라고 생각된다.

즉 "채무자가 세대주이다"→"채무자가 건물의 주요사용자이다"→"채무자가 건물 내의 동산을 점유(소지)하고 있다"라고 하는 삼중의 판단구조이고, 이론적으로 말하면 이른바 "세대주"인가 아닌가는 그 "건물의 주요사용자"인가 아닌가를 결정하기 위한 판단요소에 지나지 않고 누가 세대주 인가를 결정하면, 그것으로 즉시 건물 내의 동산에 관한 점유인정이 종료하는 것은 아니다.

가끔 "세대주"인가 "생계의 주체"인가 라고 하는 행태의 논쟁이 있지만, 통상은 세대주와 생계의 주체가 일치하고, 동시에 그자가 건물의 주요사용자로 인정되는 경우가 많아서 세대주의 인정을 제1차적인 것으로 하고, 건물 내의 동산에 관하여 그와 같은 점유인정의 수단을 "세대주 주의"라고 부르고 있음에 지나지 않는 것으로 생각하고, 문패나 주민등록상으로 세대주라고 되어 있는 자 중에는 종래의 "家 思想"의 잔재라든가 방범 상의 배려 등으로 老父나 男兒 등을 이른바 "명목상 세대주"로 하고 있음에 지나지 않고, 반드시 그것이 "생계의 주체"와 합치하지는 않는 경우도 적지 않고, 그 같은 경우 그러한 명목상의 세대주를 건물의 주요사용자라고 생각할 수 없으며 하물며 그자가 건물 내의 동산을 점유(소지) 있다고 해석할 수는 없다.

<u>따라서 "명목상의 세대주"가 누구인가 라는 형식에 구애되지 않고 "생계의 주체"가 누구인가 라는 점에 배려하여, "실질적인 세대주" 즉 "건물의 주요사용자"는 누구인가 라고 하는 관점에서의 검토를 더함으로써 건물 내의 동산의 점유자(소지자)가 누구인가를 확정하는 것이 필요하다.</u>

특히 건수가 많은 동산집행사건에서는 부동산집행사건에서의 현황조사와 같이 상세하고 광범위한 조사를 하는 것은 곤란하기 때문에 일반적으로 말하면 문패나 주민등록 등에 표시된 명목상의 세대주가 건물의 주요사용자가 아닌 것을 밝혀주는 외형적인 징표가 없는 한 명목상의 세대주를 실질적인 세대주 즉 건물의 주요사용자라고 판단하고 그자를 건물 내의 동산의 점유자(소지자)라고 인정해도 무방하다.

집행관 제요 127면이 "일반적으로 누가 세대주인가의 인정은 문패, 주민등록의 기재, 임차가옥인 인 때는 계약상의 임차인 명의 등의 外形的 요소와 누가 생계의 주체인가를 종합하여 판단하게 되지만 通常은 외형적 요소를 기본으로 해도 무방할 것이다"라고 하고 있는 것도 이상과 같은 취지라고 이해할 수 있을 것이다.

그런데 채무자가 건물의 주요사용자라고 인정된 경우에도 동거가족의 特有財産으로서 그자가 오로지 점유 사용하고 있다고 인정되는 물건에 관해서는 압류의 대상이 아니다. 이점에 관해서는 가족 구성원이 각 전용 방 실을 가지고 있는가 아닌가, 당해 동산 그 자체의 외형 등을 고려하여 사안에 따라 처리할 수밖에 없을 것이다.

다. 맞벌이 처, 또는 부모와 동거하는 子의 경우의 점유인정[75] 「平成 元年 執研」

* 부부 맞벌이로 남편과 동등한 소득을 벌고 있는 妻, 또는 부모와 동거하고 가계의 상당 부분을 분담하고 있는 子를 각각 채무자로 하는 동산집행 사건에서 가족이 공동하여 사용하는 아래 동산을 압류할 수 있는가? 냉·난방기, 비디오, 오디오, 냉장고, 응접세트 또한 어느 다른 동산도 남편 또는 父가 세대주로서 이를 점유하고 있다.
* 압류해야 할 동산이 주거 내에 있는 경우에는, 주거 내의 동산은 세대주 이외의

동거가족이 그 특유재산(特有財産)으로서 오로지 점유 사용하고 있다고 인정되는 물건을 제외하고 세대주의 점유에 속한다고 해석해야 한다. 세대주(世帶主)란 사회생활의 단위로서 주거 및 생계를 함께하는 자의 집합을 말하고 그 생활을 지지하고 있는 것이 세대주이다.

누가 세대주인가의 인정은 그 주거의 문패, 주민등록의 기재, 임차가옥의 경우에는 임차인 명의 등의 외형적 요소와 공공 영수증 등의 명의인 등에 의하여 누가 생계의 주체인가를 종합적으로 판단하게 되지만 통상은 외형적 요소를 기준으로 해도 무방하다.

외형적 요소로부터는 남편 또는 父가 세대주라고 인정되는 경우에는 妻 또는 子가 어느 정도의 수입을 얻고 있다고 하는 것만으로는 이들 사람이 주로 생계를 유지하고 있다고 말할 수 없을 것이다. 집행관이 관계자의 수입을 정확하게 파악하는 것은 곤란할 것이다. 수입에 관한 관계자의 진술만을 받아들여 점유의 인정을 하는 것은 상당하지 않다.

라. 이사작업 중인 동산의 압류 가부[76] 「昭和 55 福岡」

* 채무자 측 현장에 임한바 채무자 측(전원부재)은 이사하기 위하여 운송회사 종업원이 이사화물적재 작업 중인 경우 동산의 압류가 가능한가?
* 이사작업 중에 있더라도 채무자가 동산을 점유하고 있는 것이기 때문에 압류할 수 있고 운송회사 종업원을 입회인으로 할 수도 있다. 그러나 압류물의 보관에 문제가 있으므로, 채권자가 이사 들어갈 장소에서의 압류를 희망한다면 신청서 중의 동산 소재장소의 기재를 정정시켜 현장에 임한 후 중지하는 것으로 해도 좋다.

마. 행방불명인 채무자의 유류 동산에 제3자 보관의 표시가 있는 경우 압류 가부[77]
「昭和 48 仙台」

* 채무자 갑이 그 주거에 동산을 남긴 채 행방불명으로 되었지만, 그 가옥 내에 있는 물건에 대하여 제3자인 을이 "이 물건은 을의 보관에 관련된 물건임"이라는 취지의 표시가 붙어있는 경우 압류할 수 있는가?
* 을이 그 가옥 내에 거주하고 있지 않을 때에는 제3자의 소지라고는 인정하기 어렵고 압류를 해야 한다.

바. 채무자 妻 명의로 임차한 아파트 내에 있는 유체동산을 압류하는 것의 가·부[78]
「昭和 50 執研」

* 채무자 夫의 주민등록은 그 친가소재지로 되어 있고 채무자가 현재 거주하고 있는 아파트 임차인은 그의 妻 명의로 되어 있는 경우 위 아파트의 방에서 채무자

에 대한 유체동산 집행을 할 수 있는가?
* 채무자가 점유하는 물건의 존재를 인정할 수 있는 한 위 물건을 압류할 수 있다. 주민등록 및 아파트 임차인 명의는 채무자의 생활장소 인정, 나아가서는 채무자의 점유 인정에 관하여 중요한 자료이지만 이것만이 점유 인정의 자료로 되는 것은 아니다.

사. 소재불명의 채무자(남편) 주택에 있는 동산을 압류하는 것의 가·부[79] 「소화 53 高松」
* 동산집행을 위하여 채무자의 집에 임한바 "남편은 수개월 전에 증발하여 소재불명이다."라는 취지의 진술을 하므로 탐문 조사한바 그 진술을 사실이었다. 이 같은 경우 채무자의 집에 있는 동산을 압류할 수 있는가?
* 채무자의 집이라고 말할 수 있는가 어떤가? 달리 말하면 그 가옥의 점유자는 누구인가 라고 하는 점이 문제이다. 통상 특별한 사정이 없으면, 가족과 사용인에게는 독립된 점유가 인정되지 않고 점유보조자에 지나지 않다고 판단된다. 채무자가 소재불명이라고 하여도 그것은 수개월 전부터인 점, 문패도 그대로 채무자 이름으로 되어 있는 점, 이혼별거의 사실도 없어 보이는 점 등을 종합하면 이 사건 가옥은 채무자가 계속하여 점유하고 있는 것으로 보아도 좋다. 따라서 그 가옥 내에 있는 동산에 관하여는 객관적으로 채무자의 소지가 인정되는 한 압류는 가능하다.

(나) 법인은 기관을 통하여 물건을 사실상 지배하는 것이므로 기관이 법인을 위하여 지배하고 있는 물건은 법인의 점유에 속하는 것이고 기관이 점유하고 있는 것이 아님.

---

73) 법원행정처, 2018, 집행관감독 실무편람 95-97면 요약
74) 日 最高裁判所 事務總局, 2011, 執行官事務(第4版), 「225」
75) 전게서, 「230」
76) 전게서, 「225」
77) 전게서, 「233」
78) 日 最高裁判所 事務總局, 1997, 執行官事務(第3版), 「247」
79) 전게서, 「253」

나. 채무자 외의 사람이 점유하고 있는 경우(민집 191조)

> **민사집행법**
> 제191조(채무자 외의 사람이 점유하고 있는 물건의 압류)
>   채권자 또는 물건의 제출을 거부하지 아니하는 제3자가 점유하고 있는 물건은 제189조의 규정을 준용하여 압류할 수 있다.

(1) 점유자가 채권자인 경우

채무자 소유의 재산이면 채권자가 점유하고 있는 경우라도 민사집행법 189조를 준용하여 압류할 수 있다(민집 191조). 채권자가 아무런 권원 없이 우연히 채무자 소유의 유체동산을 점유하고 있는 경우 또는 임차물(賃借物)이나 임치물(任置物)로서 점유하고 있는 등의 경우에는 그 목적물을 채권자가 집행관에게 제출하여 압류할 수 있음은 의문의 여지가 없다.

집행채권자가 질권이나 유치권의 목적물로 스스로 점유하고 있는 채무자 소유의 물건에 대하여 압류를 신청한 때 민사집행법 191조에 의한 압류를 허용할 것인지가 문제 되고, 이에 관하여는 이를 긍정하는 견해와 채권자가 목적물에 대한 우선변제권을 포기한다는 명백한 의사표시를 하지 않은 이상 그 집행신청을 담보권실행을 위한 매각의 신청으로 보아야 한다는 견해가 있는데, 앞의 견해가 다수설이다.[80]

또 양도담보나 소유권유보부매매에 있어서는 그 목적물을 채권자가 점유하든 채무자가 점유하든 채권자의 강제집행 신청이 법률적으로는 그 자신의 소유물에 대한 강제집행의 신청으로서의 성질을 가지는 것으로 볼 수 있다는 점에서 그 허용 여부가 문제 된다. 이에 대하여는 채권자는 자기 소유권을 포기하고 압류할 수 있다는 견해와 소유권 포기 여부와 관계없이 압류할 수 있다는 견해의 대립이 있는데, 다수설은 이 또한 소유권 포기 여부와 관계없이 압류를 허용할 것이라고 한다.[81]

---

[80] 법원행정처, 2014, 법원실무제요, 민사집행 실무(Ⅲ), 124면.
[81] 법원행정처, 2020, 법원실무제요, 민사집행 실무「Ⅳ」 15면.

(2) 점유자인 제3자가 압류를 승낙하여 제출한 경우
(가) 개설

민사집행법 189조 1항은 채무자가 점유하고 있는 유체동산의 압류는 집행관이 그 물건을 점유함으로써 한다고 규정하고, 191조는 채권자 또는 물건의 제출을 거부하지 아니하는 제3자가 점유하고 있는 물건은 189조의 규정을 준용하여 압류할 수 있다고 규정하고 있으므로, 제3자인 유치권자가 점유하고 있는 채무자의 유체동산에 대한 강제집행은 유치권자가 채권자의 강제집행을 위하여 집행관에게 그 물건을 제출한 경우에 한하여 허용된다. 관련 판례는 아래와 같다.

> **대법원 2012. 9. 13.자 2011그213 결정**
>
> [판시사항]
>
> 유치권에 의한 경매절차가 개시된 유체동산에 대하여 유치권자의 승낙 없이 민사집행법 제215조에 따라 다른 채권자가 강제집행을 위하여 압류한 다음 민사집행법 제274조 제2항에 따라 유치권에 의한 경매절차를 정지하고 채권자를 위한 강제경매절차를 진행한 경우, 강제경매절차에서 목적물이 매각되더라도 유치권자에게 목적물을 계속하여 유치할 권리가 있는지(적극)
>
> [결정요지]
>
> 민사집행법 제189조 제1항은 채무자가 점유하고 있는 유체동산의 압류는 집행관이 그 물건을 점유함으로써 한다고 규정하고, 제191조는 채권자 또는 물건의 제출을 거부하지 아니하는 제3자가 점유하고 있는 물건은 제189조의 규정을 준용하여 압류할 수 있다고 규정하고 있으므로, 유치권자가 점유하고 있는 채무자의 유체동산에 대한 강제집행은 유치권자가 채권자의 강제집행을 위하여 집행관에게 그 물건을 제출한 경우에 한하여 허용된다.
>
> 또한, 유체동산의 유치권자가 민사집행법 제274조 제1항, 제271조에 따라 유치권에 의한 경매를 신청하고 집행관에게 그 목적물을 제출하여 유치권에 의한 경매절차가 개시된 때에도 그 목적물에 대한 유치권자의 유치권능은 유지되고 있다고 보아야 하므로, 유치권에 의한 경매절차가 개시된 유체동산에 대하여 다른 채권자가 민사집행법 제215조에 정한 이중압류의 방법으로 강제집행을 하기 위해서는 채권자의 압류에 대한 유치권자의 승낙이 있어야 한다.
>
> 그런데도 유치권에 의한 경매절차가 개시된 유체동산에 대하여 유치권자의 승낙 없이 민사집행법 제215조에 따라 다른 채권자가 강제집행을 위하여 압류한 다음 민사집행법 제274조 제2항에 따라 유치권에 의한 경매절차를 정지하고 채권자를 위한 강제경매절차를 진행하

였다면, 그 강제경매절차에서 목적물이 매각되었더라도 유치권자의 지위에는 영향을 미칠 수 없고 유치권자는 그 목적물을 계속하여 유치할 권리가 있다고 보아야 한다.

(나) 제3자

제3자가 소유물을 점유하고 있는 경우에는 그 점유는 보호받아야 하므로 그 제3자가 제출을 거부하지 아니한 경우에 한하여 압류할 수 있다(민집 191조). 여기서 제3자라 함은 집행권원에 기재된 채권자나 채무자가 아닌 제3자를 말한다. 채무자의 법정대리인은 제한능력자인 채무자를 위하여 점유하는 것이기 때문에 제3자에 해당되지 않으며, 가압류 금전 등을 점유하고 있는 집행관이 제3자에 해당하는가에 관하여는 견해가 나뉠 수 있으나, 집행관의 지위나 압류의 경합(민집 215조)이 허용되는 점 등에 비추어 집행관을 여기의 제3자에 해당하는 것으로 보기는 어렵다.

그리고 점유라 함은 채무자 점유의 경우와 마찬가지로 외관적인 사실상의 지배를 의미한다. 따라서 화물상환증이나 창고증권 등이 발행된 경우에도 화물을 점유하고 있는 운송인이나 창고업자가 압류를 거부하지 않는 한 현재 누가 그 증권을 소지하고 있는가에 관계없이 압류할 수 있다. 채무자와 제3자가 공동으로 점유하고 있는 경우에는 제3자가 민사집행법 191조에 의하여 그 제출을 거부하지 않아야 압류할 수 있으며 점유는 사실상의 점유 즉 소지를 말한다.

(다) 제출의 불거부

제출 불 거부의 의사표시는 명시적이든 묵시적이든 관계없으며, 다만 여기에 조건을 붙이는 것은 허용되지 아니한다. 제3자가 자기가 점유하는 물건에 대하여 압류할 때뿐만 아니라 현금화의 경우에도 제출을 거부하지 않아야 한다. 채무자로 하여금 집행을 면탈하게 하기 위해 제3자가 채무자와 공모하여 물건을 자기의 점유 아래 둔 경우에는 비록 제3자가 물건의 제출을 거절한다 하여도 예외적으로 이를 압류할 수 있다는 견해도 있으나, 집행관이 그와 같은 공모 여부를 판단할 수 있는지는 의문이어서 부정함이 타당하다.[82]

목적물에 대하여 우선변제권이 있는 물상담보권(物上擔保權)을 가진 제3자

---

82) 법원행정처, 2014, 법원실무제요, 민사집행법(Ⅲ), 124면~125면.

가 그 점유하는 물건에 대하여 압류를 하도록 집행관에게 제출한 경우에는, 종전에는 구 민사소송법 526조에 따라 우선변제청구의 소를 제기하여 우선변제를 받을 수 있었으나 민사집행법 제정 시 위 조항이 삭제되었으므로, 지금은 민사집행법 217조에 따라 배당절차에서 배당 요구함으로써 우선변제를 받게 되었다. 그러나 제3자가 그 점유하는 물건의 제출을 거부하지 아니하여 압류된 경우에는 나중에 제3자이의의 소를 제기하여 압류를 배제할 수 없다.

(라) 민사집행법 191조 위반과 구제수단

제3자인 점유자의 의사에 반하여 압류하였을 때에 그 압류는 당연히 무효가 아니고 취소할 수 있을 뿐이다. 이때 제3자는 민사집행법 16조에 규정한 집행에 관한 이의를 신청할 수 있는 이외에 그 물건에 대한 실체법상의 권리를 주장하여 민사집행법 48조에서 규정한 제3자 이의의 소를 제기할 수도 있다. 민사집행법 191조는 원래 제3자의 소지에 대한 보호를 목적으로 하고 있기 때문에 이를 위반하여 압류함으로써 제3자의 소지를 침해했을 때에는 제3자 이외는 비록 채무자라도 이를 들어 집행에 관한 이의신청을 할 수 없다.

그러나 제3자가 압류를 승낙하여 제출하는데도 집행관이 압류를 거절하는 때에는 채권자가 집행에 관한 이의를 신청할 수 있다. 제3자가 그 점유하는 물건의 제출을 거부하는 때에는 이를 압류할 수 없다. 다만 이 경우 채무자가 제3자에 대하여 인도청구권을 가지는 때에는 채권자는 그 청구권을 민사집행법 243조의 규정에 따라 압류할 수밖에 없다. 점유자가 제3자인 경우 압류 관련 판례는 아래와 같다.

대판 1972. 4. 25. 선고 72다52
제3자의 소유물에 대한 인도 강제집행의 효력
[판결요지]
인도 강제집행으로 인도한 동산이 제3자의 소유와 점유에 속한 것이라 할지라도 강제집행이 완료된 이상 집행이 당연히 무효가 될 수 없고 따라서 이에 대한 소유권과 점유권이 계속 제3자에게 있다고 할 수 없다.

다. 채무자 외의 사람이 점유하고 있는 경우 관련 실무사례

(가) 제3자가 권한 없이 점유하고 있는 물건의 압류와 승낙 요부[83] 「昭和 40 高松」

* 제3자가 압류의 목적물건을 명백하게 권한 없이 점유하고 있는 경우, 그의 승낙을 얻지 않고 압류할 수 있는지?
* 압류의 목적물건의 점유가 제3자에게 있는 이상, 제3자의 승낙이 없으면 압류할 수 없다. 그러나 제3자가 채무자로부터 지극히 단기간임차를 받고 있다든지, 제3자가 채무자의 의사 여하에 따라 인도하는가 아닌가를 결정하는 취지로 진술하고 있는 때에는 채무자에게 점유가 있다고 인정하여 압류해도 좋은 때도 있다.

(나) 제3자 소유물(유체동산)의 매각에 따른 집행관의 책임 여부[84]

* 매각 목적물이 제3자의 소유(건물주 소유의 에어컨 2대)임에도 집행관이 채무자의 점유하에 있다는 사실만으로 제3자 건물주 소유 에어컨을 압류한 후 매각한 경우 책임 유무
* 집행관은 법규에 정한 절차 등에 따라 압류 및 경매를 하였으므로 집행관을 상대로 손해배상을 청구할 것이 아니라 제3자이의의 소 및 부당이득을 취한 채권자를 상대로 부당이득금 반환의 소를 제기하는 것이 올바른 권리구제의 방법이다(관련 판례 72다52 참고).

(다) 제3자 임의제출의 동산압류를 해제한 경우 반환의 상대방[85] 「昭和 49 執研」

* 채무자의 재산으로서 제3자가 임의제출한 물건을 집행관이 압류하고 점유한 다음 창고 회사에 보관했지만, 그 후 사건이 취하되었으므로 목적물건의 압류를 해제하였다. 물건의 인도는 다음 어느 사람에게 해야 하는가?
  (1) 제3자에게 인도한다.
  (2) 제3자에게 관계없이 채무자에게 인도한다.
  (3) 제3자와 채무자 사이에 해제물건의 인도를 받을 자에 관하여 합의서가 있으면 합의서에 기재된 자에게 인도해도 좋다.
* 제출자인 제3자가 권리를 상실했다고 인정되는 특별한 사정이 없으면 위 제출자인 제3자에게 인도해야 한다.

---

83) 日 最高裁判所 事務總局, 2011, 執行官事務(第4版), 「266」
84) 법원공무원교육원, 2013, 집행관연찬집, 468~469면 요약.
85) 日 最高裁判所 事務總局, 2011, 執行官事務(第4版), 「269, 675」

3. 압류의 제한

> **민사집행법**
> **제188조(집행방법, 압류의 범위)**
> ① 동산에 대한 강제집행은 압류에 의하여 개시한다.
> ② 압류는 집행력 있는 정본에 적은 청구금액의 변제와 집행비용의 변상에 필요한 한도 안에서 하여야 한다.
> ③ 압류물을 현금화하여도 집행비용 외에 남을 것이 없는 경우에는 집행하지 못한다.

가. 초과압류의 금지

(1) 초과압류의 금지

압류는 집행력 있는 정본에 적은 청구금액의 변제와 집행비용의 변상에 필요한 한도 안에서 하여야 한다(민집 188조 2항). '청구금액'이라 함은 집행력 있는 정본에 기재된 원금, 이자, 지연손해금의 합계금액을 의미한다.

압류의 경합(민집 215조)이나 우선권자의 배당요구(민집 217조)가 있는 경우에는 이중압류채권자 또는 배당요구채권자의 청구금액까지 아울러 의미하는 것으로 보아야 한다.

'집행비용'이라 함은 강제집행에 필요한 것으로서 강제집행으로 먼저 변상받을 수 있는 비용 전액을 가리킨다(민집 53조 1항). 원래 초과압류인가 여부는 현금화하여 보지 않으면 알 수 없으나, 집행관은 압류물을 평가하여 대체적인 견적에 의하여 압류하다가 그 견적이 집행채권과 집행비용의 합계액을 초과하지 않는 범위 내에서 압류할 것이다.

그러나 여러 개의 동산을 압류하는 것이 아니고 불가분의 한 개의 물건을 압류하는 때에는 위 범위를 초과하여도 무방하다. 여러 사람의 연대채무자에 대한 유체동산압류에 있어서는 최초에 압류한 물건의 가액이 채권액을 넘어서면 다른 연대채무자에 대한 압류를 계속할 수 있는지에 관하여 견해가 나뉠 수 있으나, 압류는 채무자별로 독립적으로 행하는 것이고 압류의 한도와 매각의 한도는 구별되어야 하므로 연대채무자 각자에 대하여 채권액에 달하기까지 동시 또는 차례로 압류할 수 있다고 본다. 초과압류의 금지규정은 유체동산과 채권을 동시에 같이 압류하는 경우에도 적용된다.

나. 초과압류의 취소(민집규 140조)

> **민사집행규칙**
>
> 제140조(초과압류 등의 취소)
> ① 집행관은 압류 후에 그 압류가 법 제188조 제2항의 한도를 넘는 사실이 분명하게 된 때에는 넘는 한도에서 압류를 취소하여야 한다.

(1) 취소의 요건

압류 후에 그 압류가 민사집행법 188조 2항의 한도를 넘는 사실이 분명하게 된 때에는 집행관은 그 넘는 한도(限度)에서 압류를 취소하여야 한다(민집규 140조 1항). 그런데 만일 압류 당시에는 위의 한도 내인 것으로 판단되어 압류가 이루어졌으나 그 후 압류물의 감정인 평가(민집규 144조, 200조)결과가 당초의 판단과 다르게 나타나는 사유 등으로 그 한도를 초과한 사실이 뒤늦게 발견된 때에는 어떻게 처리할 것이 문제인바, 민사집행규칙 140조 1항은 이 경우에는 집행관이 직권으로 취소하도록 정하고 있다.

초과압류금지의 제한은 집행착수의 한계를 정한 것이다. 압류취소는 그 압류가 위 한도를 넘는 초과압류인 사실이 '분명하게 된 때'에만 할 수 있다. 초과압류의 의심이 생긴 것만으로는 부족하며, 그 같은 경우라면 매각을 하여야 한다. 압류를 취소할지는 집행관의 재량에 의하는 것이 아니고, 초과압류인 것이 분명하게 된 때에는 반드시 취소해야 한다.

압류 후에 초과압류임이 분명하게 되는 경우로는 원시적인 사유와 후발적인 사유가 있는데, 전자에는 집행관이 압류물을 과소평가(過小評價)하거나 채권액을 잘못 계산하는 것 등이 있고, 후자에는 압류물의 가격 인상, 채권액의 감소 등이 있을 수 있다. 초과 압류 취소의 범위를 정함에 있어서 압류채권자의 채권액뿐만 아니라 배당요구채권자의 채권액도 고려하여, 그 초과한 부분의 압류를 취소하여야 할 것이다. 관련 판례는 아래와 같다.

> **대법원 2011. 4. 14.자 2010마1791 결정**
> [판시사항]
> [1] 금전채권의 압류에서 피압류채권의 액면가액이 채권자의 집행채권 및 집행비용을 초과하는 경우, 다른 채권을 중복하여 압류할 수 있는지(원칙적 소극)

[이 유]

1. 민사집행법 제188조 제2항은 "압류는 집행력 있는 정본에 적은 청구금액의 변제와 집행비용의 변상에 필요한 한도 안에서 하여야 한다."고 규정하고 있는바, 금전채권의 압류에 있어 피압류채권의 액면가액이 채권자의 집행채권 및 집행비용의 액을 초과하는 경우에는 그 피압류채권의 실제 가액이 채권자의 집행채권 및 집행비용에 미달한다고 볼 만한 특별한 사정이 없는 한 다른 채권을 중복하여 압류하는 것은 허용되지 않는다고 봄이 상당하다.

(2) 취소의 방법

위 규정에 따른 압류취소는 압류물 전부에 대해 이루어지는 것이 아니라 '넘는 한도'에서 이루어진다. 따라서 이 경우에는 압류물 중에서 압류를 취소할 동산을 선택할 필요가 생기게 되는데, 경우에 따라서는 선택의 여지가 없는 경우도 있지만, 선택의 여지가 있는 때에는 압류대상 동산을 선택하는 경우와 마찬가지로, 채권자의 이익을 해치지 아니하는 범위 안에서 채무자의 이익을 고려하여야 하며(민집규 132조 참조).[86]

그리고 압류취소의 방법에 관하여는 원칙적으로 집행관이 압류물을 수취할 권리를 갖는 사람에게 압류취소의 취지를 통지하고, 압류물이 있는 장소에서 이를 인도하는 방법으로 하게 된다. 다만 압류물을 수취할 권리를 갖는 사람이 그 압류물을 보관하고 있는 때에는 그에게 압류취소 통지를 하는 것으로 충분하며 통지의 방법에는 특별한 규정이 없으므로 상당하다고 인정하는 방법으로 하면 된다(민집규 142조).

(3) 취소의 통지와 불복

위 규정에 따른 압류취소는 채권자에게 그 취지와 취소의 이유를 통지된다(민집규 17조). 초과압류금지 규정에 위반된 압류라도 무효는 아니다. 채권자는 압류취소에 대하여 집행에 관한 이의신청으로 다툴 수 있으며(민집 16조 1항), 만일 초과압류에 해당하지 아니함에도 위 규정에 따라 압류취소가 이루어진 때에는 집행법원은 다시 압류를 명하게 된다. 집행법원이 채권자 집행이의 신청

---

86) 법원행정처, 2002, 민사집행규칙 해설, 366면.
집행관이 압류할 동산을 선택하는 구체적 기준으로는, 금전 또는 현금화가 용이한 동산부터 환가성이 낮은 동산 순서로 압류하고, 환가성이 없는 동산은 압류하지 않는 것이 상당하다. 아울러 압류물의 선택에 관한 채권자의 의견이 상당한 경우에는 그 의견을 참작하는 것이 바람직하겠으나 그 의견에 구속되는 것은 아니다.

을 기각·각하하는 결정을 한 때에는 즉시항고를 할 수 있다(민집 17조 1항).

반대로, 초과압류임이 명백한데도 집행관이 초과분의 압류를 취소하지 않은 때에는 채무자는 집행에 관한 이의신청으로써 다툴 수 있다(민집 16조 1항). 이의사유 여부의 판단은 결정 당시를 기준으로 할 것이고, 압류 시가 기준이 되는 것이 아니다. 제한을 어겼다는 점에 대한 증명책임은 채무자가 진다. 채권자 또는 집행관이 고의로 초과압류를 감행한 경우에는 사정에 따라서는 채무자에 대한 불법행위가 될 수도 있다.

다. 초과압류 취소 관련 실무사례

(가) 초과압류의 취소 가능 여부[87]

* 동일 집행권원으로 예금에 대하여 先行으로 채권압류 및 추심명령을 하였고(아직 추심금은 은행에서 추심하지 않은 상태) 後行으로 동산압류 집행을 신청하여 집행에 임한바, 채무자는 예금 채권에 대한 압류만으로 채권변제에 충분한 금액으로, 다시 유체동산 압류를 한다는 것은 과잉 초과압류라고 집행을 거절한 경우 처리사례.

* 채권자가 先行으로 압류한 예금으로 채권을 만족할 수 있고 설사 집행기관과 집행방법이 다르다고 하더라도, 채무변제에 만족한 예금채권 압류를 확인하고도 추가로 동산도 압류하고, 예금을 받아낼 것인지, 동산집행을 택할 것 인지를 채권자가 선택하겠다는 것은 권리남용에 해당한다고 생각할 수 있으나, 그것은 별론으로 하고 집행관으로서는 민사집행규칙 140조에 의한 한도를 넘는 사실이 아직 분명하게 된 때가 아니므로 동산압류는 가능한 것으로 본다. 채무자는 이 초과압류에 대하여 집행에 관한 이의신청(민집 16조 1항)으로 다툴 수 있을 것이다.

(나) 대량의 자갈, 모래 등 골재류 일부를 집행목적으로 하는 경우 압류(일본)[88]

「昭和 58 執研」

* 압류채권자의 청구금액 및 집행비용의 변제에 필요한 한도를 초과하는 야적장의 대량의 자갈, 모래 등이 산적한 경우 어떤 방법에 따른 것이 압류가 초과압류의 문제에 저촉되지 않을지 다음의 어떤 방법에 따르는 것이 상당한가?
   (1) 일단 야적장에 산재한 자갈, 모래 골재류 전부를 압류하고, 매각절차 시에 필요량에 한정하여 매각한다.
   (2) 압류할 분량을 분리하지는 않지만, 압류의 한도를 명인(明認)방법에 따른 명시(○○ 세제곱미터 중 ○○ 세제곱미터)하여 압류하고 목적물의 반출을 방지하는 조치는 생각하지 않는다.
* (2)의 방법은, 단지 압류분량을 표시한 데 지나지 않고, 목적물을 현실적으로 특

정하고 있다고는 하기 어려우므로 압류의 효력을 인정할 수 없다.

 (1)의 방법은 명백하게 초과압류인 점에 문제가 있다. 그러나 양적으로 불가분인 경우에는 초과압류도 허용되고 있어 이와 대비하여 판단하면 설문과 같이 자갈 모래가 물리적으로 가분(可分)이더라도 후일 감정인을 선임하고 압류에 필요한 양을 분리하기로 하면, 그 전에 채무자가 처분할 우려가 있는 등의 사정이 있는 경우에는 어쩔 수 없이 목적물 전부를 압류하는 것도 용인할 수 있다고 생각된다. 이처럼 목적물 전부를 압류하는 것이 허용된다고 하더라도 필요한 한도를 초과하여 채무자의 처분권을 제약하는 것은 허용되지 않기 때문에 값 환산 시까지 당연히 이를 유지할 수 있다고 해석하는 것은 상당하지 않다.

 이 같은 경우에는 압류 시에 채권자와 채무자를 반드시 입회시켜 압류하려고 하는 동산의 수량 및 가액에 관하여 의견을 진술시킴과 함께 분리에 얼마의 비용이 드는가, 채무자가 압류된 분량 이외의 자갈 등을 처분할 계획인가 아닌가, 언제까지 매각한다고 하면 채무자가 처분에 지장이 없는가? 등의 사정을 구체적으로 명백히 밝혀 그 사정에 따라서 적절한 조치를 마련해야 한다.

 이처럼 하여 채무자의 승낙을 얻을 수 있다면 (1)의 방법을 택해도 무방하다. 채무자의 승낙을 얻을 수 없으면, 감정평가인에게 평가를 시킬 필요가 있고 그 시점에서는 분량의 측정이 가능하므로 그 시점에서 압류에 필요한 분량을 분리하고 나머지의 압류는 취소해야 한다.

(다) 초과압류와 그 취소시기[89] 「昭和 54 執硏」

* 압류 후 일부 임의변제가 되거나 병합사건의 일방이 취하되었기 때문에 초과압류로 된 경우에는 즉시 초과 부분의 압류를 취소해야 하는가?
* 원칙적으로 초과압류가 명백하게 된 경우에는 신속하게 초과분의 압류를 취소해야 한다. 그러나 임의변제의 액 또는 취하된 사건의 채권액에 따라서는 실제로 매각을 해 보지 않으면 초과압류인 것이 명백하게 되지 않는 경우도 있기 때문에 그대로 매각을 하여 남은 채권 및 집행비용의 변제에 필요한 매각대금을 얻은 단계에서 그 나머지의 압류를 취소하는 운용도 허용될 것이다.

(라) 연대채무자에 대한 압류와 초과압류금지[90] 「昭和 50 東京」

* 연대채무자 여러 사람에게 집행할 경우에는 민소법 128조 1항의 초과 압류금지의 규정에 불구하고 채무자마다 채권액에 이를 때까지 압류할 수 있는가?
* 연대채무자 여러 사람에 대하여 집행을 할 경우에는 민소법 128조 1항의 초과 압류금지의 원칙은 각각의 채무자마다 적용된다. 따라서 각 채무자에 대하여 채권액에 이르기까지 압류할 수 있다. 그러나 전 채무자를 통하여 집행채권액을 초과하여 환가하는 것은 불가능하다.

라. 무잉여(無剩餘) 압류의 취소

> **민사집행규칙**
>
> **제140조(초과압류 등의 취소)**
> ② 집행관은 압류 후에 압류물의 매각대금으로 압류채권자의 채권에 우선하는 채권과 집행비용을 변제하면 남을 것이 없겠다고 인정하는 때에는 압류를 취소하여야 한다.

(1) 취소의 요건

유체동산의 압류에 관하여도 무잉여압류금지의 원칙이 적용되므로(민집 188조 3항), 집행관은 압류물을 현금화하여도 집행비용 외에 남을 것이 없겠다고 인정하는 때에는 압류하지 못하고 압류를 취소하여야 한다(민집규 140조 2항). 이 경우 남을 것이 없겠다는 것은 '압류물의 매각대금'으로 '압류채권자의 채권에 우선하는 채권'과 '집행비용'을 변제하면 남을 것이 없겠다고 인정되는 때를 말하며, 이때 무잉여의 판단은 집행관이 하게 된다.

무잉여의 판단은 그 사유가 발생한 때에 수시로 하게 되며, 무잉여인 것이 판명된 때에는 절차가 어느 단계에 있더라도 압류를 취소하게 된다. 압류 후에 무잉여가 판명된 경우로는,

㉮ 압류시 집행관의 판단이 잘못된 경우,
㉯ 매각대금의 예상액이 저하된 경우,
㉰ 우선채권자가 배당요구 또는 교부 청구를 한 경우,
㉱ 절차비용이 증가한 경우 등이 있다.

집행비용밖에 변상할 수 없는 경우뿐 아니라, 교환가치가 없는 물건인 경우에도 무잉여압류가 된다. 무잉여압류 인가의 여부를 판단함에 있어 목적물에 대하여 제3자가 가진 우선권의 액수를 고려할 것인지가 문제이지만, 이와 같은 종류의 권리의 존부나 범위는 집행기관이 조사할 사항이 아니므로 일반적으로는 이를 고려할 필요가 없다.

압류 당시에는 남을 것이 있다고 판단되어 압류하였으나, 압류 후에 압류물

---

87) 법원공무원교육원, 2013, 집행관연찬집, 387~389면 요약.
88) 日 最高裁判所 事務總局, 1997, 執行官事務(第3版), 「329」
89) 日 最高裁判所 事務總局, 2011, 執行官事務(第4版), 「295」
90) 日 最高裁判所 事務總局, 1997, 執行官事務(第3版), 「326」

의 가치하락이나 비용증대 등의 사유로 압류물의 매각대금으로 압류채권자의 채권에 우선하는 채권과 집행비용을 갚으면 남을 것이 없겠다고 인정하는 때에는 집행관이 직권으로 압류를 취소하여야 한다(민집규 140조 2항).

(2) 취소의 방법 등

무잉여의 사유가 압류물 전체에 대해 발생한 경우에는 압류를 전부 취소하며, 동산집행사건은 종료하게 된다. 무잉여의 사유가 압류물 일부에 대해서만 발생한 경우(예를 들어, 특정한 압류물에만 질권이 설정되어 있고 그 질권의 피담보채무가 압류물의 가액을 상회하는 경우 등)에는 그 동산 만에 대하여 압류를 취소한다. 이 규정을 위반하여 압류하여도 당연히 무효가 되는 것은 아니며 집행에 관한 이의사유로 될 뿐임은 초과압류의 금지에서와 같다.

마. 무잉여 압류 취소의 실무사례

(가) 민사집행법 129조 2항의 무잉여 인정[91] 「昭和 56 名古屋」
* 배당요구를 한 우선채권자의 채권액이 압류물의 평가액을 상회하는 경우에 압류채권자가 위 우선 채권의 부존재 또는 소멸을 증명하는 해명자료를 제출한 때는 집행관은 어떻게 처리해야 하는가?
* 압류채권자가 제출한 해명자료에 의하여 부존재 또는 소멸이 명확히 인정되는 경우(예컨대 부존재를 증명하는 확정판결이 제출된 경우)는 존재하지 않는 것으로 하여 처리하여도 무방하지만, 그 이외의 경우에는 당해 우선채권자가 이것을 다투는 한 집행관으로서는 이것을 존재하는 것으로 취급해야 한다.

(나) 잉여의 가망이 없으므로 압류를 취소할 경우의 처리[92] 「昭和 54 福岡」
* 잉여가 생길 가망이 없으므로 압류를 취소함에 있어서 그 취지를 압류채권자에게 통지할 필요는 없는가?
* 사전의 통지는 의무 부여되어 있지 않지만, 우선채권자의 배당요구로 무잉여로 된 때에는 배당요구의 통지를 할 즈음에 병행하여 압류채권자에게 추가압류의 의사 유무를 확인하는 것이 상당하다.

(다) 무잉여에 의한 취소의 시기[93] 「昭和 54 札幌」
* 무잉여를 판단하는 시기는 평가 시 또는 매각 시 중 어느 쪽인가?
* 평가 시 또는 매각 시에 한하지 않고, 잉여의 가망이 없는 것이 판명된 시점에 신속하게 압류를 취소해야 한다.

(라) 배당요구로 무잉여로 되는 경우 배당요구채권자를 위하여 절차를 속행하는 것의 가부[94]
「昭和 56 高松」
* 동산집행에서 일반의 선취특권(先取特權)에 의한 배당요구가 있었기 때문에 무잉여 취소로 되어야 할 경우 오로지 배당요구채권자를 위하여 환가절차를 속행할 수 있는가?
* 소극

바. 매각의 가망이 없는 압류의 취소(민집규 141조)

민사집행규칙

제141조(매각의 가망이 없는 경우의 압류 취소)
집행관은 압류물에 관하여 상당한 방법으로 매각을 실시하였음에도 매각의 가망이 없는 때에는 그 압류물의 압류를 취소할 수 있다.

(1) 개 요

금전채권에 기초한 동산집행의 목적은 압류물을 현금화하여 그 매각대금으로서 채권의 변제에 충당하는 데 있기 때문에 현금화의 가치가 없는 것, 즉 채무자에게는 주관적가치(主觀的價値)나 사용가치(使用價値)는 있어도 시장가치가 없는 것은 무익하므로 그 압류는 허용되지 않는다.

집행관은 압류물에 관하여 상당한 방법으로 매각하였음에도 매각의 가망이 없는 때에는 그 압류물의 압류를 취소할 수 있다(민집규 141조). 이는 현금화 가능성이 없는 무용한 압류물을 무제한 압류한 뒤 장기간에 걸쳐 매각하지 아니하고 내버려두는 등의 폐해를 방지하기 위한 것이다(민집 188조 2항, 3항).

또한, 동산집행에서는 집행관이 채무자의 주거를 수색하는 등의 권한을 행사하면서 집행하게 되며 간이한 절차에 의하여 신속한 효과를 기대할 수 있는 측면이 있지만, 반면 물건의 현금화보다 채무자에게 압력을 가하여 변제를 얻어내려는 의도로 집행되는 경우도 없지 아니하였으므로 이러한 폐해를 개선하기 위한 것이다. 아울러 매각의 가망이 없는 압류를 금지하는 취지에 비추

---

91) 日 最高裁判所 事務總局, 2011, 執行官事務(第4版), 「299」
92) 전게서, 「300」
93) 전게서, 「301」
94) 전게서, 「304」

어 볼 때, 압류 당시에 현금화 가능성이 없음이 분명한 동산은 압류하여서는 아니 된다. 또 현금화가 가능하더라도, 그 가액이 현재의 경제실정과 거래 통념에 비추어 무의미할 정도의 저가(低價)일 것으로 예상하는 경우에는 압류의 대상으로 삼지 않는 것으로 실무운영방식을 정립하는 것도 고려될 수 있다.

(2) 압류 취소의 요건

위 규정에 따른 압류취소는 '압류물에 관하여 상당한 방법으로 매각하였음에도 매각의 가망이 없는 때'에 허용된다. 즉 집행관이 압류된 물건의 현금화를 위하여 상당한 노력을 하여도 현금화를 할 수 없는 경우에 그 취소를 허용하고 있는 것이며, 집행관의 자의에 의한 압류의 취소를 허용하는 취지는 아니다. 먼저 위 압류취소는 '상당한 방법으로 매각할 것'을 요건으로 하므로 단순히 매각기일의 연기·변경이 여러 차례 이루어졌다거나 압류 후 오랜 시간이 지났다는 것만으로는 이에 해당되지 아니한다.

여기서 말하는 상당한 방법이란 압류물의 종류·형상·용도·보관 장소·형태·수요의 정도 등을 고려한 적정한 매각방법을 말하는데, 동산경매에서는 호가경매가 절차의 공정을 유지하면서도 고가의 매각을 어느 정도 보장할 수 있는 방식으로 통용되고 있지만, 반드시 이에 한정되는 것은 아니며 압류목적물의 종류·형상·용도 등을 고려하여 집행관이 적절하게 판단하여 그 매각방법을 결정하면 된다.

그리고 '매각의 가망이 없는 때'라 함은 이와 같은 방법에 따라 매각기일을 열었으나 적법한 매수신청이 없는 것을 말한다. 매수신청이 있더라도 그 매수신청액이 사회 통념상 상당하지 않을 정도로 낮은 가액인 때에는 그 사람에게 매수를 허용하지 않을 수 있으므로, 이 경우에도 결국 적법한 매수의 신청이 없는 것으로 처리된다.

(3) 압류취소의 방식 등

집행관은 위 요건이 갖추어진 경우에는 그 압류물의 압류를 취소할 수 있다. 집행법원의 허가는 필요하지 아니하다. 민사집행규칙 140조 1항 또는 2항과 달리 압류의 취소가 의무적인 것은 아니다. 실무상 집행관은 압류를 취소하기 전에 채권자에게 통지하고 일정 기간이 지난 다음 취소함이 바람직하다.

사. 매각의 가망이 없는 압류취소 실무사례

(가) 매각의 가망이 없는 압류물의 압류취소 기준[95] 「昭和 54 浦和」
* 매각의 가망이 없는 압류물의 압류취소 운용은 어떠한 기준에 의해야 하는가?
* 민사집행규칙 요강 초안에는 집행관은 매각기일을 3회 열어도 적법한 매수의 신청이 없는 때는 압류를 취소할 수 있다는 취지의 규정을 두고 있는데 동 규정은 민사집행법 130조의 해석운용의 하나의 기준으로 될 수 있다.

(나) 민사집행법 130조에 의하여 압류를 취소한 적이 있는 동산의 압류[96] 「昭和 55 執硏」
* 압류 동산에 관하여 매각의 가망이 없으므로 압류를 취소한 후, 틈도 없이 그 동산이 소재하는 장소에 대하여 다시 동산집행의 신청이 있는 경우, 그 동산은 압류해야 하는가?
* 원칙적으로 환가성이 없는 것으로서 압류할 수 없는 것이 상당하지만, 그 후의 사정변경 등에 따라서 매각의 가능성이 인정되는 경우에는 압류한 다음 매각을 시도해야 한다.

(다) 압류물이 외딴 장소에 있을 때 민사집행법 130조의 적용[97] 「昭和 54 福岡」
* 압류물이 외딴 장소에 있기 때문에 이것을 매각할 수 없는 경우에도 매각의 가망이 없는 법 130조를 적용할 수 있는가?
* 압류물이 있는 외딴 장소에서 매각했지만, 매수신청을 하는 자가 없고, 매각의 가망이 없는 장소에는 법 130조를 적용할 수 있지만, 장소를 이동시키면 상당한 가액으로 매각할 수 있는 가망이 있고 나아가 운반비용을 공제 해도 잉여의 가망이 있는 경우에는 우선 운반비용의 예납을 명하고 예납이 없으면 압류를 취소하게 될 것이다.

아. 국가에 대한 강제집행에 있어서의 압류의 제한

국가에 대한 강제집행의 경우에 국유재산 중 어느 것이나 압류의 대상으로 되는 것이 아니고 국고금만 압류할 수 있다(민집 192조).[98] 국고금은 국가에 속하

---

95) 日 最高裁判所 事務總局, 2011, 執行官事務(第4版), 「315」
96) 전게서, 「319」
97) 전게서, 「320」
98) 법원행정처, 2014, 법원실무제요, 민사집행법(Ⅲ), 131면.
민사집행법 192조는 국가에 대한 금전채권에 관한 집행의 경우에만 적용된다. 집행권원의 내용이 국가에 대한 금전지급청구권일 때에 한한다. 국가에 대한 금전채권 이외의 채권, 즉 유체물의 인도청구, 작위·부작위청구나 의사표시의무의 집행에서는 위 규정이 적용될 여지가 없다.

는 현금을 말한다. 세입금, 세출금, 세입·세출 외 현금이 이에 속한다. 세입·세출 외 현금은 세입·세출 예산에 계산하여 넣을 확정된 수입이 아니고 국가가 한때 받았다가 후에 반환할 의무를 지는 현금으로서, 우편송금, 보관금, 공탁금, 일시차입금 등이 있다.

국가에 대한 집행권원으로 집행하는 이상 정부의 어느 부서에서 보관하는 국고금이든 이를 압류할 수 있다.99) 그러나 한국은행의 국고금 계정에 입금된 금전은, 예금의 일종으로서의 성질을 가지는 것이므로 국고금 압류의 방법으로 집행할 수 없고, 한국은행을 제3채무자로 하는 채권압류·추심 또는 전부명령에 따라 집행하여야 한다(재민61-2). 또 위 규정은 국가에 대한 강제집행에 한하여 적용된다. 따라서 국가 이외의 공법인, 예를 들어 지방자치단체, 공공조합, 영조물 법인에 적용되지 않는다. 이러한 공법인에 대하여는 일반원칙에 따라 그 모든 재산이 집행의 대상으로 된다.

자. 압류가 금지되는 물건

> **민사집행법**
>
> **제195조(압류가 금지되는 물건)**
> 다음 각 호의 물건은 압류하지 못한다.
> 1. 채무자 및 그와 같이 사는 친족(사실상 관계에 따른 친족을 포함한다. 이하 이 조에서 "채무자 등"이라 한다)의 생활에 필요한 의복·침구·가구·부엌기구, 그 밖의 생활필수품
> 2. 채무자 등의 생활에 필요한 2월간의 식료품·연료 및 조명재료
> 3. 채무자 등의 생활에 필요한 1월간의 생계비로서 대통령령이 정하는 액수의 금전
> 4. 주로 자기 노동력으로 농업을 하는 사람에게 없어서는 아니 될 농기구·비료·가축·사료·종자, 그 밖에 이에 따르는 물건
> 5. 주로 자기의 노동력으로 어업을 하는 사람에게 없어서는 아니 될 고기잡이 도구·어망·미끼·새끼고기, 그 밖에 이에 따르는 물건
> 6. 전문직 종사자·기술자·노무자, 그 밖에 주로 자기의 정신적 또는 육체적 노동으로 직업 또는 영업에 종사하는 사람에게 없어서는 아니 될 제복·도구, 그 밖에 이에 따르는 물건
> 7. 채무자 또는 그 친족이 받은 훈장·포장·기장, 그 밖에 이에 따르는 명예증표
> 8. 위패·영정·묘비, 그 밖에 상례·제사 또는 예배에 필요한 물건

---

99) 법원행정처, 2014, 법원실무제요, 민사집행법(Ⅲ), 131면.

> 9. 족보·집안의 역사적인 기록·사진첩, 그 밖에 선조숭배에 필요한 물건
> 10. 채무자의 생활 또는 직무에 없어서는 아니 될 도장·문패·간판, 그 밖에 이에 따르는 물건
> 11. 채무자의 생활 또는 직업에 없어서는 아니 될 일기장·상업 장부, 그 밖에 이에 따르는 물건
> 12. 공표되지 아니한 저작 또는 발명에 관한 물건
> 13. 채무자 등이 학교·교회·사찰, 그 밖의 교육기관 또는 종교단체에서 사용하는 교과서·교리서·학습용구, 그 밖에 이에 따르는 물건
> 14. 채무자 등의 일상생활에 필요한 안경·보청기·의치·의수족·지팡이·장애보조용 바퀴의자, 그 밖에 이에 따르는 신체보조기구
> 15. 채무자 등의 일상생활에 필요한 자동차로서 자동차 관리법이 정하는 바에 따른 장애인용 경형 자동차
> 16. 재해의 방지 또는 보안을 위하여 법령의 규정에 따라 설비하여야 하는 소방 설비·경보 기구·피난시설, 그 밖에 이에 따르는 물건

(1) 총 설

국가가 강제집행을 함에 있어 채권자의 권익만 지나치게 치중한다면 결국 채무자의 경제적 생존은 파국을 면할 수 없게 되고 채무자의 일신전속적인 정신가치의 대상물은 도저히 유지할 수 없게 될 것이고, 따라서 이러한 경우 채무자 보호는 인간의 존엄과 가치를 최대한 보장할 책무를 진 국가로서 당연한 의무이기 때문에 집행기관으로 하여금 자제하도록 하고 있는 것이다.

따라서 채무자에게 속한 재산이라도 제한 없는 압류가 허용되는 것이 아니고 민사집행법 그 밖의 법령은 채무자 보호와 공공복리를 위한 사회 정책적 견지에서 압류가 금지되는 물건을 규정하고 있다. 이러한 입법배경을 십분 참작하더라도 채권자의 이익 또한 무시해서는 안되므로 집행관의 강제집행 시 이 법률조항 해석에 있어 유추해석(類推解釋)이나 확대해석(擴大解釋)을 하여서는 안 될 것이다.

(2) 일반원칙

압류금지물인가 여부는 집행관의 압류처분 시를 기준으로 판단하여야 하며 집행방법에 관한 이의나 항고에 관한 결정 시를 표준으로 하는 것은 아니다. 본조(민집 195조)의 압류금지의 규정은 강행규정(强行規定)이며 압류금지물인가의

여부는 집행기관의 직권조사 사항이고 당사자의 이의가 없다고 하더라도 집행기관은 이를 조사하여야 한다. 본조(민집 195조)의 위반한 집행행위에 대한 불복방법은 집행에 관한 이의로, 채무자는 물론 압류금지의 이익을 받는 동거가족이나 동거친족도 집행에 관한 이의를 할 수 있으며, 본조의 규정을 이유로 집행관이 집행거절을 할 때에는 채권자가 집행이의를 할 수 있다.

(3) 민사집행법에 따라 압류가 금지되는 물건(민집 195조)의 개별적 고찰

(가) 채무자 및 그와 같이 사는 친족(사실상 관계에 따른 친족을 포함한다. 이하 이 조에서 '채무자 등'이라 한다)의 생활에 필요한 의복·침구·가구·부엌기구, 그 밖의 생활필수품(1호)

채무자 등 최저한의 생활유지를 위하여 그들이 개인적으로 사용하는 물건 및 공동생활을 위한 필수품은 압류가 금지되는 물건이다. 친족의 범위는 민법 777조에 따라 8촌 이내의 혈족, 4촌 이내의 인척, 배우자를 말한다. 사실상 관계에 따른 친족이라 함은, 자연혈족의 관계에 있으나 법정 절차의 미이행 때문에 법률상의 친족으로 인정되지 못하는 자(예를 들어, 인지 전의 혼인 외의 출생자와 생부 사이) 또는 법정혈족관계를 맺고자 하는 의사의 합치 등 법률이 정하는 실질관계는 모두 갖추었으나 신고 등 법정절차의 미이행 때문에 법률상의 친족으로 인정되지 못하는 자(예를 들어, 사실상의 양자와 양부 사이), 법률이 정한 혼인의 실질관계는 모두 갖추었으나 법률이 정한 방식, 즉 혼인신고가 없으므로 법률상 혼인으로 인정되지 않는 이른바 사실혼 때문에 형성되는 인척(예를 들어, 의붓아버지와 딸 사이) 등이 있다. 이러한 채무자의 친족은 채무자와 같이 살면서 생계를 같이 하는 생활단위로서의 친족이어야 한다.

생활필수품인가의 여부는 일반적인 생활 수준을 고려하고 채무자의 구체적인 생활상황을 더하여 집행관이 판단할 수밖에 없다. 생활필수품이라 하여도 대체할 수 있는 상당수의 물건이 있을 때에는 압류가 허용된다.[100] 별장이나 주말주택에 있는 물건이라면 생활필수품이라고는 할 수 없으므로 압류금지물

---

100) 법원공무원교육원, 2002, 집행관연찬집, 「21」: 하나뿐인 냉장고, 세탁기, 텔레비전, 비디오, 오디오, 냉방기, 청소기 등 가전제품과 침대, 장롱, 응접세트, 진열장 등이 압류가 금지되는 물건에 해당하는지에 여부에 대하여 채무자의 문화생활까지 보호하는 것은 아니므로 위 물건들이 비록 채무자의 생활에 필요하더라도 생활에 절대적으로 필요한 물건이 아니므로 압류할 수 있다.

건에 해당하지 않는다. 주거지가 둘 이상인 때에는 어디가 상주지(常主地)인가를 표준으로 하여야 하며, 상주지 아닌 곳에 있는 물건은 압류금지물건에 해당할 수 없다.

주거지가 하나뿐인 때에는 단벌의 양복, 가정 내의 하나뿐인 시계, 최소한의 식생활을 유지하는 데 필요한 식기, 찬장 등은 압류가 금지된다. 생활필수품인가의 여부를 정함에 있어서는 그 물건과 동종의 기능과 효과가 있는 더욱 원시적인 물건이 있느냐의 여부도 하나의 기준이 된다.

(나) 채무자 등의 생활에 필요한 2월간의 식료품·연료 및 조명재료(2호)

여기에서 식료품·연료 및 조명 재료도 채무자의 생활 수준 등을 고려하여 판단한다. 식료품은 주식, 부식을 포함하는 것이고, 연료는 장작, 연탄 외에 프로판 가스나 석유 등을 포함하는 것으로서 취사용이나 난방용을 가리지 아니하며, 조명 재료는 현대생활에 있어서는 일반적으로 전기제품을 가리키는 것이다. 식료품·연료 또는 조명 재료가 여러 종류 있을 때에는 채무자의 이익을 고려하여 집행관이 스스로 압류금지물건의 범위를 정한다(민집규 132조 참조).

(다) 채무자 등의 생활에 필요한 1월간의 생계비로서 대통령령이 정하는 액수의 금전(3호)

채무자의 생활보장을 목적으로 압류금지물건으로 한 것이며, 1호·2호 소정의 식료품이나 연료, 조명재료 등을 비축하고 있지 않은 경우를 위한 보완적 규정으로서의 성질을 가진다고 볼 여지가 있지만, 각각 별도로 규정되어 있으므로 양자는 병렬적인 것으로 봄이 옳다. 본 호에 따라 압류가 금지되는 생계비는 150만 원이다(민집 시행령 2조).[101]

(라) 주로 자기의 노동력으로 농업을 하는 사람에게 없어서는 아니 될 농기구·비료·가축·사료·종자 그 밖에 이에 따르는 물건(4호)

본 법 조항은 농업에 종사하는 자의 생활보장을 그 목적으로 한다. 농업이

---

[101] 2011. 민사집행법 개정 이전에는 압류가 금지되는 생계비를 "대법원규칙"으로 정하였으나 법 개정 이후에는 경제사정의 변동에 따라 유연하게 대처할 수 있도록 하기 위하여 그 범위를 대통령령으로 변경하였고, 따라서 민사집행법 시행령 2조에서는 "대통령령이 정하는 액수의 금전"을 150만 원으로 정하였다.

라 함은 농작물 재배업, 축산업, 임업 및 이들과 관련된 산업으로서 대통령령이 정하는 것을 말한다(농어업·농어촌 및 식품산업기본법 3조 1호 가목).

여기서 농작물 재배업은 식량작물재배업, 채소작물 재배업, 과실작물 재배업, 화훼작물 재배업, 특용작물 재배업, 약용작물 재배업, 버섯 재배업, 양잠업 및 종자·묘목 재배업(임업용 종자·묘목 재배업은 제외)을, 축산업은 동물(수생동물 제외)의 사육업·증식업·부화업 및 종축업을, 임업은 육림업(자연휴양림·자연수목원의 조성·관리·운영업을 포함), 임산물 생산·채취업과 임업용 종자·묘목 재배업을 말한다(농어업·농어촌 및 식품산업기본법시행령 2조 1호에서 3호). 영농조합법인 및 농업회사법인(농어업·농어촌 및 식품산업기본법 28조)도 본 호의 요건을 갖추면 농업을 하는 사람으로 인정할 수 있다.

따라서 농업은 주식(主食)을 경작하는 경우에 한하지 아니하며, 비단 농지를 경작하는 농민뿐 아니라 과실재배업자·목축업자·원예업자·양봉업자·양계업자를 포함한다. 반드시 농업을 전업으로 하기를 바라지 아니하고 겸업농가라도 그 생활의 중요한 부분이 농업에 의하여 유지되는 자이면 충분하다. 그러나 양조업이나 낙농업에 부대하여 농업을 경영하는 경우와 같이 농업이 영업상의 부대업무인 때에는 이 규정의 보호를 받을 수 없다. 농업을 하는 사람이 반드시 토지의 소유자임을 필요로 하지 아니하고 타인 소유 토지의 경작자라도 무방하다. 이러한 농업은 주로 자기의 노동력으로 하여야 한다. 따라서 농지의 임대인 등은 농업을 하는 자라고 할 수 없다.

농기구 또는 가축 중 어느 범위의 것을 농업을 하는 사람에게 없어서는 아니 될 것으로 볼 것인가는 영농의 실태, 즉 채무자의 영농규모·다른 대체물의 존부·그 지방의 일반적인 영농상황 등을 고려하여 결정할 문제이다. 가축은 주로 경작에 사역되는 소나 말을 가리키고, 낙농업자의 가축은 이에 해당되지 않는다고 보는 것이 일반적이다.

비료나 사료에는 천연적인 것뿐만 아니라 인공적인 것도 포함된다. 종자는 다음의 파종을 위한 것이므로 식용으로 남겨 둔 것과의 구별이 문제 되나, 채무자가 하는 영농의 종류와 그 규모에 비추어 판단함이 타당하다.

(마) 주로 자기의 노동력으로 어업을 하는 사람에게 없어서는 아니 될 고기잡이 도구·어망·미끼·새끼고기 그 밖에 이에 따르는 물건(5호)[102]

어업은 수산동식물을 포획·채취 또는 양식하는 사업을 말한다(수산업 2조 2호).

어업을 하는 사람, 즉 어업인이라 함은 어업을 경영하는 자(어업자)와 어업자를 위하여 수산동식물을 포획·채취 또는 양식에 종사하는 자(어업종사자)를 말한다(수산업 2조 12호). 어선이 고기잡이 도구에 해당하는가에 관하여는 어업의 규모 등을 종합하여 판단하여야 한다.

(바) 전문직 종사자·기술자·노무자 그 밖에 주로 자기의 정신적 또는 육체적 노동으로 직업 또는 영업에 종사하는 사람에게 없어서는 아니 될 제복·도구 그 밖에 이에 따르는 물건(6호)

① 본 호는 생업유지(生業維持)의 보호를 목적으로 한다.

주로 자기의 정신적 또는 육체적 노동으로 직업 또는 영업에 종사하는 사람이라 함은 채무자의 업태를 경제적으로 관찰하여 채무자 자신의 노역이 업무상 소득의 주요 요인을 이루고 있는 자를 가리키고, 전문직 종사자·기술자·노무자는 이를 예시하는 것이다. 그 노역이 타인에 고용되어 행하는 것인가 독립하여 행하는 것인가, 주된 업무인가 부업에 그치는 것인가 하는 것은 문제 되지 않는다.

그러나 소득의 주요 원인이 주로 타인의 노동 또는 물적 설비에서 비롯되는 사람은 여기에 해당되지 않는다. 이와 같은 기준에서 보면, 건축가·음악가·연예인·문인·예술가 등의 자유직업에 종사하는 사람, 고용계약으로 노무에 종사하는 근로자 등은 모두 여기에 해당한다. 또 공무원·사립학교교원·변호사·공증인·의사·치과의사·한의사와 종교의 직에 있는 사람은 물론, 학원의 강사·변리사·공인회계사·감정사·토지평가사·법무사·군인 등도 여기에 해당한다.

그러나 전력에 의해 운전되는 인쇄기계를 사용하는 인쇄소의 주인 등과 같이 자기의 노동보다도 주로 물적 설비를 이용하여 영업하는 사람, 스스로 진료에 종사하지 않고 다른 의사를 고용하여 진료에 종사케 하는 병원경영자나 의료법인은 여기에 해당되지 않는다. 상인도 원칙적으로 해당하지 않는다. 그러나 소상인은 자신의 노동이 주가 되고 물적 설비는 종 된 지위를 차지하는 것이 일반적이므로 여기에 해당되는 경우가 많을 것이다.

---

102) 법원공무원교육원, 2008, 집행관연찬집, 「7」 채무자가 새끼조개양식을 목적으로 양식할 때는 새끼조개를 압류할 수 있으나 전복 성패를 위해 새끼조개를 양식할 때는 압류할 수 없다.

자기의 노동이 중심이 되어 운영하는 소규모의 음식점, 다과점, 다방의 경영자도 이에 해당된다. 원칙적으로 현재 영업활동을 하고 있을 것을 요구하며 영업활동에 착수하기 전이라도 무방하며 영업활동이 발병, 구금 등 기타 사유로 일시 정지되어 있어도 관계가 없으나 영업을 재개할 전망이 없는 경우에는 본 호의 적용을 받을 수 없다.

② 없어서는 아니 될 물건인가의 여부

없어서는 아니 될 물건인가의 여부는 채무자의 영업 종류, 규모 및 태양, 동종의 영업에 종사하는 다른 사람과의 비교, 압류가 채무자에게 미칠 영향의 정도 등을 종합하여 결정하여야 한다. 제복이나 도구는 이를 예시하고 있는 것이다. 수리업자의 수선용구, 사진업자의 사진기계·배경의 도구 및 약품, 재단사의 재봉기, 식육점의 저울, 음악가나 학교 또는 학원의 교사나 강사의 악기·실험기구·전문서적, 의사의 산소호흡기, 약사의 기초약품, 신부의 성작(성작: 미사 때 성혈을 담는 잔)·성합 등은 여기의 도구에 해당한다고 본다.

이러한 도구는 압류 시에 채무자 자신이 이용하는 물건이든 고용인에 의하여 사용되는 것이든 불문한다. 그러나 처분할 상품의 재고는 직업상 필요한 물건이 아니며 또 가공할 원료도 상당한 양을 넘어서면 여기의 도구에 해당되지 않는다.

음식점이나 다방 등에 비치된 TV·온도조절기(에어컨이나 난방기, 온풍기)·음향기기·비디오기기 등도 일반적으로는 여기의 압류금지물건에 해당되지 않는다. 변호사·공증인·변리사·법무사 등의 업무상 사용하는 책상, 사무 용기기, 응접용 비품, 컴퓨터, 복사기, 모사전송기(팩시밀리) 등에 관하여는 구체적인 사안에 따라 판단하여야 한다. 이 규정에 해당하는 물건이 여러 종류 있을 때에는 채권자의 이익을 해치지 아니하는 범위 안에서 채무자의 이익을 고려하여 집행관이 스스로 압류금지물건의 범위를 정한다(민집규 132조 참조).

(사) 채무자 또는 그 친족이 받은 훈장·포장·기장 그 밖에 이에 따르는 명예 증표(7호)

훈장 등은 자국에서 받은 것이든 외국에서 받은 것(예를 들어, 올림픽메달 등)이든 불문하며 약장을 포함하나, 복제품은 제외된다. 명예의 증표는 국가 또는 지방자치단체나 공법인으로부터 받은 명예를 표창하는 금·은배, 포장, 휘장 등을 말한다. 사인이나 사적 단체가 수여하는 상패나 메달 등은 여기에 해당되지 않는다.

이러한 훈장 그 밖의 명예증표는 채무자 자신이 받은 것은 물론 그 친족이 받은 것을 포함한다. 여기의 친족은 1호·2호·3호 및 13호·14호·15호의 채무자와 같이 사는 친족과는 달리 채무자와 같이 살 것을 요건으로 하지 않는다. 친족이 받은 훈장 그 밖의 명예증표는 그것을 받은 사람이 채무자의 친족이고 현실적으로는 채무자가 소지하고 있는 것을 말한다. 그 친족이 이미 사망하였더라도 무방하다(훈장 등을 채무자가 유산으로 상속받거나 증여받아 가지고 있는 경우 등). 그러나 이 경우 채무자가 그 훈장이나 명예증표를 금전적 가치의 대상 또는 골동품이나 미술품으로 가지고 있는데 지나지 않는다면, 이 규정의 적용을 받을 수 없다.

(아) 위패·영정·묘비 그 밖에 상례·제사 또는 예배에 필요한 물건(8호)

상례·제사 또는 예배에 필요한 물건이라 함은 그러한 예절에 직접 사용되는 것을 말한다. 따라서 위패·영정·묘비 외에 경전이나 묘석·사찰 소유의 종·불단 등을 포함하나, 상례·제사 또는 예배의 참석자를 위한 섭대용 시설물 등은 포함되지 않는다. 이러한 물건이 금전적으로 고가품인가의 여부는 문제되지 않는다. 또 상례·제사 또는 예배에 필요한 것이어야 하므로 현재 사용되고 있는 것이어야 한다. 따라서 불상이라도 상품이나 골동품으로 소장하고 있는 경우, 장차 사용할 목적으로 이를 제작한 것에 불과한 경우에는 압류금지 물건이 아니다. 예배 등에 필요한 것인가의 여부는 채무자의 이용 상황 등을 고려하여 판단할 문제이다.

(자) 족보·집안의 역사적인 기록·사진첩 그 밖에 선조숭배에 필요한 물건(9호)

집안의 역사적인 기록, 가승(家乘)이라 함은 한집안의 역사적 사실을 기록한 책을 말한다. 그 밖에 선조숭배에 필요한 물건으로는 선조의 문집을 들 수 있다. 선조숭배에 필요한 물건인지 아닌지는 객관적으로 판단하여야 하므로 채무자가 주관적으로는 선조를 기억하고 기념하기 위하여 소지하고 있는 유물이나 기념품과 같은 물건이라도 객관적으로 거래의 대상으로 되고 재산적 가치가 있는 것일 경우에는 여기에 해당하지 않는다고 보아야 한다.

(차) 채무자의 생활 또는 직무에 없어서는 아니 될 도장·문패·간판 그 밖에 이에 따르는 물건(10호)

도장은 반드시 인감도장일 필요는 없고 일상생활이나 직무상 또는 거래상 사용되는 도장이면 충분하다. 자연인의 도장뿐만 아니라 법인의 도장도 포함되며 화가의 낙관도 여기에 해당한다. 금·은과 같은 값비싼 물건으로 만든 도장이나 문패·간판이라도 실제 생활상 또는 거래상 사용되고 있는 이상, 여기에 해당하지만 다른 대체물이 있는 경우에는 없어서는 아니 될 물건이라고는 할 수 없으므로 압류할 수 있다. 어떤 범위의 것이 생활 또는 직무에 없어서는 아니 될 물건에 해당하는가는 채무자의 생활상태, 직무의 종류 및 태양, 일상적인 거래처 등을 종합하여 판단한다.

(카) 채무자의 생활 또는 직업에 없어서는 아니 될 일기장·상업 장부 그 밖에 이에 따르는 물건(11호)

일기장이나 상업 장부에 따르는 물건으로서는 근무일지 등을 생각할 수 있다. 이러한 물건은 채무자의 생활 또는 직업에 없어서는 아니 될 것이어야 하므로 제3자의 상업 장부나 유명인의 일기장과 같이 골동품에 유사한 것은 여기에 해당되지 않는다.

(타) 공표되지 아니한 저작 또는 발명에 관한 물건(12호)

현대 산업사회의 발전에 따라 저작이나 발명 등 채무자의 지적인 노력의 산출물을 최대한 보호함을 목적으로 하는 것이다. 저작에 관한 물건, 즉 저작물은 인간의 사상 또는 감정을 표현한 창작물을 말한다(저작권법 2조 1호). 발명은 자연법칙을 이용한 기술적 사상의 창작으로서 고도한 것을 말하나(특허 2조 1호), 여기의 발명은 특허법에서 말하는 발명에 한하지 아니하고 실용신안법에서 말하는 고안, 즉 자연법칙을 이용한 기술적 사상의 창작(실용신안법 2조 1호)을 포함하는 넓은 의미의 발명이라고 보아야 한다.

공표라 함은 저작물이나 발명 물을 공연, 공중송신 또는 전시 그 밖의 방법으로 공중에게 공개하는 경우와 저작물을 발행하는 것을 말한다(저작권법 2조 25호 참조). 발행은 저작물을 공중의 수요를 충족시키기 위하여 복제·배포하는 것을 말한다(저작권법 2조 24호).

(파) 채무자 등이 학교·교회·사찰 그 밖의 교육기관 또는 종교단체에서 사용하는 교과서·교리서·학습용구 그 밖에 이에 따르는 물건(13호)

교육기관은 의무교육을 하는 것에 한하지 아니하며, 정규의 것이든 비정규의 것이든 관계없다. 종교단체는 종교의 종류나 종파를 불문한다.

(하) 채무자 등의 일상생활에 필요한 안경·보청기·의치·의수족·지팡이·장애보조용 바퀴 의자 그 밖에 이에 따르는 신체보조기구(14호)

신체보조기구는 이를 착용하는 자의 일상생활에 필요불가결한 것으로서 일반적으로 거래의 대상으로 되지 아니한다는 점을 고려하여 인도적인 차원에서 압류를 금지하는 것이다. 예시된 것 이외의 신체보조기구로서는 장애인복지법 65조에서 규정하는 장애인보조기구를 들 수 있다. 색안경, 미용용 신체보조기구는 이에 해당하지 아니한다.

(허) 채무자 등의 일상생활에 필요한 자동차로서 자동차 관리법이 정하는 바에 따른 장애인용 경형 자동차(15호)

장애인용 경형 자동차는 장애인의 일상생활에 필요불가결한 것임을 고려하여 인도적인 차원에서 압류를 금지하는 것이다. 장애인은 신체적·정신적 장애로 오랫동안 일상생활이나 사회생활에서 상당한 제약을 받는 자를 말한다(장애인복지법 2조 1항). 장애인, 그 법정대리인 또는 대통령령으로 정하는 보호자는 장애상태 등에 관하여 시장·군수 또는 자치구 구청장에게 등록하여야 하며, 시장 등은 등록을 신청한 장애인이 장애인복지법 2조의 기준에 해당할 때에는 장애인등록증을 내주어야 한다(장애인복지법 32조 1항 참조).

또한, 시장 등은 장애인이 사용하는 자동차 등임을 식별하는 표지를 발급하여야 한다(장애인복지법 39조 2항 참조). 경형 자동차는 배기량이 1,000CC 미만인 것으로서 길이 3.6m, 너비 1.6m, 높이 2.0m 이하인 승용·승합·화물·특수자동차를 말한다(자동차관리법시행규칙 별표 1 참조).

(호) 재해의 방지 또는 보안을 위하여 법령의 규정에 따라 설비하여야 하는 소방 설비·경보 기구·피난시설 그 밖에 이에 따르는 물건(16호)[103]

법령의 규정에 따라 설비하여야 하는 것만을 압류금지물건으로 규정하고 있으므로 소방시설 설치·유지와 안전관리에 관한 법률 등의 법령의 규정상 설비의무가 부과되어 있지 아니하는 경우(예를 들어, 개인주택에 비치된 소방설비)에는 여기에 해당되지 않는다고 보아야 한다.

(4) 다른 법령에 따라 압류가 금지된 물건

① 국민기초생활 보장법에 따라 수급자에게 지급된 수급품(같은 법 35조), 아동복지법에 따라 지급된 금품(같은 법 64조), 한부모가족지원법에 따라 지급된 금품(같은 법 27조), 장애인복지법에 따라 장애인에게 지급되는 금품(같은 법 82조)

② 우편을 위한 용도로만 사용되는 물건과 우편을 위한 용도로 사용 중인 물건(우편법 7조 1항)

우편물이 운송 중 또는 발송 준비 완료 후에는 우편관서는 압류를 거부할 수 있다(우편법 8조).

③ 신탁법에 따른 신탁재산(신탁 22조 1항)

신탁법에 따라 신탁재산으로 된 유체동산에 대하여는 수탁자에 대한 집행권원으로 압류할 수 없음은 물론, 대외적으로는 수탁자만이 소유권자이므로 신탁법의 규정(98조 또는 104조)에 따라 해지되기 전에는 신탁자에 대한 집행권원으로도 이를 압류할 수 없다. 다만 신탁 전의 원인으로 발생한 권리 또는 신탁사무의 처리상 발생한 권리를 근거로 한 경우에는 압류가 가능하다(같은 항 단서).

④ 공장 및 광업재단 저당법 3조와 4조의 규정에 따라 저당권의 목적이 되는 기계·기구·그 밖의 공장의 공용물

이 경우 저당권의 목적인 토지나 건물에 대한 압류의 효력은 공장 및 광업재단 저당법 3조 및 4조에 따라 저당권의 목적이 되는 물건에 효력이 미치고, 이처럼 저당권의 목적이 되는 물건은 토지나 건물과 함께하지 아니하면 압류의 목적으로 하지 못한다(같은 법 8조).

⑤ 공장 및 광업재단 저당법에 따라 공장재단을 구성하는 물건(같은 법 14조), 광

---

[103] 법원공무원교육원, 1997, 집행관연찬집, 「21」: 공사 현장의 붕괴 방지용 H빔은 재해 방지시설로서 압류할 수 없으며 건축 중의 건물에 부착된 강 파이프 등 건축자재도 재해방지 시설이므로 압류할 수 없다.

업재단을 구성하는 물건(같은 법 54조, 14조)

⑥ 그 밖의 특별법에서 개별적으로 강제집행이나 압류 또는 양도 등을 금지 또는 제한하고 있는 경우 예를 들어, 학교 교육에 직접 사용되는 시설·설비 및 교재·교구의 매도, 담보제공 금지(사립학교법 28조 2항, 같은 법 시행령 12조 1항), 의료인의 의료 업무에 필요한 기구·약품, 그 밖의 재료에 대한 압류금지(의료법 13조), 건설업자가 도급받은 건설공사의 도급금액 중 당해 공사(하도급 공사 포함)의 근로자에게 지급하여야 할 임금에 상당하는 금액에 대한 압류금지(건설산업기본법 88조 1항), 마약·향정신성의약품 및 대마·환각 물질 등의 소지 등 금지(마약류관리에 관한 법률 3조, 4조, 유해화학물질 관리법 43조 등), 방제대상 병해충이 붙어 있거나 붙어 있다고 의심이 가는 식물 등의 양도, 이동의 제한, 금지(식물방역법 36조 1항 2호), 정부보관금증서의 매매, 양도 등의 금지(정부보관금에 관한 법률 3조), 신용카드의 양도, 양수 등 금지(여신전문금융업법 15조), 근로자의 보건상 유해물질의 양도, 사용 등 금지(산업안전보건법 37조), 국유문화재의 양도 등 금지(문화재보호법 66조), 전통사찰의 소유에 속하여 전법에 제공되는 경내지의 건조물 등 압류금지(전통사찰의 보존 및 지원에 관한 법률 14조), 총포 등의 소지 제한(총포·도검·화약류 등 단속법 10조), 위조의약품 등의 판매 등 금지(약사법 61조, 62조), 향교재산에 대한 매매, 양도 등 금지(향교재산법 4조) 등이 있다. 이들 규정 중 단순히 소지 또는 판매만을 금지하고 있는 것은 압류 또는 강제집행 자체의 장애가 되는 것은 아니나, 압류 후의 현금화에 영향을 미치는 사유가 된다.

⑦ 전매품·경제통제품·소지 금지품 등에 대하여는 압류할 수 없다는 견해도 있으나, 법령에 특히 강제집행 또는 압류금지의 취지를 규정하지 않는 이상 압류할 수 있다고 본다. 다만 검사를 받지 아니하였거나 검사에 불합격된 홍삼 등(인삼산업법 19조 2항), 허가를 받지 아니한 자가 제조한 소금 또는 품질검사를 받지 아니하거나 품질검사에 불합격된 소금(소금산업진흥법 51조) 등과 같이 일정한 경우에 판매가 금지되는 물건은 압류할 수는 있어도 현금화할 수 없는 때도 있다. 우표, 수입인지 및 소매인이나 소비자 소유의 제조 담배도 압류할 수 있다.

(5) 압류금지 위반의 효과

압류금지규정은 강행규정이므로 집행관은 압류금지물건인가 여부를 직권으로 조사하여야 한다. 따라서 채권자의 압류신청이나 채무자의 동의 또는 승낙 여부와 관계없이 압류금지물건이면 압류를 거부하여야 한다. 판단기준시는 집행관의 압류할 때고, 집행에 관한 이의나 항고결정 시를 표준으로 할 것이 아니다. 압류 당시 압류금지물건이 아니었으면 뒤에 채무자의 사정악화로 압류 금지물건에 해당하게 되었더라도 압류가 소급하여 부적법해지는 것은 아니다. 반대로 압류 시에 압류금지물건에 해당하였으나 다음에 이에 해당하지 아니하게 되었으면 압류의 흠은 치유된다.

집행관이 고의로 압류금지규정을 어긴 경우에는 직무상 불법행위가 될 수도 있다. 금지규정을 어겨 압류한 경우에 집행관은 법원의 지시나 채권자의 신청에 의하지 아니하고는 스스로 압류를 해제할 수 없다.104)

압류금지규정을 어긴 경우에 그 압류는, 당연히 무효는 아니고 집행에 관한 이의(민집 16조)에 의하여 취소할 수 있을 뿐이다. 압류금지물건이 매각된 때에는 매수인은 유효하게 목적물의 소유권을 취득하고 그 매각대금으로 채권자가 변제받더라도 부당이득이 되지 않는다. 압류금지규정을 위반한 압류에 대한 집행에 관한 이의는 채무자는 물론 압류금지의 이익을 받는 채무자와 같이 사는 친족(1호에서 3호, 13호 또는 15호)도 제기할 수 있다. 압류금지물건임을 이유로 하는 집행관의 집행거절에 대하여는 채권자가 집행에 관한 이의를 할 수 있다.

차. 압류가 금지되는 물건에 관한 실무사례

(가) 채무자 행방불명일 때 동산집행에서 압류금지물(구법)105) 「昭和 53 高知」
* 채무자 행방불명인 경우의 동산집행에 관해서도 압류금지물(민소 570조 1항 1, 2호)의 규정을 엄격하게 지킬 필요가 있는가?
* 압류금지물 규정의 취지는 채무자와 그 동거친족의 최저생활 보장이라고 하는 것이다. 이들 사람이 행방불명이고, 그 생활이 남겨놓은 물건에 의존하고 있다고는 인정되지 않는 경우에는, 당해 동산이 채무자의 점유라고 인정되는 한 동조의 규정을 약간 너그럽게 해석하여 압류해도 무방하지만, 그 사실인정에는 신중해야 한다.

(나) 농업상 없어서는 안 될 농기구 등의 인정기준(구법)106) 「昭和 44 執研」
* 민사소송법 570조 1항 4호는 채무자의 농업경영규모 및 태양, 달리 이에 대신할 농기구가 있는가? 없는가? 또는 그 지방의 통상 농업경영상황 등 구체적인 사안에 따라서 판단해야 하는 것으로 생각하지만, 현재의 농업실상에서 보면 화전경

---

104) 대판 2003. 9. 26. 2001다52773
105) 日 最高裁判所 事務總局, 2011, 執行官事務(第4版), 「323」

작, 과수 재배, 낙농, 양잠, 원예, 잉어양식 등 다양하므로 그 압류금지물의 범위를 특정함에 곤란이 따르므로 이를 어떻게 고려해야 하는가?
* 민사소송법 570조 1항 4호는 채무자가 농업인이고 농업경영을 지속함에 필요불가결한 농업용 기구, 가축, 비료, 종자와 같은 것의 압류를 제한하고, 채무자의 농업경영을 보호하는 취지이기 때문에 채무자의 농업경영 실정에 따라서 판단해야 한다. 예컨대 과수 재배, 낙농 등의 경영이 주된 생활비 획득수단으로 화전경작의 편이 부업적인 것이라면 그 경작면적 등도 고려한 다음 농기구 등을 압류해도 좋은 경우가 고려된다. 그러나 이 판단은 신중하게 해야 된다.

(다) 고가의 농기구와 압류금지(구법)107) 「昭和 44 名古屋」

* 경운기, 탈곡기, 건조기, 콤바인 등 고가의 농기구가 "농업상 없어서는 안 될 농기구"에 해당하는가?
* 농업상 없어서는 안 되는가 어떤가는 채무자의 영농규모, 농기구의 보급상황 등을 참작하고 그것이 없다면 성립하지 않는다고 판단되는가 어떤가로 결정해야 한다. 설문의 경우 자른 벼 수거기, 건조기 및 콤바인은 압류금지물에 해당하지 않는 것은 아닌가? 견해가 있었다. 채무자의 승낙이 있더라도 압류금지물이라고 인정되면 압류하는 것은 불가능하지만, 채무자의 승낙사실을 농업상 없어서는 안 될 것에 해당하는가 아닌가의 판단자료로 하는 것은 가능하다. 또한, 그 농기구가 없더라도 다른 방법으로 작업이 가능한 것에 역점을 두고 탈곡기와 벼 가는 기계가 압류금지물에 해당하지 않는다고 판시한 판례가 있다.

(라) 수의사, 휴업 중인 의사의 의료기구와 압류금지물(구법)108) 「昭和 49 東京」

* 다음에 열거하는 물건은 압류 금지물인가?
  [1] 수의사의 의료기구
  [2] 의사회를 탈퇴하고 휴업 중인 의사의 의료기구
* [1] 수의사는 민소법 570조 1항 5호의 "의사"의 유추해석으로, 이와 동일한 보호를 받는 것이라고 해석할 수 있으므로, 수의사의 의료기구도 그 업무집행에 불가결한 범위 내에서 압류금지물로 된다.
  [2] 의사회를 탈퇴하더라도 개업하는 것이 허용되고, 휴업 중이더라도 조만간 개업할 상황에 있다면 통상의 의사와 마찬가지로 압류금지의 보호를 받게 된다. 구체적인 사안에 따라서 그 의사의 사정 등을 고려하여 신중하게 처리해야 한다.

---

106) 전게서, 「326」
107) 日 最高裁判所 事務總局, 1997, 執行官事務(第3版), 「364」
108) 日 最高裁判所 事務總局, 2011, 執行官事務(第4版), 「341」

카. 재판에 의한 압류금지의 변경, 취소 및 가처분

> **민사집행법**
>
> **제196조(압류금지 물건을 정하는 재판)**
> ① 법원은 당사자가 신청하면 채권자와 채무자의 생활형편, 그 밖의 사정을 고려하여 유체동산의 전부 또는 일부에 대한 압류를 취소하도록 명하거나 제195조의 유체동산을 압류하도록 명할 수 있다.
> ② 제1항의 결정이 있은 뒤에 그 이유가 소멸되거나 사정이 바뀐 때에는 법원은 직권으로 또는 당사자의 신청에 따라 그 결정을 취소하거나 바꿀 수 있다.
> ③ 제1항 및 제2항의 경우에 법원은 제16조 제2항에 준하는 결정을 할 수 있다.
> ④ 제1항 및 제2항의 결정에 대하여는 즉시항고를 할 수 있다.
> ⑤ 제3항의 결정에 대하여는 불복할 수 없다.

(1) 압류금지물건을 정하는 재판

(가) 의의

법원은 당사자가 신청하면 채권자와 채무자의 생활형편, 그 밖의 사정을 고려하여 민사집행법 195조의 압류금지물건에 해당하지 아니하는 유체동산에 대하여 압류가 이루어진 이후라도 그 압류를 취소하여 당해 유체동산을 압류금지물건으로 할 수 있고, 위 조항의 압류금지물건에 해당하여 압류하지 못한 또는 압류하지 못하는 유체동산이라도 압류금지를 해제하여 압류하도록 명할 수 있다(민집 196조 1항).

(나) 당사자의 신청

이 재판은 신청에 따라 이루어지므로 법원이 직권으로는 할 수 없다. 즉 압류금지물건의 범위를 확장하는 경우에는 채무자의 신청이, 압류금지물건의 범위를 축소하는 경우에는 채권자의 신청이 있어야 한다. 이 신청은 이른바 강제집행의 신청이 아니어서 민사집행법 4조의 규정이 적용되지 아니하므로 서면 또는 말로 할 수 있고, 2,000원의 인지를 붙여야 한다(인지 9조 4항 5호). 압류금지물건 범위의 확장은 이미 시행한 압류를 해제하는 형태로 이루어지므로 이를 구하는 신청은 성질상 유체동산 집행이 시행된 이후에 할 것을 필요로 함과 비교하면, 압류금지물건 범위의 축소를 구하는 신청은 집행개시 전에는 물론 그 이후에도 집행절차가 종결되기 이전에는 언제든지 이를 할 수 있다.

(다) 관 할

압류금지물건을 정하는 재판은 압류할 곳이나 실시한 곳을 관할하는 지방법원의 단독판사의 전속관할에 속한다(민집 3조 1항, 21조, 법원조직법 32조). 다만 가압류의 경우에는 가압류재판을 한 법원의 관할에 속한다(민집 291조, 278조).

(라) 재판의 형식과 고려할 사정재판의 형식은 결정이다.

따라서 변론 없이 재판할 수 있고, 변론을 열지 아니할 경우에는 당사자와 이해관계인 그 밖의 참고인을 심문할 수 있다(민집 23조 1항, 민소 134조 1항, 2항). 재판함에 있어서는 채권자와 채무자의 생활형편 그 밖의 사정을 고려하여야 한다. '채권자와 채무자의 생활형편'은 채권자가 채무자로부터 그 채권을 변제받지 못함으로써 받고 있는 경제적 곤궁의 정도와 채무자의 경제적 곤궁의 정도를 말한다. 예를 들어, 부양료채권, 이혼에 따른 여자의 위자료청구채권이나 재산분할청구권, 불법행위로 말미암아 사망한 세대주의 유족 손해배상채권 등을 근거로 한 강제집행에 있어서는 채권자의 생활형편이, 증여나 유증에 의한 채권을 근거로 한 강제집행에 있어서는 채무자의 생활형편이 보다 중요시되어야 한다.

'그 밖의 사정'은 압류를 해제하거나 압류금지물건의 범위를 축소함으로써 채권자 또는 채무자가 받게 되는 경제적 영향, 채무자가 성실히 채무를 이행할 의사가 있는지 및 이 재판의 신청에 이르게 된 경위나 동기 등을 의미한다. 이에 대하여는 구체적인 기준을 제시하고 있지 아니하므로 법원에 폭넓은 재량을 부여하고 있는 셈이다.

재판의 내용 중 압류금지물건의 범위를 확장하는 재판에서는 이미 시행한 압류를 취소하여야 하므로 그 취소되는 범위의 유체동산을 별지목록 등을 통하여 특정하여야 한다. 예를 들어 "채권자 ○○○, 채무자 ○○○ 사이의 ○○지방법원 20○○가합○○ 손해배상청구사건의 집행력 있는 판결정본을 근거로 한 강제집행에 있어서 별지목록 기재의 원동기장치 자전거 2대에 대한 압류를 취소한다."라는 형식이 될 것이다.

압류금지물건의 범위를 축소하는 재판에 있어서는, 민사집행법 195조 각 호에 해당하는 특정의 유체동산에 대하여 압류를 허용하는 취지를 주문에서 명백히 밝혀야 한다. 그러나 위 조항의 압류금지물건이 양적으로 범위가 정해진 경우(민집 195조 2호 또는 3호)에는 단순히 일정 범위만을 지정하여도 무방하다. 압류금지물건의 범위를 축소할 수 있는 범위에 관하여는 제한이 없으나, 위 압류금지물건을 정한 취지를 고려하여 채무자의 최저생활 보장과 관련되는 항목(예를 들어, 민집 195조 1호에서 3호)에 대한 압류를 허용함에는 신중을 기하여야 한다.

(마) 재판의 고지와 불복

채권자 또는 채무자의 신청을 전부 또는 일부 인용하는 재판은 그 신청인과 상대방에게, 그 신청을 전부 기각하는 재판은 그 신청인에게 알려야 한다(민집규 7조 1항 2호, 2항). 압류금지물건의 범위변경 재판에 대하여는 즉시항고를 할 수 있다(민집 196조 4항). 이 즉시항고에는 집행정지의 효력이 없다(민집 15조 6항). 신청을 전부 기각한 결정에 대하여는 명문의 규정이 없으므로 즉시항고가 가능하다는 견해와 집행에 관한 이의(민집 16조)로 다툴 수 있다는 견해로 나뉘어 있다.109)

(2) 압류금지물건을 정하는 재판의 취소·변경
(가) 의의

압류금지물건을 정하는 결정이 있은 후 그 결정을 한 이유가 소멸되거나 사정이 바뀐 때에는 법원은 직권으로 또는 당사자의 신청에 따라 그 결정을 취소하거나 바꿀 수 있다(민집 196조 2항).

(나) 취소·변경의 요건

'그 이유가 소멸된 때'는 압류금지물건을 정하는 결정이 특별한 요건 없이 채권자와 채무자의 생활형편 등을 고려하여 이루어지는 것이므로, 사정이 변경된 때와 같은 의미이다. 예를 들어 채무자의 생활형편을 중시하여 압류금지물건의 범위를 확장하였는데 그 후 채무자가 다른 사람으로부터 많은 재산을 증여 또는 상속받은 경우 또는 그 반대의 경우 등을 들 수 있다. 이와 같은 사유는 압류금지물건의 범위변경 재판 이후에 새로이 생긴 것에 한한다.

(다) 당사자와 절차

이 재판은 법원이 직권으로 하거나 당사자의 신청에 따라 한다. 여기의 당사자는 압류금지물건을 정하는 재판의 신청인과는 반대의 당사자이다. 당사

---
90) 법원행정처, 2014, 법원실무제요, 민사집행법(Ⅲ), 142면~143면.

자의 신청에는 인지를 붙이지 아니한다(인지 10조 단서). 이 재판은 압류금지물건을 정하는 재판을 한 법원이 관할토록 한다.

(라) 재판의 형식과 내용

이 재판 역시 결정의 형식을 취하므로 변론을 요구하지 아니하며, 변론을 열지 아니할 경우에는 당사자와 이해관계인 그 밖의 참고인을 심문할 수 있다(민집 23조 1항, 민소 134조 1항, 2항). 사정이 바뀌었는지는 재판 시를 기준으로 하여 판단하여야 한다. 재판의 내용은 이미 하였던 압류금지물건을 정하는 결정을 취소하거나 바꾸는 것인데, 압류금지물건을 정하는 결정에 따라 압류를 취소하였던 것에 대하여 다시 압류를 허용하거나 압류를 허용하였던 유체동산에 대하여 압류를 금지하는 등의 것이다. 압류금지물건을 정하는 결정을 일부 취소하여야 할 경우에는 그 재판을 변경하여야 한다. 이것 역시 그 취소나 변경의 범위를 구체적으로 특정하여 명백히 밝혀야 한다.

(마) 재판의 고지와 불복

이 재판은 직권으로 한 것이든 당사자의 신청에 의한 것이든 앞에서 압류금지물건을 정하는 결정을 취소하거나 변경하는 내용의 것이면 이를 채권자와 채무자에게 알려야 한다(민집규 7조 1항 2호). 압류금지물건을 정하는 결정을 취소 또는 변경하는 재판에 대하여는 즉시항고를 할 수 있다(민집 196조 4항). 위 즉시항고에는 집행정지의 효력이 없다(민집 15조 6항). 그 신청을 전부 기각한 재판에 대하여는, 신청을 전부 기각당한 당사자가 집행에 관한 이의를 할 수 있다(민집 16조).

(3) 잠정처분

법원은 압류금지물건을 정하는 재판 또는 그 취소나 변경의 재판을 할 경우에 민사집행법 16조 2항에 따르는 잠정처분을 할 수 있다(민집 196조 3항). 즉 채무자에게 담보를 제공하게 하거나 제공하게 하지 아니하고 강제집행을 일시 정지하도록 명하거나, 채권자에게 담보를 제공하게 하고 그 집행을 계속하도록 명하는 등 잠정처분을 할 수 있다. 이러한 잠정처분은 법원이 직권으로 할 수 있고 당사자에게는 그 신청권이 없으며 신청하더라도 단지 직권발동을 촉구하는 의미가 있을 뿐이다. 이 잠정처분의 재판은 강제집행의 신청인(채권자)과 상대방(채무자)에게 알려야 한다(민집규 7조 1항 6호). 그러나 이 결정에 대하여는 불복하지 못한다(민집 196조 5항).

(4) 재판내용의 실현

압류금지물건을 정하는 재판이나 그 취소 또는 변경의 재판 정본이 집행관에게 제출되면, 집행관은 이들 재판으로 압류가 금지된 유체동산에 대하여는, 아직 압류하지 않았으면 이를 압류할 수 없고, 이미 압류를 하였으면 민사집행법 49조 1호, 50조를 유추하여 집행을 정지하고 이미 시행한 압류를 해제하여야 한다. 이들 재판에 앞서 잠정처분으로 집행의 정지가 명하여져 그 정본이 집행관에게 제출된 때에는 집행관은 민사집행법 49조 2호에 따라 압류를 일시 정지하여야 한다.

타. 압류금지물의 범위 관련 실무사례

> **집행관의 재량에 의한 압류금지물 범위의 확장 가부**[110] 「昭和 34 名古屋」
> * 상품 등의 압류를 집행함에 있어서, 채무자가 생활이 곤궁하게 빠질 것으로 보이는 경우, 집행관은 그 재량으로 그 물건의 압류를 하지 않을 수 있는가?
> * 압류금지물의 범위를 집행관의 재량에 의하여 확정하는 것은 불가능하다.
>   채무자의 생활이 매우 곤궁하게 될 것이라고 하여 압류금지물에 해당하지 않는 물건에 대한 압류를 하지 않는 것은 허용되지 않는다.

제3절 압류절차

1. 유체동산의 집행신청

> **민사집행규칙**
>
> **제131조(유체동산 집행신청의 방식)**
> 유체동산에 대한 강제집행신청서에는 다음 각 호의 사항을 적고 집행력 있는 정본을 붙여야 한다.
>   1. 채권자·채무자와 그 대리인의 표시

---

[110] 日 最高裁判所 事務總局, 1997, 執行官事務(第3版), 「384」

> 2. 집행권원의 표시
> 3. 강제집행 목적물인 유체동산이 있는 장소
> 4. 집행권원에 표시된 청구권 일부에 관하여 강제집행을 구하는 때에는 그 범위

가. 신청서의 기재사항

유체동산의 집행은 채권자가 집행기관인 집행관에게 서면으로 집행신청을 함으로써 개시된다(민집 4조). 유체동산에 대한 동산경매신청서(아래 양식)에는 채권자·채무자와 그 대리인의 표시(1호), 집행권원의 표시(2호), 강제집행 목적물인 유체동산이 있는 장소(3호), 집행권원에 표시된 청구권 일부에 관하여 강제집행을 구하는 때에는 그 범위(4호) 등을 적고, 집행력 있는 정본을 붙여야 한다.

강제집행 목적물인 유체동산이 있는 장소를 특히 적도록 한 것은, 동산의 경우에는 그 특성상 목적물이 있는 곳을 명확하게 표시함으로써 압류의 대상이 될 수 있는 동산을 특정하기 때문이다. 위 '유체동산이 있는 장소'라 함은 사회 통념상 다른 장소와 구별되는 하나의 장소이어야 하며, 보통은 압류될 수 있는 동산이 있는 토지의 지번, 건물번호 등에 의하여 표시하게 되는데, 집행관이 그 표시를 통하여 집행 장소를 인식할 수 있는 정도로 적으면 충분하다. 집행관은 신청서에 기재된 유체동산이 있는 장소에서 압류하면 충분하고, 채무자가 다른 장소에서 동산을 점유 또는 소유하고 있는가를 조사할 필요는 없다.

|양식| **동산경매신청서**

동산경매신청서

○○지방법원   ○○지원   집행관사무소   집행관   귀하

채권자	성 명		주민등록번호 (사업자등록번호)		전화번호	
					우편번호	□□□-□□□
	주 소					
	대리인	성명( )		전화번호		
채무자	성 명 (회사명)		주민등록번호[1] (법인등록번호 및 사업자등록번호)		전화번호	
					우편번호	□□□-□□□
	주 소					

집행목적물 소재지	□ 채무자의 주소지와 같음 □ 채무자의 주소지와 다른 경우 소재지 :
집 행 권 원	
청 구 금 액	원(내역은 뒷면과 같음)

위 집행권원에 기한 집행을 하여 주시기 바랍니다.

※ 첨부서류
1. 집행권원   1통
2. 송달증명서 1통
3. 위임장   1통

20 . . .
채권자   (인)
대리인   (인)

※ 특 약 사 항

1. 본인이 수령할 예납금잔액을 본인의 비용부담 하에 오른쪽에 표시한 예금계좌에 입금하여 주실 것을 신청합니다.
　　　　　채권자   (인)

예금계좌	개설은행	
	예 금 주	
	계좌번호	

2. 집행관이 계산한 수수료 기타 비용의 예납통지 또는 강제집행 속행의사 유무 확인 촉구를 2회 이상 받고도 채권자가 상당한 기간 내에 그 예납 또는 속행의 의사표시를 하지 아니한 때에는 본 건 강제집행 위임을 취하한 것으로 보고 완결 처분해도 이의 없음.
　　　　　　　　　　　　　　　　　　　채권자   (인)

* 굵은 선으로 표시된 부분은 반드시 기재하여야 합니다(금전채권의 경우 청구금액 포함).
* 주민등록번호가 없는 재외국민과 외국인의 경우에는 부동산등기법 제49조 제1항 제2호 또는 제4호에 따라 부여받은 부동산 등기용 등록번호를 기재합니다.

(1) 첨부서류

집행은 집행력 있는 정본이 있어야 할 수 있으므로(민집 28조 1항), 신청서에 집행력 있는 정본을 붙이도록 하는 것은 당연하다. 신청을 받은 집행관은 집행력 있는 정본을 사건기록에 붙여 두었다가 사건이 종료된 후에 압류채권자 또는 채무자에게 교부하게 된다(민집 256조, 159조). 그 밖에 집행개시에 필요한 요건이 갖춰져야 한다. 대리인에 의한 신청의 경우에는 대리권한을 증명하는 서면(위임장)을 붙여야 한다. 대리인에 관하여는 자격제한이 없으므로 변호사 이외의 자도 무방하다. 소송구조를 받은 자는 구조를 받았음을 증명하는 서면(예를 들어, 소송구조결정정본 등)을 제출하여야 한다.

(2) 집행관의 조치

집행관은 집행신청을 받은 때에는 신청인에게 수수료 기타 비용의 계산액을 예납시킬 수 있고 미리 내지 않으면 위임에 응하지 아니하거나 사무를 행하지 아니할 수 있다(집행관수수료규칙 25조). 집행관이 미리 받은 때에는 영수증(아래 양식2)을 내주어야 한다. 집행관은 병령 또는 신청인의 승낙이 없으면 위임받은 사건의 처리를 다른 집행관에게 다시 위임하지 못한다(집행관규칙 16조).

집행관은 집행위임을 받으면 집행사건기록표지(아래 양식)를 작성하여 집행기록을 조제한다. 집행신청이 있는 때에는 집행관은 신청인이 반대의 의사를 표시하지 않은 이상 바로 집행을 개시할 일시를 정하여 신청인에게 통지하여야 하고, 그 집행을 개시할 일시는 특별한 사정이 없으면 신청을 받은 날부터 1주 안의 날로 정하여야 한다(민집규 3조).

|양식| **영수증**

<div align="center">영 수 증</div>			발행번호
<div align="center">귀하</div>			
사건번호	사건명	수수료 또는 배당금	비 고
계			

위 금액을 틀림없이 영수하였습니다.

20 . . .

○○법원 집행관사무소

집 행 관

|양식| **기록표지**

○○지방법원 집행관사무소 집 행 사 건 기 록				관련사건 확 인 필	(인)
사건번호		담 당 집행관		담당집행관	대표집행관
사 건 명					
관련사건				기 일	
채 권 자				일 시	종 류
				. . :	
	대리인			. . :	
				. . :	
채 무 자				. . :	
집행장소				. . :	
				. . :	
보관인등				. . :	
접수일자	년 월 일					
종결	일 자	년 월 일			촉구통지	
				1	. . .
	결 과				2	. . .
				3	. . .
보존	일 자	년 월 일 (질)				
	종 기	년			완 결	(인)

2. 집행관의 관할구역

가. 원 칙

관할구역 안에서의 압류: 집행관은 각 지방법원과 그 지원에 소속되어 있고(법원조직법 55조, 집행관법 2조), 그 임명받은 본원 또는 지원의 관할구역 내에서만 직무집행을 할 수 있음이 원칙이다(집행관규칙 4조 1항). 다만 동시에 집행할 여러 개의 물건이 동일 지방법원 관할구역 내인 본원과 지원 또는 지원 상호 간의 관할에 산재해 있는 경우에는 소속 지방법원장의 허가를 받아 이를 집행할 수 있다(집행관규칙 4조 2항).

나. 특 칙

관할구역 밖에서의 압류: 다음 세 가지 경우에 집행관은 관할구역 밖에서 압류할 수 있다. 이는 집행관 규칙 4조의 특칙에 해당한다.

(1) 집행관은 동시에 압류하고자 하는 여러 개의 유체동산 가운데 일부가 관할구역 밖에 있는 경우에는 관할구역 밖의 유체동산에 대하여도 압류할 수 있다(민집규 133조).

집행관은 원칙적으로 직무집행구역 밖에서는 직무를 수행할 수 없으므로(집행관법 시행규칙 제4조 1항) 동시에 압류하고자 하는 여러 개의 유체동산 가운데 일부가 직무집행구역 내외에 걸쳐 있는 때에는 직무집행구역 밖에 있는 동산을 압류할 수 없게 되는 불편함이 생기게 되므로, 민사집행규칙 133조 본조는 이러한 불편함을 없애기 위하여 일정한 경우 직무집행구역 밖에서 압류할 수 있도록 정한 것으로, 이 경우에는 소속 법원장의 허가 없이도 집행할 수 있다.

"동시에 압류한다."라는 것은 같은 채무자에 대해 같은 기회에 압류하고 나아가 직무집행구역 안의 동산을 압류하는 것과 동시에 직무집행구역 밖에 있는 동산을 압류하는 경우를 말한다. 따라서 본래의 직무집행구역 안의 동산을 압류하지 않으면서 직무집행구역 밖에 있는 동산만을 압류하는 것은 그에 해당되지 아니한다.

(2) 집행관은 압류물의 채무자 또는 제3자 보관의 경우에도 특히 필요하다고 인정하는 때에는 압류물 보관자로 하여금 소속 법원의 관할구역 밖에서 압

류물을 보관하게 할 수 있다(민집규 135조).

원래 집행관은 압류한 유체동산을 그 직무집행구역 안에서 보관하는 것이 원칙이다. 그런데 압류물의 특성상 그 보관에 특수한 설비를 요하는 경우(예를 들면, 대량의 냉동식품을 보관시키는 경우) 등, 직무집행구역 내에서 적당한 보관자를 발견할 수 없어서 곤란한 경우, 혹은 직무집행구역 내로 이동하는데 지나치게 큰 비용이 드는 경우에는 집행관은 압류물 보관자로 하여금 압류물을 직무집행구역 밖에서 보관하게 할 수 있다.

이때에는 그 보관 장소에서 압류물을 점검하고(민집규 137조), 매각할 동산을 열람시키고(민집규 148조), 매수인에게 매각물을 인도(민집 205조 2항)하게 된다. 위 규정에 따라 직무집행구역 밖에 보관된 압류물을 그 보관 장소에서 매각하는 때에는 집행법원의 허가를 받아야 한다(민집규 145조 2항, 151조 3항).

(3) 집행관은 압류물이 관할구역 밖에 있게 된 경우에 이를 회수하기 위하여 필요한 때에는 관할구역 밖에서 직무집행을 할 수 있다(민집규 138조 1항).

동산에 대한 압류는 집행관이 그 동산을 점유함으로써 개시되지만(민집 189조 1항, 191조), 동산이 압류된 후 절차진행 중에 압류한 물건이 집행관의 점유로부터 이탈하는 경우가 생기게 된다. 이 경우 압류한 집행관은 동산을 계속해서 점유·보관할 직책을 가지고 있으므로, 압류물이 제3자의 손에 넘어간 경우에는 그 물건을 되찾기 위하여 제3자에게 반환을 설득하는 등의 적절한 조치를 세워야 한다.

그 이외에도 집행관이 점유 중인 압류물을 채무자가 가지고 나간 경우, 집행관이 제3자에게 보관시킨 압류물을 스스로 보관할 필요가 있다고 인정하는 경우 등에도 집행관은 반환을 촉구하는 등 적절한 조처를 하여야 한다.

이처럼 압류물이 압류한 집행관의 직무집행구역 밖에 있게 된 경우에 압류물을 회수하기 위하여 필요한 때에는 집행관은 관할구역 밖에서도 그 직무를 행할 수 있도록 하고 있는바, 위 조항이 집행관에게 아무리 멀리 떨어진 곳이라도 그곳까지 가서 압류물을 회수하여 올 의무를 부과하는 것은 아니다.

3. 압류물의 선택

> **민사집행규칙**
> **제132조(압류할 유체동산의 선택)**
> 집행관이 압류할 유체동산을 선택하는 때에는 채권자의 이익을 해치지 아니하는 범위 안에서 채무자의 이익을 고려하여야 한다.

집행관은 동산집행을 담당하는 기관으로 구체적인 집행에 있어 채무자의 점유에 속하는 유체동산 중 어느 것을 압류할 것인가는 그의 자유재량에 맡겨 있음이 원칙이긴 하나 이해관계가 다양하게 대립하는 집행장소에서 생길 수 있는 쓸데없는 분쟁을 피하기 위해서는 어느 정도의 객관적인 기준이 필요하므로 민사집행규칙 132조는 집행관이 압류할 유체동산을 선택함에 있어서는 채권자의 이익을 해치지 아니하는 범위 안에서 채무자에게 필요 이상의 고통을 주는 것을 허용하지 않는 방향으로 이익을 고려하여야 한다고 규정하고 있다.

동산 압류에 관하여는 초과압류의 금지(민집 188조 2항), 무잉여압류의 금지(민집 188조 3항), 압류금지물건(민집 195조) 등의 제한이 있으므로, 이들 규정의 취지를 고려하며 집행관이 이 압류할 동산을 선택하는 구체적인 기준으로는 금전 그 밖의 현금화 가능성이 큰 동산부터 환가성(換價性)이 낮은 동산 순서로 압류하고, 환가성이 없는 동산은 압류하지 않는 것이 상당하다(민집규 141조). 아울러 압류물의 선택에 관한 채권자의 의견이 상당한 때에는 집행관은 그 의견을 참작하는 것이 바람직하겠으나 반드시 그 의견에 구속되는 것은 아니다.[111]

한편 집행관은 유체동산 압류 시에 채무자에 대하여 「동산·채권 등의 담보에 관한 법률」 제2조 제7호에 따른 담보 등기가 있는지를 담보등기부를 통하여 확인하여야 하고, 담보 등기가 있는 경우에는 등기사항전부증명서(말소사항포함)를, 담보 등기가 없는 경우에는 등기기록미개설증명서(다만, 법인 상호등기를 하지 않아 등기기록 미개설 증명서를 발급받을 수 없는 경우에는 이를 확인 할 수 있는 자료를 집행기록에 편철하여야 하며, 또한 담보권의 존재를 확인하였으면 그 담보권자에게 매각기일에 이르기까지 집행을 신청하거

---

[111] 법원행정처, 2002, 민사집행규칙 해설, 366면.

나, 법 제220조에서 정한 시기까지 배당요구를 하여 매각대금의 배당절차에 참여할 수 있음을 알려야 한다(규칙 제132조의 2).

가. 압류물 선택에 관한 실무사례

(가) 청구금액에 이르기까지 매일 슈퍼판매금만의 압류를 희망하는 신청서 처리[112]

「昭和 62 函館」

* 슈퍼의 경영자를 채무자로 하는 동산집행사건에서
  〔1〕 채권자로부터 「청구금액에 이르기까지 매일매일 판매액만을 압류하고 싶다」는 취지의 신청서가 제출된 경우에 어떻게 해야 하는가?
  〔2〕 판매액과 상품을 압류한 후에 채권자가 매각기일 또는 그 이전에 판매액에서 변제를 받을 것을 의도하여, 추가 압류의 신청이 있는 경우 어떻게 해야 하는가?

* [1]에 관하여

　신청서를 제출한 채권자는 금전 이외 동산의 압류를 희망하지 않는 경우라고 해석되므로 집행관은 판매액에 압류를 한 번만 실시하면 충분하다고 판단된다. 집행관은 신청서에 기재된 동산의 소재징소에 관하여 수색 기타의 처분을 하여 한 번 하면 충분하고 어느 동산을 압류해야 하는가에 관해서는 자신의 재량을 근거로 하여, 채권자의 이익을 해하지 않는 한 채무자의 이익을 고려하여 결정해야 한다(민사집행규칙 100조).

　따라서 원칙적으로 집행관은 설문과 같은 신청서가 제출되었다고 해도, 매일매일 압류를 할 필요는 전혀 없고, 한편 판매액만을 압류해야 하는 것은 아니다. 그러나 집행관이 압류해야 할 동산을 선택하는 기준으로서는 원칙적으로 금전 또는 환가가 용이한 물건부터 압류해야 한다고 해석되고, 채권자가 금전 이외 동산의 압류를 전혀 희망하지 않는 것이 확인되면, 기타의 다른 동산을 압류하지 않는 것은 채권자의 이익을 해하지 않고 채무자의 이익이기도 한 것이다.

　따라서 설문 같은 경우에는 집행관은 판매액만 압류하면 충분하다. 또한, 이 경우에도 집행관이 압류해야 할 동산(판매액)의 소재장소에 임하고 그 장소에 소재하는 판매액에 관하여 압류를 함으로써 압류물의 범위는 그 시점에서 고정되고 압류된 판매액이 집행채권자에게 만족되지 않는 경우이더라도 신청에 대응하는 압류는 완료된다. 또한, 판매액만을 압류한 경우에는 환가절차는 없으므로 추가 압류의 문제는 생기지 않는다.

[2]에 관하여

　설문 같은 경우에는 집행관이 추가압류를 해야 하고 압류해야 할 동산에 관해서는 위의 선택기준에서 보아 판매액부터 압류하게 될 것이다. 또한, 채권자가 추가압류의 신청을 반복하고 강압적인 추심을 의도하고 있는 경우에는 집행관으로서는 압류해야 할 동산의 선택을 적절하게 행함으로써 그 부당한 의도를 배제해야 한다. 최초의 판매액 압류일부터 1월 이내의 날에 추가압류 때문에 다시 판매액을 압류한 경우에 민사집행법 131조 3호에 정한 21만 엔의 공제를 어떻게 고려하는가? 이지만, 선행의 절차 내에서 행해지는 추가압류이더라도 현금에 관해서는 압류 시마다 21만 엔을 공제하고 압류를 해야 한다.

법 131조 3호는 채무자의 최저생활 보장을 목적으로 하여 규정된 것이고, 항상 21만 엔까지는 남겨두고 압류한다고 하는 것이 법의 취지이기 때문에, 현금에 관해서는 직전의 압류 시에 공제했는지에 불구하고 추가압류 시에도 21만 엔을 공제고 압류를 해야 한다.

또한, 추가압류의 실시일이 최초 판매액의 압류일부터 수일 이내인 때에는 그 때도 21만 엔을 공제하는 것은 상당하지 않다고 생각되는 경우도 없다고는 할 수 없다. 그러나 이 경우에는 채권자는 집행재판소에 대하여 법 132조에 의하여 판매액에 대한 압류의 허가를 구하고 집행관으로서는 집행재판소의 허가가 없는 이상 그때도 21만 엔을 뺀 다음에 압류해야 한다.

주) 21만 엔은 일본 민사집행법 131조 3호 최저생활 보장목적 압류금지 금액

(나) 점포 내 상품을 압류하는 경우의 집행방법[113] 「昭和 53 執研」

* 상점의 점포 내의 다수의 진열 상품을 압류함에 있어, 고객들의 출입도 있고 또한 채무자의 변제 의사가 농후한 경우 압류의 표시는 어떻게 하는 것이 타당한가?
* 채무자에게 변제의 의사가 있다고 하여도 현실적으로 변제가 없는 이상은 채권자로부터 취하 또는 연기의 신청이 없는 한 압류해야 하지만, 설문과 같은 상품을 압류하는 경우에 현상대로 압류하고 채무자 보관으로 하여 공시서 만에 의한 표시를 하는 것은 상당하지 아니하고 제3자 보관을 시키든가 아니면 상자에 넣어서 봉인한 후 채무자에게 보관을 시키든가 하는 것이 바람직하다.

(다) 가축을 압류한 경우의 특정방법[114] 「昭和 48 盛岡」

* 가축을 압류한 경우의 특정방법은 어떻게 해야 하는가?
* 오인, 혼동을 피하기 위하여 가축의 특정방법에는 상당히 신경을 써야 하고 예컨대 표시를 부착한 명찰을 목에 걸고 사진을 찍어두고 공시서에 털 색, 나이, 성별을 기재하고 페인트, 각인 등으로 특정하는 방법이 고려된다.

---

112) 日 最高裁判所 事務總局, 1997, 執行官事務(第3版), 「260」
113) 전게서 「260」
114) 전게서 「261」

4. 압류의 방법

가. 집행관에 의한 목적물의 점유

압류는 원칙적으로 집행관이 채무자가 점유하고 있는 유체동산을 점유함으로써 한다(민집 189조 1항 본문). 여기의 점유는 목적물에 대한 채무자의 점유를 전면적으로 배제하고 집행관이 이를 직접 지배, 보관하는 것을 뜻한다. 집행관의 직접 지배 아래 두지 않으면 채무자의 처분으로 다른 사람이 선의취득 할 수 있어 압류의 실효성을 상실하게 될 염려가 있기 때문이다.

따라서 집행관이 단순히 압류를 선언하는 것만으로는 부족하다. 집행관이 압류물을 직접 보관하는 때에는 이를 안전하게 보존하는 데 필요한 주의의무를 다하여야 한다. 만약 그 의무를 게을리하여 압류물이 멸실·훼손된 때에는 집행관은 손해배상의무가 있다.[115] 불가항력에 의한 멸실·훼손의 경우에는 소유자인 채무자가 이를 부담한다. 이와 같은 집행관의 점유 성질에 관하여 견해의 대립이 있으나 판례는 집행관의 점유를 공법상의 점유로 보는 취지[116]라고 할 수 있고 일본의 판례도 같은 취지이다.[117]

집행관이 그 점유를 침탈당한 경우에는 자력구제를 하거나 점유회복의 소를 제기할 수 있으며, 채권자는 법원에 그 물건을 집행관에게 인도할 것을 명하도록 신청할 수 있다(민집 193조). 집행관이 그 직무상 보관하는 금전 그 밖의 귀중품은 금고 또는 자물쇠 장치가 되어 있는 견고한 용기에 넣어서 보관하여야 한다(집행관규칙 18조).

다만 집행관이 압류물을 지배, 보관하기에 적당한 시설이나 장소를 가지고 있지 않은 경우에는 민사집행법 198조 1항의 규정에 따라 제3자(창고업자 등)로 하여금 이를 보관하게 할 수 있다. 채권자가 제3자가 점유하고 있는 물건의 압류를 구한 때에는 제3자가 그 물건의 제출을 거부하는지를 확인하여야 한다.

집행관은 압류함에 있어 압류목적물이 아닌 채무자의 다른 재산에 피해가 생기지 않도록 주의하여야 한다. 또한, 집행관은 채무자 아닌 제3자의 재산을 압류하지 않도록 주의하여야 한다. 만약 다른 제3자의 재산을 압류한 사실을

---

115) 대판 1966. 7. 26. 66다854
116) 대판 1959. 12. 3. 4292민상596
117) 日 最判 1959. 8. 28.(집 13-10, 1336)

집행관이 알게 된 경우 직권 취소하는 방법이 없으므로 실무상 ① 채권자에게 사유를 설명하고 집행신청을 취하하도록 권유하거나 ② 제3자에게 제3자이의 의 소를 제기하도록 권유하고 있다.

집행관이 채무자 아닌 제3자의 재산을 압류한 경우 채권자가 압류한 사실 이외에 압류 당시 그 목적물이 제3자의 재산임을 알았거나 알지 못한데 과실이 있으면 불법행위자로서 배상책임을 질 수 있다. 위 고의·과실은 압류목적물이 채무자 아닌 제3자의 소유였다는 사실 자체에서 곧바로 추정된다고 할 수는 없다.

그러나 채권자가 압류 당시에는 고의·과실이 없었다 하더라도 그 후 압류목적물이 제3자의 소유임을 알았거나 쉽게 알 수 있었음에도 그 압류상태를 계속 유지한 때에는 압류목적물이 제3자의 소유임을 알았거나 용이하게 알 수 있었던 때로부터 불법집행 때문인 손해배상책임을 면할 수 없다. 관련 판례는 아래와 같다.

> **대법원 1999. 4. 9. 선고 98다59767 판결**
> [판시사항]
> [1] 집행관이 채무자 아닌 제3자의 재산을 압류함으로써 받은 제3자의 손해에 대하여 채권자가 불법행위책임을 지기 위한 요건
> [2] 채권자가 압류 당시에는 고의·과실이 없었으나 그 후 압류목적물이 제3자의 소유임을 알았거나 쉽게 알 수 있었음에도 그 압류상태를 계속 유지한 경우, 채권자는 압류목적물이 제3자의 소유임을 알았거나 쉽게 알 수 있었던 때로부터 불법집행 때문인 손해배상책임을 지는지 여부(적극)
>
> [판결요지]
> [1] 집행관이 채무자 아닌 제3자의 재산을 압류함으로써 받은 제3자의 손해를 채권자가 불법행위자로서 배상책임을 지기 위하여서는 압류한 사실 이외에 채권자가 압류 당시 그 압류목적물이 제3자의 재산임을 알았거나 알지 못한 데 과실이 있어야 할 것이고, 위와 같은 고의·과실은 압류목적물이 채무자 아닌 제3자의 소유였다는 사실 자체에서 곧바로 추정된다고 할 수는 없다.
> [2] 채권자가 압류 당시에는 고의·과실이 없었다 하더라도 그 후 압류목적물이 제3자의 소유임을 알았거나 쉽게 알 수 있었음에도 그 압류상태를 계속 유지한 때에는 압류목적물이 제3자의 소유임을 알았거나 용이하게 알 수 있었던 때로부터 불법집행 때문인 손해배상책임을 면할 수 없다.

나. 압류물의 채무자 보관

채권자의 승낙이 있거나 운반이 곤란한 때에는 집행관은 압류물을 채무자에게 보관하게 할 수 있다. 실무상 일반적으로 이용되고 있다. 이때에는 봉인(封印) 그 밖의 방법으로 압류물임을 명확히 하여야 한다(민집 189조 1항 단서). 규정체계상 이는 예외적인 압류방법이지만, 실무상으로는 채무자 보관이 오히려 일반적인 압류방법으로 사용되고 있다. 채권자의 승낙은 반드시 명시적일 필요는 없고 묵시적이라도 무방하다. 운반이 곤란한 때라고 하는 것은, 물리적으로 운반이 곤란한 경우뿐만 아니라 압류물의 가격에 비하여 운반에 지나치게 큰 비용이 소요되는 경우(예를 들어, 가재도구)를 포함한다.

압류물을 채무자에게 보관시키는 경우에는 봉인 그 밖의 방법으로 압류물임을 명확히 하여야 한다. 이 압류의 표시는 유체동산 집행의 효력발생요건이므로 이를 하지 아니하면 압류는 무효이다. 압류의 표시는 명확하여야 하며 통상의 주의력에 의하여 쉽게 인지하는 방법이어야 한다. 압류표시의 방법이 특별히 인정된 것은 아니나 일반적으로 봉인표 또는 압류물임을 명백히 밝힌 공시서를 붙이는 방법에 따른다. 실무상 사용되는 봉인표와 공시서의 양식은 다음과 같다.

|양식| **봉인표**

```
                    봉   인   표

              20   년 본 제   호

         서울 중앙지방법원 집행관 ○ ○ ○

                    20 .  .  .

    위 표시를 파기하거나 무효로 되게 하는 자는 형벌을 받게 된다.
```

|양식| **공시서**

```
                     공   시   서


     사  건 : 20              (      부)
     채 권 자 :
     채 무 자 :
     집행권원 :

        아래 물건은 위 당사자 사이의 유체동산 강제집행 사건에 대하여 오늘 본 집행관이
     압류한 것입니다.
        누구든지 아래 물건을 처분하거나 이 공시서를 손상 또는 은닉하거나 그 밖의 방법
     으로 효용을 해하여서는 아니 되며, 이를 위반한 사람은 형벌(형법 제140조, 제142조,
     제323조)을 받을 수 있습니다.
     압류물건 :


                              20 .   .   .
                         ○○지방법원 ○○지원
                           집행관  ○   ○   ○
```

※ 문의전화 : ○○지방법원 ○○지원 집행관사무소(032) 123-4567

본 압류 시에는 적색의, 가압류 시에는 녹색의 봉인표를 사용한다. 봉인표에는 압류번호와 압류 일자, 봉인표를 파기하거나 무효로 되게 하는 자는 처벌을 받는다는 취지 및 집행관의 이름을 적고 그 직인을 도장을 찍으며, 1개의 압류물마다 별도로 붙여야 한다. 하나의 물건의 개폐장소에 붙이면 그 안의 물건 전부를 압류한 것이 된다. 차량 안에 봉인하는 경우와 같이 구성물의 내부에 봉인하여도 무방하나 가구의 내부나 장롱 안에 봉인하는 것으로서는 불충분하다.

공시서는 압류물 자체 또는 쉽게 눈에 띨 장소에 채권자·채무자의 이름, 압류물의 표시, 압류연월일, 어떠한 집행사건으로 위 물건을 압류하였다는 취지, 집행관의 직, 이름 등을 적고 집행관의 직인을 찍어서 게시한다. 다량의 동종 상품이나 목재, 석탄, 철강 등을 압류하는 경우에 이와 같은 방법이 적당

하다. 압류의 목적물마다 봉인하는 대신에 소량의 동종 물건에 1개의 압류공시서를 붙여도 무방하지만 어떠한 물건이 압류되었는가를 명확히 인식할 수 있게 되어야 한다.

저장품이나 상품창고 일부에 대하여 압류한 경우에는 압류한 부분을 유형적으로 구별하여 놓아야 한다. 따라서 창고 안에 있는 덩굴차 150상자 중 70상자를 압류하면서 이를 유형적으로 구별하여 놓지 아니하고 일괄공시의 방법으로 품목과 수량을 적은 공시서를 창고 벽에 붙이는데 그친 경우, 전 저장품 가운데 일부를 유형적으로 구별하지 않고 약 200파운드에 해당하는 분량을 압류한다는 취지의 공시서를 붙인 경우 등의 압류는 무효이다.

또한, 장 속에 있는 일정한 물건을 압류함에 있어서는 물건의 종류와 수량을 표시한 공시서를 장에 붙이는 것으로 충분하다. 그 밖에 봉인표 등을 붙이기 어려운 경우에는 금속이나 나무판에 그 취지를 적어 두거나 쉽사리 지워지지 않는 페인트로 적는 것을 생각할 수 있고, 가축의 경우에는 축사의 출입구를 봉인하고 축사의 바깥에 공시서를 붙여 놓을 수도 있다.

봉인 그 밖의 압류의 표시는 압류 기간에 자연적으로 훼멸(毁滅)되거나 쉽게 떨어지지 않을 정도의 지속성이 있어야 한다. 따라서 봉인 등이 그대로 놓아두어도 자연적으로 떨어져 목적물로부터 이탈될 수 있는 경우에는 압류는 그 효력이 없다.

봉인 그 밖의 방법에 따라 압류물임을 명확하게 인식할 수 있고 또 쉽게 떨어지지 않을 정도의 지속성이 있는 것으로 압류표시를 한 경우에는 뒤에 권한 없는 자에 의하여 손상되거나 자연적으로 탈락·소멸되었다 하더라도 압류의 효력에는 영향이 없다. 그러나 집행관의 동의를 얻어 그 표시를 제거한 경우에는 압류의 효력은 소멸된다.

집행관이 봉인 그 밖의 방법으로 압류물임을 명확히 하는 것은 압류의 효력 발생요건이기 때문에 이를 명확히 하지 않은 경우의 압류는 무효일 뿐만 아니라 오히려 불성립에 속한다고 할 수 있다. 따라서 이와 같은 하자를 다음에 집행관이 보정하여 경매하였다고 하여 그 흠이 치유되는 것은 아니다. 관련 판례는 다음과 같다.

> **대법원 1991. 10. 11. 선고 91다8951 판결**
>
> [판시사항]
>
> 가. 동종의 물건 중 일부만을 압류하면서 이를 유형적으로 구별하여 놓지 아니하고 일괄공시의 방법으로 품목과 수량을 기재한 데 그친 공시서를 창고 벽에 붙여서 한 압류의 효력(무효) 및 이를 기초로 진행된 경매절차의 효력(무효)
>
> 나. 위 "가" 항의 경우 경매절차가 무효로 되었다는 사유만으로 채권자에게 그 경락대금 상당의 손해가 발생하였다고 할 수 있는지
>
> 다. 물건에 대한 압류의 표지가 명확하지 않은 경우의 압류 효력과 그 하자의 치유 가부(소극)
>
> [판결요지]
>
> 가. 집달관이 창고 안에 저장된 동종의 물건 가운데 일부만을 압류하여 이를 채무자에게 보관시키면서 압류한 부분을 유형적으로 구별하여 놓지 아니하고 일괄공시의 방법으로 품목과 수량을 기재한 데 그친 공시서를 창고 벽에 붙여서 한 압류는 무효이고, 이를 기초로 하여 진행된 경매절차 역시 무효이다.
>
> 나. 위 "가" 항의 경우 경매절차가 무효로 되었으면 그 매각대금 부분에 관하여는 아직 채무변제의 효과가 발생하지 아니한 것이고, 따라서 채권자로서는 여전히 나머지 채권을 채무자에게 청구할 수 있으므로 그 경락으로 말미암아 채무자에 대하여 채권추심이 곤란해졌다는 등의 특별한 사정이 없으면 채권자로서는 위 경매가 무효로 되었다는 사유만으로는 그 경락대금 상당의 손해가 발생하였다고 할 수 없다.
>
> 다. 집달관이 물건을 압류하여 채무자에게 보관시키는 경우에 봉인 기타의 방법으로 압류를 명확히 하는 것은 압류의 효력발생요건이라 할 것이며, 압류의 표지가 명확하지 않은 경우의 압류는 무효일 뿐만 아니라 오히려 불성립에 속한다고 할 수 있으므로 위와 같은 하자를 다음에 집달관이 보정하여 경매하였다고 해서 그 흠이 치유되는 것은 아니다.

집행관이 압류물을 채무자에게 보관시킨 경우에는 채무자는 집행관의 점유보조기관인 동시에 직접점유자이다. 유체동산 압류가 있었다 하더라도 집행관이 압류 동산을 다른 곳으로 운반하여 가지 않는 이상 채무자의 점유는 계속된다.[118] 따라서 채무자의 목적물에 대한 취득시효완성은 압류로 중단되지 아니한다. 그러나 이때 간접점유자는 집행관이므로 채무자는 집행관에 대하여 점유보호청구권(민법 204조 또는 206조)을 주장할 수 없다.

압류의 본질에 비추어 압류물을 채무자에게 보관시킨 경우도 채무자가 당

---

118) 대판 1963. 10. 10. 63다309

연히 압류물을 사용할 수 있는 것은 아니다. 그러나 채무자의 사용이 목적물의 가치감소를 가져오지 않거나 목적물의 보존 방법으로 인정될 때는 압류표시를 훼손하지 않는 한도에서 점유 중인 물건을 사용할 수 있다. 또 이사 등을 위하여 부득이 압류물의 보관 장소를 변경하고자 할 때는 그 사유를 집행관에게 신고하여 승인을 받아야 한다.

나-1. 압류물의 채무자 보관에 관한 실무사례

(가) 압류된 닭을 채무자에게 보관시키는 경우 실무사례[119] 「昭和 52 福岡」

* 닭에 대한 압류 사건에서 채권자에게 사육비용의 예납을 시키지 않은 채 압류를 하고 채무자에게 보관을 명한 경우 그 보관에 관하여 어떠한 조처를 해야 하는가? 또한, 닭장 내의 몇만 마리의 닭의 일령(日齡)별 수를 확인하는 것은 곤란하므로 닭장에 당사자 쌍방합의 또는 집행관 혹은 제3자 인정에 관련된 수를 표시하여 압류의 공시를 하는 것이 어떤가?

* 압류물의 보관책임은 집행관에게 있고 채무자, 제3자에게 보관을 명한 경우에는 그 선임감독에 관하여 집행관에게 책임이 있다. 따라서 압류 가축을 사육시키는 등 특별한 조치가 있어야 하는 경우에는 보관자로부터 적극적인 보관에 대하여 승낙을 얻는 것이 바람직하다. 또한, 압류 가축에 이상이 있는 때에는 즉시 집행관에게 보고할 것을 명하는 등의 특별한 주의가 필요하다.

  민소법 571조에 의하여 압류물 보관을 위한 특별한 처분이 필요하고 그를 위하여 비용이 있어야 하는 때에는 채권자에게 예납시킨 다음에 집행하고, 비용은 그 예납금에서 지급해야 한다. 압류물 전부에 관하여 특별한 비용이 있어야 하는 경우 채권자가 그 비용을 미리 내지 않는 때에는 신청을 각하하게 된다. 설문 같은 경우에는 동법 575조 단서 후단(현행규칙 114조 1항)에 의거 조기에 경매할 수 있다.

  압류의 공시에 관해서는 닭의 일령별 수의 확인에 적극 노력을 해야 하지만 그것이 곤란한 경우에는 닭장을 특정하여 특정된 닭장 내의 인정 가능한 범위에서의 종류, 수 등을 표시할 수 있다(관련 판결로 札幌 高判 昭和 33. 9. 4. 高民集 11-7-458 참고).

(나) 압류 시에 부재채무자에게 압류물을 보관시키는 것의 가·부[120] 「昭和 54 仙台」

* 채무자 부재 시에 압류한 경우, 부재중인 채무자에게 압류물을 보관시킬 수 있는가?
* 가능하다.

---

119) 日 最高裁判所 事務總局, 1997, 執行官事務(第3版), 「278」

다. 채권자 또는 제3자에의 보관

집행관은 채권자 또는 제출을 거부하지 아니하는 제3자가 점유하고 있는 유체동산을 압류하는 경우에는 채무자에게 보관 위임하는 경우에 따라 압류물을 그 채권자 또는 제3자의 보관에 위임할 수 있다(민집 191조, 189조).

이 경우 채권자의 그 보관에 관한 권리나 의무는 원칙적으로 집행관과 체결된 임치(任置)계약 등 사법(私法)상의 계약으로 정하여진다. 따라서 채권자가 집행관과의 약정에 따라 그 동산을 보관하던 중 이를 분실한 경우 채권자가 그 보관에 필요한 계약상의 주의의무를 다하였다고 인정되는 때에는 집행관이나 그 동산의 소유자 등에 대하여 계약상의 손해배상책임은 물론 불법행위로 말미암은 손해배상책임까지도 부담하지 아니한다.

그러나 채권자가 보관상의 주의의무를 제대로 이행하지 못한 과실의 정도가 불법행위의 요건을 충족시킬 수 있고, 또한 그 보관상 주의의무의 위반행위가 구체적인 태양이나 정도 등에 비추어 위법하다고 인정되는 경우에는, 달리 특별한 사정이 없으면 채권자는 집행관이나 그 동산의 소유자 등에 대하여 불법행위 때문인 손해배상책임을 진다.

라. 압류의 구체적 절차

압류함에 있어서 집행현장에서의 제반 절차, 예를 들어 임의이행의 촉구, 채무자 및 집행목적물의 조사, 수색, 저항의 배제, 증인의 참여, 야간·휴일에 있어서의 집행 등에 관하여서는 본 책의 총론 부분의 제3절 집행신청(위임)에 의한 집행시행 절차 해설 부분 참고하기 바라며, 다만, 2014. 9. 1.부터 집행관은 유체동산을 압류할 때 동산·채권 등의 담보에 관한 법률 2조 7호에 따른 동산담보등기의 존재 여부를 담보등기부를 통하여 확인하여야 하고, 담보등기가 있는 경우에는 등기사항 전부증명서(말소사항 포함)를, 담보등기가 없는 경우에는 등기사항개요증명서(다만, 법인·상호등기를 하지 않아 등기사항증명서를 발급받을 수 없는 경우에는 이를 확인할 수 있는 자료)를 집행기록에 편철해야 한다(민집규 132조의2 1항).

만일, 집행관이 위 담보등기부를 통해 담보권의 존재를 확인한 경우에는 그 담보권자에게 매각기일에 이르기까지 집행을 신청하거나, 민사집행법 220조

---
120) 전게서 「276」

에서 정한 시기까지 배당요구를 하여 매각대금의 배당절차에 참여할 수 있음을 알려야 한다(민집규 132조의2 2항).

> **민사집행규칙**
>
> **제132조의2(압류할 유체동산의 담보권 확인 등)**
> ① 집행관은 유체동산 압류 시에 채무자에 대하여 「동산·채권 등의 담보에 관한 법률」 제2조 제7호에 따른 담보등기가 있는지를 담보등기부를 통하여 확인하여야 하고, 담보등기가 있는 경우에는 등기사항전부증명서(말소사항 포함)를, 담보등기가 없는 경우에는 등기사항개요증명서(다만 법인·상호등기를 하지 않아 등기사항개요증명서를 발급받을 수 없는 경우에는 이를 확인할 수 있는 자료)를 집행기록에 편철하여야 한다.
> ② 집행관은 제1항에 따라 담보권의 존재를 확인한 경우에 그 담보권자에게 매각기일에 이르기까지 집행을 신청하거나, 법 제220조에서 정한 시기까지 배당요구를 하여 매각대금의 배당절차에 참여할 수 있음을 알려야 한다.

마. 압류조서의 작성

> **민사집행규칙**
>
> **제134조(압류조서의 기재사항)**
> ① 유체동산 압류조서에는 제6조와 법 제10조 제2항·제3항에 규정된 사항 외에 채무자가 자기 소유가 아니라는 진술이나 담보가 설정되어 있다는 진술을 한 압류물에 관하여는 그 취지를 적어야 한다. 〈개정 2014. 7. 1.〉
> ② 유체동산 압류조서에 집행의 목적물을 적는 때에는 압류물의 종류·재질, 그 밖에 압류물을 특정하는 데 필요한 사항과 수량 및 평가액(토지에서 분리하기 전의 과실에 대하여는 그 과실의 수확시기·예상수확량과 예상평가액)을 적어야 한다.

집행관이 유체동산을 압류한 때에는 별지 아래 양식과 같은 압류조서를 작성하여야 한다(민집 10조 1항). 압류조서에는 집행한 날짜와 장소, 집행의 목적물과 그 중요한 사정의 개요, 집행참여자의 표시, 집행참여자의 서명날인, 집행참여자에게 조서를 읽어주거나 보여주고 그가 이를 승인하고 이름을 쓰고 도장을 찍은 사실 및 집행관의 기명날인 또는 서명이 포함되어야 하고(민집 10조 2항), 집행참여자가 서명날인을 할 수 없는 경우에는 그 이유를 적어야 한다(민집 10조 3항).

집행참여자의 서명날인은 서명무인으로 갈음할 수 있다(민집규 6조 2항). 집행의 목적물을 적는 때에는 압류물의 종류·재질, 그 밖에 압류물을 특정하는 데 필요한 사항과 수량 및 평가액(토지에서 분리하기 전의 과실에 대하여는 그 과실의 수확시기·예상수확량과 예상평가액)을 적어야 하고(민집규 134조 2항), 채무자가 자기 소유가 아니라는 진술을 하거나 담보가 설정되어 있다는 진술을 한 압류물에 관하여는 그 취지도 적어야 한다(민집규 134조 1항).

압류물의 평가액을 적도록 한 것은 초과압류 또는 무잉여압류의 판단 기준이 되기 때문이다. 그러나 압류조서의 작성은 압류사실을 기록, 증명하는 것일 뿐 압류의 효력발생 요건은 아니므로 그 조서의 작성 또는 기재의 일부를 빠뜨리더라도 압류의 효력에는 직접적인 영향은 없다.

|양식| **유체동산압류조서**

유체동산압류조서

사　　　건 : 20　　본
채　권　자 :
채　무　자 :
집 행 권 원 :
청 구 금 액 : 원금　　　　　원, 이자　　　　원
집 행 일 시 : 20 ． ． ． 　：
집 행 장 소 :

　1. 위 집행권원에 의한 채권자의 위임으로 집행 장소에서 채무자 乙을 만나 임의로 변제할 것을 고지 하였으나 이에 불응하므로, 위 청구금액 및 집행비용의 변제에 충당하기 위하여 채무자 乙을 참여시키고 별지목록 기재 물건을 압류하였다.
　2. 압류물건은 집행관이 점유하고 봉인(　　　　　)의 방법으로 압류물임을 명확히 한 후, 채권자의 승낙을 얻어 채무자에게 보관시켰다.
　3. 보관자에게는 이 압류물의 점유는 집행관에게 옮겼으므로 누구든지 이를 처분하지 못하며, 이를 처분 또는 은닉 하거나 압류표시를 훼손하는 경우에는 벌을 받을 것임을 고지 하였다.
　4. 이 절차는 같은 날　　：　에 종료하였다.
　이 조서는 현장에서 작성하여 집행참여자에게 읽어준(보여준) 즉 승인하고, 다음에 서명 날인하였다.

20 ． ． ．

　　　　　집행관　　　　　　　　　　（인）
　　　　　채권자　　　　　　　　　　（인）
　　　　　채무자　　　　　　　　　　（인）
　　　　　참여자　　성명　　　　　　（인）　주민등록번호
　　　　　　　　　　주소
　　　　　참여자　　성명　　　　　　（인）　주민등록번호
　　　　　　　　　　주소

주 : 1. 다음 각 호에 해당하는 경우에는 그 사항을 조서에 기재한다.
　　　① 집행에 착수한 후 정지한 때에는 그 사유
　　　② 집행에 저항을 받은 때에는 그 취지와 이에 대하여 한 조치
　　　③ 집행의 목적을 달성할 수 없었던 때에는 그 사유
　　　④ 집행을 속행한 때에는 그 사유
　　　⑤ 채무자가 자기 소유가 아니라는 진술을 한 압류물에 관하여는 그 취지
　　　⑥ 압류물을 보관시키면서 특별한 보관조건을 정한 때에는 그 보관조건
　　2. 채권자나 채무자가 아닌 제3자에게 압류물을 보관시킨 경우에는 조서 말미에 보관자의 주소·성명을 기재한 후 서명날인을 받아야 한다.

압 류 목 록

번호	압류물	규격	수량	평가액	보관 장소 (압류물소재)	압류표시의 방법	비고
1						봉인	
2							
3							
4							
5							
6							
7							
8							
9							
10							
11							

　압류조서의 작성은 압류사실을 기록·증명하는 것일 뿐 압류의 효력발생요건은 아니므로 그 조서의 작성 또는 기재의 일부를 누락 하더라도 압류의 효력에는 직접적인 영향은 없다. 집행관은 민사집행법 10조의 집행조서를 개인휴대정보단말기(PDA) 등을 이용하여 정보처리시스템에 의하여 작성할 수 있고(대법원 행정예규 816호), 이처럼 집행조서를 작성하는 경우 조서내용이 기록된 전자적 정보를 집행조서로 본다(정보처리시스템에 의한 집행관 사무처리규칙 3조 1항).

　또한, 이 경우 정보처리시스템에 서명을 입력한 때에는 그 입력정보를 민사집행법 10조 2항 4호, 6호에 규정된 서명날인 또는 서명으로 본다(같은 규칙 3조 2항). 다만 압류물 종류의 과다 기타 부득이한 사정이 있는 경우에는 정보처리시스템에 의하여 작성하지 아니할 수 있으며, 이처럼 정보처리시스템에 의하여 집행조서를 작성하지 아니한 경우에는 압류 내역 및 정보처리시스템에 의하여 작성하지 아니한 취지를 정보처리시스템에 입력하여야 한다(대법원 행정예규 816호).

바. 채무자에 대한 압류사유의 통지

집행관이 유체동산을 압류한 때에는 그 사유를 채무자에게 아래 양식과 같이 통지하여야 한다(민집 189조 3항). 이는 채무자에게 적절한 대응조치를 취할 기회를 보장하기 위한 것이다. 그러나 채무자에 대한 통지가 압류의 효력발생요건은 아니다. 따라서 압류하였다는 뜻을 통지하지 아니하였다고 해서 압류의 효력에 어떠한 영향을 주는 것은 아니다. 채무자가 압류에 참여한 때에는 구술로 통지하고 압류조서에 적으면 되고(민집 11조 1항), 채무자가 압류현장에 없는 경우에는 그 취지를 서면(압류조서 등본)으로 통지하여야 하며 채무자가 외국에 있거나 있는 곳이 분명하지 아니한 때에는 통지할 필요가 없다(민집 11조,12조).

|양식| **통지서**

통 지 서

사 건 : 20   (부)
채 권 자 :
채 무 자 :

위 당사자 사이의 유체동산 강제집행사건에 관하여 별지기재 물건을 압류하였음을 통지합니다.

20 . . .
○○지방법원 집행관 ○ ○ ○

채무자   귀하

---

5. 압류물의 보존, 점검, 회수 및 인도명령(민집 198조)

> **민사집행법**
>
> **제198조(압류물의 보존)**
> ① 압류물을 보존하기 위하여 필요한 때에는 집행관은 적당한 처분을 하여야 한다.
> ② 제1항의 경우에 비용이 필요한 때에는 채권자로 하여금 이를 미리 내게 하여야 한다. 채권자가 여럿인 때에는 요구하는 액수에 비례하여 미리 내게 한다.

③ 제49조 제2호 또는 제4호의 문서가 제출된 경우에 압류물을 즉시 매각하지 아니하면 값이 크게 내릴 염려가 있거나, 보관에 지나치게 많은 비용이 드는 때에는 집행관은 그 물건을 매각할 수 있다.
④ 집행관은 제3항의 규정에 따라 압류물을 매각하였을 때에는 그 대금을 공탁하여야 한다.

가. 압류물의 보존

(1) 총 설

유체동산의 압류는 집행관이 그 물건을 점유함으로써 하고, 채무자 등에게 압류물을 보관시킨 경우에도 압류물에 대한 집행관의 점유는 계속되는 것이므로 집행관은 선량한 관리자로서 압류물을 보존하여야 함은 당연하고 또 종래 압류물의 보존을 위한 처분 중에는 그 가치감소(價値減少)의 방지나 보관비용 과다소요의 회피를 위한 압류물의 조기(早期) 매각 등이 포함되는 것으로 해석되었던바 민사집행법 198조 3항, 4항은 강제집행이 정지된 경우에 관하여 이를 명문화 하였다.

압류물의 보존을 위하여 집행관이 적당한 처분을 하는 것은 그 권한인 동시에 의무이다. 따라서 집행관이 압류물의 보존을 위한 처분을 해태하여 채무자에게 손해가 발생된 때에는 집행관뿐만 아니라 국가도 손해배상의 책임을 진다. 채권자 역시 집행관에게 압류물의 보존에 필요한 적당한 조치를 세우도록 주의 촉구를 할 의무가 있으며 이를 게을리하여 채무자에게 손해를 끼칠 경우 손해배상의 책임을 지운다는 견해도 있다.

(2) 보존을 위한 처분

어느 경우에 압류물의 보존을 위한 처분이 필요하다고 볼 것인가, 그 처분의 내용은 무엇인가 하는 점은 집행관의 재량이다. 그러나 민사집행법 198조 1항의 규정상 이러한 처분은 집행관의 의무이므로 채권자와 채무자의 이익을 종합적으로 고려하여 판단하여야 한다. 일반적으로 인정되는 보존방법은 다음과 같다.

(가) 보관인의 선임, 변경

압류된 가축을 사육하여야 하는 경우, 고가의 분재(盆栽)로서 전문가의 손질을 요구하는 경우, 압류물의 부피나 무게로 말미암아 창고업자 등에 맡길 필요가 있는 등의 경우에는 집행관은 보관인을 선임하여 압류물을 보관케 할 수 있다. 다만 집행관법 시행규칙 13조의 규정상 금전 그 밖의 귀중품은 집행관이 이를 직접 보관하여야 한다고 해석되므로(집행관규칙 18조) 제3자에게 보관시켜서는 안된다. 보관인이 될 수 있는 자의 자격에는 제한이 없으므로 압류물의 보관에 적당하다고 인정되는 자이면 법인이라도 무방하며 채권자도 보관인이 될 수 있다. 그러나 채무자는 여기서 말하는 보관인에는 해당하지 아니한다.

보관인의 선임은 성질상 이미 선임된 보관인을 해임하고 다른 보관인을 선임하는 것을 포함한다. 압류물의 보관상 특히 필요하다고 인정하는 때에는 집행관의 관할구역 밖에 있는 자를 보관인으로 선임할 수 있고(민집규 135조), 이때에는 집행법원의 허가를 받아 그 보관 장소에서 압류물을 경매할 수 있다(민집규 145조 2항, 151조 3항).

보관인을 선임한 경우에는 봉인 그 밖의 방법으로 압류물임을 명백히 밝힐 필요는 없으나, 적당한 방법으로 압류물임을 표시하여 둠이 상당하다. 집행관과 보관인 사이의 계약은 집행관이 국가기관의 지위에서 체결하는 것이므로 그 계약상의 의무자는 집행관 자신이 아니라 국가이고, 따라서 보관인은 집행관 개인은 물론 채권자나 채무자에 대하여도 직접 보관비용의 상환을 청구할 수 없다.

(나) 조기매각(早期賣却)

원래 유체동산의 매각은 압류일로부터 1주가 지나야 할 수 있는 것이나(민집 202조 본문), 압류물의 보존비용이 그 압류물의 가액에 비하여 상당하지 않을 정도로 지나치게 큰 비용이 들거나 생선, 청과물, 청량음료, 계절상품 등과 같이 시기의 경과로 그 물건의 값이 크게 내릴 염려가 있는 경우에는 압류일로부터 1주가 지나지 않더라도 그 물건을 매각할 수 있다(민집 202조 단서).

(다) 긴급매각(緊急賣却)

유체동산 강제집행절차가 개시되어 그 절차진행 중에 강제집행의 일시 정지를 명한 취지를 기재한 재판의 정본이 제출되거나 채권자가 변제를 받았다는 취지 또는 채무이행의 유예를 승낙한 취지를 기재한 증서가 제출된 때에는 강제집행을 정지하여야 한다(민집 49조 2호, 4호, 50조 1항).

그 정지 기간 중, 즉 정지의 사유가 소멸될 때까지 집행관은 압류물의 보관을 계속하여야 하고 현금화하지 못함이 원칙이다. 그러나 압류물을 조기매각하여야 할 경우와 같은 사유가 있는 때에는 집행관은 압류물을 매각할 수 있다(민집 198조 3항). 이는 민사집행법 296조 5항 단서와 취지를 같이 하는 것으로서 실체법상의 자조매각(自助賣却, 상법 67조 2항 등)에 상당한 것이다. 압류물의 매각사유의 여부 및 매각을 할 것인가의 여부는 집행관이 직권으로 판단하며 집행법원의 명령을 요구하지 아니한다. 채권자나 채무자의 매각신청은 집행관의 직권발동을 촉구하는 의미가 있을 뿐이나, 집행관은 압류물을 점검하는 등 적정하게 직권을 행사하여야 할 것이다.

유체동산 집행에 있어서의 원칙적인 현금화 방법은 매각이고(민집 199조), 시장가격이 있는 유가증권의 적당한 방법에 따른 매각(민집 210조)을 제외하고는 법원의 명령이 있는 경우에 한하여 일반 현금화 이외의 방법에 따라 매각할 수 있는 것이다(민집 214조). 그러나 여기에서 압류물의 매각은 특별한 사유가 있는 경우에 긴급히 행하는 것이므로 매각방법의 제한을 받지 아니한다. 따라서 집행관은 그 재량으로 적절한 매각방법을 정하면 된다. 경매나 입찰의 방법을 이용할 수도 있다. 다만 어느 경우에나 압류물이 적정한 가격으로 현금화되도록 노력하여야 할 것이다.

긴급 매각한 경우 압류물의 매각대금은 공탁하여야 한다(민집 198조 4항). 공탁된 매각대금은 압류물에 갈음하는 것으로서 민사집행법 222조의 공탁과는 성질을 달리한다. 따라서 집행관은 집행정지사유가 소멸되면 공탁금을 출급받아 채권자에게 교부하거나 배당하여야 하고, 강제집행이 취소되거나 취하된 때에는 이를 채무자에게 교부하여야 한다.

(라) 그 밖의 보존조치

① 어음·수표 그 밖의 유가증권으로서 배서가 금지되지 아니한 것을 압류한 경우

이 경우(민집 189조 2항 3호)에는 채무자에 갈음하여 지급제시기간 내에 지급제시하고 미완성의 어음 등에 대하여는 채무자에게 보충을 재촉하며, 제3채무자 등의 지급이 있으면 이를 수령 하거나 지급거절증서를 작성하는(민집 212조) 등 유가증권의 실권방지를 위한 조치를 하여야 한다.

② 주권을 압류한 경우

이 경우에 발행회사의 주식합병 절차가 개시되어 주권제출의 공고(상법 440조)가 있는 때에는, 집행관은 발행회사에 주권압류의 취지를 알리고 주권을 발행회사에 제출함과 동시에 발행회사를 압류물의 보관자로 선임한 다음 신주권을 받거나 상법 442조에 규정된 절차를 밟는 등의 조치를 하여야 할 것이다.

③ 토지에서 분리되기 전의 과실을 압류한 경우

이 경우(민집 189조 2항 2호)에는 충분히 익은 다음에 매각하여야 하고(민집 213조 1항), 매각하기 위하여 집행관은 수확하게 할 수 있는바(민집 213조 2항), 이러한 수확 역시 압류물의 보존방법 중 하나이다.

(3) 압류물의 보관에 관한 조서 작성 등

> **민사집행규칙**
>
> **제136조(압류물의 보관에 관한 조서 등)**
> ① 집행관이 채무자·채권자 또는 제3자에게 압류물을 보관시킨 때에는 보관자의 표시, 보관시킨 일시·장소와 압류물, 압류표시의 방법과 보관조건을 적은 조서를 작성하여 보관자의 기명날인 또는 서명을 받아야 한다.
> ② 집행관이 보관자로부터 압류물을 반환받은 때에는 그 취지를 기록에 적어야 한다.
> ③ 제2항의 경우에 압류물에 부족 또는 손상이 있는 때에는 집행관은 보관자가 아닌 압류채권자와 채무자에게 그 취지를 통지하여야 하고, 아울러 부족한 압류물 또는 압류물의 손상정도와 이러한 압류물에 대하여 집행관이 취한 조치를 적은 조서를 작성하여야 한다.

(가) 압류물 보관에 관한 조서(민집규 136조 1항)

압류물의 보관을 집행관 외의 사람에게 맡기는 것은 중요한 행위로서 그 절차와 경위를 명확히 하는 것이 상당하므로 집행관이 채무자·채권자 또는 제3자에게 압류물을 보관시킨 때에는 보관자의 표시, 보관시킨 일시·장소와 압류물, 압류표시의 방법과 보관조건을 적은 조서를 작성하여 보관자의 기명날인 또는 서명을 받아야 한다(민집규 136조 1항). 여기서 보관조건이라 함은 보관에 관하여 약관을 붙인 경우, 보관시키면서 지시한 사항이나 일정한 보고를 하도록 한 것 등이 해당된다. 압류시에 압류물을 채무자 등에게 보관시킬 때에는 압류조서와 위 보관에 관한 조서를 겸하여 1통의 조서를 작성하는 것이 가능하다. 그 이외의 경우에는 독립한 조서로 작성하는 수밖에 없다. 보관조서 양식은 아래와 같다.

|양식| **압류물보관조서**

압류물보관조서

사　　　건 : 20　　본
채　권　자 :
채　무　자 :
집 행 권 원 :

1. 위 집행권원에 의하여 20 . . . 압류한 별지목록 기재 물건을 아래와 같이 보관시켰다.
　가. 보관자
　　① 성　명 :
　　② 주　소 :
　나. 보관일시 : 20 . . . :
　다. 보관 장소 :
　라. 보관조건 :
　마. 압류표시의 방법 :
2. 보관자에게는 이 압류물의 점유는 집행관에게 옮겼으므로 누구든지 이를 처분하지 못하며, 이를 처분 또는 은닉하거나 압류표시를 훼손하는 경우에는 벌을 받을 것임을 고지하였다.
3. 이 절차는 같은 날　　　:　　에 종료하였다.

　이 조서는 현장에서 작성하여 보관자에게 읽어준(보여준) 즉 승인하고, 다음에 서명 날인하였다.

20 . . .

집행관　　　　　　　　　　　(인)
보관자　　　　　　　　　　　(인)

(나) 압류물의 반환(민집규 136조 2항)

집행관이 보관자로부터 압류물을 반환받은 때에는 그 취지를 기록에 적어야 한다(민집규 136조 2항).

이 경우에 압류물에 부족 또는 손상이 있는 때에는 집행관은 보관자가 아닌 압류채권자와 채무자에게 그 취지를 통지하여야 하고, 아울러 부족한 압류물 또는 압류물의 손상 정도와 이러한 압류물에 대하여 집행관이 취한 조치를 적은 조서를 작성하여야 한다(민집규 136조 3항).

(다) 압류물의 부족 또는 손상이 있는 경우의 조치(민집규 136조 3항)

압류물이 부족 또는 손상된 경우에 집행관이 취할 수 있는 조치로는 부족이나 손상의 원인 규명, 부족 물의 탐색, 이를 발견한 경우의 회수, 보관자에게 손상 부분의 수리를 권고하는 것, 그 보관인의 계속 보관이 부적당하다고 인정할 때에는 집행관의 직접점유로 옮기거나 다른 보관방식을 취하는 것 등을 들 수 있다.

보관인을 선임하여 압류물을 보관시킨 경우에도 집행관은 압류물이 멸실되거나 훼손되지 않도록 점검하는 등의 주의의무가 있고, 그 결과 압류물의 부족이나 손상이 있는 때에는 그 취지를 보관자가 아닌 채권자 또는 채무자에게 통지하여야 한다(민집규 137조). 보관인은 집행관과의 계약상 정해진 작위 또는 부작위조치 이외에 그 보관물에 관하여 특별한 조치가 필요하다고 인정하는 때에는 그 취지를 집행관에게 통지하여야 할 것이다.

(4) 보존처분의 비용

압류물의 보존을 위한 처분에 비용이 필요한 때에는 집행관은 그 비용을 채권자로 하여금 미리 내게 하여야 하며 채권자가 여럿인 때에는 요구하는 액수에 비례하여 미리 내게 하여야 한다(민집 198조 2항). 여기의 채권자는 집행채권자와 이중압류채권자를 가리키고 단순한 배당요구채권자는 이에 해당하지 않는다. 압류물의 보존을 위한 처분에 든 비용은 집행비용으로서 압류물의 매각대금에서 우선 변제된다.

채권자가 비용을 미리 내지 않을 때에는 민사집행법 18조 2항을 유추적용하여 압류를 취소할 수 있다는 견해가 있으나, 민사집행법 18조가 적용되는 것은 집행법원이 행하는 민사집행 사건에 한하고 집행관이 행하는 민사집행사건의 집행비용 예납에 관하여는 집행관수수료규칙이 적용된다고 봄이 타당하다. 따라서 집행관은 이 경우 그 위임에 응하지 않을 수 있고(집행관수수료규칙 25조 1항), 집행관 집행미제사건 등 처리지침(행정예규 496호)이 정한 절차에 따라 취하 간주를 시킬 수 있다고 봄이 타당하다.

다만, 강제집행신청인이 소송구조결정을 받은 경우(민소 128조 이하)에는 그러하지 아니하다(집행관수수료규칙 25조 1항 단서). 사무를 개시한 후 예납금이 부족한 때에는 추가 예납시킬 수 있고 채권자가 추납하지 아니한 경우에는 사무를 행하지 아니할 수 있다(집행관수수료규칙 25조 2항).

(5) 보존처분에 대한 불복방법

압류물의 보존에 필요한 처분을 하는 것은 집행관의 권한인 동시에 의무이므로 집행관이 취한 보존처분에 불복이 있는 채권자나 채무자는 집행에 관한 이의신청을 할 수 있다.

가-1. 압류물 보존 관련 실무사례

(가) 채무자보관의 압류물에 관하여 채권자가 보관교체의 신청을 한 경우 처리[121]
「昭和 56 神戶」
* 가압류집행 사건에서 채권자가 채무자가 보관하고 있는 압류물을 매각할 우려가 있다고 하여 보관교체의 신청이 있었다. 집행관은 어떻게 대처해야 하는가?
* 압류물의 보관방법에 관하여는 집행관의 재량에 맡겨 있기(민사집행법 123조 3항, 규칙 104조 1항) 때문에 집행관이 채무자에게 보관시키는 것을 상당하다고 인정한 것에 관하여 채권자의 보관교체 요구에 반드시 응해야 하는 것은 아니다. 따라서 설문에 관해서도, 집행관은 직권 또는 채권자의 신청에 따라 점검을 한 다음 그 결과를 근거로 하여 보관교체 요부를 판단하게 된다.

(나) 보세창고 내의 물건의 압류[122] 「昭和 62 執硏」
* 동산집행 사건에서 명주 포대(60㎏)를 수백 개 압류하였다. 현장의 상황, 사안의 내용 등에서 압류물을 창고회사에 보관하는 것을 상당하다고 인정하고, 순차 당해 회사의 창고에 운반하던 도중에 채무자의 종업원이 집행 장소는 보세공장이고, 압류물은 외국화물이라는 지적이 있었다. 이 경우 집행관이 취해야 할 조치 및 매각에 있어서 고려할 사항은 무엇인가?
* 보세공장 내의 외국화물에 관하여는 압류 자체는 법령상 제한이 없지만, 이것을

보세공장에서 반출함에는 관세법에 정해진 절차를 밟을 필요가 있다. 집행관으로서는 집행 장소가 보세공장 등의 보세지역인 경우에는 사전에 외국화물을 압류하여 보세지역 외에서 보관할 필요가 있는가 아닌가를 채권자에게 확인하고 만약 그 필요가 있는 경우에는 미리 세관과 연락을 취하여 정해진 절차를 밟아두는 것이 바람직하다. 또한, 매각에 있어서는 일반인이 매수하는 것은 곤란할 것이기 때문에, 특별매각이나 위탁매각의 방법에 따르는 것도 고려해야 할 것이다.

(다) 보세지역 내에 존재하는 관세 품에 대한 집행관보관 가처분의 집행방법[123] 「平成 5 大阪」
* 항만시설에 인접한 토지 상에 존재하는 목적물건(건설기계)에 대하여 집행관 보관의 가처분을 집행하려고 하는바, 관세 당국에서 "당해 물건은 보세지역 내에 존재하는 관세품이므로 집행할 수 없다."라는 신고가 있고 집행을 강행하여 반출하는 경우는 관세법 30조 2호의 "보세지 외 장소보관신청서"를 제출하도록 하고 있다. 집행관으로서는, 관세법 37조에 의하여 지정된 "지정 보세지"에 존재하는 물건에 관하여는 어떠한 절차를 밟으면 좋은가?
* 보세지역이란 외국화물을 보세(保稅: 과세유보) 즉 관세를 부과하지 않은 채 둘 수 있는 장소이다. 수출화물에 관하여는 관세가 부과되지 않지만, 이미 수출허가(통관)를 받은 화물은 외국화물로서(관세법 2조 1항 3호) 보세지역 이외의 장소에 두는 것은 불가능하다(동법 30조 본문). 이것은 통관에 있어서는 단지 관세의 납부만이 아니고 다른 법령에 따른 수출입의 허가 증명이나, 검사나 조건의 구비증명이 요구되기 때문이라고 판단된다.

그리고 이상에 관하여 집행절차에 관하여 특별히 예외를 인정한 규정은 없으므로 외국화물을 집행관보관의 가처분집행으로서 보세지역 외에서 보관하려고 하는 경우에는 세관장의 허가를 받을 수밖에 없다. 특히 집행관보관의 가처분은 목적물건을 보세지역 외로 반출하지 않고도 보세지역인 보세창고 등에 보관시키는 방법으로 집행하는 것도 가능하다. 그 경우 보관비용은 채권자에게 예납시키게 된다.

---

121) 日 最高裁判所 事務總局, 2011, 執行官事務(第4版), 「615」
122) 日 最高裁判所 事務總局, 1997, 執行官事務(第3版), 「664」
123) 전게서, 「828」

나. 보관압류물의 점검(민집규 137조)

> **민사집행규칙**
>
> **제137조(보관압류물의 점검)**
> ① 집행관은 채무자 또는 채권자나 제3자에게 압류물을 보관시킨 경우에 압류채권자 또는 채무자의 신청이 있거나 그 밖에 필요하다고 인정하는 때에는 압류물의 보관상황을 점검하여야 한다.
> ② 집행관이 1항의 규정에 따른 점검을 한 때에는 압류물의 부족 또는 손상의 유무와 정도 및 이에 관하여 집행관이 취한 조치를 적은 점검조서를 작성하고, 부족 또는 손상이 있는 경우에는 보관자가 아닌 채권자 또는 채무자에게 그 취지를 통지하여야 한다.

(1) 압류물의 점검

집행관이 압류물을 직접 점유·보관하지 아니하고 채무자 또는 채권자나 제3자에게 보관시킨 경우에 압류채권자 또는 채무자의 신청이 있거나 그 밖에 필요하다고 인정하는 때에는 압류물의 보관상황을 점검하여야 한다(민집규 137조 1항).[124] 아울러 보관상황을 파악하는 것은 집행관의 직무행위이므로 집행관은 필요하다고 인정하면 직권(職權)으로도 보관상황을 점검할 수 있다. 예컨대 보관상황이 부적당하다고 볼 만한 사정이 드러난 경우, 보관기간이 지나치게 길어진 경우에는 압류채권자 등의 신청이 없더라도 보관상황을 점검하는 것은 상당하다.

(2) 점검조서의 작성과 통지(민집규 137조 2항)

그 점검결과 압류물에 이상이 없다는 것이 확인되더라도 점검조서를 작성하여야 한다는 특색이 있다. 압류물에 부족 또는 손상이 있는 때에는 이는 집행절차에 중대한 영향을 미치는 사항이므로, 점검조서에 부족한 압류물 또는 압류물의 손상 정도를 정확히 적어야 한다. 이 조서에는 압류물의 부족 또는 손상의 여부와 정도 및 이에 관하여 집행관이 취한 조치를 적어야 한다.

압류물의 부족 또는 손상의 경우에 집행관이 취할 수 있는 조치로서는, 앞

---

[124] 법원행정처, 2002, 민사집행규칙해설, 374면.
민사집행규칙 138조 압류물의 점검 신청자 중 압류채권자나 채무자만을 점검 신청권자로 인정하고 있으므로 다른 사람이 신청한 집행절차를 이용하는 지위에 있는 배당요구채권자에게는 점검신청을 할 권한이 없다.

서 본 바와 같이 부족이나 손상의 원인 규명, 부족한 압류물의 소재파악, 이를 발견한 경우의 회수, 부족 또는 손상이 생긴 원인이 범죄를 구성하는 경우 고발 등이 상정될 수 있으나 민사집행규칙 137조 2항이 집행관에 대하여 이러한 조처를 할 의무를 부여하고 있는 취지는 아니므로 집행관은 구체적인 사안에 대하여 적절한 조처를 하면 될 것이다.

그 예로 보관자에게 손상 부분의 수리를 권고하는 것, 그 보관인이 계속 보관이 부적당하다고 인정할 때에는 집행관의 직접점유로 옮기거나 다른 보관 방식을 취하는 것 등을 들 수 있다. 이와 함께 부족 또는 손상이 있을 경우에는 보관자가 아닌 채권자 또는 채무자에게 그 취지를 통지하여야 한다.

나-1. 보관압류물 점검에 관한 실무사례

(가) 창고증권의 압류와 위탁물의 점검의무[125] 「昭和 55 札幌」
* 동산집행에서 창고증권을 압류한 경우 집행관은 권면에 표시된 품목, 수량에 관하여 점검의무를 부담하는가?
* 창고증권은 증권 그 자체가 동산집행의 목적물로 되어 있고 그 증권이 표상하는 위탁물반환청구권의 목적인 동산은 집행의 목적물이 아니다. 따라서 집행관에게는 창고증권에 의하여 위탁물의 인도를 받는다든지 그 점검을 한다든지 할 권한과 의무가 없다.

(나) 압류물건 등이 소실되거나 혹은 절취된 경우와 사건의 종결(구법)[126] 「昭和 47 名古屋」
* 압류물건 또는 가처분물건이 소실된 경우, 혹은 도난으로 분실된 경우, 사건을 종결처리 해도 좋은가?
* 집행관은 어느 경우에도 점검하여 그 사실이 확인되면 즉시 종결 처리해도 좋다. 다만 당사자로부터 도난신고가 있는 경우 등은, 채무자가 압류물을 가지고 무단으로 이사함에 지나지 않는 경우도 있으므로 분실 사실뿐만 아니라, 도난신고가 되어 있는 등의 사실을 신중하게 확인해야 한다.

---

125) 日 最高裁判所 事務總局, 2011, 執行官事務(第4版), 「627」
126) 전게서, 「630」

다. 압류물의 회수

> **민사집행규칙**
>
> **제138조(직무집행구역 밖에서의 압류물 회수 등)**
> ① 압류물이 압류한 집행관이 소속하는 법원의 관할구역 밖에 있게 된 경우에 이를 회수하기 위하여 필요한 때에는 집행관은 소속 법원의 관할구역 밖에서도 그 직무를 행할 수 있다.
> ② 제1항의 경우에 압류물을 회수하기 위하여 지나치게 많은 비용이 든다고 인정하는 때에는 집행관은, 압류채권자의 의견을 들어, 압류물이 있는 곳을 관할하는 법원 소속 집행관에게 사건을 이송할 수 있다.

(1) 직무집행구역 밖에 있게 된 압류물의 회수

동산에 대한 압류는 집행관이 그 동산을 점유함으로써 개시되지만(민집 189조 1항), 동산이 압류된 후 절차진행 중에 압류한 물건이 집행관의 점유로부터 이탈하는 경우가 생기게 된다. 이 경우 집행관은 동산을 계속해서 점유·보관할 직책을 가지고 있으므로, 압류물이 제3자의 손에 넘어간 경우 그 물건을 반환받기 위하여 제3자를 설득하는 등 적절한 조치를 마련해야 한다.[127]

그 외에 집행관이 점유 중인 압류물을 채무자가 가지고 나간 경우, 집행관이 제3자에게 보관시킨 압류물을 스스로 보관할 필요가 있다고 인정되는 경우 집행관은 반환을 촉구하는 등 적절한 조처를 해야 한다.

압류한 그 물건이 압류한 집행관의 직무구역 밖에 있는 경우에도 이를 직접 회수 할 수 있다(민집규 138조 1항). 이는 압류물 회수의 실효성을 확보하기 위하여 집행관의 직무집행구역을 확장한 것으로 집행관법 시행규칙 제4조에 대한 특칙 규정이다. 압류물을 집행관이 직접 점유하는 경우에 제3자가 그 점유를 침탈한 때에는 집행관이 자력구제를 하거나 점유회복의 소를 제기하여 이를 회수할 수 있다.

채무자, 채권자 또는 제3자에게 보관하도록 위임한 압류물이 다른 제3자의 사실적 지배에 넘어간 경우에는 선의취득(민법 249조)과 같은 특별한 경우를 제외

---

[127] 민사집행법 193조 1항에 따른 경우 압류채권자의 신청에 따라 인도명령을 받아 그 집행권원으로 관할법원 집행관에게 압류물 회수를 신청하여 압류물을 회수할 수 있으나 이 규정에 따른 인도명령은 압류채권자의 신청이 있어야 하고, 신청기간은 제3자가 점유하고 있는 것을 안 날로부터 1주 이내로, 집행이 가능한 기간은 신청인에게 고지된 날로부터 2주 이내로 제한이 있는 등 압류물의 회수 기능이 불완전한 면이 있다.

하고는 압류의 효력이 당연히 상실되는 것은 아니므로, 집행관은 그 제3자를 설득하여 그 반환을 받는 등 압류물을 회수하기 위한 적당한 수단을 취하여야 한다.

집행 시에 제3자가 채무자와 통모하여 집행을 방해하는 경우나 제3자의 침해행위의 도중 또는 그 직후에 자구행위(自救行爲)로서 그 침해를 배제할 수 있는 경우에는, 집행관은 제3자에게 실력을 행사하여 압류물을 회수할 수 있다. 그러나 위와 같이 자력구제(自力救濟)가 허용되는 경우에도 제3자가 반환을 완강히 거부하면 실력으로 이를 회수할 수는 없고, 채권자의 신청에 따라 법원으로부터 압류물 인도명령(민집 193조 1항)을 받아 이를 회수할 수 있을 뿐이다.

(2) 직무집행구역 밖에서의 압류물 회수 및 사건의 이송(민집규 138조 2항)

압류물을 보관하는 채무자가 집행관의 관할구역 밖으로 이주한 경우와 같이 압류한 물건이 집행관의 관할구역 밖에 있게 된 때에는 집행관은 그 압류물을 회수할 수 있고(민집규 138조 1항), 이 경우에 압류물을 회수하기 위하여 지나지게 큰 비용이 든다고 인정하는 때에는 집행관은 압류채권자의 의견을 들어 압류물이 있는 곳을 관할하는 법원 소속 집행관에게 사건을 이송할 수 있는바(민집규 138조 2항), 이것 역시 압류물의 보존조치 하나라고 할 것이다.

압류물을 회수하기 위하여 지나치게 큰 비용이 드는 경우의 예로는 압류물이 있는 곳까지 이동하기 위한 교통비나 체재비, 압류물의 운반비용 등이 압류물의 객관적 가치에 비하여 지나치게 많이 드는 경우를 들 수 있다. 다만 이 경우 사건의 이송은 압류채권자에게 예측하지 못한 손해를 가져올 우려도 있으므로 이송 여부를 정하기에 앞서 압류채권자의 의견을 듣도록 하였다. 이송 여부에 대한 판단권은 집행관에게 있으므로 압류채권자의 의견에 구속되는 것은 아니지만, 압류채권자 등 이해관계인의 입장을 고려하여 사건의 이송을 신중하게 처리할 필요가 있다.

다-1. 압류물의 회수에 관한 실무사례

채무자가 압류물건을 소지한 채 직무집행 구역 외로 무단으로 이사한 경우 처리[128]
「昭和 48 岡山」 * 채무자가 압류물건을 소지한 채 무단으로 직무집행구역 외로 이사한 경우, 집행관은 사건을 어떻게 처리해야 하는가?

* 현행법상 공동협조, 이송 등의 규정이 없으므로, 집수규 51조의5 규정에 따라 직무집행구역 내로 회수하여 경매하던가, 동 규칙 51조의4 규정에 따라 집행재판소의 허가를 받아 압류물건의 소재지에서 경매하든가 어느 쪽의 방법에 따른다. 다만 현지경매에 의하는 때는 다액의 집행비용이 있어야 하는 경우도 있으므로 채권자를 이해시킨 다음에 현지경매를 하든가, 일단 집행신청을 취하하고 물건소재지 집행관에게 다시 집행신청을 하게 하는가를 선택하게 하는 방안도 고려된다.

또한, 설문과 같이 채무자가 무단으로 압류물건을 이동시킨 경우에는 채권자에 대한 관계에서도 채권만족의 기회를 상실시키고 나아가 국가배상의 책임을 부담시킬 수도 있으므로 봉인파기의 문제로 보아 채무자에 대한 고발조치를 취할 것인가 어떤가를 신중하게 검토할 필요가 있을 것이다.

라. 압류물의 인도명령

민사집행법

제193조(압류물의 인도)
① 압류물을 제3자가 점유하게 된 경우에는 법원은 채권자의 신청에 따라 그 제3자에 대하여 그 물건을 집행관에게 인도하도록 명할 수 있다.
② 제1항의 신청은 압류물을 제3자가 점유하고 있는 것을 안 날부터 1주 이내에 하여야 한다.
③ 제1항의 재판은 상대방에게 송달되기 전에도 집행할 수 있다.
④ 제1항의 재판은 신청인에게 고지된 날부터 2주가 지난 때에는 집행할 수 없다.
⑤ 제1항의 재판에 대하여는 즉시항고를 할 수 있다.

민사집행규칙

제139조(압류물의 인도명령을 집행한 경우의 조치 등)
① 법 제193조 제1항의 규정에 따른 인도명령을 집행한 집행관은 그 압류물의 압류를 한 집행관이 다른 법원에 소속하는 때에는 그 집행관에 대하여 인도명령을 집행하였다는 사실을 통지하여야 한다.
② 제1항의 규정에 따른 통지를 받은 집행관은 압류물을 인수하여야 한다. 다만, 압류물을 인수하기 위하여 지나치게 많은 비용이 든다고 인정하는 때에는, 압류채권자의 의견을 들어, 인도명령을 집행한 집행관에게 사건을 이송할 수 있다.

---

128) 日 最高裁判所 事務總局, 2011, 執行官事務(第4版), 「633」

(1) 총 설

압류물 인도명령은 압류집행 후 그 압류가 실효되거나 취소되는 등 해제됨이 없이 제3자가 압류물을 점유하게 된 경우에는 집행법원은 채권자의 신청에 따라 그 3자에 대하여 그 물건을 집행관에게 인도하도록 명할 수 있다. 여기의 채권자는 압류채권자를 말한다. 압류채권자인 한 집행정지 중이라도 무방하며 이중압류채권자를 포함한다. 배당요구채권자는 스스로 집행절차를 수행하는 것은 아니므로 신청인에 해당하지 아니한다.

집행관이 채무자나 채권자 또는 제3자의 보관에 맡긴 압류물을 제3자가 선의취득 하는 것과 같은 특별한 경우를 제외하고는 압류의 효력이 당연히 소멸되는 것이 아니므로 집행관이 그 점유를 회복할 필요가 있지만, 그 방법이 뚜렷하지 않고 종래에는 ㉮ 집행관이 직접 회수할 수 있다는 견해 ㉯ 자력구제(自力救濟)가 인정되는 경우 ㉰ 점유회수(占有回收)의 訴에 의해야 한다는 견해가 있었으나 민사집행법 193조는 이런 경우를 대비하여 동산집행에 압류의 효력을 지속시킴과 동시에 절차의 실효성을 확보하기 위해 제3자가 압류물에 대한 집행관의 점유를 배제하고 이를 점유하게 된 경우에 그 사유 여하를 불문하고 집행법원의 인도명령에 따라 압류물을 간편하게 회수하는 절차를 둔 것이다.

(2) 인도명령의 당사자

인도명령의 상대방은 집행관의 압류물에 대한 점유를 배제하고 압류물을 점유하고 있는 자이다. 인도명령은 보전처분 적인 성질을 가지므로 그 제3자의 선의, 악의 여부, 실체법상의 점유권원의 유무 등은 문제 되지 않는다. 그러나 점유보조자는 상대방이 될 수 없다. 집행관의 점유를 배제한 경우이므로 집행관이 압류의 방법으로 채무자 또는 제3자에게 압류물을 보관케 한 경우의 채무자나 제3자는 인도명령의 상대방이 될 수 없다.

(3) 인도명령의 절차

인도명령은 집행 절차상의 부수 처분 적 성질을 가지므로 원래 압류집행을 한 집행관이 소속되어 있는 법원의 관할에 속한다. 압류물의 소재지를 기준으로 할 것은 아니다. 인도명령의 신청은 채권자가, 압류물을 제3자가 점유하고 있는 것을 안 날부터 1주 이내에 하여야 한다(민집 193조 2항). 신청은 서면에 의하여야 한다. '압류물을 제3자가 점유하고 있음을 안 날'은 채권자가 인도명령

신청의 상대방과 목적물, 소재장소 등을 구체적으로 알게 된 때를 의미한다고 해석된다.

(4) 인도명령의 재판

집행법원이 인도명령의 신청을 심리함에 있어서는 압류조서에 의하여 목적물이 압류물인가의 여부를 확인하고, 상대방이 집행관의 점유를 배제하고 점유하고 있는지를 심리하여야 한다.

심리는 서면심리가 원칙이나 필요한 경우에는 집행관, 신청채권자, 그 밖의 참고인 등을 심문할 수 있다. 제3자의 점유권원의 유무 등은 심리의 대상이 아닐 뿐만 아니라 인도명령에는 어느 정도의 밀행 성이 요구되므로 상대방을 심문하는 것은 적절치 아니하다. 심리 결과 신청이 이유 없을 때에는 이를 기각하고, 이유 있을 때에는 인도명령을 하여야 한다. 인도명령에는 상대방, 목적물, 그 소재장소 등을 특정하여야 하고, 상대방에 대하여 목적물을 신청인의 위임을 받은 집행관에게 인도하라는 취지를 적어야 한다. 신청을 기각한 결정은 신청인에게 알리고(민집규 7조 2항), 신청을 인용한 결정, 즉 인도명령은 신청인과 상대방에게 알려야 한다(같은 조 1항).

(5) 인도명령의 집행

인도명령은 집행권원이므로 신청인이 집행관에게 집행위임을 하여 집행하게 된다. 집행은 인도명령이 상대방에게 송달되기 전에도 할 수 있으나(민집 193조 3항), 신청인에게 고지된 날부터 2주가 지난 때에는 집행할 수 없다(민집 193조 4항). 이 기간은 불변기간이 아니므로 추후보완의 대상으로 되지 아니하며, 이 기간 내에 집행을 착수한 이상 이를 완료할 것까지 요구되는 것은 아니다.

인도명령은 동산인도청구의 집행(민집 257조)에 따라 집행하여야 한다. 인도명령은 집행관의 압류물에 대한 점유회복의 수단으로 행하여지는 것이므로 필요한 경우에는 그 목적물을 일단 수취한 후 제3자에게 다시 보관을 명할 수도 있다. 인도명령의 집행에 든 비용은 이른바 공익비용으로서 압류물의 매각대금으로부터 우선 변제된다(민집 53조 1항).

(6) 인도명령 불복신청

인도명령의 신청에 대한 재판에 대하여는 즉시항고를 할 수 있다(민집 193조 5

항). 즉 인도명령신청을 기각한 결정에 대하여는 신청인이, 인도명령에 대하여는 상대방이 즉시항고를 할 수 있다. 인도명령에 대한 즉시항고에는 집행정지의 효력이 없다(민집 15조 6항). 인도명령에 대한 즉시항고에서는, 실체상의 이유를 항고사유로 삼을 수 없고, 인도명령 자체의 흠, 즉 목적물이 압류물이 아니라는 것, 신청인이 압류채권자가 아니라는 것, 신청기간을 지난 신청이라는 것 등을 주장할 수 있을 뿐이다. 따라서 압류집행 후 압류물을 선의 취득한 사람은 인도명령에 대한 즉시항고를 제기할 수는 없고 목적물의 소유권을 주장하여 제3자이의의 소를 제기하여 인도명령의 배제를 구하여야 한다.

라-1. 압류물의 인도명령 관련 실무사례

> 압류물을 제3자가 점유하게 된 것을 채권자가 알면서 인도명령을 신청하지 않은 경우의 처리[129] 「昭和 54 札幌」
> * 압류물을 제3자가 점유하게 되었다는 취지를 압류채권자에게 통지한바 동 채권자가 압류물의 인도명령을 구할 의사가 없다는 취지의 신청이 있는 경우에는 집행사건은 종결해도 좋은가 또한 종결하는 시기 및 방법은 어떤가?
> * 인도명령의 집행 이외에 압류물을 회수할 방법이 없는가 어떤가를 검토하고 집행관으로서는 상당한 수단을 다하여도 이를 회수할 수 없다고 판단되는 경우에는 압류물의 멸실 경우에 따라 집행 불능으로 하여 사건을 종결시킨다.

제4절 현금화 절차

1. 금전을 압류한 경우

> **민사집행법**
>
> 제201조(압류 금전)
> ① 압류한 금전은 채권자에게 인도하여야 한다.
> ② 집행관이 금전을 추심한 때에는 채무자가 지급한 것으로 본다. 다만 담보를 제공하거나 공탁을 하여 집행에서 벗어날 수 있도록 채무자에게 허가한 때에는 그러하지 아니하다.

---

129) 日 最高裁判所 事務總局, 1997, 執行官事務(第3版), 「321」

> **민사집행규칙**
>
> **제155조(집행관의 매각대금 처리)**
> ① 채권자가 한 사람인 경우 또는 채권자가 두 사람 이상으로서 매각대금 또는 압류 금전으로 각 채권자의 채권과 집행비용 전부를 변제할 수 있는 경우에는 집행관은 채권자에게 채권액을 내주고, 나머지가 있으면 채무자에게 교부 하여야 한다.
> ② 압류 금전이나 매각대금으로 각 채권자의 채권과 집행비용 전부를 변제할 수 없는 경우에는 집행관은 법 제222조 제1항에 규정된 기간 안의 날을 배당협의기일로 지정하고 각 채권자에게 그 일시와 장소를 서면으로 통지하여야 한다. 이 통지에는 매각대금 또는 압류 금전, 집행비용, 각 채권자의 채권액 비율에 따라 배당될 것으로 예상하는 금액을 적은 배당계산서를 붙여야 한다.

가. 총 설

금전이 압류된 경우에는 현금화가 필요하지 않으므로 집행관은 이를 지체없이 채권자에게 인도하여 집행을 종료한다(민집 201조 1항). 그러나 이는 집행채권자가 한 사람인 경우 또는 집행채권자가 여러 사람이더라도 압류 금전으로 각 채권자의 채권액을 만족하게 할 수 있거나 그 사이에 배당협의가 성립된 경우에 한하며, 그렇지 아니한 경우에는 압류 금전을 공탁하여 배당하여야 한다(민집 222조 1항, 2항, 252조 1호).

또 집행관이 채권자로부터 강제집행의 위임을 받은 때에는 특별한 권한을 받지 못하였더라도 채무자로부터 지급이나 그 밖의 이행을 받을 수 있으나(민집 42조 1항), 그러한 임의변제금은 여기의 압류 금전에 해당하지 않는다. 따라서 집행관이 강제집행절차에서 채무자로부터 금전을 제출받은 때에는, 그 의사를 확인하여 임의변제금으로 제출하는 것인지, 민사집행법 201조의 규정에 따른 압류 금전으로서 제출하는 것인지를 명백히 밝혀 둠이 바람직하다. 금전은 현금화의 필요 없이 곧바로 채권을 만족하게 할 수 있어야 하므로 국내에서 강제통용력(强制通用力)이 있는 화폐 즉 한국 은행권을 말하고 외국통화는 포함되지 않는다. 다만 외국통화는 시장이 형성되어 있으므로 집행관은 민사집행법 210조의 규정에 따라서 시장가격에 따라 적당한 방법으로 매각하여 현금화할 수 있다.

나. 압류 금전의 채권자에의 인도

압류 금전은 바로 채권자에게 인도하여야 하는바, 만일 채권자가 미리 내지 아니한 비용이 있을 때는 그 비용을 빼고 인도하여야 한다. 본안소송의 소송대리인은 특별한 권한을 받지 아니하여도 집행관이 인도하는 압류 금전을 영수할 수 있다(민소 90조 1항). 압류 금전만으로 집행비용과 채권자의 채권액을 만족하게 하고도 잔액이 있는 경우에는 그 잔액 부분에 한하여 초과압류가 될 터이므로 집행관은 그 부분에 대한 압류를 취소하여야 할 것이나(민집규 140조 1항, 142조), 취소하지 아니한 경우에는 그 나머지를 채무자에게 내주어야 한다(민집규 155조 1항). 채권자가 집행관으로부터 금전의 인도를 받은 때에는 집행채권이 만족을 얻게 되므로 집행절차는 종료된다. 이때 채권자의 압류 금전에 대한 소유권취득시기에 관하여는 견해가 나뉘는데, 다수설은 민사집행법 201조 2항의 규정에 불구하고 금전이 채권자에게 인도됨으로써 비로소 채권자가 그 금전의 소유권을 취득하게 된다고 한다. 이에 의하면 압류 금전이 채권자에게 인도되기 전까지는 그 소유권은 이전되지 아니하므로 그 금전의 원래의 정당한 소유자인 제3자로서는 제3자이의의 소를 제기할 수 있고, 채무자도 강제집행정지의 신청을 할 수 있다. 다만 다수설에 의하더라도 집행관이 금전을 압류한 이후에는 배당요구를 할 수 없다(민집 220조 1항 1호).[130]

다. 집행관의 금전추심(金錢推尋)의 효과

집행관이 금전을 추심한 때에는 채무자가 그 금전을 채권자에게 지급한 것으로 본다(민집 201조 2항 본문). 즉 집행관의 금전압류로 채무자의 지급이 의제되는 것이다. 여기서 '추심'은 집행관이 금전을 '압류하여 점유'하는 것을 말하며, 채권과 그 밖의 재산권에 대한 집행 절차상의 추심과는 그 의미가 다르다. 여기의 지급 의제는 집행관이 금전을 압류, 점유하는 때에 즉시 채권자가 만족을 얻어 금전소유권을 취득하게 되거나 집행이 종료된다는 것을 의미하는 것이 아니다.

단지 금전은 개성이 없고 쉽사리 분실될 수 있는 것이라는 점을 고려하여 압류로 채무자가 금전에 대한 지배권을 상실한 이상 이를 채권자에게 지급한 것으로 의제함으로써 압류 후의 도난이나 분실 등 때문인 채무자의 위험부담

---

130) 법원행정처, 2014, 법원실무제요, 민사집행(Ⅲ), 169면.

을 면제시켜 채권자의 위험부담으로 한다는 것을 의미한다. 압류한 금전을 채권자에게 인도하기 전에는 집행이 종료되는 것이 아닌 법리라 하여도 채무자의 고의·과실 없이 이행할 수 없게 될 때에는 채무자는 면책된다.[131]

여기의 지급 의제는 단순한 추정이 아니라 법률상의 의제이므로 압류 후에 금전이 도난, 분실되더라도 채무자의 지급 효과에는 아무런 영향이 없으며 그 한도에서 채권자의 집행권원은 실효되어 다시 집행할 수 없다. 여러 사람의 채권자가 공동압류를 한 경우에도 각 채권자가 그 금전에 의하여 배당받을 비율에 따라 지급 의제의 효과가 발생된다고 볼 수 있다.

그러나 채무자가 담보를 제공하거나 공탁을 하여 집행에서 벗어날 수 있도록 허가받은 때에는 지급 의제의 효과가 발생되지 않는다(민집 201조 2항 단서). 이러한 경우로서는 가집행면제선고(민소 213조 2항)를 들 수 있다. 이 경우에는 압류 금전이 채권자에게 인도될 때까지 사이에 채무자가 담보를 제공하거나 공탁을 하고 집행의 취소를 구하면(민집 49조 3호, 50조 1항), 그 금전을 채무자가 반환받을 수 있으므로 굳이 지급을 의제할 필요가 없기 때문이다. 다만 가집행선고를 근거로 한 강제집행도 단순한 보전집행이 아니라 종국적인 본 집행이므로 집행취소신청은 집행관의 금전압류 시부터 채권자에의 인도 시까지의 단기간 내에 이루어져야 한다.

채무자가 앞으로의 강제집행을 염려한 나머지 집행관에게 임의로 금전을 지급할 경우에는 민사집행법 201조 2항이 유추 적용되지 않는다. 집행관은 채권자의 대리인이 아니므로 이러한 경우에는 그 금전을 현실적으로 채권자에게 인도할 때까지는 채무자가 여전히 위험을 부담한다. 또 지급 의제의 효과는 채무자의 지배권 밖에서 일어난 사고에 대하여 채무자의 재산을 보호함을 목적으로 하므로 채무자가 점유하는 제3자 소유의 금전이 압류된 때에는 적용될 수 없고, 이때에는 채무자가 위험을 부담한다.

라. 압류한 금전의 교부·배당

압류한 금전은 채권자에게 인도하여야 하지만 채권자가 수 명이거나, 압류한 금전에 잉여가 있는 경우 그 처리에 관하여 민사집행규칙 155~157조에 상세 규정이 되어 있으며, 채권자가 한 사람인 경우에는 그 채권자에게 교부하며,

---

[131] 대판 1970. 9. 29. 70다1869

잔액이 있으면 채무자에게 내주며 채권자가 여럿이고 압류한 금전으로 그 채권 전부를 만족하게 할 수 있는 경우에는 각 채권자에게 교부하고 잔액이 있으면 채무자에게 교부해야 한다.

압류한 금전으로 각 채권자의 채권과 집행비용 전부를 변제할 수 없는 경우에는 집행관은 2주 이내의 날을 배당협의기일로 지정하고 각 채권자에게 서면으로 통지해야 한다. 이 통지서에는 압류한 금전액, 집행비용, 각 채권자의 채권액의 비율에 따라 배당될 금액으로 예상되는 배당계산서를 붙여야 한다(민집규 155조 2항). 이 배당계산서는 배당표와는 전혀 성질을 달리하는 것으로서 단순히 각 채권자가 행할 배당협의의 자료로 제공되는 데 불과하다. 협의에는 모든 채권자가 참여하여야 하며 다만 불출석한 채권자가 서면에 의하여 승낙한 때, 혹은 동의서를 제출한 경우에는 협의가 성립한 것으로 본다. 배당받거나 교부받을 채권자 또는 채무자가 출석하지 아니한 때에는 그 배당할 액에 상당하는 금전을 공탁하여야 한다(민집규 156조 2항).

2. 압류물의 호가경매(呼價競賣)

가. 총 설

금전 아닌 압류물의 현금화 절차 개별 유체동산의 매각방법은 기일입찰(민집규 151조), 호가경매(민집 199조, 민집규 145조에서 150조), 적당한 방법에 의한 매각(민집 209조 후문, 210조 전단), 특별한 현금화 명령이 있는 경우(민집 214조)로 나누어져 있다.

그런데 민사집행규칙은 유체동산매각의 방법에 관하여 동산의 특성을 고려하여 호가경매를 원칙적인 방법으로서 이에 대하여 먼저 규정하고(민집규 145조에서 150조), 입찰에 관하여는 호가경매에 관한 규정 및 부동산의 입찰에 관한 규정을 준용하는 형식을 취하고 있다(민집규 151조). 각 매각방법에 따른 구체적인 절차는 민사집행규칙에 규정되어 있다(민집규 145조에서 151조). 호가경매에 관하여 상세한 조문을 두고 기일입찰에 이를 준용하는 방식을 취하고 있으며, 기간입찰 방식은 동산에서는 채용하지 않고 있다.

호가경매와 입찰의 차이를 살펴보면, ① 방식에서, 호가경매는 타인의 매수가격을 알고 말로 가격을 외치는(呼唱) 방식이고(민집규 147조 4항, 72조 1항), 입찰은 타인의 입찰가격을 모르고 입찰표라는 서면에 기재하는 방식으로 하고(민집규 151조 3항, 62조 1항), ② 매수가격의 표시에서, 호가경매는 타인이 신고한 매수가격에 '1할

增', '100만 원 高'와 같이 비례로 표시할 수 있으나, 입찰은 일정한 금액으로 표시하여야 하고 다른 입찰가격에 대한 비례로 표시하지 못한다(민집규 151조 3항, 62조 2항).

호가경매 또는 입찰하지 아니하는 예외로서는, ① 압류 금전(민집 201조, 현금화를 요하지 아니한다), ② 금·은붙이, 시장가격이 있는 유가증권의 적당매각(민집 209조, 210조), ③ 강제집행이 정지된 경우의 긴급매각(민집 198조 3항), ④ 집행법원의 명령에 의한 특별현금화(민집 214조), ⑤ 가압류의 경우의 현금화 금지(민집 296조 5항),

⑥ 양도금지물의 현금화 금지 등을 들 수 있다.

호가경매를 할 때는 채권자의 별도 신청이나 법원의 별도 명령이 필요 없다. 호가경매는 일반 공중의 매수신청을 허용하여 여러 사람의 자유경쟁으로 공정성을 확보함과 동시에 될 수 있는 대로 높은 가격으로 현금화되도록 하는 것이다. 호가경매를 실시하는 순서는 아래의 절차에 따른다.

나. 값비싼 물건의 평가

> **민사집행법**
>
> **제200조(값비싼 물건의 평가)**
> 매각할 물건 가운데 값이 비싼 물건이 있는 때에는 집행관은 적당한 감정인에게 이를 평가하게 하여야 한다.
>
> **민사집행규칙**
>
> **제144조(압류물의 평가)**
> ① 집행관은 법 제200조에 규정된 경우 외에도 필요하다고 인정하는 때에는 적당한 감정인을 선임하여 압류물을 평가하게 할 수 있다.
> ② 제1항 또는 법 제200조의 규정에 따라 물건을 평가한 감정인은 다음 각 호의 사항을 적은 평가서를 정하여진 날까지 집행관에게 제출하여야 한다.
> 1. 사건의 표시
> 2. 유체동산의 표시
> 3. 유체동산의 평가액과 평가일
> 4. 평가액 산출의 과정
> 5. 그 밖에 집행관이 명한 사항
> ③ 제2항의 평가서가 제출된 경우 집행관은 평가서의 사본을 매각기일마다 그 3일 전까지 집행관 사무실 또는 그 밖에 적당한 장소에 비치하고 누구든지 볼 수 있도록 하여야 한다.

(1) 개 설

값이 비싼 물건이 있을 때에는 매각에 앞서, 집행관은 압류 시 초과압류를 하지 않기 위하여 스스로 압류물의 가액을 평가하여야 하나 압류물이 값비싼 물건인 경우에는 집행관이 평가하기 곤란하다. 따라서 압류 후에 집행관은 압류물 중 값비싼 물건에 관하여는 적당한 감정인에게 그 평가를 하게 하여 적정한 가격에 매각되도록 하여야 한다.[132]

부동산 경매에 있어서는 집행법원이 감정인 감정평가서를 참고하여 최저매각가격을 정하도록 하고 있으나 동산경매에 있어서 값이 비싼 물건 중 금·은붙이는 그 금·은의 시가 이하로 매각할 수 없으며(민집 209조), 초과압류·무잉여 압류금지(각 민집 209조, 188조) 되는 경우 외에는 특별한 제한 규정이 없어 민사집행법 200조 규정에 따른 감정평가액은 동산매각에 있어서 매각조건이 되는 것 또한 아니며 압류물건에 대한 가액에 있어서 전문가 아닌 집행관으로 하여금 참고자료로 하는데 그 목적이 있다.

(2) 값이 비싼 물건

금·은의 합금물(合金物) 중 민사집행법 209조(금·은붙이는 그 금·은의 시장가격 이상의 금액으로 일반 현금화의 규정에 따라 매각하여야 한다. 시장가격 이상의 금액으로 매수하는 사람이 없는 때에는 집행관은 그 시장가격에 따라 적당한 방법으로 매각할 수 있다.)의 금·은붙이에 해당하지 않는 것은 일반적으로 민사집행법 200조의 값이 비싼 물건에 해당한다. 그러나 감정평가에 있어서는 민사집행법 200조에 의하여 합금물로서의 가격뿐만 아니라 민사집행법 209조와의 관계상 금·은붙이 자체의 실지가액을 아울러 평가해야 할 것이다.[133]

한편 여기서 값비싼 물건이라 함은 일반적으로 크기와 무게보다 가치가 매우 높은 물건 또는 통상인이 그 시가(時價)를 알기 어려운 물건을 말하며 결국 사회통념에 의하여 결정하여야 한다. 보석, 귀금속류, 기계, 서화, 골동품, 수집우표, 영화필름, 비상장주식 등이 이에 속한다.

---

[132] 민사집행법 200조가 특히 값이 비싼 물건에 대하여 감정인의 평가를 의무화하는 것은 값이 비싼 물건이 여타 다른 유체동산에 비해 상대적으로 이해관계인에게 미치는 영향이 크므로 그 물건 평가의 객관성을 유지하기 위한 것이다.

[133] 한국 사법행정학회, 2012, 주석 민사집행법(V), 290면.

(3) 감정평가

값비싼 물건을 평가할 감정인이 조건으로는 목적물의 객관적 거래가격을 평가하기에 충분한 정도의 지식과 경험을 가진 자이면 되고, 특히 고도의 전문적 지식이나 경험을 가진 자에 한하지 아니한다. 이 점에서 소송절차 내에서의 감정인과 구별된다. 감정인은 집행관이 선임한다. 값비싼 물건에 대한 평가액은 초과압류 등의 판단 기준이 될 뿐만 아니라 호가경매에 있어서도 참고로 되는 것이므로 늦어도 매각기일까지는 선임되어야 한다.

채권자나 채무자가 집행관의 감정인 선임에 이의가 있을 때에는 집행에 관한 이의를 할 수 있으나, 기피신청은 할 수 없다. 집행관은 필요하다면 다시 재감정을 시킬 수 있다. 감정가격이 부적절하다고 인정될 때에는 물론, 경제사정이 변동되어 시세가 본질에서 변동되었을 경우나 감정할 때와 현금화 시까지 상당한 시간적 간격이 생겼을 때, 그리고 표현상의 명백한 오류가 있을 때에는 재감정을 필요로 한다.

감정의 방법에는 집행관이 현장에 가지 않고 감정인에게 감정사항을 기재한 서면(평가감정촉탁서)으로 감정지시 하는 감정위탁과 감정인을 대동하고 현장에 가서 감정사항을 직접 지시하는 통상의 감정이 있다. 통상의 감정의 경우에는 집행관은 감정조서를 작성하여야 한다(민집 10조). 평가감정촉탁서와 감정조서의 양식은 다음과 같다.

|양식| **평가감정촉탁서**

```
                    평 가 감 정 촉 탁 서
                                              감정인 귀하
  20    본         ( 부)
  채 권 자
  채 무 자

   위 당사자 사이의 유체동산 강제집행사건에 관하여 압류한 아래 물건의 평가감정을
  촉탁하오니 평가서를 20 년   월   일 까지 집행관에게 제출하여 주시기 바랍니다.

                         20 .  .  .
                     서울중앙지방법원 집행관
                           아  래
  1. 물건의 소재지
  2. 물건의 표시
```

|양식| **감정조서**

```
                    감 정 조 서

   20 본 ( 부)
   채 권 자
   채 무 자


     위 당사자 사이의 유체동산 강제집행사건에 관하여 압류한 압류조서 목록 제    호
   물건은 감정인에게 평가감정 시킬 필요가 있으므로, 감정인과 함께        에 도착하
   여 채무자에게 그 취지를 알리고 감정인에게 그 물건의 평가액을 감정시켜 별지 평가
   서를 제출케 하였다.
     이 절차는 20  .  .  .    :    에 시작하여 같은 날    :    에 종료하였다.
     이 조서는 현장에서 작성하여 집행참여자에게 읽어준(보여준)즉슨 승인하고, 다음에
   서명날인 하였다.

                         20  .  .  .
                         집행관              (인)
                         채무자              (인)
                         감정인              (인)


   민집 200, 10, 민집규 6
```

감정인은 사건의 표시, 유체동산의 표시, 유체동산의 평가액과 평가일, 평가액 산출의 과정 및 그 밖에 집행관이 명한 사항을 적은 평가서를 정하여진 날까지 집행관에게 제출하여야 한다(민집규 144조 2항). '정하여진 날'이라 함은 집행관이 정한 날을 의미하는데, 집행관은 평가에 드는 통상의 기간을 고려하여 매각기일 이전의 적당한 날을 평가서 제출기한으로 정하여야 한다. 평가서의 방식에 관하여는 부동산강제경매의 평가서와는 달리 아무런 규정이 없으므로 편리한 방식으로 하면 된다.

집행관은 감정인에게 민사소송비용법의 규정에 따른 일당, 여비와 상당한 감정료를 지급하여야 하고, 그 비용은 수수료로서 집행신청인에게 예납시킬 수 있으며, 예납하지 아니하는 때에는 위임에 응하지 아니할 수 있으나, 다만 강제집행 신청인이 소송구조를 받는 자인 경우에는 그러하지 아니하다(집행관수수료규칙 25조 1항). 집행신청인이 감정에 필요한 비용을 예납하지 아니하는 때에는

집행관은 감정을 명하지 아니하고 그 위임에 응하지 않을 수 있으며(집행관수수료규칙 25조 1항), 집행관 집행미제사건 등 처리지침(행정예규 496호)이 정한 절차에 따라 취하간주 시킬 수 있다.

또한, 감정을 개시한 후 예납금이 부족한 때에는 집행관은 추가예납 시킬 수 있고 추납하지 아니하는 때에는 사무를 행하지 아니할 수 있다(집행관수수료규칙 25조 2항). 감정이 종료한 때에는 집행관은 지체없이 예납금의 정산을 하여야 하고, 이때 예납자의 청구가 있는 때에는 정산의 내용을 명시한 서면을 교부하여야 한다(집행관수수료규칙 25조의2).

값비싼 물건에 대한 감정인의 평가액은, 집행법원이 민사집행법 214조 1항의 규정에 따라 이를 최저매각가격으로 하는 특별현금화를 명한 경우를 제외하고는 단순히 호가경매의 참고자료로 됨에 불과하므로 금·은붙이(민집 209조)가 아닌 한 그 평가액 이하로 매각하여도 지나치게 낮은 가격이 아니라면 위법은 아니다.

다만 당사자의 이익을 고려하여 평가액에 달하지 아니한 매수신청에 대하여는 매각을 허가하지 아니하고 매각기일을 속행하여 집행관이 적당히 평가액을 저감하고 다시 호가경매를 실시하는 것이 바람직하다. 감정인이 값비싼 물건의 평가를 잘못하였더라도, 매수인이 압류물을 부당히 비싸게 매수함으로써 입게 되는 손해 또는 압류물이 부당히 낮은 가격으로 경매됨으로써 채무자가 입게 되는 손해와의 사이와 인과관계는 없다.

(4) 본조(민집 200조) 위반에 대한 불복

집행관이 값비싼 물건에 대하여 감정인의 평가를 거치지 않고 매각하는 경우에는 이해관계인은 집행에 관한 이의를 신청할 수 있다(민집 16조). 그러나 여기에서 감정인의 감정은 부동산강제경매의 경우와 같이 최저매각가격으로서 매각조건이 되는 것이 아니고, 매각의 참고자료로 됨에 그치고 어떤 구속력이 있는 것이 아니므로 감정인이 부당하게 감정한 것만으로 이의할 수 없다.

나-1. 값비싼 물건의 평가 관련 실무사례

(가) 고가물의 의의 및 경매의 방법(구법)[134] 「昭和 40 福岡」
* 고가물이란 어떠한 물건을 말하는가? 또한, 그 경매방법에 관하여 어떤 주의를 해야 하는가?

* 고가물에 관하여는 일반적으로 용적과 비교하여 가액이 높은 것, 혹은 통상적인 시가를 알기 어려워 감정료를 지급해서라도 정확한 평가가 바람직한 것을 말하는 것이지만 그 정확한 정의는 곤란하고 결국 사회 통념에 의하는 수밖에 없을 것이다. 일반적으로 귀금속류, 서화, 골동품, 공장의 기계 등이 이에 해당한다고 하고 있지만, 개별적으로는 가치가 없는 것도 집합하면 고가물로 취급해야 하는 경우도 있다.

  또한, 고가물의 평가액은 식견 있는 감정인이 평가한 것이기 때문에 이것을 존중하고 그 액으로 매수인이 없는 경우에는 재감정을 의뢰하든지, 매각기일을 연기하는 등 하여 평가액으로 경매되도록 노력하는 것이 바람직하지만, 감정평가액 이하로 경매하는 것이 허용되지 않는 것은 아니다.

(나) 고가의 동산에 관하여 당사자 간 평가액의 합의가 가능한 경우 평가인에게 평가시키는 것의 요부135) 「平成 元年 靑森」

* 신청채권자가 양도담보로 잡은 공장기계 설비(製綿機)에 대하여 당사자 간에 평가액의 합의가 되어 있는 경우, 평가인에게 평가시키지 않고 매각할 수 있는가?
* 설문의 제면기는 일반적으로 고가물에 해당한다고 해석되므로 평가인에 의한 평가가 필요하게 된다. 평가에 관하여 당사자 간에 평가액의 합의가 되어 있는 경우에도, 그것이 반드시 적정가격이라고는 단정할 수 없으므로, 평가인에게 평가시키지 않고 매각하는 것은 소극이라고 해석된다.

(다) 기념주화, 화폐의 평가136) 「昭和 61 札幌」

* 채무자행방불명 가옥명도사건의 집행을 한바, 코인앨범에 연도, 액면, 종류별로 구별 수집된 기념주화를 포함한 현행통화가 있었다. 기념주화, 화폐는 고화폐시장에서 액면 이상으로 매매되고 있다고 하지만 액면으로 처분하는 것의 가·부에 관하여 묻고 싶다.
* 설문의 상황에서 당해 주화를 액면금액으로 처분하는 것은 상당하지 않다고 판단이 되지만 고전주화나 기념주화의 가치에 관하여는 참고로 되는 자료로서 일본화폐상 협동조합 발행의 "일본화폐형록"이 있으므로 평가인에 평가시키지 않고 이것을 이용하여 집행관이 평가하여도 좋을 것이다. 특히 이 "형록"에 의하더라도 코인이나 지폐의 가치에 관하여는 그 보존 상태에 따라서 5단계, 4단계의 차등을 두고 있고, 가격에 상당한 격차가 있으므로 이것 만에 따라 적정한 평가를 하는 것이 곤란한 경우도 적지 않다고 생각된다. 이러한 경우에는 현물을 가지고 가면 일반적으로 이른바 코인업자는 적어도 현행통화에 관하여는 무료로 감정해 주기 때문에 이 방법을 이용해도 좋을 것이다.

다. 값비싼 물건 이외의 압류물의 평가

집행관이 유체동산을 압류할 때는 스스로 그 가액을 평가하여 압류조서에 적어야 한다(민집 10조, 민집규 134조 2항). 그런데 집행관은 민사집행법 200조에 규정된 경우 외에도 필요하다고 인정하는 때에는 적당한 감정인을 선임하여 압류물을 평가하게 할 수 있다(민집규 144조 1항).

여기서 '필요하다고 인정하는 때'라 함은 값비싼 물건이 아니더라도 압류물이 특수한 품목이거나 잘 거래되지 않는 것이어서 집행관 스스로에 의한 평가가 어려운 경우, 값비싼 물건인지의 아닌지가 의심스러운 경우, 압류물의 가액에 관한 관계인의 의견이 매우 다른 경우 등 제3자에 의한 객관적인 평가가 필요한 경우를 말한다. 이때에도 감정인의 선임, 비용의 지급, 평가액의 구속력 등은 값비싼 물건의 감정에서와 같다. 또한, 채권자의 감정평가신청이 있으면 이를 존중하여야 한다.

라. 호가경매 기일의 지정 등

(1) 원 칙

호가경매기일은 원칙적으로 압류일로부터 1주 이상 기간을 두어야 한다(민집 202조 본문). 이는 될 수 있는 한 많은 매수희망자에게 경매에 참여할 기회를 주고 채무자에게 변제나 집행절차에 관한 각종 이의를 신청할 기회를 보장하기 위한 것이다. 1주의 기간계산에서 초일은 산입되지 아니한다(민소 170조, 민 157조). 압류의 경합(민집 215조 1항)에 의하여 추가압류를 한 때에는, 그 추가압류물이 동일한지 여부에 따라 추가압류일과 매각일 사이에 1주 이상 기간을 두어야 할지를 결정한다.

즉 선행압류로 이미 호가경매기일이 지정되어 매각일이 추가압류일로부터 1주 이내일 때에 추가압류로 압류가 경합된 경우, 추가압류물이 선행압류물과 동일할 때에는 별도로 1주 이상의 기간을 둘 필요 없이 선행압류로 경매를 진행하면 될 것이나, 추가압류물이 선행압류물과 다른 것이 있을 때에는 그 다른 부분에 대해서는 이에 대한 평가절차를 거쳐 별도로 호가경매기일을 지정

---

134) 日 最高裁判所 事務總局, 2011, 執行官事務(第4版), 「638」
135) 日 最高裁判所 事務總局, 1997, 執行官事務(第3版), 「680」
136) 日 最高裁判所 事務總局, 2011, 執行官事務(第4版), 「639」

하여 매각하거나, 선행압류물에 대한 호가경매기일을 연기하여 추가압류일로부터 1주 이상의 기간을 둔 후에 일괄매각하는 등의 조처를 해야 한다.

호가경매기일은 부득이한 사정이 없는 한 압류일로부터 1월 안의 날로 정하여야 한다(민집규 145조 1항 후문). 이는 절차의 신속처리와 아울러 사실상 간접강제의 목적을 달성하기 위하여 압류만을 한 채 장기간 내버려두는 것을 방지하려는 취지도 포함되어 있다. 여기서 부득이한 사정이라 함은 감정인의 평가에 장기간을 요구하는 경우, 압류물이 특수한 동산이어서 매수희망자를 충분히 모으기 위하여 시간이 소요되는 경우 등을 말한다.

기간의 준수는 호가경매의 본질적 요소는 아니므로 민사집행법 202조 본문 또는 민사집행규칙 145조 1항 후문의 규정을 위반하여 호가경매기일을 지정·실시하였더라도 매각의 효력에는 영향이 없다. 따라서 1주의 법정기간이 경과하기 전 또는 부득이한 사정이 없음에도 압류일로부터 1월 이후에 매각기일을 열더라도 매수인은 매각목적물의 소유권을 적법하게 취득한다. 채권자나 채무자는 매각의 종결 이전에 한하여 집행에 관한 이의(민집 16조)를 할 수 있다.

(2) 예 외(早期競賣)

압류물을 보관하는데 지나치게 큰 비용이 들거나(예 : 가축) 시일이 지나면 그 물건의 값이 크게 내릴 염려가 있는 때(예 : 생선이나 채소 등)에는 압류일로부터 1주가 지나기 이전이라도 매각할 수 있다(민집 202조 단서). 이 사유에 해당하는가는 집행관이 직권으로 판단한다. 판단에 불복이 있는 때, 즉 조기경매하여야 할 사유가 있음에도 집행관이 호가경매기일을 지정하지 아니하는 경우 또는 조기경매 할 사유가 없음에도 집행관이 조기경매기일을 지정한 경우에는 관계인은 집행에 관한 이의를 할 수 있다.

민사집행법 202조 본문이 압류일과 매각일 사이에 일정한 기간을 두도록 한 것은 집행당사자의 이익보호에 그 목적이 있으므로 채권자, 채무자, 배당요구채권자 등 이해관계인 전원의 합의가 있을 때에는 압류일로부터 1주의 법정기간 경과 전에 호가경매를 할 수 있다고 해석된다. 다만 당사자 사이의 합의는 압류 후에 하여야 한다. 이 경우 이해관계인은 연명으로 호가경매기일 단축신청서를 제출하여야 한다.

마. 호가경매기일의 변경, 연기, 속행

민사집행법 202조 및 민사집행규칙 145조 1항의 규정은 최초의 호가경매기일을 변경하는 경우의 변경 후의 기일에 관하여도 유추 적용되어, 변경 후의 기일이나 새 호가경매기일을 지정함에 있어서는 부득이한 사정이 없는 한 전의 호가경매기일로부터 1월 이내로 지정하여야 한다고 해석함이 타당하다.

호가경매기일은 그 기일 도래 후 집행관이 매각절차를 시작함으로써 개시된다. 그 개시 전에 호가경매기일의 지정을 취소하고 다른 호가경매기일을 지정하는 것을 '호가경매기일의 변경'이라고 하고, 일단 기일을 개시하였으나 매각을 하지 아니하고 기일을 종료하여 호가경매실시를 위한 새 기일을 지정하는 것을 '연기'라고 하며, 기일을 개시하여 매각하였으나 매수신고인이 없는 등의 사유로 경매를 종료하지 아니하고 새로운 호가경매기일을 지정하는 것을 '호가경매기일의 속행'이라고 한다.

호가경매기일은 함부로 이를 변경 또는 연기할 수 없음이 원칙이다. 그러나 부득이한 사유가 있는 경우(예를 들어, 집행관의 신병 등으로 호가경매기일을 주재, 진행할 수 없는 경우 등)에는 집행관이 직권으로 이를 변경하거나 연기할 수 있다. 채권자, 채무자와 배당요구채권자의 합의가 있는 때에도 호가경매기일을 변경, 연기할 수 있다.

이 경우 일방 당사자는 다른 당사자의 동의가 있는 호가경매기일 연기신청서를 제출할 수도 있고, 호가경매기일에 말로 연기신청을 하고 다른 당사자가 이에 동의할 수도 있다. 압류경합으로 추가 압류된 물건에 대한 호가경매기일을 변경, 연기함에 있어서는 선행압류채권자의 동의도 있어야 한다. 매각목적물이 적정한 가격에 매각되는 것은 이해관계인 모두에게 이익이므로 재감정의 필요성에 합리적 이유가 있으면 경매기일의 연기를 수긍할 수 있으나 그렇다고 하더라도 그 연기기간은 합리적인 범위로 제한되어야 한다.[137]

호가경매기일을 연기하는 때에는 집행관은 호가경매연기조서를 작성하여야 한다. 호가경매기일을 실시하였으나 매수신고인이 없는 경우에는 기일을 속행하여야 함은 당연하다. 감정인 또는 집행관의 압류물에 대한 평가액에 비하여 매우 낮은 가액의 매수신청이 있는 경우에는 부동산매각과 달리 최저매각가격제도를 두고 있지 않은 유체동산매각의 특성상 채무자 보호를 위하여 이

---

[137] 대판 2003. 9. 26. 2001다52773

를 허가하지 아니하고 직권으로 호가경매기일을 속행할 수 있다고 본다(다수설). 그러나 일단 매각을 허가한 때에는 그 매각은 유효하다.

바. 집행관에 대한 채권자의 매각 최고(민집 216조)

> **민사집행법**
>
> 제216조(채권자의 매각최고)
> ① 상당한 기간이 지나도 집행관이 매각하지 아니하는 때에는 압류채권자는 집행관에게 일정한 기간 이내에 매각하도록 최고할 수 있다.
> ② 집행관이 제1항의 최고에 따르지 아니하는 때에는 압류채권자는 법원에 필요한 명령을 신청할 수 있다.

(1) 개 설

집행관이 상당한 기간이 지나고 매각절차를 진행하는데 아무런 장애사유가 없음에도 집행관이 그 의무를 해태하여 매각하지 않는 경우에 압류채권자는 일정한 기간 내에 매각하도록 최고 하는 집행절차 진행의 촉신을 위해 취할 수 있는 조치를 규정한 것이다.

(2) 구체적 절차

압류일과 매각일 사이에 1주의 기간을 두기만 하면 언제 호가경매기일로 정하느냐 하는 것은 집행관의 재량이다. 그러나 상당한 기간이 지나도 집행관이 매각하지 아니하는 때에는 압류채권자는 집행관에게 일정한 기간 이내에 매각하도록 최고 할 수 있다(민집 216조 1항).

호가경매기일의 지정은 압류와 동시에 또는 그 직후에 함이 바람직하다. 따라서 여기의 '상당한 기간'은 민사집행법 202조 단서에 해당하는 사유가 있거나 민사집행규칙 145조 1항 후문의 부득이한 사정이 있는 경우를 제외하고는 대체로 압류일로부터 1월 내외의 기간을 의미한다고 보아야 한다(민집규 145조 1항 후문 참조).

'압류채권자'에는 민사집행법 215조의 이중압류채권자가 포함된다. 그러나 단순한 배당요구채권자는 여기의 압류채권자에 해당하지 않으며, 가압류채권자는 본 압류로 이전하기 전에는 현금화 권한이 없으므로 역시 압류채권자라고 할 수 없다.

'일정한 기간'은 매각 일자와 장소의 공고(민집 203조 2항), 경매의 통지(민집규 146조 2항) 등에 걸리는 기간을 고려하여야 할 것이므로 대체로 1주 이상의 기간을 의미한다고 해석된다. 민사집행법 216조의 최고를 받은 집행관은 그 최고가 정당하다고 인정하는 때에는 기일을 정하여 호가경매를 실시하고, 그 최고가 부당하다고 인정하는 때에는 이를 각하하는 처분을 함이 바람직하다. 집행관이 압류채권자가 정한 기일까지 호가경매를 실시하지 아니하고 최고를 명시적으로 각하하지도 아니하는 경우에는 최고에 불응하는 것으로 볼 수 있다.

(3) 집행관이 최고에 따르지 아니하는 경우의 조치

집행관이 명시적 또는 묵시적으로 압류채권자의 최고에 따르지 아니하는 때에는 압류채권자는 다시 법원에 필요한 명령을 신청할 수 있다(민집 216조 2항). 이 신청서에는 1,000원의 인지를 붙여야 한다(인지 9조 5항 4호). 이는 호가경매를 실시할 집행관이 소속되어 있는 집행법원의 전속관할에 속한다(민집 3조, 21조). 이 신청은 성질상 집행에 관한 이의(민집 16조)와 같은 것이라고 할 수 있다.

따라서 집행법원은 그 신청이 부당하다고 인정한 때에는 결정으로 이를 기각하고, 정당하다고 인정한 때에는 집행관에 대하여 집행처분, 즉 호가경매를 지정한 일시까지 실시할 것을 명하여야 한다. 이 재판은 결정으로 하는 것이므로 당사자, 이해관계인 그 밖의 참고인을 심문할 수 있으며(민소 134조 2항), 신청을 기각하는 결정은 신청인에게 신청을 인용하는 결정은 신청인과 집행관에게 알려야 한다(민집규 7조 2항 참조).

(4) 준용되는 절차

민사집행법 216조를 근거로 하는 압류채권자의 최고는 성질상 호가경매 후의 절차인 매각대금의 교부 또는 배당에 관하여도 준용된다.

사. 호가경매장소(민집 203조)

(1) 원 칙

호가경매는 압류한 유체동산이 있는 시·구·읍·면(도농복합형태의 시의 경우 동지역은 시·구, 읍·면 지역은 읍·면)에서 행하는 것이 원칙이다(민집 203조 1항 본문). 따라서 집행관은 압류를 한 시·구·읍·면(도농복합형태의 시의 경우 동지역은 시·구, 읍·면 지역은 읍·면) 내라면 어떠한 장소를 호가경매장소로 정하여 매각하여도 무방하다. 우리나라에 있어서는 공영의 경매소를 두고 있지 않으므로 실제로는 압류를 한 채무자의 주소지나 영업소에서 하는 것이 실무이다.

그러나 채무자의 주소지를 호가 경매장소로 하는 경우에는 채무자가 일반인의 출입을 거절하면 호가경매가 불가능하게 되고 그렇지 않더라도 일반인이 쉽게 호가경매 장소에 참석하기 어려워져 호가경매의 공개성에 배치될 염려가 있으므로 주의하여야 한다. 또 집행관이 관할구역 밖의 물건을 압류한 때(민집규 133조)에는 그 압류물이 소재하는 관할구역 밖의 장소에서 호가 경매할 수 있다.

(2) 예 외

예외적으로 다음과 같은 경우에는 압류지의 시·구·읍·면(도농복합형태의 시의 경우 동지역은 시·구, 읍·면 지역은 읍·면) 내가 아닌 다른 장소를 호가 경매장소로 정할 수 있다.

(가) 채권자와 채무자가 합의한 때(민집 203조 1항 단서)

그러나 이 경우에도 채권자와 채무자가 합의한 장소가 당해 집행관의 직무집행 관할구역(집행관규칙 4조)에 속하지 않으면 집행관은 이에 구속되지 아니한다.

(나) 법원이 압류지 이외의 다른 장소를 호가경매장소로 지정한 때(민집 214조 1항)

법원의 명령은 직권 또는 압류채권자, 배당요구채권자 또는 채무자의 신청에 따라 한다. 여기의 법원은 압류 지를 관할하는 법원을 뜻한다. 법원이 지정하는 장소는 당해 집행관의 직무집행담당구역(집행관 규칙 4조)이 아니라도 무방하다. 압류물을 채무자에게 보관시킨 경우(민집 189조 1항 단서)에 채무자가 이사하면서 그 압류물을 관할구역 밖으로 옮긴 때에도 법원의 명령에 따라 그 압류물의 현재 소재지에서 매각할 수 있다.

(다) 집행관이 압류물의 보관자에게 직무집행구역 밖에서 압류물을 보관하게 한때(민집규 135조)

집행관은 유체동산을 압류함에 있어 특히 필요하다고 인정하는 때에는 압류물 보관자로 하여금 관할구역 밖에서 압류물을 보관하게 할 수 있다. 압류물의 보관에 특수한 설비가 필요하고(예를 들면 대량의 냉동식품을 보관시키는 경우), 집행관의 관할구역 안에서 그러한 설비를 갖춘 보관자를 찾기 어려운 경우, 또는 관할구역 안으로 이동하는데 지나치게 큰 비용이 드는 경우 등을 예상할 수 있다.

이 경우에는 압류물의 보관 장소에서 매각할 수 있다. 그리고 민사집행규칙 135조에 따라 직무집행구역 밖에 보관된 압류물을 그 보관 장소에서 매각하는 때에는 집행법원의 허가를 받아야 한다(민집규 145조 2항, 151조 3항).

아. 호가경매의 공고와 통지

> **민사집행법**
>
> **제203조(매각장소)**
> ② 매각 일자와 장소는 대법원규칙이 정하는 방법으로 공고한다. 공고에는 매각할 물건을 표시하여야 한다.
>
> **민사집행규칙**
>
> **제146조(호가경매공고의 방법 등)**
> ① 집행관은 호가경매기일의 3일 전까지 다음 각 호의 사항을 공고하여야 한다.
> 1. 사건의 표시
> 2. 매각할 물건의 종류·재질, 그 밖에 그 물건을 특정 하는데 필요한 사항과 수량 및 평가액(토지에서 분리하기 전의 과실에 대하여는 그 과실의 수확시기·예상수확량과 예상평가액)
> 3. 평가서의 사본을 비치하는 때에는 그 비치장소와 누구든지 볼 수 있다는 취지
> 4. 제158조에서 준용하는 제60조의 규정에 따라 매수신고를 할 수 있는 사람의 자격을 제한한 때에는 그 제한의 내용
> 5. 매각할 유체동산을 호가경매기일 전에 일반인에게 보여주는 때에는 그 일시와 장소
> 6. 대금지급기일을 정한 때에는 매수신고의 보증금액과 그 제공방법 및 대금지급일
> ② 집행관은 경매의 일시와 장소를 각 채권자·채무자 및 압류물 보관자에게 통지하여야 한다. 법 제190조의 규정에 따라 압류한 재산을 경매하는 경우에는 집행기록상 주소를 알 수 있는 배우자에게도 같은 사항을 통지하여야 한다.
> ③ 제2항의 통지는 집행기록에 표시된 주소지에 등기우편으로 발송하는 방법으로 할 수 있다.

(1) 호가경매의 공고

(가) 개설

민사집행법 203조 2항은 매각 일자와 장소는 대법원규칙으로 정하는 방법으로 공고하도록 규정(양식 유체동산 호가경매공고 참고) 하고 있는바, 민사집행규칙 146조 1항은 집행관은 호가경매기일의 3일 전까지 공고사항을 공고하도록 규정하고 있다.

이것은 동산의 호가경매절차가 적정하게 이루어지기 위해서는 충분한 공고기간을 두어 될 수 있는 한 많은 매수희망자를 모으는 것이 바람직하다는 측면과 함께 동산집행의 특성상 매각절차를 신속하게 진행하는 것이 바람직하다는 요청을 고려하여 공고일과 호가경매기일 사이에 필요한 최소한의 시간 간격을 정한 것이다. 한편 이 경우 공고의 방법에 관하여는 다른 특별한 규정이 없으므로 민사집행규칙 11조에 규정된 절차를 따르면 된다(민집 203조 2항).

(나) 공고를 해야 할 경우

매각함에는 어떠한 경우라도 공고를 요구한다. 호가경매기일을 변경·연기한 때에는 물론, 부패 또는 가격감소의 염려가 있어서 법정기간경과 전에 매각하는 경우(민집 202조 단서)에도 그 호가경매기일을 공고하여야 한다. 또 호가경매기일을 공고한 후에 집행정지명령에 따라 절차진행을 정지하였다가 다시 속행하는 경우에도 호가경매기일을 새로 정하여 이를 공고하여야 한다. 재매각(민집 205조 3항)의 기일도 공고하여야 한다. 호가경매로 압류물을 현금화하는 이상 채권자와 채무자가 미리 합의하여 공고하지 아니하기로 하더라도 그 합의는 효력이 없다. 또한, 이해관계인에게 호가경매기일을 통지함으로써 공고에 갈음할 수도 없다.

(다) 공고할 사항

호가경매의 공고사항에 관하여는 민사집행법 203조 2항과 이에 보충하여 추가 공고사항을 규정한 민사집행규칙 146조 1항에서 규정하고 있다. 민사집행법 203조 2항에서는 매각 일자와 장소 그리고 매각할 물건을 공고하도록 규정하고, 그중 매각 일자와 장소는 대법원규칙이 정하는 방법으로 공고하도록 하고 있다. 매각장소는 민사집행법 203조 1항의 시·구·읍·면(도농복합형태의 시의 경우 동지역은 시·구, 읍·면 지역은 읍·면)뿐만 아니라 구체적인 장소를 말한다.

 민사집행규칙에 따른 추가공고사항은 사건의 표시(1호), 매각할 물건의 종류·재질 그 밖에 그 물건을 특정하는데, 필요한 사항과 수량 및 평가액(토지에서 분리하기 전의 과실에 대하여는 그 과실의 수확예상수확량과 예상평가액)(2호), 평가서의 사본을 비치하는 때에는 그 비치장소와 누구든지 볼 수 있다는 취지(3호), 민사집행규칙 158조에서 준용하는 민사집행규칙 60조의 규정에 따라 매수신고를 할 수 있는 사람의 자격을 제한한 때에는 그 제한의 내용(4호), 매각할 유체동산을 호가경매기일 전에 일반인에게 보여주는 때에는 그 일시와 장소(5호), 대금지급기일을 정한 때에는 매수신고의 보증금액과 그 제공방법 및 대금지급일(6호)(민집규 146조 1항)이다.

 이 중 3호에서 5호는 동산의 매각조건에 해당한다. 공고방법은 민사집행규칙 11조에 규정된 절차에 의한다(민집 203조 2항). 어느 공고방법을 채택할 것인가 여부는 집행관이 재량으로 결정한다. 일반적으로 신문 공고가 필요한 경우로서는 경매할 물건이 특히 값비싼 물건인 경우, 매수신청인이 한정될 것으로 예상하는 특수한 물건일 경우, 다량의 물건을 일괄매각(민집 197조)하려는 경우 등을 들 수 있다.

(라) 공고의 방법

 공고는 법원의 게시판, 관보·공보 또는 신문 전자통신매체를 이용하여 공고하는 것 중 어느 하나의 방법으로 한다(민집규 11조 1항). 어떤 방법을 선택할 것인지는 집행관의 재량이다. 매각할 물건이 고가(高價)인 경우, 매수신청인이 한정될 것으로 예상하는 특수한 동산, 다양한 물건을 일괄(一括)하여 매각하려는 경우 등에 있어서는 신문 공고나 전자통신매체를 이용한 공고가 바람직할 것으로 본다.

(2) 호가경매의 통지

 집행관은 위와 같이 호가경매를 공고하는 외에 경매의 일시와 장소를 각 채권자·채무자·압류물 보관자에게 통지하여야 하고(별지 양식 209P 동산매각기일통지서 참고), 민사집행법 190조의 규정에 따라 부부공유 유체동산을 압류한 때에는 집행 기록상 주소를 알 수 있는 배우자에게도 같은 사항을 통지하여야 한다(민집규 146조 2항). 호가경매의 통지는 집행관이 말로 함이 원칙이고,

말로 할 수 없을 때에는 통지서를 송달하는 방법에 따라 할 것이나(민집 11조 1항, 2항), 집행기록에 표시된 통지를 받을 자의 주소지에 대법원규칙이 정하는 방법인 등기우편으로 발송할 수도 있다(민집규 146조 3항). 어느 경우에나 그 통지사실을 조서에 적거나 통지서 사본 그 밖의 통지사실을 증명할 수 있는 자료를 집행기록에 묶어야 한다.

(3) 본조(민집 203조 2항) 위반의 효과

집행관이 민사집행법 203조 2항의 규정을 위반하여 호가경매의 공고를 하지 아니하고 호가경매의 통지도 하지 아니한 채, 호가경매절차를 진행하는 경우에는 채권자나 채무자는 집행에 관한 이의(민집 16조)를 하여 시정을 구할 수 있다. 그러나 일단 종결된 때에는 공고나 통지는 본질적 요소는 아니므로 매각은 유효하고 매수인의 소유권취득에는 아무런 영향이 없다. 다만 경우에 따라 집행관의 직무상 불법행위 때문인 손해배상책임이 문제 될 수 있다.

아-1. 경매의 공고 등에 관한 실무사례

> **호가경매의 공고를 생략하는 것의 가부**[138] 「昭和 54 京都」
> * 압류일부터 매각기일까지의 기간이 1주간 미만인 경우, 특히 당일 또는 다음날에 경매하는 경우에도 공고는 필요한가?
> * 경매의 공고는 매각기일이 근접하고 있는 경우에도 필요하고, 생략할 수 없다.

---

138) 日 最高裁判所 事務總局, 2011, 執行官事務(第4版), 「654」

|양식| **유체동산호가경매공고**

유체동산호가경매공고

사건 : 20 본   호 유체동산압류   (부)

1. 다음 물품을 20 . . . :   시(도)   구(군)   동(면)   번지에서(일괄)매각합니다.
2. 매각할 물품은 20 . . . :   ~   :   사이에 위 매각장소에서 볼 수 있습니다.

- 다   음 -

번호	매각물품	규격	수량	평가액	비고
1					
2					
3					

최저일괄매각가격 : 금   원

20 . . .

집행관

|양식| **동산경매기일통지서**

동산경매기일통지서

귀하

사　건 : 20　본　　호 유체동산압류(　　부)
채 권 자 :
채 무 자 :
집행권원 :

　　위 집행권원에 의하여 20 ． ． ． 압류한 물건에 대하여 경매의 일시와 장소를 다음과 같이 정하였으므로 통지합니다.

　　매 각 일 시 :　　년　　월　　일　　시

　　매 각 장 소 :　　시(도)　　구(군)　　동(면)　　번지

　　최저(일괄)매각가격 :

　　　　　　　　　　　　20 ． ． ．

　　　　　　　　　　　　　집행관

※ 매각시각은 같은 날 처리할 집행사건 수 등의 사정 때문에 고지된 지정시각보다 다소 늦어질 수 있음을 알려드립니다.

주: 집행관사무소에 비치할 각종 문서의 양식에 관한 예규(행정예규 788호) 부록 제2호 2-40호

자. 호가경매의 실시(민집 205조 2항)

> **민사집행법**
>
> **제205조(매각·재매각)**
> ① 집행관은 최고가 매수신고인의 성명과 가격을 말한 뒤 매각을 허가한다.
> ② 매각물은 대금과 서로 맞바꾸어 인도하여야 한다.
> ③ 매수인이 매각조건에 정한 지급기일에 대금의 지급과 물건의 인도청구를 게을리 한 때에는 재매각을 하여야 한다. 지급기일을 정하지 아니한 경우로서 매각기일의 마감에 앞서 대금의 지급과 물건의 인도청구를 게을리 한 때에도 또한 같다.
> ④ 제3항의 경우에는 전의 매수인은 재매각절차에 참가하지 못하며, 뒤의 매각대금이 처음의 매각대금보다 적은 때에는 그 부족한 액수를 부담하여야 한다.

(1) 개 설

호가경매는 미리 정한 일시·장소에서 집행관이 매각조건을 정하여 이를 알리고 매각할 압류물에 대하여 매수의 신청을 최고 하여 개시하고 최고가매수신고인을 매수인으로 알린 다음 매각대금과 서로 맞바꾸어 매각물을 매수인에게 인도함으로써 종결한다.

(2) 호가경매의 준비

호가경매는 압류한 시·구·읍·면(도농복합형태의 시의 경우 동지역은 시·구, 읍·면 지역은 읍·면)에서 실시하고(민집 203조), 개별매각이 원칙이므로 집행관은 매각참가자에게 매각할 물건을 제시하여 매각하여야 한다.

이를 위하여 매각 시행 전에 민사집행규칙 137조의 규정에 따라 보관압류물을 점검할 필요가 있다. 호가경매의 실시에 앞서 채무자가 임의이행을 하는 때에는 이를 영수하고, 그 이행이 집행채권과 비용의 변상에 충분한 때에는 채무자에게 영수 증서를 작성·교부한 다음 집행력 있는 정본을 교부하여 집행절차를 종결하여야 한다(민집 42조 1항). 채무자가 그 의무의 일부를 이행한 때에는 영수 증서를 작성·교부하고 집행력 있는 정본에 그 사유를 덧붙여 적은 다음 부족 부분에 한하여 호가경매를 실시하여야 한다(민집 42조 2항).

(3) 매각장소의 질서유지

> **민사집행법**
>
> **제108조(매각장소의 질서유지)**
> 집행관은 다음 각 호 가운데 어느 하나에 해당한다고 인정되는 사람에 대하여 매각장소에 들어오지 못하도록 하거나 매각장소에서 내보내거나 매수의 신청을 하지 못하도록 할 수 있다.
> 1. 다른 사람의 매수신청을 방해한 사람
> 2. 부당하게 다른 사람과 담합하거나 그 밖에 매각의 적정한 실시를 방해한 사람
> 3. 제1호 또는 제2호의 행위를 교사(敎唆)한 사람
> 4. 민사집행절차에서의 매각에 관하여 형법 제136조·제137조·제140조·제140조의2·제142조·제315조 및 제323조 내지 제327조에 규정된 죄로 유죄판결을 받고 그 판결확정일부터 2년이 지나지 아니한 사람
>
> **제204조(준용규정)**
> 매각장소의 질서유지에 관하여는 제108조의 규정을 준용한다.

(가) 집행관은 매각장소의 질서를 유지하려는 조치로서 다음 각 호 가운데 어느 하나에 해당한다고 인정되는 사람에 대하여 매각장소에 들어오지 못하도록 하거나 매각장소에서 내보내거나 매수의 신청을 하지 못하도록 할 수 있다(민집 204조, 108조).

㉮ 다른 사람의 매수신청을 방해한 사람(민집 108조 1호)

㉯ 부당하게 다른 사람과 담합 하거나 그 밖에 매각의 적정한 실시를 방해한 사람(민집 108조 2호)

㉰ 위 각 행위를 교사한 사람(민집 108조 3호)

㉱ 민사집행절차에서의 매각에 관하여 형법 136조(공무집행방해), 137조(위계에 의한 공무집행방해), 140조(공무상 비밀표시무효), 140조의2(부동산강제집행효용침해), 142조(공무상 보관물의 무효), 315조(경매, 입찰방해), 323조(권리행사방해), 324조(폭력에 의한 권리행사방해), 325조(점유강취, 준점유강취), 326조(중권리행사방해), 327조(강제집행면탈)에 규정된 죄로 유죄판결을 받고 그 판결 확정일부터 2년이 지나지 아니한 사람(민집 108조 4호)

위 판결확정사실은 확정일로부터 15일 이내에 판결등본을 첨부하여 법원행정처장에게 보고하여야 하고 법원 행정처장은 위 사항을 전국의 각 지방법원(지원 포함)에 통지하며 각 지방법원은 목록에 기재하여 비치하고 그 부본

을 집행법원과 집행관에게 보낸다(재민 92-3, 2조, 3조). 최고가매수신고인, 그 대리인 또는 최고가매수신고인을 내세워 매수신고를 한 사람이 위의 어느 하나에 해당되는 때는 매각불허가결정을 하여야 한다(민집 123조 2항, 121조 4호 참조). 집행관은 매각기일이 열리는 장소의 질서유지를 위하여 필요하다고 인정하는 때에는 그 장소에 출입하는 사람의 신분을 확인할 수 있다(민집규 57조 1항, 재민 92-3, 5조 2항).

(나) 집행관은 민사집행법 108조 1호에서 4호에 해당하는 자에 대하여 매각장소에의 입장을 금지하고 매각장소에서 퇴장시키거나 매수의 신청을 금지할 수 있다. 이들 조치 중 구체적으로 어떤 조처를 할 것인가는 집행관의 재량에 맡겨 있으나, 매각장소의 질서유지에 관한 조치는 집행관의 권능인 동시에 의무이므로 집행관은 경매참가자가 위에 해당한다고 인정하는 경우에는 반드시 위에 열거한 조처를 하여야 한다. 다만 집행관이 그 조치를 간과하거나 소홀히 한 채로 매각을 허가하였더라도 그 경매 자체는 유효하다고 보아야 할 것이다. 집행관이 위 조처를 한 때에는 그 취지와 조치의 개요를 경매조서에 적어야 한다(민집 10조 2항 2호, 민집규 6조 1항 4호).

(다) 집행관이 위 조치를 함에 있어 강제력의 사용이 필요한 때에는 경찰 또는 국군의 원조를 요청할 수 있으나(민집 5조 2항), 특히 매각장소가 집행법원의 청사 내인 때에는 집행법원에 원조를 요청할 수도 있다(민집규 147조 3항, 57조 2항). 집행관의 원조요청을 받은 집행법원은 민사집행법 20조의 규정에 따라 공공기관의 원조를 요청하는 방법과 법정 등의 질서유지에 관한 법원의 권한을 동원하는 방법을 취할 수 있다.

(4) 매각조건 고지(賣却條件告知)

> **민사집행법**
>
> **제197조(일괄매각)**
> ① 집행관은 여러 개의 유체동산의 형태, 이용관계 등을 고려하여 일괄매수하게 하는 것이 알맞다고 인정하는 때에는 직권으로 또는 이해관계인의 신청에 따라 일괄하여 매각할 수 있다.

② 제1항의 경우에는 제98조 제3항, 제99조, 제100조, 제101조 제2항 내지 제5항의 규정을 준용한다.

> **민사집행규칙**
>
> **제147조(호가경매의 절차)**
> ① 집행관이 매각기일을 개시하는 때에는 매각조건을 고지하여야 한다.
> ② 집행관은 매수신청의 액 가운데 최고의 것을 3회 부른 후 그 신청을 한 사람의 이름·매수신청의 액 및 그에게 매수를 허가한다는 취지를 고지하여야 한다. 다만, 매수신청의 액이 상당하지 아니하다고 인정하는 경우에는 매수를 허가하지 아니할 수 있다.
> ③ 집행관은 소속 법원 안에서 호가경매를 실시하는 경우 법 제108조의 조치를 위하여 필요한 때에는 법원의 원조를 요청할 수 있다.
> ④ 유체동산의 호가경매절차에는 제57조 제1항, 제62조 제3항·제4항 및 제72조 제1항·제2항의 규정을 준용한다.

집행관이 호가경매기일을 개시하는 때에는 매각조건을 고지하여야 한다(민집규 147조 1항). 매각조건이라 함은 압류물의 소유권을 매수인에게 이전(취득)시키기 위한 조건이다. 여기에는 법정매각조건과 특별매각조건이 있다.

(가) 법정매각조건(法定賣却條件)

직접 법률의 규정에 따라 정하여져 있는 매각조건을 말한다. 유체동산의 매각에 있어서는 매각대금의 지급과 목적물의 인도를 서로 맞바꾸어야(償還) 한다는 것(민집 205조 2항)과 금·은붙이는 그 금·은의 시장가격 이상으로 매각하여야 한다는 것(민집 209조), 채무자 또는 채권자가 담보책임(擔保責任)을 지고(민법 578조) 채무자가 하자담보책임(瑕疵擔保責任)을 지지 아니한다는 것(민법 580조 2항) 등이 이에 해당한다.

이러한 법정매각조건은 절대적인 것이 아니고 변경할 수 있으므로, 이에 위반하여 호가경매가 실시 되더라도 그 호가경매가 당연히 무효로 되는 것은 아니고 관계인은 그 호가경매의 종결 전에 한하여 집행에 관한 이의로 시정을 구할 수 있으나, 일단 호가경매가 종결된 후에는 매수인은 유효하게 매각목적물의 소유권을 취득한다.

(나) 특별매각조건(特別賣却條件)

이해관계인의 합의 또는 집행법원의 명령(민집 214조)에 의하여 법정매각조건을 변경하거나 그에 부가한 매각조건을 말한다. 법정매각조건은 이해관계인의 이익을 위한 것이기 때문에 그들의 합의나 집행법원의 명령에 따라 변경할 수 있다.

예를 들어, 매각대금의 지급과 목적물의 인도를 서로 맞바꾸지 아니하고 매각대금의 지급은 즉시 하게 하면서 목적물의 인도는 나중에 하게 하는 것(인도의 유예), 반대로 목적물의 인도는 즉시 하고 매각대금의 지급은 나중에 하게 하는 것(지급의 유예), 금·은붙이를 시장가격 이하로 매각하게 하는 것, 채무자나 채권자의 담보책임(민법 578조)을 면제하거나 채무자에게 하자담보책임(민법 580조 2항)을 지게 하는 것, 매수신청에 보증을 요구하는 것, 최저매각가격을 정하는 것 등이 이에 해당한다.

이 중 인도의 유예를 특별매각조건으로 한 경우에 그 유예 기간에 매각물이 멸실되거나 분실된 때에는 민법상의 위험부담 원칙에 따라 매수인이 그 손실을 부담한다는 것이 다수설이다. 특별매각조건은 민사집행법 203조의 규정상 공고사항은 아니고 호가경매를 개시할 때 관계인에게 이를 알림으로써 충분하다.

(다) 일괄매각(一括賣却)

개별매각, 일괄매각 유체동산에 대한 호가경매는 압류물마다 실시함이 원칙이다. 초과압류의 금지규정(민집 188조 2항) 등에 비추어 당연하다. 그러나 일정한 경우, 즉 매각할 물건이 여러 개인 경우에 그 형태, 이용관계 등을 고려하여 일괄매수하게 하는 것이 알맞다고 인정하는 때에는 집행관은 직권으로 또는 이해관계인의 신청에 따라 일괄하여 매각할 수 있다(민집 197조 1항). 유체동산의 경우 이와 다른 재산의 일괄매각은 그 다른 재산에 관한 일괄매각 규정에 따르면 될 것이므로, 따로 규정을 두지 않고 유체동산들 사이의 일괄매각에 관해서만 규정하였다.

일괄매각이 필요한 것인지는 집행관이 판단하여 결정하며 이해관계인은 민사집행법 214조의 규정에 따라 집행법원에 일괄매각의 결정을 구하거나 집행관의 일괄매각에 대하여 집행에 관한 이의를 제기할 수 있다. 일괄매각할 것인가의 여부를 판단함에 있어서는 그 형태, 이용관계 등에 비추어 개별매각보다 고가로, 쉽게 현금화할 수 있는가를 고려하여야 한다.

여관이나 음식점, 다방 등의 시설물과 같이 일체로써 이용되고 가치를 가지는 물건, 대량의 동종 상품과 같이 한꺼번에 처분함이 상당한 물건 등이 일괄매각에 적합하다. 압류물을 일괄매각한다는 사실은 특별매각조건은 아니더라도(이해관계인의 합의에 구속되지 아니한다) 그에 유사한 조건이므로, 공고는 필요 없으나 호가경매의 실시에 있어 관계인에게 미리 알려야 한다(민집규 147조 1항의 유추). 일괄매각결정은 그 목적물에 대한 매각기일 이전까지 할 수 있다(민집 197조 2항, 98조 3항).

(5) 매각할 유체동산의 열람

> **민사집행규칙**
>
> **제148조(호가경매로 매각할 유체동산의 열람)**
> ① 집행관은 호가경매기일 또는 그 기일 전에 매각할 유체동산을 일반인에게 보여주어야 한다.
> ② 매각할 유체동산을 호가경매기일 전에 일반인에게 보여주는 경우에 그 유체동산이 채무자가 점유하고 있는 건물 안에 있는 때에는 집행관은 보여주는 자리에 참여하여야 한다. 그 밖의 경우에도 매각할 유체동산을 보관하는 사람의 신청이 있는 때에는 마찬가지이다.
> ③ 집행관은 매각할 유체동산을 호가경매기일 전에 일반인에게 보여준 때와 제2항의 규정에 따라 유체동산을 보여주는 자리에 참여한 때에는 그 취지를 기록에 적어야 한다.

(가) 집행관은 호가경매기일 또는 그 기일 전에 매각할 유체동산을 일반인에게 보여주어야 한다(민집규 148조 1항). 이는 일반인에게 보여주어 매수희망자를 많이 모음으로써 높은 가격에 매각하기 위하여 필요한 절차이다. 사전에 유체동산을 보여준 경우에는 매각기일에 반드시 유체동산을 매각장소에 가져오지 아니하여도 관계가 없다. 따라서 유체동산을 창고에 그대로 보관시킨 상태에서 법원 구내에서 매각하는 것도 가능하게 된다.

미리 보여주기에 적합한 유체동산으로는 산림 속에 보관된 벌채목, 공장 내에 있는 대형기계 등을 들 수 있다. 반대로 흩어지기 쉬운 유체동산이나 다른 유체동산과 구별이 어려운 유체동산 등은 매각 후에 분쟁이 생길 우려가 있으므로 미리 보여주는 것은 적당하지 않다.

(나) 사전에 보여주기로 한 경우에는 그 일시와 장소를 정하여 공고하여야 한다(민집규 146조 1항 5호). 절차상으로는 보여주기에 앞서 보관자의 사전 승낙을 받을 필요가 있다. 만일 보관자가 승낙하지 아니하면 사전에 보여줄 수 없으므로 집행관으로서는 압류물을 회수하거나 보관 장소를 변경하여야 한다.

(다) 집행관의 참여의무
매각할 동산을 호가경매기일 전에 일반인에게 보여주는 경우에 그 동산이 채무자가 점유하고 있는 건물 안에 있는 때에는 집행관은 보여주는 자리에 참여하여야 한다. 그 외의 경우에도 동산 보관자의 신청이 있는 때에는 마찬가지이다(민집규 148조 2항). 이는 채무자와 물건을 보여주는 사람 사이에 분쟁이 생길 위험이 크기 때문에 집행관이 그 자리에 참여하도록 하는 것이다. 그 밖의 경우에는 집행관이 참여할 의무가 없으나, 분쟁발생의 가능성 등을 고려하여 집행관이 재량으로 참여 여부를 결정할 수 있다.

(라) 집행관의 기록의무
집행관은 매각할 유체동산을 호가경매기일 전에 일반인에게 보여준 때와 그 자리에 집행관이 참여한 때에는 그 취지를 기록에 적어야 한다(민집규 148조 3항).

(6) 매수신청의 최고
매수신청은 호가경매절차에 참가한 자가 집행관에 대하여 자기를 매수인으로 하여 줄 것을 바라는 신청이다. 매수신청의 최고는 개별매각의 경우 매각목적물을 일일이 호창(呼唱)하고 실물을 보이면서 행한다. 그러나 일괄매각의 경우에는 일괄매각한다는 취지를 알림으로써 충분하다.

(7) 매수신청인의 자격
(가) 채무자
채무자는 적법한 매수인이 될 자격이 없다(민집규 158조, 59조 1호). 매수신청을 할 수 없다고 하는 것은 자기 자신이 매수인이 될 수 없다는 취지이므로 다른 사람의 대리인으로서 매수신청을 하는 것은 허용된다. 반면, 실질적으로는 채무자가 매수하면서 다른 사람을 내세워 매수신고를 하는 것은 매각불허가 사유가 된다(민집 123조 2항, 121조 3호 유추).

여기에서 말하는 채무자는 당해 강제경매절차에서 채무자로 취급되는 자만을 말하므로 절차상의 채무자와 같은 급부의무를 부담하는 실체법상의 연대채무자, 연대보증인 등은 이에 해당되지 아니한다.[139] 채권자가 매수신청인이 될 수 있는 것은 민사집행법 143조에 의하여 명백하다. 경매신청채권자의 대리인, 담보권자도 매수신청인이 될 수 있다. 제3취득자도 매수신청인이 될 수 있다.

집행관은 채무자와 재매각절차에서 전의 매수인은 매수신청을 할 수 없음을 미리 알려야 한다(재민 2004-3, 30조 3항). 집행관은 매수 신고할 자격이 없는 자가 매수신고를 하게 해서는 안된다. 이는 집행관의 직무상의 의무이므로 집행관은 매수신고인이 채무자인 것을 안 때에는 그 매수신고는 무효로 처리하고 절차를 진행하여야 한다.

(나) 매각절차에 관여한 집행관 또는 그 친족(집행관법 15조 1항)

집행관 또는 그 친족은 그 집행관 또는 다른 집행관이 경매 또는 매각하는 물건을 매수하지 못한다(집행관법 15조 1항). 부동산 강제집행절차에서는 '매각절차에 관여한 집행관'만 매수신청을 할 수 없도록 규정하고 있으나(민집규 59조 2호), 집행관이 집행기관인 유체동산 집행에는 위 규정을 준용하지 아니한다(민집규 158조 참조).

(다) 매각하는 동산을 평가한 감정인이나 그 친족(집행관법 15조 2항)

값이 비싼 물건을 평가하는 감정인과 그 친족도 매수신청인이 될 수 없다(민집 200조, 집행관법 15조 2항). 부동산 강제집행절차에서는 '매각 부동산을 평가한 감정인(감정평가법인이 감정인인 때에는 그 감정평가법인 또는 소속 감정평가사)'만 매수신청을 할 수 없도록 규정하고 있으나(민집규 59조 3호), 집행관이 집행기관

---

[139] 법원공무원교육원, 2002, 집행관연찬집, 「13」 동산 경매에서 부부가 채무자이거나 그중 1인에 대해 집행신청을 했을 때 강제집행은 채권자의 신청으로 개시되고 관할 집행기관에 서면으로 신청하여야 하는바, 그러한 집행신청을 당하지 않은 채무자까지 여기서 말하는 채무자로 볼 수 없어 집행신청을 당한 채무자가 아닌 채무자는 이건 매수신청을 할 수가 있고, 따라서 그 채무자가 배우자일 때 공유자 우선 매수신청과 공유지분에 대한 매득금 지급요구도 가능하다. 위 같은 경우 매각기일을 연기하여 배우자인 다른 채무자에 대한 집행신청을 받아 일괄처리 하는 것이 타당하다.

인 유체동산 집행에는 위 규정을 준용하지 아니한다(민집규 158조 참조).

(라) 집행법원을 구성하는 법관, 법원사무관 등(민소 41조 1호, 50조의 유추적용)

(마) 재매각절차에서 전의 매수인(민집 138조 4항)

(바) 집행관이 매각장소의 질서유지를 위하여 매수의 신청을 금지한 자(민집 204조, 108조)

(사) 외국인은 별다른 제한이 없다.

(아) 그 밖에 법원은 법령의 규정에 따라 취득이 제한되는 동산에 관하여는 매수신청을 할 수 있는 사람을 정하여진 자격을 갖춘 사람으로 제한하는 결정을 할 수 있다(민집규 158조, 60조). 예를 들면 총포 도검, 마약류 등에 매수신청을 할 수 있는 사람을 제한할 수 있다.

(자) 행위능력 등

매수신청에는 소송행위로서의 성질이 있으므로 매수신청인에게 행위능력이 있어야 함은 당연하다. 판례는 부동산경매에 관하여, 미성년자의 매수신청 및 매각은 무효라고 한다(대결 1967. 7. 12. 67마507). 따라서 행위제한능력자의 매수신청은 법정대리인을 통하여 하여야 한다. 그 밖에 매수신청인의 자격에 대한 제한은 없으므로 압류채권자나 물상담보권자라도 매수신청인이 될 수 있다. 자격 없는 자에 의한 매수신청이 있을 때에는 집행관은 최고가매수신고인 여부를 가리지 않고 바로 이를 각하하여야 한다.

(차) 대리인에 의한 매수신청

매수신청은 반드시 본인이 하여야 할 필요는 없으며 대리인을 통하여 할 수 있다. 법인의 경우에는 대표자나 대리인이 매수신청을 하여야 한다. 매수신청인이 법인인 경우는 대표자의 자격을 증명하는 문서를 집행관에게 제출하여야 한다(민집규 147조 4항, 62조 3항). 매수신청인의 대리인은 대리권을 증명하는 문서를 집행관에게 제출하여야 한다(민집규 147조 4항, 62조 4항).

집행관은 매수신청을 받음에 있어 주민등록증 그 밖의 신분을 증명하는 서면이나 대리권을 증명하는 서면에 의하여 본인인지의 아닌지, 행위능력 또는 정당한 대리권의 유무를 확인하여야 한다. 무권대리인(無權代理人)의 매수신청을 간과하고 매각을 알린 경우에는 그 무권대리인이 매수인의 책임을 진다(민 135조 참조). 여러 사람이 공동으로 매수신청을 할 수도 있으며 이 경우에는 불가분채무로서 각자 대금지급의무를 지게 된다.

(8) 호가경매의 방식

> **민사집행규칙**
>
> **제147조(호가경매의 절차)**
> ① 집행관이 경매기일을 개시하는 때에는 매각조건을 고지하여야 한다.
> ② 집행관은 매수신청의 액 가운데 최고의 것을 3회 부른 후 그 신청을 한 사람의 이름·매수신청의 액 및 그에게 매수를 허가한다는 취지를 고지하여야 한다. 다만, 매수신청의 액이 상당하지 아니하다고 인정하는 경우에는 매수를 허가하지 아니할 수 있다.
> ③ 집행관은 소속 법원 안에서 호가경매를 실시하는 경우 법 제108조의 조치를 위하여 필요한 때에는 법원의 원조를 요청할 수 있다.
> ④ 유체동산의 호가경매절차에는 제57조 제1항, 제62조 제3항·제4항 및 제72조 제1항·제2항의 규정을 준용한다.
>
> **제72조(호가경매)**
> ① 부동산의 매각을 위한 호가경매는 호가경매기일에 매수신청의 액을 서로 올려가는 방법으로 한다.
> ② 매수신청을 한 사람은 더 높은 액의 매수신청이 있을 때까지 신청 액에 구속된다.
> ③ 집행관은 매수신청의 액 가운데 최고의 것을 3회 부른 후 그 신청을 한 사람을 최고가매수신고인으로 정하며, 그 이름과 매수신청의 액을 고지하여야 한다.
> ④ 호가경매에는 제62조 제3항 내지 제5항, 제63조, 제64조 및 제67조 제1항의 규정을 준용한다.

호가경매는 호가경매기일에 매수신청의 액을 서로 올려가는 방법으로 한다(민집규 147조 4항, 72조 1항). 호가경매기일을 열고 그 기일에 매각하여 최고가·차순위매수신고인을 결정하는 점에서 기일입찰과 유사하다. 매수신청은 말로 하며 자기가 압류물을 매수하려는 가액을 신고하여야 한다.

매수신청은 소송행위와 마찬가지로 단순하여야 하고 조건이나 기한 등을 붙일 수 없다. 매수신청인의 수가 한 사람이라도 무방하다. 매수신청의 가액은 특별매각조건으로 최저매각가격을 정한 경우, 금·은붙이의 경우(민집 209조) 등을 제외하고는 아무런 제한이 없다.

다만 매수신청의 가액이 지나치게 낮은 때에는 집행관은 경우에 따라 매각을 거부할 수도 있다. 부동산경매(민집 113조)와는 달리, 특별매각조건으로 보증금 보관을 정하지 않는 이상 매수신청 시에 보증금을 집행관에게 보관시킬 필요는 없다. 민사집행법 190조의 규정에 따라 부부공유 유체동산을 압류한 경우에 배우자는 매각기일에 출석하여 우선 매수할 것을 신고할 수 있다(민집 206조 1항).

이 경우 배우자는 미성년자라도 상관없다(민법 826조의2 참조). 이 신고 역시 말로 하면 되고 특별한 방식을 요구하지 아니하나, 최고매수신고가격과 같은 가격으로 우선 매수하겠다는 취지를 표시하여야 한다(민집 206조 2항, 140조 1항). 최고가매수신고인과 그 매수신고가격이 정하여지기 전의 우선 매수신고는 매수가격을 특정하지 않은 채 단순히 최고가매수신고가격과 같은 가격으로 매수하겠다는 신고를 하고, 매각의 결과 정하여지는 최고가매수신고가격이 곧 우선 매수신고가격이 된다.

반면 최고가매수신고인과 그 매수신고가격이 정하여진 이후에 하는 우선 매수신고는 그 최고가매수신고가격을 우선 매수신고가격으로 하는 것이므로 기왕의 최고가매수신청인 또는 다른 매수신청인이 그보다 고가의 매수신청을 하게 되면 일단 효력을 잃고 배우자가 압류물을 매수하기 위해서는 또다시 우선 매수신고를 하여야 한다. 이 신고가 있을 때에는 최고가매수신고인에 우선하여 배우자에게 매각을 허가하여야 한다(민집 206조 2항, 140조 2항). 배우자가 우선 매수 신고를 할 수 있는 시기는 집행관이 최고가매수신고인의 성명과 가격을 호창하고 경매의 종결을 선언하기 전까지라고 할 것이다.

특별히 보증제공을 특별매각조건으로 하지 아니하는 한 우선 매수신청에도 보증의 제공은 불필요하다. 매수신청인은 더 높은 액의 매수신청이 있을 때까지 신청액에 구속되므로(민집규 147조 4항, 72조 2항), 마음대로 그 신청을 철회할 수 없다. 매수신청은 그보다 더 높은 액의 매수신청이 있거나 매각의 고지 없이 호가경매가 종결된 때에는 실효된다.

담합(談合)에 의한 매수신청이라 하더라도 그를 근거로 한 매각이 당연히 무효로 되는 것은 아니다. 매수신청에 착오, 기망, 강박 등에 의해 의사표시의 흠이 있더라도 매수신청에는 소송 행위적 성질이 있으므로 이를 이유로 매수신청이나 매각을 취소하는 것은 허용되지 않는다는 것이 다수설이다.

(9) 매각허가의 고지

매각허가는 최고가매수신청인에 대하여 그 신청을 허가하는 것으로서, 집행관은 매각에 참가한 자에게 매수신청을 위한 충분한 기회를 부여한 후 집행관이 매수신청의 액 가운데 최고의 것을 3회 부른 후 그 신청을 한 사람의 이름·매수신청의 액 및 그에게 매수를 허가한다는 취지를 고지 하여야 한다(민집 205조 1항, 민집규 147조 2항 본문).

최고가매수신청이 2개 이상 있을 때에는 먼저 매수신청을 한 자가 최고가매수신청인으로 되고, 동시에 여러 개의 최고가매수신청이 있을 때에는 집행관의 선택으로 그중 한 사람에게 매각을 허가하여야 한다. 부부공유 유체동산에 대하여 배우자의 우선 매수신고가 있을 때에는 최고가매수신청에 불구하고 그 배우자에게 매각을 허가하여야 한다(민집 206조 2항, 140조 2항). 이 경우에도 최고매수신고가격은 정하여야 하므로 집행관은 최고매수신고가격을 3회 불러야 한다.

(10) 매각의 불허가
(가) 개설

그 가격이 3회 불러진 최고가매수신청인은 행위능력이나 대리권에 흠이 있는 경우를 제외하고는 당연히 매수할 권리가 있다는 견해도 있으나, 민사집행규칙 147조 2항은 매수신청의 액이 상당하지 아니하다고 인정하는 경우에는 매수를 허가하지 아니할 수 있다고 규정하고 있으므로 부정적으로 보아야 한다.

민사집행법 205조 1항이 "매각을 '허가'한다."고 규정하고 있는 것은 집행기관인 집행관에 의한 별도의 처분이나 의사표시가 있을 것을 전제로 하는 것이라고 할 수 있다. 따라서 채무자는 그러한 결정이 있기 전까지는 집행채권과 집행비용을 지급하고 매각을 종결시키거나 민사집행법 49조의 서류를 제출하여 매각을 저지할 수 있다.

(나) 매각불허가 사유

집행관은 매수신청의 액이 상당하지 아니하다고 인정하는 경우에는 매수를 허가하지 아니할 수 있다(민집규 147조 2항 단서). 다만 매각에는 공적처분으로서의 성질이 있음에 비추어 최고가매수신고인의 성명과 가격을 말한 뒤에 그에의 매각을 허가하지 아니하는 것은 극히 신중을 기하여야 한다.

일반적으로 최고가매수신청인에게 매수신청자격이 없는 경우, 최저매각가격의 정함이 있는 경우에 그에 미달하는 최고가매수신청 등에 대하여는 매각을 거부하고 매각기일을 속행(또는 연기)할 것이라는 데에는 이론이 없다. 최고가매수신청가격이 지나치게 낮은 경우도 집행관의 재량으로 매각 여부를 결정할 것이라는 견해가 유력하다.

또 값비싼 물건에 있어서는 민사집행법 200조의 규정취지 등에 비추어 평가액에 미달하는 매수신청에 대하여는 매각을 알리지 아니하고 매각기일을 속행(또는 연기)하여 평가액을 낮춘 후 다시 매각함이 타당하다. 최고가매수신고인에게 위와 같은 매각불허가 사유가 없는 한 집행관은 반드시 매각을 허가하여야 한다. 매각조건으로 공고되지 않은 사유로 매각을 거부할 수 없다. 집행관이 정당한 사유 없이 매각을 거부하는 때에는 이해관계인은 집행에 관한 이의(민집 16조)를 할 수 있다.

매각은 압류를 전제로 하는 것이므로 압류가 부존재이거나 무효인 때에는 매수신청이나 매각의 고지 역시 무효로 된다. 매수신청인에게 행위능력이 없는 때에도 같다. 또 최고가매수신청인 이외의 자에게 매각을 고지하는 등의 사유로 집행에 관한 이의를 하여 그 집행이 종료되기 전에 집행법원의 취소결정이 있을 때에도 매각고지의 효력은 상실된다.

(11) 매각의 중지

여러 개의 물건이 압류된 경우에 이를 차례로 매각하여 그 매각대금으로 채권자에게 변제하고 강제집행비용을 지급하기에 충분하게 되면 즉시 매각을 중지하여야 한다(민집 207조 본문). 위 규정은 성질상 개별매각을 전제로 하는 것이므로 일괄매각(민집 197조 2항 및 101조 3항 단서)을 할 경우에는 적용할 여지가 없다.

여기의 채권자에는 압류물의 매각대금으로 배당을 받을 자, 즉 집행채권자, 이중압류채권자(민집 215조), 배당을 요구한 채권자(민집 217조) 및 가압류채권자가 포함된다. 채권액은 원금뿐만 아니라 이자 및 지연손해금을 포함하는 것이다. 유체동산 집행에 있어서는, 집행관이 매각대금을 영수한 때까지 배당요구를 할 수 있으므로(민집 220조 1항 1호), 민사집행법 207조의 채권액과 강제집행비용도 이때를 기준으로 산정하여야 한다.

따라서 채권액 계산에 있어 이자 및 지연손해금도 매각대금 영수 시, 즉 매각기일까지의 것만을 가산하여야 하고 실제로 배당하는 날까지의 것을 가산하여서는 아니 된다. 매각을 중지한 때에는 아직 매각하지 않은 나머지 압류물에 대하여는 그 압류를 취소하여야 한다. 매각을 중지한 경우 이미 실시한 매각의 매각대금으로 채권액과 집행비용을 변상하고도 잉여가 있을 때에는 그 잉여금은 채무자에게 지급할 것이지만, 채무자의 주소가 불명한 때에는 집행관은 공탁할 수 있다.

집행관이 민사집행법 207조에 위반하여 매각을 속행하는 때에는 관계인은 집행에 관한 이의(민집 16조)를 할 수 있다. 그러나 일단 매각이 종료된 이후에는 집행관의 불법행위 때문인 손해배상책임은 별론으로 하고 매각 자체의 효력에는 영향이 없으며, 매수인은 적법·유효하게 소유권을 취득하게 된다.

(12) 매각의 불성립

매각기일에 매수신청이 없거나 신청가격이 낮아 집행비용을 제외하면 잉여가 없는 경우에는 매각기일을 연기하며 매각을 성립시킬 가능성이 있으면 새 기일을 정하여야 한다. 그러할 가능성이 없으면, 민사집행법 188조 3항에 따라 압류를 취소하여 압류물을 채무자에게 반환하든가(무잉여압류금지) 또는 민사집행법 214조에 따라 특별현금화방법을 취할 수 있다.

자-1. 호가경매 실시 매각조건 관련 실무사례

> **채무자의 신청에 따라서 압류물건을 일괄매각하는 것의 당부**[140] 「昭和 49 山口」
> * 유체동산의 경매 시에 특히 채무자가 일괄경매를 희망하는 취지의 신청이 있는 경우 물건의 품목 등에 구애되지 않고 일괄하여 경매할 수 있는가?
> * 유체동산의 경매는 개별경매가 원칙이다. 일괄경매로 하는가 아닌가는 매각물건의 품목 등을 검토한 다음 개별경매보다 적절하고 고가로 매각될 수 있는가 아닌가, 등을 고려하여 집행관이 스스로 판단하여야 하고 당사자로부터 일괄경매 신청은 일괄경매의 적부를 판단하는 하나의 사정이기는 하지만 이것에 구속되는 것은 아니다.

---

140) 日 最高裁判所 事務總局, 1997, 執行官事務(第3版), 「685」

자-2. 호가경매실시 매각할 유체동산의 열람에 관한 실무사례

동산을 열람에 제공하지 않고 매각하는 것의 가부 실무[141] 「昭和 63 函館」

* 매각해야 할 동산을 매수희망자의 열람에 제공하지 않고 매각하는 것이 가능한지?
* 매수희망자 전원이 열람의 필요가 없다고 하는 신청이 있었다고 하더라도 매수희망자에게 매각해야 할 동산을 열람할 기회를 부여하지 않고 매각을 하는 것은 불가능하다. 없어지기 쉬운 동산이나 다른 동산과 식별하기 어려운 동산 등은 매각 후에 분쟁이 발생하기 쉬우므로 사전열람의 방법을 취하는 것은 적당하지 않고 매각기일에 열람의 절차를 밟아야 한다. 다만 채무자가 매각기일에 부재인 경우에는 기일에 매수희망자가 채무자의 집의 내부에 출입하는 것은 채무자의 묵시의 승낙이 있다고 인정되는 경우를 제외하고는 허용되지 않는다.

따라서 채무자가 장기간 부재중인 때에는 매각해야 할 동산을 열람에 제공하는 것은 불가능하게 되고 운영상은 매각기일을 변경하고 압류물을 집행관 스스로 보관하던가, 또는 제3자에게 보관시키게 되는 것을 고려하게 된다. 압류물의 평가액이 적어 집행비용에도 못 미치는 결과로 되는 때에는, 잉여가 생길 가망이 없는 경우로서 압류를 취소하게 된다.

주: 채무자에게 압류물을 보관시키고 그 보관 장소(채무자의 주거 등)에서 매각기일을 여는 경우에 그 보관 장소가 채무자 부재로 시정된 때에는 집행관은 강제출입권을 가진다고 해석된다.

경매 자체, 그 장소에서 질서유지를 위해서는 강제력의 행사가 허용되며 매각기일에서의 점검 등의 부수적 절차에서도 강제력의 행사가 허용되며 또 지정된 일시에 당해 장소에서 매각기일을 열 수 없는 이상 집행관이 압류물을 스스로 보관할 수 있다고 할 것이므로 단적으로 매각기일의 실시에 압류를 위한 강제권한의 규정(법 123조 2항)이 유추 적용하게 된다고 해석해야 하기 때문이다.

특히 이같이 해석하더라도 매수인은 독자적인 강제출입권을 가지지 않으므로 채무자의 명시 또는 묵시의 승낙이 있는 경우에 한하여 내부에 출입할 수 있음에 그친다. 이 해석 하에서는 어떤 경우에 채무자의 묵시 승낙이 인정되는가가 문제가 되지만 채무자가 매각기일의 통지를 받으면서 기일의 변경, 압류물의 보관교체, 매수인의 출입거부 등의 신청을 하지 않은 때는 당해 기일에 당해 장소에서 매각기일을 실시하는 것(즉 매수인이 출입하는 것)을 묵시로 승낙한 것으로 보아도 좋을 것이다(집행관 제요 201, 잡지17-21 참조).

---

[141] 日 最高裁判所 事務總局, 2011, 執行官事務(第4版), 「663」.

자-3. 호가경매의 방식 관련 실무사례

> **부도난 약속어음의 매각가액**142) 「昭和 56 札幌」
> * 자금부족 또는 거래 없음의 사유로 부도 처리된 약속어음의 매각에서 액면금액을 대폭 하회 하는 매수신청이 있는 경우 이것을 허용해도 좋은가?
> * 부도 처리된 어음을 액면금액에 가까운 가액으로 매각하는 것은 불가능하지만, 액면의 2, 3할 정도 저액의 매수신청을 허용하면 이러한 어음을 대량으로 매수하고, 그 추심으로 폭리를 취하는 행위를 조장하는 것이 되므로 매수신청의 액이 위 정도에 그치는 경우에는 집행관은 규칙 116조 1항 단서에 의하여 매수를 허용해서는 안된다. 상당한 방법에 따른 매각을 시도해도 매각할 수 없고 매각의 가망이 없다고 판단이 되는 경우에는 집행관은 법 130조에 의하여 어음의 압류를 취소하게 된다.

차. 대금의 지급

(1) 개 설

유체동산경매에 있어서는 부동산경매와는 달리, 대금지급과 물건을 인도할 날을 매각기일과 다른 날로 정한 경우를 제외하고는, 매각기일에 매각허가와 대금지급, 물건의 인도가 모두 이루어진다.

(2) 대금의 지급

> **민사집행법**
> **제205조(매각·재매각)**
> ① 집행관은 최고가매수신고인의 성명과 가격을 말한 뒤 매각을 허가한다.
> ② 매각물은 대금과 서로 맞바꾸어 인도하여야 한다.
> ③ 매수인이 매각조건에 정한 지급기일에 대금의 지급과 물건의 인도청구를 게을리 한 때에는 재매각을 하여야 한다. 지급기일을 정하지 아니한 경우로서 매각기일의 마감에 앞서 대금의 지급과 물건의 인도청구를 게을리 한 때에도 또한 같다.
> ④ 제3항의 경우에는 전의 매수인은 재매각절차에 참가하지 못하며, 뒤의 매각대금이 처음의 매각대금보다 적은 때에는 그 부족한 액수를 부담하여야 한다.
>
> **민사집행규칙**
> **제149조(호가경매에 따른 대금의 지급 등)**
> ① 호가경매기일에서 매수가 허가된 때에는 그 기일이 마감되기 전에 매각대금을 지

---

142) 日 最高裁判所 事務總局, 1997, 執行官事務(第3版), 「703」

급하여야 한다. 다만, 제2항의 규정에 따라 대금지급일이 정하여진 때에는 그러하지 아니하다.
② 집행관은 압류물의 매각가격이 고액으로 예상되는 때에는 호가경매기일부터 1주 안의 날을 대금지급일로 정할 수 있다.
③ 제2항의 규정에 따라 대금지급일이 정하여진 때에는 매수신고를 하려는 사람은 집행관에 대하여 매수신고가격의 10분의 1에 상당하는 액의 보증을 제공하여야 한다. 이 경우 매수신고보증의 제공방법에 관하여는 제64조의 규정을 준용한다.
④ 제3항의 규정에 따른 매수신고의 보증으로 금전이 제공된 경우에 그 금전은 매각대금에 넣는다.
⑤ 매수인이 대금지급일에 대금을 지급하지 아니하여 다시 유체동산을 매각하는 경우 뒤의 매각가격이 처음의 매각가격에 미치지 아니하는 때는 전의 매수인이 제공한 매수신고의 보증은 그 차액을 한도로 매각대금에 산입한다. 이 경우 매수인은 매수신고의 보증금액 가운데 매각대금에 산입되는 금액에 상당하는 부분의 반환을 청구할 수 없다.
⑥ 매수신고의 보증이 제3항 후문에서 준용하는 제64조 제3호의 문서를 제출하는 방법으로 제공된 경우에는 집행관은 은행등에 대하여 제5항 전문의 규정에 따라 매각대금에 산입되는 액의 금전을 지급하라는 취지를 최고하여야 한다.
⑦ 집행관은 대금지급일을 정하여 호가경매를 실시한 때에는 대금지급일에 대금이 지급되었는지 여부를 기록에 적어야 한다.

(가) 대금의 지급시기(민집규 149조 1항)

호가경매기일에서 매수가 허가된 때에는 민사집행법 205조 2항, 3항 후문의 해석상 그 기일이 마감되기 전에 매각대금을 지급하여야 한다(민집규 149조 1항 본문). 이는 민사집행법 205조 2항, 3항 후문의 해석상 당연한 것으로 볼 수 있는데 민사집행규칙 149조는 이를 확인하는 한편 본조 2항의 규정에 따라 대금지급기일을 정하는 경우는 예외로 한다고 그 취지를 명백히 밝혔다.

(나) 대금지급일의 지정(민집규 149조 2항)

다만 집행관은 압류물의 매각가격이 고액으로 예상되는 때에는 호가 매각기일부터 1주 안의 날을 대금지급일로 정할 수 있고, 매각가액이 고액인 때에는 매수인에게 그 대금지급을 위하여 상당한 준비기간을 부여할 필요가 있는 경우도 있으며, 또 매수희망자들이 고액의 현금을 매각장소에 소지하고 오는 것을 피할 수 있다는 위험방지 차원에서도 고려될 수 있다.

본 항에서 "매각가액이 고액으로 예상되는 때"라 함은 민사집행법 200조에 규정된 "값이 비싼 물건"을 매각하는 경우뿐만 아니라, 저가물(低價物)이라도 그 수량이 많아서 일괄매각 대금이 고액인 경우도 포함한다.143) 이 경우 집행관은 매수신고의 보증금액과 그 제공방법 및 대금지급일을 공고하여야 한다(민집규 146조 1항 6호).

(다) 매수신고의 보증(민집규 149조 3항)

이에 따라 대금지급일이 정하여진 때에는 매수신고를 하려는 사람은 매수신고의 보증을 제공하여야 한다. 여기서 보증금액은 매수신고가격의 10분의 1이며, 보증의 제공방법에 관하여는 민사집행규칙 64조의 규정이 준용된다(민집규 149조 3항). 따라서 금전, 은행법의 규정에 따른 금융기관이 발행한 자기앞수표로서 지급제시기간이 끝나는 날까지 5일 이상의 기간이 남아 있는 것, 은행 등과의 사이에 지급보증위탁계약을 체결한 것을 증명하는 문서를 제출하는 방법 등이 있다.

또 집행관은 상당하다고 인정하는 때에는 보증의 제공방법을 제한할 수 있다(민집규 64조 단서). 집행관은 대금지급일을 정하여 유체동산을 매각하는 때에는 매수신고의 보증금액과 그 제공방법을 공고하여야 한다(민집규 146조 1항 6호).

(라) 매수신고보증의 대금충당(민집규 149조 4항)

매수신고의 보증으로 금전이 제공된 경우에 그 금전은 매각대금에 넣는다(민집규 149조 4항). 금융기관이 발행한 자기앞수표도 금전에 따라 처리된다. 그러므로 이 경우에 매수인은 대금지급일에는 잔액인 매각대금과 매수신고보증금액과의 차액을 지급하면 된다.

매수신고보증이 민사집행규칙 64조 3호의 지급보증위탁계약체결 사실을 증명하는 문서를 제출하는 방법으로 제공된 경우에도 위와 같이 잔액만을 지급하면 되는지 문제 될 수 있으나, 민사집행법 205조에는 민사집행법 142조 4항과 달리 잔액 지급을 허용하는 명문의 규정이 없는 점, 민사집행법 205조 2항에서 매각물은 대금과 서로 맞바꾸어 인도하도록 하고 있는 점 등에 비추어 볼 때, 이 경우에는 매각대금의 전액을 지급하여야 한다고 해석된다.

---

143) 법원행정처, 2002, 민사집행규칙해설, 403~404면.

(마) 대금을 지급하지 아니한 때의 조치(민집규 149조 5항)

매수인이 대금지급의무를 게을리하면 재매각 한다(민집 205조 3항).

① 매수인 차액의 부담

매수인이 대금지급일에 대금을 지급하지 아니하여 다시 유체동산을 매각하는 경우 뒤의 매각가격이 처음의 매각가격에 미치지 아니하는 때는 전의 매수인이 제공한 매수신고의 보증은 그 차액을 한도로 매각대금에 포함하고(민집규 149조 5항 전문), 나머지는 전의 매수인에게 반환된다.

다만 몰취 될 부분은 다시 매각한 결과 새로운 매수인 및 매수가액이 정하여지기까지는 확정되지 아니하므로 결국 전액을 재매각의 시행이 종료할 때까지 반환할 수 없게 되는 제한이 발생한다. 그리고 만약 전의 매수인이 제공한 보증의 액이 양 매각가액의 차이보다 적은 때에는 보증 전액이 매각대금으로 포함되며, 그 부족분에 대하여는 민사집행법 205조 4항에 의한 책임이 전의 매수인에게 여전히 남게 된다.

② 보증반환청구권(保證返還請求權)의 상실(喪失)

위와 같이 민사집행규칙 149조 5항 전문에 따라 전의 매수인이 제공한 매수신고의 보증을 그 차액을 한도로 매각대금에 포함할 경우 매수인은 매수신고의 보증금액 가운데 매각대금에 포함되는 금액에 상당하는 부분의 반환을 청구할 수 없다(민집규 149조 5항 후문).

민사집행법 205조 4항 후단은 재매각의 경우 전의 매수인은 뒤의 매각대금이 처음의 매각대금보다 적은 때에는 그 부족한 액수를 부담하여야 한다고 규정하고 있는바,144) 보증이 제공된 경우에는 민사집행규칙 149조 5항 후문에 의하여 그 부담이 이루어진다.145) 부동산의 매각에 관하여는 대금을 납부하지 아니하면 전의 매수인은 보증금의 전액이 몰취 되지만(민집 138조 4항 후단), 동산의 경우는 매각대금에 포함되는 부분의 반환만을 청구할 수 없게 되는 점이 다르다. 이처럼 보증금액 가운데 반환을 청구할 수 없는 부분은 다시 매각한 결과 새로운 매수인과 매수가격이 정하여지기까지는 확정되지 아니하므로 결국 재

---

144) 법원행정처, 2002, 민사집행규칙해설, 405면.
다만 그 회수청구권의 행사주체에 관하여는 집행관이라는 설과 채권자 또는 채무자라는 설이 대립하고 있다.
145) 전게서.
부동산 매각절차에서는 매각대금을 납부하지 아니하면 보증금 전액이 몰취 되지만, 여기서는 매각대금에 포함되는 부분의 반환만을 청구할 수 없게 되는 점에서 차이가 있다.

매각의 시행이 종료할 때까지 그 전액을 반환할 수 없게 된다.

매수신고의 보증이 민사집행규칙 64조 3호의 문서(은행 등과의 사이에 지급보증위탁계약을 체결하였음을 증명하는 문서)를 제출하는 방법으로 제공된 경우 대금이 지급되지 아니한 때의 현금화 방법은 집행관이 은행 등에 대하여 민사집행규칙 149조 5항 전문의 규정에 따라 매각대금에 포함되는 액의 금전을 지급하라는 취지를 최고하여(민집규 149조 6항), 최고된 금액을 지급받는 방법이다. 위 지급의 최고는 그 매각대금에 포함되는 금액이 결정된 뒤에 하여야 한다.

(바) 대금의 지급에 관한 기록(민집규 150조 7항)

집행관은 대금지급일을 정하여 호가경매를 실시한 때에는 대금지급일에 대금이 지급되었는지를 기록해 두어야 한다(민집규 149조 7항).

(사) 대금의 지급

매수인은 매각조건에서 별도의 대금지급기일을 정한 때에는 그 기일에, 그 정함이 없는 때에는 매각기일이 마감되기 전에 매수대금을 지급해야 한다. 매수인이 여러 사람일 때에는 각자 전액을 지급할 의무가 있고 그들 사이의 관계는 불가분채무(不可分債務)이다. 대금은 현금으로 지급하여 달라고 요구한다.

금융기관이 발행한 자기앞수표는 현금에 따른다. 채권자가 매수인인 경우에 다른 배당요구채권자가 없을 때에는 매각대금과 집행채권을 대등액에서 상계할 수 있으나, 다른 배당요구채권자가 있는 때에는 그들의 배당협의가 성립한 경우에 한하여 상계할 수 있다. 매각대금은 집행관에게 지급한다. 집행관은 집행기관으로서 이를 영수하며, 영수한 때에는 담보를 제공하거나 공탁을 하여 집행에서 벗어날 수 있도록 채무자에게 허가한 때를 제외하고는 채무자가 지급한 것으로 본다(민집 208조).

차-1. 대금의 지급 관련 실무사례

(가) **압류물의 대금지급일을 정하는 기준**[146] 「昭和 54 名古屋, 福岡」
* 대금지급일을 정함에는 압류물의 매각가액이 고액으로 될 것이 예견되는 때로 되어 있지만(규칙 118조 2항) 고액이란 어느 정도의 금액을 지칭하는가?

* 대금지급일을 정하는가 아닌가는 같은 기일에 매각되는 동산의 총평가액, 참가가 예상되는 사람 수, 매각장소의 상황 등의 제반 사정을 고려한 다음 매수인에게 준비기간을 부여할 필요의 유무, 다액의 금전이 매각장소에 가져오는 위험의 방지 등의 관점에서 결정해야 된다. 따라서 고액의 해석도 일의적(一義的)으로 정하는 것은 곤란하고 시대의 변천에 따라서 그 기준도 변동되는 것이다.

(나) 매수대금과 채권액의 상계 「平成 7 宮崎」
* 동산집행사건에서 신청채권자가 그 압류물건을 매수하여 그 매수대금과 자기의 채권상당액과의 상계를 신청한 경우는 그 방법으로 처리할 수 없는가?
* 부동산집행 사건의 경우는 차액납부의 규정이 있지만, 동산집행사건에서는 그와 같은 상계 규정은 없고 상계의 의사표시를 집행관이 받을 권한이 없으므로 인정될 수 없다.
  주) 우리나라 실무에서는 다른 배당요구채권자가 없을 때는 매각대금과 집행채권액을 대등액에서 상계할 수 있도록 하였다.

카. 목적물의 인도와 소유권의 취득

(1) 목적물의 인도

집행관은 대금과 서로 맞바꾸어 매각물을 매수인(최고가매수신청인)에게 인도하여야 한다(민집 205조 2항). 인도는 매각물에 대한 사실적 지배를 이전하는 것이다. 집행관은 누구의 대리인도 아니므로 점유개정(占有改正)이나 목적물반환청구권(目的物返還請求權)의 양도(민법 190조)에 의한 인도는 허용되지 않는다. 매수인이 대금지급을 하였음에도 인도를 하지 않는 경우에 집행관을 상대로 그 인도를 소구(訴求)할 수는 없고 집행에 관한 이의(민집 16조)로 다투어야 한다. 이와 반대로 매수인이 대금지급을 하고도 인도를 받지 아니하는 경우에는 수령지체(受領遲滯)에 해당하여 집행관은 공탁할 것이라는 견해가 있다.

매각에 의한 목적물의 인도는 평온·공연하게 이루어진 것으로 추정된다. 또한, 유체동산 경매에 있어서 매수인은 매매대금을 납부하고 목적물을 인도받은 때에 해당 동산에 대한 소유권을 취득하는 것이고, 집행관으로서는 경매 목적물의 소유권에 대한 다툼이 없도록 하고 매매대금을 납부한 매수인이 그 목적물을 언제든지 가져갈 수 있는 상태에 둠으로써 인도 의무를 다한 것이라

---

146) 日 最高裁判所 事務總局, 2011, 執行官事務(제4판), 「665」, 「666」

고 보아야 한다.

따라서 그 목적물의 소유권 귀속이나 취거(取去) 또는 수거의 당부 자체에 관한 문제가 아니라, 목적물의 성상 또는 상황적인 요인 등으로 비롯된 매수인과 목적물을 보관하는 자 또는 그 밖의 이해관계인 등 사이에 단지 현실적인 목적물의 분리·취거나 그 비용 부담 등에 대한 의견 차이로 매수인이 현실적으로 목적물을 분리·취거 하지 않거나 혹은 못하고 있다 하더라도, 이는 특별한 사정이 없으면 그들 사이에서 자율적으로 협의·해결되어야 할 목적물의 분리·취거 방법 등과 관련한 사실상의 문제에 불과한 것이고, 그 때문에 집행관의 매수인에 대한 관계에서의 목적물 인도 자체가 이루어지지 않은 것이라고 볼 수는 없다.

(2) 매수인의 소유권 취득

유체동산 호가경매에 있어서 매수인의 소유권취득시기에 관하여는, 견해의 대립이 없지 아니하나 민사집행법 205조 2항의 규정상 매수인이 대금과 서로 맞바꾸어 매각물을 인도받을 때 소유권을 취득한다고 보아야 한다. 따라서 채무자 등은 매수인이 목적물을 인도받아 그 소유권을 취득하기 전까지만 집행에 관한 이의를 할 수 있다. 또 매수인이 매각물의 소유권을 취득한 뒤에는 집행채권자는 강제집행의 신청을 취하할 수 없다.

매각 절차상의 흠, 예를 들어 압류금지물건을 압류하여 매각한 경우, 집행정지서류가 제출되었음에도 매각을 진행하여 매각한 경우, 매각조건이나 매각일시·장소를 잘못한 경우 등의 사유가 있더라도 매수인의 소유권취득에는 영향이 없다. 이와 같은 것들은 매각의 본질적 요소가 아니기 때문이다. 그러나 매각의 기초인 압류 자체가 무효이거나 부존재인 경우에는 매수인이 소유권을 취득할 수 없다.

매각물이 제3자 소유인 경우에도 매수인이 소유권을 취득하는가에 관하여는 견해가 나뉜다. 호가경매가 공법상(公法上)의 처분으로서의 성질을 가진다는 점을 중시하는 처지에서는 매수인의 소유권취득을 원시취득이라고 하면서 매각물이 누구의 소유인가를 불문하고 매수인의 선의·악의와 관계없이 매수인은 그 소유권을 취득한다고 주장한다.

이에 반하여 호가경매는 사법상(私法上)의 매매로서의 성질을 중시하는 처지에서는 매수인의 소유권취득은 승계취득이고 제3자 소유물을 매수한 경우에는 적법하게 소유권을 취득할 수 없다고 하며, 민법 578조, 580조 2항 등은 이를 전제로 하는 것이라고 한다. 다만 후설(後說)에서는 매수인은 민법상의 선의취득 법리에 의하여 보호될 수 있다. 후설이 다수설로 보인다.147)

판례 중에는 채무자가 점유하는 제3자 소유의 목재에 대하여 인도 강제집행한 사안에서, '집행관이 이 사건 목재에 관한 채무자의 점유를 풀고 이를 점유한 후 다시 매수인에게 인도한 이상 매수인은 이 사건 목재에 관한 점유권과 소유권을 적법하게 취득하였다 할 것이고, 이 사건 목재가 제3자의 소유에 속한다고 하더라도 제3자가 이러한 사유를 원인으로 하여 이 사건 강제집행이 종료되기 이전에 집행방법에 대한 이의를 하든가, 제3자 이의소송을 제기하고 그 집행정지를 하여 두지 아니한 이상 이미 이 사건 목재에 대한 인도 강제집행이 완료되었다면 이 집행이 당연히 무효가 될 수 없다.'(대판 1972. 4. 25. 72다52 참조)고 하여 전설(前說)에 따른 듯한 것이 있는 한편, 집행채무자가 제3자에게 양도담보로 제공한 유체동산에 대하여 채권자가 강제집행을 신청하여 배당을 받은 사안에서, '집행채무자의 소유가 아닌 경우에도 강제집행절차에서 그 유체동산을 경락받아 매각대금을 내고 이를 인도받은 경락인은 특별한 사정이 없으면 그 소유권을 선의취득의 방법으로 취득하고 이에 따라 양도담보권자는 그 소유권을 상실하게 된다.'(대판 1997. 6. 27. 96다51332 참조)라는 취지로 판시하여 후설에 따른 것으로 보이는 것도 있다. 매수인의 소유권취득 성질이 어떤지에 관계없이 경매에는 담보책임(擔保責任)에 관한 특별규정이 있다(민 578조, 580조 2항). 또 채무자 이외의 자의 소유에 속하는 동산을 경매한 때도 경매 절차에서 그 동산을 매각 받아 매각대금을 납부하고 이를 인도받은 매수인은 특별한 사정이 없으면 소유권을 선의취득 한다고 판시하였다.148)

카-1. 매각물건의 인도에 관한 실무사례

매각물건의 인도149) 「昭和 40 大阪, 東京」
* 동산 강제집행에서 경락인이 매각기일의 수일 후에 매각물건을 인수받으러 간바, 채무자가 인도를 거절한 경우 집행관은 어떠한 조처를 해야 하는가?
* 경락물건의 인도가 이미 매각기일이 완료된 경우 특히 경락인이 집행관의 현실

---
147) 법원행정처, 2014, 법원실무제요, 민사집행(Ⅲ), 199면.
148) 대판 1998. 3. 27. 97다32680

인도가 불필요하다고 했기 때문에 매각물건 인도의 고지만으로 완료한 경우에는 경락인은 다시 집행권원을 취득하여 인도를 받아야 하며 집행관은 단지 채무자를 설득하는 정도로 그쳐야 한다. 그러나 아직 인도가 완료되지 않았다고 인정되는 경우로, 예컨대 경락인이 인도를 받는 것을 매각기일 후 극히 단기간 유예한 것에 지나지 않는 경우나, 매각물건이 기계류 등 큰 물건으로 인도를 받음에 트럭 등이 필요한 경우나, 매각물건이 가옥 등에 부착되어 있어 제거가 곤란한 등의 이유로 인도가 완료되지 아니한 경우에는 집행관은 매각기일 후이더라도 현실의 인도를 하여야 한다.

* 유체동산 매각 물건에 대한 집행관의 인도 의무150)
집행관은 매각대금과 서로 맞바꾸어 매각물을 매수인에게 인도하여야 한다. 매수인은 대금의 지급과 상환으로 목적물을 인도받은 때에 해당 동산에 대한 소유권을 취득하는 것이고 집행관으로서는 목적물에 대한 소유권의 다툼이 없도록 하고 대금을 납부한 매수인이 언제든지 가져갈 수 있는 상태에 둠으로써 인도의무를 다 한 것으로 보아야 한다. 다만 매각당일 인도가 완료되지 못하는 특수한 사정이 있다면 목적물에 대한 인도유예 기간을 주어야 한다.

타. 집행조서의 작성

집행관이 매각기일을 실시한 때에는 호가경매조서를 작성하여야 한다(민집 10조, 민집규 6조, 150조, 151조 3항). 호가경매조서는 집행관 집행행위의 내용을 명백히 밝히고 그 절차가 적법·공정하게 이루어졌음을 담보하는 것이므로 그 기재의 오류나 흠은 매각의 효력에는 영향이 없다.

호가경매조서에는 민사집행법 10조 2항 각 호의 사항과 민사집행규칙 6조 1항 각 호의 사항 외에, 매수인의 표시·매수신고가격 및 대금의 지급 여부(1호), 민사집행법 206조 1항의 규정에 따른 배우자의 우선 매수신고가 있는 경우에는 그 취지와 배우자의 표시(2호), 적법한 매수신고가 없는 때에는 그 취지(3호), 대금지급일을 정하여 호가경매를 실시한 때에는 대금지급일과 매수인의 매수신고보증 제공방법(제4호) 등을 적어야 한다(민집규 150조 1항).

그 밖에 본조에 명시되어 있지는 아니하나 특별매각조건이 있을 때에는 그에 관한 사항도 조서에 적어야 한다. 호가경매조서의 양식은 다음과 같다.

---

149) 日 最高裁判所 事務總局, 1997, 執行官事務(第3版), 「717」
150) 전국법원집행관연합회, 2024, 집행관업무편람 269면

|양식| **유체동산호가경매조서**

유체동산호가경매조서

사　건 : 20　　본　　　　　(　부)
채 권 자 :
채 무 자 :
집행권원 :
청구금액 : 원금　　　　원, 이자　　　　원
경매기일 : 20 .　.　. :
경매장소 :

1. 위 청구금액 및 집행비용의 변제에 충당하기 위하여 다음 사항을 고지하고 별지목록 기재 압류물건을 다음과 같이 경매하였다.

- 고 지 사 항 -

　가. 매각허가는 최고가매수신고액을 3회 부른 후에 한다.
　나. 매각물은 대금과 서로 맞바꾸어 인도한다.
　다. 매수인은 매각기일의 마감 전에 대금을 지급하고 매각물의 인도를 구하여야 한다. 이 조건을 이행하지 아니할 때에는 다시 그 물건을 매각한다.
　라. 전항의 조건을 이행하지 아니하는 매수인은 재매각절차에 참가할 수 없으며, 뒤의 매각대금이 처음의 매각대금보다 적은 때에는 그 부족한 액수를 부담한다.
　마. 채무자의 배우자는 그 공유 유체동산에 대하여 우선매수신고를 할 수 있다.
　바. 이건 압류물건은 일괄하여 매각한다.
2. 호가경매를 실시한 결과 최고가매수신고액은　　　　　원이었다.
3. 최고가매수신고액을 3회 불렀으나 더 높은 가격을 신고하는 사람이 없으므로 그 최고가매수신고인을(없고 채무자의 배우자로부터 우선매수신고가 있으므로 이를 허가하여 배우자를) 매수인으로 정하고, 그 성명과 매수신고액을 고지하였다.
4. 매수인이 매각대금을 지급하였으므로 매각물을 인도하고, 매각대금을 다음과 같이 처리하였다.
　　가. 매각대금　금　　　　원
　　　　　　　　　금　　　　원 배우자　　　　에게 교부
　　나. 집행비용　금　　　　원 내역 경매수수료 금　　　　원
　　　　　　　　　　　　　　　　　감정수수료 금　　　　원
　　　　　　　　　　　　　　　　　노 무 비 금　　　　원
　　　　　　　　　　　　　　　　　여 　 비 금　　　　원

```
        다. 배당할 금액   금        원
                        금        원   채권자        에게 교부
                        금        원   배당요구자      에게 교부
        라. 잔여금        원 채무자에게 교부
    5. 위와 같이 이 건 채무액이 전부 변제되었으므로 그 영수증과 집행권원을 채무자에
       게 교부하였다.
    6. 이 절차는 같은 날   :   에 시작하여   :   에 종료하였다.

         이 조서를 현장에서 작성하여 이해관계인에게 읽어준(보여준) 즉 승인하고, 다음에
       서명 날인하다.

                              20 .  .  .

            집행관                  (인)
            매수인   성명            (인)  주민등록번호
                    주소
            채권자                  (인)
            채무자                  (인)
            참여자   성명            (인)  주민등록번호
                    주소
```

주: 1. 여러 개의 물건이 개별적으로 경매에 부친 경우에는 해당 물건의 압류목록번호를 특정
      하여 기재한다.
   2. 매각대금으로 각 채권자의 채권액과 집행비용 전부를 변제할 수 없는 경우에는 위 "3"
      항 다음에 "매각금액은 금   원이나 각 채권자의 채권과 집행비용 전부를 변제할
      수 없으므로 20 . . 를 배당협의기일로 정하였다."라고 기재하고, "4" 항과 "5" 항을
      삭제한다.

경 매 목 록

번호	경매물품	규격	수량	평가액	매각가격	경락인	비고
1							
2							
3							
4							
5							
6							
7							
8							
9							
10							

주: 일괄매각을 한 경우에는 그 매각가격과 경락인은 하단의 "일괄매각"란에만 기재한다.

파. 재매각

(1) 재매각

　매수인이 ① 매각조건에 정한 지급기일에 대금의 지급과 물건의 인도청구를 게을리하거나 ② 지급기일을 정하지 아니한 경우로서 매각기일의 마감에 앞서 대금의 지급과 물건의 인도청구를 게을리 한때에는 집행관은 재매각을 하여야 한다(민집 205조 3항). 재매각은 매수인이 대금지급의무를 게을리 한 효과로서 매각을 취소하고 다시 매각하는 것이다. 따라서 민사집행법 205조 3항의 규정에 불구하고 최고가매수인이 대금은 지급하였으나 물건의 인도청구만을 해태하고 있는 경우에는 재매각할 것이 아니다.

　재매각의 절차는 전의 매각과 같다. 따라서 재매각에 있어서도 집행관의 목적물에 대한 점유가 확보되고, 매각할 물건을 일일이 제시하여야 할 것이므로 전의 매각에서 특별매각조건에 의하여 대금지급이 유예되어 목적물이 전의 매수인에게 인도된 경우에는 이를 회수하여야 한다.

(2) 전(前)의 매수인에 대한 제재
(가) 재매각절차 참가 금지
전의 매수인은 재매각절차에 참가하지 못한다(민집 205조 4항 전단).

(나) 부족액의 부담
재매각의 매각대금이 전의 매각대금보다 적은 때에는 전의 매수인은 그 부족액을 부담하여야 한다(민집 205조 4항 후단). 부족액 부담의무의 성질은 실체법상의 손해배상책임이다. 따라서 채권자가 재매각에서 완전한 만족을 얻은 때에는 채무자가, 채권자가 완전한 만족을 얻지 못한 때에는 채권자가, 전의 매수인에 대하여 재판상 또는 재판 외에서 청구할 수 있다.

전의 매수인이 특별매각조건에 따라 매수신고의 보증(또는 보증으로 금전이 제공된 경우에도 같다)을 제공하였을 경우에는 그 보증(또는 보증금)은 전의 매각대금과 뒤의 매각대금의 차액을 한도로 재매각의 매각대금에 산입한다(민집규 149조 4항, 5항 전문).

그러나 유체동산경매에는 민사집행법 138조 4항, 147조 1항 5호와 같은 규정이 없으므로 보증금 중 전의 매수인이 부담하여야 할 차액을 넘는 부분은 매각절차의 종결 후에 전의 매수인에게 반환하여야 한다(민집규 149조 5항 후문의 반대해석에 의하여도 마찬가지 결론에 이른다). 재매각절차에서 보다 고가로 매각되었어도 전의 매수인이 그 차액을 청구할 수는 없다.

3. 압류물의 입찰(入札)

가. 의 의

입찰은 입찰을 시킨 후 개찰(改札)하여 최고의 가격으로 매수신고를 한 입찰자에게 매각을 허가하는 방식이다(민집규 151조 1항, 2항). 입찰에는 미리 정해진 일시, 장소에서 한꺼번에 입찰하게 한 후 개찰하는 기일입찰방식과 입찰을 위한 일정한 기간을 정하여 그 기간에 입찰하게 한 다음 정해진 일시에 개찰하는 기간입찰방식이 있으나 동산의 매각에는 기일입찰 방식만 허용된다.

나. 절차의 개요

동산의 매각방법은 호가경매의 방법을 원칙으로 하고, 특별한 경우 입찰의 방법을 채택하고 있다(민집 199조, 민집규 145조에서 151조). 입찰이라 함은 각 매수신청인이 서면으로 매수가격을 신청하여 그중 최고가격을 신청한 사람을 매수인으로 정하는 방법을 말한다. 동산집행에 있어서 입찰은 압류물의 평가액이 고액인 경우, 호가경매의 방법으로는 일반인의 참가가 곤란한 사정이 있는 경우 등에 행하여질 수 있다. 이러한 매각방법의 선택은 집행관의 재량사항이다.

다. 기일입찰

유체동산의 성질상 부동산과 달리 입찰방법 중 기간입찰제도는 채택하지 아니하고, 기일입찰제도만 채택하고 있다. 기일입찰이란 집행관이 실시하는 입찰기일에 입찰을 시킨 후 개찰을 하는 방법으로 한다(민집규 151조 1항). 즉 입찰장소에서 입찰자에게 봉함한 입찰표에 입찰가격을 기재하여 제출하게 하여 그중에서 최고의 가액으로 매수신고를 한 입찰자를 최고가 입찰자로 결정하는 방법이다(민집규 151조 2항, 3항, 62조, 65조, 66조).

집행관이 입찰기일을 개시하는 때에는 매각조건을 알려야 한다(민집규 151조 3항, 147조 1항). 집행관은 소속법원 안에서 입찰하는 경우 매각장소의 질서유지를 위하여 필요한 때에는 법원의 원조를 요청할 수 있고(민집규 151조 3항, 147조 3항, 민집 108조), 그 장소에 출입하는 사람의 신분을 확인할 수 있다(민집규 151조 3항, 57조 1항).

라. 개찰과 매수의 허가 또는 매각불허가

개찰이 끝난 때에는 집행관은 최고의 가액으로 매수신고를 한 입찰인의 이름·입찰가격 및 그에 대하여 매수를 허가한다는 취지를 알려야 한다(민집규 151조 2항).

다만 집행관은 매수신청의 액이 상당하지 아니하다고 인정하는 경우에는 매수를 허가하지 아니할 수 있다(민집규 151조 3항, 147조 2항 단서). 동산입찰에서는 집행관이 매각의 주체이므로 부동산의 기일입찰과 달리 집행관이 매수의 허가를 한다. 그 밖의 나머지 사항들은 부동산 기일입찰에서의 절차와 같다.

마. 부동산에 있어서 기일입찰 등 규정의 준용

유체동산에 대한 입찰절차에는 부동산의 기일입찰에 관한 규정과 유체동산의 호가경매에 관한 규정 중 상당하다고 인정되는 조항을 준용하고 있다(민집규 151조 3항). 이름·입찰가격 및 그에 대하여 매수를 허가한다는 취지를 알려야 한다(민집규 151조 2항). 즉, 매각장소에 출입하는 사람의 신분확인(민집규 57조 1항), 기일입찰의 방법(이름·입찰가격 및 그에 대하여 매수를 허가한다는 취지를 알려야 한다(민집규 151조 2항). 다만 집행관은 매수신청의 액이 상당하지 아니하다고 인정하는 경우에는 매수를 허가하지 아니할 수 있다(민집규 151조 3항, 147조 2항 단서).

동산입찰에서는 집행관이 매각의 주체이므로 부동산의 기일입찰과 달리 집행관이 매수의 허가를 한다. 그 밖의 나머지 사항들은 부동산 기일입찰에서의 절차와 같다(민집규 62조), 입찰기일의 절차(민집규 65조), 최고가매수신고인 등의 결정(민집규 66조), 입찰기일의 지정 등(민집규 145조), 입찰공고의 방법 등(민집규 146조), 매각조건의 고지(민집규 147조 1항), 매수신청의 액이 상당하지 아니한 경우의 매수 불허가(민집규 147조 2항 단서), 집행관의 소속법원 안에서 입찰하는 경우 법원의 원조 요청(민집규 147조 3항), 매각할 동산의 열람(민집규 148조), 대금의 지급 및 매수신고의 보증(민집규 149조), 입찰조서의 기재사항(민집규 150조)에 관하여 준용하므로 각 그 부분 설명을 참고 한다.

바. 매각의 공개

매각은 공개의 원칙을 준수하여야 한다. 매각을 공개로 하는 것은 누구에게나 매각신청의 기회를 주어 가능한 한 가장 고가로 현금화하려는데 있다. 이를 위해 매각 일자와 매각장소 및 매각할 물건을 공고하도록 하고 있다(민집 203조 2항) 공개의 원칙을 위배한 매각을 무효로 보지 않을 경우 채권자나 채무자 등은 이에 대하여 집행에 관한 이의를 할 수 있게 된다.

4. 특별현금화(特別現金化) 방법(집행법원 아닌 집행관에 의한)

> **민사집행법**
>
> **제209조(금·은붙이의 현금화)**
> 금·은붙이는 그 금·은의 시장가격 이상의 금액으로 일반 현금화의 규정에 따라 매각하여야 한다. 시장가격 이상의 금액으로 매수하는 사람이 없는 때에는 집행관은 그 시장가격에 따라 적당한 방법으로 매각할 수 있다.

가. 금·은붙이의 현금화

(1) 개 설

유체동산매각에 있어서는 부동산매각과는 달리 최저매각가격 제도를 두지 않고 있다. 그러나 금·은붙이는 그 시장가격이 객관적이고 거래 또한 용이하므로 민사집행법 209조는 일반 유체동산매각의 특칙으로서 금·은붙이의 시장가격(市場價格)에 의한 매각을 원칙으로 규정함으로써 집행당사자 특히 채무자를 보호하는 데 있으며, 그러나 집행당사자의 동의가 있으면 금·은붙이라도 시장가격 이하로도 매각할 수 있을 것이다.

(2) 금·은붙이의 현금화 방법 중 일반 현금화 규정에 따른 매각

금·은붙이는 그 금·은붙이의 시장가격 이상의 금액으로 일반 현금화의 규정에 따라 매각하여야 한다(민집 209조). 일반 현금화의 규정에 따라 매각한다는 것은 호가경매나 입찰의 방법으로 매각하여 현금화하는 것을 의미한다. 금·은붙이라 함은 금·은의 세공물(細工物), 금 또는 은을 재료로 하는 것을 말한다.

금 또는 은의 합금물(合金物)은 그 함유량에 비추어 사회 통념상 금·은붙이라고 볼 수 없는 것을 제외하고는 금·은붙이에 해당한다고 보아야 한다. 보석 등의 귀금속이라 하더라도 금·은 이외의 것은 민사집행법 209조가 적용되지 않는다. 금·은붙이는 원래 값비싼 물건에 속하므로 그 매각에 앞서 감정인으로 하여금 평가하게 하여야 하지만, 이러한 일반적 평가 외에 금·은 자체의 시장가격, 즉 금 또는 은의 양 및 금속으로서의 가치를 별도로 감정·평가하게 하여야 한다. 금·은붙이의 시장가격에 의한 매각은 법정매각조건(法定賣却條件)이다. 따라서 그 시장가격에 미달하는 가격의 매수신청은 받아들여서는 안 된다.

(3) 금·은붙이의 현금화 방법 중 적당한 방법에 따른 매각

금·은붙이에 대하여 매각을 하였으나 그 시장가격 이상의 금액으로 매수하는 사람이 없는 때에는 집행관은 그 취지를 매각조서에 적은 후, 그 시장가격에 따라 적당한 방법으로 매각할 수 있다(민집 209조). 이 적당한 방법으로 하는 매각에는 집행법원의 허가를 요구하지 아니한다. 여기의 적당한 방법으로 하는 매각은 통상의 매각과는 다르므로 매각장소나 공고(민집 203조)에 관한 규정은 적용되지 아니한다.

그러나 성질상 적당한 방법으로 하는 매각이나 호가경매는 다 같이 압류물의 현금화 방법이므로 대금지급과 목적물의 인도(민집 205조), 매각의 한도(민집 207조), 매각대금영수의 효과(민집 208조), 채권자의 매각의 최고(민집 216조), 배당요구(민집 217조에서 221조) 등의 규정은 그대로 적용되거나 준용된다고 보아야 한다. 또, 적당한 방법으로 하는 매각에 관하여는 호가경매에 따라 매각조서(별지양식 참고)를 작성하여야 한다. 금·은붙이는 귀중품에 해당하므로 집행관이 직접 보관하여야 하고(집행관규칙 18조), 따라서 그 장소는 집행관 사무실일 경우가 많을 것이다.

(4) 민사집행법 209조 위반의 효과

민사집행법 209조의 규정은 당사자의 이익을 보호하기 위한 규정이므로 집행당사자의 합의가 있는 때에는 금·은붙이라도 그 금·은의 시장가격 이하로 매각할 수 있다. 위 조항은 공익적 규정은 아니므로 집행관이 여기에 위반하여 금·은붙이를 그 금·은의 시장가격 이하로 매각하거나 적당한 방법으로 매각하더라도 집행관이 불법행위책임을 짐은 별론으로 하고 그 매각 자체의 효력에는 영향이 없다고 본다.

|양식| **금·은붙이 매각조서**

금·은붙이 매각조서

사　　건 : 20　　본　(　　부)
채 권 자 :
채 무 자 :
집행권원 :
청구금액 : 원금　　　　　원, 이자　　　　원
경매기일 : 20　 .　 .
경매장소 :

1. 위 청구금액 및 집행비용의 변제에 충당하기 위하여 다음 사항을 알리고 별지 목록 기재 압류물건을 다음과 같이 경매하였다.

- 고 지 사 항 -

　가. 매각대금은 금·은의 시장가격 이상의 가격이어야 한다.
　나. 매각물은 대금과 서로 맞바꾸어 인도한다.
　다. 금·은의 시장가격은 별지 목록 기재와 같다.
　라. 매수인은 매각기일의 마감 전에 대금을 지급하고 매각물의 인도를 구하여야 한다. 이 조건을 이행하지 아니할 때에는 다시 그 물건을 매각한다.
　마. 전항의 조건을 이행하지 아니하는 매수인은 재매각절차에 참가할 수 없으며, 뒤의 매각대금이 처음의 매각대금보다 적은 때에는 그 부족한 액수를 부담한다.
　바. 채무자의 배우자는 그 공유 유체동산에 대하여 우선 매수신고를 할 수 있다.
2. 금·은의 시장가격 이상의 금액으로 매수신청 하는 자가 없으므로 위 압류물을 위 시장가격에 따라 매각하였다.
3. 매수신고인　　　　이 매수신고 하였다.
4. 최고가매수신고액을 3회 불렀으나 더 높은 가격을 신고하는 사람이 없으므로(있으나 채무자의 배우자로부터 우선 매수신고가 있으므로), 그 최고가매수신고인을 매수인으로 정하고, 그 이름과 매수신고액을 알렸다.
5. 매수인이 매각대금을 지급하였으므로 매각물을 인도하고, 매각대금을 다음과 같이 처리하였다.
　　가. 매각대금 : 금　　　　원, 금　　　　원, 배우자　　　　에게 교부
　　나. 집행비용 : 금　　　　원
　　　　〈내　역〉
　　　　　경매수수료 : 금　　　　원

```
            감정수수료 : 금           원
            노 무 비 : 금           원
            여     비 : 금          원
   다. 배당할 금액 : 금          원
            금       원   채권자        에게 교부
   라. 금       원   배당요구자      에게 교부   잔여금       원을
       채무자에게 내주었다.
6. 위와 같이 이건 채무액이 전부 변제되었으므로 그 영수증과 집행권원을 채무자에게
   내주었다.
7. 이 절차는 같은 날    :    에 종료하였다. 이 조서를 현장에서 작성하여 이해관계인
   에게 읽어준 (보여준) 즉 승인하고, 다음에 서명날인 하였다.

                            20 .  .  .
                   집행관              (인)
                   매수인              (인)
                   채권자              (인)
                   채무자              (인)
                   참여자이름          (인)
                   주민등록번호
```

가-1. 금·은붙이 현금화 관련 실무사례

고가물의 매수신청액이 감정평가액에 달하지 않는 경우의 처리[151] 「昭和 45 執硏」
* 고가물은 감정인에게 평가시키게 되어 있지만, 평가액 이상의 경락인이 없는 경우에는 어떻게 처리해야 하는가?
* 금·은 물인 경우에는 집수법(집행관 수속법) 41조 3항에 의하여 실제 가격 이하로는 경매가 허용되지 않게 실무 처리를 해야 하지만, 규칙 124조는 귀금속, 또는 그 가공품은 지금(地金)으로서의 가액 이상의 가액으로 매각해야 한다고 되어 있다. 기타의 고가물에 관하여는 평가액 이하로 경매하는 것은 허용되지 않는 것은 아니다.

고가 다량의 금·은·보석류를 압류하여 호가경매로 진행하면서 매수희망자들에게 열람하는 방법[152]
* 위 경우 금·은붙이와 기타 보석들로 분리하여 매각하여야 하고(민집209조) 금·은붙이는 시장(고시)가격이 있으므로 그 이상의 금액으로 매각하고 만약 매수인이 없으면 금 거래소를 통해 매각하는 방법도 고려해 볼 수 있다. 기타 보석들은 유리 진열함 속에 진열한 상태에서 감정서와 함께 열람시킨 후 경매를 진행하여 최종 매수희망자가 소수가 되었을 때는 이들에만 직접 만져보고 판단하도록 하는 것이 좋을 것이다. 다만 이러한 진행 방법에 대하여는 경매개시 전에 고시 또는 말로 알리도록 한다.

나. 유가증권(有價證券)의 현금화

민사집행법

제210조(유가증권의 현금화)
집행관이 유가증권을 압류한 때에는 시장가격이 있는 것은 매각하는 날의 시장가격에 따라 적당한 방법으로 매각하고 그 시장가격이 형성되지 아니한 것은 일반 현금화의 규정에 따라 매각하여야 한다.

(1) 개 설

민사집행법 210조는 유가증권의 현금화 방법에 관한 특별 규정이다. 본조의 적용 대상은 유가증권 중 배서(背書)가 금지되지 아니한 것은 유체동산 집행

---
151) 日 最高裁判所 事務總局, 2011, 執行官事務(제4판), 「670」
152) 전국법원집행관연합회, 2024, 집행관업무편람 272~274면 요약

의 대상이 되는바(민집 189조 2항 3호), 배서가 금지되지 아니한 유가증권 중 집행관이 압류한 것으로서 시장가격이 있는 것은 매각하는 날의 시장가격에 따라 적당한 방법으로 매각하고, 그 시장가격이 형성되지 아니한 것은 일반 현금화의 규정에 따라 매각하여야 한다.

민사집행법은 어음·수표 그 밖에 배서로 이전할 수 있는 증권으로서 배서가 금지된 증권 채권(證券. 債權)의 압류는 법원의 압류명령으로 집행관이 그 증권을 점유하여서 하도록 규정하고 있으므로(민집 233조), 배서로 이전할 수 있는 유가증권(有價證券) 중 배서가 금지되지 아니한 것은 민사집행법 210조에 의하여, 배서가 금지된 것은 "채권 기타 재산권의 집행방법"에 의하여 각각 현금화하게 된다. 본조에 의하여 현금화된 유가증권이 기명식인 경우의 매수인을 위한 조치에 관하여는 민사집행법 211조가 규정하고 있다.

(2) 민사집행법 210조의 적용을 받는 유가증권
(가) 지시증권(指示證券)

구체적으로는 어음·수표, 화물상환증, 창고증권, 선하증권 등의 지시증권이 여기에 해당한다. 다만 배서가 금지되지 아니한 것이어야 한다.

(나) 무기명식채권증권(無記名式債券證券)

무기명식의 수표, 국채(국채법 5조 1항), 지방채, 공채, 사채(상법 478조) 등 무기명채권증권이 여기의 유가증권에 해당한다. 국채는 채권자의 청구가 있는 때에는 등록할 수 있고, 등록된 국채의 이전에는 등록을 요구하므로(국채법 5조 2항, 6조) 등록국채는 이른바 배서가 금지된 유가증권에 해당한다고 할 수 있어 이에 대한 집행은 "채권 그 밖의 재산권에 대한 집행방법"에 의하는 것이 타당하다.

외국의 정부, 공공단체, 외국 법인이 발행한 채권, 무기명주권(상법 357조), 투자신탁의 수익증권(자본시장과 금융투자업에 관한 법률 110조), 상품권, 승차권, 입장권 등도 무기명증권에 해당한다.

외국화폐가 여기의 유가증권에 해당하느냐에 대하여는 견해가 대립되나, 외국화폐의 경우 그 시장가격이 형성되어 있으므로 민사집행법 210조의 규정에 따라 적당한 방법으로 매각할 수 있다고 본다. 배서가 금지된 유가증권은 법원의 압류명령에 따라 집행관이 그 증권을 점유 옷 표나 신표 등의 면책증권(민 526조)과 차용증서 등의 증거증권은 유가증권이 아니므로 채권집행의 방법이나 민사집행법 210조의 현금화 방법을 취함으로써 압류하며(민집 233조) 채권집행의 방법으로 현금화한다.

(다) 면책증권(免責證券), 순수한 증거증권(證據證券)

면책증권(민법 526조)은 유가증권이 아니므로 민사집행법 210조의 적용을 받지 않는다. 면책증권은 증권 자체에 권리가 화체(化體)된 것이 아니라 그 증서의 소지인에게 갚으면 비록 받은 자가 진정한 채권자가 아닌 경우도 채무자가 선의(善意)일 때는 그 책임을 면하는 것이기 때문이다.

순수한 증거증권에 대해서도 민사집행법 210조가 적용되지 않는다. 그 예로 차용증서, 유한회사(有限會社)가 그 사원에 발행한 지분(持分)에 관한 증서, 신용금고가 그 회원에게 발행한 출자증권(出資證券), 건설공제조합출자증권[153] 보험증권(保險證券) 등이 그것이다.

(3) 시장가격이 있는 유가증권의 현금화

주식회사의 주권, 국채나 공채, 사채 등과 같이 증권거래소에 상장되어 있거나 시장이 형성되어 객관적인 거래 시장가격이 있는 유가증권은 집행관이 매각하는 날의 시장가격에 따라 적당한 방법으로 매각할 수 있다(민집 210조 전단). 압류지에 거래소 또는 시장이 없더라도 신문이나 방송, 전화를 이용한 조회로 같은 경제권에 속하는 근접지의 거래시세를 알 수 있을 때에는 시장가격이 있는 것에 해당한다. 위 매각방법은 집행관이 자유재량으로 적절한 매각방법을 택하여 현금화하는 것이므로 매각일시, 장소와 공고에 관한 민사집행법 202조, 203조가 적용되지 않으나, 민사집행법 205조 2항은 준용된다고 본다.

따라서 다른 채권자는 매각의 종료 시, 즉 매각대금의 지급과 유가증권의 인도가 있을 때까지 배당요구를 할 수 있다. 채권자가 매각일시나 매각가격을 지정하여 유가증권의 매각을 신청하더라도 집행관이 그에 얽매이는 것은 아니다. 위 매각은 증권업자에게 유가증권의 매각을 위탁하거나 한국은행에 외국통화의 매각을 의뢰하는 것과 같이 중개인을 통하여 매각하여도 무방하다. 이때에는 중개업자에 대한 수수료와 공과금을 뺀 잔액이 매각대금이 된다.

시장가격이 있는 유가증권의 현금화는, 당사자의 합의 또는 집행법원의 명

---

153) 대결 1977. 2. 8. 76마497

령(민집 214조)이 없는 한 반드시 매각하는 날의 시장가격에 따라 적당한 방법으로 매각하여야 하고 호가경매나 입찰할 것이 아니다. 위 매각 시에는 그 조서를 작성하여야 하는바, 그 양식은 아래와 같다.

(4) 시장가격이 형성되지 아니한 유가증권의 현금화

시장가격이 없는 유가증권은 유체동산 일반현금화의 규정에 따라 매각하여야 한다(민집 210조 후단). 이처럼 일반현금화방법에 따르게 되어 있지만, 집행관으로서는 집행당사자로 하여금 민사집행법 214조에 따라 집행법원에 특별현금화명령을 신청하도록 권고하여 그 명령에 따라 매각하는 것이 바람직하다. 어음, 수표 등의 지시증권의 경우에는, 일반적으로 그 액면가를 현금화의 기준으로 할 것이나, 필요에 따라 적절히 평가할 수 있고 특히 지급 거절된 어음이나 수표의 경우에는 액면가보다 감액하여 매각하여야 한다.

|양식| **유가증권매각조서**

유가증권매각조서

사　　　건 : 20　　본　(　　부)
채　권　자 :
채　무　자 :
집행권원 :
청구금액 : 원금　　　　　원, 이자　　　　원
경매기일 : 20　.　.　.
경매장소 :

1. 위 청구금액 및 집행비용의 변제에 충당하기 위하여 다음 사항을 알리고 별지 목록 기재 유가증권을 다음과 같이 매각하였다.

　　　　　　　　　　　- 고 지 사 항 -
　　가. 유가증권의 가격은 한국증권거래소에서 매매가 성립된 당일의 시세에 의한다.
　　나. 매각대금은 증권인도일에 증권과 서로 맞바꾸어 지급한다.
2. 위와 같은 조건으로 ○○증권주식회사에 매각을 위탁하고 위 회사는 이를 승낙하였다.
3. 수탁회사가 20　.　.　. 상장에 의한 매각대금 및 계산서를 제출하였으므로 정산한 후 증권을 인도하고, 매각대금을 다음과 같이 처리하였다.

매각대금　　　　금　　　　　원
위탁수수료　　　금　　　　　원
거래세　　　　　금　　　　　원
집행비용　　　　금　　　　　원
배당할 금액　　 금　　　　　원
금　　　　원　　　　　채권자에게 교부
금　　　　원　　　　　배당요구자에게 교부
잔여금
금　　　　원　　　　　채무자에게 교부

4. 위와 같이 이건 채무액이 전부 변제되었으므로 그 영수증과 집행권원을 채무자에게 교부하였다. 이 조서를 현장에서 작성하여 이해관계인에게 읽어준(보여준)즉슨 승인하고, 다음에 서명날인 하였다.
　　　　　　　　　　　20　.　.　.
　　　　　　　　집행관　　　　　　　　　(인)
　　　　　　　　채권자　　　　　　　　　(인)
　　　　　　　　채무자　　　　　　　　　(인)
　　　　　　　　수탁자　　○○증권주식회사 대표이사

|양식| **유가증권목록**

번호	매 각 물	수량	매각가격	매수인	비 고
1	○○주식회사 주권 액면금 원 주권번호제 번이나 제 번 명의인 채무자	매			

나-1. 실물주권(종이증권) 매각처리 절차 등 및 유가증권의 현금화 관련 실무사례

질권실행을 위한 주식 등 압류명령에 따라 압류된 주식이 전자 등록주식이 아닌 실물주권(종이) 인 경우 집행관의 매각 절차[154]

* 실물주권(종이)을 전자등록주식으로 계좌대체하고 이를 다시 증권사에 매각의뢰를 하여서 현금화한 후 해당 법원에 통지하여야 한다. 실물주권(종이) 현금화는 아래 절차에 의하여 진행한다.

아래

(1) 실물주권(종이주식) 전자등록대행기관 확인

실물 주권(종이 주식) 전자 등록 대행 기관은 현재 국민은행, 하나은행, 한국예탁결제원에서 처리하고 있고 주권 발행 기업에 따라 대행 기관이 다르므로 가장 먼저 대행 기관을 확인하여야 하며 그 방법으로 증권정보포탈이나 증권사에 확인하는 방법이 있다.

(2) 전자등록주식 계좌대체 요청 방법

실물주권(종이)을 전자등록으로 전환하려면 집행관 명의로 된 증권계좌가 필요하므로 해당 전자등록 대행기관에 가서 집행관 명의 계좌를 개설한 후 압류된 실물주권(종이)을 전자등록주식으로 계좌대체를 청구하여 개설된 집행관 명의 계좌로 인수한다.

(3) 전차등록주식 매각의뢰

위와 같이 개설된 집행관 명의 계좌로 인수한 전자등록주식은 대행 기관에 매각의뢰를 하여 해당 대행 기관에서 주식을 매각한 후 매각대금은 집행관의 예금계좌로 송금하게 된다.

(4) 매각대금의 납부

위와 같이 집행권원에 의하여 매각된 전자등록주식 매각대금은 압류명령을 발한 집행법원 해당사건 법원보관금으로 채권등 매각대금(법원보관금 종류)으로 납부하고 배당절차 담당 직원에게 전자등록주식매각 대금을 냈다는 통지를 하게 되면 집행관의 절차는 종료된 것으로 본다.

> **주권의 압류와 이익배당청구권(구법)**[155] 「昭和 40 高松」
> * 주권에 대한 압류의 효력은 이익배당청구권에도 미치는가?
> * 기명주식의 경우, 회사에 대한 이익배당청구권자로서의 자격은 주주명부상의 주주이고 주권의 소지 및 그 이전은 무관계하여서 주권에 대한 압류의 효력은 이익배당청구권에는 미치지 아니한다. 이익배당청구권의 압류는 채권집행의 방법으로 해야 한다.

다. 현금화 전의 보존행위

> **민사집행법**
>
> **제212조(어음 등의 제시의무)**
> ① 집행관은 어음·수표 그 밖의 금전의 지급을 목적으로 하는 유가증권(이하 "어음 등"이라 한다)으로서 일정한 기간 안에 인수 또는 지급을 위한 제시 또는 지급의 청구를 필요로 하는 것을 압류하였을 경우에 그 기간이 개시되면 채무자에 갈음하여 필요한 행위를 하여야 한다.
> ② 집행관은 미완성 어음 등을 압류한 경우에 채무자에게 기한을 정하여 어음 등에 적을 사항을 보충하도록 최고하여야 한다.

(1) 어음 등의 제시의무(민집 212조)

(가) 개설

집행관은 어음·수표 그 밖 금전의 지급을 목적으로 하는 유가증권(이하 "어음 등"이라 한다)으로서 일정한 기간 안에 인수 또는 지급을 위한 제시 또는 지급의 청구가 있어야 하는 것을 압류하였을 경우에 그 기간이 개시되면 채무자에 갈음하여 필요한 행위를 하여야 한다.

지급제시나 지급청구를 하여야 하는 유가증권에 있어서는, 현금화하기 전 그 보존행위로 그 지급제시나 지급청구를 하지 아니하면 그 유가증권에 화체(化體)되어 있는 권리가 소멸하게 되므로 유가증권을 압류한 집행관이 지급제시나 지급청구를 하는 것은 압류한 유가증권으로 표창되는 권리를 보존하는 것이 된다. 이는 압류물 보존에 관한 민사집행법 198조의 특칙에 해당한다.

---

154) 전국법원집행관연합회, 2024, 집행관업무편람, 290~291면 요약
155) 日 最高裁判所 事務總局, 2011, 執行官事務(제4版), 「669」

(나) 민사집행법 212조 본조의 적용을 받는 유가증권

이 규정의 적용을 받는 유가증권은 어음과 수표가 대표적이고 그 밖에 우편통상환증서 등을 생각할 수 있다. "그 밖 금전의 지급을 목적으로 하는 유가증권"에는 각종 국채, 공채, 사채 등이 포함된다.

(다) 지급제시 등

위와 같은 어음, 수표 등을 압류한 경우 집행관은 선관주의(選管主義)의무의 일환으로서 채무자에 갈음하여 각각의 방식에 따라 인수제시 또는 지급제시하여야 하고 우편환증서, 우편대체법상의 지급증서 등의 경우에는 법정기간 내에 지급청구를 하여야 한다(우편환법 16조, 우편대체법 27조).

인수제시, 지급제시 또는 지급청구의 결과 지급인이 지급하면 이를 영수하고, 인수 또는 지급을 거절함에 따라 권리의 행사를 위하여 거절증서의 작성이 요구되는 경우에는 그 거절증서도 작성하여야 한다. 집행정지서류(민집 49조)의 제출로 집행절차가 정지된 기간 중에도 같다. 지급인이 지급한 경우에는 별도의 현금화 절차가 필요 없게 된다.

(라) 미완성의 어음, 수표에 대한 백지보충(白紙補充)의 최고

어음이나 수표의 필요적 기재사항 중 일부가 백지로 된 어음이나 수표도 유가증권으로서 유체동산 집행의 대상이 되므로 이를 압류한 경우 집행관은 인수 또는 지급을 위한 제시를 하여야 한다. 만기의 기재가 없는 어음은 일람출급식 어음(一覽出給式 어음: 지급을 위하여 제시가 있었던 날을 만기로 하는 어음)으로 보고(어음법 2조 1호, 76조 1호), 지급지의 기재가 없는 경우에는 지급인의 명칭에 덧붙인 지(地)를 지급지로 보거나 발행지에서 지급할 것으로 하며(어음법 2조 2호, 76조 2호, 수표법 2조 1호, 2호), 발행지의 기재가 없는 때에는 발행인의 명칭에 덧붙인 지(地)를 발행지로 보게 된다(어음법 2조 3호, 76조 3호, 수표법 2조 3호).

그리고 판례는 어음면 또는 수표면의 기재 자체로 보아 국내어음으로 인정되거나 국내수표로 인정될 수에 있어서는 그 어음면상 또는 수표면상 발행지의 기재가 없는 경우라고 하더라도 이를 무효의 어음이나 무효인 수표로 볼 수는 없다고 함으로써[대판 1998. 4. 23. 95다36466, 대판 1999. 8. 19. 99다23383 등] 그 요건을 완화하고 있다.

그러나 이들 이외의 요건부족이 있을 때에는 제시하더라도 지급인의 은혜적 조치가 있는 경우를 제외하고는 인수 또는 지급이 이루어지리라고 기대하기 어려운 한편, 집행관 스스로 백지를 보충할 권한이 있다고는 할 수 없으므로 민사집행법 212조 2항은 이러한 경우 집행관이 채무자에게 기한을 정하여 백지보충(白紙補充)을 독촉하도록 하였다.

집행관이 채무자에게 최고하는 기한은 인수 또는 지급을 위한 제시기간의 만료 이전으로서 집행관이 인수 또는 지급을 위한 제시를 함에 걸리는 기간을 고려하여 정하여야 한다. 그러나 이 기한에 실권의 효과가 있는 것은 아니므로 채무자는 그 기한이 지난 이후에도 매각이 종료되기 전에는 백지보충권을 행사할 수 있다. 최고서의 양식은 다음과 같다.

|양식| **최고서**

```
                    최   고   서

    사   건: 20      본   (    부)
    채 권 자 :
    채 무 자 :

    위 사건에 관하여 미완성의 어음을 압류하였는바, 그 어음의 기재사항을 20      .
        .   .까지 우리 집행관 사무소로 출석하여 보충하시기 바랍니다.

                        20   .   .   .

                          집행관
                                  귀하
```

채무자가 백지보충의 최고를 받더라도 그에 응할 의무가 있는 것은 아니라고 해석된다. 채무자가 최고를 받고도 백지보충을 하지 아니하는 경우에는 백지인 채로 현금화할 수밖에 없고 매수인이 백지보충권을 취득하게 된다. 채무자가 백지보충을 하지 아니한 채 인수 또는 지급을 위한 제시기간이 도래한 때에는 집행관의 제시의무는 면제된다고 할 것이나, 수취인란이나 발행 일자가 백지인 경우 등 거래의 실정이 일반적으로 백지가 보충되지 아니한 채 인수 또는 지급이 이루어지는 때에는 일응 제시를 하여 봄이 바람직하다.

백지보충이 없는 채로 제시기간이 지난 때에는 그 어음, 수표를 현금화할 가능성이 없게 되어 경우에 따라서는 민사집행법 188조 3항의 무잉여압류금지의 규정에 해당하게 될 수도 있다. 명문의 규정은 없으나, 채무자가 집행관의 최고에 따라 백지를 보충한 때에는 그 취지 및 보충의 내용을 집행조서에 명백히 밝혀 둠이 바람직하다.

다-1. 현금화 전 보존행위 관련 실무사례

(가) 보충에 응하지 않는 백지어음의 제시의무[156] 「昭和 54 大阪」
* 채무자가 백지어음 보충에 응하지 않는 경우에도 집행관은 어음의 제시의무가 있는가?
* 백지인 채로 지급을 얻을 가망이 있는 때(예컨대 발행일만이 백지인 경우)는, 백지인 채로 제시한다. 지급을 얻을 가망이 없는 때는 제시할 필요는 없다.

(나) 압류어음의 지급거절과 소구(訴求) 통지의무 「昭和 55 札幌」
* 압류어음에 관하여 지급거절이 있는 경우 집행관은 배서인 등에 대하여 소구통지를 해야 하는가?
* 소극, 제시(법 136조)나 배서(법 138조)와 같은 이상 집행관은 설문과 같은 권한 및 의무를 지는 것은 아니다.

라. 현금화 이후의 조치

(1) 기명유가증권(記名有價證券)의 명의개서(名義改書)

(가) 개설

권리의 이전에 따른 대항요건의 취득에 관하여 배서(背書)나 명의개서(名義改書)가 필요한 유가증권을 민사집행법 210조에 따라 매각하여 현금화한 경우에는 양도인(讓渡人)의 지위에 서는 채무자 스스로 배서 하거나 명의개서에 필요한 절차를 이행하여야 할 것이나 거의 기대하기 어려운 것이 현실이어서 이 법문의 집행기관인 집행관이 자기의 권한으로 채무자에 대신하여 배서 등을 할 수 있게 함으로써 유가증권의 매수인을 보호함과 더불어 현금화의 실효성(實效性)을 높이려는 취지이다. 이것은 집행관이 고유의 권한으로 이와 같

---

[156] 日 最高裁判所 事務總局, 2011, 執行官實務(第4版), 「355」, 「356」

은 행위를 할 수 있으며 집행법원의 명령 등이 필요하지 아니하다.

(나) 배서(背書)

무기명식유가증권을 적당한 방법으로 매각하거나 일반현금화의 규정에 따라 매각한 경우에는 집행관이 매각대금의 지급과 서로 맞바꾸어 매수인에게 그 유가증권을 인도함으로써 증권에 표창(表彰)된 권리가 완전히 매수인에게 이전되므로 별도의 조처를 할 필요는 없다. 지시증권(指示證券)의 최후의 배서가 백지식 배서인 경우에도 같다.

그러나 보통의 어음, 수표와 같이 그 권리의 이전에 배서가 필요한 경우에는 집행관이 채무자에 갈음하여 배서 한 후 매수인에게 증권을 인도하여야 한다. 채무자가 스스로 배서를 하는 경우에는 집행관이 배서 할 필요가 없음이 당연하다.

배서방법은, "민사집행법 211조의 규정에 따라 채무자 ○○○에 갈음하여 매수인 ○○○를 위하여 배서한다."와 같이 적고, 집행관이 그 직위를 표시하여 기명날인하면 된다. 이 배서는 채무자에 갈음하여서 하는 것이므로 권리이전적 효력, 자격수여적(資格受與的) 효력 및 담보적(擔保的) 효력이 있다. 따라서 매수인은 어음, 수표 등의 선의취득(善意取得) 및 인적항변(人的抗辯) 절단에 의한 보호를 받게 된다. 다만 담보적 효력에 있어서는 원래 배서를 하여야 할 지위에 있는 채무자가 담보책임을 지며 집행관이 지는 것은 아니다. 기한 후 배서인 경우에는 지명채권양도(指名債券讓渡)의 효력밖에 없다.

(다) 명의개서(名義改書)

권리이전의 대항요건으로서 명의개서가 필요한 것으로는 기명주식(상법 337조), 기명사채(상법 479조) 등이 있다. 주권(株券)은 교부로 이전되므로(상법 336조) 명의개서가 필요 없다. 기명주식의 경우 명의개서는 주주명부에 취득자의 성명과 주소를 기재함으로써 하는 것이므로(회사가 명의개서대리인을 둔 경우 명의개서대리인이 취득자의 성명과 주소를 주주명부의 복본(複本)에 기재한 때에는 위 명의개서가 있는 것으로 본다(상법 337조 2항).

집행관은 회사에 대하여 명의개서를 청구하여야 한다. 그 청구서에는 배서에 따라, 매수인의 성명과 주소를 표시하고 민사집행법 211조의 규정에 따라 집행관이 양도인인 채무자에 갈음하여 명의개서를 청구한다는 취지를 적고 집행관의 직위를 표시하여 기명날인하면 된다. 이 청구서에는 매각조서 또는 호가경매조서 등과 같은 권리이전의 원인서류를 붙여야 한다. 명의개서 청구서의 주문례는 다음과 같다.

|양식| **주식명의개서 청구서**

```
                      주식명의개서 청구서

사     건 : 20   본 (    부)
채 권 자 :
채 무 자(명의인) :

위 사건에 관하여 별지 매각조서등본에 표시된 귀사 발행의 주식을 매각하였던바, 아래에 적은 매수인에게 매각되었으므로 위 주식을 매수인 명의로 명의 개서할 것을 청구합니다.


매수인    이름
주소
                          20   .   .   .
                     집행관              (인)
                     주식회사   귀중
```

라-1. 현금화 이후 조치 관련 실무사례

매각한 유가증권의 배서, 명의개서의 기재방법[157] 「昭和 54 廣島」
* 집행관이 유가증권을 매각한 경우 채무자에 대신하여 행하는 배서 또는 명의개서는 구체적으로 어떻게 기재해야 하는가?
(1) 배서에 대하여
    민사집행법 138조 규정에 따라 "채무자 모 씨에 대신하여 매수인 모 씨를 위하여 배서한다."라고 기재하고 집행관의 직명을 표시한 다음에 집행관이 서명날인 한다.
(2) 명의개서에 관하여
    "매수인 모 씨에게 양도했기 때문에 민사집행법 138조의 규정에 따라 채무자 모 씨에 대신하여 명의개서를 청구한다."라고 기재하고 집행관의 직명을 표시한 다음에 집행관이 서명날인 한다.

5. 법원의 명령에 따른 특별한 현금화 방법(민집 214조)

> **민사집행법**
> **제214조(특별한 현금화 방법)**
> ① 법원은 필요하다고 인정하면 직권으로 또는 압류채권자, 배당을 요구한 채권자 또는 채무자의 신청에 따라 일반 현금화의 규정에 의하지 아니하고 다른 방법이나 다른 장소에서 압류물을 매각하게 할 수 있다. 또한 집행관에게 위임하지 아니하고 다른 사람으로 하여금 매각하게 하도록 명할 수 있다.
> ② 제1항의 재판에 대하여는 불복할 수 없다.

가. 개 설

압류한 동산의 원칙적인 매각방법은 입찰 또는 호가경매의 방식이 될 것이다. 법원은 필요하다고 인정하면 직권으로 또는 압류채권자, 배당을 요구한 채권자 또는 채무자의 신청에 따라 일반현금화의 규정에 따르지 아니하고 다른 방법이나 다른 장소에서 압류물을 매각하게 할 수 있다. 또한, 집행관에게 위임하지 아니하고 다른 자로 하여금 매각하게 하도록 명할 수 있다(민집 214조 1항).

유체동산의 현금화는 원칙적으로 공적(公的)인 매각방법에 따라 민사집행법 199조 이하의 규정을 준수하여 행하여야 한다. 그러나 압류물의 종류에 따라서는 매각에 의한 현금화가 불가능하거나 호가경매나 입찰의 방법으로는 고가로 현금화할 수 없는 경우도 있으므로 민사집행법 214조는 그러한 경우에 절차를 달리 한 매각 또는 다른 방법에 따라 현금화하는 길을 터놓음으로써 압류물이 적정하게 현금화되도록 하고 있는 것이다.

이 규정에 따른 특별현금화는 ① 특수한 기계류나 고가의 수집품 등과 같이 다수 매수희망자를 기대할 수 없는 경우 또는 ② 총포, 화약류, 독극물과 같이 법령에 따라 일정한 자격이나 허가가 있어야만 취득할 수 있는 물건을 현금화하는 경우에 주로 이용될 수 있다.

---

157) 日 最高裁判所 事務總局, 1997, 執行官事務(第3版), 「396」

나. 특별한 현금화 방법

(1) 요 건

집행법원은 직권 또는 신청에 따라 특별한 현금화 방법으로 매각하게 할 수 있다. 그러나 유체동산에 대한 강제집행의 실시기관은 집행관이므로 그 활용의 여지는 별로 없어 보이나, 다만 집행관의 신청에 따라 직권발동을 하게 되는 것이 보통일 것이다.

신청은 압류채권자, 배당을 요구한 채권자 또는 채무자가 될 수 있을 것이고 여러 명의 이해관계인이 있을 때에는 각자 단독으로 신청할 수 있다. 강제집행 자체가 적법하여야 하고, 압류가 유효하여야 한다. 매각에 관한 일반규정에 따르지 아니하고 현금화함으로써 보다 고가로 현금화되는 것이 기대되거나 현금화가 보다 쉽게 되는 경우라야 한다. 일단 일반 현금화의 규정에 따라 시도하여 보았으나 성공하지 못하였다는 사정은 특별현금화명령의 필요성을 인정할 유력한 자료가 된다.

(2) 신청인

특별현금화명령의 신청은 압류채권자, 배당요구채권자 또는 채무자가 할 수 있다. 그러한 지위에 있는 자가 여러 사람일 때에는 각자가 단독으로 신청할 수 있다. 집행관이나 매각에 참가하여 압류물을 매수하려고 하는 자 등에게는 신청권이 없으므로 이들의 신청은 집행법원의 직권발동을 촉구하는 의미가 있을 뿐이다.

특별현금화명령은 집행법원이 직권으로도 할 수 있다. 당사자가 특별현금화명령을 신청하는 때에는 구하고자 하는 현금화 명령의 구체적인 내용을 표시하여야 하며, 그 사유를 소명하여야 한다. 이 신청은 압류 이후 매각에 의한 경매종결 이전에 하여야 함은 성질상 당연하다.

(3) 관할과 재판

특별현금화명령의 관할은 압류물 소재지를 관할하는 지방법원의 전속관할에 속한다(민집 3조, 21조). 재판은 결정으로 하고, 변론 없이 할 수 있으나(민집 3조 2항), 필요한 경우에는 당사자와 이해관계인 그 밖의 참고인을 심문할 수 있다(민집 23조 1항, 민소 134조 2항).

이 재판은 신청인에게 알려야 하는(민집규 7조 2항) 외에, 인용결정은 집행관에게도 알려야 한다. 집행법원은 재판에 앞서 민사집행법 16조 2항을 유추하여 잠정처분을 할 수 있으나, 흔히 채무자의 신청은 집행절차의 지연책으로 이용됨을 주의할 필요가 있다.

|양식| **특별현금화명령**

```
                    ○ ○ 지 방 법 원
                         결    정

   사     건 : 20○○타기○○○  특별현금화(매각명령)
   신 청 인(배당요구채권자) :
   채  권  자 :
   채  무  자 :

                         주    문
   ○○지방법원 소속 집행관은 ○○지방법원 20○○가단○○○ 대여금 청구사건의 집행
   력 있는 판결정본에 기초하여 압류한 별지목록 기재 물건을        로 운반하여 그곳에
   거주하는         에게 매각할 수 있다.

                         이    유
     신청인의 이 사건 신청은 이유 있다고 인정되므로 민사집행법 제214조 제1항에 따라
                       주문과 같이 결정한다.
                         20   .   .   .

                       판사              (인)
```

주: 특정인에 대한 임의매각을 명하는 경우
   법원의 특별현금화명령에 대한 재판에 대하여는 불복할 수 없다(민집 214조 2항).

다. 특별현금화 방법의 내용

(1) 다른 방법에 따른 현금화

(가) 법정기간이 지나기 전의 매각

민사집행법 202조 단서에 해당하는 사유가 없더라도 압류일로부터 한주가 지나기 전에 매각할 것을 명할 수 있다.

(나) 매각대금의 지급 또는 압류물 인도의 유예

특별매각조건으로 정하지 아니한 경우에도 매각결정기일 이후로 대금지급을 유예하거나 대금지급 없이 압류물을 먼저 인도하게 할 수 있다.

(다) 최저매각가격 또는 최고매각가격의 지정

금·은붙이나 시장가격이 있는 유가증권이 아니더라도 최저매각가격 또는 최고매각가격을 지정하여 매각가격의 한계를 정할 수 있다. 또 통제가격이 있는 물건에 대하여는 그 통제가격으로 임의매각을 시키거나 그 가격을 최고매각가격으로 정하여 그 이하로 호가경매 또는 입찰을 시키고 같은 가격의 호가경매신청 또는 입찰이 있을 때에는 추첨방식에 의할 것 등을 명할 수 있다.

(라) 매수신청인의 자격 제한

독극물·총포·화약류 등과 같이 판매 또는 소지에 제한이 있는 물건의 현금화에 있어서는 매수신청인을 법령상의 일정한 허가나 자격을 가진 자로 제한할 수 있다.

(마) 집행관에 의한 적당한 방법으로 하는 매각

민사집행법 209조 후문, 210조 전단에 해당하지 아니하는 경우에도 집행관으로 하여금 호가경매나 입찰에 의하지 아니하고 적당한 방법으로 매각하게 할 수 있다. 이러한 매각도 강제집행의 하나로 이루어지는 집행행위이므로 집행관은 호가경매의 경우와 마찬가지로 민사집행법 10조의 집행조서를 작성하여야 하며, 그 매각대금은 강제집행의 결과 생긴 매각대금이라고 할 것이므로 집행관이 이를 영수하면 민사집행법 208조에 정한 지급의제(支給擬制)의 효력이 발생한다. 적당한 방법으로 하는 매각을 원인으로 한 목적물의 인도는 호가경매나 입찰에서의 목적물의 인도와 다를 바가 없으므로 매수인에게 목적물이 인도되었을 때 소유권 이전의 효과가 발생하고 이에 의해 집행은 종료된다.

(바) 채권자에 대한 압류목적물의 양도

채권집행에 관한 민사집행법 241조 1항 1호의 양도명령에 따라, 채권자의 신청이 있는 경우에 일정한 대금으로 압류물을 채권자에게 양도할 것을 명할 수 있다. 이 양도명령은 성질상 채권자의 신청을 근거로 하여서만 할 수 있고 그 의사에 반하여서는 할 수 없다. 압류가 경합하거나 배당요구채권자가 있는 경우에는 압류물의 매각대금으로 배당절차를 거쳐야 하므로 양도명령을 할 수 없다. 채권자가 신청한 대금이 지나치게 낮은 경우에는 그 신청을 기각하여야 한다.

양도명령이 있는 경우에 그 대금이 채권액 이하인 때에는 채권자의 대금지급을 요구하지 아니하고 집행관은 압류물의 점유를 채권자에게 이전함으로써 집행이 종료되고, 그 대금이 채권액을 상회하는 때에는 집행관은 채권자의 채권액 초과분의 대금지급과 서로 맞바꾸어 압류물을 채권자에게 인도함으로써 집행이 종료된다.

(2) 압류지 이외의 장소에서의 현금화

압류채권자와 채무자의 합의(민집 203조 1항 단서)가 없더라도 법원은 압류한 시·구·읍·면(도농복합형태의 시의 경우 동지역은 시·구, 읍·면 지역은 읍·면) 이외의 장소에서 매각하게 할 수 있다. 집행관의 관할구역 밖에서의 직무수행에 관한 민사집행규칙 133조, 135조, 138조의 각 규정과의 균형상, 특별현금화명령으로 압류지 이외의 장소를 매각장소로 지정함에 있어서는 집행관의 관할구역 또는 집행법원 관할구역의 제한을 받지 않는다.

(3) 집행관 이외의 제3자에 의한 현금화(위탁매각: 委託賣却)

법원은 집행관 이외의 제3자에게 매각을 위임하거나 이에 적당한 방법으로 매각할 것을 명할 수 있다. 예를 들어 공증인, 매각의 경험이 있는 사람, 부동산업자, 은행 또는 골동품상 등에 위임하는 것이 집행관에 의하여 현금화하는 것보다 고가로 매각할 가능성이 있는 때가 이에 해당한다.

민사집행법 214조 1항은 '다른 사람으로 하여금 매각하게 하도록' 명할 수 있다고 규정하고 있는데, 제3자에 의한 현금화 방법을 굳이 호가경매나 입찰에 한정할 필요는 없으므로 임의매각에 의한 현금화도 허용함이 타당하다. 이 명령을 받은 제3자는 집행관을 대신하여 압류물을 호가경매나 입찰 또는 임의매각의 방법으로 현금화하고, 대금을 영수하며, 매수인에게 목적물을 인도하게 된다.

제3자는 특별한 명령이 없는 한 현금화와 그에 부수하는 행위를 할 권한이 있을 뿐이므로, 매각대금의 채권자에의 교부, 배당 또는 공탁 등은 행할 수 없고, 이는 집행관에게 유보되어 있다. 현금화를 실시하는 제3자에게 지급할 보수는 집행비용에 포함된다. 따라서 제3자의 매각대금에서 스스로 받을 수수료 그 밖의 집행비용을 공제 한 잔액을 집행관에게 인도하여야 한다.

라. 특별현금화 관련 실무사례

> **동산의 특별매각 적용범위와 방법**[158] 「昭和 54 東京」
> * 동산에 관하여는 어떠한 경우에 특별매각(규칙 121조, 122조)을 해야 하는가?
> * 특별매각 하는 것이 상당한 동산이란 ① 총포 도검, 극약, 마약 등 법령에 따라 일정한 자격을 갖추거나 허가를 받은 자만이 매수가 허용되는 것, ② 특수기계, 특수지 등 지극히 특수하고 매수인으로 될 가망이 있는 자가 한정된 것, ③ 대량의 동종 상품과 같이 경매방법으로는 그 전부를 일시에 매각할 가망이 없는 것, ④ 생선식료품같이 압류 직후에 매각할 필요가 있고, 매각의 공고, 통지(규칙 115조) 할 시간적인 여유가 없는 것, 그 외에 경매 또는 입찰하여도 매각될 가망이 없지만, 특별매각의 방법으로는 상당한 가액으로 매각할 가망이 있는 것 등이다.
> 특별매각의 방법은 규정상 제한이 없으므로 집행관이 임의로 정한 다음 집행재판소의 허가를 받게 되지만 경우에 따라서는 집행재판소가 방법의 변경을 구하는 경우도 있다.

제5절 압류의 경합

> **민사집행법**
> **제215조(압류의 경합)**
> ① 유체동산을 압류하거나 가압류한 뒤 매각기일에 이르기 전에 다른 강제집행이 신청된 때에는 집행관은 집행신청서를 먼저 압류한 집행관에게 교부하여야 한다. 이 경우 더 압류할 물건이 있으면 이를 압류한 뒤에 추가압류조서를 교부하여야 한다.
> ② 제1항의 경우에 집행에 관한 채권자의 위임은 먼저 압류한 집행관에게 이전된다.
> ③ 제1항의 경우에 각 압류한 물건은 강제집행을 신청한 모든 채권자를 위하여 압류한 것으로 본다.
> ④ 제1항의 경우에 먼저 압류한 집행관은 뒤에 강제집행을 신청한 채권자를 위하여 다시 압류한다는 취지를 덧붙여 그 압류조서에 적어야 한다.

---

158) 日 最高裁判所 事務總局, 1997, 執行官事務(第3版), 「713」

1. 총 설

　동산집행에 있어서 이중압류의 허용 여부는 채권자가 경합하는 경우에 우선주의를 취하느냐 평등주의를 취하는가? 여부 및 초과압류의 허용 여부에 따르다.

　우리나라 민사집행법은 초과압류(민집 188조 2항)를 금지하고 이중압류를 허용하면서 배당요구권자의 범위를 민법, 상법, 기타 법률에 따라 우선변제청구권이 있는 채권자로 제한(민집 217조)함으로써 채권자평등주의(債權者平等主義)에서 벗어나 우선주의(優先主義)에 근접하고 있다. 채무자의 총재산은 모든 채권자를 위한 책임재산(責任財産)을 이루므로 집행절차에서 같은 재산에 대한 집행채권자 및 채권이 하나인 경우 외에 이들이 여럿으로 경합하는 경우가 생긴다. 이를 집행의 경합이라고 하며, 동시압류(공동압류), 압류의 경합(이중압류) 및 배당요구가 이에 해당한다.

2. 동시압류(공동압류)

가. 의 의

　집행관이 여러 개의 채권 또는 여러 명의 채권자를 위하여 같은 재산을 동시에 압류하는 것을 동시압류 또는 공동압류라고 한다. 금전압류의 경우에는 명문의 규정(민집 222조 2항)이 있지만, 그 밖의 경우에도 동시압류가 가능하다. 이에는 다시, ① 공동상속인, 같은 사고를 근거로 한 다수의 피해자 등에 의한 집행위임과 같이 처음부터 여러 개의 채권에 의한 또는 여러 명의 채권자로부터 집행신청에 따라 동시에 압류를 하는 경우와, ② 하나의 집행신청이 있은 후 그 집행개시 전에 다른 채권에 의한 또는 다른 채권자로부터 집행신청이 있어 이를 병합하여 집행하는 때도 있다.

나. 집행절차

　동시압류의 경우에는 압류에서부터 현금화에 이르기까지 집행절차가 1개로서 진행된다. 따라서 압류의 절차는 단독압류에 따르며, 집행조서는 하나로서 작성되고, 채권 또는 채권자 사이에 집행신청의 선후에 따른 우열은 없으며 실체법상의 우선순위에 따라 매각대금을 배당받는다. 그러나 집행법상의 법률관계는 집행신청을 한 채권 또는 채권자별로 독립하여 성립되므로 하나의 채권 또는 채권자에 의한 집행신청의 취하나 집행정지, 취소 등은 다른 채권 또는 채권자에 의한 집행절차에는 아무런 영향을 미치지 못한다.

다. 배당요구

채권자 스스로는 강제집행을 신청하지 아니하고 타인의 신청에 따라 개시된 집행절차에 편승, 참가하여 자기 채권의 변제를 받으려는 신청이 배당요구로 이것 역시 광의의 집행경합에 해당한다. 배당요구에는 시기적(時期的) 제한이 있다. 유체동산의 집행에 있어서는 채권, 그 밖의 재산권에 대한 집행이나 부동산집행에서와는 달리 민법, 상법, 그 밖의 법률에 따라 우선변제청구권이 있는 채권자에 한하여 배당요구를 할 수 있다(민집 217조).

3. 이중압류(압류의 경합)

가. 의 의

유체동산을 압류하거나 가압류한 뒤 매각기일에 이르기 전에 다른 강제집행이 신청된 때에는 집행관은 이미 압류된 물건 외에 더 압류할 물건이 있는지를 조사하여 그러한 물건이 있으면 이를 추가 압류하여 집행신청서와 추가 압류조서를 먼저 압류한 집행관에게 교부하고, 그러한 물건이 없으면 집행신청서만을 먼저 압류한 집행관에게 교부하여야 한다(민집 215조 1항). 이를 이중압류 또는 압류의 경합이라고 한다.

나. 이중압류의 요건

(1) 당사자

이중압류는 같은 채무자에 대한 강제집행에서의 문제이다. 채무자가 다른 경우에는 비록 압류목적물이 같더라도 이중압류를 할 수는 없다. 어느 채무자의 소유물로서 이미 압류된 물건이 원래 그 채무자의 소유가 아닌 다른 채무자의 소유라고 주장하며 다른 채권자가 압류하기 위해서는, 먼저 그 채무자를 대위하여 제3자이의의 소를 제기하여 선행압류의 효력을 배제할 수밖에 없다.

여러 사람의 연대채무자에 대하여 집행하는 경우에도 채무자별로 이중압류의 여부가 정하여진다. 뒤에 압류하는 채권자는 앞에 압류한 채권자와 다른 사람임이 보통이지만, 같은 채권자라도 다른 채권을 근거로 하여 다시 강제집행의 신청을 한 때에는 이중압류를 하여야 하며, 같은 채권이라도 그 청구금액을 확장하기 위하여서는 이중압류를 하여야 한다.

압류하거나 가압류한 뒤 채무자가 목적물을 점유개정의 방법으로 양도한 경우에는, 그 목적물은 앞의 압류채권자 또는 가압류채권자에 대한 관계에서만 그 집행채권의 만족을 위한 범위 내에서만 상대적으로 채무자의 소유로 취급될 뿐이고 다른 채권 또는 다른 채권자에 대한 관계에서는 온전히 제3자의 소유로 취급되는 것이므로, 그 채무자에 대한 채권자라도 선행집행절차에 참가할 수 없다(개별상대효설).

(2) 선행집행과 후행 집행의 내용

이중압류는 유체동산을 압류하거나 가압류한 뒤 다시 강제집행을 하는 것이다. 압류 또는 가압류가 일단 적법하게 이루어진 이상 압류의 표시 등이 훼손되었더라도 이를 다시 압류하는 것은 이중압류에 해당한다. 선행압류가 형식상 존재하지만, 실질적으로는 무효인 경우에도 이를 다시 집행하는 것은 이중압류에 해당한다고 할 것이다. 집행관이 집행위임을 받아 집행할 장소에 임하였을 뿐 아직 구체적인 집행에 착수하지 아니한 경우에는 동시압류에 해당하고 이중압류에는 해당하지 아니한다.[159]

(3) 다른 집행절차와의 관계

민사집행법 215조는 담보권실행을 위한 경매에도 준용되므로(민집 271조, 272조), 선행집행 또는 후행 집행의 내용이 담보권실행을 위한 경우에도 이중압류에 해당한다. 다만 담보권실행을 위한 경매는 목적물에 대한 우선변제권의 실현과정이고 평등주의가 적용되는 것은 아니므로 성질상 그 준용에는 한계가 있다.

공유물분할을 위한 경매와 같이, 이른바 형식적 경매의 경우에도 추가 압류물에 대한 압류효력의 확장은 인정할 수 없다. 압류된 물건에 대하여 국세징수법에 따른 교부청구 또는 참가압류를 할 수 있음은 법문상 명백하나(국세징수법

---

[159] 법원행정처, 2014, 법원실무제요, 민사집행(Ⅲ), 221면.

56조에서 58조), 교부청구나 참가압류는 민사집행법 215조 본조의 이중압류와는 성질을 달리한다. 선행집행의 내용이 가압류인 경우에도 국세징수법에 따른 체납처분을 함에는 아무런 영향이 없다(국세징수법 35조).

(4) 집행 장소와의 관계

유체동산 집행은 다른 집행과는 달리 특정 목적물에 대하여 하는 것이 아니라 일정한 장소를 단위로 하여 이루어지므로(민집 189조), 선행압류 또는 가압류의 집행 장소와 다른 곳에서 집행하는 경우도 여기의 이중압류에 해당하는가가 문제 되며, 이는 압류의 잠재적 효력이 미치는 범위에 관한 문제라고도 할 수 있다.

이에 관하여는 견해가 나뉠 수 있으나, 민사집행법 215조 1항이 이중압류의 경우에도 미압류물에 대한 추가압류가 가능함을 규정하고 있는 점, 동산집행 신청서에 집행목적물의 소재장소를 기재하여야 하는 점(민집규 131조 3호) 등에 비추어 장소를 기준으로 하여 압류의 효력이 미치는 범위를 결정함이 타당하다(장소단위 설).

따라서 같은 집행관의 관할구역 안에서 갑지와 을지를 집행 장소로 하는 선행압류가 있은 후 乙 지와 丙 지를 집행 장소로 하는 후행 압류신청이 있을 때에는 집행 장소가 중복되는 을지에서의 집행에 한하여 이중압류절차를 밟고 丙 지에서의 집행은 독립하여 압류하여야 한다.

장소를 기준으로 한다 하더라도 구체적으로 어느 범위 내에서 집행 장소가 같다고 볼 것인지는, 집행의 실제에 있어 집행관이 압류물을 수색할 때에 사회 통념상 일체적으로 고찰하여 행동하여야 할 일정한 범위를 같은 장소로 보아야 한다.

일반적으로 지번에 의하여 특정될 것이지만 채무자의 주거는 방 실마다 별개로 볼 것이 아니라 전체로서 하나의 장소로 보아야 할 것이고, 여관과 같이 방마다 별개로 사용되고 있더라도 전체로서 하나의 같은 목적으로 제공되고 있는 이상 전체로서 하나의 집행 장소가 되며 공장과 같이 수 필지 상에 존재하는 수채의 건물과 시설물로 이루어진 복합적이라도 사회 통념상 하나의 집행 장소로 보아야 할 것이다.

(5) 이중압류 시기

이중압류는 이미 압류 또는 가압류가 시행된 이후에 한하고, 그 이전에는 동시압류로 될 뿐이다. 그 종기는 매각기일까지이다. 매각기일 이후에 동일 채무자에 대한 강제집행의 신청이 있는 때에는 독립하여 압류하여야 한다.

동산집행에 있어서의 이중압류는 우선변제청구권이 없는 일반 채권자가 배당에 참가할 수 있는 유일한 방법이므로 일면에서는 배당요구의 시적(時的) 한계와 일치시킬 필요가 있지만, 초과압류의 금지(민집 188조 2항)와 무잉여압류의 금지(민집 188조 3항) 및 매각의 한도(민집 207조)와의 관계상 매각기일에 이르기 이전에 매각할 물건의 범위를 어느 정도 확정할 필요가 있으므로 민사집행법 215조 1항은 이중압류의 시작 한계를 매각기일까지로 정하고 있다.

여기서 '매각기일에 이르기 전'이란 '첫 매각기일'이 아니라 '실제로 매각이 된 매각기일에 이르기 전'을 의미한다. 관련 판례는 아래와 같다.

대법원 2011. 1. 27. 선고 2010다83939 판결

[판시사항]

유체동산에 대한 이중압류의 종기로서, 민사집행법 제215조 제1항에 정한 '매각기일에 이르기 전'의 의미(=실제로 매각이 된 매각기일에 이르기 전)

[판결요지]

민사집행법 제215조 제1항은 "유체동산을 압류하거나 가압류한 뒤 매각기일에 이르기 전에 다른 강제집행이 신청된 때에는 집행관은 집행신청서를 먼저 압류한 집행관에게 교부하여야 한다."고 규정하고 있는데, 부동산과 채권에 대한 이중압류는 배당요구의 종기(終期)와 관계없이 매각대금 완납, 제3채무자의 공탁 또는 지급 등 집행대상 재산이 채무자의 책임재산에서 벗어날 때까지 가능한 것으로 폭넓게 인정되고 있고, 유체동산 매각절차에서는 매각 또는 입찰기일에 매수 허가 및 매각대금 지급까지 아울러 행해짐이 원칙인 점(민사집행규칙 제149조 제1항, 제151조)에 비추어 볼 때, 위 민사집행법 제215조 제1항에서 '매각기일에 이르기 전'이라 함은 '실제로 매각이 된 매각기일에 이르기 전'을 의미하는 것으로서 그때까지의 이중압류는 허용된다고 보아야 한다.

더군다나 동산집행절차에서 이중압류는 우선변제청구권이 없는 일반채권자가 배당에 참가할 수 있는 유일한 방법인 점, 우선변제청구권이 있는 채권자의 배당요구 종기가 집행관이 매각대금을 영수한 때 등으로 정해져 있는 점(민집 220조 1항) 등에 비추어 보더라도, 앞서 본 법리와 달리 민사집행법 제215조 제1항의 '매각기일'을 '첫 매각기일'로 해석하여 이중압류의 종기를 앞당기는 것은 바람직하지 않다.

매각기일 이후에 동일 채무자에 대한 강제집행의 신청이 있을 때에는 독립하여 압류하여야 한다.

다. 이중압류의 절차
(1) 추가압류 할 물건이 없는 경우

후행 집행신청을 받은 집행관이 선행 집행 장소를 수색하여 추가압류 할 물건이 없는 때에는 집행신청서를 먼저 압류한 집행관에게 교부하여야 한다(민집 215조 1항 전문). 후행 집행신청을 받은 집행관은 추가압류 할 물건의 유무를 확인하기 위하여 먼저 압류한 집행관에게 압류조서를 보여줄 것을 청구할 수 있다(민집규 152조). '집행신청서'는 당연히 그 부속서류 일체를 포함한다.

먼저 압류한 집행관은 뒤에 강제집행을 신청한 채권자를 위하여 압류물을 다시 압류한다는 취지를 덧붙여 그 압류조서에 적어야 한다(민집 215조 4항). 압류물을 채무자가 보관하고 있는 경우에는 별도로 봉인(封印) 그 밖의 방법으로 후행 집행신청에 의한 압류가 이루어졌음을 명백히 밝혀 두어야 한다.

이중압류의 경우에는 집행관은 그 사유를 배당에 참가한 채권자와 채무자에게(아래 양식 참고) 통지하여야 한다(민집 219조). 먼저 압류한 집행관이 선행 압류절차의 이해관계인에게 중복압류채권자가 생겼음을 통지하여 추가압류나 청구이의의 소 등으로 대비하도록 하려는 취지이다. 통지의 절차는 민사집행법 11조에 의하며 채무자의 경우 외국에 있거나 있는 곳이 분명하지 아니한 때에는 통지할 필요가 없다(민집 12조). 이 통지는 이중압류의 효력발생요건은 아니므로 그 통지가 없더라도 그 효력에는 영향이 없다.

|양식| **통지서**

```
                        통   지   서

   사      건 : 20   본 (    부)
   채  권  자 :
   채  무  자 :
   위 유체동산 강제집행사건의 압류물건에 관하여 ○○○가 ○○지방법원 20   본(    부)
   로 다시 압류를 신청하였음을 통지합니다.

                           20   .   .   .
                    집행관              (인)
                               귀하
```

(2) 추가압류 할 물건이 있는 경우

후행 집행신청을 받은 집행관이 집행 장소를 수색하여 추가압류 할 물건을 발견한 때에는, 이를 압류하고 그에 대한 추가압류조서(아래 양식 참고)를 작성하여 집행신청서와 함께 먼저 압류한 집행관에게 교부하여야 한다(민집 215조 1항). 추가압류 한 물건을 그 집행관 스스로 점유하고 있는 때에는 그 물건을 먼저 압류한 집행관에게 인도하여야 한다. 먼저 압류한 집행관은 그 압류조서에 후행 집행신청을 한 채권자를 위해 다시 압류한다는 취지를 덧붙여야 함은 앞서 본 바와 같다.

명문의 규정은 없으나, 그 부기문(附記文)에는 추가압류물이 있다는 취지를 적어야 하고, 추가압류조서는 집행기록에 묶어야 한다(실무에서는 추가압류조서를 포함한 후행 사건기록 자체를 선행사건 기록에 편철 있다). 먼저 압류한 집행관이 채권자, 채무자 등에게 이중압류의 통지를 해야 함은 앞서 본 바와 같다.

(3) 관할구역 밖에서의 압류와의 관계

동시에 압류하고자 하는 여러 개의 물건 중 일부가 관할구역 밖에 있는 경우에는 관할구역 밖의 물건에 대하여도 압류할 수 있다(민집규 133조). 이에 따라 같은 집행 장소에서 먼저 압류한 집행관과 뒤에 압류할 집행관이 각기 다른 법원 또는 지원에 소속되어 있는 경우가 발생할 수 있다. 이때에는, 뒤에 압류할 집행관은 먼저 압류한 집행관에게 압류조서의 송부를 요청하여 추가압류물의 존부를 확인한 다음 위(1), (2) 항에 따라 집행신청서와 추가압류조서를 선행 집행을 한 집행관에게 보내야 한다.

선행집행이 가압류이고 후행 집행이 압류인 경우에는 후행 집행을 근거로 하여 절차를 진행함이 합리적이라고 할 수 있으나, 민사집행법 215조 1항, 2항, 4항의 명문규정에 비추어 이 경우에도 가압류를 근거로 한 본 압류가 이루어지고 그 본 압류를 근거로 한 매각절차가 가능한 이상 먼저 가압류한 집행관이 본 압류 기한 매각절차를 밟아야 한다.

(4) 압류물이 이동된 경우

압류물을 보관하는 채무자의 이사 또는 전거(轉居) 등으로 압류물의 소재장소가 선행압류 후 변경된 경우 후행 집행신청을 받은 집행관이 이를 이중압류절차에 의할 것인지, 아니면 독립된 압류절차에 의할 것인지에 관하여 견해가 나뉠 수 있으나, 현행 실무는 이 경우 압류물의 이동은 일시적인 것으로 보아 이중압류절차에 의하는 것으로 처리하고 있다.

라. 이중압류의 효과

(1) 압류의 효력

이중압류는 그 형식과 절차가 보통의 압류와는 다르고 관념적이기는 하나, 독립된 압류이므로 그에 따른 효과, 즉 채무자의 처분권상실(處分權喪失), 시효중단(時效中斷), 일정 범위 내에서의 법정질권(法定質權)의 성립 등은 일반의 압류와 같이 발생되며, 이중압류채권자는 집행채권자로서 압류물의 매각대금으로부터 자기 채권액에 비례하여 배당받을 수 있는 지위에 서게 된다.

(2) 집행위임(執行委任)의 이전

이중압류가 이루어지면 뒤에 집행신청을 한 채권자의 집행위임은 먼저 압류한 집행관에게 이전된다(민집 215조 2항). 집행위임이 이전된다고 하는 것은 뒤에 강제집행을 한 채권자로부터 실제로 집행위임을 받은 집행관은 강제집행 실시기관의 권한과 의무를 면하고, 먼저 압류한 집행관이 그 권한과 의무를 지게 됨을 의미한다.

따라서 후행 집행신청을 받은 집행관은 매각 등의 집행행위를 할 수 없다. 다만 후행 집행신청을 받은 집행관이 선행 압류사실을 모르고 민사집행법 215조에 의한 이중압류절차를 밟지 아니한 채 별도로 압류하고 매각하여 매수허가까지 된 경우에는 그 매각은 유효하다고 본다.[160]

(3) 압류의 효력확장(效力擴張)

이중압류가 이루어지면 각 압류한 물건은 강제집행을 신청한 모든 채권자를 위하여 압류한 것으로 본다(민집 215조 3항). 즉 후행 집행신청에 따라 추가 압류된 것이 없는 경우에는 선행 집행사건에서 압류된 물건은 선행집행신청을 한 채권자뿐만 아니라 후행 집행신청을 한 채권자를 위하여서도 압류된 것으로 보며, 추가압류물이 있는 경우에는 그 추가압류물은 선행 집행채권자를 위하여서도 압류된 것으로 되는 한편, 후행 집행채권자는 선행 압류물과 추가압류물 모두에 대하여 압류의 효력을 주장할 수 있게 된다.

결국, 이미 압류된 물건과 추가압류물을 합하여 집행재단(執行財團)을 형성하고 각 채권자의 압류 또는 가압류의 효력이 그 재단 전체에 미친다. 이 점에서 각 채권자가 공동압류의 채권자와 유사한 지위에 서게 되며, 그 압류물의 매각대금으로부터 평등하게 배당받게 된다. 이와 같은 효력은 후행 집행신청을 받은 집행관이 그 집행신청서 또는 추가압류조서를 먼저 압류한 집행관에게 교부한 때에 발생한다고 해석한다. 일단 유체동산을 압류한 채권자는 압류물의 가격이 저하되거나 배당요구 등으로 말미암아 집행채권을 만족할 수 없게 된 경우에는 추가압류를 할 수 있다고 할 것인바, 이처럼 선행 채권자에 의하여 같은 장소에서 추가압류가 있는 경우에는 그 추가압류는 후행 채권자를 위하여도 효력이 있다고 본다.

(4) 각 압류의 독립성

이중압류의 경우, 후행 압류도 독립한 압류이다. 이중압류 후의 집행절차가 어느 압류에 의한 것인지에 관하여 부동산집행에 관한 민사집행법 87조와 같

---

[160] 법원행정처, 2014, 법원실무제요, 민사집행(Ⅲ), 226면.

은 명문의 규정이 없으므로 선행압류를 근거로 하여 절차가 진행되는 것이라고 할 근거는 없고 압류가 경합된 채로 집행절차가 진행되는 것이라고 보아야 한다. 따라서 각 압류에 관한 집행신청의 취하나 집행의 취소, 정지 등의 사유는 다른 압류 및 매각의 시행에 아무런 영향도 미치지 아니한다. 후행 압류가 취소되거나 그 신청이 취하되더라도 그것만으로는 추가압류물에 대한 압류를 취소할 수 없다.

마. 이중압류 관련 실무사례

(1) 목적 동산이 다른 지방재판소의 집행관에 의하여 압류된 물건임이 판명된 경우의 처리[161] 「昭和 56 大阪」

* 집행 장소에 임한바 채무자의 동산은 이미 다른 장소에서 다른 지방재판소 소속된 집행관에 의하여 압류된 것이 판명된 경우 집행관이 취해야 할 조치는 어떤가? 또한, 이 사건의 이송은 할 수 있는가?
* 법 125조 2항 전단의 "그 압류의 장소"라 함은 압류를 한 장소를 말하는 것이고 압류물이 현존하는 장소를 말하는 것은 아니라고 해석되기 때문에, 설문의 경우에는 사건의 병합을 할 수 없다. 미압류의 동산이 있으면 이것을 압류하고 별개로 절차를 진행하게 된다. 또한, 설문 같은 경우 사건을 이송하는 것은 규정이 없으므로 인정되지 않는다.

(2) 선행사건의 압류물을 가지고 채무자가 이사한 경우 그 압류 후 후행 사건의 처리[162] 「昭和 56 仙臺」

* 후행 동산집행사건의 집행을 위하여 현장에 임한바 채무자가 선행사건에서의 압류물을 가지고 다른 곳으로 이사한 경우 후행 사건은 집행 불능으로 처리할 수 있는가?
* 당해 장소에 관하여 이미 압류가 되어 있는 것은 채무자카드 등으로 알 수 있기 때문에 바로 집행 불능으로 해야 하는 것은 아니다. 이사 간 곳에서 압류물의 존재를 확인한 다음 구 주소를 기준으로 하여 사건 병합의 절차를 행해야 한다. 채무자가 이사 간 곳이 상당한 조사를 다해도 불명할 때, 또는 원격지로 압류물의 회수 등이 사실상 불가능할 때는 집행 불능으로 처리하는 수밖에 없다.

---

161) 日 最高裁判所 事務總局, 2011, 執行官事務(第4版), 「274」
162) 日 最高裁判所 事務總局, 1997, 執行官事務(第3版), 「300」

(3) 동산 가압류 사건과 동산집행사건이 병합된 경우 압류를 법 130조를 근거로 하여 취소할 때 가압류 집행도 동시에 취소하는 것의 가부[163] 「昭和 56 東京」

* B 채권자의 신청에 의한 동산집행 사건을, A 채권자의 신청에 의한 선행가압류 집행사건에 관하여 병합(단순병합)한 다음 매각절차를 진행했지만 수 회 매각을 시도했어도 매수신청인이 없으므로 법 130조에 의한 압류를 취소한 경우 선행 가압류집행도 취소할 수 없는가?
* 매각 가망의 유무는 원칙적으로 환가(換價) 시점에 판단하는 것이다. 본 설문에서는 B 채권자의 압류에 의한 환가시에 있어서는 매각의 가망이 없다고 하면 B의 동산 집행사건은 취소하게 되는 것은 설문과 같다. 그러나 A의 가압류에 대해서는 아직 환가권을 가지지 못했고 그 관계에서는 환가절차는 진행되지 않은 것이므로 매각 가망 유무를 판단할 여지는 없고 따라서 취소하는 것은 불가능하다.

(4) 선행동산집행 사건이 무잉여인 경우 이에 후행 동산집행사건을 병합하는 것의 요부[164]
「昭和 55 札幌」

* 압류한 후에 압류물 대부분이 소멸하고, 달리 압류해야 할 동산도 없는 등의 이유로, 현존하는 압류물의 매각대금으로는 명백히 잉여가 생길 가망이 없고 압류취소로 되는 것이 확실시되는 경우에도, 동산집행의 신청이 있으면 사건의 병합을 해야 하는가?
* 법 129조 2항에 의하여 선행사건의 압류를 취소하고 후행 사건은 같은 조 1항에 의하여 압류해서는 안 되는 것이기 때문에 병합할 것도 없이 집행 불능으로 처리해야 한다.

(5) 사건 병합을 위하여 개문출입(開門出入) 하는 것의 적부(적극)[165] 「昭和 58 執研」

* 후행 신청사건을 병합하는 경우 채무자 측이 항상 전원부재인 경우에는 개문(開門)에 의한 출입까지 해서 병합절차를 할 필요가 있는가?
* 사건의 병합을 함에는 압류 장소에서 추가압류물의 유무를 현장 확인할 필요가 있기 때문에 출입하지 않고 사건을 병합하는 것은 허용될 수 없지만, 오로지 사건의 병합을 할 목적으로 채무자 측에 개문(開門) 하여 출입하면 집행비용이 증가하고 무잉여로 되는 경우에는 선행사건의 매각기일로 후행 사건의 기일을 정하고 선행사건의 경매 시행에 앞서 병합절차를 행하는 운용을 도모하는 것도 허용될 것이다.

---

163) 전게서, 「313」
164) 日 最高裁判所 事務總局, 2011, 執行官事務(第4版), 「275」
165) 전게서, 「270」

(6) 본 압류의 집행정지 중에 된 가압류에 의한 추가압류 물건을 본 압류채권자를 위하여 경매하는 것의 가·부[166] 「昭和 43 仙臺」

* 유체동산에 대한 압류가 된 후 제3자이의의 소 제기와 동시에 위 강제집행이 정지되었다. 그 후 다른 채권자의 가압류 집행신청으로 위 동산에 조사절차를 행하면서 채무자 소유의 압류되지 않은 다른 유체동산에 대하여 새로이 가압류 집행을 하였다. 이 경우 집행정지를 받은 채권자를 위하여 새로 가압류한 유체동산만의 경매를 시행할 수 있는가?
* 조사절차가 된 때는 추가 압류물건도 포함하여 일체로서 경매해야 한다는 의견도 있지만, 선행 압류의 효력은 추가 가압류물건에도 미치고 선행압류에 대하여 제3자 이의에 의한 강제집행정지 효력은 압류물의 범위에 그치고 가압류 물에는 미치지 않기 때문에 추가 가압류 물건만의 경매는 가능하다는 견해가 유력하였다. (민사국 후설)

(5) 집행비용

이중압류가 된 경우, 각 압류가 경합된 채로 집행절차가 진행되므로 추가압류비용뿐 아니라 후행 압류에 든 모든 비용이 공익비용에 포함되어 매각대금으로부터 우선변제 받을 수 있다.

4. 배당요구(민집 217조에서 220조)

가. 총 설

금전채권은 궁극적으로는 채무자의 일반재산을 현금화하여 만족을 얻게 되므로 채무자의 일반재산은 모든 채권자를 위한 공동담보를 이룬다. 그러한 채권자 중의 일부가 채무자의 특정재산에 대하여 강제집행, 즉 현금화를 위한 조치에 착수한 경우에, 다른 채권자가 그 절차에 참가하여 채무자의 재산을 현금화하여 얻게 될 매각대금 중에서 자기의 채권액에 해당하는 금액의 지급을 구하기 위하여 그 집행절차에 참가하는 것이 배당요구제도이다.

유체동산 집행에 있어서는 실체법상 우선변제청구권이 있는 자에 한하여 배당요구를 할 수 있게 되어 있으므로(민집 217조), 집행력 있는 정본을 가지지 아니한 자는 아예 배당에서 제외되고, 집행력 있는 정본을 가진 자라도 민사집

---

[166] 日 最高裁判所 事務總局, 1997, 執行官事務(第3版), 「311」

행법 215조에 따라 이중압류하지 않는 이상 배당절차에 참가할 수 없다.

압류 이전에 목적물을 가압류한 채권자는 압류채권자에 해당하므로 당연히 배당을 받게 된다(압류 이후 목적물을 가압류한 채권자의 경우에는 긍정설과 부정설의 견해 대립 있음). 압류한 유체동산의 공유자임을 주장하는 배우자는 배당요구가 아닌 지급요구를 하여야 한다(민집 221조). 한편 배당요구와 배우자의 지급요구는 집행관에게 하여야 한다(민집 218조, 221조 2항). 이는 채권집행에 있어서는 실체법상 우선변제청구권이 있는 채권자와 집행력 있는 정본을 가진 채권자가 배당요구를 할 수 있고(민집 247조), 부동산집행에 있어서는 실체법상 우선변제청구권이 있는 자, 집행력 있는 정본을 가진 자 외에 경매개시결정이 등기된 뒤에 가압류한 채권자가 배당요구를 할 수 있는 점(민집 88조)과 대비된다.

나. 배당요구권자의 범위

> **민사집행법**
>
> **제217조(우선권자의 배당요구)**
> 민법·상법, 그 밖의 법률에 따라 우선변제청구권이 있는 채권자는 매각대금의 배당을 요구할 수 있다.

민법, 상법 그 밖의 법률에 따라 우선변제청구권이 있는 자에 한하여 배당요구를 할 수 있다.

(1) 우선 특권 등

상법의 각종 우선 특권 또는 우선변제권(상법 468조, 777조, 893조), 근로자의 임금채권(근로기준법 38조), 퇴직금(근로자퇴직급여 보장법 12조), 산업재해보상보험료채권(고용보험 및 산업재해보상보험의 보험료징수 등에 관한 법률 30조), 건강보험료채권(국민건강보험법 85조), 자본시장과 금융투자업에 관한 법률 400조, 담보부사채신탁법 82조 등에 따라 우선특권 또는 우선변제권이 인정되는 채권 등이 이에 해당한다.

(2) 질 권

질권은 목적물건에 대한 점유를 요건으로 하므로(민법 329조), 일반적으로는 질권자의 배당요구를 단정하기 어렵다. 다만, 질권자가 마음대로 압류를 승인한 경우(민집 191조)에는, 그에 의하여 우선권을 잃는 것은 아니므로(집행관의 압류물에 대한 점유의 성질에 관하여 판례가 취하는 공법상 점유설에 의할 경우 채무자가 여전히 사법상 점유를 하고 있다)[167] 이때에는 배당요구를 할 수 있다.

(3) 동산담보권 등

동산·채권 등의 담보에 관한 법률에 따른 동산담보권자는 배당요구를 할 수 있다. 이에 반해 동산에 관하여는 저당권이 이루어지지 아니하므로 저당권자는 배당요구권자에 해당하지 아니한다. 다만 저당권이 미치는 저당목적물의 종물인 동산(민법 358조)이나 저당목적물로부터 분리된 동산 또는 저당부동산 위의 미분리과실(민법 359조)이 압류된 때에는 배당요구를 할 수 있다.

(4) 양도담보권자

이에 대하여는 배당요구권을 인정할 것이라는 견해, 제3자 이의의 소에 의하여 소유권을 주장할 것이고 배당요구를 허용할 것이 아니라는 견해, 권리자의 선택에 따라 배당요구를 하거나 제3자 이의의 소를 제기할 수 있다는 절충설이 대립이 있다.

판례는 집행증서를 소지한 동산양도담보권자는 그 지위에 기초하여 제3자 이의의 소에 의하여 목적물건에 대한 양도담보권설정자의 일반채권자가 한 강제집행의 배제를 구하거나 그렇지 않고 이중압류의 방법으로 배당절차에 참가하여 압류가 경합된 일반채권자에 우선하여 배당받을 수 있다는 견해를 밝히고 있을 뿐(대판 2004. 12. 24. 2004다45943 참조), 민사집행법 217조에 의한 배당요구가 가능한지를 명시적으로 판단하고 있지 않으나, 동산양도담보권자의 경우 담보권을 근거로 한 사적실행 외에 민사집행법 271조에 따른 담보권의 실행을 인정하지 않는 이상 부정적으로 해석될 여지가 많다.

동산에 관하여 양도담보계약이 이루어지고 양도담보권자가 점유개정의 방법으로 인도를 받았다면 그 청산절차를 마치기 전이라 하더라도 담보목적물에 대한 사용수익권은 없지만 양도담보권설정자를 제외한 제3자와 대한 관계에 있어서는 그 물건의 소유자임을 주장하고 그 권리를 행사할 수 있다.[168]

---

[167] 대판 1963. 10. 10. 63다309 동산에 대한 가압류가 있다 하여 채무자가 그 동산의 점유를 당연히 상실하는 것이 아니고 집행관이 가압류 한 그 동산을 다른 곳으로 가져가지 않은 이상 채무자의 점유는 계속된다고 볼 것이다.

동산을 목적으로 하는 양도담보설정계약을 체결함과 동시에 채무불이행 시 강제집행을 수락하는 공정증서를 작성한 경우, 양도담보권설정자가 그 피담보채무를 불이행한 때에는 양도담보권자는 양도담보권을 실행하여 담보목적물인 동산을 현금화함에 있어서 집행증서를 근거로 하지 아니하고 양도담보의 약정 내용에 따라, 이를 사적으로 타에 처분하거나 스스로 취득한 후 정산하는 방법으로 현금화할 수도 있지만, 집행증서를 근거로 하여 담보목적물을 압류하고 강제경매를 하는 방법으로 현금화할 수도 있다.

나아가 동산의 양도담보권자가 강제집행을 수락하는 공정증서를 근거로 하여 담보목적물을 압류하고 강제경매를 하는 경우, 그와 같은 방법에 따른 매각절차는 형식상은 강제경매절차에 따르지만, 그 실질은 일반채권자의 강제집행절차가 아니라 동산양도담보권 실행을 위한 현금화 절차로서 그 압류절차에 압류를 경합한 양도담보권설정자의 다른 채권자는 양도담보권자에 대한 관계에서는 압류경합권자나 배당요구권자로 인정될 수 없고, 따라서 현금화 때문인 판매이익금에서 현금화 비용을 공제한 잔액은 양도담보권자의 채권변제에 전액 충당함이 당연하고 양도담보권자와 압류경합자인 다른 채권자 사이에서 각 채권액에 따라 비례배분으로 배당할 것이 아니다.169)

한편 점유개정의 방법으로 동산에 대한 이중의 양도담보설정계약이 체결된 경우 뒤에 설정계약을 체결한 후순위 채권자는 양도담보권을 취득할 수 없다. 관련 판례는 아래와 같다.

> **대법원 2005. 2. 18. 선고 2004다37430 판결**
> [판시사항]
> [1] 점유개정의 방법으로 동산에 대한 이중의 양도담보설정계약이 체결된 경우, 뒤에 설정계약을 체결한 후순위 채권자가 양도담보권을 취득할 수 있는지(소극)
> [2] 동산을 목적으로 하는 유동 집합물 양도담보설정계약을 체결함과 동시에 채무불이행 시 강제집행을 수락하는 공정증서를 작성한 후 양도담보권자가 그 집행증서를 근거로 하여 강제경매를 하는 경우, 그 경매절차에 압류를 경합한 양도담보설정자의 다른 채권자가 양도담보권자에 대한 관계에서 압류경합권자나 배당요구권자로 인정될 수 있는지(소극)

---

168) 대판 1971. 3. 23. 71다225, 대판 1999. 9. 7. 98다47283
169) 대판 1994. 5. 13. 93다21910; 대판 1999. 9. 7. 98다47283; 대판 2005. 2. 18. 2004다37430

[판결요지]

[1] 금전채무를 담보하기 위하여 채무자가 그 소유의 동산을 채권자에게 양도하되 점유개정의 방법으로 인도하고 채무자가 이를 계속 점유하기로 약정한 경우 특별한 사정이 없으면 그 동산의 소유권은 신탁적으로 이전되는 것에 불과하여, 채권자와 채무자 사이의 대내적 관계에서는 채무자가 소유권을 보유하나 대외적인 관계에서의 채무자는 동산의 소유권을 이미 채권자에게 양도한 무권리자가 되는 것이어서 다시 다른 채권자와 양도담보설정계약을 체결하고 점유개정의 방법으로 인도하더라도 선의취득이 인정되지 않는 한 나중에 설정계약을 체결한 채권자로서는 양도담보권을 취득할 수 없는데, 현실의 인도가 아닌 점유개정의 방법으로는 선의취득이 인정되지 아니하므로 결국 뒤의 채권자는 적법하게 양도담보권을 취득할 수 없다.

[2] 동산을 목적으로 하는 유동 집합물 양도담보설정계약을 체결함과 동시에 채무불이행 시 강제집행을 수락하는 공정증서를 작성한 경우, 양도담보권자로서는 그 집행증서를 근거로 하지 아니하고 양도담보계약내용에 따라 이를 사적으로 타에 처분하거나 스스로 취득한 후 정산하는 방법으로 현금화할 수도 있지만, 집행증서를 근거로 하여 담보목적물을 압류하고 강제경매를 하는 방법으로 현금화할 수도 있는데, 만약 후자의 방식에 의하여 강제경매를 하는 경우, 이러한 방법에 따른 경매절차는 형식상은 강제집행이지만, 그 실질은 일반 강제집행절차가 아니라 동산양도담보권의 실행을 위한 환가절차로서 그 압류절차에 압류를 경합한 양도담보설정자의 다른 채권자는 양도담보권자에 대한 관계에서 압류경합권자나 배당요구권자로 인정될 수 없고, 따라서 환가로 인한 매득금에서 환가비용을 공제한 잔액은 양도담보권자의 채권변제에 우선적으로 충당하여야 한다.

집합물 양도담보에서 채권자와 채무자 사이에 채무자가 양도담보목적물인 돼지를 점유개정의 방법으로 점유하는 동안 이를 무상으로 사용수익 하기로 약정하였다면, 원물인 돼지가 출산한 돼지 새끼는 천연과실로서 수취권은 원물의 사용수익권을 갖는 채무자에게 귀속되는 것이므로 새끼돼지에 대하여는 양도담보권의 효력이 미치지 않는다.[170]

(5) 국세 등의 교부 청구

조세채권(국세기본법 35조 1항, 지방세법 99조 1항 이하, 관세법 3조 1항)이나 공과금(도로법 90조, 하천법 67조 등) 등의 교부 청구(국세징수법 56조, 지방세법 28조)에 관하여는, 단순히 국세 등의 존재를 통지하여 그 우선 지급을 구하는 신청으로 보는 견해도 있으나, 배당요구

---

170) 대판 1996. 9. 10. 96다25463

에 따르는 것으로 보아 교부청구에 배당요구의 시적(時的) 한계에 관한 규정(민집 220조)이 적용된다고 보아야 한다.[171]

　판례는 조세채권의 경우 부동산경매개시결정등기 이전에 체납처분에 의한 압류등기 또는 국세징수법 24조 2항에 의한 보전압류의 등기가 마쳐져 있지 않은 이상 교부청구 당시 체납되어 있고 또한 과세관청이 배당요구종기까지 집행법원에 교부청구를 하여야만 배당받을 수 있다[172]고 하는바, 동산의 경우에도 과세관청이 미리 압류하지 아니하였다면 배당요구의 종기까지 집행관에게 교부청구를 하여야 배당받을 수 있다고 본다. 그러나 교부청구는 집행기관에 대하여 체납된 조세의 변제를 최고하는 행위일 뿐 공정력을 갖는 행정처분이 아니므로 이미 결손처분이 이루어진 조세에 대하여 교부청구를 하거나 교부청구 후 결손처분이 이루어진 경우에는 집행법원으로부터 배당을 통하여 우선변제를 받을 수 없다.[173]

(6) 그 밖에 배당요구권의 유무가 문제 되는 경우

(가) 유치권

　민법 322조 1항의 규정상 유치권에는 우선변제청구권이 인정되지 아니한다는 점에는 이론이 없으므로 유치권자는 배당요구를 할 수 없다.

(나) 집행력 있는 정본 소지자

　이들은 배당요구를 할 수 없고 민사집행법 215조의 규정에 따라 이중압류를 하여 배당에 참여할 수 있을 뿐임은 앞서 본 바와 같다.

(다) 집행채권자(강제집행청구금액의 확장)

　집행력 있는 정본을 가진 채권자가 그 채권액 중 일부만을 청구금액으로 표시하여 강제집행을 한 후 그 청구금액을 확장할 수 있는지가 문제가 될 수 있다. 그러나 유체동산 집행의 경우 실체법상의 우선변제청구권자에 한하여 배당요구를 할 수 있으므로 집행채권자가 그 청구금액을 확장하기 위해서는 추가로 이중압류를 해야 한다.

---

171) 대판 1993. 3. 26. 92다52733
172) 대판 1993. 3. 26. 92다52733
173) 대결 2001. 3. 20. 2000마5809

따라서 집행채권자가 청구금액을 확장하는 내용의 채권신고서 등을 제출하였다고 하더라도 그 신고는 배당요구의 효력밖에 없어서,[174] 집행채권자가 실체법상의 우선변제청구권자에 해당하지 아니하는 한 적법한 배당요구가 될 수 없다. 부동산집행의 경우 경매신청서에 청구금액으로서 원리금의 기재가 있는데 경매개시결정서에는 원금만이 기재되어 있는 경우라도 채권자는 매각대금에서 원리금의 변제를 받을 수 있는데,[175] 이는 동산의 경우(신청서와 압류조서 사이)에도 마찬가지라고 보아야 한다.

(라) 압류 후 채무자의 처분행위가 있은 경우

압류에는 상대적 효력이 있을 뿐이므로 압류 이후에도 채무자는 그 목적물을 처분할 수 있다. 우선변제청구권자라 하더라도 압류 후 채무자의 처분행위(점유개정의 방법에 따르게 될 것이다)가 있는 경우에는 배당요구를 할 수 없다.

다. 배당요구의 방식과 절차

배당요구는 그 이유를 소명하여 집행관에게 하여야 한다(민집 218조). 구체적으로 배당요구는 채권(이자, 비용, 그 밖의 부대채권(附帶債權)을 포함한다)의 원인과 액수를 적은 서면을 집행관에게 제출함으로써 한다(민집규 158조, 48조 1항). 배당요구는 소송행위의 일종이므로 당사자능력과 소송능력이 있어야 한다. 그런데 민사집행규칙에는 배당요구서에 배당요구의 자격을 소명하는 서면을 붙일 것을 규정하고 있을 뿐(민집규 158조, 48조 2항), 그 서면의 종류에 대하여는 구체적인 규정이 없어 실무상 다음과 같은 논란이 있다.

(1) 임금채권자의 소명부족

근로자가 임금채권 및 퇴직금채권의 우선변제권을 근거로 하여 배당요구를 하는 경우에는 판결 이유 중에 배당요구채권이 우선변제권 있는 임금채권이라는 판단이 있는 법원의 확정판결(단 자백간주(自白看做) 판결, 공시송달에 의한 판결은 제외)이나 고용노동부 관할 고용노동지청에서 발급한 체불임금

---

174) 대결 1983. 10. 15. 83마393
175) 대결 1968. 6. 3. 68마378

확인서 중 하나와 그 채권자가 근로자라는 사실 또는 미지급된 임금액을 소명하는 자료 등을 제출하여야 한다. 근로자의 임금채권에 대한 배당 시 유의사항(아래 재민 97-11 참고)은 근로자의 임금채권 우선변제권을 근거로 한 배당요구 시 첨부할 위 소명자료를 열거하고 있다.

부동산의 경우 채권의 원인과 액수를 적고 첨부서류를 갖추어 경매법원에 제출한 경우에는 그 서면의 제목을 '배당요구신청서'라고 하지 않고 '권리신고'라고 하였더라도 배당요구의 효력을 인정하여야 하는데,176) 유체동산의 경우도 마찬가지이다. 우선변제청구권이 있는 채권자가 집행력 있는 정본을 가진 때에는 민사집행법 215조의 규정에 따라 이중압류를 할 수도 있고 배당요구만을 할 수도 있다.

국세 등의 교부 청구는 배당요구와 같은 성질의 것이므로 민사집행규칙 158조, 48조에 따라 교부 청구서에 체납자, 채권자, 교부 청구의 대상인 체납세액의 내용이 기재되어 있어 채권의 원인 및 액수를 특정하기에 충분하다면 그 채권을 계산할 수 있는 구체적인 증빙서류까지 첨부할 필요는 없고,177) 우편으로 제출된 교부 청구서가 당해 경매사건이 계속 중인 법원에 접수된 이상 그 우편물의 겉봉과 교부 청구받는 사람의 표시를 위 법원의 '등기과'로 표시하였다고 하여도 교부 청구의 효력을 가진다.178)

배당요구채권자가 배당요구서에 적은 주소 등을 바꾼 때에는 그 취지를 법원에 바로 신고하여야 한다(민집 14조 1항). 이를 하지 아니한 사람에 대한 송달은 달리 송달할 장소를 알 수 없는 경우라고 보아, 법원에 신고된 장소 또는 종전에 송달을 받던 장소에 대법원규칙이 정하는 방법인 등기우편으로 발송할 수 있다(민집 14조 2항, 민집규 9조).

이에 따라 서류를 발송한 경우에는 발송한 때에 송달된 것으로 본다(민집 14조 3항). 그러므로 배당요구채권자가 위 규정을 위반하여 바꾼 주소 등을 신고하지 아니한 때에는, 집행관은 배당요구서에 기재되어 있는 주소 등에 등기우편으로 발송하고 그 사유를 조서에 기재함으로써 송달 등에 갈음할 수 있다(민집 11조).

---

176) 대판 1999. 2. 9. 98다53547
177) 대판 2001. 5. 8. 2001다12393
178) 대판 2001. 6. 12. 99다45604

라. 배당요구의 시기(始期)

> **민사집행법**
>
> 제220조(배당요구의 시기)
> ① 배당요구는 다음 각 호의 시기까지 할 수 있다.
> 1. 집행관이 금전을 압류한 때 또는 매각대금을 영수한 때
> 2. 집행관이 어음·수표 그 밖 금전의 지급을 목적으로 한 유가증권에 대하여 그 금전을 지급받은 때
> ② 제198조 제4항에 따라 공탁된 매각대금에 대하여는 동산집행을 계속하여 진행할 수 있게 된 때까지, 제296조 제5항 단서에 따라 공탁된 매각대금에 대하여는 압류의 신청을 한 때까지 배당요구를 할 수 있다.

(1) 시기(始期)

배당요구의 시기에 대하여서는 특별한 규정은 없으나 집행개시 후, 즉 집행관이 압류할 물건의 소재지에 이르러 압류할 물건을 수색하기 시작함으로써 집행에 착수한 때부터라고 할 수 있다.

집행관이 금전을 압류한 경우에는 매각대금을 영수한 때까지, 어음·수표 기타 유가증권을 압류한 경우에는 그 받은 때까지에 한하여 배당요구를 할 수 있다. 다만 가압류나 집행정지 중에 압류물을 매각하여 그 대금을 공탁한 경우에는 그 가압류가 본 압류로 되는 때에 또는 집행을 속행할 수 있을 때까지 배당요구를 할 수 있다(민집 220조).

(2) 종기(終期)

(가) 금전을 압류한 경우(민집 220조 1항)

절차를 요구하지 아니하고 즉시 채권자에게 인도하여야 하고 이로써 채무자가 지급한 것이 되므로(민집 201조) 그 압류 이전에 한하여 배당요구를 할 수 있다. 집행관이 금전을 추심한 경우에도 같다.

(나) 압류물을 매각, 현금화하는 경우(민집 220조 1항 1호 후단)

이 경우에는 집행관이 매각대금을 영수한 때까지 배당요구를 할 수 있다. 일반적으로 매각물의 인도는 대금지급과 서로 맞바꾸어야(償還) 하는 것이 원칙이므로(민집 205조 2항) 집행관의 매각대금영수는 매각결정 기일에 이루어지게 된

다. 다만 특별매각조건 또는 집행법원의 특별현금화명령에 따라 매각물의 인도일과 대금지급기일을 달리 정한 경우에는 매각결정기일이 아니라 그 대금지급기일에 집행관이 대금을 영수한 때가 배당요구의 종기로 된다. 특별현금화명령에 따라 집행관 이외의 사람이 현금화하는 경우에는 그 사람이 매각대금을 영수한 때가 배당요구의 종기로 된다고 해석하여야 한다.

압류의 경합 여부는 압류장소를 단위로 하여 정하여야 할 것이므로 압류장소가 다르면 현금화 절차도 별개로 이루어지게 된다. 따라서 이 경우에는 각 현금화 절차에서 집행관이 매각대금을 영수한 때까지 배당요구를 할 수 있다. 동일 장소에서 압류한 여러 개의 유체동산이라도, 당초부터 매각기일이 분리, 지정된 경우는 물론, 매각기일에서 일부만이 매각되고 나머지 물건에 대하여는 매수신청이 없어 매각기일이 연기되거나 속행된 경우에도 배당요구는 각각의 매각기일을 기준으로 하여 집행관이 매각대금을 영수한 때까지 할 수 있을 뿐이다.

(다) 금전의 지급을 목적으로 하는 유가증권을 압류한 경우(민집 220조 1항 2호)

유가증권을 압류한 때에는 시장가격이 있는 것은 매각하는 날의 시장가격에 따라 적당한 방법으로 매각하고 그 시장가격이 형성되지 아니한 것은 일반현금화의 규정에 따라 매각하여야 한다(민집 210조).

이때에는 그 매각대금의 영수시가 배당요구의 종기로 된다(민집 220조 1항 1호 후단). 그런데 어음, 수표 그 밖 금전의 지급을 목적으로 하는 유가증권에 대하여는, 위와 같은 현금화를 하기 전에 그 권리행사기간이 도래한 때에는 집행관이 채무자에 갈음하여 인수 또는 지급을 위한 제시나 지급청구를 하여야 하고(민집 212조 1항), 그 결과 집행관이 제3채무자로부터 그 금전을 지급받을 수도 있다. 이 경우에는 별도의 현금화 절차가 필요하지 않으므로 집행관이 수령을 한 때까지 배당요구를 할 수 있다.

(라) 긴급매각의 경우(민집 220조 2항)

집행정지 중에 압류물을 긴급매각하고 그 매각대금을 공탁한 경우(민집 198조 3항, 4항)에는, 그 정지사유가 해소되어 집행을 속행하게 되면 별도의 현금화 절차를 요구하지 아니하고 배당절차에 들어가게 되므로 강제집행을 속행하게 된 때까지 배당요구를 할 수 있다.

한편 가압류물을 긴급 매각하여 그 매각대금을 공탁한 경우(민집 296조 5항 단서)에는 압류의 신청을 한 때까지 배당요구를 할 수 있다. '압류의 신청'은 가압류가 본 압류 이전되는 것뿐만 아니라 가압류채권자 이외의 채권자가 중복하여 압류 신청하는 것을 포함한다. 따라서 가압류의 본 압류의 이전 또는 다른 채권자의 압류신청 중 먼저 행해지는 때가 배당요구의 종기로 된다.

(마) 배당요구의 종기

배당요구의 종기는 일자를 기준으로 하는 것이 아니라 특정한 시각을 기준으로 하여 정하여지므로 그 종기에 근접하여 배당요구가 있는 때에는 배당요구서 또는 집행조서 등에 접수일시 및 매각대금의 영수일시 등을 기재하여 선후관계를 명백히 밝혀 둘 필요가 있다.

마. 배당요구의 통지(민집 219조)

민사집행법 219조는 이중압류 및 배당요구가 있는 때에는 집행관이 이를 채권자와 채무자에게 통지할 것을 규정하였고 이에 따라 실체법상 우선변제청구권이 있는 자의 배당요구가 있는 경우에는 그 사유를 배당에 참가한 채권자와 채무자에게 통지(아래 양식 통지서 참고)하여야 한다(민집 219조). 이는 선행압류채권자(先行押留債權者)로 하여금 추가압류를 준비하게 하고 이미 집행절차에 참가하고 있는 다른 배당요구권자로 하여금 새로운 배당요구에 대하여 스스로 그 진위(眞僞) 또는 정당성을 조사하여 배당이의(配當異議) 등을 할 수 있도록 준비하게 하려는 것이다.

통지의 절차는 민사집행법 11조의 규정에 따른다. 통지함에는 배당요구서의 부본을 함께 송달하거나 교부함이 타당하다. 채무자가 외국에 있거나 있는 곳이 분명하지 아니한 때에는 통지할 필요가 없다(민집 12조). 이 통지는 배당요구의 효력발생요건이 아니므로 그 통지가 없더라도 배당요구의 효력에는 영향이 없다.

|양식| **통지서**

```
                    통  지  서

사   건 : 20  본 (    부)
채 권 자 :
채 무 자 :
  위 사건에 관하여 별지 배당요구서 부본과 같이 배당요구가 있음을 통지합니다.

                    20  .  .  .

           집행관              (인)

                                        채권자        귀하
```

바. 배당요구의 효력

적법한 배당요구가 있는 때에는 압류 금전 또는 매각대금 등에서 배당받을 지위를 취득한다. 압류채권자와 배당요구채권자, 배당요구채권자 상호 간의 배당 우선순위는 채권자 전원의 협의에 의하거나 실체법의 규정에 따라 정하여진다. 배당요구를 한 후 다른 채권자가 이중압류를 하여 압류물이 추가된 때에는 그 추가된 압류물에 대하여도 배당요구의 효력이 미친다(민집 215조 3항 참조).

배당요구는 다른 사람의 집행절차에 참가, 편승하여 채권액의 지급을 구하는 것이므로 배당요구채권자가 스스로 강제집행절차를 추행(追行)할 권능은 일반적으로 없다. 다만 특별현금화명령을 신청할 수 있고(민집 214조), 배당요구채권액은 초과압류(민집 188조 2항), 매각의 한도(다만 일괄매각의 경우는 제외)(민집 207조) 등을 정하는 표준으로 된다.

또 배당요구는 파산절차참가나(개인) 회생절차참가에 따라, 또는 압류에 따라, 소멸시효중단의 효력이 인정된다. 중단된 소멸시효는 집행절차종료 시(배당할 때)부터 다시 진행한다(민법 178조 1항). 배당요구는 그 기초가 된 압류가 취소되거나 압류채권자가 신청을 취하한 때에는 효력을 잃는다. 배당요구에 의한 소멸시효중단의 효력도 소급하여 소멸되나, 이 경우에는 배당요구에 민법 174조의 최고의 효력은 인정된다.

한편 민법, 상법 그 밖의 법률에 따라 우선변제청구권이 있으면서도 배당요구를 하지 아니한 자 또는 배당요구를 하였으나 배당받지 못한 채권자가, 당해 강제집행절차 외에서, 후순위자를 상대로 부당이득반환청구를 할 수 있는가 하는 문제가 있다.

　이에 관하여 판례는, "확정된 배당표에 의하여 배당하는 것은 실체법상의 권리를 확정하는 것이 아닌바, 임금과 퇴직금채권자나 소액임차보증금반환채권자 등 우선변제권 있는 채권자가 적법하게 배당요구를 하였다면 배당에 관하여 이의를 하였는지 아닌지 또는 형식상 배당절차가 확정되었는지에 관계없이 부당이득반환청구권을 가지지만, 배당요구를 하지 아니한 경우에는 그 매각대금으로부터 배당을 받을 수 없으므로 그를 배당에서 제외하는 것으로 배당표가 작성·확정되고 그에 따라 배당이 시행되어 버렸다면 후순위로 배당을 받은 자에 대하여 부당이득반환청구권이 없다."[179]는 취지이다. 관련 판례는 다음과 같다.

> **대법원 2002. 1. 22. 선고 2001다70702 판결**
> [판시사항]
> 　[1] 민사소송법 제605조 제1항 소정의 배당요구가 필요한 배당요구채권자가 실체법상 우선변제청구권이 있다 하더라도 적법한 배당요구를 하지 아니하여 배당에서 제외된 경우, 배당받은 후순위채권자를 상대로 부당이득의 반환을 청구할 수 있는지(소극)
> 　[2] 주택임대차보호법상의 소액보증금반환채권이 민사소송법 제605조 제1항 소정의 배당요구가 필요한 배당요구채권에 해당하는지 여부(적극)
>
> [판결요지]
> 　[1] 민사소송법 제605조 제1항에서 규정하는 배당요구가 필요한 배당요구채권자는, 압류의 효력발생 전에 등기한 가압류채권자, 경락으로 인하여 소멸하는 저당권자 및 전세권자로서 압류의 효력발생 전에 등기한 자 등 당연히 배당을 받을 수 있는 채권자의 경우와는 달리, 경락기일까지 배당요구를 한 경우에 한하여 비로소 배당을 받을 수 있고, 적법한 배당요구를 하지 아니한 경우에는 비록 실체법상 우선변제청구권이 있다 하더라도 경락대금으로부터 배당을 받을 수는 없을 것이므로, 이러한 배당요구채권자가 적법한 배당요구를 하지 아니하여 그를 배당에서 제외하는 것으로 배당표가 작성·확정되고 그 확정된 배당표에 따라 배당이 실시되었다면 그가 적법한 배당요구를 한 경우에 배당받을 수 있었던 금액 상당의 금원이 후순위채권자에게 배당되었다

---

179) 대판 1988. 11. 8. 86다카2949, 대판 1996. 12. 20. 95다28304

> [2] 주택임대차보호법에 의하여 우선변제청구권이 인정되는 소액임차인의 소액보증금반환채권은 현행법상 민사소송법 제605조 제1항에서 규정하는 배당요구가 필요한 배당요구채권에 해당한다.

또한, 일반채권자가 채무자가 제3자에게 양도담보로 제공한 동산에 대하여 강제집행을 신청하여 배당을 받은 경우, 매각 때문에 매수인이 그 소유권을 선의취득의 방법으로 취득하고 이에 따라 양도담보권자는 그 소유권을 상실하게 되는 결과, 일반채권자는 채무자 아닌 제3자 소유의 동산에 대한 매각대금을 배당받음으로써 법률상 원인 없이 이득을 얻고 그로 양도담보권자는 손해를 입었으므로 양도담보권자에 대하여 이를 부당이득으로써 반환할 의무가 있다.180)

부당이득이 성립되는 경우 그 부당이득의 반환은 법률상 원인 없이 취득한 이익을 반환하여 원상으로 회복하는 것을 말하므로 법률상 원인 없이 제3자에 대한 채권을 취득한 경우, 만약 채권의 이득자가 이미 그 채권을 변제받은 때에는 그 변제받은 금액이 이득이 되어 이를 반환하여야 할 것이나, 아직 그 채권을 현실적으로 추심하지 못한 경우에는 손실자는 채권의 이득자에 대하여 그 채권의 반환을 구하여야 하고 그 채권 가액에 해당하는 금전의 반환을 구할 수는 없다.181)

사. 배우자의 지급요구(민집 221조)

민사집행법

제221조(배우자의 지급요구)
① 제190조의 규정에 따라 압류한 유체동산에 대하여 공유지분을 주장하는 배우자는 매각대금을 지급하여 줄 것을 요구할 수 있다.
② 제1항의 지급요구에는 제218조 내지 제220조의 규정을 준용한다.
③ 제219조의 통지를 받은 채권자가 배우자의 공유주장에 대하여 이의가 있는 때에는 배우자를 상대로 소를 제기하여 공유가 아니라는 것을 확정하여야 한다.
④ 제3항의 소에는 제154조 제3항, 제155조 내지 제158조, 제160조 제1항 제5호 및 제161조 제1항·제2항·제4항의 규정을 준용한다.

---

180) 대판 1997. 6. 27. 96다51332
181) 대판 1995. 12. 5. 95다22061, 대판 2001. 3. 13. 99다26948

(1) 개 설

민사집행법 221조는 채무자가 단독으로 또는 그 배우자와 공동으로 점유하는 부부공유 유체동산(夫婦共有 有體動産)을 유체동산 압류의 방법으로 압류할 수 있게 됨에 따라 채무자가 아닌 배우자의 권리구제를 위한 규정이다. 민사집행법 190조의 규정에 따라 부부공유 유체동산을 압류한 경우 그 배우자는 그 목적물에 대한 우선매수권(민집 206조)을 행사하거나 자기 공유지분에 대한 매각대금을 지급하여 달라고 요구할 수 있다(민집 221조 1항).

(2) 배우자의 지급요구

(가) 지급요구

채무자가 점유하거나 그 배우자와 공동으로 점유하는 부부공유 유체동산을 압류하여 매각한 경우 그 배우자는 공유지분을 주장하여 매각대금의 지급을 요구할 수 있다. 부부공유 유체동산은 압류에서부터 매각에 이르기까지는 채무자의 단독소유와 같이 취급하되, 매각대금의 배당 단계에서 배우자의 지급요구권(支給要求權)을 행사하여 원래의 법률관계에 따르도록 한 것이다. 이 지급요구는 자기 소유물 매각대금의 반환을 구하는 것으로서 배당요구와는 본질을 달리하는 것이나, 지급요구의 방식과 절차 및 시적 한계 등에 관하여는 배당요구에 관한 규정이 일부 준용된다(민집 221조 2항, 민집규 153조).

지급요구의 대상이 되는 '매각대금(賣却代金)'을 어떻게 볼 것인가에 관하여는 공유물분할(共有物分割)을 위한 경매와 대비하여 집행비용을 뺀 잔액에서 지급하여야 한다는 견해도 있을 수 있으나, 집행관사무소에 비치할 각종 문서의 양식에 관한 예규(행정예규 788호) 부록 제2호 문서양식의 유체동산허가매각기일조서는 집행비용을 빼기 전의 것을 의미한다는 전제 아래(채무자 아닌 배우자가 부담할 것이 아니라는 의미), 지급요구가 있을 때에는 집행비용의 공제에 앞서 배우자에 대하여 그 지분에 해당하는 몫을 지급하도록 하고 있다.

(나) 지급요구의 방법과 절차

지급요구의 절차에는 배당요구에 관한 규정이 준용된다. 따라서 지급요구는 이유를 밝혀 집행관에게 하여야 한다(민집 221조 2항, 218조). '이유'는 지급요구를 하는 자가 채무자의 배우자라는 것, 압류물이 채무자와의 공유에 속한다는 것, 공유지분의 비율 등을 의미한다. 다만 배당요구는 일정한 사항을 적은 서면에 의하여야 하나(민집규 158조, 48조), 민사집행규칙 153조에서는 민사집행법 221조 1항의 규정에 따른 지급요구는 서면으로 하는 것을 원칙으로 하되, 다만 배우자의 권리행사 편의를 고려하여 매각기일에 매각장소에 출석하여서 하는 경우에는 구두로도 할 수 있게 하였다.

배우자의 지급요구는 서면으로 하든, 구두로 하든 그 이유를 소명해야 하는 바(민집 221조 2항, 218조) 지급요구권자가 채무자의 배우자라는 사실, 압류물이 채무자와의 공유에 속한다는 사실 및 그 공유지분 비율 등을 밝히면 된다. 다만 민사집행법 221조 규정 내용과 취지를 볼 때 압류물이 공유에 속한다는 사실 및 공유지분의 비율을 소명하는 자료는 붙일 필요는 없다.

(다) 지급요구의 통지

배우자의 지급요구가 있는 때에는 집행관은 그 사유를 배당에 참가한 채권자와 채무자에게 통지하여야 한다(민집 221조 2항, 219조). 이는 채권자 등으로 하여금 지급요구의 당부를 미리 조사하여 대비하고 공유관계부인(共有關係否認)의 소를 준비할 수 있도록 한 것이다.

(라) 지급요구의 시기

지급요구의 시기 한계에 관하여는 배당요구와 같은 제한이 있다(민집 221조 2항, 220조). 이 시기 내에 지급요구가 없으면 매각대금 전액이 압류채권자와 배당요구채권자에게 지급된다.

사-1. 배우자의 지급요구 실무사례[182][183]

> (가) 공동채무자인 부부에 대한 유체동산 집행 중 1인의 채무자가 개인회생절차 개시 결정을 받더라도 위 채무자에 대한 집행 절차가 취소되는 것은 아니므로 그 채무자의 지급요청은 받아들일 수 없다. 다만, 위 채무자가 변제계 확인가 결정을 받는 경우를 고려하여 지급요구액에 해당하는 매각대금은 공탁할 필요성이 있다. 한편 개인 회생 개시 결정에 따라 중지·금지되는 강제집행·가압류 또는

---

[182] 법원공무원교육원, 2008, 집행관연찬집 「16」
[183] 전국법원집행관연합회, 2010, 집행관업무자료집 162~163면 요약

가처분은 "채권자 목록에 기재된 개인회생채권"에 기한 것에 한하므로 집행관은 이를 반드시 확인해야 한다.

(나) 압류 당시 부부였다가 경락 시 부부관계가 해소되었으면 채무자 아닌 종전배우자의 지급 요구 가능 여부

압류 당시 부부관계였다면 (사실혼 관계 포함) 그 압류의 효력으로서 목적물에 대한 처분권이 박탈당하는 등 동산에 대한 소유권 처분이 법률상 배제되는 것이므로 그 압류 시점에서 채무자가 아닌 배우자의 지급요구권은 발생하게 되는 것이며, 그 후 경락 시에 혼인 관계가 해소되었다 하더라도 채무자 아닌 종전 배우자의 지급요구권 행사에는 지장이 없다.

아. 공유관계부인의 소(共有關係否認의 訴)

(1) 의 의

채무자 아닌 배우자의 지급요구가 있는 경우, 이에 이의가 있는 채권자는 그 배우자를 상대로 소를 제기하여 압류물이 채무자와 그 배우자의 공유가 아니라 채무자의 단독소유라는 것을 확정함으로써 부당한 지급요구를 배제할 수 있다(민집 221조 3항). 이를 공유관계부인의 소라고 한다.

(2) 법적 성질

배당이의 소에서처럼 견해가 있을 수 있으나 민사집행법 221조 3항이 "공유가 아니라는 것을 확정하여야 한다"라고 규정하고 있는 점에 비추어 공유관계부인의 소는 성질상 확인의 소라고 해석된다. 따라서 그 소송의 결과에 따라 집행관이 배우자에게 매각대금을 지급하거나 지급하지 않게 되는 것은 판결의 부수적 효과나 반사적 효과라고 본다.

(3) 소송절차

(가) 개설

공유관계부인의 소에는 민사집행법 154조 3항, 155조에서 158조, 160조 1항 5호 및 161조 1항, 2항, 4항이 준용되므로 배당이의 소에 준한다(민집 221조 4항).

(나) 관할

공유관계부인의 소는 원칙적으로 집행법원이 속한 지방법원의 관할에 속한다. 다만 소송물이 단독판사의 사물관할에 속하지 아니할 때에는 집행법원소재지를 관할하는 합의부가 관할한다(민집 221조 4항, 156조 1항). 여러 개의 공유관계부인의 소가 제기된 경우에 한 개의 소를 합의부가 관할하는 때에는 그 밖의 소도 함께 관할한다(민집 221조 4항, 156조 2항). 원고와 피고가 단독판사의 재판을 받을 것을 합의한 경우에는 단독판사가 재판한다(민집 221조 4항, 156조 3항). 소송물의 가액은 원고의 채권액을 한도로 한 목적물, 즉 압류물의 가액의 1/2이다(인지규 16조 7호). 이들 관할은 전속관할이다(민집 21조).

(다) 제소기간

공유관계부인의 소를 제기한 자가 배당기일부터 1주 이내에 집행관에 대하여 그 소를 제기한 사실을 증명하는 서류를 제출하지 아니한 때 또는 그 소를 제기한 사실을 증명하는 서류와 그 소에 관한 집행정지재판의 정본을 제출하지 아니한 때에는 이의가 취하된 것으로 본다(민집 154조 3항 준용). 소제기의 증명은 수소법원의 소 제기증명서, 변론기일통지서 등을 제출하는 방법으로 하면 된다.

집행관은 이의채권자가 소정 기간 내에 관할법원에 공유관계부인의 소를 제기하였는지, 그 소가 이의와 관계가 있는 적법한 소인지를 심사하여야 하며, 소의 내용이 위와 같은 사항을 흠결한 때에는 그 소제기의 증명은 배우자에 대한 매각대금의 지급을 유보하는 효력을 가지지 아니한다. 1주의 법정기간은 집행관이나 당사자가 연장할 수 없고 추후보완도 허용되지 않는다. 공유관계부인의 소가 소정 기간 내에 제기되었으나 그 소 제기 증명서를 소정 기간 경과 후에 제출한 경우에도 배당금을 지급하여야 한다.[184]

(라) 당사자적격

배우자의 공유주장에 대하여 이의가 있는 채권자가 원고적격자이고, 공유를 주장하는 배우자가 피고적격자이다. 채권자에는 집행채권자뿐만 아니라 배당요구채권자도 포함된다. 다수 채권자가 공동소송인이 되어 소를 제기한 때에는 유사필수적 공동소송이 된다. 합일확정(合一確定)의 필요가 있기 때문이다. 여러 사람의 채권자가 각각 별개의 소를 제기한 경우에는 병합하여 심

---

184) 대판 2011. 5. 26. 2011다16592

리, 판결하여야 한다. 채무자는 원칙적으로 당사자적격이 없다. 다만 채무자는 경우에 따라 채권자 또는 배우자 측에 보조참가를 할 수 있다.

(마) 소의 이익

일반적으로 채무자 아닌 배우자가 지급요구를 한 때부터 집행절차가 종료될 때, 즉 매각대금의 지급이 완료될 때까지에 한하여 소의 이익이 인정된다. 매각대금이 배우자에게 지급된 이후에는 즉시 확정의 이익문제로 돌아간다. 즉 공유관계부인의 소의 제소기간을 게을리 한 경우 집행절차 내에서 배우자에게 매각대금이 지급되는 것을 저지할 수는 없으나, 이 경우에도 배우자의 지급요구에 이의 있는 채권자가 배우자에 대하여 소로써 우선권 및 그 밖의 권리를 행사하는데 영향을 미치지 아니하므로(민집 221조 4항, 155조) 채권자는 배우자를 상대로 부당이득반환청구를 할 수 있다.

그런데 이때 이미 제기하였거나 동시에 제기하는 공유관계부인의 소에 소의 이익이 있는가는 이행의 소가 가능한 경우에 확인의 소를 제기할 수 있는지와 동일한 이론이 적용된다. 일반적으로는 즉시 확정의 이익이 부정될 것이다. 또, 배우자의 지급요구가 있으나 매각대금으로 배우자, 압류채권자와 배당요구채권자를 모두 만족하게 할 수 있는 경우에는 소의 이익이 없다. 소송이 종결되기 전에 배우자가 지급요구를 철회한 경우에도 소의 이익이 없다.

(바) 소장 기재사항

소장에 기재할 청구취지는 압류물이 채무자와 그 배우자의 공유가 아니라는 취지로서, 예를 들어, "○○물건은 피고(배우자)와 채무자의 공유가 아님을 확인한다." 또는, "○○물건에 대하여 피고(배우자)가 O/O의지분을 가지지 아니함을 확인한다."고 기재될 것이다. 청구원인은 압류물이 채무자와 배우자의 공유가 아니고 채무자의 특유재산이라는 것을 기재함으로써 충분하다. 그 증명책임은 소를 제기한 채권자에게 있다.

(사) 원고 불출석 소의 취하 간주

공유관계부인의 소를 제기한 채권자가 첫 변론기일에 출석하지 아니하면 소를 취하한 것으로 간주된다(민집 221조 4항, 158조). '첫 변론기일'은 최초로 지정된 변론기일이 아니라 실제로 변론을 하는 첫 기일을 말하며, 제1심의 변론기일에 한한다. 첫 변론기일이므로 속행된 2회 이후의 기일에의 불출석에 대하여는 그 적용이 없다. 피고(배우자)의 출석 여부는 소취하 간주 효과의 발생에 영향을 미치지 아니한다(대판 1967. 6. 27. 67다796). 원고가 출석하였더라도 변론하지 아니하거나 퇴정한 경우에도 취하 간주된다.

(4) 판 결

공유관계부인의 소를 심리한 결과, 소송요건을 갖추지 못한 때에는 각하판결을 하고, 원고의 주장이 이유 없을 때, 즉 압류물이 배우자의 주장과 같이 채무자와의 공유인 때에는 청구를 기각하여야 하며, 원고의 청구가 이유 있을 때에는 청구를 인용하는 판결을 하여야 한다. 배우자가 주장하는 공유지분의 비율이 틀린 경우, 즉 배우자가 주장하는 바와 같이 압류물이 채무자와 공유이기는 하나 그 공유지분의 비율이 배우자가 주장하는 것보다 적은 경우에는, 민사집행법 157조가 준용되는 결과, 원고의 청구를 일부 인용하고 나머지 청구는 기각하여야 한다.

자. 배당요구 관련 실무사례

(1) 집행 장소의 특정을 흠결한 배당요구의 효력[185]「昭和 55 仙臺」
* 甲이 A 장소에 대하여 압류를 하고, 乙이 A, B 장소에 대하여 압류를 한 후, 집행 장소를 특정하지 않은 배당요구가 있는 경우 그 효력을 어떻게 판단해야 하는가?
* 甲의 신청에 관련된 사건만을 특정하여 신청이 있는 때에는 A 장소 만에 대한 배당요구라고 해석되지만, 乙의 신청에 관련된 사건을 특정하여 신청이 있는 때는 A, B양 장소에 대해 배당요구를 할 의사가 있다고 해석하여 처리하면 좋을 것이다.

(2) 배당요구에 대한 집행관의 심사권[186]「昭和 42 福岡」
* 배당요구에서 채권자가 주장하는 동산매매의 선취특권(先取特權)이 채무자와의 사이에 통모허위표시(通謀虛僞表示)를 근거로 한 의심이 있는 경우 채권자의 선취특권 주장을 제한할 수 있는가?
* 현행법의 해석으로는 집행관에게는 실질적인 심사권이 없으므로 채권자의 우선권 주장을 제한할 수 없고 다른 채권자들의 배당이의를 기다리게 된다.

---

185) 日 最高裁判所 事務總局, 1997, 執行官事務(第3版), 「385」
186) 전게서, 「387」

(3) 매각허가 후 배우자의 지급요구로 무잉여가 되는 경우 처리방법[187]

* 동산에 대한 매각을 진행하여 최고가매수신고인을 정하고 매각대금을 영수할 때 현장에 있던 채무자의 배우자가 공유지분에 대한 지급요구를 신청하였고 매각은 종결되었다. 매각대금으로 배우자의 지분을 지급하면 수건의 경합사건 때문에 매각대금이 집행비용에 미달되어 무잉여에 해당되었다. 이 경우 어떻게 처리할 것인가?
* 매각허가 후 배우자의 지급요구로 무잉여에 해당되는 경우에도 압류를 취소하는 것이 원칙이나, 배우자의 지급요구로 무잉여가 되었으므로 매각허가를 취소하고 채권자에게 무잉여를 초과하는 가격으로 매수할 기회를 주기 위해 최저매각가격을 다시 정하여 매각하자는 의견이 다수이다(다만 이 경우 공고 등의 하자가 있을 수 있다).

[보충자료]
「2003, 법원실무제요, 민사집행(Ⅲ), 168면」
　　다만 남을 것이 없음을 간과한 채 그대로 경매가 진행되어 매각허가결정이 확정되면 그 하자는 치유되므로, 매각결정기일까지도 그 잘못을 발견하지 못하여 매각허가결정이 확정되고 매수인이 대금을 지급하였으면 그 후에는 그 하자를 이유로 매수인이 소유권취득을 부정할 수 없다.

「2003, 법원실무제요, 민사집행(Ⅲ), 141면 이하」
　　유체동산의 압류에 관하여도 무잉여압류금지의 원칙이 적용되므로(민집 188조 3항), 집행관은 압류물을 현금화하여도 집행비용 외에 남을 것이 없겠다고 인정하는 때에는 압류하지 못하고 압류를 취소하여야 한다. 무잉여의 판단은 그 사유가 발생한 때에 수시로 하게 되며, 무잉여인 것이 판명된 때에 절차가 어느 단계에 있더라도 압류를 취소하게 된다.

(4) 유체동산에 대한 채무자의 배우자가 우선매수권과 지급요구권을 행사한 경우 배우자의 매각대금 준비 범위[188]

* 부부공유 유체동산의 경매절차에서 채무자의 배우자가 우선매수신고 및 지급요구 신청을 행사한 경우에 배우자는 매각대금 전액을 납부하여야 하는지 아니면, 자신이 지급받을 금액을 공제하고 나머지 2분의 1만 납부하면 우선 매수를 인정할 수 있는지가 명확하지 아니한 경우 어떻게 할 것인지?
* 배우자의 공유주장에 대하여 출석한 채권자가 이의를 제기하지 않으면 매각대금의 1/2만 내면 매각허가를 하되, 채권자가 불출석한 경우에는 전액납부 하도록 하여야 한다는 견해와 채권자의 권리 포기로 보고 1/2만 납부하여도 매각허가를 하여야 한다는 견해가 대립되었으나 후자가 다수의견으로 처리함이 상당하다.

---

187) 법원공무원교육원, 2013, 집행관연찬집, 37면 요약.
188) 법원공무원교육원, 2013, 집행관연찬집, 309면.

제6절 변제(辨濟)절차

> **민사집행법**
>
> **제201조(압류금전)**
> ① 압류한 금전은 채권자에게 인도하여야 한다.
> ② 집행관이 금전을 추심한 때에는 채무자가 지급한 것으로 본다. 다만, 담보를 제공하거나 공탁을 하여 집행에서 벗어날 수 있도록 채무자에게 허가한 때에는 그러하지 아니하다.
>
> **제222조(매각대금의 공탁)**
> ① 매각대금으로 배당에 참가한 모든 채권자를 만족하게 할 수 없고 매각 허가된 날부터 2주 이내에 채권자 사이에 배당협의가 이루어지지 아니한 때에는 매각대금을 공탁하여야 한다.
> ② 여러 채권자를 위하여 동시에 금전을 압류한 경우에도 제1항과 같다.
> ③ 제1항 및 제2항의 경우에 집행관은 집행절차에 관한 서류를 붙여 그 사유를 법원에 신고하여야 한다.

1. 총 설

동산집행 절차에서 압류물의 매각절차가 종료되면 그 매각대금 등을 채권자에게 교부 또는 지급하거나 배당을 하여 집행채권의 만족에 이르게 된다. 민사집행법 222조 매각대금 처리의 취지에 따라 민사집행규칙 155조에서 157조가 집행관의 매각대금 처리에 관하여 상세히 규정하고 있는바, 이들의 규정은 동산집행에서의 배당절차에 이중적인 구조를 취하여 채권자가 한 사람인 경우와 채권자가 두 사람 이상으로서 매각대금으로 또는 압류 금전으로 각 채권자의 채권과 집행비용 전부를 변제할 수 있는 경우 및 각 채권을 채권자별로 만족하게는 할 수는 없으나 각 채권자 사이에 배당협의가 성립된 경우에는 1차로 집행관이 배당하고, 그 밖의 경우에는 집행관이 그 매각대금 등을 공탁하고 2차로 집행법원이 배당하도록 하고 있다.

2. 집행관에 의한 매각대금 등의 교부

가. 매각대금 등을 교부 할 수 있는 경우

채권자가 한 사람인 경우 또는 채권자가 두 사람 이상이라도 매각대금(어음, 수표금을 받은 경우에는 그 지급금)이나 압류 금전으로 각 채권자의 채권과 집행비용 전부를 변제할 수 있는 경우에는, 채권자 사이에 이해의 대립이 없어 배당할 필요가 없으므로 집행관은 매각대금 또는 압류 금전으로 채권자의 채권액을 교부하고 나머지가 있으면 채무자에게 교부하여야 한다(민집 201조 1항, 민집규 155조 1항).

유체동산 집행에 있어 매각대금 또는 압류 금전을 교부 또는 배당받을 자는 압류채권자, 민사집행법 220조의 기간 내에 배당요구를 한 우선변제청구권 있는 채권자와 민사집행법 221조의 규정에 따라 지급요구를 한 배우자이다. 압류채권자에는 선행가압류채권자와 이중압류채권자가 포함된다. 교부 또는 배당해야 할 매각대금 또는 압류 금전은 집행비용을 뺀 잔액이다(민집 53조 1항).

채권자의 채권액이라 함은 압류채권자에 있어서는 집행권원상의 청구채권의 범위 내에서 강제집행신청서에 기재한 청구채권액, 배당요구채권자에 있어서는 그 배당요구서에 기재된 청구채권액을 말하고, 이자와 지연손해금 등의 부대청구를 포함한다. 위 부대청구는 금전압류 시 또는 매각대금 영수 시까지의 것에 한하지 아니하고, 채권자가 특히 기간을 명시하여 청구하는 경우를 제외하고는 매각대금 등의 지급일까지의 것으로 보아야 한다. 가압류채권자에 있어서는 가압류결정에 청구금액으로 표시된 채권액을 말한다.

나. 매각대금 등을 교부 할 수 없는 경우

(1) 불확정채권(不確定債權)인 경우

매각대금 등으로 각 채권자의 채권과 집행비용 전부를 변제할 수 있거나 채권자 사이에 배당협의가 이루어졌더라도 배당 등을 받을 채권자의 채권의 일부 또는 전부가 불확정채권인 경우, 즉 ㉮ 정지조건(停止條件) 또는 불확정기한이 붙어 있는 채권, ㉯ 가압류채권, ㉰ 그 채권에 관한 우선변제권 또는 질권의 실행을 일시금지하는 재판의 정본이 제출된 때에는 그 채권에 대하여는 집행관이 직접 교부할 수 없고, 그 배당 등의 액에 상당하는 금액을 공탁하고 집행관계서류를 첨부하여 집행법원에 사유를 신고하여야 한다(민집규 156조 1항, 155

조 1항, 3항, 157조 2항, 3항 참고).

(2) 당사자가 불출석한 경우

집행관은 배당 등을 받기 위하여 출석하지 아니한 채권자 또는 채무자에 대한 배당 등의 액에 상당하는 금액을 공탁하여야 한다(민집규 156조 2항). 집행관은 교부받을 채권자가 출석하지 아니한 경우에는 그 배당액을 지급할 수 없으므로 이를 공탁하여 배당을 완결한다. 후일 그 채권자가 지급을 청구하면 집행관은 지급위탁서의 송부, 배당액지급증의 교부 등 전술한 공탁된 배당액지급 방법에 따라 처리한다. 채무자가 출석하지 아니한 경우도 채무자에게 지급할 금원이 있으면 이를 공탁하였다가 채무자가 그 지급을 청구하면 앞에서 본 배당액 지급방법에 따라 처리하여야 한다.

(3) 집행정지서류가 제출된 경우

(가) 집행관이 금전을 압류한 이후 또는 매각대금을 영수한 이후 채권자에의 교부 전에 집행정지서류가 제출된 경우에는 민사집행규칙 156조 1항 3호에 의하여 처리한다. 즉, 집행관은 배당받을 채권자의 채권에 관하여 민사집행법 49조 2호 또는 유체동산을 목적으로 하는 담보권 실행을 위한 경매절차에서 민사집행법 266조 1항 5호에 적은 문서(강제집행의 일시 정지를 명한 취지를 적은 재판의 정본)가 제출된 때에는, 그 채권자에 대한 배당 등의 액에 상당하는 금액을 공탁하고 그 사유를 법원에 신고하여야 한다. 이 사유신고서에 적어야 하는 사항은 사건의 표시, 압류채권자와 채무자의 이름, 공탁의 사유와 공탁금액(민집규 157조 2항)이고, 공탁서원본과 사건기록을 붙여 신고하여야 한다(민집규 157조 3항).

(나) 집행관의 매각대금 영수 후에 민사집행법 49조의 나머지 집행정지서류가 제출된 경우에도 집행절차를 취소할 것이 아니고, 그 서류가 제출된 당해 채권자에 대하여서만 배당금을 교부할 수 없다.

(다) 제출된 서류가 민사집행법 49조 1호, 3호, 5호, 6호의 서류인 경우에는 그 채권자에 대한 배당금을 채무자에게 교부하여야 한다(민집규 50조 3항 1호 참조). 만약 제출된 서류가 민사집행법 49조 4호의 서류인 때에는 배당액을 당해 채권자에게 그대로 지급하고(민집규 50조 3항 3호 참조) 그로 말미암아 발생하는 이중변제의 문제는 당사자 사이의 부당이득문제로 해결하여야 한다.

다. 매각대금 등의 교부절차

집행관이 매각대금 등을 채권자에게 교부하는 절차·방법에 관하여는 아무런 규정이 없으므로 집행관은 확실하고 안전한 방법으로 교부해야 된다. 교부기일을 지정·통지할 필요가 없고 채권자와 채무자에게 개별적으로 통지하여 교부금을 받도록 하여도 무방하다.

참고자료로서 매각대금 등의 교부표를 작성할 수도 있으나, 의무적인 것은 아니다. 매각대금 등의 교부는 압류물의 현금화 후 그 현장에서 즉시 실시할 수도 있으나, 배당요구서가 집행현장이 아닌 집행관사무소에 제출된 경우에는 배당요구의 시작 한계와 관련하여 분쟁이 발생될 여지가 있으므로 미리 집행관사무소에 연락, 확인한 후 교부 함이 타당하다.

이 경우 집행조서에는 교부일시를, 집행관사무소에 제출·접수되는 배당요구서에는 그 접수일시를 각각 명백히 밝혀 둘 필요가 있다. 집행관은 매각대금 등을 교부한 때에는 채권자로부터 집행력 있는 정본 또는 채권증서를 제출받아 채무자에게 교부하고 채권 일부를 교부받는 채권자(일부 청구의 경우)에게는 집행력 있는 정본 또는 채권증서를 제줄케 하여 그 사유를 덧붙여 적어 반환하고 채권자로부터 영수 증서를 제출받아 채무자에게 교부하여야 한다(민집 42조).

3. 집행관에 의한 매각대금 등의 배당

가. 배당할 경우

채권자가 두 사람 이상이고 매각대금 또는 압류 금전으로 각 채권을 만족하게 할 수 없는 경우에도 채권자 사이에 배당협의가 이루어진 경우는 집행관은 그 협의에 따라 배당을 하여야 한다(민집규 155조 3항 전문). 그러나 배당받을 채권자의 채권에 관하여 일부 또는 전부가 불확정채권에 해당하는 사유가 있는 때에는, 집행관은 그 배당 등의 액에 상당하는 금액을 공탁하고(나머지 금액은 배당한다) 그 사유를 집행법원에 신고하여야 한다(민집규 156조 1항).

나. 배당협의
(1) 배당협의기일의 지정·통지

배당협의는 배당의 순위와 내용, 즉 어느 채권자에게 얼마의 금액을 배당할 것인가에 관하여 각 채권자의 의견을 조정하는 것이다. 집행관은 민사집행법 222조 1항에 규정된 매각 허가된 날부터 2주 이내의 일시를 배당협의기일로 지정하고 각 채권자에게 그 일시와 장소를 서면으로 통지하여야 한다(민집규 155조 2항 전문). 배당협의기일통지서의 양식은 다음과 같다.

|양식| **배당협의기일통지서**

○ ○ 지방법원
배당협의기일통지서

귀하

사 건 : 20   (부)
채 권 자 :
채 무 자 :

위 사건에 관하여 배당협의기일을 20   .   .   .   :   로 지정하였으니   지방법원 집행관사무소로 출석하여 주시기 바랍니다.

첨부 : 배당계산서 1부.

20   .   .   .

집 행 관

주의 : 1. 출석할 때에는 강제집행신청 또는 배당요구신청 당시 사용하였던 인장과 주민등록증을 지참하여야 합니다.

2. 대리인이 출석할 때에는 본인의 인감증명을 첨부한 위임장과 대리인의 인장 및 주민등록증을 지참하여야 합니다.

'매각 허가된 날부터'라고 되어 있으나, 금전압류의 경우에는 그 압류한 날이, 어음, 수표 그 밖의 금전지급을 목적으로 하는 유가증권의 받은 때에는 그

받은 날에 집행관이 매각허가를 하므로 각 그날이 기산일이 된다. 배당협의기일은 그 종기만이 정하여져 있으므로 매각대금 영수일에 전 채권자가 출석하고 있는 때에는 그날을 배당협의기일로 정하여 시행할 수도 있다.

통지할 자는 배당을 받을 자, 즉 압류채권자와 배당요구채권자이고, 채무자는 배당협의를 할 수 있는 자가 아니므로 통지할 필요가 없다. 부부공유 유체동산의 매각대금에 대한 배우자의 지급요구(민집 221조)는 배당요구에 따르는 절차와 방식으로 하는 것이지만, 배당요구와는 본질이 다르므로 그 배우자도 통지의 대상이 아니라고 하여야 한다.

(2) 배당계산서의 작성·첨부

통지에는 매각대금 또는 압류 금전, 집행비용, 각 채권자의 채권액 비율에 따라 배당될 것으로 예상하는 금액을 적은 다음과 같은 배당계산서를 붙여야 한다(민집규 155조 2항 후문). 통지비용은 여기의 집행비용에 포함된다. '배당될 것으로 예상하는 금액'은 민법, 상법 그 밖의 법률에 따라 우선변제청구권이 있는 경우에는 그 우선순위에 따른 금액과 그 밖에 채권자 사이의 채권액 비율에 따른 평등배분액을 가리킨다. 이 배당계산서는 부동산집행 등에 있어서의 배당표와는 전혀 성질을 달리하는 것으로서, 단순히 채권자가 행할 배당협의의 준비 자료에 지나지 않으며 구속력은 없다.

(3) 배당협의 및 배당실시

배당의 시행에 관한 채권자의 의견표시는 반드시 배당기일에 출석하여 말로 하여야 할 필요는 없고, 서면으로 제출하여도 무방하다. 협의가 성립되기 위해서는 가압류채권자 또는 집행정지서류가 제출된 채권자를 포함하여 모든 채권자의 찬성이 필요하다(채무자의 찬성은 필요 없다). 그러므로 협의에는 모든 채권자가 참여하여야 하며, 다만 불출석한 채권자가 서면에 의하여 승낙한 때 혹은 동의서를 제출한 경우에는 협의가 성립된 것으로 처리하여야 한다.

모든 채권자의 찬성이 있어도 협의로 결정할 수 있는 내용에는 한계가 있다. 예를 들어, 특정채권자의 집행채권액을 넘는 배당을 인정하는 것은 집행권원에 맞지 아니하는 배당을 인정하는 것이므로 설령 채무자의 동의까지 있다고 하더라도 허용되지 아니한다. 또한, 가압류채권 또는 집행정지 중의 채권을 위하여 공탁되어야 할 금전을 현실적으로 교부하는 것을 내용으로 하는 협의도 인정되지 아니한다. 즉, 현실적으로 교부할 것인지 혹은 공탁할 것인지는 배당의 실시방법으로서 배당계산의 내용은 아니며, 이를 인정하는 것은 배당요구에 관한 일반원칙에 반하는 것이기 때문이다.

이러한 제한에 저촉되지 아니하는 이상, 채권자 상호 간에 평등주의를 깨뜨리는 내용의 협의는 가능하다.

(4) 배당협의에 따른 배당

집행관은 배당협의기일까지 채권자 간에 배당협의가 이루어진 경우에는 당초의 배당계산서에 따라, 배당협의기일에 채권자 전원의 협의로 배당계산서와 다른 내용의 협의가 이루어진 경우에는 그 협의에 따라 배당계산서를 다시 작성하여, 각각 배당을 실시하고(민집규 155조 3항), 배당협의가 이루어지지 아니한 때는 아래 (5)의 절차를 거치게 된다.

(5) 사유신고(민집규 155조 4항)

배당협의가 이루어지지 아니한 때에는 집행관은 바로 매각대금을 공탁하고 집행절차에 관한 서류를 첨부하여 사유신고를 하여야 한다(민집규 155조 4항, 민집 222조). 다만 배당협의기일까지 협의가 이루어지지 않았더라도 집행관이 매각대금을 집행법원에 공탁하기 전에 채권자 사이에 배당협의가 성립된 때에는 그 협의에 따라 배당을 하여야 한다. 집행관에 의한 배당이 시행되는 경우에는 민사집행법 42조가 적용되므로 집행관은 그에 따른 영수증의 작성·교부 등의 조치를 하여야 한다.

|양식| **집행관 사유신고서**

사유신고서

사 　　 건 : 20　본제　　　호
채 　 권 　 자 :
채 　 무 　 자 :
집 행 권 원 :
매각대금(압류 금전) : 금　　　　　원
집 　 행 　 비 용 : 금　　　　　원
공탁금액(배당할 금액) : 금　　　　　원

　아래와 같은 사유로 위 금액을 공탁하고 사건기록을 첨부하여 사유신고 합니다.

- 공 탁 사 유 -
1. 채권에 정지조건 또는 불확정기한이 붙어 있음.
2. 가압류채권자의 채권임.
3. 강제집행 또는 담보권 실행을 일시 정지하도록 명한 재판의 정본이 제출됨.
4. 매각대금으로는 배당에 참가한 모든 채권자를 만족하게 할 수 없고 배당협의기일에 배당협의가 이루어지지 아니함.

첨부 : 1. 공탁서 　　　1부
　　　 2. 집행기록　　　책

　　　　　　　　　　　20 .　 .　 .
　　　　　　　　　집행관　　　　　　　　　　(인)

4. 채무자의 불복방법

　채무자가 위와 같은 집행관의 매각대금의 교부절차에 불복하는 방법은, ① 압류채권자에 대한 매각대금의 교부액을 다투기 위해서는 청구이의의 소를 제기하여 민사집행법 46조에 규정한 잠정처분을 얻어 집행관에게 제출하여야 하며, ② 배당요구채권자에 대하여는 그 채권에 관한 우선변제권 또는 질권의 실행을 일시 금지하는 잠정처분을 얻어 그 정본을 제출하여야 한다.

5. 집행법원에 의한 배당

(1) 집행관에 의한 매각대금 등의 공탁, 사유 신고

전술한 바와 같이 집행관은, ① 채권자가 한 사람인 경우 또는 채권자가 두 사람 이상으로서 매각대금 등으로 각 채권자의 채권과 집행비용 전부를 변제할 수 있는 경우 불확정채권에 대한 교부액(민집규 156조 1항, 155조 1항), ② 그 전부를 변제할 수 없더라도 배당협의기일까지 채권자 간에 배당협의가 이루어진 경우에 불확정채권에 대한 교부액(민집규 156조 1항, 155조 3항), ③ 매각대금 등으로 채권자 전부를 만족하게 할 수 없고 배당협의도 이루어지지 아니한 경우에는 그 매각대금 등(민집규 155조 4항)을 공탁하고 집행절차에 관한 서류를 첨부하여 그 사유를 집행법원에 신고하여야 한다(민집 222조 3항).

또 부부공유 유체동산의 매각대금에 대한 배우자의 지급요구에 대하여 채권자가 이의하고 그 이의가 완결되지 아니한 경우에도 집행관은 배우자가 주장하는 공유지분에 해당하는 매각대금을 공탁하고 사유신고를 하는 등 민사집행법 222조에 규정된 조처를 하여야 한다(민집규 154조).

사유신고는 서면으로 한다. 사유신고 중 민사집행법 222조 3항의 규정에 따른 경우는 사건의 표시, 압류채권자와 채무자의 이름, 매각대금 또는 압류금전의 액수, 집행비용, 배당협의가 이루어지지 아니한 취지와 그 사정의 요지 등을 적어야 하고(민집규 157조 1항), 민사집행규칙 156조 1항의 규정에 따른 경우는 사건의 표시, 압류채권자와 채무자의 이름, 공탁의 사유와 공탁금액을 적어야 한다(민집규 157조 2항). 위 사유신고서에는 공탁서와 사건기록을 붙여야 한다(민집규 157조 3항).

(2) 집행법원의 배당

집행법원은 사유신고의 내용에 따라 민사집행법 252조 이하의 규정에 따른 배당을 하거나 정지조건이 있는 채권에 대하여는 그 조건성취 여부에 따라서, 불확정기한이 있는 채권에 대하여는 그 기한의 도래에 따라서, 가압류채권에 대하여는 본안소송의 결과에 따라, 배당이의의 소가 제기된 경우에는 그 결과에 따라, 각각 채권자 또는 채무자에게 지급한다.

6. 변제의 충당

채권자가 한 사람이고 채권도 1개인 때에는 민법 479조 1항에 따라 비용, 이자, 원본의 순서로 변제에 충당하여야 하고 채권이 여러 개일 경우에는 채권자의 선택에 따라서 변제의 충당을 한다.

제7절 압류의 취소(해제)

1. 압류의 소멸

압류는 현금화 처분의 전제이기 때문에 현금화 절차를 완결함으로써 소멸된다. 매각물을 매수인에게 인도하는 경우 등(민집 205조 2항)이 그것이다. 집행신청의 취하 그 밖의 집행취소사유(민집 50조, 49조 1호, 3호)에 기하여 집행관이 압류를 해제하는 경우에도 소멸된다. 그 밖에 압류한 유체동산이 멸실(滅失)되거나 부합(附合)(민법 256조)이나 가공(加工)(민법 259조 1항 단서)된 경우에도 압류는 소멸된다. 그러나 집행채권의 소멸이나 집행기관인 집행관이 그 의사에 반하여 목적물의 점유를 상실하거나 권한 없이 압류표시가 훼손되어도 압류가 소멸되는 것은 아니다. 또 집행 불허의 판결이 있는 경우에도 그 정본이 제출되어(민집 50조, 49조) 이에 터 잡아 집행기관이 압류를 해제하여야 비로소 소멸된다.

2. 압류취소(해제)의 원인

압류의 취소(해제)라 함은 이미 시행한 압류를 제거하는 집행기관의 행위를 말한다. 집행취소의 한 방법이다. 집행관은 ① 집행취소의 재판 정본이 제출된 때(민집 50조, 49조), ② 압류채권자가 집행신청의 취하 또는 압류취소(해제)의 신청을 한 때, ③ 압류 후에 매각의 한도를 초과한 사실이 밝혀진 경우 그 초과한 한도(초과압류)(민집 188조 2항, 민집규 140조 1항), ④ 압류물을 현금화하여도 집행비용 외에 남을 것이 없는 경우(무잉여압류)(민집 188조 3항, 민집규 140조 2항), ⑤ 압류물 일부에 대한 매각대금으로 채권자에게 변제하고 강제집행비용을 지급하기에 충분하게 되어 잔여 압류물에 대한 경매를 중지한 때(다만 민집 197조 2항과 101조 3항 단서에 따른 일괄매각의 경우에는 제외, 민집 207조), ⑥ 압류물이 매각될 가망이 없는 때(민집규 141조), ⑦ 압류 후 집행비용을 예납하지 아니하여 신청을 각하하는 경우에는 압류를 취소(해제)하여야 한다.

3. 압류취소(해제)의 방법

집행관이 압류를 취소한 때에는 채권자에게 그 이유를 통지하여야 한다(민집규 17조). 또한, 압류물을 수취할 권리가 있는 자에게 그 취지를 통지하고, 압류물의 소재장소에서 봉인표 및 공시서를 제거하고 이를 인도하여야 한다. 다만 압류물을 수취할 권리를 갖는 사람이 그 압류물을 보관 중인 때에는 그에게 압류취소의 취지를 통지하면 되고, 이때에는 보관인이 봉인표 및 공시서를 제거하면 된다. 수취권자와 채무자가 다른 때에는 채무자에게도 그 취지를 통지하여야 한다(민집규 142조 1항, 2항). 압류취소 조서 및 통지서 양식은 아래와 같다.

|양식| **동산압류취소조서**

동산압류취소조서

사　건 : 20　　　　　　　(　　부)
채 권 자 :
채 무 자 :

　위 사건에 관하여 채권자가 신청을 취하하였으므로, 번지 채무자의 집에 이르러 채무자를 만나 그 요지를 알린 다음 이 사건 압류를 취소하고, 물건은 봉인표 및 공시서를 제거하여 즉시 채무자에게 인도하였다(또는 압류취소신청이 있으므로 채무자에게 압류취소의 통지를 하여 이를 취소하였다).
　이 절차는 20 . . . : 에 시작하여 그날 : 에 종료 하였다. 이 조서는 현장에서 작성하여 집행참여자에게 읽어준(보여준) 즉 승인하고, 다음에 서명날인 하였다.

　　　　　　　　　　　　　20 . . .
　　　　　　　　　　　　　　집행관(인)
　　　　　　　　　　　　　　채무자(인)
　　　　　　　　　　　　　　참여자(인)

|양식| **동산압류취소통지서**

```
                    통 지 서

                                              귀하
    사   건 : 20              (      부)
    채 권 자 :
    채 무 자 :
    집행권원 :
  압류물의 표시 : 별지목록 기재와 같다.
  압류물 소재장소 :
    위 집행권원에 의하여 실시한 압류가 민사집행규칙 제140조(제141조)의 규정에 따라
  취소되었음을 통지합니다.
    귀하는 위 압류물이 있는 곳에서 압류물을 인도받을 수 있으며, 200  .  .  .까지
  인도받지 않는 경우 동산에 대한 강제집행의 매각절차에 따라 위 압류물을 매각하게
  됨을 알려 드립니다.

                        20  .  .  .
                    집  행  관              (인)
```

수취권자 등이 수취를 게을리하거나 수취인의 소재불명 또는 인도 장소에의 불출석 등의 이유로 인도할 수 없는 경우에는, 집행관은 집행법원의 허가를 받아 동산에 대한 강제집행의 매각절차에 관한 규정에 따라 그 목적물을 매각하고 비용을 뺀 뒤에 나머지 대금을 공탁하여야 한다(민집규 142조 3항, 민집 258조 6항). 위와 같은 사유가 발생한 경우 집행관이 장시간 보관하게 되면 보관비용의 증가는 물론 보관물건이 부패 또는 가격감소의 우려가 있는 등의 문제가 있으므로 집행법원의 허가를 받아 매각하도록 한 것이다.

압류물을 수취할 권한이 있는 사람이라 함은 원칙적으로 압류를 당한 자, 즉 채무자 그 밖에 압류 당시 물건을 소지하고 있던 자를 말하나, 예를 들어 제3자이의의 소의 원고승소판결로 압류를 취소하는 경우에는 압류를 당한 자의 동의가 있으면 그 제3자에게 교부하여도 좋다.

집행관이 압류를 취소한 때에는 유체동산압류취소조서(위 양식)를 작성하여

야 한다. 집행관의 압류취소에 대하여 채권자는 집행에 관한 이의로써 다툴 수 있다. 집행이 완료된 이후에는 집행에 관한 이의가 허용되지 아니하는 것이지만, 초과압류취소의 경우에는 나머지 부분의 압류를 근거로 한 집행절차가 계속되므로 집행에 관한 이의가 허용된다. 집행에 관한 이의에는 집행정지의 효력은 인정되지 아니하나, 집행법원은 민사집행법 34조 2항의 잠정처분에 따르는 결정을 할 수 있다(민집 16조 2항).

제2장
담보권(擔保權)의 실행(實行)을 위한 경매 실시사무

1. 총 설

민사집행법은 제3편에서 담보권 실행 등을 위한 경매라는 이름 아래 민사집행법 264조부터 275조까지 그 실행에 집행권원이 필요하지 아니하는 경매에 관한 규정을 두고 있는바, 상학상 이러한 경매를 통틀어 강제경매에 대응하여 임의경매라고 부른다. 임의경매에는 저당권, 질권, 전세권 등 담보물권의 실행을 위한 이른바 실질적 경매와 민법, 상법 그 밖 법률의 규정에 따른 이른바 형식적 경매가 있다. 유치권에 기초한 경매도 형식적 경매와 같이 취급되고 있다.

한편 민사집행법은 임의경매를 담보권의 실행을 위한 경매(민집 264조)와 유치권 등에 의한 경매(민집 274조)로 크게 나누고, 담보권의 실행을 위한 경매를 다시 그 목적물에 따라 부동산에 대한 경매(민집 264조), 선박에 대한 경매(민집 269조), 자동차·건설기계·소형선박(자동차 등 특정동산 저당법 3조 2호에 따른 소형선박을 말한다) 및 항공기에 대한 경매(민집 270조), 유체동산에 대한 경매(민집 271조, 272조) 및 채권 그 밖의 재산권에 대한 담보권의 실행(민집 273조)으로 구분하여 규정을 두고 있다.

여기에서는 임의경매, 즉 '담보권의 실행을 위한 경매와 유치권 등에 의한 경매' 중 부동산에 대한 경매에 관하여 보기로 하되, 유치권 등에 의한 경매는 담보권의 실행을 위한 경매의 예에 의하여 실시한다(민집 274조 1항)고 규정되어 있으므로, 주로 담보권의 실행을 위한 경매 그중에서도 특히 실무에서 많이 취급되고 있는 저당권의 실행을 위한 경매에 관하여 강제경매와 다른 점을 중심으로 설명하기로 한다.

2. 강제경매에 관한 규정의 준용범위

현행 민사집행법은 종전 민사소송법 중 집행절차에 관한 규정을 따로 떼어 별도로 제정하면서 강제집행, 담보권 실행을 위한 경매 및 보전처분으로 크게 나눈 다음, 부동산에 대한 강제집행 절차를 먼저 규정하고, 민사집행법 268조에서 담보권의 실행을 위한 부동산에 대한 경매절차에도 부동산에 대한 강제경매에 관한 규정 전부(민집 79조부터 162조)를 준용하도록 하는 한편, 같은 법 275조에서 42조부터 44조까지와 46조부터 53조까지를 준용하도록 하고, 민사집행규칙 194조 본문에서도 부동산을 목적으로 하는 담보권실행을 위한 경매에도 같은 규칙 40조부터 82조까지를 준용한다고 함으로써 담보권의 실행을 위한 부동산에 대한 경매도 원칙적으로 압류에서 배당에 이르기까지 강제경매와 같은 절차에 의하여 실시하도록 규정하고 있다.

3. 유체동산(有體動産)을 목적으로 하는 담보권의 실행을 위한 경매

가. 총 설

유체동산을 목적으로 하는 담보권의 실행을 위한 경매는 채권자가 그 목적물을 제출하거나 그 목적물의 점유자가 압류를 승낙한 때에 개시한다(민집 271조). 유체동산을 목적으로 하는 담보권에는 질권과 유치권 그리고 상법 893조의 규정에 따른 구조된 적하와 선박에 관련된 유체동산에 대한 우선특권(優先特權)을 생각할 수 있다.

우선특권의 경우에도 선박에 대한 우선특권에 저당권에 관한 규정이 준용될 뿐(상법 893조 2항, 777조 2항 후문) 우선특권의 효력을 받는 유체동산에 대하여 질권에 관한 규정을 준용하는 규정이 없음을 들어 우선특권을 가진 자는 따로 집행권원을 얻어 유체동산 강제집행을 신청하거나 다른 절차에 배당요구 하여 참가할 수 있을 뿐 우선특권으로 담보권실행을 위한 경매를 신청할 수 없다는 견해가 있다.

질권(質權)의 설정계약은 요물계약(要物契約)[189]이므로(민 330조), 질물은 원칙

---

[189] 당사자와 합의 외에 물건의 인도 기타 급부의 완료가 있어야 성립할 수 있는 계약으로 민법이 정하고 있는 14종의 전형계약(典刑契約) 가운데 현상광고(縣賞廣告)만이 요물계약이나, 단 동산의 질권설정계약(민법 330조)과 같이 계약법 이외의 규정에 따른 요물계약(要物契約)도 있다.

적으로 담보권자가 직접 점유하고 있어야 할 것인바, 그러한 경우에는 담보권자가 그 물건을 집행관에게 제출하면서 경매를 신청하면 된다. 질권자가 질물을 질권설정자에게 보관시키면 질권은 소멸하므로 질권설정자에게 질물을 맡겨두는 것은 허용되지 않으나, 설정자 이외의 제3자에게 질물을 보관시킨 경우 이를 회수하여 제출하거나 보관자로부터 압류를 승낙한다는 진술을 받아 이를 증명하면 경매를 개시할 수 있게 된다.

나. 절차

유체동산을 목적으로 하는 담보권 실행을 위한 경매절차에 관하여는 민사집행법 271조와 272조에서 규정하고 있는데, 그 경매개시결정에 대하여 이해관계인이 실체상의 이유를 들어 이의신청을 신청할 수 있는 점(민집 265조의 준용)과 부동산경매절차의 정지에 관한 민사집행법 266조의 규정이 준용되는 점 이외에는 유체동산 강제집행 규정의 대부분이 준용된다.

다만 담보권실행을 위한 경매가 특정의 목적물에 설정된 담보권의 실행을 위한 것이므로 ① 초과압류의 금지를 규정한 민사집행법 188조 2항과 민사집행규칙 140조 1항, ② 매각의 한도를 정한 민사집행법 207조, ③ 압류금지물건에 관한 민사집행법 195조, 196조, ④ 압류물의 선택에 관한 민사집행규칙 132조의 규정은 준용하지 아니한다(민집규 199조 2항).

담보권의 실행을 위한 경매의 개시에 대하여는 이해관계인이 집행에 관한 이의(민집 16조)로 다툴 수 있는바, 담보권의 부존재나 소멸과 같은 실체적 이의사유도 주장할 수 있다(민집 272조, 265조). 이 경우 법원은 재판에 앞서 직권으로 민사집행법 16조 2항에 규정한 경매절차정지 등 잠정처분을 할 수 있다. 민사집행법 266조에 규정된 문서가 집행관에게 제출되면 집행관은 경매를 정지하여야 한다(민집 272조, 266조).

경매의 신청서에는 채권자·채무자·물건소유자와 그 대리인 외에는 담보권과 피담보채권의 표시, 담보권의 실행 대상이 될 유체동산의 표시와 그 있는 장소를 적고 피담보채권 일부에 대하여 담보권의 실행을 하는 때에는 그 취지와 범위도 적어야 한다(민집규 199조 1항, 192조). 다만 부동산경매와 달리 담보권의 존재를 증명하는 서류를 덧붙일 필요는 없다. 채권자의 목적물 점유로 담보권의 존재가 추정되기 때문이다.

다. 유치권(留置權)에 의한 유체동산의 경매

유치권에 의한 경매의 목적물이 동산인 경우 매수인이 대금을 내면 목적물이 매수인에게 인도되는데, 그렇게 되면 동산 위의 질권은 소멸한다는 것이 민법이 의도하는 바이므로(민법 330조 참조), 동산에 대한 유치권을 근거로 한 경매의 경우에는 매각조건에 관하여 인수주의를 취할 여지가 없고 소멸주의를 취함이 적절하다.

이에 따르면 강제집행 및 담보권실행경매와 같이 배당절차와 배당요구를 인정하게 된다. 유치권에 의한 경매절차가 개시된 유체동산에 대하여 유치권자의 승낙 없이 민사집행법 215조에 따라 다른 채권자가 강제집행을 위하여 압류한 후 강제경매절차에서 목적물이 매각되더라도 유치권자에게 목적물을 계속하여 유치할 권리가 있다.[190]

라. 간이변제충당(簡易辨濟充當)

질권자와 유치권자는 정당한 이유가 있는 때에는 감정인의 평가로 질물 또는 유치물로 직접 변제에 충당할 것을 법원에 청구할 수 있는바(민법 338조 2항, 322조 2항), 이를 간이변제충당이라고 한다. 이는 담보권실행을 위한 경매와는 전혀 다른 절차이다. 이 경우 법원의 허가절차는 비송사건절차법에 의한다(비송 56조, 53조 1항, 2항). 즉, 관할법원은 채무이행지의 지방법원이 되며, 법원은 허가결정 전에 당사자를 심문하여야 한다. 위 허가가 있는 때에는 채무는 감정액의 한도에서 소멸한다. 허가한 재판에 대하여는 불복하지 못한다(비송절차법 59조).

---

[190] 대결 2012. 9. 13. 2011그213

제3장
동산(動産)·채권(債權) 등의 담보에 관한 법률에 따른 담보권 실행

1. 총 설

동산을 목적으로 하는 새로운 유형의 담보물권이 창설되어 2012. 6. 11.부터 시행되고 있으며, 동산담보권은 담보권자가 동산을 점유하고 설정하는 방법과 점유하지 않고 설정하는 방법이 있고 주요 이용형태는 동산담보권설정자가 동산을 점유하고 사용하면서 담보로 제공하여 자금을 조달하는 형태가 될 것이다. 동산담보권은 동산의 사용가치와 교환가치를 분리하여 이용하기 때문에 비점유질(非占有質)을 민법 332조에서 명시적으로 금지하고 있는 동산질권(動産質權)에 비하여 매우 효율적인 제도이다.

민법 332조의 비점유질인 동산질권은 담보제공자가 영업적으로 활용할 필요가 있는 기계·자재·원료·제품 등을 담보로 제공할 가능성을 박탈하고, 다른 한편으로 신용을 제공하는 사람(특히 은행)에게 질물(質物)의 점유 때문인 불필요한 비용을 발생시킬 수 있다. 이러한 사정 때문에 당사자들 모두 질권설정을 회피하는 결과가 발생하여 질권은 설정자에게 목적물의 점유가 없어도 무방하고 질권자로서도 관리비용이 그다지 들지 않는 물건(귀금속, 유가증권 등)에 한정되어 활용되는 실정이다.

따라서 금융권 등에서는 동산질권의 점유질 원칙을 피할 수 있는 점유개정에 의한 동산 양도담보(讓渡擔保)가 성행하고, 근래에는 소유권유보부매매(所有權留保附賣買), 금융리스 등도 상당한 담보적 기능을 수행하게 되었다. 그런데 그중 특히 양도담보제도는 법률관계가 명확한 것이 아니고, 양도의 방법으로 점유개정(민법 189조)이 활용되므로 실질적으로 권리관계가 거의 공시되지 아니하여 설정자의 채권자들로서는 설정자의 재산 상태를 쉽게 예측할 수 없어 불이익을 받을 위험이 있으며(이러한 공시의 불충분함은 특히 다수 목적물이 유동상태에 있는 집합동산의 양도담보 경우에 더욱 현저하게 나타난다), 설정자가 쉽게 목적물을 반출할 수도 있고 선의취득(민법 249조)의 방법으로 양도담보권을 침해할 가능성도 있고 이중양도담보에 따른 분쟁 등 양도담보권자의 지위가 매우 불확실하다는 등의 많은 문제점이 지적되고 있었다.

이에 동산질권과 양도담보 등 기존의 동산 담보제도가 안고 있던 문제점들을 없애고 동산담보제도를 개선하기 위하여 법무부가 2008. 3. 5. '동산 및 채권의 담보에 관한 특례법 제정 특별분과위원회'를 구성하여 입법 작업을 개시한 이래 국회가 2010. 5. 19. 동산·채권 등의 담보에 관한 법률(이하, 이를 '동산담보법'이라고 하고, 이 법률에 따른 담보권을 '동산담보권'이라고 한다)을 의결하고, 정부가 2010. 6. 10. 법률 제10366호로 공포하여 그 부칙 1조의 규정에 따라 공포 후 2년이 경과한 2012. 6. 11.부터 시행되기에 이르렀다.

한편 2020. 4. 21. 법률 제17502호로 이 법의 일부 개정이 있던바 현행법상 이 법에 따른 담보권을 설정할 수 있는 인적 범위는 법인 또는 "상업등기법"에 따라 상호등기를 한 사람으로 한정이 되었다. 그러나 전체 등록 개인사업자 중 상호등기 사업자 비중이 매우 낮아 사실상 중소기업·자영업자 대부분은 이 법에 따른 담보제도를 이용하기 어려운 실정인바, 담보권의 설정자 범위를 "법인 또는 상호등기를 한 사람"에서 "법인 또는 사업자등록을 한 사람"으로 그 범위를 확대하였다.

2. 동산담보권의 주요 내용

가. 개설

담보권자는 채무자 또는 제3자가 제공한 담보목적물에 대하여 다른 채권자보다 우선변제 받을 권리가 있으며(동산담보법 8조), 동산담보권의 불가분성(不可分性)으로 담보권자는 채권 전부를 변제받을 때까지 담보목적물 전부에 대하여 그 권리를 행사할 수 있다.

나. 동산담보권의 성립

> **동산채권담보법**
>
> 제2조(정의)
> 이 법에서 사용하는 용어의 뜻은 다음과 같다.
> 2. "동산담보권"은 담보약정에 따라 동산(여러 개의 동산 또는 장래에 취득할 동산을 포함한다)을 목적으로 등기한 담보권을 말한다.

동산담보권이 성립하려면 동산(動産)·채권(債權) 등의 담보에 관한 법률(이하 동산담보법이라 칭한다)에 따라 당사자들이 동산에 관한 담보약정(擔保約定)을 하고 동산담보등기를 하여야 동산담보권이 성립한다. 여기서 담보약정이라 함은 동산담보법에 따라 동산을 담보로 제공하기로 하는 약정을 의미하며 담보약정의 내용과 방식은 아무런 제한을 두고 있지 않다(동산담보법 2조 1호).

즉 담보약정을 양도담보 등 명칭을 묻지 아니하므로, 질권설정계약, 양도담보설정계약, 소유권유보부매매, 리스계약 등이라는 용어를 사용하였더라도 동산을 담보로 제공하기로 하는 담보약정을 근거로 하여 담보등기를 마치면 그 약정내용과 무관하게 동산담보법에 따른 담보권으로 취급된다.

다. 동산담보권의 목적물

> **동산채권담보법**
>
> 제3조(동산담보권의 목적물)
> ① 법인 또는 「부가가치세법」에 따라 사업자등록을 한 사람(이하 "법인 등"이라 한다)이 담보약정에 따라 동산을 담보로 제공하는 경우에는 담보등기를 할 수 있다. 〈개정 2020.10.20.〉
> ② 여러 개의 동산(장래에 취득할 동산을 포함한다)이더라도 목적물의 종류, 보관 장소, 수량을 정하거나 그 밖에 이와 유사한 방법으로 특정할 수 있는 경우에는 이를 목적으로 담보등기를 할 수 있다.
> ③ 제1항 및 제2항에도 불구하고 다음 각 호의 어느 하나에 해당하는 경우에는 이를 목적으로 하여 담보등기를 할 수 없다.
> 1. 「선박등기법」에 따라 등기된 선박, 「자동차 등 특정동산 저당법」에 따라 등록된 건설기계·자동차·항공기·소형선박, 「공장 및 광업재단 저당법」에 따라 등기된

> 　　　기업재산, 그 밖에 다른 법률에 따라 등기되거나 등록된 동산
> 2. 화물상환증, 선하증권, 창고증권이 작성된 동산
> 3. 무기명채권증서 등 대통령령으로 정하는 증권

(1) 동산·집합 동산, 장래에 취득할 동산

　담보목적물로는 "동산, 집합 동산(여러 개의 동산), 장래에 취득할 동산이라도 목적물의 종류, 보관 장소, 수량을 정하거나 그 밖의 유사한 방법으로 특정할 수 있는 경우[191]에는 이를 목적물로 할 수 있고 담보등기를 할 수 있다고 하였다(동산담보법 제3조 제2항).[192]

　따라서 기업이 원재료, 재고품 등 집합동산을 담보목적으로 제공하는 경우나 상호등기를 한 축산업자가 축사에서 기르는 가축, 양어장의 어패류 등도 담보목적으로 제공되는 경우 담보목적물로 할 수 있다. "장래에 취득할 동산"도 담보목적물로 삼을 수 있으므로 기업이 보유한 원자재를 이용하여 생산한 제품에 대하여 제품생산 전에 담보로 제공하고 자금을 조달하는 경우에도 담보목적물이 된다.

　판례도 유동집합물(流動集合物)에 대한 양도담보에 대하여 "담보목적물의 증감에 대하여 그때마다 별도의 양도담보권설정계약을 맺거나, 점유개정(占有改定)의 표시를 하지 아니하였더라도 하나의 집합물(集合物)로서 동일성(同一性)을 잃지 아니한 채 양도담보권의 효력은 항상 현재의 집합물 위에 미친다.[193]고 하여 "장래 취득할 동산"에 대하여도 양도담보의 효력을 인정했다.

---

191) 법원행정처, 2013 "동산 채권 담보등기 해설", 74면.
　　동산·채권 등의 담보에 관한 등기규칙 제35조 해설로 등기실무에서 동산을 특정하는 데 필요한 사항은 필수적으로 기록하여야 하는 사항과 유익적으로 기재할 수 있는 사항으로 나누어 규정하였다. 동산은 크게 특성에 따라 특정하는 경우와 보관 장소에 따라 특정하는 경우로 나누었다. 그 중 보관 장소에 따라 특정할 수 있는 경우는 특정·집행·공시의 요청을 고려하여 같은 보관 장소에 있는 같은 종류의 동산 전부를 대상으로 하는 경우로 한정하였다. 개별동산 인지 집합동산인지 외에 동산의 종류에 관한 정보는 동산의 다양성 등을 고려하여 당사자가 적절하게 기록하도록 하였다. 위와 같이 필수적 기재사항 이외에도 동산을 특정하는 데 필요한 사항들 예컨대 동산의 명칭, 제조사, 점유자 또는 채권의 변제기 등은 유익적 기재사항으로 기재할 수 있다.
192) 동산·채권 등의 담보등기 절차에서 개별동산과 집합동산으로 나누어 등기하고 있다.
193) 대판 2004. 11. 12. 선고 2004다22858

(2) 동산담보법의 목적물 대상에서 제외되는 동산

(가) 다른 법률에 따라 등기·등록의 대상이 되는 동산

선박등기법(船舶登記法)에 따른 등기된 선박, 자동차 등 특정동산저당법(特定動産抵當法)에 따른 등록된 건설기계, 자동차, 항공기, 소형선박, 공장 및 광업재단저당법에 따른 등기된 기업자산, 그 밖의 다른 법률에 따라 등기·등록된 동산 등은 동산담보법상 목적물에서 제외하였다. 이러한 동산을 동산담보법상의 목적물로 할 수 있도록 할 경우 공시(公示)의 이원화(二元化)로 인해 거래의 안전을 저해할 수 있기 때문이다. 그러나 다른 법률에 따라 "등기 또는 등록된" 동산만이 그 대상이므로 아직 등록관청에 등기 또는 등록되지 않았거나, 등기 또는 등록이 말소(抹消)된 경우에는 동산담보권의 목적물로 할 수 있다.

(나) 화물상환증, 선하증권, 창고증권이 작성된 동산, 무기명 채권증서 등

화물상환증, 선하증권, 창고증권이 작성된 동산, 무기명 채권증서 등 대통령령으로 정하는 증권, 양도할 수 없는 물건 등도 동산담보권을 설정할 수 없도록 하였다(동산채권담보법 3조). 화물상환증, 선하증권, 창고증권은 "증권의 인도"가 해당 동산을 인도한 것과 같은 물권적(物權的) 효력(效力)이 있기 때문에 화물상환증 등이 작성된 동산에 대하여 동산담보권의 목적물로 허용할 경우 화물상환증 등의 인도와 담보목적물로 등기가 경합할 경우 권리의 우선(優先) 관계를 둘러싸고 혼란이 발생할 수 있을 소지가 많고, 해당 증권을 이용한 금융이 가능하여 동산담보법 상 목적물로 삼아야 할 필요성이 낮은 점 등으로 입법과정에서 동산담보법 상 목적물 대상에서 제외하였다.

한편 무기명채권은 증권에 특정한 채권자의 이름을 기재하지 않고 그 증권의 정당한 소지인에게 갚아야 하는 증권적 채권이다. 즉 채권이 증권에 화체(化體)되어 있어서 채권의 성립, 존속, 행사, 양도에 증권이 있어야 한다.

민법 523조 및 346조는 무기명채권에 대한 처분은 반드시 증권에 의하여 하도록 규정되어 있다. 따라서 무기명채권증권을 동산담보법상의 담보목적물에 포함할 경우 현행 민법과 충돌(동산·채권 등 담보에 관한 법률 시행령에 "자산유동화(資産流動化)에 관한 법률 2조 4호에 따른 유동화 증권과," 자본시장과 금융투자업에 관한 법률 4조에 따른 증권을 동산담보법상의 목적물에서 제외하였다)로 제외하였다.

라. 담보권설정자(擔保權設定者)

동산담보법에 따른 담보권자에 대한 제한은 없으나 담보권설정자에 대하여는 엄격한 제한이 있다. 담보권설정자라 함은 동산담보법에 따라 동산에 담보권을 설정한 자를 말한다. 법인(상사법인, 민법 법인, 특별법에 따른 법인, 외국 법인) 또는 상업등기법에 따른 상호등기를 한 사람만이 담보권설정자[194]가 되어 담보약정에 따라 동산을 담보로 제공하는 경우에만 담보등기를 할 수 있다(동산담보법 2조 5호, 3조 1항). 채무자가 아닌 제3자도 담보권설정자가 될 수 있다(같은 법 8조, 16조).

담보등기부는 담보권설정자별로 구분하여 작성하고(같은 법 47조 1항), 동산담보권을 설정하려는 자는 담보약정을 할 때 담보목적물의 소유 여부와 담보목적물에 관한 다른 권리의 존재 여부를 상대방에게 명시하여야 한다(같은 법 6조). 이처럼 담보권설정자를 제한한 관계로 담보권이 설정된 후 상호등기가 말소된 개인의 경우에도 동산담보권의 효력이 유지되는지 문제의 소지가 있어 같은 법 4조에서 상호등기가 말소된 후에도 그 효력에 영향이 없다는 규정을 두었다.

마. 담보권자

담보권자는 동산담보법에 따라 동산을 목적으로 하는 담보권을 취득한 자를 말한다(같은 법 2조 6호). 담보권설정자와 달리 담보권자가 될 수 있는 자에 대하여는 아무런 제한이 없고, 담보권자의 피담보채권에 대하여도 제한이 없다. 동산담보권은 그 담보할 채무의 최고액만을 정하고 채무의 확정을 장래에 보

---

[194] 법무부, 2012, "동산·채권 등의 담보에 관한 법률 해설서", 28~29면.
입안 과정에서 인적범위를 제한하는 방안으로 "사업자 등록을 한 사람"으로 한정하는 방안과 "상호등기를 한 사람"으로 한정할지 심도 있는 논의가 있었던바, 법인이나 상호등기를 한 사람은 그 명칭, 소재지가 변경되더라도 등기관이 그 변경사항을 직권으로 담보등기부에 반영할 수 있고 일반인들이 등기부 열람을 통하여 변경 후의 내용을 쉽게 파악할 수 있어 공시의 효율성을 높일 수 있다. 그러나 인적범위를 "사업자등록을 한 사람"으로 할 경우에는 사업자등록은 과세정보에 해당하기 때문에 법원이 국세청으로부터 담보권설정자의 사업자등록사항 변경에 대한 정보를 받는 것이 사실상 곤란하고 그 때문에 담보권설정자가 적극적으로 변경등기를 하여 사업자등록 사항의 변경을 담보등기부에 반영하지 않으면 담보등기부의 열람 및 공시기능의 상실될 가능성이 있어 '법인 및 상호등기를 한 사람'까지만 동산담보 제도를 이용할 수 있도록 하였다. 그러나 유사상호의 상호등기도 허용되기 때문에 인적범위를 "상호등기를 한 사람"으로 하더라도 실질적으로는 "사업자등록을 한 사람"과 차이가 없다 할 것이다.

류하여 설정할 수 있고(근담보권), 이 경우 그 채무가 확정될 때까지 채무의 소멸 또는 이전은 이미 설정된 동산담보권에 영향을 미치지 아니하며(같은 법 5조 1항), 채무의 이자는 최고액 중에 포함된 것으로 본다(같은 법 5조 2항). 이러한 근담보권의 법률관계는 대체로 근저당권의 법리를 유추하여 해결할 수 있다.

바. 담보약정

담보약정195)이란 제정 법률에 따라 동산, 채권, 지적재산권을 담보로 제공하기로 하는 약정을 의미하며 담보약정의 내용과 방식은 아무런 제한을 두고 있지 않다(동산담보법 2조 1호).196) 즉 담보약정을 양도담보 등 명칭을 묻지 아니하므로 질권 설정계약, 양도담보설정계약, 소유권유보부매매, 리스 계약 등이라는 용어를 사용하더라도 동산을 담보로 제공하기로 하는 담보약정을 근거로 하여 담보등기를 마치면 그 약정내용과 무관하게 이 법에 따른 담보권으로 취급된다.

사. 담보등기

(1) 개 설

동산담보법에 따라 동산담보권이 성립하려면 담보권설정자가 소유하는 동산을 담보로 제공하기로 약정하고 동산담보법에 따라 담보등기를 해야 한다(같은 법 2조 2호, 3조 1항). 담보등기는 동산담보법에 따라 동산을 담보로 제공하기 위하여 이루어진 등기를 말하고(같은 법 2조 7호), 담보등기부는 전산 정보처리조직에 의하여 입력·처리된 등기사항에 관한 전산 정보자료를 담보권설정자별로 저장한 보조기억장치(자기디스크, 자기테이프, 그 밖에 이와 유사한 방법으로 일정한 등기사항을 기록·보존할 수 있는 전자적 정보저장매체를 포함한다)를

---

195) 법무부, 2012, "동산·채권 등의 담보에 관한 법률 해설서", 25면.
　　담보약정은 제정법률 시행 이후에 체결된 경우에만 적용되며 이 법률 시행 이전에 이루어진 양도담보계약 등으로는 담보등기를 할 수 없으며(부칙 제2조) 이는 판례상 이중으로 양도담보계약이 체결된 경우 뒤에 체결된 양도담보계약은 무효가 되는데 이 법 시행 이전에 체결된 양도담보까지 제정 법률의 적용대상에 포함 시키게 되면 무효인 양도담보계약이 제정 법률에 따라 유효하게 되는 부당한 결과가 발생될 우려가 있기 때문에 이를 방지하기 위한 것이다.
196) 법무부, 2012, "동산·채권 등의 담보에 관한 법률 해설서", 24면.
　　즉 양도담보계약이라는 명칭을 사용했더라도 계약서에 제정 법률에 따라 담보등기를 하기로 하는 내용이 있거나 별도로 제정 법률에 따르기로 약정을 한 경우라면 "담보약정"을 한 것으로 되어 동산을 목적으로 하는 담보등기를 할 수 있다.

말한다(같은 법 2조 8호).

(2) 담보등기부의 편성과 등기사항

담보등기부는 담보권설정자를 기준으로 하는 인적편성주의(人的編成主義)를 채택하였다(동산담보법 2조 8호).197) 부동산은 지번으로 특정되기 때문에 부동산등기법에서 물적편성주의를 택하였으나 동산에 대하여는 똑같은 물건이 수없이 많아서 물적편성주의(物的編成主義)를 택하는 것은 불가능하여 인적편성주의(人的編成主義)를 택한 것으로 본다.

(3) 등기의 내용과 절차

담보등기는 동산담보권의 설정, 이전, 변경, 말소 또는 연장에 대하여 한다(같은 법 38조). 담보등기부는 담보목적물인 동산의 등기사항에 관한 전산 정보자료를 전산 정보처리조직에 의하여 담보권설정자별로 구분하여 작성한다(같은 법 47조 1항, 인적편성주의 채택). 담보등기부에 기록할 사항은 동산담보법 47조 2항이 규정하고 있다. 담보권설정자와 담보권자는 담보약정의 취소, 해제 또는 그 밖의 원인으로 효력이 발생하지 아니하거나 효력을 잃은 경우, 담보목적물인 동산이 멸실된 경우, 그 밖에 담보권이 소멸한 경우의 어느 하나에 해당하면 말소등기를 신청할 수 있다(같은 법 50조 1항).

담보등기는 등기의무자와 권리자가 공동으로 신청하는 공동신청주의를 택하였고(동산담보법 41조 1항) 존속기간은 5년으로 제한하였다(동산담보법 49조 1항). 한편 담보권에 대해 연장등기를 할 수 있도록 하였는데 이 경우 연장기간은 연장등기를 한 때로부터 5년을 초과할 수 없도록 하였으며(동산담보법 49조 2항) 이 동산담보등기는 성질에 반하지 않는 한 부동산등기법 관련 규정을 준용하도록 하였다(동산담보법 57조). 약정에 따른 동산담보권의 득실변경(得失變更)은 담보등기부에 등기하여야 그 효력이 생기고(같은 법 7조 1항), 같은 동산에 설정된 동산담보권의 순위는 등기의 순서에 따른다(같은 법 7조 2항).

---

197) 일본의 동산·채권 양도등기부도 인적편성주의를 택하고 있다. 부동산과 달리 동산은 같은 물건이 많고 그 형태 품질, 가격 등이 각양각색 다양하고 채권발생 원인 및 변제기 등이 천차만별로 담보목적물로 하는 물적편성주의를 택하는 경우에는 막대한 수의 등기가 필요하고 복잡해지며 담보목적물을 객관적, 구체적으로 특정해야 하는데 그 특정이 쉽지 않아 인적편성주의를 택하였다.

같은 동산에 동산담보권과 기존의 동산담보가 함께 설정되는 경우, 즉 같은 동산에 관하여 담보등기부의 등기와 인도(간이인도, 점유개정, 목적물반환청구권의 양도 포함)가 하여진 경우에 그에 따른 권리 사이의 순위는 법률에 다른 규정이 없으면 그 선후에 따른다(같은 법 7조 3항). 즉, 인도에 대한 담보등기의 우선은 인정되지 않는다.

(4) 담보등기 공시기능의 한계

인적편성주의를 택한 담보등기의 공시기능은 한계가 있을 수밖에 없다. 부동산등기에서는 물권관계를 전체적으로 공시되고 있는데 반하여 동산담보의 경우에는 담보권설정자마다 이를 기준으로 하여 편철되고 담보권의 변동만이 등기되어 제3자는 동산담보등기부의 검색을 통하여 담보목적물의 소유권 변동을 확인할 수 없고 다만 등기부에 의하여 관련자들의 인적사항을 확인할 수 있으므로 담보목적물에 대한 여러 사항을 구체적으로 확인할 기회를 잡게 될 것으로 본다.

담보권자를 보호하기 위하여 담보권설정자에게 담보목적물에 대한 소유 여부와 다른 권리의 존재 여부를 명시하여야 한다고 동산담보법 6조에 제시하고 있으나 그 위반에 대한 법적 제재 규정이 없어 공시기능의 한계로 본다.

아. 담보권의 효력

동산담보권은 피담보채권의 원본, 이자, 위약금, 담보권실행의 비용, 담보목적물의 보존비용 및 채무불이행 또는 담보목적물의 흠으로 말미암은 손해배상의 채권을 담보하며(같은 법 12조 본문) 질권(質權)에 의하여 담보되는 채권의 범위와 같다. 그러나 민법의 저당권에서와 같은 지연배상(遲延賠償)의 제한(민법 360조 단서)은 인정되지 않는다. 또한, 동산근담보권 설정도 가능하며(같은 법 5조), 동산근담보권의 법률관계(피담보채권의 범위, 확정사유 등)는 앞서 본 바와 같이 근저당권의 법리를 적용하여 해결할 수 있다.

동산담보권의 효력이 그 목적물인 미치는 것은 당연하고 더 나아가 법률에 다른 규정이 있거나 설정행위에서 다른 약정이 없는 한 담보목적물에 맞은 물건과 종물에 미친다(같은 법 10조).[198] 동산담보권은 그 실행에 이르기까지의 담보

---

[198] 동산담보권은 궁극적으로 담보목적물의 교환가치로부터 우선변제를 받는 것을 목적으로 해서,

목적물의 담보가치를 지배하는 것이기 때문에 동산담보권 설정 이후에 담보목적물에 물건이 부합된 경우에도 그 물건에 동산담보권의 효력이 미친다.

그러나 민법 257조 단서 조항의 규정과 설정행위에서 다른 약정을 한 때에는 동산담보권의 효력이 미치지 아니한다. 설정행위에서 다른 약정을 한 경우에는 동산담보등기부에 기재하여 공시하여야 한다. 또한, 동산담보권의 효력은 담보권이 실행된 이후, 즉 담보목적물에 대한 압류 또는 동산담보법 25조 2항의 인도청구가 있은 후에 담보권설정자가 그 담보목적물로부터 수취한 과실 또는 수취할 수 있는 과실에 미친다(같은 법 11조).199) 동산담보권은 물상대위(物上代位)를 인정하여 담보목적물의 매각, 임대, 멸실, 훼손 또는 공용징수 등으로 담보권설정자가 받을 금전이나 그 밖의 물건에 대하여도 행사할 수 있으며, 이 경우 그 지급 또는 인도전에 압류하여야 한다(같은 법 14조).200)

그러나 반드시 동산담보권자가 압류해야 하는 것은 아니고, 제3채권자가 이미 압류한 경우에도 물상대위가 인정된다.201) 동산담보권에는 다른 담보물권과 마찬가지로 우선변제권(같은 법 8조), 부종성(같은 법 33조, 민법 369조), 수반성(같은 법 13조), 불가분성(같은 법 9조), 물상대위성(같은 법 14조) 등이 인정된다.

자. 동산담보권의 존속기간

> **동산채권담보법**
>
> **제49조(담보권의 존속기간 및 연장등기)**
> ① 이 법에 따른 담보권의 존속기간은 5년을 초과할 수 없다. 다만, 5년을 초과하지 않는 기간으로 이를 갱신할 수 있다.
> ② 담보권설정자와 담보권자는 제1항의 존속기간을 갱신하려면 그 만료 전에 연장등

동산담보권의 효력이 미치는 목적물의 범위는 담보목적물에 대한 소유권이 미치는 범위와 원칙적으로 같으므로 부합물이나 종물에도 소유권이 미친다.

199) 담보목적물의 소유자가 고의로 담보권실행절차를 지연시켜 과실을 취득하는 폐해를 방지하기 위하여 동산담보권의 실행이 착수되어 담보목적물에 대한 압류가 있거나 담보권자의 사적실행을 위한 인도 청구가 있는 후에는 담보권설정자가 그 담보목적물로부터 수취한 과실 또는 수취할 수 있는 과실에 동산담보권의 효력이 미치는 것으로 규정하였다.

200) 현행 민법은 질권의 장에서 물상대위에 관하여 규정하고 이를 저당권에 준용하면서, 담보목적물의 멸실, 훼손 또는 공용징수 때문인 경우에만 물상 대위를 인정하고 있으나 동산담보법은 담보 목적물의 멸실, 훼손 또는 공용징수 외에 추가로 매각, 임대 등 때문인 경우에도 물상대위를 인정하였다.

201) 대판 1996. 7. 12. 96다21058

기를 신청하여야 한다.
③ 제2항의 연장등기를 위하여 담보등기부에 다음 사항을 기록하여야 한다.
1. 존속기간을 연장하는 취지
2. 연장 후의 존속기간
3. 접수번호
4. 접수년월일

동산담보법에 따른 담보권의 존속기간은 5년을 초과할 수 없다(같은 법 49조 1항 본문). 담보목적물의 유동성을 고려할 때 담보권의 존속기간이 장기화하면 거래의 안전을 저해할 수 있고, 담보권의 부종성 때문에 피담보채권이 소멸되면 피담보채권 대부분이 상사채권(商事債權)일 것이며 상사채권의 소멸시효가 5년인 점을 고려한 것이다. 따라서 설정 후 5년이 경과한 동산담보권은 소멸한다.

다만 5년을 초과하지 않는 기간으로 이를 갱신할 수 있다(같은 법 49조 1항 단서).[202] 설정자와 담보권자는 존속기간을 갱신하려면 그 만료 전에 연장등기를 신청하여야 하며(같은 법 49조 2항), 그 연장등기를 위하여 담보등기부에 존속기간을 연장하는 취지와 연장 후의 존속기간을 기록하여야 한다(같은 법 49조 3항). 갱신의 횟수에는 제한이 없다.

3. 동산담보권의 공적실행(公的實行)

가. 공적실행 개요

동산담보법에 따라 동산담보권자는 채무자 또는 제3자가 제공한 담보목적물에 대해 다른 채권자보다 자기 채권을 우선변제(優先辨濟) 받을 권리가 있다(동산담보법 8조). 담보권자는 자기 채권을 변제받기 위하여 담보목적물의 경매를 청구할 수 있다(동산담보법 21조 1항). 동산담보권 실행은 집행관에 의한 공적실

---

[202] 동산담보권의 被擔保債權 소멸시효가 5년보다 장기인 경우에는 동산담보권의 존속기간을 연장할 수 있도록 할 필요성이 있다. 특히 根擔保權처럼 계속된 거래관계에서 발생하는 채권을 담보하기 위한 경우 등에 있어 그 존속기간을 5년으로 하고 연장을 제한하면 채무자가 5년마다 피담보채무를 상환하여야 해서 오히려 자금융통을 저해할 수도 있을 것이다. 따라서 동산담보권의 존속기간을 5년이 초과하지 않는 기간으로 갱신할 수 있도록 하고, 그 갱신횟수에 대하여도 아무런 제한을 하지 아니하였다. 다만 후순위권리자 등 이해관계인의 보호를 위하여 담보권 존속기간의 만료 전에 그 기간의 갱신과 연장등기가 이루어져야 유효하도록 하였다.

행203)이 원칙적인 실행 방법이며, 공적실행을 위한 구체적 절차는 민사집행법상 "유체동산에 대한 강제집행"(민집 2편 2장 4절 제2관과 민집 제265조, 제266조)과 "민사집행법상 부동산 임의경매에 관한 일부 규정" 절차를 준용하도록 규정하고 있다.

　동산을 목적으로 하는 담보권실행을 위한 경매(이하 임의경매라 칭한다)는 채권자가 그 목적물을 제출하거나 그 목적물의 점유자가 압류를 승낙한 때에 개시한다(민집 271조). 그러나 동산담보권 설정자가 담보목적물을 점유하는 경우에는 경매절차는 압류로 개시한다(동산담보법 22조 2항). 한편 정당한 사유가 있는 경우 예외적으로 사적실행(私的實行), 즉 귀속정산(歸屬定算: 담보권자가 담보목적물의 소유권을 취득하여 직접 변제에 충당하는 방법)과 처분정산(處分定算: 담보권자가 담보목적물을 타에 매각하여 그 대금으로 변제에 충당하는 방법)에 의한다(같은 법 21조 2항). 또한, 동산담보권을 근거로 한 물상대위(物上代位)도 인정되고 있는데(같은 법 14조), 물상대위의 목적물이 금전채권인 경우 채권집행의 절차에 의하며 물상대위권 행사절차는 채권집행절차를 밟는다는 점에서 여기서는 제외하고 이하에서는 공적실행(임의경매)과 사적실행에 관하여 보기로 한다.

나. 규정형식과 절차의 특징

　담보권자는 자기의 채권의 변제를 받기 위하여 담보목적물의 경매를 청구할 수 있다(동산담보법 21조 1항). 동산담보권을 근거로 한 임의경매절차에는 민사집행법 264조, 271조, 272조의 임의경매절차(대표적인 것이 질권을 근거로 한 임의경매절차이다)가 준용된다(동산담보법 22조 1항). 동산담보권을 근거로 한 경매절차는 신청(집행위임) → 압류 → 현금화(매각) → 채권의 만족(배당) 순으로 진행되는데, 각 단계에서 동산담보권의 어떤 성질이 반영되어 있는지 질권을 근거로 한 임의경매절차와 비교하면서 보기로 한다.

(1) 집행신청의 근거를 기준으로 "담보권을 근거로 한 집행절차" 준용

　담보목적물을 기준으로 압류할 물건이 정해지게 되며 담보권을 근거로 한

---

203) 민사집행법상 부동산 임의경매에 관한 일부 규정과 유체동산의 집행에 관한 일부 규정을 준용하도록 하였으며 동산담보법 22조(담보권실행을 위한 경매절차)는 같은 법 21조 1항에 따른 민사집행법 264조, 271조, 272조를 준용하고 담보권설정자가 담보목적물을 점유하고 있는 경우에는 경매절차는 집행관의 압류로 개시된다.

신청이므로 담보권의 효력이 미치는 범위에 따라 임의경매 신청서의 기재사항, 압류의 제한 여부 등이 결정된다. 질권을 근거로 한 임의경매가 담보권자가 직접 점유하는 경우와 제3자가 직접 점유하는 형태를 예정하고 있는데, 동산담보법의 점유행태는 담보권설정자가 직접 점유하는 형태도 추가로 인정하고 있다. 이렇게 담보권설정자가 직접 점유하는 경우에는 유체동산 강제경매와 같이 집행관의 압류로 경매절차가 개시된다(동산담보법 22조 2항)는 점에서 질권에 의한 임의경매절차와 다른 부분이다.

담보권을 근거로 한 신청이므로 집행권원이 필요 없다는 점, 담보권의 효력이 미치는 범위, 즉 담보목적물을 기준으로 압류할 물건이 정해진다는 점, 동산 강제경매에서 적용되는 초과압류금지(민집 188조 2항), 집행관의 압류 동산 선택권(민집규 132조) 등이 배제된다는 점(민 272조, 민집규 199조 2항), 실제 사유로 개시결정에 대한 이의가 가능한 점(민집 272조, 265조), 절차의 정지·취소가 인정된다는 점(민집 272조, 266조), 강제경매절차에서 인정되는 집행절차의 정지·취소가 인정된다는 점(민집 272조, 266조), 강제경매절차에서 인정되는 특례인 부부 공유재산에 대한 압류(민집 190조)나 채무자 아닌 배우자의 우선매수권(민집 206조), 매각대금의 지급요구권(민집 221조)의 규정 등이 준용될 수 있는지는 논의가 있다는 점 등에서 질권을 근거로 한 임의경매절차와 유사하다.

(2) 집행목적물을 기준으로 유체동산에 대한 강제집행 절차준용

압류물의 보존, 현금화, 채권만족 등 압류 이후 절차의 대부분은 유체동산에 대한 강제경매절차 규정을 준용한다(동산담보법 22조 1항, 민집 272조, 민집 2편 2장 4절 2관, 동산·채권 담보등기규칙 55조, 민집규 199조 2항, 민집 2편 2장 7절 1관, 민집 2편 2장 4절 4관).

압류 절차에 있어서 압류물의 보관위임(민집 189조 1항, 191조), 압류물 보존을 위한 처분(민집 198조) 등 압류개시 이후 절차, 현금화 절차에 있어서 압류물의 평가(민집규 144조), 값비싼 물건의 평가(민집 200조), 호가경매·입찰(민집 199조), 특별현금화(민집 214조), 대금지급 및 목적물 인도(민집 205조), 채권의 만족 절차에 있어서 매각대금의 변제, 잉여금의 교부(민집규 155조), 배당협의(민집 222조), 배당(민집규 155조 3항), 공탁 및 사유신고(민집 222조, 민집규 156조), 집행법원의 배당(민집 252조 이하), 구제절차에 있어서 집행에 관한 이의(민집 16조) 등 집행목적물을 기준으로 각 유체동산 강제집행절차에 관한 규정을 준용한다(동산담보법 30조 3항).

(3) 등기담보권(登記擔保權)으로 부동산담보권 집행에 관한 집행절차 준용

민법상 저당권처럼 동산담보권도 등기담보권이라는 점에서 신청서 첨부서류 중 담보권의 존재를 증명하는 서류에 관하여는 부동산 담보권에 관한 규정이 준용된다(동산담보법 22조 1항, 민집 264조). 따라서 경매신청을 함에는 담보권이 있다는 것을 증명하는 서류를 내야하고, 담보권을 승계한 경우에는 승계를 증명하는 서류를 내야 한다(민집 264조 1항, 2항). 이것이 점유담보권인 질권을 근거로 한 임의경매와 다른 점이다.

(4) 사적실행(私的實行) 절차와 공적실행(公的實行) 절차의 경합(競合)

동산담보권자에 의한 사적실행 절차와 경합할 수 있다는 점에서 동산채권담보법은 가등기담보 등에 관한 법률과 유사한 규정을 일부 두고 있다. 경매개시에 의한 사적실행 절차의 중지(가등기담보법 14조와 유사한 규정으로 동산담보 23조 5항), 후순위권리자의 미도래 채권을 근거로 한 경매청구권(가등기담보법 12조 2항과 유사한 규정으로 동산담보법 26조 2항 단서)이 그것이다. 사적실행 절차와 공적실행 절차의 경합이 질권을 근거로 한 임의경매절차와 다른 점이다.

다. 집행신청(집행관에게 집행위임)

(1) 집행기관 및 관할구역

동산담보권을 근거로 한 담보권실행의 집행기관은 집행관이다. 질권을 근거로 한 임의경매 절차에 관한 규정이 준용되기 때문이다(동산담보법 22조 1항, 민집 272조). 집행관의 관할구역에 관한 규정은 질권을 근거로 한 임의경매의 경우와 같이 취급하면 될 것이다.

(2) 신청서의 기재사항 등[204]

동산담보권에 의한 경매신청서에는 민사집행규칙 제192조, 제199조 제1항에 규정된 사항을 적어야 한다(동산담보법 22조 1항, 민집 272조, 동산·채권담보등기규칙 55조, 민집규 192조, 199조 1항).

---

[204] 유체동산 강제집행 신청서에는 강제집행의 목적물인 유체동산이 있는 장소만 신청서에 표시하면 충분하나, 동산담보권에 의한 임의경매신청서에는 담보목적물의 표시와 담보목적물의 소재장소를 기재해야 한다.

(가) 채권자, 채무자, 소유자와 그 대리인의 표시(민집규 192조 1호)

이는 등기담보권이라는 점에서 부동산 저당권의 경우와 동일하게 취급하면 된다. 채무자나 소유자를 특정할 수 있도록 그 이름과 주소를 기재한다. 담보권설정 등기 후 경매신청 전에 채무자나 소유자가 사망한 경우에는 그 상속인을 채무자 또는 소유자로 표시하여야 한다.

(나) 담보권의 표시(민집규 192조 2호)

이에 관하여는 등기담보권이라는 점에서 부동산 저당권의 경우와 같이 취급하면 되고 경매신청의 기초가 되는 담보권을 특정할 수 있을 정도로 적어야 한다.

(다) 피담보채권의 표시(민집규 192조 2호)

등기담보권이라는 점에서 부동산 저당권의 경우와 같이 취급하면 된다. 신청서에는 피담보채권을 표시하여야 하며, 피담보채권 일부에 대하여 담보권실행을 하는 때에는 그 취지와 범위를 적어야 한다(민집규 192조 4호). 피담보채권의 표시와 관련하여 청구금액의 확장이 문제 된다.

임의경매의 신청단계에서는 경매신청서에 피담보채권 중 일부에 한정하여 기재하였다가 그 후 채권계산서를 제출하면서 당초의 청구금액을 확장하여 기재하는 때도 있는데 이를 청구금액의 확장이라고 한다. 부동산 임의경매에서는 신청채권자가 등록세를 탈세하는 등 부작용이 있어 이를 제한하고 있다. 동산 임의경매에서도 청구금액 확장을 제한할 것인지가 문제 될 수 있으나 부동산 임의경매와 같게 취급해도 무방할 것이다.205)

(라) 담보권실행의 대상인 재산의 표시(민집규 192조) 및 압류할 목적물인 동산이 있는 장소(민집규 199조 1항)

이는 압류목적물(=담보목적물)의 특정에 관한 사항이다. 하지만 동산담보권을 근거로 한 임의경매 신청에 관한 집행 실무에 있어서, 압류목적물의 특정 문제는 생소하다. 종래부터 양도담보권자가 담보권 실행방식이 아닌 공정증서에 기초한 강제집행 방식을 주로 활용해 왔기 때문이다. 따라서 압류목적물

---

205) 법원행정처, 2014, "동산·채권담보 집행절차 해설", 17면.

의 특정에 관한 사항은 유체동산 강제집행신청서의 기재사항인 압류할 목적물이 있는 장소(민집규 131조 3호)에 관한 아래의 논의를 참조하여 볼 필요가 있다.

① 유체동산 강제집행신청서에는 압류할 목적물을 특정할 필요가 없고 압류할 목적물이 있는 장소를 기재하면 충분하다(민집규 131조 3호).

② 동산담보권에 의한 임의경매신청서에는 담보목적물의 표시와 담보목적물의 소재 장소를 기재해야 한다. 유체동산 강제경매에서는 압류 목적물의 특정은 장소를 기준으로 이루어지고 집행관은 압류금지재산 등의 제한을 받으면서 압류 목적물에 대한 선택권을 가진다.206) 이에 비하여 동산담보권에 의한 임의경매에서 압류 목적물의 특정은 담보목적물이 기준이 되며, 집행관은 압류 목적물의 선택권을 갖지 않고 그것이 담보목적물인 한 압류금지재산 등의 제한을 받지 아니한다.

동산담보권에 의한 임의경매에서는 원칙적으로 담보등기부에「등기된 동산 = 신청서의 담보목록에 기재된 동산 = 집행관의 압류 대상」의 관계가 성립한다. 예외적으로 담보목적물의 부합물, 종물, 과실은 등기부에 등기되지 아니하였어도 담보권의 효력이 미치는 한도 내에서 압류 대상이 된다.207) 따라서 담보목적물(=압류목적물)은 등기사항증명서를 기준으로 별지를 이용하여 표시하면 된다. 동산담보권은 담보목적물의 특정방식에 따라 두 가지 유형으로 분류할 수 있다.

㈎ 개별동산의 경우 담보목적물의 특성에 따라 특정(동산담보법 35조, 동산담보법 47조)된다.

담보목적물이 아닌 동산과 구별할 수 있도록 하는 담보목적물의 특성인 동산의 종류 및 동산의 제조번호, 또는 제품번호 등 다른 동산과 구별할 수 있는 정보사항으로 개별동산에 부여된 표시가 동산담보등기부에 기록 된다(동산담

---

206) 민사집행규칙 131조 3호.
압류목적물이 특정 해당 목적물이 아닌 일정한 장소를 기준으로 이루어진다는 장소단위 주의를 취하여 압류 제한 등이 저촉되지 아니하는 이상 그 장소에 있는 모든 유체동산이 압류의 대상이 되고 그 중 어떤 것을 압류할 것인지는 집행관의 선택에 맡기는 구조를 취하고 있다.
207) 민법 358조는 저당권의 효력이 부합물과 종물에도 미치므로 부합물과 종물에 적법하게 동산담보권이 설정된 경우에는 저당권과 동산담보권의 경합 문제의 소지가 있으나 이 경우 물권법의 일반원칙에 따라 둘 중 먼저 설정된 것이 우선할 것으로 본다.

보등기 신청예규 6조 1항 가목. 아래 양식 동산담보등기사항 전부 증명서 참고).208) 개별동산의 특성에 따라 담보목적물이 특정되어 등기되고, 동종·동량·동 가치의 다른 동산으로 대체될 수 없다는 점에서 저당권 질권과 개별동산담보권은 서로 유사하다.

  저당권의 목적인 부동산이 멸실되고 새로운 부동산이 신축된 경우 신-구 부동산이 외견상 동종, 동 가치 일지라도 종전의 구 등기기록은 신축건물을 표상(表象)할 수 없는데, 이는 개별동산 담보권의 경우에도 같다.209) 유체동산 강제집행과 달리 동산담보권에 의한 임의경매에서 담보목적물이 소재하는 장소는 압류대상(=담보목적물)을 정하는 기준과 무관하다. 다만 현행법상 필수적 기재사항이고 집행관에게 압류집행을 할 장소를 알린다는 의미가 있으므로 이를 기재하여야 하고 현장약도를 첨부하여 신청하는 것이 바람직하다.

---

208) 법원행정처, 2014, "동산·채권담보 집행절차 해설", 107면.
    동산의 특성에 따라 특정하는 경우 동물 등 제조번호나 제품번호가 없는 경우에는 개별목적물에 표시한 명인방법(예: 소의 귀에 일련번호)을 등기한다. 예술작품(예: 신윤복의 그림)의 경우에도 제조자, 규격, 명칭 등으로 어느 정도 특정을 할 수 있겠으나 대상 동산에 어떠한 방법으로라도 표시하지 않고서는 담보목적물이 특정되었다고 볼 수 없으므로 개별동산에 부여된 표시를 등기하도록 하였다.
209) 예를 들면, 어느 공장 내에 있는 A 기계, B 기계에 대하여 개별 동산담보권을 설정하였는데 그 후 위 공장에 C 기계가 새로 반입되더라도 C 기계는 임의경매신청서에 기재되어서는 아니되고, 기재되어 있더라도 집행관은 압류할 수 없다.

동산담보 등기사항전부증명서(말소사항 포함)

등기고유번호 0000-000000   등기일련번호 000000

【 담보권설정자 】		(담보권설정자에 관한 사항)		
표시번호	상호 / 명칭	법인등록번호	본점 / 주사무소	등기원인 및 등기일자

【 담 보 권 】		(담보권에 관한 사항)		
순위번호	등기목적	접 수	등기원인	담보권자 및 기타사항

문서 하단의 바코드를 스캐너로 확인하거나, 인터넷등기소(http://www.iros.go.kr)의 발급확인 메뉴에서 발급확인번호를 입력하여 위·변조 여부를 확인할 수 있습니다. 발급확인번호를 통한 확인은 발행일부터 3개월까지 5회에 한하여 가능합니다.

발행번호 123456789A123456789B123456789C123456789D123456789   1/2   발급확인번호 ABCD-0000-ABCD   발행일 0000/00/00

등기고유번호 0000-000000   등기일련번호 000000

【 담보목적물 】		(담보목적물에 관한 사항)	
일련번호	동산의 종류	보관장소 / 특성	기타사항

-- 이 하 여 백 --

수수료 000원 영수함   관할등기소 00지방법원 00등기소 / 발행등기소 00지방법원 00등기소

[참고사항]
  가. 이 증명서는 동산 또는 채권의 존재를 증명하지 않습니다.
  나. 동산을 보관장소에 따라 특정하는 경우에는 같은 보관장소에 있는 같은 종류의 동산 전체가 담보목적물임을 나타냅니다.

이 증명서는 등기기록의 내용과 틀림없음을 증명합니다.
서기 0000년 00월 00일
법원행정처 등기정보중앙관리소   전산운영책임관

▶ 실선으로 그어진 부분은 말소사항을 표시함.

문서 하단의 바코드를 스캐너로 확인하거나, 인터넷등기소(http://www.iros.go.kr)의 발급확인 메뉴에서 발급확인번호를 입력하여 위·변조 여부를 확인할 수 있습니다. 발급확인번호를 통한 확인은 발행일부터 3개월까지 5회에 한하여 가능합니다.

발행번호 123456789A123456789B123456789C123456789D123456789   2/2   발급확인번호 ABCD-0000-ABCD   발행일 0000/00/00

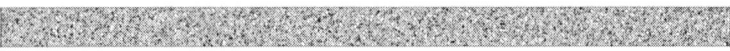

㉯ 집합 동산의 경우 담보목적물의 보관장소 및 종류에 따라 특정된다.

담보등기부에는 동산의 종류 및 동산의 보관장소의 구체적인 소재시(토시의 경우에는 지번, 건물의 경우 동·호수가 있는 경우에는 이를 포함한다)가 기록되므로(동산채권담보등기신청예규 6조 1항 나목, 표 2-2 참고), 집합 동산 담보목적물의 특정은 두 가지 요소, 즉 담보목적물의 보관장소 및 종류에 의해 특정된다.

신청서와 등기사항증명서상의 담보목적물 종류 및 보관장소는 두 사항이 모두 일치해야 하며 어느 하나만 일치해서는 아니 된다.

보관장소와 담보목적물의 종류를 지나치게 좁게 등기할 경우 담보권의 효력이 미치는 범위[210]가 그만큼 축소되고 지나치게 넓게 등기할 경우 담보권의 효력 자체가 부정될 수 있으므로 등기 단계에서 주의해야 할 것이지만, 집행 단계에서는 집행관은 형식적 심사권만을 가지므로 등기부 기록을 적법한 것으로 보아 압류 등 집행절차를 밟으면 되고 담보권의 무효를 주장하는 쪽에서 집행에 관한 이의로 불복하여야 할 것이다. 집합 동산에서 보관장소와 종류,

---

210) 법원행정처, 2014, "동산·채권담보 집행절차 해설", 20면; 법원행정처, "동산·채권담보등기 해설", 2013, 74면. 동산은 크게 특성에 따라 특정하는 경우와 보관장소에 따라 특정하는 경우로 나누어져 있다. 그 중 보관장소에 따라 특정할 수 있는 경우는 특정·집행·공시의 요청을 고려하여 같은 보관장소에 있는 같은 장소 종류의 동산 전부를 대상으로 하는 경우로 한정하였다. 개별동산인지 집합 동산인지 외에 동산의 종류에 관한 정보는 동산의 다양성 등을 고려하여 당사자가 적절하게 기록하도록 하였다(등기예규 제1458호 별표 1호).

수량에 관한 특정의 문제가 다음과 같은 것이 있을 수 있다.

ⓐ 보관장소의 특정 관련 문제(보관장소 불일치)

등기사항증명서상에 집합 동산 보관장소는 "서울시 서초구 서초대로 100, 303호 종류는 노트북컴퓨터"로 기재되었으나 신청서상에는 같은 곳 "1303호 노트북컴퓨터"로 기재된 경우는 보관장소의 불일치로 압류에 임해서는 안 될 것이다.

왜냐하면, 동산담보등기 신청예규 6조 1항 1호 나목에 의하여 보관장소의 구체적인 소재지가 토지인 경우에는 지번을, 건물인 경우에는 동 호수를 각 정확히 기록하여야 보관장소가 특정되기 때문이며 실제 현황이 303호실에 있는 노트북 제품에 대하여 집합동산담보권 설정계약을 체결하였음에도 동산담보등기부에 1303호 노트북으로 기재된 경우에는 담보권설정계약 당사자의 의사와 등기가 불일치하므로 동산담보권의 효력을 인정할 수 없을 것이다.

ⓑ 종류의 특정 관련 문제(종류 불일치)

등기사항증명서상에 집합 동산 보관장소는 "서울시 서초구 서초대로 100, 303호 종류는 노트북컴퓨터"로 기재되었으나 신청서상에는 같은 곳 냉장고로 종류가 다르게 기재된 경우는 압류절차에 임해서는 안 될 것이다.[211]

ⓒ 수량을 담보목적물로 특정[212]하여 등기한 경우 문제

보관장소와 종류가 특정의 방식으로 등기부에 필수적 기재사항임에는 틀림이 없으나 수량을 담보목적물의 특정 방식으로 등기부에 기록이 된 경우 동산담보권에 미치는 영향에 대하여 아래와 같은 견해가 있다.

예를 들어 등기사항증명서상에 집합 동산의 보관장소는 "서울시 서초구 서초대로 100, 303호" 종류는 "노트북컴퓨터" 수량은 100대 기재되었으나 신청서상에는 같은 곳 노트북컴

---

211) 법원행정처, 2014, "동산·채권담보 집행절차 해설", 20면.
집합 동산 동산담보권의 경우 종류를 지나치게 좁게 등기할 경우 집행의 범위가 제약될 수 있다. 즉 양돈장의 돼지 종류를 특정하기 위하여 새끼돼지, 어미돼지, 육성 돼지로 기재된 경우 이러한 경우 해당 종류만 특정되고 특정 외 돼지는 집행을 할 수 없을 것이다.

212) 김재형, 전게논문, 18면.
집합 동산을 등기하면서 수량을 기재할 경우에 담보약정 당시의 수량과 달라지는 경우, 특히 수량이 많아지는 경우 담보목적물을 특정한 것으로 볼 수 없어 무효가 될 여지가 있다. 동일성이 인정되는 범위 내에서는 담보목적물의 특정에 문제가 없다고 볼 것이지만 분쟁의 여지를 남기지 않기 위해 변동하는 집합 동산에 관하여 동산담보권을 설정할 경우에는 수량을 기재하지 않는 것이 바람직하다.

퓨터"라고 수량이 없이 기재된 경우 집행관이 현장에 도착해보니 노트북 컴퓨터의 수량이 120대로 나타난 경우 어떻게 압류에 임할지 수량의 특정에 의한 등기부 기록이 집합동산담보권에 어떻게 영향이 미치는지 아래와 같이 규정 및 판례를 살펴본다.

[규정 및 판례]

동산담보법 제3조 제2항에서는 수량을 집합 동산의 특정 요소로 하고 있지만, 동산담보등기규칙 35조 1항은 이를 제외 하고 있고, 동산담보등기 신청에 관한 업무처리지침 6조 3항(동산의 특정을 위해 신청서에 적어야 할 등기사항으로 위 제시한 것 외에 동산을 특정하는 데 유익한 사항으로 동산의 명칭, 크기, 중량, 제질, 제조일, 색상, 형태, 제조자, 보관장소의 명칭, 점유자 등을 적을 수 있고 다만 주관적인 감정이나 가치판단, 기타 동산의 특정과 무관한 사항은 적을 수 없도록 하였다) 에 의해 동산의 수량 기재에 대하여는 유익한 사항으로 예시하고 있지 않다.[213]

위 사례에서 집행관이 압류 현장에 임하여 등기사항증명서에 노트북 수량에 관하여 100여 대로 기재가 되어 있으나 현장에 수량은 120대로 확인이 될 경우 단 1대도 압류 할 수 없다는 유해적 기재사항 설과 등기부상 수량인 100대만 압류를 할 수 있다는 유익적 기재사항 설, 현황 수량인 120대 전부를 압류할 수 있다는 무익적 기재사항의 견해가 있을 수 있으나 집행관은 동산담보등기규칙 35조 1항 1호 나목 단서의 규정과 동산담보등기 신청에 관한 업무처리지침 제6조 제3항의 규정 내용을 종합해 보면 위 와 같은 경우 집행관은 무익적 기재사항(법규상 기재사항 예시에는 없으나 이익이 되는 사항) 설에 근거하여 노트북 120대 전체를 압류하여야 한다.[214]

다만 담보권설정자 등이 유해적 기재사항 설에 따라 위 동산담보권 설정 당시부터 무효임을 주장하여 집행에 관한 이의로 불복할 가능성은 있다.

(마) 그 밖의 기재사항

임의경매 신청서를 제출한 신청 연월일을 기재하고, 관할 집행관을 표시하여 신청인 또는 대리인의 기명날인 또는 서명하여야 한다. 신청서 양식은 아래와 같다.

---

213) 그러나 수량기재 특정에 관한 동산담보권의 판례는 아직 없고 양도담보 관련 판례(2002다72385)에 판시된 사항으로 일단의 증감 변동하는 집합동산에 대한 양도담보설정계약과 관련 양도담보권의 효력이 미치는 범위를 명시하여 제3자에게 미리 헤아릴 수 없는 손해를 입지 않도록 하고 권리관계를 미리 명확히 하여 집행절차가 부당하게 지연되지 않도록 하기 위하여 그 목적물을 특정할 필요가 있으므로 양도담보목적물은 담보권설정자의 다른 물건과 구별될 수 있도록 그 종류, 소재하는 보관 장소, 또는 수량의 지정 등의 방법으로 외부적·객관적으로 특정되어 있어야 한다고 판시하였다.
214) 법원행정처, 2014, "동산·채권담보 집행절차 해설", 122면.

|양식| **동산담보권 실행을 위한 경매 신청서**

동산담보권 실행을 위한 경매 신청서

　　　　　　　　　　지방법원　　지원 집행관사무소　집행관　　　　귀하

채권자	성 명		주민등록번호 (사업자등록번호)		전화번호	
					핸드폰	
	주 소		(－)			
	대리인				핸드폰	
채무자	성 명		주민등록번호 (사업자등록번호)		전화번호	
					핸드폰	
	주 소		(－)			

소유자	채무자와 같음 □　※채무자와 소유자가 다를 경우에는 아래 란에 기재하시기 바랍니다.			
	채무자와 다름 □	성 명		주민등록번호 (사업자등록번호)
		주 소		(전화번호 :　　　　　)

동산(근)담보권	법원　지원 등기소 20 년 월 일 시 분 접수 제 호 동산(근)담보권
피담보채권(청구 금액)표시	원(신청취지 및 신청원인은 별지와 같음)
담보목적물 (=압류목적물)	별지와 같음 ※ 1. 등기사항증명서를 기준으로 기재하되, 부합물·종물·과실 등 등기사항 증명서에 나타자지 않지만 동산담보권의 효력이 미치는 경우 이를 표시함 　2. 등기사항증명서에 나타나는 다음 사항을 기재함 　　가. 동산의 특성에 따라 특정 하는 경우에는 동산의 종류 및 동산의 제조번호, 제품번호 등 개별동산에 부여된 표시 　　나. 동산의 보관 장소에 따라 특정 하는 경우에는 동산의 종류 및 동산의 보관 장소의 구체적인 소재지(토지의 경우에는 지번, 건물의 경우 동·호수가 있는 경우에는 이를 포함한다)
담보 목적물이 소재하는 장소	소유자 주소지와 같음(※ 다른 경우는 아래에 기재함)

위 동산담보권에 기한 집행을 하여 주시기 바랍니다.
　　　　　　　　　　　　　　　　20 .　.　.

※ 첨부서류
1. 동산담보 등기사항전부증명서 1통
2. 동산담보목적물 목록 1통　　　　　　　채권자　　　　　　　　(인)
3. 위임장 1통
4. (근)담보권설정계약서 사본 1통　　　　 대리인　　　　　　　　(인)
5. 대출거래약정서 사본 1통

※ 특약사항	예금계좌	개설은행	
1. 본인이 수령할 예납금 잔액을 본인의 비용부담하에 오른쪽에 표시한 예금계좌에 입금하여 주실 것을 신청합니다. 　　　채권자　　　　　　(인)		예 금 주	
		계좌번호	

2. 집행관이 계산한 수수료 기타 비용의 예납통지 또는 강제집행 속행의사 유무 확인 촉구를 2회 이상 받고도 채권자가 상당한 기간 내에 그 예납 또는 속행의 의사표시를 하지 아니한 때에는 본건 집행위임을 취하한 것으로 보고 완결 처분해도 이의 없습니다.
　　　　　　　　　　　　채권자　　　　　　　(인)

청구금액 계산서	
내 용	금 액
합 계	원
집행목적물 소재지 약도	

(3) 첨부서류

담보권의 존재 또는 담보권의 승계를 증명하는 서류를 제출하는 점에서는 등기담보권인 동산 저당권과 유사하게 취급하면 될 것이다(이는 점유를 전제로 하는 질권을 근거로 한 임의경매와 다른 점이다).

(가) 담보권의 존재를 증명하는 서류

신청서에는 담보권이 있다는 것을 증명하는 서류를 제출해야 하므로(동산담보법 22조 1항, 민집 264조 1항) 등기사항증명서를 첨부하여야 한다. 등기사항개요증명서 또는 등기사항 전부증명서는 경매신청 당시에 교부받은 것이거나 적어도 경매신청 전 1개월 이내에 교부받은 것으로 함이 바람직할 것이고, 신속한 집행을 위해서는 담보권설정계약서를 제출하는 것이 좋다.

담보권설정계약 일자와 관련하여 동산담보권의 효력이 부정되는 때도 있다. 예컨대, 동산·채권 등의 담보에 관한 법률 시행 전인 2012. 3. 2. 체결한 동산담보권설정계약서와 담보등기사항증명서가 제출된 경우 집행관은 압류에 나아갈 수 없다.

왜냐하면, 위 법률 시행일인 2012. 6. 11. 후에 최초로 체결한 담보약정부터 위 법률에 따른 등기를 할 수 있는 이상(동산채권담보 부칙 2조) 애초에 등기할 수 없음이 형식적으로 심사해도 명확하게 드러나기 때문이다. 담보권의 존재를 증명하는 서류의 첨부는 경매신청의 형식적 요건이므로 이를 흠결한 신청은 보정을 요구한 후 이에 응하지 않으면 부적법한 신청으로 집행위임을 거부할 수 있다.

(나) 담보권의 승계를 증명하는 서류

① 동산담보권에 관하여 승계가 있는 경우에는 승계를 증명하는 서류를 붙여야 한다(동산채권담보 22조 1항, 민집 264조 2항).

예를 들면, 甲이 자신의 채무를 담보하기 위하여 자신의 동산에 대하여 A에게 개별동산 담보권을 설정해 주었는데 A의 담보권이 B에게 승계되는 경우의 문제로서 승계원인을 기준으로 일반승계와 특정승계를 나누어 볼 필요가 있다. 이는 부동산 저당권의 경우와 유사하게 취급하면 된다.

㉮ 일반승계의 경우

예를 들면, 회사합병의 경우 법인 등기사항증명서가 승계증명서류가 될 것이지만, 이미 담보권 이전의 등기가 되어 있는 경우에는 등기사항증명서가 승계증명서류가 된다.

㈏ 특정승계의 경우

동산 담보권부채권의 양도(동산담보 13조)와 같은 법률행위 때문인 특정승계의 경우에는 동산담보권이전의 부기등기가 승계증명서류가 될 것이므로, 그 밖에 따로 그 승계의 원인을 증명하는 서류를 붙여야 하는 것은 아닐 것이다. 다만 부동산경매에 관한 실무에서는 저당권부채권양도증서와 양도승낙서 등도 함께 첨부함이 통례인데, 동산담보권도 이에 따라 취급할 수 있을 것이다.

② 동산담보권의 승계와 구별할 것으로 동산담보권설정자의 승계에 관하여 본다. 예를 들어 甲이 자신의 채무를 담보하기 위하여 자신의 동산에 대하여 A에게 개별동산 담보권을 설정해 주었는데, 담보목적물의 소유권이 甲에서 乙에게 승계되는 경우의 문제로서 승계원인을 기준으로 일반승계와 특정승계가 있을 수 있다. 동산 저당권(물적편성주의)과 달리 인적편성주의를 취하고 있는 제도의 특성상 담보등기부에 이를 반영할 방법이 실무적으로 없다.

예를 들면, 위 사안에서 승계원인이 상속일 경우에 부동산 임의경매의 경우라면 집행법원의 보정명령 → 대위에 의한 상속등기(甲 명의에서 乙 명의로 상속을 원인으로 한 소유권이전등기)를 한 후 경매절차를 진행함과 비교하면, 동산담보의 경우에는 동산담보권 설정자 甲 명의에서 乙 명의로 변경하는 방법이 없다. 또한, 위 담보권설정자가 승계된 경우는 담보권이 승계된 경우라고 할 수도 없으므로, 적용 법조는 담보권 승계에 관한 민사집행법 264조 2항이 아니라 같은 조 1항이 되고, 상속 등기는 가능하지도 않고 필요하지도 않으며, 甲의 상속인 乙을 집행의 상대방으로 하여 집행 절차를 진행하면 된다.[215]

한편 위 사안 같은 경우에 집행관은 담보목적물을 점유하는 상속인 乙 외에 점유하지 않고 있는 다른 공동상속인 丙 등의 유무 및 정당한 상속권한 유무를 파악하기 위하여 상속인의 범위(=소유자의 범위)를 소명하는 가족관계 증명서 등의 자료를 제출받음이 바람직할 것이다.

---

[215] 법원행정처, 2014, "동산·채권담보 집행절차 해설", 25면.

(다) 자격증명서

법인인 동산담보권자가 임의경매를 신청할 경우에는 법인 대표자의 자격을 증명하는 서면(법인 등기사항 전부, 또는 일부 증명서)을 첨부한다. 채무자가 법인인 경우에도 마찬가지이다.

(라) 위임장

대리인에 의한 신청일 경우에는 대리권한을 증명하는 서면(위임장)을 첨부하여야 한다. 대리인에 관하여는 자격제한이 없으므로 변호사 이외의 자도 무방하다.

(마) 채권증서, 동산담보권설정계약서

담보권의 존재를 증명하는 서면 외에 채권증서와 같은 피담보 채권의 존재를 증명하는 서류를 반드시 제출하여야 하는 것은 아니지만, 실무상 신청단계에서 창구지도를 통하여 그 제출을 촉구하는 것은 무방하다. 신속한 집행을 위해 채권증서와 동산담보권설정계약서를 신청서에 첨부하는 것이 동산담보권자에게도 유리할 것이다.

(4) 집행비용의 예납

집행관은 집행신청을 받은 때에는 신청인에게 수수료 기타 비용의 계산액을 예납시킬 수 있고, 미리 내지 않으면 위임에 응하지 아니하거나 사무를 행하지 아니할 수 있다(집행관 수수료규칙 25조).

라. 압류 등

(1) 압류의 대상이 되는 동산

> **민사집행법**
>
> **제189조(채무자가 점유하고 있는 물건의 압류)**
> ① 채무자가 점유하고 있는 유체동산의 압류는 집행관이 그 물건을 점유함으로써 한다. 다만 채권자의 승낙이 있거나 운반이 곤란한 때에는 봉인(封印), 그 밖의 방법으로 압류물임을 명확히 하여 채무자에게 보관시킬 수 있다.
> ② 다음 각 호 가운데 어느 하나에 해당하는 물건은 이 법에서 유체동산으로 본다.
> 1. 등기할 수 없는 토지의 정착물로서 독립하여 거래의 객체가 될 수 있는 것

2. 토지에서 분리하기 전의 과실로서 1월 이내에 수확할 수 있는 것
3. 유가증권으로서 배서가 금지되지 아니한 것
③ 집행관은 채무자에게 압류의 사유를 통지하여야 한다.

동산채권담보법

제3조(동산담보권의 목적물)
① 법인 또는 「부가가치세법」에 따라 사업자등록을 한 사람(이하 "법인 등"이라 한다)이 담보약정에 따라 동산을 담보로 제공하는 경우에는 담보등기를 할 수 있다.
② 여러 개의 동산(장래에 취득할 동산을 포함한다)이더라도 목적물의 종류, 보관 장소, 수량을 정하거나 그 밖에 이와 유사한 방법으로 특정할 수 있는 경우에는 이를 목적으로 담보등기를 할 수 있다.
③ 제1항 및 제2항에도 다음 각 호의 어느 하나에 해당하는 경우에는 이를 목적으로 하여 담보등기를 할 수 없다.
  1. 「선박등기법」에 따라 등기된 선박, 「자동차 등 특정동산 저당법」에 따라 등록된 건설기계·자동차·항공기·소형선박, 「공장 및 광업재단 저당법」에 따라 등기된 기업재산, 그 밖에 다른 법률에 따라 등기되거나 등록된 동산
  2. 화물상환증, 선하증권, 창고증권이 작성된 동산
  3. 무기명채권증서 등 대통령령으로 정하는 증권

일반 집행권원에 의한 유체동산 강제경매의 범위는 민사집행법 189조 2항에 의해서 결정된다. 따라서 가령 자동차 관리법에 따라 등록된 자동차는 자동차 집행(민집 187조)의 대상이 되고 유체동산의 집행에서 제외되지만, 등록대상임에도 등록되지 않았거나 등록이 말소된 자동차는 유체동산으로 압류의 대상이 된다.

그런데 동산담보권을 근거로 한 임의경매의 대상이 되는 유체동산의 범위는 동산담보권의 효력이 미치는 범위에 따라서 결정되며 효력의 범위를 세 가지로 나눌 수 있다.

(가) 동산담보등기부에 등기할 수 있는 물건
동산담보등기부에 등기할 수 있는 물건으로 즉 등기능력이 인정되는 물건으로 등기부에 등기된 물건이어야 한다. 동산담보법 3조의 동산담보권의 목적물과 민사집행법 189조 2항의 유체동산의 범위가 반드시 일치하는 것이 아니

고 동산담보법 3조 3항에 규정된 동산 등도 등기능력이 없어 등기될 수 없으나 과실(過失)로 등기된 경우라도 무효이어서 임의경매 대상이 될 수 없다.216)

(나) 부합물·종물(附合物·從物)

동산담보권의 효력은 담보목적물에 부합된 물건과 종물에 미친다. 다만 법률에 다른 규정이 있거나 설정행위에 다른 약정이 있으면 그렇지 않다(동산담보법 10조).217)

(다) 과실(果實)218)

동산담보권의 효력은 담보목적물에 대한 압류 또는 동산담보법 25조 2항의 인도 청구가 있은 후에 담보권설정자가 그 담보목적물로부터 수취한 과실 또는 수취할 수 있는 과실에 미친다(동산담보법 11조). 동산담보권의 효력이 과실에 미치는 부분에 관하여는 담보목적물의 특성과 담보목적물의 직접점유자를 기준으로 나누어 볼 필요가 있다.

① 개별동산 담보로서 동산담보권설정자가 직접점유 하는 경우

과실에 대한 동산담보권의 효력은 담보목적물에 대한 압류 또는 동산담보법 25조 2항의 인도 청구가 있은 후에 담보권설정자가 그 담보목적물로부터 수취한 과실(果實) 또는 수취할 수 있는 과실에 동산담보권의 효력이 미친다(동산담보법 11조).219) 이는 과실수취권에 관한 민법규정(민법 359조)과 유사하다.

---

216) 법원행정처, 2014, "동산·채권담보 집행절차 해설", 29면.
217) 법무부, 2012, 동산·채권 등의 담보에 관한 법률 해설서, 48~49면.
    동산담보권은 그 실행에 이르기까지의 담보목적물의 담보가치를 지배하는 것이기 때문에 동산담보권 설정 이후에 담보목적물에 물건이 부합된 경우에도 그 물건에 동산담보권의 효력이 미친다. 동산담보권의 효력범위에 대하여 설정행위에서 다른 약정을 한 경우 즉 원자재를 담보목적물로 하는 경우 원자재를 이용하여 만든 완성품에 대하여 동산담보권의 효력이 미치지 않도록 할 수도 있을 것이며 동산담보법 47조 2항 8호에서 같은 법 10조 단서 또는 12조 단서의 약정이 있는 경우 등기부에 기록할 사항으로 규정하고 있다.
218) 법무부, 2012, 동산·채권 등의 담보에 관한 법률 해설서, 50~51면.
    동산담보권은 담보목적물의 이용을 담보권설정자에게 맡겨두고 담보목적물의 교환가치만을 지배하기 위한 것이 주된 목적이므로 동산담보권의 효력은 원칙적으로 담보목적물의 과실에는 미치지 않는다.
219) 법원행정처, 2014, "동산·채권담보 집행절차 해설", 29~30면.
    담보권설정자가 직접 점유하는 농장의 암소에 대하여 **개별동산 담보를 설정한 경우** 송아지를 출산한 때 담보목적물인 암소가 집행관의 압류 이전에 출산한 송아지에 대하여는 압류의 효력이 미치지 아니하나, 반대로 압류 이후에 출산한 송아지의 경우는 과실로 당연히 압류의 효력이

② 개별동산 담보로서 동산담보권자가 직접점유 하는 경우

동산담보권자가 담보목적물을 직접 점유하는 경우에 담보권자는 선량한 관리자의 주의로 담보목적물을 관리하여야 하며(동산담보법 25조 3항) 이 경우에 담보권의 효력은 과실에도 미치고 담보권자는 담보목적물의 과실을 수취하여 다른 채권자보다 먼저 자신의 채권 변제에 충당할 수 있다(동산담보법 25조 4항). 다만 과실이 금전이 아닌 경우에는 같은 법 21조에 따라 그 과실을 담보권의 실행과 같이 경매하거나 그 과실로써 직접 변제에 충당하거나 처분정산 등 사적실행 방법으로도 변제에 충당할 수 있다.220) 이는 질권자의 과실수취권에 관한 민법 규정 343조, 323조 1항과 비슷하다.

③ 집합 동산 담보로서 동산담보권설정자가 직접점유 하는 경우

집합 동산에 대한 동산담보권의 압류 효력은 압류 후의 과실에 대하여 동산담보법 11조가 적용된다고 볼 수 있다.221) 따라서 담보목적물의 압류 후에 과실에 대하여는 동산담보권의 효력이 당연히 미친다. 그러나 집합 동산 압류 전의 과실에 대하여 담보권의 효력이 미치는지는 견해의 대립이 있다.

ⓐ 집합 동산 양도담보에 관한 판례에 따르는 견해222)와 ⓑ 물권법정주의

미치므로 집행관은 압류의 효력이 미침을 명백히 밝히기 위하여 압류 후 출산한 송아지에 대해서는 추가 압류 절차를 밟아야 할 조치가 필요할 것으로 본다.
220) 법원행정처, 2014, "동산·채권담보 집행절차 해설", 29~30면.
담보권자가 직접 점유하는 농장의 암소가 출산한 송아지에 대해서도 압류 이전에 출산한 경우에 동산담보법 25조 4항에 의하여 당연히 효력이 미치는 바이나 압류 이후에 출산한 송아지에 대하여도 민사집행법 194조의 천연물에 해당하는 한 동산담보권의 효력이 미친다고 해석함이 타당할 것이다(동산담보법 22조 1항, 민집 272조, 194조).
221) 동산담보권의 효력은 담보목적물에 대한 압류 또는 같은 법 25조 2항의 인도 청구가 있은 후에 담보권설정자가 그 담보목적물로부터 수취할 과실 또는 수취할 수 있는 과실에 미치도록 하였다. 동산담보권은 담보목적물의 이용을 담보권설정자에게 맡겨두고 교환가치만을 지배하기 위한 것이 주된 목적(만약 담보권자가 담보목적물을 점유, 사용 목적이라면 민법상 질권으로도 충분히 목적을 달성할 것이 상식이므로 추가로 등기비용을 들여 동산담보권을 취득하려는 경우는 없을 것이다)이므로 동산담보권의 효력은 원칙적으로는 담보목적물의 과실에는 미치지 아니한다. 그러나 담보목적물의 소유자가 고의로 담보권의 실행절차를 지연시켜 과실을 취득하는 폐해를 방지하기 위하여 담보권실행이 착수되어 담보목적물에 대한 압류가 있거나 담보권자의 사적실행 절차를 위한 인도청구가 있은 후에는 담보권설정자가 그 담보목적물로부터 수취한 과실, 또는 수취할 수 있는 과실에 동산담보권의 효력이 미치도록 하였다.
222) 대법원 2004. 11. 12. 선고 2004다22858 판결
돼지우리에서 대량으로 사육되는 돼지를 집합물에 대한 양도담보의 목적물로 삼은 경우, 그 돼지는 번식, 사망, 판매, 구매 등의 요인에 의하여 증감 변동하기 마련이므로 양도담보권자가

원칙을 중시하는 동산담보법 11조를 따르는 견해, ⓒ 순수하게 집합물 이론을 취하는 견해223) 등 여러 가지 견해가 있으나 ⓐ항과 같이 대법원의 양도담보에 관한 판례와 입법 취지를 중시하여 ⓐ, ⓒ항과 같은 견해를 밝힘이 실무적 입장이고224)225) 결국 유동집합동산(약정으로 반입 반출이 자유로운 여러 개의 동산)에 대하여 동산담보권설정자가 직접 점유하는 경우 양도담보권의 판례 이론에 의하면 압류 전의 과실과 압류 후의 과실 모두에 대하여도 담보권의 효력이 미친다고 봄이 타당하다.226) 양도담보권 관련 판례는 다음과 같다.

> **대법원 2004. 11. 12. 선고 2004다22858 판결**
> [판시사항]
> [1] 돈사에서 대량으로 사육되는 돼지를 양도담보계약의 목적물로 삼은 이른바 '유동집합물에 대한 양도담보계약'이 체결된 경우, 양도담보권의 효력은 항상 현재의 집합물 위에 미치고, 양도담보설정자로부터 위 목적물을 양수한 자가 이를 선의취득 하지 못하였다면 위 양도담보권의 부담을 그대로 인수하게 된다는 원심의 판단을 수긍한 사례
> [2] 돈사에서 대량으로 사육되는 돼지를 집합물에 대한 양도담보의 목적물로 삼은 경우, 위 양도담보권의 효력은 양도담보설정자로부터 이를 양수한 자가 별도의 자금을 투입하여 반입한 돼지에까지는 미치지 않는다고 한 사례
> [3] 유동집합물에 대한 양도담보계약의 목적물을 선의취득하지 못한 양수인이 위 목적물에 자기 소유인 동종의 물건을 섞어 관리한 경우, 양도담보의 효력이 미치지 않는 물건의 존재와 범위에 대한 증명책임의 소재(=양수인)
>
> [판결요지]
> [1] 돈사에서 대량으로 사육되는 돼지를 집합물에 대한 양도담보의 목적물로 삼은 경우,

그때마다 별도의 양도담보권 설정계약을 맺거나 점유개정의 표시를 하지 않더라도 하나의 집합물로서 동일성을 잃지 아니한 채 양도담보권의 효력은 항상 현재의 집합물 위에 미치게 된다.
223) 이는 동산담보등기부 "담보목적물란의 종류란에 돼지"라고 등기되어 있다면 어미돼지, 새끼돼지, 수퇘지, 암퇘지 모두 상관없이 담보권의 효력이 미치고 다만 담보권설정자 소유 아닌 타인의 돼지가 어떤 사정에 의하여 보관 장소에 유입된 경우 그에 대하여 동산담보권의 선의취득이 문제가 될 뿐이라는 견해.
224) 법원행정처, 2014, "동산·채권담보 집행절차 해설", 128면.
225) 동산담보법 11조(과실에 대한 효력)는 저당권에 관한 민법 359조를 참고한 것으로 보이나 민법 359조의 담보목적물은 개별 물인 부동산이고 집합물이 아니어서 동산담보법의 집합물로부터 산출되는 과실에 적용하기에는 적절해 보이지 아니하고 집합물의 특성에 맞게 입법적인 개선을 검토할 여지가 있어 보인다.
226) 법원행정처, 2014, "동산·채권담보 집행절차 해설", 128면.

그 돼지는 번식, 사망, 판매, 구입 등의 요인에 의하여 증감 변동하기 마련이므로 양도담보권자가 그 때마다 별도의 양도담보권설정계약을 맺거나 점유개정의 표시를 하지 않더라도 하나의 집합물로서 동일성을 잃지 아니한 채 양도담보권의 효력은 항상 현재의 집합물 위에 미치게 되고, 양도담보설정자로부터 위 목적물을 양수한 자가 이를 선의취득하지 못하였다면 위 양도담보권의 부담을 그대로 인수하게 된다는 원심의 판단을 수긍한 사례.

[2] 돈사에서 대량으로 사육되는 돼지를 집합물에 대한 양도담보의 목적물로 삼은 경우, 위 양도담보권의 효력은 양도담보설정자로부터 이를 양수한 양수인이 당초 양수한 돈사 내에 있던 돼지들 및 통상적인 양돈방식에 따라 그 돼지들을 사육·관리하면서 돼지를 출하하여 얻은 수익으로 새로 구입하거나 그 돼지와 교환한 돼지 또는 그 돼지로부터 출산시켜 얻은 새끼돼지에 한하여 미치는 것이지 양수인이 별도의 자금을 투입하여 반입한 돼지에까지는 미치지 않는다고 한 사례.

[3] 유동집합물에 대한 양도담보계약의 목적물을 선의취득하지 못한 양수인이 그 양도담보의 효력이 미치는 목적물에다 자기 소유인 동종의 물건을 섞어 관리함으로써 당초의 양도담보의 효력이 미치는 목적물의 범위를 불명확하게 한 경우에는 양수인으로 하여금 그 양도담보의 효력이 미치지 아니하는 물건의 존재와 범위를 입증하도록 하는 것이 공평의 원칙에 부합한다.

한편 유동집합동산에 대하여 담보권설정자가 점유하고 있는 경우 압류 이후에 반입되는 동산에 대하여는 집합동산담보권의 효력이 미치지 않기 때문에 집행관은 압류 당시의 동산과 압류 이후에 반입되는 동산을 명인방법(明認方法)으로 분별하여 관리할 수 있는 조치가 필요하다.

(2) 압류개시 요건의 심사

동산담보권의 임의경매 신청이 있으면 접수에서부터 채권의 만족까지 집행법원으로의 역할을 하는 집행관은 경매신청의 형식적 요건(당사자 능력, 대리권의 흠결, 집행비용 예납 여부, 신청서 기재사항의 흠결, 첨부서류 미비 등)과 실질적 요건을 직권으로 심사하여야 한다.

아래에서 보듯이 부동산 저당권의 경우와 유사하게 취급하면 될 것이다. 경매신청 압류개시의 실질적 요건이란 동산담보권실행을 위해서는 동산담보권과 피담보채권이 존재하고 그 변제기가 도래하여야 한다. 다만 선순위(先順位) 동산담보권자가 사적실행(동산담보법 21조 2항)을 위해 청산통지를 한 경우에는 후순위(後順位) 동산담보권자가 자신의 피담보채권 변제기 도래 이전이라도 선순위 동산담보권자를 위한 청산기간 1개월 이내에 한하여 경매를 신청할 수 있다(동산담보법 21조 2항, 26조 2항).

경매신청의 형식적, 실질적 요건의 심사는 신청서 및 그 첨부서류에 의한 서류심사로 충분하고 흠결이 있을 때에는 압류할 수 없다. 경매신청의 단계에서는 피담보채권의 존재나 그 채무가 이행지체에 빠져 있다는 사실을 입증할 필요는 없으나 제출된 문서에 의하여 이행기가 아직 도래하지 않았음이 밝혀진 경우에는 집행관은 압류하여서는 아니 되며 만일 압류를 한 경우에는 집행이의의 사유가 된다.[227]

(3) 압류할 수 있는 경우와 압류의 제한

(가) 개요

집행권원에 의한 유체동산 강제집행에서는 압류목적물의 특정이 장소단위주의를 취하여 압류금지재산, 과잉압류금지 등에 저촉되지 않는 한 그 장소 내에 있는 모든 유체동산이 압류의 대상이 된다. 그 중 어느 것을 압류할 것인지는 집행관의 선택에 맡기는 구조를 취하고 있으나, 동산담보권에 의한 임의경매는 담보목적물만이 압류 목적물이 되고 집행관은 압류 목적물의 선택권을 갖지 못한다. 그것이 담보목적물인 경우에는 압류금지, 초과 과잉압류금지 등의 제한을 받지 않는다.

(나) 압류할 수 있는 경우

채무자의 책임재산에 대한 압류와 관련하여 직접점유자를 기준으로 민사집행법 유체동산 강제경매는 세 가지로 규정하고 있다.

첫째 채무자가 압류목적물을 점유한 경우, 채무자의 점유를 실력으로 박탈하여 집행관이 점유함으로써 압류한다(민집 189조 1항).

둘째 채권자가 압류목적물을 점유한 경우는 그것이 채무자 소유의 재산이면 민사집행법 189조를 준용하여 압류할 수 있을 것이며 채권자가 권원 없이 우연히 채무자 소유의 유체동산을 점유하고 있거나 임차물이나 임치물(任置物)로서 점유하고 있는 등의 경우에는 그 목적물을 채권자가 집행관에게 제출하여 압류할 수 있을 것이다.

---

227) 법원행정처, 2014, "동산·채권담보 집행절차 해설", 33면.

셋째 제3자가 압류목적물을 점유한 경우는(두 가지로 나누어 설명한다).

① 제3자인 점유자가 압류를 승낙하거나 제출을 거부하지 않는 경우

제3자가 채무자의 소유물을 점유하고 있을 때에는 그 점유는 보호받아야 하므로 그 제3자인 점유자가 압류를 승낙하거나 제출을 거부하지 않아야지만 압류할 수 있다(민집 191조). 채무자와 제3자가 공동으로 점유하고 있는 물건은 제3자가 제출을 거부하지 아니한 때에 한하여 압류할 수 있다.228)

② 제3자가 점유하는 물건에 대하여 제출을 거부하는 경우

제3자가 점유하는 물건에 대하여 제출을 거부하는 경우에는 압류할 수 없고, 이 경우 채무자가 제3자에 대하여 인도청구권을 가지는 경우에는 채권자는 그 청구권을 민사집행법 243조 규정에 따라 압류할 수밖에 없다.

민사집행법 외 동산담보권을 근거로 한 담보권 실행(임의경매)인 경우에는 담보목적물에 대한 압류와 관련 위의 유체동산 강제경매와 비교하면 유사하다. 채무자의 직접점유형(민집 189조 1항)은 담보권설정자 직접점유형(동산담보법 22조 1항)에, 채권자의 직접점유형(민집 191조)은 담보권자의 직접점유형(동산담보법 22조 1항, 민집 271조)에, 제3자 직접점유형은 제3자가 압류를 승낙하는 경우(민집 191조) 제3자 직접점유형 담보권으로서 제3자가 압류를 승낙하는 경우에 각각 상응한다.

다만 제3자 직접점유형으로서 제3자가 압류를 거부하는 경우 유체동산 강제경매에서는 민사집행법 243조에 의한 압류(이는 동산 집행방법은 아니다)를 이용할 수 있지만, 동산담보법에 따른 임의경매에서는 이를 이용할 수 없다는 차이점이 있다. 담보목적물에 대한 직접점유자를 기준으로 동산담보법은 압류할 수 있는 경우를 세 가지로 규정하고 있으며 그 경우를 나누어 설명하면 아래와 같다.

㉮ 동산담보권설정자가 담보목적물을 직접점유 하는 경우

담보권설정자의 점유를 실력으로 박탈하여 집행관이 점유함으로써 압류한다(동산담보법 22조 2항).229)

---

228) 민사집행법 191조에서 부부가 공동으로 점유하고 있는 부부공유의 유체동산의 경우에는 이를 압류함에 있어 배우자의 승낙이나 제출을 거부하지 않는다는 의사표시는 필요 없이 압류할 수 있다.
229) 민법상 동산 질권의 경우 설정자의 직접점유가 금지되지만 동산담보법상 동산담보권의 경우 담보권설정자가 생산설비나 재고자산 등을 직접 수중에 두는 형태로 담보권설정자의 직접점유형 태도 가능하므로 이를 집행절차에서 반영하도록 그러한 규정을 둔 것으로 본다.

㉮ 동산담보권자가 담보목적물을 직접점유하고 있는 경우

담보권자가 그 목적물을 직접 제출함으로써 압류 한다(동산담보법 22조 1항, 민집 271조).230)

㉯ 제3자가 담보목적물을 직접점유하고 있는 경우 두 가지로 나누어 설명한다.

첫째, 담보목적물의 점유자인 제3자가 압류를 승낙하고 제출을 거부하지 아니하는 경우에 한해 압류할 수 있다(동산담보법 22조 1항, 민집 271조).

둘째 담보목적물의 점유자인 제3자가 물건의 압류를 승낙하지 아니하고 제출을 거부하는 경우에는 이를 압류할 수 없다.231) 이때 제3자가 압류에 불응하고 제출을 거부할 때는 동산인도청구의 본안소송을 제기하여 그 집행권원에 의한 인도집행을 하여 점유를 확보할 수 있을 것이다.

(다) 압류의 제한

동산압류와 관련하여 일반적인 제한으로서 민사집행법 188조 2항은 "초과압류금지에 대해, 같은 조 3항은 "무익한 압류의 금지"에 대해 규정하고 있다. 이러한 동산압류의 일반적인 제한이 유체동산의 압류제한 원리로서 인정된다는 것은 다언(多言)을 요하지 않는다. 유체동산 강제경매의 경우에는 채무자의 책임재산에 속하는 경우라도 그 압류는 압류금지재산, 과잉압류금지 등의 일정한 제한을 받는데 이 압류의 제한이 동산담보권에 의한 임의경매에 어느 정도까지 적용되는지 압류의 제한 별로 살펴본다.

① **매각의 가망이 없는 압류의 금지**(민집규 199조 2항, 141조)

위 준용 규정에 따라 집행관이 동산담보권의 효력이 미치는 압류물에 대하여 상당한 방법으로 매각하였음에도 매각의 가망이 없는 때에는 그 압류물의 압류를 취소할 수 있다. 이는 현금화 가능성이 없고 무용한 압류물을 무제한

---

230) 동산담보법에서는 담보목적물을 동산담보권자가 직접 점유하는 형태도 인정하므로(동산담보법 25조 1항) 이러한 경우에 적용될 수 있을 것이지만 담보권자 직접점유형의 이용도는 그다지 높지는 않으리라고 예상된다.
231) 이 경우 제3자에 대하여 동산인도청구권을 가진다 하더라도 동산담보권자가 동산담보권을 근거로 하여 그 청구권을 민사집행법 243조 규정에 따라 압류를 할 수는 없을 것으로 본다. 왜냐하면, 동산담보권의 효력이 미치는 목적물의 범위는 동산담보법 10조에 규정된 담보목적물, 종물, 부합물, 같은 법 11조 및 25조 3항에 규정된 과실, 같은 법 14조에 규정된 물상대위 목적물 등이고 제3자에 대한 인도청구권은 여기에 포함되지 아니하기 때문이다.

압류한 뒤 장기간 걸쳐 매각하지 않고 버려두는 것을 방지하고자 한 것이다.

② 초과압류금지 및 초과압류 취소의 배제

민사집행법 188조 2항에서는 강제집행에서 압류는 집행력 있는 정본에 적은 청구금액의 변제와 집행비용의 변상에 필요한 한도에서 하여야 하고, 민사집행규칙 140조 1항에서는 압류 후 그 압류가 초과압류인 사실이 분명하게 된 때에는 그 초과 한도에서 압류를 취소하여야 한다고 하였다. 그러나 동산담보권에는 불가분성(不可分性: 동산담보법 9조)이 법률로 규정되어 있으므로 초과압류 금지 및 취소가 배제된다(동산담보법 22조 1항, 민집 272조, 188조 2항, 민집규 199조 2항). 따라서 집행관이 압류 후에 그 압류가 초과 압류인 사실이 분명하게 된 때에는 그 넘는 한도 내에서 압류를 취소해야 한다는 민사집행규칙 140조 1항은 적용되지 아니하며 동산담보 등기부상의 압류목적물이 압류의 대상이므로 초과 압류될 일은 발생하지 않으리라고 본다.

③ 무잉여 압류금지 및 취소

압류물을 현금화하여도 집행비용을 빼고 남을 것이 없는 경우에는 집행하지 못한다.[232] 민사집행법 188조 3항 및 민사집행규칙 140조 2항에 의하여 유체동산 강제집행에서는 무잉여 압류금지 및 취소가 적용되나, 동산담보권을 근거로 한 임의경매절차에서는 동산담보권자보다 더 선순위 권리자가 배당을 요구한 경우와 이중압류를 한 경우가 각각 달라 두 개로 나누어 그 예를 들어 무잉여 압류금지 및 취소를 살펴본다.

㉮ 최선순위임금채권자 乙과 丙이 동산담보권자 甲의 임의경매 절차에 편승해 배당요구 한 경우

> 최선순위임금채권자 乙과 丙이 적법한 배당요구를 하여 압류된 담보목적물을 매각하더라도 동산담보권자 甲이 배당받을 가망이 없다고 인정되는 때에는 집행관이 무잉여를 이유로 한 취소를 할 수 있는가의 여러 가지 견해의 대립이 있었으나[233] 2013년 민사집행규칙 개정(대법원규칙 제2495호, 2013. 11. 27. 일부 개정)에 따라 동산담보권 실행을 위한 임의경매에도 무잉여압류금지 규정(민집 제188조 3항) 및 무잉여압류취소 규정(민집규 199조 2항)을 준용할 수 있게 되었다. 따라서 최선순위임금채권자 乙과 丙이 적법한 배당요구를 하여 동산담보권자 甲이 배당을 받을 가망이 없을 때는 무잉여압류취소 규정(민집규 199조 2항)을 준용할 수 있다.

---

232) 이시윤, 신 민사집행법 제4판, 박영사, 2007, 340면.

㉯ 최우선임금채권자 乙과 丙이 이중압류 방법으로 동산담보권자 甲의 임의경매 절차에 참여한 경우

> 이때에 집행관은 압류권자 甲, 乙, 丙 중 최우선권리자인 이중압류권자(임금채권자) 乙, 丙을 기준으로 하여 무잉여 취소의 여부를 정해야 할 것이다.234)
> 부동산에 대한 이중경매 사례에서도 강제경매개시 후 압류채권자에 우선하는 저당권자 등이 경매신청을 하여 이중경매 개시결정이 내려진 경우에는 절차의 불필요한 지연을 막기 위해서라도 민사집행법 102조의 소정의 최저매각가격과 비교하여야 할 우선 채권의 범위를 정하는 기준이 되는 권리를 그 절차에서 경매개시결정을 받은 채권자 중 최우선권리자의 권리로 보아야 하는데 이러한 법리는 동산에 대한 이중압류의 경우에도 달리 볼 수 없기 때문이다.

(라) 압류금지 동산 및 압류금지 동산의 범위변경 규정

집행관은 민사집행법 195조 압류금지물 규정을 적용함에 있어 마음대로 그 범위를 확대하거나 축소할 수 없다. 그러나 이러한 법정의 범위를 너무 엄격하게 고집한다면 구체적인 경우 타당하지 못한 결과를 가져올 우려가 있으므로 실제 적용에 있어서 탄력적인 조정이 필요하다.235)

이에 민사집행법은 채무자의 보호와 공공복리를 위한 사회 정책적 견지에서 채무자 소유의 재산 중에서도 압류가 금지되는 재산을 정하고 나아가 법원이 당사자의 신청에 따라 채권자와 채무자의 생활형편, 그 밖의 사정을 고려

---

233) 법원행정처, 2014, "동산·채권담보 집행절차 해설", 36면.
  종래에는 무잉여 압류금지 규정(민집 188조 3항)과 무잉여 압류취소 규정(민집규 140조 2항) 이 동산담보법 22조 1항 민사집행법 272조, 민사집행규칙 199조 2항에 의해 준용되지 않는다는 점을 근거로, 동산담보권에 의한 임의경매절차에서 무잉여 압류금지 및 취소할 수 없다고 보는 견해와 부동산에 대한 임의경매의 경우 무잉여 취소 규정이 준용된다는 점, 동산담보권설정자는 법인 또는 상호등기한 사람(동산담보법 2조 5호)이므로 최우선임금채권자가 배당요구를 할 개연성이 예상된다는 점, 등을 근거로 명문의 규정에도 해석상 무잉여 압류금지 및 취소를 할 수 있다고 보는 견해가 각 대립하였으나 2013년 개정된 민사집행규칙(대법원규칙 2495호)에 따라 동산담보권 실행을 위한 임의경매에도 무잉여압류금지 규정(민집 188조 3항) 및 무잉여압류취소 규정(민집규 199조 2항)이 준용되게 되었다.

234) 대법원 2001. 12. 28. 선고 2001마2094 결정.
  강제경매개시 후 압류채권자에 우선하는 저당권자 등이 경매신청을 하여 이중경매개시결정이 되어 있는 경우에는 절차의 불필요한 지연을 막기 위해서라도 민사소송법 616조 소정의 최저경매가격과 비교하여야 할 우선 채권의 범위를 정하는 기준이 되는 권리는 그 절차에서 경매개시결정을 받은 채권자 중 최우선순위 권리자의 권리로 봄이 옳다(동 취지의 판례 대법원 1998. 1. 14.자 97마1653 결정).

235) 김경욱, 전게 논문, 77면.

하여 압류금지물건을 정할 수 있도록 규정하고 있다(민집 196조 1항). 그러나 이와 같은 압류금지 동산이나 재판에 의한 그 범위변경에 관한 규정은 그 성질상 동산담보권을 근거로 한 임의경매절차에서는 준용될 수 없다고 본다.236)

(4) 부부공유 유체동산압류 및 동산담보권과 관련 매각절차 등
(가) 개요

민법은 부부별산제(夫婦別産制)를 규정하고 부부 중 누구의 것에 속하는 것인지 불분명한 경우 그 재산은 부부의 공유(共有)로 추정(推定)하고 특유재산(特有財産)은 부부 각자가 관리, 사용, 수익한다고 규정하고 있다. 부부 일방에 대한 집행권원으로 강제집행을 하는 경우에는 공적 장부에 의하여 공시되는 부동산 등에 있어서는 집행대상물을 정하는데 문제 될 것이 없으나 유체동산은 점유를 표준으로 하여 압류함이 원칙(민집 189조 1항)이다. 그 점유에는 권리 추정력이 있으나 그 추정이 소유권의 귀속과 항상 일치하는 것이 아니므로 일률적으로 집행대상물을 정하기에는 문제점이 있다.

더욱이 부부는 동거하며 서로 부양할 의무가 있으므로 그 공유에 속하는 물건을 공동으로 점유함이 일상적일 뿐 아니라 부부 일방의 특유재산에 속하는 것이라도 이를 다른 일방이 점유, 사용하거나 부부가 공동으로 점유, 사용하는 경우가 생기게 된다. 민사집행법 190조는 부부의 일방에 대한 채권자의 집행 편의를 목적으로 하였으나 부부의 일방이 일상가사(日常家事)로 인하여 제3자와의 법률행위를 한때에는 다른 일방의 부부가 연대채무를 지므로(민법 832조) 이에 해당하는 경우에는 부부 쌍방에 대한 집행권원으로 부부의 공동소유재산에 대하여 집행할 수 있다.

(나) 부부공유 유체동산 집행절차

유체동산 강제경매와 동산담보권을 근거로 한 임의경매로 나누어서 설명한다.

---

236) 법원행정처, 2014, "동산·채권담보 집행절차 해설", 39면.
약정담보권인 동산담보권은 담보권설정자의 자발적 의사로 계약하고 합의하여 담보에 제공한 것이기 때문이다. 따라서 임의경매에서 중요한 것은 그것이 압류금지물인가에 있는 것이 아니라 동산담보권의 효력이 미치는 물건인가에 있다. 따라서 집행관은 민사집행법 195조 6호의 영업필수품에 해당할지라도 압류를 실행해야 한다고 본다.

① 유체동산 강제경매

채무자의 책임재산 즉 채무자의 소유에 속하는 유체동산에 대해서 집행하는 것이 원칙이나 부부공유 유체동산에 관한 강제집행절차에 관하여는 특별규정이 있다. 즉 부부가 공유하는 유체동산으로 배우자와 공동점유하거나 채무자가 단독점유 하는 것일 때에는 이를 압류할 수 있다(민집 190조).

위 규정은 부부생활과 재산소유 및 점유관계의 특수성을 고려하여 부부공유 유체동산을 절차법 내에서(압류에서 매각에 이르기까지) 채무자의 단독소유와 마찬가지로 취급함으로써 집행채권자를 정책적으로 배려하기 위한 규정이지만 채무자 아닌 배우자로서는 자기의 공유지분에 관한 한 집행권원에 의하지 아니한 강제집행을 수인(受忍)해야 하는 불이익을 받게 되므로 그의 보호가 필요하게 된다.

이를 위해 채무자 아닌 배우자의 우선매수권(민집 206조), 매각대금의 지급요구권(민집 221조 1항)을 인정하고 있다. 부부공유 유체동산에 관한 압류규정(민집 190조)에 의해 채무자 아닌 배우자의 지분까지 압류할 수 있다는 것은 집행채권자에게 유리하다. 하지만 채무자 아닌 배우자가 우선매수권을 행사하거나, 매각대금의 지급요구권을 행사한다면 결과적으로 배당재단이 작아지게 되어 집행채권자에게 불리하게 된다.

이와 관련하여 공정증서를 갖춘 양도담보권자가 강제경매를 신청하는 경우 양도담보목적물에 대한 배우자 우선매수권 등을 인정하지 않는 일부 집행관의 실무례가 있고, 이에 따라 동산담보물에 대한 배우자 우선매수권 등을 배제할 여지가 있지만, 채권자(동산담보권자)로서는 배우자의 우선매수권 등을 배제하기 위한 확실한 조치로써 담보약정계약서에 우선매수권 포기조항을 삽입하거나 포기약정서를 미리 제출받는 등의 방어조치를 취하는 방안을 생각해 볼 수도 있다.[237]

② 동산담보권을 근거로 한 임의경매

부부공유 유체동산에 관한 압류(민집 190조), 배우자의 우선매수권, 매각대금 지급요구권, 공유관계 부인의 소에 관한 규정들이 준용되는지, 준용될 경우 동산담보권 설정자 아닌 배우자의 구제수단은 무엇인지에 대하여는 견해의 대립이 있어 아래 사례를 참고하길 바랍니다.

---

[237] 법원행정처, 2014, "동산·채권담보 집행절차 해설", 31면.

(4-1) 동산담보권을 근거로 한 임의경매절차에 부부공유 유체동산 압류에 관한 규정 등의 준용 여부 실무사례[238]

1. 사례
채권자 丙은 상업등기법에 따라 상호등기를 한 甲의 사업장 내에 있는 A 동산에 대하여 동산담보권을 취득하고 자금을 대출해 주었는데 甲이 이행지체에 빠지자 동산담보권을 근거로 한 임의경매를 신청하였다.
압류개시를 하려고 집행관이 위 사업장에 가보니 A 동산, B 동산이 있고 甲과 그 배우자 乙은 위 사업장에서 공동생활을 영위하면서 사업을 하고 있으며 A 동산, B 동산을 甲과 그 배우자 乙이 공동 점유하여 부부 공유로 추정되고 있다. 동산담보권에 의한 임의경매절차에서 부부공유 유체동산의 압류에 관한 규정, 배우자의 우선매수권에 관한 규정, 배우자의 지급요구권, 공유관계 부인의 소에 관한 규정이 준용되는가?

2. 쟁점사항
만일 위 사안이 유체동산 강제경매절차라면 집행관은 A, B 동산 모두 압류하고(민집 190조) 매각절차에서 채무자 아닌 배우자 乙은 A, B 동산 모두에 대하여 모두 우선매수권을 행사할 수 있다(민집 206조). 한편 동산담보권을 근거로 한 임의경매절차에서도 위 규정들이 준용될 수 있는지 문제가 된다. 조문 형식을 중시하여 위 규정들의 준용을 긍정하는 견해와 위 규정들의 취지를 고려하여 준용을 부정하는 견해로 나눌 수 있다.

3. 견해의 대립

가. 적극설
조문 형식상 동산담보에 관해 민사집행법 189조부터 222조가 준용되는데(동산채권 담보 21조 22조 1항, 민집 271조, 272조) 위 부부공유 유체동산 압류 규정 등도 여기에 포함된다는 점을 근거로 든다.

나. 소극설
위 규정들은 부부생활과 재산소유 및 점유관계의 특수성을 집행법에 반영한 것으로서 강제경매집행에 적용될 뿐, 압류 목적물의 범위가 담보등기사항증명서에 의해 결정되는 동산담보권을 근거로 한 임의경매절차에는 그 성질상 준용되지 않는다고 본다.

다. 검토(소극설지지)
조문 형식을 중시하더라도 동산담보권의 성질상 준용할 수 없는 규정이 있을 수 있는데, 가령, 압류금지 물건에 관한 민사집행법 195조, 현금압류에 관한 같은 법 201조 등이 그러하다. 민사집행법 190조 등도 부부생활과 재산소유 및 점유관계의 특수성을 강제경

---
238) 법원행정처, 2014, "동산·채권담보 집행 절차 해설", 130면.

매절차에 반영한 특례 규정이므로(강제경매에서는 부부 공유추정 등에 의해 압류 목적물범위가 불명확해지는 문제가 발생하고 이를 극복하기 위해서는 민사집행법 190조 등 특례 규정이 필요하다). 이를 함부로 확대해석 해서는 아니 되고, 또 동산담보권을 근거로 한 임의경매절차에서는 압류 목적물의 범위가 담보등기사항증명서에 의해 간명하게 결정되므로 민사집행법 190조 등 특례 규정을 준용할 필요가 없다. 따라서 소극설이 타당하다고 본다.

4. 사안의 해결
소극설에 따를 경우, 권리행사의 내용, 동산담보권설정자 아닌 배우자의 구제수단, 집행관의 조치를 검토해 본다.

가. 권리행사의 내용
소극설에 의하면, 집행관은 A 동산만을 압류할 수 있고, 채무자 아닌 배우자 乙은 A 동산에 대하여 배우자의 우선매수권을 행사할 수 없으며, A 동산의 매각대금 50만 원 중 25만 원에 대하여 배우자의 지급요구권을 행사할 수도 없다.

나. 동산담보권 설정자 아닌 배우자의 구제방법
소극설을 취할 경우 동산담보권설정자 아닌 배우자는 제3자 이의의 소를 제기하여 구제받을 수 있을 것이다(동산담보법 22조 1항, 민집 275조, 48조).
예를 들면, 위 사안에서 동산담보권설정자 아닌 배우자 乙은 동산담보권 설정자인 배우자 甲이 乙의 동의 없이 무단으로 乙의 지분을 포함하여 A 동산 전체에 대하여 동산담보권을 설정하였음을 이유로 자기의 1/2지분에 관하여 丙의 동산담보권은 실체법상 무효라고 집행관에게 주장할 수 있을 것이다.
이 경우 집행관은 동산담보권의 존부에 대하여 형식적 심사권만을 가진다는 이유로 집행을 속행할 것이므로 집행절차 밖에 있는 乙은 제3자이의의 소를 제기하면서 잠정처분을 받아 집행관에게 제출하면 집행관의 집행 속행을 저지할 수 있다(단, 집행에 관한 이의가 가능한지는 견해 대립이 있다).
제3자이의의 소의 수소법원은 乙이 A 동산의 1/2지분 소유권을 가졌는지, 甲이 무단으로 乙의 1/2지분을 포함한 A 동산 전체에 대하여 담보권 설정을 하였는지를 심사해야 한다. 권한 없는 사람에 의한 담보권 설정임이 밝혀진 경우, 동산담보권의 선의취득을 부정하는 견해(통설)에 의하면 丙은 동산담보권의 선의취득을 주장할 수 없다.

다. 집행관의 조치
乙이 제3자이의 소의 확정된 승소판결을 집행관에게 제출할 경우 丙는 甲의 1/2지분에 대해서만 담보를 받은 것으로 볼 수밖에 없는데, 이러한 동산 지분에 대한 집행은 그 밖의 재산권에 대한 집행 절차에 따를 수밖에 없으므로, 집행관은 A 동산 전체에 대한 경매절차를 진행할 수 없게 된다. 이 경우 丙은 집행법원에 새로이 甲의 1/2 지분에 대한 담보권 실행절차, 즉 그 밖의 재산권에 대한 담보권 실행절차를 신청하는 방법을 생각해 볼 수 있다(민집 273조, 251조 유추적용).

(5) 압류물의 보관 등
(가) 압류물의 보관

담보목적물의 압류는 집행관이 그 물건을 점유함으로써 하고, 채무자 등에게 압류물을 보관시킨 경우에도 압류물에 대한 집행관의 점유는 계속되는 것이므로 집행관은 선량한 관리자로서 압류물을 보존하여야 한다는 점에서 강제경매의 경우와 같다.

압류물을 보존하기 위하여 필요한 때에는 집행관이 적당한 처분을 해야 한다는 민사집행법 198조, 보관압류물의 점검에 관한 민사집행규칙 137조, 직무집행구역 밖에서의 압류물 회수에 관한 민사집행규칙 138조, 압류물의 인도명령에 관한 민사집행법 193조를 비롯하여 압류시행 후 압류물의 보존, 점검, 회수, 인도명령 등 강제경매에 관한 규정은 동산담보권을 근거로 한 임의경매에 모두 준용되는 것으로 보아도 무방할 것이다(동산담보법 22조 1항, 민집 272조, 민집규 199조 2항).

예를 들면, 담보권설정자 직접점유형의 동산담보권을 근거로 하여 집행관이 압류한 경우 동산담보권자 A의 승낙이 있거나 운반이 곤란한 때에는 봉인, 그 밖의 방법으로 압류물임을 명확히 하여 담보권설정자 甲에게 보관시킬 수 있다(동산담보법 22조 1항, 민집 272조, 189조 1항). 위 동산담보권이 개별동산담보권인 경우에는 문제가 없지만, 집합 동산 담보권인 경우에는 유의할 것이 있다.

압류 전에는 담보권설정자 甲이 통상의 영업범위 내 처분권을 근거로 하여 담보 목적물을 처분하고 새로운 물건으로 보충할 수 있지만, 압류 이후에는 그러한 처분권은 상실된다고 보는 것이 일반적이기 때문에 집행관은 압류 시에 압류목적물을 명확히 구분하여 담보권설정자가 압류목적물 을 처분하거나 새로운 물건을 반입하여 압류목적물에 혼입(混入)시키는 행위를 금지하도록 할 필요가 있다. 압류 이후에 반입된 새로운 물건은 이제는 동산담보권이나 압류의 효력을 받지 아니하므로 담보권설정자가 압류물과 비 압류물의 분별관리의무를 준수하고 있는지 압류물의 보관상황을 점검하여야 한다(민집규 199조 2항).

(나) 압류 등 등기촉탁의 문제

부동산 임의경매의 압류등기 촉탁(민집 268조, 94조), 매각대금 지급과 소유권이전 등기의 촉탁 및 저당권 등 말소등기의 촉탁(민집 268조, 144조) 등 등기촉탁에 관한 규정이 동산담보권에는 준용되지 않는다. 즉, 부동산에 대한 경매절차에서는 집행기관(집행법원)이 압류등기 촉탁, 말소등기 촉탁, 소유권이전 등기 촉탁을 하지만, 동산에 대한 경매절차에서는 집행기관(집행관)은 그러한 촉탁을 할 권한이 없다. 동산·채권 등의 담보에 관한 법률에는 집행관이 압류를 집행하였다는 취지나 기입등기 또는 이에 대한 말소등기 등의 절차에 관한 규정이 없기 때문이다.

(6) 압류의 효력

동산담보권을 근거로 한 압류의 효력과 관련하여 두 가지를 검토해 본다.

(가) 통상의 영업범위 내 처분권 상실

개별동산담보권을 설정한 경우 민법의 동산 질권설정자와 마찬가지로 담보권자의 승낙이 없는 한 담보권설정자의 담보목적물 처분행위는 위법하다. 이에 비하여 집합동산담보권을 설정한 경우 집합동산양도담보 설정자와 마찬가지로 집합물을 구성하는 각각 물건에 대하여 통상의 영업범위 내에서 처분권을 갖지만 그러한 설정자의 통상 영업범위 내 처분은 압류로 소멸된다고 해석하는 것이 일반적이다.

(나) 담보목적물로부터 발생한 천연물

압류의 효력은 압류물에서 생기는 천연물에도 미친다는 민사집행법 194조와의 관계가 문제 될 수 있다.

마. 현금화

(1) 개 요

유체동산 강제경매에 관한 규정 중 현금화 절차에 관한 민사집행법 규정의 대부분(동산담보법 22조 1항, 민집 272조)과 민사집행규칙 규정의 대부분(동산채권담보등기규칙 55조, 민집규 199조 2항)이 동산담보권을 근거로 한 임의경매에도 준용된다. 다만 동산담보권의 성질상 허용되지 않는 것으로 해석해야 하는 규정이 있다(동산채권담보등기규칙 55조).

(가) 준용되는 규정

민사집행법의 일괄매각에 관한 규정(민집 197조), 입찰 및 호가경매에 관한 규정(민집 9조), 집행관에 의한 특별매각과 집행관 이외의 자에 의한 위탁매각에 관한 규정(민집 214조), 값비싼 물건의 평가에 관한 규정(민집 200조), 매각일에 관한 규정(민집 202조), 매각장소 및 매각장소의 질서유지에 관한 규정(민집 203조, 204조), 매각 및 재매각에 관한 규정(민집 205조), 금·은붙이의 현금화에 관한 규정(민집 209조), 채권자의 매각 최고에 관한 규정(민집 216조) 등은 동산담보권을 근거로 한 임의경매에 준용된다고 해석할 수 있다.

민사집행규칙의 매각 가망이 없는 경우의 압류취소에 관한 규정(민집규 140조), 압류물의 평가에 관한 규정(민집규 144조), 호가경매에 관한 규정(민집규 145조부터 150조), 입찰에 관한 규정(민집규 151조) 등도 마찬가지이다.

(나) 성질상 준용되지 않는 규정

배우자의 우선매수권에 관한 규정(민집 206조)이 준용되는지 견해대립이 있을 수 있다. 적극설도 있을 수 있으나 소극설이 타당할 것이다. 민사집행법 206조는 문리해석상 민사집행법 190조가 적용됨을 전제로 하는데 민사집행법 190조는 동산담보권을 근거로 한 임의경매에는 적용되지 아니한다고 해석함이 타당하기 때문이다.

(2) 동산 강제경매가 동산담보권에 미치는 영향

동산담보권이 설정된 동산이 경매된 경우에 배당요구 또는 경매신청을 하지 아니한 동산담보권이 당연히 소멸하는지(인수주의와 소멸주의의 문제), 소멸하지 않는다면 경매를 통한 매수인에게 동산담보권을 주장할 수 있는지(선의취득에 의한 동산담보권의 소멸 문제)에 관하여 논의가 있다.

예를 들면, 동산담보권설정자 甲, 동산담보권자 A, 甲에 대한 일반채권자로서 확정판결을 취득한 B가 있고, B가 신청한 강제경매절차에 의해 담보목적물이 乙에게 매각되었다. 그런데 동산담보권자 A가 강제경매절차가 개시된 것을 알지 못하여 배당 등 아무런 절차 보장을 받지 못하였다면 매수인 乙에게 동산담보권을 주장할 수 있는지가 문제가 된다.

(가) 인수주의와 소멸주의

부동산에 대한 경매의 경우에는 부동산 위의 부담이 되는 권리가 어느 범위에서 매수인에게 인수되는지를 명문의 규정을 두고 있고(민집 91조), 동산담보법도 동산담보권의 사적실행 경우에 관해 명문 규정을 두고 있다. 그래서 예를 들면, 동산담보권설정자 丙, 1순위 동산담보권자 丁, 2순위 동산담보권자 戊, 3순위 동산담보권자 巳가 있고 2순위 동산담보권자 戊가 庚에게 처분정산을 하는 경우, 실행담보권인 戊의 담보권과 실행담보권에 대항할 수 없는 己의 담보권은 소멸하지만, 실행담보권에 대항할 수 있는 丁의 담보권은 인수된다(동산담보법 24조).

그런데 동산강제경매의 경우에는 명문 규정이 없어, 동산 위의 담보권은 경매로 당연히 소멸된다는 소멸주의설과 소멸되지 않고 인수된다는 인수주의설이 대립하고 있다. 소멸주의설은 인수주의를 취한다면 유찰되어 매각이 곤란해진다는 현실적 이유를 근거로 댄다. 이에 의하면 위 (2) 항의 A, 甲, B의 사례에서 A의 동산담보권은 경매로 당연히 소멸하고 매수인 乙은 동산담보권의 부담이 없는 소유권을 승계취득하게 된다.

그러나 인수주의설을 취하더라도 매수인의 선의취득을 인정할 여지가 있으므로, 대부분 사례에서 동산담보권은 선의취득 때문에 소멸되어 매수인은 동산담보권의 부담 없는 소유권을 취득할 것이고, 따라서 견해 대립의 실익은 크지 않다.

(나) 경매절차와 선의취득

앞에서 보았듯이, 인수주의설을 취한다면 경매를 근거로 한 매수인의 선의취득과 그에 따른 동산담보권의 소멸 여부를 검토하여야 한다. 동산담보권이 설정된 담보목적물의 소유권을 취득하는 경우에는 민법 249조부터 251조까지의 규정이 준용되므로(동산채권담보법 32조) 선의취득 요건을 갖춘 양수인은 동산담보권의 부담이 없는 완전한 소유권을 취득하게 된다.

경매절차의 법적 성질에 관하여는 공법설, 사법설, 절충설 등 견해의 대립이 있다. 사법설에 의해 경매절차의 매수인도 선의취득이 가능하다고 하면 위 사안에서 인수주의설에 의하더라도 매수인은 동산담보권의 부담이 없는 소유권을 선의취득 하는 경우가 많을 것이다.

왜냐하면, 담보등기사항증명서의 제출 없이 경매절차가 진행될 수 있고(이 점은 등기사항증명서가 필수적 첨부서류인 부동산에 대한 경매의 경우와 비교된다)(민집 81조 1항 1호). 이 경우 매수인이 동산담보권의 존재에 대하여 선의·무과실인 경우가 일반적일 것이기 때문이다. 이에 의하면 위 사안에서 매수인 乙이 선의·무과실인 경우에 동산담보권의 부담을 받지 않는 완전한 소유권을 취득하게 된다.

한편 경매를 근거로 한 선의취득이 성립하면 배당채권자가 권리를 상실당한 동산담보권자에 대한 관계에서 부당이득반환의무를 지는지가 문제 된다. 이에 대하여는 우선변제청구권이 있으면서도 배당요구를 하지 아니한 경우에는 매각대금으로부터 배당을 받을 수 없으므로 해당 채권자를 배당에서 제외하여 배당표가 작성·확정되면 후순위 채권자에 대해 부당이득반환청구권을 행사할 수 없다는 견해(소극설)와 양도담보의 경우처럼 일반채권자가 매각대금을 배당받아 법률상 원인 없이 이득을 얻고 그 때문에 동산담보권자가 손해를 입었으므로 부당이득반환청구권을 행사할 수 있다는 견해(적극설)가 대립할 수 있다.

(3) 동산담보권자의 보호 규정

동산담보권이 설정된 甲의 동산에 대하여, 甲에 대한 일반채권자로서 확정판결을 취득한 B가 신청한 동산 강제경매절차에 의해 동산 담보목적물이 乙에게 매각된 경우, 동산담보권자 A가 강제경매절차가 개시된 것을 알지 못하여 배당 등 아무런 절차 보장을 받지 못한 경우, 위 (2) 항의 사례에서 보듯이 매수인이 동산담보권의 존재에 대하여 선의·무과실인 경우가 일반적일 것이기 때문에 선의취득 할 수 있을 것이고 완전한 소유권을 취득할 것이다. 이에 아무런 통지를 받지 못한 동산담보권자 A는 담보권을 손실하고 미리 헤아릴 수 없는 손실을 볼 수밖에 없어 이에 폐단을 바로잡고자 민사집행규칙 132조 2항이 2014. 7. 신설되었다.

이 규정에 따라 집행관이 채무자에 대한 동산담보권 설정 여부 및 담보권자의 인적사항을 확인(동산담보등기부 직권 열람)하여, 담보권자에게 배당요구나 이중압류의 필요성을 알리도록 하는 절차를 새로이 규정하여 유체동산 집행 절차상 동산·채권 등의 담보에 관한 법률에 따른 동산담보권자의 절차적 보호방안을 마련하였다. 관련 규칙과 고지서 양식은 아래와 같다.

> **민사집행규칙**
>
> **제132조의2(압류할 유체동산의 담보권 확인 등)**
> ① 집행관은 유체동산 압류 시에 채무자에 대하여 「동산·채권 등의 담보에 관한 법률」 2조 7호에 따른 담보등기가 있는지를 담보등기부를 통하여 확인하여야 하고, 담보등기가 있는 경우에는 등기사항전부증명서(말소사항 포함)를, 담보등기가 없는 경우에는 등기사항개요증명서(다만, 법인·상호등기를 하지 않아 등기사항개요증명서를 발급받을 수 없는 경우에는 이를 확인할 수 있는 자료)를 집행기록에 편철하여야 한다.
> ② 집행관은 제1항에 따라 담보권의 존재를 확인한 경우에 그 담보권자에게 매각기일에 이르기까지 집행을 신청하거나, 법 220조에서 정한 시기까지 배당요구를 하여 매각대금의 배당절차에 참여할 수 있음을 고지하여야 한다.

|양식| **담보권자 고지서**

고 지 서

담보권자 강 부 자 귀하

사 건 20 본 호

채 권 자 김 동 산

채 무 자 김 채 무

아래 덧붙임 물건은 위 당사자 사이의 유체동산 강제집행 신청에 따라 압류한 것입니다.
위 사건의 채무자를 대상으로 한 동산담보등기사항증명서에 동산담보권이 설정되어 있음이 확인되었으므로 담보권자에게 민사집행규칙 132조의2 2항의 규정에 따라 다음과 같이 알려 드립니다.

다 음

 본 사건의 매각목적물에 대한 담보권자는 매각기일에 이르기까지 집행을 신청하거나 집행관이 매각대금을 영수할 때까지 배당요구를 하여 배당절차에 참여할 수 있습니다.

 덧붙임: 압류목록

20 . . .
서 울 중 앙 지 방 법 원

집 행 관

문의사항은 중앙지방법원 집행관 사무소 02-592-3264로 연락하시기 바랍니다.

바. 채권의 만족

(1) 개 요

유체동산에 관한 강제경매에 관한 규정 중 배당절차에 관한 민사집행법 규정의 대부분(동산담보법 22조 1항, 민집 272조)과 민사집행규칙 규정의 대부분(동산채권담보등기규칙 55조, 민집규 199조 2항)이 동산담보권을 근거로 한 임의경매에 준용된다. 다만 동산담보권의 성질상 준용되지 않는 규정도 있다(동산채권담보등기규칙 55조 참고).

(가) 동산 강제경매절차 중 준용되는 규정

민사집행법의 압류 경합에 관한 규정(민집 215조), 우선권자의 배당요구에 관한 규정(민집 217조), 배당요구 절차에 관한 규정(민집 218조), 배당요구 등의 통지에 관한 규정(민집 219조), 배당요구의 시기에 관한 규정(민집 220조), 매각대금의 공탁에 관한 규정(민집 222조), 동산배당절차에 관한 규정(민집 252조부터 256조), 부동산 배당절차에 관한 규정(민집 149조부터 161조) 등은 동산담보권을 근거로 한 임의경매에 준용된다고 해석할 수 있다. 민사집행규칙 집행관의 매각대금 처리에 관한 규정(민집규 153조), 집행관의 배당액 공탁에 관한 규정(민집규 156조), 사유신고서의 방식에 관한 규정(민집규 157조) 등도 마찬가지이다.

(나) 동산 강제경매절차 중 성질상 준용되지 않는 규정

부부공유 유체동산에 대한 배우자의 지급요구권에 관한 규정(민집 221조 1항, 민집규 153조)과 공유관계부인의 소에 관한 규정(민집 221조 3항, 민집규 154조)이 준용되는지 견해대립이 있을 수 있다. 적극설도 있을 수 있으나 앞서 본 바와 같이 소극설이 타당하다. 민사집행법 221조 1항 및 3항의 문리해석상 민사집행법 190조가 적용됨을 전제로 하는 민사집행법 190조는 동산담보권을 근거로 한 임의경매에는 적용되지 아니한다고 해석함이 타당하기 때문이다.

예를 들면, 부부공동생활을 하는 甲, 乙(동산담보법 2조 5호에 의해 모두 상호등기를 한 경우이어야 한다.) 이 부부공유재산 A 동산, B 동산 중 A 동산에 대하여 채무자를 甲으로 하여 丙에게 개별동산담보권을 설정해 준 경우를 보자. 이 경우 A 동산만 압류 및 매각대상이 되고 민사집행법 190조가 적용될 수 없으므로 부부공유의 B 동산은 부부공유라 할지라도 압류 및 매각대상에서 제외된다. 또한, 甲, 乙은 모두 A 동산에 대하여 배우자지급요구권을 행사할 여지가 없고 따라서 丙도 공유관계부인의 소를 제기할 여지가 없다.

(2) 배당절차의 개요

위에서 보았듯이 동산담보권을 근거로 한 임의경매절차에서의 배당절차는 부부공유 유체동산에 대한 배우자의 지급요구권이 안정되지 않는다는 점을 제외하면 강제경매절차와 같다. 담보목적물을 현금화한 매각대금은 압류채권자의 채권과 집행비용의 변제에 충당된다. 매각대금의 배당주관자는 1차적으로 집행관, 2차적으로 집행법원이다. 배당받을 수 있는 채권자는 ① 압류채권자, ② 중복압류의 종기까지 중복압류를 한 채권자, ③ 배당요구 종기까지 배당요구한 자이다.

(가) 집행관에 의한 배당실시 또는 배당금의 공탁

채권자가 한 사람인 경우 또는 채권자가 복수로서 매각대금으로 각 채권자의 채권과 집행비용 전부를 갚을 수 있는 경우에는 집행관은 채권자에게 채권액을 교부하고, 나머지가 있으면 채무자에게 내주어야 한다(민집규 155조 1항). 복수의 채권자가 있고 매각대금으로 각 채권자의 채권과 집행비용 전부를 변제할 수 없는데 각 채권자 사이에서 배당에 관하여 협의가 이루어지면 그 협의에 따라 배당을 하여야 한다(민집규 155조 3항).

배당받을 채권자의 채권에 대하여 ① 채권에 정지조건 또는 불확정기한이 붙어 있는 때, ② 가압류채권자의 채권인 때, ③ 일시집행정지의 재판서류가 제출된 때 등 일정한 사유가 있을 때에는 집행관은 그 배당액에 상당하는 금액을 공탁하고 그 사유를 집행법원에 신고한다(민집규 156조 1항). 배당기일에 출석하지 아니한 채권자, 채무자의 배당액도 공탁하여야 한다(민집규 156조 2항).

(나) 집행법원에 의한 배당실시

복수의 채권자 사이에 협의가 이루어지지 아니한 경우 집행관은 매각대금을 공탁한 후 그 사유를 집행법원에 신고하여야 하고, 신고를 받은 집행법원은 배당한다. 또한, 배당받은 채권에 대하여 일시의 집행정지서류 제출 등 일정한 사유가 있어 집행관이 공탁하고 공탁신고를 한 경우에는 집행정지기간 도과 등 그 공탁사유가 소멸한 때에 배당절차를 실시한다. 배당절차는 부동산집행의 배당절차 준용하여 이루어진다(민집 256조).

(3) 개별 쟁점
(가) 우선변제적 효력

동산담보권자는 피담보채권 범위 내에서 동산담보권의 효력이 미치는 담보목적물, 부합물, 종물, 과실의 매각대금으로부터 다른 채권자보다 우선하여 변제받을 권리가 있다(동산담보법 8조, 10조부터 12조). 동일한 동산에 설정된 동산담보권의 순위는 등기의 순서에 따르고, 동일한 동산에 관하여 담보등기부의 등기와 인도(민법에 규정된 간이인도, 점유개정, 목적물반환청구권의 양도를 포함한다)가 하여진 경우에 그에 따른 권리 사이의 순위는 법률에 다른 규정이 없으면 그 선후에 따른다(동산담보법 7조 2항, 3항).

물권의 순위는 그 성립의 선후에 따른다는 점에서 질권, 저당권 등 기존의 담보물권과 유사하다. 동산담보권자가 담보목적물에 대한 경매절차에서 우선변제권을 실현하여 피담보채권의 만족을 받는 방법에는, ① 담보목적물에 대한 압류를 신청하는 방법, ② 중복압류를 신청하는 방법(민집 215조), ③ 배당요구를 하는 방법(민집 217조) 등의 세 가지가 있다. 아래에서 몇 가지 실무사례를 본다.

(4) 채권만족 절차에 관한 실무사례[239]

1. 임금채권 등과의 우선순위

근로자의 최종 3개월분의 임금과 재해보상금은 사용자의 총재산에 대하여 동산담보권에 따라 담보된 피담보채권보다 우선하고(근로기준법 38조 2항, 최종 3년간의 퇴직금도 그러하다) 근로자퇴직급여 보장법 12조 2항, 근로자퇴직급여 보장법이 2011. 7. 25. 법률 제967호로 개정되면서 종전과 달리 동산담보권에 관한 문언이 삭제되었으나, 해석은 종전 같이해야 할 것이다.

동산담보권과 양도담보권의 겸유·병존을 허용하고 양도담보권자를 최우선임금채권자에 우선시킨다는 견해를 취한다고 가정하면, 양도담보권에 기초하여 배당해 달라고 요구할 것이므로 최우선임금채권자보다 배당순위에서 앞설 것이다.

2. 양도담보와의 우선순위

두 가지 사례를 보자.

① A가 동산담보권을 취득한 후 B가 같은 목적물에 대하여 점유개정의 방식에 의해 양도담보권을 취득한 경우에 동산담보권과 양도담보권의 우열은 동산담보권의 등기시점과 점유개정에 의한 동산인도가 이루어진 시점의 선후에 의하므로(동산담보법 7조 3항), B는 동산담보권의 부담이 있는 양도담보권을 취득한다. A가 1순위, B가 2순위로 된다.

---

239) 법원행정처, 2014, "동산·채권 담보집행절차 해설", 47~48면.

② B가 점유개정의 방식에 의해 양도담보권을 취득한 후 같은 목적물에 대하여 A가 동산 담보권자로서 설정계약을 체결한 경우에 시간에서 앞선 B가 1 순위로 된다(동산담보법 7조 3항).

A는 동산담보권을 취득하지 못하므로(B의 양도담보권 취득 때문에 양도담보권설정자는 무권리자가 되고, 무권리자로부터 동산담보권을 설정받더라도 이는 무효이고 동산담보권의 선의취득도 인정되지 아니하기 때문이다). 우선변제권자에 해당하지 아니하고 민사집행법 217조에 의한 배당요구를 할 수는 없다.

물론, A가 판결 등 별도의 집행권원에 하여 중복압류를 하였다면(민집 215조) 그를 근거로 하여 배당받을 수 있지만, 이는 별개의 문제이다. 예를 들어, 위 사안에서 A가 공정증서에 의한 중복압류를 하면서 동시에 동산담보등기부를 제출하며 배당요구를 한 경우 동산담보권은 배당권원이 될 수 없지만, 공정증서에 의한 중복압류는 배당권원이 되므로 A는 일반채권자로서 배당받을 수 있을 것이다(대법원 2004. 12. 24. 선고 2004다45943 판결 참조).

3. 동산강제경매 신청과 배당요구

동산담보권을 설정받으면서 그 피담보채권에 대하여 집행력 있는 공정증서 정본을 구비고 있다가 채무불이행사유가 발생하자 집행력 있는 공정증서 정본을 근거로 하여 담보목적물 대해 강제경매를 신청하면서 동산담보권을 근거로 한 배당요구를 하는 경우를 상정(想定)할 수 있다.
① 이는 강제경매이므로 담보물이 아닌 것도 압류의 대상이 되고 그로부터 일반채권자로서 배당받을 수 있는 이점이 있다는 점은 앞에서 이미 다루었다.
② 동산담보권에 기초하여 배당을 받았는데 채무자가 피담보채권 일부가 소멸되었음을 다투는 방법을 보자. 배당이의의 소를 제기할 경우에는 1주 이내에 소제기 증명원만을 제출하면 충분하지만, 청구이의의 소를 제기할 경우에는 소제기 증명원 이외에 집행정지재판의 정본도 제출해야 한다는 점에서 논의의 실익이 있다(민집 256조, 154조 2항, 3항).

집행력 있는 공정증서 정본을 가진 채권자가 우선변제권을 주장하며 동산담보권을 근거로 하여 배당요구 한 경우에는 배당의 기초가 되는 것은 동산담보권이지 집행력 있는 공정증서 정본이 아니므로, 채무자가 그 동산담보권에 대한 배당에 관하여 우선변제권이 미치는 피담보채권의 존재 여부와 범위 등을 다투고자 하는 때에는 배당이의의 소로 다투면 되고, 집행력 있는 공정증서 정본의 집행력을 배제하기 위하여 필요한 청구이의의 소를 제기할 필요는 없다(대법원 2011. 7. 28. 선고 2010다70018 판결 참조).

따라서 집행력 있는 공정증서 정본을 가진 채권자가 그 채권을 담보하기 위한 동산담보권을 가지고 있어 집행법원이 동산담보권의 피담보채권에 대하여 그 우선순위에 따라 배당을 하였다면, 그 배당에 관하여 이의한 채무자는 배당이의의 소로 다툴 수 있을 것이다(대법원 2012. 9. 13. 선고 2012다45702 판결 참조).

사. 구제절차

(1) 개 요

집행기관의 집행행위가 집행법상 위법인 경우의 집행을 위법집행이라 하고, 집행법상 적법 하나 실체법상 위법이기 때문에 집행의 실체적 정당성이 침해된 경우의 집행을 부당집행이라고 한다. 위법집행에 대한 구제절차로 즉시항고(민집 15조), 집행에관한이의(동산채권담보법 22조 1항, 민집 272조 265조)가 마련되어 있고, 부당집행에 대한 구제절차로 제3자이의의 소(민집 48조) 등이 마련되어 있다.

집행절차 종료 후에는 민법상 부당이득반환 청구도 생각해볼 수 있다. 동산담보권을 근거로 한 임의경매절차의 구제절차는 질권을 근거로 한 임의경매절차의 그것과 같다(동산담보법 22조 1항, 민집 272조). 여기서는 실무상 발생할 수 있는 사안을 기초로 몇 가지 구제절차를 예시하고, 집행절차 있어 동산담보권자의 절차보장 문제를 다루기로 한다.

(2) 개별 구제절차

(가) 집행에 관한 이의와 즉시항고

즉시항고의 대상은 집행법원의 재판이고(민집 15조) 집행에 관한 이의의 대상은 집행관의 집행처분 등이므로(민집 16조), 집행관의 위법한 집행을 다툴 수 있는 절차는 집행에 관한 이의이다. 집행에 관한 이의신청은 동산 집행기관인 집행관의 위법한 집행처분 또는 그 해태에 관한 불복신청 수단이고 이에 대한 재판은 법관이 행한다.

부동산 임의경매절차의 경우와 비교해 보면 집행개시요건의 불비 등 절차상 사유와 담보권의 부존재·소멸 등 실체상 사유를 집행에 관한 이의 사유로 할 수 있다는(동산담보법 22조 1항, 민집 272조, 265조) 점에서 같지만, 부동산 매수인 보호를 위해 매수인의 부동산 취득은 담보권 소멸로 영향을 받지 않는다는 민사집행법 267조 규정이 준용되지 아니한다는 점에서 차이가 있다(동산담보법 22조 1항, 민집 272조).

이는 유체동산 매수인은 동산 선의취득(민법 249조)으로 보호받는 점을 고려했기 때문이라고 한다. 동산채권담보법 법률의 시행일인 2012. 6. 11.(동산채권담보법 부칙 1조) 후에 최초로 체결한 담보약정부터 위 법률에 따른 등기를 할 수 있으므로(동산채권담보법 부칙 2조), 시행일 이전에 체결한 담보약정을 근거로 해 등기한 경우 그 등기는 무효라고 해석해야 할 것이다. 동산담보권도 부동산저당권처럼 담보목적물이 소멸하거나 피담보채권이 소멸한 경우에 소멸한다(동산담보법 50조 1항).

동산담보권에는 존속기간 제도가 있으므로 존속기간의 만료도 소멸사유가 된다(동산담보법 49조). 또한, 양도할 수 없는 물건은 동산담보권의 목적물로 하지 못하므로(동산담보법 33조, 민법 331조), 예컨대 아편, 훈장 등에 관한 담보등기를 하였더라도 그 등기는 무효이므로 임의경매절차에 나아간 경우 집행에 관한 이의 사유가 된다.

(나) 제3자이의의 소

① 소유권유보부매매의 목적물에 대하여 동산담보등기를 한 경우, 소유권유보부매매의 법적 성질에 관하여 정지조건부 소유권 이전설을 취하는 한 그 목적물은 유보소유권자의 소유물이므로 담보권설정자는 무권리자가 된다. 현행법상 동산담보권의 선의취득은 인정되지 아니하므로(반면, 동산담보권이 담보목적물 자체의 선의취득으로 소멸할 수는 있다)(동산담보법 32조) 동산담보권자도 무권리자가 된다.

동산담보권을 근거로 한 임의경매절차가 개시된 경우 유보소유권자는 소유권유보부매매계약서를 제출하면서 제3자 이의의 소를 제기할 수 있을 것이다. 따라서 동산담보권자는 대출해주기 전에 유보소유권이나 양도담보권의 목적물이 있는지 자세히 확인할 필요가 있다.

② 동산담보등기를 마친 담보목적물에 대하여 담보권설정자의 채권자가 강제경매를 신청한 경우에 동산담보권자가 제3자 이의의 소를 제기하여 강제집행을 저지할 수 있는가도 문제 될 수 있다. 동산담보권자의 투하자본 회수시점 선택권을 보장해 줄 필요성은 부동산담보권의 경우보다 절실하다.

예를 들면, 창고 안에 있는 재고상품에 대하여 집합동산담보권을 취득하였고 성수기에는 담보목적물인 재고상품의 양이 증가하고 비수기에는 감소하는 경우 성수기와 비수기 담보가치의 변동 폭은 부동산의 그것보다 훨씬 클 수 있다. 그러나 동산담보권을 민사집행법 48조의 '목적물의 양도나 인도를 막을 수 있는 권리'에 해당한다고 수 없으므로 부동산저당권과 마찬가지로 제3자

이의의 소를 제기할 수 있다고 보기 어렵다.

따라서 동산담보권자는 강제경매신청권자가 일반채권자인 경우 우선변제권을 근거로 한 배당요구를 하여 무잉여취소를 유도하거나 대위변제제도(代位辨濟制度)를 이용하는 수밖에 없을 것이다. 다만 동산담보권과 양도담보권의 겸유·병존을 인정하는 견해를 취한다면 양도담보권을 근거로 한 제3자 이의의 소를 제기함으로써 투하자본 회수시점 선택권을 보장받을 수 있다.

(다) 동산담보권자의 부당이득반환청구

동산담보권의 담보목적물에 대하여 담보권설정자의 일반채권자가 강제경매를 신청하여 매수인이 매각대금을 납부한 경우에 대해 살펴본다.

① 동산담보권자는 부동산 저당권(민집 148조 4호)과 달리 당연히 배당받을 수 있는 자가 아니라 배당요구가 필요한 자(동산채권담보법 22조 1항, 민집 272조, 217조)에 해당하므로 배당요구를 하거나 중복경매(동산채권담보법 22조 1항, 민집 272조, 215조)를 신청하여야 배당을 받을 수 있다. 이 점에서 부동산 저당권보다 불리한 지위에 있다.

② 동산담보권자가 배당받지 못하고 집행절차가 종료된 경우 동산담보등기는 여전히 존속하고 있겠지만, 경매절차의 매수인이 담보목적물을 선의취득할 것이므로 동산담보권은 실체법상 소멸한다. 이 경우 동산담보권자가 배당받은 일반채권자를 상대로 부당이득반환청구권을 행사할 수 있는가에 대해 견해가 대립할 수 있다.

즉, 배당요구가 필요한 배당요구권자가 실체법상 우선변제청구권이 있다 하더라도 적법한 배당요구를 하지 아니하여 배당에서 제외된 경우, 배당받은 후순위채권자를 상대로 부당이득의 반환을 청구할 수 없다는 견해(부동산경매절차에서 주택 임대차보호법에 따라 우선변제청구권이 인정되는 임대차보증금반환채권의 채권자에 대한 사안으로서, 대법원 1998. 10. 13. 선고 98다12379 판결과 배당요구하지 않은 임금채권자에 관한 사안으로서, 대법원 1997. 4. 25. 선고 96다55709 판결 등 참조)와 배당요구의 기회가 없는 상태로 배당이 종료되어 담보권이 소멸된 경우라면 동산의 매득금을 배당받은 채권자를 상대로 동산의 담보권자가 부당이득반환청구를 할 수 있다는 견해(참고로 양도담보물, 즉 채무자 이외의 자의 소유에 속하는 동산을 경매한 경우에 관한 판례로 대법원 1998. 3. 27. 선고 97다32680 판결 및 대법원 2003. 7. 25. 선고 2002다39616 판결 등이 있다)가 가능하다.

다만 동산담보권과 양도담보권의 겸유·병존을 인정하는 처지에 선다면 견해 대립 없이 배당받은 일반채권자를 상대로 양도담보권을 근거로 한 부당이득반환청구를 할 수 있을 것이다.

(3) 다른 채권자가 신청한 경매절차에서 동산담보권자의 지위

담보목적물에 대하여 다른 채권자가 신청한 경매절차에서 동산담보권자가 절차 개시사실을 모르고 있는 경우 그 권리에 어떤 영향을 받는지를 살펴보기로 한다. 이에 관해서 먼저 다른 담보권에서의 규율상황을 살펴본 후, 가장 일반적인 형태인 담보권설정자가 담보목적물을 점유하는 형태를 기준으로, 여기에 적용될 수 있는 현행법 해석론을 검토하기로 한다.

(가) 다른 담보권의 경우

① 저당권, 가등기담보권

동산 강제경매에 있어서는, 신청인으로 하여금 등기사항증명서를 필수적 첨부서류로 제출하도록 하고(민집 81조 1항) 집행법원은 그 제출된 등기사항증명서를 기초로 저당권자를 이해관계인으로서 절차 보장 해주며(민집 90조 3호), 배당요구 필요 없이 당연히 배당을 해준다(민집 148조 4호). 가등기담보권자의 경우 배당요구가 필요하지만, 집행법원이 가등기담보권자에게 권리신고 등을 최고해야 하므로(가담 16조), 이로써 배당요구권이 보호될 수 있다.

② 질권

유체동산 질권자는 질물을 점유하고 있고 점유자인 질권자의 승낙이 있어야 압류가 가능하다(민집 191조). 질권자는 압류에 나서는 집행관에게 질물을 제출하는 과정에서 자동적으로 강제경매 사실을 알게 된다.

③ 양도담보권

양도담보권자 모르게 양도담보 목적물에 대한 경매절차가 진행될 경우 배당받을 기회를 보장받지 못하고 매수인의 선의취득 때문에 목적물에 대한 양도담보권을 주장할 수도 없는 점에서 동산담보권자와 유사하다. 그러나 양도담보권자는 양도담보 목적물의 매각대금으로부터 배당받은 일반채권자를 상대로 부당이득반환청구를 할 수 있다(대법원 1997. 6. 27. 선고 96다51332 판결).

4. 사적실행(私的實行)

가. 방 법

동산담보권의 사적실행이라 함은 경매절차에 의하지 아니하고 담보권자가 담보목적물을 취득함으로써 채권의 만족을 얻거나(귀속정산) 이를 제3자에게 처분하여 그 매각대금으로부터 우선변제를 받는 방법(처분정산)으로 담보권을 실행하는 것을 의미한다.

법률에 "정당한 이유가 있는 경우" 담보권자는 담보목적물로써 직접 변제에 충당하거나 담보목적물을 매각하여 그 대금을 변제에 충당할 수 있다(같은 법 21조 2항 본문). 다만 선순위 권리자(담보등기부에 등기되어 있거나 담보권자가 알고 있는 경우로 한정한다)가 있는 경우에는 그의 동의를 받아야 한다(같은 법 21조 2항 단서).

위 '정당한 이유'로는 예를 들어 목적물의 가치가 작아 큰 비용을 들여 경매하는 것이 불합리한 경우, 경매하면 정당한 가격을 받기 어려운 사정이 있는 경우, 공정시세가 있어 경매에 의하지 않더라도 공정한 값을 산출할 수 있는 경우 등을 들 수 있다. 충당의 방법은 담보목적물로써 직접 변제에 충당하는 방식(귀속정산)과 담보목적물을 매각하여 그 대금을 변제에 충당하는 방식(처분정산)이 모두 허용된다.

나. 과실 수취(果實收取)에 의한 충당(充當)

담보권자가 담보목적물을 점유하는 경우에 담보권자는 담보목적물의 과실을 수취하여 다른 채권자보다 먼저 그 채권의 변제에 충당할 수 있다. 다만 과실이 금전이 아닌 경우에는 동산담보법 21조에 따라 질권에서와 같이 그 과실을 경매하거나 그 과실로써 직접 변제에 충당하거나 그 과실을 매각하여 그 대금으로 변제에 충당할 수 있다(같은 법 25조 4항). 이는 담보권자가 수취한 과실을 채권의 변제에 충당하여도 채무자의 이익을 해하지 않고, 또한 그 때문에 담보권자의 피담보채권이 변제되는 것이 후순위권리자 등 이해관계인에게도 도움이 되기 때문이다. 수취한 과실로 변제에 충당할 때 과실이 금전이 아닌 경우에는 담보권의 실행과 같이 임의경매절차를 거칠 수도 있으나 처분정산 등 사적 실행 방법으로도 충당할 수 있도록 하였다(같은 법 25조 4항 후단).

다. 동산담보권(動産擔保權) 실행에 관한 약정

동산담보권 실행에 관하여 담보권자와 담보권설정자는 이 동산담보법에서 정한 실행절차와 다른 내용의 약정(流擔保約定)이 허용된다(같은 법 31조 1항). 다만 동산담보법 23조 1항에 따른 통지가 없거나 통지 후 1개월이 지나지 아니한 경우에도 통지 없이 담보권자가 담보목적물을 처분하거나 직접 변제에 충당하기로 하는 약정은 효력이 없고(같은 법 31조 1항), 그 약정으로 이해관계인의 권리를 침해하지 못한다(같은 법 31조 2항)고 하였다.

민법 339조의 유질계약(流質契約)금지의 취지는 질권자의 폭리(暴利)행위로 채무자가 희생당하는 것을 방지하기 위한 것이었으나 그 유질계약금지가 항상 채무자에게 도움이 된다고 할 수 없고 현실적으로 몹시 곤궁한 채무자는 유질계약의 금지를 위반하면서까지 금전조달을 하고자 하는 경우가 있는데 이를 하지 못하도록 하면 금전조달의 길이 막혀 채무자가 더욱 곤경에 빠지게 될 수도 있기 때문에 동산담보법에서는 원칙적으로 담보권자와 담보권설정자가 법률에서 정하는 담보권실행방법 이외의 방법으로도 담보권을 실행하는 것을 약정할 수 있도록 하였다(동산담보법 31조 1항).

다만 후순위담보권자 등을 보호하기 위하여 사적 실행에 관한 통지를 하지 않기로 하는 등의 약정은 효력이 없도록 하였으며(같은 법 31조 1항 단서) 그 약정으로 이해관계인의 권리를 침해하지 못하도록 하였다(같은 법 31조 2항).

라. 채무자 등에 대한 통지

담보권자가 담보목적물로 직접 변제에 충당하거나 담보목적물을 매각하기 위해서는 그 채권의 변제기 후에 동산담보권 실행의 방법을 채무자 등과 담보권자가 알고 있는 이해관계인에게 통지하고, 그 통지가 그들에게 도달한 날부터 1개월이 지나야 한다. 다만 담보목적물이 멸실 또는 훼손될 염려가 있거나 가치가 급속하게 감소될 우려가 있는 경우에는 그러하지 아니하다(같은 법 23조 1항). 그 통지에는 피담보채권의 금액, 담보목적물 평가액 또는 예상 매각대금, 담보목적물로써 직접 변제에 충당하거나 담보목적물을 매각하려는 이유를 명시하여야 한다(같은 법 23조 2항).

마. 귀속정산(歸屬定算)의 절차

이 경우 담보권자는 담보목적물의 평가액에서 그 채권액을 뺀 금액(청산금)

을 채무자에게 지급할 의무가 있다. 담보목적물에 선순위의 동산담보권 등이 있을 때에는 그 채권액을 계산할 때 선순위의 동산담보권 등에 의하여 담보된 채권액을 포함한다(같은 법 23조 3항). 담보권자는 청산금을 채무자 등에게 지급한 때에 담보목적물의 소유권을 취득한다(같은 법 23조 4항).

담보권자가 목적물을 점유하고 있더라도 청산금을 지급하지 않는 한 소유권은 여전히 담보권설정자에게 있으므로 채무자 등은 피담보채무액을 담보권자에게 지급하고 담보등기의 말소를 청구할 수 있다. 이 경우 담보권자는 동산담보권의 실행을 즉시 중지하여야 한다(같은 법 28조 1항).

바. 처분정산(處分定算)의 절차

이 경우 담보권자는 우선변제를 위해 담보목적물을 매각해야 하는데, 담보권자가 목적물을 점유하고 있는 때에는 문제가 없다. 반면 담보권설정자가 목적물을 점유하고 있는 경우에는 담보권자는 채무자 등에게 담보목적물의 인도를 청구할 수 있다(같은 법 25조 2항). 담보권자는 선량한 관리자의 주의의무로 목적물을 매각해야 하고, 매각대금에서 피담보채권액을 뺀 금액(청산금)을 채무자 등에게 지급해야 한다.

이 경우 담보목적물에 선순위의 동산담보권 등이 있을 때에는 그 채권액을 계산할 때 선순위의 동산담보권 등에 의하여 담보된 채권액을 포함한다(같은 법 23조 3항). 담보권자의 매각으로 채무자 등은 담보권자에 대해 청산금 청구권을 취득한다. 그러나 채무자 등은 담보권자가 제3자와 매매계약을 체결하기 이전이라면 피담보채무액을 담보권자에게 지급하고 담보등기의 말소를 청구할 수 있다(같은 법 28조 1항).

사. 사적실행(私的實行)의 중지

사적실행에 착수하였더라도 귀속정산의 경우에는 청산금을 지급하기 전 또는 청산금이 없는 경우 동산담보법 23조 1항에 따른 통지 후 1개월의 기간이 지나기 전, 처분정산의 경우에는 담보권리자가 제3자와 매매계약을 체결하기 전에 담보목적물에 대해 경매가 개시되는 경우에는 담보권자는 사적 실행을 중지해야 한다(같은 법 23조 5항). 이 규정의 경매에는 일반 채권자의 경매, 선순위 담보권자의 경매, 후순위 담보권자의 경매가 모두 포함된다.

아. 담보목적물 취득자 등의 지위

동산담보법 21조 2항에 따른 동산 담보권의 실행(사적 실행)으로 담보권자(귀속정산의 경우)나 매수인(처분정산의 경우)이 담보목적물의 소유권을 취득하면 그 실행을 한 담보권자의 권리와 그에 대항할 수 없는 권리는 소멸하고(같은 법 24조), 사적실행을 한 담보권자의 권리보다 선순위자의 권리는 소멸하지 않는다.

자. 후순위 권리자의 권리행사

후순위 권리자는 동산담보법 23조 3항에 따라 채무자 등이 받을 청산금에 대하여 그 순위에 따라 청산금이 지급될 때까지 그 권리를 행사할 수 있고, 담보권자는 후순위 권리자가 요구하는 경우에는 청산금을 지급하여야 한다(같은 법 26조 1항). 후순위 권리자는 이 권리를 행사할 때에는 그 피담보채권의 범위에서 그 채권의 명세와 증서를 담보권자에게 건네주어야 한다(같은 법 26조 3항). 담보권자가 위 채권 명세와 증서를 받고 후순위 권리자에게 청산금을 지급한 때에는 그 범위에서 채무자 등에 대한 청산금 지급채무가 소멸한다(같은 법 26조 4항).

위 1항의 권리행사를 막으려는 자는 청산금을 압류하거나 가압류하여야 한다(같은 법 26조 5항). 후순위 권리자는 동산담보법 21조 2항에 따른 동산담보권 실행(사적 실행)의 경우에 같은 법 23조 5항 각 호의 구분에 따라 정한 기간 전까지 담보목적물의 경매를 청구할 수 있다. 다만 그 피담보채권의 변제기가 되기 전에는 같은 법 23조 1항의 기간에만 경매를 청구할 수 있다(같은 법 26조 2항). 그러한 경매청구에 따라 경매가 개시된 경우에는 담보권자는 직접 변제충당 등의 절차(사적실행)를 중지해야 한다(같은 법 23조 5항).

차. 매각대금 등의 공탁

담보목적물의 매각대금 등이 압류되거나 가압류된 경우 또는 담보목적물의 매각대금 등에 관하여 권리를 주장하는 자가 있는 경우에 담보권자는 그 전부 또는 일부를 관할하는 법원에 공탁할 수 있다. 이 경우 담보권자는 공탁사실을 즉시 담보권자가 알고 있는 이해관계인과 담보목적물의 매각대금 등을 압류 또는 가압류하거나 그에 관하여 권리를 주장하는 자에게 통지하여야 한다(같은 법 27조 1항).

담보목적물의 매각대금 등에 대한 압류 또는 가압류가 있은 후에 동산담보법 27조 1항에 따라 담보목적물의 매각대금 등을 공탁한 경우에는 채무자 등의 공탁금출급청구권이 압류되거나 가압류된 것으로 본다(같은 법 27조 2항). 담보권자는 위 1항에 따른 공탁금의 회수를 청구할 수 없다(같은 법 27조 3항).

카. 이의신청

이해관계인은 담보권 실행을 위한 경매에 대하여 민사집행법에 따라 이의신청을 할 수 있고(같은 법 30조 3항), 담보권자가 위법하게 동산담보권을 실행하는 경우에 관할 법원에 동산담보법 21조 2항에 따른 동산담보권 실행의 중지 등 필요한 조치를 명하는 가처분을 신청할 수 있다(같은 법 30조 1항). 법원은 위 가처분신청에 관한 결정을 하기 전에 이해관계인에게 담보를 제공하게 하거나 제공하지 아니하고 집행을 일시 정지하도록 명하거나 담보권자에게 담보를 제공하고 그 집행을 계속하도록 명하는 등 잠정처분을 할 수 있다(같은 법 30조 2항).

제4장
유체물 인도청구권의 집행사무

제1절 금전채권 외의 채권에 기초한 강제집행과 집행관사무

1. 총 설

민사집행법 제3장은 금전채권 외의 채권에 기초한 강제집행에 관하여 규정하고 있다. 이러한 금전채권 외의 채권은 크게 나누어 "물건의 인도 등을 목적으로 하는 채권"과 그 밖의 "작위나 부작위를 목적으로 하는 채권"으로 나눌 수 있다. 이러한 채권에 기초한 강제집행은 금전채권처럼 다수당사자의 경합으로 말미암은 이해관계의 조정이 필요하지 아니하고, 그 채권을 현금화하는 절차도 요구되지 않으므로 민사집행법은 이에 관하여 불과 7개의 조문만을 두고 있다.

이러한 금전채권 외의 채권에 관한 강제집행방법으로는 직접강제, 대체집행 및 간접강제의 3가지를 들 수 있다. 직접강제는 국가기관이 유형력을 행사하여 채무자의 의사에 불구하고 채권의 내용을 실현하는 집행방법을 말하고, 대체집행은 채무자의 비용부담으로 채권자 또는 제3자로 하여금 채무자에 갈음하여 채무의 내용을 실현하게 하는 집행방법을 가리킨다.

그리고 간접강제는 채무자가 임의로 이행하지 않는 경우 채무자에게 배상금의 지급을 명하거나 채무자를 구금 하는 등의 수단을 써 채무자에게 심리적 압박을 가함으로써 그 채권의 내용을 실현하게 하는 집행방법을 의미한다. 특수한 집행방법으로서 의사표시를 할 것을 목적으로 하는 채권에 있어서는 의사의 진술을 명하는 집행권원에 의하여 의사의 진술이 있는 것으로 간주 한다 (민집 263조 1항). 다만 금전채권 외의 채권에 기초한 강제집행 중 집행관은 주는 채무의 집행 및 대체집행의 작위 실시자로서의 사무를 담당하게 된다.

2. "물건의 인도 등을 목적으로 하는 채권"에 기초한 강제집행

이러한 채권에 대응하는 채무를 "주는 채무"라고 부른다. 이러한 채권에 관한 강제집행에 관하여 민사집행법은 동산인도청구권의 집행(민집 257조), 부동산이나 선박인도청구권의 집행(민집 258조) 및 목적물을 제3자가 점유하는 경우의 집행(민집 259조) 등 세 조문을 두고 있다. 이러한 "주는 채무"에 관한 강제집행의 방법은 원칙적으로 직접강제에 의한다. 다만 예외적으로 간접강제가 허용되는 때도 있다.

3. "작위나 부작위를 목적으로 하는 채권"에 기초한 강제집행

> **민사집행법**
>
> **제260조(대체집행)**
> ① 민법 제389조 제2항 후단과 제3항의 경우에는 제1심법원은 채권자의 신청에 따라 민법의 규정에 따른 결정을 하여야 한다.
> ② 채권자는 제1항의 행위에 필요한 비용을 미리 지급할 것을 채무자에게 명하는 결정을 신청할 수 있다. 다만 뒷날 그 초과비용을 청구할 권리는 영향을 받지 아니한다.
> ③ 제1항과 제2항의 신청에 관한 재판에 대하여는 즉시항고를 할 수 있다.
>
> **제261조(간접강제)**
> ① 채무의 성질이 간접강제를 할 수 있는 경우에 제1심법원은 채권자의 신청에 따라 간접강제를 명하는 결정을 한다. 그 결정에는 채무의 이행의무 및 상당한 이행 기간을 밝히고, 채무자가 그 기간 이내에 이행하지 아니하는 때에는 늦어진 기간에 따라 일정한 배상을 하도록 명하거나 즉시 손해배상을 하도록 명할 수 있다.
> ② 제1항의 신청에 관한 재판에 대하여는 즉시항고를 할 수 있다.

강학상 이러한 채권에 대응하는 채무를 "하는 채무"라고 부른다. 이러한 채권에 관한 강제집행은 다시 그 방법에 따라 대체집행(민집 260조)과 간접강제(민집 261조)로 나눌 수 있다. 양자의 구별은 주로 그 채무의 성질이 대체성이 있는지에 따른다. 의사표시를 할 것을 목적으로 하는 채권도 성질상으로는 작위를 목적으로 하는 대체성이 없는 채무라 하겠으나 민사집행법은 이러한 채권의 강제집행에 관하여 특칙을 두고 있다(민집 263조).

가. 유체물의 인도 청구권에 관한 실무사례240)

> 공장저당권의 목적물인 기계·기구에 대하여 저당권설정 이전에 양도담보 계약이 체결된 경우 양도담보권자의 강제집행 가능 여부
>
> * 공장 및 광업재단 저당법 제3조 및 4조에 따라 저당권의 목적이 되는 물건은 토지나 건물과 함께하지 아니하면 압류, 가압류 또는 가처분의 목적으로 하지 못하므로 (위 법 제8조 제2항) 원칙적으로 유체동산 집행목적물로 삼을 수는 없다. 다만 위 법률의 규정에 따라 저당권의 목적이 되는 것으로 목록에 기재되어 있는 동산이라고 하더라도 그것이 저당권설정자 아닌 제3자의 소유일 때 위 저당권의 효력이 미칠 수 없고 그 목록에 기재되어 있는 동산이 점유개정 방법에 따라 이미 양도담보에 제공된 경우에도 그 동산은 제3자인 저당권자와의 관계에서 있어서는 양도담보권자의 소유에 속하므로, 마찬가지로 위 공장저당법에 따른 저당권의 효력이 미칠 수 없다.241)
>
>   따라서 위 설정등기 이전에 위 기계·기구를 목적물로 한 양도담보부 소비대차 공정증서를 작성한 경우, 이를 집행권원으로 한 채권자의 위임을 근거로 하여 집행관은 위 기계·기구에 대하여 압류집행을 할 수 있을 것이다.242)

제2절 동산인도청구권의 집행

1. 특정동산인도청구권의 집행사무

> **민사집행법**
>
> **제257조(동산인도청구의 집행)**
> 채무자가 특정한 동산이나 대체물의 일정한 수량을 인도하여야 할 때에는 집행관은 이를 채무자로부터 빼앗아 채권자에게 인도하여야 한다.

---

240) 전국법원집행관연합회. 2024. 집행관업무편람 296면 요약
241) 대판 2003. 9. 26. 선고 2003다29036
242) 대판 1999. 9. 7. 선고 98다47283

> **민사집행규칙**
>
> **제186조(동산인도청구의 집행)**
> ① 집행관은 법 제257조에 규정된 강제집행의 장소에 채권자 또는 그 대리인이 출석하지 아니한 경우에 목적물의 종류·수량 등을 고려하여 부득이하다고 인정하는 때에는 강제집행의 시행을 유보할 수 있다.
> ② 집행관은 제1항의 강제집행의 장소에 채권자 또는 그 대리인이 출석하지 아니한 경우에 채무자로부터 목적물을 빼앗은 때에는 이를 보관하여야 한다.
> ③ 법 제257조에 규정된 강제집행에 관하여는 제133조와 법 제258조 제3항 내지 제6항의 규정을 준용한다.

가. 개 설

금전의 지급을 목적으로 하지 않는 유체물의 인도를 목적으로 하는 청구에(Sachforderung) 관하여 집행관이 실력으로 청구채권의 만족을 도모할 수 있는 경우이어야 한다. 민사집행법 257조 본문은 특정의 동산(Bewegliche Sache)이라고 하고 있지만, 그것은 유체동산을 의미한다는 것에 이론이 없다.[243] 집행채권자가 동산의 인도를 받을 경우가 일반적이지만 제3자에게 점유를 취득시키는 경우를 포함한다.

나. 집행의 대상

(1) 특정의 동산

동산인도청구란 동산의 직접점유, 즉 현실적인 지배의 이전을 목적으로 하는 청구를 말한다. 따라서 여기에서 말하는 동산은 유체동산만을 의미한다. 유체동산이면서 특정되어 있으면 1개이든 집합물이든 불문하고 나아가 특정의 유체동산의 일정 수량이라도 좋다. 따라서 창고 내에 있는 여주 쌀 500킬로, 항공기, 자동차, 건설기계와 같은 것도 이에 포함되며, 금전채권을 위한 집행은 아니므로 목적물이 재산적 가치를 가질 것은 필요하지 않으며, 문서나 유가증권 또는 압류금지물건이더라도 동산인도청구의 목적물이 될 수 있다. 반면 선박은 원래 동산이지만 그 인도청구에 있어서는 부동산에 따르는 것으로 취급된다(민집 258조).

---

[243] 日本國, 兼子, 執行 276면.

전기나 열과 같은 지배가 가능한 자연력은 재산이라고 말할 수 있지만, 그 공급의무를 이행하기 위하여 특별한 장치와 그 조작이 필요하므로 이는 "하는 채무"에 속하고 따라서 동산인도청구의 방법에 따라 집행할 수 없으며 대체집행이나 간접강제의 방법에 따라야 한다. 수돗물이나 가스의 공급도 마찬가지이다. 다만 용기에 들어 있는 물이나 가스의 공급을 구하는 채권의 강제집행은 민사집행법 257조의 동산인도청구의 집행에 의한다. 목적 동산의 부합물 또는 종물인 동산(예를 들어 자동차에 설치된 블랙박스, 내비게이션 등)은 집행권원에 표시가 없어도 성질상 목적 동산과 일체를 이루는 것이므로 집행의 대상이 된다.244)

선택채무의 집행을 하기 위해서는 미리 선택으로 집행의 목적물이 특정되어야 한다. 집행개시 전에 이미 선택권의 행사로 목적물이 특정되어 있으면 그 집행에 별다른 문제는 없다. 그리고 집행개시 전에 아직 선택되지 않은 경우에도 선택권이 채권자에게 있으면 집행과 동시에 선택하면 된다. 그러나 선택권이 채무자에게 있는 경우에는 채권자는 상당한 기간을 정하여 채무자에게 선택을 최고 할 수 있고, 그 기간 내에 채무자가 선택하지 아니하면 채권자가 선택권을 행사할 수 있다(민법 381조 1항, 2항).

채무자가 채권자에게 금전을 인도하여야 하는 채권의 강제집행은 일반적인 금전채권에 관한 강제집행에 의한다. 그러나 현재 통용되지 않고 있는 고화(古貨) 등 특정금전의 인도를 목적으로 하는 특정금전채권이나 당사자 사이의 특약에 의하여 오로지 일정한 종류의 금전으로써만 인도하여야 하는 이른바 절대적 금종채권(金種債權)은 동산인도청구의 방법에 따라 집행한다.

---

244) 日本國, 深澤, 執行(下), 819면.

나-1. 유아(幼兒)의 인도청구 실무사례 등

유아인도 판결 이후 유아가 외국에 있게 된 경우 집행 방법[245]
* 외국에서 강제집행을 할 사유가 있는 경우에 그 외국 공공기관의 법률상 공조를 받을 수 있는 때에는 제1심법원이 채권자의 신청에 따라 외국 공공기관에 이를 촉탁하거나 외국에 주재하는 대한민국 영사에 의하여 강제집행을 할 수 있는 때에는 제1심 법원은 그 영사에게 이를 맡길 수 있으나(법 제55조), 여기서 강제집행의 의미는 우리나라 법상의 강제집행 절차를 구성할 집행행위가 우리나라 밖에서 행하여지는 경우를 말하는 것이므로, 위와 같은 강제집행을 위해서는 우리나라와 그 외국과의 사이에 조약 등에 의하여 공조를 인정할 때 한하고, 그 공조를 위한 조약을 체결한 바가 없으므로 아직 실효성이 있는 규정이라고 아니라고 할 것이다. 따라서 우리 나라 법원의 판결에 대한 효력을 외국법이 승인하여 그 나라의 법률에 기초하여 집행을 실시하는 거는 모르되, 그 절차 없이 우리나라 판결에 기초하여 집행행위만을 외국에서 실시할 수는 없을 것이다.

유아 인도를 명하는 재판의 집행절차(대법원 예규(재특 82-1)**)**
유아인도를 명하는 재판(화해, 조정 등의 조서를 포함한다)이 있는 경우에 이를 집행관에 의한 유체동산인도 집행절차에 따라 집행할 수 있는지, 아니면 간접강제의 방법에 따라 집행하여야 하는지에 관한 견해의 대립이 있어 실무상의 혼란과 당사자의 불편이 초래되고 있는바, 이에 관한 지침을 다음과 같이 시달하니 업무처리에 착오 없기 바랍니다.

다음

1. 집행의 방법
유체동산인도청구권의 집행절차에 따라 집행관이 이를 강제집행 할 수 있다. 이 경우 집행관은 그 집행에 있어서 일반 동산의 경우와는 달리 수취할 때에 세심한 주의를 하여 인도에 어긋남이 없도록 하여야 한다. 다만 그 유아가 의사능력이 있는 경우에 그 유아 자신이 인도를 거부하는 때에는 집행할 수 없다.

2. 집행관의 수수료 및 비용
가. 수수료
유체동산 인도집행에 따라 집행관수수료규칙 제11조에 정한 수수료를 지급 받되, 그 금액은 목적물가액이 10만 원을 초과하는 경우에 따른다.
나. 비용
통상의 집행비용(집행관의 여비, 숙박료 등) 외에 따로 유아의 인도집행을 위하여 지출한 비용이 있을 때에는 위 규칙 제20조 제7호에 의하여 이를 받을 수 있다.

---

[245] 전국법원집행관연합회, 2024, 집행관업무편람 297면

의사능력이 없는 유아의 인도청구권의 집행방법에 관하여 학설상 직접 강제설과 간접강제설 등의 대립이 있다. 대법원예규 '유아인도를 명하는 재판의 집행절차'(재특 82-1)는 유아인도를 명하는 재판에 기초한 강제집행은 유체동산인도청구권의 집행절차에 따라 집행관이 강제집행 할 수 있으나 집행관은 그 집행에 있어서 일반 동산의 경우와는 달리 수취할 때에 세심한 주의를 하여 인도(人道)에 어긋남이 없도록 하여야 한다고 규정하여 직접 강제설의 입장에서 있다.

이 경우에는 동산인도집행에 따라 집행관에게 집행관수수료규칙 11조에 정한 수수료를 지급하되 그 금액은 목적물가액이 10만 원을 초과하는 경우에 따르며 통상의 집행비용 외에 따로 유아의 인도 집행을 위하여 지출한 비용이 있을 때에는 집행관은 집행관수수료규칙 20조 7호에 의하여 이를 받을 수 있다. 반면 의사능력이 있는 유아의 경우에 그 유아 자신이 인도를 거부하는 때에는 집행할 수 없으므로, 이때에는 채무자에 대하여 채권자의 인수를 방해하지 아니할 부작위의무의 집행만을 인정하여야 한다고 보는 것이 일반적이다.

그런데 가사소송법 64조 1항 2호는 유아의 인도의무를 이행하여야 할 사람이 그 의무를 이행하지 아니할 때에는 가정법원이 당사자의 신청에 따라 일정한 기간 내에 그 의무를 이행할 것을 명하는 이행명령의 제도를 규정하고, 가사소송법 67조 1항, 68조 1항 2호는 그 실효성을 담보하기 위하여 이에 불응하는 사람을 과태료나 감치에 처할 수 있도록 규정하고 있어 일종의 간접강제를 인정하고 있다.

이러한 가사소송법의 규정이 있다고 하여 종전처럼 직접강제가 전혀 불가능하다고 할 수는 없고, 직접강제와 가사소송법에 따른 간접강제가 병존하는 것이라고 보아야 한다. 다만 양자 중 어느 것이 원칙적인가가 문제 되는데, 이에 관하여는 유아에 대한 인도청구권집행을 위하여 직접강제를 행사하는 것은 유아에 대하여 바람직하지 못한 결과를 가져오기 쉬우므로 원칙적으로는 가사소송법에 따른 간접강제에 의하고 간접강제만으로는 실효성이 없거나 긴급한 사정이 있는 때에 한하여 예외적으로 직접강제에 의하는 것으로 보는 것이 타당하다.[246]

---

[246] 법원행정처, 2014, 법원실무제요, 민사집행(Ⅲ), 493면.

다. 인도청구권의 성질

인도청구권은 채권적이든 물권적이든 어느 것도 무방하다. 또한, 그것이 새로운 급부를 청구하는 것인지 반환을 구하는 것인지 불문하고 채무자가 채권자에게 직접 인도를 하여야 할 의무를 부담하는 경우 외에 제3자에 대하여 인도하여야 할 의무를 부담하는 경우에도 민사집행법 257조에 의한다.

나아가 그 인도가 단순히 점유를 이전하는 것뿐 아니라 소유권이나 질권과 같은 권리의 이전이나 설정 등을 목적으로 하는 경우에도 인도 부분 그 자체는 직접강제의 방법에 따라 집행된다.

특정물의 공탁을 청구할 권리의 강제집행도 마찬가지이다. 다만 금전 공탁 의무의 집행은 금전채권의 집행방법에 따른다. 서류 등의 제시·열람 청구에 관하여는 민사집행법 257조에서 채권자에 대한 인도보다 채무자로부터의 수취가 더 중요한 의미가 있는 것이므로 민사집행법 257조에 의하여야 한다는 견해와 간접강제에 의하여야 한다는 견해가 있다.

물건을 제작·가공한 다음 인도할 것을 내용으로 하는 청구권은 집행관이 실력으로 직접 그 청구권을 실현할 수 없으므로 곧바로 인도 집행을 할 수 없고 대체집행이나 간접강제에 의한 제작·가공 등의 집행이 선행되어야 하며, 그렇게 하여 완성된 물건의 인도는 직접강제의 방법에 따른다. 그러나 채무자가 물건을 포장하고 짐으로 꾸려서 이행지로 발송하라는 취지의 부수적 의무를 부담하고 있더라도 목적인 물건의 인도의무를 집행할 수 있고, 그 채무의 집행에 있어서 포장, 짐 꾸리기, 발송 등의 이른바 부수적 작위의무를 채권자가 우선 자기의 비용을 들여 마친 때에는 채무자로부터 그 비용을 집행비용으로 받아낼 수 있다.

라. 인도의 의의

유체물의 인도란 채무자가 목적물의 직접점유, 즉 현실의 지배를 채권자 또는 제3자로 하여금 취득하게 하는 것이다. 따라서 점유개정(민법 189조)이나 목적물반환청구권의 양도(민법 190조) 방법에 따른 간접점유의 설정·이전이나 공유지분이전의 청구는 의사표시에 의한 관념적인 법률효과의 발생을 목적으로 하는 것이므로 의사표시를 구하는 청구의 집행(민집 263조)에 의하여야 한다.

단순히 집행관이 말로써 집행의 목적인 동산에 대한 채무자의 점유를 풀고 이를 채권자에게 인도한다는 것을 관계자에게 알리는 것만으로는 그 점유가 채권자에게 이전되었다고 할 수 없고, 반드시 현실적인 점유의 이전이 있어야 한다.

마. 집행의 절차
(1) 집행기관
인도청구의 집행기관은 물건의 소재지를 담당하는 지방법원(지원 포함) 소속의 집행관이 된다.

(2) 집행의 신청
동산의 인도 집행은 집행관이 채무자로부터 목적 동산을 빼앗아 채권자에게 인도하는 방법에 따라 행하는 것이므로 집행의 신청은 목적 동산의 소재지를 관할하는 지방법원 또는 지원의 집행관에게 하여야 한다.

(3) 집행의 방법
(가) 인도대상의 특정
동산인도의 집행에서는 인도의 대상이 특정되어야 한다. 그러나 그 대상이 하나하나 개별적으로 특정될 필요는 없다. 동산의 집합체라도 집행권원에서 그 대상을 명확히 하는 경우(특정 도서실 내의 장서, 특정 선박 내 화물 등)에는 사전에 집행 대상이 개별적으로 특정되어 있다고 보아야 한다.

(나) 강제력 사용 등
집행관은 집행하기 위하여 필요한 경우에는 채무자의 주거·창고, 그 밖의 장소를 수색하고 잠근 문과 기구를 여는 등 적절한 조치를 할 수 있고, 저항을 받으면 경찰 또는 국군의 원조를 요청할 수 있다(민집 5조 1항, 2항). 유체물의 인도 집행은 집행관이 강제력을 가지고 직접 채무자로부터 목적물을 취득하여 이것을 채권자 또는 제3자에게 인도시키는 직접강제의 방법으로 이루어진다.
따라서 동산인도청구권의 집행은 간접강제의 방법에 따라는 허용되지 않는다고 한다.[247]

---

[247] 大審決, 昭和 5. 10. 23, 民執 9권, 983면.

(다) 강제집행 시행의 유보

부동산 인도집행처럼 채권자나 그 대리인 등이 인도받기 위하여 출석하는 것(민집 258조 2항)은 집행의 요건이 아니지만, 채권자나 그 대리인이 출석하지 아니한 경우에 집행관은 목적물의 종류, 수량 등을 고려하여 부득이하다고 인정한 때에는 강제집행의 시행을 유보할 수 있다(민집규 186조 1항).[248]

집행관의 이러한 유보조치에 대하여는 집행에 관한 이의신청(민집 16조)을 할 수 있으며, 이때 집행법원은 민사집행규칙 186조 1항의 요건 유무를 심사하게 된다. 집행관이 이 강제집행을 유보한 때에는 다음 집행기일을 지정하여 채권자에게 통지하는 때에 채권자 또는 그 대리인이 출석하여 달라고 요구해야 할 것이다.

(라) 강제집행을 한 경우의 조치

집행관은 위 강제집행의 장소에 채권자 또는 그 대리인이 출석하지 아니한 경우에 채무자로부터 물건을 빼앗은 때에는 이를 보관하여야 한다(민집규 186조 2항). 인도 집행의 목적인 동산 중에 목적물이 아닌 동산이 있는 경우에 그 동산의 인도, 보관, 매각 등에 관해서는 부동산인도청구의 집행에서와 같이 채무자나 채무자와 같이 사는 사리를 분별할 지능이 있는 친족 또는 채무자의 대리인이나 고용인에게 인도하여야 한다(민집규 186조 3항, 민집 258조 3항, 4항).

이 경우에 그 동산을 이러한 사람에게 인도할 수 없을 때에는 집행관은 그 동산을 채무자의 비용으로 보관하여야 한다(민집규 186조 3항, 민집 258조 5항). 이 보관비용은 집행비용이 되므로 채권자는 집행법원의 비용액확정결정을 얻은 다음 별도로 이를 채무자로부터 추심할 수 있다.

집행관이 위 동산을 보관한 후에도 역시 채무자에게 동산을 인도할 수 없을 때에는 집행관은 집행법원의 허가를 받아 동산에 대한 강제집행의 매각절차에 따라 매각할 수 있고, 동산을 매각한 때에는 그 매각대금에서 매각 및 보관의 비용을 뺀 뒤에 나머지 대금을 공탁하여야 한다(민집규 186조 3항, 민집 258조 6항).

---

[248] 법원행정처, 2003, 민사집행규칙 해설, 509면.
　　이는 인도 집행의 대상인 동산의 종류, 수량 등이 다양하고 그 취급에 특수한 지식 또는 기능을 요하는 것이 있어 채권자 또는 그 대리인이 집행 장소에 출석하지 아니하면 집행관이 채무자로부터 동산을 넘겨받은 후 채권자에게 인도할 때까지 목적 동산의 운반이나 보관에 어려움이 있는 경우가 있어서 배려한 것이다.

이 공탁은 일종의 변제공탁이고, 공탁금의 지급은 피공탁자의 출급청구에 따라서 이루어진다. 동시에 집행하여야 할 여러 개의 목적물 중 일부가 집행관의 관할구역 밖에 있는 경우에는 관할구역 밖의 물건에 대하여도 동산의 압류에 관한 민사집행규칙 133조를 준용하여 집행할 수 있다(민집규 186조 3항).

이 경우에 집행하여야 할 물건이 본원과 지원 또는 지원 상호 간의 관할에 흩어져 있는 경우에 소속법원장의 허가를 받도록 하고 있는 집행관 규칙 4조 2항은 적용되지 않는다. 목적물에 관하여 압류, 가압류 또는 집행관 보관의 가처분 집행이 있었을 때에는 인도집행을 할 수 없는 것으로 보아야 한다. 이러한 경우에 인도청구채권자는 제3자이의의 소에 의하여 구제를 받을 수 있다.

채권자의 이른바 대상청구(代償請求)에 따라 동산의 인도와 그 집행 불능 경우의 금전배상을 아울러 명하는 집행권원의 집행에서는 1차적으로 본래의 동산집행을 하여야 하고 그것이 불가능할 경우에만 금전 집행에 착수할 수 있다. 채무자로서도 동산의 인도가 가능하지만, 보충적 집행목적물인 금전을 지급함으로써 채무를 면하지는 못한다.[249]

동산인도청구권의 집행은 목적물을 채권자 그 밖에 이를 인도받을 사람에게 인도하거나 인도받을 사람이 불출석한 때에는 집행관이 이를 보관한 때에 종료된다. 따라서 집행종료 후에 다시 채무자가 이를 점유하게 된 때(예를 들어, 가축이 채무자에게로 돌아간 때)에는 새로운 집행권원이 없으면 집행할 수 없다. 목적물이 누구의 수중에 있는지 불명인 때에는 집행은 사실상 불능으로 되고, 이 경우 가령 채무자가 그 소재를 알고 있다고 하더라도 채무자로 하여금 이를 밝히도록 강제하는 방법은 없다.

바. 제3자이의의 소 제기시기

제3자이의의 소(민집 48조)는 구체적인 집행처분이 현존하는 경우에 한하여 가능한 것으로서 집행에 착수하기 전에는 구체적 집행처분이 존재하지 아니하므로 원칙적으로 제3자이의의 소는 허용되지 않는다. 그러나 특정물인도집행의 경우에는 집행권원에 이미 집행목적물이 특정되어 있어 집행권원의 존재 자체로 집행의 위험이 명백하고, 집행개시를 기다려 제3자이의의 소를 제기

---

[249] 대판 1958. 5. 29. 4291민상15

하게 하면 제3자 구제의 실효를 거두기 어려우므로 이때에는 집행착수 전이라도 제3자이의의 소를 제기할 수 있다고 보는 것이 일반적이다. 이러한 법리는 특정동산의 경우뿐만 아니라 특정부동산의 경우에도 적용된다. 한편 동산인도 집행이 종료한 후에는 제3자이의의 소를 제기할 수 없다.[250]

사. 집행의 종료와 그 통지

동산의 인도집행은 집행의 대상이 된 동산을 채권자, 그 밖에 이를 인도받을 제3자에게 인도하거나 인도받을 사람이 불출석한 때에는 집행관이 이를 보관한 때에 종료한다. 동산의 인도집행을 마친 때에는 집행관은 채무자에 대하여 그 취지를 통지하여야 한다(민집규 187조). 채권자나 그 대리인이 집행 장소에 출석하지 아니한 때에는 채권자가 집행관에게 집행의 결과를 확인하여야 할 것이므로, 집행관이 채권자에게 통지할 의무는 없다.

아. 특정동산 인도청구권집행 관련 실무사례

(1) **특정동산 인도집행과 동산 압류집행이 경합한 경우의 처리 실무**[251] 「昭和 54 執研」
* 유체동산압류의 신청을 근거로 하여 압류 착수 전에, 별도의 채권자로부터 동일 채무자에 대하여 특정동산의 인도를 명한 확정판결을 근거로 하여 강제집행의 신청이 있다. 이 양 집행은 어느 쪽을 우선시켜야 하는가? 또 한, 위 특정동산 인도 집행의 신청채권자로부터 압류착수 전의 위 유체동산압류신청기록의 열람을 구해온 경우 이에 응해야 하는가?
* 집행관은 사건 수리의 순서에 따라서 집행을 해야 하므로(집수규 5조의 2, 현행집행관 규칙 9조), 설문의 경우는 유체동산압류를 먼저 행하게 된다. 특히 인도 집행의 대상물건을 압류하지 않더라도 다른 물건에 의하여 금전 집행의 목적을 달성할 수 있는 경우에는, 억지로 위 대상물건을 먼저 압류해야 하는 것은 아니다. 또한, 압류가 선행하는 물건에 관하여 후에 인도 집행을 할 수는 없다. 또한, 설문의 동산인도집행을 구하는 채권자는 집행관법 17조 2항에서 말하는 이해관계인에 해당하기 때문에 동산압류신청기록의 열람에 응해야 한다.

(2) **대형기계에 대한 인도 집행에서 건물훼손의 修因한도**[252] 「昭和 53 大阪」
* 대형기계의 인도 집행에서 건물 일부를 훼손하지 않으면 반출할 수 없는 경우, 반출함으로써 생긴 건물훼손의 정도 및 손해가 수인한도를 초과한다고 인정되는

---

250) 대판 1972. 4. 25. 72다52

경우에는, 해체할 수 있는 것은 해체하여 반출하고, 그것도 할 수 없는 경우에는 집행 불능으로 하는 것이 적절한 처리라고 해석되지만, 수인한도란 어떤 정도를 말하는가? 또한, 건물이 훼손된 경우 집행관에게는 수리의무가 있는가?
* 건물이 채무자 소유인 경우와 제3자의 소유인 경우가 다르다.

　(가) 채무자의 소유인 경우

　본래는 채무자는 건물을 파괴해서라도 대형기계를 반출해 줄 의무가 있기 때문에 수인한도는 상당히 넓게 인정해도 좋다. 그러나 수리비용이 기계의 가액을 상회할 정도라면 건물을 훼손하는 것은 허용되지 않을 것이다. 원칙적으로 집행관에게 수리의무는 없지만, 건물의 보존행위로써 필요한 최소한의 수리는 필요하다.

　(나) 제3자 소유인 경우

　수인한도는 상당히 좁게 원칙적으로는 수인할 수 없다. 따라서 미리 채권자로 하여금 건물소유자의 승낙을 얻도록 한 다음에 건물을 훼손할 수 있고, 승낙이 없는 한 원칙적으로 집행하지 않는 것이 타당할 것이다. 또한, 수인한도에 관하여는 사회통념에 의하여 결정할 수밖에 없다.

(3) 자동차인도 집행의 집행방법253) 「昭和 59 長崎」

* 자동차인도 집행에서

　(가) 집행신청서에 기재된 장소와 현장의 소재지가 다른 경우의 집행 가부

　(나) 자동차가 제3자의 소유지 내에 있는 경우 강제출입 할 수 있는가?

* (가)의 경우 자동차는 목적물 자체가 이동을 상시로 하는 성질을 가지고 있기 때문에 집행에 임해서는 신청서 기재의 장소 이외의 장소에 주차하고 있는 것이 판명된 때는, 현실로 주차하고 있는 장소에 임하여 집행할 수 있다고 판단된다.

　(나) 자동차가 제3자의 소유지 내에 주차하고 있는 경우 집행을 위하여 그 토지에 출입함에는 원칙적으로 그 제3자의 승낙이 필요하다.

(4) 자동차인도 집행에서 차내의 물품 등의 처리254) 「昭和 44 廣島」

* 자동차를 채권자에게 인도하거나 가처분의 집행으로서 집행관이 보관하는 장소에서 다음 물품(자동차에 부착된 카스테레오, 냉방기, 장식 또는 경고용 램프류)은 어떻게 처리해야 하는가?

* 특별한 신청이 없는 한 동일소유자에게 속하는 것으로 처리해도 좋고, 그 물품이 자동차에 부가되어 일체를 이루고 있지 않은 경우에도 주물, 종물의 관계에 있다고 인정되는 이상 집행의 목적물범위 내에 있는 것으로 처리해도 좋다. 제3자가 부착한 것인 때는 그 부착 상태에 따라 민법 243조의 부합의 성부를 판단해야 한다. 간단하게 제거할 수 있는 것으로 부합하고 있지 않은 때는 그것을 제거한 다음 자동차를 인도해야 한다.

2. 대체물의 일정한 수량의 인도를 목적으로 하는 청구권의 집행

가. 인도청구권의 성질

대체물의 일정 수량의 인도를 목적으로 하는 청구권은 항상 채권적이다. 대체물과는 같은 종류, 같은 품질, 같은 수량의 물건으로 갈음할 수 있는 유체동산이기 때문에 집행관은 집행에 임하여 채무자의 수중에 있는 물건 중에서 이에 해당하는 물건의 일정 수량을 선택하고 이를 집행의 대상으로 삼으면 충분한 것이다. 따라서 특정 유체동산의 인도를 목적으로 하는 것도 아니고, 대체물의 일정 수량을 목적으로 하는 것도 아닌 인도청구권에 관해서는 본조에 의하여 집행할 수 없다. 예컨대, 젖소 1두의 인도와 같이 부대체적 불특정물의 급부청구권 같은 경우이다.

나. 인도의 대상

같은 종류이고 같은 품질이면 어떠한 것이든 집행의 대상이 될 수 있으므로 구태여 채무자가 지정할 필요는 없고 채무자가 점유하고 있으면 집행관이 어느 것이나 특정하여 빼앗아 감으로써 집행한다. 반면 집행목적물이 불특정물이지만 대체물은 아닌 경우, 예를 들어 말 1필의 인도의무 같은 경우에는 직접강제의 방법으로 직접 집행할 수는 없고, 이 경우에는 집행목적물의 특정을 위하여 간접강제 등의 절차를 밟아야 한다.

다. 집행기관과 집행절차

그 집행기관과 집행절차는 특정동산인도청구의 경우와 거의 마찬가지이다. 대체물의 일정수량이라고 하더라도 집행채권이 이른바 제한적 종류채권인 경우(예: 여주농업협동조합 창고 내 여주 쌀 500kg 등)에는 이미 대상이 개별적으로 특정되어 있다고 보아야 한다. 대체물의 일정 수량으로서 통상의 종류채권인 경우에도 그 종류가 집행권원에 명확하게 특정이 되어 있으면 그 이상의 개별적 특정은 집행관이 집행현장에서 결정하면 충분하다.[255]

---

251) 日 最高裁判所 事務總局, 2011, 執行官事務(第4版), 「450」
252) 전게서, 「449」
253) 전게서, 「443」
254) 전게서, 「446」

다만 집행목적물의 종류·품질이 집행권원에 표시된 것에 해당하는지는 집행관이 판단함이 원칙이나, 그 판단이 곤란할 때에는 감정인의 감정을 거쳐 집행목적물을 결정할 수도 있다. 그 목적물의 결정에 관한 집행관의 판단에 이의가 있을 때에는 집행에 관한 이의(민집 16조)를 신청할 수 있으나, 그 성질상 집행절차가 신속하게 종결되는 것이 보통이므로 실효성 있는 구제수단이 되기 어렵다.

라. 집행의 종료와 통지

앞에서 설명한 대로 동산인도의 집행은 목적물을 채권자 또는 그 밖에 이를 인도받을 제3자에게 인도하거나, 인도받을 자가 불출석한 때에는 집행관이 이를 보관한 때에 종료된다. 동산의 인도집행을 마친 때에는 집행관은 채무자에게 그 취지를 통지하여야 한다. 집행현장에 채무자가 있는 경우에는 집행을 종료한 후 그 사실을 말로 알리면 될 것이다(민집규 8조 1항). 채권자나 그 대리인은 집행 장소에 출석하지 아니한 때에도 채권자가 집행관에게 집행의 결과를 확인하여야 할 것이므로 집행관이 이를 채권자에게 통지할 의무는 없다.[256]

마. 동산인도의 강제집행 예에 따르는 경우

동산인도의 강제집행 예에 따르는 것으로는 압류물의 인도명령 집행(민집 193조), 자동차 집행에 있어서의 인도명령 집행(민집규 111조 1항), 건설기계 인도명령집행(민집규 130조), 채권증서의 인도집행(민집 234조 2항), 집행관 보관의 가처분 집행(민집 305조, 301조, 291조) 등이 있다.

---

255) 한국 사법행정학회, 2012, 주석 민사집행법(Ⅵ), 49면.
256) 법원행정처, 2003, 민사집행규칙해설, 511면.

제3절 부동산·선박 인도청구권의 집행사무(직접강제)

> **민사집행법**
>
> **제258조(부동산 등의 인도청구 집행)**
> ① 채무자가 부동산이나 선박을 인도하여야 할 때에는 집행관은 채무자로부터 점유를 빼앗아 채권자에게 인도하여야 한다.
> ② 제1항의 강제집행은 채권자나 그 대리인이 인도받기 위하여 출석한 때에만 한다.
> ③ 강제집행의 목적물이 아닌 동산은 집행관이 제거하여 채무자에게 인도하여야 한다.
> ④ 제3항의 경우 채무자가 없는 때에는 집행관은 채무자와 같이 사는 사리를 분별할 지능이 있는 친족 또는 채무자의 대리인이나 고용인에게 그 동산을 인도하여야 한다.
> ⑤ 채무자와 제4항에 적은 사람이 없는 때에는 집행관은 그 동산을 채무자의 비용으로 보관하여야 한다.
> ⑥ 채무자가 그 동산의 수취를 게을리 한때에는 집행관은 집행법원의 허가를 받아 동산에 대한 강제집행의 매각절차에 관한 규정에 따라 그 동산을 매각하고 비용을 뺀 뒤에 나머지 대금을 공탁하여야 한다.
>
> **민사집행규칙**
>
> **제187조(인도 집행 종료의 통지)**
> 법 제257조 또는 법 제258조의 규정에 따른 인도 집행을 마친 때에는 집행관은 채무자에게 그 취지를 통지하여야 한다.
>
> **제188조(부동산 등 인도청구의 집행 시 취한 조치의 통지)**
> 집행관은 법 제258조의 규정에 따라 강제집행을 한 경우에 그 목적물 안에 압류·가압류 또는 가처분의 집행이 된 동산이 있었던 때에는 그 집행을 한 집행관에게 그 취지와 그 동산에 대하여 취한 조치를 통지하여야 한다.
>
> **제189조(부동산 등 인도청구의 집행조서)**
> 법 제258조의 규정에 따라 강제집행을 한 때에 작성하는 조서에는 제6조와 법 제10조 제2항·제3항에 규정된 사항 외에 다음 각 호의 사항을 적어야 한다.
> 1. 강제집행의 목적물이 아닌 동산을 법 제258조 제3항·제4항에 규정된 사람에게 인도한 때에는 그 취지
> 2. 집행관이 위의 동산을 보관한 때에는 그 취지와 보관한 동산의 표시

|도표| **부동산 인도·명도집행 절차도**

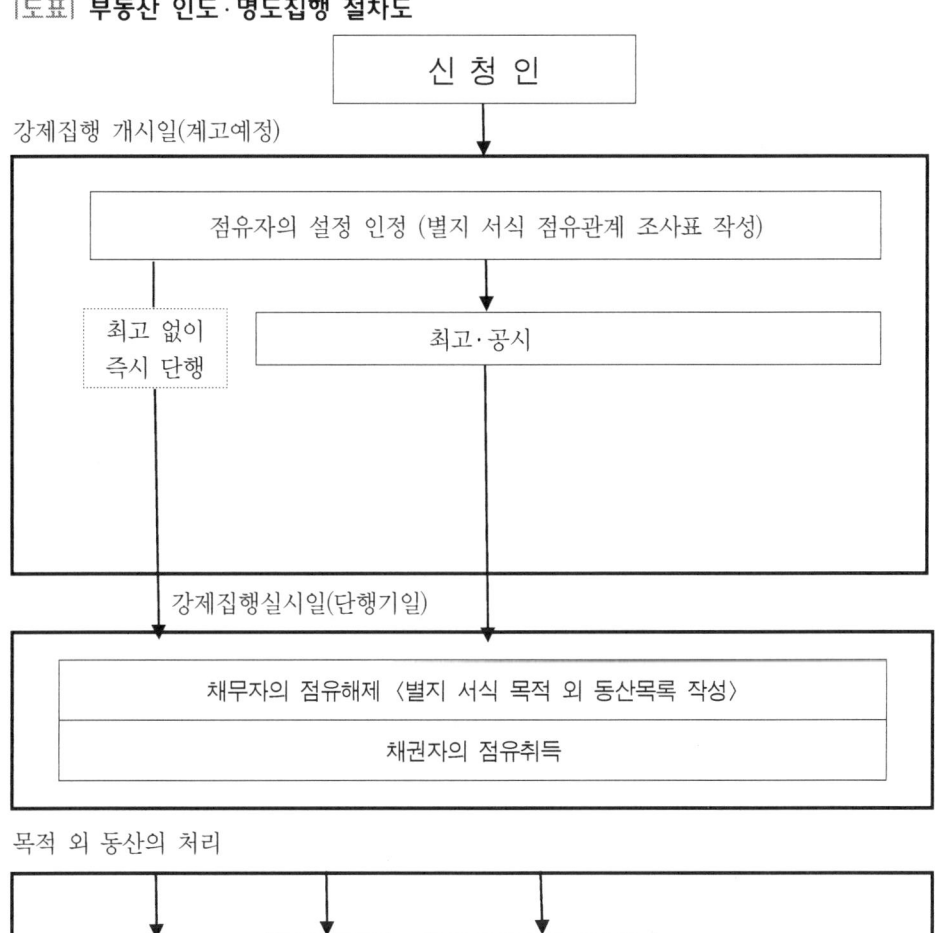

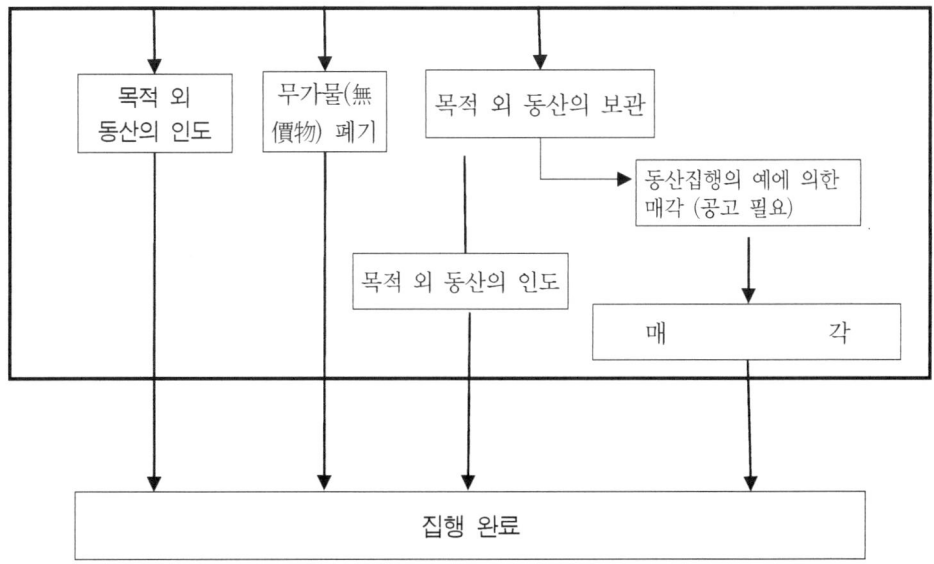

|양식| **점유관계 등 조사표(일본)**

물건 번호	채무자	조사결과		
		물건의 상황	점유범위	점유자
1		☐ 거택 ☐ 사무소 ☐	☐ 전부 ☐	☐ 좌기 채무자 ☐
2		☐ 거택 ☐ 사무소 ☐	☐ 전부 ☐	☐ 좌기 채무자 ☐

(참고사항)

☐ 우편번호표시,　　☐ 문패의 표시

☐ 채무자에게 보낸 우편물 (☐　　　　　　) 의 존재

☐ 채무자에게 보낸 공공 요금 관계 서류 (☐전기, ☐가스, ☐수도) 의 존재

☐ 채무자 (☐방재실자, ☐회사대표자, ☐회사종업원) 의 진술요지

☐ 채권자(대리)의 진술,　　☐ 집행권원의 존재

☐ 일건 기록의 자료

현장의 상황 등을 종합 고려하고 상기와 같이 인정했다.

20 ． ． ．

○ ○ 지방법원 집행관

○　○　○

|양식| **목적 외 동산목록**

목적 외 동산목록 (유류품)			
번호	품 명 (수 량)	평가액	비고
	( )		
	( )		
	( )		
	( )		
	( )		
	( )		
	( )		
	( )		
	( )		
	( )		

1. 개 설

민사집행법 258조는 부동산 또는 사람이 거주하는 선박의 인도나 명도를 목적으로 하는 청구에 관한 집행권원의 실현을 목적으로 하는 집행에 관하여 규정하였다. 바꾸어 말하자면 일정한 장소·공간의 지배를 채권자에게 돌려주는 것을 목적으로 하는 청구(Raumungsanspruch)의 집행이다.[257]

부동산 또는 사람이 거주하는 선박 등의 인도 또는 명도청구의 집행권원이 있음에도, 채무자가 마음대로 인도 또는 명도하지 않는 경우에, 채권자는 그 집행권원에 의한 강제집행으로 권리의 실현을 도모할 수밖에 없다. 여기서 부동산이란 토지, 건물과 그 일부, 등기된 입목(立木)에 한정한다. 토지의 정착물이나 민사집행법에서 규정하는 부동산과 동일시되는 권리에 관하여는 비금전집행의 규정은 적용되지 않는다.

한편 집행의 목적물인 부동산의 등기 여부나 소유권의 귀속 등을 불문한다. 선박은 사람이 거주하는 것에 한정되고 등기의 여부나 총톤수도 불문한다. 원래 선박은 그 대소를 불문하고 동산이지만 사람이 거주하고 있는 경우에는 이를 퇴거시킬 필요가 있으므로 부동산의 인도 또는 명도에 따라 그것과 마찬가지의 집행절차로 한 것이다.

민사집행법 258조(부동산 등의 인도청구 집행)와 257조(동산인도청구의 집행)는 목적물의 인도 집행이라는 면에서는 같으나, 근본적인 차이점은 집행방법에 있어서 257조가 목적물을 채무자로부터 **빼앗아** 채권자에게 인도하는 방법에 따라 행하여지나, 같은 법 258조는 단지 목적물을 채무자로부터 **빼앗는** 것이 아니라 채무자의 "점유"를 빼앗아 채권자에게 인도하는 방법에 따라 행하는 것으로 규정하고 있는 점이다.

구체적으로 다시 설명하자면 257조가 집행기관인 집행관이 일시적으로나마 목적물의 점유를 취득하는 것을 예정하고 있음에 반하여 258조는 집행관이 일시적으로라도 점유를 취득하는 일이 없다는 점이다. 이러한 차이점은 258조 2항에서 채권자 등이 출석하지 아니하면 집행을 할 수 없는 것으로 규정했지만, 257조에서는 그러한 제한을 두고 있지 아니한다.

---

257) 日注解執行(5), 鈴木重信, 51면.

이들 차이점은 결국 집행목적물의 성상(性狀)의 차이에 의한 것으로 집행기관에 점유시키는 것이 부적당하거나 불가능한 목적물(그 대표적인 것이 부동산이다)에 대하여는 "점유"를 빼앗는 것만을 집행기관의 역할로 함이 타당하기 때문이다.258)

2. 집행의 목적물

가. 부동산 등

여기서 말하는 부동산이라 함은 고유의 의미의 부동산, 즉 토지와 그 정착물(건물, 독립된 소유권의 객체가 되는 입목)만을 가리킨다(민법 99조 1항). 반면 법률상 부동산으로 보는 권리나 부동산이나 토지에 관한 규정이 준용되는 권리, 즉 공장재단·광업재단·광업권·어업권 등은 여기에서 말하는 부동산에 포함되지 않는다. 1개의 부동산 일부도 물리적으로 다른 부분과 구별할 수 있고 독립된 효용을 가지는 것인 한 인도 집행의 목적물이 될 수 있다.

(1) 종물·부합물

한편 집행목적물의 범위는 집행권원에 표시되어 있지 않더라도 당해 건축물의 증축 부분 또는 부속 부분으로 목적건물에 부가되어 일체로 된 때, 혹은 주물(主物)과 밀접한 관계가 있는 부합물(附合物) 또는 종물(從物)로 인정되는 때에는 주물과 함께 채권자에게 인도되어야 하므로 집행권원에 표시된 당해 건물과 함께 집행의 대상이 된다.

(2) 인도목적토지 위의 수목·벼·보리

인도목적 토지 위의 수목·벼·보리 등을 생육(生育)하고 있는 경우에는 목적물인 토지 상의 수목 등을 누가 점유 관리하는가를 조사하고 채무자가 이를 점유관리 하고 있다고 인정이 되면 위 수목 등을 목적물이 토지의 부합물로서 현 상태 그대로 채권자에게 인도하여도 지장이 없다.259) 위 수목 등의 식재가 제3자에 의하여 권원(權原)에 의하지 않고 이루어진 때이더라도 제3자가 그

---

258) 日注解執行(7), 內田龍, 207~208면.
259) 日民裁資, 217

점유관리를 하는 한 목적물인 토지의 인도 집행은 제3자에 대한 집행권원 또는 승계집행문의 부여를 받을 것이 필요하다.

(3) 종물이 아닌 동산

당해 건물의 종물이라고 할 수 없는 동산으로 채무자가 수거 하지 않는 것에 대하여는 집행관이 이를 제거하여 채무자, 그 대리인, 동거친족 혹은 사용인 기타 종업원으로 상당한 분별 있는 자에게 인도하여야 한다. 이 수거에 소요하는 비용은 집행비용으로 채무자가 부담한다. 동산은 제3자가 소유임을 주장하더라도 집행의 목적물이 아닌 동산에 관하여 채무자의 수취, 혹은 이에 대한 인도를 규정한 것이기 때문에 채무자에게 인도하면 충분하다.

나. 선박 등

선박은 원래 동산이지만 민사집행법 258조는 그 대소나 등기의 여부를 불문하고 이를 부동산과 같이 취급한다. 부동산과 선박, 독립된 소유권의 객체가 되는 입목을 제외한 다른 물건은 비행기, 열차, 트레일러 하우스, 캠핑카 등 아무리 부피가 크고 또 그 안에 사람이 현재하고 있더라도 동산인도의 집행 방법에 따라야 한다.

3. 인도·명도의 의의

여기서 인도(Herausgabe)란 동산의 경우와 마찬가지로 부동산에 대한 직접적 지배를 채무자로부터 이전시키는 협의의 인도와 인도의 한 형태인 명도(Raumung)란 특히 채무자가 살림을 가지고 거주하거나 물건을 놓아두면서 점유하는 때에 그로 하여금 이들 물건까지 제거하고 거주자를 퇴거시켜 채권자에게 완전한 지배를 이전시키는 것을 말한다.[260]

퇴거는 건물점유자의 점유를 풀고 점유자를 퇴출하고 점유자가 점유하는 동산을 건물 밖으로 반출하는 것으로 건물의 현실적 지배의 이전을 요구하지 아니한다. 민사집행법 258조 1항은 구 민사소송법 690조 1항에서 "명도"를 "인도"와 나란히 규정하고 있던 것을 단순히 "인도"라고 수정하였고 이는 명

---

[260] 법원행정처, 2003, 민사집행법 해설, 233면.

도를 포함한 것이라고 볼 수 있다. 명도도 채권자에 대하여 직접의 현실지배를 이전하는 것이기 때문에 집행관이 채무자의 점유를 해제하고 출입구에 못을 박아 봉인하고 공시서를 붙인 것만으로는 부족하다.

실무상 사람이 거주하는 건물의 철거청구를 인용하는 판결에서 그 거주하는 자에게 그 건물로부터의 퇴거도 아울러 명하는 경우가 많은데 이러한 퇴거도 위에서 말하는 명도의 한 사례에 해당한다고 할 수 있으나 퇴거는 구태여 점유를 채권자의 직접점유로 옮기는 것까지 요구하지는 않는다.

점유자가 철거의무자일 때에는 건물철거의무에 퇴거의무도 포함되어 있다고 할 수 있으므로 별도로 퇴거를 명하는 집행권원이 필요하지 않다. 이러한 넓은 의미의 인도청구권은 채권적 청구권뿐만 아니라 물권적 청구권도 포함하고, 점유의 이전은 직접점유의 이전만을 의미한다는 것 등은 동산의 경우와 같다. 또, 채권자 자신에게 직접 점유이전을 청구하는 경우뿐만 아니라 제3자에게 점유이전을 청구하는 경우도 직접강제의 방법에 따라 집행한다.

4. 집행절차

가. 집행기관

부동산 등 인도의 집행기관은 목적물이 있는 곳을 관할하는 지방법원이나 지원에 소속된 집행관(민집 258조 1항)이다. 그 관할은 지방법원 본원 또는 지원별로 정해진다(집행관규칙 4조).

구체적인 집행은 채권자의 집행관에 대한 위임이 있어야 개시된다. 또한, 집행관은 소속 지방법원이나 지원 관할구역의 내외에 걸치는 부동산 등에 대한 인도의 강제집행을 하는 때에는 소속 지방법원이나 지원의 관할구역 밖에서도 직무를 행할 수 있다.

나. 집행보조자

건물의 명도 또는 건물철거 토지인도 집행의 경우에는 집행관이 집행보조자를 사용하는 것이 인정된다. 이 집행보조자라고 하는 것은 이삿짐 트럭이라든가 크레인 차 등을 운반하는 업자의 경우가 많고, 가재도구의 반출이라든가 건물의 철거 등에 종사하는 자로서 건물명도 등에서는 필요불가결한 것으로 생각한다. 집행보조자에 대한 비용은 집행비용으로서 예납비용에서 지급된다.

5. 집행방법 등

가. 직접강제

(1) 개 설

집행관은 직접 실력으로 부동산 등에 대해 채무자가 마음대로 인도 또는 명도하지 않는 경우에는 채권자의 집행권원에 의한 강제집행으로 채무자의 점유를 배제하고 채권자에게 그 점유를 취득하게 하는 직접강제의 방법에 따라 집행하여야 한다. 민법상은 점유개정에 의해서도 점유를 취득하지만 이와 같은 간접점유를 취득하기 위해서는 채무자의 관여가 불가결하므로 이것을 목적으로 하는 채무는 「하는 채무」로서 간접강제에 의해야 한다.

(2) 집행관의 출입권 등 강제력의 사용

집행관은 강제집행을 할 즈음에 채무자가 점유하는 부동산 등에 출입할 수 있다. 만약 현장에서 외관으로부터 채무자가 점유하지 않음이 명백한 경우에는 출입할 수 없지만, 채무자가 점유하고 있는 것이 명백한 경우, 혹은 점유하고 있을 개연성이 있는 부동산에는 출입할 수 있다.

채무자가 집행에 저항하는 경우에는 필요한 한도 내에서 강제력을 행사해서라도 집행을 수행하여야 하고, 필요한 때에는 경찰 또는 국군의 원조를 요청할 수 있다(민집 5조 2항). 집행관은 집행하는데 저항을 받거나, 채무자의 주거에서 집행하려는데 채무자나 사리를 분별할 지능이 있는 그 친족·고용인을 만나지 못한 때에는 성년 두 사람이나 특별시·광역시의 구 또는 동 직원, 시·읍·면 직원(도농복합형태의 시의 경우 동지역에서는 시 직원, 읍·면 지역에서는 읍·면 직원) 또는 경찰공무원 중 한 사람을 증인으로 참여하게 하여야 한다(민집 6조).

집행관이 채무자에 대하여 퇴거를 명하였음에도 이에 따르지 않은 때, 예컨대 가옥의 열쇠를 채워 집행관을 출입하지 못하게 한다든지, 가옥 내에 주저앉아 완고하게 퇴거를 거부한다든지, 가재도구의 반출을 방해하는 등으로 저항하는 때는 강제집행의 목적을 실현하기 위하여 필요한 정도로 위력(威力)을 행사하여 퇴거를 강요할 수 있다.

집행관이 적법한 집행의 신청에 따라 집행력 있는 집행권원을 소지하고 행하는 집행에 대하여는 채무자는 정당한 국가권력의 행사로서 그 집행을 수인

(修因)할 의무가 있는 것이다. 채무자의 저항이 격렬하여 집행관이 이를 진압할 수 없는 경우에는 경찰상의 원조를 구할 수 있다. 다만 채무자나 그 가족이 와병 중이어서 강제집행이 그 병세를 악화시킨다는 등의 특별한 사정이 있는 때에는 한때 강제집행을 보류함이 상당하다.

이 경우에 채무자의 질병의 유무 정도가 명백하지 않은 때는 집행관은 의사에게 병세를 진찰하게 할 수 있고, 그 비용은 집행비용으로서 채무자에게 부담시킬 수 있다고 해석된다. 그리고 채무자의 퇴거를 강제함에는 조리(條理)에 따라 해야 하고 상황에 따라서는 예컨대 퇴거를 강요하는 것이 채무자의 생명에 위협을 가져오는 경우에는 집행은 사실상 불능으로 하여 중지할 수밖에 없다.

나. 명도의 사전최고(예고)

집행관은 부동산의 인도 또는 명도의 강제집행 신청이 있는 경우에 당해 강제집행을 개시할 수 있는 때는 당해 부동산을 점유하고 있는 자에 인도의 기한을 정하여 명도의 사전최고(예고)를 할 수 있다.261) 부동산의 인도집행에서는 채권자가 바로 단행하도록 요구하는 경우는 별도로 하고, 제1회의 기일에는 채무자에 대하여 인도를 최고 하는 것에 그치고, 당사자의 사정을 고려하여 인도의 유예기간을 주는 취지로 다음 기일을 정하는 방법도 허용된다. 부동산 등의 인도집행은 채무자에게 가하는 타격이 심대하고, 채무자 측 임의이행을 기대할 수 있다면, 집행비용이나 그 밖의 면에서 전체적으로 오히려 채권자에게 경제적으로 이득이 되는 경우도 많기 때문이다.

나-1. 사전최고(예고) 절차 실무사례

(가) 강제집행 개시요건이 갖춰지지 않은 경우 사전 최고(예고)절차262)

건물의 명도소송에서 판결 주문이 "피고는 원고로부터 금 ○○○ 원을 지급 받음과 동시에 원고에게 건물을 인도하라"는 동시이행 판결로 강제집행을 신청하면서 반대급부 이행의 제공(금원의 공탁)을 하지 아니한 경우에도 사전 집행 최고(예고)를 할 수 있는지?

* 위 판결의 경우 신청인이 반대급부를 지급하여야 하는 동시이행조건으로써 금

---

261) 우리나라에서는 실무 관행으로 명도 최고를 하고 있으나 일본 민사집행법은 법률상 제도(민사집행법 168조 2항)로 규정하고 있다.

원을 공탁하여 그 이행의 제공을 하지 아니한 경우에는 강제집행의 개시요건을 갖추지 못한 것이 되므로 자진이행을 권고하기 위하여 채무자의 동의 없이 그 주거에 들어갈 수 없다고 할 것이다. 강제집행의 예고는 아직 강제집행의 착수에 해당하지 아니하며 개시요건이 갖추지 못한 경우 위법성이 없어진다고 할 수도 없으며 이때 부동산인도고지조서를 작성하였다면 강제집행에 착수한 것으로 볼 여지가 있는데, 집행채무자나 이해관계인의 동의를 얻어 임의절차로 진행하는 것은 별론으로 하고 강제집행 개시요건이 충족되지 아니하였음에도 강제집행이 허용되는 강제력을 사용(강제개문)하는 사전예고는 허용될 수 없을 것이다.

주거침입의 고의는 피해자의 승낙 없이 타인의 주거에 출입한다는 사실을 인식하고 있으면 충분한 것이고 강제집행을 위해 채무자의 주거에 출입할 수 있는 정당한 권한이 있다고 오인하였다고 하더라도 그와 같은 오인함에 정당한 이유가 있다고 할 수 없을 것이다(서울중앙지법 2015고단711 판결).

(나) 부동산 인도 집행 시 폐문 등일 때 사전 최고(예고)와 강제 개문[263]
현재 집행관들의 인도 집행 시 사전 최고(예고) 절차는 시행하되 폐문 등일 때 불법 주거침입의 여지가 있어 강제 개문은 하지 아니하고 출입문 외부에 예고장을 부착·게시하는 절차만 밟고 있는 예도 있는바, 그러한 경우 목적 부동산의 내부 상황을 사전 확인 없이 인도 집행을 하면 집행 현장에 투입할 장비나 적정한 노무자 인원수를 산출할 수 없어 인도 집행에 따른 집행비용의 과부족 등 여러 문제로 당사자와 마찰을 빚는 사례가 많은데 그에 대한 대책은?

* 일본 민사집행법은 인도 집행 시 원칙적으로 사전 최고절차를 밟도록 하고 있으나(일본 민사집행법 168조 2) 우리나라에는 사전 최고절차에 관한 법적 근거가 없어 강제 개문이 곤란한 측면이 있지만, 그에 대한 대책으로 원활한 인도 집행을 위하여 공시방법 및 강제 개문을 포함한 통일된 절차와 기준을 마련해서 대체할 필요가 있다. 참고로 전국법원집행관연합회 부동산 집행의 기준에 의하면 채무자에게 강제집행을 면하기 위한 최후의 기회임을 알려주어 강제집행에 대한 저항을 완화하기 위하여 사전에 최고절차를 거치도록 하고있고 유예기간은 당사자간의 합의가 있는 등 특별한 사정이 있는 경우에는 그에 따르되 통상적인 경우에는 2주일 전후의 기간을 정하고 있다. 참고로 강제집행개시요건이 충족된 경우 강제개문을 하는 것은 강제집행에 속하므로 필요한 경우에는 사전예고 없이 바로 강제집행을 하면 될 것이다.

(다) 부동산 인도 고지(강제집행의 예고) 법적근거[264]
일본의 경우에는 일본 민사집행법 168조 2, 민사집행규칙 154조3 에 부동산 인도 시

사전에 강제집행을 예고하는 규정이 되어있다. 그러나 우리나라의 경우에는 법적 근거는 없으나 실무상 부동산인도, 철거, 강제 집행 시에 강제집행 개시 전에 상당기간동안 사전에 강제집행예고를 실시하고 있다. 이는 명문의 규정은 없지만 실무상 용인된 관행이다. 대부분 당사자의 타협과 채무자의 임의인도를 바라는 취지에서 예고를 실시하는 것을 원칙으로 하고 있는데 예고기간은 주거용 건물은 2주 이내, 상가나 사무실의 경우에는 1주 이내로 하고 있다. 주의 사항으로는 ① 유예기간을 지나치게 길게 부여해서는 아니 되고 ② 가능한 2회 이상에 걸쳐 예고하지 말아야 하고 ③ 인도단행가처분에 있어서 채권자가 타당한 이유를 들어 예고를 생략해 달라고 요청하고 그 이유가 타당한 경우에는 예고 없이 집행하는 것이 바람직하다(집행관업무자료집 5권 378면 참고).

한편 일본과 같이 그 예고에 당사자 항정효가 없으므로 이로 인하여 인도 최고로 강제집행이 예고됨에 따른 점유의 이전으로 인도 집행이 불가능해 질 수도 있음에 유의하여 필요한 경우에는 강제집행 예고를 하지 않아야 할 것이다. <u>즉 예고를 함으로서 이익단체와 채무자가 합세하여 극렬한 저항이 예상되거나, 점유자를 변경하여 강제집행을 곤란하게 하는 경우, 채권자가 적극적으로 예고를 하지 아니할 것을 요청하는 경우에 그 이유가 타당한 경우에는 법적인 명확한 근거가 없으므로 강제집행예고를 하지 아니하는 것이 집행에 도움이 될 것이다.</u>

(라) 건물명도 소송에서 판결 주문이 "피고는 원고로부터 금 1,000만 원을 받음과 동시에 원고에게 건물을 인도하라"라는 동시이행 판결로 강제집행을 신청하면서 위 금원을 공탁하지 아니하고 사전 집행예고를 할 수 있는지 아닌지[265].

위와 같은 판결의 경우에는 신청인이 반대급부를 지급하여야 하는 동시이행조건으로써 금원을 공탁하여 그 이행의 제공을 하지 않았으면 강제집행의 개시 요건을 갖추지 못한 것이 된다. 따라서 채무자의 동의 없이 그 주거에 들어갈 수 없다고 할 것이다.

(마) 부동산 인도 집행의 사전 최고절차에서 강제개문이 가능한지 여부[266]

일본 민사집행법은 인도 집행 시 원칙적으로 사전 최고절차를 걸치도록 하고 있으나 우리나라에서는 사전 최고절차에 관한 법적 근거가 없어 강제개문이 곤란한 측면이 있지만 원활한 인도 집행을 위하여 공시방법 및 강제개문을 포함한 통일된 절차와 기준을 마련할 필요가 있다. 참고로 강제개문은 강제집행에 속하므로 필요한 경우에는 사전예고 없이 바로 강제집행을 하면 될 것이다.

---

262) 전국법원집행관연합회, 2018, 집행관실무사례집, 149면 요약
263) 전국법원집행관연합회, 2018, 집행관실무사례집, 152면 요약
264) 전국법원집행관연합회, 2018, 집행관실무사례집, 153면 요약
265) 전국법원집행관연합회, 2024, 집행관업무편람, 304~305면 요약
266) 전국법원집행관연합회, 2024, 집행관업무편람, 306~307면 요약

다. 채권자 또는 그 대리인의 출석

부동산 등의 인도 또는 명도의 강제집행은 집행관이 채무자의 목적물에 대한 점유를 해제하여 채권자에게 현실적으로 그 점유를 취득시키는 방법으로 행한다. 따라서 집행관이 집행하기 위해서는 채권자나 그 대리인이 인도받기 위하여 출석하여야 한다(민집 258조 2항). 채권자나 대리인이 출석하여 점유를 취득하지 않으면 강제집행의 목적을 달성하지 못하기 때문이다. 따라서 채권자나 그 대리인이 출석하지 않았음에도 집행관이 채무자로부터 그 점유를 완전히 빼앗아 집행관 자신이 점유하거나 제3자로 하여금 점유하게 하는 것은 하자(瑕疵)가 있는 집행이다.[267]

채권자가 채권자대위권을 근거로 하여 인도소송을 제기한 경우와 같이 집행권원이 채권자 이외의 제3자에게 인도를 명하는 것인 경우에는 그 제3자나 그의 대리인이 출석한 경우에 한하여 집행할 수 있으나, 제3자가 출석하지 않기 때문에 채권자에게 인도한 때에는 채권자가 제3자를 대리하여 인도받은 것으로 보고 이로써 인도 집행은 종료된 것으로 보아야 한다.

그러나 채권자가 사전에 집행관에게 대리인 선임을 위임한 경우에는 굳이 채권자나 그 대리인의 출석이 필요하지 않다. 그리고 퇴거의 집행에는 채권자에게 점유를 이전할 필요가 없으므로 채권자나 그 대리인의 출석이 필요하지 않다.

자격자인 변호사나 법무사가 자기가 수임(受任)한 모든 사건에 직접출석을 할 수 없어 사무원제도를 둔 취지를 고려하면 강제집행 현장에서 변호사 등이 위임받은 사건에서 그 본인이 출석하지 아니하고 대리인 자격으로 그 사무원을 출석시켜 부동산을 인수받도록 한 경우에도 이를 인정할 필요성이 있다고 할 것이다.[268]

라. 금전지급과 상환으로 부동산을 인도·명도 하는 경우

일반적으로 상환급부(相換給付)의 집행권원인 경우 예컨대 금 일억 원의 지급과 상환으로 부동산을 명도 또는 인도하라고 하는 경우에는 상환급부로서의 반대급부(反對給付)를 이행한 것은 집행개시의 요건으로 되어 있으므로 강

---

[267] 대판 1962. 2. 8. 4293민상677
[268] 전국법원집행관연합회, 2018, 집행관실무사례집, 186면에서 187면 요약

제집행의 개시 즈음에 반대급부, 위의 예에서 금 일억 원을 지급하였다든지 또는 그 제공(변제공탁 등)을 한 것을 증명하면 충분한 것으로 되어 있다.

이 경우 집행관은 반대급부의 지급 또는 그 제공(변제공탁 등)이 된 것을 확인하고 나서 집행에 착수하게 되는 것이므로, 이 점은 결국 해석상 선 이행 (先履行)적 의미가 있는 것이나 어쩔 수 없을 것이다. 채무자 임차인 乙의 가옥명도의무와 채권자 임대인 甲의 보증금반환의무가 상환급부의 관계에 있는 경우에 채권자 甲은 채무자 乙에 대하여 보증금의 지급 또는 그 제공이 가옥명도집행의 개시요건인바, 乙이 甲에 대하여 가지는 보증금반환청구권이 乙의 채권자 丙에 의하여 압류된 경우에는, 甲이 보증금을 공탁한 때는 그 공탁은 변제공탁의 성질을 가진다고 해석되기 때문에 당해 공탁서를 집행관에게 제공한 경우에 가옥명도집행의 개시요건이 충족되었다고 할 수 있을 것이다.

한편 채권자 임대인 甲이 제3 채무자로서 채무자 임차인 乙의 압류채권자 丙의 임대차보증금에 대한 추심에 응하여 지급을 한때는 그 지급 한도에서 甲은 乙에게 보증금반환채무를 갚은 것으로 간주되기 때문에 甲은 丙 작성의 추심금 영수증을 집행관에게 제출하면 가옥명도집행의 개시요건이 충족되었다고 할 수 있을 것이고 그 집행을 구할 수 있을 것이다.

라-1. 금전지급과 상환으로 부동산을 인도·명도 하는 경우 실무사례[269]

> **(가) 건물 명도와 금원 지급의 동시이행 조정조서에 의하여 채권자는 지급할 돈을 변제 공탁을 함과 동시에 그 공탁금출급청구권을 가압류한 경우 명도 집행의 가능한지?**
>
> * 조정조항이 "피고는 원고로부터 2001.12.31.까지 금 9,200,000원을 받음과 동시에 별지 목록 건물을 명도한다"라는 집행권원에 의거 위 금원을 변제 공탁하고 위 공탁금출급청구권을 가압류하였고 채무자는 채권자가 위 공탁금출급 청구권을 가압류하여 돈을 받을 수 없으니 건물명도에도 응할 수 없다고 하는 경우 그 처리 방법은?
> * 변제 공탁을 함으로써 그 채무를 면할 수 있으므로 명도 집행을 해야 한다는 설과 집행권원인 조정조항이 채무자는 돈을 받음과 동시에 명도하도록 되어 있으므로, 채권자가 변제 공탁을 하였으나 그 공탁금출급청구권을 가압류하여 채무자가 돈을 받을 수 없어 동시이행이 이루어졌다고 할 수 없어 집행할 수 없다는 설이 대립하고 있으나 민법 487조와 민사집행법 41조에 따라 채권자의 변제 공

---

269) 전국법원집행관연합회, 2018, 집행관실무사례집, 189면~194면 요약

탁으로 집행개시요건(반대 의무의 이행 또는 이행제공)을 충족하였으므로 명도 집행을 하여야 할 것이다.

(나) 동시이행 조건이 있는 집행권원으로 강제집행 신청을 하는 경우 동시이행 조건의 이행 여부에 대한 실무상 판단 서류와 집행

* 동시이행의 조건으로 반대급부를 하여야 할 금원을 채무자를 위한 공탁을 한 것은 아니고, 판결 선고 또는 조정조서 등 작성 이후에 매월 지급하여야 할 임대료 등을 강제집행 때까지 지급하지 아니하여 반대급부를 하지 않아도 채무자는 이미 수령한 것이 되어서 동시이행 할 금원이 없을 수가 있는데 이 경우 실무를 어떻게 운영해야 하는가?

* 통상 강제집행 전에 집행기관에 대하여 반대 의무 이행 또는 이행의 제공이 있었음을 서면으로 증명하였으면 강제집행을 개시한다. 집행권원 주문에 "보증금에서 차임 등을 공제한 나머지 금액을 받음과 동시에 별지 목록 기재 부동산을 인도하라"라는 동시이행 판결을 강제집행을 하려는 경우, 보증금 전액이 미지급 임차금으로 전액 공제되어 오히려 채권자가 받을 금액이 추가로 발생한 경우의 강제집행 방법으로 조건이 이행되었음을 증명하는 서류로 민사집행실무제요(1권 247면)에서, 집행개시요건인 반대 의무의 이행을 상계의 방법으로 할 수 있느냐에 관하여 긍정설과 부정설이 있으나 그 증명이 확실한 경우, 예를 들어 반대 의무가 상계 때문에 소멸하였음을 이유로 하는 채무부존재 확인판결이나, 상계를 인정하는 채무자의 확인서를 제출할 때는 집행개시요건이 충족되어 강제집행을 할 수 있다고 하였다.

그러나 집행개시요건을 충족하기 위해 ① 채무부존재 판결을 받으려 다시 소송을 제기하여야 하고 ② 채무자가 반대 의무를 이행할 금원이 없다는 취지의 확인서를 받아야 하나 작성하지 않을 것이 거의 명백하며, 따라서 강제집행이 무한히 늦어져 채권자의 손해가 회복할 수 없는 경우가 발생할 것이다.

그러한 불합리한 사유 때문에 현재는 대부분 임대보증금과 미지급 임차금이 상계되었다는 뜻의 내용증명과 채권계산서를 제출받은 후, 이를 반대급부의 이행으로 보아 강제집행을 개시하고 있다(2018.4 서울중앙지방법원 집행관 사무소 자료).

마. 목적부동산 등의 확인과 점유의 인정 등

(1) 인도와 명도의 의미

부동산 등에 대한 인도 또는 명도의 강제집행은 채권자의 집행신청으로 집행관은 당해 부동산 등에 대한 채무자의 점유를 해제하여 채권자에게 그 점유를 취득시키는 방법으로 행해져야 한다. 집행권원에「···을 引渡(인도)하라」,「···을 明渡(명도)하라」라는 경우의「引」혹은「明」은, 채무자의 점유를 해제하는 것이고,「渡」라고 하는 것은 채권자에게 그 점유를 취득하게 하는 것을 말한다.

(2) 목적부동산의 동일성 확인

부동산 등의 인도 또는 명도의 집행에서는 목적물건의 확인과 점유의 인정은 집행의 착수에 있어서 빠뜨릴 수 없는 요건이다. 목적물건은 집행권원의 기재의 것과 현장에서의 그것과 일치하고 있을 것이 필요하지만, 집행권원에 평가(平家)로 되어 있더라도 실제로는 2층이 증축된 경우에는 동일성이 인정된다. 그러나 그 2층 부분은 독립하여 사용 수익할 수 있는 경우에는, 명도의 대상으로 되는 것이 불가능하므로 평가(平家)부분만에 대하여 명도집행을 해야 한다. 30평의 공장에 동을 연결하여 50평의 공장을 증축했다고 하는 경우의 건물은 동일성이 인정되므로 모든 부분 명도 집행이 가능하다.270)

(3) 점유의 인정 등

집행관은 채무자의 직접점유를 해제하는 방법으로 목적부동산 등에 출입하고 집행권원에 표시된 채무자가 이를 점유하고 있는가를 조사할 직무상의 의무가 있지만, 점유인정에 있어서는 무작정 채무자가 주장하는 바에 따르지 아니하고 스스로 인식과 경험에 기초하여 가재도구의 유무, 목적부동산의 사용 상황 등을 조사하고 경우에 따라서는 입회인 기타의 관계자 또는 인근 주민에 묻는 등으로 판단의 적정을 도모해야 하므로, 제3자가 점유하고 있다고 집행을 하지 않는다고 하는 조처를 해서는 안된다. 문 표, 표지판, 명찰, 간판 영업허가의 증표, 우편물의 존부, 신문 구독의 여부 등은 점유의 인정에 관하여 유력한 판단의 기초로 된다.

건물의 임대차계약에 있어서, 임차인이 임대료의 지급을 해태하고 임대인에게 통지함이 없이 생활의 본거지를 다른 곳으로 이사했다고 하더라도 임대인에 대하여 임차권 및 잔존물의 소유권을 포기하는 의사를 표시함이 없이 전

---

270) 2007. 3. 27 발행 일본 민사집행 실무(하)

화, 전기, 수도, 가스를 계속 사용할 수 있는 상태에 두고 종래 사용하고 있는 가구, 일용품을 다수 존치한 다음 열쇠를 잠근 경우 채무자는 임차인으로서 건물의 점유를 계속하고 있다고 보아야 한다.

(4) 회사와 회사대표자, 종업원의 점유

회사의 대표이사가 회사의 대표기관으로서 회사 소유의 토지, 건물을 점유하고 있는 경우는 그 대표이사는 회사의 기관으로서 소지함에 그치고 따라서 그 토지, 건물의 직접점유는 회사 자신이기 때문에 회사를 채무자로 하여 집행하면 충분하다. 이 경우 대표이사는 회사의 점유보조자에 불과하다.[271]

회사 명의의 건물에 대표이사나 종업원이 거주하고 있는 경우에는 그것은 사택으로서의 거주이므로 회사의 점유보조자에 불과한 때도 있을 것이다. 그러나 대표이사의 개인 생활의 본거지로서 점유하는 것이라고 인정해야 할 특별한 사정이 있으면 대표이사도 독립점유자의 지위를 가지거나 회사와의 공동점유가 인정될 수도 있을 것이다.

회사 대표이사 개인의 건물에 회사의 점유를 인정하기 위해서는 회사가 사용하고 있다는 실체가 있을 것이 필요하다. 예컨대 회사의 간판이나 이름표만이 아니라 회사의 영업내용인 기계, 상품, 사무용 책상, 캐비닛, 상업장부 등이 존재하고 있는 경우에는 이들을 종합하여 회사 점유를 인정할 수 있다.

6. 목적부동산 점유자의 가족, 동거자 등에 대한 집행(점유보조자)

가. 개 설

집행의 대상으로 되어 있는 주택에 채무자 이외의 자가 거주하고 있는 경우가 있지만, 집행권원의 효력은 원칙적으로 집행권원에 표시된 당사자 이외의 자에게는 미치지 않기 때문에 당연히는 채무자에 대한 주택 명도의 집행권원을 근거로 한 당해 주택에서 채무자 이외의 자를 퇴거시킬 수는 없다.

그러나 제3자의 당해 주택에서의 거주의 형태, 채무자와의 관계 등에 따라서는 그 제3자에 대하여 집행권원이 필요하다고 볼 수는 없고 점유보조자로 보아 당해 주택에서 퇴거시킬 수 있다. 이 제3자에 해당하는 점유보조자는 채

---

[271] 日 最判 昭和 32. 2. 15 민집 11.2.270)

무자의 동거가족으로 채무자와 당해 주택에서 생활을 함께하는 자라든지 채무자의 피용자 기타 동거자(거주하는 점원, 공장직원, 가정교사 등)로서 부수하여 거주하고 있는 자 이른바 점유보조자에 불과하므로 채무자와 함께 퇴거를 시킬 수 있다.

이처럼 동거의 가족 등에 대하여는 집행권원이 없어도 퇴거시킬 수 있다고 하는 이유는 실체법상 집행채무자만이 목적주택을 점유할 권한을 가짐에 불과하고 가족 등이 사실상 주택을 지배하고 있더라도 그것은 단지 집행채무자의 점유보조자로 하는 것이고 이들에게 독립된 점유가 인정되지 않기 때문이다.

나. 당해 가족이 점유자인지 점유보조자 인지 인정

당해 가족이 점유자인지 점유보조자 인지 인정은 실제로는 반드시 쉽지마는 아니하나, 가끔 채무자와 통정(通情)하여 집행방해를 하기 위하여 점유권원을 주장하는 예도 있다. 점유의 인정에 있어서는 집행관은 통상의 경우와 마찬가지로 결국 사회통념(社會通念)에 비추어 판단하여야 하나, 그 판단에 있어서는 당해 주택의 명패, 우편물 등에 의하여 현실의 거주자를 파악하여 확인하고, 그자가 사용하는 방, 실내의 이용 상황, 신분관계, 나이, 생활형태 등, 다시 동산 부류의 비치상황, 임대차의 여부, 주민등록표, 외국인등록증명서 등 신중하게 조사하고, 인근 거주자에게 탐문(探問)하는 등의 방식으로 종합적으로 판단하여 결정해야 한다.

다. 같은 생계를 영위하는 부부의 경우 점유

같은 생계를 영위하는 부부와 그 자녀가 일정한 주택에 동거하는 경우에는 목적인 주택의 사실상 지배에 관하여 중요한 대외적 역할을 부담하고 있다고 객관적으로 인정 되는가 아닌가에 따라서 점유자를 정하는 것이 타당할 것이고 이것이 인정되면 점유자, 인정되지 않으면 점유보조자로 보아야 할 것이다.

통상 부부와 그 자녀가 일정한 주택에 동거하는 경우, 생계의 중심이 된 자는 남편이고 아버지인 경우가 대다수이지만 처가 생계의 중심이 되고 주택의 임차 명의인으로 되어 있는 경우는 그 임차 주택의 점유자는 처이고, 남편과 자녀는 점유보조자라고 할 수 있다. 부부와 동거하고 있는 자식 부부의 경우는 동거 자식 부부의 생활상태, 직업, 수입의 상황 등을 살펴 판단하여야 하고 부모와 생계를 명확하게 구별하고 있는 등의 상황이 엿보이지 않는 때는 통상은 자식 부부는 점유보조자로 보아야 한다. 또한, 독신의 子가 급료 일부를 제공하고 가옥 일부를 사용하고 있는 경우도 통상 子는 점유보조자로 본다.

다음에 열거한 사실관계에서는, 처가 가옥의 점유자이기 때문에 처에 대한 집행권원이 없으면 명도집행을 할 수 없다. ① 채무자인 처와 동거하는 남편은 장기간 무직으로, 오로지 처의 당해 가옥에서의 영업수익에 의존하여 생활하고 있다든가 ② 동거하는 남편이 달리 소액의 수입을 얻고는 있지만, 처의 당해 가옥에서의 영업상의 수익에 의하여 공동생활비 대부분을 차지하고 있는 경우는 남편은 종속적인 처지에 있다고 해석된다. 따라서 처에 대한 집행권이 없으면 명도집행을 할 수 없다.

라. 독립된 권원(權原) 없이 점유하고 있는 사람의 경우 점유

집행방해를 위하여 불법으로 목적물을 점거하고 있음이 명백한 사람도 이를 일종 채무자의 점유보조자로 보아 채무자의 집행권원으로 강제집행을 할 수 있다. 한편 집행권원에 표시된 채무자(주 점유자)가 마음대로 퇴거하고 종전부터 채무자와 동거하고 있던 점유보조자가 당해 주택을 점유하고 있는 경우, 채무자에 대한 집행권원의 집행력은 위 점유보조자에게도 미치므로, 미리 점유보조자에 대한 승계집행문을 얻지 않아도 종전의 집행권원으로 집행할 수 있다.

마. 독립된 권원(權原)에 의한 사람의 경우 점유

채무자의 임차인 등과 같이 독립된 권원(權原)에 의하여 점유하고 있는 사람들에 대하여는 별도로 집행권원이 있어야 집행을 할 수 있다. 그러나 이들이 강제집행에 이의를 제기하지 않고 집행이 종료된 때에는 집행의 효력에 영향을 미치지 않는다. 만일 집행관이 임차인 등의 항의를 무시하고 인도 집행을 강행한다면 이는 임차인 등에 대한 관계에서 불법행위가 된다.[272]

따라서 집행권원에 표시된 채무자 이외의 사람이 목적물인 건물에 외관상 집행권원에 표시된 사람과 관계없이 거주하고 있는 것으로 보이는 경우에는

---

272) 대판 1985. 5. 28. 84다카1924

이 거주자를 집행권원에 표시된 사람의 점유보조자로 인정하는 데는 신중하여야 한다.

바. 호텔이나 여관 등의 접객업소에서 임시로 머무르고 있는 사람들의 점유

호텔이나 여관 등의 접객업소를 경영하는 사람을 채무자로 하는 건물 인도 집행에서는 그 건물에 손님으로서 임시로 머무르고 있는 사람들에 대하여는 별도의 집행권원이 없이도 함께 집행할 수 있으나, 하숙인은 독립된 점유를 하는 것으로 보아야 하므로 그러하지 아니하다.273)

7. 가족 전원부재(全員不在)인 경우 집행

부동산 등 명도에 임하여 채무자의 주택에 전원 부재인 경우에는 집행관은 채권자의 진술, 표지판, 우편함의 우편물, 가스, 전기, 수도의 표시, 기타 인근 탐문조사(아파트 경비원 등) 등으로 집행권원 표시의 채무자가 점유하는 주택인지, 아닌지를 조사하여 그것이 채무자의 점유라고 판단이 될 때는 채무자 주택이 전원 다른 곳으로 전출하여 부재라고 하더라도 집행에 착수하여야 한다.

이때 성년 두 사람이나 특별시·광역시의 구 또는 동 직원, 시·읍·면 직원(도농복합형태의 시의 경우 동지역에서는 시 직원, 읍·면 지역에서는 읍·면 직원) 또는 경찰공무원 중 한 사람을 증인으로 참여하게 하여야 한 후(민집 6조) 집행이 가능하다. 채무자가 이 주택에서 전원 다른 곳으로 전출하여 부재이더라도 명도집행 신청채권자에게 점유를 취득시켜 주어야 한다.

8. 공동점유자에 대한 집행

건물 전부를 甲과 乙이 공동점유하고 있는 경우에는 그 중 갑에 대한 집행권원을 근거로 하여 갑에 대해 퇴거집행을 할 수 있는 것은 문제가 없다. 이 경우에는 집행관은 갑과 을의 공동점유를 해제하는 것은 가능하므로 채권자로서는 갑을 퇴거시키면 목적을 달성하는 경우라면, 집행관으로서는 갑에게

---

273) 법원행정처, 2014, 법원실무제요, 민사집행(Ⅲ), 558면.

퇴거의 경고를 하여 갑이 이에 응하면 집행은 완료하게 된다. 그 결과 집행 후에는 채권자와 다른 공동점유자의 공동점유로 된다.

한편 갑을 퇴거시키고, 채권자와 을이 공동점유하지 않으면 목적을 달성할 수 없는 경우라면, 집행관이 갑에 대한 퇴거집행을 위하여 목적건물 내에 출입함에는 을의 동의가 필요하게 되고 을의 동의가 없는 이상 갑에 대한 퇴거집행은 결국 불능으로 된다. 또한, 갑의 공동점유를 채권자에게 취득하게 함에는 을의 동의가 없으면 허용되지 않기 때문에, 을이 갑에 대한 퇴거 집행에 동의하더라도, 채권자와의 공동점유에 관하여 동의하지 않는 한 갑의 퇴거가 이루어지는 것만으로 을과의 공동점유는 불가능하다. 그렇다면 그 결과 을만의 단독점유라고 하게 되지만 채권자가 위 건물 전부의 점유를 취득함에는 을에 대한 집행권원을 얻어 집행할 수밖에 없다.

9. 목적부동산 일부에 대한 집행

가. 일부 집행의 가능 요건

1개의 목적부동산 일부분에 대하여 인도 또는 명도의 강제집행은 가능하다. 이 경우 집행은 인도 또는 명도하여야 할 목적부동산이 물리적 구조상 다른 부분과 구별을 할 수 있고 나아가 그것 자체가 독립하여 사용 가능한 경우(분리하여 집행하여도 생활이나 영업에 지장이 없는 경우)이어야 한다.

다른 부분과 구별할 수 있고 독립된 효용을 가진 여러 개의 부분으로 되어 있는 경우에는 개개의 부분별로 채무자의 점유를 빼앗아 차례대로 채권자에게 그 점유를 이전하여야 하는 것이 원칙이다. 구분 가능한 소정의 요건을 충족한 등기가 있으면 독립한 부동산이기 때문에 이에 대응한 집행권원이 작성되기 마련인데 여기서 말하는 것은 구분등기가 없는 경우이다.

나. 일부 집행이 가능한 경우

1개의 목적부동산 일부분에 대한 인도 등의 강제집행은 다음과 같은 경우에 이루어진다. 첫 번째로 집행권원 자체가 1필지의 토지의 일부분 또는 1호의 건물 일부분의 인도 또는 명도를 명한 경우에 건물을 예로 들면 그 부분이 다른 부분으로부터 분리되어 독립한 채무자가 점유 사용하고 있을 때 일부 집행이 가능하다.

두 번째로는 집행권원은 1개의 부동산 전부의, 인도 또는 명도를 명한 것이지만 그 집행에 있어서 토지 또는 건물 일부분에 관해서만 채무자의 점유를 해제하고 그 부분을 즉시 채권자에게 인도하고 잔존 부분에 대한 집행은 연기하는 방법이다. 이와 같은 형태에 의한 일부 집행도 그 부분은 다른 부분으로부터 분리하여 독립적으로 지배하여 사용하는 것이 가능한 그 집행은 적법하다.

예컨대 건물의 2층과 1층으로 각각 독립한 출입구가 있는 경우에는 2층 부분만 명도집행을 하고 1층의 집행은 연기한다든가, 가옥 그 자체의 출입구는 1개이지만 반씩 구획하여 구분 가능한 경우라든가, 방 1개 또는 수 개의 방마다 부분적으로 집행하고 순차 채권자에게 점유를 취득시킨다고 하는 방법이다.[274]

다. 일부 집행과 집행정지결정

각각의 부분마다 채무자의 점유를 해제하고 순차 채권자에게 그 점유를 취득시키는 도중에 집행정지명령이 있는 때에는 채권자에게 아직 점유를 인도하지 않은 부분에만 집행을 정지하게 된다. 즉 집행을 마친 부분의 집행정지나 집행취소는 구할 수 없다.

라. 일부 집행종료 후의 재침입

부동산의 인도 또는 명도는 채무자로서는 생활의 기반을 상실하는 중대한 타격을 가져오는 것이기 때문에 집행의 실제 면에서 보면, 일거에 모든 명도집행을 하는 것은 사실상 곤란한 때도 있고 무리하게 강행하면 커다란 분쟁을 발생하기 쉬우므로 경우에 따라서는 일부분씩의 명도에 그치고 후에는 가능한 한 채무자 임의의 이행을 기대한다고 하는 방법을 채택하는 것도 실제에 맞는 방법이다.

위의 경우 채무자의 점유를 해제한 부분을 그때마다 채권자에게 그 점유를 취득시키는 방법은 그 부분에 관한 집행은 종료한 것이라고 해석해야 하므로, 채무자가 그 후에 그 부분에 침입하여 점거하게 되면 원래 집행권원으로 재도(再度)의 명도집행은 불가능하다. 새로운 집행권원이 필요하게 된다(주: 이 경우에는 채권자는 인도단행 가처분을 고려해 볼 필요가 있다).

---

[274] 東京 高決 昭和 23. 7. 175 판례 27. 1210

마. 호텔 · 빌딩 등 장시간이 소요되는 명도 집행

문제는 목적건물이 그 구조상 및 효용(效用) 상 불가분인 경우로, 그 명도집행에 상당한 시간이 소요되는 경우로, 예컨대 초대형 호텔이라든가, 빌딩의 명도에 관하여는 대량의 집행목적 외 동산이 존재하므로 집행완료 시까지 수일이 필요로 하는 경우가 있지만, 이와 같은 집행에서는 집행관은 건물의 층마다 또는 방실 마다라는 것과 같이 건물 일부가 독립된 효용은 없지만, 물리적으로 다른 부분과 구별 가능한 것에 대하여 채무자의 점유를 해제하여 당해 집행기일을 종료하고 집행을 계속 상태로 해 두는 것이다.

그리고 점유를 해제한 부분에 관해서만 시정(施錠) 봉인(封印) 등을 하여 두는 방법을 취하고 공시서를 부착해 두는 것도 가능하다. 이처럼 해두면 가령 채무자가 다시 그 점유를 탈취하는 때가 있더라도 집행은 아직 종료되지 않은 것이기 때문에, 집행관은 저항배제의 일환으로써 점유를 빼앗고 동일 집행권원으로 집행을 최후까지 완수할 수 있다. 이러한 방법에 따른 일부 집행은 구체적인 집행의 목적물의 형태 때문에 어쩔 수 없는 조치이고 그 사이의 집행 중인 상태를 집행관 보관이라고 불러도 지장 없다고 해석되고 있다.[275]

10. 집행관 보관의 가부 등

목적부동산에 대하여 인도 등의 일부 집행이 이루어진바 현실적으로 그 부분에 관하여 채권자에게 인도할 수 없는 경우에 집행관보관이 가능한가 어떤가에 관해서는 민사집행법에 별도의 규정이 없다. 집행관은 목적부동산에 관하여 그 일부분이 다른 부분과 분리되어 독립해서 사용 가능한 때는 채무자의 점유를 해제할 때마다 순차 채권자에게 그 점유를 취득시키는 것이 원칙이다.

집행을 다음날까지 속행해야 할 때에는 부동산 일부분으로 위에 설명한 바와 같이 물리적으로 다른 부분과 독립한 효용을 가지는 부분에 대한 집행은 종료된 것이기 그 부분은 반드시 채권자에게 취득시켜야 하고 집행관이 그 보관 상태를 유지하는 것은 원칙적으로는 허용되지 않는다.

채무자의 점유를 해제한 것을 집행관이 일시적으로라도 이를 보관한다고 하는 것은 보관방법에 관하여 각종의 문제가 생기기 때문이다. 예컨대 집행관

---

275) 日 집행관잡지 18호 16면

보관 후 당해 건물이 불의의 사고(예컨대 화재 등)에 의하여 멸실된 경우 등으로 보관책임을 물을 위험을 수반하기 때문이다. 따라서 채권자 또는 그 대리인이 집행현장에 출석하지 않았음에도 집행관에게 건물의 일부 점유를 해제하고 입구를 시정 봉인 등의 조처를 하여 집행을 속행하는 등의 실무처리는 원칙적으로 하여서는 아니 된다.

부동산 일부분이 다른 부분과 분리되어 독립하여 사용 불가능한 경우는, 일부분의 명도 집행은 1개의 불가분물에 대한 채무자의 점유를 해제하여 가는 과정에 불과하므로 최후에 전부를 합해서 채권자에게 인도시키면 된다. 위의 경우 집행을 다음날까지 속행한 때에는 그것은 채무자의 목적부동산에 대한 점유의 배제에 착수한 것에 지나지 않기 때문에 집행관은 목적부동산의 입구를 시정 한다든가 봉인 등의 조처를 하는 것은 허용되지 않는다.

다만 대형 건물의 명도 등으로 명도의 완료까지 수일이 소요되는 경우는 그 일부분이 독립하여 사용되는 것은 불가능하지만 다른 부분과 구별할 수 있는 것인 때는 그 부분에 대한 채무자의 점유를 배제한 단계에서, 당해 기일을 종료해야 하는 때에는 그 부분에 관해서만 시성, 봉인 등을 하는 것은 허용된다.

이처럼 집행을 속행한 때에는 채무자가 다음날의 집행개시까지 이미 반출한 동산 등을 목적건물 내의 원래 장소에 반입하였어도 1개의 불가분물에 대한 집행이고 아직 집행은 완료되지 않은 것이기 때문에 반입한 동산을 다시 반출하여도 지장 없다. 채무자의 위 행위는 집행관의 직무집행에 대하여 저항이 있다고 해석하게 될 것이다.[276]

11. 건물·수목 등이 있는 토지의 인도 집행

단순히 토지의 인도를 명하는 집행권원에 기초하여 집행하는 경우에 목적물인 토지 위에 건물이 있는 때에는 건물은 토지와 별개의 부동산이므로 그 건물을 철거하지 않는 한 그 부지인 토지 부분의 점유를 빼앗을 수 없고, 그 한도에서 집행은 불능이 된다. 집행관은 직접 건물을 철거할 수 없으며, 이 경우에는 건물철거청구에 관한 별도의 집행권원을 얻어 대체집행에 의하여야 한다.

---

[276] 日 執行官 提要 4판 249면

현재의 판례는 토지의 인도를 명한 집행권원의 효력은 그 지상에 건립된 건물이나 수목의 인도에까지 미치는 것이 아니고, 또한 위와 같은 건물이나 수목을 그대로 둔 채 토지에 대한 점유만을 풀어 채권자에게 인도할 수는 없으므로 집행관으로서는 지상에 건물이 건축되어 있거나 수목이 식재된 토지에 대하여 그 지상물의 인도나 수거, 철거를 명하는 집행권원이 따로 없는 이상 토지를 인도하라는 집행권원만으로는 그 인도집행을 할 수 없다고 한다. 관련 판례는 아래와 같다.

> **대법원 1986. 11. 18.자 86마902 결정**
> [판시사항]
> 토지인도를 명한 집행권원의 효력이 그 지상에 건립된 건물이나 식재된 수목에까지 미치는지 여부
>
> [판결요지]
> 토지의 인도를 명한 집행권원의 효력은 그 지상에 건립된 건물이나 식재된 수목의 인도에까지 미치는 것이 아니고 또한 위와 같은 건물이나 수목을 그대로 둔 채 토지에 대한 점유만을 풀어 채권자에게 인도할 수도 없는 것이니, 집달관으로서는 지상에 건물이 건축되어 있거나 수목이 식재된 토지에 대하여는 그 지상물의 인도, 철거 등을 명하는 집행권원이 따로 없는 이상 토지를 인도하라는 집행권원만으로는 그 인도집행을 할 수 없다.

이에 대하여는 건물은 독립된 부동산이므로 집행의 대상에서 제외되지만, 수목이 있는 경우에 집행관은 목적물인 토지와 수목을 누가 점유 관리하고 있는지를 조사, 판단하여 채무자가 이를 점유 관리하고 있다고 인정되는 이상, 그 수목은 목적물인 토지의 부합물(附合物)로서 취급하여 토지인도의무에 포함되는 것으로 보고 현상 그대로 토지와 함께 채권자에게 인도하면 충분하므로 인도대상인 토지 위에 수목이 식재된 것만으로는 토지의 인도가 집행불능이라고 볼 수 없다는 반대견해가 있다.277)

나아가 건물의 철거와 토지인도를 명하는 판결의 집행에서 건물철거를 동시에 집행하지 않고 토지인도만을 집행할 때에는 그 건물의 용도에 따라 현상유지에 일반적으로 필요하다고 인정되는 범위 내의 토지는 제외하여야 하고

---

277) 한국사법행정학회, 2012, 주석 민사집행법(Ⅳ) 65면 주51 참조

그 부분에 관한 인도집행은 그 건물철거 시에 하여야 한다. 관련 판례는 아래와 같다.

> **대법원 1977. 6. 30.자 77마59 결정**
> [판시사항]
> 가. 토지 명도의 수단으로서 그 지상건물의 철거와 토지 명도를 명하는 판결에 있어서의 집행종료 시기
> 나. 건물철거를 동시에 집행하지 않고 토지 명도 집행만을 하는 경우의 집행범위
> [결정요지]
> 가. 건물철거 및 그 토지(대지) 명도를 명하는 판결의 집행에 있어서는 건물철거와 그 건물 용지의 명도집행까지 끝나지 아니하면 그 토지의 인도 집행은 아직 종료되지 아니하였다고 할 것이다.
> 나. 위 건물철거를 동시에 하지 아니하고 위 토지 명도집행만을 함에 있어서는 그 건물의 용도에 따라 현상유지에 일반적으로 필요하다고 인정되는 범위 내의 토지는 제외되어야 한다.

가. 과수 수거집행 방법 (1986. 7. 24 재판예규 제260호)

> 문. 토지 인도 및 철거집행사건으로 "지상에 식재된 복숭아나무 18년생 500주, 배나무 10년생 350주, 사과나무 8년생 600주를 각 수거하고 그 토지를 인도하라"라는 대체집행 사건을 수임받은바, 과목의 수거집행에 있어 아래와 같은 설 중에서 어느 설이 타당한지 알려 주시기 바랍니다.
>
> 1. 갑설
> 과목 수거의 판결은 훼손하지 아니하고 현 상태 그대로 옮겨 심는 방법으로 수거하라는 뜻을 담고 있는 것이므로 정원사가 과목을 이식하여도 살 수 있는 상당한 방법으로 수거 집행하여야 한다.
> 2. 을설
> 과목 수거의 판결은 과목을 훼손치 아니하고 수거하여야 하는 뜻을 담고 있는 것이 아니며 또한 과목소유자가 수거 의무를 이행하지 아니하여 집행하는 것이므로 과목을 벌목하여 수거하는 방법으로 집행하여야 한다.
> 3. 병설
> 과목을 벌목치 아니하고 뿌리까지 뽑아 수거하는 방법으로 집행하여야 하되, 뿌리를 완전히 제거하지 아니해도 되며 또 뿌리가 일부 절단되어도 무방하고 그 수거 과목은 옮겨 심어 살 수 있는 상태로 집행하지 아니하여도 무방하다.

4. 결론

병설이 타당하다. 다만, 집행채무자가 집행 당시에 과목 이식을 위한 준비를 완비하여 집행기관에서 이식할 수 있도록 과목을 수거할 것을 요청하고, 과도한 비용이나 특별한 시설 없이도 이식할 수 있는 상태로 쉽게 수거할 수 있으며, 채무자가 적극 이에 협력하는 특별한 사정이 있을 때는 되도록 그 사정을 참작하여 수거함이 바람직하다.

12. 강제집행의 목적물이 아닌 동산의 처리

가. 채무자 등에게 인도

강제집행의 목적인 부동산이나 선박의 종물인 동산은 집행권원에 그 내역이 기재되어 있지 않더라도 부동산 등과 함께 강제집행의 대상이 되므로 집행관은 이 또한 채권자에게 그 점유를 이전하여야 한다. 그러나 그 외의 동산에는 집행권원의 효력이 미치지 않으므로 이는 집행관이 제거하여 채무자에게 인도하여야 하고(민집 258조 3항), 집행 당시 채무자가 없는 때에는 같이 주거하는 사리를 분별할 지능이 있는 친족 또는 채무자의 대리인이나 고용인에게 인도하여야 한다(민집 258조 4항).

그 해당 동산이 채무자의 소유가 아닌 제3자의 소유이더라도 마찬가지이고, 이러한 동산의 인도는 채권자를 위한 집행행위가 아니므로 그 소유자인 제3자는 제3자이의의 소를 제기할 수 없다.[278] 채무자가 그 수취를 청구한 때에는 이를 채무자에게 인도하여야 한다. 만일 제3자가 동산에 관한 자기의 권리를 소명하고 채무자가 이의를 제기하지 않을 때에는 집행관은 그 제3자에게 인도하여야 하지만, 채무자가 이의를 제기할 때에는 집행관으로서는 실체적 권리관계를 심사할 수 없으므로 제3자의 권리주장에도 채무자에게 인도하여야 한다.[279]

---

278) 법원행정처, 2003, 법원실무제요, 민사집행(Ⅲ), 544면. 대판 1996.12.20.95다19843
279) 日本 執行官 雜誌, 제20호, 66면.
　　이러한 동산에 대하여 제3자가 공정증서, 판결, 화해조서 등 인도를 받을 집행권원을 증명한 것이더라도 채무자의 동의가 없는 한 제3자에게 인도를 하여서는 안된다. 리스물건인 경우에도 마찬가지로 채무자에게 인도하게 된다. 또한, 화해조항 중에 명도해야 할 건물 내의 동산에 대하여 그 소유권은 채권자에게 이전한다는 취지의 화해조항이 있는 경우에는 채권자로부터 인도명령의 신청이 있는 경우에 한하여, 채권자에게 인도해야 하고 그 신청이 없는 이상 화해조항에 그와 같은 기재가 있더라도 채무자에게 집행 목적 외 동산을 인도하여야 한다.

이 경우 제3자로서는 채무자에 대하여 그 동산의 인도를 청구할 수밖에 없고, 집행에 관한 이의(민집 16조)를 제기할 수도 없다. 집행관은 수취를 청구하는 채무자나 제3자에 대하여 보관비용에 관한 유치권을 행사할 수 있다. 이러한 동산의 보관은 부동산 인도·명도의 강제집행에서 파생되는 부수처분에 불과하므로 채권자가 부동산을 점유함으로써 강제집행이 종료된 뒤에는 그 부수처분의 위법을 이유로 강제집행의 취소나 정지를 구할 수 없다.

건물명도 등 강제집행은 당해 건물에 대하여 채무자의 점유를 빼앗아 채권자에게 그 점유를 취득시켜 절차가 종료되는 것으로 당해 건물 내에 있는 집행 목적 외 동산의 처리는 종료된 명도집행에서 파생된 부수처분에 불과한 것으로 채권자를 위한 집행행위가 아니므로 비록 채권자가 명도집행 당시 그곳에 남아 있던 동산이 집행채무자의 소유가 아닌 제3자의 소유임을 알면서도 집행관에게 명도집행의 위임을 하여 집행하였다면 이러한 사유만으로 그 명도집행이 위법하다고 할 수 없다.[280] 한편 수목수거 토지 명도의 집행에 있어서 집행관은 거둬들인 수목은 동산으로서 채무자에게 인도해야 하지만 이를 보관하는 경우에는 수목의 성질상 고사를 방지하기 위하여 적당한 조처를 해야 할 직무상의 의무가 있다.

한편 집행관이 동산을 반출하는 도중 파손이 된 경우 그 파손이 통상의 주의를 기울이더라도 불가피하게 가벼운 것인 때에는 집행관은 이에 대한 책임을 지지 아니하며 그 채무자는 그 파손이 가벼운 경우 손해배상을 청구할 수 없다.[281] 집행관이 제거해야 할 동산은 그 소재가 현장에서 쉽게 발견되는 것으로 충분하고 제거해야 할 동산이 은밀한 장소에 있어 집행관이 상당한 주의의무를 다하더라도 발견할 수 없는 것은 후일 발견한 때에 인도하면 충분한 것이고 이 때문에 점유해제가 완료되지 않았다고 할 수는 없다.[282] 그 동산에 압류, 가압류 또는 가처분의 집행이 되어 있을 때에는 집행관은 압류 등의 집행을 한 집행관에게 그 취지와 그 동산에 대하여 취한 조치를 통지하여야 한다(민집규 188조).

재판 시의 화해 또는 조정에서 채무자가, 건물 명도의 경우에「그 목적건물의 내에 있는 동산의 소유권을 포기한다」는 취지의 조항이 있는 때는 집행관

---

280) 대판. 1996. 12. 20. 95다19843
281) 日. 東京地板. 1975. 4. 21., 判示 802, 96
282) 日. 大板高決. 1959. 12. 1.(下民集 10. 12, 2555)

으로서는 채무자에 대하여 채무자의 생활에 필요한 가재도구, 의류 등은 인도하고 그 외의 동산은 채권자에게 그 처리를 맡기는 방법으로 해야 한다. 집행목적물이 아닌 동산을 채무자에 인도해야 함에도 채무자가 수취를 거부하거나 소재불명으로 인도할 수 없을 때에는 집행관은 아래「나」항 이하 방법으로 처리해야 한다.

나. 집행목적물이 아닌 동산을 인도할 수 없는 때

(1) 보관하여야 하는 경우

이러한 동산을 인도받을 채무자나 그 대리인 등이 ① 부재 또는 불출석으로 강제개문(强制開門)을 하고 명도집행을 하는 경우와 ② 채무자 등이 집행목적물 아닌 동산의 수령을 거부하며 집행현장에서 퇴장하여 그 동산을 인도받지 아니하는 경우 ③ 채무자가 명도현장에 출석한 경우에도 인도받은 동산을 외부로 이전할 경제적인 능력이 없거나 능력이 있어도 다른 장소로 목적물 아닌 동산을 이전하지 않을 것이 충분히 예상되는 경우에 이를 보관하여야 할 것이다.

부동산 등의 인도 집행에서 강제집행의 목적물이 아닌 동산이 있는 경우에 집행관은 그 동산을 제거하여 인도 집행을 할 의무가 있으므로, 이를 제거하여 보관 또는 매각이 다소 곤란하다는 사유만으로는 목적물의 인도 집행을 불능 처리할 수는 없다. 관련 판례는 아래와 같다.

> **대결 2018. 10. 15 2018그612**
>
> [판시사항]
> 부동산 인도 청구의 집행에서 집행관이 강제집행 목적물에서 목적물이 아닌 동산을 제거하여 보관하는 것이 불가능하거나 현저히 곤란하여 강제집행 목적물에 그대로 남아있는 경우, 민사집행법 제258조 제6항에 따라 동산을 매각할 수 있는지(적극)
>
> [결정요지]
> 민사집행법 제258조 제6항은 매각 허가의 대상이 되는 동산을 집행관이 강제집행 목적물에서 제거하여 보관하는 동산으로 한정하고 있지 않으므로, 그 적용 여부는 채무자가 그 수취를 게을리하였는지에 따라 달라진다고 보아야 하고, 집행관이 위와 같은 동산을 보관하고 있는지와는 상관없다. 따라서 부동산 인도 청구의 집행에서 집행관은 강제집행 목적물에서 목적물이 아닌 동산을 제거하여 보관하는 경우는 물론 그 동산을 제거하여 보관하는 것이 불가능하거나 현저히 곤란하여 강제집행 목적물에 그대로 남아있는 경우에도 채무자가 그

> 동산의 수취를 게을리하면 집행법원의 허가를 받아 그 동산을 매각할 수 있다고 보아야 한다.
>
> **[이유]**
> 민사집행법 제258조 제6항은 매각허가의 대상이 되는 동산을 집행관이 강제집행 목적물에서 제거하여 보관하는 동산으로 한정하고 있지 않으므로, 그 적용 여부는 채무자가 그 수취를 게을리하였는지 여부에 따라 달라진다고 보아야 하고, 집행관이 위와 같은 동산을 보관하고 있는지 여부와는 상관없다. 따라서 부동산 인도청구의 집행에서 집행관은 강제집행 목적물에서 목적물이 아닌 동산을 제거하여 보관하는 경우는 물론 그 동산을 제거하여 보관하는 것이 불가능하거나 현저히 곤란하여 강제집행 목적물에 그대로 남아있는 경우에도 채무자가 그 동산의 수취를 게을리하면 집행법원의 허가를 받아 그 동산을 매각할 수 있다고 보아야 한다.
> 집행관은 이 사건 부동산 내에 있는 돼지 약 6천 두를 옮겨 보관할 장소를 현실적으로 찾기 어려워 집행이 불가능하다는 부동산인도불능조서를 작성하고 집행을 실시하지 않았다.

채권자가 법당과 납골묘의 철거집행 및 토지 인도 집행을 위임하였는데 법당내 봉안시설 및 납골묘에 있는 유골함을 채무자나 그 대리인 등에게 인도할 수 없고 채권자도 유골함의 보관을 거부하면서 적합한 보관장소를 알아보지 않으며, 집행관의 보관의뢰에 대하여 봉안시설 업자도 유족의 동의가 없다고 하여 그 보관을 거절할 때는, 집행관이 유골함을 계속하여 보관할 의무를 부담하지는 않으므로 채권자의 요구를 거부하고 유골함이 존재하는 법당 및 납골묘에 대하여 철거집행을 하지 않았더라도 정당하다.[283]

(2) 보관방법
(가) 집행관이 직접 보관하는 경우
집행관은 동산을 스스로 보관할 수도 있고(현금이나 수표, 귀중품은 집행관이 직접 보관하는 것이 실무임), 채권자나 제3자를 보관인으로 선임하여 보관하게 할 수도 있다.

(나) 채권자를 보관인으로 지정하는 경우
채권자의 승낙을 받아 채권자에게 보관시킬 경우와 채권자가 사전에 집행

---
283) 대판 2015.4.10. 2012그186

목적물이 아닌 동산의 보관 장소를 자기 관리구역 내로 지정한 경우와 제3의 장소를 보관 장소로 예약하여 놓은 경우에 목적 외 동산을 채권자에게 보관시킴으로써 그 건물에 목적 외 동산을 남긴 상태에서 그대로 인도집행을 마칠 수 있다.

(다) 제3자를 보관인으로 지정하여야 하는 경우

집행관이 직접 보관하거나 채권자를 보관인으로 지정하여 보관할 수 없는 경우에는 제3자를 보관인으로 지정하여야 한다. 집행절차에서의 보관업자 등록 등에 관한 대법원 예규는 아래와 같다.

집행절차에서의 보관업자 등록 등에 관한 예규

개정 2017. 2. 2. [행정예규 제1111호, 시행 2017. 9. 1.]

제1조(목적)

이 예규는 집행관이 부동산 등의 인도청구 집행 또는 동산에 대해 강제집행을 함에 있어서 강제집행의 목적물이 아닌 동산이나 압류된 동산을 보관하기 위하여 창고업 또는 이와 유사한 영업을 영위하는 자(이하 "보관업자"라 한다)를 보관인으로 선임하는 것과 관련하여 보관업자의 등록 및 선임, 보관비용의 산정 등에 관한 기준을 정함으로써 집행절차의 공정성을 확보함을 목적으로 한다.

제2조(보관업자의 등록)

① 집행관은 보관업자로서의 적정 여부, 보관시설의 규모, 접근성, 보관비용 등을 심사하여 그 직무집행에 필요한 보관업자를 보관업자 명부에 등록하여야 한다.

② 제1항에 따라 등록할 보관업자의 수는 서울·경기지역과 지방법원 본원 소재지는 5인 이상으로, 그 외 지역은 3인 이상으로 한다.

③ 집행관은 매년 12. 31.까지 그다음 해에 선임할 보관업자 명부를 별지 제1호 서식으로 작성·비치하고, 제1항에 의하여 등록된 보관업자를 「정보처리시스템」에 올려야 한다.

제3조(보관업자의 선임 방식)

① 집행관은 직접 제2조 제3항에 의하여 등재된 보관업자를 「정보처리시스템」의 「보관업자 선정기능」 중 무작위추출방식을 이용하여 선임하여야 한다. 다만 보관물의 성질, 보관시설의 규모, 접근성 등을 참작하여 특별한 사정이 있는 경우에는 제4항의 보관업자 선임내역 장부의 비고란에 그 사유를 기재하고 「정보처리시스템」의 「보관업자 선

정기능」 중 임의선정방식을 이용하여 달리 선임할 수 있다.
② 집행관이 채권자에게 동산의 보관을 위임하는 경우 채권자가 집행관에 대하여 제2조 제3항에 의하여 등재된 보관업자의 선임을 요청하는 때에도 전항의 규정을 준용한다.
③ 집행관이 제1항 및 제2항에 따른 보관업자를 선임한 때에는 보관업자, 선임일시, 선임구분(예: 최초 선임, 재선임), 선임방식(예: 제3조 제1항 본문, 제3조 제1항 단서, 제3조 제2항) 등이 기재된 선임결과 전산출력물을 출력하여, 대표집행관의 확인을 받은 후 기록에 매야 한다. 보관업자를 변경할 때에도 같다.
④ 집행관은 제1항 및 제2항에 따른 선임내역에 관하여 별지 제2호 서식으로 보관업자 선임내역 장부를 작성·비치하여야 한다.
⑤ 집행관은 제1항 및 제2항에 따른 보관업자 선임이 공정하게 이루어질 수 있도록 하여야 한다.

제4조(보관비용 산정기준표의 작성 등)
① 집행관은 지역의 특수성을 참작하여 보관료, 운반료 등에 관한 보관비용 산정기준표를 작성하여야 한다.
② 집행관은 집행관사무소의 게시판에 보관비용 산정기준표를 게시하여 채권자의 편의를 도모하여야 한다.
③ 집행관은 매년 12. 31.까지 산출자료를 첨부하여 보관비용 산정기준표에 관하여 관할 지방법원장의 승인을 얻어야 한다.

제5조(보관업자의 감독)
집행관은 제2조 제1항에 따라 등록된 보관업자의 업무수행에 대하여 충분한 지도와 감독을 하여야 한다.

제6조(보관업자의 등록취소 및 추가등록)
① 집행관은 보관업자가 그 의무를 위반하였거나 불성실 등의 사유로 보관업무를 수행할 수 없다고 인정되는 경우에는 그 보관업자의 등록을 취소하여야 한다.
② 집행관은 제1항의 경우 보관업자 명부에서 해당 보관업자를 지우고 비고란에 그 사유를 기재하여야 하며「정보처리시스템」에 등재된 보관업자를 삭제하여야 한다.
③ 등록취소에 따라 보관업자의 수가 제2조 제2항의 규정보다 부족하게 된 때에는 등록취소일로부터 20일 이내에 제2조 제1항에 따라 보관업자를 추가로 등록하고,「정보처리시스템」에 이를 올려야 한다.

제7조(집행 조서상 보관업자 등 기재)
① 집행관은 집행에 관한 직무의 수행에 관하여 작성할 집행조서에 제3조 제1항 및

제2항에 따라 선임한 보관업자, 보관일시, 보관장소, 보관물량(예 : ○톤 컨테이너 1개월 ○원 ○동 또는 ○톤 트럭 ○대), 운반료 등의 내용을 기재하여야 한다.

② 집행관은 제1항의 집행조서에 채권자의 승낙을 받아 채권자에게 강제집행의 목적물이 아닌 동산을 보관시킨 경우에도 보관자, 보관일시, 보관장소 등을 기재하여야 한다.

제8조(장부의 보존 등)

① 제2조 및 제3조의 장부는 1년마다 별책으로 하여야 한다. 다만 필요에 따라 분책할 수 있다.

② 제1항의 장부는 5년간 이를 보존하여야 한다.

부칙(2017. 02. 02. 제1111호)

제1조(시행일) 이 예규는 2017년 9월 1일부터 시행한다.

제2조(예규 시행을 위한 준비행위) 집행관은 이 예규 시행일까지 제2조 제1항에 의하여 등록된 보관업자를 「정보처리시스템」에 등재 하여야 한다.

[별지 제1호 서식] 보관업자 명부

일련번호	성명 (명칭)	주민등록번호 (법인등록번호)	영업소와 사무소 소재지 (전화번호)	비고

[별지 제2호 서식] 보관업자 선임 내역

일련번호	사건번호	선임인		선임일	보관업자 명	보관장소 및 보관창고 수	대표집행관 확인	비고
		집행관	채권자					

※ 보관창고 수는 동원된 컨테이너 수 등을 구체적으로 기재하되, 보관창고가 변경된 경우 변경 전·후 보관창고와 변경사유 등을 비고란에 기재하여야 한다.

(3) 보관자의 보관책임

보관 중 사고를 방지하기 위해서 보관자는 적당한 방법으로 그 물건이 인도집행의 목적 외 동산이라는 취지와 보관개시의 일시 및 집행관의 이름 등을 표시하여 두어야 한다(민집규 136조 1항의 유추). 동산을 보관함에 있어 집행관은 동산이 훼손되거나 가치가 감소되지 않도록 상당한 주의를 하여야 하고, 보관인에게 보관을 위탁하는 경우에는 그 보관인의 선임감독에 충분한 주의를 기울여야 한다.

보관자로 지정된 채권자 또는 제3자의 동산 보관에 관한 권리와 의무는 집행관과의 사이에 체결된 임치계약(任置契約) 등 사법(私法)상의 계약 내용에 따라 정하여지며 보관자로 지정된 채권자가 자기의 책임 아래 제3자(창고보관업자)에게 그 보관을 위탁한 경우에는 채권자가 보관책임을 져야 하고, 당사자 사이에는 그들 사이에 체결한 계약 내용에 따른 권리의무가 생긴다.

다. 집행목적물이 아닌 동산의 인도와 보관절차

(1) 인도의 사전 절차

집행관은 채무자 등이 집행현장에 있을 때에는 동산을 제거하기 전에 채무자 등이 스스로 중요물품에 대하여 정리할 적절한 시간을 주어야 하며, 다른 사람의 압류·가압류·가처분의 목적이 된 동산은 다른 동산과 구별하여야 한다. 집행관은 다른 사람의 압류·가압류·가처분의 목적이 된 동산을 구분하여 보관시킨 경우에는 민사집행규칙 188조에 의하여 그 압류 등의 집행을 한 집행관에게 그 취지와 그 동산에 대한 조치를 통지하여야 한다.

한편 집행목적물이 아닌 동산 중 일부를 현재 놓여 있는 상태로 채권자에게 보관하기로 하고 인도집행을 완료한 경우에는 민사집행규칙 136조 1항을 유추 적용하여 그 물건이 집행목적물이 아닌 동산이라는 취지와 보관개시의 일시 및 해당 집행관의 이름을 적당한 방법으로 표시해 두어야 한다.

(2) 수취의 통지 등
① 채무자 등에 대한 통지

집행관은 집행목적물이 아닌 동산을 채권자 또는 제3자에게 보관시키게 된 경우에는 민사집행법 189조 3항을 유추하여 그 보관사실(보관장소와 보관물건 내역포함)과 보관자로부터 일정한 기간 내(1주에서 3주) 수취하여 가라는 뜻 및 그 동산의 수취를 게을리할 때에는 매각 및 공탁 절차를 밟게 된다는 내용을 채무자에게 통지하여야 한다(민집 258조 6항, 189조 3항 유추적용). 이 경우 위 통지가 송달불능된 경우에는 1회 더 송달절차를 밟고, 2차 송달도 불능이 될 경우에는 그 반송된 우편물을 기록에 편철(編綴)해 둔다.[284]

② **보관자의 집행관에 대한 통지**

채권자 또는 보관업자 등 집행목적물이 아닌 동산을 직접 보관하고 있는 자는 보관일로부터 1월이 경과하도록 채무자 등 수취권자가 이를 찾아가지 아니하는 경우에는 전화 또는 아래 서식에 의한 그 취지를 통지하여야 한다. 채무자 등의 수취, 또는 매각 및 공탁명령에 따라 보관 동산의 반출이 이루어진 경우에도 같다. 통지서 양식은 아래와 같다.

|양식| **통지서**

통 지 서

수신 : 00 지방법원 집행관사무소 0부 집행관 귀하

사건번호 : 2017 본   호

위 사건에 관하여 1개월이 경과하여도 채무자가 보관 동산을(① 수취하지 않음, 0월 0일 수취) 하여 통지하오니 업무에 참고하시기 바랍니다.

2000. . .

보관업자 0 0 0인

---

284) 전국법원 집행관연합회, 2015, 집행관업무자료집(Ⅳ), 384면.

라. 보관이 곤란하거나 보관할 가치가 없는 집행목적물이 아닌 동산의 사전처리 등[285]

집행목적물이 아닌 동산 중 그 성질상 별도의 보관을 기대할 수 없거나 보관하기 곤란한 물건 및 그 보관에 지나치게 큰 비용이 드는 것이 예상되는 물건(예: 살아있는 어패류, 분재 등 식물, 가축, 가공된 음식물 등)은 집행목적물의 인도집행에 앞서 법원의 명령에 따른 특별매각(민집 214조), 조기매각(민집 202조 단서), 긴급매각(민집 198조 등)의 규정을 준용하여 그에 적절한 방식으로 사전매각을 할 수 있다.

집행목적물이 아닌 동산 중 폐기하여야 할 무가치(無價値)한 동산은 집행법원의 허가를 받아 폐기하도록 하고, 이 경우 부동산 인도 조서에 폐기 사유를 기재하고 폐기할 동산의 목록과 사진을 첨부하도록 한다. 일상 가사용 남은 음식물 등은 일단 집행목적물 주변에 배출하여 채무자 등이 수취하여 갈 기회를 제공(2일에서 3일)한 다음 거둬 가지 않을 경우 생활 폐기물로 폐기하면 될 것이다.[286]

마. 보관 동산의 점검 등

집행관이 집행목적물이 아닌 동산을 채권자 또는 제3자를 보관자로 지정하여 보관시킨 경우 채무자 등의 신청이 있거나 기타 필요하다고 인정이 되는 때에는 보관 중인 동산의 상황을 점검할 수 있으며, 필요한 경우에는 보관인의 변경 등의 조처를 할 수 있다(민집규 137조).

한편 압류물의 보관 상황을 파악하는 것은 집행관의 직무행위이므로 집행관은 필요하다고 인정이 된 경우에는 직권으로도 보관상황을 점검할 수 있다. 예컨대 보관상황이 부적당하다고 볼 만한 사정이 드러난 경우, 보관기간이 지나치게 길어진 경우 등에는 당사자 등의 신청이 없더라도 보관상황을 점검하는 것은 상당하다. 점검한 결과 집행목적물 아닌 동산이 부족하거나 손상이 있는 때에는 소유자인 채무자의 이익을 해치는 것이므로 부족 또는 손상이 있다는 취지를 통지하여야 한다.[287]

---

285) 전국법원 집행관연합회, 2015, 집행관업무자료집(Ⅳ), 385면
286) 전게서, 384
287) 법원행정처, 2003, 민사집행규칙 해설, 374면.

바. 보관자 등이 채무자나 제3자에게 집행목적물이 아닌 동산 인도거부 시 조치

(1) 즉시인도

보관자는 채무자의 인도 청구 시 적법한 거부사유가 없는 한 즉시 인도하여야 한다. 채무자 외의 제3자가 보관자에 대하여 보관 중인 동산에 대한 자기 권리를 소명하고 인도 요청을 한 경우에는 채무자가 이의 제기를 아니하는 때에 한하여 제3자에게 인도하고 채무자의 이의제기가 있을 때에는 제3자의 권리 주장에도 채무자에게 즉시 인도하여야 한다.

(2) 보관자로 지정된 채권자 등의 인도거부 시 처리절차

집행목적물이 아닌 동산 인도의 보관자로 지정된 채권자 또는 제3자(창고보관업자)가 채무자 등의 수취 요구를 거절할 경우, 집행관은 보관자에게 즉시 수취요구권자에게 인도할 것을 서면으로 통지하여야 하며(민집 193조 1항) 이 경우 보관자에게 통지는 집행관이 맺은 임치계약의 해지의사표시로 본다. 보관자 등이 집행관의 통지를 받고도 인도를 거부하는 경우 집행관은 채무자 또는 수취 권한이 있는 제3자를 위한 별도의 집행권원(인도명령 등)이 없는 한 강제로 보관자(채권자 또는 제3자)로부터 해당 동산을 수취할 수 없다.[288]

(3) 보관비용에 대한 유치권 주장 가부

한편 보관자는 채무자가 인도 요구할 때 적법한 거부 사유가 없는 한 이를 즉시 인도하여야 하나 보관비용에 관하여는 집행관과 보관자로 지정된 채권자 또는 제3자(통상 창고보관업자)는 집행관과 체결된 임치계약(任置契約)의 내용에 따라 그 수취를 요구하는 채무자 또는 수취권한이 있는 제3자에게 보관비용에 관한 유치권을 주장할 수 있다. 보관비용 중 유치권을 주장할 수 있는 것은 보관개시 시점부터 채무자 또는 수취권한이 있는 제3자가 수취를 청구한 시점까지 보관비용에 해당하는 금액이다. (주: 통상 보관료는 채권자에게 3개월 정도의 보관비용을 예납시키는 것이 실무이다)

---

[288] 전국법원 집행관연합회, 2015, 집행관업무자료집(Ⅳ), 384면: 법원공무원교육원, 2007, 집행관 연찬집, [21]

사. 보관 동산의 매각절차

채무자나 그 밖에 동산을 수취할 권한이 있는 사람이 그 동산의 수취를 게을리 한때(통지를 받고도 2주 이상 수취하지 않거나 명시적(明示的)으로 수취거절 의사를 표시한 때)에는 집행관은 민사집행법 258조 6항의 규정에 따라 집행법원에 아래 양식에 의한 매각허가 신청을 하여야 하며, 집행법원의 매각허가결정을 받아 동산에 대한 강제집행의 매각절차에 관한 규정에 따라 그 동산을 매각하여야 한다. 이 매각은 동산이 채무자의 소유에 속하는 경우뿐만 아니라 제3자의 소유에 속하는 경우에도 원칙적으로 가능하다.[289]

보관 동산에 대한 집행법원의 매각허가신청사건은 독립된 유체동산 강제집행사건으로 접수할 것이 아니라 부동산 등 인도명령 청구사건에 부수적인 것으로 그 사건 기록에 가철하면 될 것이고 그리고 이 매각을 함에 있어서 금전채권을 근거로 한 압류가 아니므로 목적 동산을 별도로 압류할 필요도 없다.

매수인은 일정 기간 내에 매수한 동산을 반출하여야 하고, 반출하지 아니하거나, 집행채권자와의 사이에서 보관장소에 관하여 협의가 성립되지 아니하면 집행관은 당해 동산을 다시 매각하여야 한다. 이 매각은 집행목적물이 아닌 동산의 사후처리이며 당해 동산은 집행목적물이 아니다. 이 매각이 동산의 집행방법에 따라 행하여지더라도 그 성격에는 변함이 없으므로 당해 동산이 자기의 것임을 주장하는 제3자는 그 소유권을 이유로 매각절차를 저지할 수 없으며 채무자에 대하여 매각이 되지 않도록 수취해 갈 것을 최고 할 수밖에 없을 것이다.

집행법원이 매각을 허가하는 결정을 한 때에는 이를 채권자와 채무자에게 알리고, 집행관에게도 통지하여야 하며, 이해관계 있는 제3자가 있을 때에는 그 에게도 통지하여야 한다. 다만 채무자와 집행관에게만 알리면 된다는 반대설도 있다. 이때 집행목적물이 아닌 동산에 다른 채권자들의 압류·가압류·가처분된 동산에 대하여는 매각절차를 밟을 수가 없다.

한편 보관 중인 동산이 집행비용에 미달하여 무가물(無價物)로 평가된 경우에는 집행법원의 허가를 받아 폐기처분을 할 수도 있으며, 잉여(剩餘)의 가망이 없는 것으로 평가되었을 때에도 역시 집행법원의 허가를 받아 보관자 등의 동의를 아래 집행비용과의 상계로 매각할 수 있다.[290]

---

[289] 법원행정처, 2014, 법원실무제요, 민사집행(Ⅲ), 562면.

|양식| 강제집행 목적물외 동산의 매각허가신청서

강제집행 목적물외 동산의 매각허가신청서

사건번호 : 2017   본   호
채권자 ㅇ ㅇ ㅇ
채무자 ㅇ ㅇ ㅇ

신청 취지

별지 목록 동산에 관하여 동산에 대한 강제집행의 매각절차에 따른 매각을 허가하여 주시기 바랍니다.

신청 이유

1. 위 건물 인도(명도) 사건에 관하여 2000. 10. 18. 귀원 소속 집행관으로 하여금 채무자의 집행목적물에 대한 점유를 해제하고 별지목록 기재 집행목적물이 아닌 동산을 인도받아 2001. 2. 22 현재까지 창고보관업자에게 위탁하여 보관하고 있습니다.

2. 그러나 채무자는 위 집행완료일로부터 4개월이 경과하였음에도 이를 마음대로 인도하여 가지 아니하고 있을 뿐만 아니라 연락 두절로 보관 중인 물품의 수취를 기대하기 어려우며 채권자의 보관료 부담이 증가하고 있습니다.

3. 따라서 채권자는 법률상 그 보관책임이 없고 보관비용의 증가와 물품 잃어버림의 우려로 경제적, 정신적 손해가 막대하므로 이를 매각하는 것이 적당하다고 생각되어 민사집행법 258조 6항에 따라 위 물건들에 대한 매각 허가 신청을 하여 주시기 바랍니다.

첨부 서류
1. 내용증명(목적물 아닌 동산의 수취) 2통
2. 채무자의 주민등록초본 1통

2002. 04. 10.
채권자

ㅇㅇ 지방법원   집행관 귀하

아. 매각대금의 공탁

집행 목적물 아닌 동산의 매각 허가를 받아 동산을 매각한 때에 집행관은 그 매각대금에서 매각 및 보관에 필요한 비용을 빼고 집행채권자에게 지급하고 그 나머지 대금을 공탁하여야 한다(민집 258조 6항).291) 이 공탁은 일종의 변제공탁이고 공탁금의 지급은 피공탁자의 출급청구에 따라 이루어진다.

채권자는 부동산의 인도집행을 신청함에 있어 집행관에게 수수료를 지급하여야 하고 이는 집행비용에 해당하지만, 이 동산매각은 인도집행 자체는 아니므로 동산의 매각대금에서 곧바로 인도집행비용을 상환받을 수는 없고, 채권자가 매각대금의 공탁금에서 인도집행 비용을 상환받기 위해서는 집행비용액 확정결정을 얻어 채무자가 가지는 공탁금의 출급청구권에 대하여 별도의 집행절차를 밟아야 한다. 실무에서는 통상 인도 집행 채권자는 집행목적물 아닌 동산 매각 절차 시에 기왕에 지출된 매각비용 및 보관비용으로 상계로 매수하여 절차를 종결하고 있다.

자. 집행목적 건물 내의 동산이 다른 채권자의 압류 · 가압류 · 가처분 등이 된 경우 처리

집행관은 건물의 인도 또는 명도의 집행을 할 즈음에 먼저 설명한 바와 같이 건물 내의 집행목적 외 동산은 채무자에게 인도하던가 또는 건물 외로 운반하면 충분한 것이지만 당해 동산이 다른 채권자로부터 압류, 또는 가압류, 가처분 명령에 따라 집행관보관의 보전조치(현실적으로 채무자에게 보관시키는 경우가 많다)가 되어 있는 경우에, 건물명도 등 집행 시에 건물 내에 존재하는 동산들을 건물 밖으로 운반한다고 하는 것은 동산 그 자체에 대한 강제집행은 아니고 건물 명도의 집행을 실현하기 위한 하나의 수단으로서 행해지는 것이기 때문에 압류 등의 대상인 동산에 대한 지배권능은 의연히 채무자에

---

291) 전국법원 집행관연합회, 2015, 집행관업무자료집(Ⅳ), 387면.
　　공제하는 매각비용에는 매각에 따른 매각수수료, 집행여비, 감정비용, 우편통지 비용 등이 포함되고, 공제하는 보관비용에는 순수한 창고보관료와 보관을 하기 위한 부대비용(차량비와 상하 차에 따른 인건비 포함) 중 집행관이 실제로 인정한 비용이 포함된다. 이 경우 본래의 집행목적물인 부동산 등의 인도 집행을 위한 집행비용(노무자 수당 등)은 위 비용에 포함되지 않음을 유의해야 한다. 한편 제3자 보관 아닌 집행채권자가 보관자로 지정되었을 경우 직접 보관비용 등을 부담하는 경우에는 그 영수증 등 해명자료를 집행관에게 제시하여 인정을 받아야 매각비용에 포함 시킬 수 있다.

게 있다.

따라서 동산에 대하여 반출 또는 수거 등의 행위가 이루어진다고 하더라도 채무자의 그 동산에 대한 처분권, 점유상태 등의 실체적인 권리관계에는 아무런 영향이 미치지 않는 것이다. 다만 반출 등으로 보관장소가 변경되지만, 그것은 건물 명도의 집행에 방해사유가 되지 않는다. 그러나 물건의 운반 한다든지, 수거 한다든지 함으로서 그 동산의 분실, 훼손이 발생할 수 있으므로 건물 명도의 집행을 한 집행관은 집행 후 지체없이 그 취지를 압류, 가압류, 가처분의 집행을 한 집행관, 또는 체납처분청에 통지해야 한다.

차. 불복방법

집행관의 처분에 대하여 이의가 있는 채권자나 채무자 등은 집행에 관한 이의(민집 16조)를 신청할 수 있다. 그러나 집행관의 동산보관 처분 전의 절차상의 하자를 이유로 하여 보관 및 매각절차에 대하여 이의를 신청할 수는 없고, 제3자가 소유권을 주장하여 제3자이의의 소나 집행에 관한 이의 등을 제기할 수도 없다.

13. 집행의 종료와 그 통지

부동산 등의 인도집행은 부동산 등에 관하여 채권자가 현실의 점유를 취득한 때에 종료한다. 다만 집행의 목적물인 부동산상에 집행의 목적이 아닌 동산이 존재하는 때는 집행관은 그 부동산 등에 관하여 채무자의 점유를 해제한때에 그것들을 부동산에서 제거하여 채무자에게 인도할 것이 필요하므로 동산의 채무자에게 인도, 그리하여 부동산에 대한 채권자의 점유 취득으로 집행은 종료하는 것이다.

특히 채무자 등에게 인도할 수 없는 집행 목적 외 동산에 관하여는 집행관이 보관하여야 하는 경우, 채권자의 승낙이 있으면 채권자에게 보관시키는 것도 가능하다고 해석되므로 당해 건물에 목적 외 동산을 남겨둔 채로 집행을 종료시키는 것도 가능하다. 채무자 등에 인도할 수 없는 목적 외 동산이 있는 경우는, 이들을 매각하고 그 대금을 공탁한 때에 인도집행 등 집행 사건은 종료된다.

집행의 목적이 아닌 동산은 집행관이 제거하여야 하므로 그 제거가 끝나지 않았으면 집행이 종료되어 채권자가 점유를 취득하였다고 할 수는 없다. 그러나 대부분의 동산이 부동산의 외부로 반출되었으면 별다른 가치가 없는 동산 일부가 남아있다 하더라도 집행을 마친 것으로 볼 수 있다. 또한, 동산의 제거가 완료된 이상 이를 채무자에게 인도하지 못하였다거나 그 경매절차 등이 완료되지 않았다고 하더라도 인도집행 자체도 완료되지 않았다고는 할 수 없다.

한편 부동산 등의 인도집행을 마친 때에는 집행관은 채무자에게 그 취지를 통지하여야 한다(민집규 187조). 채무자가 집행에 참석한 때에는 말로써 통지하면 충분하다(민집규 8조 1항). 판례는 채권자나 그 대리인이 인도받기 위하여 출석하지 않았음에도 집행관이 채무자로부터 점유를 빼앗아 그 점유를 집행관 자신 또는 제3자에게 인도하였다면 이는 하자 있는 집행이지만 그 후에는 같은 집행문에 의하여 또다시 집행할 수는 없다고 하고 있으므로 이 경우에는 채권자 자신이 점유를 취득하지 않더라도 집행을 마친 것으로 보아야 한다.[292]

언제 집행이 종료되는가 하는 점은 채무자로서는 집행정지 등의 구제절차를 밟을 수 있는 시한이지만, 채권자로서는 그 집행종료 전의 채무자의 침입에 대하여 종래의 집행권원에 기초한 집행이 가능한 시한이라고 할 수 있다. 채권자가 점유를 취득한 후에 채무자가 다시 침입한 때에는 종래의 집행권원에 의한 집행은 불가능하고, 새로운 집행권원을 얻어야 한다.

그러나 채무자가 점유를 상실하였더라도 채권자가 점유를 취득하지 못한 때에는 아직 집행을 마치지 않은 경우이므로 종전의 집행권원에 기초하여 인도집행 할 수 있다. 다만 이에 대해서는 채무자가 점유를 상실하였으나 아직 채권자가 점유를 취득하지 못하여 집행이 종료되지 않은 경우에도 채무자가 새로운 점유를 취득하면 이는 종전의 점유와는 별개의 점유이므로 종전의 집행권원으로는 집행할 수 없다고 주장하는 반대견해도 있다.[293]

집행관이 채무자의 점유를 해제하고 이를 채권자에게 인도하여 강제집행이 완결된 후에 채무자가 집행의 목적이었던 건물에 들어간 것은 공무상표시무효죄가 되지는 않지만(대판 1985. 7. 23. 85도 1092), 부동산강제집행효용침해죄(형법 140조의2)가 성립될 수 있다.

---

292) 대판 1962. 2. 8. 4293민상677
293) 남기정, 실무 강제집행법(9) 육법사(1989), 389면

14. 집행조서의 작성

집행관이 부동산 또는 선박의 인도집행을 한 경우에는 집행조서를 작성하여야 하는데(민집 10조 1항), 집행조서에 적어야 할 사항에 관하여는 민사집행법 10조 2항, 3항과 민사집행규칙 6조에 통칙규정을 두고 있고, 민사집행규칙 189조에 부동산 등의 인도집행 있어서의 특칙규정을 두고 있다.

부동산 등의 인도집행 시행한 때에 집행조서에 적어야 할 사항에는 ① 집행의 목적물에 대한 채무자의 점유를 풀고 채권자 또는 그 대리인에게 그 점유를 취득시킨 것, ② 채권자나 그 대리인이 집행목적물의 인도를 받기 위하여 출석한 것과 그 밖에 ③ 강제집행의 목적물이 아닌 동산을 민사집행법 258조 3항 또는 4항에 규정된 사람에게 인도한 때에는 그 취지(민집규 189조 1호), ④ 위의 동산을 보관한 때에는 그 취지 및 보관한 동산의 표시(민집규 189조 2호) 등이 있다.

15. 부동산 등 인도의 강제집행 예에 따르는 경우

부동산 등 인도의 강제집행 예에 따르는 것으로는 부동산집행 또는 부동산경매절차의 한 부분인 부동산인도명령의 집행(민집 136조), 매각을 위한 보전처분으로서 집행관보관명령의 집행(민집 83조 3항)이 있다. 집행관은 신청에 따라 이러한 사무를 독립된 집행기관으로서 실시하는 것이고, 집행법원의 보조기관으로서 실시하는 것은 아니다. 집행관 보관의 가처분 집행도 부동산 등 인도의 강제집행 예에 따른다.

16. 목적물을 제3자가 점유하는 경우의 인도집행

가. 총 설

인도의 목적물을 채무자 아닌 제3자가 점유하고 있는 때에는 원칙적으로는 집행할 수 없다. 물론 그러한 제3자에 대하여 집행권원의 집행력이 미칠 때, 예를 들어 변론을 종결한 뒤의 승계인인 경우 등에는 그러한 제3자에 대하여도 집행할 수 있으나, 이러한 제3자는 강제집행에 있어서는 채무자에 해당한다. 제3자가 채무자를 위하여 목적물을 소지하고 있는 때(민소 218조 1항)에도 마찬가지이다.

이처럼 집행권원의 집행력이 미치지 않는 제3자의 점유로 말미암은 집행 불능을 막기 위하여 민사집행법 259조는 채무자가 제3자에 대하여 인도청구권을 가지는 때에는 채무자의 인도청구권을 채권자가 압류하여 넘겨받을 수 있게 하였다. 물론 채권자가 이러한 방법에 따르지 아니하고 채권자대위권이나 물권적 청구권에 의하여 직접 제3자에 대하여 목적물의 인도를 청구하는 것도 가능하다.

이러한 압류 및 이부명령은 동산의 인도청구(민집 257조)뿐만 아니라 부동산·선박의 인도청구(민집 258조)에도 적용된다. 문제는 동산의 경우 특정 동산의 인도청구에 국한되는가 아니면 대체물 인도청구에도 적용이 있는가 하는 점인데, 통설은 채무자가 제3자에 대하여 같은 대체물에 대한 인도청구권을 가지고 있다고 하더라도 목적물이 특정되어 있지 않으므로 민사집행법 259조에 의한 이부명령은 허용되지 않는다고 보고 있다. 그러나 이에 대하여는 불특정물이라 하여도 이부명령이 가능하다고 하는 반대견해도 있다. 그리고 압류 및 이부명령의 대상이 되는 채무자의 제3자에 대한 인도청구권은 물권적 청구권이든 채권적 청구권이든 불문한다.

나. 집행기관과 집행방법

채무자의 제3자에 대한 인도청구권의 압류와 이부에 있어서는 집행법원이 집행기관이 된다(민집 223조). 구체적으로는 집행목적물이 있는 곳의 지방법원이나 지원이 담당한다(민집 224조 2항 단서). 이부명령의 신청은 서면으로 하여야 하고(민집 4조), 여기에는 2,000원의 인지를 붙여야 한다(인지 9조 4항 1호). 이 신청이 있으면 채권 등 집행사건으로 접수하여 사건번호와 사건명을 붙이고 전산 입력하면 된다.

집행법원은 채권자의 신청에 따라 금전채권의 압류에 관한 규정에 따라 제3자에 대한 채무자의 인도청구권을 압류하고 이를 채권자에게 넘기는 명령을 발령한다(민집 259조). 채권자는 이 명령에 따라 채무자에 갈음하여 제3자에게 직접 자기 또는 집행권원에 따른 다른 제3자에게 인도할 것을 청구할 수 있고, 집행관에게 인도할 것을 청구할 필요는 없다. 그 절차에 관하여는 민사집행규칙 190조에 의하여 채권집행에 있어서의 압류명령 신청의 방식(민집규 159조), 압류명령 신청 취하나 압류명령 취소의 경우의 통지(민집규 160조 1항), 집행정지 시의 조치(민집규 161조)와 같은 규정 등이 준용된다.

다. 이부명령의 효력

집행법원이 발하는 이부명령은 성질상 추심명령과 유사하고 전부명령과는 다르다. 이부명령의 경우에는 금전채권에 관한 압류명령과 달라서 압류경합의 문제는 원칙적으로 생기지 않는다. 즉, 이부명령의 성질상 그 대상인 채무자의 제3자에 대한 인도청구권은 이부명령을 받은 채권자만이 행사할 수 있고, 그 후 채무자의 다른 금전채권자가 이를 압류하는 것은 허용되지 않으며 그러한 압류는 효력이 없다.

반면 압류 및 이부명령이 있기 전에 채무자의 금전채권자가 채무자의 인도청구권을 압류한 경우에 관하여는 이부명령을 받은 채권자가 우선한다는 견해도 있으나, 후행의 압류는 선행절차의 채권자에게 대항할 수 없다는 의미에서 무효이고 선행의 금전채권자가 우선한다고 보는 것이 타당하다(선착처분우선주의). 다만 인도청구권을 가지는 채권자는 목적물이 채무자의 책임재산에 속하지 않음을 주장하여 제3자이의의 소를 제기함으로써 구제를 받을 수 있다.

이부명령이 있은 경우에 제3자가 채권자의 강제집행에 협력하여 마음대로 채권자에게 인도하면 그로써 강제집행은 종료된다. 그러나 제3자가 채권자의 인도청구에 불응할 때에는 채권자는 제3자를 상대로 추심의 소인 목적물 인도청구소송을 제기하고, 그 승소판결을 집행권원으로 하여 강제 집행할 수밖에 없다. 만일 채무자가 이미 제3자를 상대로 인도를 명하는 집행권원을 받아둔 경우에는 채권자는 별도로 소를 제기할 필요 없이 승계집행문을 얻어 바로 제3자에 대하여 집행할 수 있다. 이러한 집행은 민사집행법 257조나 258조의 예에 의한다.

17. 부동산·선박 인도청구권 관련 실무사례

(1) 가옥명도 집행에서 점유주체의 인정방법 실무[294] 「昭和 63 東京」
* 처(妻)를 채무자로 하는 가옥명도 집행에 임한바 전원부재이므로 개문(開門) 출입하여 내부를 조사한 결과 남편 명의의 공과금영수증, 차임청구서 등이 존재하였다. 이 경우 처의 집행권원으로 남편을 점유보조자로 하여 집행하여도 좋은가?
* 설문에서는 세대주와 그 가족이 주거로 사용하고 있는 일반주택 점유주체의 인정이 문제이다. 그 점에 관하여 검토를 하면 "家의 소유자와 함께 그 家에 거주하는

가족은 그 소유자의 점유보조자에 지나지 않고 그 家에 관한 독립된 점유를 하는 것은 아니다."라는 취지의 판례(最判 소화28. 4. 24 민집 7-4-414)의 견해가 참고로 될 것이다.

　설문에서는 집행대상으로 된 가옥의 내부에 남편 명의의 차임영수증이 존재하기 때문에 남편이 당해 가옥의 임차인이라는 것을 추측게 하는 징표가 있는 것이므로, 이와 같은 상황에서는 남편을 점유보조자로 인정하는 것은 곤란할 것으로 판단된다. 따라서 당일의 집행은 중지한 다음에 채권자로부터 임차인이 집행권원상의 처인 것을 표시하는 확실한 증거가 제출되는 등, 설문과 같은 상황에도 처가 점유주체인 것을 인정함에 충분한 증거의 제출이 있는 경우에 비로소 남편을 점유보조자로서 인정하고 집행을 할 수 있을 것이다.

(2) 건물명도 집행에서 그 건물의 대지에 있는 채무자 소유 동산의 처리[295]

건물만의 명도집행에서, 그 대지에 있는 채무자 소유의 동산을 목적 외 동산으로 취급하여 처리해도 좋은가?

* 건물의 점유권을 가진 자는 통상 건물 주변의 일정 범위의 부지에 관해서도 이용권을 가지지만 건물명도 집행권원을 근거로 한 집행에서는 이 이용권이 미치는 범위 내의 부지상에 있는 동산도 제거할 수 있다고 해석된다. 이에 대하여 이 이용권이 미치지 않는 부지상의 동산에 관하여는 별도의 집행권원이 필요하다고 해석된다.

(3) 부동산 등 인도 집행 시 집행목적물이 아닌 동산의 사전(事前)처리[296]

건물의 인도 대상 사건에서 사전에 인도 계고장을 전달하려 현장에 임한바, 인도 대상 건물 지상에 견사(犬舍) 5동이 더 존재하고 그 내부에 애완견 500여 마리를 사육하며 분만실에는 출산 후 며칠이 안 된 강아지들이 수십 마리가 존재하고 있는데, 인도 집행을 하게 되는 경우 이는 "집행목적물이 아닌 채무자 소유 동산"으로 채무자가 집행현장에 부재하거나 수취(收取)를 게을리하면 이전장소의 문제, 보관문제, 사육문제, 질병 등으로 말미암은 폐사의 문제 등으로 말미암은 손해배상 발생 문제가 우려되는 경우 그 지상에 애완견들을 어떻게 처리하고 인도할 것인지?

* 비록 민사집행법 258조의 규정상 채무자가 집행목적물이 아닌 동산의 수취를 게을리 한때에는 집행법원의 허가를 받아 매각절차에 관한 규정에 따라 그 동산을 매각할 수 있으나 위 규정은 부동산의 인도나 명도 후에 취할 수 있는 절차이고 인도 집행 전에 매각을 先行하고 인도 집행에 임할 수 있는 법 규정은 아니므로 인도 집행에 문제점이 있으나, 집행상의 어려움으로 강제집행을 회피할 수는 없다.

따라서 이 건은 이전장소의 문제, 보관문제, 사육문제, 질병 등으로 말미암은 폐사의 문제점 등 특수한 사정을 고려하여 민사집행법 258조 3항, 6항을 준용하여 집행법원의 사전 매각허가결정을 받아 위 결정에 따라 사전에 매각하여 매각대금을 공탁한 후 인도 집행을 한다.

(4) 동시이행 조건이 있는 경우, 강제집행 시 동시이행 조건의 성취를 증명하는 서면[297]
(가) 임차보증금에서 차임, 관리비 등을 공제한 잔액을 지급함과 동시이행으로 건물을 인도하라는 조정조서에 기한 건물 인도 집행 절차에서 위 보증금에서 그 동안 연체한 차임 관리비 등을 공제하면 남는 것이 없어 건물을 명도하여 달라는 취지의 내용증명 우편 및 채권계산서를 반대의무이행 소명자료로 하여 부동산 인도 집행이 가능한지 여부.
* 차임, 관리비의 연체 사실과 보증금에서 공제하면 반환받을 돈이 없다는 것을 채무자가 승인할 때는 연체 등 승인 사실을 조서에 기재하는 방법으로 집행을 할 수는 있겠으나(집행관 실무편람 33면 참고) 이 사안과 같이 그동안 밀린 차임, 보증금 등의 채권계산서를 첨부한 내용증명우편을 발송하는 방법으로 한 일방적인 최고는 그 효력에 실체 판단해야 하므로 반대 의무 이행의 증명서가 될 수 없으며(주석 민사집행법Ⅱ, 사법행정학회, 222면) 이 같은 경우 채무자의 동의가 없는 한 부동산 인도 집행을 할 수 없다(서울중앙지방법원 2012타기2369 집행에 관한 이의)고 하였으나 서울중앙지방법원 실무는 아래(나) 항과 같이 내용증명서 및 채권계산서를 반대급부의 이행으로 보아 강제집행을 개시하고 있다.
(나) 동시이행 조건이 있는 집행권원으로 강제집행 신청하는 경우, 동시행조건의 이행 여부에 대한 실무상 판단과 집행[298]
* 집행권원 주문에 "보증금에서 임차금 등을 공제한 나머지 금액을 지급받음과 동시에 별지 목록 기재 부동산을 인도하라"라는 동시이행 조건부 판결 선고 또는 조정조서 작성 이후 그 주문으로 강제집행을 할 때 보증금 전액이 미지급 차임 등으로 공제되고 오히려 채권자가 받을 금액이 추가로 발생한 경우의 강제집행은 어떤 방법으로 조건이 이행되었음을 증명하여 강제집행을 할 것인가? 이 문제에 관한 민사집행실무제요(민집 2020, Ⅰ권 276면)에 의하면 집행개시의 요건인 반대 의무의 이행을 상계의 방법으로 할 수 있는가에 관하여 긍정설과 부정설이 있으나, 그 증명이 확실할 경우, 예를 들어 반대 의무가 상계 때문에 소멸하였음을 이유로 하는 채무부존재 확인 판결을 받아 집행기관에 제출하거나 상계를 인정하는 뜻의 채무자 확인서를 제출함 같은 경우에는 이를 허용하더라도 무방하다고 한다. 그러나 이 경우 채무부존재 확인 판결을 받기 쉽지 아니하고, 다시 소송을 제기하여야 하므로 강제집행의 무한 지연으로 회복할 수 없는 채권자의 손해가 발생할 것이다. 이 경우 서울중앙지방법원 집행관실 실무례는 현재의 대

부분 보증금과 미지급 차임이 상계되었다는 뜻의 내용증명과 채권계산서를 제출받은 후 이를 반대급부의 이행으로 보아 강제집행을 개시하고 있다.

(5) 화해조서에 기한 집행문이 동시이행 조항이 아닌 기한의 이익 상실 조항을 근거로 집행문을 부여한 경우, 동시이행의 집행문으로 보아야 하는지?[299]

* 집행권원이 피고에 대하여 원고의 채무자에 대한 반대급부와 동시에 일정한 급부를 할 것을 표시한 경우, 이러한 동시이행관계에서 원고가 하여야 할 반대급부에 관하여는 기판력이나 집행력이 없으므로 피고가 이를 집행권원으로 하여 원고에 대하여 집행을 할 수는 없다. 다만 화해조서 등에서 당사자 쌍방이 상대방에 대하여 일정한 급부를 할 것을 약정하고 다시 그 두 개의 급부를 동시이행으로 할 것을 정한 때에는 어느 쪽의 급부도 집행력을 가진다. 반대급부의 이행과 동시에 의사표시의 이행을 명하는 경우(민집 제263조 참고)를 제외하고는 동시이행을 명한 집행권원에서 채권자의 반대급부 이행 또는 그 제공은 집행문부여의 요건이 아니라 집행개시의 요건이 된다(대법원 1961. 7. 31.4294민재항437 결정, 대법원 1962. 2. 15. 4924민상708 판결 각참고) 다만 임차인이 임차주택 또는 상가건물에 대하여 보증금반환청구소송의 확정판결 또는 이에 준하는 집행권원에 기한 경매를 신청하는 경우에는 민사집행법 41조에도 불구하고 반대의무의 이행 또는 이행의 제공을 집행개시의 요건으로 하지 아니한다(주택임대차보호법 3조의2 1항, 상가임대차보호법 5조 1항) 이러한 반대급부의 표시가 불완전하여 결국 불명으로 되면 그 집행권원에 기한 집행은 불능으로 된다.

(6) 건물 인도 집행 시 공가인 경우의 인도 집행 가부[300]

* 불능설과 가능설이 대립하나 전입세대 열람 및 세무서 임대차 관련 자료를 통하여 전입 및 임대차 관련 사항이 없으면 일은 채무자의 점유로 보고 인도 집행을 하는 것으로 하였다.

---

294) 日 最高裁判所 事務總局, 2011, 執行官實務(第4版), 「374」
295) 日 最高裁判所 事務總局, 1997, 執行官實務(第3版), 「455」
296) 법원공무원교육원, 2014, 집행관연찬집, 138면.
297) 전국법원집행관연합회, 2024, 집행관업무편람 353면~354면 요약
298) 전국법원집행관연합회, 2024, 집행관업무편람 354면~356면 요약
299) 전국법원집행관연합회, 2024, 집행관업무편람 356면~359면 요약
300) 전국법원집행관연합회, 2024, 집행관업무편람 363면~364면 요약

18. 부동산 인도 집행 시 사용할 노무자 등의 수와 수당 지급 관련 예규 등

대법원 행정예규 제1112호

노무자 등을 보조자로 사용하는 집행사건에 있어서의 노무자 등의 관리지침

제1조(목적)
이 지침은 집행관 규칙 제26조에 의하여 집행관이 부동산 명도, 철거 등의 직무집행을 위하여 노무자 또는 기술자(이하 노무자 등이라 한다)를 보조자로 사용할 경우 노무자 등의 선정, 교육, 수당의 산정 및 지급절차 등에 관한 기준을 정함으로써 집행의 공정성을 확보함을 목적으로 한다.

제2조(노무자 등의 사용)
① 집행의 시행은 당해 사건을 위임받은 집행관과 그 사무원이 함을 원칙으로 한다.
② 집행관과 그 사무원만으로는 위임받은 사건의 집행이 어려운 경우에 한하여 노무자 등을 보조자로 사용할 수 있다.

제3조(노무자의 선정)
① 집행관은 그 직무집행에 필요한 노무자 등을 다음 각 호의 자 중에서 직접 선정하여야 한다.
 1. 직업안정법에 따라 근로자 공급사업을 허가받아 집행관 사무소에 등록한 자
 2. 담당구역 내에서 거주하는 자로서 집행관사무소에 등록한 개인
② 위 제1항의 규정에 따라 노무자 등의 선정할 수 없는 경우는 관할 지방법원장의 승인을 받아 그 외의 자를 노무자 등으로 선정할 수 있다.
③ 각 집행관 사무소는 매년 12월 말일까지 그다음 해에 선정할 노무자 등의 명부를 별지 제1호 양식에 의하여 작성·비치하여야 한다.
④ 제1항의 제1호에 해당하는 자를 선정하여 노무공급을 받을 경우에는 집행착수 전까지 위 자는 집행에 사용될 노무자 등의 인적사항이 기재된 명단을 작성하여 집행관 사무소에 제출하여야 한다.
⑤ 노무자 등을 사용하여 집행에 착수한 경우 집행의 종료 여부와 관계없이 집행관은 사용한 노무자 등의 인적사항을 집행일시 및 사건번호를 특정하여 별지 제2호 사용노무자 등 관리부에 기재하고, 대표집행관에게 확인을 받아야 한다.

제4조(사용할 노무자 등의 수)
각 집행관 사무소는 집행에 사용할 노무자 등의 수를 구체적으로 정한 기준표를 작성

하여 관할 지방법원장의 승인을 얻어야 한다.

제5조(수당의 산정)
① 노무자 등의 수당은 지역의 특수성을 고려하여 정한 기준액으로 지급하여야 한다.
② 제1항의 기준액은 매년 12월 말일까지 산출자료를 첨부하여 관할 지방법원장의 승인을 얻어야 한다.
③ 집행관은 구체적인 집행사건별로 집행의 난이도, 소요시간, 업무량 등 제반 사정을 고려하여 위 제1항의 기준액에 3할을 초과하지 않는 안의 범위에서 수당을 가감할 수 있다.

제6조(수당의 예납 및 지급)
① 집행관은 노무자 등에게 지급할 수당을 집행관 수수료규칙 제25조에 따라 미리 받아야 한다.
② 집행관은 집행사무의 종료 등 수당의 지급사유가 발생한 즉시 노무자 등에게 수당을 지급하여야 한다.
③ 집행관은 집행사무의 종료 등 예납금의 정산사유가 발생한 때에는 지체없이 예납금의 정산을 하여야 하고, 예납자의 청구가 있는 때에는 정산의 내용을 명시한 서면을 내주어야 한다.

제7조(노무자 등의 감독 등)
① 집행관은 집행착수 전 또는 집행과정에서 노무자 등에게 집행의 개요, 작업요령, 집행방해 시의 대처방법, 작업 중의 언동 등에 대한 충분한 지도와 감독을 하여야 한다.
② 집행관은 집행업무 수행 중 노무자 등이 제1항의 지시사항을 위반한 경우 즉시 작업현장에서 퇴거를 명하는 등 적절한 조처를 하여야 한다.
③ 집행관은 집행착수 전 노무자 등으로부터 신분증을 제출받고 별지 제3호 양식에 의한 상의(조끼)를 착용하도록 하여야 하며, 착용한 상의(조끼) 번호를 별지 제2호 사용 노무자 등 관리부에 기재하여야 한다.

제8조(보고)
① 집행관은 30인 이상의 노무자 등을 사용하거나 사회적 이목을 끄는 집행사건의 경우 사전에 지방법원장 또는 지원장에게 보고하여야 한다.
② 제1항에 의한 집행의 경우 집행관은 집행의 결과 등을 지방법원장 또는 지원장에게 서면으로 보고하여야 한다.

제9조(집행 조서상 노무자 등 기재)
집행관은 집행에 관한 직무의 수행에 관하여 작성할 집행조서에 선정한 노무자 수,

사용한 노무자 수, 노무수당, 그 밖의 부대비용 등의 내용을 기재하여야 한다.

제10조(보존기간)
이 지침에 의한 각종 장부는 5년간 이를 보존하여야 한다.

[별지 제1호]

노무자 명부

일련번호	성명	주소	주민등록번호	비 고

[별지 제2호]

사용 노무자 등 관리부

일련번호	착용한 상의(조끼) 번호	성명	주소	주민등록번호	비 고

※ 비고란에는 노무자는 "노", 기술자는 "기"로 기재
※ 착용한 상의(조끼) 번호란은 제7조 제3항에 의하여 착용한 상의(조끼) 번호를 기재

[별지 제3호]

상의(조끼) 양식

앞면　　　뒷면

※ 상의(조끼) 색상 : 노랑 형광
　글자색, 문 양색 : 흑색
　뒷면 '집행' 글자, 법원 문양, 번호 크기 : 가로세로 각 5㎝ 이상
　뒷면 배열순서 : 위에서 아래로 집(법원 문양)행, 번호, 소속 순으로
　배열하되, 번호는 중앙에 배열하고 번호를 기재

※ 상의(조끼) 색상 : 노랑 형광
　글자색, 문 양색 : 흑색
　뒷면 '집행' 글자, 법원 문양, 번호 크기 : 가로세로 각 5㎝ 이상
　뒷면 배열순서 : 위에서 아래로 집(법원 문양)행, 번호, 소속 순으로
　배열하되, 번호는 중앙에 배열하고 번호를 기재

18-1. 대법원 행정예규 1112호, 4조 및 5조 6조에 의한 집행에 사용할 노무자 수의 수당에 관한 실무기준[301]

제2조(사용할 노무자 등의 수)

1. 인도 집행사건
   가. 주택 및 아파트
   ① 일반기준(1층 기준)

기준 평수	노무자 등의 수
16.529㎡ (5평 미만)	2-3인
16.529㎡ 이상 33.058㎡ (10평 미만)	3~5인
33.058㎡ 이상 66.116㎡ (20평 미만)	6~8인
66.116㎡ 이상 99.174㎡ (30평 미만)	9-11인
99.174㎡ 이상 132.232㎡ (40평 미만)	12~14인
132.232㎡ 이상 165.29㎡ (50평 미만)	15~17인

   ② 165.29㎡ 이상인 경우 매 33.058㎡(10평) 증가 시마다 2인을 추가할 수 있다.
   ③ 지하층 및 2층부터 1개 층 증가 시마다 위 ①호의 기준에 2인을 추가할 수 있다. 다만 승강기나 곤돌라, 사다리차를 사용하는 경우에는 그러하지 아니한다.

   나. 사무소, 업소, 창고 등
   위 가호 기준에 따르되 구체적인 사항을 고려하여 노무자의 수를 조정할 수 있다.

   다. 동산인도
   위 가호 및 나 호와 같다.

2. 철거(토지인도) 집행사건
   가. 건물 등: 위 1항 인도집행 기준에 각 2인을 추가할 수 있다.
   나. 입목 등
   ① 식재 후 2년 미만   : 200주당 2인
   ② 식재 후 2년 이상 5년 미만 : 100주당 2인
   ③ 식재 후 5년 이상 10년 미만 : 50주당 2인
   ④ 식재 후 10년 이상   : 10주당 2인

---

[301] 전국법원 집행관연합회, 2015, 집행관업무자료집(Ⅳ), 397면.

3. 조정

위의 기준에 불구하고 다음과 같은 특별한 사정이 있는 경우에는 사용 노무자의 수를 가감할 수 있다.

가. 철공소, 카센터 등 특수기술자, 특수 장비를 사용하는 경우
나. 물품보관창고, 대형 슈퍼마켓, 건재상 등 거둬들일 물건이 많은 경우
다. 대형유흥업소, 집단상가, 다세대 등 공동주택, 종교시설, 재개발지역 및 비닐하우스촌 등 집단적 저항이 예상되는 경우.
라. 기타 위 각항 이외에 집행이 극히 용이하거나 곤란한 경우

제3조 수당 등

1. 수당

가. 일반노무자 1인에 대한 수당은 90,000원으로 한다(2013. 9. 5 현재).
　다만 공무원 근무시간 이외의 시간에 집행할 때(조조, 야간, 휴일집행 등)에는 위 수의 20%를 가산하되, 가산은 1회에 한하고, 집행에 걸리는 시간이 공무원의 근무시간을 초과하는 경우에는 그 초과하는 시간에 따라 1할 산정(시간 외인 경우에는 20% 가산)한다.
나. 측량사, 목수, 중장비운전기사, 전기·가스기술자 등 특수기술자 등의 수당은 위 가호의 기준액에 30%를 가산하여 산정할 수 있다.
다. 열쇠기술자의 수당은 일반 키 50,000원, 전자 키(디지털 키) 100,000원으로 하고 그 외의 특수열쇠의 경우 위 각 수당의 50% 범위에서 가산할 수 있으며, 집행현장에 출장하였으나 개문 하지 못한 경우와 채권자의 요청으로 개문 하지 않은 경우에는 30,000원으로 한다.
라. 경비업법에 따른 경비노무자에 대한 수당은 경찰이나 국군의 원조에도 부득이하게 별도의 경비가 필요하다고 인정되어 소속 법원장으로부터 등록 외 노무자 사용허가를 받은 경우에 한하여 1인당 130,000원으로 한다.
마. 위 각 호(다호 제외, 이와 같다)의 경우 노무자 등이 집행 장소에 도착하였으나 집행관이 사무원, 노무자 등에게 집행 목적 외 동산의 반출을 지시하기 이전에 채권자의 집행연기신청(채권자 일방의 신청, 또는 채무자와의 합의를 불문) 또는 채무자가 민사집행법 제49조각 호의 서류를 제출함에 따라 집행하지 아니한 경우의 수당은 위 각 호의 수당의 30% 범위 내에서 지급할 수 있으며, 집행에 착수한 후에는 천재지변 등 불가항력의 사유로 불능이 된 경우에만 위 세대마다 수당액의 50%를 지급하고 그 외의 경우에는 전액을 지급한다.
바. 노무자 등이 강제집행 현장에 도착하기 위하여 지출한 비용(출장비 또는 교통비)은 따로 지급하지 아니하되 집행 장소가 도서벽지 등 이를 따로 지급함이 상당하다고 인정되는 경우에 한하여 실비를 지급한다.

2. 중장비 등 사용료

가. 중장비 등 사용료는 위 수당과 별도로 계산하며, 그 사용료는 통계법 규정에 따라 통계작성 지정을 받은 기관이 조사 공표한 가격에 의하되 동 가격의 30% 범위 내에서 가감할 수 있다.

나. 위 1항 라호, 마호 규정은 전항의 경우에 준용한다.

3. 부대비용

건물명도 또는 철거집행 시 채권자가 미리 낸 부대비용(자재비용, 보관비용, 기타비용 등)은 다음과 같다. 단 채권자가 마음대로 준비하는 경우에는 예외로 한다.

가. 자재비용(종이상자, 마대 등 자재비)

① 일반원칙

기준 평수	예 납 금
33.058㎡(10평) 이하	50,000원
33.058㎡(10평) 초과 66.116㎡(20평) 이하	70,000원
66.116㎡(20평) 초과 99.174㎡(30평) 이하	100,000원
99.174㎡(30평) 초과 132.232㎡(40평) 이하	120,000원
132.232㎡(40평) 초과 165.29㎡(50평) 이하	매 33.058㎡(10평)당 20,000원
165.29㎡(50평) 초과	추가

② 조정

위 가호의 기준에 불구하고 다음과 같은 특별한 사정이 있는 경우에는 비용을 가감할 수 있다.

㉮ 물품보관창고, 건재상 등 거둬들일 물건이 많은 경우
㉯ 도자기, 의료기, 공학 기계 등 부서지기 쉬운 물품
㉰ 보석류, 골동품 등 귀중품

나. 보관비용

① 보관료의 예납 등

보관료의 예납 및 환급기준은 다음과 같다.

㉮ 예납

5t 컨테이너 1대 기준 1개월에 200,000원으로 하며, 채권자가 3개월 보관료를 미리 예납 하여야 한다.

㉯ 환급기준

보관기간 만료 전에 채무자의 수취 또는 매각명령에 따라 보관물건의 반출이 이루어진 경우에는 위 ㉮의 예납금 중 다음의 기준에 의하여 반환하여야 한다.

㉠ 입고 후 2주 이내 출고 : 10만 원 공제 후 잔액반환

        ⓒ 2주 초과 시 1주 단위(일자 무관)로 5만 원 공제 후 잔액 반환
    ② 운반료(상, 하차비 포함)
    ㉠ 운반차량의 1대당 비용은 다음과 같다.
        1t 화물 차량 150,000원 이내, 2.5t 화물 차량 300,000원 이내, 5t 화물 차량(컨테이너) 500,000원 이내
    ㉡ 강제집행이 연기 또는 중지된 경우에는 제3조 1항 매호의 규정을 준용한다.
    ③ 기타비용
    철거집행 시 폐기물 처리비용 등 기타비용은 담당 집행관이 특별히 필요하다고 인정하는 경우 및 인정금액에 한한다.

제4조(집단사건에 대한 특례)

1. 다음 각 호에 해당하는 경우(이하 "집단사건"이라 한다)에는 위 제2조 및 제3조의 규정에도 집행비용을 일괄적으로 산정할 수 있다.
    가. 동일 또는 인접장소에 집행목적물이 5개 이상인 경우
    나. 사용노무자가 100명 이상인 경우
    다. 극렬한 저항이 예상되는 경우
2. 집단사건의 집행비용을 일괄 산정하기 위해서는 사전에 집행보조자로 선정된 집행노무자 대표 또는 전문업체가 위 제2조 및 제3조의 규정을 참고하여 산출근거를 명시한 전체적인 집행비용 내역을 제출하여 담당집행관의 심사 후 소속법원장의 승인(등록 외 노무자를 사용하는 경우에는 이를 포함)을 얻어야 한다.

18-2. 부동산 등 인도집행에 있어서 업무처리지침(재민 2021-1)

대법원 재판예규 제1773호

제1조 (목적)
이 예규는 집행관이 「민사집행법」 제258조에 따라 부동산이나 선박(다음부터 '부동산 등'이라 한다)에 대하여 인도청구의 집행(다음부터 "인도집행"이라 한다)을 하는 경우 집행현장에서 하여야 할 조사사항을 정하고, 인권존중 등 집행관이 직무수행 중 준수하여야 할 기본원칙을 제시함을 목적으로 한다.

제2조 (인도집행시의 조사 등)
인도집행을 하는 경우 집행관은 다음 각호의 사항을 조사·확인하여야 한다.
1. 집행권원에 표시된 부동산 등과 인도집행 목적물의 동일성 여부

2. 채무자의 인도집행 목적물의 점유 여부
3. 그 밖에 인도집행을 하기 위해 필요한 사항

제3조 (인권존중 등)
① 집행관은 채무자·점유자 및 그 동거인 등의 인권을 존중하여야 한다.
② 집행관은 아동·노약자·장애인·임산부·중환자 등 인도집행으로 인하여 인권침해를 받을 가능성이 큰 사람에 대하여 그 특성에 따라 세심한 배려를 하여야 한다.

제4조 (아동에 대한 배려)
① 집행관은 아동에 대하여 나이, 지적 능력, 심신상태 등을 이해하고 친절하고 부드러운 어조를 사용하여야 한다.
② 집행관은 집행의 목적물 내에 아동이 있는 경우 아동이 공포심이나 불안감을 느끼지 않도록 하고, 부모 등 보호자로부터 적절한 보호를 받을 수 있도록 노력하여야 한다.

제5조 (노약자, 장애인, 임산부, 중환자 등에 대한 배려)
집행관은 노약자, 장애인, 임산부, 중환자 등이 있는 부동산 등을 인도집행할 경우 안전·인권 등에 대한 위해 요소를 충분히 고려하고, 그 침해가 최소화되도록 노력하여야 한다.

제6조 (집행관의 다른 집행절차에 준용)
제3조 내지 제5조는 동산인도청구의 집행절차, 부동산점유이전금지가처분의 집행절차 등 집행관이 실시하는 다른 집행절차에 이를 준용한다.

제5장
인도명령·보관명령의 집행사무

제1절 매각부동산 인도명령의 집행

> **민사집행법**
>
> **제136조(부동산의 인도명령 등)**
> ① 법원은 매수인이 대금을 낸 뒤 6월 이내에 신청하면 채무자·소유자 또는 부동산 점유자에 대하여 부동산을 매수인에게 인도하도록 명할 수 있다. 다만 점유자가 매수인에게 대항할 수 있는 권리바탕에 의하여 점유하고 있는 것으로 인정되는 경우에는 그러하지 아니하다.
> ② 법원은 매수인 또는 채권자가 신청하면 매각허가가 결정된 뒤 인도할 때까지 관리인에게 부동산을 관리하게 할 것을 명할 수 있다.
> ③ 제2항의 경우 부동산의 관리를 위하여 필요하면 법원은 매수인 또는 채권자의 신청에 따라 담보를 제공하게 하거나 제공하게 하지 아니하고 제1항의 규정에 따르는 명령을 할 수 있다.
> ④ 법원이 채무자와 소유자 외의 점유자에 대하여 제1항 또는 제3항의 규정에 따른 인도명령을 하려면 그 점유자를 심문하여야 한다. 다만 그 점유자가 매수인에게 대항할 수 있는 권원에 의하여 점유하고 있지 아니함이 명백한 때 또는 이미 그 점유자를 심문한 때에는 그러하지 아니하다.
> ⑤ 제1항 내지 제3항의 신청에 관한 결정에 대하여는 즉시항고를 할 수 있다.
> ⑥ 채무자·소유자 또는 점유자가 제1항과 제3항의 인도명령에 따르지 아니할 때에는 매수인 또는 채권자는 집행관에게 그 집행을 위임할 수 있다.

1. 총 설

법원은 매수인이 대금을 낸 뒤 6월 이내에 신청하면 채무자, 소유자 또는 부동산 점유자에 대하여 부동산을 매수인에게 인도하도록 명할 수 있는바(민집 136조 1항 본문) 이를 인도명령이라 한다. 인도명령은 즉시항고로써만 불복할 수 있는 재판(민집 136조 5항)으로 민사집행법 56조 1호에 해당하는 집행권원이다. 상대방이 인도명령에 따르지 아니할 때에 신청인이 집행관에게 그 집행을 위임하면 집행관은 그 인도집행 하게 된다.

2. 인도명령의 당사자

가. 신청인

인도명령을 신청할 수 있는 자는 매수인과 매수인의 상속인 등 일반승계인에 한한다. 매수인이나 그 승계인이 매각대금을 지급하였음이 필요하며 매수인 명의로 소유권이전등기가 되었음을 요구하지는 않는다. 인도명령신청권은 매각대금을 모두 지급한 매수인에게 부여된 집행법상의 권리이므로 매수인이 매각부동산을 제3자에게 양도하였다 하더라도 매수인이 인도명령을 구할 수 있는 권리를 상실하지 아니한다.[302]

양수인 앞으로 소유권이전등기를 마친 경우에도 마찬가지이다. 상속 또는 회사의 합병 등에 의하여 매수인의 지위를 승계한 일반승계인은 매수인과 같은 집행법상의 권리를 가지므로 그 일반승계사실을 증명하여 인도명령을 신청할 수 있다.

관리명령을 근거로 하여 관리인이 부동산의 점유를 취득하였으면 매수인은 대금지급 후 직접 관리인에 대하여 자기에게 인도할 것을 구할 수 있으므로 채무자 등에 대하여 인도명령을 신청할 이익이 없으나 아직 관리인이 부동산의 점유를 취득하지 못한 사이에 대금지급이 있었다면 매수인은 채무자 등에 대하여 인도명령을 구할 수 있다.

인도명령이 발하여진 후의 일반승계인은 승계집행문의 부여를 받아 인도명령의 집행을 할 수 있다. 매수인으로부터 매각부동산을 양수한 양수인(특정승계인)은 매수인의 집행법상의 권리까지 승계하는 것은 아니므로 그 양수인은 인도명령을 신청할 권리를 가지지 아니하며,[303] 매수인을 대위하여 인도명령

---

302) 대결 1970. 9. 30. 70마539
303) 대결 1966. 9. 10. 66마713

을 신청하는 것도 허용되지 아니한다.

여럿이 공동으로 매수인이 되었거나 사망한 매수인을 여럿이 상속한 경우 공동매수인 또는 상속인 전원이 공동하여 인도명령을 신청할 수 있음은 물론이고 불가분채권에 관한 규정(민법 409조) 또는 공유물의 보존행위에 관한 규정(민법 265조 단서)에 따라 각자가 단독으로도 인도명령을 신청할 수 있다고 할 것이다.

나. 상대방

인도명령의 상대방은 채무자, 소유자 또는 부동산점유자이다(민집 136조 1항). 채무자나 소유자의 일반승계인도 인도명령의 상대방이 될 수 있음은 물론이다.[304]

(1) 채무자

채무자는 경매개시결정에 표시된 채무자를 말하고 그 일반승계인이 포함되며, 상속인이 여럿인 경우에는 공동상속인마다 개별적으로 인도명령의 상대방이 된다. 채무자의 점유는 직접점유는 물론 간접점유도 요건은 아니다. 채무자는 매각의 법률적 효과로 부동산을 매수인에게 인도하여야 할 의무가 있다고 해석되기 때문이다. 다만 채무자가 부동산을 직접 점유하고 있지 않은 경우에는 민사집행법 258조에 의한 인도집행을 할 수 없고 단지 채무자가 직접점유자에 대하여 인도청구권을 가지고 있을 때에 한하여 민사집행법 259조에 의하여 인도청구권을 넘겨받는 방법으로 집행할 수 있을 뿐이다.

그러나 채무자 소유의 건물이 존재하는 토지가 매각되어 건물을 위한 법정지상권이 발생한 경우와 같이 채무자가 매수인에게 대항할 수 있는 권리바탕(예를 들어, 법정지상권)을 가지는 경우에는 단순 점유자와 마찬가지로 인도명령의 대상이 되지 아니한다.

채무자가 임차인의 지위를 겸하고 있는 경우(예를 들어, 주택 임대차보호법 또는 상가건물 임대차보호법상의 대항력 있는 임차인이 담보권실행을 위한 경매절차의 채무자인데 보증금 중 배당받지 못한 금액이 있는 경우)에는 단순한 채무자로 취급할 것이 아니라 점유자로서 매수인에게 대항할 수 있는지를 따져 인도명령을 발하여야 한다. 토지만이 매각된 경우에는 매수인은 그 토지

---

[304] 대결 1973. 11. 30. 73마734

의 인도만을 구할 수 있을 뿐이고 지상건물의 철거 및 인도를 구할 수는 없다.

(2) 소유자

여기서 말하는 소유자는 경매개시결정 당시의 소유명의자로 보면 되고(경매개시결정 후의 제3취득자도 포함해야 한다는 견해도 있다), 이렇게 볼 때 가압류에서 본 압류로 이전된 경우에 본 압류 당시의 소유명의자는 당연히 본조 소정의 소유자에 해당한다. 소유자의 점유도 인도명령의 요건이 아님은 채무자의 경우와 같다.

다. 부동산점유자

구 민사소송법은 인도명령의 상대방 중 채무자, 소유자 이외의 자를 압류의 효력이 발생한 후에 점유를 시작한 부동산점유자로 한정하였으나 현행법은 단순히 부동산점유자로 규정함으로써 압류의 효력이 발생하기 전에 점유를 시작한 점유자에 대하여도 인도명령을 발령할 수 있도록 하였다. 따라서 점유를 시작한 때가 압류의 효력발생 전인지 여부와 관계없이, 심지어는 매각 때문에 소멸하는 최선순위의 담보권이나 가압류보다 먼저 점유를 시작한 점유자라도 매수인에게 대항할 수 있는 권원에 의하여 점유하고 있는 것으로 인정되는 경우가 아니면 인도명령의 상대방이 된다. 여기에서 점유자란 직접점유자만을 가리키는지 아니면 간접점유자도 포함되는지에 관하여 이론이 있을 수 있으나 직접점유자만이 상대방이 된다고 보아야 할 것이다.

점유자가 매수인에게 대항할 수 있는 권원에 의하여 점유하고 있는 것으로 인정되는 경우에는 상대방이 될 수 없다(민집 136조 1항 단서). 여기서 매수인에게 대항할 수 있는 권원이란 점유자의 채무자에 대한 점유권원으로서 매각으로 효력을 잃지 않고 매수인에게 대항할 수 있는 권원, 즉 ① 매수인에게 인수되는 권리와 ② 매각 후 매수인과의 사이에 새로이 성립한 점유권원의 두 가지로 구별된다. ①의 권원에는, 매각 때문에 소멸하는 저당권·압류·가압류 등에 우선하는 대항력 있는 용익권(임차권, 지상권)이라든가 유치권이 포함되고, ②의 권원에는 법정지상권이라든가 매수인과 점유자의 합의로 새로 성립한 용익권 등이 포함된다.

주택 임대차보호법(또는 상가건물 임대차보호법)상의 대항력과 우선변제권을 겸유하고 있는 임차인이 우선변제권을 선택하여 임차주택(또는 상가건물)

에 대하여 진행되고 있는 경매절차에서 보증금에 관하여 배당요구를 한 경우에, 대항력 있는 보증금 전액을 배당받을 수 있는 때에는 매수인에게 대항하여 보증금을 반환받을 때까지 임대차관계의 존속을 주장할 수는 없다고 하더라도 다른 특별한 사정이 없으면 임차인이 경매절차에서 보증금 상당의 배당금을 받을 수 있는 때,

즉 임차인에 대한 배당표가 확정될 때까지는 매수인에 대하여 임차주택(또는 상가건물)의 인도를 거절할 수 있으므로, 대항력과 우선변제권을 겸유하고 있는 임차인이 경매절차에서 배당요구를 하였고 보증금의 액수나 확정일자의 순위로 미루어 전액 배당을 받을 수 있을 것으로 예상하거나, 심지어 배당표에 전액 배당받는 것으로 배당표가 작성되었다고 하더라도, 배당이의가 없거나 배당이의가 있더라도 그 이의가 완결되어 배당표가 확정될 때까지는 매수인에게 대항할 수 있는 권원에 의하여 점유하고 있는 것이다. 관련 판례는 아래와 같다.

> **대법원 1997. 8. 29. 선고 97다11195 판결**
> [판시사항]
> [1] 대항력과 우선변제권을 겸유하고 있는 임차인이 배당요구를 하여 배당표에 전액 배당받는 것으로 기재되었으나 후순위채권자가 배당이의소송을 제기하는 바람에 배당금을 받지 못하고 있는 경우, 임차인은 경락인에 대하여 임차주택의 명도를 거부할 수 있는지(한정 적극)
> [2] 경락인의 명도청구에 대해 임차인이 임차보증금이 배당된 배당표가 확정되지 않았음을 이유로 동시이행의 항변을 하는 경우의 판결주문
>
> [판결요지]
> [1] 주택임대차보호법 제3조, 제3조의2, 제4조 위 규정에서 임차인에게 대항력과 우선변제권의 두 가지 권리를 인정하고 있는 취지가 보증금을 반환받을 수 있도록 보장하기 위한 데에 있는 점, 경매절차의 안정성, 경매 이해관계인들의 예측 가능성 등을 아울러 고려하여 볼 때, 두 가지 권리를 겸유하고 있는 임차인이 우선변제권을 선택하여 임차주택에 대하여 진행되고 있는 경매절차에서 보증금에 대하여 배당요구를 하였다고 하더라도, 순위에 따른 배당이 시행될 경우 보증금 전액을 배당받을 수 없는 때에는 보증금 중 경매절차에서 배당받을 수 있는 금액을 공제한 잔액에 관하여 경락인에게 대항하여 이를 반환받을 때까지 임대차관계의 존속을 주장할 수 있고, 보증금 전액을 배당받을 수 있는 때에는 경락인에게 대항하여 보증금을 반환받을 때까지 임대차관계의 존속을 주장할 수는 없다고 하더라도 다른 특별

> 한 사정이 없으면 임차인이 경매절차에서 보증금 상당의 배당금을 지급받을 수 있는 때, 즉 임차인에 대한 배당표가 확정될 때까지는 경락인에 대하여 임차주택의 명도를 거절할 수 있는바, 경락인의 임차주택의 명도청구에 대하여 임차인이 동시이행의 항변을 한 경우 동시이행의 항변 속에는 임차인에 대한 배당표가 확정될 때까지 경락인의 명도청구에 응할 수 없다는 주장이 포함된 것으로 볼 수 있다.
>
> [2] 변론종결일 현재 임차인을 상대로 한 배당이의소송이 계속 중 이어서 임차인에 대한 배당표가 확정되지 아니한 경우에는 임차인에 대한 배당표가 확정되는 때에 명도할 것을 명하는 판결을 하여야 한다.

즉, 주택 임대차보호법상의 대항력과 우선변제권의 두 권리를 겸유하고 있는 임차인이 우선변제권을 선택하여 임차주택에 대하여 진행되고 있는 경매절차에서 보증금에 대해 배당요구를 하여 보증금 전액을 배당받을 수 있는 경우에는, 특별한 사정이 없으면 임차인이 그 배당금을 지급 받을 수 있는 때, 즉 임차인에 대한 배당표가 확정될 때까지는 임차권이 소멸하지 않는다.305)

'외국인'은 출입국관리법에 따른 외국인등록과 체류지 변경신고를 함으로써(같은 법 31조, 36조, 88조의2), '외국국적 동포'는 '재외동포의 출입국과 법적 지위에 관한 법률' 6조에 따른 국내거소신고나 국내거소 이전신고를 함으로써(같은 법 9조, 10조 4항), 주택 임대차보호법에 따른 보호를 받을 수 있다.

반면에 '재외국민'은 국내거소신고를 하더라도 주택 임대차보호법에 따른 보호를 받을 수 없다.306) 민법 622조 1항은 건물의 소유를 목적으로 한 토지 임대차는 이를 등기하지 아니한 경우에도 임차인이 그 지상건물을 등기한 때에는 제3자에 대하여 임대차의 효력이 생긴다고 규정하고 있는데 그것은 건물 소유를 목적으로 한 토지 임차인의 보호를 도모하고 사회 경제상의 손실을 방지하자는 뜻에서 위와 같은 토지 임차권의 대항력은 될 수 있는 한 현실의 이용관계 그 자체를 보호하고자 함에 있고, 한편 위 규정도 그 임차 지상에 임차인이 소유하는 건물의 등기라고 볼만한 등기가 있으면 임차인은 그 토지 임차권을 가지고 제3자에게 대항할 수 있다는 것으로서 건물등기의 지번이 반드시 토지등기의 지번과 일치하여 달라고 요구하고 있다고는 해석되지 아니한다.307)

---

305) 대판 2004. 8. 30. 2003다23885, 대판 2004. 8. 30. 2003다23892
306) 대결 2005. 7. 15. 2005마358, 대결 2013. 9. 16. 2012마825

그리고 처음에 임차인이 소유하는 건물의 등기를 제대로 마쳐 민법 622조 1항이 규정하는 대항력을 적법하게 취득하였으면 나중에 그 건물의 용지가 속한 토지가 분할되어 소재 지번이 변경되었다는 사정만으로 임차인이 이미 취득한 대항력을 상실하게 되는 것은 아니고,[308] 그러한 임차인으로부터 건물을 양수한 자가 토지소유자의 동의를 얻어 건물의 전 소유자의 임차권을 적법하게 양수한 경우라면 그 토지의 제3취득자에게 그 임차권으로 대항할 수 있다.[309]

임의인도이든 인도명령집행에 의한 인도이든, 매수인이 일단 부동산을 인도(점유개정 또는 반환청구권의 양도에 의한 점유이전의 경우도 포함한다)받은 후에는 제3자가 불법으로 이를 점유하여도 그자를 상대방으로 하여 이제는 인도명령을 신청할 수 없으나, 다만 인도명령을 신청한 바 없이 점유자에 대하여 잠시 인도를 유예해 준 것에 불과한 경우에는 인도명령신청권을 상실하지 아니하고, 단지 유예기간이 지난 뒤에야 행사할 수 있을 뿐이다. 집행관이 작성한 현황조사보고서는 경매목적물의 점유관계를 파악하는데 유력한 자료가 되는 것이기는 하나 거기에 우월한 증명력이 있다고 할 수는 없다.[310]

라. 부도 공공건설임대주택을 주택매입사업시행자 이외의 자가 매수한 경우 임차인에 대한 인도명령의 가부

부도 공공건설임대주택 임차인 보호를 위한 특별법 10조 5항은 "주택매입사업시행자 외의 자가 부도임대주택을 사들인 경우에는 당해 부도임대주택의 임차인(임대주택법 19조를 위반하지 아니한 임차인으로 동일 임대주택에 계속 거주를 희망하는 경우에 한한다)에게 3년의 범위 이내에서 대통령령으로 정하는 기간 동안 종전에 임차인과 임대사업자가 약정한 임대조건으로 임대하여야 한다."고 규정하고 있다. 따라서 같은 법이 규정하고 있는 부도임대주택을 매수한 매수인이 임차인을 상대로 인도명령을 신청할 수는 없다.

---

307) 대판 1986. 11. 25. 86다카1119
308) 대판 2007. 2. 8. 2006다70516, 대판 2008. 2. 14. 2006다70714
309) 대판 1966. 9. 27. 66다1224, 대결 2011. 7. 22. 2011마778
310) 대결 2006. 11. 23. 2006마713

3. 인도명령의 신청

가. 신청의 방법

인도명령의 신청은 집행법원에 서면 또는 말로 할 수 있다(민집 23조 1항, 민소 161조 1항). 집행절차의 부수적인 신청이므로 민사집행법 4조의 적용은 없으나 통상 서면으로 한다. 채무자, 소유자 또는 현황조사보고서 등 기록상 명백한 점유자를 상대방으로 하여 신청하는 경우에는 특별한 증빙서류의 제출을 요구하지 아니하나 가령 채무자의 일반승계인을 상대방으로 하는 경우에는 가족관계증명서 또는 등기사항증명서를 제출하여야 하며 기록상 드러나지 않는 점유자를 상대방으로 하는 경우에는 채무자에 대한 인도명령을 근거로 하여 인도의 집행을 하였으나 제3자의 점유로 집행 불능이 되었다는 집행관이 작성한 부동산인도집행조서(집행 불능 조서) 등본 또는 주민등록표 등본 등 그 점유 사실을 증명할 수 있는 서면을 제출하여야 할 것이다.

나. 신청의 시기

인도명령은 매각대금을 낸 뒤 6월 이내에 신청해야 한다. 6월이 지난 뒤에는 점유자를 상대방으로 하여 소유권을 근거로 한 인도소송을 제기할 수밖에 없다.

다. 관할법원

당해 부동산에 대한 경매사건이 현재 계속되어 있거나 과거에 계속되어 있었던 집행법원이다(민집 136조 1항). 이는 전속관할이다.

4. 인도명령의 재판

가. 심리

인도명령의 신청이 있는 경우에 한하여 집행법원은 그 적부를 판단할 수 있으며 인도명령을 발할 수 있는 요건의 구비가 기록상 명백하다 하더라도 그 신청이 없으면 집행법원이 직권으로 인도명령을 발할 수는 없다. 법원은 서면심리만으로 인도명령의 허가 여부를 결정할 수도 있고 또 필요하다고 인정되면 상대방을 심문하거나 변론을 열 수도 있다(민집 23조 1항, 민소 134조 1항, 2항).

그러나 법원이 채무자와 소유자 외의 점유자에 대하여 인도명령을 하려면 그 점유자를 심문하여야 한다. 다만 그 점유자가 매수인에게 대항할 수 있는 권원에 의하여 점유하고 있지 아니함이 명백한 때 또는 이미 그 점유자를 심문한 때에는 그러하지 아니하다(민집 136조 4항). 일단 심문기일을 정하여 진술할 기회를 주었음에도 그 점유자가 심문에 응하지 아니한 때에는 그의 진술을 듣지 않고서도 인도명령을 발할 수 있다. 그러나 심문기일통지서가 송달불능된 경우에는 바로 인도명령을 발할 수 없고 주소보정을 명하거나 공시송달 등 적법한 통지절차를 거쳐야 할 것이다.

채무자 또는 소유자의 일반승계인에 대하여 인도명령을 발하는 경우에는 심문하지 않고 인도명령을 할 수 있다. 또 인도명령의 신청을 기각 또는 각하하는 경우에까지 심문을 요구하는 것은 아니다. 신청인은 상대방의 점유 사실만 소명하면 충분하고, 그 점유가 신청인에게 대항할 수 있는 권원에 의한 것임은 이를 주장하는 상대방이 소명하여야 한다.[311]

나. 재 판

법원은 신청인이 제출한 주민등록표 등·초본, 전에 발한 인도명령의 부동산인도집행조서 등본, 가족관계증명서, 등기사항증명서 등의 자료와 집행기록(예를 들어, 현황조사보고서, 평가서 등) 및 상대방심문의 결과 등에 의하여 인도명령의 사유가 소명(단, 증명이 필요하다는 설도 있다)되면 인도명령을 발한다.

즉, 채무자나 소유자의 일반승계인을 상대방으로 하는 경우에는 그 승계사실이 소명되면 충분하고, 제3자를 상대방으로 하는 경우에는 그자가 점유하고 있는 사실만 소명되면 인도명령을 할 수 있다. 다만 상대방이 매수인에게 대항할 수 있는 권원(예를 들어, 유치권)에 의하여 점유하고 있음이 기록에 의하여 명백하거나 상대방이 이 사실을 주장하고 소명한 때에는 신청을 기각하여야 할 것이다. 이 경우에 반대급부와 상환으로 인도를 명하는 이른바 조건부 명령을 할 것이 아니다.

재판의 형식은 결정이지 소송법상 의미의 명령이 아니다(민집 136조 5항 참조).

인도명령의 신청을 대금을 낸 뒤 6월이 지난 뒤에 하는 등 부적법하면 신청

---

[311] 대결 2012. 5. 25. 2012마388

을 각하하고, 신청이 이유 없다고 인정되면 이를 기각할 것이지만 인도명령의 신청에 관한 재판에는 실체적 확정력이 없으므로[312] 각하와 기각을 엄격히 구별할 필요는 없다.[313]

그리고 인도명령신청에 대한 재판은 그것이 인용하는 것이든 기각하는 것이든 매수인의 소유권을 근거로 한 인도청구권의 존부에 관하여 기판력을 갖지 않는다.[314] 매수인이 인도명령에 따라 간이·신속하게 부동산을 인도받을 수 있다고 하더라도 이에 의하지 아니하고 채무자 등을 상대로 소로써 부동산의 인도를 청구하는 것을 배제할 수 없다.[315]

즉, 인도명령제도를 이유로 하여 매수인의 인도청구소송의 소의 이익을 부정할 수는 없다. 매수인이 대금을 낸 뒤에 채무자로부터 민사집행법 49조의 집행정지 서면이 제출되더라도 매수인의 권리에 영향을 주지 못하므로 인도명령을 발하는데 아무런 지장이 없다.

인도명령은 특별한 사정이 없으면 신청일로부터 3일 안에 하여야 한다(재민 91-5). 한편 상대방이 부동산의 특정 부분만을 점유하고 있는 때에는 점유 부분을 특정하여 인도명령을 발하는 것이 실무인데, 이 경우 점유 부분을 특정하기 위하여 정확한 실측도면이 있어야 하는 것은 아니므로 감정인의 감정서나 집행관의 현황조사보고서에 첨부된 도면을 이용하여 특정하여도 된다.

인도명령은 민사집행법 56조 1호의 항고로만 불복할 수 있는 재판으로서 집행권원이 되는 것이고 집행을 받을 자에게 집행권원을 송달하는 것이 집행개시요건이므로(민집 39조 1항), 신청인과 상대방에게 인도명령정본을 송달하여야 한다. 다만 상대방에게 송달할 정본을 신청인에게 교부하여 집행관으로 하여금 집행 시에 상대방에게 송달하게 하여도 무방하다.

5. 인도명령의 집행

인도명령은 이른바 확정되어야 효력이 생기는 재판으로는 규정되어 있지 아니하므로 송달만으로 즉시 효력(집행력)이 생기며 즉시항고가 제기되더라도

---

[312] 대판 1981. 12. 8. 80다2821
[313] 대결 1960. 7. 21. 4293민항137
[314] 대판 1981. 12. 8. 80다2821
[315] 대판 1971. 9. 28. 71다1437

집행정지의 효력이 생기지 않는다(민집 15조 6항 본문). 상대방이 인도명령에 따르지 아니할 때에는 신청인은 집행관에게 그 집행을 위임하여 집행관으로 하여금 민사집행법 258조에 의하여 인도집행 하도록 한다(민집 136조 6항).

인도명령은 경매법원 자신이 부동산에 대한 강제집행의 부수 절차로서 집행권원을 부여한 것이므로 인도명령의 집행에는 집행문의 부여가 필요 없다는 견해도 있으나 인도명령은 항고로만 불복할 수 있는 재판으로서 민사집행법 56조 1호의 집행권원에 해당하는데, 우리 집행법 체계상 집행권원 중에 집행문이 필요 없는 때에는 따로 그러한 취지를 규정한 것에 비추어 보면(예를 들어, 민집 58조 1항, 소액 5조의8 1항), 인도명령에 대하여는 집행문이 필요 없다고 하는 규정이 없으므로 집행문이 필요하다고 할 것이다.

한편 인도명령이 발하여진 뒤에 승계관계가 발생하였을 경우(예를 들어, 인도명령의 발령 후에 신청인 또는 상대방에 관하여 일반승계사유가 생긴 경우라든가 상대방의 점유가 다른 사람에게 승계된 경우)에는 민사소송법 218조, 민사집행법 25조, 31조 등을 유추적용하여 승계집행문을 부여받아 집행할 수 있다는 데는 이론이 없다.

민사집행법 39조 2항은 강제집행을 받는 채무자에게 집행법원이 조건성취, 승계 등의 사실을 인정하여 집행문을 부여하였다는 사실을 알림으로써 강제집행이 적법한 개시요건을 갖추었음을 확인시키고 나아가 집행채무자에게 집행문부여에 대한 이의신청이나 집행문부여에 대한 이의의 소 등 그 방어방법을 생각할 기회를 주기 위한 취지의 것이어서,

집행채무자가 강제집행의 개시 전에 승계집행문 부여에 대하여 불복 절차를 밟을 수 있도록 충분한 기간을 두고 승계집행문을 송달하는 것이 집행채무자 보호의 관점에서는 바람직할 수 있다 하더라도, 그러한 충분한 기간을 두지 않고 강제집행의 개시에 근접하여 승계집행문을 송달한 후 강제집행을 개시하였다고 하여 이를 반드시 위법하다고 볼 것은 아니다.[316] 한편 인도명령의 상대방이 채무자인 경우에 그 인도명령의 집행력은 당해 채무자는 물론 채무자와 한 세대를 구성하며 독립된 생계를 영위하지 아니하는 가족과 같이 그 채무자와 동일시되는 자에게도 미친다.[317]

---

316) 대판 2012. 6. 14. 2010다41256
   인도집행 개시 5분 전에 승계집행문을 송달하고 집행에 착수한 사안
317) 대판 1998. 4. 24. 96다30786

6. 인도명령에 대한 불복방법 등

가. 인도명령의 신청에 관한 재판에 대한 불복

인도명령의 신청에 관한 재판에 대하여는 즉시항고 할 수 있다(민집 136조 5항). 인도명령에 관한 재판은 집행절차의 종료 후에 이루어지는 것으로서 엄밀한 의미에서의 민사집행절차에 해당될 수 없으나 인도명령은 집행절차에 부수하여 매수인으로 하여금 간이한 방법으로 부동산을 인도받을 수 있도록 하는 제도이므로 민사소송법상의 즉시항고에 따르기보다는 민사집행법상의 즉시항고에 관한 규정이 준용된다. 따라서 상대방은 재판을 고지받은 날부터 1주의 불변기간 이내에 항고장을 원심법원에 제출하여야 하고(민집 15조 2항), 항고장에 항고이유를 적지 아니한 때에는 항고장을 제출한 날부터 10일 이내에 항고이유서를 원심법원에 제출하여야 한다(같은 조 3항). 항고이유는 대법원규칙이 정하는 바에 따라 적어야 한다(같은 조 4항).

항고인이 3항의 규정에 따른 항고이유서를 제출하지 아니하거나 항고이유가 4항의 규정을 위반한 때 또는 항고가 부적법하고 이를 보정할 수 없음이 분명한 때에는 원심법원은 결정으로 그 즉시항고를 각하하여야 한다(같은 조 5항). 그 밖에 항고제기 방식에 관한 사항은 매각허가결정에 대한 즉시항고와 같다.

민사집행법 136조에 규정된 부동산인도명령에 대한 즉시항고는 항고법원이 그 재판 전에 강제집행 일시 정지의 잠정처분을 하지 않는 한 집행정지의 효력이 없으므로, 이미 강제집행이 종료된 후에는 부동산인도명령에 대하여 즉시항고를 할 수 없을 뿐 아니라, 즉시항고사건 계속 중에 강제집행이 종료된 경우에도 그 즉시항고는 불복의 대상을 잃게 되어 부적법하게 된다.[318]

인도명령에 대한 즉시항고(민집 136조 5항)도 민사집행법상의 즉시항고이므로 그에 관한 항고법원의 결정에 대한 재항고절차에 관해서는 민사집행법상의 즉시항고와 재항고에 관한 규정이 준용된다(민집규 14조의 2항).[319] 따라서 제1심의 인도명령에 대한 즉시항고를 기각한 원심의 항고기각결정에 대하여 재항고인이 항고를 제기하면서 10일 이내에 재항고이유서를 제출하지 않은 경우, 원심으로서는 결정으로 재항고를 각하하여야 하고, 원심이 이를 각하하지 않은 때

---

[318] 대결 2005. 11. 14. 2005마950, 대결 2008. 2. 5. 2007마1613, 대결 2010. 10. 28. 2010마1120
[319] 대결 2004. 9. 13. 2004마505, 대결 2012. 5. 15. 2012마185

에는 대법원이 이를 각하한다.320)

인도명령에 대한 불복사유는 ① 인도명령의 발령 시에 판단하여야 할 절차적, 실체적 사항(예를 들어, 신청인의 자격, 상대방의 범위 및 신청기한 등), ② 인도명령 심리절차의 하자, ③ 인도명령 자체의 형식적 하자(예를 들어, 인도목적물의 불특정, 상대방의 불특정 등), ④ 인도명령의 상대방이 매수인에 대하여 부동산의 인도를 거부할 수 있는 점유권원의 존재(예를 들어, 매수인이 상대방에게 부동산을 양도하였거나 임대한 경우 등)에 한정된다.

따라서 매각절차 자체에 존재하는 하자는 매각허가결정에 대한 이의, 매각허가결정에 대한 즉시항고 등 대금지급 전에 허용되는 불복신청방법에 따를 것이며 이러한 하자로써 인도명령에 대하여 불복할 수 없다. 확정된 인도명령에 대하여는 인도명령의 상대방은 청구에 관한 이의의 소(민집 44조)를, 인도명령의 상대방이 아닌 제3자가 인도집행을 받게 되는 때에는 제3자 이의의 소(민집 48조)를 제기할 수 있다. 확정된 인도명령에 대하여 민사소송법 451조 1항 각 호에 규정한 사유가 있는 때에는 준재심신청(민소 461조, 451조부터 460조)을 할 수 있다.321)

나. 인도명령의 집행에 대한 불복

인도명령의 집행 자체에 존재하는 위법에 대하여는 집행에 관한 이의(민집 16조)에 의하여 다툴 수 있다.

다. 집행정지

상대방이 인도명령에 대하여 즉시항고를 제기한 경우에, 즉시항고는 집행정지의 효력이 없으므로(민집 15조 6항 본문), 민사집행법 15조 6항 단서의 집행정지명령(주문례: 신청인과 피신청인 사이의 ○○지방법원 20○○. ○. ○.자 20○○타기○○○ 부동산인도명령 신청사건의 집행력 있는 결정 정본을 근거로 한 강제집행은 신청인이 피신청인을 위하여 5,000,000원을 공탁할 것을 조건으로 ○○지방법원 20○○라○○○ 사건의 결정 시까지 이를 정지한다)을 받아 이를 집행관에게 제출하여 그 집행을 정지할 수 있고, 청구에 관한 이의의

---

320) 대결 2004. 9. 13. 2004마505, 대결 2008. 9. 29. 2008마1275
321) 대결 2007. 5. 29. 2006재마44, 대결 2011. 6. 8. 2011마872

소나 제3자 이의의 소를 제기한 경우에는 민사집행법 46조의 잠정처분을 받아 이를 집행관에게 제출하여 그 집행을 정지할 수 있다(민집 46조, 48조). 인도명령 양식은 아래와 같다.

|양식| **인도명령**

○ ○ 지 방 법 원
결 정

사 건　　20○○타기○○○ 부동산인도명령
신 청 인(매수인)　○○○(　　－　　)
　　　　　　　　서울 ○○구 ○○로 000
피신청인(채무자)　○○○(　　－　　)
　　　　　　　　서울 ○○구 ○○로 000

주　문

피신청인은 신청인에게 별지목록에 적은 부동산을 인도하라.

이　유

이 법원 20 타경 부동산강제경매 사건에 관하여 신청인의 인도명령신청이 이유 있다고 인정되므로 주문과 같이 결정한다.

20 . . .

판　사　　○○○　(인)

부동산경매절차에서 발령된 부동산인도명령의 집행을 저지하기 위한 강제집행정지의 재판은 민사집행법 15조 6항 외에는 달리 근거가 없는바, 위 규정에 따른 강제집행정지의 재판은 항고법원이 직권으로 하는 것이고 당사자에게 신청권이 인정된 것은 아니므로, 이에 대한 당사자의 강제집행정지신청은 단지 법원의 직권발동을 촉구하는 의미밖에 없다. 따라서 법원은 이 신청에

대하여는 재판을 할 필요가 없다. 설령 항고법원이 그 신청을 기각하는 재판을 하였다고 하여도 불복이 허용될 수 없으므로, 그에 대한 특별항고는 부적법하다.322)

7. 매각부동산 인도명령의 집행 관련 실무사례

(1) 부동산의 점유승계인에 대한 승계집행문에 의한 인도명령의 집행 可否 실무323)
　　「昭和 54 札幌」
* 부동산의 점유를 승계한 자에 대하여 법 83조의 인도명령에 승계집행문을 부여받음으로써 인도집행을 할 수 있는가?
* 법 83조의 인도명령은 집행권원이기 때문에 적극적으로 해석된다.

(2) 인도명령의 목적 토지 상에 있는 고가(高價)의 정원석, 석등(石燈) 등에 대한 집행가부324)
　　「昭和 56 金擇」
* 민사집행법 83조 인도명령 집행 시에 목적토지 상에 있는 정원석, 석등 등이 매우 고가로 인정된 경우에도 인도의 대상에 포함하여 집행하여도 무방한가?
* 민사집행법 83조의 인도명령 집행 시에 목적토지 상에 정원석, 석등 등이 있는 경우에도 석등 등은 토지의 종물(從物)이기 때문에 당연히 인도의 대상이 된다. 가령 위 석등 등이 고가인 것이 인정되고 또한 집행절차 중에 감정평가의 대상 외로 되어 있는가가 의문시되더라도, 위 석등 등을 포함하여 인도명령의 집행을 해야 한다. 다만 실무의 운용으로서는 집행에 임하여 종물의 범위 등에 관하여 의문이 있는 경우에는 집행재판소에 의견을 구하는 것이 상당할 것이다.

(3) 공동매수인의 1인의 신청에 의한 건물 전부의 인도명령집행 可否325) 「昭和 43 名古屋」
* 건물을 다른 자와 공동으로 경락을 받은 자는 단독으로 건물 전부의 인도를 내용으로 하는 인도명령을 구할 수 있는가? 구할 수 있다고 하는 경우 그 명령을 근거로 하여 건물 일부만의 집행을 신청할 수 있는가?
* 공동경락인의 1인은 단독으로 건물 전부의 인도명령을 구할 수 있다. 건물 일부에 대한 집행은 객관적으로 독립성이 있는 부분에 관한 집행이라면 가능하다.

---

322) 대결 2004. 10. 14. 2004그69, 대결 2011. 10. 19. 2011그171
323) 日 最高裁判所 事務總局, 2011, 執行官事務(第4版), 「170」
324) 전게서, 「176」
325) 전게서, 「181」

제2절 부동산 강제집행에 있어서의 매각을 위한 보전처분으로서의 집행관 보관명령집행

민사집행법

제83조(경매개시결정 등)
③ 경매절차를 개시하는 결정을 한 뒤에는 법원은 직권으로 또는 이해관계인의 신청에 따라 부동산에 대한 침해행위를 방지하기 위하여 필요한 조치를 할 수 있다.

민사집행규칙

제44조(침해행위 방지를 위한 조치)
① 채무자·소유자 또는 부동산의 점유자가 부동산의 가격을 현저히 감소시키거나 감소시킬 우려가 있는 행위(다음부터 이 조문 안에서 "가격감소행위 등"이라 한다)를 하는 때에는, 법원은 압류채권자(배당요구의 종기가 지난 뒤에 강제경매 또는 담보권 실행을 위한 경매신청을 한 압류채권자를 제외한다. 다음부터 이 조문 안에서 같다) 또는 최고가매수신고인의 신청에 따라 매각허가결정이 있을 때까지 담보를 제공하게 하거나 담보를 제공하게 하지 아니하고 그 행위를 하는 사람에 대하여 가격감소행위 등을 금지하거나 일정한 행위를 할 것을 명할 수 있다.
② 부동산을 점유하는 채무자·소유자 또는 부동산의 점유자로서 그 점유권원을 압류채권자·가압류채권자 혹은 법 제91조 제2항 내지 제4항의 규정에 따라 소멸되는 권리를 갖는 사람에 대하여 대항할 수 없는 사람이 제1항의 규정에 따른 명령을 위반한 때 또는 가격감소행위 등을 하는 경우에 제1항의 규정에 따른 명령으로는 부동산 가격의 현저한 감소를 방지할 수 없다고 인정되는 특별한 사정이 있는 때에는, 법원은 압류채권자 또는 최고가매수신고인의 신청에 따라 매각허가결정이 있을 때까지 담보를 제공하게 하고 그 명령을 위반한 사람 또는 그 행위를 한 사람에 대하여 부동산의 점유를 풀고 집행관에게 보관하게 할 것을 명할 수 있다.
③ 법원이 채무자·소유자 외의 점유자에 대하여 제1항 또는 제2항의 규정에 따른 결정을 하려면 그 점유자를 심문하여야 한다. 다만 그 점유자가 압류채권자·가압류채권자 또는 법 제91조 제2항 내지 제4항의 규정에 따라 소멸되는 권리를 갖는 사람에 대하여 대항할 수 있는 권원에 기초하여 점유하고 있지 아니한 것이 명백한 때 또는 이미 그 점유자를 심문한 때에는 그러하지 아니하다.
④ 법원은 사정의 변경이 있는 때에는 신청에 따라 제1항 또는 제2항의 규정에 따른 결정을 취소하거나 변경할 수 있다.
⑤ 제1항·제2항 또는 제4항의 규정에 따른 결정에 대하여는 즉시항고를 할 수 있다.
⑥ 제4항의 규정에 따른 결정은 확정되어야 효력이 있다.

> ⑦ 제2항의 규정에 따른 결정은 신청인에게 고지된 날부터 2주가 지난 때에는 집행할 수 없다.
> ⑧ 제2항의 규정에 따른 결정은 상대방에게 송달되기 전에도 집행할 수 있다.

1. 부동산의 침해방지를 위한 조치

매각절차를 개시하는 결정을 한 뒤에 법원은 직권 또는 이해관계인의 신청에 따라 부동산에 대한 침해행위를 방지하기 위하여 필요한 조치를 할 수 있다(민집 83조). 일반적으로는 압류되더라도 매각대금이 완납될 때까지는 채무자의 사실적인 이용·수익의 권능은 박탈되지 아니하나, 채무자가 부동산의 가액을 감소시키는 행위를 할 때에는 경매의 실효성을 확보하기 위하여 일종의 보전처분으로서 침해방지를 위한 필요한 조처를 할 수 있고 그 조치로서 집행관 보관명령을 한 경우 집행관은 그 집행사무를 담당할 수 있게 된다.

이 조항에 근거하여 매각될 부동산에 대한 침해 방지를 위한 보전처분 절차에 관하여 민사집행 규칙 44조에 구체적으로 규정되어 있고 보전처분의 구조는 다음과 같이 구성된다.

|도표| **민사집행 규칙 44조에 규정되어 있는 보전처분의 구조**

	압류결정 이후 ~ 매각허가결정 전	매각허가결정 이후 ~ 대금납부 전	대금납부 이후 ~ 부동산 인도
압류채권자	민사집행규칙 44조	민사집행법 136조 2항	
최고가매수신고인	민사집행규칙 44조		
매수인		민사집행법 136조 2항	민사집행법 136조 1항

2. 당사자

가. 신청권자

침해행위방지조치는 이해관계인의 신청 또는 집행법원의 직권으로 결정의 형식으로 한다(민집 83조 3항). 신청할 수 있는 이해관계인은 압류채권자 또는 최고가매수신고인이다.

나. 신청의 상대방

신청의 상대방은 부동산을 점유하는 채무자, 소유자뿐만 아니라 채무자 이외의 자가 부동산을 점유하는 경우에도 그 점유권원을 압류채권자, 가압류채권자 혹은 민사집행법 91조 2항에서 4항의 규정에 따라 소멸되는 권리를 갖는 자에 대하여 대항할 수 없는 경우에는 그 점유자도 상대방으로 하고 있다(민집규 44조 2항).

3. 보전처분의 요건과 내용

가. 금지명령, 작위명령의 경우(민집규 44조 1항)

"침해행위를 방지하기 위한 필요한 조치"로서는 매각허가결정이 있을 때까지 가격감소행위를 금지하거나(금지명령) 일정한 행위를 명할 수 있다(작위명령). 금지명령·작위명령은 채무자 또는 부동산의 점유자가 부동산의 가격을 현저히 감소시키거나 감소시킬 우려가 있는 행위(가격감소 행위)를 하는 경우에 발령한다.

여기에서의 행위는 작위·부작위가 모두 포함이 된다. 금지명령 또는 작위명령을 발령하기 위해서는 압류채권자 또는 최고가매수신고인의 신청이 있어야 한다. 여기서 압류채권자란 강제경매 또는 담보권 실행을 위한 경매의 신청을 한 압류채권자를 말하며, 배당요구 종기 후 강제경매 또는 담보권실행을 위한 경매를 신청한 압류채권자는 제외된다. 그 이유는 본조에 의한 보전처분은 부동산의 가격이 현저히 감소됨으로써 충분한 배당을 받지 못하게 되는 압류채권자를 보호하기 위한 것이므로, 배당을 받을 수 없는 배당요구종기 이후 압류채권자에게 신청권을 부여할 필요가 없기 때문이다. 신청은 경매개시결정 후부터 매각허가결정의 선고가 있을 때까지 하여야 한다. 매각허가결정 된 후 부동산을 인도할 때까지는 민사집행법 136조 2항의 규정에 따라 관리인에게 부동산을 관리하게 하는 보전처분이 가능하다.

나. 집행관 보관명령의 경우(민집규 44조 2항)

집행관 보관명령에는 다음의 2가지 경우가 있다. 첫째는 민사집행규칙 44조 2항 전단의 경우로서 부동산을 점유하는 채무자·소유자 또는 부동산 점유자로서 그 점유권을 압류채권자·가압류채권자 혹은 민사집행법 91조 2항에서 4항의 규정에 따라 소멸되는 권리를 갖는 사람에 대하여 대항할 수 없는 사람이 민사집행규칙 44조 1항의 규정에 따른 명령을 위반한 때이다. 둘째는 동 규칙 2항 후단의 경우로서 가격감소행위 등을 하는 경우에 동 규칙 1항에 따른 명령으로는 부동산 가격의 현저한 감소를 방지할 수 없다고 인정되는 특별한 사정이 있는 때이다.

이처럼 집행관 보관명령은 원칙적으로 금지명령 등에 위반한 때에 발하여지는 제2차적 보전처분이나 특별한 사정이 있는 경우에 예외를 인정하고 있다. 집행관 보관명령은 채무자의 사용 수익권을 빼앗는 것이므로 이를 발령함에는 신중을 기하여야 할 것이다. 따라서 법원이 이 명령을 발하기 위해서는 ① 압류채권자 또는 최고가매수신고인의 신청이 있어야 하고 ② 매각허가결정 전까지만 명령할 수 있으며 ③ 신청인에게 담보를 제공하도록 규정하였다.

4. 발령 및 집행

가. 발령의 절차

관할법원은 경매개시결정을 한 법원이다. 민사집행규칙 44조 1항의 금지명령 등에 관하여는 담보를 제공하게 하거나 제공하게 하지 아니하고 동조 2항의 집행관 보관명령에서는 반드시 담보를 제공하게 하고 명령을 발하여야 한다. 이 담보에 관하여는 민사집행법 19조 3항에 따라 민사소송법 122조·123조·125조·126의 규정이 준용된다. 금지명령·작위명령은 집행권원에 해당되므로(민집 56조 1호), 금지하거나 작위를 명하는 내용은 구체적으로 특정되어야 한다.

동 규칙 44조에 의한 보전처분명령은 신청채권자와 그 상대방에게 알려야 한다(민집규 7조 1항 2호). 금지명령·작위명령, 집행관 보관명령이 발령된 후에 사정의 변경이 있는 때에는 법원은 신청에 따라 그 결정을 취소하거나 변경할 수 있다(민집규 44조 4항). 이러한 취소 또는 변경결정은 확정되지 아니하면 효력이 생기지 아니한다(동조 6항). 사정변경에 의한 취소 또는 변경의 신청을 할 수 있는 사람은 그 보전처분의 신청인, 상대방과 그들의 승계인이다.

나. 명령의 집행

금지명령·작위명령은 대체집행, 간접강제의 규정에 따라 집행된다. 따라서 금지명령과 작위명령은 즉시항고로서 독립하여 불복할 수 있는 재판으로서 집행권원에 해당되며(민집 56조 1호), 이를 집행하기 위해서는 그 명령의 정본 또는 등본을 상대방에게 송달하여야 하며 집행문도 부여를 받아야 한다.

집행기간은 매각허가결정이 있을 때까지이다. 이처럼 금지명령과 작위명령은 그 특성상 명령의 송달 전에 집행하거나 그 집행기간을 명령이 고지된 날부터 2주일로 제한하는 것은 적당하지 아니하므로(민집규 44조 7항·8항 참고) 이 점에서 집행관 보관명령과 그 성질을 달리한다. 집행관 보관명령은 집행권원의 일종에 해당되지만, 그 발령요건이나 집행절차에서 보전처분에 따르는 성격이다. 즉 보관명령의 집행은 그 결정이 상대방에 송달되기 전에도 집행할 수 있다(민집규 44조 8항). 또한, 매각허가결정이 있기 전이라도 결정이 신청인에게 고지된 날부터 2주일을 경과한 때에는 집행이 불가능하다(민집규 44조 7항).

집행관 보관명령은 발령 후 당사자의 승계가 없는 한 집행문 없이 집행할 수 있다.(민집 136조 1항의 규정에 따른 인도명령은 집행문을 부여받아야 집행할 수 있는 점과 다르다). 집행관 보관명령을 근거로 하여 집행관이 집행행위를 한 때에는 이에 관한 조서를 작성하여야 한다(민집 10조). 금지명령·작위명령과 집행관 보관명령에 대하여는 즉시항고를 할 수 있다(민집규 44조 5항).

5. 부동산 강제집행에 있어서의 매각을 위한 보전처분으로서의 집행관 보관명령집행 실무사례

매각을 위한 보전처분의 집행방법 실무326) 「昭和 54 東京」
* 민사집행법 55조의 보전처분의 집행은 어떻게 하여 행하는가?
* 민사집행법 55조 1항의 보전처분명령은 집행권원이므로 그 집행방법은 일반의

> 부작위의무, 대체적 작위의무에 관한 집행방법과 같이, 대체집행(민집 171조) 또는 간접강제(민집 172조)를 행하게 된다. 부작위명령 위반 결과의 제거도 대체집행으로 행할 수 있다.
>
> 민사집행법 55조 2항의 보전처분명령의 집행은 부동산의 인도집행(민집 168조)에 준하여 행해진다. 보관을 명받은 집행관은 보관에 필요한 행위를 할 수 있으므로, 예컨대 적당한 자에게 부동산을 보관시키고 현상유지를 위하여 필요한 관리행위를 명할 수 있다. 또한, 집행관보관 취지의 공시를 할 수도 있다.

제3절 선박, 항공기 강제집행, 임의경매에 있어서의 선박, 항공기 국적증서 등의 인도명령집행 사무

> **민사집행법**
>
> **제174조(선박국적증서 등의 제출)**
> ① 법원은 경매개시결정을 한 때에는 집행관에게 선박국적증서 그 밖에 선박운행에 필요한 문서(이하 "선박국적증서 등"이라 한다)를 선장으로부터 받아 법원에 제출하도록 명하여야 한다.
> ② 경매개시결정이 송달 또는 등기되기 전에 집행관이 선박국적증서 등을 받은 경우에는 그때에 압류의 효력이 생긴다.
>
> **제175조(선박 집행신청 전의 선박국적증서 등의 인도명령)**
> ① 선박에 대한 집행의 신청 전에 선박국적증서등을 받지 아니하면 집행이 매우 곤란할 염려가 있을 경우에는 선적(船籍)이 있는 곳을 관할하는 지방법원(선적이 없는 때에는 대법원규칙이 정하는 법원)은 신청에 따라 채무자에게 선박국적증서 등을 집행관에게 인도하도록 명할 수 있다. 급박한 경우에는 선박이 있는 곳을 관할하는 지방법원도 이 명령을 할 수 있다.
> ② 집행관은 선박국적증서 등을 인도받은 날부터 5일 이내에 채권자로부터 선박 집행을 신청하였음을 증명하는 문서를 제출받지 못한 때에는 그 선박국적증서 등을 돌려주어야 한다.
> ③ 제1항의 규정에 따른 재판에 대하여는 즉시항고를 할 수 있다.
> ④ 제1항의 규정에 따른 재판에는 제292조 제2항 및 제3항의 규정을 준용한다.

---

326) 日 最高裁判所 事務總局, 1997, 執行官事務(第3版), 「125」

1. 선박에 대한 선박국적증서의 인도명령집행

가. 선박 강제집행신청 전의 선박국적증서 등의 인도명령집행
(1) 의의와 요건

선박에 대한 집행의 신청 전에 선박국적증서 등을 받지 아니하면 집행이 매우 곤란할 염려가 있을 경우에는 선적이 있는 곳을 관할하는 지방법원(선적이 없는 때에는 대법원규칙이 정하는 법원)은 신청에 따라 채무자에게 선박국적증서 등을 집행관에게 인도하도록 명할 수 있다. 급박한 경우에는 선박이 있는 곳을 관할하는 지방법원도 이 명령을 할 수 있다(민집 175조 1항). 선박 집행의 관할법원은 선박이 있는 곳(선박소재지)의 지방법원이나(민집 173조), 선박이 특정한 항구에 입항한 후에 경매신청을 하더라도 집행되기 전에 출항하여 버리면 선박국적증서 등을 수취할 수 없게 됨으로써 집행불능에 빠지는 수가 있다. 위 규정은 이러한 불합리를 제거하기 위하여 일종의 보전처분으로서 채권자로 하여금 선박 집행의 신청 전에 미리 수취명령(인도명령)을 받아 선박의 입항을 기다려 바로 선박국적증서 등을 수취할 수 있게 하였다.

위 인도명령은, 예를 들어 현재 운행 중인 선박이 가까운 시일 내에 어느 항구에 입항할 예정이지만 입항 후 단시일 내에 출항하기 때문에 선박 집행을 하기 어려운 경우나 선박이 현재 어느 항구에 정박 중이지만 단시일 내에 출항할 예정이어서 그동안에 선박 집행을 하기 어려운 경우 등에 발령할 수 있을 것이다.

(2) 인도명령의 절차

위 인도명령은 채권자의 신청에 따라 관할법원이 결정 형식으로 발령한다. 이는 성질상 일종의 단행적 보전처분에 해당하나, 담보의 제공을 요구하지는 않는다. 성질상 원칙적으로 변론을 거치지 않고 하여야 한다.

이 신청을 할 때에는 집행력 있는 집행권원의 정본을 붙이고, 그 신청서에 인도명령 발령의 요건을 소명하는 문서(특히 민사집행법 175조 1항 후문의 '급박한 경우'에는 입항 및 출항예정을 명백히 나타내는 보고서 등)와 선적소재지를 증명하는 문서, 선박이 채무자 소유임을 증명하는 문서 및 선박이 집행적격 있는 선박임을 증명하는 문서를 붙여야 한다.

(3) 인도명령의 집행

위 인도명령은 상대방인 채무자에게 송달하여야 함은 물론이나, 그 송달이 있기 전에도 집행할 수 있다. 신청인에 대한 고지로 곧바로 집행력이 발생하고, 집행문을 받으라고 요구하지 않는다. 그리고 인도명령이 상대방에게 송달된 날부터 2주가 지나면 집행하지 못한다(민집 175조 4항, 292조 2항, 3항).

인도명령은 채권자의 신청을 받은 집행관이 채무자(또는 그 대리인인 선장)로부터 선박국적증서 등을 인도받는 방법으로 집행한다. 집행관이 선박국적증서 등을 받은 때에는 즉시 그 취지를 채무자·선장 및 선적항을 관할하는 해운 관서의 장에게 통지하여야 한다(민집규 96조).

또 집행관이 선박국적증서 등을 수취하려 하였으나 그 목적을 달성하지 못하였더라도 그 사유를 법원에 신고할 필요가 없다. 이는 선박 집행의 신청 전에 발령하는 것이므로 그 집행불능의 사정을 법원에 신고할 필요성이 없기 때문이다. 인도명령신청의 비용 및 결정의 집행비용은 공익비용으로서 비용을 예납한 집행채권자는 뒤에 신청한 선박 집행의 배당절차에서 최우선적으로 그 비용을 변상받는다.

(4) 선박 집행으로의 이행

위 인도명령은 장래의 선박 집행을 쉽게 하기 위한 보전처분의 성질을 가지므로 인도명령이 집행되면 빠른 기간 내에 선박 집행으로 이행되는 것이 바람직하다. 그 취지에 따라 민사집행법 175조 2항은 집행관은 선박국적증서 등을 인도받은 날부터 5일 이내에 채권자로부터 선박집행을 신청하였음을 증명하는 문서를 제출받지 못한 때에는 그 선박국적증서 등을 채무자에게 반환하도록 규정함으로써 간접적으로 채권자의 선박집행신청을 강제하고 있다. 위 선박집행신청에는 인도명령의 집행으로 선박국적증서 등을 집행관이 보관하고 있다는 취지를 적을 필요가 있다.

위 신청에 따른 경매개시결정을 할 때는 이미 인도명령이 집행되었어도 민사집행법 174조에 의한 선박국적증서 등의 수취·제출명령을 하여야 한다. 따라서 이 인도명령이 있더라도 그것만으로 압류의 효력이 발생하는 것은 아니며 경매개시결정에 부수된 수취명령이 집행된 때에 압류의 효력이 생긴다. 즉, 이 경우에는 민사집행법 174조 1항에 의한 수취명령을 받은 집행관이 선박국적증서 등을 수취한 때(자기가 보관 중인 경우에는 사건의 사무분배로 당해 집행관으로 된 때)가 경매개시결정의 송달이나 등기보다 앞서는 것이 통상적일 것이므로 민사집행법 174조 2항에 따라 그 수취한 때에 압류의 효력이 생긴다.

나. 선박 임의경매에 있어서의 선박 임의경매 신청 전의 선박국적증서의 인도명령집행

(1) 의 의

선박을 목적으로 하는 담보권 실행을 위한 경매(이른바 임의경매)절차에는 선박강제경매에 관한 규정(민집 172조에서 186조, 민집규 95조 2항에서 104조)과 담보권 실행을 위한 부동산경매에 관한 규정(민집 264조에서 268조, 민집규 194조)이 준용된다(민집 269조, 민집규 195조).

경매의 대상이 되는 선박은 등기할 수 있는 선박, 즉 총톤수 20t 이상의 기선과 범선 및 총톤수 100t 이상의 부선(艀船)(다만, 선박계류용·저장용 등으로 사용하기 위하여 수상에 고정하여 설치하는 부선은 제외, 선박등기법 2조)이며, 여기의 담보권에 해당하는 권리로는 선박저당권(상법 787조)과 선박우선특권(상법 777조)이 있다.

참고로 같은 채권의 담보로 부동산과 선박에 대하여 저당권이 설정된 경우에는 민법 368조 2항 후문의 규정이 적용 또는 유추 적용되지 아니하므로, 같은 채권을 담보하기 위하여 부동산과 선박에 선순위 저당권이 설정된 후 선박에 대하여서만 후순위 저당권이 설정된 경우, 먼저 선박에 대하여 담보권 실행절차가 진행되어 선순위 저당권자가 선박에 대한 경매 대가에서 피담보채권 전액을 배당받음으로써 선박에 대한 후순위 저당권자가 부동산과 선박에 대한 담보권 실행절차가 함께 진행되어 동시에 배당하였더라면 받을 수 있었던 금액보다 적은 금액만을 배당받게 되었다고 하더라도, 선박에 대한 후순위 저당권자는 민법 368조 2항 후문의 규정에 따라 부동산에 대한 선순위 저당권자의 저당권을 대위할 수 없다.[327]

(2) 신청서의 기재사항 등

담보권실행을 위한 경매신청서에는 채권자·채무자·소유자와 그 대리인의

---

327) 대판 2002. 7. 12. 2001다53264, 대판 2002. 10. 8. 2002다34901

표시, 담보권과 피담보채권의 표시, 담보권 실행의 대상인 선박의 표시, 피담보채권 일부에 대하여 담보권 실행을 하는 때에는 그 취지와 범위 등을 기재하는 외에(민집규 192조) 선박의 정박항 및 선장의 이름과 현재지를 적어야 한다(민집규 195조 1항). 신청서에는 강제경매의 경우의 집행력 있는 정본 대신 담보권의 존재를 증명하는 서류를 붙여야 하고, 담보권의 승계가 있는 때에는 승계를 증명하는 서류도 붙여야 한다(민집 264조). 그 밖에 담보권의 부존재 또는 소멸을 경매개시결정에 대한 이의신청의 사유로 삼을 수 있는 점(민집 265조)이나 경매절차 정지에 관한 특칙(민집 266조), 대금완납에 따른 매수인의 선박취득은 담보권의 소멸로 영향을 받지 않는 점(민집 267조) 등은 부동산경매와 같다.

(3) 규정의 준용

선박 임의경매에 관하여는 위 특칙이 있는 경우를 제외하고는 선박 집행에 관한 규정이 그대로 준용된다. 다만 민사집행규칙 95조(신청서 기재사항과 첨부서류), 96조(선박국적증서 등 수취의 통지), 99조(현황조사보고서), 100조(보증의 제공에 따른 강제경매절차의 취소) 중 "채무자"라고 규정된 것은 "소유자"로 본다. 또한, 선박 임의경매에 관하여는 부동산경매에 관한 194조(부동산에 대한 경매)의 규정도 준용된다.

다. 선박 임의경매에 있어서 선박의 점유자에 대한 선박국적증서 등의 인도명령

(1) 의 의

선박 임의경매에 있어서도 집행절차 중 선박을 압류항에 정박하고, 집행관이 선박국적증서 등을 수취하여 제출하여야 하며, 감수·보존처분을 하는 등 선박 집행의 확보를 위한 조처를 하여야 하고, 이러한 조처를 하지 못하고 선박의 소재가 분명하지 아니한 때에는 법원이 경매절차를 취소할 수 있음은 선박강제경매의 경우와 같다(민집 269조, 민집규 195조 참조).

그런데 선박강제경매는 채무자가 선박을 점유하고 있는 경우에만 가능하나, 담보권의 실행을 위한 경매절차는 선박 자체에 대한 담보권을 근거로 하는 것이므로 소유자 이외의 사람이 선박을 점유하고 있는 때에는 선박경매를 할 수 없다고 해석한다면, 선박에 대한 담보권의 효력은 현저하게 약화될 것이기 때문에, 선박에 대한 담보권설정등기로 제3자에 대한 대항요건이 갖춰진 경우에는 채무자 또는 소유자 이외의 사람이 점유하고 있는 경우에도 집행의 속행이 가능하다.

|양식| **선박 임의경매개시결정**

○ ○ 지 방 법 원
경매개시결정

사　　건　　20○○타경○○○　선박임의경매
채 권 자
채 무 자
소 유 자

주　　문

1. 별지 기재 선박에 대한 경매절차를 개시하고 채권자를 위하여 이를 압류한다.
2. 채무자는 위 선박을　　　　에 정박하여야 한다.
3. 이 법원 소속 집행관은 위 선박의 선박국적증서 그 밖에 선박운행에 필요한 문서를 받아 이 법원에 제출하여야 한다.
청구금액 10,000,000원과 이에 대한 20　．　．　．부터 다 갚을 때까지 연 20%의 비율에 의한 이자

이　　유

위 채권에 대한(근)저당권의 실행을 위하여 20　．　．　．　채권자가 한 신청은 이유 있으므로 주문과 같이 결정한다.

20　．　．　．
판　사　　　　　(인)

따라서 이 경우 법원은 경매신청인의 신청에 따라 신청인에게 대항할 수 있는 권원을 가지지 아니한 선박의 점유자에 대하여 선박국적증서 등을 집행관에게 인도할 것을 명할 수 있다(민집규 195조 2항). 이 인도명령의 신청은 선박임의경매의 신청과 동시에 할 수도 있고 소유자로부터 선박국적증서 등을 수취하는 것이 불가능하게 된 후에 신청할 수도 있다. 동시에 신청을 한 때에는 집행관에 대한 수취명령과 인도명령을 함께 발령하게 된다.

(2) 인도명령의 내용

위 규정에 따른 인도명령의 내용은 선박의 점유자에 대하여 선박국적증서 등을 집행관에게 인도하도록 명하는 것이다. 채무자 또는 소유자로부터 선박국적증서 등을 수취하기 위한 명령(민집 174조, 269조)은 집행관에 대한 직무명령임에 비하여, 민사집행규칙 195조 2항의 명령은 집행관에 대한 직무명령이 아니다. 그 결과 채권자가 인도명령을 집행하기 위해서는 집행관에게 그 집행을 신청(위임)하여야 한다.

(3) 명령의 상대방

인도명령의 상대방은 신청인에게 대항할 수 있는 권원을 갖지 아니한 선박의 점유자이다. 상대방이 이러한 점유자에 해당하는 사실은 신청인이 소명하여야 한다. 선박의 점유자가 그 권원으로 신청인에게 대항할 수 있는지는 등기로 결정된다(상 849조 2항, 선박등기법 3조 3호). 이 경우 임차인이 대항할 수 없는 담보권이 존재하여도 신청인의 담보권에 대항할 수 있는 때에는 인도명령을 발령할 수 없게 된다.

(4) 즉시항고

위 신청에 관한 재판에 대하여는 즉시항고를 할 수 있으므로(민집규 195조 3항) 위 신청을 각하·기각하는 재판 또는 인도명령에 대하여는 즉시항고를 할 수 있다. 집행절차의 당사자가 아닌 선박의 점유자로부터 선박국적증서 등을 강제적으로 빼앗는 명령이므로 그 점유자를 보호하기 위하여 집행이의가 아닌 즉시항고에 의하여 불복하도록 한 것이다. 점유자 이외에도 소유자 등 이해관계를 갖는 사람은 점유자가 신청인에게 대항할 수 있는 권원을 가지고 있음을 이유로 하여 즉시항고를 제기할 수 있다.

(5) 송달 전의 집행

위 인도명령은 상대방에게 송달되기 전에도 집행할 수 있다(민집규 195조 4항). 인도명령은 즉시항고를 할 수 있는 재판이라는 측면에서 보면 신청인과 상대방인 선박의 점유자에 대하여 알려야 하는데(민집규 7조 1항 2호), 만일 인도명령을 집행 전에 송달하면 점유자가 선박을 이동시켜 집행할 수 없게 될 우려가 있기 때문이다.

인도명령은 본래 의미의 집행권원과는 다른 특성이 있고 보전처분 적인 성격도 가지고 있으므로, 민사집행법 39조 1항의 적용을 배제하여 송달되기 전에 집행할 수 있도록 한 것이다. 위 인도명령은 발령 후 당사자의 승계가 없는 한 집행문 없이 집행할 수 있다.

라. 「선박국적증서 등」 관련 실무사례

(1) 「선박국적증서 등」의 의의[328] 「昭和 54 執硏」
* 「선박국적증서 등」이란 어떠한 것인가?
* 선박국적증서 외에 가 선박국적증서, 항행허가서, 선박표(이상 선원법 18조 1항 1호), 선박검사증서(선박안전법 시행규칙 40조) 등이 있다.

(2) 취득명령에 있어서 취득해야 할 선박의 항행을 위하여 필요한 문서[329] 「昭和 54 東京」
* 민사집행법 114조의 선박국적증서 등의 취득 명령의 집행에서 취득해야 할 문서는 예컨대 선원법 18조 1항에 열거된 문서 중 하나를 취득하면 충분한가?
* 선박의 항해에 필요한 문서로서는 선박법, 선원법, 선박안전법 등에 규정되어 있지만, 그중에서 가장 중요한 것은 선박국적증서이고 이것을 취득하면 출항금지는 확보되었다고 할 수 있지만, 기타의 문서도 발견하면 그것을 취득해야 할 것이다.

2. 항공기에 대한 항공기 국적증서 등의 인도명령집행

가. 항공기 강제집행신청 전의 항공기 국적증서 등의 인도명령집행
(1) 원칙

자동차·건설기계·소형선박과 항공기에 대한 강제집행절차는 부동산집행, 선박 집행 및 동산집행의 규정에 따라 대법원규칙으로 정하게 되어 있고(민집 187조), 이에 따라 민사집행규칙은 2편 2장 4절에서 항공기에 대한 강제집행을 규정하고 있다. 항공기란 민간항공에 사용하는 비행기·비행선·활공기(활공기)·회전익항공기 기타 대통령령이 정하는 것으로서 항공에 사용할 수 있는 기기를 말하고(항공법 2조 1호), "기타 대통령령이 정하는 것으로서 항공에 사용할

---

328) 日 最高裁判所 事務總局, 2011, 執行官事務(第4版), 「192」
329) 전게서, 「193」

수 있는 기기"란 최대이륙중량, 속도, 좌석 수 등이 국토교통부령으로 정하는 범위를 초과하는 동력비행장치(항공법 시행령 9조 1호)와 지구대기권 내외를 비행할 수 있는 항공우주선을 말한다(같은 조 2호).

항공기는 성질상 고도의 이동성을 가지고 있고, 이동의 방법도 선박이 항구에서 항구로 이동하듯이 비행장에서 비행장까지로 제한된 점, 운반과 보관에 전문적 지식과 기능을 요구하는 점 등 선박과 비슷한 점이 많다. 다만 항공기에 대한 소유권의 득실변경은 등록하여야 효력이 생기는 점에서(항공 5조 1항), 선박의 경우 등기가 대항요건인 것과는 다르다.

이에 따라 민사집행규칙 106조는 항공법에 따라 등록된 항공기에 대한 강제집행은 선박에 대한 강제집행의 예에 따라 실시하되, 다만, 현황조사와 물건명세서에 관한 규정 및 민사집행규칙 95조 2항의 규정은 제외한다고 규정하고, 그 절차의 특성상 다소 용어를 고쳐 적용한다.

(2) 항공기 집행의 절차

항공기 집행은 물건 명세서 및 현황조사서를 작성하지 않고 매각절차를 실시하는 점 외에는 선박 집행과 같은 절차로 진행된다. 즉 항공기의 소재지를 담당하는 법원이 집행법원이 되며, 강제경매개시결정을 함과 동시에 집행관에 대하여 항공기등록증명서 그 밖에 항공기의 운항에 필요한 서류를 채무자로부터 수취하여 집행법원에 제출할 것을 명하고, 이에 의하여 항공기를 일정한 장소에 정지시켜 감정인을 선임하여 평가를 시킨 다음, 평가서사본을 일반에 보여주게 된다.

이어 최저매각가격을 정하여 부동산의 매각과 같은 매각방법에 따라 매각한다. 또한, 선박 집행에 있어서 인정되고 있는 신청 전의 선박국적증서 등 인도명령은 신청 전의 항공기등록증명서 인도명령으로서 인정되며, 보증의 제공에 의한 강제집행절차의 취소, 운행허가(항공기의 경우에는 운항허가), 사건의 이송, 운행에 필요한 서류를 넘겨받지 못하는 경우 강제집행절차의 취소 등의 조항도 모두 적용된다.

나. 항공기 임의경매 신청 전의 항공기 국적증서의 인도명령집행
(1) 총 설

민사집행규칙은 항공기를 목적으로 하는 담보권실행을 위한 경매(항공기 임의경매)에 관하여, 항공기 집행에 관한 규정을 거의 전면적으로 준용하고, 담보권의 실행을 위한 경매에 고유한 사항은 부동산 임의경매 및 선박 임의경매에 관한 규정 일부를 준용하는 형식을 취하고 있다(민집규 196조).

(2) 항공기 집행 규정의 준용

항공기 임의경매절차에는 항공기 집행에 관한 민사집행규칙 106조, 107조를 준용한다. 따라서 항공기 임의경매는 선박에 대한 강제집행에 관한 규정을 따르게 되며, 106조 후문에 의한 '용어교체'에 관한 규정도 적용된다. 다만 항공기 집행과 마찬가지로 선박에 대한 강제집행 중 현황조사와 물건명세서에 관한 규정은 준용하지 아니하는 대신, 평가서사본의 비치에 관한 민사집행규칙 107조는 준용한다.

(3) 부동산 임의경매 규정의 준용

민사집행법 264조에서 267조의 규정은 부동산 임의경매에 관한 규정이지만, 선박 임의경매에서와 마찬가지로 준용된다. 판례는 항공기 임의경매에서의 일괄매각의 요건에 관하여, 일괄매각의 규정은 항공기를 목적으로 하는 담보권의 실행을 위한 경매절차에도 적용되고, 이는 경매에 갈음하는 입찰절차에도 마찬가지인데, 집행법원은 그 재량에 의하여 여럿의 항공기를 일괄하여 동일인에게 매수시키는 것이 상당하다고 인정하는 것만으로는 여럿의 항공기에 대해 일괄매각을 할 수는 없다.

그러한 여럿의 항공기 상호 간의 이용관계에 있어서 견련성이 있어야 하며, 항공기 상호 간의 이용관계에 있어서 견련성은 일괄매각의 상당성을 판단하는 유일한 기준이 되는 것이므로, 상호 간의 이용관계에서 견련성이 없는 여럿의 항공기의 경우에는 가사 일괄매각을 함으로써 더욱 높은 가액으로 또는 더욱 신속하게 매각할 수 있을 가능성이 있다고 하더라도 그것만으로는 일괄하여 매각하는 것은 허용되지 아니한다고 한다.330)

(4) 선박 임의경매 규정의 준용

선박 임의경매에 관한 민사집행규칙 195조(5항 제외)의 규정은 항공기 임의

---

330) 대결 2001. 8. 22. 2001마3688

경매에 준용된다. 이 경우 민사집행규칙 195조 1항 중 "정박항 및 선장의 이름과 현재지를 적어야 한다."라는 "정류 또는 정박하는 장소를 적어야 한다."로 고쳐 적용하며, 민사집행규칙 195조 2항에 "선박국적증서"라고 규정된 것은 "항공기등록증명서"로 본다(민집규 196조 후문).

또한, 집행법원은 경매신청인의 신청에 따라 당해 신청인에게 대항할 수 있는 권원을 갖고 있지 아니한 항공기의 점유자에 대하여 항공기등록증명서 등을 집행관에게 인도할 것을 명할 수 있고, 위 인도명령신청에 관한 재판에 대하여 즉시항고를 할 수 있으며, 위 인도명령결정은 상대방에게 송달되기 전에 집행할 수 있는 것도 선박 임의경매의 경우와 마찬가지이다.

다. 외국항공기에 대한 강제집행방법 실무사례

> **외국항공기에 대한 강제집행방법**[331] 「昭和 56 大阪」
> * 외국항공기에 대한 집행은 어떤 방법으로 해야 하는가?
> * 외국항공기는 항공법 8조의 4에서 규정하는 비행기 또는 회전익항공기에 해당하지 아니하므로 이에 대한 강제집행은 동산집행의 방법에 따라야 한다. 다만 외국항공기는 내국항공기와 마찬가지로 재산가치가 큰 것이기 때문에, 내국항공기를 강제집행하는 방법을 참고로 하여 가능한 한 이것에 근접한 형태로 행하는 것이 적당하다.

제4절 자동차와 건설기계 집행에 있어서 인도명령의 집행

1. 자동차인도명령의 집행

가. 총 설

자동차는 고도의 이동성과 은닉의 용이성이라는 특성이 있어 단순한 압류의 선언과 그 등록만으로는 처분금지의 실효를 거둘 수 없으므로 현실적인 점유확보절차가 필요하다. 따라서 ① 자동차에 관한 강제경매개시결정에는 압류의 선언 외에 채무자에 대하여 자동차를 집행관에게 인도할 것을 명하여야

---
[331] 日 最高裁判所 事務總局, 2011, 執行官事務(第4版), 「199」

하고(민집규 111조 1항), ② 압류의 효력 발생 당시 채무자가 점유하던 자동차를 제3자가 점유하게 된 때에는 그 제3자에 대하여 인도명령을 발할 수 있으며(민집규 112조, 민집 193조), ③ 강제경매신청 전에도 일정한 요건 아래 채무자에게 자동차인도명령을 발할 수 있다(민집규 113조). 이는 선박 집행에 있어 선박국적증서 등의 수취명령과 기능상 유사한 제도라고 할 수 있다(다른 점 중 하나는 수취명령은 직무명령이나 자동차인도명령은 직무명령이 아니다).

나. 인도명령의 종류와 절차

(1) 민사집행규칙 111조 1항 본문의 인도명령

민사집행규칙

제111조(강제경매개시결정)
① 법원은 강제경매개시결정을 하는 때에는 법 제83조 제1항에 규정된 사항을 명하는 외에 채무자에 대하여 자동차를 집행관에게 인도할 것을 명하여야 한다. 다만 그 자동차에 대하여 제114조 제1항의 규정에 따른 신고가 되어 있는 때에는 채무자에 대하여 자동차 인도명령을 할 필요가 없다.
② 제1항의 개시결정에 기초한 인도집행은 그 개시결정이 채무자에게 송달되기 전에도 할 수 있다.
③ 강제경매개시결정이 송달되거나 등록되기 전에 집행관이 자동차를 인도받은 경우에는 그때에 압류의 효력이 생긴다.

(가) 인도명령의 발령

자동차에 관한 강제경매개시결정에서는 압류를 명하는 외에 자동차를 집행관에게 인도할 것을 명하여야 한다(민집 83조 1항, 민집규 111조 1항 본문). 이 인도명령은 채권자의 신청이 없더라도 법원이 직권으로 발령하여야 한다. 인도명령은 채무자에 대하여만 할 수 있고 자동차를 점유하고 있는 제3자에 대하여는 할 수 없다. 그러므로 자동차를 점유하고 있는 제3자가 있는 경우에 그가 집행관에게 자동차를 마음대로 제출하지 아니하면 강제경매의 절차는 취소된다(민집규 116조).

채권자로서는 유체동산에 관한 청구권의 집행(민집 243조)의 절차를 밟아 강제경매를 하여야 한다. 다만 압류의 효력이 발생한 때에 채무자가 점유하고 있던 자동차를 제3자가 점유하게 된 경우에는 그 제3자에 대하여 자동차의 인도명령을 할 수 있다(민집규 112조, 민집 193조). 자동차인도명령은 강제경매신청 전에도 명할 수 있다(민집규 113조).

한편 해당 자동차에 대하여 민사집행규칙 114조 1항의 규정에 따른 신고가 되어 있는 때에는 채무자에 대하여 자동차 인도명령을 할 필요가 없다(민집규 111조 1항 단서). 이는 다른 채권자의 신청에 따라 이미 자동차강제경매의 개시결정이 되고, 집행관이 채무자로부터 자동차의 인도를 받았다는 사실이 법원에 신고되어 있기 때문이다. 이 경우 집행법원은 이중경매개시결정을 하고 법원사무관 등으로 하여금 압류등록을 맡기도록 한 다음, 먼저 이루어진 개시결정을 근거로 하여 자동차 집행을 속행하게 된다(민집규 108조, 민집 87조).

(나) 인도명령의 집행

개시결정에서 채무자에게 명한 자동차인도명령은 집행권원에 따라 취급된다. 그 집행방법은 집행관이 집행의 목적물을 보관하는 방법에 따른 동산의 인도 집행을 하는 경우와 같다(민집 257조). 다만 인도명령은 자동차 집행절차에서 이루어지는 집행처분의 일종이므로 개시결정이 채무자에게 송달되기 전에도 집행할 수 있고(민집규 111조 2항), 집행문을 부여받을 필요도 없다.

집행권원의 사전 또는 동시송달 및 집행문부여의 필요가 없다는 점은 보전처분의 집행 및 압류부동산의 보전처분(민집 292조, 민집 301조, 민집규 44조)과 같으나, 집행기간의 제한(민집 292조 2항, 민집규 44조 7항)이 없다는 점에서는 차이가 있다. 다만 강제경매개시결정이 있은 날로부터 2월이 지나기까지 집행관이 자동차를 인도받지 못한 때에는 집행절차를 취소하여야 하므로(민집규 116조), 그 기간이 사실상의 집행기간이 된다.

(2) 제3자에 대한 인도명령

민사집행규칙

제112조(압류자동차의 인도)
제3자가 점유하게 된 자동차의 인도에 관하여는 법 제193조의 규정을 준용한다. 이 경우 법 제193조 제1항과 제2항의 "압류물"은 "압류의 효력 발생 당시 채무자가 점유하던 자동차"로 본다.

(가) 의의

압류의 효력 발생 당시 채무자가 점유하던 자동차를 제3자가 점유하게 된 때에는 법원은 채권자의 신청에 따라 그 제3자에 대하여 자동차를 집행관에게 인도할 것을 명할 수 있다(민집규 112조, 민집 193조). 개시결정에서 이루어진 자동차의 인도명령은 채무자에 대해서만 집행할 수 있지만, 압류의 효력이 생긴 후에 채무자로부터 제3자에게 점유가 이전된 경우에는 그 제3자로부터 자동차를 수취할 필요가 있다.

(나) 절차

위 인도명령은 집행관이 인도받은 자동차를 제3자가 점유하게 된 경우 외에도 집행관이 자동차를 점유하기 전에 압류의 등록 또는 개시결정이 채무자에게 송달되어 압류의 효력이 생긴 후(민집규 111조, 민집 83조 4항) 자동차의 점유가 채무자로부터 제3자로 이전된 경우에도 신청할 수 있다.

위 인도명령은 제3자에게 송달되기 전에도 집행할 수 있고(민집 193조 3항), 신청인에게 고지하거나 송달한 날부터 2주가 지난 때에는 집행할 수 없다(같은 조 4항). 이 경우 인도명령신청서에는 1,000원의 인지를 붙여야 하고 강제집행사건기록에 합철(合綴)한다. 이 인도명령의 양식은 아래에서 보는 "강제경매신청 전의 인도명령"에 준하여 작성하되, 당사자로 채권자와 점유자를 적고, 주문은 "위 점유자는 그 점유 중인 별지 목록 기재의 자동차를 채권자의 위임을 받은 집행관에게 인도하라"는 방식이 될 것이다.

(3) 강제경매신청 전의 인도명령

> **민사집행규칙**
>
> **제113조(강제경매신청 전의 자동차인도명령)**
> ① 강제경매신청 전에 자동차를 집행관에게 인도하지 아니하면 강제집행이 매우 곤란할 염려가 있는 때에는 그 자동차가 있는 곳을 관할하는 지방법원은 신청에 따라 채무자에게 자동차를 집행관에게 인도할 것을 명할 수 있다. 〈개정 2015. 8. 27.〉
> ② 제1항의 신청에는 집행력 있는 정본을 제시하고, 신청의 사유를 소명하여야 한다.
> ③ 집행관은 자동차를 인도받은 날부터 10일 안에 채권자가 강제경매신청을 하였음을 증명하는 문서를 제출하지 아니하는 때에는 자동차를 채무자에게 돌려주어야 한다.
> ④ 제1항의 규정에 따른 결정에 대하여는 즉시항고를 할 수 있다.
> ⑤ 제1항의 규정에 따른 결정에는 법 제292조 제2항·제3항의 규정을 준용한다.

(가) 의의

강제경매신청 전에 자동차를 집행관에게 인도하지 않으면 강제집행이 매우 곤란할 염려가 있는 때에는 그 자동차가 있는 곳을 관할하는 지방법원은 신청에 따라 채무자에게 자동차를 그 소속 집행관에게 인도할 것을 명할 수 있다(민집규 113조 1항).

이는 자동차 집행에 관하여 사용본거지 주의를 채택한 결과 생길 수 있는 채권자의 권리 행사상의 곤란을 고려하여 강제경매신청 전에 인도명령을 신청할 수 있도록 한 것으로서, 선박 집행에 있어서 선박 집행신청 전의 선박국적증서 등의 인도명령제도(민집 175조)에 상응한다.

(나) 관할

위 인도명령은 자동차가 있는 곳을 관할하는 법원에 신청할 수 있다(민집규 113조 1항). 즉 채권자가 집행법원의 관할구역 밖에서 집행대상인 자동차를 발견한 경우에, 이에 대한 경매를 신청하기에 앞서 그 현재지의 법원에 일종의 보전처분으로서 인도명령을 신청하여 인도명령을 받은 다음, 그곳 집행관에게 위임하여 자동차를 인도받을 수 있도록 한 것이다. 위 인도명령에 따라 자동차를 인도받은 때에는 그 소재지 관할법원도 집행법원이 된다(민집규 109조 2항).

(다) 절차

채권자는 위 인도명령을 신청하는 때에는 집행력 있는 정본을 제시하고 신청의 사유를 소명하여야 한다(민집규 113조 2항). 위 인도명령은 일종의 집행을 위한 보전처분으로서 잠정적이므로, 집행관은 자동차를 인도받은 날부터 10일 안에 채권자가 강제경매신청을 하였음을 증명하는 문서를 제출하지 아니하는 때에는 자동차를 채무자에게 돌려주어야 한다(민집규 113조 3항).

10일이 지난 후 집행관이 채무자에게 자동차를 돌려주기 전에 채권자가 채무자에 대하여 집행관에게 자동차를 인도할 것을 명하는 경매개시결정의 정본을 집행관에게 제출한 때에는 집행관은 이 결정정본을 근거로 하여 새로 자동차를 인도받은 것으로 되고, 바로 그 취지·보관 장소·보관방법 및 예상되는 보관비용을 법원에 신고하여야 한다(민집규 114조 1항).

(4) 송달과 집행제한

이 인도명령은 채무자에게 송달하여야 하나(민집 39조, 57조), 채무자에게 송달하기 전에도 집행할 수 있다(민집규 113조 5항, 민집 292조 3항). 그 이유는 채무자가 인도명령을 송달받으면 자동차의 은닉을 꾀하는 등 인도명령의 목적을 이룰 수 없게 될 염려가 있기 때문이다.

위 인도명령은 그 집행절차가 보전처분에 따라 이루어지므로 집행문을 부여받을 필요가 없다. 위 인도명령은 채권자에게 알리거나 송달한 날부터 2주를 넘긴 때에는 집행하지 못한다(민집규 113조 5항, 민집 292조 2항). 그 이유는 인도명령 긴급한 필요 때문에 발하여지므로 될 수 있는 대로 빨리 집행하지 아니하면 발령 당시의 사정이 변경되어 부당한 집행이 될 가능성이 많기 때문이다. 자동차 인도명령 양식은 아래와 같다.

|양식| **자동차인도명령결정**

○ ○ 지 방 법 원
결 정

사　　　건　　　20　타기　　　자동차인도명령
채　권　자
채　무　자

주　문

채무자(소유자)는 채권자의 위임을 받은 이 법원 소속 집행관에게 별지 기재 자동차를 인도하라.
이 소유 채권자가 한 강제집행신청 전 자동차인도명령신청은 이유 있으므로 주문과 같이 결정한다.

20　．　．　．

판사(사법보좌관)　　　　　　(인)

다. 인도명령의 성질 및 집행

자동차인도명령은 집행권원에 준하는 것으로 취급되고, 그 집행방법은 원칙적으로 집행관이 보관하는 방법에 따른다. 한편 자동차인도명령은 보전처분에 따라서 집행되므로 당사자의 승계가 없는 한 집행문을 부여받을 필요가 없다. 인도명령의 집행은 보전처분과 같은 긴급성이 필요하므로 강제경매개시결정이 상대방(채무자 또는 제3자)에게 송달되기 전이라도 집행이 가능하다(민집규 111조 2항, 112조, 민집 193조 3항, 민집규 113조 5항, 민집 292조 3항 참조).

라. 인도명령에 대한 불복

자동차강제경매개시결정과 동시에 하는 인도명령에 관하여는 개시결정에 대하여 즉시항고를 할 수 있으므로(민집규 111조 4항) 별도로 인도명령에 대하여만 즉시항고를 할 수는 없다고 할 것이다. 그러나 제3자가 점유하게 된 자동차에 대한 인도명령(민집규 112조, 민집 193조)과 강제경매신청 전의 자동차인도명령(민집규 113조)에 대하여는 즉시항고를 할 수 있고(민집 193조 5항, 민집규 113조 4항), 다만, 이 즉시항고에 집행정지의 효력은 인정되지 아니한다.

마. 집행관의 인도집행 신고

> **민사집행규칙**
>
> **제114조(자동차를 인도받은 때의 신고)**
> ① 집행관이 강제경매개시결정에 따라 자동차를 인도받은 때, 제112조에서 준용하는 법 제193조의 규정에 따른 재판을 집행한 때 또는 제113조의 규정에 따라 인도받은 자동차에 대하여 강제경매개시결정이 있는 때에는 바로 그 취지·보관 장소·보관방법 및 예상되는 보관비용을 법원에 신고하여야 한다.
> ② 집행관은 제1항의 신고를 한 후에 자동차의 보관 장소·보관방법 또는 보관비용이 변경된 때에는 법원에 신고하여야 한다.

집행관이 경매개시결정에 따라 자동차를 인도받은 때, 제3자에 대한 자동차인도명령에 따라 자동차를 인도받은 때(민집규 112조, 민집 193조) 및 강제경매신청 전의 인도명령(민집규 113조)에 기하여 인도받은 자동차에 관하여 강제경매개시결정이 있는 때에는 바로 그 취지·보관 장소·보관방법 및 예상되는 보관비용을 집행법원에 신고하여야 한다(민집규 114조 1항).

자동차가 현실적으로 집행관에게 인도되었는지는 경매절차의 진행에 큰 영향을 미치기 때문이다. 그중 강제경매신청 전의 인도명령의 경우에는 그 집행단계에서는 집행법원이 확정되지 아니하였고 채권자가 인도 집행 후 10일 안에 강제경매신청을 하지 아니하는 때에는 자동차를 채무자에게 돌려주어야 하므로, 강제경매개시결정이 있는 때에 신고하도록 하였다.

그리고 집행관은 위 신고를 한 후에 자동차의 보관장소·보관방법 또는 보관비용이 변경된 때에도 집행법원에 신고하여야 한다(민집규 114조 2항). 민사집행규칙 114조 1항의 신고는 자동차 집행절차의 취소결정을 위해서도 필요하다. 즉 집행관이 강제경매개시결정이 있은 날부터 2월이 지나기까지 자동차를 인도받지 못한 때에는 법원은 집행절차를 취소하여야 하므로(민집규 116조), 경매개시결정이 있은 후 위 기간 및 신고에 필요한 상당한 기간이 지나도록 집행관으로부터 자동차를 인도받았다는 신고가 없는 때에는 법원은 자동차 집행절차를 취소하여야 한다.

한편 선박 집행에서는 집행관이 선박국적증서 등을 수취하려 하였으나 그 목적을 달성하지 못한 때에는 그 사유를 법원에 서면으로 신고하여야 하나(민집규 97조), 자동차 집행에서는 자동차인도명령의 집행이 불능하게 된 경우에 집행법원에 신고할 의무가 없다. 선박강제경매개시결정에서 명하는 선박국적증서 등의 인도명령은 집행관에 대한 직무명령이고, 사무분배의 정함에 의하여 이를 집행할 집행관이 특정되어 그 집행관의 집행 불능 신고가 있고 강제경매개시결정이 있은 날부터 2월이 지나면 바로 강제경매절차를 취소하게 되지만(민집 183조),

자동차인도명령은 집행권원에 따르는 것으로 취급되어 어느 지방법원의 집행관에 대하여도 집행의 신청을 할 수 있어 특정 집행관이 집행 불능의 신고를 하더라도 강제경매개시결정을 한 날부터 2월이 지나기 전에 다른 집행관으로부터 자동차를 인도받았다는 취지의 신고가 될 가능성이 있으므로 자동차인도명령에 대하여는 집행불능의 신고를 하도록 할 실익이 없기 때문이다.

바. 인도집행 불능으로 말미암은 집행절차의 취소

> **민사집행규칙**
> 제116조(자동차인도집행불능 시의 집행절차취소)
>   강제경매개시결정이 있은 날부터 2월이 지나기까지 집행관이 자동차를 인도받지 못한 때에는 법원은 집행절차를 취소하여야 한다.

강제경매개시결정이 있은 날부터 2월이 지나기까지 집행관이 자동차를 인도받지 못한 때에는 집행법원은 집행절차를 취소하여야 한다(민집규 116조). 즉 이 경우에 법원은 경매개시결정을 취소하고 경매신청을 기각하여야 한다. 자동차 집행의 특성상 집행관이 집행목적물인 자동차를 인도받지 못하면 경매절차를 진행하는 것이 사실상 불가능하고, 매각절차를 진행하더라도 절차의 안정을 해할 염려가 있기 때문이다.

여기에서 규정한 2월은 경매개시결정이 있은 날부터 집행관이 자동차를 인도받을 때까지의 기간을 의미하므로, 집행법원은 강제경매개시결정이 있은 날부터 2월이 지났다고 하여 바로 취소할 것이 아니라 2월의 기간 외에 집행관의 신고에 필요한 상당한 기간이 지난 후에도 신고가 없는 경우에 한하여 취소를 하여야 할 것이다. 그리고 위 기간이 지난 후에도 현실적으로 취소결정이 있기 전에 인도된 때에는 취소할 수 없다고 보아야 한다.

사. 인도명령의 실효와 자동차의 반환

집행관이 자동차를 인도받은 뒤 경매신청이 취하되는 등의 사유로 인도명령이 실효되면, 집행관은 보관하고 있던 자동차를 채무자에게 반환하여야 한다.

아. 자동차의 보관

> **민사집행규칙**
> 제114조(자동차를 인도받은 때의 신고)
>   ① 집행관이 강제경매개시결정에 따라 자동차를 인도받은 때, 제112조에서 준용하는 법 제193조의 규정에 따른 재판을 집행한 때 또는 제113조의 규정에 따라 인도받은 자동차에 대하여 강제경매개시결정이 있는 때에는 바로 그 취지·보관 장소·보관방법 및 예상되는 보관비용을 법원에 신고하여야 한다.

② 집행관은 제1항의 신고를 한 후에 자동차의 보관 장소·보관방법 또는 보관비용이 변경된 때에는 법원에 신고하여야 한다.

(1) 집행관의 직접 보관 원칙

집행관이 인도명령에 따라 자동차를 인도받은 때에는 원칙적으로 직접 점유·보관하여야 하고, 그 보관 장소·보관방법 및 예상되는 보관비용을 집행법원에 신고하여야 하며, 그 변경이 있는 때에도 이를 신고하여야 한다(민집규 114조 1항, 2항).

(2) 보관위임

집행관은 상당하다고 인정하는 때에는 인도받은 자동차를 압류채권자, 채무자, 그 밖의 적당한 사람에게 보관시킬 수 있다(민집규 115조 전문). 이 경우 보관자는 집행관이 자동차를 점유하기 위한 보조자이다. 집행관이 위 사람들에게 자동차를 보관시킨 경우에는 동산집행에서 압류물을 보관자에게 보관시킨 경우와 마찬가지로, 보관에 관한 조서를 작성하고 보관자의 기명날인 또는 서명을 받아두어야 한다(민집규 136조 참조).

실무상 보관 장소 및 보관료의 부담이 문제 되는 경우가 많은데, 인도받은 자동차의 보관을 자동차인도명령의 신청인에게 맡기는 것도 하나의 방법이다. 이 경우 인도와 동시에 보관을 맡기는 때에는 인도명령의 집행조서에 자동차의 보관에 관한 사항을 적고, 신청인으로부터 기명날인 또는 서명을 받으면 되고, 보관에 관한 별도의 조서를 작성할 필요는 없다.

(3) 공 시

집행관이 자동차를 다른 사람에게 보관시킨 때에는 공시서를 붙여 두거나 그 밖의 방법으로 그 자동차가 집행관의 점유하에 있음을 분명하게 표시하여야 한다(민집규 115조 후문). 이는 집행관의 점유를 확실하게 하기 위한 수단으로서, 이 규정에 따라 집행관이 한 표시는 형법 140조 1항에서 말하는 "압류의 표시"에 해당되므로, 이를 손상하거나 그 밖의 다른 방법으로 그 효용을 해하는 행위는 공무상비밀표시무효죄를 구성한다.

(4) 운행금지 조치

집행관은 자동차를 보관자에게 보관시킨 때에는 민사집행규칙 117조에 따라 운행이 허가된 경우를 제외하고는, 자동차를 운행하지 못하도록 적당한 조처를 하여야 한다(민집규 115조 후문). 적당한 조치로는, 예를 들어 핸들을 봉인하거나 자동차 열쇠를 집행관이 보관하는 등의 조처를 하는 것이 통례이다. 이와 같은 조처를 하도록 하는 것은 자동차는 고도의 이동성을 가지고 있을 뿐만 아니라 운행에 의한 손상, 소모 등의 위험이 있기 때문이다.

(5) 보관장소와 보관방법

자동차의 보관장소와 보관방법은 집행관의 재량사항이므로, 집행관이 자동차의 보관을 위하여 필요한 때에는 재량으로 보관장소 또는 보관방법을 변경할 수 있다(만약 변경한 때에는 민사집행규칙 114조 2항에 의하여 신고하여야 한다). 다만 자동차의 보관장소는 집행법원의 관할구역 안이어야 한다. 이는 집행법원의 관할구역 안에서 집행관이 그 자동차를 점유하게 되기 전에는 집행관에게 매각하게 할 수 없으므로(민집규 120조), 관할구역 밖에 보관하는 것을 인정하면 자동차의 이동(민집규 118조 2항) 또는 사건의 이송(민집규 119조) 절차가 필요하게 되는 등 절차가 오히려 번잡해지기 때문이다.

자. 운행허가

> **민사집행규칙**
>
> **제117조(운행의 허가)**
> ① 법원은 영업상의 필요, 그 밖의 타당한 이유가 있다고 인정하는 때에는 이해관계를 가진 사람의 신청에 따라 자동차의 운행을 허가할 수 있다.
> ② 법원이 제1항의 허가를 하는 때에는 운행에 관하여 적당한 조건을 붙일 수 있다.
> ③ 제1항의 운행허가결정에 대하여는 즉시항고를 할 수 있다.

(1) 의 의

법원은 영업상의 필요 그 밖의 타당한 이유가 있다고 인정하는 때에는 이해관계를 맺은 사람의 신청에 따라 자동차의 운행을 허가할 수 있다(민집규 117조 1항). 이는 필수적 인도명령제도를 취하고 있어서 자동차의 인도를 절차의 진행

요건으로 규정하고 있는 자동차 집행절차에서, 집행관이 자동차를 점유함으로 말미암아 채무자나 이해관계인이 자동차를 사용하지 못하게 되는 손실을 합리적으로 조정하려는 것으로서, 선박에 대한 운행허가를 규정하고 있는 민사집행법 176조 2항에서 4항에 대응하는 규정이다.

(2) 절 차

운행허가의 신청권자는 이해관계를 맺은 사람이다. 여기서 이해관계를 맺은 사람은 민사집행법 90조의 이해관계인과는 다른 의미로서 자동차의 운행에 따라 이익을 받을 지위에 있는 사람을 가리킨다. 주로 채무자일 것이나 자동차를 집행관에게 임의 제출한 임차인도 포함될 수 있다. 허가권자인 법원은 집행법원을 의미한다. 그런데 강제경매신청 전의 인도명령(민집규 113조)이 집행된 후 아직 집행법원이 정해지기 전(즉 채권자가 경매신청을 하기 전)에는 운행허가신청을 할 수 없는 문제가 생길 수 있으나, 그 기간은 10일 이내일 것이므로(민집규 113조 3항) 민사집행규칙은 이 문제에 관하여 따로 조처하지 아니하고 있다.

운행허가를 하는 때에는 집행법원은 운행에 관하여 적당한 조건을 붙일 수 있다(민집규 117조 2항). 예를 들어, 운행의 기간(어느 날부터 어느 날까지), 시간(매일 몇 시부터 몇 시까지) 또는 장소(일정구역 범위 내 또는 어느 지점에서 어느 지점까지)에 조건을 붙이는 것은 물론 허용되고, 계속된 운행의 허가뿐만 아니라 특정목적을 위한, 단 1회의 운행을 허가하는 것도 가능하다. 위 운행허가 후에 채무자 등이 그 허가조건 등에 위반하였거나 자동차를 은닉할 염려가 있거나 그 밖에 필요한 경우에는 명문의 규정은 없으나 법원이 운행허가를 취소할 수 있다고 할 것이다. 자동차운행허가결정 양식은 아래와 같다.

|양식| **자동차운행허가결정**

```
                    ○ ○ 지 방 법 원
                        결    정

    사    건    20○○타경○○○ 자동차강제경매

    채 권 자

    채 무 자(신청인)

                        주    문
    별지 기재 자동차에 대하여 별지와 같이 운행을 허가한다.

                        이    유
    채무자(또는 다른 이해관계인)가 위 사건에 관하여 민사집행규칙 제117조의 규정에 따
    라 한 자동차운행허가 신청은 이유 있으므로 주문과 같이 결정한다.

                        20  .  .  .

                    판사(사법보좌관)              (인)
```

운행허가가 취소된 경우에는 점유자는 다시 집행관에게 자동차를 인도하여야 할 것인데, 점유자가 마음대로 인도하지 아니하는 경우에 다시 집행관에게 인도할 것을 명하여야 하는지, 아니면 운행허가취소로 당연히 인도집행 할 수 있는지가 문제 되나, 선박운행허가의 경우 운행허가종료 시 선박국적증서 등을 다시 수취할 것을 명할 수 있다는 민사집행규칙 101조 1항에 비추어 다시 인도명령을 하는 것이 실무이다.

(3) 즉시항고

운행허가결정에 대하여는 즉시항고를 할 수 있다(민집규 117조 3항). 위 즉시항고에는 집행정지의 효력이 없으므로(민집 15조 6항) 운행허가결정은 바로 효력이 발생하고, 이 점에서 선박에 관한 운행허가결정과는 다르다(민집 176조 4항).

차. 자동차의 이동명령 및 인계명령의 촉탁

> **민사집행규칙**
>
> **제118조(자동차의 이동)**
> ① 법원은 필요하다고 인정하는 때에는 집행관에게 자동차를 일정한 장소로 이동할 것을 명할 수 있다.
> ② 집행법원 외의 법원 소속의 집행관이 자동차를 점유하고 있는 경우, 집행법원은 제119조 제1항의 규정에 따라 사건을 이송하는 때가 아니면 그 집행관 소속법원에 대하여 그 자동차를 집행법원 관할구역 안의 일정한 장소로 이동하여 집행법원 소속 집행관에게 인계하도록 명할 것을 촉탁하여야 한다.
> ③ 제2항의 규정에 따라 집행법원 소속 집행관이 자동차를 인계받은 경우에는 제114조의 규정을 준용한다.

(1) 자동차의 이동명령

집행법원은 필요하다고 인정하는 때에는 집행관에게 자동차를 일정한 장소로 이동할 것을 명할 수 있다(민집규 118조 1항). 이는 매수희망자들에게 자동차를 보여주기 위한 목적 등으로 자동차를 다른 장소로 이동시킬 필요가 있는 경우에 행해진다. 집행관이 소속하는 법원이 집행법원인 경우에는 집행법원은 집행관으로부터 자동차의 보관장소 및 보관방법에 대한 신고를 받고(민집규 114조), 자동차의 운행을 허가하는(민집규 117조) 등 간접적인 감독권을 가지고 있는데, 자동차의 보관 장소에 관하여는 집행법원에 직접적인 명령권을 부여하고 있는 것이다. 위 명령에 따라 자동차를 이동한 집행관은 새로운 보관장소·보관방법 또는 보관비용을 집행법원에 신고하여야 한다(민집규 114조 2항).

(2) 인계명령의 촉탁

경매개시결정에 따른 인도명령은 자동차의 소재지에서 집행하게 되는데, 자동차 집행의 관할에 관하여 민사집행규칙은 사용자본거지 주의를 채택하고 있으므로, 집행법원 이외의 지방법원에 소속하는 집행관이 자동차를 점유하게 되는 경우도 있다. 이 경우 집행법원은 민사집행규칙 119조 1항의 규정에 따라 사건을 이송하는 때가 아니면 그 집행관 소속법원에 대하여 그 자동차를 집행법원 관할구역 안의 일정한 장소로 이동하여 집행법원 소속 집행관에게 인계하도록 명할 것을 촉탁하여야 한다(민집규 118조 2항).

강제경매개시결정을 한 법원은 개시결정에 따라 자동차의 인도를 받은 집행관으로부터 자동차의 보관장소·보관방법 및 예상되는 보관비용에 관한 신고를 받는데(민집규 114조 1항), 보관장소가 집행법원의 관할구역 밖인 때에는 자동차를 운반하는 것이 통상 곤란할 것이므로, 원칙적으로 사건을 자동차의 소재지를 관할하는 법원으로 이송함이 타당하다(민집규 119조 1항).

다만 운반에 특별한 어려움이 없는 경우에는 자동차를 인계받아 매각하는 것이 타당하므로, 자동차의 소재지를 관할하는 법원에 대하여 소속 집행관에게 자동차를 집행법원 관할구역 안의 일정한 장소로 이동하여 집행법원 소속 집행관에게 인계하도록 명할 것을 촉탁하도록 한 것이다.

위 촉탁을 받은 소재지 관할법원은 자동차를 점유하는 집행관에게 그 이동과 인계를 명하여야 하고, 그 명령을 받은 집행관은 자동차를 지정된 장소로 이동하여 집행법원 소속 집행관에게 인계하여야 한다. 이를 위하여 집행관은 자기의 직무집행구역 밖으로 출장하여 직무집행을 할 수 있다(집행관규칙 4조에 대한 특칙).

자동차를 인계받은 집행법원 소속 집행관은 자동차의 인수사실, 보관장소·보관방법 및 예상되는 보관비용을 집행법원에 신고하여야 한다(민집규 118조 3항, 114조 1항). 이 경우 집행관은 집행법원의 관할구역 안에서 자동차를 보관하여야 한다(집행관규칙 4조).

(3) 사건의 이송

(가) 의의

앞에서 본 것처럼 집행법원 아닌 다른 법원 소속의 집행관이 자동차를 점유하고 있는 경우 집행법원의 관할구역 안으로 자동차를 이동하게 할 수 있다. 그러나 그 이동이 매우 곤란하거나 지나치게 큰 비용이 든다고 인정하는 때에도 이동하게 하는 것은 바람직하지 않으므로, 이 경우에는 절차의 경제성과 관계인의 편의를 위하여 집행법원은 사건을 그 다른 법원으로 이송할 수 있다(민집규 119조). 이는 전속관할에 대하여 재량이송을 인정하는 점에서 민사소송법의 일반원칙(민소 34조 4항)에 대한 예외에 해당한다.

(나) 이송의 사유

이송의 사유는 자동차를 집행법원 관할구역 안으로 이동하는 것이 매우 곤란하거나 지나치게 큰 비용이 드는 경우이다. 소재지와의 거리, 교통사정이나 자동차의 현상 등에 비추어 이동이 곤란하거나 이동에 지나치게 큰 비용이 드는 경우를 말한다. 사건이 이송되는 경우에는 이 때문에 손해를 입는 관계인도 생길 수 있으므로, 이 점을 함께 고려하여 이송 여부를 결정하여야 한다.

(다) 이송의 절차

민사집행규칙 119조의 이송결정은 집행법원이 직권으로 하는 것이므로 당사자의 신청이 필요하지 않음은 물론이고 당사자에게 신청권도 없다. 따라서 이송신청이 있더라도 이는 집행법원의 직권발동을 촉구하는 의미밖에 없으므로 집행법원은 이를 판단할 필요가 없다. 이송결정은 압류채권자와 채무자에게 고지하여야 한다(민집규 7조 1항 1호). 저당권자와 배당요구를 한 채권자에게는 고지할 필요가 없다. 이송을 받은 법원은 당해 자동차 집행에 관하여 관할을 갖게 된다(민집규 109조 1항 단서).

위 이송결정에 대하여는 불복할 수 없다(민집규 119조 2항). 이는 집행절차를 신속하게 진행하기 위한 것이다. 이송결정은 이송의 사유에 관하여 이송을 받은 법원을 구속하므로(민집 23조 1항, 민소 38조), 이송을 받은 법원은 이송의 사유가 없다고 판단한 경우에도 사건을 이송한 법원에 다시 이송할 수 없다. 다만 이송을 받은 후에 자동차가 다른 법원의 관할구역 안으로 이동된 경우로서 이송의 요건을 갖춘 경우에는 다시 사건을 자동차가 있는 곳을 관할하는 법원에 이송할 수 있다고 해석된다.

카. 자동차 인도 집행 관련 실무사례

인도 집행이 완료된 자동차에 대한 매각 절차가 진행 중에 집행법원에 유치 신고를 한 후 매각대금 납부 매수인에게 차량 보관업자가 유치권을 주장하며 인도를 거부하는 경우 집행관의 처리방안[332]

* 자동차의 점유자는 원칙적으로 집행관이고 보관자는 그 보조자에 불과하고(민집규 114조①②), 보관과 관련하여 문제가 발생 되면 집행관의 책임 문제가 발생하므로 법원 지정 보관 장소에 보관하는 것이 문제 발생의 사전 예방 효과가 있다. 집행관은 상당하다고 인정할 때는 자동차나 건설기계를 압류채권자에게 보관시킬 수 있으므로 (민집규 115조 전문) 채권자가 보관 장소를 정비업소로 요구하고 정비업자가 유치권을 주장하지 않았다면 채권자의 "모든 책임을 부담하겠다는" 은 취지의 각서와 "정비업자의 "자동차 인도 시 다른 이의를 제기하지 않겠다는" 취지의 각서를 받아 두는 것이 문제 발생을 예방하는 방법으로 볼 수 있으며 이를 연찬한 결과는 아래와 같다.

* 「연찬 결과 처리방안」

　차량 인도를 거부하는 경우 집행관의 처리방안으로, 자력구제(민법 제209조)는 점유의 침탈 등 급박한 사정이 있는 경우에만 시간상으로 좁게 제한된 안의 범위에서 인정되므로 불가능할 것 같고(대법원 1993. 3. 26. 91다14116 참고), 민사집행법 제136조의 부동산인도명령 규정을 준용하여 자동차인도명령이 가능하다는 일부 주장이 있지만, 자동차 경매에 있어서 별도의 준용 규정이 없으므로 불가능할 것이며(민집규 128조②) 유치권의 존·부는 집행관이 판단할 사항이 아니고 또한 집행관이 강제로 차량을 인도할 법적 근거가 없어 보이므로, 매각대금을 내고 소유권을 취득한 낙찰자(민집 135조)가 유치권 주장 보관자를 상대로 자동차 인도 청구의 소를 통하여 구제받아야 할 것으로 보인다.[333]

자동차를 운행하지 않기 위한 적당한 조치[334] 「昭和 44 東京」

* 집행관이 인도를 받은 자동차를 채권자에게 보관시키는 경우 운행하지 않도록 하기 위한 적당한 조치로써 핸들에 봉인을 시행하고 열쇠를 취득하는 방법은 타당한가?
* 실무처리 대부분은 앞 유리의 안쪽에 외부에서 볼 수 있도록 공시서를 붙이고 차량 등록증을 취득한 다음 보관시키고 있다. 열쇠는 만일에 대비하여 보관자에게 맡길 수밖에 없지만, 보관자의 선정에는 주의를 요한다. 열쇠를 맡길 때는 열쇠를 봉투에 넣어 봉인하여 맡긴다고 하는 실무처리를 하는 법원도 있다.

---

332) 전국법원집행관연합회, 2024, 집행관업무편람 209~210면 요약
333) 법원실무제요, 2020, Ⅲ 418쪽, 유치권의 인수에 관한 규정(민집91⑤) 부동산 강제경매에서는

2. 건설기계에 대한 집행에 있어서 인도명령집행

가. 건설기계의 의미

여기서 건설기계라 함은 건설공사에 사용할 수 있는 기계로서 대통령령으로 정하는 것을 말한다(건설기계관리법 2조 1호). 건설기계는 등록의 대상이 되며 등록된 건설기계는 저당권의 목적물로 할 수 있다(건설기계저당법 3조).

나. 건설기계에 대한 집행

건설기계관리법에 따라 등록된 건설기계에 대한 강제집행절차에 관하여는 민사집행규칙 108조 이하의 자동차에 대한 강제집행에 관한 규정을 준용하도록 하되 다만 "자동차등록원부"라고 규정된 것은 "건설기계등록원부"로 본다(민집규 130조).

건설기계는 그 자체가 고도의 기동성을 가지고 있고 등록된 건설기계 소유권의 득실변경은 그 등록을 마침으로써 그 효력이 생기는 등(대판 1991. 8. 9. 91다13267) 그 물리적 성질과 권리관계가 등록된 자동차와 유사하여서, 그 집행절차를 자동차 집행에 관한 규정을 전부 준용하고 있다.

건설기계 집행의 대상이 되는 것은 건설기계관리법에 따라 등록된 건설기계에 한하고 미등록의 건설기계는 유체동산 집행의 방법으로 집행한다.

건설기계를 목적으로 하는 담보권의 실행을 위한 경매절차도 자동차경매에 관한 규정이 준용된다(민집규 198조). 건설기계에 대한 임의경매절차에서 경매신청이 취하된 경우에는 감수보존명령에 따라 집행관이 보관 중인 건설기계를 원상태대로 소유자에게 반환하여야 한다(대판 1990. 7. 27. 90다카10244).

유치권은 부동산의 매각으로 소멸하지 아니하고 매수인이 인수하게 되어 있다.
334) 日 最高裁判所 事務總局, 1997, 執行官事務(第3版), 「632」

제5절 유체동산 강제집행에 있어서 압류물 인도명령
집행압류물의 회수와 인도명령

1. 압류물의 회수와 인도명령

가. 의 의

압류물을 집행관이 직접 점유하는 경우에 제3자가 그 점유를 침탈한 때에는 집행관이 자력 구제를 하거나 점유회복의 소를 제기하여 이를 회수할 수 있다. 채무자, 채권자 또는 제3자에게 보관하도록 위임한 압류물이 다른 제3자의 사실적 지배에 넘어간 경우에는 선의취득 법리(민법 249조)와 같은 특별한 경우를 제외하고는 압류의 효력이 당연히 상실되는 것은 아니므로 집행관은 제3자를 설득하여 그 반환을 받는 등 압류물을 회수하기 위한 적당한 수단을 취하여야 한다.

집행 시에 제3자가 채무자와 통모(通謀)하여 집행을 방해하는 경우나 제3자의 침해행위의 도중 또는 그 직후의 자구행위로서 그 침해를 배제할 수 있는 경우에는 집행관은 제3자에게 실력을 행사하여 압류물을 회수할 수 있다. 그러나 이처럼 자력구제가 허용되는 경우에도 제3자가 반환을 완강하게 거부하면 실력으로 이를 회수할 수는 없고 채권자의 신청에 따라 법원으로부터 압류물 인도명령을 받아 이를 회수할 수 있을 뿐이다.

나. 제도의 취지

압류물 인도명령은 압류집행 후 그 압류가 실효되거나 취소되는 등 해제됨이 없이 제3자가 압류물을 점유하게 된 경우에 집행관의 압류물에 대한 점유를 회복하기 위하여 행하여지는 것으로 압류의 사실상 효력을 유지하고저 하는데 그 취지가 있다.

2. 관할 문제

압류물이 압류한 집행관의 관할구역 밖에 있게 된 경우 이를 회수하기 위하여 필요한 때에는 집행관은 관할구역 밖에서도 그 직무를 행할 수 있고(민집규

138조 1항). 이 경우에 압류물을 회수하기 위하여 지나치게 큰 비용이 든다고 인정하는 때에는 집행관은 압류채권자의 의견을 들어 압류물이 있는 곳을 관할하는 법원 소속의 집행관에게 사건을 이송할 수 있다. 인도명령은 집행 절차상의 부수 처분적 성질을 가지므로 원래 압류집행을 한 집행관이 소속되어 있는 법원의 관할에 속한다. 압류물의 소재지를 기준으로 할 것은 아니다.

3. 신청인과 상대방, 법원의 심리

인도명령은 집행법원의 직권으로는 할 수 없고 당사자의 신청이 있어야 하며 인도명령을 신청할 수 있는 자는 채권자이다(민집 193조). 여기에서 채권자는 압류채권자를 말한다. 압류채권자인 한 집행정지 중이라도 무방하며 이중압류채권자를 포함한다. 배당요구채권자는 스스로 집행절차를 수행하는 것이 아니므로 신청인에 해당하지 아니한다.

인도명령의 상대방은 집행관의 압류물에 대한 점유를 배제하고 압류물을 점유하고 있는 자이다. 인도명령은 보전 처분적성질의 것이므로 그 제3자의 선의, 악의 여부, 실체법상의 점유권원의 유무 등은 문제 되지 아니한다. 그러나 점유보조자는 상대방이 될 수 없다. 집행관의 점유를 배제한 경우이므로 집행관이 압류의 방법으로 채무자 또는 제3자에게 압류물을 보관케 한 경우의 채무자나 제3자는 인도명령의 상대방이 될 수 없다.

인도명령의 신청은 채권자가 "압류물을 제3자가 점유하고 있음을 안날"은 채권자가 인도명령 신청의 상대방과 목적물, 소재장소 등을 구체적으로 알게 된 때를 의미한다고 해석된다. 집행법원이 인도명령의 신청을 심리함에 있어서는 압류조서에 의하여 목적물이 압류물인가의 여부를 확인하고 상대방이 집행관의 점유를 배제하고 점유하고 있는지를 심리하여야 한다.

심리는 서면심리가 원칙이나 필요한 경우에는 집행관, 신청채권자, 그 밖의 참고인 등을 심문할 수 있다. 제3자의 점유권의 유무 등은 심리의 대상이 아닐 뿐만 아니라 인도명령에는 어느 정도 밀행성이 요구되므로 상대방을 심문하는 것은 적절하지 않다.

심리 결과 신청이 이유 없을 때에는 이를 기각하고 이유 있을 때에는 인도명령을 하여야 한다. 인도명령에는 상대방, 목적물, 그 소재장소, 등을 특정하여야 하고, 상대방에 대하여 목적물을 신청인의 위임을 받은 집행관에게 인도하라는 취지를 기재하게 될 것이다.

　신청을 기각한 결정은 신청인에게 알리고(민집규 7조 2항) 신청을 인용한 결정 즉 인도명령은 신청인과 상대방에게 알리게 된다. 인도명령의 신청에 대한 재판에 대하여는 즉시항고를 할 수 있다. 즉 인도명령을 기각한 결정에 대하여는 신청인이, 인도명령에 대하여는 상대방이 즉시항고를 할 수 있다. 인도명령에 대한 즉시항고에는 집행정지의 효력이 없다(민집 15조 6항).

4. 집행위임에 의한 집행관의 집행

　인도명령은 집행권원이므로 신청인이 집행관에게 집행위임을 하여 집행하게 된다. 집행은 인도명령이 상대방에게 송달되기도 전에도 가능하나 신청인에게 고지된 날부터 2주가 지난 때에는 집행할 수 없다(민집 1933조 4항). 이 기간은 불변기간이 아니므로 추후보완의 대상으로 되지 아니하며, 이 기간 내에 집행을 착수한 이상 이를 완료할 것까지 요구되는 것은 아니다.

　인도명령은 동산인도청구의 집행(민집 257조)에 준하여 집행하여야 할 것이다. 인도명령은 집행관의 압류물에 대한 점유회복의 수단으로 행하여지는 것이므로, 필요한 경우에는 그 목적물을 일단 수취한 후 제3자에게 다시 보관을 명할 수도 있다. 인도명령의 집행에 든 비용은 이른바 공익비용으로서 압류물의 매각대금으로부터 우선변제 된다(민집 53조 1항).

제6장
보전처분의 집행사무

제1절 총 설

1. 보전처분 집행의 일반원칙

가. 강제집행 규정의 준용

가압류의 집행에 관하여는 민사집행법 292조 이하 몇조 문의 특칙이 있는 것을 제외하고는 강제집행에 관한 규정을 준용한다(민집 291조, 민집규 218조). 가처분의 집행에 관하여도 같다(민집 301조). 그러므로 보전처분의 성질에 반하지 않고 특칙에서 따로 규정되어 있지 않은 한 보전처분의 집행에 관하여는 강제집행에 관한 규정이 모두 준용된다고 보아야 한다.

따라서 집행의 목적물, 집행기관, 집행의 방법, 위법집행에 대한 채무자와 제3자의 구제절차 등은 강제집행을 설명한 바를 참고하면 된다. 가압류명령을 발한 후에 그 명령의 존속을 부당하게 하는 사유가 발생된 때에는 사정변경에 의한 취소(민집 288조)를 할 수 있으므로 청구에 관한 이의의 소(민집 44조)의 규정은 준용되지 않고, 집행문 부여에 대한 이의의 소(민집 45조)의 규정도 원칙적으로 준용되지 않는다(승계집행문이 있는 경우는 예외).

또한, 임시의 지위를 정하기 위한 가처분 중 근로자지위보전가처분과 같은 가처분은 관념적인 법률상태의 조성만을 목적으로 하고 그 이상으로 집행기관의 집행처분은 필요하지 않으므로 그 준용이 배제된다.

나. 집행기관

집행기관은 강제집행의 경우와 같다. 부동산, 선박·항공기·자동차·건설기계·소형선박, 채권과 그 밖의 재산권에 대한 가압류와 처분금지가처분 등은 집행법원이 집행기관이 된다. 다만 이 경우 강제집행과 다른 것은 선박·항공기의 경우 선박국적증서 등을 제출하는 방법에 따라 집행하는 경우(민집 295조 2항)를 제외하고는 발령법원이 곧 집행법원이 된다는 점이다(민집 293조 2항, 296조 2항, 301조). 유체동산의 가압류, 동산 또는 부동산인도의 가처분, 채무자의 점유해제·집행관보관의 가처분 등은 집행관이 이를 집행한다.

2. 보전처분 집행의 특색

일반적으로 보전집행의 특색은 다음과 같다.

① 보전처분의 집행력은 그 명령 성립과 동시에 발생하고 그 명령의 확정을 기다릴 필요가 없다. 따라서 가집행선고를 붙일 여지가 없으며, 보전명령 발령법원이 동시에 집행기관인 경우에는 실무상 집행신청을 기다리지 않고 집행에 착수한다.

② 일반적으로는 집행문의 부여가 필요 없고 당사자의 승계가 있을 경우에 한하여 승계집행문이 필요할 뿐이다(민집 292조 1항).

③ 집행권원을 채무자에게 송달하기 전에 집행할 수 있다(민집 292조 3항).

④ 보전처분의 집행력은 재판의 고지 후 2주일 이내에 집행에 착수하지 않으면 상실된다(민집 292조 2항, 301조).

3. 보전처분 집행 신청의 요부

민사집행규칙

제203조(신청의 방식)
① 다음 각 호의 신청은 서면으로 하여야 한다.
1. 보전처분의 신청
2. 보전처분의 신청을 기각 또는 각하한 결정에 대한 즉시항고
3. 보전처분에 대한 이의신청
4. 본안의 제소명령신청
5. 보전처분의 취소신청
6. 보전처분의 집행신청(다만 등기나 등록의 방법 또는 제3 채무자나 이에 따르는 사

람에게 송달하는 방법으로 집행하는 경우는 제외한다)
7. 제3호·제5호의 신청에 관한 결정에 대한 즉시항고
② 제1항의 신청서에는 신청의 취지와 이유 및 사실상의 주장을 소명하기 위한 증거방법을 적어야 한다.

강제집행에서는 집행권원이 성립되었다고 하더라도 집행채권자의 집행신청이 있기까지는 집행절차가 개시되지 않는다. 보전처분절차에서 이루어지는 각종 신청 중 본 민사집행규칙 203조 1항 각 호에 규정된 신청은 보전처분절차를 개시하는 신청이거나 그 밖에 독립된 신청으로서의 실질을 가지고 있으므로, 절차적 명확성을 확보하기 위해서는 서면으로 신청할 필요가 있다.

따라서 집행기관이 집행관인 유체동산가압류 등의 경우에는 채권자가 보전명령정본을 집행관에게 제시하고 집행위임을 하여야만 집행이 개시된다. 그러나 실무상으로는 보전처분은 판결절차와 달리 집행권원만 받아놓고 집행은 일단 보류하는 것을 예상할 수 없으므로 신속한 집행을 위하여 발령법원이 동시에 집행법원이 되는 채권가압류, 부동산가압류 등에서는 보전처분신청 시에 그 인용재판에 대한 집행신청도 함께한 것으로 해석하여 별도의 집행신청이 없어도 보전처분발령과 함께 집행에 착수하게 된다.

따라서 등기나 등록의 방법 또는 제3채무자나 이에 따르는 사람에게 송달하는 방법으로 집행하는 경우에는 보전집행신청서를 제출할 필요가 없다(민집규 203조 1항 6호 단서). 부동산에 대한 보전처분사건에서 채무자의 소유권변동이 임박하였음을 이유로 등기촉탁서를 채권자가 직접 관할등기소에 접수하겠다고 신청하는 예가 있으나, 촉탁에 의한 등기인 점에 비추어 볼 때 집행관 송달은 별론으로 하고 채권자에게 촉탁서류를 교부하는 것은 허용되지 아니한다.

4. 채무자에 대한 송달과 집행착수와의 관계

보전처분의 집행은 채무자에게 재판서 정본을 송달하기 전에도 할 수 있다(민집 292조 3항, 301조). 실무상은 가압류와 다툼의 대상에 관한 가처분은 집행착수 전에 채무자에게 재판서 정본을 송달하지 않는 것을 원칙으로 하고 있다. 채무자에게 강제집행을 면탈할 기회를 주지 않기 위함이다. 실무례는 다음과 같

은 기준에 의하여 채무자에게 재판서 정본을 송달한다.

가. 집행법원이 집행기관인 경우

제3채무자에 대한 송달통지서의 도착, 부동산에 대한 등기필증의 도착 등에 의하여 집행되었음을 확인한 후에 채무자에게 송달한다.

나. 집행관이 집행기관인 경우

(1) 발령법원 소속 집행관인 경우

채권자가 집행관에게 집행을 위임하면 그 집행관은 법원사무관 등에게 자기가 위임받았음을 통지하고 법원사무관 등은 그 집행관으로 하여금 채무자에 대한 재판서 정본을 송달하도록 한다(민소 176조 1항의 집행관 송달방식에 의함). 이처럼 집행관은 그 보전처분의 집행착수와 동시에 채무자에게 재판서 정본을 송달하게 된다. 만약 집행장소에서 집행관이 채무자를 만나지 못하였을 때에도 집행절차는 진행되므로 집행관은 송달불능보고서를 작성하여 법원에 제출하면 법원은 우편에 의한 송달 등의 방법에 따라 송달하게 된다.

(2) 집행관이 발령법원 소속이 아닌 경우

법규상 채권자나 집행관이 집행한 사실을 법원에 보고하여야 할 의무는 없으나 채권자 또는 집행관으로 하여금 집행하였음을 자발적으로 보고하도록 하여 그와 같은 보고가 있으면 채무자에게 재판서 정본을 송달한다. 그 통지가 없으면 집행기간의 경과 후에 채무자에 대해 송달을 한다.

5. 보전집행기간

> **민사집행법**
>
> 제292조(집행개시의 요건)
> ① 가압류에 대한 재판이 있은 뒤에 채권자나 채무자의 승계가 이루어진 경우에 가압류의 재판을 집행하려면 집행문을 덧붙여야 한다.
> ② 가압류에 대한 재판의 집행은 채권자에게 재판을 고지한 날부터 2주를 넘긴 때에는 하지 못한다.
> ③ 제2항의 집행은 채무자에게 재판을 송달하기 전에도 할 수 있다.

> **제301조(가압류절차의 준용)**
> 가처분절차에는 가압류절차에 관한 규정을 준용한다. 다만, 아래의 여러 조문과 같이 차이가 나는 경우에는 그러하지 아니하다.

가. 의 의

　민사집행법 292조 2항은 가압류에 대한 재판의 집행은 채권자에게 재판을 고지한 날부터 2주일을 넘긴 때에는 하지 못한다고 규정하고 있고 이 규정은 민사집행법 301조에 의하여 가처분의 집행에도 준용된다. 이처럼 보전명령을 집행할 수 있는 기간을 집행기간이라 한다.

　이처럼 집행기간을 둔 취지는 보전처분 명령의 집행을 기간의 제한이 없이 무제한 수시로 집행하게 한다면 보전처분이 있어야 하는 사정의 변경을 무시하고 사정변경 전에 발령된 보전처분명령을 집행하는 것으로 되어 채무자에게 미리 헤아릴 수 없는 손해를 입게 할 염려가 있기 때문에 2주일이라는 집행기간의 제한을 두어 보전처분명령의 집행이 될 수 있는 대로 신속히 이루어지라고 요구하고 있는 것이다.

나. 법적 성질

　집행기간은 법정기간으로서, 이는 채무자의 이익만을 위한 기간은 아니고 채권자의 권리행사 확보와 채무자보호의 요청을 조화시키기 위하여 국가의 집행권을 제한하는 공익적 규정이므로, 법원이 마음대로 신장할 수 없고, 채무자도 그 기간경과의 이익을 포기할 수 없다.

　또 채권자의 책임 없는 사유로 집행기간을 준수할 수 없었을 때(집행관의 해태, 법원사무관 등의 등기촉탁 해태 등) 민사소송법 173조를 준용하여 추후보완 할 수 있는가에 관하여도 견해는 나뉘나, 집행기간은 이를 위반한 자에게 제재를 가하려는 뜻이 아니고 시일의 경과에 따른 사정의 변경을 염려하여 채무자의 보호를 꾀한 규정이므로 부정설이 타당하다. 다만 채무자의 방해 행위 때문에 그 집행에 착수할 수 없었을 때에는 집행기간을 둔 취지에 비추어 볼 때 그 집행방해 행위의 종료 시까지는 집행기간이 진행되지 않는다.

다. 기산점과 진행

(1) 원 칙

집행기간은 집행할 수 있는 때부터 진행한다. 즉시 집행에 착수할 수 있는 보전처분(가압류, 부동산점유이전금지가처분 등)은 채권자에게 그 재판을 고지한 날부터 집행기간이 진행한다(민집 292조 2항, 301조). 집행개시 전에 집행정지의 명령이 있으면 다시 집행할 수 있는 때, 즉 그 정지명령의 효력 상실 시에 다시 집행기간이 기산된다. 그러나 이의신청이 있다 하여 집행이 당연히 정지되는 것은 아니므로 이의사건의 결정에서 보전명령이 인가되었다고 하여 집행기간이 다시 갱신되는 것은 아니다.

유체동산가압류에서 채무자의 주소에 소재하는 동산에 대해 집행하고 집행기간 내에 집행의 착수가 없었던 채무자사무소에 소재하는 유체동산에 대해 다시 집행하는 경우와 같이 집행 일부에 대하여 착수하였더라도 그 집행행위와는 별개의 집행행위를 따로 할 때에는 역시 집행기간 내에 착수되어야 한다.

(2) 임시의 지위를 정하기 위한 가처분

가처분 중에는 재판의 고지와 동시에 즉시 집행에 착수할 수 없는 것이 있다. 이때에는 집행기간의 기산점을 별도로 살펴야 한다.

(가) 일정한 작위를 명하는 가처분의 경우에 그 작위가 대체적인 경우에는 대체집행(민집 260조)에 의하고 부대체적인 경우에는 간접강제(민집 260조)에 의하게 되는데 이때의 집행기간은 대체집행신청이나 간접강제신청에 대한 인용재판이 있을 때부터 진행되는 것이 아니라 가처분재판의 고지일부터 2주일 이내에 대체집행 또는 간접강제의 신청이 있어야 한다.[335]

다만 가처분에서 명하는 부대체적 작위의무가 일정 기간 계속되는 경우라면, 채무자가 성실하게 그 작위의무를 이행함으로써 강제집행을 신청할 필요 자체가 없는 동안에는 위 집행기간이 진행하지 않고, 채무자의 태도에 비추어 작위의무의 불이행으로 간접강제가 필요한 것으로 인정되는 때에 그 시점부터 2주일의 집행기간이 진행한다고 보아야 한다.[336]

---

335) 대결 2001. 1. 29. 99마6107
336) 대결 2010. 12. 30. 2010마985

(나) 집행을 따로 필요로 하지 아니하는 단순히 부작위를 명하는 가처분의 경우에는 원칙적으로 집행기간의 문제가 생기지 않으나 채무자가 명령위반행위를 하면 채권자는 그 제거 또는 방지를 구할 수 있는데(민집 260조, 민법 389조 3항), 그 명령위반 행위 시부터 그 제거나 방지를 위한 신청의 집행기간이 개시된다.

채무자에 대하여 단순한 부작위를 명하는 가처분은 그 가처분 재판이 채무자에게 고지됨으로써 효력이 발생하는 것이지만, 채무자가 그 명령 위반의 행위를 한 때에 비로소 간접강제의 방법에 따라 부작위 상태를 실현할 필요가 생기는 것이므로 그때부터 2주 이내에 간접강제를 신청하여야 함이 원칙이고, 다만 채무자가 가처분 재판이 고지되기 전부터 가처분 재판에서 명한 부작위에 위반되는 행위를 계속하고 있는 경우라면, 그 가처분결정이 채권자에게 고지된 날부터 2주 이내에 간접강제를 신청하여야 하고, 그 집행기간이 지난 후의 간접강제 신청은 부적법하다. 관련 판례는 아래와 같다.

대법원 2010. 12. 30.자 2010마985 결정
[판시사항]
[1] 부대체적 작위의무의 이행을 명하는 가처분결정을 받은 채권자가 간접강제의 방법으로 그 가처분결정에 대해 집행을 하는 경우, 그 집행기간의 기산점
[2] 부작위를 명하는 가처분 재판이 고지되기 전부터 채무자가 가처분 재판에서 명한 부작위에 위반되는 행위를 계속하고 있는 경우, 그 가처분결정이 채권자에게 고지된 날부터 2주 이내에 간접강제를 신청하여야 하는지 여부(적극)

[결정요지]
[1] 부대체적 작위의무의 이행을 명하는 가처분결정을 받은 채권자가 간접강제의 방법으로 그 가처분결정에 대해 집행을 함에 있어서도 가압류에 관한 민사집행법 제292조 제2항의 규정이 준용되어 특별한 사정이 없으면 가처분결정이 채권자에게 고지된 날부터 2주 이내에 간접강제를 신청하여야 함이 원칙이고, 그 집행기간이 지난 후의 간접강제 신청은 부적법하다. 다만 가처분에서 명하는 부대체적 작위의무가 일정 기간 계속되는 경우라면, 채무자가 성실하게 그 작위의무를 이행함으로써 강제집행을 신청할 필요 자체가 없는 동안에는 위 집행기간이 진행하지 않고, 채무자의 태도에 비추어 작위의무의 불이행으로 간접강제가 필요한 것으로 인정되는 때에 그 시점부터 위 2주의 집행기간이 기산된다.
[2] 채무자에 대하여 단순한 부작위를 명하는 가처분은 그 가처분 재판이 채무자에게 고지됨으로써 효력이 발생하는 것이지만, 채무자가 그 명령 위반의 행위를 한 때에 비로소 간접

> 강제의 방법에 따라 부작위 상태를 실현시킬 필요가 생기는 것이므로 그때부터 2주 이내에 간접강제를 신청하여야 함이 원칙이고, 다만 채무자가 가처분 재판이 고지되기 전부터 가처분 재판에서 명한 부작위에 위반되는 행위를 계속하고 있는 경우라면, 그 가처분결정이 채권자에게 고지된 날부터 2주 이내에 간접강제를 신청하여야 하고, 그 집행기간이 지난 후의 간접강제 신청은 부적법하다.

(다) 정기이행을 명하는 경우(매월 일정한 날에 금전의 지급을 명하는 가처분 등)에는 각 급부에 대하여 개별적으로 집행기간이 적용되므로, 매 이행기로부터 2주 이내에 집행에 착수하여야 한다.

(3) 일단 취소된 집행을 재집행하는 경우
(가) 의의

재 집행은 보전명령 이의·취소절차에서 보전명령을 취소하였으나 항고심에서 채권자가 승소하여 다시 집행하는 경우가 전형적인 예이다. 이 경우 재 집행은 집행기간의 제약을 받지 않는다고 해석하는 견해도 있다. 그러나 이미 종전의 집행이 취소된 이상 재 집행을 종전 집행의 속행이라고 보는 것은 무리이므로, 보전항고결정이 채권자에게 송달된 다음날부터 새로운 집행기간이 진행된다고 해석하는 것이 타당하다.

(나) 항고법원이 집행법원이 되는 경우

상소법원에서 보전명령취소결정을 취소·변경함으로써 그 보전처분에 관하여 새로운 집행이 필요하게 된 때에는, 법원이 집행기관이 되는 경우에 한하여 절차의 신속을 위하여 취소의 재판을 한 상소법원이 직권으로 그 집행절차를 진행하여야 한다(민집 298조 1항, 301조).

이 경우 채권자가 1심법원에 보전집행신청을 한 것은 여전히 유효하므로 채권자는 다시 보전집행신청을 할 필요가 없다. 따라서 항고법원은 보전명령취소결정을 취소·변경함과 동시에 보전집행에 착수하여야 하고, 위 결정이 채권자에게 송달된 다음날부터 2주가 경과하면 보전집행을 할 수 없다.[337] 이와 달리 집행관이 집행기관이 되는 경우에는 채권자는 다시 집행신청을 하여

---
337) 대결 2010. 4. 7. 2009마2031

(다) 대법원이 보전명령취소결정을 취소·변경한 경우

대법원에서 보전명령취소결정을 취소·변경함으로써 그 보전처분에 관하여 새로운 집행이 필요하게 된 때에는 법원이 집행기관이 되는 경우에 한하여 채권자의 신청에 따라 1심법원이 집행한다(민집 298조 2항, 301조). 채권자의 집행신청이 있으면 1심법원은 기록이 송부되기 전이라도 즉시 집행에 착수하여야 한다. 그러나 보전명령취소결정의 취소·변경결정이 채권자에게 송달된 다음날부터 2주가 경과하면 보전집행을 할 수 없다.

라. 집행의 의미

(1) 집행의 종료설

집행기간 내에 집행행위가 종료되어야 한다는 견해이다.

(2) 집행의 착수설

2주일 이내에 집행하여야 한다는 의미는 원칙적으로 2주일 이내에 집행에 착수하여야 하고 또 그것으로 충분하다고 해석되며, 일단 집행에 착수하면 그에 당연히 수반되는 절차는 집행기간경과 후에 이루어져도 좋다. 그러나 집행 일부에 착수하였더라도 그 집행행위와는 별개의 집행행위를 따로 할 때에는 역시 집행기간 내에 착수되어야 한다(예를 들어, 동산 가압류에 있어 일부 동산에 대해 집행하고 집행기간 내에 집행의 착수가 없었던 별도의 동산에 대해 다시 집행하는 때).

이미 시행된 집행에 관하여 그 보관방법을 변경하는 것은 집행기간 경과 후에도 할 수 있다.[338] 다만 판례는 예외적으로 간접강제에 의하여 보전명령을 집행하는 경우에는 간접강제의 신청만으로 집행기간을 준수한 것으로 보고 있다.

(3) 구체적인 예

(가) 유체동산의 집행은 집행관이 압류할 재산을 찾기 위하여 채무자의 가

---

338) 대결 1957. 10. 21. 4290민재항35

옥, 사무실, 창고 그 밖의 장소에 대한 수색에 나아가면 집행의 착수로 볼 수 있다.339) 일단 집행에 착수한 이상 같은 장소에서 집행을 마치지 못한 동산을 집행하는 것은 먼저의 집행을 속행하는 것으로 볼 수 있으므로 집행기간의 제약을 받지 아니한다.

(나) 부동산가압류는 가압류재판에 관한 사항을 등기부에 기재하는 것으로 집행하고, 그 촉탁은 등기부에 기재하기 위한 수단이므로 등기촉탁서를 발송하면 집행의 착수가 있다고 볼 수 있다. 같은 맥락에서 등기 있는 선박과 등록된 항공기에 대하여는 등기 또는 등록촉탁서를 발송한 때 또는 집행관이 선박국적증서 등을 받기 위하여 수색하는 행동에 나아간 때에, 등록된 자동차와 건설기계에 대하여는 등록촉탁서를 발송한 때 또는 집행관이 그 인도명령의 집행을 위한 행동에 나아간 때에 각각 집행의 착수가 있다고 볼 수 있다. 그 외 광업권, 지식재산권에 대하여는 등록을 촉탁한 때가 된다.

(나) 채권가압류 집행은 가압류명령을 제3채무자에게 발송한 때 집행의 착수가 있고 이 명령이 제3채무자에게 송달됨으로써 집행이 완료된다. 저당권이 붙은 채권에 대한 가압류도 가압류명령을 제3채무자에게 발송한 때 집행의 착수가 있고 이 명령이 제3채무자에게 송달됨으로써 집행이 완료된다.
저당권부 채권에 대한 가압류의 경우에도 부동산소유자에 대한 송달이나 가압류등기는 가압류의 효력발생요건이 아니고, 가압류등기에 공시의 효력만이 있을 뿐이다.

(라) 어음, 수표 그 밖에 배서로 이전할 수 있는 증권으로서 배서가 금지된 증권채권의 가압류는 집행관이 그 증권의 점유를 개시한 때(민집 291조, 233조)가 집행의 착수시기이다. 민사집행법에서는 유가증권으로서 배서가 금지되지 아니한 것을 유체동산으로 보고 있으므로(민집 189조 2항 3호) 집행의 착수시기에 관하여도 유체동산에 대하여 위 (가) 항 전술한 바와 같다.

---

339) 대판 2001. 8. 21. 2000다12419

(4) 집행의 속행

집행관이 부당하게 가처분의 집행을 중지한 것에 대하여 집행에 관한 이의를 신청하여 기간경과 후 가처분집행을 하는 것은 집행의 속행에 해당한다. 집행착수 후 채무자의 집행방해로 집행이 중지된 경우도 이와 같다.

마. 집행기간 도과의 효과

(1) 집행력의 효력 상실

집행기간이 지나면 그 보전처분은 집행력을 잃는다. 당사자 쌍방의 합의로 집행의 착수를 일시 중지한 경우에도 집행기간이 지나면 그 보전처분은 집행력을 잃는다.[340] 따라서 채권자는 새로운 보전처분신청을 하여 새로운 재판을 받지 않으면 집행할 수 없다.

집행기간 경과의 여부는 집행기관이 직권으로 조사하고 집행기간이 경과한 경우에는 집행신청을 각하한다. 집행기간이 지났는데도 집행을 하면 위법한 집행으로서 채무자는 집행에 관한 이의 또는 사정변경을 이유로 한 보전명령의 취소로 구제받을 수 있다.

채권자가 임의로 가압류의 집행을 해제한 경우에도 그 명령만은 존속하고 있으므로 집행기간 이내라면 다시 집행에 착수할 수 있다. 당사자가 합의하여 집행을 중지하거나 해제한 경우에도 집행기간 내라면 별문제가 없으나 기간경과 후라면 다시 집행할 수 없다.

그러나 집행기간이 경과하였다 하여 보전처분 자체의 효력이 상실되는 것은 아니므로 채무자가 보전처분 자체의 효력을 없애려면 사정변경에 의한 취소신청을 하여야 한다.

(2) 추후보완의 허용 여부

채권자에게 책임이 없는 어쩔 수 없는 사유가 생겨 집행기간을 경과한 경우, 예를 들어 가압류발령 후에 지진 등 재난에 의해 위 법정기간을 지난 경우에 추후보완에 관한 민사소송법 173조를 준용하여 그 사유가 종료한 후부터 2주일 이내에 집행을 진행할 수 있는가? 2주간의 집행기간은 이를 위배한 자에게 제재를 가하려는 의미가 아니고 시일의 경과 때문인 사정변경을 우려하

---

[340] 한국 사법행정학회, 2012, 주석 민사집행법(Ⅶ), 596면.

여 채무자의 보호를 위한 규정이므로 민사소송법 173조의 준용은 부정함이 타당하고, 즉 채권자에게 책임이 없는 어쩔 수 없는 사유가 발생하여 집행기간을 도과 한 경우에도 그 명령에 따른 집행은 불가능하다.341)

(3) 채무자의 집행방해

채무자의 집행방해 때문에 집행에 착수할 수 없는 경우에는 방해가 있는 동안은 기간의 진행이 정지되고, 방해 행위가 끝난 때로부터 새로이 기간이 진행되는 것으로 해석한다.342)

사. 보전처분 일반 실무사례

(1) 초과압류금지의 규정이 가압류집행 에서도 적용되는지 여부343)

* 유체동산에 대한 가압류집행을 실시한 후 조기매각 과정에서 그 평가 및 매각가격이 가압류 채권액을 초과하는 것이 명백한 경우 그 초과 부분의 가압류집행을 취소하여야 한다.

압류는 집행권원에 적은 청구금액의 변제와 집행비용의 변상에 필요한 한도 인에서 하여야 하고 (민집 제188조 제2항) 집행관은 압류 후에 그 압류가 위 한도를 넘는 사실이 분명한 때에는 그 넘는 한도에서 압류를 취소하여야 하며 (민규 제140조 제1항) 이는 집행관의 재량사항이 아니라 의무이다.

한편 가압류 집행에 관하여는 조문의 특칙이 있는 경우를 제외하고는 강제집행에 관한 규정을 준용하도록 하고 있으므로(민집 제291조, 민규 제218조) 가압류 목적물에 대한 매각과정에서 초과 압류한 부분에 대하여 가압류 집행을 취소하여야 할 것이다.

다만 유동 집합물(수조 안의 뱀장어, 치어 등)에 대한 가압류의 경우 분량적으로 초과한 부분의 구분이 곤란하다면 이는 불가분의 한 개의 물건으로 보고 매각하여도 무방할 것으로 본다(2015년 집행관업무자료집 Ⅳ 2012-65).

(2) 가처분 집행에 착수하였다가 채무자의 주소에 착오가 있어 집행 불능 후 법원의 경정결정을 받아 신청하는 경우 가처분 집행 기간의 기산점은?344)

* 보전집행 절차에서는 본집행과 달리 원칙적으로는 집행문이 필요 없고 보전집행은 채무자에게 재판서를 송달하기 전에도 할 수 있으나 그 대신 집행 기간을 단기

---

341) 한국 사법행정학회, 2012, 주석 민사집행법(Ⅶ), 596면.
342) 전게서. 「597」

로 제한하여 채권자에게 재판을 고지한 날로부터 2주를 넘긴 때에는 집행하지 못하도록 하여(민집 292조, 301조) 신속한 집행을 꾀하였다. 채무자가 가처분 재판이 고지되기 전부터 가처분 재판에서 명한 부작위에 위반되는 행위를 계속하고 있는 경우라면 그 가처분 결정이 채권자에게 고지된 날부터 2주 이내에 간접강제를 신청하여야 하고 그 집행기간이 지난 후의 간접강제 신청은 부적법하다.345)

집행 기간은 집행이 가능한 때로부터 진행하므로 즉시 집행이 가능한 보전처분은 채권자에게 그 재판을 고지한 그다음 날부터 진행한다.346) 방해물 제거를 명한 가처분재판은 채권자가 바로 집행할 수 있으므로 재판을 고지받은 그다음 날로부터 14일 이내에 착수하면 되고 채무자에게 집행권원이 송달되기 전에도 집행할 수 있고 착수 후 집행의 완료까지 필요한 것은 아니라고 해석하고 있다. 일단 집행에 착수하면 그에 당연히 수반되는 절차는 집행 기간 경과 후에 이루어져도 좋다.

그러나 집행의 착수에 이르렀으나 어떠한 사유로 집행신청이 각하되거나 거절된 경우에는 민사집행법 소정의 집행 기간의 진행이 정지되고 그 각하 사유나 거절 사유가 집행에 관한 항고, 집행에 관한 이의 등에 의하여 그 사유가 해소된 때로부터 집행 기간이 다시 진행된다고 해석한다. 다만 경정결정은 어디까지나 원재판을 보충·정정하는 의미에 불과하므로347)원재판에 기하여 14일 이내에 집행에 착수하였으면 집행 기간을 일단 준수한 것으로 보아야 하고 그 후 집행이 완료되지 아니한 채 원재판의 오류로 집행 불능 되었다가 이를 바로잡은 경정결정이 있고 이를 근거로 하여 강제집행 신청이 있으면 그때부터 기간이 새로 진행된다고 보아 강제집행을 하여야 하는 것이 상당하다고 할 것이다.

---

343) 전국법원집행관연합회, 2024, 집행관업무편람 389면
344) 전국법원집행관연합회, 2024, 집행관업무편람 391면~392면 요약
345) 대결 2010.12.30. 2010마985
346) 집행기간 계산에서 초일은 산입하지 아니한다. 그리고 보전명령에 대하여 채무자 측에서 이의를 신청하거나 항소를 제기하더라도 집행기간의 진행은 정지되지 아니한다.
347) 대결 1962. 01. 25. 자 4294 재 민항 674

제2절 가압류의 집행사무

1. 총 설

가압류는 금전채권이나 금전으로 환산할 수 있는 채권의 집행을 보전할 목적으로 미리 채무자의 재산을 동결시켜 채무자로부터 그 재산에 대한 처분권을 잠정적으로 빼앗는 집행보전제도이다. 이는 채무자의 일반 재산의 감소를 방지하고자 하는 것으로서 금전채권이나 금전으로 환산할 수 있는 채권에 대한 보전수단이라는 점에서 다툼의 대상(계쟁물)에 대한 청구권보전을 위해 그 현상변경을 금지하는 가처분과 구별되며, 단순히 재산을 동결하는데 그친다는 점에서 금전을 직접 추심할 수 있는 권능을 주는 단행적 가처분과도 다르다.

가압류 후 금전의 지급을 명하는 확정판결이 있게 되면 가압류는 본 압류로 전이되어 가압류된 재산에 대한 금전채권의 강제집행절차를 밟게 된다. 실무상 집행의 대상이 되는 재산의 종류에 따라 부동산 가압류, 선박·항공기·자동차·건설기계에 대한 가압류·채권가압류·유체동산가압류·그 밖의 재산권에 대한 가압류로 구분하고 있다.

2. 유체동산에 대한 가압류집행

> **민사집행법**
>
> **제296조(동산가압류집행)**
> ① 동산에 대한 가압류의 집행은 압류와 같은 원칙에 따라야 한다.
> ② 채권가압류의 집행법원은 가압류명령을 한 법원으로 한다.
> ③ 채권의 가압류에는 제3채무자에 대하여 채무자에게 지급하여서는 아니 된다는 명령만을 하여야 한다.
> ④ 가압류한 금전은 공탁하여야 한다.
> ⑤ 가압류물은 현금화를 하지 못한다. 다만, 가압류물을 즉시 매각하지 아니하면 값이 크게 떨어질 염려가 있거나 그 보관에 지나치게 많은 비용이 드는 경우에는 집행관은 그 물건을 매각하여 매각대금을 공탁하여야 한다.

> **민사집행규칙**
>
> **제212조(유체동산에 대한 가압류)**
> ① 유체동산에 대한 가압류의 집행위임은 다음 각 호의 사항을 적은 서면에 가압류명령정본을 붙여서 하여야 한다.
> 1. 채권자·채무자와 그 대리인의 표시
> 2. 가압류명령의 표시
> 3. 가압류 목적물인 유체동산이 있는 장소
> 4. 가압류채권의 일부에 관하여 집행을 구하는 때에는 그 범위
> ② 유체동산에 대한 가압류의 집행에는 제132조 내지 제142조의 규정을 준용한다.

가. 개 요

유체동산에 대한 가압류집행은 압류와 같은 원칙에 따라야 한다(민집 296조 1항). 유체동산가압류는 다른 가압류와 달리 발령기관(집행법원)과 집행기관(집행관)이 분리되어 있어서 법원으로부터 가압류명령을 얻은 채권자가 이를 집행하기 위해서는 집행관에게 집행을 위임하여 집행관이 유체동산 압류의 방식에 의하여 집행한다. 그 집행위임은 채권자·채무자와 그 대리인의 표시, 가압류명령의 표시, 가압류목적물인 유체동산이 있는 장소, 가압류채권 일부에 관하여 집행을 구하는 때에는 그 범위를 적은 서면에 가압류명령정본을 붙여서 하여야 한다(민집규 212조 1항).

가압류명령에 유체동산이 특정되어 있지 않은 경우에는 집행단계에서 집행관의 점유로 구체적인 집행의 대상이 되는 유체동산이 정해진다.

나. 유체동산 가압류 집행의 대상

민법상의 동산 이외에 등기할 수 없는 토지의 정착물로서 독립하여 거래의 객체가 될 수 있는 것, 입도(立稻), 밀감, 엽연초 등과 같이 토지에서 분리하기 전의 과실로서 1월 내 수확할 수 있는 것, 유가증권으로 배서가 금지되지 아니한 것이 포함된다. 등기할 수 있는 선박(민집 172조), 소형선박, 항공법에 따라 등록된 항공기(민집규 209조), 자동차 관리법에 따라 등록된 자동차(민집규 210조), 건설기계관리법에 따라 등록된 건설기계(민집규 211조)는 부동산집행에 따르는 절차에 의하지만, 그렇지 아니한 경우에는 유체동산에 포함된다. 형사사건에 관하여 압류된 증거물에 관하여도 압류금지물이 아닌 한 가압류 집행이 가능하다.

위 민사집행법상 "점유"라 함은 민법상의 점유와는 달리 사실적 외관적인 지배로서의 소지를 말하므로 민법상의 간접점유는 포함되지 아니한다. 집행관은 가압류집행의 대상이 채무자의 소지(所持)에 속하는지만 판단하면 충분하고 채무자의 소유에 속하는가를 조사할 권한과 의무도 없다.

채무자가 자기 소유가 아니라는 진술을 하거나 그러한 증거자료를 제출하더라도 채무자의 소지가 인정되는 한 가압류 할 수 있다.[348] 그러나 외관 자체에 의하여 제3자의 소유물이 명백한 때에는 그러하지 아니한다. 만약 제3자 소유의 물건이 가압류 집행이 된 경우에는 제3자이의의 소(민집 48조)나 집행에 관한 이의 소(민집 16조)에 의하여 집행의 배제를 구할 수 있다.

다. 가압류집행의 신청

유체동산 가압류의 집행은 채권자가 집행관에게 위임하여 이를 행한다. 유체동산에 대한 가압류의 집행위임에는 채권자, 채무자와 대리인의 표시, 가압류명령의 표시, 가압류목적물인 유체동산이 있는 장소, 가압류채권 일부에 관하여 집행을 구하는 때에는 그 범위를 적은 서면에 가압류명령정본을 붙여서 하여야 한다(민집규 212조 1항). 그러나 가압류할 유체동산을 특정하여 기재할 필요는 없다. 가압류명령에서는 유체동산을 포괄적인 대상으로 하고 그 집행에서 집행관의 점유로 구체적인 집행의 대상으로 되는 동산이 특정해진다. 그 관련 판례는 다음과 같다.

대법원 2001. 1. 16. 선고 2000도1757판결

[판시사항]

[2] 유체동산의 가압류집행에 있어 그 가압류공시서의 기재에 다소의 흠이 있으나 그 기재 내용을 전체적으로 보면 그 가압류목적물이 특정되었다고 인정할 수 있어 그 가압류가 유효하다고 본 사례

[판결 이유 요약]

이 사건 가압류집행 당시 농장의 축사 10개 안에는 채무자인 공소외 영농조합이 점유하는 비육돈 3,100여 마리가 사육되고 있었는데, 집행관은 가압류 집행을 하면서 비육돈의 정확한 숫자를 세어보거나 중량을 측정하여 보지 않은 채 집행에 참여한 채권자와 채무자 측 직

---

348) 한국 사법행정학회, 2012, 주석 민사집행법(Ⅶ), 624면.

원인 공소외인의 진술을 토대로 전체 비육돈 중 100여 마리는 곧 폐사할 것으로 판단하고 가압류할 전체 비육돈의 수를 3,000마리로 보아, 이 사건 농장의 축사 안에 있는 비육돈을 무게에 따라 세 분류로 나누어 각 1,000마리씩을 가압류목적물로 한다는 취지로 기재한 공시서를 축사에 붙여 놓은 사실, 가압류집행 당시 피고인들도 현장에 참여하여 채권자와 채무자는 물론 피고인들도 위와 같은 가압류집행의 과정을 모두 알고 있었음에도 가압류된 비육돈을 수 회에 걸쳐 농장 밖으로 반출하고는 그 대신 중량 30kg 이하의 새로운 자돈을 축사에 입사시키면서 농장 직원들에게 전체적으로 3,000마리는 항상 유지하라고 지시한 사실이 인정되는바, 이와 같은 가압류집행의 상황, 당시 이 사건 농장에서 사육되고 있던 비육돈 전체의 수와 가압류 공시서 상 목적물의 전체적인 기재 내역, 그 후 피고인들의 행동 등을 종합하면, 이 사건 가압류는 이 사건 농장에서 사육되고 있던 비육돈 전부를 그 목적물로 특정하여 집행된 것으로 유효하다고 보아야 할 것이다. 이 사건 가압류공시서에 위와 같이 폐사될 100여 마리를 고려하여 3,000마리를 가압류목적물로 표시하였다는 취지의 기재를 하지 아니하고, 3,000마리의 중량을 일일이 측정하지 아니한 채 중량별로 세 분류로 나누어 1,000마리씩 기재한 흠이 있기는 하다.

라. 집행의 방법

동산에 대한 가압류의 집행은 강제집행의 경우와 마찬가지로 집행관이 그 물건을 점유함으로써 한다(민집 189조 1항).

이때 집행관이 스스로 이를 보관함이 원칙이지만 채권자의 승낙이 있거나 운반이 곤란할 때에는 봉인, 그 밖의 방법으로 가압류 물임을 명확히 하여 채무자에게 보관시킬 수 있다. 실무는 보통 채무자보관 방법으로 많이 집행하고 있다. 이처럼 채무자보관의 경우에는 집행관이 그 유체동산을 다른 곳으로 운반하여 갔다는 사유가 없는 한 채무자의 점유가 계속된다.[349]

보관을 위탁받은 채무자는 보존상 필요성에 의해 마음대로 봉인 기타 압류표시를 훼손하는 등으로 필요한 조치를 할 수 없다 하여도 보존상 필요한 적당한 처분을 할 것을 집행관에게 촉구하여야 하고 이를 아니 한 경우에는 과실(過失)책임이 있다는 것이 판례[350]이다.

어떤 동산을 가압류집행 할 것인지는 집행관이 판단할 사항이고 채권자나 채무자의 의견을 따를 필요는 없으나 가압류할 물건을 선택함에 있어서는 채

---

349) 대판 1963. 10. 10 63다309
350) 대판 1975. 2. 25. 74다1590

권자의 이익을 해하지 않는 범위 내에서 채무자의 이익을 고려해야 한다(민집규 212조 2항, 132조). 같은 채무자에 대한 다수 채권자를 위하여 1개의 유체동산 가압류명령이 발령된 경우에는 집행관은 채권자 전원을 위하여 청구채권의 합산액을 채울 때까지 채무자 소유의 유체동산에 대하여 가압류 집행을 하면 되고 각 채권자의 채권액에 대하여 개별적으로 집행하지 않아도 좋다.[351]

마. 금전의 가압류

집행관이 금전을 가압류하였을 때에는 이를 공탁하여야 한다(민집 296조 4항). 또한, 집행관은 가압류집행이 된 어음 등에 관하여 채무자에 갈음하여 지급을 위한 제시 등 그 권리의 행사를 위하여 필요한 행위를 하여야 하는데(민집 212조 1항), 이때 금전을 받게 된 경우에는 민사집행법 296조 4항을 유추하여 그것도 공탁하여야 할 것이다. 그 공탁에 관하여는 별도의 서식이 없으므로, 공탁규칙 3조 2항, 공탁사무 문서양식에 관한 예규(행정예규 1044호) 아래 양식에 의하여 공탁자를 집행관으로, 공탁원인을 가압류집행으로 각 기재하여 공탁할 것이다. 공탁서는 집행관이 보관하며 그 공탁물회수청구권에 관하여 가압류의 효력이 미치는 것으로 본다. 집행관은 뒤에 가압류취소 등이 있으면 공탁금을 회수하여 채무자에게 반환하고, 가압류가 본 압류로 이전되면 공탁금을 회수하여 채권자에게 인도한다(민집 201조 1항).

---

351) 한국 사법행정학회, 2012, 주석 민사집행법(Ⅶ), 626면.

[양식] **금전공탁서(변제)**

금전공탁서(변제 등)

공 탁 번 호		년 금 제 호	년 월 일 신청	법령조항	
공탁자	성 명 (상호, 명칭)		피공탁자	성 명 (상호, 명칭)	
	주민등록번호 (법인등록번호)			주민등록번호 (법인등록번호)	
	주 소 (본점, 주사무소)			주 소 (본점, 주사무소)	
	전화번호			전화번호	
공 탁 금 액		한글	보 관 은 행	은행	지점
		숫자			
공탁원인사실					
비고(첨부서류 등)			☐ 계좌납입신청 ☐ 공탁통지 우편료 원		

1. 공탁으로 인하여 소멸하는
   질권, 전세권 또는 저당권
   2. 반대급부 내용					

위와 같이 신청합니다.   대리인 주소
                                     전화번호
    공탁자 성명 인(서명) 성명 인(서명)					

위 공탁을 수리합니다.
공탁금을   년 월 일까지 위 보관은행의 공탁관 계좌에 납입하시기 바랍니다.
위 납입기일까지 공탁금을 납입하지 않을 때는 이 공탁 수리결정의 효력이 상실됩니다.
 	
                         년   월   일
 	
                     법원 지원 공탁관 (인)					

(영수증) 위 공탁금이 납입 되었음을 증명합니다.
 	
                         년   월   일
 	
               공탁금 보관은행(공탁관) (인)					

바. 가압류물의 현금화

(1) 원 칙

가압류는 집행의 보전을 그 주목적으로 하므로 집행관이 금전을 압류한 때에도 이를 채권자에게 인도하지 않고 공탁하여야 하고, 기타 물건에 대하여도 현금화 절차나 배당 절차에까지 나아갈 수는 없다(민집 296조 4,5항). 다시 말해서 가압류의 목적물은 가압류 사건이 종결될 때까지 보관하지 않으면 안된다.

채권과 그 밖의 재산권에 대한 가압류의 집행절차에서도 현금화 절차를 행할 수 없으므로 채권자는 가압류 상태에서 전부명령이나 추심명령을 받을 수 없다.

(2) 예 외

가압류한 유체동산은 원칙적으로 현금화할 수 없으나 다만, 가압류한 유체동산을 즉시 매각하지 아니하면 값이 크게 떨어질 염려가 있거나(생선, 채소와 같이 부패할 염려가 있는 경우 등) 그 보관에 지나치게 큰 비용이 드는 경우(농물의 사육료, 창고료가 많이 드는 경우 등)에는 집행관이 현금화할 수 있다(민집 296조 5항). 법원의 명령은 필요 없으며 목적물건의 매각은 동산집행의 매각절차에 의한다.

이는 집행관의 의무이기도 하지만 당사자로서도 긴급히 현금화를 할 사정을 안 때에는 그 뜻을 집행관에게 알려야 한다. 가압류한 유체동산에 관하여 제3자이의의 소가 제기되고 가압류의 집행정지결정이 내려진 경우라도 본 조항의 현금화는 동산을 금전으로 바꾸는 일종의 보존행위이고 가압류의 상태를 변경하는 것이 아니므로 위와 같은 요건이 충족되는 한 현금화를 함에 방해가 되는 것은 아니다.

집행관은 가압류한 유체동산을 매각한 때에는 그 매각대금을 공탁하여야한다(민집 296조 5항 단서). 매각대금은 가압류한 유체동산의 변형으로 볼 것이다. 공탁하게 한 취지, 공탁의 성질, 공탁금에 대한 본집행의 방법은 가압류한 금전을 공탁한 경우와 같다. 가압류의 매각대금이 공탁된 후 가압류채권자가 본안소송에서 승소의 확정판결을 받아 집행관에게 집행의 신청을 하여도 곧바로 위 공탁금에 관하여 변제를 받은 것과 같은 효력이 생기는 것은 아니고 집행관은 공탁금의 회수를 받아 배당절차를 행한다.

가압류의 현금화 후 집행의 취하, 취소 등이 있을 때는 집행관이 매각대금을 회수한 다음 가압류채무자에게 직접 반환하게 된다. 매각하여 현금화할 수 있는 사유가 없음에도 집행관이 매각절차에 착수하면 당사자는 집행에 관한 이의를 신청할 수 있다.

사. 가압류 집행의 효력

가압류명령의 집행은 가압류의 목적물에 대하여 채무자가 매매, 증여, 질권 등의 담보권설정, 그 밖에 일체의 처분을 금지하는 효력을 생기게 한다. 만일 채무자가 처분금지를 어기고 일정한 처분행위를 하였을 경우 그 처분행위는 절대적으로 무효가 되는 것이 아니고, 가압류채권자와 처분행위 전에 집행에 참가한 자에 대한 관계에서만 상대적으로 무효가 될 뿐이다(개별상대효설). 유체동산이 가압류된 후 채무자가 처분행위를 하였을 경우에도 제3자의 선의취득(善意取得)은 가능하다.[352]

판례는 "집행관이 어느 유체동산을 가압류하였다 하더라도 집행관이 종전의 점유자에게 계속 그 보관을 명한 경우에 있어서는 점유자의 사법상 점유가 소멸되는 것은 아니며, 그 물건을 점유하는 소유자가 이를 타인에게 매도하고 그 타인이 선의로 점유·인도받은 경우에는 그 타인은 그 물건의 점유권을 적법하게 취득한 것이다."라고 판시하여 선의취득의 가능성을 인정하고 있다. 그러나 가압류를 집행한 동산은 집행관이 점유한다는 취지의 표시를 하므로 취득자의 선의·무과실을 인정하기 어려운 경우가 많을 것이다.

가압류의 집행은 채무자에 대하여 처분금지의 제한에 그치지 않고 그 목적 달성을 위한 범위 내에서 가압류 대상의 사용·관리·수익까지 제한하는 효력이 있다. 유체동산의 가압류는 집행관이 목적물을 점유하므로 원칙적으로 채무자의 사용이 금지되나, 집행관이 채무자에게 보관시킨 경우에는 통상의 용법에 따라 사용할 수 있다. 가압류한 유체동산을 제3자가 점유하게 된 경우에는 가압류채권자가 제3자의 점유를 안 날부터 1주 이내에 법원에 가압류한 유체동산의 인도명령을 신청하여 이 명령을 근거로 하여 집행관이 가압류한 유체동산을 회수할 수 있다(민집 291조, 193조).

---

[352] 대판 1966. 11. 22. 66다1545, 1546

아. 다른 절차와의 경합

(1) 개설

가압류·가처분 등의 집행이 동일인 또는 동일한 물건에 대하여 2개 이상 이루어지는 경우가 있다. 이때 이러한 집행이 그 목적이 같거나 병존할 수 있는 경우와 목적이 다르거나 후행 집행이 선행집행의 목적을 저해하는 때도 있다. 후자에는 처음부터 저해하는 경우와 최종적으로는 저해하지만, 중도까지는 병존할 수 있는 경우가 있다. 이와 같은 모든 경우를 "집행의 경합"이라고 하며 후자와 같이 후행 집행이 선행집행 채권자의 집행상 이익을 해하는 것을 "집행의 저촉"이라고 한다. 집행관은 이러한 상호 저촉되는 2개 이상의 보전명령 집행 신청을 받은 경우에도 보전명령의 실질적인 효력에 대한 심사권이 없으므로 접수한 순서에 따라 보전명령의 집행을 하여야 한다.

(2) 가압류와의 경합

가압류의 경합에는 가압류명령의 경합과 가압류 집행의 경합이 있다. 같은 채권자가 가지는 같은 채권을 위하여 여러 개의 가압류명령을 발령할 수 있는가의 문제로 연결되는바 같은 채권자가 가지는 같은 채권을 위하여 이중으로 가압류명령을 발한다고 하는 것은 원칙적으로 보전의 이익을 결하는 것이 되어 부당하다.

다만 먼저 발령된 가압류명령이 집행불능이 된 경우에는 다시 가압류명령을 발령할 필요가 있다. 실무상으로는 가압류의 대상인 유체동산, 부동산, 채권 등에 따라 유체동산가압류명령, 부동산가압류명령, 채권가압류명령 등을 발령하고 있으므로 같은 채권자의 같은 채권의 집행보전을 위하여 여러 개의 가압류명령이 발령될 가능성이 있다.

같은 유체동산에 대한 후행(後行) 가압류명령의 집행은 집행관이 강제집행 신청서를 선행(先行) 가압류한 집행관에게 교부하면 선행 가압류명령을 집행한 집행관은 신청채권자를 위하여 다시 가압류명령을 집행한다는 취지를 적는 방법으로 한다(민집 215조).

(3) 가처분과의 경합

가압류와 가처분은 그 내용이 서로 모순되거나 저촉됨이 없으면 경합집행이 가능하다. 예를 들어 갑이 점유하는 유체동산에 대하여 을이 가압류명령을 선행 집행하고 병이 후행 가처분명령 집행신청을 하는 것도 가능하다.

(4) 강제집행·담보권 실행을 위한 경매와의 경합

가압류와 금전채권에 기초한 강제집행은 가압류의 선행 여부와 관계없이 경합할 수 있으며 즉 가압류가 집행된 후에도 다른 금전채권자는 가압류의 목적물에 관하여 강제집행을 할 수 있다.

3. 지시채권에 대한 가압류

가. 개 요

어음이나 수표, 선하증권, 화물상환증, 창고증권 등의 지시증권에 수반하는 지시채권에 대한 가압류는 그 지시증권이 배서가 금지된 것인지 아닌지에 따라 그 가압류방법이 다른데, 배서가 금지되지 아니한 것은 유체동산의 방법으로 집행하나(민집 291조, 189조 2항 3호), 배서가 금지된 것은 채권집행의 방법에 따라야 한다(민집 291조, 233조). 다만 집행 시 양자 모두 집행관의 증권점유가 필요하다.[353]

실무상 피압류채권을 어음금 또는 수표금 채권으로 하여 압류, 추심 또는 전부명령을 신청하는 경우가 종종 있으므로 이러한 경우에는 어음이나 수표의 배서금지 여부를 살펴 그에 따라 적절한 집행방법을 택하여야 한다. 여기서는 배서가 금지된 지시채권에 대한 집행절차에 대하여 본다.

나. 가압류명령

배서가 금지된 지시채권도 권리의 행사는 증권에 의하여야 하므로 집행에는 증권의 점유취득이 필수적이어서(민집 291조, 233조) 통상 가압류명령에는 압류의 취지 및 증권의 점유명령을 기재한다. 가압류 명령의 문례는 다음과 같다.

---

[353] 대판 1997. 11. 14. 97다38145

> 1. 채무자의 제3채무자에 대한 별지 목록 기재 약속어음을 근거로 한 채권(화물상환증을 근거로 한 별지 목록 기재의 유체동산인도청구권)을 가압류한다.
> 2. 제3채무자는 채무자에게 위 채무의 지급을 하여서는 아니 된다.
> 3. 채권자의 위임을 받은 집행관은 채무자로부터 위 약속어음의 점유를 이전받아 위 어음의 권리보전에 필요한 조처를 하여야 한다.

주문 제2항은 어음·수표 등의 상환증권성에 비추어 필요 없다는 견해가 있다. 또 집행관에게 어음의 권리보전조치(지급을 위한 제시, 지급거절증서 작성 등)를 취하라는 문구는 당연하므로 따로 기재할 필요가 없다고 하기도 하나 가압류에서의 집행관 점유는 압류의 경우보다 훨씬 장기간이므로 이를 명백히 밝혀 실권되는 일이 없도록 하기 위해서는 기재함이 좋을 것이다. 지시채권은 성질상 불가분채권이므로 채권 일부만을 가압류할 수는 없다.

다. 집 행

(1) 위 지시채권의 가압류에 있어서도 일반 채권가압류와 달리 제3채무자에게 정본을 송달하는 외에 집행관이 증권을 점유하여야 가압류의 효력이 생긴다.[354] 제3채무자에 대한 송달은 발령법원이 집행법원이 되어 직접 행함은 일반 채권가압류와 같다. 증권의 점유이전은 채권자가 위 가압류명령에 따라 집행관에게 증권의 가압류집행을 위임하여 행한다. 주의할 점은 일반 채권가압류와 달리 채권자에 대한 결정정본의 송달이 신속하게 이루어져야만 한다는 것이다. 그래야만 효율적으로 증권을 점유할 수 있기 때문이다.

(2) 집행관은 유체동산의 압류집행과 같은 방법으로 채무자로부터 증권의 점유를 이전받아 보관한다. 증권을 제3자가 점유하고 있는 경우에 제3자가 제출을 거부하는 때에는 채무자의 증권인도청구권에 대하여 강제집행(민집 259조)을 하여야 한다. 이 증권은 집행관이 직접 보관하여야 하고 채무자에게 사용을 허가할 수 없다.

(3) 가압류된 지시채권이 금전채권인 경우(배서가 금지된 어음, 수표의 경

---

354) 대판 1976. 3. 23. 76다198

우)에는 추심명령 또는 전부명령의 방법에 따라 현금화하고, 그러한 명령이 없더라도 보관 중 지급기일이 도래한 경우에는 집행관이 지급 제시하여 어음금 등을 받은 후 집행법원에 제출하여야 한다. 가압류된 지시채권이 물건의 인도를 목적으로 하는 채권(배서가 금지된 선하증권 등 인도증권인 경우)인 경우에는, 궁극적인 만족을 얻기 위해서는 유체동산인도청구권에 대한 집행방법에 따를 수밖에 없으므로 집행관이 증권을 점유하여 채권가압류의 효력이 발생한 이후에는 뒤에서 볼 유체동산인도청구권에 대한 강제집행절차에 따라 절차가 진행되게 된다.

4. 유체동산의 인도 또는 권리이전청구권에 대한 가압류

가. 개 요

채무자의 책임재산이 될 유체동산의 인도청구권이 채무자에게 있다거나 제3자가 그에 관한 권리를 채무자에게 이전할 채무를 지고 있을 때 그 현실의 인도 또는 이전을 기다리지 아니하고 그 인도청구권 자체를 압류할 수 있다. 실무상 사용되는 경우는 주로 사들인 상품의 인도청구권, 무기명주식의 신주 발행 시 그 인도청구권 등을 대상으로 하는 경우가 있다. 인도청구권이 가압류의 대상이 되는 것은 그 물건이 당초부터 채무자의 소유이거나 인도를 받음으로써 채무자의 소유로 되는 경우에 한정하며, 채무자의 책임재산이 아닌 것은 가압류의 대상이 되지 않는다.

그 가압류 결정의 주문례는 아래와 같다.

1. 채무자의 제3채무자에 대한 별지목록기재 유체동산인도청구권을 가압류한다.
2. 제3채무자는 채무자에 대하여 위 유체동산을 인도하여서는 아니 된다.
3. 채무자는 위 인도청구권의 처분과 영수를 하여서는 아니 된다.

나. 집 행

일반 지명채권의 가압류와 같이 발령법원이 집행법원이 되어 제3채무자에게 결정정본을 송달함으로써 집행한다. 견해에 따라서 유체동산인도청구권의 본압류에서와 같이 법원은 제3채무자로 하여금 그 유체동산을 집행관에게 인도할 것을 명할 수 있고 이때에는 채권자의 위임을 받은 집행관이 인도를 받아 보관하게 된다고 하기도 하나 단순히 채권의 보전만을 목적으로 하는 가압류에서는 목적물의 현금화 준비로서의 의미가 있는 위와 같은 가압류 명령을 할 수 없다고 봄이 다수설이다.355)

5. 그 밖의 재산권에 대한 가압류

가. 총 설
(1) 가압류의 대상

그 밖의 재산권이란 그 강제집행에 민사집행법 223조에서 250조의 규정과 98조에서 101조를 준용하는(민집 251조 1항) 유체동산, 금전채권, 유체물의 인도나 권리이전을 목적으로 하는 채권 이외에 부동산을 목적으로 하지 아니하는 재산권을 말한다.

그 밖의 재산권에 대한 집행의 대상이 되는 재산권으로 일반적으로 지칭되는 것으로서는 유체동산에 대한 공유지분권, 특허권·실용신안권·상표권·디자인권·저작권 등의 지식재산권, 합명회사·합자회사·유한회사의 사원권, 조합원의 지분권, 골프회원권과 같은 설비이용권, 주권발행 전의 주식이나 신주인수권, 예탁 유가증권, 전세권 등이 있다. 건설업면허(대결 1994. 12. 15. 94마1802), 자동차운수사업면허권(대결 1996. 9. 12. 96마1088) 등은 강제집행의 대상으로 삼기에 부적합하므로 가압류도 되지 아니한다. 임차권은 임대인의 승낙이 있는 경우에 한하여 위 집행의 대상이 된다(민법 629조). 고용 계약상 사용자가 근로의 받을 권리도 근로자의 동의가 있어야 위 집행의 대상이 된다.

(2) 가압류절차 일반

그 밖의 재산권에 대한 가압류는 금전채권의 압류에 관한 규정(민집 223조에서 227조)을 준용하여 관할 집행법원이 가압류명령을 발함으로써 행한다(민집 291조, 251조). 가압류명령의 신청에 있어서는 가압류할 권리를 명백히 밝히면 충분하고 그 존재를 증명할 필요는 없다. 다만 임차권과 같이 임대인(제3채무자)의 승낙이 있어야 가압류할 수 있는 것은 그 승낙의 존재를 증명하는 자료를 제출하여야

---
355) 한국 사법행정학회, 2012, 주석 민사집행법(Ⅶ), 636면.

한다. 가압류명령은 채무자에게 송달하여야 하며, 제3채무자 가 있을 때에는 그 제3채무자 에게도 송달하여야 한다. 여기서 제3채무자 는 가압류된 재산권에 관한 직접의 이해관계인을 말하며, 물건 또는 권리의 이용권에 있어서는 그 귀속자, 설비의 이용권에 있어서는 그 경영자, 사원권에 있어서는 회사 그 밖의 사단, 조합의 지분권에 있어서는 나머지 조합원, 공유지분에 있어서는 다른 공유자 등이 제3채무자 가 된다.

제3채무자 가 없는 재산권으로서는 특허권, 실용신안권, 상표권, 디자인권, 저작권, 상호권 등이 있다. 그 밖의 재산권에 대한 가압류의 경우에도 제3채무자 에게 민사집행법 237조 소정의 사항에 대해 진술을 할 것을 신청할 수 있는가, 제3채무자 에 대한 진술 최고는 이미 발령한 가압류가 재산권의 종류에 따른 올바른 집행절차에 의하여 이루어졌는가, 과연 제3채무자 가 채무자에게 피압류채무를 부담하고 있는가? 등을 파악하여 가압류결정의 경정 또는 새로운 가압류신청을 하기 위한 준비절차로써 필요하므로 가압류의 경우에도 가능하다고 해석하여야 할 것이다

가압류한 그 밖의 재산권은 본 집행 시 추심명령이나 전부명령 또는 특별현금화방법에 따라 현금화하는데, 추심명령이나 전부명령 등 통상의 방법으로는 현금화하기 어려운 경우가 많으므로 대부분 특별현금화의 방법으로 현금화한다.

나. 골프회원권, 스포츠회원권, 콘도회원권에 대한 가압류
(1) 개 요

골프회원권 등은 그 내용에 따라 예탁금회원제, 주주 회원제, 사단법인 회원제 등의 형태가 있는데, 회원권의 종류에 따라 가압류의 방법이 다르다.

예탁금회원제는 예탁금반환청구권이라는 채권과 결부되어 있고, 주주 회원제 또는 사단법인 회원제는 주주 또는 사단법인의 사원의 지위가 결합한 것이라는 점에 착안한다. 이 중 주주 회원제와 사단법인 회원제는 채무자의 권리내용과 제3채무자의 법인형태(주식회사인지 아니면 사단법인인지)를 통하여 구분할 수 있다.

(2) 가압류

(가) 예탁금회원제

회원권 중 대종을 이루는 예탁금회원제의 경우에는 시설이용권과 예탁금반환청구권이 포함되어 있는데, 이 경우 회원권 자체를 가압류하는 방법과 회원이 탈퇴할 때 행사할 수 있는 정지조건부채권인 예치금반환청구권을 가압류하는 방법[356]이 있으나 통상 전자의 방법에 따른다. 예탁금회원제의 경우에는 가압류명령을 근거로 하여 채권자는 집행관을 통하여 예탁금증서를 강제집행의 방법으로 채무자로부터 인도받을 수 있다. 주문례는 아래와 같다.

1. 채무자의 제3채무자 에 대한 별지 목록 기재의 골프회원권을 가압류한다.
2. 채무자는 위 골프회원권에 대하여 예탁금의 반환을 청구하거나 매매, 양도, 질권 설정 그 밖의 일체의 처분행위를 하여서는 아니 된다.
3. 제3채무자는 위 골프회원권에 대하여 예탁금을 반환하거나 채무자의 청구에 의하여 명의변경 그 밖의 일체의 변경절차를 하여서는 아니 된다.

(나) 주주 회원제

주주회원제의 경우에는 회원이 주주가 되므로 주식에 대한 집행방법에 따른다.

(다) 사단법인 회원제

사단법인 회원제인 경우에는 회원이 당해 사단법인에 대하여 일정한 지분을 가지고 있는 것으로 보아 사원의 지분에 대한 압류방식에 의하여야 하나, 그 전제로서 정관으로 사단법인의 지분양도가 허용된 경우이어야 한다. 주문례는 아래와 같다.

1. 채무자의 제3채무자 에 대한 별지 목록 기재의 지분을 가압류한다.
2. 채무자는 위 지분을 추심하거나 그 밖의 방법으로 처분하여서는 아니 된다.
3. 제3채무자는 채무자에 대하여 이익금의 배당, 지분의 환급, 잔여재산의 분배를 하여서는 아니 된다.

---

[356] 대판 1989. 11. 10. 88다카19606

(3) 가처분과의 경합

예탁금회원제 골프회원권에 대하여는 그 회원권 자체 또는 회원이 탈퇴할 때 행사할 수 있는 예탁금 반환청구권에 대하여 가압류 또는 가처분의 보전처분을 할 수 있다. 골프회원권의 양수인이 양도인에 대하여 가지는 골프회원권 명의변경청구권 등을 근거로 하여서 하는 골프회원권 처분금지가처분결정이 제3채무자인 골프클럽 운영회사에 먼저 송달되고, 그 후 가처분채권자가 골프클럽 운영에 관한 회칙에서 정한 대로 회원권 양도·양수에 대한 골프클럽 운영회사의 승인을 얻었을 뿐만 아니라 본안소송에서도 승소하여 확정되었다면, 그 가처분결정의 송달 이후에 시행된 가압류 등의 보전처분 또는 그를 근거로 한 강제집행은 그 가처분의 처분금지 효력에 반하는 범위 내에서는 가처분채권자에게 대항할 수 없다.[357]

다. 주식에 대한 가압류

(1) 개 요

주식에 대한 가압류집행은 주권이 발행되었는지 여부, 한국예탁결제원에 예탁 또는 보호예수(保護預受) 되었는지 아닌지, 회사에 주권불소지(株券不所持) 신고 여부, 채무자가 주권을 점유하고 있는지 등에 따라 집행방법이 달라지나, 일반인들은 이러한 구별 없이 막연히 주주를 채무자로, 발행회사를 제3채무자로 하여 가압류신청을 하는 경우가 대부분이다. 그러므로 주식에 대한 가압류의 경우는 채권자의 신청대로 가압류명령이 발령되었다고 하더라도 가압류의 효력이 없는 때도 있으므로 채권자의 신청이 잘못된 것으로 의심되는 경우에는 가압류명령을 하기 전에 보정명령을 하는 것이 바람직하다.

(2) 권리주(權利株)

주식회사의 설립 시 또는 신주발행 시 주주로 될 때까지의 주식인수인의 지위를 권리주라고 하는데, 이러한 권리주의 양도는 회사에 대하여 효력이 없다 (상법 319조, 425조 1항). 거래계에서는 권리주를 주금납입영수증 또는 청약증거금영수증에 백지위임장을 첨부하여 양도하는 예가 있다고 하나, 그 양도는 양도당사자 사이에 채권적 효력이 있을 뿐, 회사에 대하여는 효력이 없으므로, 권리

---
357) 대결 2009. 12. 24. 2007마184

주 자체를 가압류하는 것은 불가능하다.

그러나 주식인수인은 회사에 대하여 설립등기 후 또는 납부기일 후 회사가 발행하는 주권의 교부청구권(장래채권)을 갖게 되고, 이것이 채무자(주식인수인)의 재산권임에는 의문이 없으므로 민사집행법 291조, 251조, 243조에 의하여 채무자를 신주인수인, 제3채무자를 회사로 하여 신주인수인의 위 주권교부청구권을 가압류한 후 주권의 교부를 받게 하여 이 주권을 현금화하는 방법으로 강제집행할 수 있을 것이다.

(3) 주권발행 전의 주식

(가) 개요

주권발행 전의 주식의 경우에는 회사성립 후 또는 신주납부기일 후 6개월을 경과하기 전과 그 후에 따라 주식양도의 효력이 달라지므로 그 가압류방법에도 차이가 있다. 그러므로 신청서에 주권이 발행되지 않았다는 취지의 기재가 있으면 채권자로 하여금 위 6개월을 경과하였는지를 소명케 하고 그에 합당한 방법에 따라 신청취지를 보정하도록 명한다.

(나) 6개월경과 전의 주식

회사성립 후 또는 신주납부기일 후 6개월이 경과하기 전에는 주권발행 전의 주식의 양도는 회사에 대하여 효력이 없으므로(상법 335조 2항), 주식 자체를 가압류하는 것은 불가능하고, 채무자(주주)가 회사에 대하여 가지는 주권교부청구권을 집행의 대상으로 삼아야 한다.

(다) 주문례 및 압류할 목록

1. 채무자가 제3채무자에 대하여 가지는 별지목록 기재의 주권교부청구권을 가압류한다.
2. 제3채무자는 채무자에 대하여 위 가압류된 주권을 교부하여서는 아니 된다.
3. 채무자는 위 주권교부청구권의 처분과 영수를 하여서는 아니 된다.

|가압류할 목록|

> 별지 목록
>
> 청구금액 : 5,000,000,000원
> 채무자가 제3채무자 대하여 가지는 아래 주식의 주권교부 청구권 중 위 청구금액에 이르기까지의 금액
>
> 아 래
>
> 1. 회사명 : 주식회사 ○○
> 2. 납입자 : ○ ○ ○
> 3. 주식의 종류 : 기명식 보통주식
> 4. 1주의 금액 : 5,000원
> 5. 주식 수량 : 1,000,000주, 납입금액 금 500,000,000원
>   (제3채무자의 발행주식 총수 2,100,000주 중 채무자의 지분 51%에 해당하는 주권교부 청구권임)

(라) 6개월경과 후의 주식

회사성립 후 또는 신주납입기일 후 6개월이 경과하도록 회사가 주권을 발행하지 않을 경우에는 주권 없이 주식을 양도할 수 있고, 양수인은 회사에 대하여 양수인 명의로의 명의개서 후 양수인에의 주권의 발행을 청구할 수 있으므로 이제는 그 주식 자체가 채무자의 재산권이며 양도성이 있어 민사집행법 291조, 251조에 의하여 그 주식 자체를 가압류한다.

(4) 주권발행 후의 주식

(가) 주권이 발행된 경우에 주식의 양도는 무기명주식인지 기명주식인지에 상관없이 주권의 교부가 필요하다(상법 336조 1항). 주권의 교부로 주식을 양도받은 양수인은 주권을 회사에 제시하여 단독으로 명의개서를 청구할 수 있으므로 원칙적으로 유체동산인 주권 자체가 가압류집행의 대상이다.

(나) 예탁 유가증권에 대한 가압류

그런데 주식거래의 빈번함과 대량화에 따라 주식의 원활한 유통을 위하여 도입된 증권대체결제 제도하에서는 일반 투자자인 고객이 그 소유의 유가증권을 은행이나 증권회사 등의 예탁자에게 예탁하고, 예탁자는 이를 다시 모아서 한국예탁결제원에 재예탁하게 되는데, 이러한 예탁 유가증권에 대한 강제

집행은 증권 자체가 아닌 위 공유지분을 대상으로 하므로(민집규 176조), 예탁 유가증권에 대한 가압류가 바로 그 밖의 재산권에 대한 가압류에 해당한다.

예탁 유가증권을 가압류하는 때에는 예탁원 또는 예탁자에 대하여 예탁 유가증권지분에 관한 계좌 대체와 증권의 반환을 금지하는 명령으로 한다(민집규 214조 1항). 고객이 채무자인 경우에는 예탁자인 증권회사 등이 제3채무자가 되고, 예탁자인 증권회사 등이 채무자인 경우에는 한국예탁결제원이 제3채무자가 된다(민집규 177조). 가압류명령에는 압류목적물의 특정을 위하여 당해 계좌를 관리하는 예탁자의 명칭 및 소재지, 그 지점명 및 소재지, 유가증권발행회사의 명칭, 유가증권의 종류, 종목 등의 사항이 기재되어야 하므로 신청서에 그 특정이 되지 않았으면 보정을 명한다. 예탁 유가증권을 가압류한 경우에도 가압류채권자는 한국예탁결제원 또는 예탁자로 하여금 가압류명령의 송달을 받은 날로부터 1주 안에 서면으로 민사집행규칙 178조 소정의 사항을 진술하게 할 것을 법원에 신청할 수 있다(민집규 214조 2항).

(다) 주문례

1. 채무자의 제3채무자에 대한 별지 목록 기재의 예탁 유가증권에 관한 공유지분을 가압류한다.
2. 채무자는 위 예탁유가증권에 관한 공유지분에 대하여 계좌 대체의 청구나 증권반환의 청구 그 밖의 일체의 처분행위를 하여서는 아니 된다.
3. 제3채무자는 위 예탁유가증권에 관한 공유지분에 대하여 계좌 대체를 하거나 채무자에게 이를 반환하여서는 아니 된다.

라. 출자증권에 대한 가압류

(1) 개 요

건설산업기본법상의 건설공제조합, 전기공사공제조합법상의 전기공사공제조합의 조합원에게 발행된 출자증권은 위 각 조합의 출자지분을 표창하는 유가증권이다. 다만 이를 가압류하는 방법은 출자증권의 발행과 교부 여부에 따라 다르다. 출자증권이 발행되어 조합원에게 교부된 경우에는 출자증권을 가압류하는 방법으로 하여야 하고, 이에서 파생되는 채권, 예를 들면 출자한 금원의 반환청구권만을 가압류할 수는 없다.

증권이 발행되었으나 조합이 채무자에게 교부하지 않은 경우(통상의 경우임)에는 출자증권교부청구권을 가압류하고, 출자증권을 발행하지 아니한 경우에는 출자지분환급청구권을 가압류하여야 할 것이다. 출자증권의 압류에 관하여 건설산업기본법 59조 4항, 전기공사공제조합법 11조 4항은 출자증권의 압류는 민사집행법 233조에 의한 배서금지 지시채권의 압류방법에 따라 압류한다고 규정하고 있으므로 출자증권에 대한 가압류는 집행관이 위 출자증권을 점유함으로써 효력이 생긴다(대판 1987. 1. 20. 86다카1456 참조).

(2) 가압류절차
(가) 출자증권
출자증권은 조합원인 채무자가 직접 점유하고 있는 경우는 거의 없고, 대부분 조합에 질권이 설정되어 조합이 점유하고 있기 때문에 조합을 제3채무자로 하여 가압류명령을 발령한다.

(나) 주문례

1. 채무자가 제3채무자에 대하여 가지는 별지 목록 기재 출자증권을 근거로 한 조합원지분을 가압류한다.
2. 제3채무자는 채무자에게 위 지분에 관하여 이익금의 배당, 출자금의 반환, 잔여재산의 분배를 하여서는 아니 된다.
3. 채권자의 위임을 받은 집행관은 제3채무자로부터(채무자로부터) 위 출자증권을 수취하여 보관하여야 한다.

마. 사원 또는 조합원의 지분권에 대한 가압류

합명회사, 합자회사, 유한회사 사원의 지분에 대한 집행의 보전은 그 사원을 채무자로, 회사를 제3채무자로 하여 그 지분을 가압류함으로써 한다. 합명회사나 합자회사의 사원의 지분에 대한 가압류의 효력은 사원의 장래 이익의 배당 및 지분환급청구권에도 미치고(상 223조, 269조), 잔여재산분배청구권에도 미친다.

주문례는 아래와 같다.

1. 채무자가 제3채무자에 대하여 가지는 별지 목록 기재의 지분을 가압류한다.
2. 채무자는 위 지분을 추심하거나 그 밖의 방법으로 처분하여서는 아니 된다.
3. 제3채무자는 채무자에게 위 지분에 대하여 이익금의 배당 및 지분의 환급을 하여서는 아니 된다.

바. 인터넷 도메인에 대한 가압류

(1) 개 설

최근 인터넷 도메인 사용권도 거래시장을 통하여 상당한 가격으로 매매가 이루어지고 있으므로 독립된 재산적 가치가 충분할 뿐만 아니라 성질상 양도가 허용되며 제3채무자를 통하여 권리이전의 공시도 가능하므로 피압류 적격을 인정함에 어려움이 없다고 할 것이다. 우리나라 채권 등 집행 실무에서 도메인에 대한 압류신청과 그 결정 사례들이 여럿 확인되고 있다.

한편 도메인이름의 법적 성격에 대하여 여러 가지 설이 있지만, 그 대표적 설로 "도메인이름의 독자성 및 절대권으로서의 성격을 인정하는 설[358]이 최근의 설이고 이 설에 따르자면 도메인 이름권을 단순한 채권적 권리가 아니라 특허권이나 그 전용사용권과 같은 물권적 권리나 물권에 따르는 절대권으로 파악하는 것이다.[359] 판례도 도메인 이름권에 대하여 절대권으로서의 성격을 인정하고 있다.[360]

(2) 도메인의 가압류 신청절차

채권자가 채무자에 대하여 가지는 금전채권을 피보전권리로 하고 도메인 이름 등록기관 또는 등록대행업체를 제3채무자로 하여 채무자의 제3채무자에 대한 도메인 이름의 사용자 또는 등록자로서의 일체의 권한에 대하여 가압류를 신청하여야 한다.

제3채무자에 관하여 "co.kr" 도메인의 경우 종전에는 '재단법인 한국인터넷

---

[358] 이은영, 도메인이름계약과 도메인이름권, 인터넷 법률 46호(2009. 6.) 20면 이하.
[359] 임채웅, 도메인이름을 둘러싼 분쟁에 관한 연구, 인터넷 법률 47호(2009. 6) 189면.
[360] 대법원 2004. 2. 13. 선고 2001다57709 판결; 2004. 5. 14. 선고 2002다13782 판결

정보센터'를 제3채무자로 표시했으나, 2004. 7. 제정된 "인터넷주소자원에 관한 법률"의 시행에 따라 "한국인터넷진흥원"을 제3채무자로 표시하여야 한다.

".com"과 같은 국제적인 도메인 이름에 대한 제3채무자 적격에 대하여는 한국인터넷정보센터나 한국인터넷진흥원이 제3채무자 적격이 있는가에 대하여는 논란이 있다. 가압류 신청취지 아래와 같다.

|신청취지|

1. 채권자의 채무자에 대한 위 청구채권의 집행보전을 위하여 채무자의 제3채무자에 대한 별지 목록 기재 도메인사용권을 가압류한다.
2. 채무자는 위 도메인사용권에 관하여 매매, 양도 기타 일체의 처분행위를 하여서는 아니 된다.
3. 제3채무자는 위 도메인사용권에 대하여 채무자의 신청에 따라 명의변경 기타 일체의 변경 절차를 밟아서는 아니 된다. 라는 재판을 구합니다.

(3) 관 할

가압류사건은 가압류할 물건이 있는 곳을 관할하는 지방법원이나 본안의 관할법원이 관할하고, 가압류할 물건이 채권인 경우에는 제3채무자의 보통재판적이 있는 법원이 관할법원이 된다.

(4) 첨부서류

첨부서류로서 도메인 사용권의 표시를 특정하기 위한 자료로 한국인터넷진흥원 인터넷정보센터 홈페이지에서 도메인등록정보를 출력하여 첨부하면 충분하며 채무자가 사용하는 웹사이트의 메인화면을 출력하여 첨부하는 것이 좋을 것이다.

(5) 결정 및 집행

집행은 채무자에게 송달함과 동시에 제3채무자인 한국인터넷진흥원 또는 국제 도메인의 한국등록대행업체에 가압류결정 정본을 송달함으로써 하여진다. 법원으로부터 가압류결정을 송달받은 제3채무자는 채무자 명의로 되어있는 도메인 이름등록부에 전자적 방법으로 가압류의 표시를 기입하게 될 것이다.

가압류된 도메인 이름이라도 사이버상의 활동에는 제약을 받지 않으나 채무자는 도메인 이름에 대한 매매, 양도, 명의변경, 등록말소, 기타 일체의 변경행위를 할 수 없다.

6. 가압류 집행사무 관련 실무사례

(1) **특정물에 대하여 발령된 가압류 명령의 집행방법**[361] 「平成 3 東京」
* 동산에 대한 가압류 집행에서 명령이 특정물에 대하여 발령이 된 때는 특정물 이외는 압류할 수 있는가? 또한, 특정물의 평가액이 청구채권액을 초과하는 때는 어떻게 대처하면 좋은가?
* 가압류명령이 특정물에 대하여 발령이 된 때 「OO 작가의 OO이라는 제목의 회화(繪畫), 제조번호 등에 의하여 특정된 텔레비전과 같이 개별동산을 일의적(一義的)으로 명확히 특정된 경우」에 집행관은
  (가) 그 특정물 이외에는 가압류하는 것은 불가능하다.
  (나) ① 1개의 특정동산에 대한 가압류명령이 발령되면 그것을 압류한다.
       ② 복수의 특정물에 대한 가압류명령이 발령되고 집행관의 평가에 의하면 초과압류로 된다고 판단되는 때에도 (초과의 경우가 현저한 경우 등 특별한 사정이 있는 경우에 발령재판소에 사실상 문의를 하는 등의 조치는 별론으로 하고) 가압류명령에 기재된 복수의 동산을 압류할 수 있다.
  (다) 압류금지물, 무잉여의 판단도 하지 않고 가압류를 한다.

(2) **유체동산 가압류에서 본 집행으로 이행할 때 채무자가 가압류물에 대신하여 금전의 압류를 구한 경우의 처리**[362] 「昭和 51 津」
* 유체동산에 대한 가압류 집행 후, 본 집행으로 이행할 즈음에, 채무자가 확정채권액과 집행비용에 이르는 금액을 제공하며 금전에 대해 압류를 구한 경우, 다시 위 금전을 압류할 수 있는가? 또한, 이미 한 압류 동산의 가액이 채권액에 부족한 경우 그 부족액에 대해서만 금전의 압류를 해야 하는가?
* 이론상은 전단(前段) 설문에 대하여 소극, 후단(後段)에 대하여는 부족액만 압류할 수 있게 되지만 실무상은 채무자의 의사를 확인하고 임의변제라면 이것을 받고, 집행절차를 완결하는 처리를 하면 충분하다.

(3) **유체동산 가압류에서 본 집행으로 이행할 때의 처리**[363] 「昭和 40 札幌」
* 유체동산의 가압류에서 본 집행으로 이행할 때 다음의 경우 어떻게 처리해야 하는가?
  [1] 가압류물건 일부가 망실(亡失)된 경우
  [2] 가압류물건이 훼손(毀損)되고, 평가액이 저하되고 있는 경우

　　　　　[3] 가압류채권액과 확인된 집행채권액이 다른 경우
* [1]의 경우는 보관책임이나 고발문제가 생김에 지나지 않고, 망실(亡失)된 동산에 대한 본집행의 여지는 없다.
　　[2]의 경우는 본압류 시에 새로 평가하여 집행해야 한다.
　　[3]의 경우는 집행채권액이 다액인 때에는 문제가 없지만, 가압류 시의 채권액보다 적은 때의 처리에는 문제가 많다. 하나의 방법으로 가압류물 전부에 관하여 본집행으로 이행하고, 환가(換價) 시에 집행채권액 등의 만족의 범위 내에서 압류물건의 일부 매각을 하는 방법이지만, 사실상 일부 매각이라고 하는 것은 곤란하고, 또한 채무자가 집행방법의 이의신청을 하면 그 이의도 이유 있게 된다고 판단이 되므로 적당하다고는 말할 수 없다. 따라서 본 집행으로 이행할 때, 가압류물건 중 집행채권액 등의 만족에 충분한 물건에 관해서만 이행하는 방법을 채택하는 것이 적당하다. 또한, 본 집행 이행하지 않은 잔여물건에 관하여는 채권자의 해제신청을 기다려 가압류를 해제해야 한다.

(4) 공탁한 가압류물 판매이익금에 대한 체납처분에 의한 압류[364]「昭和 53 靑森」

* 가압류집행 사건에서 환가(換價) 명령에 따른 가압류물의 판매이익금을 공탁 중인 바 세무서가 국세체납에 의한 압류를 위하여 공탁금의 인도청구가 있었다. 집행관은 이것에 응해야 하는가?
　　① 민소법 750조 4항의 판매이익금은 가압류물이 금전으로 화체된 것이고 가압류의 효력은 당해 금전에 미치고 있고, 집행관은 보관의 수단으로서 판매이익금을 일시 공탁하고 있음에 불과하고, 그 회수청구권은 집행관만이 가진다.
　　② 가압류가 본집행으로 이행하는 경우에는 집행관은 공탁금을 회수한 다음 동산집행의 방법으로 압류하게 되지만, 국세체납처분에 의한 압류의 경우에 있어서도, 세무서직원은 집행관에 대하여 판매이익금의 교부를 구한 다음, 국세징수법 56조의 규정에 따라 압류하게 된다. 따라서 세무서 직원이 공탁금의 인도를 구하는 때에는 집행관은 이에 응해야 한다.

(5) 착수 후 중지된 보전처분의 집행 절차를 속행기간 경과 후 속행하는 것의 可, 不[365]「昭和 57 執硏」

* 가압류집행의 현장에서, 물건을 선택하고, 가압류의 표시를 하려고 한바, 흥분한 채무자가 방해하기 때문에, 그 후의 절차를 중지하였다. 집행기간 경과 후에 위 절차를 다시 속행할 수 있는가?
* 집행기간 내에 착수한 집행절차가, 일몰이나 채무자의 저항 등 어쩔 수 없는 사유에 의하여 중단된 경우에는, 집행기간 경과 후에도 속행할 수 있다.

(6) 가압류 목적물의 교체와 가압류의 효력(구법)[366] 「昭和 40 名古屋」

* 채무자가 가압류 집행을 받은 상품을 타에 처분한 경우로 집행관은 동종 동등의 상품을 보충시켜서 前의 가압류를 유지할 수 있는가?
* 현행법상 품종 수량을 특정함에 그치는 압류는 인정되지 않으므로 가압류 목적물의 교체는 불가능하다. 채무자가 동종 동등의 상품을 제출한 경우에는 다시 이것을 압류하는 것은 가능하다. 그 경우에도 가압류의 집행기간 경과 후에는 허용되지 않는다. 압류의 표시를 완전하게 하여 사고를 방지하는 노력을 해야 한다.

(7) 가압류해방금 공탁증명서와 민소법 55조 3호 서면[367] 「昭和 41 札幌」

* 가압류채무자가 가압류의 해방금을 공탁하고 그 공탁증명서를 집행관에게 제출한 경우 집행관은 집행처분의 취소 결정정본의 제출을 기다리지 않고 집행을 해제할 수 있는가?
* 실무에서는 소극설이 다수이다.

(8) 가압류 집행 중인 기계 기구가 공장저당법을 근거로 한 저당권의 실행으로 경락이 된 경우 사건의 완결방법[368] 「昭和 52 熊本」

* 가압류 집행으로 공장이 기계 기구를 압류한바, 그 기계 기구가 공장저당법 3조의 저당물건이었기 때문에 부동산경매절차에 의하여 경락이 된 경우 사건을 어떤 방법으로 완결해야 하는지?
* 공장저당권의 목적으로 된 저당물건은 동산집행의 방법으로 압류할 수 없으므로 설문의 가압류 집행은 위법한 집행이어서 가압류집행 채권자에게 배당요구의 효력을 인정할 여지는 없다. 따라서 집행관은 채권자에게 취하를 권고하고 응하지 않을 때는 목적물건을 점검(경락에 관한 조사를 포함)한 다음 집행불능으로 사건을 완결해도 좋을 것이다.

편저자 주: 공장저당권의 효력이 미치는 동산을 압류한 경우에도 그 압류는 당연히 무효는 아니지만, 집행관은 압류 시행 이후에 압류물이 공장저당권의 목적물이 명백하게 된 때에는 직권으로 집행절차를 정지해야 한다고 해석이 되나 직권으로 그 절차를 취소하는 것은 불가능하므로 채권자에게 당해 압류물에 대한 집행신청을 취하하도록 권고하는 것이 상당하다.

(9) 가압류집행이 본집행으로 이행 한 경우 재평가 要·不[369] 「昭和 56 函館」

* 가압류 집행이 본집행으로 이행한 경우 당해 물건에 대하여 재평가를 해야 하는가?
* 이행 시의 점검으로 압류물의 손상·부족이 생기지 않은 경우이더라도 가압류집행 후 장시간을 경과한 경우 내구연수가 짧은 물건을 압류하는 등 가액의 하락이 예상되는 때는 법 129조 2항의 취소 또는 추가압류의 요부 등을 검토할 필요가 있기 때문에 재평가를 하는 것은 상당하다.

제3절 각종의 가처분과 그 집행사무

> **민사집행법**
>
> **제300조(가처분의 목적)**
> ① 다툼의 대상에 관한 가처분은 현상이 바뀌면 당사자가 권리를 실행하지 못하거나 이를 실행하는 것이 매우 곤란할 염려가 있을 경우에 한다.
> ② 가처분은 다툼이 있는 권리관계에 대하여 임시의 지위를 정하기 위하여도 할 수 있다. 이 경우 가처분은 특히 계속하는 권리관계에 끼칠 현저한 손해를 피하거나 급박한 위험을 막기 위하여, 또는 그 밖의 필요한 이유가 있을 경우에 하여야 한다.
>
> **제305조(가처분의 방법)**
> ① 법원은 신청목적을 이루는 데 필요한 처분을 직권으로 정한다.
> ② 가처분으로 보관인을 정하거나, 상대방에게 어떠한 행위를 하거나 하지 말도록, 또는 급여를 지급하도록 명할 수 있다.
> ③ 가처분으로 부동산의 양도나 저당을 금지한 때에는 법원은 제293조의 규정을 준용하여 등기부에 그 금지한 사실을 기입하게 하여야 한다.

1. 가처분의 종류와 의의

민사집행법상 보전처분에는 가압류 이외에 가처분이 있는데 가처분에는 민사집행법 300조 1항의 "다툼의 대상에 관한 가처분"과 같은 법 300조 2항의 "임시의 지위를 정하기 위한 가처분" 두 가지가 있다. "다툼의 대상에 관한 가처분"은 가압류와 마찬가지로 집행보전을 목적으로 하는 데 비하여, "임시의 지위를 정하기 위한 가처분"은 권리관계에 관한 분쟁으로 현재 채권자가 겪고

---

361) 日 最高裁判所 事務總局, 2011, 執行官事務(第4版), 「707」
362) 전게서, 「715」
363) 日 最高裁判所 事務總局, 1997, 執行官事務(第3版), 「766」
364) 日 最高裁判所 事務總局, 2011, 執行官事務(第4版), 「717」
365) 전게서, 「699」
366) 전게서, 「722」
367) 日 最高裁判所 事務總局, 1997, 執行官事務(第3版), 「785」
368) 日 最高裁判所 事務總局, 2011, 執行官事務(第4版), 「730」
369) 전게서, 「713」

있는 생활 관계상의 위험을 제거하거나 그 해결 시까지 기다린다면 회복할 수 없는 손해가 생기는 것을 방지하기 위하여 임시로 잠정적인 법률 상태를 형성하거나 그 사실적 실현을 꾀하는 것을 목적으로 한다.

가. 다툼의 대상에 관한 가처분(민집 300조 1항)

채권자가 금전 이외의 물건이나 권리를 대상으로 하는 청구권을 가지고 있을 때 그 강제집행 시까지 다툼의 대상이 처분·멸실되는 등 법률적·사실적 변경이 생기는 것을 방지하고자 다툼의 대상의 현상을 동결시키는 보전처분이다. 청구권을 보전하기 위한 제도라는 점에서 가압류와 같으나 그 청구권이 금전채권이 아니고 그 대상이 채무자의 일반재산이 아닌 특정 물건이나 권리라는 점에서 다르다.

금전채권으로는 원칙적으로 다툼의 대상에 관한 가처분이 허용되지 않는다. 다툼의 대상의 현상변경을 금지하는 방법은 천태만상이므로 가처분의 형식도 일정하지 않다. 일반적으로는 처분행위, 점유이전행위 등을 금지하는 부작위 명령의 형식으로 발령되는데 이를 처분금지가처분과 점유이전금지가처분이라고 한다. 가처분 후 본안에 관한 판결이 있게 되면 그대로 본 집행으로 이전되는 것이 아니고 가처분된 상태에서 따로 청구권 실현을 위한 강제집행을 하게 된다.

나. 임시의 지위를 정하기 위한 가처분(민집 300조 2항)

당사자 사이에 현재 다툼이 있는 권리 또는 법률관계가 존재하고 그에 대한 판결이 있기까지 현상의 진행을 그대로 내버려둔다면 권리자가 현저한 손해를 입거나 매우 급한 위험에 처하는 등 소송의 목적을 달성하기 어려운 경우에 그로 말미암은 위험을 방지하기 위해 잠정적으로 권리 또는 법률관계에 관하여 임시의 지위를 정하는 보전처분이다. 청구권의 보전을 위한 가압류 또는 다툼의 대상에 관한 가처분과는 달리 보전하고자 하는 권리 또는 법률관계의 종류는 묻지 아니한다.

단순히 현상을 동결함에 그치지 않고 권리 또는 법률관계에 관하여 임시의 조치를 하는 것이므로 그 집행으로 새로운 법률관계가 형성되는 것이지만, 이는 확정판결의 집행을 쉽게 하고 그때까지의 손해를 방지하고자 하는 임시적인 조치에 그친다. 사회가 급속하게 발전하면서 과거에 볼 수 없었던 새로운 권리 또는 법률관계가 출현하고 국민의 권리의식이 높아지면서 분쟁의 양상이 다양화되고 있다. 이러한 새로운 형태의 분쟁은 종래의 전통적인 민사본안소송의 유형에 포섭하기가 쉽지 않을 뿐만 아니라, 법원의 개입에 의한 신속한 권리구제를 원하는 당사자들의 요구로 임시의 지위를 정하기 위한 가처분 사건 수는 뚜렷한 증가추세를 보이고 있고, 그 중요성도 날로 높아지고 있다.

임시의 지위를 정하기 위한 가처분 중 실무상 많이 이용되는 가처분은 특허·실용신안·상표와 상호·디자인·저작권 등 지식재산권침해금지가처분, 부정경쟁행위금지가처분, 직무집행정지가처분, 공사금지가처분, 인도·철거·수거단행가처분, 총회·이사회 개최금지나 결의의 효력정지가처분, 인격권침해금지·업무방해금지가처분, 보증보험금·신용장대금지급정지가처분, 국가 등이 실시하는 입찰절차속행금지가처분, 유체동산사용금지가처분, 치료비지급가처분, 임금지급가처분, 단체교섭응낙가처분 등이다.

이 종류의 가처분 중에는 본안판결을 통하여 얻고자 하는 내용과 실질적으로는 같은 내용의 권리 또는 법률관계를 형성하는 것이 있다. 예를 들면, 건물의 인도청구권을 주장하는 사람에게 임시로 그 건물점유자의 지위를 준다든지, 해고의 무효를 주장하는 사람에게 임금의 계속 지급을 명하는 가처분에서는 권리자는 가처분의 집행만으로도 실질적인 만족을 얻게 된다. 이를 만족적 가처분(단행가처분)이라고 부른다.

2. 가처분 명령의 집행절차

> **민사집행법**
> **제301조(가압류절차의 준용)**
> 가처분절차에는 가압류절차에 관한 규정을 준용한다. 다만 아래의 여러 조문과 같이 차이가 나는 경우에는 그러하지 아니하다.

가. 가압류집행의 준용

가처분명령의 집행에도 가압류명령의 집행에 관한 규정이 준용된다. 민사집행법 301조 및 291조에 의해 따라 가처분결정의 집행에 준용되는 집행에 관한 이의(민집 16조)는 집행관이 가처분집행을 시행할 때 절차상의 하자를 이유로

하는 경우만 이를 허용하고 실체상의 이유로는 허용되지 않는다.370)

나. 집행의 요건

가처분명령의 집행력은 명령의 성립과 동시에 발생하므로 집행문은 당사자의 승계가 있는 경우에 한하여 필요하며, 가처분명령이 채무자에게 고지되기 전이라도 집행이 가능하다(민집 292조 3항). 실무상 다툼의 대상에 관한 가처분에서는 집행의 착수 전에는 채무자에게 가처분명령 정본을 송달하지 않는 것이 원칙이다.371)

다. 집행방법

가처분의 집행방법은 가처분의 내용이 다양하므로 일률적으로 설명할 수 없고 아래 3번에서 15번의 유형별 가처분 집행에서 별도 설명하기로 한다.

라. 가처분 집행(일반적 문제) 실무사례

(1) **목적물을 그르친 가처분집행의 취소와 재도 집행**372) 「昭和 33 仙台」
* 목적물을 그르친 가처분 집행이 취소된 경우 다시 주문 기재의 목적물에 대하여 집행을 할 수 있는지?
* 집행기간 전이라면 집행할 수 있지만, 최초의 집행에 의하는 가처분의 주문기재의 목적물에 대한 집행의 착수가 있었다고 할 수 없으므로 집행기간 경과 후에는 집행할 수 없다.

(2) **임금가지급의 가처분 집행의 한도**373) 「昭和 57 東京」
* 임금의 지급을 명하는 가처분의 집행에서 채무자가 가지급을 명받은 금액에서 원천징수의무를 부담하고 있는 소득세, 각종사회보험료를 빼고 임금채권자에게 지급한 경우 가지급금액은 전액 변제된 것으로 처리해도 좋은가?
* 임금가지급을 명하는 가처분결정의 주문에 열거된 가지급금에는 원천징수의 대상이 되는 소득세 등이 포함되어 있다고 해석되고 있다. 따라서 채무자가 가지급금에서 소득세 등의 원천 징수를 하고 그 부분을 뺀 금액을 갚은 경우는 전액 변제된 것으로 처리해도 무방하다.

---

370) 대결 1968. 1. 31. 67마1284
371) 법원행정처, 2003, 법원실무제요, 민사집행(Ⅳ), 169면.

(3) 채권자에게 인도를 명한 가처분의 목적물이 반출 곤란한 경우의 가처분 집행방법[374]
「昭和 51 執研」

* 「채무자는 채권자에 대하여 특정한 대형기계 1대를 잠정적으로 인도하라」라는 가처분 결정의 집행을 위하여 현장에 임한바 목적물건은 채무자 측 공장의 안쪽에 존재하고 출입구까지의 사이에 설치된 다른 다수 기계를 제거하고 이동시키지 않으면 반출할 수 없다. 다른 기계를 제거하고 이동시키려면 공장의 조업을 중지해야 하고 자칫 커다란 손해 발생이 예상되는 경우 어떻게 처리해야 하는가?
* 공장의 휴일을 이용하여 집행하는 것도 고려해 볼 만하다. 반출함으로써 생기는 건물 기타의 것에 대한 손상의 정도 및 손해가 수인한도를 초과한다고 인정되는 경우에는 해체할 수 있는 것은 해체하여 반출하고, 그것도 할 수 없는 경우에는 집행불능으로 하여 처리할 수밖에 없다.

(4) 가처분명령을 근거로 하여 집행관이 보관 중인 가옥이 붕괴될 위험이 있는 경우 처리[375]
「昭和 48 執研」

* 가옥에 대한 집행관 보관의 가처분 명령을 근거로 하여 집행관이 보관 중인 가옥이 붕괴될 염려가 있는 경우, 집행관은 그 보관에 관한 구체적인 지시를 집행재판소에 구할 수 있는가?
* 집행관은 보관책임을 부담하고 자기의 판단으로 보존행위를 하여야 한다. 특히 보존방법 등에 관하여는 당사자의 의향을 확인하여야 하고 사실상 집행재판소에 의견을 구하는 것이 상당하다.

(5) 동산에 대하여 집행관보관(제3자 보관 중)의 가처분 집행이 본집행으로 이행한 경우 목적동산의 인도방법[376] 「平成 元年 浦和」

* 동산에 대하여 「채무자의 점유를 해제하고 집행관에게 보관을 명한다.」는 취지의 가처분 집행으로써 목적물을 채권자의 신청에 따라 제3자에게 보관을 위탁하고 있다. 이 경우 본집행의 방법으로써 일본 민법 184조에서 정한 지시에 의한 점유이전의 방법에 따라 집행하고 싶다는 신청서가 제출되었지만 이와 같은 집행방법이 허용되는지?
* 동산인도의 강제집행으로써 행해지는 목적물건의 채권자에 대한 인도는 채권자가 지정하는 제3자에게 행할 수 있고 설문에서 채권자의 신청서는 본 집행의 인도의 상대방으로서 가처분집행에 있어서 보관자를 지정한 것으로 볼 수 있다.
  그리고 가처분 집행으로 이미 보관자에 대하여 현실의 인도가 되었기 때문에 집행관으로서는 보관자가 목적물건을 현실로 소지하고 있는 것을 확인한 이상 지시에 의한 점유이전(민법 제184조)으로 집행관으로부터 채권자에의 본 집행으로서의 인도를 완료한 것이라고 할 수 있다. 가처분집행 때문에 채권자에게 현실

의 인도가 된 경우에는, 간이인도(민법 182조 2항)로 가처분 집행 중의 집행관과 채권자와의 사이의 점유대리관계를 해소 하면 본집행으로서의 집행관으로부터 채권자에의 인도는 완료된다.

마. 가처분 집행(집행관보관) 실무사례

(1) 건물의 현상유지가처분 집행에서 집행관의 건물 보관의무[377] 「昭和 53 大阪」
* 토지의 소유자에 의하여 지상건물의 소유자 겸 점유자에 관하여 가처분결정을 근거로 한 현상유지의 가처분 집행을 한바, 그 건물은 주물공장으로 이전부터 휴업 중이고 폐가 상태에 있으므로 관할 시장에 의하여 부근주민의 목소리를 대표하여 防火(방화) 防犯(방범)의 견지에서 위험에 대비해 울타리를 치는 등 적절한 조처를 해 달라는 취지의 신청이 있었다. 이 경우 어떻게 처리해야 하는가?
* 시장으로부터 요청된 적절한 조처를 하는 것이, 집행관의 건물 보관의무의 범위 내의 것이라고 할 수 있는가 어떤가의 문제이고, 다음과 같이 적극설과 소극설로 나누어지지만, 소극설이 유력하였다.

　[1] 적극설
　집행관은 적절한 조처를 하기 위하여 드는 비용(당연히 집행비용)을 예납시켜서 조처한다. 예납 하지 아니하면 집수규 10조 2항에 의하여 가처분집행 신청을 각하하고 집행해방을 한다.

　[2] 소극설
　집행관의 건물 보관의무는 본래 가처분당사자에게 대한 의무이고 대세적 의무는 아니다. 요구된 조치는 건물 자체의 보존행위는 아니라는 것이 명백하므로, 집행관은 당사자에 대하여 그와 같은 조처를 할 의무를 부담하지 않는다. 그와 같은 조치는 본래 채무자가 취해야 할 것이기 때문에, 집행관으로서는 채무자에게 그와 같은 요청이 있었던 취지를 전달하고 채무자가 그 지시에 따른 조처를 할 것을 용인하면 충분하다.

(2) 채무자 사용허가의 가처분집행과 사용지역의 범위[378] 「昭和 52 仙台」
* 집행관 보관, 채무자 사용허가의 가처분으로 채무자에게 목적 물건(건설 중기)의 사용을 허가한 경우, 채무자는 이것을 어디라도 이동시켜 사용할 수 있는가? 또

---

372) 日 最高裁判所 事務總局, 2011, 執行官事務(第4版), 「705」
373) 전게서, 「744」
374) 전게서, 「747」
375) 전게서, 「749」
376) 日 最高裁判所 事務總局, 1997, 執行官事務(第3版), 「808」

한, 지역을 정하여 사용을 허가하는 것으로 해야 하는가?
* 가처분결정의 주문에서 채무자의 사용지역을 정하고 있지 않은 경우에는 집행관이 그 보관책임에서 사용을 허가할 지역을 정할 수 있다고 하는 견해와 집행관의 권한으로 사용지역을 정하는 것은 허용되지 않는다고 하는 양설이 고려되지만, 어느 경우에도 사용 지역 또는 보관 장소를 집행관의 직무집행구역에서 현저히 원격지로 정하는 것은 집행관법 4조, 집수규 51조의3(현행규칙 104조 5항에 보면) 집행관 보관책임의 수행 등의 점에서 바람직하지 않다. 또한, 채무자가 집행관의 직무집행구역 외에서 사용한다고 인정되는 때는 집행재판소에 문의하여 그 허가 여부를 결정하여야 한다.

(3) 공동점유자의 1인에 대하여 집행관보관의 가처분집행 가부[379] 「昭和 50 奈良」
* 집행관 보관의 가처분집행 시에, 집행관이 목적물은 채무자와 제3자의 공동점유에 속한다고 판단한 경우 가처분 집행은 가능한가?
* 제3자의 동의가 있을 때, 또는 제3자가 제출을 거부하지 않는 때는 전부에 관하여 집행할 수 있다.

(4) 약품(상표 없는 앰풀 등)의 집행관 보관의 가처분에서 목적물의 특정[380] 「平成 3 德島」
* 특허권을 근거로 하여 동산(약품)의 집행관보관의 가처분집행사건에 대하여 목적물건의 특정은 어떻게 해야 하는가?
* 명령문에 목적물건의 표시로서 약품명의 기재가 있고 현물에 대하여 채권자, 채무자 쌍방에게서 당해 약품은 명령문기재의 물건과 같다는 취지 혹은 동일약품을 함유한 약품이라는 취지의 진술이 있는 경우에는 집행관으로서는 그들의 진술을 신용하여 가처분집행을 하고 조서에 그 취지를 기재하여 두면 좋다.

(5) 집행관 보관, 채무자 사용허가의 가처분에서 채무자의 소재불명과 보관장소 변경[381] 「昭和 49 新潟」
* 「집행관에게 그 보관을 명한다. 집행관은 현상을 변경하지 않을 것을 조건으로 하여 채무자에게 그 사용을 허가해야 한다.」라는 동산에 대한 가처분명령을 집행하고 채무자에게 사용을 허가하고 있는바, 그 후 채무자는 가처분 물건을 내버려둔 채로 이사하고 소재불명이 되었다. 이 경우 분실, 도난 등의 염려가 있다고 하여 채권자가 보관장소 변경을 신청한 때 보관장소를 변경함에는 재판소의 명령이 있어야 하는지?
* 가처분의 주문은 일차적으로 「집행관보관」을 명한 다음 「채무자에게 사용시킬 수 있다.」라고 한 것이라고 해석되기 때문에 그 취지에 반하지 않는 한 집행관은 보관장소를 변경할 수 있다. 다만 물건의 형상, 종래의 사용방법, 장소의 변경에

필요로 하는 비용, 채무자가 돌아와 다시 사용을 신청한 때의 편의 등을 고려하여 적절한 장소를 선정할 필요가 있다.

(6) 제3자가 일부를 점유하고 있는 부동산에 대한 집행관 보관 가처분의 집행방법[382]
「昭和 42 廣島」
* 부동산에 대한 채무자의 점유를 해제하고 집행관에게 보관을 명하는 가처분을 집행할 때, 목적부동산 일부를 제3자가 점유하고 있는 것을 발견한 때는 어떻게 처리해야 하는가?
* 제3자의 점유 부분을 제외한 부분의 집행이 가능하면 집행을 하여도 좋다. 그러나 그 부분을 제외하면 집행의 목적을 달성할 수 없는 때는 채권자에게 취하의 의사 유무를 확인하는 것이 상당하다. 이 경우 채권자는 제3자 포함 새로운 가처분결정을 얻게 될 것이다.

(7) 운송용 화물자동차의 인도 가처분집행 시 적재화물의 처리[383] 「昭和 58 執研」
* 운송용 화물자동차의 인도 가처분집행 사건에서 당해 자동차에 운송 중의 화물이 적재되어 있고 채무자는 화물의 수취를 거절하였다. 화물표 등으로 荷主(하주)와 수취인은 명백하다. 이 경우 집행관은 어떻게 처리해야 하는가?
* 일반적으로 자동차의 인도 가처분을 집행할 때, 그 내부에 목적물이 아닌 동산이 있는 때는 법 168조 4항을 준용하여 목적 외 동산으로써 처리하게 된다. 설문에서는 외관상, 적재화물이 제3자의 소유인 것은 명백하지만, 이 경우도 목적 외 동산으로서 보관함에 그치지 않고 緊急換價(긴급환가) 사유가 있을시 매각하여 공탁하는 것도 가능하다고 해석된다. 그러나 현실적인 처리로서는 荷主(하주) 및 수취인에게 연락하여 사안을 설명하고 직접 또는 채무자를 통하여 그 화물을 인수하도록 촉구하는 것이 상당하다.

(8) 집행관의 보관물건에 대한 보관책임과 권한[384] 「昭和 44 東京」
* 가처분 기타의 집행권원에 의하여 집행관보관에 부쳐진 물건에 대하여 집행관의 보관책임과 권한의 범위는 어떤가?
* 집행관의 보관책임에 관하여 최고재판소 판례는 상당히 엄격한 주의의무를 부담시키고 있다. 보관의 책임도 보관의 행태 등에 의하여 그 내용에 차이가 있을 것이다. 보관물품 점검에 관하여는 비용을 수반하므로 신청에 의하는 것이 통상이지만 보관기간이 장기간이거나 불량한 보관상태에 있는 것을 알게 된 때에는 직권으로도 점검하여야 하며 만일 보관 물건이 훼손되거나 없어진 경우에는 집행관으로서는 고발해야 한다.

(9) 집행관 보관, 채무자 사용허가 가처분의 목적물 점유가 제3자에게 이전된 경우 처리방법385)「平成 4 浦和」
* 가처분(집행관보관, 채무자사용허가)에 관련된 동산에 관하여 다른 채권자가 판결에 기초하여 위 동산의 인도를 청구한바, 채무자가 마음대로 인도하고만 경우 집행관은 어떤 조치를 해야 하는가?
* 점검하고 점유가 이전된 취지를 채권자에게 통지한다. 가처분의 효력으로서 회수하는 것은 불가능하고 민사보전법 52조, 49조 4항에 의하여 준용되는 법 127조에 의한 인도명령이나 인도를 위한 제2차 가처분에 관하여는 어느 것도 새로운 재판소의 명령에 따라야 한다.

(10) 가처분명령으로 보관 중인 高價(고가)의 동산에 대하여 집행관이 보험에 드는 것의 가부386)「昭和 39 仙台」
* 가처분명령에 따라 유체동산의 보관을 명받은 집행관은 위 유체동산에 관한 화재보험을 들을 수 있는지?
* 일반적으로 보험계약에 있어서는 보험계약자 또는 피보험자에게 중대한 과실이 있는 경우에 관하여 보험금지급에 관한 면책 규정이 있고 국가배상법상 집행관에게 중대한 과실이 있다고 하여 손해배상책임을 물어온 때는 보험에 의하여도 전혀 담보되지 않게 된다. 즉 그 피담보이익이 없으므로 소극으로 해석해야 한다. 보험에 들 필요가 있는 때에는 채권자 또는 채무자가 계약하는 것으로 충분할 것이다.

바. 가처분집행(부작위를 명한) 실무사례

(1) 부작위를 명한 가처분에서 공시를 명하는 것의 가부387)「昭和 43 高松」
* 부작위를 명한 가처분에서 집행관에게 그 취지의 공시를 하도록 명할 수 있는가?

---

377) 日 最高裁判所 事務總局, 2011, 執行官事務(第4版),「777」
378) 전게서,「757」
379) 전게서,「734」
380) 전게서,「742」
381) 전게서,「750」
382) 전게서,「765」
383) 日 最高裁判所 事務總局, 1997, 執行官事務(第3版),「465, 833」
384) 日 最高裁判所 事務總局, 2011, 執行官事務(第4版),「773」
385) 전게서,「782」
386) 전게서,「784」

* 공시를 명하는 것의 가부에 관하여는 ① 부작위를 명하는 가처분은 송달로 효력이 발생하고 그 효력은 당사자 간에 한정되므로 제3자에 대한 효과를 목적으로 한 공시는 위법하다고 하는 설, ② 공시의 필요성이 고도로 인정되는 경우는 가능하다고 하는 절충설, ③ 모든 경우에 공시를 명해도 좋다고 하는 적극설이 있지만, 係爭 중의 범위의 명확화, 제3자의 부당한 개입에 대한 규제, 채무자에 대한 심리적인 억제 등의 필요가 있는 때는 사실상 이들 효과를 기대할 수 있는 공시를 명하더라도 위법하다고 할 수 없다고 하는 절충설이 다수였다. 또한, 가처분명령으로 공시서를 명받은 때는 집행관은 이 명령에 따라야 한다고 하는 점에 대해서는 異論(이론)은 없었다.

(2) 통행방해금지가처분에서 채무자의 인적 방해가 예상되는 경우의 결정주문[388]

* 통행방해금지가처분에서 채무자의 인적 방해가 예상되는 경우의 결정주문에「채권자는 채무자가 전항의 의무를 위반하는 때에는 ○○ 지방재판소 집행관에게 원조를 구할 수 있다.」라는 취지를 기재하는 것의 당부
* 부작위의 수인의무를 부담하는 채무자가 인력으로 저항하는 경우에, 이것을 배제하는 방법으로서 신법하에서
① 부작위를 명하는 債務名義만으로 입회의 신정을 받은 집행관이 저항을 배제할 수 있다는 설,
② 부작위의 채무명의의 집행으로서 법 171조 1항에 의하여 집행재판소가 민법 414조 3항을 근거로 하여 방해배제의 수권결정을 한다는 설,
③ 부작위의 채무명의 외에 방해배제의 채무명의(가처분명령)를 얻는 것에 의하여 그 집행으로 방해행위의 배제를 할 수 있다고 하는 설,
④ 인적 저항의 배제는 불가능하다고 하는 설 등이 고려된다.
　③설과 ④설이 상당하다고 할 것이다. ③설을 택할 경우 가처분명령의 주문은 「채무자가 전항의 의무를 위반하는 때에는 채권자의 신청에 따라 집행관은 방해행위를 배제하기 위하여 적당한 조처를 할 수 있다.」라고 하는 것이 상당하다.
주: 채무자가 수인해야 할 의무를 부담함에, 채무자가 이것을 위반하는 경우(예컨대 통행방해금지, 반출방해금지가 명 되었음에도 채무자가 출입하는 등 인력에 의하여 방해행위를 계속하는 경우)에는 일본 구법하에서는 채권자의 신청에 따라 집행관이 입회하고 채무자의 저항을 배제하게 되어 있었지만 신 민사집행법 및 민사집행규칙에서는 이 규정이 규정되지 않은 점에서 이 같은 경우에는 간접강제에 의하여 이행을 확보할 수밖에 없다고 해석되고 있다(田中 해설 377면).
　다만 부작위를 명하는 채무명의에 의한 수권결정으로서 집행관에 대하여 방해배제를 명한 경우, 또는 부작위를 명한 가처분명령의 주문에서 집행관에게 방해배제를 명한 경우에는 집행관은 저항을 배제해야 한다고 해석되고 있다(調解 531면).

> 또한, 부작위를 명한 가처분에서「집행관은 이 가처분의 취지를 실현함에 있어 적당한 조치를 하여야 한다.」라고 하는 재량권을 부여하는 내용의 명령이 발령된 것에 대하여 집행관은 법률에 정한 바에 따라서 재판이 명하는 바를 충실하게 집행하는 직무를 가질 뿐이고 그 재판을 실현하기 위하여, 예컨대 적당한 조치라고 생각되는 것이더라도 법률에 정해진 이외의 행위를 자기의 재량에 의하여 자유롭게 할 수 있는 것은 아니다.

3. 부동산에 대한 점유이전금지의 가처분 집행

가. 의 의

부동산에 대한 인도청구권을 보전하기 위한 다툼의 대상에 관한 가처분의 일종으로서, 목적물의 주관적(인적), 객관적(물적) 현상변경을 금지하고자 함을 목적으로 한다. 우리 민사소송법은 당사자 승계주의(承繼主義)를 취하고 있어 변론종결 전의 승계인에게는 판결의 효력이 미치지 아니하므로 인도청구의 본안소송 중 목적물의 점유가 이전되면 그대로 본안소송에서 패소할 수밖에 없고, 따라서 새로이 그 제3자를 상대로 하여 소를 제기하든가 아니면 민사소송법 82조 등에 의하여 위 제3자에게 소송을 인수시켜 소송을 유지할 수밖에 없다.

그러나 점유이전금지가처분을 받아 두면 그 이후에 점유를 이전받은 사람은 가처분채권자에게 대항할 수 없고, 당사자가 항정(恒定) 되므로 위와 같은 미리 헤아릴 수 없는 손해를 예방할 수 있다.

또한, 이 가처분은 가처분 집행 당시 목적물의 현상을 본 집행 시까지 그대로 유지함을 목적으로 한다. 즉, 목적물에 관하여 객관적 현상변경(물리적 변경)이 이루어지면 채권자가 승소의 확정판결을 얻어도 변경 후의 목적물의 현상이 판결에서 표시된 물건과 동일성을 잃을 정도의 것이면 그 판결에 기초한 강제집행은 불능이 되고 동일성을 잃을 정도까지는 되지 않는다 하더라도 집행에 더 큰 비용이 필요하게 되는 등 강제집행이 곤란하여질 염려가 있고, 채무자가 본안소송에서 토지, 건물 등의 목적물에 변경을 가하고는 이를 이유로

---

387) 日 最高裁判所 事務總局, 1997, 執行官事務(第3版),「852」
388) 日 最高裁判所 事務總局, 2011, 執行官事務(第4版),「451」

비용 상환청구권(민법 203조) 등의 행사에 의한 유치권의 항변을 할지도 모르므로 이를 방지하기 위하여서도 이 가처분은 필요하게 된다.

나. 점유이전금지가처분의 피보전권리(被保全權利)

피보전권리로 소유권에기한 인도청구권, 점유권에기한 인도청구권, 제한물권(질권·지상권·지역권 등)을 근거로 한 인도청구권, 매매계약에기한 인도청구권, 임대차·사용대차에기한 인도청구권, 건물철거 및 토지인도청구권, 사해행위취소권에기한 인도청구권 등이 점유이전금지가처분의 피보전권리가 될 수 있을 것이다.

피보전권리로 소유권에기한 인도청구권은 채무자에게 대항할 수 있는 한 물권이든 채권(임차권 등)이든 관계없다. 다만 건물퇴거, 토지인도청구권을 피보전권리로 하는 경우 건물점유자에게는 건물에 대하여만 점유이전금지가처분을 하면 충분하고 토지에 대하여는 원칙적으로 불필요하다.

한편 타인의 토지 위에 건립된 건물로 그 토지의 소유권이 침해되는 경우 그 건물을 철거할 의무가 있는 사람은 그 건물의 소유권자나 그 건물이 미등기건물일 때에는 이를 매수하여 법률상 사실상 처분할 수 있는 사람이고, 점유이전금지가처분이 목적물의 처분을 금지 또는 제한하는 것은 아니므로, 건물과 토지에 대한 점유이전금지가처분만으로는 건물철거청구권을 보전할 수 없게 된다. 관련 판례는 아래와 같다.

> **대법원 1987. 11. 24. 선고 87다카257, 258 판결**
> [판시사항]
> 나. 타인의 토지 위에 건립된 건물의 철거의무자
> 다. 점유이전금지가처분의 효력
>
> [판결요지]
> 나. 타인의 토지 위에 건립된 건물 때문에 그 토지의 소유권이 침해되는 경우 그 건물을 철거할 의무가 있는 사람은 그 건물의 소유권자나 그 건물이 미등기건물일 때에는 이를 매수하여 법률상, 사실상 처분할 수 있는 지위에 있는 사람이다.
> 다. 점유이전금지가처분은 그 목적물의 점유이전을 금지하는 것으로서, 그럼에도 점유가 이전되었을 때에는 가처분채무자는 가처분채권자에 대한 관계에 있어서 여전히 그 점유자의 지위에 있는 것일 뿐 목적물의 처분을 금지 또는 제한하는 것은 아니다.

다. 보전의 필요성

점유이전금지가처분에서의 보전의 필요성이란 채무자가 목적물에 대한 물적 현상을 변경하거나 점유를 이전할 우려가 있어 미리 가처분을 해두지 않으면 현상변경으로 채권자가 인도청구권을 실행하지 못하거나 이를 실행하는 것이 현저히 곤란할 염려가 있는 때에 이를 허용한다. 이 요건에 관하여는 구체적으로 주장하고 소명되어야 한다.[389)]

이 가처분은 통상 집행관에게 보관을 명할 뿐 채무자의 사용을 금지하지 않으므로 그 집행 때문에 채무자가 받는 불이익은 적지만, 이 가처분만으로 채권자의 집행보전 목적을 충족시켜 주기 때문에 실무상 처분금지가처분과 함께 가장 많이 이용되고 있고, 보전의 필요성도 다른 가처분에 비하여는 상당히 완화하여 해석하고 있는 경향이다.

임차인이 점유를 이전할 태세를 취하지 아니함에도 임대차계약 직후에 임대인이 임차인을 상대로 점유이전금지가처분을 구하는 경우에 보전의 필요성이 있다고 할 수 있는가? 실무상 영업용 건물을 임대한 경우에 많이 신청되고 있으나 임대인이 소유자인 경우에는 보전의 필요성을 쉽게 인정하기 어려울 것이다. 임대차종료 시의 인도를 위한 제소전화해가 있는 경우에는 실무상 제소전화해의 인도권원을 소유권으로 명시한 경우는 물론, 인도권원을 소유권으로 명시하지 않은 경우에도 제소전화해의 신청원인에 임대인이 소유자라는 사실을 명시한 경우에는 제소전화해 이후에 점유를 승계한 자에 대하여 승계집행문을 부여하고 있는 것이 다수의 실무이므로 제소전화해와 별도로 점유이전금지가처분을 인정할 보전의 필요성이 없다. 제소전화해가 없는 경우에도 임차인이 점유를 이전하면 임대인은 소유자로서 제3자를 상대로 언제든지 인도청구를 할 수 있고, 가처분의 집행으로 임차인의 정상적인 영업에 상당한 지장을 주게 되는 점을 고려하여 특별한 사정이 없으면 보전의 필요성을 인정하지 않는 것이 실무이다. 그러나 임대인이 소유자가 아닌 경우에는 임차인이 점유를 이전할 경우 새로운 점유자에 대하여 인도를 구할 권원이 없는 경우가 많으므로 보전의 필요성을 비교적 쉽게 인정하고 있다.[390)]

---

389) 대판 1955. 7. 21. 4288민상31
390) 법원행정처, 2014, 법원실무제요, 민사집행(Ⅳ), 325면.

라. 신 청

가처분신청은 서면으로 하여야 하며 그 요건은 민사집행법 279조에 기재되어 있고 가처분 신청에도 같은 조가 준용된다. 가처분신청을 함에는 목적부동산을 명백히 특정하여야 한다. 가처분의 집행방법으로서 등기가 필요하지 아니하므로 미등기부동산이라도 그 목적물이 될 수 있다. 부동산 일부를 목적물로 삼을 때에는 도면, 사진 등으로 그 계쟁 부분을 특정하여야 한다. 그러나 그 특정의 정도는 가처분의 범위를 정할 수 있는 정도면 충분하므로 정확한 측량도면을 첨부할 필요는 없다.

간혹 채무자가 점유하는 부분을 정확히 알 수 없다고 주장하면서 건물 전체에 관한 점유이전금지가처분을 구하는 경우가 있으나 공동점유에 있어서 점유 부분을 구체적으로 구분하기 어려운 경우와 같이 예외적인 경우가 아닌 한 허용하지 아니하는 것이 실무이다. 채무자가 부동산을 계속 사용하도록 하는 형태의 점유이전금지가처분 담보공탁금은 통상 목적물 가액의 1/20로 정하는 것이 실무이므로 목적물 가액을 계산할 수 있는 자료를 첨부하여야 한다.

마. 주문례

(1) 기본형

> 1. 채무자는 별지 목록 기재 부동산에 대한 점유를 풀고 이를 채권자가 위임하는 집행관에게 인도하여야 한다.
> 2. 집행관은 현상을 변경하지 아니할 것을 조건으로 하여 채무자에게 이를 사용하게 하여야 한다.
> 3. 채무자는 그 점유를 타인에게 이전하거나 점유 명의를 변경하여서는 아니 된다.
> 4. 집행관은 위 명령의 취지를 적당한 방법으로 공시하여야 한다.

신청취지 중에는 위 주문례 중 일부를 빠뜨리거나 제2문을 "집행관은 … 채무자에게 이를 사용하게 할 수 있다."와 같이 집행관에게 사용허락 여부에 관한 재량을 주는 식으로 기재하는 때도 있는데, 보정명령 등을 통하여 정정하도록 하여야 한다. 제2문을 생략하게 되면 점유이전금지가처분이 임시의 지위를 정하는 가처분의 일종인 채무자의 점유사용을 배제하는 사용금지가처분 또는 인도단행가처분과 같은 것이 되는데, 양자는 심리방식, 소명의 정도, 담보액의 정도 등을 달리하므로 주의하여야 한다.

(2) 응용형

(가) 점유이전금지가처분은 단순한 점유이전·현상변경의 금지 외에 부수적인 다른 목적을 첨가해 신청되기도 하며, 이때에는 점유이전금지가처분의 기본적 주문례에 부가되는 각 목적에 따른 주문이 덧붙여진다. 즉, 채무자에게 사용을 허용하여야 한다는 문구 다음에 "채무자는 이 사건 토지 위에 건물이나 그 밖에 공작물을 건축하여서는 아니 된다." 또는 "채무자는 이 사건 토지 위에 건축 중인 건물에 관하여 건축공사를 중지하고 이를 계속하여서는 아니 된다." 또는 "집행관은 채무자에게 건축공사 중의 건물의 완성을 허용한 다음 채무자에게 사용하게 하여야 한다."고 기재하기도 한다.

그리고 이 가처분에 있어서 "이 가처분명령 위반의 행위가 있는 때에는 집행관은 이의 제거를 위하여 적당한 처분을 할 수 있다."든가 "채무자가 현상을 변경하면 집행관은 채무자의 사용을 금지하고 목적물을 직접 보관하여야 한다."라는 등의 조항을 부가하여 객관적 현상변경이 있는 경우 집행관이 이 가처분명령으로 위반물건의 제거 또는 채무자의 퇴거 강제를 할 수 있는가의 문제가 있으나, 이러한 위반의 제거는 민사집행법 260조, 262조에 따라 채무자를 심문한 다음에 하여야 하므로 가처분법원이 처음부터 가처분명령에 이러한 처분을 명하는 것은 타당하지 않다.

(나) 때에 따라서는 채무자의 사용을 허용하지 않고 집행관 보관만을 명하거나 더 나아가 채권자의 사용을 허용하는 수도 있다. 그러나 이와 같은 주문은 실질적으로 명도·인도의 단행을 명하는 단행가처분과 같은 것이므로 신중히 하여야 하며, 집행관보관·채권자사용의 가처분을 할 때에는 원칙적으로 변론기일 또는 채무자가 참석할 수 있는 심문기일을 열어야 한다(민집 304조).

바. 집행과 그 효력

채권자가 가처분재판의 정본을 가지고 집행관에게 집행을 위임함으로써 집행한다. 집행관은 채권자, 채무자 또는 그 대리인의 참여하에 목적물이 집행관의 보관하에 있음을 밝히는 공시를 목적물의 적당한 곳에 붙이고 채무자에게 가처분의 취지를 알림으로써 집행을 한다. 이 공시는 집행관보관 효력의 발생, 존속요건이 아니고, 또한 대항요건도 아니며, 단지 제3자의 개입으로 집행상태의 침해라든가 효과의 감소를 방지하고, 나아가 본안판결의 집행으로 불이익을 입을지도 모른다는 취지를 제3자에 경고하는 효과가 있는데 지나지 아니한다.

다만 이 공시서를 망가뜨리면 형법 140조 등이 적용된다. 집행관이 그 집행을 하면 집행조서를 작성한다. 통상의 점유이전금지가처분은, 가처분집행 당시 목적물의 현상을 본 집행 시까지 그대로 유지함을 목적으로 하여 그 목적물의 점유이전과 현상의 변경을 금지하는 것에 불과하여, 이러한 가처분결정이 있었음에도 점유가 이전되었을 때에는 가처분채무자는 가처분채권자에 대한 관계에서 여전히 그 점유자의 지위에 있는 것으로 취급되는 것일 뿐 가처분집행만으로 소유자에 의한 목적물의 처분을 금지 또는 제한하는 것은 아니다.

따라서 점유이전금지가처분의 대상이 된 목적물의 소유자가 그 의사를 근거로 하여 가처분채무자에게 직접점유를 하게 한 경우에는 그 점유에 관한 현상을 고정하는 것만으로 소유권이 침해되거나 침해될 우려가 있다고 할 수 없고, 소유자의 간접점유권이 침해되는 것도 아니므로 간접점유자에 불과한 소유자는 직접점유자를 가처분채무자로 하는 점유이전금지가처분의 집행에 대하여 제3자이의의 소를 제기할 수 없다.[391]

사. 집행관 점유의 성질

집행관의 점유는 공법적인 성질을 가진 점유이고 따라서 가처분의 집행으로 목적물이 집행관의 점유 아래 있다고 하더라도 채무자 사법상의 점유는 상실되지 않는다. 즉 취득시효의 진행 등에 관하여 채무자는 점유를 잃은 것으로 취급되지 않는다.

아. 가처분의 경합

가처분은 그 내용이 다양하므로 상호 모순·저촉되지 않는 범위 내에서만 경합이 허용된다.[392] 수 개의 가처분이 서로 모순·저촉되는지는 당사자, 피보전권리, 보전의 필요성, 주문 또는 신청취지 등을 비교하여 판단한다. 예를 들면, 갑의 을에 대한 건물의 집행관 보관, 채무자 사용의 점유이전금지가처분과 병

---

391) 대판 2002. 3. 29. 2000다33010
392) 대판 1999. 3. 23. 98다59118

의 갑에 대한 건물철거 및 을에 대한 건물퇴거의 가처분은 경합될 수 있다.

반면, 동일 건물에 대하여 甲의 채무자를 상대로 한 집행관 보관, 채무자 乙 사용의 점유이전금지가처분(제1차 가처분)이 집행된 후에, 丙의 채무자 丁을 상대로 집행관 보관, 채무자 丁 사용의 점유이전금지가처분(제2차 가처분)이 다시 발령되어 집행된 경우, 양자는 비록 당사자는 서로 다르다 할지라도 각기 서로 다른 채무자에게 같은 건물의 사용을 허락한 한도 내에서 모순·저촉된다. 이러한 경우 제2차 가처분의 집행은 불허되어야 할 것인데, 만일 집행되었다면 제1차 가처분채권자는 실체법상의 권리를 근거로 하여 제3자이의의 소를 제기할 수 있음은 물론이나 이에 의하지 아니하고 집행에 관한 이의로써 제2차 가처분의 집행 배제를 구할 수 있다.[393]

자. 현상변경 시의 조치

(1) 객관적 현상변경의 경우

(가) 의의

기본형의 점유이전금지가처분이 있으면 채무자는 목적물의 객관적 현상변경을 할 수 없다. 어느 정도까지의 현상변경이 객관적 현상변경으로 허용되지 않는 것인가는 가처분의 목적과 관련하여 구체적으로 결정할 수밖에 없는데, 목적물인 건물을 증·개축하여 동일성을 상실하게 하는 것, 동일성은 상실하지 않더라도 과다한 유익비의 상환의무를 부담시키는 것, 본래의 용도에 맞지 않게 고치는 것 등과 대지 상에 건물을 축조하는 것, 인야를 개간하여 대지로 조성하는 것 등은 현상변경에 해당하나, 단순히 목적물의 현상을 보존하기 위하여 수선한다거나 점포 등의 내부 장식을 바꾸는 정도 등은 현상변경에 해당하지 않는다.

객관적인 현상변경 여부는 본안판결의 강제집행이 불능 또는 현저하게 곤란하여졌는가, 즉 피보전권리의 실현에 지장을 받는가의 관점에서 건전한 사회통념에 따라 판단하여야 한다.[394] 가처분명령 주문에 채무자에게 목적물건의 사용을 허용한 경우 통상의 용법에 따라 사용하던 중 일어난 변경은 현상변경에 포함되지 않는다고 보아야 한다.

---

393) 대결 1981. 8. 29. 81마86
394) 한국 사법행정학회, 2012, 주석 민사집행법(Ⅶ), 704면.

그 사례로 목적물이 주택인 경우 채무자가 거주를 위하여 다소의 변경을 가한 때에는 현상변경으로 볼 수 없는 경우가 많을 것이다. 목적물의 보존을 위하여 변경을 가한 경우 즉 비막이를 수리하고 종전과 같이 주택을 수리하고 계속 사용하는 것은 현상변경에 해당하지 않지만, 주택을 증·개축하거나 지상에 건물을 신축하는 행위는 현상변경에 해당한다.

(나) 원상회복의 가부와 방법

채무자가 가처분에 위반하여 목적물의 현상을 객관적으로 변경한 경우 집행관이 채무자에 대하여 원상회복을 경고하는 것은 가능할 것이다. 문제는 채무자가 이러한 집행관의 경고에 따르지 아니할 경우 집행관이 그 변경을 제거하여 원상회복할 수 있느냐 하는 것이다.

이에 관하여는 ① 언제든지 자력으로 할 수 있다는 견해(집행관 제거설), ② 이 가처분의 취지를 채무자에 대하여 현상변경의 부작위의무를 과한 것으로 보고 부작위의무에 관한 강제집행 방법(민집 260조)을 준용하여 민법 389조 3항을 근거로 한 수권결정을 얻어 원상회복의 강제집행을 할 수 있다는 견해(집행명령설), ③ 새로운 가처분에 의하여야 한다는 견해(신 가처분명령설), ④ 현상이 변경 중이거나 변경 직후인 때에는 자력구제가 가능하나 이미 기정사실로 되었을 때에는 위 집행명령이 필요하다는 견해(절충설) 등으로 나누어지고 있으나, ②의 집행명령설 견해가 타당하다.

보전처분 신청사건의 사무처리요령(재민 2003-4) 제11조도 "채무자의 점유를 풀고 집행관에게 보관하게 하고 현상을 변경하지 않는 조건으로 채무자에게 사용을 허가한 취지의 가처분 집행으로 목적물을 보관 중인 집행관은 채무자의 현상변경(사용자의 변경, 목적물의 훼손 등)을 이유로 채무자의 사용을 중지하게 하기 위해서는 발령법원이나 그 상소심법원의 집행명령을 받아야 한다."고 규정하고 있다. 다만 수권결정을 받는데 너무 시간이 걸려 보전의 필요성이 있는 경우에는 제2차 가처분의 신청도 허용된다.

(다) 채무자 퇴거의 가부와 방법

채무자가 목적물의 객관적 현상을 변경한 경우(주관적 현상을 변경한 경우, 특히 그 점유의 일부를 제3자에게 이전한 경우에도 같은 문제이다) 이를 사용허가조건 위반이라고 하여 채무자의 사용을 금하고 집행관이 직접 보관할 수 있는가. 이에 관하여는 적극설과 소극설이 있고, 소극설에는 ① 민사집행법 260조, 민법 389조 3항의 집행명령을 얻어야 한다는 집행명령설과 ② 집행관 보관의 새로운 가처분이 있어야 한다는 신 가처분명령설이 있다.

신 가처분명령설은 근거로서 점유이전금지가처분은 목적물에 대한 현상유지를 목적으로 하는데 그치고, 그 변경결과를 제거하는 것만으로 충분하며, 위 가처분명령에는 채무자를 퇴거시키는 주관적 변경까지 할 수 있다는 취지는 포함되어 있지 아니하고, 또한 민법 389조 3항의 '장래에 대한 적당한 처분'에 해당된다고 보기도 어려워 집행명령설을 취함은 부당하다는 것을 들고 있다. 소극설 중에서도 이 신 가처분명령설이 타당하다.

(2) 주관적 현상변경의 경우
(가) 의의

집행관 보관, 채무자 사용형의 가처분이 집행된 뒤에 채무자가 임대·전대·임차권양도·사용대차·매도·증여 등으로 제3자에게 목적물의 전부 또는 일부의 점유를 이전하거나 제3자가 채무자의 의사와는 상관없이 점유하게 된 것을 말하며 이 경우에 집행관이 별개의 집행권원 없이 제3자를 퇴거시킬 수 있는가에 관하여도 견해가 대립된다.

(나) 제3자에 대한 퇴거의 강제

주관적 현상변경의 경우 본 집행 전 가처분단계에서 점유취득자인 제3자의 퇴거를 강제할 수 있는가, 있다면 어떠한 방법에 따라야 할 것인가에 관하여는 견해가 난립하고 있다.

판례는 점유이전금지가처분은 그 목적물의 점유이전을 금지하는 것으로서 그럼에도 점유가 이전되었을 때에는 가처분채무자는 가처분채권자에 대한 관계에 있어서 여전히 그 점유자의 지위에 있다는 의미로서의 당사자 항정(恒定)의 효력이 인정될 뿐, 가처분 이후에 매매나 임대차 등을 근거로 하여 가처분채무자로부터 점유를 이전받은 제3자에 대하여 가처분채권자가 가처분 자체의 효력으로 직접 퇴거를 강제할 수는 없고, 가처분채권자로서는 본안판결의 집행단계에서 승계집행문을 부여받아서 그 제3자의 점유를 배제할 수 있다고 한다.[395]

---

[395] 대판 1999. 3. 23. 98다59118

차. 점유이전금지가처분 관련 실무사례

(1) 점유이전금지가처분의 목적 건물의 동일성[396] 「昭和 81 長崎」

집행 대상 건물이 수동(등기부와 일치)이지만 집행관이 현장에 임한바 그 수동의 건물은 합동되고 1개의 건물로 보이는 상황이다. 이 경우 채무자가 현황건물이 가처분명령 표시의 수동의 건물을 합동한 것임을 인정하고 나아가 점유를 인정하는 경우 집행을 해도 좋은가?

* 집행관이 건물의 소재, 구조, 종류, 연면적, 건축시기, 소유자, 점유자, 합동의 방법, 증·개축 부분의 면적, 기타의 제반 사정에 비추어 가처분결정 표시의 목적건물과 현존하는 건물이 같다고 판단되는 경우에는 집행해도 무방하다. 또한, 채무자가 합동한 것과 그 점유를 인정한 것 등의 사실은 동일성 인정의 하나의 자료로 보아야 한다.

(2) 자동차에 대한 점유이전금지, 집행관보관 가처분의 집행방법[397] 「平成 8 執硏」

* 소유자와 자동차수리공장주(자동차를 수리 점유 중)를 채무자로 하는 자동차에 대한 가처분(점유이전금지, 집행관보관) 집행사건에서 집행장소에 임한바 수리 중으로 자동차 바퀴가 1개 제거되어 보관장소까지 이동할 수 없는 상태에 있는 자동차에 대하여 가처분 집행은 어떻게 해야 하는가?

* 점유이전금지의 가처분 명령이 집행관에게 보관을 명할 뿐이고 채무자에게 목적물의 사용을 허가하는 취지가 주문에 없는 경우에는 채무자의 점유를 박탈하는 것이 가처분의 목적을 달성하기 위하여 필요한 경우라고 해석되기 때문에 채무자에게 보관을 맡겨서는 안 되고 집행관이 스스로 보관하든가 사정에 따라서 적당한 제3자를 보관인으로 선임하여 보관시켜야 한다.

또한, 자동차의 보관장소는 보전명령에서 정함이 없으면 집행관의 담당구역 내 장소를 집행관의 재량으로 보관장소를 정할 수 있다. 따라서 설문에서 차바퀴를 바로 부착할 수 있는 경우에는 부착시킨 다음에 보관 장소로 이동해야 한다.

한편 수리에 장시간을 요구하는 경우에는 보관장소에의 이동이 곤란하기 때문에 집행을 중지하는 실무처리도 고려되지만, 채무자는 자동차수리공장주이고 단지 자동차 수리를 위해 점유하고 있는 것이기 때문에 은닉 등을 고려하기 어렵다고 생각되므로 공시서를 부착하는 등 필요한 집행을 하고 이동할 수 있을 시 신속하게 보관장소로 이동시키는 것이 상당하다. (자동차 수리에 관하여는 보존행위이기 때문에 채무자 사용이 인정되지 않을 때에는 가능하다고 해석된다)

(3) 점유이전금지가처분 취소 결정을 다시 취소하는 결정이 이루어지면 애초의 점유이전금지 가처분 집행의 효력이 되살아나는지?[398]

가처분 결정에 따라 점유이전금지가처분 집행을 위한 집행관 보관의 공시 이후 그 가처분결정을 취소하는 결정에 따라 그 집행이 취소되었으면 이후 그 취소 결정을 취소하고 1심 결정을 인용하는 대법원 결정이 있는 경우 채권자가 다시 집행위임을 하여야 하는지 아닌지와 그에 따른 집행관의 가처분 공시행위가 필요한지?

* 가처분 결정을 취소하는 결정에 대하여 즉시항고가 있더라도 집행정지의 효력이 없으므로 특별한 사정이 없으면 즉시 효력이 생긴다(민집 제310조, 제301조). 따라서 애초의 가처분결정에 따른 집행관의 공시 등 집행처분은 가처분을 취소하는 결정을 채무자가 제출함에 따라 공시서 등을 제거하는 등의 방법에 따라 그 가처분의 외관이 제거되게 되고, 따라서 그 이후 위 가처분 취소 결정이 다시 취소되고 원래의 가처분결정이 인용될 때도 애초의 가처분집행이 되살아나는 것은 아니라고 할 것이다.

그러므로 채권자는 가처분결정을 취소하는 결정에 터 잡아 다시 집행관에게 가처분집행을 위임하여야 하고, 이 경우에도 채권자가 가처분취소결정을 취소하는 결정을 송달받은 때로부터 14일이 지나면 집행시효의 도과로 집행할 수 없게 된다(민집 제298조, 제292조 제2항, 주석 민사집행법Ⅶ 657면, 2015 집행관업무자료집Ⅳ 2013-28).

4. 공사금지가처분 등과 집행관의 사무

가. 개 요

건축공사 때문인 지반침하, 주택붕괴의 위험 또는 일조나 조망, 경관 기타 생활이익의 침해를 이유로 건물의 공사금지(또는 공사 중지)를 구하거나 그 건축에 대한 방해금지를 구하는 것과 같이 건물의 공사와 관련된 가처분과 일정한 토지·건물에 채무자가 진입·통행하는 것을 금지하는 가처분은 채무자가 일정한 적극적 행위를 하는 것을 금지하는 부작위를 명하는 가처분이다. 성질상 임시의 지위를 정하기 위한 가처분에 속한다.

토지이용권을 둘러싼 소규모 건축에 관한 분쟁에서뿐만 아니라 일조·조망·소음 등 환경권과 차량정체나 주차난 등 무형의 생활상의 불이익 등을 이유로 하여 아파트나 빌딩 등 대규모 건축물에 대한 공사금지를 구하는 가처분도 많이 제기되고 있다.

---

396) 日 最高裁判所 事務總局, 2011, 執行官事務(제4판), 「409」
397) 전게서, 「733」
398) 전국법원집행관연합회, 2024, 집행관업무편람, 394면

이러한 공사금지가처분 등이 집행관의 업무와 관계를 갖게 되는 경우는 부작위를 명하는 가처분에 집행관 보관명령이 부가된 경우와 가처분에 대한 채무자의 위반행위가 물적 상태를 남기는 경우에 대체집행의 방법으로 채무자의 의무를 강제하는 경우이다.

나. 가처분의 유형에 따른 피보전권리와 보전의 필요성
(1) 건축공사금지가처분
(가) 토지의 이용권에 기초한 것

다른 사람이 권원 없이 건물을 건축하는 경우에 부지의 소유자나 점유자는 방해배제 또는 방해예방청구권을 근거로 하여 건축공사의 금지(또는 중지)를 구할 수 있다.

(나) 인접 토지·건물 소유자의 물권적 청구권에 기초한 것

건물을 건축하기 위하여 지하굴착공사를 시행함으로써 인접지의 지반이 붕괴 또는 내려앉거나 인접 건물에 균열이 발생한 경우, 또는 그러한 염려가 있는 경우에 그 인접 토지나 건물의 소유자는 건축주나 시공자를 상대로 하여 공사금지가처분을 구할 수 있다.

지하굴착공사가 종료된 시점에서 잔여공사의 금지를 구하는 가처분이 가능한가. 판례는 토지의 소유자가 예방공사를 하지 아니한 채 굴착공사를 함으로써 인접 대지의 일부 침하와 건물균열 등의 위험이 발생하였다 하더라도 나머지 공사의 대부분이 지상건물의 축조이어서 이제는 굴착공사의 필요성이 없다고 보이고, 침하와 균열이 이제는 확대된다고 볼 사정이 없다면 공사중지가처분을 허용하여서는 아니 된다고 한다.[399]

그 이유는 건물균열의 원인이 된 지하굴착행위는 이미 끝났기 때문에 소유물에 대한 방해 행위는 이제는 현존하지 아니하여 방해제거청구권은 존재하지 아니하고 현재 진행 중인 지상공사로는 건물에 새로운 피해를 가져올 위험이 없으므로 방해예방청구권도 존재하지 않기 때문이다. 그러나 이에 대하여는, 채권자의 건물 등에 발생한 피해에 대한 보수의 지연으로 손해의 확대 등 사람의 생명, 신체나 재산에 커다란 위험과 손해를 가져올 우려가 있음에도

---
399) 대판 1981. 3. 10. 80다2832

채무자로 하여금 채권자의 손해를 전보함이 없이 자기의 공사만 계속하도록 놓아두는 것은 정의와 형평의 관념에 반한다는 등의 이유로 반대하는 견해도 있다.

(다) 상린관계에 기초한 것

특별한 사정이 없으면 토지의 경계로부터 0.5m 이상의 거리(경계로부터 건물의 가장 돌출된 부분까지의 거리를 말한다)[400]를 두고 건축하여야 하므로 인접지 소유자는 이에 위반한 자에 대하여 건물의 변경이나 철거를 청구할 수 있다(민법 242조 1항, 2항 본문). 다만 건축에 착수한 후 1년이 경과하거나 건물이 완성된 후에는 손해배상청구만 가능하므로(민법 242조 2항 단서), 이때에는 상린관계 규정의 위반을 이유로 건축금지가처분을 구할 수 없다. 한편 건축법 59조 1항 1호, 건축법시행령 81조 1항 1호에 비추어 볼 때 상업지역에서는 민법 242조 가 적용되지 아니한다고 해석함이 상당하다.[401]

(라) 일조권 등의 환경권을 근거로 한 것

① 환경권을 근거로 한 방해배제청구권

일조권·조망권 등의 침해를 이유로 하는 공사금지가처분의 피보전권리에 관하여는 물권적 청구권설, 인격권설, 불법행위설, 환경권설, 상린관계설 등의 견해가 대립하고 있으나, 환경권은 명문의 법률규정이나 관계 법령의 규정 취지 및 조리에 비추어 권리의 주체, 대상, 내용, 행사 방법 등이 구체적으로 정립될 수 있어야만 인정되는 것이므로, 사법상의 권리로서의 환경권을 인정하는 명문의 규정이 없는 이상 원칙적으로 환경권을 근거로 하여 직접 방해배제청구권을 인정할 수 없다는 것이 확립된 판례이다.[402]

② 일조권 침해

건물의 신축 때문에 그 이웃 토지 상의 거주자가 직사광선이 차단되는 불이익을 받는 경우에 그 신축행위가 정당한 권리행사로서의 범위를 벗어나 사법상 위법한 가해행위로 평가되기 위해서는 그 일조방해의 정도가 사회 통념상

---

400) 대판 2011. 7. 28. 2010다108883
401) 대판 2001. 10. 23. 2001다45195
402) 대판 1997. 7. 22. 96다56153, 대결 2006. 6. 2. 2004마1148, 1149 등

일반적으로 인용하는 수인한도를 넘어야 한다.

건축법 등 관계 법령에 일조방해에 관한 직접적인 단속법규가 있다면 그 법규에 적합한지 아닌지가 사법상 위법성을 판단함에 있어 중요한 판단자료가 되지만, 이러한 공법적 규제는 최소한도의 기준이므로 건물이 건축 당시의 공법적 규제에 형식적으로 적합하다고 하더라도 현실적인 일조방해의 정도가 현저하게 커 사회 통념상 수인한도를 넘은 경우에는 위법행위로 평가될 수 있으며, 일조방해 행위가 사회 통념상 수인한도를 넘었는지는 피해의 정도, 피해이익의 성질 및 그에 대한 사회적 평가, 가해 건물의 용도, 지역성, 토지이용의 선후관계, 가해 방지 및 피해 회피의 가능성, 공법적 규제의 위반 여부, 교섭 경과 등 모든 사정을 종합적으로 고려하여 판단하여야 한다.403)

③ 조망권 침해

어느 토지나 건물의 소유자가 종전부터 누리고 있던 경관이나 조망이 그에게 하나의 생활이익으로서의 가치를 가지고 있다고 객관적으로 인정된다면 법적인 보호의 대상이 될 수 있다.404) 이와 같은 조망이익은 원칙적으로 특정의 장소가 그 장소로부터 외부를 조망함에 있어 특별한 가치를 가지고 있고, 그와 같은 조망이익의 향유를 하나의 중요한 목적으로 하여 그 장소에 건물이 건축된 경우와 같이 당해 건물의 소유자나 점유자가 그 건물로부터 누리는 조망이익이 사회 통념상 독자의 이익으로 승인되어야 할 정도로 중요성이 있다고 인정되는 경우에 비로소 법적인 보호의 대상이 되고, 그와 같은 정도에 이르지 못하는 조망이익의 경우에는 특별한 사정이 없으면 법적인 보호의 대상이 될 수 없다.405)

판례는 피고가 신축하는 아파트 용지에 있던 종전 5층 아파트의 뒤에 그보다 높은 원고들 거주의 10층 건물이 세워져 한강 조망을 확보한 경우와 같이 보통의 지역에 인공적으로 특별한 시설을 갖춤으로써 누릴 수 있게 된 조망의 이익은 법적으로 보호받을 수 없다고 한다.406)

---

403) 대판(전) 2008. 4. 17. 2006다35865, 대판 2011. 4. 28. 2009다98652 등
404) 대판 1997. 7. 22. 96다56153
405) 대판 1997. 7. 22. 96다56153, 대판 2004. 9. 13. 2003다64602, 대판 2007. 9. 7. 2005다72485
406) 대판 2007. 6. 28. 2004다54282

④ 사생활 침해

건물의 건축 때문에 사생활의 비밀이 침해될 경우에도 수인한도를 벗어난다면 공사금지가처분을 신청할 수 있다.407)

(2) 건축방해금지가처분

실무상 토지의 이용권을 둘러싼 분쟁과 관련하여 청구하는 경우가 대부분으로서 건축금지가처분의 반대당사자로부터 선행적으로 또는 건축금지가처분 신청에 대한 대항수단으로 행해지고 있다.

다. 당사자

가해건물의 건축주 또는 사업시행자와 시공자가 채무자로 되며 실무상 건축주와 시공자를 공동채무자로 삼는 경우가 많다. 상린관계를 근거로 한 경우에는 토지의 소유자에 한하지 않고 임차권자 등도 가처분채권자에 포함될 수 있다. 일조권, 조망권 등을 이유로 한 공사금지가처분의 피보전권리를 소유권 또는 점유권을 근거로 한 방해배제·예방청구권으로 보는 경우 토지 또는 건물의 소유자 또는 점유자가 채권자가 되며, 심리 도중에 소유권 또는 점유권을 상실하면 이제는 피보전권리를 인정할 수 없다.

라. 주문례

(1) 토지소유권을 근거로 한 건축금지가처분

채무자는 별지 목록 기재 토지 위에 건물의 축조공사를 하여서는 아니 된다.

채무자는 별지 목록 기재 토지에 관하여 별지 도면 표시 ①, ②, ③, ④, ①의 각 점을 차례로 연결한 선내 ㉮ 부분 위에 높이 ○m, 길이 ○m 이상의 철근콘크리트조 옹벽을 설치하지 않고서는 지표면으로부터 ○m 이상 굴착 하는 공사를 하여서는 아니 된다.

채무자는 별지 목록 기재 토지 위에 건물을 축조하거나 그 밖에 유수를 방해하는 일체의 공사를 하여서는 아니 된다.

---

407) 대판 1979. 11. 13. 79다484, 대판 1999. 1. 26. 98다23850

경우에 따라서는 이미 진행된 공사의 제거를 명하는 단행가처분이 포함되는 수가 있는데, 이때에는 집행 단계가 필요하게 된다.

주문례는 다음과 같다.

1. 채무자는 별지 제1 목록 기재 토지 위에 건축 중인 건물의 축조 공사를 중지하여야 하고, 이를 속행하여서는 아니 된다.
2. 채무자는 위 건축공사를 위하여 설치된 별지 제2목록 기재 물건들을 이 명령 송달일부터 ○일 내에 수거하라.
3. 채무자가 위기일 내에 이를 수거 하지 아니하면 집행관은 채권자의 신청에 따라 채무자의 비용으로 이를 제거할 수 있다.
4. 집행관은 위 취지를 적당한 방법으로 공시하여야 한다.

(2) 건물소유권을 근거로 한 공사금지가처분

채무자는 별지 목록 기재 건물에 관하여 개축·증축·그 밖의 공사를 하여서는 아니 된다.

채무자는 별지 목록 기재 건물에 관하여 그 내부의 구조를 변경하는 공사를 하여서는 아니 된다.

(3) 일조권 등의 침해를 이유로 한 공사금지가처분

채무자는 별지 목록 기재 토지 위에 건축 중인 건물에 관하여 지표면으로부터 ○m 이상으로 축조하는 공사를 하여서는 아니 된다.

(4) 철거금지가처분

채무자는 별지 목록 기재 건물을 철거하여서는 아니 된다.

(5) 진입금지가처분

채무자는 별지 목록 기재 부동산에 진입하여서는 아니 된다.

채무자 또는 그 사용인은 별지 목록 기재 부동산에 진입하여 경작행위를 하여서는 아니 된다.

마. 집행과 그 효력 및 집행관의 사무

(1) 개 설

이러한 가처분은 단순히 부작위의무만을 명할 뿐이므로 채무자에게 가처분의 내용을 알림으로써 충분하고 원칙적으로 집행이라는 관념이 존재하지 않는다. 다만 반복적 계속적 부작위를 명하는 가처분에서 채무자가 의무위반을 할 때에는 대체집행(민집 260조) 또는 간접강제(민집 261조)의 방법에 따라 그 의무의 이행을 강제할 수 있다. 채무자의 의무 위반 시 강제하는 위 두 가지 방법 가운데 일반적으로 채무자의 위반행위가 물적 상태를 남기는 경우에는 대체집행의 방법에 따르고, 그 위반행위가 물적 상태를 남기지 않는 경우에는 간접강제의 방법에 따른다. 대체집행이나 간접강제를 위해서는 채무자의 심문이 필요함은 물론이다(민집 262조).

가처분은 소급효가 없으므로 채권자가 이러한 종류의 가처분명령을 얻을 때까지 사이에 채무자가 가처분으로 금지하려는 행위를 하여 이미 발생한 물적 상태(건축공사금지가처분 전에 이미 완료된 공사 부분)를 제거할 수는 없고, 그 제거를 위해서는 새로운 집행권원을 얻어야 한다.

(2) 집행을 따로 요구하지 아니하는 단순히 부작위를 명하는 가처분의 경우

이 경우에는 원칙적으로 집행기간의 문제가 생기지 않으나 채무자가 명령위반행위를 하면 채권자는 그 제거 또는 방지를 구할 수 있는바(민집 260조, 민법 389조 3항), 그 명령위반 행위 시로부터 그 제거나 방지를 위한 신청의 집행기간이 개시된다. 채무자에 대하여 단순히 부작위를 명하는 가처분은 그 가처분 재판이 채무자에게 고지됨으로써 효력이 발생하는 것이지만, 채무자가 그 명령 위반의 행위를 한 때에 비로소 간접강제의 방법에 따라 부작위 상태를 실현할 필요가 생기는 것이므로 그때부터 2주 이내에 간접강제를 신청하여야 함이 원칙이다.

다만 채무자가 가처분 재판이 고지되기 전부터 가처분 재판에서 명한 부작위에 위반되는 행위를 계속하고 있는 경우라면, 그 가처분결정이 채권자에게 고지된 날부터 2주 이내에 간접강제를 신청하여야 하고, 그 집행기간이 지난 후의 간접강제 신청은 부적법하다.[408] 한편 부작위를 명하는 가처분에 공시

---

408) 대결 2010. 12. 30. 2010마985

명령이나 집행관보관명령이 부가된 경우, 그 부분의 집행에 관하여는 집행기간에 관한 규정이 준용된다.409)

바. 공사금지가처분 관련 등 실무사례

(1) 건물의 건축공사금지, 집행관보관을 명한 가처분과 집행관의 보존행위 가·부(구법)410)
「昭和 30 高松」
* 건물의 건축공사를 금지하고 집행관에게 그 건물의 보관을 명한 가처분을 집행하는 경우 집행관은 건물의 보존에 필요한 행위를 할 수 있는가?
* 가처분의 주문에서 보존행위가 명 되어 있는 경우는 별도로 하고 보존행위를 할 수 없다고 하는 견해도 있었지만, 주문에 명시되어 있지 않더라도 보존행위 일부로서 보존행위를 하는 것이 가능하다고 하는 견해가 많았다(민사국 後說).

(2) 토지의 집행관보관, 건물의 공사 중지를 명한 가처분과 집행관의 보관의무의 범위411)
「昭和 31 名古屋」
* 토지에 대하여 채무자의 점유를 해제하고 집행관에게 보관을 명하고 다시 건축 중인 건물의 공사 중지를 명한 가처분을 집행하던 중, 그 건물이 자연 붕괴된 경우 집행관은 그 자재를 보관할 의무를 부담하는가?
* 건축 중의 건물로 아직 독립하여 부동산이 되지 않는 것에 관하여는 토지의 보관을 명받은 집행관이 보관의무를 부담하고, 자연 붕괴 후의 자재에 관하여도 보관의무에 변함이 없다는 견해와 집행관은 토지를 보관할 의무를 부담할 뿐이고 건축 중의 건물은 물론 그 붕괴 후의 자재에 관해서도 보관의무를 부담하지 않는다는 견해로 나뉘고 결론을 얻지 못했다.

5. 채권자의 행위에 대한 수인의무(修因義務)를 명하는 가처분에 대한 위반과 집행관사무

가. 개 요

채권자가 권원에 기하여 어떤 행위(권리행사)를 하는 것을 채무자가 방해하고 있거나 방해할 우려가 있을 때 그 방해배제청구권 또는 방해예방청구권의

---

409) 대결 1982. 7. 16. 82마카50
410) 日 最高裁判所 事務總局, 2011, 執行官事務(第4版), 「778」
411) 日 最高裁判所 事務總局, 1997, 執行官事務(第3版), 「842」

보전을 위하여 행하는 가처분이다. 이러한 가처분 역시 채무자에게 부작위의무를 과할 뿐이므로 채무자에게 가처분을 알림으로써 충분하고 별도의 집행행위는 필요 없다.

이 가처분은 현재 상황을 깨뜨리지 않고 채권자의 권리를 적법하게 행사할 수 있음을 전제로 하여 발령하는 것이며, 채권자의 행위가 현재의 질서를 깨뜨리는 것이 될 때(예를 들면 채무자가 점유 중인 건물에 채권자가 입주하려는 경우) 그 행위의 수인을 채무자에게 명하면 단행가처분과 같은 효과가 있게 되므로 신중하여야 한다.

채권자의 행위에 대한 수인의무를 명하는 가처분도 부작위를 명하는 가처분의 일종이라 할 수 있지만, 단순히 채무자에게 일정한 행위의 금지만을 명하는 것이 아니라 채권자에 대하여 일정한 적극적인 행위를 하는 것을 인정한다는 점에서 단순히 부작위의무를 명하는 가처분과 다르므로, 수인을 명하는 가처분이 발령된 후에 채무자가 채권자에 대하여 채권자에게 인정된 일정한 행위를 금지하는 가처분을 구하는 것(예를 들면 공사방해금지가처분이 내려진 후에 채무자가 신청한 공사속행금지가처분)은 이미 발령된 수인을 명하는 가처분에 저촉되어 허용되지 않는다.

이 가처분의 경우 채무자가 스스로 또는 제3자를 이용하여 실력으로 가처분을 위반하는 방해를 할 때 채권자는 어떠한 집행방법을 취할 수 있는가, 이러한 경우에는 민법 389조 3항의 해석에 따라 집행명령의 내용으로서 원상회복의 강제집행에 집행관이 입회하여 그 저항의 배제를 구하는 것이 가능하므로 채권자는 그러한 취지의 집행명령을 얻어 채무자의 실력에 의한 저항을 배제할 수 있다.

나. 주문례

(1) 점유방해금지가처분

> 채무자는 채권자의 별지 목록 기재 물건에 대한 점유사용을 방해하여서는 아니 된다.

> 채무자는 별지 목록 기재 건물에 들어가거나 그 밖에 채권자의 위 건물에 대한 점유사용을 방해하여서는 아니 된다.

(2) 통행방해금지가처분

채무자는 채권자가 별지 목록 기재 토지 중 별지 도면 표시 ①, ②, ③, ④, ①의 각 점을 차례로 연결한 선내 ㉮부분을 통로로 사용함을 방해하여서는 아니 된다.

채무자는 별지 목록 기재 토지 중 별지 도면 표시 ①, ②, ③, ④, ①의 각 점을 차례로 연결한 선내 ㉮부분의 통로에 통행함을 방해하는 철책이나 그 밖의 공작물을 설치하여 채권자의 통행을 방해하여서는 아니 된다.

(3) 공사방해금지가처분(점유의 해제 포함)

1. 채무자는 별지 목록 기재 건물에 대한 점유를 풀고 이를 채권자가 위임하는 집행관에게 인도하여야 한다.
2. 채무자는 채권자가 위 건물 중 별지 도면 표시 ①, ②, ③, ④, ①의 각 점을 차례로 연결한 선내 ㉮ 층계 부분을 수리하는 것을 방해하여서는 아니 된다.
3. 집행관은 채권자가 위 수리 공사를 함을 허용하고 채무자에 대하여 위 공사를 방해하지 않는 범위 내에서 위 건물의 사용을 허용하여야 한다.
4. 집행관은 위 취지를 석낭한 방법으로 공시하여야 한다.

다. 가처분 위반행위와 집행관의 사무

이 가처분의 경우 채무자가 스스로 또는 제3자를 이용하여 실력으로 가처분을 위반하는 방해를 할 때 채권자는 어떠한 집행방법을 취할 수 있는가? 이러한 경우에는 민법 389조의 해석에 따라 집행명령의 내용으로서 원상회복의 강제집행에 집행관이 입회하여 그 저항의 배제를 구하는 것이 가능하다고 할 것이므로 채권자는 그러한 취지의 집행명령을 얻어 채무자의 실력에 의한 저항을 배제할 수 있다고 할 것이다.

6. 방해물배제의 가처분과 집행관사무

가. 개 요

이 가처분은 소유권이나 그 밖의 사용·수익권을 근거로 하여 방해배제를 구하는 권리를 보전하기 위한 가처분으로서 작위를 명하는 가처분이라고도 한다. 그 작위의무는 일신 전속적이 아닌 대체적이어야 한다. 이 가처분은 이미 기정사실로 되어 있는 방해상태의 제거를 목적으로 하므로 일종의 단행가처분이며 원칙적으로 변론기일이나 채무자가 참석할 수 있는 심문기일을 열어야 한다(민집 304조).

실무의 관행상 담보금을 비교적 높게 정한다. 단순히 방해상태의 제거만을 명하는 경우도 있고(이때에 채무자가 그 의무를 이행하지 않으면 대체집행의 신청을 하여야 한다), 가처분 자체에 채권자의 대체집행을 허용하는 문구를 넣는 경우도 있다. 후자의 경우에는 대체집행의 신청이 있어야 하고, 결정하기 전에 채무자를 심문하여야 한다(민집 262조).

나. 주문례
(1) 기본형

> 채무자는 이 명령 송달 일부터 ○일 내에 별지 목록 기재 토지 위에 있는 ○○을 수거하라.

> 채무자는 이 명령 송달 일부터 ○일 내에 별지 목록 기재 토지 위에 있는 ○○을 철거하고 채권자가 그 지상을 통행하는 것을 방해하여서는 아니 된다.

(2) 대체집행을 허용하는 문구가 있는 경우

> 1. 채무자는 이 명령 송달일부터 ○일 내에 별지 목록 기재 토지 위에 있는 ○○을 수거하라.
> 2. 채무자가 위 명령을 실행하지 아니하면 채권자는 집행관으로 하여금 채무자의 비용으로 위 물건을 수거하게 할 수 있다.

다. 가처분의 대체집행과 집행관의 사무

가처분의 주문에 집행관의 대체집행을 허용하는 문구가 있을 경우 집행관이 가처분의 집행에 관여하게 되는바 이런 경우의 주문례는 위와 같다.

7. 인도·철거·수거 등 단행가처분과 집행관의 사무

가. 총 설

부동산의 인도청구권을 보전하기 위하여 또는 다툼이 있는 부동산의 권리관계에 대하여 임시의 지위를 정하기 위하여 부동산의 인도, 즉 현상 그대로의 점유이전청구권을 보전하기 위하여 그 점유를 채무자로부터 채권자에게로 이전할 것을 명하는 만족적 가처분이다. 판례는 건물인도청구권의 보전을 위하여 집행관보관·채권자 사용형의 가처분을 하는 것이 권리보전의 범위를 일탈하는 것으로 볼 수 없다고 하였다.[412] 현상의 변경을 수반하는 점유이전인 철거, 수거, 굴이(掘移) 단행가처분은 건물, 입목, 수목 등 토지의 정착물에 대한 철거 등 청구권을 보전하기 위하여 채무자에게 그 철거 등을 명하는 만족적 가처분이다.

실무상 인도단행가처분은 본안의 소 제기 없이 가처분만을 신청하기도 하나 본안 제기와 동시에 가처분을 신청하는 경우도 상당수에 이른다. 그러나 인도단행가처분이 집행되면 가처분채권자는 사실상 본안소송에 의하여 실현하려는 목적을 달성하는 반면, 가처분채무자는 본안소송에서 다투어 볼 기회조차 없이 부동산에 대한 현재의 이용 상태를 박탈당하여 생활이나 영업에 막대한 지장을 받을 우려가 있으므로 실무상 이를 인용하는 예는 그리 많지 않고, 이미 인도 강제집행이 마친 건물에 채무자가 침입하여 점유하거나 불법적인 점유침탈이 이루어진 직후인 경우 등에 한하여 예외적으로 허용된다. 또한, 철거, 수거 등 단행가처분의 경우에도 집행되면 원상회복이 불가능하거나 현저히 곤란하므로 실무상 이를 인용하는 예도 많지 않다.

나. 심 리

(1) 피보전권리와 보전의 필요성에 대한 심사

이 유형의 가처분은 만족적 가처분이므로 이러한 종류의 가처분을 인용하기 위해서는 피보전권리는 물론 보전의 필요성에 관하여 고도의 소명이 있어야 한다. 즉, 채무자의 항변이 인정되지 않는 무조건적인 인도 등 청구권의 존재가 명백하여 단행가처분의 집행으로 채무자의 정당한 권리가 침해될 가능성이 없고, 본안판결을 기다려 그를 근거로 하여 강제집행을 하도록 할 경우 채권자에게 회복하기 어려운 손해가 발생할 위험이 있거나 채권자에게 가혹한 부담을 지우는 결과에 이르게 된다는 사정이 존재하여야 한다.

피보전권리나 보전의 필요성의 쌍방 또는 일방의 존재가 인정되지 않거나

---

[412] 대판(전) 1964. 7. 16. 64다69

채무자가 주장하는 반대사실이 적극적으로 소명되는 때에는 담보제공을 조건으로 신청을 인용할 것이 아니라 신청을 기각하여야 한다. 인도단행가처분의 보전 필요성이 인정되는 예로는 이미 인도 강제집행이 마친 건물에 채무자가 침입하여 다시 점유를 개시하거나 불법적인 점유침탈이 이루어진 직후, 또는 한두 세대의 인도 거부로 재건축사업이 지연되는 경우, 인도를 둘러싼 분쟁 중에 합의가 이루어져 합의금이 지급되었음에도 인도를 거부하는 경우, 채권자가 장래의 건물이용계획을 세워두고 채무자에게 한시적으로 건물의 사용을 허락하였는데 채무자가 당초의 건물 이용계획에 따른 인도요구에 불응하는 경우 등을 들 수 있으나, 동시이행항변 또는 유치권항변의 존부가 다투어지는 등 무조건적인 인도의무의 존부에 의심이 있는 경우에는 단행가처분을 발령하는데 극히 신중하여야 한다.

토지소유권이나 주위토지통행권에 대한 방해금지가처분에서 이미 설치된 담장의 철거나 시설물의 수거를 통하여 신청의 목적을 종국적으로 달성할 수 있음에도 단순히 방해금지라는 부작위의무의 이행을 명하는 가처분을 구하는 경우가 있으나, 이러한 가처분이 발령되더라도 철거 등을 위한 대체집행은 허용되지 않으므로 주의하여야 한다.

다. 주문례

인도단행가처분의 주문 형태는 크게 나누어 집행관보관방식과 본안판결주문방식이 있는데, 최근에는 대부분 후자의 방식을 사용하고 있다. 집행관보관방식은 채무자의 점유를 풀고 집행관의 점유로 이전할 것을 명하는 것인데 채권자에게 사용을 허용하는 경우와 허용하지 아니하는 경우가 있다.

그 중 인도단행가처분 본래의 목적을 달성할 수 있는 것은 채권자의 사용을 허용하는 경우이다. 본안판결 주문방식은 본안판결의 주문과 같이 인도를 명하는 것이다. 이 방식을 취하는 경우에도 유예기간을 허용하는 때에는 그 기한을 부여하기도 하고, 보전상태가 잠정적임을 표시하기 위하여 '임시로 인도하라'는 표현을 쓰기도 하나, 실무상 기간 부여 없이, 또 '임시로'라는 표현을 쓰지 않는 경우가 많다.

'임시로'라는 표현은 이를 쓰든 안 쓰든 그 집행방법이나 효력에는 차이가 없다. 한편 건물의 철거 또는 물건의 수거 등을 명할 경우에는 대체집행을 위하여 가처분명령 중에 미리 건물의 철거, 물건의 수거 등을 위한 수권결정을 하는 경우가 많다.

(1) 집행관 보관방식에 의한 경우 중 채권자 사용형

1. 채무자는 별지 목록 기재 부동산에 대한 점유를 풀고 이를 채권자가 위임하는 집행관에게 인도하여야 한다.
2. 집행관은 현상을 변경하지 아니할 것을 조건으로 하여 채권자에게 이를 사용하게 하여야 한다.
3. 채권자는 그 점유를 타인에게 이전하거나 점유 명의를 변경하여서는 아니 된다.
4. 집행관은 위 명령의 취지를 적당한 방법으로 공시하여야 한다.

(2) 본안판결 주문방식에 의한 경우
(가) 기본형

채무자는 채권자에게 별지 목록 기재 부동산을 인도하라.

채무자는 채권자에게 20 . . . 까지 별지 목록 기재 부동산을(임시로) 인도하라.

(나) 건물철거와 토지인도의 결합형

1. 채무자는 채권자에게 별지 목록 기재 토지 상의 같은 목록 기재 건물을 철거하고 위 토지를 인도하라.
2. 채무자가 이 명령 송달 일부터 ○일 내에 위 건물을 철거하지 않을 때에는 채권자는 그가 위임하는 집행관으로 하여금 채무자의 비용으로 이를 철거하게 할 수 있다.

라. 가처분의 집행
(1) 개 요

인도를 명하는 가처분은 부동산 인도청구권의 강제집행방법에 따른다. 철거를 명하는 가처분은 그에 대한 대체집행의 수권이 가처분명령에 포함되어 있으면 따로 수권을 받을 필요가 없으나 대체집행의 수권이 없으면 대체집행의 신청을 하여 집행하여야 한다. 집행관 보관방식·채권자 사용형도 채무자의 점유를 현실로 해제하고 인도받아야 하므로 인도청구권의 강제집행방법과 같이 집행한다.

(2) 가처분의 집행과 본안소송의 관계

단행가처분의 집행으로 피보전권리가 실현된 것과 마찬가지의 상태가 사실상 달성되었다 하더라도 그것은 어디까지나 임시적인 것에 지나지 않고, 가처분이 집행됨으로써 그 목적물이 채권자에게 인도되었다 하더라도 본안소송에서는 그와 같은 잠정적인 상태를 고려함이 없이 그 목적물의 점유는 채무자에게 있는 것으로 보고 재판하여야 한다.413)

(3) 가처분의 집행정지 등

부동산인도나 건물철거 등 이행소송을 본안으로 하는 단행가처분에 대하여 이의신청이 있는 경우에, 이의신청으로 주장한 사유가 법률상 정당한 이유가 있다고 인정되고 주장사실에 대한 소명이 있으며 그 집행으로 회복할 수 없는 손해가 생길 위험이 있다는 사정에 대한 소명이 있는 때에는, 법원은 당사자의 신청에 따라 담보를 제공하게 하거나 담보를 제공하게 하지 아니하고 가처분의 집행을 정지하도록 명할 수 있고, 담보를 제공하게 하고 집행한 처분을 취소하도록 명할 수 있다(민집 309조). 민사집행법 288조 1항 또는 307조에 따른 가처분취소신청이 있는 경우에도 마찬가지이다(민집 310조).

(4) 가처분의 취소와 원상회복

단행가처분의 집행이 완료된 뒤라고 하더라도 가처분집행으로 인도된 물건의 반환이 가능할 수가 있고 위법한 가처분결정을 근거로 한 부당한 결과는 간단하고도 신속하게 원상으로 복귀시킬 필요가 있기 때문에 이 가처분에 있어서도 가처분취소재판을 할 수 있음은 물론, 가처분을 취소하는 재판에서 채무자의 신청에 따라 채권자에 대하여 가처분에 기초하여 인도받은 물건의 반환을 명하는 원상회복재판을 할 수 있다(민집 308조).

---

413) 대판 1996. 12. 23. 95다25770, 대판 2007. 10. 25. 2007다29515

8. 선박·항공기·자동차·건설기계에 대한 점유이전금지가처분과 집행관 사무

가. 개 요

이들 물건은 등기·등록으로 권리가 이전되는 면에서 부동산에 따르면서 실제로는 이동하므로 동산의 성질을 가진다. 따라서 가처분에 있어서도 이러한 성질이 참작되어야 한다. 이들에 대한 가처분으로는 소유권 등 권리이전을 금하는 처분금지가처분과 점유의 이전을 금하는 점유이전금지가처분이 있는바 위와 같은 속성 때문에 두 가지를 겸한 가처분도 많이 쓰인다. 선박에 있어서 항해의 준비를 완료한 선박과 속구의 압류·가압류금지규정(상법 744조)이 가처분에도 적용되는가에 관하여는 논의가 있으나 소극적으로 해석할 것이다.

나. 선박·항공기·자동차·건설기계에 대한 처분금지가처분

(1) 신청과 심리

선박·항공기·자동차·건설기계의 처분금지가처분 신청에는 그 등기·등록부 등본을 첨부하여야 하며 그 외에는 가압류에 따라 생각하면 된다.

주문례는 다음과 같다.

> 채무자는 별지 목록 기재 자동차에 대하여 양도, 저당권 설정, 그 밖에 일체의 처분을 하여서는 아니 된다.

등록의 대상이 되는 자동차, 건설기계, 항공기, 소형 선박은 자동차 등 특정동산 저당법 9조에 의해, 선박(등기 선박)은 상법 789조에 의해 질권 설정이 금지되어 있으므로 질권 설정을 금지하는 문구를 삽입할 필요가 없다.

(2) 집 행

단순한 처분금지가처분은 소관관청에 가처분의 기입등기(등록)를 촉탁함으로써 한다. 그 촉탁방법은 부동산처분금지가처분 촉탁등기에 따른다. 과세표준은 1건(자동차 등이 여러 대일 때에는 1대당 1건)이며, 등록면허세액은 선박, 자동차가 건당 15,000원(지방세 28조 1항 2호 나목, 3호 다목), 건설기계는 건당 10,000

원(지방세 28조 1항 4호 다목), 항공기는 건당 12,000원(지방세 28조 1항 14호)이며, 지방교육세는 등록면허세액의 100분의 20이다(지방세 151조 1항 2호).

다. 선박·항공기·자동차·건설기계에 대한 점유이전금지가처분

(1) 총 설

자동차 등의 인도청구권을 보전하기 위하여 단순한 점유이전금지가처분을 하는 경우도 있으나 자동차 등은 이동성을 속성으로 하고 있는데 그로 말미암아 가치가 현저하게 떨어질 수 있으므로 보통은 그 이동을 금지하는 가처분을 하게 된다. 자동차·건설기계에 있어서는 집행관 보관을 명하고 항공기·선박에 대하여는 일정장소에 정류, 정박할 것을 명하는 것이 보통이다. 그러나 한편 이들에 대한 이동을 금하는 가처분은 그 경제적 이용을 박탈하게 되므로 신중을 기하여야 한다.

(2) 자동차·건설기계·소형선박의 점유이전금지

(가) 주문례

> 1. 채무자는 별지 목록 기재 자동차에 대한 점유를 풀고 이를 채권자가 위임하는 집행관에게 인도하여야 한다.
> 2. 집행관은 위 명령의 취지를 적당한 방법으로 공시하여야 한다.

가처분 시의 집행관 보관방법에 관하여는 명문의 규정이 없으므로 가압류 집행의 경우에 따라 집행관은 상당하다고 인정할 때에는 채권자, 채무자, 그 밖의 적당한 사람에게 보관시킬 수 있다. 이처럼 제3자에게 보관하게 한 경우에는 공시서를 붙여두거나 그 밖의 방법으로 자동차 등을 집행관이 점유하고 있음을 분명하게 표시하고, 운행하지 못하도록 적당한 조치를 하여야 한다(민집규 115조, 210조 3항, 211조, 215조).

집행관은 그의 재량으로 보관장소, 보관방법을 변경할 수 있다(민집규 114조 2항, 210조 3항, 211조, 215조). 실무상 채무자에게 자동차·건설기계를 보관시키는 경우는 거의 없고, 비용이 많이 드는 등의 이유로 채권자나 그가 지정하는 차고 등에 보관시키는 경우가 많다. 채권자에게 보관시키는 것을 허용하는 경우에는 1, 2항 사이에 "집행관은 채권자의 신청이 있으면 사용하지 아니할 것을 조건으로 채권자에게 보관을 명할 수 있다"고 기재한다.

(나) 집행

집행은 결정정본을 채권자가 집행관에게 제출하여 위임한다. 이때에는 수수료 외에 보관료 등의 비용까지 미리 내야 한다.

(3) 선박·항공기의 점유이전금지
(가) 주문례
① 항공기의 경우

자동차·건설기계와 같게 하거나 아래와 같이 기재한다.

> 1. 채무자는 별지 목록 기재 항공기에 대한 점유를 풀고 이를 채권자가 위임하는 집행관에게 인도하여야 한다.
> 2. 집행관은 채무자로 하여금 위 항공기를 ○○공항에 정류하게 하고 현상을 변경하지 아니할 것을 조건으로 채무자에게 그 보관을 명할 수 있다
> 3. 채무자는 별지목록 기재 항공기에 대한 점유를 타인에게 이전하거나 점유 명의를 변경하거나 이를 운행하여서는 아니 된다.
> 4. 집행관은 위 명령의 취지를 적당한 방법으로 공시하여야 한다.

② 선박의 경우

항공기에 대한 위 주문례 중 "○○공항에 정류하게 하고"를 "○○항의 집행관이 명하는 장소에 정박시키고"로 바꾸는 외에는 같다(채무자에게 보관을 명하는 부분을 "사용하게 할 수 있다"로 바꾸기도 한다).

(나) 집행

채권자가 가처분명령정본을 그 항공기·선박이 정류·정박 중인 곳의 관할 지방법원 소속 집행관에게 제출하고 그 집행을 위임한다. 실무상으로는 집행관으로 하여금 그 채무자에게 송달할 결정정본을 집행할 때 송달하게 한다.

9. 유체동산에 대한 가처분과 집행관사무

가. 점유이전금지가처분

(1) 개 요

동산에 대한 가처분은 점유이전금지가처분이 거의 전부라고 해도 과언이 아니다. 동산의 경우에는 점유이전금지 없이 처분만을 금지하는 가처분을 하더라도 양수인이 선의취득의 규정에 따라 유효하게 소유권을 취득하는 경우가 많아 실효가 없어서 부동산의 처분금지가처분과 같은 목적을 달하기 위해서도 동산의 경우에는 점유이전금지가처분과 함께 또는 점유이전금지가처분만을 구하게 된다.

동산은 부동산과 달리 그 점유사용을 누가 하느냐에 따라 물건의 가치보존이 많이 달라진다. 동산의 경우에는 채무자의 점유를 풀고 집행관으로 하여금 직접 이를 보관하게 함이 원칙이고 그 외 채무자에게 사용을 허가하거나 채권자로 하여금 보관하게 하는 유형의 가처분도 많이 사용된다. 채무자의 사용을 허락하지 않는 경우에 목적 동산의 보관장소, 비용 등의 관계로 실무에서는 사실상 채무자에게 보관케 하는 예가 많으나 그러한 경우에는 집행관은 언제든지 보관방법을 변경할 수 있다. 그리고 일단 채무자에게 보관하게 한 후에 채무자가 보관물을 처분할 염려가 있는 등 사정변경이 있는 경우에는 집행관이 이를 회수할 필요가 있으나 그러한 사정이 없는데도 집행관이 스스로 보관하고자 하는 경우에는 채무자는 집행에 관한 이의를 할 수 있다고 할 것이다.

유체동산에 대한 처분금지는 통상 "양도, 질권 설정 그 밖에 일체의 처분을 하여서는 아니 된다."고 하는 주문례가 많으나 유체동산에 관하여는 공시방법이 없으므로 그와 같은 처분금지가처분만으로는 실효성이 없어 처분금지만을 신청하는 경우는 적으며, 오히려 동산의 점유를 집행관보관으로 하고 채무자에게 사용케 하는 점유이전금지가처분을 하면서 채무자의 처분을 금지하는 주문을 함께 적는 경우가 많다.

집행관이 동산을 점유하는 경우에도 채무자는 이를 제3자에게 점유개정(占有改定 민법 189조) 또는 목적물반환청구권 양도(민법 190조)의 방법으로 인도하는 것이 가능하며, 다만 가처분채권자에게 그 인도로서 대항할 수 없을 뿐이다. 기계·기구류와 같이 채무자가 이를 사용하지 못하게 되면 큰 손실을 받을 수 있는 물건은 채무자의 점유사용을 금지하는 가처분을 함에 있어 신중한 심리가 요구된다. 동산점유 이전금지가처분의 집행방법과 그 효력은 부동산에 관한 설명에 따라 생각하면 된다.

나. 신청과 주문례

(1) 신 청

동산점유 이전금지가처분을 신청함에는 그 대상이 되는 동산을 반드시 특정하여야 하며 현재 그 물건의 소재지를 명시하여야 한다. 또 담보공탁금의 산정 편의를 위하여 그 가액의 산출자료를 첨부하여야 한다.

(2) 주문례

(가) 집행관 보관만을 명하는 경우

1. 채무자는 별지 목록 기재 물건의 점유를 풀고 이를 채권자가 위임하는 집행관에게 인도하여야 한다.
2. 집행관은 위 명령의 취지를 적당한 방법으로 공시하여야 한다.

(나) 채무자에게 사용을 허가하는 경우

1. 채무자는 별지 목록 기재 물건에 대한 점유를 풀고 이를 채권자가 위임하는 집행관에게 인도하여야 한다.
2. 집행관은 현상을 변경하지 않을 것을 조건으로 하여 채무자에게 사용을 허가하여야 한다(또는 …허가하여야 하며, 채무자가 그 현상을 변경하였을 때에는 채무자에 대하여 그 사용을 금지할 수 있다).
3. 채무자는(위 물건에 관하여 양도, 질권 설정, 그 밖의 처분을 하거나) 그 점유를 타인에게 이전하거나 또는 점유명의를 변경하여서는 아니 된다.
4. 집행관은 위 명령의 취지를 적당한 방법으로 공시하여야 한다.

(다) 채권자에게 보관시키는 경우

1. 채무자는 별지 목록 기재 물건에 대한 점유를 풀고 이를 채권자가 위임하는 집행관에게 인도하여야 한다.
2. 집행관은 위 물건을 사용하지 않을 것을 조건으로 하여 채권자에게 이를 보관하게 할 수 있다.
3. 집행관은 위 명령의 취지를 적당한 방법으로 공시하여야 한다.

다. 가처분 목적 동산의 현금화

동산의 점유이전금지가처분이 집행된 경우에 민사집행법 296조 5항을 준용하여 현금화를 명할 수 있느냐에 대하여는 견해가 나뉘고 있다.

제1설은 가처분은 가압류와 달리 물건의 금전적 가치를 목적으로 하는 것이 아니므로 그 매각대금이 가처분의 목적물을 대신할 수는 없다는 이유로 그 준용을 반대한다. 제2설은 목적물의 멸실·훼손을 방지하기 위해서는 가처분의 경우에도 현금화할 수 있다고 한다. 제3설은 원칙적으로는 이를 준용할 수 없으나 채권자가 그 목적물 자체의 인도를 고집하지 않고 금전적 보상으로도 만족할 수 있는 경우라면 멸실·훼손의 우려를 이유로 하는 채무자의 신청이 있으면 현금화를 명할 수 있다고 한다.

목적물의 멸실·훼손을 막는다는 경제적인 요구와 당사자 간의 이해를 비교할 때 제3설이 타당하다. 이 견해에 따라 목적물이 현금화되면 매각대금이 공탁되는데 그 공탁금이 가처분목적물을 대신하는 것이 되므로 인도청구소송에서 이미 현금화된 목적물의 인도를 명하든지 또는 매각대금의 인도를 명하든지 관계없이 승소한 채권자는 매각대금을 인도받게 된다(어느 쪽의 주문도 좋다). 현금화의 방법 등에 관하여는 가압류목적물의 현금화에 관한 설명과 같다.

10. 동산인도단행가처분과 집행관사무

가. 개 요

동산의 경우에도 채권자의 인도청구권보전을 위해서 또는 채권자에게 임시의 지위를 부여하기 위하여 인도단행가처분을 할 수 있다. 일단 점유이전금지가처분을 한 후에 동일목적물에 대하여 다시 인도단행가처분을 할 수 있는가에 관하여는, 제1차 가처분을 폐지·변경하는 것이 아니고 제1차 가처분 후에 생긴 사정의 변경으로 단행가처분의 필요가 새로 생겼다면 긍정할 수 있을 것이다.

나. 주문례
(1) 기본형

채무자는 채권자에게 별지 목록 기재 물건을 임시로 인도하라.

(2) 집행관 보관물의 인도를 명하는 경우의 주문례

위 당사자 간의 당원 20○○카합○○○ 가처분사건에 관한 20 . . . 가처분결정에 따라 집행관이 보관 중인 별지 목록 기재 물건에 관하여 집행관은 그 점유를 풀고 채무자는 채권자에게 이를 임시로 인도하라.

11. 유가증권에 대한 가처분과 집행관 사무

가. 개 요

어음·수표·화물상환증·선하증권 등의 유가증권의 인도청구권을 보전하기 위해서는 그 증권에 대한 채무자의 점유를 박탈하거나 그 처분을 금지하는 가처분을 할 필요가 있다. 유가증권은 그 증권 자체의 사용은 의미 없으므로 그 증권의 점유이전을 막으려면 집행관이 직접 그 증권을 보관하도록 하면 된다. 또 유가증권 상의 권리가 행사되어 버리면 피보전권리의 보전이 불가능하게 되므로 그 권리의 행사를 금지해 둘 필요가 있다. 그러나 어음·수표 등은 일정한 권리행사기간이 있고 그 기간이 경과하면 본래의 효력을 잃게 되므로 그 권리의 보전을 위한 행위(지급 거절증서의 작성을 위한 제시 등)는 할 수 있도록 배려하여야 한다.

나. 신 청

유가증권에 대한 가처분을 신청함에는 그 유가증권을 특정할 수 있도록 표시하여야 하며 현재의 소재지를 밝혀야 한다.

다. 주문례

(1) 집행관 보관의 경우 유가증권 점유이전금지가처분

1. 채무자는 별지 목록 기재 약속어음에 대한 점유를 풀고 이를 채권자가 위임하는 집행관에게 인도하여야 한다.
2. 집행관은 위 어음의 권리보전을 위한 행위를 할 수 있다.

(2) 유가증권 처분금지

> 1. 채무자는 별지 목록 기재 약속어음에 대하여 지급을 위한 제시를 하거나 권리를 행사하거나 배서양도 그 밖에 일체의 처분행위를 하여서는 아니 된다. 다만 소구권의 보전을 위한 행위는 할 수 있다.
> 2. 제3채무자는 위 약속어음에 대해 지급을 하여서는 아니 된다.

약속 어음상 지급장소로 기재되어 있는 은행을 제3채무자로 하여 은행에 대하여 채무자 아닌 어음소지인에 대한 지급 금지를 명하는 가처분이 허용될 것인가의 문제가 있다. 어음의 유통증권성과 인적 항변의 단절이라는 어음법상의 원리에 비추어 제3자가 어음을 취득하여 이를 제시하는 경우까지 그 지급을 금지하는 것은 어음소지인의 권리를 부당하게 제한하는 것이므로 소극적으로 해석할 것이다.

라. 가처분집행

유가증권 점유이전금지가처분은 집행관에게 집행을 위임하여야 하고, 유가증권 처분금지가처분은 제3채무자에게 송달하여야 한다. 집행관이 보관 중인 약속어음의 지급을 위한 제시를 하여 어음과 교환으로 받았을 때에는 그 금전이 가처분목적물을 대신하는 것으로 볼 것이다.

12. 그 밖의 재산권에 대한 가처분과 집행관사무

가. 지식재산권에 대한 가처분
(1) 처분금지가처분
(가) 개요

이 가처분은 산업재산권(특허권, 실용신안권, 디자인권 또는 상표권) 그 밖에 이에 따르는 권리(저작권, 출판권 등)에 대한 이전등록청구권 또는 말소등록청구권을 피보전권리라 한다. 특허권·실용신안권·디자인권은 그 양도가 자유롭고 상표권도 지정상품마다 나누어 자유롭게 양도할 수 있으며 이러한 권리들은 질권의 설정, 전용실시권의 설정, 통상실시권의 허락(상표권의 경우에는 전용사용권 및 통상사용권의 설정)이 가능하므로 이전등록청구권 또는 말소등록청구권의 보전을 위해서는 이러한 처분행위를 금지할 필요가 있다.

(나) 지식재산권 일부에 대한 처분금지가처분

특허권 등 산업재산권의 공유자는 다른 공유자의 동의를 얻지 아니하면 자기 지분의 양도, 질권의 설정, 전용실시권의 설정이나 통상실시권의 허락이 금지되는 등 제약을 받게 된다(특허법 99조 2항, 4항, 실용신안법 28조, 디자인 보호법 46조 2항, 4항, 상표법 54조 5항, 6항). 공동저작물의 저작재산권은 그 저작재산권자 전원의 합의에 의하지 아니하고는 이를 행사할 수 없으며, 다른 저작재산권자의 동의가 없으면 그 지분을 양도하거나 질권의 목적으로 할 수 없다(저작권법 48조 1항 전문). 그러나 이러한 제약은 지식재산권이 무체재산권인 특수성에서 유래한 것으로 보일 뿐이고, 지식재산권의 공유자들이 반드시 공동목적이나 동업관계를 기초로 조합체를 형성하여 지식재산권을 소유한다고 볼 수 없을 뿐만 아니라 지식재산권에 관한 개별법에 지식재산권의 공유를 합유관계로 본다는 명문의 규정도 없으므로, 지식재산권의 공유에도 지식재산권에 관한 개별법의 다른 규정이나 그 본질에 반하지 아니하는 범위 내에서는 민법의 공유 규정이 적용될 수 있다.414)

(다) 주문례

> 채무자는 별지 목록 기재 특허권에 관하여 양도, 질권 또는 전용실시권의 설정, 통상실시권의 허락 그 밖에 일체의 처분행위를 하여서는 아니 된다.

(라) 집행

부동산 가처분의 경우와 같이 발령법원이 집행법원이 되어 법원사무관 등의 명의로 지체없이 산업재산권의 경우에는 특허청장에게, 저작권 등의 경우에는 문화체육관광부 장관에게 가처분기입등록의 촉탁을 한다. 가처분의 효력이 채무자에 대한 관계에서 발생하는 시기와 제3자에 대한 관계에서 시기를 가급적 일치시킴으로써 법률관계가 간명하게 되도록 할 필요가 있다. 각 개별법상의 등록 기한과 관계없이 채권자에게 가처분이 고지 또는 송달된 때부터 2주 안에 촉탁절차를 밟아야 하고, 별다른 사정이 없는 한 가처분명령의 송달과 동시에 촉탁절차를 밟는 것이 타당하다.

---

414) 대판 2004. 12. 9. 2002후567

나. 지식재산권에 대한 침해금지가처분

(1) 의 의

지식재산권 침해금지가처분이란 특허권 등 지식재산권을 근거로 한 금지청구권을 피보전권리로 하여 채무자 침해행위의 금지를 구하는 가처분이다. 특허권 등 침해금지가처분은 특허권 등을 침해하거나 침해할 우려가 있는 자에게 금지청구권을 근거로 한 본안판결에서 명하게 될 침해금지의 부작위의무를 미리 부과하는 점에서 임시의 지위를 정하기 위한 가처분에 속하며, 가처분에서 명하는 부작위의무가 본안소송에서 명할 부작위의무와 내용상 일치하는 이른바 만족적 가처분에 속한다.

(2) 관 할

지식재산권 침해금지가처분의 본안소송인 특허권 등의 침해금지청구소송은 소송목적의 값을 산정할 수 없는 재산권상의 소에 해당하므로, 사물관할은 합의관할이다. 토지관할은 본안의 관할법원 또는 다툼의 대상이 있는 곳을 관할하는 지방법원이다. 한편 민사소송법 24조는 지식재산권 등에 관한 특별재판적에 관하여 "지식재산권과 국제거래에 관한 소를 제기하는 경우에는 2조에서 23조의 규정에 따른 관할법원 소재지를 관할하는 고등법원이 있는 곳의 지방법원에 제기할 수 있다."라고 규정하고 있다.

(3) 당사자

지식재산권 침해금지가처분 사건에서는 지식재산권을 근거로 한 금지청구권을 가진다고 주장하는 사람에게 채권자 적격이 있고, 지식재산권을 침해하거나 침해할 우려가 있다고 주장되는 사람에게 채무자 적격이 있다. 특허권침해금지가처분사건의 당사자적격 문제는 다른 지식재산권 침해금지가처분에도 원용될 수 있으므로 이곳에서는 특허권침해금지가처분사건을 중심으로 보기로 한다.

(가) 가처분채권자

특허법 126조 1항은 특허권자와 전용실시권자에 대하여 침해금지 및 예방청구권을 인정하고 있다.

① 특허권자

특허권은 특허 등록원부상의 설정등록으로 비로소 발생하므로 실질적인 특허권자라 하더라도 등록명의인이 아닌 이상 침해금지가처분 신청을 제기할 수 없다. 특허출원인은 출원공고를 하였다 하더라도 침해금지청구권을 갖지 못한다.

② 전용실시권자

전용실시권은 특허발명을 독점적·배타적으로 실시하는 물권 유사의 권리이므로 그 보유자는 침해금지청구권을 가진다(특허 126조 1항). 전용실시권은 특허 등록원부상의 설정등록으로 비로소 발생하므로 등록명의인이 아닌 자는 침해금지청구권을 행사할 수 없다.

③ 통상실시권자

통상실시권자에 대하여 침해금지청구권을 인정할 수 있는지가 문제 된다. 특허법 126조는 자기의 권리를 침해한 자 또는 침해할 우려가 있는 자에 대하여 그 침해의 금지 또는 예방을 청구할 수 있는 자로 특허권자 또는 전용실시권자만을 규정하고 있는데, 통설은 통상실시권의 성질을 채권적인 것으로 보아 독점적 통상실시권자이든 아니든 통상실시권자는 직접 침해금지청구를 할 수 없다고 보면서 위 규정상의 특허권자 또는 전용실시권자를 한정적 열거로 보고 있다.

(나) 가처분채무자

침해금지가처분의 상대방은 특허권을 침해한 자 또는 침해할 우려가 있는 자이다(특허 126조 1항). 따라서 정당한 권원 없이 업으로서 타인의 특허권에 속하는 물건 또는 방법의 발명을 하거나 실시할 염려가 있는 사람이 채무자로 될 것이다. 특허발명 실시제품침해설비의 소유자도 채무자 적격이 있는가. 침해금지청구권에는 침해설비 등 제거청구권이 포함되므로(특허 126조 2항), 채권자가 침해금지가처분을 신청할 때에는 침해설비 등에 대한 집행관 보관형 가처분도 아울러 구할 수 있다.

(4) 지식재산권 침해금지가처분의 주문례

(가) 특허권·실용신안권

① 물건의 발명

㉮ 전체 물건 중 일부일 경우 분리·수거 하는 경우

집행관은 채무자의 신청이 있으면, 위 물건 중 별지 목록 기재 및 표시 ○○ 부분 이외의 부분품을 분리하는 것을 허용하고, 그 분리된 부분품에 대한 점유를 풀어야 한다.

㉯ 물건을 생산하는 방법의 발명

채무자는 별지 기재 방법에 따라 ○○을 제조하거나, 위 방법에 따라 제조한 ○○을 생산, 양도, 대여 또는 수입하거나 위 제품의 양도 또는 대여의 청약(양도 또는 대여를 위한 전시를 포함한다)을 하여서는 아니 된다.

㉰ 방법의 발명

채무자는 별지 기재 방법을 사용하여서는 아니 된다.

(나) 디자인권

채무자는 별지 목록 기재 및 표시 제품을 생산, 사용, 양도, 대여, 수출 또는 수입하거나 양도 또는 대여를 위한 청약(양도 또는 대여를 위한 전시를 포함한다)을 하여서는 아니 된다.

(다) 상표권침해금지·부정경쟁행위금지가처분

① 상품주체 혼동행위

상표·서비스표나 상품표지·영업표지와 관련된 금지신청에서는 채무자가 실제로 사용하는 표장이나 표지를 구체적·개별적으로 특정하여야 한다. 이와 달리 채권자의 등록상표나 주지 표지를 특정하고 이와 동일 또는 유사한 표장이 표시된 제품의 생산 등을 하여서는 아니 된다는 식의 주문은 집행할 수 있을 만큼 특정되었다고 할 수 없다. 디자인권이나 상표권의 경우 색채도 구성요소가 될 수 있으므로, 색채가 디자인이나 상표의 구성요소가 되는 경우에는 신청취지나 주문에서 색채도 특정하여야 한다.

② 영업주체 혼동행위

채무자는 자신의 ○○ 영업과 관련하여 별지 목록 표시 표장을 그 사무소 본점 및 지점, 영업소, 매장의 외부 간판, 현수막, 포스터, 가격표, 영수증, 종업원 배지와 유니폼, 쇼핑백, 홈페이지를 비롯한 웹 사이트, 이메일, 전단지, 잡지 광고면, 포장지 및 명함에 표시하여서는 아니 된다.

부정경쟁방지 및 영업비밀보호에 관한 법률(이하 '부정경쟁방지법'이라 한다) 2조 1호 나목에 규정된 이른바 영업주체 혼동행위는 주지성을 취득한 채권자의 영업표지와 동일 또는 유사한 표지를 사용하여 채권자의 영업과 채무자의 영업을 혼동하게 하는 행위이므로, 비록 채무자가 채권자의 주지 영업표지와 동일 또는 유사한 표지를 사용하더라도 이를 채권자와 이종의 영업에 사용하여 혼돈이 초래될 염려가 없다면 이는 영업주체 혼동행위에 해당하지 않는다.

따라서 영업주체 혼동행위를 금지하는 가처분을 발령할 때에는 금지명령에 표지 사용이 금지되는 영업을 특정하는 것이 바람직하다. 이와 달리 채권자의 영업표지가 주지성(周知性)을 넘어 저명성(著名性)을 취득하였을 경우에는 채무자가 채권자와 동종 영업은 물론 이종 영업에 그와 동일 또는 유사한 표지를 사용하더라도 부정경쟁방지법 2조 1호 다목에 규정된 이른바 저명표지 희석행위에 해당하므로, 이러한 경우에는 금지명령에 표지 사용이 금지되는 영업을 특정할 필요가 없다.

③ 도메인이름 부정사용행위

채무자는 별지 기재 도메인이름을 인터넷 웹 사이트 주소(URL)로 사용하여서는 아니 된다.

④ 품질 등 오인 야기 행위

채무자는 자신이 판매하는 ○○ 제품을 인터넷 웹 사이트, 일간신문 등 간행물, 라디오와 텔레비전 등 방송매체를 통하여 광고함에 있어 별지 목록 기재 광고 문구를 사용하여서는 아니 된다.

⑤ 상품의 모방행위

> 1. 채무자는 20 . . . 까지 별지 표시 제품을 생산, 양도, 판매, 대여, 수입, 수출하거나 이를 위한 청약, 전시 및 광고를 하여서는 아니 된다.
> 2. 채무자는 그 본점, 지점, 사무소, 공장, 창고, 영업소, 매장에 보관 중인 별지 표시 제품과 그 반제품에 대한 점유를 풀고, 이를 채권자가 위임하는 집행관으로 하여금 보관하게 하여야 한다(보관 기한은 20 . . . 까지를 한다).

부정경쟁방지법 2조 1호 자목에 규정된 이른바 상품형태 모방행위는 채권자 상품의 형태가 갖추어진 날부터 3년간 금지되므로, 심리 결과 채권자 상품의 형태가 갖추어진 날이 특정된다면 가처분결정의 주문에 금지 기간 및 집행관보관기간을 특정하는 것이 바람직하다. 다만 심리 결과 채권 상품의 형태가 갖추어진 날을 파악하기 어렵다면 가처분의 특수성에 비추어 기간을 특정하지 않아도 무방하다.

(라) 저작권의 침해금지가처분

특허권침해금지가처분의 예에 따른다. 주문례는 다음과 같다.

① 서적의 경우

> 1. 채무자는 별지 목록 기재 서적을 인쇄, 제본, 판매, 배포하여서는 아니 된다.
> 2. 채무자는 위 서적과 인쇄용 필름에 대한 점유를 풀고 이를 채권자가 위임하는 집행관으로 하여금 보관하게 하여야 한다.
> 3. 집행관은 채무자가 위 제품과 그 반제품, 포장지, 포장용기, 선전광고물을 보관하고 있던 장소에서 이를 보관하는 경우 그 보관의 취지를 보관 장소에 적당한 방법으로 공시하여야 한다.

채무자의 서적 중 일부분의 저작권만 침해된 경우에는 "채무자는 별지 제1목록 기재 서적 중 별지 제2목록 기재 각 해당 부분을 삭제하지 아니하고는 위 서적을 인쇄, 제본, 판매, 배포하여서는 아니 된다"라고 기재하고, 점유해제 및 집행관보관명령 부분에 "집행관은 채무자의 신청이 있으면 위 각 해당 부분을 지우고 위 서적을 채무자에게 반환하여야 한다. 라는 부분을 부가하기도 한다. 다만 이 경우 신청취지에 말소 후 반환의 취지가 기재되어 있지 않다만 나머지 신청을 기각한다는 주문도 함께 기재하여야 할 것이다.

종래에는 "위 서적에 관한 인쇄용 지형, 사진 및 아연판에 대한 점유를 풀고"라는 표현을 사용하는 것이 일반적이었으나, 인쇄조판 방식의 변화에 따라 표현을 적절하게 변형하거나 모든 방법을 포함할 수 있는 표현을 사용할 필요가 있다.

② 음악의 경우

채무자는 별지 목록 기재 음악을 수록한 시디(CD), 카세트테이프, 비디오테이프, 엠피스리(MP3) 파일, 엠디(MD)를 제작, 판매, 배포하여서는 아니 된다.

③ 시각적 캐릭터의 저작물성이 인정되는 경우

채무자는 별지 1 표시 캐릭터가 표시된 별지 2목록 기재 제품, 그 포장지, 포장용기, 선전광고물을 생산, 판매, 반포, 수출, 전시하여서는 아니 된다.

④ P2P 서비스 제공자의 저작권침해 방조책임

채무자는 자신이 운영하는 ○○ 웹 사이트를 통하여 그 이용자들로 하여금 별지 목록 기재 동영상이 들어있는 파일을 채권자의 동의 없이 공중의 내려받기(또는 '내려받기')가 가능한 상태로 올리거나(또는 '올리거나'), 이를 알면서 내려받도록(또는 '내려받도록') 하여서는 아니 된다.

⑤ 스트리밍 서비스 제공자의 저작권침해 방조책임

채무자는 자신이 운영하는 ○○ 웹 사이트의 이용자들로 하여금 별지 목록 기재 동영상이 들어있는 파일을 위 웹 사이트의 서버에 올리도록(또는 '올리도록') 하거나, 별지 목록 기재 동영상이 들어있는 파일을 검색하고 이를 채무자가 개발한 ○○ 프로그램을 이용하여 스트리밍 방식으로 시청하도록 하여서는 아니 된다.

(마) 영업비밀침해금지가처분

① 기본형

1. 채무자는 20 . . . 까지 별지 1목록 기재 제조공정에 관한 별지 3목록 기재 영업 비밀을 사용하거나 이를 채권자 이외의 자에게 공개하여서는 아니 된다.

2. 채무자는 20 . . . 까지 별지 2목록 기재 제품을 생산, 판매, 양도, 대여, 수출하여서는 아니 된다.
3. 채무자는 그 본점, 지점, 사무소, 공장 또는 채무자 소유의 컴퓨터에 보관 중인 별지 3목록 기재 영업 비밀에 관한 문서, 파일 등 기록물에 대한 점유를 풀고, 이를 채권자가 위임하는 집행관으로 하여금 보관하게 하여야 한다.

영업비밀침해금지가처분에 있어서 기존 실무는 신청취지에 채권자의 영업비밀을 특정하는 것이 일반적이다. 다만 영업비밀의 특정을 지나치게 구체적이고 상세하게 요구할 경우 이 때문에 채권자의 영업비밀이 비밀성을 상실할 우려가 있으므로, 집행상 의문을 남기지 않는 범위 내에서 이를 개괄적으로 특정하는 것이 불가피한 측면도 있다.

판례는 영업비밀침해행위의 금지를 구하는 경우에는 법원의 심리와 상대방의 방어권 행사에 지장이 없도록 그 비밀성을 잃지 않는 한도에서 가능한 한 영업 비밀을 구체적으로 특정하여야 하고, 어느 정도로 영업 비밀을 특정하여야 하는지는 영업비밀로 주장된 개별 정보의 내용과 성질, 관련 분야에서 공지된 정보의 내용, 영업비밀침해행위의 구체적 태양과 금지청구의 내용, 영업비밀 보유자와 상대방 사이의 관계 등 여러 사정을 고려하여 판단하여야 한다고 하였다.[415]

금지 기간을 정할 때에는 영업비밀 보유자가 아니라 영업비밀의 침해행위자가 독자적으로나 역설계에 의하여 적법하게 개발하는 데 걸리는 기간, 기술의 발전 속도 등을 고려하여야 한다.

② 근로자에 대한 영업비밀침해금지나 전직금지 가처분

1. 채무자는 20 . . . 까지 신청 외 회사에서 별지 1목록 기재 제조공정을 통한 별지2 목록 기재 제품의 제조, 판매 및 그 보조업무에 종사하여서는 아니 된다.
2. 채무자는 별지 1목록 기재 제조공정에 관한 별지 3목록 기재 영업비밀을 사용하거나 이를 신청 외 회사 그 밖의 제3자에게 공개하여서는 아니 된다.

영업비밀에 대한 침해금지기간과 종업원의 전직금지 기간을 별개로 취급하

---

[415] 대결 2013. 8. 22. 2011마1624

여 서로 다른 기간을 설정하는 것이 대체적인 실무이다. 두 금지 기간의 성격은 일단 같다고 보이지만 전직금지 기간의 성격에는 종업원의 직업선택 자유 등의 예민한 문제도 포함되어 있어 금지 기간을 정할 때에 그러한 사정까지 참작하여 결정하기 때문으로 보인다. 그리고 퇴직한 근로자에 대하여 전직금지의무를 부과하는 것은 종전에 근무하던 직장의 영업비밀을 보호하기 위한 것이므로 특별한 사정이 없으면 영업비밀의 존속기간을 넘는 기간까지 전직을 금지할 수는 없다.[416]

다. 가처분 집행과 집행관 사무

지식재산권 침해금지가처분 중 집행관 보관형 가처분명령은 집행관에게 집행기간 내에 집행을 위임하여 행한다. 집행관은 동산의 점유이전금지가처분(집행관 보관형) 집행방법에 따라 집행한다. 채무자에게 부작위의무를 부과하는 가처분에서 채무자가 부작위의무를 위반하여 계속 침해행위를 하면 대체집행의 방법으로 가처분에 위반한 실시품(實施品) 등을 제거할 수 있고, 간접강제의 방법을 취할 수도 있다. 실무에서는 가처분결정에 앞서 담보제공명령을 별도로 발령하기보다는 담보제공을 조건으로 하여 가처분결정을 발령하는 경우가 많다.

13. 주식에 관한 가처분과 집행관 사무

가. 주식의 처분을 금지하는 가처분

(1) 개 요

주권의 인도청구권 보전을 위해서는 원칙적으로 유체동산에 대한 경우와 같이 주권 자체의 점유이전을 금하는 가처분을 하여야 하므로 채무자의 주권에 대한 점유를 박탈하고 집행관에게 보관을 명하는 가처분을 하게 된다. 그러나 실제로 주권을 발행하지 않는 경우도 많고, 주권을 발행하였더라도 가처분의 집행단계에서 그 주권을 채무자가 숨겨 버리면 아무 실효가 없으므로 실무상 채무자로 하여금 그 주식의 처분을 금지하도록 명하는 가처분이 많이 쓰인다.

---

416) 대판 1996. 12. 23. 96다16605, 대판 1998. 2. 13. 97다24528

(2) 주문례

(가) 집행관 보관

채무자는 별지 목록 기재 주권에 대한 점유를 풀고 채권자가 위임하는 집행관에게 보관하게 하여야 한다.

(나) 처분금지

채무자는 별지 목록 기재 주식에 대하여 양도, 질권의 설정 그 밖에 일체의 처분을 하여서는 아니 된다.

때로는 집행관보관과 동시에 처분금지를 명하는 주문을 사용하기도 하나 주권의 점유를 박탈하면 주식의 유효한 양도가 불가능하므로 점유이전금지가 처분이 집행된 후에는 다시 처분금지를 할 필요는 없다.

주권발행 이전이거나 제권판결이 있는 주식에 대하여는 처분금지를 명하는 외에 주식발행회사를 제3채무자로 하여 "제3채무자는 채무자에 대하여 위 주식에 관하여 주권을 인도하여서는 아니 된다"고 하면 될 것이다. 이 경우 "제3채무자는 위 주식에 관하여 채무자에게 주권을 발행 교부 하여서는 아니 된다"고 하는 예도 있으나 이러한 주문례는 주주권의 귀속을 다투는 채권자와 채무자 사이의 분쟁에 관하여 채권자가 직접 발행회사에 대하여 발행금지를 청구할 수 있는 권리가 있는지의 문제와 관련하여 의문이 있다.

위와 같은 가처분을 받은 후에도 주주의 권리는 여전히 채무자에게 있다. 따라서 채무자는 주주명부상의 주주로서 주주총회에 출석하여 의결권을 행사하거나 과실인 배당금을 받는 등 주식의 처분 이외의 권리행사를 주권 없이 행사할 수 있다. 그러므로 위 집행관보관의 경우에도 집행관이 채무자를 대신하여 권리보전행위를 할 필요도 없고 해서는 안 되는 것이 원칙이다. 다만 무기명식 주권을 가진 자가 주주의 권리를 행사하기 위해서는 그 주권을 회사에 공탁하여야 하므로(상법 358조) 이때에는 집행관의 협력행위가 필요하고, 위(가)의 주문에 "집행관은 채무자의 신청에 따라 권리보전의 행위를 하는 것을 허가할 수 있다."라는 명령을 부가하면 된다.

(3) 명의개서금지의 가부

실무에서는 처분금지가처분을 하는 경우에 회사를 제3채무자로 하여 또는 회사도 채무자에 포함해 주주명부의 명의개서를 금지하는 경우도 있고, 학설상으로도 이러한 명의개서금지의 가처분은 유효하게 할 수 있으며 그 결과 회사는 주권양수인으로부터의 명의개서청구를 거부할 수 있거나 명의개서 후 본안에서 승소한 채권자의 청구가 있으면 그 명의개서를 지워야 한다고 설명되기도 하나, 주식양수인인 채권자는 양도인에 대하여는 그 주식의 처분금지를 구할 권리가 있어도 회사에 대하여 명의개서를 금지할 필요까지는 없다고 보이므로 이를 부정함이 타당하다.

한편 주권발행 전 주식을 양수한 사람은 주주명부상의 명의개서가 없어도 회사에 대하여 자신이 적법하게 주식을 양수한 자로서 주주권자임을 주장할 수 있으므로[417], 회사를 상대로 명의개서금지를 구할 이익이 없지만, 회사가 주주의 주주권을 부인하고 제3자에게 명의개서를 하려는 경우와 같은 특수한 경우에 주주권확인을 본안으로, 회사를 채무자로 하여 임시의 지위를 정하기 위한 가처분으로서 명의개서의 금지를 구할 수는 있을 것이다. 그 주문례는 아래와 같다.

> 채무자(회사)는 별지 목록 기재 주식에 관하여 ○○○에게 명의개서를 하여서는 아니 된다.

나. 의결권 행사금지 또는 허용의 가처분
(1) 개 요

주식의 귀속에 관하여 양도인과 양수인 사이에, 또는 양수인과 회사 사이에 다툼이 있거나 발행된 주식의 효력에 다툼이 있는 경우에 주주총회에서의 의결권의 금지 또는 허용의 가처분이 필요하게 된다. 상법 369조에 의한 회사가 가진 자기주식, 자본시장과 금융투자업에 관한 법률 150조, 147조에 의한 주식의 대량보유상황 등의 보고의무를 위반한 주식 등과 같이 법령에 따라 의결권이 제한되는 주식에 관한 사안도 간혹 있다.

일반적으로 회사는 주주명부에 등재된 자를 주주로 하여 주주권을 행사시

---

[417] 대판 1995. 5. 23. 94다36421

키므로 단순히 주권을 양수받을 지위에 있다는 것만으로는 아직 명의개서가 되지 않은 상태에서 채무자인 주주의 주주권행사를 금하거나 채권자에게 의결권행사를 허용한다는 것은 있을 수 없는 일이지만, 주권이 양도되었음에도 회사가 까닭 없이 명의개서에 불응하고 종전의 주주에게 의결권을 행사시키려고 한다면 그로 회사의 경영이 악화될 우려가 있다는 등의 사정 아래서는 주주명부상 주주의 의결권행사를 금지하고 양수인(진정한 주주)에게 의결권행사를 허용하게 할 가처분의 필요가 있게 된다.

또한, 위법·불공정한 신주발행 때문에 주식 가치가 희석되거나 제3자가 신주를 인수함으로써 기존 주주의 회사지배권이 상대적으로 약화되는 등 주주의 이익을 해할 위험이 있는 경우에는 신주발행무효소송(상법 429조)을 본안으로 하여 이미 효력이 발생한 신주에 관하여 의결권행사를 금지하는 가처분도 가능하다(이는 신주발행에 대한 사후적 가처분으로서, 신주발행에 대한 사전적 가처분인 신주발행금지가처분과 대비된다).

한편 신주발행무효소송을 본안으로 하는 의결권행사금지가처분에 그치지 아니하고 신주발행의 효력정지가처분을 구하는 경우도 간혹 있으나, 신주발행무효판결은 확정되면 장래에 향하여만 효력을 가지는 데 반하여(상법 431조 1항), 신주발행효력정지가처분은 신주발행무효소송의 판결이 확정되기 전에 본안판결을 통하여 얻고자 하는 내용과 실질적으로 같은 내용의 권리관계를 형성하는 이른바 만족적 가처분이므로, 위와 같은 가처분은 본안소송에 의하여 얻을 수 있는 것보다 더 큰 권리의 만족을 주는 것이어서 보전처분의 부수성에 반한다고 보는 것이 실무의 경향이다.

다만 신주발행의 절차적, 실체적 하자가 극히 중대하여 신주발행이 존재하지 않는다고 볼 수밖에 없는 경우에는 신주발행무효의 소의 절차가 아니라 부존재확인의 소를 제기할 수 있으므로,[418] 신주발행이 무효인 경우에 비하여 의결권행사금지가처분이 인용될 가능성이 크다고 할 수 있다.

(2) 가처분의 내용과 주문례

회사와 명의 주주에 대하여 명의 주주의 의결권행사금지를 명하는 경우와 그와 동시에 진실한 주주에게 의결권행사를 허용하는 때도 있다. 채권자에 대

---

[418] 대판 1989. 7. 25. 87다카2316

하여 의결권행사를 허용하는 주문이 발령되지 않은 경우에도 명의 주주의 의결권행사를 금지하는 가처분의 효력으로서 실질주주의 의결권행사가 허용된다고 하는 견해가 있으나, 의결권행사금지와 행사허용을 함께 신청한 경우에도 법원은 신청의 목적을 이루는 데 필요한 최소한도의 범위 내에서 명의 주주의 의결권행사금지만을 명할 수 있으므로 의결권행사금지를 명하는 가처분이 발령되었다고 하여 당연히 진실한 주주의 의결권행사가 허용된다고 볼 것은 아니다. 진실한 주주에 대하여 의결권행사를 허용하는 경우에는 명의 주주의 의결권행사금지를 동시에 명한다.

(가) 의결권행사 금지

1. 채무자 ○○주식회사는 20 . . . 10 : 00에 개최되는 주주총회에서 채무자 ×××에게 별지 목록 기재 주식에 대한 의결권을 행사하게 하여서는 아니 된다.
2. 채무자 ×××는 위 주주총회에서 위 주식에 대한 의결권을 행사하여서는 아니 된다.

(나) 의결권행사 허용

채무자 ○○주식회사는 20 . . . 10 : 00에 개최되는 주주총회에서 채권자에게 별지 목록 기재 주식에 대한 의결권을 행사하게 하여야 한다.

(3) 가처분의 효력

진실한 주주라고 주장하는 자가 명의상의 주주를 상대로 의결권행사를 금지하는 가처분 결정을 받은 경우, 그 명의상의 주주는 주주총회에서 의결권을 행사할 수 없으나, 그가 가진 주식 수는 정족수 계산의 기초가 되는 '발행주식의 총수'에 포함된다.[419]

의결권행사금지가처분의 효력이 회사에 미치는 경우, 가처분에 위반하여 명의상의 주주에게 의결권행사를 허용하면 결의취소의 사유가 되나, 본안소송에서 다시 피보전권리의 존재가 증명되어야 하는지 가처분 위반 사실 자체가 결의취소 사유가 되는지에 관하여는 견해가 통일되어 있지 않은데, 이와 관련하여 의결권행사금지가처분과 같은 효력이 있는 강제조정 결정에 위반하는 의

---

[419] 대판 1998. 4. 10. 97다50619

결권행사로 주주총회 결의에 가결정족수 미달의 하자 여부가 문제 된 사안에서, 가처분의 본안소송에서 가처분의 피보전권리가 없음이 확정됨으로써 그 가처분이 실질적으로 무효임이 밝혀진 이상, 위 강제조정 결정에 위반하는 의결권 행사는 결국 가처분의 피보전권리를 침해한 것이 아니어서 유효하다고 한 판례420)가 있음은 앞서 본 바와 같다.

또한, 회사가 의결권행사금지가처분에 따라 주주총회에서 명의 주주의 의결권행사를 금지하거나 진실한 주주라고 주장하는 자에게 의결권행사를 허용하였는데, 그 후 주주권확인 등의 본안소송에서 가처분과 다른 판결이 확정된 경우, 명의 주주의 의결권행사를 금지한 주주총회에는 결의취소사유가 있다고 보는 견해가 유력하나, 의결권행사금지가처분에 주주명부에 갈음하는 일종의 면책적 효력을 인정하여 결의취소사유가 되지 않는다고 하는 반대설도 있다.

다. 임시로 주주의 지위를 정하는 가처분

(1) 개 요

주주명부에 기재가 없는 실질주주에게 임시로 주주의 지위를 정하는 가처분도 허용된다고 할 것이다. 주문례로는 주주총회소집청구, 의결권행사 등 주주인 지위의 내용을 구성하는 구체적 행위를 표시하지 아니하는 방법과 이를 표시하는 방법의 두 가지가 쓰이고 있다. 다만 전자의 주문례에 관하여는 주주의 지위가 포괄적이어서 그 권리내용이 다양한 관계상 자칫하면 필요성을 초과하는 것이 되기 쉽고, 또 본안과의 관련성도 의문인 경우가 많이 있을 것이다. 한편 후자의 주문례를 내는 경우에도 그 대상으로 개최 예정인 주주총회 등을 특정하지 않는 경우에는 포괄적인 결정이 될 수 있으므로 유의하여야 한다.

(2) 주문례

본안판결 확정에 이르기까지 채권자가 별지 목록 기재 주식에 관하여 주주의 지위에 있음을 임시로 정한다.

---

420) 대판 2010. 1. 28. 2009다3920

> 별지 목록 기재의 주식에 관하여, 채권자가 채무자회사의 주주명부에 기재된 주주로서 다음 행위를 할 수 있는 지위에 있음을 임시로 정한다.
> 1. 채무자회사의 주주총회 소집을 청구하는 것.
> 2. 채무자회사의 주주총회에서 의결권을 행사하는 것.

라. 신주발행금지가처분

(1) 개 요

주식회사가 법령 또는 정관에 위반하거나 현저하게 불공정한 방법에 따라 주식을 발행함으로써 주주가 불이익을 받을 염려가 있는 경우에는 그 주주는 회사에 대하여 그 발행을 유지할 것을 청구할 수 있는바(상법 424조), 이 신주발행유지청구권을 피보전권리로 하여 신주발행을 금지하는 가처분을 할 수 있다. 이는 위법하거나 불공정한 신주발행에 대하여 주주의 이익을 보호하기 위하여 인정되는 단독주주권이므로, 위법·불공정한 신주발행 때문에 불이익을 받을 염려가 있는 주주는 보유주식 수, 주식 보유기간, 의결권 또는 신주인수권의 유무를 불문하고 단독으로 신주발행금지가처분을 신청할 수 있다.

다만 신주발행의 유지라 함은 사전에 구제하자는 것이므로 신주가 발행된 후에는 유지청구를 할 수 없는데, 신주발행의 효력은 납부기일의 다음 날에 발생하므로(상 423조 1항), 신주발행금지가처분의 신청 및 그 결정은 납부기일까지 이루어져야 한다.

이 가처분은 회사에 대하여 신주발행을 하여서는 안 된다는 취지의 부작위를 명하는 것으로서 이는 가처분채권자와 채무자 간의 효력에 불과하므로 이미 인수가 되어 있는 경우에는 위 가처분의 효력은 인수인에게는 미치지 아니한다. 그러나 회사로서는 이 가처분이 있음을 이유로 인수인의 주금납입에 대해 그 수령을 거부할 수 있다. 또한, 당해 신주의 주권이 인쇄된 경우에는 그 발행정지를 위하여 가처분의 주문에 주권의 집행관보관조치를 명하는 것도 가능하다.

(2) 주 문례

> 채무자가 20. . . 이사회의 결의를 근거로 하여 현재 발행을 준비 중인 기명식 액면 ○○원의 보통주식 ○○주의 신주발행을 금지한다.

(3) 가처분에 위반한 신주발행의 효력

신주발행금지가처분을 무시하고 한 신주발행에 대하여는 법원의 공권적 판단을 위반한 것으로서 무효라는 견해와 신주발행금지가처분결정은 당사자인 채권자와 채무자(회사) 사이에서만 효력이 있고 신주를 인수한 제3자에 대하여는 효력이 없다는 견해, 원칙적으로 무효이나 신주를 취득한 제3자가 선의인 경우에 한하여 유효라는 견해 등이 있다.

마. 회계장부 등 열람·등사 가처분

(1) 개요 및 심리

장부 등 열람·등사 청구권을 피보전권리로 하여 당해 장부 등의 열람·등사를 명하는 가처분은 실질적으로 본안소송의 목적을 달성하게 되는 측면이 있다고 할지라도, 나중에 본안소송에서 패소가 확정되면 손해배상청구권이 인정되는 등으로 법률적으로는 여전히 잠정적인 성격을 가지므로 임시적인 조치로서 장부 등 열람·등사 청구권을 피보전권리로 하는 가처분도 허용된다.[421]

이러한 장부 등 열람·등사 가처분은 이른바 만족적 가처분에 해당하므로 피보전권리 및 보전의 필요성에 관하여 통상의 보전처분보다 높은 정도의 소명이 요구된다. 따라서 단순히 회사가 장부·서류를 훼손, 폐기, 숨길 우려가 있다는 사정만으로는 부족하고, 가처분에 의하지 아니할 경우에는 채권자에게 현저한 손해나 매우 급한 위험이 발생할 것이라는 등의 긴급한 사정이 있어야 한다.

(2) 상법상 회계장부 및 서류 열람·등사 가처분

(가) 개요

상법상 회사의 주주 등은 회사 재산 운용의 불투명성을 없애고, 운용상 문제점에 대한 임원들의 책임을 묻기 위한 수단으로 회계장부 및 서류의 열람·등사를 구할 수 있다. 상법상 회사의 이사는 정기총회일의 1주 전부터 대차대조표, 손익계산서, 자본변동표, 이익잉여금 처분계산서 또는 결손금 처리계산서(주식회사의 외부감사에 관한 법률 2조에 따른 외부감사 대상 회사의 경우에는 현금흐름표와 주석, 외부감사 대상 회사 중 지배·종속 관계에 있는 경우

---

[421] 대판 1999. 12. 21. 99다137

연결재무제표 포함), 영업보고서 및 감사보고서를 본점에 5년간, 그 등본을 지점에 3년간 비치하여야 하는데, 주주와 회사채권자는 영업시간 내에 언제든지 위 서류를 열람할 수 있다(상 448조).

(나) 회계장부 및 서류의 범위

상법 466조는 열람·등사의 대상을 '회계의 장부와 서류'라고만 규정하고 있어 그 허용범위가 문제 되는데, 실무는 회사 기밀의 유출 가능성, 검사인 선임청구권(상 467조 1항)의 활용 가능성, 상법의 관련 규정 등을 고려하여 무한정 인정하지 않고, 대체로 회계장부는 회사의 거래에 관한 사항을 기재한 장부로, 회계서류는 회계장부 기입의 재료로 된 서류로서 회계장부의 내용을 실질적으로 보충하는 서류로 한정하여 인정한다.

회계장부에는 상법 448조에 규정된 회계장부 이외에 분개장, 전표, 일계표, 총계정원장, 계정별 원장, 법인통장 사본이 포함되고, 회계서류에는 계약서, 주문서, 대금청구서, 영수증, 세금계산서, 입금표, 통장, 지출결의서 등 거래의 내용을 직접 남고 있는 서류가 포함된다. 상법상 회사의 이사는 정기총회일의 1주 전부터 대차대조표, 손익계산서, 자본변동표, 이익잉여금 처분계산서 또는 결손금 처리계산서(주식회사의 외부감사에 관한 법률 2조에 따른 외부감사 대상 회사의 경우에는 현금흐름표와 주석, 외부감사 대상 회사 중 지배·종속 관계에 있는 경우 연결재무제표 포함), 영업보고서 및 감사보고서를 본점에 5년간, 그 등본을 지점에 3년간 비치하여야 하는데, 주주와 회사채권자는 영업시간 내에 언제든지 위 서류를 열람할 수 있다(상법 448조).

그러나 거래 자체를 기재한 것이 아니라 거래가 발생하게 된 원인 또는 거래의 경과 등을 나타내는 서류, 예컨대 특정 계약의 추진이나 성사를 위한 내부 보고서, 품의서나 회의록, 계약 과정에서 오고 간 서신이나 의향서, 타법인 출자에 앞서 주식가치를 평가한 서류 또는 실사자료 등은 회계서류에 포함되지 않으며, 영업 현황에 관한 자료도 이에 해당하지 않는다.

(다) 이유를 붙인 서면 청구

회사의 주주가 회사에 대하여 회계장부 및 서류의 열람·등사를 청구하기 위해서는 이유를 붙인 서면으로 하여야 한다. 회계장부 및 서류의 열람·등사는 회계 운영상 중대한 일이므로 그 절차를 신중하게 함과 동시에 상대방인

회사에 열람·등사에 응하여야 할 의무의 존부 또는 열람·등사를 허용하지 않으면 안 될 회계장부 및 서류의 범위 등의 판단을 손쉽게 하기 위하여 그 이유는 구체적으로 기재하여야 하는데,[422] 이 경우 열람·등사의 청구 이유는 그 근거 사실에 관한 증명까지는 필요하지 않고 단지 그 청구 이유가 사실일지도 모른다는 최소한의 합리적인 의심이 생기게 하는 정도이면 충분하다.

한편 상법 466조가 특별히 재판 외의 서면으로 열람·등사를 구하도록 규정하고 있지 않은 이상, 가처분신청서나 준비서면에 구체적인 이유를 밝힌 경우에는 그 송달로써 사전에 서면청구를 하지 않은 하자가 치유된다.

(라) 실질적 관련성

열람·등사의 대상이 되는 회계장부 및 서류는 열람·등사의 청구 이유와 실질적 관련성이 있는 회계장부 및 서류에 한정되므로, 주주는 열람·등사의 청구 이유와 실질적 관련성이 있는 회계장부 및 서류의 명칭, 종류 등을 구체적으로 특정하여야 한다.

한편 장부의 존재 여부에 관하여도 기본적으로는 주주에게 증명책임이 있으나, 상법상 회사에 작성의무가 부과된 회계장부(대차대조표, 손익계산서, 자본변동표, 이익잉여금 처분계산서 또는 결손금 처리계산서, 영업보고서 등) 혹은 당해 회사의 재무제표상 세부 항목의 기재가 나타나 있어 그 존재가 추단되는 회계장부의 경우에는 그 존재가 사실상 추정되므로 반대로 회사 측이 부존재 사실을 증명해야 한다.

(마) 회사의 거부사유

상법 466조 2항은 회사가 주주의 청구가 부당함을 증명하지 아니하면 이를 거부하지 못한다고 규정하여 회사에 대하여 열람·등사 청구의 부당함을 증명할 책임을 지우고 있는데, 판례는 주주의 열람·등사권 행사가 부당한 것인지는 그 행사에 이르게 된 경위, 행사의 목적, 악의성 유무 등 제반 사정을 종합적으로 고려하여 판단하여야 하고, 특히 주주의 이와 같은 열람·등사권의 행사가 회사업무의 운영 또는 주주 공동의 이익을 해치거나 주주가 회사의 경쟁자로서 그 취득한 정보를 경업에 이용할 우려가 있거나 회사에 지나치게 불리

---

[422] 대판 1999. 12. 21. 99다137

한 시기를 택하여 행사하는 경우 등에는 정당한 목적을 결하여 부당하다는 처지다.423)

바. 주주명부 등 열람·등사 가처분

(1) 개 요

회사의 이사는 회사의 정관, 주주총회의 의사록을 본점과 지점에, 주주명부, 사채원부를 본점에 비치하여야 하는데(이 경우 명의개서대리인을 둔 때에는 주주명부나 사채원부 또는 그 복본을 명의개서대리인의 영업소에 비치할 수 있다), 주주와 회사채권자는 영업시간 내에 언제든지 위 서류의 열람 또는 등사를 청구할 수 있다(상법 396조). 주주총회를 앞두고 의결권 대리행사 권유를 위하여 주주명부에 대한 열람·등사 가처분을 신청하는 경우가 많은데, 주주총회가 가까운 장래에 개최될 예정인 경우에는 특별한 사정이 없으면 그 보전의 필요성이 인정된다.

(2) 회사의 거부사유

대법원은 상법 396조 2항에서 규정하고 있는 주주 또는 회사채권자의 주주명부 등에 대한 열람·등사 청구도 회사가 그 청구의 목적이 정당하지 아니함을 주장·증명하는 경우에는 이를 거부할 수 있다는 견해다.424)

(3) 실질주주명부

자본시장과 금융투자업에 관한 법률은 316조 1항에서 실질주주명부의 작성·비치의무만을 규정하고 있을 뿐, 주주에게 실질주주명부에 대한 열람·등사 청구권을 인정하는 명문의 규정을 두고 있지는 아니하다.

그러나 실무에서는 위 법률 316조 2항에 따라 한국예탁결제원에 예탁된 주권의 주식에 관한 실질주주명부에의 기재는 주주명부에의 기재와 같은 효력을 가지는 점, 위 법률 315조 2항이 실질주주는 상법 396조 2항에 따른 주주명부의 열람·등사 청구권을 행사할 수 있다고 규정하고 있는데 실질주주가 실질주주명부에 대한 열람·등사 청구를 할 수 없다고 한다면 실질주주명부상

---

423) 대결 2004. 12. 24. 2003마1575
424) 대결 1997. 3. 19. 97그7

의 주주는 상법상의 주주명부는 열람·등사할 수 있으나 자신이 주주로 기재되어 있는 실질주주명부는 열람·등사할 수 없다는 부당한 결론에 도달하게 되는 점, 주주명부에 대한 열람·등사 청구권은 소수주주들로 하여금 다른 주주들과의 주주권 공동행사나 의결권 대리행사 권유를 가능하게 함으로써 지배주주의 주주권 남용을 방지하는 기능도 가지고 있는데, 증권예탁제도의 활성화에 따라 통상의 주주명부가 주식보유현황을 나타내는 주주명부로서의 실질적인 기능을 하지 못하는 현 상황에서 이러한 점을 보완할 목적으로 작성·비치되는 실질주주명부에 대하여 주주들의 접근을 보장하지 않는다면, 소수주주들이 위와 같은 권리를 행사하는데 현저한 곤란을 겪게 될 것으로 보이는 점 등을 고려하여 실질주주를 포함한 주주는 실질주주명부에 대하여도 열람·등사 청구권을 가진다고 보고 있다.

(4) 이사회회의록의 열람·등사 문제

이사회회의록은 상법 391조의3 4항, 비송사건절차법 72조 1항에 따라 비송사건절차에 의하여 법원의 허가를 받아 열람·등사하여야 하는 서류이므로, 민사 가처분으로 이사회회의록의 열람·등사를 구하는 것은 허용되지 않는다.[425]

(5) 주문례

(가) 의무부과형

> 채무자는 이 결정을 송달받은 날의 3일 후부터 토요일 및 공휴일을 제외한 20일 동안 09:00부터 18:00까지의 시간 중 영업시간 내에 한하여 채무자의 본점에서 채권자 또는 그 대리인에 대하여 별지 목록 기재 각 회계장부 및 서류와 채무자의 20○○. ○○. 현재의 주주명부(실질주주명부 포함)를 열람·등사(사진촬영 및 컴퓨터 디스켓에의 복사를 포함)하도록 허용하여야 한다.

(나) 집행관보관형

열람·등사의 대상 장부 등에 관하여 훼손, 폐기, 은닉, 변경이 행하여질 위험이 있는 때에는 이를 방지하기 위하여 그 장부 등을 집행관에게 이전 보관시키는 가처분을 허용할 수도 있다.[426]

---

425) 대판 2013. 11. 28. 2013다50367

> 1. 채무자는 별지 목록 기재 각 회계장부 및 서류와 채무자의 20○○. ○○. 현재의 주주명부(실질주주명부 포함)에 대한 점유를 풀고, 이를 채권자가 위임하는 집행관에게 인도하여야 한다.
> 2. 집행관은 위 각 회계장부 및 서류와 주주명부를 채무자의 본점에 보관하고 그 보관기간은 본 결정 집행일로부터 ○일로 한다.
> 3. 집행관은 전항의 보관 기간에 채권자의 신청에 따라 오전 00시부터 오후 00시까지 채권자에게 채무자(회사)의 본점에서 위 각 회계장부 및 서류와 주주명부의 열람·등사(사진촬영 및 컴퓨터디스켓의 복사를 포함)를 허용하여야 한다. 단, 채권자의 열람·등사를 방해하지 않는 한도에서 채무자에게 위 각 회계장부 및 서류와 주주명부의 사용을 허용하여야 한다.
> 4. 집행관은 위 보관의 취지를 적당한 방법으로 공시하여야 한다.

14. 노동사건에 관한 가처분과 집행관사무

가. 총 설

(1) 노동사건가처분의 특질

노동가처분은 대개 임시의 지위를 정하기 위한 가처분으로서 만족적 가처분이므로, 가처분결과가 당사자에게 주는 영향이 클 뿐 아니라 나중에 가처분이 변경되더라도 채무자가 받은 손해를 배상받는 것이 곤란하다. 또한, 법원의 판단이 단순히 사건의 승패를 떠나서 전체 노사관계나 사회에 미치는 영향도 크므로 심리에 신중을 기할 것이 요구된다.

나. 가처분의 당사자

(1) 단체교섭응낙가처분의 당사자적격

단체교섭 권리자와 의무자(강학상 단체교섭당사자)만이 가처분의 당사자가 될 뿐, 단체교섭의 당사자를 위하여 단체교섭권한을 행사하는 데 불과한 단체교섭담당자는 가처분의 당사자가 될 수 없다.

(2) 쟁의행위금지가처분의 채무자

쟁의행위를 지령하는 것은 노동조합이지만 실제의 행위는 개개의 조합원이

---

426) 대판 1999. 12. 21. 99다137

나 지원하는 제3자가 하는 것이므로 채무자를 누구로 할 것인지 문제 된다. 보통 채무자를 노동조합으로 하여 "노동조합은 ……행위를 하거나 그 소속 조합원 또는 제3자로 하여금 ……행위를 하게 하여서는 아니 된다."라는 주문례를 많이 사용한다.

이 경우 제3자에게는 가처분의 효력이 미치지 아니하지만 제3자가 노동조합의 통제에 따르는 한 가처분은 그 목적을 달성하게 된다. 그러나 제3자가 노동조합과 독자적으로 행동하는 경우에는 제3자도 채무자로 삼아야 한다. 비조합원이 쟁의행위에 참가하고 있는 경우에는 노동조합 이외에 비조합원도 채무자로 삼아야 할 것이다.

(3) 노동조합의 당사자적격

해고효력정지가처분에서 노동조합은 그 가처분사건의 당사자적격이 없다. 조합원 근로관계의 확인과 노동조합의 단결권 옹호 사이에는 직접적인 관련이 없기 때문이다. 실무상으로도 해고무효확인의 소나 해고효력정지가처분을 노동조합이 신청하는 경우는 거의 보이지 않다. 노동조합이 부당해고구제신청을 한 사건에 관하여 판례는 노동조합은 구제신청권자가 아니라고 한다.[427]

그런데 대량적인 정리해고에 대처하거나 위장폐업에 대항하는 경우 소송상 필요한 자료의 수집이나 재정 면에서 조직 활동과 단결력을 발휘할 수 있는 노동조합이 소송을 맡는 것이 바람직한 때도 있다. 노동조합이 소송을 담당하는 것은 임의적 소송신탁에 해당하여 허용될 수 없고, 이 경우에는 선정당사자 제도를 활용하면 된다는 견해와 임의적 소송신탁이라도 탈법적인 것이 아닌 한 극히 제한적인 경우에 합리적인 필요가 있는 경우 허용된다는 판례[428] 들 근거로 노동조합에도 임의적 소송담당이 허용될 수 있다는 견해가 있다. 다만 후자의 경우에도 당해 조합원의 의사에 반하지 말아야 하고, 조합규약에 일반적 포괄적인 권한을 주고 있는 것만으로는 부족하며, 명시적인 개별적 수권이 필요하다고 한다.

또한, 노동조합과 사용자 사이의 협약 이행이나 그 밖의 필요에서 조합이 직접적이고 구체적인 이해관계를 갖는 경우, 예를 들면 해고동의약관이나 협

---

427) 대판 1992. 11. 13. 92누1114
428) 대판 1984. 2. 14. 83다카1815

의약관과 협약으로 조합원인 종업원의 지위가 보장되고 있는 경우에 노동조합에 확인의 이익이 있다고 하는 견해도 있다.

(4) 공무원과 공무원노동조합의 가처분

행정청이 공무원에 대하여 해고, 휴직, 정직 등의 불이익처분을 한 경우에 이는 실질적인 공권력 행사로서 행정처분이므로 이에 대한 불복은 행정소송법상 항고소송에 의한다. 이 경우 그 처분의 집행정지는 행정소송법상 집행정지제도(23조, 24조)에 의하여야 하고 민사집행법상 가처분은 배제된다.[429]

다. 근로자 측 가처분

(1) 임금지급가처분

(가) 개요

사용자가 근로자를 해고하였으나 그 해고가 무효인 경우, 또는 사용자가 쟁의의 수단으로서 직장폐쇄를 하였으나 그 폐쇄가 위법 부당한 경우에는, 비록 사용자가 해고 또는 직장폐쇄 후 근로의 받지 아니하였더라도 근로자는 사용자에 대하여 근로 계약상 임금청구권을 가진다.

이러한 임금청구권을 가지는 근로자는 사용자에 대하여 본안의 소를 제기하여 임금을 청구할 수 있으나 본안판결을 받을 때까지는 보통 상당한 기간이 걸리므로, 오로지 임금만을 생계의 수단으로 하는 근로자로서는 임금지급의 중단으로 현재의 생계에 위협을 받아 본안판결을 받을 때까지 기다릴 수 없다.

이 같은 경우에 임금청구권을 피보전권리로 하여 사용자에 대하여 본안판결 확정 전에 임시로 근로자에게 임금 상당액의 금전지급을 명하는 가처분이 임금지급가처분이다. 만족적 가처분에 해당한다.

(나) 주문례

> 채무자는 채권자에게 20 . . . 붙어 이 법원 20○○가합○○○ 사건의 1심판결 선고 시까지 매월 10일에   원을 임시로 지급하라.

---

[429] 대결 1992. 7. 6. 92마54

(다) 집행

정기적인 급부를 명하는 임금지급가처분의 집행기간(민집 301조, 292조 2항)의 기산일은 가처분의 고지일이 아니라 매달의 지급일로 보아야 할 것이다. 채무자가 마음대로 이행하지 아니하는 경우, 위 가처분은 금전의 지급을 명하는 집행권원에 해당하므로 금전채권에 기초한 강제집행방법에 따라 강제집행을 할 수 있다.

(2) 근로자지위보전가처분

(가) 개요

근로자가 해고된 경우 해고가 무효임을 이유로 근로관계존재확인소송의 본안판결 확정 시까지 임시로 사용자와 근로자 사이에 해고 전과 같은 내용의 근로계약관계를 설정하는 가처분이다. 따라서 이 가처분은 본안인 해고무효확인소송 또는 근로관계존재확인소송에서 승소한 것과 같은 법률상의 지위를 잠정적으로 인정하여 주는 것이므로 임시의 지위를 정하기 위한 가처분 중 만족적 가처분이다. 위와 같은 효과는 가처분의 고지 또는 송달로 직접 발생하므로 이 가처분을 근거로 한 강제집행은 생각할 여지가 없고, 또 사용자가 이 가처분으로 근로자로서의 대우를 하지 아니하였다 하여도 이 가처분으로 그러한 대우를 하도록 강제할 방법은 없다. 또한, 이 가처분으로 인정된 지위로부터 파생된 임금청구권 등과 같은 개별적 권리에 대하여도 가처분이 집행권원이 될 수 있는 것도 아니다.

(나) 주문례

지위보전가처분의 주문은 해고효력정지형, 종업원취급명령형, 근로 계약상 지위설정형 3종류로 구분할 수 있는데 통상 지위설정형 주문이 이용된다.

① 해고효력정지형

채무자가 20 . . . 채권자에 대하여 한 해고의 의사표시 효력을 정지한다.

② 종업원취급명령

채무자는 채권자를 채무자의 종업원으로서 임시로 취급하라.

③ 근로 계약상 지위설정형

> 채권자가 채무자에 대하여 피용자의 지위에 있음을 임시로 정한다.

(3) 근로방해금지가처분

사용자가 근로수령을 거부하는 경우에 실체법상의 권리로서 사용자에 대하여 근로방해금지를 청구하고 근로수령거부로 입은 손해를 임금지급과 별도로 청구할 수 있는가. 부정설은 근로제공은 근로자의 의무이지 권리가 아니고 근로수령거부는 채권자지체에 지나지 아니한다고 주장한다. 다만 예외적으로 주방장의 지도를 받아 조리기술을 습득·연마하는 요리사의 경우와 같이 직장에서 떨어져 있으면 기량이 현저히 저하할 것으로 인정되는 경우,

다시 말하면 일의 성질상 근로의 제공에 대하여 합리적인 특별한 이익이 기대되는 경우에 근로방해청구권(강학상 취업청구권)은 긍정된다고 한다. 긍정설은 근로계약과 민법상 고용계약은 다르다는 특수성과 노동은 임금획득을 위한 단순한 수단이 아니고 그 자체가 자유로운 것으로서 자기실현과 인격발전을 목적으로 한다는 점을 근거로 한다.

근로방해금지청구권이 인정되는 경우 주문은 다음과 같다.

> 채무자는 채권자의 근로를 방해하여서는 아니 된다.

> 채무자는 채권자가 제공하는 근로의 수령을 거부하여서는 아니 된다.

> 채무자는 채권자가 채무자회사 소속 시내버스 서울 70가○○○○호의 운전기사로 근무하는 것을 방해하여서는 아니 된다.

(4) 전직명령효력정지가처분
(가) 개요

여기서 말하는 전직명령은 전보와 전근을 포함하는 배치전환명령(기업 내 전직) 및 전출과 전적(기업 간 전직)을 모두 포함하는 개념이다. 전직명령 효력의 정지를 구하는 가처분은 전직명령이 무효인 경우에 허용된다. 근무 장소는 변경되지 않으면서 직무의 종류와 내용이 바뀌는 전보와 근무 장소가 바뀌

는 전근은 인사권자인 사용자의 권한에 속하므로 업무상 필요한 범위 내에서는 사용자에게 상당한 재량이 인정된다.

전직명령의 효력을 부인하는 가처분은 그 법적 성질이 지위보전의 가처분이므로, 앞서 본 해고에 대한 지위보전의 가처분과 같은 만족적 가처분이며 임의의 이행을 기대하는 가처분이다. 이와 달리 사용자에게 의무를 부과하는 형태의 가처분은 간접강제가 가능하다.

(나) 주문례

이 주문례는 기본적으로 해고에 대한 지위보전의 가처분과 유사하다. 주문례는 전직명령 전의 종전 직장에서 근무할 근로 계약상의 지위가 있다는 형태와 전직명령 후의 새로운 직장에서 근무할 의무가 없는 지위에 있다는 형태가 있다.

① 기업 간 전직(전적, 전출명령)의 경우

채무자는 채권자를 채무자의 종업원으로 임시로 취급하라.

채무자는 채권자를 채무자에서 ○○회사로 전적시켜서는 아니 된다.

채권자는 ○○회사에 근무할 의무가 없음을 임시로 정한다.

② 전근명령의 경우

채무자는 채권자를 채무자의 ○○지점에서 △△지점으로 전근을 시켜서는 아니 된다.

채권자가 근로 장소를 채무자의 ○○공장으로 하는 근로 계약상의 권리를 가지고 있음(피용자의 지위에 있음)을 임시로 정한다.

채권자는 채무자의 △△지점에서 근무할 근로 계약상의 의무가 없음을 임시로 정한다.

채무자가 20 . . . 채권자에 대하여 한 채무자 ○○공장 근무를 명하는 의사표시의 효력을 임시로 정지한다.

③ 전보명령의 경우

> 채권자는 채무자의 ○○국 ○○과에 근무할 근로 계약상의 의무가 없음을 임시로 정한다.

(5) 단결권침해(조합활동방해)금지가처분

(가) 개요

사용자가 근로자나 노동조합의 단결권을 침해하는 형태는 다음과 같다. 첫째, 사용자가 시설관리권을 근거로 하여 노동조합이 활동을 위하여 기업의 시설을 이용하는 것을 방해하거나, 둘째 근로자가 조합에 가입하거나 조합 활동을 한다는 이유로 불이익한 취급을 하거나, 셋째 노동조합의 운영에 대하여 지배 또는 개입하는 형태로 이루어진다. 근로자나 노동조합은 단결권을 근거로 한 방해배제청구권을 피보전권리로 하여 방해배제가처분을 신청할 수 있다.

(나) 주문례

> 채무자는 채권자의 조합원이 ○○ 소재 채무자 ○○ 공장 안에 있는 채권자의 사무소에 출입하는 것을 방해하여서는 아니 된다.

> 채무자는 ○○행위를 하여 채권자들이 노동조합을 결성하는 것을 방해하여서는 아니 된다.

> 채무자들은 채권자에 대하여 별지 목록 게시판을 철거하거나 그 앞에 물건을 쌓아놓는 방법으로 그 사용을 방해하여서는 아니 된다.

(6) 단체교섭응낙가처분

(가) 허용 여부

노동조합은 단체교섭을 요구할 수 있고 사용자는 단체교섭에 응할 의무가 있다. 사용자가 정당한 이유 없이 단체교섭을 거부한 경우에 노동조합은 노동위원회에 부당노동행위구제신청을 할 수 있다.

더 나아가 법원에 직접적으로 사법적 구제를 구할 수 있는가, 다시 말하면 단체교섭청구권이 사법상으로 인정되어 "단체교섭에 응하라"거나 "단체교섭을 거부하여서는 아니 된다"는 가처분을 할 수 있는지에 관하여는 이를 부정하는 견해도 있으나, 헌법 33조, 노동조합 및 노동관계조정법 30조에 규정된 근로자의 단체교섭권을 근거로 하여 노동조합에 단체교섭청구권이 긍정된다는 견해가 일반적이다.

판례는 단체교섭거부금지가처분 또는 단체교섭응낙가처분사건에서 노동조합의 단체교섭청구권을 명시적으로 인정하거나 당연히 인정됨을 전제로 하여 판단하고 있다.430) 사용자가 가처분에 위반한 경우에는 간접강제에 의한 구제가 가능하다.

(나) 주문례

가처분의 주문은 문제가 된 단체교섭의 구체적인 사항에 관하여 특정하여야 한다.

> 채무자는 채권자와 별지 목록 기재 사항에 관한 채권자의 단체교섭신청에 대하여 단체교섭을 하여야 한다.

> 채무자는 별지 목록 기재 교섭사항에 관한 채권자의 단체교섭을 거부하여서는 아니 된다.

> 채무자는 채권자로부터 단체교섭요청을 받은 날로부터 7일 이내에 서울 ○○구 ○○로 ○○ 별관 3층에 있는 대회의실에서 채무자 소속 기획관리본부장, 인력자원팀장, 노무복지담당자를 포함한 교섭위원 5명 이상을 단체교섭에 참여하게 하여 별지 목록 기재 교섭사항에 관한 채권자와의 단체교섭에 응하여야 한다.

(7) 직장폐쇄에 대한 가처분

(가) 개요

직장폐쇄는 사용자 측의 쟁의행위로서 근로자 측의 쟁의행위수단에 대한 균형 있는 대항수단으로서 인정되는 권리이다. 사용자가 직장폐쇄를 단행하는 경우는 근로자들의 부분파업에 대항하여 전면적으로 직장폐쇄를 단행함으로써 근로 희망자들에 대한 임금지급의무를 면하려는 경우와 사용자가 자기 요구의 관철수단으로써 직장을 폐쇄하는 경우이다.

---

430) 대결 2011. 5. 6. 2010마1193, 대판 2007. 12. 13. 2006다34268

(나) 노동조합의 당사자적격

사용자의 직장폐쇄에 대하여 개개의 근로자에게 채권자 적격이 있음은 의문의 여지가 없다. 이 경우 노동조합에 채권자 적격을 인정할 수 있는가? 노동조합에 가입하지 아니한 근로자는 별론으로 하더라도 노동조합에 가입한 근로자들이 일일이 가처분채권자가 되어야 한다는 것은 비효율적이고 신속한 심리에도 장애가 된다.

(다) 주문례

> 채무자는 채권자의 근로를 거부(또는 방해)하여서는 아니 된다.

> 1. 채무자는 별지 도면 표시 철책을 제거하여 채권자의 조합원이 별지 목록 기재 조합사무실에 출입하는 것을 방해하여서는 아니 된다.
> 2. 채무자가 이 명령 송달일부터 2일 이내에 위 철책을 제거하지 아니할 경우에는 채권자가 위임한 집행관은 위 철책을 제거할 수 있다.

> 채무자는 20 . 채권자에게 통고한 ○○ 소재 채무자 ○○ 공장 폐쇄를 하여서는 아니 된다.

(8) 노동조합 내부관계에 관한 가처분
(가) 노동조합의 통제와 조합원의 지위보전가처분

노동조합의 통제라 함은 조합규약이나 방침·지시 등에 위반한 조합원에 대하여 노동조합이 제재처분을 가하는 것을 말한다. 이러한 처분권한을 통제권이라 하는데, 통제권은 노동조합이 그의 통일적인 의사에 따른 단결력을 확보하기 위한 것이다. 통제에 관한 사항은 노동조합규약의 필요적 기재사항이다(노조 11조 15호). 노동조합의 단결력은 그 목적을 달성하기 위하여 필요한 것이기 때문에, 노동조합의 통제권도 단결권 보장의 취지에 따라 단결을 유지하고 노동조합의 목적달성을 위한 필요하고 합리적인 범위 안에서 행사될 경우에만 정당하다.

주문례는 아래와 같다.

> 채권자가 채무자 조합원의 지위에 있음을 임시로 정한다.

채권자가 채무자 조합원의 지위에 있음을 인정한다. 채무자는 채권자가 조합원으로서 권리를 행사하는 것을 방해하여서는 아니 된다.

채무자가 20○○. ○. ○. 채권자에 대하여 한 조합원제명처분의 효력을 본안 제1심판결 선고 시까지 정지한다.

(나) 선거중지가처분

조합 내부에서 이루어지는 대의원선거, 조합임원선거절차에서 조합원의 선거권이나 피선거권 등이 부당하게 침해되는 경우, 조합원은 선거의 중지를 구하는 가처분을 신청할 수 있다. 다만 선거관리위원회는 그 자체가 법인이 아님은 물론 법인 아닌 사단이나 재단도 아니고 단지 노동조합의 기관의 하나에 불과할 뿐이므로 소송당사자가 될 수 없다(대판 1992. 5. 12. 91다37683).

본안판결 확정 시까지, 채무자는 그 산하 선거관리위원회에서 20○○. ○. ○.에 공고한 노동조합위원장선거를 하여서는 아니 된다.

(다) 당선자지위보전가처분

조합 내부선거에서 채권자가 노조위원장으로 당선되었음에도 노동조합이 선거운동 과정에서 문제점을 이유로 당선 불인정결정을 하였으나 위와 같은 결정이 위법한 경우에도, 채권자는 당선자로서 지위확인청구권을 피보전권리로 하여 당선자지위보전을 구하는 가처분을 신청할 수 있다.

채권자가 20○○. ○. ○. 시행된 채무자 노동조합의 제10대 노조위원장선거에서 당선자의 지위에 있음을 임시로 정한다.

(라) 회계장부열람등사기처분

노동조합 및 노동관계조정법 26조는 "노동조합의 대표자는 회계 연도마다 결산결과와 운영상황을 공표하여야 하며 조합원의 요구가 있을 때에는 이를 열람하게 하여야 한다."고 규정하고 있다. 그러므로 조합원은 노동조합의 대표자에게 결산결과와 운영상황에 관한 자료의 열람을 청구할 수 있다. 이에 더하여 조합원은 노동조합의 대표자에 대하여 회계장부 등 등사를 청구할 수 있는지 문제 되나, 노조법은 명문으로 '열람'으로 한정하고 있으므로 노조법을 근거로 한 등사청구권은 허용되지 아니한다는 견해와 허용된다는 견해가 대립하고 있다.

라. 사용자 측 가처분

(1) 개 요

사용자 측 가처분은 쟁의행위와 관련이 없는 가처분도 있을 수 있지만(근로자에 대하여 전직금지약정 또는 부정경쟁방지 및 영업비밀보호에 관한 법률 10조 1항을 근거로 하는 전직금지가처분, 노동조합에 대한 조합사무실인도단행가처분, 명예를 훼손하는 내용의 시위금지가처분 등) 이는 일반의 가처분과 다를 바 없으므로 통상 쟁의행위에 대한 가처분만을 다룬다.

(2) 피보전권리

근로자 측의 쟁의행위는 동맹파업·태업 그리고 그 주장을 관철하기 위하여 행하는 행위와 이에 대항하는 행위로서 업무의 정상운영을 저해하는 것을 말한다. 동맹파업·태업 외에도 거부, 피케팅(picketing), 직장점거, 생산관리, 준법투쟁 등의 형태가 있을 수 있다. 이러한 쟁의행위가 그 주체, 목적, 수단 등에서 정당성의 범위를 벗어나면 위법하게 되어 사용자는 그 쟁의행위의 배제를 구하는 가처분을 신청할 수 있다.

(3) 보전의 필요성

가처분은 현저한 손해를 피하거나 매우 급한 위험을 막기 위하여 또는 그밖에 필요한 이유에 의하여 할 수 있다. 가처분의 필요성 판단은 권리 이익의 침해 태양, 당사자의 태도, 자주적 해결의 가능성 유무, 방해배제의 필요성 정도 등을 고려하면서 가처분의 내용, 발령의 시기를 판단하여야 한다. 가처분으로써 분쟁을 왜곡하여 오히려 적절한 해결을 방해하는 것을 피하여야 한다.

(4) 가처분의 유형

사업장·공장점거를 배제하는 것은 집행관보관·채권자사용의 가처분이나 인도나 퇴거를 명하는 가처분이 되고, 영업자산(예 : 차량·검사증·엔진 열쇠

등)의 반환을 구하는 것은 집행관보관·채권자사용의 가처분이나 인도를 명하는 가처분이 되며, 공장이나 그 부지의 출입금지, 제품·자재의 반출입저지금지 가처분에는 쟁의권보장과의 관계에서 저지를 금하는 대상(예를 들면, 종업원의 출입, 제품의 반출, 자재반입 등의 범위) 및 금지하는 쟁의행위(예를 들면, 말에 의한 평화적 설득 이외의 방법에 따른 저지금지나 의복을 빼앗는 등의 유형력 행사)의 태양을 명확히 하여야 한다.

(가) 직장점거와 가처분

직장점거란 근로자가 노무의 제공을 하지 아니한 채 사용자의 의사에 반하여 회사에서 퇴거하지 않으면서 회사시설 내에 장기 체류하거나 이를 점거하는 특수한 쟁의행위 형태이다. 파업의 실효성을 확보하기 위하여 파업에 부수하여 주로 사용된다. 직장점거는 현실적으로는 근로자 상호 간의 연대의식을 고양하고 단결력을 강화하며 비조합원이나 탈락자의 근로를 방지하고 사용자로 하여금 대체근로를 시도하지 못하게 하는 기능을 한다.

직장점거는 사용자 측의 점유를 완전히 배제하지 아니하고 그 조업도 방해하지 않는 부분적, 병존적 점거일 경우에 한하여 정당성이 인정되는 것이고, 이를 넘어 사용자의 기업시설을 장기간에 걸쳐 전면적, 배타적으로 점유하는 것은 사용자의 시설관리권능에 대한 침해로서 정당화될 수 없다.[431]

주문례는 아래와 같다.

> 집행관은 조합원에 대하여 기숙사의 사용에 필요한 범위 내에서 위 건물의 화장실, 세면대, 출입구로의 통로의 사용을 허용하여야 한다.

노동조합이 쟁의행위나 조합 활동과 관련하여 수인한도를 넘어서는 소음을 일으키는 경우에는 금지되는 행위의 범위를 명확히 특정하여 이를 금지할 수 있다. 노동조합 및 노동관계조정법 42조 2항의 규정에 따른 안전보호시설에 대한 쟁의행위를 금지하는 경우나 같은 법 42조의2의 규정에 따른 필수유지업무에 대한 쟁의행위를 금지하는 경우에는 다음과 같은 주문례를 사용한다.

---

431) 대판 1990. 5. 15. 90도357, 대판 1992. 7. 14. 91다43800

> 채무자는 이 사건 본안판결 확정 시까지 다음 각 호의 행위를 하거나 소속 조합원으로 하여금 이를 하게 하여서는 아니 된다.가. 별지 목록 기재 시설의 유지와 운영을 정지, 폐지 또는 방해하는 행위나. 별지 목록 기재 시설에 근무하는 채무자 소속 조합원, 채권자 소속 종업원 등의 정상적인 업무수행을 폭행, 협박 등 실력으로 방해하는 행위

그리고 위와 같은 구체적인 부작위의무에 대해서는 채권자의 간접강제신청이 있을 경우 가처분발령 시에 각 위반 행위 시에 부과할 간접강제금을 함께 정하는 것도 고려할 필요가 있다. 이 경우 간접강제금은 그 행위위반의 성질을 고려하여 위반횟수에 비례하여 간접강제금을 정할 것인지, 아니면 위반일수에 비례하여 간접강제금을 정할 것인지를 위반행위마다 개별적으로 정하여야 한다.

> 채무자는 제1항의 의무를 위반할 경우에는 위반행위 1회당 채권자에게 100,000원을 지급하고, 제2항의 의무를 위반하는 경우에는 위반일수 1일당 1,000,000원을 지급하여야 한다.

(나) 피케팅과 가처분

피케팅이란 노무제공을 집단으로 거부하고 있는 파업근로자들이 쟁의행위의 장소에 보호 또는 감시요원을 배치하여 근로희망자들의 사업장 출입이나 파업 파괴책동을 저지하고 쟁의행위에 협조할 것을 권유, 설득하는 쟁의행위 형태로서 주로 파업의 효과를 높이기 위하여 부수적으로 행하여진다. 이러한 피케팅은 파업에 가담하지 않고 조업을 하려는 자에 대하여 평화적으로 설득하고 말과 문서에 의하여 언어적으로 설득하는 범위 안에서 정당성이 인정되고, 폭행·협박 또는 위력에 의한 실력저지나 물리적 강제를 하는 경우에는 정당화될 수 없다.[432]

> 채무자는 채권자의 임직원, 종업원이 별지 목록 기재 건물에 출입하는 것을 실력으로 방해하여서는 아니 된다.

---

432) 대판 1990. 10. 12. 90도1431

> 채무자는 그 조합원으로 하여금 채권자 임직원, 채무자의 조합원 이외의 채권자 종업원 및 채권자와 거래관계가 있는 사람으로서 채권자가 지정하는 제3자가 별지 목록 기재 건물에 출입하는 것을 평화적 설득, 단결에 의한 시위 이외의 방법으로 저지하거나, 제3자로 하여금 저지하게 하여서는 아니 된다.

(다) 출하저지와 가처분

출하저지는 피케팅의 한 유형으로서 공장 사업장으로부터 제품, 원자재 등을 반출하거나 반입하는 것을 방해하는 것을 말한다.

> 채무자는 채권자가 제품을 반출하거나 영업용 원자재를 반입하는 것을 방해하여서는 아니 된다.

(라) 생산관리와 가처분

생산관리란 노동조합이 그 요구를 관철하기 위하여 한때 기업시설, 자재, 자금 등을 그 수중에 넣고 사용자의 지휘 명령권을 배제하면서 조합 자신의 의사에 따라 기업의 경영을 하는 쟁의수단이다. 그러나 이는 자본가 또는 그 대리인인 경영담당자의 전권에 속하는 경영권을 침해하여 사유재산의 기본을 흔드는 것으로서 재산권이 헌법상의 기본권으로 보장된 우리 법질서 하에서는 위법하다.

> 채무자는 채권자의 관리를 배제하거나 업무를 방해하여 ○○물건을 처분하거나, 점유하여서는 아니 된다.

그 외 집행관에게 보관시키거나 제3자에게 관리시키는 형태의 주문도 있다.

(마) 출입금지가처분

종업원은 통상 직장에 자유로이 출입할 수 있다. 그러나 해고로 종업원의 지위를 상실한 사람은 원칙적으로 출입이 허용되지 아니한다. 이러한 사람이 출입을 강행하는 경우에 사용자는 이를 수인할 의무가 없다. 이러한 경우에 출입금지가처분이 이용된다. 다만 해고된 근로자라도 노동위원회에 부당노동행위구제신청을 한 때에는 중앙노동위원회의 재심판정이 있을 때까지 근로자가 아닌 자로 해석하여서는 아니 되므로(노조 2조 4호 라목 단서), 위 재심판정 시까지는 근로자가 노조사무실 등에 출입하는 것을 막을 수는 없다.

> 1. 채무자는 별지 목록 기재 토지와 건물에 출입하여서는 아니 된다.
> 2. 집행관은 위 명령의 취지를 적당한 방법으로 공시하여야 한다.

(바) 그 밖의 업무방해와 가처분

앞서 본 쟁의수단 외에도 여러 가지의 보조적인 쟁의수단이 있을 수 있다. 이러한 쟁의수단이 정당성을 인정받지 못하는 경우에는 다음과 같은 가처분들이 발령될 수 있다. 다만 그 방해업무의 내용이나 방해 행위의 형태 등을 가능한 한 구체적으로 표시하여야 한다.

> 채무자는 채권자가 별지 목록 기재 토지, 건물을 사용하여 행하는 업무를 방해하여서는 아니 된다.

15. 업무방해금지·인격권침해금지가처분과 집행관사무

가. 총 설

폭력 기타 물리력을 수반한 업무방해행위, 비방이나 중상으로 명예나 신용을 훼손하는 행위, 상대방의 의사에 반하여 끊임없이 면담을 강요하거나 접근하는 행위 등에 대하여는 소유권이나 점유권과 같은 물권을 근거로 한 방해배제청구, 인격권을 근거로 한 침해금지청구가 가능하다.

명예나 신용 등 사회적 평가를 저하하는 행위에 대하여 불법행위 때문인 손해배상을 구하는 외에 그 침해행위에 대한 배제나 예방청구권을 인정할 수 있는지를, 판례는 '명예는 생명, 신체와 함께 매우 중대한 보호법익이고 인격권으로서의 명예권은 물권의 경우와 마찬가지로 배타성을 가지는 권리라고 할 것이므로 사람의 품성, 덕행, 명성, 신용 등의 인격적 가치에 관하여 사회로부터 받는 객관적인 평가인 명예를 위법하게 침해당한 자는 손해배상 또는 명예회복을 위한 처분을 구할 수 있는 이외에,

인격권은 그 성질상 일단 침해된 후의 구제수단(금전배상이나 명예회복처분 등)만으로는 그 피해의 완전한 회복이 어렵고 손해전보의 실효성을 기대하기 어려우므로, 인격권 침해에 대하여는 사전(예방적) 구제수단으로 침해정지·방지 등의 금지청구권이 인정되고, 부작위채무를 명하는 판결의 실효성 있는 집행을 위해서는 부작위채무에 관한 소송절차의 변론종결 당시에서 보아 집행권원이 성립하더라도 채무자가 단기간 내에 위반할 개연성이 있고, 또한 그 판결절차에서 민사집행법 261조에 의하여 명할 적정한 배상액을 산정할 수 있는 경우에는, 그 부작위채무에 관한 판결절차에서도 위 법조에 의하여 장차 채무자가 그 채무를 불이행할 경우에 일정한 배상을 할 것을 명할 수 있다'라고 판시함으로써, 인격권의 일종으로서의 명예에 관한 권리에 대하여 물권과 마찬가지로 침해금지청구권이 인정된다는 점을 명백히 밝혔고,[433] 나아가 민법 764조에서 말하는 명예라 함은 사람의 품성, 덕행, 명예, 신용 등 세상으로부터 받는 객관적인 평가를 말하고 특히 법인의 경우에는 그 사회적 명예, 신용을 가리키는 데 다름없는 것으로 명예를 훼손한다는 것은 그 사회적 평가를 침해하는 것을 말하고 이와 같은 법인의 명예가 훼손된 경우에 그 법인은 상대방에 대하여 인격권 침해에 따른 사전 예방적 구제수단으로 침해행위 등의 금지를 청구할 수 있고, 종중과 같이 소송상 당사자능력이 있는 비법인사단 역시 마찬가지라고 한다.[434]

나. 법원의 심리상 특질 및 주문례

업무방해행위나 인격권침해행위의 방법과 태양은 매우 다양하고 어느 행위가 업무방해와 인격권침해의 성질을 동시에 가지는 경우도 많은데, 대부분의 사안에서 표현의 자유 또는 근로자의 쟁의행위의 정당성이라는 문제와 충돌하게 되고, 가처분 위반행위에 대하여 간접강제에 의한 집행이 행하여질 수 있다는 점에서 필요 최소한도의 범위 내에서 업무방해 또는 인격권침해행위에 해당하는 행위를 구체적으로 특정하여 금지할 필요가 있지만,

장래의 침해행위에 대하여 금지를 명하는 가처분에서는 추상적이거나 포괄적인 표현의 사용이 불가피한 측면이 있다는 점에서 업무방해행위나 인격권침해금지가처분의 주문 기재에는 세심한 주의와 노력이 필요하다. 금지되는

---

433) 대판 1996. 4. 12. 93다40614, 대결 2005. 1. 17. 2003마1477
434) 대판 1997. 10. 24. 96다17851

행위를 단순히 '채권자의 명예 또는 신용을 훼손하는 행위'라거나 '채권자의 업무를 방해하는 일체의 행위'라고 기재하는 것은 주문 기재로서는 적절하지 않다. 한편 다수를 채무자로 한 침해금지가처분 사건의 심리에서는 채무자별로 침해행위에 대한 소명이 있는지도 살펴보아야 한다.

판례는 표현행위에 대한 사전금지를 명하는 가처분사건에서, 임시의 지위를 정하기 위한 가처분에 해당하므로 그 심리절차에서 원칙적으로 변론기일 또는 채무자가 참석할 수 있는 심문기일을 열어 표현내용의 진실성 등의 주장·증명의 기회를 주어야 하고, 기일을 열어 심리하면 가처분의 목적을 달성할 수 없는 사정이 있는 예외적인 경우에만 그러한 절차를 거치지 아니하고 가처분결정을 할 수 있으나, 그와 같은 예외적인 사정이 있는지는 표현행위의 사전억제라고 하는 결과의 중대성에 비추어 일반적인 임시의 지위를 정하기 위한 가처분보다 더욱 신중하게 판단되어야 한다고 보았다.[435]

(1) 업무방해금지의 주문례

가처분신청이 제기되어 심리가 계속되는 중에도 업무방해행위를 계속하는 경우와 같이 채무자가 부작위의무의 이행을 명하는 가처분을 단기간 내에 위반할 개연성이 있다고 판단되는 경우에는 간접강제를 동시에 명할 수 있으나, 부작위의무를 부과하는 법원의 공권적 판단이 일응 채무자들에게 업무방해행위를 금지하는 저지력을 가지고 있다고 판단되고 적절한 배상액의 산정이 곤란하며, 부작위의무위반에 대하여 추후 별도의 절차에서 간접강제를 명할 수 있음을 이유로 가처분의 주문에서 간접강제를 명하지 않는 경우도 있다. 업무방해금지가처분의 주문례는 다음과 같다.

> 1. 채무자들은 별지 목록 기재를 하여서는 아니 된다.
> 2. 집행관은 위 명령의 취지를 적당한 방법으로 공시하여야 한다.
> 3. 제1항의 명령을 위반한 채무자들은 각 그 채무자별로 위반행위 1회당 각 ○○원씩을 채권자에게 지급하라.
>
> 목 록
> 1. 채권자(회사)의 의사에 반하여 서울 서초구 ○○에 있는 채권자(회사)의 건물에 진입

---
435) 대결 2005. 1. 17. 2003마1477

하거나 위 건물 내에서 농성하는 행위.
2. 위 건물에 달걀, 페인트, 오물을 투척하거나 페인트, 분무기 등으로 칠을 해놓거나 구호를 적어놓는 행위.
3. 채권자(회사) 임직원들의 위 건물 출입을 저지하는 행위.
4. 위 건물 내 또는 위 건물의 외벽으로부터 반경 50m 이내에서 다음과 같은 내용이나 표현을 확성기나 그밖에 인공적 음향증폭장치를 사용하여 방송하거나 고성의 구호로 제창하거나 유인물에 기재하여 배포하거나 피켓, 벽보 또는 현수막에 기재하여 게시하는 행위.
　가. '사기꾼', '무법자', '소비자를 볼모로 하는 악덕기업', '채권자(회사)를 박살 내자'
　나. 그 밖에 채권자(회사)가 서민의 재산을 강탈하는 부도덕한 기업이라는 내용.

(2) 인격권침해금지의 주문례
(가) 주문례 1형

1. 채무자들은 별지 목록 기재와 같은 내용이 담긴 피켓이나 현수막 또는 어깨띠를 들거나 몸에 부착하고 시위를 하여서는 아니 되고, 위와 같은 내용이 담긴 유인물을 배포하여서는 아니 된다.
2. 채무자들이 위 명령을 위반하는 경우, 채권자가 위임하는 집행관은 그 위반행위의 제거에 필요한 적당한 조처를 하여야 한다.

별지 목록에는 명예 훼손하는 구호의 내용을 특정하여야 한다. 위 주문의 '위반행위의 제거에 필요한 적당한 조치'라는 표현이 구체적이지 않다는 이유로 이 표현을 사용하지 않는 실무례도 있다.

(나) 주문례 2형

1. 채무자는 채무자가 발행하는 월간지 'ㅇㅇ' 20ㅇㅇ년 ㅇ월호(통권 제ㅇㅇ 호)서 별지 목록 기재 각 부분의 기사를 삭제, 지우지 아니하고는 위 서적을 발행, 판매, 배포하여서는 아니 된다.
2. 채무자는 위 서적에 대한 점유를 풀고, 이를 채권자가 위임하는 집행관에게 인도하여야 한다.
3. 집행관은 채무자의 신청이 있으면(채무자의 비용으로) 위 서적에서 위 각 부분의 기사를 삭제 지운 후 위 서적에 대한 점유를 풀고 채무자에게 반환하여야 한다.

명예 훼손하는 기사의 제목과 면수 또는 구체적인 표현을 적시하여 특정한다.

(다) 주문례 3형

> 채무자는 채무자의 인터넷홈페이지 http://www.○○.com의 자유게시판에 게시된 '○○'이라는 제목의 게시물을 삭제하고, 별지 목록 기재와 같은 내용의 게시물을 위 게시판에 게시하여서는 아니 된다.

채무자가 온라인서비스제공자로서 당해 인터넷홈페이지의 게시판에 대한 통제, 관리권을 가지고 있는 경우에는 제3자가 게시한 게시물에 대하여도 삭제를 구할 권리가 있다.

(라) 주문례 4

> 채무자는 채권자의 의사에 반하여 채권자에게 반경 50m 이내에 접근하거나 서울 서초구 ○○에 있는 채권자의 주거를 방문하여서는 아니 된다.

제7장

채권과 그 밖의 재산권에 대한 현금화 사무

제1절 금전채권에 대한 강제집행 중 특별현금화 방법에 따른 현금화 사무(민집 241조)

> **민사집행법**
>
> **제241조(특별한 현금화 방법)**
> ① 압류된 채권이 조건 또는 기한이 있거나, 반대의무의 이행과 관련되어 있거나 그 밖의 이유로 추심 하기 곤란할 때에는 법원은 채권자의 신청에 따라 다음 각 호의 명령을 할 수 있다.
> 1. 채권을 법원이 정한 값으로 지급함에 갈음하여 압류채권자에게 양도하는 양도명령
> 2. 추심에 갈음하여 법원이 정한 방법으로 그 채권을 매각하도록 집행관에게 명하는 매각명령
> 3. 관리인을 선임하여 그 채권의 관리를 명하는 관리명령
> 4. 그 밖에 적당한 방법으로 현금화하도록 하는 명령
>
> ⑤ 압류된 채권을 매각한 경우에는 집행관은 채무자를 대신하여 제3채무자에게 서면으로 양도의 통지를 하여야 한다.

> **민사집행법**
>
> **제214조(특별한 현금화 방법)**
> ① 법원은 필요하다고 인정하면 직권으로 또는 압류채권자, 배당을 요구한 채권자 또는 채무자의 신청에 따라 일반 현금화의 규정에 따르지 아니하고 다른 방법이나 다른 장소에서 압류물을 매각하게 할 수 있다. 또한, 집행관에게 위임하지 아니하고 다른 사람으로 하여금 매각하게 하도록 명할 수 있다.
> ② 제1항의 재판에 대하여는 불복할 수 없다.

1. 총 설

채권과 그 밖의 다른 재산권에 대한 강제집행의 특성은 그 권리가 관념적인 성격을 띤 만큼 그 집행방법도 법원의 재판에 의하여야 한다는 점과 채무자 외에 집행의 목적인 권리의 의무자인 제3자도 이른바 제3채무자로서 집행절차에 관여하게 된다는 점이다. 그 중 금전채권에 대한 집행은 금전채권의 만족을 위하여 채무자의 재산 중 금전채권 즉 채무자가 제3채무자에 대하여 금전의 급여를 구할 수 있는 각종의 청구권에 대하여 하는 강제집행이다.

금전채권에 대한 집행은 민사집행법상으로는 동산에 대한 강제집행의 일종이므로 민사집행법 제4절 제1관(동산에 대한 강제집행 통칙)이 적용된다. 금전채권에 대한 집행도 압류, 현금화, 변제의 3단계로 시행된다. 즉 채권자가 집행법원에 집행신청을 하면 집행법원은 압류명령을 발령하여 채무자의 제3채무자에 대한 채권을 압류한 후(민집 227조 1항) 다시 채권자의 신청에 따라 추심명령 또는 전부명령을 발령하여 현금화 한다(민집 229조 1항).

다만 압류한 채권이 추심명령이나 전부명령에 따라 현금화하기 곤란한 경우에는 법원은 채권자의 신청에 따라 특별현금화 방법을 명할 수 있다. 특별현금화 방법으로서 실무상 ① 양도명령, ② 매각명령, ③ 관리명령 및 ④ 그 밖의 적당한 방법에 따른 현금화 명령 등으로 그 종류 및 요건을 나누어 규정하고 이에 대한 불복방법 및 효력발생시기, 필요한 준용 규정을 명시하고 있다. 그러나 이 특별현금화 방법은 특별한 경우에만 인정되는 예외적인 현금화 방법으로 원칙적인 현금화 방법은 어디까지나 추심명령과 전부명령이다.

그러나 피압류채권이 조건과 기한이 있는 채권, 반대의무의 이행과 관련이 있는 채권으로 그 추심이 곤란한 때, 제3채무자가 지불불능이거나 파산인 때, 혹은 외국에 거주하고 있는 등 사유로 채권의 추심에 장애가 있는 때에는 예외적으로 채권자에게 특별한 현금화 방법이 인정된다. 이러한 특별현금화 방법 중에서 매각명령에 따른 현금화의 경우에만 집행관이 관여하게 된다.

2. 특별현금화명령의 발령

가. 신 청

압류한 채권은 추심명령이나 전부명령에 따라 현금화하는 것이 원칙이나 그 채권이 조건 또는 기한이 있거나 반대의무의 이행과 관련되어 있거나 그 밖의 이유로 추심하기 곤란할 때에는 법원은 채권자의 신청에 따라 그 채권을 법원이 정한 값으로 지급함에 갈음하여 압류채권자에게 양도하는 양도명령, 추심에 갈음하여 법원이 정한 방법으로 그 채권을 매각하도록 집행관에게 명하는 매각명령, 또는 관리인을 선임하여 그 채권의 관리를 명하는 관리명령을 하거나 그 밖에 적당한 방법으로 현금화하도록 하는 특별현금화명령을 할 수 있다(민집 241조 1항).

채권자는 특별현금화명령의 신청을 압류명령이 있은 후뿐만 아니라 압류명령신청과 함께할 수도 있다. 다만 민사집행법 233조의 지시채권의 경우에는 압류명령으로 집행관에 의한 증권의 확보가 증명된 경우에만 특별현금화명령을 신청할 수 있다. 채무자와 제3채무자는 위 신청을 할 수 없다.

이중압류채권자나 배당요구채권자도 신청할 수 있으나 가압류채권자에게는 신청권이 없다. 일단 추심명령이 내려진 후에도 추심이 곤란하다는 사정이 밝혀지면 특별현금화명령을 신청할 수 있다. 그러나 전부명령이 있은 후에는 그 신청이 허용되지 아니한다.

신청은 서면으로 하여야 하고(민집 4조), 신청서에는 특별현금화명령이 필요한 이유와 특별현금화를 구하는 취지를 분명하게 하여야 하며, 2,000원의 인지를 붙여야 한다(인지법 9조 4항). 특별현금화방법은 통상의 금전채권에 대하여 이용되는 일은 별로 없으나, 그 밖의 재산권에 대한 강제집행에 관하여 이용되는 일이 많다.

어음, 수표 등 지시증권에 화체된 금전채권에 대한 집행에 있어서는 배서가 금지된 것에 대하여만 특별현금화명령의 대상이 될 수 있고(민집 233조), 배서가 허용되는 것은 유체동산으로 취급하여 민사집행법 214조의 규정에 따른 특별현금화명령의 대상이 된다. 주권이 표창하는 주식도 민사집행법 241조에 따른 특별현금화명령의 대상이 된다.[436] 특별현금화명령에 따라 지시채권을 양수

---

436) 대결 2011. 5. 6. 2011그37

한 자의 지위는 전부명령을 얻은 채권자의 지위와 같다고 볼 수 있다. 특별현금화명령을 신청함에는 원하는 현금화 방법을 특정할 수도 있고 이를 특정하지 아니하고 법원이 인정하는 방법으로 현금화해 줄 것을 신청할 수도 있다.

나. 관할법원

추심명령의 경우와 마찬가지로 압류명령의 집행법원과 같은 지방법원이다. 특별현금화명령이 압류명령과 별도로 신청되는 경우에 압류명령이 송달된 뒤에 채무자나 제3채무자의 주소가 변경되어 그 보통재판적이 달라지더라도 특별현금화명령은 압류명령을 전제로 하여 내려지는 것이므로 압류명령을 발령한 법원이 관할법원이 된다.

다. 특별현금화의 재판

(1) 심 리

특별현금화의 신청을 허가하는 결정을 하기 전에 채무자를 심문하여야 한다(민집 241조 2항 본문).[437] 따라서 위 신청을 허가하는 결정을 하기 전에 채무자에 대한 심문이 사실상 불가능하거나 채무자가 심문을 포기하는 등의 특별한 사정이 없으면 필요적으로 채무자에 대한 심문절차를 거쳐야 한다.[438]

다만 채무자가 외국에 있거나 있는 곳이 분명하지 아니한 때에는 심문할 필요가 없다(민집 241조 2항 단서). 신청을 기각하는 경우에도 심문할 필요가 없다. 압류명령신청과 함께 특별현금화명령을 신청한 경우에는 민사집행법 226조에 의하여 먼저 심문없이 압류명령을 하여 압류명령이 제3채무자와 채무자에게 송달된 후에 채무자를 심문하고 특별현금화를 명하여야 한다.

(2) 요건

특별현금화의 요건은 첫째, 압류가 유효하여야 하고 둘째, 집행 장애사유가 없어야 한다는 면에서 추심명령의 경우와 같다. 따라서 압류명령의 범위를 넘는 채권 부분에 대한 특별현금화는 허용되지 아니한다. 그 밖에도 특별현금화의 중심적 요소로서 피압류채권의 추심이 곤란한 경우이어야 하고, 그 사유로

---

437) 대결 2009. 12. 24. 2007마184
438) 대결 2009. 12. 24. 2007마184, 대결 2010. 7. 26. 2010마651

서 조건부채권, 기한부채권, 반대의무의 이행과 관련된 채권 등이 예시되어 있다. 이러한 채권에 대하여도 전부명령을 널리 허용하는 것이 실무이므로 특별현금화가 이용될 여지는 그만큼 줄어든다.

(3) 특별현금화의 내용

이러한 요건이 갖춰진 경우 특별한 현금화 방법을 허용할 것인지는 집행법원의 재량에 의하여 판단하며, 당사자의 주장에 구애받지 아니하나 채권자가 특별한 현금화 방법을 청구한 경우에는 그 방법이 현저하게 불합리한 경우를 제외하고는 이를 존중함이 타당하다.[439]

특별현금화에는 압류된 채권의 추심이 곤란하거나 권면액(券面額)이 없거나 권면액으로는 전부하는 것이 상당하지 않은 채권의 경우에 집행법원은 집행채권의 지급에 갈음하여 압류채권자에게 적당한 평가액으로 압류된 채권의 양도를 명하는 양도명령(민집 241조 1항)과 압류채권자의 신청에 따라 채권의 추심에 갈음하여 압류된 채권을 집행법원이 정하는 방법으로 집행관에게 매각하도록 하는 매각명령(민집 241조 1항 2호)과 집행법원이 채권의 관리인을 선임하여 압류된 채권의 관리를 명하고 그 수익으로 집행채권의 만족을 얻도록 하는 관리명령(민집 241조 1항 3호)과 그 외 특정의 제3자에 대하여 평가액에 상당하는 대금을 납부시키고 그 사람에게 채권의 양도를 명하는 방법이나, 압류채권자 또는 제3자로 하여금 압류된 채권을 매각시켜 변제에 충당하도록 하는 방법 등을 상정 해 볼 수 있고 그 밖의 상당한 방법에 따른 현금화 등이 있다.

라. 특별현금화명령의 송달

양도명령, 매각명령, 관리명령 등의 특별현금화명령도 압류명령과 마찬가지로 제3채무자와 채무자에게 송달하여야 한다(민집 241조 6항, 227조 2항). 특별현금화명령을 기각하는 결정은 신청채권자에게만 알리면 된다.

3. 특별현금화명령에 대한 불복방법

특별현금화명령에 대하여는 즉시항고를 할 수 있다(민집 241조 3항). 특별현금화

---

[439] 법원행정처, 법원실무제요, 민사집행(Ⅲ), 395면.

명령은 확정되어야 효력을 가진다(민집 241조 4항). 특별현금화명령에 대하여 즉시항고를 할 수 있는 사람은 특별현금화명령에 따라 자기의 정당한 이익을 침해당한 자, 보통은 채무자와 제3 채무자이다.

민사집행법 241조 1항에 의한 채권자의 특별현금화명령 신청에 대하여 특별현금화를 명할 것인지 아닌지나 그 방법의 선택은 법원의 재량에 맡겨 있으므로 같은 조 3항에서 즉시항고의 대상으로 규정하고 있는 "1항의 결정"에는 특별현금화명령 신청을 받아들이는 결정뿐만 아니라 신청을 기각하는 결정도 포함된다고 볼 수 있다. 따라서 특별현금화명령 신청에 대한 법원의 기각결정에 대해서도 채권자는 민사집행법 241조 3항에 의하여 즉시항고로써 다툴 수 있다.[440]

4. 특별현금화명령에 따른 현금화(매각명령의 집행)

이 집행방법은 부동산이나 동산 등의 현금화에 유사하다. 매각명령이란 압류채권자의 신청에 따라 채권의 추심에 갈음하여 압류된 채권을 집행법원이 정하는 방법으로 집행관에게 매각하도록 하는 결정이다(민집 241조 1항 2호). 이 집행방법은 부동산이나 동산 등의 현금화에 유사한 것이지만, 매각명령은 확정되지 않으면 효력이 생기지 않는다는 점에서 집행법원의 집행관에 대한 단순한 직무명령과 다르다(민집 241조 4항).

집행법원은 채권평가의 결과(민집규 163조) 압류된 채권의 매각대금으로 압류채권자의 채권에 우선하는 채권 및 절차비용을 변제 하면 남을 것이 없겠다고 인정하는 때에는 매각명령을 내릴 수 없다(민집규 165조 1항). 이것은 무잉여의 경우에 현금화를 금지한 것으로 민사집행법 102조와 같은 취지이다. 매각명령은 경매 그 밖의 방법으로 채권을 매각하여 그 대금으로 집행법원의 변제에 충당하는 방법이며, 매각명령에 특별한 방법의 지시가 없으면 집행관은 동산집행(민집 189조)에 준하여 채권을 매각하게 된다.

집행관에게 임의매각이 명하여지면 가격은 그 매수인과 계약으로 결정되게 된다. 집행관은 매각함에 있어 권리이전에 필요한 계약을 체결하는 등 실체법상의 처분행위를 할 수 있다. 집행관에 의한 매각에는 최저매각가격제도가 적

---

440) 대결 2012. 3. 15. 2011그224

용되지 아니하나 집행법원이 감정을 통하여 그 평가액을 최저매각가격이나 매각액으로 정할 수 있다. 매각명령을 받은 집행관은 압류채권자의 채권에 우선하는 채권 및 절차비용을 변제하고 남을 것이 있을 가격이 아니면 압류된 채권을 매각하여서는 안된다(민집규 165조 2항).

매각하더라도 남을 것이 없는 경우에는 집행관은 매각불능으로서 매각실시절차를 마쳐야 한다. 매각함에는 집행관은 그 장소의 질서유지를 위하여 민사집행법 108조의 규정에 따른 조치를 할 수 있다(민집 241조 6항). 집행관이 매각대금을 영수한 때에는 채무자가 지급한 것으로 보아야 한다(민집 208조 유추).

집행관은 매각절차를 마친 때에는 스스로 배당할 수 없고, 바로 매각대금과 매각에 관한 조서를 집행법원에 제출하여야 하고(민집규 165조 4항), 매각대금이 제출된 때에는 집행법원에 의한 배당절차가 개시된다(민집 252조 3호). 압류된 채권을 매각한 경우에는 집행관은 채무자를 대신하여 제3채무자에게 서면으로 양도의 통지를 하여야 한다(민집 241조 5항). 저당권이 있는 채권에 대한 매각이 종료된 때에는 법원사무관 등은 저당권이전등기 등을 촉탁 하여야 한다.

현금화를 마친 집행관 등이 그 현금화한 금전을 법원에 제출하는 절차는 법원보관금취급규칙 9조, 10조, 11조에 따른다. 즉, 집행관 등은 법원보관금납부서를 작성하여 취급점에 내고, 이 경우 취급점은 집행관 등 납부자에게 법원보관금 영수증서를 교부하고 사건담임자는 취급점으로부터 전송된 수납내역을 확인한 후 필요한 사항을 전산등록 하여야 한다.

5. 그 밖의 상당한 방법에 따른 현금화

위에서 설명한 특별한 현금화 방법 외에 ① 특별현금화방법으로는 특정의 제3자에 대하여 평가액에 상당한 대금을 납부시키고 그 사람에게 채권의 양도를 명하는 방법, ② 압류채권자 또는 제3자로 하여금 압류된 채권을 매각시켜 그 대금으로 변제에 충당하도록 하는 방법 등을 생각할 수 있다. 특정의 제3자에 대하여 평가액에 상당하는 대금을 납부시켜 피압류채권을 양도하는 명령은 평가액으로 채권을 채무자 이외의 제3자에게 이전하는 점에서는 양도명령과 유사하나 압류채권자가 그 대금의 교부를 받는 것에 의하여 집행채권의 만족을 얻는 바는 매각명령과 유사하다. 이 경우 집행관 이외의 제3자는 민사집행법 214조의 경우와 같이 법원이 정하는 방법 혹은 민법의 규정에 따라 매매계약을 체결하게 된다.

6. 기 타

특별현금화명령의 취지에 따라 추심의 소를 제기하는 채권자는 채무자에 대하여 소송고지를 하여야 하고(민집 238조 본 채권자가 명령의 취지에 따라 제3 채무자를 상대로 소를 제기할 때에는 일반규정에 따른 관할법원에 제기하고 채무자에게 그 소를 알려야 한다. 다만 채무자가 외국에 있거나 있는 곳이 분명하지 아니한 때에는 알릴 필요가 없다), 특별현금화명령의 신청이 취하되거나 이를 취소하는 결정이 확정된 때에는 법원사무관 등은 압류명령을 송달받은 제3채무자에게 그 사실을 통지하여야 하는 것(민집규 160조 2항)은 추심명령, 전부명령에 대한 설명과 같다.

제2절 유체동산인도 청구권 등의 강제집행 및 현금화

> **민사집행법**
>
> **제243조(유체동산에 관한 청구권의 압류)**
> ① 유체동산에 관한 청구권을 압류하는 경우에는 법원이 제3채무자에 대하여 그 동산을 채권자의 위임을 받은 집행관에게 인도하도록 명한다.
> ② 채권자는 제3채무자에 대하여 제1항의 명령의 이행을 구하기 위하여 법원에 추심명령을 신청할 수 있다.
> ③ 제1항의 동산의 현금화에 대하여는 압류한 유체동산의 현금화에 관한 규정을 적용한다.
>
> **민사집행규칙**
>
> **제169조(유체동산 매각대금의 처리 등)**
> 집행관이 법 제243조 제3항의 규정에 따라 유체동산을 현금화한 경우에는 제165조 제4항의 규정을 준용한다.
> **제165조(매각명령에 따른 매각)**
> ④ 집행관은 매각절차를 마친 때에는 바로 매각대금과 매각에 관한 조서를 법원에 제출하여야 한다.

1. 총 설

가. 유체물 인도 또는 권리이전청구권의 현금화

채무자가 제3채무자에 대하여 특정의 유체물 또는 일정 수량의 같은 종류 유체물의 인도나 권리이전을 청구할 수 있는 권리를 가지는 경우에는 채권자는 그 유체물의 인도나 권리이전청구권을 채무자의 책임재산으로 하는 강제집행으로 만족을 얻어야 하므로 민사집행법 242조는 이러한 종류의 청구권을 대상으로 하는 강제집행에 관하여 특별한 규정(민집 243조 또는 245조)이 없는 한 금전채권을 대상으로 하는 강제집행의 일반규정(민집 227조 또는 240조)을 준용하여 이를 집행한다고 정하고 있다. 여기서 말하는 유체물에는 민사집행법상의 유체동산과 부동산 이외에 그 물건 자체에 대하여 금전채권에 관한 강제집행을 인정하고 있는 선박, 자동차나 건설기계, 항공기가 포함되는 것은 당연하다. 이러한 유체물의 인도나 권리이전청구권은 물권적 청구권이든 채권적 청구권이든 묻지 아니하고, 또한 단순히 점유나 등기명의인만을 이전하는 것을 목적으로 하거나 소유권의 이전을 목적으로 하는가를 묻지 않는다. 유체물의 인도나 권리이전청구권을 대상으로 하는 강제집행에도 압류, 현금화, 만족의 단계로 나뉘어 있다.

그리고 현금화의 방법으로는 이행의 목적물인 유체물 자체를 현금화하는 것이 원칙이고 이를 위하여 제3채무자로부터 마음대로 또는 강제적으로 그 유체물의 인도나 권리이전이라는 급부를 실현하는 것이 필요하며 명문의 규정은 없지만, 해석상 그 유체물의 인도나 권리이전의 실현에 곤란한 사정이 있는 때에는 집행법원의 재량적 판단으로 예외적으로 특별현금화방법에 따르는 것도 허용된다고 본다. 유체동산에 관한 청구권의 집행절차는 집행관이 관여하나 부동산에 관한 청구권에 있어서는 따로 보관인이 선임되어 절차에 관여하게 된다.

나. 유체동산인도 또는 권리이전청구권의 현금화

채무자의 책임재산에 속하여야 할 유체동산을 제3자가 채무자에게 인도할 채무를 지고 있다거나 제3자가 그에 대한 권리를 채무자에게 이전할 채무를 지고 있는 경우에 채권자는 그 유체동산으로부터 자기의 금전채권의 만족을 얻기 위하여 채무자의 제3자에 대한 유체물의 인도나 권리이전청구권을 금전채권에 대한 집행방법에 준하여 압류·추심명령을 받아 그 청구권의 내용을 실현해 그 유체동산을 채무자의 책임재산으로 강제집행 할 수 있는 상태로 만든 뒤 이를 현금화하여 그 매각대금에서 채권의 변제를 받을 수 있다. 따라서 청구권 그 자체를 처분하는 것이 아니다(민집 242조, 243조). 유체동산 청구권의 목적물은 그 청구권 압류 당시에는 아직 부동산의 구성 부분 또는 토지로부터 수확, 채취되지 않은 상태에 그치더라도 제3채무자의 이행 시까지 유체동산으로 독립된 것이라면 압류가 허용되며 인도 등의 구체적 집행은 그 뒤에 하면 된다. 화물상환증, 창고증권, 선하 증권 등 인도증권에 표창된 유체동산 인도청구권은 그 증권이 배서가 금지되지 아니한 경우에는 유체동산 강제집행의 대상이 되므로(민집 189조 2항 3호) 위 집행방법의 대상이 되지 않는다.

또 배서가 금지된 인도증권 상 인도청구권에 대하여도 집행관이 증권을 점유하여야 압류의 효력이 발생하는 민사집행법 233조의 취지에 비추어 지시증권채권에 대한 압류명령의 절차에 따라 압류하여야 한다. 그러나 배서가 금지된 경우에 종국적인 만족은 목적물을 집행관이 제3채무자로부터 인도받아 유체농산 현금화의 방법에 따라 현금화하고 그 매각대금을 집행법원에 제출하여 배당하도록 하는 민사집행법 243조의 방법에 따를 수밖에 없으므로 집행관이 증권을 점유하여 채권압류의 효력이 발생한 뒤에는 유체동산 인도청구권에 대한 강제집행절차에 따라 절차가 진행된다. 이 경우 유체동산에 대한 별도의 인도명령이 있어야 하는가에 대하여는 견해가 대립하고 있다. 유가증권 자체의 인도청구권은 물론 위 집행방법의 대상이 된다.

자동차 또는 건설기계의 인도청구권에 대한 압류에 관해서도 위 집행방법이 준용된다(민집규 171조 2항). 선박과 항공기의 인도청구권은 목적물의 성질상 유체동산처럼 집행관에게 보관시키기보다는 부동산에 따라 보관인에게 보관시키는 것이 타당하지만, 자동차와 건설기계는 집행관에게 보관시키는 것이 목적물 자체에 대한 강제집행의 경우와도 균형이 맞다.[441]

작위, 부작위를 목적으로 하는 청구권(예를 들어, 목적물을 제조, 가공하여 인도할 청구권)은 위 집행방법에 따르지 아니하고 민사집행법 251조의 그 밖의 재산권을 집행하는 방법에 따라야 한다. 또 채무자가 소유권을 취득하는 것이 아니고 단순히 점유할 권리(예를 들어 임차권)만 있는 경우에는 채무자

---
441) 한국 사법행정학회, 2012, 주석 민사집행법(Ⅴ), 573면.

가 목적물을 인도받더라도 책임재산이 될 수 없으므로 위 강제집행방법의 대상이 되지 않고, 민사집행법 251조의 그 밖의 재산권에 대한 집행방법의 대상이 된다.

독립한 재산적 가치가 없는 채권증서(채권압류명령의 부수 집행의 대상이 된다(민집 234조)나 예금통장과 자동차검사증 등의 인도청구권은 위 집행방법의 대상이 되지 않으며, 유체동산의 인도청구권이 압류금지채권(민집 246조)인 경우는 물론, 압류금지의 유체동산(민집 195조, 196조)에 대한 인도청구권 등도 위 압류의 대상이 되지 않는다. 유체동산의 인도나 권리이전의 청구권에 대하여는 전부명령을 하지 못한다(민집 245조). 따라서 이에 대하여 전부명령이 발령되더라도 그 전부명령은 무효이다(그러나 해석상 민사집행법 241조의 특별현금화를 명할 수는 있다고 보아야 한다).

2. 압 류

가. 압류명령의 신청

유체동산의 권리이전이나 인도를 목적으로 청구권 등에 대한 집행은 집행법원의 압류명령에 따라 개시되며(민집 223조), 압류명령의 신청은 당사자, 청구금액, 압류할 목적 채권으로서의 유체동산의 인도나 권리이전청구권(예를 들어 일시 사용시키고 있는 경우에는 그 특정사실을, 매매에 의한 권리이전청구권인 경우에는 그 구체적 사실)을 표시하여 그 청구권의 압류를 구하는 취지를 적은 서면으로 하여야 한다.

유체동산에 관한 청구권을 압류하는 경우에는 현금화를 위한 준비로서 법원이 제3채무자에 대하여 채권자의 위임을 받은 집행관에게 그 유체동산을 인도할 것을 명하여야 하므로 압류명령신청과 동시에 인도명령을 구하는 것이 보통이다. 그러나 인도명령은 압류명령의 내용 일부로 해석되므로 인도명령의 신청은 단순히 법원의 직권발동을 촉구하는 의미가 있는데 불과하고 따라서 압류명령의 신청서에 인도명령을 구하는 취지가 적혀 있지 않더라도 그 신청은 적법하며 압류명령이 제3채무자에게 송달됨으로써 유체동산인도청구권 자체에 대한 압류의 집행은 끝나고 그 효력이 발생한다고 하였다.

압류명령의 신청은 집행법원에 대하여 하여야 한다. 집행법원은 민사집행법 224조의 규정에 따라 채무자의 보통재판적이 있는 곳의 지방법원이고 그 지방법원이 없는 때에는 목적물이 있는 곳의 지방법원이며, 이는 전속관할이므로(민집 21조), 당사자의 합의로도 변경할 수 없다. 사물관할은 단독판사에게 속한다(법조 32조). 압류명령의 신청취지 및 압류할 청구권의 표시는 다음과 같다.

(1) 유체동산인도청구권의 압류 신청취지 및 압류할 청구권의 표시
① 신청취지

- 채무자의 제3채무자에 대한 별지기재의 유체동산인도청구권을 압류한다.
- 제3채무자는 채무자에 대하여 위 물건을 인도하여서는 아니 된다.
- 채무자는 위 인도청구권의 처분과 위 물건의 영수를 하여서는 아니 된다.
- 제3채무자는 위 유체동산을 채권자가 위임하는 집행관에게 인도하여야 한다.

② 압류할 청구권의 표시

채무자가 제3채무자에 대하여 가지는 20 . . . 자 매매계약에 기초한 아래에 적은 물건의 인도청구권

(2) 유가증권인도청구권의 압류 신청취지 및 압류할 청구권의 표시
① 신청취지

- 채무자의 제3채무자에 대한 별지기재의 유가증권인도청구권을 압류한다.
- 제3채무자는 채무자에 대하여 위 물건을 인도하여서는 아니 된다.
- 채무자는 위 인도청구권의 처분과 위 물건의 영수를 하여서는 아니 된다.
- 제3채무자는 위 유체동산을 채권자가 위임하는 집행관에게 인도하여야 한다.

② 압류할 청구권의 표시

채무자가 채권자와 채무자 간의 서울동부지방법원 20카합3355 가처분 신청사건의 담보로 ○○지방법원 20 년 금 제565호로 공탁한 아래에 적은 유가증권에 대한 회수청구권

나. 압류명령의 내용
압류명령에는 제3채무자에 대하여 채무자에 대한 인도 또는 권리이전을 금지하며 채무자에 대하여 그 청구권의 추심 및 처분을 금지하는 것을 명하는

외에 특히 제3채무자는 그 유체동산을 채권자의 위임을 받은 집행관에게 인도하도록 명하는 인도명령을 적어야 한다(민집 243조 1항). 이 인도명령은 현금화의 준비를 위하여 덧붙여지는 것으로서 압류의 요건이 아니며, 그 기재가 없어도 압류명령의 효력에는 영향이 없다.[442]

그러나 인도명령은 압류명령에 부수하여 압류의 효력을 확보하기 위한 것이므로 압류명령에 그 기재가 없을 때에는 집행법원은 즉시 별도로 인도명령을 발령하여야 한다.

인도명령에는 집행관의 이름을 특정하여 적을 필요가 없다. 인도명령이 있으면 채권자의 위임을 받은 집행관은 제3채무자에 대하여 목적물인 유체동산의 인도를 구할 수 있고, 제3채무자가 이에 따라 임의로 집행관에게 인도한 때에는 그 유체동산에 대하여 압류의 효력이 발생하여 집행관은 유체동산의 현금화에 관한 규정(민집 199조에서 214조)에 따라 현금화하게 된다(민집 243조 3항). 그러나 인도명령은 채권자의 위임을 받은 집행관에게 유체동산의 수령권한을 주는 데 그치는 것이므로 제3채무자가 집행관에게 임의로 인도하면 면책되지만 제3채무자가 인도를 거부하는 경우에 집행관이 강제로 인도집행을 할 수는 없다.

따라서 제3채무자가 임의로 인도하지 않는 경우에 채권자가 이를 강제하기 위해서는 뒤에 보는 바와 같이 추심명령을 얻어 추심의 소를 제기하여야 한다. 이 추심소송에서 제3채무자를 피고로 하여 집행관에게 목적물을 인도할 것을 청구하여 그 승소판결로서 집행하여야 한다. 유체동산인도청구권은 권면액이 없으므로 전부명령은 허용되지 아니한다.

다. 압류명령의 송달

압류명령은 채무자와 제3채무자에게 송달하여야 하고(민집 242조, 227조 2항) 채권자에게도 알려야 한다. 압류명령은 제3채무자에게 송달되어야 그 효력이 생긴다.

---

442) 대판 1994. 3. 25. 93다42757

3. 추 심

가. 추심명령의 신청

인도명령이 있음에도 제3채무자가 마음대로 목적물을 인도하지 않는 경우에는 채권자는 집행법원에 대하여 추심명령을 신청할 수 있다(민집 243조 2항).

추심명령의 신청은 채권자가 압류한 유체동산 인도청구권의 목적물에 대한 추심권의 수여를 구하는 것이나 금전채권에 대한 추심명령과 같이 채권자가 직접 제3채무자로부터 추심할 수 있도록 하는 것은 아니고, 목적물을 집행관이 점유하도록 하여야 하므로 신청서에는 집행관에게 위임하여 추심할 수 있다는 내용의 명령을 구하는 취지를 적어야 하며 그 밖에 적을 사항은 금전채권의 추심명령을 주제로 설명한 바와 같다. 이는 압류명령과 동시에 신청할 수도 있다.

나. 추심명령 신청의 내용

채권자는 집행관에게 위임하여 추심 할 수 있음을 명하는 취지를 적는 외에는 금전채권의 추심명령에 관하여 와 같으며 아래 예시와 같이 신청취지를 작성한다.

(1) 유가증권 인도청구권 추심명령 신청취지 작성례

채무자가 제3채무자에 대하여 가지는 별지목록 기재. 유가증권 인도청구권의 목적물인 유가증권은 채권자가 집행관에게 위임하여 추심 할 수 있다.

(2) 유체동산 인도청구권 추심명령의 신청취지 작성례

채무자가 제3채무자에 대하여 가지는 별지 기재. 유체동산 인도청구권의 목적물인 유체동산은 채권자가 집행관에게 위임하여 추심 할 수 있다.

(3) 공탁된 유가증권에 대하여 피공탁자의 출급청구권에 대한 추심명령 신청취지 작성례

채무자가 제3채무자에 대하여 가지는 별지기재. 공탁 유가증권 출급청구권의 목적물인 유가증권은 채권자가 집행관에게 위임하여 추심 할 수 있다.

다. 추심절차

채권자로부터 추심명령정본에 기초하여 위임을 받은 집행관은 제3채무자에 대하여 목적물의 인도를 최고할 수 있고 제3채무자가 마음대로 목적물을 인도하면 이를 수령할 수 있으나 이행을 거절하는 경우에는 집행불능으로 된다. 이 경우에는 채권자는 추심명령에 기초하여 민사집행법 238조에 따라 제3채무자를 상대로 목적물을 채권자가 위임한 또는 위임할 집행관에게 인도하라는 취지의 추심 소를 제기하여 집행권원을 얻은 뒤 이에 기초하여 집행관에게 집행위임을 하여 민사집행법 257조에 따라 인도청구권을 집행하게 된다.

제3채무자는 압류채권자의 인도청구에 대하여 집행채무자에게 주장할 수 있었던 모든 실체상의 항변사유와 압류, 추심명령의 하자로써 대항할 수 있다. 동산인도청구권의 집행은 목적물을 채권자 기타 이를 인도받을 자에게 인도하거나 인도받을 자가 불출석한 때에는 집행관이 이를 보관한 때에 종료되며 이 집행이 종료한 뒤에 채무자가 다시 이를 점유하게 된 때에는 새로운 집행권원이 없으면 집행할 수 없다.443)

4. 현금화(=집행관에 의한 매각) 절차

집행관에게 인도된 유체동산은 유체동산 압류의 경우와 마찬가지로 민사집행법 199조의 규정에 따라 집행관의 매각으로 현금화된다(민집 243조 3항). 이 경우 인도청구권에 대한 강제집행과 인도를 받은 유체동산의 현금화 절차의 관계에 관하여 견해의 대립이 있지만, 현금화의 방법에 관해서만 유체동산의 현금화에 적합한 방법을 채택하여 이를 채권집행의 절차 속에 포섭하는데 그치고 결국 최후까지 채권집행의 절차를 관철한다는 절차구조를 취한 것으로 보아야 한다.

집행관이 현금화함에는 민사집행법 243조 1항에 의하여 목적물을 인도받을 권한을 위임받은 것으로 충분하고 인도받은 뒤에 다시 현금화를 위한 별도의 위임이나 집행법원의 수권(授權), 현금화 명령(다만 특별현금화의 경우는 예외)은 필요 없다. 집행관이 목적물을 인도받음으로써 그에 대한 압류의 효력이 발생하였으므로, 다시 민사집행법 189조 1항 등에 의한 압류를 할 필요도

---

443) 법원행정처, 2004, 집행관 실무편람, 262면.

없다.

다만 이 경우 집행관의 현금화는 집행기관으로서가 아니라 집행법원의 보조기관으로서 집행에 관여하는 것이므로 스스로 매각대금을 분배하는 등의 권한은 없다. 따라서 집행관은 목적물의 매각대금을 집행법원에 제출하여야 하고(민집규 169조, 165조 4항), 집행관이 법원보관금납부서를 작성하여 취급점에 납부하면 법원보관금으로 보관하게 되며(보관금 규칙 9조, 10조, 11조), 민사집행법 252조의 규정에 따른 배당절차를 진행하게 된다.

제3절 부동산 청구권 등에 대한 강제집행

1. 총 설

채무자가 제3자에 대하여 부동산인도청구권을 가지고 있거나 부동산소유권이전청구권 또는 소유권이전등기의 말소등기청구권 등 부동산에 관한 등기청구권을 가지고 있는 경우에 그 집행방법은 채권자는 그 부동산으로부터 자기의 금전채권의 만족을 얻기 위하여 채무자의 제3자에 대한 부동산에 관한 위와 같은 청구권을 압류하여 그 청구권의 내용을 실현하고 그 부동산을 채무자의 책임재산으로 귀속시킨 후 이를 현금화하거나 강제관리를 하여 그 매각대금이나 수익금으로부터 채권의 변제를 받는 2단계의 집행절차에 의하게 된다. 따라서 청구권 자체를 처분하는 것이 아니다(민집 242조, 244조).

부동산의 등기청구권에는 소유권 그 밖에 부동산물권이 채무자에게 귀속하고 있어 실체적 권리관계와 일치시키기 위하여 채무자 명의로 등기를 구하는 물권적 청구권(주로 말소등기청구권 또는 진정등기명의 회복청구권)에서부터 채무자, 제3채무자 사이의 법률행위에 기초한 부동산물권의 설정 또는 이전등기를 구하는 채권적 청구권까지 다양한 것이 있다.

부동산에 대한 청구권의 강제집행은 어느 경우에도 제3채무자로부터 부동산에 대한 채무자 명의의 등기를 실현하거나 그 부동산을 보관인에게 인도하게 하여(또는 그 양자를 실현해) 부동산물권 자체에 대한 강제경매 또는 강제관리를 하여 현금화하는 것이 궁극적인 목적이다. 즉, 등기청구권 등 권리이전청구권에 대한 집행의 경우에는 그 집행을 통하여 제3채무자로부터 채무자 명의로 등기하게 하여 부동산 그 자체에 대한 강제경매 또는 강제관리를 개시할 수 있도록 하는 데 의미가 있다.444)

그러나 인도청구권에 대한 강제집행의 경우에는 부동산에 대한 채무자 명의의 등기가 이미 경료 되어 있음을 전제로 하는 이상, 제3자가 점유하는 부동산에 대하여도 강제경매나 강제관리를 개시할 수 있으므로 그 필요성이 적다.

다만 강제경매개시결정 전에 부동산의 점유를 미리 취득하여 점유자의 고의적인 부동산의 가치손상행위를 막고(이 경우 민집 83조 3항의 조치를 이용할 수도 있다), 부동산이 매각된 다음 인도명령(민집 136조)의 요건에 해당하지 아니하는 경우에도 매수인에게 쉽게 부동산을 인도할 수 있도록 하는 준비행위로서의 의미가 있는 정도이고, 강제관리를 위한 경우에는 부동산의 점유를 미리 취득하여 관리인으로 하여금 개시결정 후 바로 이익을 얻을 수 있도록 준비하는데 그 뜻이 있다.

실무에서는 부동산의 인도청구권·등기청구권에 대한 집행이 그리 활성화되지는 않은 것으로 본다. 왜냐하면, 채무자의 등기청구권을 채권자가 대위(代位)행사 하는 것이 판례상 광범위하게 인정되는 이유로 집행대상 부동산에 대하여 채무자 명의로 등기를 실행하는 방법으로 민법 404조의 채권자대위권이란 제도를 주로 많이 활용하기 때문이다.

한편 여기서 말하는 부동산에는 부동산집행의 대상이 되는 것이 모두 포함되므로 민법상의 부동산뿐 아니라 광업권, 어업권 등도 포함된다. 그러나 임차인의 임대인에 대한 인도청구권처럼 보관인이 목적물의 점유를 취득하더라도 부동산에 대한 강제경매나 강제관리의 목적이 될 수 없는 것은 위 집행의 대상이 되지 않는다.

선박 또는 항공기의 인도청구권에 대한 압류와 선박·자동차·건설기계 또는 항공기의 권리이전청구권에 관해서는 부동산청구권의 집행에 관한 규정들이 준용된다(민집규 171조 1항). 다만 자동차 또는 건설기계의 인도청구권에 대한 압류에 관하여는 유체동산 인도청구권의 규정을 준용한다(민집규 171조 2항).

부동산청구권의 집행 중 가장 중요한 것은 등기청구권에 대한 집행이라고

---

444) 대판 2002. 10. 25. 2002다39371

할 수 있는데 이 등기청구권에는 소유권이전등기청구권, 등기의 말소 또는 진정등기명의 회복을 구하는 청구권 등이 포함된다. 다만 본등기청구권만이 집행의 대상으로 되고 가등기청구권은 그 대상이 되지 않는다.

부동산인도청구권에 대한 집행은 유체동산인도청구권의 경우와는 달리 부동산의 소유권이 반드시 채무자에게 귀속되어 달라고 요구하지 아니하고 그 부동산을 채무자의 점유로 회복한 다음 강제관리를 할 수 있는 것이면 여기에서 청구권집행의 대상이 된다. 즉, 채무자가 전세권자로서 목적물을 제3채무자에게 임대한 경우 임대차계약 종료 때문인 건물인도청구권을 가지는 경우 등이다.

2. 압 류

가. 압류명령의 신청

압류명령의 신청은 당사자, 청구금액, 압류할 목적채권인 부동산에 관한 인도 또는 권리이전청구권을 표시하고 목적물인 부동산을 특정하여 그 청구권의 압류를 구하는 취지를 적은 서면으로 하여야 한다. 신청은 채무자의 보통재판적이 있는 곳의 지방법원, 그 지방법원이 없는 때에는 목적부동산이 있는 곳의 지방법원에 대하여 한다(민집 224조 1항, 2항 단서). 압류명령에 대한 신청취지는 아래와 같다.

(1) 부동산인도청구권의 압류
|신청취지|

- 채무자가 제3채무자에 대하여 가지는(20 년 월 일자 임대차계약 기간만료로 인한) 별지목록기재 부동산의 인도청구권을 압류한다.
- 제3채무자는 채무자에게 위 부동산을 인도하여서는 아니 된다.
- 채무자는 위 청구권의 처분과 영수를 하여서는 아니 된다.

(2) 부동산권리이전청구권의 압류

|신청취지|

> - 채무자가 제3채무자에 대하여 가지는(20 년 월 일자 매매계약 때문인) 별지목록 기재 부동산에 관한 소유권이전등기청구권을 압류한다.
> - 제3채무자는 채무자에게 위 부동산에 대한 소유권이전등기 절차를 이행하여서는 아니 된다.
> - 채무자는 위 소유권이전등기청구권을 양도하거나 그 밖의 처분을 하여서는 아니 된다.

나. 압류명령의 내용

부동산청구권에 대한 압류도 금전채권의 압류에 따라 압류명령의 발령과 송달로써 한다. 그 압류명령에는 청구권의 내용과 그 목적물인 부동산을 명시하고 제3 채무자에 대하여 채무자에게 인도 또는 권리이전을 금지하며 채무자에 대하여 그 청구권의 추심과 처분의 금지를 명하여야 한다.

다만 이전등기청구권의 압류에 있어서는 제3채무자에 대하여는 이전등기절차의 이행을 금지하고 채무자에 대하여는 이전등기청구권의 양도 그 밖의 처분을 금지하는 것으로 충분하다. 압류에 관한 주문례는 다음과 같다.

(1) 임대차기간 만료로 임대차목적물 반환청구권을 압류하는 경우 주문례

> 1. 채무자가 제3채무자에 대하여 가지는 20 . . .자 임대차계약의 기간만료로 인한 별지목록 기재 부동산의 인도청구권을 압류한다.
> 2. 제3채무자는 채무자에게 위 부동산을 인도하여서는 아니 된다. 채무자는 위 청구권의 처분과 영수를 하여서는 아니 된다.

(2) 매매로 인한 부동산소유권이전등기청구권을 압류하는 경우 주문례

> 1. 채무자가 제3채무자에 대하여 가지는 20 . . . 자 매매계약에 기초한 별지목록 기재 부동산에 관한 소유권이전등기청구권을 압류한다.
> 2. 제3채무자는 채무자에게 위 부동산에 관한 소유권이전등기절차를 이행하여서는 아니 된다.
> 3. 채무자는 위 소유권이전등기청구권을 양도하거나 그 밖의 처분을 하여서는 아니 된다.

> 4. 서울중앙지방법원 소속 집행관 ○○○ 를 별지목록 기재 부동산의 보관인으로 한다.
> 5. 제3채무자는 위 부동산에 관하여 20 . . . 자 ○○ 계약을 원인으로 한 채무자 명의의 소유권이전등기절차를 위 보관인에게 이행하여야 한다.
> (위 4, 5번 주문은 신청채권자가 보관인선임명령도 동시에 신청한 경우 주문례)

다. 압류명령의 송달

압류명령은 채무자와 제3채무자에게 송달하여야 하고(민집 242조, 227조 2항), 채권자에게도 알려야 한다. 압류명령은 제3채무자에게 송달되어야 그 효력이 생긴다.

라. 압류의 효력

소유권이전등기청구권에 대한 압류나 가압류는 채권에 대한 것이지 등기청구권의 목적물인 부동산에 대한 것이 아니고, 채무자와 제3채무자에게 결정을 송달하는 외에 현행법상 등기기록에 이를 공시하는 방법이 없는 것으로서 당해 채권자와 채무자 및 제3채무자 사이에만 효력을 가지며, 압류나 가압류와 관계가 없는 제3자에 대하여는 압류나 가압류의 처분 금지적 효력을 주장할 수 없으므로 소유권이전등기청구권의 압류나 가압류는 청구권의 목적물인 부동산 자체의 처분을 금지하는 대물적 효력은 없고, 제3채무자나 채무자로부터 소유권이전등기를 넘겨받은 제3자에 대하여는 취득한 등기가 원인무효라고 주장하여 말소를 청구할 수 없다.[445]

다만 가등기된 부동산소유권이전등기청구권이 압류되고 압류의 부기등기가 경료된 경우에는 압류결정이 공시되어 있으므로 제3자에 대하여 압류의 처분금지적 효력을 주장할 수 있다.[446] 제3채무자가 압류결정을 무시하여 이전등기를 이행하고 채무자가 다시 제3자에게 이전등기를 경료 하여 준 결과 채권자에게 손해를 입힌 때에는 불법행위를 구성한다.[447]

소유권이전등기청구권에 대한 압류가 되어 있는 경우 채무자가 제3채무자를 상대로 그 이행을 구하는 소송을 제기할 수 있고, 법원은 압류의 해제를 조건으로 인용한다.[448] 제3채무자는 채무자 또는 그를 대위한 자로부터 제기

---

445) 대판(전) 1992. 11. 10. 92다4680
446) 대판 1998. 8. 21. 96다29564
447) 대판 2007. 9. 21. 2005다44886
448) 대판 1999. 2. 9. 98다42615

된 소유권이전등기 청구소송에 응소하여 압류된 사실을 주장·입증할 의무를 지며, 제3채무자가 고의 또는 과실로 응소하지 아니하여 의제자백(擬制自白) 판결이 선고·확정됨으로써 채권자가 손해를 입었다면 제3채무자는 불법행위 때문인 손해배상책임을 진다.[449]

부동산에 관한 인도 또는 권리이전청구권에 대하여도 제3채무자로부터 보관인에게 인도되거나 채무자 명의로 등기가 실현되어 그 청구권이 소멸할 때까지 중복압류가 있을 수 있다. 그러나 중복압류채권자가 현금화 대금으로부터 변제를 받기 위해서는 청구권의 압류만으로는 부족하고 이어서 진행되는 강제경매절차에서 배당요구를 하여야 한다.

청구권에 대한 압류의 효력은 압류명령의 송달로 발생하나 목적부동산 자체에 대한 압류의 효력은 채무자에 관한 경매개시결정 송달 시 또는 경매개시결정의 기입등기 시에 발생하고, 선박이나 항공기에서 압류의 효력은 개시결정의 송달 시나 압류의 등기 시 또는 감수·보존처분의 집행 시나 선박국적증서 등의 수취 시 중 가장 이른 시점에 발생한다.

따라서 부동산청구권을 압류한 후 그 부동산 자체에 대한 압류의 효력발생 전에 타인이 부동산 자체에 대한 압류를 한 경우에도 압류채권자는 제3자 이의의 소 등으로 이를 다툴 수 없다. 청구권 압류의 효력발생 당시에 이미 그 청구권이 이행불능된 경우에는 압류의 효력이 발생하지 않을 뿐 아니라 압류명령의 효력은 이행불능 때문인 손해배상청구권에 미치지 아니한다. 다만 압류의 효력발생 당시에는 아직 이행불능이 아닌 경우에는 압류의 효력은 그 후의 이행불능 때문인 손해배상청구권에 미친다고 해석된다.

3. 보관인선임과 인도 또는 권리이전등기절차

민사집행법

제244조(부동산청구권에 대한 압류)
① 부동산에 관한 인도청구권의 압류에 대하여는 그 부동산소재지의 지방법원은 채권자 또는 제3채무자의 신청에 의하여 보관인을 정하고 제3채무자에 대하여 그 부동산을 보관인에게 인도할 것을 명하여야 한다.

---

449) 대판 1999. 6. 11. 98다22963, 대판 2000. 2. 11. 98다35327

② 부동산에 관한 권리이전청구권의 압류에 대하여는 그 부동산소재지의 지방법원은 채권자 또는 제3채무자의 신청에 의하여 보관인을 정하고 제3채무자에 대하여 그 부동산에 관한 채무자명의의 권리이전등기절차를 보관인에게 이행할 것을 명하여야 한다.
③ 제2항의 경우에 보관인은 채무자 명의의 권리이전등기신청에 관하여 채무자의 대리인이 된다.
④ 채권자는 제3채무자에 대하여 제1항 또는 제2항의 명령의 이행을 구하기 위하여 법원에 추심명령을 신청할 수 있다.

가. 신 청

채권자는 부동산이 있는 곳의 지방법원에 대하여 목적부동산의 보관인을 정하고, 제3채무자에 대하여 그 부동산을 보관인에게 인도하거나 권리이전등기절차를 이행하라는 결정을 하여 주도록 신청할 수 있고, 채권자가 그 신청을 지체하는 경우에는 제3채무자도 면책을 위하여 이를 신청할 수 있다(민집 244조 1항, 2항). 보관인은 채무자 명의의 권리이전등기 신청에 관하여 채무자의 대리인이 된다(민집 244조 3항). 그 성격은 법정대리인이다.

유체동산에 관한 청구권의 집행절차는 집행관이 관여하나 부동산에 관한 청구권에 있어서는 따로 보관인이 선임되어 절차에 관여하게 된다. 또 유체동산에 관한 청구권의 압류 경우에 별도의 신청이 없더라도 목적물을 집행관에게 인도할 것을 명하여야 하지만, 부동산에 관한 청구권의 압류에서는 이후의 집행에 부동산의 점유가 반드시 필요한 것은 아니므로 채권자 또는 제3채무자의 신청이 있는 경우에만 인도명령을 발할 수 있고 직권으로는 이를 발할 수 없다.

이 신청은 부동산청구권의 관할 집행법원이 아니고, 부동산이 있는 곳의 지방법원에 하여야 하므로 압류명령을 내린 집행법원(채무자의 보통재판적이 있는 곳의 지방법원)의 관할구역 내에 목적부동산이 존재하지 아니하는 경우에는 압류명령을 내린 법원과 보관인선임 및 인도·권리이전명령을 내린 법원이 다를 수 있다.

두 법원이 같은 경우에는 압류명령신청과 함께 보관인선임과 인도·권리이전명령 신청을 할 수도 있으나, 같지 않은 경우에는 압류명령의 발령 여부가 그 부동산이 있는 곳의 법원으로서는 분명하지 않으므로 압류명령이 있었다는 취지의 해명자료(압류명령정본)를 붙여서 신청하여야 한다. 수 개의 부동산이 있는 곳이 모두 다른 때에는 각각 부동산이 있는 곳의 지방법원에 대하여 신청하여야 한다. 보관인선임과 인도 또는 권리이전등기절차 신청취지는 아래와 같다.

| 신청취지 |

> 채무자의 제3채무자에 대한 별지목록 기재 부동산에 관한 인도청구권(소유권이전등기청구권)은 채권자가 집행관에게 위임하여 추심할 수 있다.

나. 결 정

신청이 이유 있으면 법원은 결정으로 보관인을 선임하고, 그 부동산을 보관인에게 인도하거나 보관인에게 부동산에 대하여 채무자 명의로 권리이전등기절차를 이행할 것을 명한다. 권리이전청구권을 집행하는 경우에 보관인은 채무자 명의로 권리이전등기를 신청함에 있어서 채무자의 대리인이 된다(민집 244조 3항). 보관인은 채무자의 대리인인 관리적 수탁자에 불과하고 강제관리의 관리인과 같은 지위나 관리수익권을 가지지 않는다.

압류법원과 부동산이 있는 곳의 법원이 같은 경우에는 압류명령 중에 보관인선임과 인도·권리이전명령을 적어도 무방하다. 보관인선임과 인도·권리이전명령은 압류명령 그 자체의 효력과는 관계가 없으며, 압류명령의 본질적 부분을 구성하는 것도 아니다.

보관인의 선임, 해임, 감독, 보수 등에 관하여는 아무런 규정이 없으므로 강제관리의 관리인에 관한 규정을 유추 적용한다. 따라서 보관인의 자격에는 제한이 없으므로 법원이 자유롭게 선임할 수 있다. 신청인이 보관인을 지정하여 신청하더라도 법원을 구속하는 것은 아니다. 실무에서 부동산이 있는 곳에 주소나 사무소를 둔 변호사나 집행관을 선임하는 사례가 많다. 보관인은 자연인을 선임하는 것이 바람직하나 타인의 재산을 신탁, 관리하는 신탁회사 같은 경우에는 법인이라도 무방하다.

선임된 보관인은 직무를 수락하여야 할 의무를 지는 것이 아니므로 심문 등의 방법으로 사전에 수락 여부를 확인하여 두어야 한다. 보관인은 인도명령 또는 권리이전명령에 따라 제3채무자로부터 임의인도나 권리이전을 받을 권한이 있으므로 채권자의 특별위임을 요구하지 않고 독립하여 마음대로 인도나 채무자 명의로 권리이전을 받을 수 있고, 이 경우에 선량한 관리자의 주의로써 현금화 절차에 따라 매수인 등에게 인도할 때까지 보관하여야 한다.

보관인에 대하여는 상당한 보수를 지급하여야 하고 그 보수액은 법원이 정한다. 보수는 집행비용이 되므로 법원은 채권자에게 예납시킬 수 있고 채권자가 이에 따르지 아니하면 보관인을 선임하지 않거나 이미 결정한 선임을 취소할 수 있다(민집 18조 2항). 이 비용은 종국적으로 채무자의 부담이 되어 집행절차에서 우선 변상을 받게 된다(민집 53조 1항).

|양식| **부동산 보관인선임 및 인도**

○ ○ 지 방 법 원
결 정

사　건　　20○○타채○○○ 부동산보관인선임 및 인도
채 권 자
채 무 자
제 3 채무자

주　　문

○○○(○○지방법원 집행관)를 별지 목록 기재 부동산의 보관인으로 한다. 제3채무자는 위 부동산을 위 보관인에게 인도하여야 한다.

이　　유

○○지방법원 20○○타채○○○ 부동산인도청구권 압류사건에 관한 채권자의 이 사건 보관인선임 및 인도명령 신청은 이유 있으므로 주문과 같이 결정한다.

20 . . .
판　사　　　　㊞

(주) 소유권이전등기청구권 압류사건의 경우에는 주문에 "제3채무자는 위 부동산에 관하여 20 . . .자(법률행위)를 원인으로 채무자명의 소유권이전등기절차를 위 보관인에게 이행하여야 한다."라는 방식으로 적는다.

다. 결정의 송달

보관인선임 및 인도·권리이전명령은 채무자와 제3채무자에게 송달하여야 하며, 제3채무자의 신청에 의한 때에는 채권자에게도 송달하여야 한다. 이 결정에 대하여는 집행에 관한 이의(민집 16조)로써 다툴 수 있다.

라. 결정의 효력

보관인에 대한 인도 또는 권리이전의 명령은 강제력이 없으므로 위 결정만으로 보관인이 목적물의 점유를 강제로 취득하거나 일방적으로 등기신청을 할 수는 없다. 제3채무자가 임의로 등기의무를 이행하는 경우에는 채무자의 대리인인 보관인과 제3채무자와의 사이에 등기신청으로 등기가 이루어지고 그로써 청구권의 집행은 종료한다.

채무자 앞으로의 권리이전에 필요한 서류를 보관인에게 교부하면 되고, 이 경우 채무자 명의의 이전등기신청에 있어서 보관인만이 채무자의 법정대리인으로 채무자를 대리하여 이전등기신청을 할 수 있으며 채무자 스스로는 이를 할 수 없다. 이전등기는 채무자 명의로 경료 하여야 하고 보관인 명의로 등기하는 것은 아니다.

압류명령과 인도명령 등이 송달된 경우에도 제3채무자가 부동산에 관한 청구권에 대하여 가지는 권리는 그대로 행사할 수 있으므로 제3채무자는 해제권, 취소권, 항변권 등을 행사할 수 있고,[450] 제3채무자가 선택권을 가진 때에는 이를 행사할 수 있다. 위와 같은 압류 등의 효력은 부동산 그 자체나 그 수익의 처분행위에 아무 제한을 가하지 않으며, 부동산 자체 또는 그 수익에 대한 압류의 효력은 그 후에 이루어지는 강제경매나 강제관리가 개시됨으로써 비로소 생긴다.

4. 추심 및 현금화

제3채무자가 보관인선임과 인도·권리이전등기명령에 따라서 보관인에 대하여 임의로 부동산의 인도의무를 이행하지 않거나 등기절차의 이행에 협력하지 않을 경우에는 압류채권자는 추심명령을 얻어 추심소송을 제기하여야

---

450) 대판 2000. 4. 11. 99다51685

한다(민집 244조 4항). 추심명령에는 2,000원의 인지를 붙여야 하고 압류명령의 기록에 합철 하여야 한다(재민 91-1).

추심의 소를 제기하여야 하는 것은 채권자이지 보관인이 아니므로 보관인은 소를 제기할 권한이 없다. 또 추심소송의 피고는 제3채무자이고 등기절차에 관여할 수 없는 채무자를 상대로 하는 추심의 소는 권리보호의 이익이 없다. 추심소송에서는 제3채무자에 대하여 청구의 목적물인 부동산을 보관인에게 인도할 것 또는 보관인에 의하여 대리 되는 채무자에게 등기신청의 의사표시를 할 것만을 청구할 수 있다.

이 승소판결이 확정되면 민사집행법 258조 또는 263조에 의한 강제집행의 방법으로 인도 또는 직접 채무자 명의로 등기를 실현하며, 이로써 부동산에 관한 청구권의 집행은 종료하고, 그 후의 강제집행은 부동산에 대한 강제경매 또는 강제관리로 들어가게 된다.

종국적인 만족을 얻기 위해서는 채권자는 본래의 집행권원에 기초하여 인도 또는 권리 이전받은 부동산에 대한 강제경매 또는 강제관리를 신청하여야 한다(민집규 170조).[451] 보관인은 인도받은 부동산을 강제경매의 경우에는 매수인에게 강제관리의 경우에는 관리인에게 인도한다.

부동산 권리이전청구권을 집행의 대상으로 하는 강제집행에 관하여는 민사집행법 241조 소정의 특별현금화방법이 허용되지 않는다.

제4절 그 밖의 재산권의 현금화

> **민사집행법**
>
> 제251조(그 밖의 재산권에 대한 집행)
> ① 앞의 여러 조문에 규정된 재산권 외에 부동산을 목적으로 하지 아니한 재산권에 대한 강제집행은 이 관의 규정 및 제98조 내지 제101조의 규정을 준용한다.
> ② 제3채무자가 없는 경우에 압류는 채무자에게 권리처분을 금지하는 명령을 송달한 때에 효력이 생긴다.

---

451) 대판 2002. 10. 25. 2002다39371

> **민사집행규칙**
>
> **제174조(그 밖의 재산권에 대한 집행)**
> 법 제251조 제1항에 규정된 재산권(다음부터 "그 밖의 재산권"이라 한다)에 대한 강제집행에는 그 성질에 어긋나지 아니하는 범위 안에서 제159조 내지 제173조의 규정을 준용한다.

1. 총 설

부동산을 목적으로 하지 아니하고 또 유체동산, 금전채권, 유체물의 인도나 권리이전을 목적으로 하는 청구권 이외의 재산권에 대한 강제집행에 관해서는 민사집행법 223조에서 250조의 규정 및 민사집행법 98조에서 101조의 규정을 준용한다(민집 251조). 이처럼 부동산집행의 대상이 되지 아니하는 재산 중 유체동산과 채권, 유체물의 인도나 권리이전청구권을 제외한 것을 "그 밖의 재산권"이라고 한다.

그 밖의 재산권은 경제생활과 법률생활의 발전에 따라 복잡화, 세분되는 경향이 있으며 그 강제집행의 방법도 다양할 수밖에 없고 이를 모두 법정(法定)할 수는 없으므로 민사집행법 251조는 그 밖의 재산권 집행에 대하여 필요한 최소한의 개괄적인 규정만을 두고 그 대부분을 집행 실무의 운용에 맡겨두고 있다. 따라서 집행기관에 폭넓은 재량권이 인정되기 때문에 구체적인 집행절차를 운용함에 있어서는 그 대상인 재산권의 성질에 따라 개별적인 배려가 필요하다.

압류된 "그 밖의 재산권"은 채권자의 신청에 따라 추심명령이나 전부명령 또는 민사집행법 241조의 특별현금화방법에 따라 현금화된다. 그 밖의 재산권은 그 종류가 다양하고 추심명령이나 전부명령 등 통상의 현금화 방법으로는 현금화하기 어려운 경우가 많으므로 특별현금화 방법에 따른 현금화가 적당한 경우가 많다. 이 중 매각명령에 따라 현금화하는 경우에 집행관이 사무를 취급하게 된다.

2. 적용범위

여기서 말하는 "그 밖의 재산권"에는 여러 가지가 있으나 이를 압류, 현금화하여 금전채권의 만족을 얻으려고 하는 것이므로 그 권리는 독립하여 재산적 가치가 있어야 하고, 금전적 평가가 가능하여 채권자의 만족을 얻을 수 있는 법률상의 권리에 한한다. 다만 조건부권리나 장래의 권리라고 하더라도 집행목적물을 특정하기 위한 법적 기초가 이미 성립되어 있고 그로써 집행목적물의 특정을 위한 법적 기초가 제공된 경우에는 상관이 없다.

일반적으로 위 집행의 대상이 될 수 있는 재산권으로는 특허권, 실용신안권, 디자인권, 상표권, 저작권 등의 지식재산권, 반도체 배치설계권 등 무체재산권(無體財産權), 양도 가능한 전화의 전화사용권, 골프회원권·스포츠회원권·콘도회원권 등과 같은 설비의 이용을 목적으로 하는 재산권, 유체동산의 공유지분권, 합명회사·합자회사·유한회사의 사원권, 조합원의 지분권, 예탁증권, 전세권 등을 들 수 있다.

또 백지어음보충권도 압류할 수 있다고 하며, 이사회의 결의로 주주가 취득한 구체적 신주인수권(상법 416조, 상법 420조의2)은 추상적 신주인수권과는 달리 "그 밖의 재산권" 집행의 대상이 된다. 그 밖에도 선박·자동차·건설기계·항공기의 공유지분에 대한 집행도 "그 밖의 재산권"의 집행의 예에 따른다(민집 185조, 민집규 129조, 130조, 106조). 광업권 등의 공유지분에 대하여 의문의 여지가 있으나 부동산의 경우와 달리 공유지분등록이 불가능하므로 민사집행법 139조의 방법에 따르기는 어렵고 그 밖 재산권의 집행 예에 따른다.

3. 압류 절차

그 밖의 재산권에 대한 압류는 금전채권의 압류에 관한 규정(민집 223조)을 준용하여 집행법원이 채권자의 신청에 따라 압류명령을 발령하고 이를 송달함으로써 한다. 압류명령은 채무자에게 송달하여야 하고, 제3채무자가 있을 경우에는 제3채무자에게도 송달하여야 한다(민집 251조1항, 227조 2항). 압류명령은 송달로서 효력이 생긴다.

4. 현금화 절차

압류된 그 밖의 재산권은 채권자의 신청에 따라 추심명령이나 전부명령 또는 민사집행법 241조의 특별현금화방법에 따라 현금화된다. 그 밖의 재산권은 그 종류가 다양하므로 추심명령이나 전부명령 등 통상의 현금화 방법으로는 현금화가 어려운 경우가 많으므로 양도명령이나 매각명령 등의 특별현금화방법에 따른 현금화가 적당한 경우가 많다.

추심명령은 그 밖의 재산권에서 생기는 금전채권, 예컨대 사원권으로부터 생기는 이익배당청구권, 지분환급청구권, 골프장회원권에 관련된 예탁금반환청구권에 대하여만 가능하고 전부명령은 특히 권면액(券面額)이 있는 집행대상에만 허용되므로 그 재산권으로부터 생기는 금전채권에 대하여만 가능하며 양도명령은 법원이 압류재산을 평가하게 하여 그 금액으로 채권자에게 양도하는 현금화 처분으로 전부명령에 따르는 것이므로 양도명령이 효력이 발생하면 집행채권이 양도금액의 범위에서 소멸하여 강제집행 절차가 종료된다. 채권자의 경합이 있는 경우에는 양도명령을 할 수 없다.

매각명령은 일반의 거래대상이 되는 권리에 대하여 법원이 집행관에게 매각을 명하는 것으로 집행관은 매각의 방법으로 권리를 처분하여 그 매각대금을 법원에 제출하게 된다.

관리명령은 용익권, 출판권, 지적재산권 등 제3자가 쉽게 관리할 수 있고 이익을 얻을 것이 확실히 기대되는 재산권에 대하여 관리인으로 하여금 권리를 관리하게 하여 그 수익을 변제에 충당하는 명령을 발령하는 것을 말한다.

이 외에도 법원은 이에 열거되지 아니한 특별현금화를 명할 수 있다. 채권자는 특별현금화를 특정하여 신청할 수도 있고 이를 특정하지 않고 법원에 적당한 현금화 방법을 정하여 줄 것을 신청할 수 있는데 채권자가 현금화 방법을 특정하여 신청한 때에는 집행법원은 특별한 사정이 없으면 이를 존중함이 타당하다.

5. 그 밖의 재산권 현금화의 구체적 사례

가. 전화사용권에 대한 집행

(1) 총설

전기통신사업법(1991. 8. 10. 법률 제4394호)은 종래 양도가 가능하던 1970. 8. 31. 이전에 가입 계약된 전화사용권의 양도 여부에 대하여 아무런 규정을 두지 아니하여 그 양도의 법적 근거가 없어졌으나, 주식회사 케이티(KT)의 실무에서 사실상 양도를 허용하고 있으므로, 이에 관하여는 "그 밖의 재산권"에 대한 집행의 방법으로 강제 집행할 수 있다.

(2) 압류

집행법원은 신청이 상당하다고 인정될 때에는 압류명령을 발령한다. 압류명령의 내용은 금전채권에 대한 압류에 준한다(민집 251조 1항, 227조). 다만 가입전화사용권의 특성에 비추어 채무자에 대한 영수의 금지나 제3채무자에 대한 지급의 금지는 의미가 없으므로, 채무자에 대한 처분금지와 제3채무자에 대한 사용권 명의변경금지를 명하면 충분하다.

(3) 현금화

압류채권자는 압류한 전화사용권으로부터 집행채권의 변제를 받기 위해서는 양도명령이나 매각명령 또는 그 밖의 특별현금화방법(민집 241조)을 신청하여야 한다. 채권자는 현금화 방법을 집행법원이 정하여 주도록 신청할 수도 있다.

(가) 양도명령

양도명령은 전화사용권을 집행관 또는 적당한 감정인으로 하여금 평가하게 하여 그 값으로 지급함에 갈음하여 채권자에게 양도하는 것을 말한다. 이중압류나 배당요구 등으로 채권자의 경합이 있는 경우에는 양도명령은 허용되지 않는다. 평가가 전제되어야 하므로 압류명령신청과 동시에 신청한 경우에는 이를 동시에 발령하기는 어렵다. 양도명령이 확정되면 채권자는 그 전화사용권을 취득하게 되고 양도명령에 명시된 양도가액에 상당한 집행채권은 소멸한다. 양도명령은 채무자와 제3채무자에게 송달하여야 한다.

(나) 매각명령

매각명령은 법원이 정하는 방법으로 전화사용권을 매각할 것을 집행관에게 명하는 현금화 방법이다. 보통 유체동산 집행의 방법에 따른 매각을 명하게 되나 그 밖의 방법으로 임의대로 매각할 것을 명할 수도 있다. 집행관은 법원의 특별한 지시가 없으면 매각하여야 한다.

집행법원은 압류된 전화사용권의 매각대금으로 채권자의 채권에 우선하는 채권 및 절차비용을 갚으면 남을 것이 없겠다고 인정하는 때에는 매각명령을 발령하여서는 안 되고, 집행관도 남을 것이 있는 가격이 아니면 전화 사용권을 매각하여서는 안된다(민집규 165조 1항, 2항). 따라서 법원은 무잉여압류 여부(민집 188조 3항), 초과압류의 여부(민집 188조 2항)를 알아보고 매각에 참고하기 위하여 매각명령 전에 전화가입권을 적당한 감정인에게 평가하게 하여야 한다.

집행관에 의한 매각에는 최저매각가격제도는 적용되지 아니하나 집행법원은 그 평가액을 최저매각가격이나 매각액으로 정할 수 있다. 매각명령의 양식은 특별현금화방법에서 예시한 주문례를 사용하면 되고, 그 주문은 아래와 같다.

> 1. 위 당사자 간 ○○지방법원 20○○ 타채 ○○○호 전화사용권 압류명령에 따라 압류된 별지기재의 전화사용권을 매각할 것을 명한다.
> 2. 채권자의 위임을 받은 집행관은 유체동산 매각에 관한 절차에 따라 매각하여야 한다.

매각명령은 채무자와 제3채무자에게 송달하여야 하고 이해관계인은 매각명령에 대하여 즉시항고로 불복할 수 있다. 매각명령은 확정되어야 효력이 있다. 채권자의 위임을 받은 집행관이 매각절차를 마친 때에는 바로 매각대금과 매각에 관한 조서 등 관계 서류를 집행법원에 제출하여야 한다(민집규 165조 4항). 매각대금은 법원보관금취급규칙에 따라 취급점인 은행에 납부한다.

매각대금이 제출되면 집행법원은 소관 전화업무취급국에 사실조회 등을 통하여 당해 전화사용권에 대한 압류의 경합 여부를 조사하고 압류의 경합이 있는 경우에는 그 기록의 송부를 촉탁 한 뒤 민사집행법 252조의 규정에 따라 배당절차를 실시한다(민집 252조 3호).

나. 골프회원권 집행 등

(1) 총 설

골프회원권은 그 골프장의 경영형태와 관련하여 법적 성질이 명백하지 않을 뿐 아니라 회원권의 내용도 골프클럽에 따라 조금씩 달라서 일률적이지 않아 집행절차에서 곤란한 문제가 있다.

골프장의 경영형태는 각양각색이지만 기본적으로는 ① 골프장회원이 골프장을 경영하는 사단법인의 구성원이 되는 사단법인 회원제, ② 골프클럽에 입회하는 회원이 골프장을 경영하는 주식회사의 주주가 되고, 동시에 클럽의 회원이 되어 시설을 이용하는 권리를 취득하는 주주 회원제, ③ 골프클럽에 입회하는 회원이 골프장을 경영하는 회사에 예탁금을 예탁하는 예탁금회원제의 3가지 종류가 있다.

이 중에서 예탁금회원제가 가장 많고 주주 회원제가 그다음을 차지하며 사단법인 회원제는 공익법인 등이 설치한 골프장의 경우에 예외적으로 존재한다. 어떤 경우이든 회원권은 골프장과 부대시설의 우선적 이용권을 중심으로 한 권리임에 틀림이 없으나, 예탁금회원제는 예탁금반환청구권이라는 채권과 결부된 것임에 비하여, 주주 회원제 또는 사단법인 회원제는 주주 또는 사단법인의 사원인 지위와 결합한 것이라는 점에서 차이가 있다.

(2) 집행 적격

골프회원권이 민사집행법상 그 밖의 재산권으로서 집행의 대상이 되는지가 문제가 될 수 있다. 즉, 어떤 권리가 그 밖의 재산권으로서 집행의 대상이 될 수 있으려면 ① 재산적 가치를 가지고 ② 양도성을 가지는 것이어야 한다는 2가지의 요건을 갖추어야 한다. 골프회원권이 재산적 가치를 가진다는데 이론이 없지만, 양도성에 관해서는 골프회원권의 형태와 관련하여 문제가 있다.

사단법인회원제의 경우에는 공익법인의 사원의 지위와 밀접하게 결부되어 있고, 정관에서 지분의 양도를 인정하고 있는 경우 이외에는 일반적으로 양도성을 가지지 않으므로 원칙적으로 집행 적격이 인정되지 않는다.

예탁금회원제 골프회원권은 골프장과 부대시설을 클럽의 규칙에 따라 우선하여 이용할 수 있는 권리, 예탁금반환청구권 등의 권리와 연회비납부 등의 의무를 포괄하는 일종의 계약상의 지위라고 해석된다. 일반적으로 골프클럽의 정관이나 회칙에서 회원권을 예탁금의 반환청구권과 함께 양도할 수 있다고 규정하는 경우가 많고, 실제 골프클럽이 발행한 입회보증금의 예탁금증서를 배서, 교부하는 등의 방법으로 자유롭게 거래되고 있다.

따라서 주주 회원제나 예탁금회원제의 경우에는 회칙 등에서 양도, 상속이 부정되고 있는 것은 집행 적격이 인정되지 않지만, 일반적으로 양도성이 인정되고 있으므로 집행 적격을 인정할 수 있다. 이러한 경우에 양도를 주제로 이사회의 승인이 있어야 하는 경우가 많은데, 양도성 그 자체는 부정되어 있지 아니하고 또한 이사회의 승인도 현실적으로 비교적 완화된 것이 많은 것으로 보인다.

그런데 주주 회원제 회원권의 경우에는 주권에 대한 압류도 함께하지 않으면 집행의 실효를 거둘 수 없게 되는 사정 등에 비추어 집행의 대상으로서 예탁금회원제 골프회원권의 쪽이 간편하고, 예탁금회원제 골프회원권이 압도적으로 많으므로 실무에서 집행 신청되는 것은 대부분 예탁금회원제 골프회원권이다.

(3) 압 류
(가) 예탁금회원제 압류

예탁금제회원권의 압류의 효력은 예탁금반환청구권에도 당연히 미친다는 데에 이론이 없으나, 압류신청에는 예탁금반환청구권도 압류의 대상으로 적어 두는 것이 바람직하다. 예탁금회원제의 경우 압류명령을 근거로 하여 채권자는 민사집행법 234조에 의하여 집행관을 통하여 예탁금증서를 강제집행의 방법으로 채무자로부터 인도받을 수 있다.

(나) 주주 회원제 압류

주주 회원제 회원권의 압류 경우에는 주식도 압류의 대상으로 적어 두는 것이 바람직하다. 첨부서류는 보통의 채권압류와 크게 다르지는 않지만, 양도성의 유무를 확인하기 위하여 골프클럽의 정관이나 규칙 등을 제출하도록 하여 그 회원권의 성질과 양도절차를 알아보아 그 회원권에 적절한 집행을 하도록 하여야 한다. 주주 회원제 회원권의 경우 주권이 발행된 때에는 채권자는 그 주권을 인도받아야 한다.

(4) 현금화

제3채무자의 사실조회에 대한 회신이 도착한 경우 이미 발령한 압류명령과 다름이 없을 경우 현금화 절차를 진행한다. 골프회원권의 현금화 그중에서 예탁금제회원권 현금화 절차는 거의 예외 없이 양도명령, 매각명령 등 특별현금화방법(민집 241조)에 의하는 것이 보통이다. 압류명령의 신청과 동시에 특별현금화명령의 신청도 할 수 있다. 특별현금화명령의 결정은 아래와 같다.

|양식| **특별현금화명령 결정**

○ ○ 지 방 법 원
결 정

사　　건 :　　20○○타기○○○ 특별현금화(매각명령)
신 청 인(배당요구채권자) :
채 권 자 :
채 무 자 :

주 문

○○지방법원 소속 집행관은 ○○지방법원 20 . . . ○○가단○○○ 대여금 청구사건의 집행력 있는 판결정본에 기초하여 압류한 별지 목록 기재 물건을　　로 운반하여 그곳에 거주하는　　에게 매각할 수 있다.

이 유

신청인의 이 사건 신청은 이유 있다고 인정되므로 민사집행법 제214조 제1항에 따라 주문과 같이 결정한다.

20 . . .

판　사

민집214①

(가) 매각명령

매각명령은 압류목적물을 그 추심에 대신하여 집행법원이 정한 방법에 따라 그 매각을 집행관에게 하는 명령이다. 양도명령과는 달리 압류가 경합되거나 배당요구가 있을 경우에도 매각명령이 가능하며, 집행관에 의한 매각의 방법은 입찰, 경매, 특별매각의 방법이 있는데 집행 실무는 통상 유체동산 매각의 방법에 따르는 것이 대부분이다. 매각명령의 경우에도 무잉여압류나 초과압류 여부를 확인하고 매각에 참고하기 위하여 이를 감정평가 함이 바람직하다. 이 매각명령의 주문은 아래와 같다.

> 1. 위 당사자 간 ○○지방법원 20○○타채○○○호 골프회원권압류명령에 따라 압류된 별지 기재의 골프회원권을 매각할 것을 명한다.
> 2. 채권자의 위임을 받은 집행관은 유체동산 매각에 관한 절차에 따라 매각하여야 한다.

집행관이 매각을 마친 때에는 매각대금과 매각조서 등 관계 서류를 집행법원에 제출하여야 한다. 매각대금이 제출되면 배당절차가 개시된다(민집 252조 3호). 그 밖에 집행법원은 골프회원권을 중개상 등에 매각을 의뢰하거나 평가액으로 그들에게 양도하는 결정을 할 수 있다. 한편 양도명령은 채권자의 경합이 있는 때에는 허용되지 아니하며 미리 적당한 감정인으로 하여금 평가하도록 하여야 한다.

(나) 스포츠센터회원권·콘도회원권에 대한 집행

스포츠센터회원권이나 콘도회원권에 대한 집행도 골프회원권과 마찬가지로 여러 가지의 형태가 있으므로 그 종류에 따라서 골프회원권에 대한 집행방법에 따른다.

다. 주식에 대한 집행
(1) 총 설

주권이 발행된 경우에 주식의 양도는 무기명주식이든 기명주식이든 주권의 교부를 요구한나(상법 336조 1항). 주권의 교부로 주식을 양도받은 양수인은 주권을 회사에 제시하여 단독으로 명의개서를 청구할 수 있으므로 원칙적으로 유체동산인 주권 자체가 집행이 대상이므로 유체동산 집행의 방법으로(민집 189조 2항 3호) 현금화하게 된다. 그러나 주권이 발행되지 아니한 주식의 경우는 "그 밖의 재산권에 대한 강제집행" 방법에 따른 집행을 하여야 하며 회사성립 후 또는 신주납부기일 후 6개월이 경과하기 전과 그 후에 따라 주식 양도의 효력이 다르므로(상법 335조 3항 단서), 그 집행방법에도 차이가 있다.

(2) 주권발행 전의 주식에 대한 집행
(가) 6개월경과 전의 주식(주권 교부 청구권이 집행대상)

회사성립 후 또는 신주의 납입기일 후 6개월이 경과하기 전에는 주권발행 전의 주식의 양도는 회사에 대하여 효력이 없으므로(상법 335조 3항 본문) 주식 자체를 압류, 현금화하는 금전 집행은 불가능하고, 이 경우에는 채무자가 회사에 대하여 가지는 주권교부청구권을 집행의 대상으로 삼을 수밖에 없다.452)

주권교부청구권에 대한 강제집행은 유체동산 인도청구권에 대한 강제집행의 예에 따른다(민집 251조 1항, 242조, 243조). 즉, 채권자는 주권교부청구권에 대하여 집행법원의 압류명령을 받은 뒤, 장차 회사가 주권을 발행하면 그 압류명령에 덧붙이거나 따로 발령된 인도명령(민집 243조 1항)에 따라 주주인 채무자의 주권을 회사로부터 채권자가 위임하는 집행관이 인도받아 유체동산 현금화의 방법으로 현금화하여야 한다. 이 경우에 신청취지 및 압류할 목록은 아래와 같다.

|신청취지|

1. 채무자의 제3채무자에 대한 별지목록 기재 주권교부청구권을 압류한다.
2. 제3채무자는 채무자에 대하여 위 주권을 교부하여서는 아니 된다.
3. 채무자는 위 청구권의 추심 그 밖에 일체의 처분을 하여서는 아니 된다.
4. 제3채무자는 위 주권을 채권자가 위임하는 집행관에게 인도하여야 한다.
5. 채권자는 그가 위임하는 집행관으로 하여금 위 주권교부청구권을 추심하게 할 수 있다.

|압류할 주식의 목록|

금 5,000만 원
채무자가 제3채무자 회사의 주주로서 가지고 있는 제3채무자의 주권발행 전의 주식(보통주식 1주의 금액 금 10,000원) 중 청구금액에 이르기까지에 상당하는 주식

한편 회사가 주권의 발행을 하지 아니하면 채권자는 추심명령을 얻어 추심소송을 제기할 수 있으나, 주권을 발행하라는 취지의 확정판결이 있더라도 주권의 발행은 부대체적 작위채무로서 이는 직접강제 또는 대체집행을 할 수 없

---

452) 박영사, 2005, 정찬형, 상법강의 요론, 333~334면.
주권발행 전 주식양도의 제한은 상법상 제한이고 상법상의 그 취지는 주권발행 전에는 주권교부라는 적법한 주식양도방법이 없고, 주주명부의 명의개서(名義改書) 같은 적절한 공시방법도 없어 거래의 안전을 기할 수 없고 주권발행 사무의 혼잡을 방지하여 주권발행을 촉진시키려는 기술적인 이유라고 한다.

는 성질의 판결이 되므로 회사가 끝내 거부하면 민사집행법 261조에 의한 간접강제 손해배상금으로 채권의 만족을 얻을 수밖에 없다.

(나) 회사성립 후 또는 신주의 납부기일 후 6개월이 경과 후의 주식(주식 자체가 집행대상)

회사성립 후 또는 신주의 납부기일 후 6개월이 경과한 뒤에는 주권이 발행되지 아니한 주식도 양도할 수 있게 되므로 이 경우에는 주식 자체를 압류목적물로 하여 집행법원으로부터 압류명령을 받고 그에 대한 양도명령, 매각명령 등 특별현금화방법의 결정을 받아 현금화하면 된다.[453] 이 경우 신청취지는 주권발행 후의 주식과 마찬가지이며 그 주문례는 아래와 같다.

|신청취지|

1. 채권자가 제3채무자에 대하여 가지는 별지목록기재 주식을 압류한다.
2. 제3채무자는 위 주식에 대하여 채무자의 청구에 의하여 명의개서를 하거나 채무자에게 주권을 교부하여서는 아니 된다.
3. 채무자는 위 주식에 대하여 매매, 양도, 그 밖에 일체의 처분을 하여서는 아니 된다.

(3) 신주인수권에 대한 집행

신주인수권이란 회사가 신주를 발행할 경우 그 전부 또는 일부를 타인에 우선하여 인수할 수 있는 권리를 말한다. 신주인수권 중 구체적 신주인수권, 즉 실제 신주가 발행되어 그 신주를 청약하고 배정받을 수 있는 권리는 독립된 채권적 권리로서 이론상 양도가 가능하다. 그러나 정관의 규정으로 또는 이사회가 신주발행사항의 하나로서 주주가 가지는 신주인수권을 양도할 수 있는 것에 관한 사항을 정할 수 있으므로(상법 416조 5호), 주주가 가지는 신주인수권에 대하여 정관이나 이사회의 결의로 양도를 허용한 경우에 신주인수권은 집행의 대상이 된다.

신주인수권의 양도가 가능한 경우에는 회사는 신주인수권증서를 발행하여야 하고(상법 420조의2) 이 경우 신주인수권증서는 신주인수권을 표창하는 유가증권이므로 주권이 발행된 때도 있어서 주식에 대한 집행의 경우와 같이 원칙적

---

[453] 대결 2011. 5. 6. 2011그37

으로 유가증권 집행의 방법에 따라 집행이 된다. 신주인수권증서가 발행되지 아니한 경우에는 집행법원은 신주인수권증서 교부 청구권을 압류하고 집행관이 신주인수권증서를 받아 이를 현금화할 수 있는 등 주권발행 전 주식의 집행 예에 의하여 집행할 수 있다. 정관이나 이사회의 결의로 주주 신주인수권의 양도에 대하여 아무런 정함을 하지 아니하거나 그 양도를 금지한 때 주주의 신주인수권과 제3자의 신주인수권은 회사에 대하여는 양도성이 없어도 주주 또는 제3자의 재산권으로 책임재산을 구성하므로 그 밖의 재산권을 집행하는 방법으로 집행할 수 있다고 보아야 한다. 이 경우 현금화는 추심명령에 따라 채권자에게 채무자를 대신하여 주식인수절차를 완결할 수 있는 권한을 줌으로써 한다.

|양식| **주식매각명령결정문**

○ ○ 지 방 법 원
결 정

사 건 : 20○○타채○○○ 주식매각명령

채 권 자 :
채 무 자 :
제 3채무자 :

주 문

위 당사자 간 당원 20○○타채○○○ 주식압류명령 사건에 의하여 압류된 별지목록 기재의 주식을 추심에 갈음하여 매각할 것을 명한다.
채권자의 위임을 받은 집행관은 유체동산 경매에 관한 절차에 따라 이를 매각 하여야 한다.

이 유

신청인의 이 사건 신청은 이유 있다고 인정되므로 주문과 같이 결정한다.

20 . . .
판 사

> [별지]
>
> ### 압류 및 매각할 주식의 표시
>
> 채무자가 소유하는 제3채무자 회사(법인등록번호기재) 발행주식(기명식 보통주 액면금 5,000원) 50,000주

라. 예탁유가증권에 대한 집행

> **증권거래법**
>
> **제174조의 9(민사집행)**
> 예탁유가증권에 관한 강제집행·가압류 및 가처분의 집행 또는 경매에 관하여 필요한 사항은 대법원 규칙으로 정한다.

> **민사집행규칙**
>
> **제176조(예탁유가증권집행의 개시)**
> 「자본시장과 금융투자업에 관한 법률」 제309조 제2항의 규정에 따라 한국예탁결제원(다음부터 "예탁결제원"이라 한다)에 예탁된 유가증권(같은 법 제310조 제4항의 규정에 따라 예탁결제원에 예탁된 것으로 보는 경우를 포함한다. 다음부터 "예탁유가증권"이라 한다)에 대한 강제집행(다음부터 "예탁유가증권집행"이라 한다)은 예탁유가증권에 관한 공유지분(다음부터 "예탁유가증권지분"이라 한다)에 대한 법원의 압류명령에 따라 개시한다.

(1) 총 설

주식을 양도하거나 질권의 목적으로 하기 위해서는 종래 주권의 교부를 요구하는 것으로 되어 있었으나(상법 336조 1항, 338조 1항) 주식거래의 대량화에 따라서 주권의 보관과 교부의 사무량이 막대한 것이 되어 주권의 원활한 유통을 저해할 우려가 생겼다. 그래서 주식 등 증권대체결제제도가 도입되게 되었다.

증권대체결제제도는 주식 그 밖의 유가증권을 일정한 기관에 집중적으로 보관하여 매매거래나 담보거래가 이루어지는 경우에 주식 등의 이전을 증권의 현실인도로 하지 않고 장부상 계좌의 대체로 하는 제도로서 증권대체결제업무를 전담하는 기관으로는 한국예탁결제원이 있으며 증권대체결제의 대상이 되는 것을 지정한다.

한국예탁결제원에 관하여는 자본시장법 294조 이하에서 규율하고 있고, 민사집행규칙 2편 2장 7절 3관에서 예탁증권 등에 관한 강제집행에 관하여 필요한 사항을 정하고 있다(민집규 176조부터 182조). 이 제도에 관련된 관계자로서는 보관 대체업무를 행하는 한국예탁결제원, 예탁자로서 관여하는 증권회사, 은행 등, 고객으로서 이 제도를 이용하는 일반의 투자자의 3자가 있다.

증권의 대체결제는 증권의 소유자가 고객으로서 그 소유 증권을 증권회사 등(예탁자)에 예탁하고, 예탁자로부터 투자자 계좌부를 개설 받는다. 투자자계좌부에는 고객의 성명과 주소, 예탁증권 등의 종류 및 수와 그 발행인의 명칭 등이 기재된다(자본시장법 310조 1항). 예탁자는 고객으로부터 증권을 예탁받으면 이것을 한국예탁결제원에 예탁한다. 예탁자가 고객으로부터 예탁받은 증권에 자기소유 증권을 합하여 다시 한국예탁결제원에 예탁하는 때에는 고객의 동의를 받아야 한다.

한국예탁결제원에는 예탁자별로 예탁자계좌부가 작성·비치되어 있고, 이 계좌부에 그 예탁자로부터 한국예탁결제원에 예탁된 증권에 관하여 예탁자의 자기 소유분과 투자자 예탁분을 구분하여 예탁자의 명칭 및 수소, 예탁받은 유가증권의 종류 및 수와 그 발행인의 명칭 등이 기재된다(자본시장법 309조 3항). 위 장부에 기재된 자는 그 증권을 점유하는 것으로 본다.

증권소유자는 증권회사의 투자자계좌부에, 증권회사는 한국예탁결제원의 예탁자계좌부에 각기 자기 계좌를 개설하면 예탁된 증권의 이전이나 담보권의 설정은 증권의 교부 없이 양도인의 계좌에서 양수인의 계좌로 대상이 된 증권을 대체하는 장부상의 기재만으로 이루어진다. 위 장부에의 대체의 기재는 증권의 교부와 같은 효력이 있다. 투자자와 예탁자는 장부에 기재된 유가증권의 종류, 종목 및 수량에 따라 예탁증권 등에 관한 공유지분을 가지는 것으로 추정한다(자본시장법 312조 1항). 따라서 예탁증권등의 양도는 각 증권에 대한 권리가 아니라 공유지분을 양도하는 것이 된다.

(2) 예탁유가증권 강제집행의 절차

예탁유가증권에 대한 강제집행은 예탁유가증권에 관한 공유지분에 관한 압류명령에 따라 개시된다. 증권대체결제제도하에서 예탁자 또는 고객이 예탁유가증권에 대하여 가지는 권리에는 예탁유가증권에 관한 공유지분과 유가증권반환청구권이 있으므로 이를 강제집행하는 방법으로는 예탁유가증권의 공유지분을 대상으로 "그 밖의 재산권에 대한 강제집행"을 실시하는 방법과 유가증권반환청구권을 집행대상으로 하여 "동산인도청구권에 대한 강제집행"을 하는 방법이 있다.

그런데 위 두 가지 방법 모두 채무자의 예탁유가증권에 관한 권리라는 하나의 권리를 금전으로 현금화하는 절차이고 달성하려는 경제적 목적도 같지만, 위 두 가지 방법을 병존시키는 경우에는 양 절차의 경합 때문인 절차상의 혼란이나 권리조정의 문제가 생길 수 있어 이런 점을 고려하여 민사집행규칙 176조에 따라 예탁유가증권에 대한 강제집행은 예탁유가증권에 관한 공유지분을 집행대상으로 하여 "그 밖의 재산권에 관한 강제집행" 절차에 따르는 방법으로 하도록 하였고, 채권집행 등에 관한 규정 대부분이 준용되고 있다(민집규 182조).

(3) 예탁유가증권 강제집행의 대상

증권대체결제제도하에서 대체결제에 의한 권리의 이전대상이 되는 것은 예탁원에 예탁되어있는 예탁유가증권의 공유지분이므로, 강제집행 때문인 압류의 대상도 유가증권에 표창(標唱)되어 있는 권리(예를 들어, 주식) 또는 권리의 공유지분이 아니라 예탁되어 예탁원에 혼장상태(混藏狀態)로 보관된 유가증권의 공유지분이다. 증권거래법 174조의2 4항의 규정에 따르면 고객이 유가증권을 예탁자에게 예탁한 경우에는 예탁자가 이를 미처 예탁원에 예탁하지 못하고 스스로 점유하고 있더라도 그 예탁자가 관리하고 있는 고객계좌부에 기재된 때에는 그 유가증권이 예탁원에 예탁된 것으로 보고 있으므로 이 경우도 예탁유가증권집행의 대상이 된다.

(4) 예탁유가증권 강제집행에 있어서의 채무자

(가) 예탁자(증권회사 등) 또는 고객

예탁유가증권집행은 증권거래법에 따른 대체결제제도에서 고객계좌부 또는 예탁계좌부의 기재에 따라 유가증권의 점유자로 간주되는 사람(증권거래법 174조)을 집행채무자로 하는 절차이다. 그러므로 계좌부의 명의인이 아닌 사람을 채무자로 하는 강제집행은 민사집행규칙 176조 이하에서 규정하는 예탁유가증권 집행절차에 따라 처리되지 아니한다.

(나) 계좌부상의 명의자

예탁원에 예탁된 유가증권에 관하여 누가 예탁자 또는 고객으로서 증권거래법상의 권리를 가지는가는 예탁자계좌부 또는 고객계좌부상의 명의에 따라 결정된다.

(다) 신탁재산으로 표시된 예탁유가증권

증권거래법 174조 3항에서의 예탁유가증권의 신탁은 예탁자계좌부 또는 고객계좌부에 신탁재산인 뜻을 기재함으로써 제3자에게 대항할 수 있다고 규정되어 있다. 이 경우 계좌부에 신탁재산이라고 기재된 예탁유가증권에 관하여 그 예탁자 또는 고객을 상대로 강제집행이 가능한 것인지에 관해서는 견해가 갈리고 있다.

이에 관해 긍정설의 논거는 즉 계좌부에 신탁재산이라고 기재된 경우에도 계좌부의 기재에 따라 유가증권을 점유하고 있는 것으로 간주되는 사람은 수탁자인 예탁자 또는 고객이고 위의 예탁자 또는 고객은 그 예탁유가증권에 관하여 계좌내체청구를 비롯한 처분행위를 할 수 있으며 신탁재산이라는 뜻 계좌부의 기재는 예탁자 또는 고객으로부터의 청구로 별도의 증명이 없이 기재됨에 비추어 볼 때, 신탁재산이라는 뜻의 계좌부상 기재가 있는 예탁유가증권이더라도 수탁자인 예탁자 또는 고객을 채무자로 하여 그 공유지분의 압류를 할 수 있다는 것이다.

그러나 신탁법 21조 1항에 의하면, 신탁재산에 대하여는 신탁 전의 원인으로 발생한 권리 또는 신탁사무의 처리상 발생한 권리를 근거로 한 경우가 아닌 한 강제집행을 할 수 없다고 규정하고 있고, 같은 법 21조 2항에 의하면 이에 반하여 집행한 강제집행에 대하여 위탁자, 그 상속인, 수익자와 수탁자는 제3자이의의 소로서 이의신청을 할 수 있다고 규정한바, 위 조항의 문언상 수탁자 개인을 채무자로 하여 신탁재산의 표시가 있는 예탁유가증권지분에 관하여 강제집행을 할 수 있는 경우는 그 공유지분에 관한 신탁재산의 표시가 거짓인 경우와 같은 예외적인 경우에 국한하고, 보통의 경우에는 강제집행을 할 수 없다고 할 것이다.

민사집행규칙 178조 5호에서 예탁원 또는 예탁자가 제3채무자로 진술하여야 할 사항으로서, 그 공유지분에 관하여 신탁재산인 사실의 기재가 있는지를 진술 최고 하도록 한 것도 같은 취지에서 비롯된 것으로 이해할 수 있다.

(라) 질권이 설정된 예탁유가증권

예탁유가증권에 관하여 질권이 설정된 경우에 질권의 목적이 되어 질권 계좌로 대체된 예탁유가증권의 공유지분에 대하여 강제집행에 의한 압류가 가능할 것인지 문제가 있다. 이 경우에는 질권계좌부의 기재에 의하여 유가증권의 점유자로 간주되고, 또 계좌 대체청구, 유가증권의 반환 청구를 할 수 있는 사람은 질권자이지만 증권거래법상 질권자는 어디까지나 질권만을 가지는 존재일 뿐이고, 공유지분을 가지는 것으로 추정되는 사람은 질권설정자이며, 또 피담보채권의 변제 등에 의하여 질권이 소멸된 때에 예탁유가증권이 복귀될 계좌로서 질권설정자의 계좌가 존재하게 된다. 증권거래법상 질권계좌로의 대체가 질권자에 대한 질권의 교부로 간주되고(증권거래법 174조의3 2항) 대체된 유가증권에 관하여는 질권자가 점유하고 있는 것으로 간주되는 것(증권거래법 174조 1항)은 상법상의 규정(상법 338조)에 맞추어 계좌부상 기재의 변경으로 주식에 관한 질권 설정의 효력을 생기게 하기 위하여 이와 같은 구성을 취하는 것이고 대체결제제도로 예탁된 이상 질권과 특정주권과의 결합은 상실되며, 질권설정에 있어서 계좌 대체의 대상이 되고 질권의 목적이 되는 것은 동산으로서의 유가증권이 아니라 예탁유가증권의 공유지분이라고 할 것이다.

(5) 압류 명령
(가) 압류명령 신청서의 기재사항

압류명령의 신청서에는 압류명령의 대상이 되는 강제집행의 목적물을 특정하여 표시하여야 한다(민집규 182조 1항).454) 신청서에는 채무자의 이름과 주소, 보관기관 또는 예탁자의 명칭과 소재지(예탁자가 채무자인 때에는 한국예탁결제원이, 투자자가 채무자인 때에는 예탁자가 제3채무자 내지 그에 따르는 자로서 취급된다), 당해 예탁증권 등의 종류와 내용(주식 수 등), 발행회사의 상호 등을 적어야 한다.

채권집행절차에서의 신청서 기재사항(민집 225조) 외에 그 계좌를 관리하는 예탁원 또는 예탁자의 성명과 소재지, 그 지점과 소재지, 유가증권발행회사의

---

454) 그런데 현행 증권거래법상의 대체결제제도하에서는 강제집행을 신청하려고 하는 채권자가 계좌부를 열람하거나 그 사본의 교부를 청구하는 방법이 없으므로 압류명령을 신청하기 위하여 압류할 공유지분에 관한 상세한 사항을 특정하기에는 현실적으로 어려움이 있어 채권자로서는 재산조회제도(민집 74조에서 77조)를 활용하면 어느 정도 해결될 것으로 본다.

이름, 유가증권의 종류·종목, 유가증권의 수량(주식의 경우) 또는 금액(채권인 경우) 등의 사항을 적어야 한다.

(나) 일부 압류

예탁유가증권의 공유지분도 그 일부만을 압류할 수 있다. 일부 압류를 할 경우에는 압류명령에서 압류할 범위를 명백히 밝혀야 한다. 압류할 범위를 명백히 밝히기 위해서는 보통의 경우 주식 수 등 그 유가증권의 수량적 내용을 특정하면 될 것이다.

(다) 초과압류의 금지

채권집행과 마찬가지로 예탁유가증권 집행에서도 압류된 공유지분의 가액이 압류채권자의 채권과 집행비용의 액을 넘는 때에는 집행법원은 다른 공유지분을 압류할 수 없다(민집규 182조 1항, 민집 227조 4항). 다만 채권자는 압류명령 신청 시에는 사전에 채무자의 계좌부를 열람할 수 없으므로 채무자의 계좌부에 기재되어 있는 주식 수를 미리 알 수 없고, 따라서 압류명령에서 목적물의 표시로서 두 종류 이상의 예탁유가증권의 공유지분을 기재한 경우에는 채무자의 계좌부에 기재되어 있는 각 종류의 예탁유가증권의 수량 여하에 따라서는 초과압류금지에 저촉되는 경우도 생길 수 있다. 압류명령 신청의 취지와 기재례는 아래와 같다.

|신청취지|

1. 채무자의 제3채무자에 대한 별지기재 예탁유가증권의 공유지분을 압류한다.
2. 채무자는 별지기재 예탁유가증권의 공유지분에 대하여 계좌대체청구나 증권반환청구 기타 일체의 처분행위를 하여서는 아니 된다.
3. 제3채무자는 별지기재 예탁유가증권의 공유지분에 대하여 계좌대체를 하거나 채무자에게 증권을 반환하여서는 아니 된다.

|압류할 예탁유가증권의 표시(목록)|

청구채권의 합계 : 금 50,891,708원정
청구금액 : 금 50,000,000원
이   자 : 금   891,708원

위 청구금액 및 이에 대하여 2015. 10. 21.부터 2016. 3. 28.까지 연 15%의 비율

압류할 목적물 및 한도

채무자가 위 제3 채무자에 대한 투자자로서 가지는 다음 주식, 기타 유가증권을 대상으로 하는 예탁주권 및 증권에 대한 공유지분 중 아래 순서에 따라 위 각 청구금액에 이를 때까지의 금액.

다만 1주의 가격은 압류명령 송달일 전날(그날이 휴일인 경우에는 그 이전 가장 가까운 거래일)의 증권거래소(또는 코스닥 시장, 증권업협회중개시장)의 종가에 의하여 환산하며 기타 증권의 가격은 유가증권에 표시된 액면가격으로 한다.

2. 압류의 순서

가. 선행하는 압류, 가압류, 가처분의 집행이 없는 주식으로 본압류명령 송달일 직전 거래일의 종가가 높은 종목 순.

나. 선행하는 압류, 가압류, 가처분의 집행이 없는 유가증권으로 국채, 공사채, 회사채, CD(양도성예금증서), 수익증권(증권거래법상의 유가증권).

다. 선행하는 압류, 가압류, 가처분의 집행이 있는 주식으로 본 압류명령 송달일 직전 거래일의 종가가 높은 종목 순.

라. 선행하는 압류, 가압류, 가처분의 집행이 있는 유가증권으로 국채, 공사채, 회사채, CD(양도성예금증서), 수익증권(증권거래법상의 유가증권)

3. 압류된 예탁유가증권의 주식에 관하여 압류 후에 주식의 병합, 또는 분할, 회사의 합병, 무상증자(주식배당), 유상증자 등이 이루어져 새로이 주식이 발행된 때에는 그 새로이 발행된 주식.

위 압류명령의 내용에 따라 대체결제제도에 편입된 주권의 공유지분에 대하여 압류가 이루어진 경우에도 채무자인 실질주주가 위 주식에 관하여 의결권을 비롯한 이른바 공익권(共益權)[455]을 행사하는 것을 방해받지 아니한다. 이것은 동산으로서 주권이 압류된 경우에도 채무자가 주주로서 위 권리를 행사할 수 있는 것과 마찬가지이다.

더 나아가 채무자인 예탁자 또는 고객이 자익권(自益權)의 일종인 주식전환청구권을 행사할 수 있는가 하는 문제가 있는데 예탁주권의 주식에 관하여 채무자가 전환권 행사를 신청하고 그 신청에 따라 예탁원이 전환청구를 하는 것

---

[455] 사원권의 일종으로서 법인 자체 또는 사원 공동의 목적을 위하여 존재하는 권리를 말한다.

은(증권거래법 174조의6) 강제집행의 목적인 재산권의 내용 자체를 변경하는 절차이므로 압류명령에 따라 이들 행위는 금지된다고 할 것이다.

마찬가지로 압류된 예탁유가증권의 전환사채, 신주인수권증서, 신주인수권부사채, 신주인수권증권 등인 경우에도 그 전환권이나 신주인수권의 행사는 강제집행의 목적인 재산권의 내용에 실질적인 변동을 가져오므로 금지된다고 본다. 이외에 대체결제 제도상의 특유한 제도인 예탁원 명의로의 명의개서, 예탁원에 의한 주권에 관한 권리행사 등은 압류의 취지에 반하지 아니하므로 허용이 된다.

(6) 예탁원 또는 예탁자의 진술의무

> **민사집행규칙**
>
> 제178조(예탁원 또는 예탁자의 진술의무)
> 압류채권자는 예탁결제원 또는 예탁자로 하여금 압류명령의 송달을 받은 날부터 1주 안에 서면으로 다음 각 호의 사항을 진술하게 할 것을 법원에 신청할 수 있다.
> 1. 압류명령에 표시된 계좌가 있는지
> 2. 제1호의 계좌에 압류명령에 목적물로 표시된 예탁유가증권지분이 있는지 및 있다면 그 수량
> 3. 위 예탁유가증권지분에 관하여 압류채권자에 우선하는 권리를 가지는 사람이 있는 때에는 그 사람의 표시 및 그 권리의 종류와 우선하는 범위
> 4. 위 예탁유가증권지분에 관하여 다른 채권자로부터 압류·가압류 또는 가처분의 집행이 되어 있는지 및 있다면 그 명령에 관한 사건의 표시·채권자의 표시·송달일과 그 집행의 범위
> 5. 위 예탁유가증권지분에 관하여 신탁재산인 뜻의 기재가 있는 때에는 그 사실

압류채권자는 채무자가 예탁자인 경우에는 예탁원, 채무자가 고객인 경우에는 예탁자로 하여금 압류명령의 송달을 받은 날로부터 7일 이내에 위 민사집행규칙에 규정된 사항을 진술하게 할 것을 집행법원에 신청할 수 있으며 신청 시기는 압류명령의 신청과 동시이거나, 적어도 압류명령의 송달 전이어야 하며 압류명령의 송달 이후의 진술 최고 신청은 부적법하다. 진술할 사항으로는 위 민사집행규칙 178조 1항에서 5항이다.

(7) 현금화

> **민사집행규칙**
>
> **제179조(예탁유가증권지분의 현금화)**
> ① 법원은 압류채권자의 신청에 따라 압류된 예탁유가증권지분에 관하여 법원이 정한 값으로 지급함에 갈음하여 압류채권자에게 양도하는 명령(다음부터 "예탁유가증권지분양도명령"이라 한다) 또는 추심에 갈음하여 법원이 정한 방법으로 매각하도록 집행관에게 명하는 명령(다음부터 "예탁유가증권지분매각명령"이라 한다)을 하거나 그 밖에 적당한 방법으로 현금화하도록 명할 수 있다.
> ② 제1항의 신청에 관한 재판에 대하여는 즉시항고를 할 수 있다.
> ③ 제1항의 규정에 따른 재판은 확정되어야 효력이 있다.

예탁유가증권등에 대한 집행에서 현금화 방법으로는 법원은 압류채권자의 신청에 따라서 '채권집행에서의 양도명령(민집 241조 1항 1호)과 유사한 예탁유가증권지분양도명령, '집행관에게 명하는 매각명령'(민집 241조 1항 2호, 251조 1항)과 유사한 예탁증권지분 매각명령, 그 밖에 상당한 방법에 따른 현금화 명령의 3가지 방법에 의한다(민집규 179조). 이는 채권집행에서 민사집행법 241조에 대응하는 규정이다. 위 현금화 방법 가운데 어느 방법을 선택할 것인지는 압류채권자의 신청에 따라 집행법원이 결정하게 된다.

(가) 예탁유가증권지분 양도명령

> **민사집행규칙**
>
> **제180조(예탁유가증권지분양도명령)**
> ① 예탁유가증권지분양도명령의 신청서에는 채무자의 계좌를 관리하는 예탁결제원 또는 예탁자에 개설된 압류채권자의 계좌번호를 적어야 한다.
> ② 예탁유가증권지분양도명령이 확정된 때에는 법원사무관등은 제1항의 예탁결제원 또는 예탁자에 대하여 양도명령의 대상인 예탁유가증권지분에 관하여 압류채권자의 계좌로 계좌대체의 청구를 하여야 한다.
> ③ 제2항의 규정에 따른 계좌대체청구를 받은 예탁결제원 또는 예탁자는 그 취지에 따라 계좌대체를 하여야 한다. 다만, 제182조 제2항에서 준용하는 법 제229조 제5항의 규정에 따라 예탁유가증권지분양도명령의 효력이 발생하지 아니한 사실을 안 때에는 그러하지 아니하다.

위 규정은 채권집행에서의 양도명령(민집 241조 1항)에 대응하는 조항으로 예탁유가증권 지분양도명령이 확정되면 압류채권자의 청구채권과 집행비용은 위 명령의 대상인 공유지분이 존재하는 한 집행법원이 정한 양도가액으로 변제된 것으로 보게 된다.

예탁유가증권등 지분 양도명령의 신청서에는 채무자의 계좌를 관리하는 예탁결제원 또는 예탁자에 개설된 압류채권자의 계좌번호를 적어야 한다. 양도명령이 확정된 때에는 법원사무관 등은 예탁결제원 또는 예탁자에 대하여 양도명령의 대상인 예탁증권등 지분에 관하여 압류채권자의 계좌로 계좌의 대체청구를 하여야 하고, 계좌 대체청구를 받은 예탁결제원 또는 예탁자는 민사집행법 229조 5항의 규정에 따라 예탁증권등 지분 양도명령의 효력이 발생하지 아니한 사실을 안 때가 아닌 이상 그 취지에 따라 계좌 대체를 하여야 한다. 예탁유가증권의 공유지분에 관하여는 계좌 대체가 됨으로써 비로소 공유지분의 이전이 완료되므로 집행기관으로서 권리이전에 필요한 행위를 하여야 한다.

(나) 예탁유가증권 지분 매각명령

민사집행규칙

제181조(예탁유가증권지분매각명령)
① 법원이 집행관에 대하여 예탁유가증권지분매각명령을 하는 경우에 채무자가 고객인 때에는 채무자의 계좌를 관리하는 투자매매업자나 투자중개업자(다음부터 "투자매매업자 등"이라 한다)에게, 채무자가 예탁자인 때에는 그 채무자를 제외한 다른 투자매매업자 등에게 매각일의 시장가격이나 그 밖의 적정한 가액으로 매각을 위탁할 것을 명하여야 한다.
② 채무자가 예탁자인 경우에 집행관은 제1항의 예탁유가증권지분매각명령을 받은 때에는 투자매매업자 등(채무자가 투자매매업자 등인 경우에는 그 채무자를 제외한 다른 투자매매업자 등)에 그 명의의 계좌를 개설하고, 예탁결제원에 대하여 압류된 예탁유가증권지분에 관하여 그 계좌로 계좌대체의 청구를 하여야 한다.
③ 제2항의 규정에 따라 집행관으로부터 계좌대체청구를 받은 예탁결제원은 그 청구에 따라 집행관에게 계좌대체를 하여야 한다.
④ 제1항의 규정에 따른 매각위탁을 받은 투자매매업자 등을 위탁의 취지에 따라 그 예탁유가증권지분을 매각한 뒤, 매각한 예탁유가증권지분에 관하여는 매수인의 계좌로 계좌대체 또는 계좌대체의 청구를 하고 매각대금에서 조세, 그 밖의 공과금과 위탁수수료를 뺀 나머지를 집행관에게 교부하여야 한다.

> ⑤ 집행관이 제1항의 규정에 따른 매각위탁과 제2항의 규정에 따른 계좌대체청구를 하는 경우에는 예탁유가증권지분매각명령등본과 그 확정증명을, 제2항의 규정에 따른 계좌대체청구를 하는 경우에는 그 명의의 계좌가 개설되어 있음을 증명하는 서면을 각기 붙여야 한다.

① 개설

민사집행규칙 181조는 집행관에 대한 예탁유가증권지분매각명령에 따라 집행관이 압류된 예탁유가증권의 공유지분을 매각하는 절차로, 집행법원이 집행관에 대하여 발령하는 예탁유가증권지분매각명령은 집행법원의 보조기관인 집행관에 대하여 명하는 직무명령에 해당하는 것으로 예탁유가증권지분의 현금화방법으로 매각명령을 규정하면서, 집행대상인 예탁유가증권지분의 특성을 고려하여 경매·입찰 등의 직접매각방식을 채택하지 아니하고 증권회사에 대한 매각위탁의 간접방식을 취하고 있다.

그 신청방법으로 압류채권자는 신청과 동시에 집행관에 대한 예탁유가증권지분매각명령의 신청을 할 수도 있지만, 실무상으로는 예탁원 또는 예탁자로부터 진술을 받은 후에 압류명령과 별도로 신청하는 경우가 보통일 것이며 예탁원 또는 예탁자로부터의 진술로 선행처분의 여부 및 압류의 대상인 예탁유가증권의 존부, 종류, 내용 등이 분명해진 경우에 예탁유가증권지분매각명령을 발령한다.

집행의 대상인 예탁유가증권지분은 시가가 형성되어 있으므로 특별한 사정이 없으면 매각일의 시가로 매각하도록 하는 것이 상당할 것인데, 다만 민사집행규칙 181조 1항에서 "그 밖의 적정한 가격"이라고 규정한 것은 "1주 OO 원 이상의 가액으로"라든가 "1주 OO 원부터 OO 원 사이의 가액" 등의 방식으로 매각하는 것도 허용하는 취지이다.

② 집행관에 의한 매각위탁

집행관에 대한 예탁유가증권지분매각명령이 확정된 때에는 집행법원의 법원사무관 등은 이를 집행관에게 고지한다. 예탁유가증권지분매각명령을 받은 집행관은 채무자가 고객인 경우에는 채무자의 계좌에 집행대상인 예탁유가증권지분을 그대로 놓아둔 채 채무자의 계좌를 관리하는 증권회사에게 매각을 위탁하게 된다.

채무자가 고객인 경우 집행법원이 집행관에게 명하는 매각명령의 결정 신청취지는 아래와 같다.

| 신청취지 |

1. 위 당사자 간 ○○지방법원 20○○ 타채 ○○○ 예탁유가증권 압류명령에 의하여 압류된 별지 기재의 예탁유가증권지분을 매각할 것을 명한다.
2. 집행관은 채무자의 계좌를 관리하는 증권회사에 대하여 매각일의 시가나 그 밖의 적정한 가액으로 위 예탁유가증권을 매각할 것을 위탁하여야 한다.

반면 채무자가 증권회사를 포함하여 예탁자인 경우에는 집행관이 다른 증권회사에 매각을 위탁하기 위해서는 먼저 집행대상인 예탁유가증권지분을 예탁원의 그 예탁자 계좌로부터 위탁상대방인 증권회사에 개설된 제3의 계좌로 계좌 대체를 하여야 한다.

따라서 민사집행규칙 181조 2항은 채무자가 예탁자인 경우에 집행관이 집행법원으로부터 예탁유가증권지분매각명령을 받은 때에는 증권회사(채무자가 증권회사인 경우에는 그 채무자를 제외한 다른 증권회사)에 집행관 명의의 계좌를 개설하고, 채무자의 계좌를 관리하는 예탁원에 대하여 압류된 예탁유가증권지분에 관하여 집행관 계좌로 계좌 대체의 청구를 하도록 하고 있다. 이 경우 계좌 명의는 "○○지방법원 집행관○○○"으로 하면 될 것이다.

이것은 현금화 절차에서 다음 단계인 증권회사에 대한 매각위탁을 위한 준비단계이다. 매각위탁 명령을 받은 집행관은 동산집행 중 시가 있는 유가증권의 현금화 절차(민집 210조)에 준하여 처리하면 될 것이고 매각위탁의 상대방인 증권회사의 선정에 특별한 제한이 있는 것은 아니다. 증권회사에 매각위탁 시에는 그 예탁 유가증권지분매각명령등본과 확정증명을 붙여야 한다. 이것은 매각위탁의 근거를 위탁 상대방인 증권회사에 명백히 밝히기 위한 것이다. 채무자가 예탁자(증권회사)인 경우 신청취지는 아래와 같다.

| 신청취지 |

1. 위 당사자 간 ○○지방법원 20○○타 채○○○ 예탁유가증권 압류명령에 따라 압류된 별지 기재의 예탁유가증권지분을 매각할 것을 명한다.
2. 집행관은 채무자를 제외한 다른 증권회사에 대하여 매각일의 시가나 그 밖의 적정한 가액으로 위 예탁유가증권을 매각할 것을 위탁하여야 한다.

③ 수탁증권회사의 매각절차

집행관으로부터 예탁유가증권지분 매각명령에 근거하여 매각위탁을 받은 증권회사는 위탁의 취지에 따라 그 예탁유가증권지분을 매각하여야 하는바 증권시장에서의 일반적인 증권매매의 방법으로 그 예탁유가증권지분을 매각하면 된다. 그리고 위탁 시 매각시기, 매각가액등에 관하여 특별한 정함이 없는 경우라면 위탁을 받은 직후의 시세에 따라서 매각하면 될 것이다. 수탁증권회사가 그 예탁유가증권지분을 매각한 후에는 매수인의 계좌로 계좌대체 또는 계좌대체 청구를 하여야 한다. 수탁증권회사가 매각절차를 마친 때에는 매각대금에서 조세, 그 밖의 공과금과 위탁수수료를 뺀 나머지를 계산서와 함께 집행관에게 교부하여야 한다.

④ 집행관의 매각대금 및 관계 서류 제출

집행관은 매각절차를 종료한 때에는 즉시 매각대금과 매각관계서류를 집행법원에 제출하여야 한다(민집규 182조 2항, 165조 4항). 위 관계 서류에는 예탁유가증권지분매각명령과 압류명령 사건의 표시 외에 매각을 위탁한 증권회사, 매각의 일시, 매각한 유가증권의 내용, 매각가액, 현금화에 든 비용(위탁수수료 등) 등의 금액을 적어야 한다. 배당요구권자는 매각대금이 집행법원에 제출될 때까지 배당요구를 할 수 있다(민집규 182조 1항).

(8) 보호예수(保護預受: 증권회사 등이 투자자의 유가증권 등의 안전한 보관과 매도의 편리를 위해 이를 보관 하는 것) 된 유가증권에 대한 집행

한국예탁결제원에 임치(任置)된 주권으로서 예탁된 것이 아니고 보호예수된 주권은 투자자가 자기 소유의 유가증권을 유통하지 않고 안전하게 별도로 분리하여 보관하기 위하여 한국예탁결제원에 보관을 시키는 것을 말한다. 즉, 보호예수제도는 보호예수의뢰인이 한국예탁결제원을 사금고처럼 사용하기 위한 것이고, 예탁자가 반환 청구할 때 같은 종류, 같은 수량의 유가증권으로 반환하는 것이 아니라 보호예수된 것과 같은 유가증권으로 반환하는 것일 뿐이고, 보호예수한 자만이 보호예수증서와 상환으로 반환을 청구하여 스스로 권리행사를 하여야 하므로, 보호예수는 개별 임치계약으로 보아야 한다.

따라서 보호예수 된 주권은 일반 예탁증권 등에 대한 집행방법에 따를 것이 아니라, 유체물인도청구권에 대한 집행방법인 민사집행법 242조, 243조에 따라야 하고, 이 경우 보호예수증서는 같은 법 234조에 의하여 채무자로부터 수취하여야 한다.

따라서 채무자 소유의 주권이 발행회사를 통하여 보호예수된 경우 발행회사를 제3채무자로 하여(한국예탁결제원이 제3채무자가 되는 것이 아님을 주의) 채무자의 발행회사에 대한 주권교부청구권 또는 주권반환청구권을 압류하되 압류되는 주식의 표시를 보호예수된 주권이라고 적어서 특정하거나, 또는 채무자의 발행회사에 대한 '보호예수주권 반환청구권' 자체를 압류하고(다만 이는 압류명령에 있어서의 표현의 차이일 뿐 어느 방법에 따르나 이어지는 집행절차는 같다) 민사집행법 243조에 의하여 집행관이 주권을 인도받은 후 유체동산으로 집행하거나 위 반환청구권 자체를 특별현금화하면 된다. 채무자가 유가증권의 소유자 겸 발행회사로서 보호예수한 경우에는 한국예탁결제원을 제3채무자로 하여 채무자의 별도보관 유가증권반환청구권을 압류·현금화할 수 있다. 신청취지 주문례와 압류할 목록은 아래와 같다.

| 신청취지 |

채무자의 제3채무자에 대한 별지 기재 주권에 대한 주권반환청구권을 압류한다. 제3채무자는 채무자에게 위 주권을 교부 하거나 채무자의 지시에 따라 이를 채무자 이외의 자에게 교부 해서는 아니 된다.
채무자는 위 주권교부청구권의 처분과 영수를 하여서는 아니 된다.
제3채무자는 위 주권이 별도보관에서 해제되는 경우 추심에 갈음하여 채권자가 위임하는 집행관에게 인도하여야 한다.

| 압류할 보호예수유가증권의 목록 |

금 550,000,000원
압류 및 인도받을 목적물
채무자 주식회사 청산이 제3채무자 주식회사 부자에 대하여 가지는 다음 주식을 대상으로 하는 보호예수주권에 관한 반환청구채권
주식회사 청산 보통주식 500,000주

마. 출자증권에 대한 집행
(1) 개 요

건설산업기본법상의 건설공제조합, 전기공사공제조합법상의 전기공사공제

조합의 조합원에게 발행된 출자증권은 위 각 조합의 출자지분을 표창하는 유가증권이다. 따라서 이들 조합의 조합원 출자지분은 출자증권을 압류하는 방법으로 하고, 그로부터 파생되는 채권, 예를 들어 출자한 금원의 반환청구권만을 압류할 수는 없다.

(2) 압 류

출자증권의 압류에 관하여 건설산업기본법 59조 4항, 전기공사공제조합법 11조 4항은 출자증권의 압류는 민사집행법 233조에 의한 배서금지 지시채권의 압류방법에 따라 압류한다고 규정하고 있으므로, 출자증권에 대한 압류는 집행관이 위 출자증권을 점유함으로써 효력이 생긴다.[456] 출자증권은 조합원인 채무자가 직접 점유하고 있는 경우는 거의 없고, 대부분 조합에 질권이 설정되어 조합이 점유하고 있기 때문에 조합을 제3채무자로 하여 압류명령을 발령한다. 그 신청취지는 아래와 같다.

|신청취지|

1. 채무자가 제3채무자에 대하여 가지는 별지 기재 출자증권을 근거로 한 조합원지분을 압류한다.
2. 제3 채무자는 채무자에게 위 지분에 관하여 이익금의 배당, 출자금의 반환, 잔여재산의 분배를 하여서는 아니 된다.
3. 채권자의 위임을 받은 집행관은 채무자로부터 위 출자증권을 빼앗아 보관하여야 한다.

|압류할 출자증권 별지목록|

압류할 출자증권의 표시
청구채권 금 500,815,369원
채무자가 제3 채무자에 대하여 가지는 아래 기재의 출자증권
  1. 출좌 1좌(액면가)의 금액 : 500,000원
  1. 출자좌수   : 1,000구좌
  1. 출자자   : 주식회사 황 부자(법인등록번호 13355-5252)
채무자가 제3 채무자에 대하여 가지는 건설산업기본법에 따라 건설업자 상호 간 협동조

---

456) 대판 1987. 1. 20. 86다카1456

직을 통하여 자율적인 경제활동을 도모하고, 건설업의 영위에 필요한 각종 보증과 자금 융자 등을 하기 위하여 설립한 제3채무자의 조합원으로 가입하고, 채무자가 동 조합원의 가입조건 등으로 제3채무자에게 출좌좌수에 해당하는 출좌구좌금을 납부한 후 채무자가 가지는 상기 청구채권에 대한 출자증권

(3) 현금화 절차
(가) 제3채무자에 대한 사실조회

현금화 명령신청이 있는 경우에는 제3채무자에게, 채무자가 조합원인지 아닌지, 조합원이라면 출자증권 계좌수, 출자증권번호, 1계좌당 금액은 얼마인지, 채무자의 위 출자증권에 다른 제3자로부터 가압류, 압류, 체납처분에 의한 압류 등이 있는지, 있다면 그 권리자 및 청구금액, 질권의 설정 여부 등에 대하여 사실조회를 하여야 한다. 압류명령신청과 동시에 현금화 명령신청이 있는 경우에는 압류명령을 발하면서 채권자에 의한 진술 최고신청이 없더라도 위와 같은 조회를 할 수 있다.

(나) 출자증권 인도거부와 무잉여의 경우 압류명령 취소, 신청기각

출자증권은 각 조합으로부터의 차입금을 담보하기 위하여 조합에 질권으로 제공되어 있고, 질권의 피담보채권액도 출자증권의 출자가액을 초과하는 경우가 많다. 따라서 출자증권은 제3채무자인 조합이 집행관에게 인도하지도 않으므로 현금화 단계까지 나아가지 못하는 경우가 많고, 인도하더라도 질권자로서 배당요구를 하는 경우에는 질권자에게 우선 배당하면 집행채권자에게 지급될 잔액이 없어 무잉여가 되는 경우가 많다.

따라서 집행관이 출자증권을 빼앗지 못하는 경우에는 현금화 명령신청을 기각하고, 빼앗더라도 질권자로서 배당요구가 있는 경우에는 무잉여 여부를 조사하여, 무잉여인 때에는 민사집행법 188조 3항에 의하여 압류명령을 취소하고, 압류명령신청 및 현금화 명령신청을 모두 기각하여야 한다.

(다) 현금화 절차

출자증권에 대한 현금화는 민사집행법 241조의 특별현금화절차에 의한다. 단, 건설산업기본법 59조 1항, 전기공사공제조합법 11조 1항에 의하면 조합원의 지분은 다른 조합원이나 조합원이 되려고 하는 자에게만 양도할 수 있고,

한편 조합원이 되려고 하는 자는 위 각 법에 따른 사업면허를 받은 자이어야 하므로, 현금화 때문에 출자증권을 취득하는 자는 이러한 요건을 갖춘 자이어야 한다. 압류된 채권을 매각한 집행관은 채무자를 대신하여 제3채무자에게 서면으로 양도의 통지를 하여야 한다(민집 241조). 양도 통지의 양식은 아래와 같다.

양 도 통 지 서

수신 : ○○공제조합

제목 : 출자증권 매각명령에 따른 매각결과 통지

서울중앙지방법원 20○○ 타채 ○○○호 출자증권 특별현금화명령(매각명령)을 근거로 한 채권자의 위임으로 20 . . . 매각한바 첨부 목록과 같이 출자증권이 매각되었으므로 민사집행법 제241조 제5항에 의하여 양도되었음을 통지합니다.

첨부 : 매각조서 등본 1통

20 . . .

서 울 ○ ○ 지 방 법 원

집행관 ○ ○ ○

---

(4) 배 당

위 매각명령에 따라 집행관은 동산매각절차에 따라 매각을 종료한 후 매각조서와 관련 자료를 집행법원에 제출하고 매각대금은 공탁하고 사유신고를 하고 이를 접수한 집행법원은 배당절차를 거쳐 사건을 종료하게 된다.

바. 합명회사 등 사원(社員)의 지분(持分)에 대한 집행

(1) 개 설

사원의 지분은 사원의 신분상의 권리를 동반하는 동시에 사원이 그 법인에 대하여 출자를 이행하고 이익, 배당을 청구하며 잔여재산의 분배를 청구하는 등 재산상의 권리·의무의 주체의 지위를 가지는 것이어서 재산상의 가치를 가지고, 이를 현금화하는 것이 가능하므로 강제집행의 대상이 된다.

합명·합자회사의 사원의 지분에 대하여 상법은 압류의 절차 및 효력을 규정하고 있고(상법 223조, 269조), 유한회사 사원의 지분권을 압류한 채권자는 양도명령, 매각명령 등에 의하여 지분의 현금화를 구할 수 있다(대결 2004. 7. 5. 2004마463, 유한회사사원 지분의 양도에 관하여는 종래 일정한 제한이 있었으나, 2011. 4. 14. 법률 제10600호로 상법이 개정되어 이러한 제한규정이 철폐되었다).

(2) 압류

사원의 지분권에 대한 압류절차는 민사집행법 251조 1항에 따라 민사집행법 227조, 241조를 준용하여 이루어진다. 신청서의 방식, 그 기재 내용 등은 채권에 대한 압류명령의 신청 경우와 같다(민집규 159조).

이 재산권에 대하여는 제3채무자가 있으므로 압류할 지분의 특정은 "채무자가 제3채무자에 대하여 가지는 별지 기재의 지분(무한책임인가, 유한책임인가를 구별하여)을 압류한다."라는 방식으로 표시하여야 한다.

압류의 효력은 제3채무자에게 송달된 때에 생기고, 압류로 채무자인 사원은 지분의 양도, 질권 설정 등의 처분을 할 수 없게 된다. 사원의 지분에 대한 압류는 사원의 장래 이익의 배당 및 지분환급청구권에도 그 효력이 미치고(상법 223조), 그 밖에 해산한 경우에 생기는 사원의 잔여재산분배청구권에도 미친다. 이러한 청구권은 구체적으로 발생할 때까지 액수가 정해져 있지 않으므로 액수가 정해질 때까지 추심 할 수 없고, 전부명령의 방법도 취할 수 없다.

즉, 압류채권자는 이익배당, 지분환급청구권 등이 구체화하여 그 행사를 할 수 있는 시기가 도래할 때마다 그 채권에 대한 추심명령이나 전부명령을 얻어 채권의 만족을 얻을 수 있다. 그 밖에 압류채권자는 영업연도 말에 당해 사원을 강제로 퇴사시킬 수 있다(상법 224조 1항 본문, 269조, 287조의29).

이는 압류채권자가 그 사원의 지분 자체를 집행법원으로부터 양도명령 또는 매각명령 등 특별현금화결정을 얻어 현금화할 수도 있으나, 사원 지분의 양도에 대하여는 다른 사원의 동의를 요구하기 때문에(상법 197조, 276조 전문, 287조의8) 동의가 있었다는 증명을 제출하기 전에는 위와 같은 현금화 절차를 진행할 수 없고 지분을 압류하더라도 사실상 이를 현금화하는 것이 거의 불가능에 가까워서 압류채권자에게 사원을 퇴사시키는 권리를 인정하고, 채무자가 퇴사함으로써 생기는 그 사원이 갖는 지분환급청구권으로부터 만족을 얻을 수 있도록 한 것이다. 퇴사청구권의 행사는 압류채권자가 당해 법인에 대한 퇴사의 일방적 의사표시(형성권)를 함으로써 퇴사의 효력이 생긴다. 이 퇴사청구권은 일정 기간(6월) 전에 회사 및 그 사원에게 예고하여야 한다(상법 244조 1항 단서, 269조, 287호의 29).

|신청취지|

1. 채무자가 제3 채무자에 대하여 가지는 별지 기재의 지분(권)을 압류한다.
2. 제3 채무자는 채무자에게 위 지분에 관하여 이익금의 배당 및 지분의 환급을 하여서는 아니 된다.
3. 채무자는 위 지분을 추심 하거나 그 밖의 방법으로 처분하여서는 아니 된다.

(주: 합자회사 사원의 지분에 대한 집행은 합명회사에 관한 규정이 대부분 준용이 된다. 다만 그 지분을 특정함에 있어서 유한책임사원의 지분인지, 무한책임사원의 지분인지를 구분하여 표시하여야 한다)

|압류할 사원의 지분에 대한 별지목록|

청구금액 금 50,000,000원
채무자가 제3채무자 사원의 자격에서 제3 채무자에 대하여 현재 또는 장래에 가지는 이익배당청구권, 지분반환청구권, 잔여재산분배청구권 중 위 청구금액에 해당하는 금원.

(3) 현금화

사원의 지분권은 그 성질에 따라서 적당한 방법으로 현금화한다(민집 251조 1항, 241조). 사원의 지분권에 대한 현금화는 그 밖의 재산권의 현금화 방법과 약간 다르다. 즉, 사원의 지분권에 대한 양도에는 종사원(합자회사에서 유한책임사원의 지분의 경우에는 무한책임사원 전부, 유한책임회사에서 비업무집행사원의 지분의 경우에는 업무집행사원 전부)의 승낙이 없는 때에는 타인에게 양도할 수 없으므로(상법 197조, 276조 전문, 287조의8), 신청서에는 이 요건을 인정할 수 있는 승낙서(동의서)를 붙여야 한다.

위 승낙서를 얻지 않으면 그 압류는 단순히 처분금지의 효과만 생긴다. 이익배당청구권, 지분환급청구권, 잔여재산분배청구권에 대하여는 지분권의 압류에 따라 그 효력이 법률의 규정에 따라 당연하게 생기므로 이러한 청구권에 관해서 다시 압류명령을 받을 필요는 없고, 압류채권자는 개개의 구체적인 각 청구권에 대하여 추심 또는 전부명령을 신청하여 채권의 만족을 얻을 수 있다. 유한회사의 사원은 지분의 전부 또는 일부를 양도하거나 상속할 수 있다. 다만 정관으로 지분의 양도를 제한할 수 있으므로(상법 556조), 집행법원으로서는 정관에 이러한 제한이 있는지를 확인한 후에 양도명령 등을 발하여야 한다.

사. 민법상의 조합에서 조합원의 지분에 대한 집행

(1) 개 설

민법상 조합에 있어서 조합원이 조합재산에 대하여 가지는 지분을 집행의 대상으로 하는 것은 공동목적을 수행하는 수단인 조합재산으로서의 의미를 잃게 하므로 허용되지 않고, 지분을 조합원으로의 지위로 파악하여 이에 대하여 집행하는 것도 일신전속적인 권리에 대한 집행으로서 허용되지 않는다는 것이 원칙이다.

판례에 의하면 조합원의 지분이란 전체로서의 조합재산에 대한 조합원의 지분을 의미하는 것이고, 이와 달리 조합재산을 구성하는 개개의 재산에 대한 합유 지분에 대하여는 압류 기타 강제집행의 대상으로 삼을 수 없다고 판시하였다.[457]

그리고 민법상 조합의 채권은 조합원 전원에게 합유적으로 귀속하는 것이어서 특별한 사정이 없으면 조합원 중 1인에 대한 채권으로써 그 조합원 개인을 집행채무자로 하여 조합의 채권에 대하여 강제집행 할 수 없다고 판시하였다.[458] 다만 민법은 장래 발생하는 각종의 지분권을 현금화하거나 탈퇴로 말미암은 지분환급청구권을 대상으로 하여 그 지분에 대한 압류를 인정하고 있으므로(민법 714조) 이에 따르면 될 것이다.

(2) 압류 및 현금화

민법상 조합 조합원의 지분에 대한 압류 시 제3채무자는 그 조합(명칭)과 대표자인 업무집행조합원을 기재해서는 아니 되고, 다른 조합원 전원을 제3채무자로 하여야 한다. 압류의 효력은 조합원의 장래의 이익배당청구권, 지분반환청구권, 잔여재산분배청구권에 대하여 미친다. 압류채권자는 집행법원으로부터 추심명령에 따르는 수권을 얻거나 채권자대위권에 따라 집행채무자에

---

457) 대결 2007. 11. 30. 2005마1130 결정
458) 대판 2001. 2. 23. 2000다68924 판결

갈음하여 탈퇴의 의사표시를 한 다음에 지분반환청구권에 대하여 추심을 하거나 전부명령 등에 의하여 현금화할 수 있다.

조합의 지분은 다른 조합원의 승낙이 없는 한 양도할 수 없으므로(민법 704조, 272조) 원칙적으로 지분 그 자체를 현금화할 수 없으나, 조합원의 지위양도가 조합계약에서 허용되고 있는 경우 또는 다른 조합원 전원이 양도를 승낙하고 있는 경우에는 압류된 지분 자체의 양도명령, 매각명령 등의 특별한 현금화 방법에 따라 현금화할 수도 있다. 신청취지 주문례와 피압류 재산권은 아래와 같다.

|신청취지|

1. 채무자가 제3채무자에 대하여 가지는 별지 기재의 지분(권)을 압류한다.
2. 제3채무자는 채무자에게 위 지분에 관하여 이익금의 배당 및 지분의 환급을 하여서는 아니 된다.
3. 채무자는 위 지분을 추심 하거나 그 밖의 방법으로 처분하여서는 아니 된다.

|압류할 조합원의 지분 별지목록|

청구금액 금 50,000,000원
채무자가 제3채무자에 대하여 가지는 조합원의 장래의 이익배당청구권, 지분반환청구권, 잔여재산분배청구권 중 위 청구금액에 이르기까지의 금원.

아. 특허권, 실용신안권, 디자인권, 상표권 및 저작권에 대한 집행
(1) 총 설

특허권, 실용신안권, 디자인권, 상표권 및 저작권 등 지식재산권은 독립한 재산권으로 민사집행법 251조에서 정한 "그 밖의 재산권"에 대한 강제집행의 대상이 된다. 그런데 특허권 등이 공유인 경우에는 다른 공유자의 동의 없이는 양도할 수 없는데(특허법 99조 2항, 실용신안법 28조, 디자인 보호법 46조 2항, 상표법 54조 5항), 이 경우 공유지분이 집행의 대상으로 될 수 있는지가 문제가 될 수 있다.

이에 관하여 판례는 '특허권을 공유하는 경우에 각 공유자는 다른 공유자의 동의를 얻지 아니하면 그 지분을 양도하거나 그 지분을 목적으로 하는 질권을 설정할 수 없고, 그 특허권에 대하여 전용실시권(專用實施權: 특허발명을 업으로서 독점·배타적으로 실시할 수 있는 물권적 권리)을 설정하거나 통상실시권(通常實施權: 독점 배타성 없이 단순히 특허발명을 업으로서 실시할 수 있는 채권적 권리)을 허락할 수 없는 등 특허권의 공유관계는 합유에 따르는 성질을 갖는 것이고, 또한 특허법이 위와 같이 공유지분의 자유로운 양도 등을 금지하는 것은 다른 공유자의 이익을 보호하려는데 그 목적이 있다'고 보아 각 공유자의 공유지분은 다른 공유자의 동의를 얻지 않는 한 압류의 대상이 될 수 없다는 뜻이다.459) 따라서 특허권 등에 대하여 압류를 신청하기 위해서는 공유자의 동의서(인감증명서 또는 본인서명사실확인서가 붙어 있어야 한다)를 함께 제출하여야 한다.

특허권과 실용신안권 및 디자인권에 대한 전용실시권과 통상실시권은 실시사업과 함께하는 경우 또는 상속 기타 일반승계의 경우를 제외하고는 특허권자 등의 동의가 있는 경우에 한하여 이전할 수 있는바(특허법 100조 3항, 102조 5항, 실용신안법 28조, 디자인 보호법 47조 3항, 99조 4항), 사업 자체를 집행대상으로 할 수는 없으므로 결국 위 권리는 특허권자 등의 동의가 있는 경우에만 집행의 대상이 된다. 또한, 상표권의 전용사용권과 통상사용권도 위와 마찬가지이나(상표법 55조 5항, 57조 3항), 특허 등을 받을 권리가 집행의 대상이 되는지에 대하여는 견해가 대립되나, 압류의 공시방법이 없는 점과 발명의 공개 등의 문제가 있더라도 집행 적격 자체를 부정할 것은 아니다. 이른바 비결(know-how)에 대하여도 긍정적으로 보아야 한다. 특허권 등이 설정등록으로 발생하는 권리임에 대하여 저작권은 저작한 때부터 발생하며(저작권법 10조 2항), 등록은 다만 처분이나 처분제한을 위한 대항요건에 불과하므로(저작권법 54조), 저작권이 등록되었느냐 여부는 집행에서 문제가 되지 아니한다. 특허권 등의 지식재산권에 대한 집행에는 채권집행과 달리 제3 채무자가 없는 것이 특징이나, 그 공유지분에 대한 집행에서는 다른 공유자가, 전용실시권이나 통상실시권의 집행에서는 특허권자 등이 제3 채무자가 된다.

(2) 압 류
(가) 관할
특허권 등과 같은 지식재산권에 대한 압류명령의 신청은 일반의 채권압류

---

459) 대결 2012. 4. 16. 2011마2412

에 따라 이루어지므로 특허권 등의 집행에서는 채무자의 보통재판적이 있는 곳을 관할하는 지방법원(민집 224조 1항)이 제1차적 담당 집행법원이다. 다만 채무자의 보통재판적이 없는 때에는 압류할 채권이 있는 곳이라고 할 수 있는 그 등록 등을 하는 곳을 관할하는 지방법원도 제2차적 관할 집행법원이 된다(민집규 175조 2항, 민집 251조 1항, 224조 2항).

즉, 권리의 이전에 등기 또는 등록을 요구하는 그 밖의 재산권에 대한 집행의 관할은 등기·등록하는 곳을 관할하는 지방법원으로 한다는 규정(민집규 175조 2항)은 제2차적 관할에 관한 보충규정이므로 곧바로 등기, 등록하는 곳을 관할 인정의 기준으로 하지 않도록 유의하여야 한다.

(나) 신청

압류명령의 신청서에는 채권집행의 예에 따라 채권자·채무자와 그 대리인의 표시, 집행권원의 표시, 강제집행의 목적으로 하는 재산의 표시 및 구하는 강제집행의 방법을 적는다. 또한, 특허권, 실용신안권, 디자인권의 실시권, 상표권의 사용권 및 출판권 등과 같이 제3채무자가 있는 것에 대한 압류명령의 신청에는 제3 채무자도 표시한다(민집규 159조 1항). 강제집행의 목적으로 하는 재산의 표시는 다음과 같다.

① 특허권·실용신안권의 경우

> 등록번호 외에 출원인, 공고일, 등록일, 명칭(특허권·실용신안권의 경우에는 발명·고안에 관한 사항)

② 디자인권·상표권·저작권의 경우

> 명칭, 실시권 또는 사용권에서는 나아가 그 범위, 권리자의 이름과 주소를 표시하는 등, 등록원부의 등록 사항란에 적혀 있는 사항을 가지고 특정하고, 저작권 등의 경우에는 명칭(제호, 그것이 없거나 불명한 때에는 그 취지), 저작권자 등의 이름 또는 명칭(사망한 때에는 그 취지 및 날짜), 창작날짜, 저작물의 처음 발행 또는 공연날짜, 저작물의 종류, 내용(거래대상으로서의 내용은 복제권, 2차적 저작물의 이용에 관한 권리로 되어 있다) 또는 형태, 등록된 때에는 등록번호 및 등록일

특허권 등은 그 권리이전에 등록이 필요하므로 그 신청서에는 집행력 있는 정본 외에 권리에 관한 등록원부의 등본이나 초본을 붙여야 한다(민집규 175조 1항).

압류명령에는 권리의 압류와 동시에 채무자에 대하여 압류된 권리에 관한 이전 등 일체의 처분을 금지한다. 특허권, 실용신안권 및 디자인권의 실시권, 상표권의 사용권 및 출판권 등 제3채무자가 있는 것에 대한 압류명령에는 제3채무자에 대하여 채무자가 하는 권리처분에 대하여 승낙 그 밖의 협력을 금지한다. 즉, 압류명령의 신청취지 주문례, 피압류 재산권의 목록은 다음과 같다.

|신청취지|

1. 채무자가 가지는 별지 기재의 특허권을 압류한다.
2. 채무자는 위 특허권에 관하여 매매, 양도 그 밖에 일체의 처분을 하여서는 아니 된다

|압류할 특허권의 별지목록|

① 특허번호 ② 발명의 명칭 ③ 원서 제출연월일 ④ 원서 제출번호 ⑤ 공고연월일 ⑥ 출원공고번호 ⑦ 특허결정 연월일 ⑧ 청구범위의 항수 ⑨ 유별 ⑩ 등록연월일 ⑪ 등록권리자

(3) 현금화

특허권 등의 지식재산권은 부동산과 같은 유통성이 없으므로 현금화에 있어서 다양하고 유연한 방법이 인정되어야 하나, 채권집행의 경우와 달리 추심이나 전부와 같은 방법은 취할 수 없기에 채권자는 민사집행법 251조에 의한 특별현금화로서 매각하거나(매각명령) 채권자에게 양도하거나(양도명령), 아니면 관리인을 선임하여 관리를 명(관리명령)하는 명령을 신청할 수 있다.

다만 관리명령의 경우에는 관리인의 선임이나 관리방법 등에 대하여 해결할 점이 많아 거의 이용되고 있지 않다.

또한, 특허권 등의 공유지분을 양도함에는 다른 공유자의 동의가 필요하므로 그 권리의 양도를 전제로 하는 양도명령이나 매각명령을 신청하는 때에는 공유자의 동의서(인감증명서 또는 본인서명사실확인서가 붙어 있어야 한다)를 제출하여야 한다. 출원 전의 특허를 받을 권리는 그 내용이 공개되면 가치를 잃게 되므로 이에 대한 현금화 방법은 양도명령에 국한된다.

저작재산권과 저작인접권은 그 전부 또는 일부를 양도하거나(저작권법 45조), 이용허락을 하는 등(저작권법 46조)의 현금화 처분을 할 수 있다. 그러나 저작인격권은 저작자의 일신에 전속하는 것이므로(저작권법 14조 1항) 집행의 대상이 되지 않는다. 양도명령 등에 의한 양도나 매각절차가 종료한 때에는 법원사무관 등은 등록에 관한 사무를 취급하는 관서인 특허청장 등에 대하여 압류채권자 또는 매수인이 취득한 권리의 이전등록과 압류기입등록 및 소멸할 부담의 말소등록을 촉탁 하여야 한다(민집규 175조 5항, 민집 144조).

자. 전세권, 임차권 등 용익권, 리스이용권 등에 대한 집행

이용수익을 지향하는 권리는 그 성질상 실체에 따른 권리의 압류 가능성과 행사에 따른 권리의 압류 가능성으로 분리할 수 있다. 그래서 양도 불가능한 권리라도 다른 사람에게 그 행사를 허용하는 권리라면 관리명령의 대상이 될 수 있다. 지상권, 전세권, 임차권과 같이 부동산을 목적으로 하나 부동산 자체를 집행대상으로 할 수 없는 것은 "그 밖의 재산권에 대한 집행"의 방법으로 집행하여야 한다. 임차권은 임대인의 동의가 없으면 양도할 수 없으므로(민법 629조 1항) 압류신청 시에는 임대인의 동의서를 붙여야 한다. 임차권 압류명령에 있어서는 임대인이 제3채무자가 된다.

대주의 승낙이 있는 경우 사용차권(私用借券)(민법 610조 2항)의 집행도 마찬가지이다. 리스이용권도 독립한 재산권이나 목적물이 제3자의 사용수익을 위하여 양도 가능한 때에만 압류할 수 있다. 채권자는 위와 같은 권리의 현금화를 위하여 양도명령, 매각명령이나 그 밖의 특별현금화를 신청할 수 있다. 위 권리 중 등기를 요구하는 것에 대하여는 압류시점에 압류기입등기의 촉탁을 하고 현금화가 종료한 때에는 권리의 이전등기와 압류기입등기의 말소촉탁을 하여야 한다.

다만 전세권에 대하여 저당권 등의 담보권이 설정된 경우 그 전세권의 전세기간이 만료되지 않았다면 그 실행은 민사집행법 264조 소정의 부동산경매절차에 따라야 하고(존속기간이 남아 있는 전세권 자체를 매각하는 것임), 전세권의 존속기간이 만료된 경우에는 민법 370조, 342조 및 민사집행법 273조에 의하여 저당권의 목적물인 전세권에 갈음하여 존속하는 것으로 볼 수 있는 전세금반환채권에 대하여 채권집행(추심명령 또는 전부명령)의 방법이나 제3자가 전세금반환채권에 대하여 실시한 강제집행절차에서 배당요구를 하는 등의 방법으로 자신의 권리를 행사할 수밖에 없다.460) 전세권 압류집행에 대한 신청취지 주문례와, 피압류 재산권의 목록은 아래와 같다.

|신청취지|

1. 채무자의 별지 목록 기재의 전세권을 압류한다.
2. 채무자는 위 전세권에 관하여 매매, 양도 그 밖에 일체의 처분을 하여서는 아니 된다

|압류할 전세권의 별지목록|

금 30,000,000원
아래 기재 부동산에 관하여 ○○지방법원 20 . . . 접수   호로 설정된 전세금 30,000,000원
아래 부동산중 지상 5층 330평방미터
존속기간 20 . . .부터 20 . . . 까지
반환기 20 . . . 까지 인 전세권
부동산의 표시(별지)

차. 각종 허가권·면허권, 등기상의 권리 등 집행

각종의 사업면허, 영업허가에 대한 권리, 예를 들어 자동차운송사업면허나 건설업면허, 고압가스판매업허가 등 면허권이나 허가권이 그 밖의 재산권 집행의 대상이 되는지에 대하여는 견해가 대립될 수 있으나, 우선 그러한 권리 중 사법상의 권리에 한하여 집행의 대상이 될 수 있고 공법상의 권능인 때에는 애초부터 집행의 대상이 되지 아니하며, 또 일반적으로 어느 사업을 경영할 권리와 같은 포괄적 재산은 강제집행의 목적으로서 적합하지 않으므로 위와 같은 권리 중 집행의 대상이 되는 것은 드물다.

건설업면허,461) 어업허가462)나 여객자동차운수사업면허권463) 등은 사업 또는 어선 등의 양도에 따라 이전되는 것이므로 그 면허 또는 허가만을 그 밖의 재산권으로서 집행의 대상으로 삼기에는 부적합하다. 반면 공유수면점용허가

---

460) 대결 1995. 9. 18 95마 684, 대판 2008. 3. 13. 2006다29372, 29389
461) 대결 1994. 12. 15. 94마1802, 1803
462) 대판 2010. 4. 29. 2009다105734
463) 대결 1996. 9. 12. 96마1088, 대판 2007. 12. 28. 2005다38843

권에 대하여는 민사집행법 251조 소정의 그 밖의 재산권에 대한 집행방법에 따라 강제집행을 할 수 있다.464)

가등기는 원래 순위를 확보하는 데에 그 목적이 있으나, 순위 보전의 대상이 되는 물권변동의 청구권은 그 성질상 양도될 수 있는 재산권일 뿐만 아니라 가등기 때문에 그 권리가 공시되어 결과적으로 공시방법까지 마련된 셈이므로, 이를 양도한 경우에는 양도인과 양수인의 공동신청으로 그 가등기 상의 권리의 이전등기를 가등기에 대한 부기등기의 형식으로 경료 할 수 있다.465)

따라서 가등기 상의 권리로서 압류명령의 대상이 될 수 있는 것으로는 소유권 이전청구권가등기 상의 소유권이전등기청구권, 조건부소유권 이전 가등기 상의 조건부 소유권이전등기청구권 등이 있다. 가등기 상의 권리에 대한 집행의 관할도 제1차적으로는 채무자의 보통재판적이 있는 곳의 지방법원이고, 등기하는 곳(민집규 175조 2항)은 제2차적 관할에 불과하다. 이 경우 제3채무자로서는 가등기의 본등기의무자를 적어야 한다.

카. 분양권에 대한 집행

최근에 많이 실행되고 있는 것으로서 민사집행법 251조의 기타재산권으로서 채권 등 집행의 대상이고, 실무상으로 특별현금화 명령이 허용되고 있다. 그 주문례는 아래와 같다.

아파트 분양권, 또는 수분양권이라 함은 주택법과 택지개발촉진법 등 관계 법령에 따른 사업주체의 관리처분 확정으로 분양을 받은 사업주체의 구성원인 조합원 또는 분양계약의 체결로 분양을 받은 일반 당첨자가 분양처분의 고시 다음날에 소유권을 취득하기 전까지 당해 분양 예정의 목적물에 대하여 갖는 권리를 말하고 이에 대한 신청취지 및 피압류재산권 목록은 아래와 같다.

|신청취지|

(일반 분양권인 경우)

채무자와 제3채무자 사이의 분양계약을 근거로 하여 채무자가 제3채무자에 대하여 가지는 별지 기재의 부동산 분양계약서 상의 권리 일체를 압류한다.

---

464) 대판 2005. 11. 10. 2004다7873
465) 대판(전) 1998. 11. 19. 98다24105

(재건축 조합원의 입주 분양권)

제3채무자는 채무자에 대하여 위 부동산에 관하여 소유권을 이전하거나 수분양권의 양도 등 처분행위에 대하여 동의나 승낙을 하여서는 아니 되고, 채무자의 청구에 따라 분양계약자(조합원) 명의를 변경하여서는 아니 된다.
채무자는 위 분양계약서 상(조합원으로서)의 권리 일체에 관하여 매매, 양도, 기타 일체의 처분행위를 하여서는 아니 된다.

|압류할 아파트 수 분양권 별지목록|

1동의 건물의 표시
서울시 ○○구 ○○동 756-2 ○○ 아파트
(이하 생략)
위 부동산에 대하여 20 . . .자 아파트 분양계약을 근거로 한 채무자의 제3채무자에 대한 아파트 수분양권

|특별현금화 매각명령) 주문례|

1. 부동산소유권이전등기청구권(분양권) 압류명령에 따라 압류된 별지 목록 기재 부동산에 관한 2002. 4. 30.자 아파트 분양계약에 의한 채무자의 제3채무자에 대한 분양권을 추심에 갈음하여 매각할 것을 명한다.
2. 채권자의 위임을 받은 집행관은 유체동산 경매에 관한 절차에 따라 매각하여야 한다.

타. 묘지 분양권에 대한 집행

묘지 분양은 "장사 등에 관한 법률 규정"에 의하면 민법 규정에 따라 설립된 재단법인만 행정청의 허가를 받아 할 수 있으므로 사인(私人)이 분양 및 양도를 할 수 없다. 따라서 묘지 분양권은 강제집행의 대상이 될 수 없다. 그러나 봉안시설(봉안묘, 봉안당, 봉안탑 등 유골을 안치하는 시설) 등은 "장사 등에 관한 법률 15조"에 의거 대통령령으로 정하는 공공법인이나 종교단체 등이 행정관청에 신고만으로 시설을 관리할 수 있고 개인에게 양도나 처분할 수 있다. 근래 서울고등법원 판결로 "납골당에 대한 강제집행 방법으로 유체동산 집행의 방법으로 할 수 있다"는 판결이 있다.[466]

---
466) 서울고등법원 2009. 2. 15. 2007라1015 결정

파. 인터넷 도메인에 대한 집행

(1) 개 설

인터넷 도메인(인터넷상의 컴퓨터 주소를 알기 쉬운 영문으로 표현한 것을 뜻함) 이름에 관한 법적 성격에 대하여 단순한 전자주소 설, 무체재산권 일부라는 설, 도메인이름 등록 자체는 전자주소 등록으로 봄이 타당하고, 등록한 후 사용하는 경우에는 그 역할과 기능을 고려하여 구체적인 태양에 따라 상표나 서비스표 기타 영업표지로 전화될 수 있는 것이라는 설, 기존의 논의는 이름이 사용된 모습에 대한 해석에 불과하다는 설, 도메인이름의 독자성 및 절대권으로서의 성격을 인정하는 설 등이 있는데 도메인이름의 독자성 및 절대권으로서의 성격을 인정하는 설에 따르면 도메인 이름 권을 이제는 단순한 채권적 권리가 아니라 특허권이나 전용사용권과 같은 물권적 권리나 물권에 따르는 절대권으로 파악하는 것이다.[467]

우리의 대법원 판례 2001다57709, 2002다13782 등 판결에서 도메인 이름 권을 절대권으로서 성격을 인정하였다. 한편 닷컴(.com)도메인에 대한 제3채무자 적격에 대하여는 "한국인터넷정보센터" 내지 "한국인터넷진흥원"이 제3채무자 적격이 있는지에 논란이 있다. 닷컴(.com)도메인의 등록원부 관리기관은 미국의 베리사인(VeriSign)사라고 한다.[468] 따라서 도메인 압류 및 등록이전과 관련하여 미국의 등록기관이 우리나라 집행법원의 집행절차대로 이행할 것인지는 새롭고 어려운 문제라고 본다.

(2) 압 류

도메인이름의 등록자가 그 등록을 통하여 독점적 사용권을 가진다는 점에서 재산적 가치는 인정된다. 따라서 도메인이름의 사용권은 압류금지의 채권도 아니며 판례에서도 물권적 권리나 물권에 따르는 절대권으로 파악하고 있으므로 강제집행의 대상이 될 것이다. 도메인이름에 대한 압류 신청취지 및 피압류재산권 목록은 아래와 같다.

---

467) 임채웅, 도메인이름을 둘러싼 분쟁에 관한 연구, 인터넷 법률 47호
468) 조정욱, 인터넷도메인 분쟁연구, 박영사, 2004, 34면.

|신청취지|

채무자(도메인이름등록자)의 제3채무자(한국인터넷진흥원)에 대한 청구채권의 집행을 위하여 채무자의 제3채무자에 대한 별지목록 기재 도메인사용권을 압류한다.
채무자는 위 도메인사용권에 관하여 매매, 양도, 기타 일체의 처분행위를 하여서는 아니 된다.
제3채무자는 위 도메인사용권에 대하여 채무자의 신청에 따라 명의변경 기타 일체의 변경절차를 하여서는 아니 된다.

|압류할 도메인 사용권의 표시 별지목록|

압류할 도메인 사용권의 표시

채무자가 제3채무자에 대하여 가지는 아래 도메인이름의 등록자로서 가지는 일체의 권리

Ⅰ. 제3채무자: 한국인터넷진흥원
　　　　① 도메인이름 : www.topgolfclub.co.kr
　　　　② 등록인　　 : 탑 골프 클럽 코리아(주)
　　　　③ 책임자　　 : 박 우민
　　　　⑤ 책임자 이메일 : msg840304@hanmail.net
　　　　⑥ 등록일　　 : 1980. 5. 5
　　　　⑦ 사용종료일 : 2050. 5. 5
　　　　⑧ kr 도메인 등록대행사 : ㈜최고 technology

Ⅰ. 제3채무자 : ㈜최고 technology
　　　　① 도메인이름 : www.topgolfclub.co.kr
　　　　② 등록인　　 : 탑 골프 클럽 코리아(주)
　　　　③ 책임자　　 : 박 우만
　　　　⑤ 책임자 이메일 : msg840304@hanmail.net
　　　　⑥ 등록일　　 : 1980. 5. 5
　　　　⑦ 사용종료일 : 2050. 5. 5
　　　　⑧ kr 도메인 등록대행사 : ㈜최고 technology

제3편
원조사무

1. 의 의

집행관 외의 사람으로서 법원의 명령에 따라 민사집행에 관한 직무를 행하는 사람은 그 직무를 집행하는데 저항을 받으면 집행관에게 원조를 요청할 수 있고(민집 7조 2항) 위 원조를 요구받은 집행관은 민사집행법 5조(강제력 사용 및 경찰과 국군의 원조요청) 6조(증인 참여)에 규정된 권한을 행사할 수 있다(민집 7조 3항). 집행관의 원조사무는 원조를 요구하는 자의 요청으로 하여진다. 원조사무는 집행권원에 근거하여 채권자의 신청에 따라 행해지는 다른 위임에 의한 사무와는 성질을 달리하지만, 편의상 여기서 다룬다.

2. 집행관 이외의 자의 요구에 의한 원조

원조사무의 사무취급 단서는 민사집행법에서 집행관에게 원조를 청구할 수 있는 권한을 규정하고 있는 감정인 등이 서면 또는 구두로 집행관의 원조를 요청하는 것이나. 집행관이 아닌 사람으로서 법원의 명령에 따라 민사집행에 관한 직무를 행하는 사람이란 감정인(민집 97조), 강제관리의 관리인(민집 166조), 선박의 감수·보존인(민집 178조) 등을 말한다.

다만 강제관리의 관리인에 대하여는 민사집행법 166조 2항의 관리인이 관리와 수익을 위하여 부동산을 점유함에 있어서 저항을 받으면 집행관에게 원조를 요청할 수 있다는 별도의 규정을 두고 있고, 민사집행법 97조 3항은 부동산평가감정인이 집행관의 원조를 요구하는 때에는 법원의 허가를 받아야 하는 것으로 제한하고 있다.

위 감정인, 관리인 등에 임명된 자가 집행관인 때에는 민사집행법 7조의 적용이 없음은 규정 자체의 문언에 비추어 명백하다. 집행관이 집행법원의 명령에 따라 민사집행에 관한 직무를 행하는 경우 그 직무를 행하는 것은 집행관법 2조에 의하여 집행관의 직무로 되므로 그 집행에 있어서 저항을 받을 때에는 다른 집행관의 원조를 구할 필요가 없이 스스로 위력을 행사하거나 경찰 등의 원조를 청구할 수 있다고 할 것이다.

제4편
법원의 직무명령에 따른 사무

제1장
매각명령의 집행

제1절 부동산 강제경매 실시사무

1. 총 설

집행관은 집행법원의 부동산 매각명령에 따라 법원사무관 등으로부터 경매기록을 받아 매각시행 사무를 처리하게 된다. 이하 진행의 순서를 따라 살펴보면 다음과 같다.

가. 법원사무관 등의 집행관에 대한 경매기록의 교부
(1) 집행관에게 교부

집행법원의 법원사무관 등은 집행관으로 하여금 매각하게 하기 위하여 매각기일 전에 매각명령이 가철 된 경매기록을 집행관에게 내준다.

(2) 기록교부방법

매각기일이 지정되면 법원사무관 등은 경매사건기록을 검토하여 매각기일을 여는 데 지장이 없는 사건기록을 매각기일 전날 일괄하여 집행관에게 인계하고 매각기일부의 기록인수란에 영수인을 받아야 한다. 매각기일이 지정된 사건 중 집행관에게 인계된 사건기록 외의 사건기록은 즉시 담임법관(사법보좌관)에게 인계하고 그 사유를 보고한 뒤 담임법관(사법보좌관)의 지시에 따라 처리하여야 한다.

다만 기간입찰의 경우 법원사무관 등은 입찰기간 개시일 이전에 매각명령의 사본을 집행관에게 보내고 매각명령 영수증에 영수인을 받아 기록에 편철한다. 담임 집행관은 인계받은 기록에 매각명령이 붙어 있는지를 확인하고, 기일입찰의 경우 기록에 매각명령이 붙어 있지 아니한 때에는 법원에 매각절차를 진행할지를 확인하여야 한다.

(3) 기록인계 지연의 경우

경매사건의 기록인계가 매각기일공고에 기재된 시각보다 지연되는 경우에도 당해 사건의 기일이 변경(연기)되었다는 적법한 통지를 받지 아니하고는 함부로 기일이 변경(연기)되었다는 취지를 게시하거나 관계인들에게 알려서는 안된다.

나. 법원사무관 등의 매각사건목록 작성과 매각물건명세서 등의 비치

(1) 매각사건목록의 작성, 게시, 송부

매각기일이 지정된 때에는 매각할 사건의 사건번호를 적은 사건목록을 3부 작성하여 1부는 법원게시판에 게시하고(게시판에 게시하는 사건 목록에는 공고 일자를 적어야 한다), 1부는 담임법관(사법보좌관)에게, 나머지 1부는 집행관에게 송부 한다(재민 2004-3, 10조).

공고된 물건 중 매각기일 전에 강제집행이 취하, 정지되거나 매각기일이 변경된 경우에는 별도의 공고 없이 매각에서 제외된다. 따라서 취하, 정지, 변경 여부는 매각기일에 입찰법정 입구에 게시된 경매(입찰)사건목록을 보고 확인할 수밖에 없다.

(2) 기일부의 작성

매각기일이 지정된 사건은 기일부에 올리고 그 결과 등을 적어야 한다(재민 2004-3, 11조).

(3) 매각물건명세서의 작성, 비치

매각물건명세서는 그 사본을 현황조사보고서와 감정평가서의 각 사본 1부와 일괄 묶어 매각기일(기간입찰의 방법으로 진행하는 경우에는 입찰기간의 개시일) 1주일 전까지 사건별·기일별로 구분한 후 집행과 사무실 등에 비치하여 매수희망자가 손쉽게 열람할 수 있게 하여야 한다(재민 2004-3, 8조 4항).

법원은 상당하다고 인정하는 때에는 전자통신매체로 공시함으로써 그 사본의 비치에 갈음할 수 있고 (민규 55조 단서) 전자적으로 작성되거나 제출된 매각물건명세서의 기재 내용을 전자통신매체로 열람하게 하거나 그 출력물을 비치함으로써 그 사본의 비치에 갈음할 수 있다(재민 2004-3, 8조 5항).

다. 집행관 매각기일의 개시

(1) 개시선언

매각절차는 담임 집행관이 주재하여야 한다(재민 2004-3, 26조 1항). 담임 집행관은 매각기일에 매각절차를 개시하기 전에 매각실시방법의 개요를 매수희망자에게 설명하여야 한다(재민 2004-3, 27조). 집행관은 매각기일공고에 기재된 일시와 장소에서 매각기일을 열어야 한다.

매각기일은 집행관의 개시선언, 즉 출석한 이해관계인과 일반매수희망자에 대하여 적당한 방법으로 매각을 개시한다는 취지를 선언함으로 개시된다. 입찰은 입찰의 개시를 알리는 종을 울린 후 집행관이 입찰표의 제출을 최고(호가 경매의 경우 매수신청의 최고에 해당한다)하고 입찰마감시각과 개찰시각을 알림으로써 시작한다(재민 2004-3, 32조 1항).

입찰은 입찰을 알리는 종(또는 부저)을 울린 후 집행관이 입찰표의 제출을 재촉하고 입찰마감 시간과 개찰시각을 알림으로써 시작하며 입찰의 마감은 이를 알리는 종 또는 부저를 울린 후 집행관이 이를 선언하는 방법으로 하는데 입찰표의 제출을 재촉한 후 1시간이 지나지 아니하면 입찰을 마감하지 못하므로(민집규 65조 1항) 입찰신청을 할 수 있는 시간을 30분만 부여하는 등 시간을 단축하여서는 아니 된다. 한편 집행관은 매각기일에 입찰을 개시하기 전에 참가자들에게 주의사항을 고지하여야 한다. 그 관련 예규는 아래와 같다.

대법원 재판 예규 1631호 제31조

제31조(입찰사항 · 입찰방법 및 주의사항 등의 고지)

집행관은 매각기일에 입찰을 개시하기 전에 참가자들에게 다음 각 호의 사항을 고지하여야 한다.

1. 매각사건의 번호, 사건명, 당사자(채권자, 채무자, 소유자), 매각물건의 개요 및 최저매각가격
2. 일괄매각결정이 있는 사건의 경우에는 일괄매각한다는 취지와 각 물건의 합계액
3. 매각사건목록 및 매각물건명세서의 비치 또는 게시장소

4. 기일입찰표의 기재방법 및 기일입찰표는 입찰표 기재대, 그 밖에 다른 사람이 엿보지 못하는 장소에서 적으라는 것

5. 현금(또는 자기앞수표)에 의한 매수신청보증은 매수신청보증봉투(흰색 작은 봉투)에 넣어 1차로 봉하고 도장을 찍은 다음 필요사항을 적은 기일입찰표와 함께 기일입찰봉투(황색 큰 봉투)에 넣어 다시 봉하여 도장을 찍은 후 입찰자용 수취증 절취 선상에 집행관의 날인을 받고 집행관의 앞에서 입찰자용 수취증을 떼어 내 따로 보관하고 기일입찰봉투를 입찰함에 투입하라는 것, 보증서에 의한 매수신청보증은 보증서를 매수신청보증봉투(흰색 작은 봉투)에 넣지 않고 기일입찰표와 함께 기일입찰봉투(황색 큰 봉투)에 함께 넣어 봉하여 도장을 찍은 후 입찰자용 수취증 절취 선상에 집행관의 날인을 받고 집행관의 앞에서 입찰자용 수취증을 떼어 내 따로 보관하고 기일입찰봉투를 입찰함에 투입하라는 것 및 매수신청보증은 법원이 달리 정하지 아니한 이상 최저매각가격의 1/10에 해당하는 금전, 은행법의 규정에 따른 금융기관이 발행한 자기앞수표로서 지급제시기간이 끝나는 날까지 5일 이상의 기간이 남아 있는 것, 은행 등이 매수신청을 하려는 사람을 위하여 일정액의 금전을 법원의 최고에 따라 지급한다는 취지의 기한의 정함이 없는 지급보증위탁계약이 매수신청을 하려는 사람과 은행 등 사이에 맺어진 사실을 증명하는 문서이어야 한다는 것

6. 기일입찰표의 취소, 변경, 교환은 허용되지 아니한다는 것

7. 입찰자는 같은 물건에 관하여 동시에 다른 입찰자의 대리인이 될 수 없으며, 한 사람이 공동입찰자의 대리인이 되는 경우 외에는 두 사람 이상의 다른 입찰자의 대리인으로 될 수 없다는 것과 이에 위반한 입찰은 무효라는 것

8. 공동입찰을 하는 때에는 기일입찰표에 각자의 지분을 분명하게 표시하여야 한다는 것

9. 입찰을 마감한 후에는 매수신청을 받지 않는다는 것

10. 개찰할 때에는 입찰자가 참석하여야 하며, 참석하지 아니한 경우에는 법원사무관 등 상당하다고 인정되는 사람을 대신 참석하게 하고 개찰한다는 것

11. 제34조에 규정된 최고가매수신고인 등의 결정절차의 요지

12. 공유자는 집행관이 매각기일을 종결한다는 고지를 하기 전까지 매수신청보증을 제공하고 우선 매수신고를 할 수 있으며, 우선 매수신고에 따라 차순위매수인으로 간주되는 최고가매수신고인은 매각기일이 종결되기 전까지 그 지위를 포기할 수 있다는 것

13. 최고가매수신고인과 차순위매수신고인 외의 입찰자에게는 입찰절차의 종료 즉시 매수신청보증을 반환하므로 입찰자용 수취증과 주민등록증을 갖고 반환신청 하라는 것

14. 이상의 주의사항을 장내에 게재하여 놓았으므로 잘 읽고 부주의 때문인 불이익을 받지 말라는 것

(2) 매각물건명세서 등의 열람

집행관은 기일입찰 또는 호가경매의 방법에 따른 매각기일에는 출석한 이해관계인과 매수희망자에게 매각물건명세서·현황조사보고서 및 평가서의 사

본을 볼 수 있게 하여야 한다(민집 112조). 매수희망자들은 매각기일에 위 사본만을 볼 수 있을 뿐 경매기록을 열람할 수는 없다.

(3) 특별매각조건의 고지
집행관은 특별매각조건이 있으면 매수신청의 최고(입찰의 경우 입찰의 최고) 전에 그 내용을 명확하게 알려야 한다(민집 112조, 재민 2004-3, 29조). 특별매각조건이 매각기일공고에 기재되어 있더라도 그 고지를 생략할 수 없다.

2. 매각의 진행절차

가. 매각장소의 질서유지
(1) 질서유지를 위한 집행관의 권한
집행관은 ㉠ 다른 사람의 매수신청을 방해한 사람, ㉡ 부당하게 다른 사람과 짜거나 그 밖에 매각의 적정한 실시를 방해한 사람, ㉢ 위 두 항의 행위를 교사한 사람, ㉣ 민사집행절차에서의 매각에 관하여 형법 136조·137조·140조·140조의2·142조·315조 및 323조부터 327조까지에 규정된 죄로 유죄판결을 받고 그 판결 확정일로부터 2년이 지나지 아니한 사람에 대하여 매각장소에 들어오지 못하도록 하거나 매각장소에서 내보내거나 매수의 신청을 하지 못하도록 할 수 있다(민집 108조).

위 판결확정사실은 확정일로부터 15일 이내에 판결등본을 첨부하여 법원행정처장에게 보고하여야 하고, 법원 행정처장은 위 사항을 전국의 각 지방법원(지원 포함)에 통지하고 각 지방법원은 목록에 기재하여 비치하고 그 부본을 집행법원과 집행관에게 송부한다(재민 92-3, 2조·3조). 최고가매수신고인, 그 대리인 또는 최고가매수신고인을 내세워 매수신고를 한 사람이 위의 어느 하나에 해당되는 때는 매각불허가결정을 하여야 한다(민집 123조 2항, 121조 4호).

(2) 신분증명과 집행법원의 원조
집행관은 매각기일이 열리는 장소의 질서유지를 위하여 필요하다고 인정하는 때에는 그 장소에 출입하는 사람의 신분을 확인할 수 있다(민집규 57조 1항, 재민 92-3, 5조). 민사집행법 108조 각 호에 해당하는 사람이 최고가매수신고인이나 그 대리인이 된 경우에는 매각불허가결정을 하여야 하므로(민집 123조 2항, 121조 4호),

집행관으로서는 가능한 한 매각장소에서 이러한 자들을 식별하여 매수신고를 하지 못하도록 할 필요가 있는데, 이를 위해서는 집행관이 미리 이러한 자들의 명단을 준비해 두었다가 의심이 가는 사람에 관하여는 확인하는 방안이 유용할 것이다.

집행관은 매각장소의 질서유지를 위하여 필요한 때에는 법원의 원조를 요청할 수 있다(민집규 57조 2항). 집행관은 집행을 위하여 필요한 경우에는 강제력을 사용할 수 있고 경찰 등의 원조도 구할 수 있지만(민집 5조), 보통의 경우 매각기일은 법원 구내에서 열리게 되는데, 이 경우 집행관이 직접 경찰에 대하여 원조를 구하여 법원 구내에 경찰이 들어오는 것은 적절하지 아니할 뿐 아니라 부동산집행절차에서 매각의 실시주체는 법원이고 집행관은 법원의 명에 따라 매각의 시행을 담당하는데 지나지 아니하므로, 매각장소의 질서유지에 관하여는 집행법원도 일정한 책임을 부담하고 있는 것이다.

따라서 매각장소의 질서유지에 관한 사항은 집행법원의 판단에 따라 조처되는 것이 적절하므로, 집행관은 필요한 때에는 법원의 원조를 요청할 수 있도록 한 것이다. 집행관의 원조요청을 받은 경우에 집행법원이 취할 수 있는 조치로는, 민사집행법 20조의 규정에 따라 공공기관의 원조를 요청하는 방법과 법정 등의 질서유지에 관한 법원의 권한을 동원하는 방법 등이 있다.

나. 매수신청의 최고(기일입찰, 호가경매)

(1) 매수신청의 성질

절차법적으로는 매각허가결정을 구하는 신청이고, 실체법적으로는 매매계약의 청약 성질을 가진다.

(2) 매수신청의 최고

(가) 매수가격신고의 최고

집행관은 기일입찰 또는 호가경매의 방법에 따른 매각기일에는 개정 후 경매에 참여한 자로 하여금 매각물건명세서·현황조사보고서 및 평가서의 사본을 열람하게 하고 사건번호의 순서에 따라 사건번호, 사건명, 채권자, 채무자, 소유자, 매각목적물의 개요 및 최저매각가격을 부르고 특별매각조건의 고지 등의 절차가 끝나면 법원이 정한 매각방법에 따라 매수가격을 신고하도록 최고 하여야 한다(민집 112조, 재민 2004-3, 31조 1호·3호).

기간입찰의 경우에는 법원이 1주 이상 1개월 이내의 범위 안에서 입찰기간을 정하여 공고하고 이를 이해관계인에게 통지하여 입찰하게 하는 것이므로, 별도로 매수신청을 최고 하는 절차가 있을 여지가 없다.

(나) 일괄매각의 경우

일괄매각결정이 있는 사건의 경우에는 위 내용을 부를 때에 일괄매각한다는 취지와 각 목적물의 평가액을 합산한 최저매각가격을 함께 불러야 한다(재민 2004-3, 31조 2호).

(다) 최고의 방법

특별한 규정은 없으나, 말로 출석한 매수희망자 전원이 아는 방법으로 하여야 할 것이다. 입찰의 경우 매각절차에서의 매수신청의 최고에 해당하는 입찰절차는 '입찰표 제출의 최고'인데, 기일입찰의 경우에는 입찰표의 제출을 최고한 후 1시간이 지나지 아니하면 입찰을 마감하지 못한다(재민 2004-3, 32조 2항).

다. 매수신청인의 자격

(1) 능 력

(가) 확인

매수신청은 권리능력과 행위능력이 필요하다(민집 121조 2호). 자연인의 경우에 집행관은 매수신청인의 주민등록증 그 밖의 신분을 증명하는 서면(주민등록표 등·초본)을 제출하게 하여 매수신청인이 본인인지 아닌지 및 행위능력 유무를 확인하여야 하고, 법인이 매수신청을 하는 때에도 같은 방법으로 매수신청인의 신분을 확인하고, 그 자격도 서면에 의하여 확인하여야 한다(재민 2004-3, 30조). 법인은 대표자의 자격을 증명하는 문서를 집행관에게 제출하여야 하므로(민집규 62조 3항, 72조 4항), 구체적으로는 법인 등기사항증명서를 제출하면 될 것이다. 법인 아닌 사단이나 재단이라도 대표자나 관리인이 있으면 입찰에 응할 수 있다(민소 52조, 부동 26조). 종중, 사찰, 교회 등 법인 아닌 사단이나 재단 명의로 입찰하려면 ⓐ 정관 그 밖의 규약, ⓑ 대표자 또는 관리인임을 증명하는 서면, ⓒ 사원총회의 결의서(민 276조 1항), ⓓ 대표자 또는 관리인의 주민등록표 등본 등의 서류를 제출하여야 한다(부동산등기법 시행규칙 48조). 행위무능력자는 법정대리인에 의하여서만 매수신청을 할 수 있다(대결 1967. 7. 12. 67마507).

(나) 행정관청의 증명·허가

경매목적물을 취득하는 데에 관청의 증명이나 허가가 있어야 하는 경우(예, 농지의 경우 농지취득자격증명, 어업권의 경우 어업권이전의 인가) 그 증명이나 허가는 매각허가결정 시까지 보완하면 되므로 매수신청 시에 그 증명이나 허가가 있음을 증명할 필요는 없다(재민 97-1, 5항). 따라서 지목이 농지인 경우에는 매각허가결정 전까지 농지취득자격증명(농지법 8조 1항)을 제출하도록 하고 있고, 미제출 시 직권으로 매각불허가결정을 한다(대결 1999. 2. 23. 98마2604). 외국인이 경매로 토지를 취득하는 경우 별다른 제한이 없다(외국인토지법 5조).

(다) 매수자격의 제한결정

농지를 취득하고자 하는 사람은 농지의 소재지를 관할하는 시장·구청장·읍장 또는 면장으로부터 농지취득자격증명을 발급받아야 하고(농지법 8조 1항), 농지를 취득한 자가 그 소유권에 관한 등기를 신청할 때에는 농지취득자격증명을 붙여야 하므로(같은 조 4항), 농지취득자격증명 없이 경매절차에 의한 소유권이전등기가 이루어지더라도 효력이 없으며, 어업권을 취득하고자 하는 사람은 이전인가를 받아야 한다(수산업 19조).

그런데 위와 같은 일정한 자격을 갖추지 못한 자가 매수신청을 하여 최고가매수신고인이 된 경우 법원은 매각불허가결정을 할 수밖에 없고(민집 121조 2호) 결국 매각절차는 무위에 돌아가게 되는데, 이를 악용하는 사례도 있으므로, 법원은 법령의 규정에 따라 취득이 제한되는 부동산에 관하여는 매수신청을 할 수 있는 사람을 정하여진 자격을 갖춘 사람으로 제한하는 결정을 할 수 있다(민집규 60조). 여기서 '정하여진 자격'이란 당해 법령에서 정하고 있는 자격을 말하므로, 법원이 다시 새로운 제한을 추가하는 것은 허용되지 아니한다.

법원이 이러한 결정을 하면, 법원사무관 등은 매수신고를 할 수 있는 자의 자격제한을 매각기일의 공고 중에 명시하여야 한다(민집규 56조 2호). 집행관은 위와 같은 제한이 이루어진 경우에는, 매각할 때에 소정의 자격을 가지고 있는 자 이외의 자가 매수의 신고를 하게 하여서는 아니 된다.

(2) 대리인에 의한 매수신청

(가) 매수신청은 임의대리인에 의하여서도 할 수 있다. 매수신청은 민사소송법 87조에서 말하는 재판상의 행위라고는 할 수 없으므로 매수신청의 대리

인은 변호사가 아니더라도 무방하며 법원의 허가를 받을 필요도 없다.469) 대리인은 그 대리권을 증명하는 서면을 집행관에게 제출하여야 하고(민집규 62조 4항, 71조, 72조 4항), 집행관은 대리인이 매수신청을 하는 때에는 대리권의 유무를 확인하여야 한다(재민 2004-3, 30조).

매수신청인의 자격 증명은 법정대리인이 입찰하는 경우 가족관계증명서, 임의대리인이 입찰하는 경우 대리위임장, 인감증명서(본인서명사실 확인 등에 관한 법률에 따라 인감증명법에 따른 인감증명을 갈음하여 사용할 수 있는 본인서명사실확인서를 포함)를 입찰표에 첨부하는 방법으로 한다(재민 2004-3, 19조).

위임장에는 사건번호, 대리인의 이름, 주소, 위임내용과 위임자의 이름·주소를 기재하고 인감도장을 도장을 찍는다. 대리입찰을 하면서 입찰표에 위임장을 첨부하지 아니한 경우에는 종래에는 현장에서 즉시 제출이 가능하면 유효한 것으로 처리하기도 하였으나 개정된 예규에 의하면 개찰에 포함하지 않는다(재민 2004-3, 33조 4항, 37조 3항, 별지 2 번호 4, 별지 3 및 4 번호 5).

임의대리의 경우 위임장이 첨부되어 있으나, 첨부된 위임장이 사문서로서 인감증명서가 첨부되어 있지 아니하거나 위임장과 인감증명서의 인영이 다른 경우에도 종래와 달리 개찰에서 제외하도록 예규가 개정되었다(재민 2004-3, 33조 4항, 37조 3항, 별지 3 및 4 번호 18). 입찰자는 동일 물건에 관하여 다른 입찰자의 대리인이 될 수 없고, 동일인이 2인 이상의 다른 입찰자의 대리인이 될 수 없다(다만 동일인이 공동입찰자의 대리인이 되는 경우 제외).

(나) 매각허가결정 확정 후에는 매수신청대리권의 흠을 주장하여 매각허가의 효과를 뒤집을 수 없다. 관련 판례는 아래와 같다.

대법원 2008. 5. 30.자 2008그45 결정
[판시사항]
[1] 기일입찰에서 입찰자의 대리인이 제출한 위임장에 인감증명서가 첨부되어 있지 아니하거나 위임장과 인감증명서의 인영이 틀린 경우, 집행관이 취하여야 할 조치
[2] 기일입찰에서 입찰자의 대리인이 제출한 위임장에 첨부된 인감증명서가 사본이라는 이유로 별다른 증명의 기회를 부여함이 없이 그 입찰표를 무효 처리하고 차순위 입찰자를

---

469) 대결 1985. 10. 12. 85마613

최고가매수신고인으로 결정한 사안에서, 입찰절차를 집행한 집행관의 처분에 절차상의 하자가 있다고 본 사례

> [판결요지]
> 기일입찰에서 입찰자의 대리인은 대리권을 증명하는 문서를 집행관에게 제출하여야 하므로(민사집행규칙 제62조 제4항), 임의대리의 경우 대리인은 진정 성립이 증명되는 위임장을 제출하는 방법으로 대리권을 증명할 수 있는 것인바, 대리인이 집행관에게 제출한 위임장이 사문서로서 인감증명서가 첨부되어 있지 아니하거나 위임장과 인감증명서의 인영이 틀린 경우라 할지라도 최고가매수신고인 결정전까지 인감증명서를 제출하거나 그 밖에 이에 따르는 확실한 방법으로 위임장의 진정성립을 증명한 때에는 유효한 입찰로 처리할 수 있다고 할 것이므로, 집행관은 입찰자의 대리인이 제출한 위임장에 인감증명서가 첨부되지 아니한 경우라 할지라도 최고가매수신고인 결정을 하기 전에 그 입찰자 또는 대리인에게 위와 같이 위임장의 진정 성립을 증명할 기회를 부여하여야 한다.

(3) 공동입찰신청

(가) 지분표시확인

여러 사람이 공유 또는 합유를 목적으로 공동하여 입찰신청을 할 수 있다. 공동으로 입찰하는 때에는 입찰표에 각자의 지분을 분명하게 표시하여야 한다(민집규 62조 5항). 다만 공동으로 입찰하면서 입찰표에 각자의 지분을 표시하지 아니한 경우에는 입찰을 무효로 처리하여야 한다는 견해가 있으나, 실무에서는 지분표시가 없으면 균등한 비율로 취득(민 262조 2항)하는 것으로 취급하고 있다. 공동입찰의 형식을 빌려 부당하게 담합행위를 한 것이 판명된 때에는 집행관은 매수신청을 하지 못하도록 할 수 있으며(민집 108조 1호·2호), 매각불허가 사유가 된다(민집 123조 2항, 121조 4호).

(나) 대리인 적격

동일인이 2인 이상의 다른 입찰자의 대리인이 될 수 없다는 제한이 공동입찰신청에는 적용되지 않으므로(재민 2004-3, 31조 7호), 공동입찰자이면서 다른 공동입찰자의 대리인이 될 수도 있고, 공동입찰자 아닌 자가 2인 이상의 공동입찰자(또는 공동입찰자 전원)의 대리인이 될 수도 있다.

(다) 공동입찰인은 각자 매수할 지분을 정하여 입찰하였더라도 일체로서 그

권리를 취득하고 의무를 부담하는 관계에 있으므로, 그 공동입찰인에 대하여는 일괄하여 매각허가 여부를 결정하여야 하고 공동입찰인 중의 일부에 매각불허가 사유가 있으면 모두에게 매각을 허락하지 않아야 한다. 공동입찰인 각자는 입찰보증금 및 입찰대금의 지급에 관하여 불가분채무를 부담하고, 대금이 전액 지급되지 않으면 전부에 대하여 재입찰을 명하게 된다. 관련 판례는 아래와 같다.

> **대법원 2001. 7. 16.자 2001마1226 결정**
> [판시사항]
> 부동산 입찰절차에서 수인이 각자 매수할 지분을 정하여 공동 입찰한 경우, 공동입찰인에 대하여 일괄하여 낙찰허가 여부를 결정하여야 하는지 여부(적극)
>
> [결정요지]
> 부동산 입찰절차에서 수인이 공동입찰한 경우 그 수인의 공동입찰인은 각자 매수할 지분을 정하여 입찰하였더라도 일체로서 그 권리를 취득하고 의무를 부담하는 관계에 있으므로, 그 공동입찰인에 대하여는 일괄하여 그 낙찰허가 여부를 결정하여야 하고 공동입찰인 중의 일부에 낙찰불허가 사유가 있으면 전원에게 낙찰을 허락하지 않아야 한다.

(라) 준용

공동입찰에 관한 민사집행규칙 62조 5항은 기간입찰과 호가경매에 준용된다(민집규 71조, 72조 4항).

(4) 집행 절차상의 지위를 근거로 한 매수신청의 제한(민집규 59조)

채무자, 매각절차에 관여한 집행관, 매각 부동산을 평가한 감정인(감정평가법인이 감정인인 때에는 그 감정평가법인 또는 소속 감정평가사)은 매수의 신청을 할 수 없다(민집규 59조). 여기서 매수의 신청을 할 수 없다고 하는 것은 자기 자신이 매수인이 될 수 없다는 취지이므로, 다른 사람의 대리인으로서 매수신고를 하는 것은 허용된다. 반면, 실질적으로는 채무자 등이 매수하면서 다른 사람을 내세워 매수신고를 하는 것은 매각불허가 사유가 된다(민집 123조 2항, 121조 3호). 집행관은 민사집행규칙 59조에 해당하는 사람 및 재매각에서의 전의 매수인은 매수신청을 할 수 없음을 미리 알려야 한다(재민 2004-3, 30조 3항).

집행관은 매수신고를 할 자격이 없는 사람이 매수신고를 하게 하여서는 아니 된다. 이것은 집행관의 직무상의 의무이므로, 집행관이 매수신고인이 채무자 등에 해당하는 사실을 안 때에는 그 매수신고는 무효로 처리하고 절차를 진행하여야 한다. 개찰 후에 그 사실이 판명된 때에는 부적법한 입찰로서 취급하여야 한다. 집행관이 채무자를 최고가매수신고인으로 정한 경우에는 법원은 매각불허가결정을 하여야 한다.

(5) 민사집행규칙 59조에 따라 매수신청이 제한되는 사람은 다음과 같다.

(가) 채무자(1호)

채무자는 적법한 매수인이 될 자격이 없다. 채무자가 부동산을 매수할 수 있는 돈이 있다면 압류채권자에게 변제하는 것이 옳을 것이고, 만일 변제할 돈이 없는 경우라면 매각대금도 지급하지 못할 가능성이 크다고 볼 수 있으며, 채무자가 매수인이 되면 경매절차에서 만족을 얻지 못한 압류채권자가 같은 집행권원으로 다시 그 부동산을 압류할 수 있게 되어 강제집행절차가 복잡하게 될 우려가 있기 때문이다.

여기에서 말하는 채무자는 당해 강제경매절차에서 채무자로 취급되는 자만을 말하므로, 경매 절차상의 채무자와 같은 급부의무를 부담하는 실체법상의 연대채무자, 연대보증인 등은 해당되지 아니한다. 임의경매의 경우에 채무자 아닌 소유자는 다른 이해관계인을 불리하게 하는 바 없고 특별규정도 없으므로 매수신청인이 될 수 있다.

채권자가 매수신청인이 될 수 있는 것은 민사집행법 143조에 의하여 명백하다. 경매신청채권자의 대리인, 담보권자도 매수신청인이 될 수 있다. 제3취득자 및 임의경매에서의 물상보증인도 매수신청인이 될 수 있다.

(나) 매각절차에 관여한 집행관(2호)

매각절차에 관여한 집행관은 매수인이 될 수 없다. 집행관은 집행법원이 정한 매각방법에 따라 매각기일을 진행하며(민집 112조), 미등기 부동산에 대한 조사(민집 81조 4항), 현황조사(민집 85조), 매각조건 변경을 위한 부동산 조사(민집 111조 3항) 등 매각절차 전반에 걸쳐 관여하게 된다. 이와 같은 매각절차에 관여한 집행관의 매수신청을 허용하는 것은 절차상 공정을 해칠 우려가 있기 때문이다.

한편 집행관법 15조 1항은 집행관 또는 그 친족은 그 집행관 또는 다른 집행관이 경매 또는 매각하는 물건을 매수하지 못하도록 규정하고 있는바, 이 규정의 취지와 같은 조 2항의 문언 등에 비추어 볼 때 이는 집행관이 집행기관인 유체동산 매각절차에 관한 조항이며 집행법원이 집행기관인 부동산 매각절차에는 적용되지 아니한다.

(다) 매각 부동산을 평가한 감정인 등(3호)

매각 부동산을 평가한 감정인은 매수신청을 할 수 없다. 법원은 감정인에게 부동산을 평가하게 하고 그 평가액을 참작하여 최저매각가격을 결정하게 되므로(민집 97조 1항), 부동산에 대한 평가결과는 매각절차의 진행에 중대한 영향을 미치게 된다.

또 당해 매각 부동산을 평가한 감정인은 그 부동산의 가치나 실상에 관하여 특별한 정보를 갖고 있을 가능성이 있을 뿐 아니라, 자신이 그 부동산을 매수하려는 의도가 있는 때에는 그 부동산에 대한 공정한 평가를 기대하기 어렵기 때문이다.

감정평가법인이 감정인인 때에는 그 감정평가법인 또는 소속 감정평가사는 매수신청을 할 수 없다. 한편 집행관법 15조 2항은 민사집행법 200조의 규정에 따른 감정인 또는 그 친족은 집행관이 경매 또는 매각하는 물건을 매수하지 못하도록 규정하고 있는바, 이 규정 역시 집행관이 집행기관인 유체동산 매각절차에 관해서만 적용된다.

(라) 집행법원의 법관(사법보좌관)과 참여사무관 등은 민사소송법상의 제척·기피조항(민소 41조 1호, 50조, 사보규 9조)이 유추적용 되어 매수신청이 금지된다.

(마) 재매각절차에서 전의 매수인도 매수신청을 할 수 없다(민집 138조 4항).

(바) 집행관이 매각장소의 질서유지를 위하여 매수의 신청을 금지한 자(민집 108조)도 매수가 제한된다.

3. 매수신청의 방법

부동산의 매각은 ① 매각기일에 하는 호가경매, ② 매각기일에 입찰 및 개찰하게 하는 기일입찰 또는 ③ 입찰기간 내에 입찰하게 하여 매각기일에 개찰하는 기간입찰의 세 가지 방법으로 한다(민집 103조 2항). 어느 방법으로 하는지는 집행법원이 정한다(같은 조 1항).

가. 기일입찰

(1) 입찰장소

기일입찰의 입찰 장소에는 입찰자가 다른 사람이 알지 못하게 입찰표를 적을 수 있도록 설비를 갖추어야 한다(민집규 61조 1항). 기일입찰에서 입찰은 매각기일에 본인 또는 대리인이 매각장소에 출석하여 입찰표를 집행관에게 제출하는 방식에 의하여 진행되는데(민집규 62조 1항), 입찰절차에서 다른 입찰자의 응찰 여부나 입찰가격 비밀의 유지는 적정한 입찰의 시행을 위하여 필수불가결한 요소이기 때문이다.

(2) 동시입찰의 원칙

같은 매각기일에 입찰에 부칠 사건이 두 건 이상이거나 매각할 부동산이 두 개 이상인 경우에는 각 부동산에 대한 입찰을 동시에 하여야 한다(민집규 61조 2항 본문). 사건별로 개별적으로 입찰절차를 진행하는 경우에는, 매각기일에 참석한 사람들이 특정 사건별로 응찰자의 수를 쉽게 알 수 있으므로 이에 따라 응찰 여부나 응찰가격을 정함으로써 입찰가격이 왜곡될 우려가 있고, 이른바 경매 브로커 등에 의한 응찰방해 등의 사태가 벌어질 우려도 있기 때문이다. 다만 이와 같은 위험성이 없다고 인정하는 경우나 그밖에 동시입찰을 하는 것이 타당하지 아니하다고 인정하는 경우에는 집행법원의 판단에 따라 개별 사건별로 입찰할 수 있다(같은 조 2항 단서).

(3) 입찰표의 기재사항

위 입찰표에는 ① 사건번호와 부동산의 표시, ② 입찰자의 이름과 주소, ③ 대리인을 통하여 입찰하는 때에는 대리인의 이름과 주소, ④ 입찰가격을 적어야 한다(민집규 62조 2항 전문).

㉠ 사건번호와 부동산의 표시

사건과 경매목적 부동산을 특정하기 위한 사항이다. 사건번호에 따라 경매목적 부동산의 범위도 한정되므로, 부동산의 표시는 매수하고자 하는 목적물을 특정할 수 있을 정도로만 표시하면 충분하다.

ⓒ 입찰자의 이름과 주소

입찰표에는 입찰자의 이름과 주소를 적어야 한다. 입찰자가 법인인 경우에는 법인의 이름, 대표자의 지위와 이름, 등기 기록상의 본점 소재지를 적어야 한다. 법인의 경우 대표자의 이름을 적지 아니하면 그 입찰은 무효로 처리된다(재민 2004-3, 33조 4항, 별지 3 번호 10). 매각대금의 지급에 따른 소유권이전등기를 맡기기 위해서는 주민등록번호나 법인등록번호가 필요하므로(부동 22조 2항, 부동규 43조), 실무상으로는 주민등록번호 또는 법인등록번호를 입찰표에 적도록 하고 있다.

ⓒ 대리인에 의하여 입찰하는 때에는 대리인의 이름과 주소

대리인이 입찰하는 때에는 입찰자란에 본인 및 대리인의 이름과 주소를 적어야 한다. 실무상 사용되고 있는 입찰표에는 대리인의 주민등록번호와 전화번호, 본인과의 관계 등도 적도록 하고 있다.

ⓔ 입찰가격

입찰가격은 정확하고 명료하게 적어야 한다. 입찰가격은 일정한 금액으로 표시하여야 하며 다른 입찰가격에 대한 비례로 표시하지 못한다(민집규 62조 2항 후문). 민사집행규칙 62조 6항은 입찰표를 제출한 후 입찰가격을 변경하는 것이 금지된다는 것을 명확하게 규정하고 있으며, 나아가 실무상으로는 입찰표 양식상에 부동문자로 "금액의 기재는 수정할 수 없으므로, 입찰가격란의 기재를 수정할 필요가 있는 때에는 새 용지를 사용하십시오."라고 기재하고 만일 입찰가격의 기재가 정정된 경우에는 정정인 날인 여부를 불문하고 무효로 처리하고 있다(재민 2004-3, 33조 4항, 별지 3 번호 12). 절차의 신속을 도모하고 불필요한 다툼의 소지를 없애려는 조치이다.

입찰표는 물건마다 별도의 용지를 사용한다. 다만 일괄매각의 경우에는 예외이다. 한 사건에서 입찰물건이 여러 개 있고 그 물건들이 개별적으로 입찰에 부쳐진 경우에는 사건번호 외에 '물건번호'를 기재한다. 물건번호의 유무는 매각사건목록 또는 매각공고를 보고 확인할 수 있다.

같은 매각기일에 사건번호가 다른 두 물건에 대하여 응찰하려고 하거나 같은 사건 중 물건번호가 다른 두 물건에 대하여 응찰하려고 하는 경우에는 입찰표를 사건번호와 물건번호마다 별개의 용지로 작성하여야 할 뿐만 아니라, 각 별개의 절차에 따라 작성하여야 한다. 입찰표에 도장을 찍을 수 없을 때는 날인에 갈음하여 무인할 수 있다. 이 경우에는 집행관이 본인의 무인임을 증명한다는 문구를 기재하고 기명날인한다(재민 99-2).

(4) 입찰표의 제출절차

기일입찰에서의 입찰은 매각기일에 입찰표를 집행관에게 제출하는 방법으로 한다(민집규 62조 1항). 그러므로 기일입찰절차에서 입찰하려는 자는 반드시 매각기일에 본인 또는 대리인이 출석하여, 입찰표를 집행관에게 제출하여야 한다. 입찰표를 우송한다든지 혹은 사전에 집행관에게 제출하는 것은 허용되지 아니한다.

또한, 입찰은 반드시 입찰표에 의하여야 한다. 실무상으로는 정형적인 양식을 비치하여 이를 사용하도록 하고 있다. 입찰표의 제출방법은 구체적으로는 소정의 입찰함에 투입하는 방법에 따르고 있다. 입찰표를 제출할 때에는 매수신청의 보증도 함께하여야 한다(민집규 64조). 제출방식은 아래와 같다.

(가) 입찰표 기재대에 입실

집행관은 입찰표 기재대에 입실하는 사람에게 기일입찰표, 매수신청보증봉투, 기일입찰봉투 등을 무상 교부한다. 그 양식은 아래와 같다.

(앞면)

기 일 입 찰 표

지방법원 집행관 귀하　　　　　　　　입찰기일 :　　년　　월　　일

사건번호		타 경　　　　　호		물건번호	※ 물건번호가 여러개 있는 경우에는 꼭 기재
입찰자	본인	성 명		전화번호	
		주민(사업자)등록번호		법인등록번호	
		주 소			
	대리인	성 명		본인과의관계	
		주민등록번호		전화번호	－
		주 소			

입찰가격	천억	백억	십억	억	천만	백만	십만	만	천	백	십	일	원	보증금액	백억	십억	억	천만	백만	십만	만	천	백	십	일	원

보증의 제공방법	□ 현금·자기앞수표 □ 보증서	보증을 반환받았습니다. 　　　　　　　　입찰자

주의사항.
1. 입찰표는 물건마다 별도의 용지를 사용하십시오, 다만, 일괄입찰 시에는 1매의 용지를 사용하십시오.
2. 한 사건에서 입찰물건이 여러 개 있고 그 물건들이 개별적으로 입찰에 부쳐진 경우에는 사건번호 외에 물건번호를 기재하십시오.
3. 입찰자가 법인인 경우에는 본인의 성명란에 법인의 명칭과 대표자의 지위 및 성명을, 주민 등록란에는 입찰자가 개인인 경우에는 주민등록번호를, 법인인 경우에는 사업자등록번호를 기재하고, 대표자의 자격을 증명하는 서면(법인의 등기부 등·초본)을 제출하여야 합니다.
4. 주소는 주민등록상의 주소를, 법인은 등기부상의 본점소재지를 기재하시고, 신분확인 상 필요하오니 주민등록증을 꼭 지참하십시오.
5. 입찰가격은 수정할 수 없으므로, 수정을 요구하는 때에는 새 용지를 사용하십시오.
6. 대리인이 입찰하는 때에는 입찰자란에 본인과 대리인의 인적사항 및 본인과의 관계 등을 모두 기재하는 외에 본인의 위임장(입찰표 뒷면을 사용)과 인감증명을 제출하십시오.
7. 위임장, 인감증명 및 자격증명서는 이 입찰표에 첨부하십시오.
8. 일단 제출된 입찰표는 취소, 변경이나 교환할 수 없습니다.
9. 공동으로 입찰하는 경우에는 공동입찰신고서를 입찰표와 함께 제출하되, 입찰표의 본인란에는 "별첨 공동입찰자목록 기재와 같음"이라고 기재한 다음, 입찰표와 공동입찰신고서 사이에는 공동입찰자 전원이 간인하십시오.
10. 입찰자 본인 또는 대리인 누구나 보증을 반환받을 수 있습니다.
11. 보증의 제공방법(현금·자기앞수표 또는 보증서) 중 하나를 선택하여 ☑표를 기재하십시오.

(뒷면)

위 임 장

대리인	성 명		직업	
	주민등록번호	—	전화번호	
	주 소			

위 사람을 대리인으로 정하고 다음 사항을 위임함.

다 음

지방법원   타경   호 부동산

경매사건에 관한 입찰행위 일체

본인1	성 명	(인감인)	직 업	
	주민등록번호	—	전 화 번 호	
	주 소			
본인2	성 명	(인감인)	직 업	
	주민등록번호	—	전 화 번 호	
	주 소			
본인3	성 명	(인감인)	직 업	
	주민등록번호	—	전 화 번 호	
	주 소			

* 본인의 인감 증명서 첨부
* 본인이 법인인 경우에는 주민등록번호란에 사업자등록번호를 기재

지방법원 귀중

매수신청보증 봉투(흰색 작은 봉투)

(앞면)

```
법원

매수신청보증봉투
```

주 크기는 통상의 규격봉투와 같다.

(뒷면)

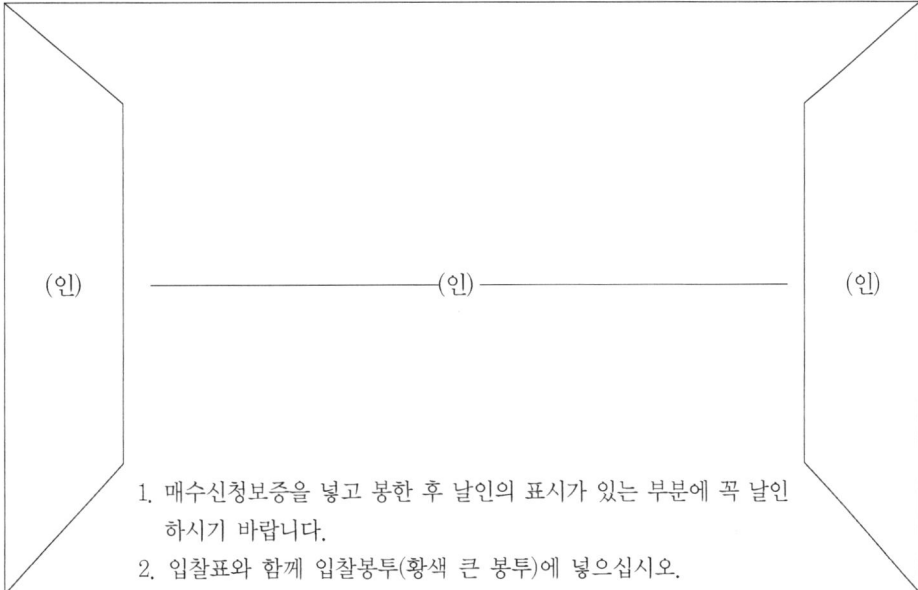

1. 매수신청보증을 넣고 봉한 후 날인의 표시가 있는 부분에 꼭 날인 하시기 바랍니다.
2. 입찰표와 함께 입찰봉투(황색 큰 봉투)에 넣으십시오.

기일입찰봉투(황색 큰 봉투) 앞면

(앞면)

입찰자용 수취증	주의: 이 부분을 절취하여 보관하다가 매수신청보증을 반환받을 때 제출하십시오.
○○법원(연결번호 번)	분실시에는 매수신청보증을 반환받지 못할 수가 있으니 주의하십시오.
집행관 인	

○○법원(연결번호   번)   ◆ 접는선 뒷면의 사건번호와 물건번호를 반드시 기재하여 주시기 바랍니다.

※ 타인이 사건번호를 볼 수 없도록 위 접는선을 접어서 지철기(호치키스)로 봉하여 제출하십시오.

입 찰 봉 투

제출자 성 명	본 인	외 ㉞
	대리인	㉞

◆ 주 의 사 항 ◆
1. 입찰대상이 아닌 경매사건에 응찰한 경우에는 즉시 매수보증금을 반환받을 수 없고 개찰이 모두 완료된 후에 매수보증금을 반환 받을 수 있으므로 매각기일을 꼭 확인하여 주시기 바랍니다.
2. 매수신청보증봉투와 입찰표를 넣고 사건번호를 타인이 볼 수 없도록 접어서 지철기(호치키스)로 봉하십시오.
3. 위 입찰자 성명란을 기재하고, 입찰봉투 제출 시 신분증을 제시하십시오.
4. 입찰자용 수취증의 절취선에 집행관의 날인을 받으십시오.

기일입찰봉투(황색 큰 봉투) 뒷면

이곳에는 절대로 풀칠을 하지 마십시오.

사건번호	20 타경 호
물건번호	
※ 물건번호가 2개 이상 있는 경우에는 물건번호를 꼭 기재하여야 함	

날인의 표시가 있는 부분에는 꼭 날인하시기 바랍니다.

305mm

217mm

(나) 입찰표 기재 대에서의 절차

입찰표를 작성하고, 매수신청보증을 입찰보증금 봉투에 넣고 1차로 봉한 후, 기재한 입찰표와 매수신청보증봉투를 다시 큰 입찰봉투에 넣어 종이찍개(stapler)로 찍어 봉하고 봉투의 지정된 위치에 도장을 찍은 다음 기재 대에서 나온다.

입찰보증금 봉투의 앞면에 사건번호, 물건번호, 제출자 이름을 기재하고 도장을 찍으며, 뒷면에는 표시된 세 곳에 도장을 찍는다. 입찰봉투에는 사건번호, 물건번호, 입찰자 이름을 기재하나 날인은 하지 않는다. 공동입찰의 경우에는 대표자 1인의 이름만 기재하고 그 외 인원수를 기재한다.

(다) 입찰봉투의 입찰함 투입

입찰봉투와 주민등록증을 집행관에게 제출하여 입찰봉투제출자의 본인 여부를 확인받은 후, 입찰봉투 상에 연결번호와 집행관의 간인을 받은 다음 수취증을 떼어내 보관하고, 입찰봉투를 입찰함에 투입한다. 수취증은 나중에 입찰에서 떨어졌을 때 그것과 상환하여 보증금을 반환받는다(재민 2004-3, 44조 참조).

(5) 입찰의 변경 또는 취소의 금지

(가) 기일입찰에서 입찰은 취소·변경 또는 교환할 수 없다(민집규 62조 6항). 이것을 인정하면 절차가 혼란하게 되고, 입찰자 상호 간에 분쟁이 생길 우려가 있기 때문이다. 또 다른 사람의 매수신고에 대응하여 매수신고의 액을 순차 변경시켜 나가는 경매와는 달리, 비밀을 유지한 상태에서 매수신고액의 고저(高低)를 상호 비교하여 최고가매수신고인을 결정하는 입찰제도의 본질에 비추어 볼 때 입찰의 취소·변경 또는 교환은 허용하지 아니하는 것이 상당하다.

호가경매는 입찰표의 제출이 없으므로, 위 규정이 준용될 여지가 없다. 입찰의 취소란 입찰의 의사표시를 철회하는 것을 말한다. 변경이란 입찰표의 기재 내용을 정정·추가하는 것을 말하며, 교환은 입찰표 자체를 바꾸는 것을 의미한다.

실무상 입찰표상 금액의 기재는 그것이 착오를 근거로 한 경우라도 수정할 수 없고, 이러한 경우에는 새 용지를 사용하게 되어 있으며, 입찰가액의 기재가 정정된 경우에는 정정인 날인 여부를 불문하고 무효로 처리하고 있음은 앞서 본 바와 같다.

일괄매각결정이 없었던 입찰절차에서 1장의 입찰표에 여러 개의 부동산에 대한 입찰가액의 총액만을 기재하여 제출하였다가 매각기일 종결 후 집행관의 보완지시를 받고 부동산별로 입찰표를 다시 작성, 제출한 경우 그 입찰표는 무효이다.[470]

(나) 입찰의 변경 또는 취소의 금지 실무 사례[471]

문. 부동산경매의 입찰 참여자가 입찰봉투를 입찰함에 투입한 후 입찰 마감 전에 착오로 입찰금액을 공란으로 하여 입찰함에 투입하였으나 그 입찰금액의 추가기재를 위하여 입찰봉투의 반환을 요구하는 경우 집행관은 이에 응해야 하는지?

답. 기일입찰에서 입찰은 매각기일에 입찰표를 집행관에게 제출하는 방법으로 하는데 입찰법정에서 입찰함에 입찰표를 투입함으로써 집행관에게 제출이 완료된 것으로 보아야 하므로 입찰표는 그 제출이 된 이후 입찰표의 취소, 변경, 교환은 허용되지 아니한다(민집규 62조 6항). 따라서 입찰표를 입찰함에 투입하기 전이라면 모르되 투입 이후에는 입찰금액을 착오로 기재하지 아니하였다면 그 보완을 이유로 한 입찰표의 반환 요구는 허용될 수 없을 것이다.

문. 입찰참여자가 입찰표를 입찰함에 투입한 이후 매수 보증금의 동봉이 빠진 사실을 발견하고 매수보증금을 별도로 집행관에게 제출한 경우 집행관이 입찰마감 직후 당해 입찰봉투에 빠진 매수보증금 봉투를 넣는 방법으로 유효한 입찰참가가 가능한지?

답. (1) 매수신청보증금은 입찰표를 입찰함에 투입할 당시에 입찰봉투에 입찰표와 함께 동봉하여 투입해야 하며 입찰봉투를 입찰함에 투입하기 전 또는 그 후에 별도로 보증금이 든 매수신청보증봉투를 집행관에게 제출하는 것은 허용되지 않는다. 위의 보완이 허용되지 아니하므로 개찰결과 최고의 가격으로 입찰한 자가 소정의 매수신청보증을 제출하지 아니하였음이 밝혀진 경우 또는 그 금액이 미달한 경우는 그 입찰은 무효로 처리해야 한다(대법원 1998. 6. 5. 98마626 결정참고).

(다) 입찰표의 이중 제출의 경우

이미 행한 입찰의 취소·변경 또는 교환이 금지됨은 물론이고 이미 행한 입찰은 그대로 둔 채 동일인이 다시 입찰표를 제출하는 것도 허용되지 않는다.

---

470) 대결 1994. 8. 8. 94마1150
471) 2017. 전국법원 집행관 연합회 발행 집행관 업무자료집(V) 40면

동일인이 두 개의 다른 매수의 신고를 하는 경우에는 만일 두 번째 입찰을 유효한 것으로 하게 되면 실질적으로 민사집행규칙 62조 6항에 위반되어 부당하다. 따라서 동일인이 2개의 다른 매수신고를 한 경우에는 2개의 입찰 모두를 무효로 보아야 한다.

나. 기간입찰

기간입찰은 특정한 매각기일에 특정한 입찰 장소에서 입찰하는 기일입찰제도와는 달리 일정한 입찰기간을 정하여 그 기간 내에 입찰표를 직접 또는 우편으로 법원에 제출하게 하는 것으로서, 입찰 시에 법원이 정한 최저매각가격의 1할을 일률적으로 법원의 은행 계좌에 납입한 뒤(따라서 보증금액은 모든 입찰자에게 같음) 그 입금표를 입찰표에 첨부하거나 지급보증위탁계약체결증명서를 첨부하도록 한 다음, 입찰기간 종료 후 일정한 날짜 안에 별도로 정한 매각기일(개찰기일)에 개찰하여 최고가매수신고인, 차순위매수신고인을 정하고, 매각결정기일에서 매각허가결정을 하는 매각방법이다(민집 103조 2항).

종래 기일입찰의 방식에서는 호가경매에서와 같은 경매 브로커의 폐해, 담합 등의 경매 부조리가 감소하기는 하였으나 완전히 소멸되지는 않았고, 일반인들이 매각기일에 출석하여 매수신청을 하여야 하는 불편함 등이 있었다. 이에 따라 일반인이 널리 경매에 참여함으로써 고액의 매각을 기대할 수 있고, 원격지 거주자 등도 매수에 참가할 수 있어 매수의 범위가 확대되며, 매각장소의 질서 유지도 상대적으로 용이한 기간입찰이 새로운 매각방법으로 도입되었다.

기간입찰의 방식에 의하게 되면 다른 사람의 매수신청 여부 및 그 신청액을 인식 또는 추측하는 데서 야기되는 경매 브로커의 횡포를 완전히 봉쇄할 수 있고, 전문업자가 일반의 매수희망자를 직접 협박하거나 기망할 여지도 없게 된다는 점 등의 장점이 있다.

(1) 입찰기간 등의 지정

법원은 부동산의 매각방법을 결정한 때에는 매각기일과 매각결정기일을 정하여 공고하고 이해관계인에게 통지하여야 하는데(민집 104조 1항, 2항), 기간입찰의 방법으로 매각하는 경우에는 '입찰기간'을 지정하여 공고하고, 이를 이해관계인에게 통지하여야 한다(같은 조 4항). 집행법원이 입찰기간과 개찰기일을 정하는 방법은 다음과 같다(민집규 68조).

첫째, 입찰기간은 1주 이상 1개월 이내의 범위 안에서 정하여야 한다. 기간입찰에서는 우편으로 부치는 방법에 따른 입찰을 인정하고 있으므로(민집규 69조), 우편사정을 고려하면 입찰기간은 적어도 1주 이상이 되지 않으면 안 될 것이고, 다른 측면에서는 절차의 신속한 처리와 관리상의 문제점 등을 고려하여 1개월 이내의 범위로 한정한 것이다. 이 범위 내에서는 입찰기간을 어떻게 정할지는 법원의 재량에 맡겨 있다.

둘째, 매각기일(개찰기일)은 입찰기간이 끝난 후 1주 안의 날로 정하여야 한다. 매각기일은 입찰기간이 끝난 후 되도록 이른 시일 안에 여는 것이 여러 가지 측면에서 바람직하다.

다만 기간입찰에서는 집행법원의 계좌에 입금하는 방법에 따라도 매수신청의 보증을 제공할 수 있기 때문에 실제로 계좌에 입금되었는지를 개찰 전에 확인하여야 하고, 또 우편으로 부치는 방법에 따른 입찰을 인정하고 있기 때문에 입찰표가 동봉된 봉투가 집행관이 근무하는 법원의 총무과 등을 거쳐 실제로 집행관의 수중에 들어가는 것은 입찰기간이 끝난 후인 경우도 생길 수 있으므로, 이와 같은 점을 고려하여 매각기일은 입찰기간이 끝난 후 1주 안의 날로 정하도록만 규정하여, 각 법원의 실정에 맞추어 입찰기간의 만료일과 매각기일과의 간격을 정할 수 있도록 하고 있다. 입찰기간이 개시된 이후에는 매각기일의 변경, 연기는 허용되지 않는다. 한편 매각결정기일은 매각기일(개찰기일)로부터 1주 이내로 정하여야 한다(민집 109조 1항).

(2) 두 가지 입찰방법

기일입찰에서는 매각기일에 입찰표를 집행관에게 제출하는 방법 한 가지만 허용되지만(민집규 62조 1항), 기간입찰에서는 1주 이상의 입찰기간 내에 입찰이 이루어지므로(민집규 68조), 입찰표를 넣고 봉함을 한 봉투의 겉면에 매각기일을 적어 직접 집행관에게 제출하거나 그 봉투를 등기우편으로 부치는 두 가지 입찰방법을 허용하고 있다(민집규 69조). 기일입찰에서의 입찰표 기재사항에 관한 민사집행규칙 62조 2항의 규정은 기간입찰에도 준용된다(민집규 71조).

(가) 집행관에 대한 제출방법

기간입찰에서 첫 번째 입찰방법은 입찰표를 집행관에게 제출하는 방법인데,

기일입찰의 경우와는 달리 입찰표를 봉투에 넣고 봉함을 한 후 그 봉투에 매각기일(개찰기일)을 적은 다음 입찰표가 들어있는 봉투를 집행관에게 제출하는 것이다. 매수신청보증도 함께 제출하여야 한다(민집규 70조 참조).

기간입찰에서는 입찰표를 장기간 보관하여야 하는 관계로 비밀유지와 개찰의 편의를 위하여 입찰표를 봉투에 넣어 봉함하여야 하므로, 봉투의 표지에 매각기일을 적어야 한다. 봉투에 매각기일이 기재되어 있으면 사건번호나 물건번호의 표시가 없어도 개봉 후에 입찰표에 의하여 판명할 수 있으므로 개찰에는 아무런 지장이 없다.

이 봉투를 집행관에게 제출하는 방법은 입찰하려고 하는 사람이 일정한 장소(집행법원이 정하는 장소로, 통상은 집행관사무실이 될 것이다)에 출석하여 제출하는 방법으로 한다. 기간입찰의 성질상 입찰 기간에 집행관이 늘 그 장소에 대기하고 있는 것은 불가능하므로, 집행관이 부재중인 때에는 그의 보조자(사무원)에게 제출하면 된다. 그리고 집행관은 근무시간 외의 시간에는 입찰을 접수할 의무가 없으므로, 이 봉투의 제출은 집행관의 근무시간 중인 평일 9:00부터 12:00까지, 13:00부터 18:00까지 사이에 집행관사무실에 접수하여야 한다.

입찰표를 넣은 봉투를 수리한 때에는 기간입찰봉투에 매각기일의 기재 여부를 확인하고, 기간입찰봉투의 앞면 여백에 접수일시가 명시된 접수인을 도장을 찍은 후 접수번호를 기재하고, 기간입찰 접수부에 전산 등록하고, 기간입찰봉투를 입찰함에 투입한다(재민 2004-3. 20조).

입찰기간 중에는 근무시간 이외라 하더라도 기간입찰봉투를 당직근무자에게 제출할 수 있다. 이때 당직근무자는 주민등록증 등으로 제출자를 확인한 다음, 기간입찰봉투에 매각기일의 기재 여부, 기간입찰봉투를 봉한 후 소정의 위치에 도장을 찍은 여부를 확인한 후 기간입찰봉투 앞면 여백에 제출자의 이름을 기재하고, 접수일시가 명시된 접수인을 도장을 찍은 후 문건으로 접수한다(재민 2004-3. 20조). 당직근무자는 즉시 제출자에게 접수증을 내주고, 다음 날 근무 시작 전 집행관사무실에 기간입찰봉투를 인계하고 법원재판사무처리규칙 별지 2호 서식(문서사송부) 수령인란에 집행관 등의 영수인을 받는다.

입찰표를 넣고 봉함을 한다는 것은 개봉하지 아니하면 입찰표를 볼 수 없도록 봉함을 하여야 한다는 취지이므로, 입찰표가 봉함된 봉투는 매각(개찰)기일에 참여인의 앞에서 개봉하고 입찰표를 꺼내게 된다. 집행관에 대한 제출은 입찰기간 내에 해야 한다. 입찰기간의 개시 전 또는 종료 후에 제출된 경우에는 이를 받을 수 없다.

(나) 집행관에게 우편으로 부치는 방법

두 번째 방법은 입찰표를 집행관에게 우편으로 부치는 방법이다. 이 경우에는 입찰표를 넣고 봉함을 한 후 매각기일을 적은 봉투를 등기우편으로 부쳐야 한다. 물론 매수신청의 보증도 입찰표와 같은 봉투에 넣어 함께 부쳐야 한다(민집규 70조 참조). 우편의 수신자는 집행법원이 아니라 집행관이다. 집행관은 우편을 받은 때에는 등기우편을 뜯어, 입찰표를 넣고 봉함을 한 봉투 및 보증제공을 위하여 제출된 문서(계좌입금증명서 또는 지급보증위탁계약을 체결한 문서)를 확인한 후에 봉함된 봉투는 집행관에게 직접 제출된 것과 함께 매각(개찰)기일까지 보관한다.

우편입찰의 경우에도 입찰은 입찰기간 안에 하여야 한다. 따라서 우편제출의 경우 입찰기간 개시일 00:00 시부터 종료일 24:00까지 접수되어야 한다. 그러므로 우편사정에 의하여 배달이 지체된 결과 입찰기간 만료 후에 도달한 것은 무효로 할 수밖에 없다. 하지만 이러한 위험성을 예측하고 일찍 발송한 관계로 입찰기간의 개시 전에 도달된 것에 관하여는 이를 무효로 하는 것은 가혹할 것이므로 입찰기간 개시일까지 보관하다가 개시일에 접수한다(재민 2004-3, 23조 별지 1).

또 집행관 앞으로 발송된 우편물도 근무시간 이후나 공휴일 등의 경우에는 법원당직실 등을 거쳐 집행관에게 도달되는 때도 있는바, 이 경우에는 법원에 도달된 시점이 입찰기간 안이면 집행관에게 넘겨진 것이 입찰기간 만료 후인 경우에도 유효로 처리하여야 할 것이다. 입찰표를 넣은 봉함 봉투를 집행관이 잘못하여 매각기일 전에 개봉한 경우에는 즉시 다시 봉함한 다음 그 취지를 덧붙이고 기명날인하여 두어야 한다. 잘못하여 개봉한 것이기 때문에 이 때문에 입찰을 무효로 처리할 수는 없다.

우편은 등기우편에 의하여야 한다(민집규 69조). 이는 우편물의 인수나 배달에 관한 사항이 기록되게 함으로써 분쟁을 피하기 위한 것이다. 따라서 보통우편에 의한 것은 무효로 처리한다. 비치된 기간입찰봉투 이외의 봉투가 사용된 경우에는 직접제출의 경우에는 접수하지 않고, 우편제출의 경우에는 개찰에 포함한다(재민 2004-3, 23조 별지 1).

(3) 입찰의 변경 또는 취소의 금지

기간입찰에서도 입찰(입찰표)은 취소·변경 또는 교환할 수 없다(민집규 62조 6항, 71조). 입찰의 변경 등의 금지는 기간입찰 중 특히 우편으로 부치는 방법에 따른 입찰의 경우에 문제의 소지가 있는데, 입찰서를 넣은 등기우편이 집행관에게 배달된 후에는 변경, 취소는 허용되지 아니한다. 우편이 발송된 후 배달되기 전에 봉투를 반환받으면 입찰한 것으로 되지 아니하여 그 후에 다른 입찰서를 제출하는 것은 이 금지규정에 저촉되지 않지만, 단순히 배달되기 전에 입찰을 철회하는 신청을 한다든지, 별도의 다른 입찰서를 제출하는 것은 위 규정에 저촉된다.

입찰표의 기재를 잘못한 경우, 특히 금액의 기재를 잘못한 경우 기일입찰의 경우에는 새로 입찰표를 청구하여 바르게 쓴 다음 제출하면 되지만, 기간입찰의 경우에는 입찰표를 속봉투에 넣어 제출하게 되어 있기 때문에 기일입찰과 같은 취급을 할 수가 없다. 기간입찰의 방법에 따른 매각절차에서는 입찰표의 기재만으로 입찰의 효력이 판단되기 때문에 입찰표의 기재는 그 기재 자체로부터 명확히 읽힐 수 있게 되어 있어야 한다.

(4) 기간입찰봉투의 보관 등

(가) 기간입찰봉투 등의 흠에 대한 처리

집행관 등은 기간입찰봉투와 첨부서류에 흠이 있는 경우 부동산 등에 대한 경매절차 처리지침(재민 2004-3) 별지 1, 2 처리기준에 의하여 처리한다. 집행관 등은 흠이 있는 경우 기간입찰봉투 앞면에 빨간색 펜으로 그 취지를 간략히 표기(기간도과, 밀봉 안됨, 매각기일 미기재, 미등기 우편, 집행관 등 이외의 자에 제출 등)한 후 입찰함에 투입한다(재민 2004-3, 23조).

(나) 기간입찰봉투의 보관

집행관은 매각(개찰)기일별로 구분하여, 잠금장치가 되어 있는 입찰함에 기간입찰봉투를 넣어 보관하여야 한다. 잠금장치에는 봉인하고, 입찰기간의 종료 후에는 투입구도 봉인한다. 집행관은 매각(개찰)기일까지 입찰함의 봉인과 잠금 상태를 유지하고, 입찰함을 캐비닛씩 보관용기에 넣어 보관하여야 한다(재민 2004-3, 24조).

(5) 기일입찰의 준용

입찰하는 방법에 관하여는 이 조항에 규정되어 있는 점 이외에는 기일입찰의 규정이 준용된다(민집규 71조).

다. 기간입찰봉투에 흠이 있는 경우 처리기준 (재판예규 제1853호)

번호	흠결사항	처리기준	비고
1	기간입찰봉투(이하, "입찰봉투"라고 한다)가 입찰기간 개시 전 제출된 경우	① 직접제출: 접수하지 않는다.	입찰기간 개시 후에 제출하도록 한다.
		② 우편제출: 입찰기간 개시일까지 보관하다가 개시일에 접수한다.	입찰봉투 및 기간입찰접수부(이하 "접수부"라고 한다)에 그 취지를 부기 한다.
2	입찰봉투가 입찰기간 종료 후 제출된 경우	① 직접제출: 접수하지 않는다.	지체 이유를 불문한다.
		② 우편제출: 접수는 하되, 개찰에 포함 시키지 않는다.	지체 이유를 불문한다. 입찰봉투 및 접수부에 그 취지를 부기한다.
3	입찰봉투가 봉인되지 아니한 경우	① 직접제출: 봉인하여 제출하도록 한다.	
		② 우편제출: 접수는 하되, 개찰에 포함 시키지 않는다. 다만 날인만 누락된 경우에는 개찰에 포함 시킨다.	입찰봉투 및 접수부에 그 취지를 덧붙인다.
4	비치된 입찰봉투 이외의 봉투가 사용된 경우	① 직접 제출: 접수하지 않는다.	비치된 입찰봉투를 사용하여 제출하도록 한다.
		② 우편제출: 개찰에 포함 시킨다.	
5	입찰봉투에 매각기일의 기재가 없는 경우	① 직접제출: 접수하지 않는다.	매각기일을 기재하여 제출하도록 한다.
		② 우편제출: 접수는 하되, 개찰에 포함 시키지 않는다.	입찰봉투를 개봉하여 매각기일을 확인하여 입찰봉투에 매각기일을 기재하고, 접수부에 그 취지를 부기 한다.

6	입찰봉투가 등기우편 이외의 방법으로 송부된 경우	접수는 하되, 개찰에는 포함시키지 않는다.	입찰봉투 및 접수부에 그 취지를 부기 한다.
7	입찰표가 입찰봉투에 넣어지지 않고 우송된 경우	접수는 하되, 개찰에는 포함하지 않는다.	접수부에 그 취지를 부기 한다.
8	입찰봉투가 집행관 이외의 사람을 수취인으로 하여 우송된 경우	접수하고, 그 중 입찰봉투가 봉인된 채로 집행관에게 넘겨진 경우에 한하여 개찰에 포함시킨다.	
9	입찰봉투가 법원에 접수되어 집행관 등에게 회부 된 경우	① 법원에 접수된 일시가 입찰기간 내인 경우 개찰에 포함시킨다. ② 법원에 접수된 일시가 입찰기간을 지난 경우 접수는 하되, 개찰에는 포함 시키지 않는다.	입찰봉투 및 접수부에 그 취지를 부기 한다.
10	집행관 등 또는 법원 직원이 입찰봉부를 착오로 개찰기일 전 개봉한 경우	즉시 다시 봉한 후 개찰에 포함 시킨다.	입찰봉투 및 접수부에 그 취지를 부기 한다.
11	집행관 등이나 법원 이외의 자에게 직접 제출된 경우	접수는 하되, 개찰에는 포함시키지 않는다.	입찰봉투 및 접수부에 그 취지를 부기 한다.
12	접수인과 기간 입찰접수부 등 재 없이 입찰함에 투입된 경우	개찰에 포함 시키지 않는다.	

라. 첨부서류 등에 흠이 있는 경우의 처리기준(재판예규 제1853호)

번호	흠결사항	처리기준	비고
1	입금증명서 또는 보증서, 법인등기사항증명서, 가족관계증명서, 공동입찰자목록이 같은 입찰봉투에 함께 봉함되지 않고 별도로 제출된 경우	① 직접제출 : 접수하지 않는다.	입찰봉투에 넣어 제출하도록 한다.
		② 우편제출 : 접수는 하되, 개찰에는 포함시키지 않는다.	클립 등으로 입찰봉투에 편철하고, 입찰봉투와 접수부에 그 취지를 부기한다.
2	입금증명서 또는 보증서, 법인등기사항증명서, 가족관계증명서, 공동입찰자목록이 누락된 경우	개찰에 포함시키지 않는다.	
3	주민등록표등·초본이 누락되거나 발행일이 입찰기간 만료일 전 6월을 초과하는 경우	개찰에 포함시킨다.	
4	대표자나 관리인의 자격 또는 대리인의 권한을 증명하는 서면으로서 관공서에서 작성하는 증명서, 대리위임장 및 인감증명서가 누락되거나 발행일이 입찰기간 만료일 전 6월을 초과하는 경우	개찰에 포함시키지 않는다. 다만, 변호사·법무사가 임의대리인으로 입찰하는 경우 인감증명서가 붙어 있지 않더라도 개찰에 포함시킨다.	

마. 기일입찰표의 유·무효 처리기준(재판예규 제1853호)

번호	흠결사항	처리기준
1	입찰기일을 적지 아니하거나 잘못 적은 경우	입찰봉투의 기재에 의하여 그 매각기일의 것임을 특정할 수 있으면 개찰에 포함시킨다.
2	사건번호를 적지 아니한 경우	입찰봉투, 매수신청보증봉투, 위임장 등 첨부서류의 기재에 의하여 사건번호를 특정할 수 있으면 개찰에 포함시킨다.
3	매각물건이 여러 개인데, 물건번호	개찰에서 제외한다. 다만, 물건의 지번·건

	를 적지 아니한 경우	물의 호수 등을 적거나 입찰봉투에 기재가 있어 매수신청 목적물을 특정할 수 있으면 개찰에 포함시킨다.
4	입찰자 본인 또는 대리인의 이름을 적지 아니한 경우	개찰에서 제외한다. 다만, 고무인·인장 등이 선명하여 용이하게 판독할 수 있거나, 대리인의 이름만 기재되어 있으나 위임장·인감증명서에 본인의 기재가 있는 경우에는 개찰에 포함시킨다.
5	입찰자 본인과 대리인의 주소·이름이 함께 적혀 있지만(이름 아래 날인이 있는 경우 포함), 위임장이 붙어 있지 아니한 경우	개찰에서 제외한다.
6	입찰자 본인의 주소·이름이 적혀 있고 위임장이 붙어 있지만, 대리인의 주소·이름이 적혀 있지 않은 경우	개찰에서 제외한다.
7	위임장이 붙어 있고 대리인의 주소·이름이 적혀 있으나 입찰자 본인의 주소·이름이 적혀 있지 아니한 경우	개찰에서 제외한다.
8	한 사건에서 동일인이 입찰자 본인인 동시에 다른 사람의 대리인이거나, 동일인이 2인 이상의 대리인을 겸하는 경우	쌍방의 입찰을 개찰에서 제외한다.
9	입찰자 본인 또는 대리인의 주소나 이름이 위임장 기재와 다른 경우	이름이 다른 경우에는 개찰에서 제외한다. 다만, 이름이 같고 주소만 다른 경우에는 개찰에 포함한다.
10	입찰자가 법인일 때 대표자의 이름을 적지 아니한 경우(날인만 있는 경우도 포함)	개찰에서 제외한다. 다만, 법인등기사항증명서로 그 자리에서 자격을 확인할 수 있거나, 고무인·인장 등이 선명하며 쉽게 판독할 수 있는 경우에는 개찰에 포함한다.
11	입찰자 본인 또는 대리인의 이름 다음에 날인이 없는 경우	개찰에 포함한다.
12	입찰가격의 기재를 정정한 경우	정정인 날인 여부를 불문하고, 개찰에서 제

		외한다.
13	입찰가격의 기재가 불명확한 경우 (예, 5와 8, 7과 9, 0과 6 등)	개찰에서 제외한다.
14	보증금액의 기재가 없거나 그 기재된 보증금액이 매수신청보증과 다른 경우	매수신청 보증 봉투 또는 보증서에 의해 정하여진 매수신청보증 이상의 보증제공이 확인될 때는 개찰에 포함한다.
15	보증금액을 정정하고 정정인이 없는 경우	
16	하나의 물건에 대하여 같은 사람이 여러 장의 입찰표 또는 입찰 봉투를 제출한 경우	입찰표 모두를 개찰에서 제외한다.
17	보증의 제공 방법에 관한 기재가 없거나 기간입찰표를 작성·제출한 경우	개찰에 포함한다.
18	위임장은 붙어 있으나 위임장이 사문서로서 인감증명서가 붙어 있지 아니한 경우, 위임장과 인감증명서의 인영이 다른 경우	개찰에서 제외한다. 다만, 변호사·법무사가 임의대리인으로 입찰하는 경우 인감증명서가 붙어 있지 않더라도 개찰에 포함한다.

바. 기간입찰표의 유·무효 처리기준(재판예규 제1853호)

번호	흠결 사항	처리기준
1	매각기일을 적지 아니하거나 잘못 적은 경우	입찰봉투의 기재에 의하여 그 매각기일의 것임을 특정할 수 있으면 개찰에 포함시킨다.
2	사건번호를 적지 아니한 경우	입찰봉투, 보증서, 입금증명서 등 첨부서류의 기재에 의하여 사건번호를 특정할 수 있으면 개찰에 포함시킨다.
3	매각물건이 여러 개인데, 물건번호를 적지 아니한 경우	개찰에서 제외한다. 다만, 물건의 지번·건물의 호수 등을 적거나 보증서, 입금증명서 등 첨부서류의 기재에 의하여 특정할 수 있는 경우에는 개찰에 포함시킨다.

4	입찰자 본인 또는 대리인의 이름을 적지 아니한 경우	개찰에서 제외한다. 다만, 고무인·인장 등이 선명하여 용이하게 판독할 수 있거나, 대리인의 이름만 기재되어 있으나 위임장·인감증명서에 본인의 기재가 있는 경우에는 개찰에 포함시킨다.
5	입찰자 본인과 대리인의 주소·이름이 함께 적혀 있지만(이름 아래 날인이 있는 경우 포함) 위임장이 붙어 있지 아니한 경우	개찰에서 제외한다.
6	입찰자 본인의 주소·이름이 적혀 있고 위임장이 붙어 있지만, 대리인의 주소·이름이 적혀 있지 않은 경우	개찰에서 제외한다.
7	위임장이 붙어 있고 대리인의 주소·이름이 적혀 있으나 입찰자 본인의 주소·이름이 적혀 있지 아니한 경우	개찰에서 제외한다.
8	한 사건에서 동일인이 입찰자 본인인 동시에 다른 사람의 대리인이거나, 동일인이 2인 이상의 대리인을 겸하는 경우	쌍방의 입찰을 개찰에서 제외한다.
9	입찰자 본인 또는 대리인의 주소나 이름이 위임장 기재와 다른 경우	이름이 다른 경우에는 개찰에서 제외한다. 이름이 같고 주소만 다른 경우에는 개찰에 포함시킨다.
10	입찰자가 법인인 경우 대표자의 이름을 적지 아니한 경우(날인만 있는 경우도 포함)	개찰에서 제외한다. 다만, 법인등기사항증명서로 그 자리에서 자격을 확인할 수 있거나, 고무인·인장 등이 선명하며 용이하게 판독할 수 있는 경우에는 개찰에 포함시킨다.
11	입찰자 본인 또는 대리인의 이름 다음에 날인이 없는 경우	개찰에 포함시킨다.
12	입찰가격의 기재를 정정한 경우	정정인 날인 여부를 불문하고, 개찰에서 제외한다.
13	입찰가격의 기재가 불명확한 경우 (예, 5와 8, 7과 9, 0과 6 등)	개찰에서 제외한다.

14	보증금액의 기재가 없거나 그 기재된 보증금액이 매수신청보증과 다른 경우	보증서 또는 입금증명서에 의해 정하여진 매수신청보증 이상의 보증제공이 확인되는 경우에는 개찰에 포함시킨다.
15	보증금액을 정정하고 정정인이 없는 경우	
16	하나의 물건에 대하여 같은 사람이 여러 장의 입찰표 또는 입찰봉투를 제출한 경우	입찰표 모두를 개찰에서 제외한다.
17	보증의 제공방법에 관한 기재가 없거나 기일입찰표를 작성·제출한 경우	개찰에 포함시킨다.
18	위임장은 붙어 있으나 위임장이 사문서로서 인감증명서가 붙어 있지 아니한 경우, 위임장과 인감증명서의 인영이 다른 경우	개찰에서 제외한다. 다만, 변호사·법무사가 임의대리인으로 입찰하는 경우 인감증명서가 붙어 있지 않더라도 개찰에 포함시킨다.
19	매각물건이 여러 개인데 입찰표에는 물건번호를 특정하여 기재하였으나 보증서에는 물건번호 기재가 누락된 경우	집행법원이 정한 보증금액과 비교하여 당해 매각물건에 관하여 발행된 보증서라는 것이 명백한 경우 개찰에 포함시킨다.
20	입금증명서와 함께 붙어 있는 법원보관금 영수필통지서에 보관금종류가 기간입찰 매수신청보증금으로 기재되어 있지 않고 경매예납금 등으로 기재된 경우	개찰에 포함시키고, 집행관은 취급점에 법원보관금 종류 정정 통지서(전산양식 A1275)를 작성하여 즉시 통지하고 납입여부를 확인한다.

사. 보증서의 무효사유(재판예규 제1853호)

번호	무효사유
1	보증서상 보험계약자의 이름과 입찰표상 입찰자 본인의 이름이 불일치하는 경우
2	보험가입금액이 매수신청보증액에 미달하는 경우
3	보증서상의 사건번호와 입찰표상의 사건번호가 불일치하는 경우
4	입찰자가 금융기관 또는 보험회사인 경우에 자기를 지급보증위탁계약의 쌍방 당사자로 하는 보증서를 제출한 경우
5	지급보증위탁계약상의 보증인이 「은행법」의 규정에 따른 금융기관 또는 보증보험업의 허가를 받은 보험회사가 아닌 경우

아. 호가경매

(1) 취 지

호가경매는 입찰과 함께 부동산의 매각방법으로서 법에 규정되어 있는데(민집 103조 2항), 민사집행법 및 민사집행규칙은 부동산매각의 원칙적인 방법으로서 입찰을 먼저 규정한 다음 호가경매에 관하여는 그 규정을 준용하는 방식으로 처리하고, 호가경매에 특유한 몇 가지 점에 관해서만 별도의 규정을 두고 있다(민집규 72조).

(2) 호가경매의 방법

호가경매는 호가경매기일에 매수신청의 액을 서로 올려가는 한 가지 방법으로 한다(민집규 72조 1항). 호가경매기일을 열고 그 기일에 경매하여 최고가·차순위매수신고인을 결정하는 점에서 기일입찰과 유사하다.

(3) 신고액의 구속

매수신청을 한 사람은 더욱 높은 액의 매수신청이 있을 때까지 신청액에 구속된다(민집규 72조 2항). 호가경매에서는 더욱 높은 액의 매수신청이 있으면 위와 같은 구속에서 벗어나지만, 여기서 말하는 '보다 높은 매수신청'은 적법한 것이어야 하므로, 최고가의 매수신청자가 민사집행규칙 59조에 규정된 채무자 등이거나 민사집행법 108조 각 호에 기재된 사람이 매수신청을 한 때에는 위 구속에서 벗어날 수 없게 된다.

(4) 경매가격의 표시방법

매수신고가격은 최저매각가격 이상이어야 하며 두 번째 이후의 신고가격은 종전의 신고가격보다 고가이어야 한다. 이 경우 타인이 신고한 매수가격에 '1할 더', '100만 원 더'하는 식으로 비례로 표시할 수 있다. 이 점은 일정한 금액으로 표시하여야만 하는 입찰가격의 표시방법과 다르다(민집규 62조 2항 참조).

자. 차순위매수신고

(1) 취 지

최고가매수신고인이 매각대금을 내지 아니하는 경우에는 재매각절차를 되풀이함으로써 절차지연과 비용낭비를 가져오는 결과를 피하기 위하여 차순위

매수신고제도를 도입함으로써 재매각을 거치지 아니하고 당해 매각절차를 속행할 수 있게 하였다(민집 114조).

(2) 요 건

차순위매수신고는 그 신고액이 최고가매수신고액에서 그 보증액을 뺀 금액을 넘는 때에만 할 수 있다(민집 114조 2항). 이러한 액수이면 최고가매수신고인의 보증금을 몰수하여 배당할 금액에 포함할 경우 배당에 참가하는 채권자나 채무자 등 이해관계인으로서는 최고매수신고가격을 배당할 금액으로 하는 경우보다 불이익이 없기 때문이다.

(3) 절 차

최고가매수신고인 외의 매수신고인은 매각기일을 마칠 때까지 집행관에게 최고가매수신고인이 대금지급기한까지 그 의무를 이행하지 아니하면 자기의 매수신고에 대하여 매각을 허가하여 달라는 취지의 신고(차순위매수신고)를 할 수 있다(민집 114조 1항).

차순위매수신고인이란 최고가매수신고액에서 그 보증금을 공제한 금액을 넘는 금액으로 응찰한 자로서 차순위매수신고를 한 자를 말하고(재민 2004-3, 34조 4항 참조), 차순위입찰자는 입찰가격이 두 번째로 고액인 자를 말한다. 차순위입찰자라도 차순위매수신고를 하지 않으면 차순위매수신고인이 될 수 없고, 오히려 입찰가격이 두 번째로 고액인 차순위입찰자가 아닌 세 번째 이하로 고액인 입찰자라 하더라도 이 조항의 요건을 충족하면 차순위매수신고를 할 수 있다.

다만 최고가매수신고인으로 호창(呼唱)을 받은 자가 소정의 보증금을 제공하지 아니하여 그 입찰이 무효인 경우에는 그 차순위입찰자가 당초부터 최고가매수신고인으로 정해지기 때문에 세 번째로 고액인 입찰자가 차순위입찰자가 되고, 앞서 본 바와 같이 세 번째 이하로 고액인 입찰자는 누구든지 이 조항의 요건을 충족하면 차순위매수신고를 할 수 있다.

하지만 차순위매수신고를 한 사람이 둘 이상인 때에는 신고한 매수가격이 높은 사람을 차순위매수신고인으로 정하기 때문에, 차순위매수신고는 이 조항의 요건만 갖추면 누구든지 할 수 있지만, 차순위매수신고인은 차순위매수신고를 한 사람 중 매수신고 가격이 가장 높은 사람 1인만이 될 수 있다. 신고한 매수가격이 같은 때에는 추첨으로 차순위매수신고인을 정한다(민집 115조 2항). 이 경우 추첨은 공정이 보장되는 적당한 방식에 의한다.

(4) 외국에 주소를 둔 경우의 송달영수인신고

차순위매수신고인도 대한민국 안에 주소·사는 곳과 사무소가 없는 때에는 대한민국 안에 송달이나 통지를 받을 장소와 영수인을 정하여 법원에 신고하여야 한다(민집 118조 1항). 국내에 주소를 둔 차순위매수신고인에게는 그 신고의무가 없다. 차순위매수신고인이 위 신고를 하지 아니한 때에는 법원은 그에 대한 송달이나 통지를 하지 아니할 수 있다(같은 조 2항). 위 신고는 집행관에게 말로 할 수 있다. 이 경우 집행관은 조서에 이를 적어야 한다(같은 조 3항).

(5) 차순위매수신고의 구속

차순위매수신고인은 일단 신고하여 집행관에 의하여 호창 된 이상 그 신고를 임의로 철회하지 못한다. 차순위매수신고인은 매수인이 대금을 모두 지급한 때에야 비로소 매수의 책임을 벗게 되고, 매수신청의 보증을 돌려 달라고 요구할 수 있다(민집 142조 6항).

(6) 차순위매수신고인에 대한 매각허가

최고가매수신고인에게 매각허가결정이 되었지만, 매각대금을 내지 아니할 경우에만 다시 재매각을 하지 않고 바로 차순위매수신고인에게 매각허가결정을 한다. 매각허가를 받은 차순위매수신고인도 매각대금을 내지 않아 재매각절차가 진행될 경우에는 재매각기일 3일 전까지 최고가매수신고인과 차순위매수신고인 중 먼저 매각대금을 낸 매수인이 매각목적물의 소유권을 취득한다(민집 138조 3항).

하지만 부동산에 대한 강제경매절차에서 최고가매수신고인에 대한 매각이 불허된 경우에는 민사집행법 114조가 정한 차순위매수신고제도에 의한 차순위매수신고인이 있다고 하더라도 그에 관하여 매각허가결정을 하여서는 안 되고, 새로 매각을 하여야 한다.

매수인이 대금을 지급하지 아니한 경우에 차순위매수신고인에 대하여 매각을 허가할 것인지를 결정하도록 규정한 같은 법 137조 1항의 취지는, 매수인이 대금을 지급하지 않음으로써 매각대금 일부가 되는 매수신청의 보증금과 차순위매수신고인의 매수신고액의 합이 최고가매수신고인의 매수신청액을 초과하므로(민집 114조 2항) 재매각을 하지 아니하고 당해 매각절차를 속행할 수 있도록 한다는 데 있다고 볼 것이다.

그런데 최고가매수신고인에 대한 매각불허가 있는 경우에는 그 매수신청의 보증금이 매각대금에 포함되지 아니하므로, 그와 같은 취지를 여기에 적용할 수 없다.[472]

(7) 경매신청취하의 동의권

매수신고가 있고 나서 경매신청을 취하하는 경우에는 최고가매수신고인 또는 매수인뿐만 아니라 민사집행법 114조의 차순위매수신고인의 동의도 받아야 그 효력이 생긴다(민집 93조 2항).

4. 매수신청의 보증금(매수보증금)

매수신청인은 대법원규칙이 정하는 바에 따라 집행법원이 정하는 금액과 방법에 맞는 보증을 집행관에게 제공하여야 한다(민집 113조).

가. 기일입찰에서의 매수보증금

(1) 기일입찰에서의 매수신청의 보증액(민집규 63조 1항)

기일입찰에서 매수신청의 보증금액은 최저매각가격의 10분의 1로 한다(민집규 63조 1항). 매수신청의 보증액의 산정기준은 최저매각가격이며, 그 액은 최저매각가격의 10분의 1에 해당하는 정액이다. 다만 정액에 대한 예외가 있다(민집규 63조 2항).

한편 법은 차순위매수신고의 제도를 두어 최고가매수신고액에서 매수신청의 보증액을 공제한 금액을 넘는 매수신고를 한 사람이 있는 때에는, 그가 차순위매수신고를 할 수 있도록 하고 있는바(민집 114조), 보증의 액이 정액화됨에 따라 차순위매수신고가 가능한 경우인지 아닌지의 계산도 편리하게 되었다. 보증제공의 방법으로 은행 등의 자기앞수표, 지급보증위탁계약 체결문서의 제출 등을 허용하고 있는바(민집규 64조), 이러한 방법을 이용하기 위하여도 보증

---

[472] 대결 2011. 2. 15. 2010마1793

금액이 정액으로 되어 있는 것이 편리하다.

매수신청보증은 매수신청보증봉투(흰색 작은 봉투)에 넣어 1차로 봉하고 도장을 찍은 다음 필요사항을 기재한 입찰표와 함께 입찰봉투(황색 큰 봉투)에 넣어 다시 봉하고 도장을 찍은 후, 입찰자용 수취증 절취 선상에 집행관의 날인을 받고 집행관의 앞에서 입찰자용 수취증을 떼어 내 따로 보관하고 입찰봉투를 입찰함에 투입한다(재민 2004-3, 31조 5호). 개찰한 결과 최고의 가격으로 입찰한 자가 소정의 매수신청보증을 제출하지 아니하였음이 밝혀진 경우 또는 그 금액에 미달한 경우에는 그 입찰은 무효로 처리한다.473)

(2) 보증금액의 변경(민집규 63조 2항)

법원은 상당하다고 인정하는 때에는 최저매각가격의 10분의 1로 하는 보증금액을 달리 정할 수 있도록 하고 있다. 종래 실무상 재매각의 경우에 특별매각조건으로 채권자 이외의 자가 매수신고인이 되고자 할 때에는 최저매각가격의 10분의 2에 해당하는 보증을 즉시 집행관에게 보관시켜야 한다는 결정을 하였지만, 이제는 민사집행규칙 63조 2항에 따라 보증금액의 인상·조정이 가능하다.

민사집행규칙 63조 2항은 최저매각가격의 10분의 1을 넘는 액을 정하는 것은 물론 이에 미치지 아니하는 금액을 정하는 것도 허용하고 있다. 법원이 상당하다고 인정하는 경우에는 다른 특별한 요건 없이 보증금액을 변경할 수 있다. 다만 매수신청의 보증제도는 진지한 매수의사를 갖지 아니한 사람의 매수신청을 배제하려는 것이고, 매각의 적정성을 보장하기 위한 필수적인 제도이므로, 보증금액을 저감하는 데에는 신중을 기할 필요가 있다.

증액하는데에도 상한의 정함은 없지만, 대금을 지급하지 아니하는 경우에는 보증금을 몰취 하게 된다는 점에서, 이 경우에도 일정한 내재적인 한계가 있다고 보아야 한다. 실무상으로는 매수인이 대금을 지급하지 아니한 경우에 하는 부동산의 재매각(민집 138조)의 경우에는 그 보증액을 최저매각가격의 10분의 2로 증액하고 있다.

---

473) 대결 1998. 6. 5. 98마626

(3) 보증액의 공고(민집규 56조 3호)

매수신청의 보증액이 민사집행규칙 63조 2항에 따라 변경된 경우는 물론이고, 1항에 따라 최저매각가격의 10분의 1로 정하여지는 통상적인 경우에도 매각기일의 공고 내용 중에 보증의 액을 명시하여야 한다(민집규 56조 3호).

(4) 보증의 제공과 반환

(가) 재매각절차에서는 전의 매수인은 매수신청의 보증을 돌려 달라고 요구하지 못하며(민집 138조 4항), 이는 배당할 금액에 편입된다(민집 147조 1항 5호). 그러나 재매각절차가 취소되거나 경매신청이 취하되면 매수신청의 보증을 반환받을 수 있다.

(나) 남을 가망이 없는 경우 압류채권자가 충분한 보증을 제공한 경우에는(민집 102조 2항) 그 보증이 매수신청의 보증이 되므로 별도로 민사집행법 113조에서 정한 보증을 제공할 필요가 없다.

(다) 최고가매수신고인과 차순위매수신고인을 제외한 다른 매수신고인은 매각기일 종결의 고지에 따라 매수의 책임을 벗게 되고, 즉시 매수신청의 보증을 돌려줄 것을 신청할 수 있다(민집 115조 3항). 이 경우 집행관은 영수증을 받아 조서에 붙여야 한다(민집 116조 3항). 차순위매수신고인은 매수인이 대금을 모두 지급한 때 매수의 책임을 벗게 되고 즉시 매수신청의 보증을 돌려 달라고 요구할 수 있다(민집 142조 6항).

(라) 매수인은 원칙적으로 매수 신청한 금액 전액을 현금으로 납입하여야 한다. 다만 매수신청의 보증으로 현금 또는 자기앞수표를 제공한 경우에는 그 보증으로 제공된 금액을 뺀 나머지(단 자기앞수표 추심에 수수료가 든 경우에는 수수료를 추가한 금액)만 납입하면 된다(민집 142조 3항, 4항).

(마) 매수신청의 보증 없는 최고가매수신고인에 대한 호창은 매각허가에 대한 이의사유(민집 121조 7호) 및 매각허가결정에 대한 즉시항고사유가 된다(민집 129조 1항).

나. 호가경매, 기간입찰에서의 매수신청보증금

기일입찰에서의 매수신청의 보증금액을 규정하고 있는 민사집행규칙 63조의 규정은 호가경매와 기간입찰에도 준용되므로(민집규 71조, 72조 4항), 원칙적으로는 최저매각가격의 10분의 1에 해당하는 보증을 제공하여야 하며, 법원이 상당하다고 인정하는 때에는 달리 정할 수 있다.

5. 매수신청보증의 제공방법

가. 기일입찰, 호가경매에서 매수신청보증의 제공방법

아래에서 설명하는 기일입찰에서의 매수신청보증의 제공방법에 관한 민사집행규칙 64조는 호가경매에도 준용된다(민집규 72조 4항). 다만 기간입찰에 관하여는 별도의 규정이 있다.

(1) 보증제공의 상대방

매수신청의 보증을 제공할 상대방은 집행법원이다. 구체적인 제공절차는 이 조항 각 호 가운데 어느 하나를 집행관에게 제공하는 방식으로 이루어지며, 집행법원에 직접 제공하는 방식은 허용되지 아니한다. 최고가매수신고인 또는 차순위매수신고인을 제외한 나머지 매수신고인에 대하여는 보증을 바로 돌려주어야 하는바(민집 115조 3항), 이를 위해서는 집행관이 받았다가 그 자리에서 돌려주는 것이 절차상 간편하기 때문이다.

집행법원의 예금계좌에 돈을 입금한 후에 금융기관이 발행한 증명서를 집행관에게 제출하는 방법 역시 허용되지 아니한다. 집행관에게 보관된 보증은 매수신고인에게 당일 반환된 것을 제외하고는 집행관이 매각기일부터 3일 이내에 법원사무관 등에게 인도하여야 한다(민집 117조).

(2) 보증의 제공시기

보증의 제공은 입찰표를 제출하는 때에 함께 집행관에게 제출하여야 한다(민집규 64조). 그러므로 입찰기일 외에서는 제공할 수 없고, 입찰표를 제출하기 전이나 그 후에 제공하는 것도 허용되지 아니한다. 입찰표에 정하여진 보증이 제공되어 있는지는 개찰 후 집행관이 확인하게 되며, 개찰 결과 적법한 보증이 제공되어 있지 아니한 경우에는 그 입찰은 무효로 처리된다.

(3) 보증으로 제출할 수 있는 것(민집규 64조)

보증은 금전, 금융기관이 발행한 자기앞수표, 지급보증위탁계약이 체결되었다는 사실을 증명하는 문서 가운데 어느 하나로 제출할 수 있는데, 이 규정 단서에 따라 집행법원이 보증의 제공방법을 제한한 경우가 아니면 위의 것들을 함께 사용하는 방법(예를 들어, 일부는 현금, 나머지 금액 부분에 대하여 지급보증위탁계약을 체결하는 방법 등)도 허용된다. 이 조항에 기재한 것 이외의 것은 비록 그것이 환가(換價)가 확실하고, 평가를 요구하지 아니하는 것이라고 하더라도 허용되지 아니한다.

(가) 금전(1호)

보증의 제공방법으로 금전이 인정되는 것은 당연하며 특별한 문제는 없다. 다만 이 조항에서 "입찰표와 함께 집행관에게 제출"이라고 규정되어 있는 점 및 민사집행규칙 70조 1호와의 대비상 계좌입금의 방법에 따르는 것은 허용되지 아니한다고 해석된다.

보증이 현금으로 지급된 경우에는 매수인은 이를 공제한 잔액만을 대금으로 지급하면 된다(민집 142조 3항). 최고가매수신고인이 보증금을 법원이 요구하는 액수 이상으로 기재하고 현금을 보증금 봉투에 넣은 경우에는 초과 부분은 반환하고, 그 반환사실을 입찰표에 붉은 고무인으로 찍은 후 영수자의 날인을 받는다.

(나) 은행 등의 자기앞수표(2호)

금융기관이 발행한 자기앞수표는 일반 거래상 이용도가 높고 지급이 확실하므로 보증의 제공방법이 된다. 수표의 제시기간은 10일로 법정 되어 있는데(수표법 29조 1항), 그 중 지급제시기간이 끝나는 날까지 5일 이상의 기간이 남아 있는 것으로 제한하고 있다. 이것은 법원이 환가절차를 밟기 위하여 필요한 시간을 고려한 것이다.

금융기관이 발행한 자기앞수표는 그 환가절차에 수수료가 드는 경우도 있다. 즉, 집행관에게 제출된 자기앞수표는 매수신고인에게 당일 반환되는 경우를 제외하고는 집행법원에 제출되어(민집 117조), 집행법원의 예금계좌가 있는 은행을 통하여 교환에 돌려지는데, 그 교환과정에서 수수료가 필요한 경우(이른바, 격지 결제의 경우)가 있다.

이 수수료를 어떻게 처리할 것인지 절차상 문제가 될 수 있는데, 이를 사전에 매수신고인에게 부담시키는 것은 보증제공 단계에서 수수료 지급의 요부를 집행관이 판단하여야 할 뿐 아니라, 매수신고인이 추가로 부담하는 것은 절차상으로도 매우 번잡하므로, 수수료 부담의 요부와 관계없이 자기앞수표에 의한 보증제공이 인정되고 있다.

그러므로 보증을 반환하여야 하는 경우(예를 들어, 매각불허가결정이 확정된 경우)에는 수수료를 공제한 잔액만을 반환하면 되고, 매수인으로서는 대금납부 시에 잔대금에 수수료 분을 추가로 포함해 내야 한다(민집 142조 4항 참조). 매수인이 대금납부를 하지 아니하는 경우에는 보증이 몰취 되는데, 이 경우에 몰취되는 것은 수표의 액면금에서 수수료를 공제한 금액 상당이 될 것이다.

자기앞수표에 의하여 보증을 제공하는 경우에 정해진 보증금액을 넘는 액면의 수표를 제출하는 경우도 생길 수 있다. 이 경우에 정하여진 액을 넘는 부분에 대하여는 매수신고인이 제공의무가 없는 것을 제출하는데 지나지 아니하므로, 이 조항에 의한 유효한 보증의 제공으로 취급함이 상당하다.

이 경우에 당해 매수신고인이 최고가 또는 차순위매수신고인이 되지 아니한 때에는 이를 그대로 반환하면 되고, 최고가매수신고인 등이 된 경우에는 전부를 반환하지 아니한다. 수표는 값 환산 전에는 물리적으로 차액을 반환하는 것이 불가능할 뿐 아니라 환가한 후에도 매수신고인은 반환청구권을 포기하였다고 해석되기 때문이다.

이러한 사람이 매수인이 된 경우에는 매수인은 잔금만을 지급하면 된다(민집 142조 4항). 차순위매수신고인이 매수인이 되지 아니한 경우에는 보증의 반환절차를 밟아야 한다. 매수인이 잔대금을 지급하지 아니한 때에는 정하여진 보증에 상당한 금액은 매각대금에 충당되고(민집 147조 1항 5호, 138조 4항) 그것을 넘는 부분은 반환하여야 한다. 매수인이 초과 부분의 반환청구권을 포기한 것은 매각허가를 받는 것을 조건으로 한 것으로 해석하여야 하기 때문이다.

(다) 지급보증위탁계약체결문서(3호)

지급보증위탁계약을 체결하여 그 계약이 체결된 사실을 증명하는 문서를 제출하는 방법도 가능하다. 이 방법에 따르면, 보증제공자는 약간의 수수료만을 지출하면 현실적인 출연 없이도 보증을 제공할 수 있게 되며, 법원은 환가의 필요성이 생긴 경우가 확실하고도 간편한 방법으로 환가할 수 있게 된다.

또한, 현금이나 유가증권보다 보관상 안전하다는 장점도 있다. 여기에서 지급보증위탁계약은 민사집행규칙 54조의 그것(남을 가망이 없는 경우의 보증 제공방법)과 동일한 성질의 것이다.

지급보증위탁계약이 체결되었다는 사실을 증명하는 문서를 제출하는 방법에 따라 보증이 제공된 때에는 그 보증은 매수신고인이 최고가매수신고인 또는 차순위매수신고인이 된 때에도 바로 환가되는 것은 아니고, 증명문서가 보관된다.

보증이 현금으로 지급된 경우에는 매수인은 이를 공제한 잔액만을 대금으로 지급하면 되며(민집 142조 3항), 금융기관이 발행한 자기앞수표에 의하여 매수신청의 보증을 제공한 경우에도 그 수표는 집행법원의 예금계좌가 있는 은행을 통하여 곧바로 현금화될 수 있으므로 현금이 제공된 경우와 마찬가지로 취급하면 될 것이다(다만 매수인이 수수료 상당액을 부담하여야 하는 경우가 생기게 됨은 앞서 본 바와 같다).

반면, 보증이 지급보증위탁계약이 체결되었다는 사실을 증명하는 문서의 제출로 제공된 경우에는 매수인은 원칙적으로 대금 전액을 지급하여야 한다. 이 경우 매수인이 보증액을 뺀 나머지 금액만을 지급하면 법원은 은행에 그 보증액을 납부할 것을 최고하여 이를 납부받아 대금에 충당하여야 할 것이고(민집 142조 4항), 그 절차가 끝날 때까지는 차순위매수인에 대한 매각허부결정, 재매각절차의 개시 등과 같은 대금불납부(代金不納付) 시의 절차는 진행되지 아니하게 된다.

매수인이 대금을 내지 아니하여 보증금이 몰취 되는 경우(민집 138조 4항)에도 마찬가지의 방법으로 환가하게 된다. 매수인이 대금 전액을 낸 때에는 증명문서를 반환하는 방법으로 보증을 반환한다. 지급보증위탁계약 체결문서가 제출된 경우에는 집행법원은 은행 등에 대하여 정하여진 금액의 납부를 독촉하는 방법으로 현금화한다(민집규 80조 5항). 은행 등은 그 최고가 있으면 금전을 내야 한다.

(4) 보증의 변경

매수신청의 보증에 관하여는 남을 가망이 없는 경우의 보증(민집규 54조 2항, 민소 126조 본문)과 달리, 보증의 변경은 인정되지 아니한다. 매수신청의 보증은 최고가매수신고인과 차순위매수신고인 외의 사람에 대하여는 매각시행 후 바로 반환되고, 최고가매수신고인 등에 대하여도 매각결정기일까지는 보증이 반환되는지 혹은 대금에 충당되는지가 판명되므로, 그 사이에 굳이 보증의 변경을 인정하여야 할 필요가 없기 때문이다.

(5) 보증제공방법의 제한(민집규 64조 단서)

집행법원이 상당하다고 인정하는 때에는 보증의 제공방법을 제한할 수 있다(민집규 64조 단서). 금전에 의한 보증제공의 경우를 예로 들면, 부동산매각에서의 매수신청의 보증은 상당히 고액인 경우가 많고, 경우에 따라서는 1개 물건의 매각에 관하여도 수천만 원 혹은 수억 원의 금전이 입찰 장소 내로 반입되는 경우도 있다.

이러한 경우에 생길 수 있는 위험을 방지하고, 한편 매수신청인으로서도 수표의 발행이나 지급보증위탁계약으로 쉽게 보증을 제공할 수 있어서 큰 불편은 없다는 점 등을 고려하면, 금전에 의한 보증제공을 금지할 필요가 있는 경우도 생길 수 있다. 또한, 반대로 집행법원의 사정 등으로 금전에 의한 보증 제공만을 허용함이 상당한 사건도 생길 수 있으므로, 집행법원에 보증제공방법에 관한 재량권을 부여한 것이다. 이 규정에 따라 보증제공방법을 제한하는 결정을 한 때에는 매각기일의 공고 시에 이를 명기하여야 한다(민집규 56조 3호).

나. 기간입찰에서 매수신청보증의 제공방법(민집규 70조)

(1) 취 지

기간입찰에서 매수신청보증의 제공방법은 기일입찰 및 호가경매에서의 그것과는 다른 내용으로 되어 있다. 즉, 기간입찰에서는 금전, 자기앞수표를 제출하는 방법을 허용하지 아니하는 대신, 법원의 예금계좌에 입금하는 방법과 지급보증위탁계약을 체결하는 방법을 인정하고 있다. 이 조항은 민사집행법 113조의 개별위임에 의한 규정이다(민집규 70조).

기간입찰에서 위의 두 가지 방법만을 인정하고 다른 방법을 허용하지 아니하는 데에는 다음과 같은 이유가 있다. 첫째, 계좌송금을 인정하여 누구든지 간편하게 가까운 금융기관을 이용하여 보증을 제공할 수 있으므로 다른 방법을 굳이 인정할 필요성이 적고, 둘째, 기간입찰에서는 우편에 의한 입찰을 인정하는 관계상, 현금이나 유가증권과 같이 그 자체가 가치를 가지는 것을 우편으로 부치게 하는 것은 위험방지의 관점에서 바람직스럽지 않기 때문이다.

이에 반하여 이 조항에 규정하는 2종의 문서는 일정한 사항을 증명하는 문서로서 그 자체가 가치를 가지는 것은 아니어서 우편으로 부치기에 적합하다. 기간입찰에서 매수신청보증은 입찰표와 같은 봉투에 넣어 집행관에게 제출하거나 등기우편으로 부치는 방식으로 제공하여야 한다(민집규 70조).

(2) 매수신청보증 입금증명서를 제출하는 방법(1호)

기간입찰에서 보증제공의 첫 번째 방법은 법원의 예금계좌에 일정액의 금전을 입금한 후에 그 사실을 증명하는 금융기관의 증명서를 집행관에게 제출하는 방법이다. 이 방법에 따라 보증을 제공하는 경우에는 입찰에 응하려는 사람은 입찰에 앞서, 가까운 금융기관에서 법원의 예금계좌로 보증액에 상당하는 금전을 입금하고, 당해 금융기관으로부터 그 취지의 증명서를 교부받아 이것을 집행관에게 제출하면 된다.

집행법원의 예금계좌가 설정된 금융기관인 이상 금융기관에 관하여는 다른 제한은 없다. 증명서는 제출하였지만 실제로 법원의 예금계좌에 입금되지 않았을 때에는 유효한 보증의 제공으로 인정되지 아니한다.

이 방법에 따라 입금된 돈은 입찰자가 매수인이 된 때에는 대금에 충당되며(민집 142조 3항), 입찰자가 최고가매수신고인 또는 차순위매수신고인이 되지 아니한 경우에는 입찰자에게 반환하게 되는데, 만일 이 경우 집행관이 보증을 반환하도록 한다면 집행관이 계좌에 입금된 돈을 현금화하여 매각기일에 지참하는 수밖에 없으나 이는 적절한 방법이 아니므로, 이 방법으로 제공된 보증은 집행법원이 직접 반환하는 절차를 밟게 된다. 금융기관의 입금증명서를 제출받은 출납공무원은 입금확인절차를 밟고 개찰기일 후 법원사무관 등의 출급통지를 근거로 하여 최고가매수신고인 또는 차순위매수신고인으로 되지 아니한 입찰자에 대하여 국고금의 출급 등의 방법으로 보증금을 반환하여야 한다.

(3) 지급보증위탁계약체결증명서의 제출(2호)

기간입찰에서 보증제공의 두 번째 방법은 기일입찰의 경우(민집규 64조 3호)와 마찬가지로 은행 등과 사이에 지급보증위탁계약을 체결한 후에 이것을 증명하는 문서를 집행관에게 제출하는 방법이다. 이 방법에 따른 경우의 보증 반환은 집행관이 매각기일이 끝난 직후에 이 문서를 반환하는 방법으로 한다.

(4) 양자의 병용 등

위 두 가지 보증의 제공방법은 특히 다른 규정이 없으므로 양자를 병용할 수 있다. 또한, 남을 가망이 없는 경우의 보증(민집규 54조 2항)과 달리 보증의 변경(민집규 54조 2항, 민소 126조 본문)은 인정되지 아니한다. 보증의 변경이 허용되지 않는 점은 기일입찰의 보증과 마찬가지이다(민집규 64조 참조).

다. 호가경매에서 매수신청보증의 제공방법

매수신청의 보증은 기일입찰에서는 입찰표를 제출하는 때에 보증금 등을 제출하는 방법에 따라 제공되는데(민집규 64조 본문), 호가경매에서는 경매를 시작하기 전에 매수신청을 희망하는 사람 모두에게 소정의 보증금 등을 제출하는 방법에 따르게 된다. 매수신청의 보증은 금전, 자기앞수표, 지급보증위탁계약이 체결된 사실을 증명하는 문서 중 어느 하나를 제출하는 방법에 의한다(민집규 64조, 72조 4항).

라. 한국자산관리공사가 매수신고인이 되는 경우의 매수신청 보증의 특례

한국자산관리공사는 민사집행법에 따른 매각절차에서 매수신고인이 되려거나 금융회사 부실자산 등의 효율적 처리 및 한국자산관리공사의 설립에 관한 법률 26조 1항 1호의 업무를 수행하기 위하여 채권의 회수를 위탁한 금융회사 등을 대리하여 매수신고인이 되려는 경우에는 민사집행법 113조의 규정에도 한국자산관리공사의 지급확약서를 담보로 제공할 수 있다(자산관리공사 45조).

마. 주택매입사업시행자의 우선 매수신고 보증의 특례

"부도공공건설임대주택 임차인 보호를 위한 특별법"에 따라 주택매입사업시행자가 임차인 대표회의 등으로부터 같은 법 제6조의 규정에 따라 매입을 요청받아 우선 매수신고를 하는 경우에는 보증의 제공 없이 우선 매수 신고를 할 수 있다.

6. 매수신청의 효력

가. 부적법한 매수신청

매수신청이 부적법하거나 무효인 때 또는 매수신청의 보증을 제공하지 아니한 때에는 집행관은 그 매수신청을 무시하고 매각절차를 진행하여야 한다. 다만 능력 또는 자격의 흠이 제거될 가망이 있는 때에는 민사집행법 123조 2항 단서의 취지에 따라 매각결정기일 이내의 한도에서 상당한 시간을 정하여 보정을 명하고 그 매수신청을 잠정적으로 허가하여도 무방하다.

나. 신고가에 의한 구속

매수인과 매각허가를 주장한 매수신고인은 매각을 허가하지 아니하는 결정이 확정될 때까지 매수에 관한 책임이 있다(민집 133조). 매각불허가결정이 되거나 매각허가결정이 취소된 경우 또는 경매신청이 취하된 경우에는 매수신청의 구속력은 소멸한다. 다만 호가경매에서는 매수신청을 한 사람은 더욱 높은 액의 매수신청이 있게 되면 신청액의 구속을 면하게 된다(민집규 72조 2항).

다. 부동산 훼손 또는 권리변동의 경우

천재지변, 그 밖에 자기가 책임을 질 수 없는 사유로 부동산이 현저하게 훼손된 사실 또는 부동산에 관한 중대한 권리관계가 변동된 사실이 매각절차의 진행 중에 밝혀진 때 최고가매수신고인은 매각허가에 대한 이의신청(민집 121조 6호)과 매각허가결정에 대한 즉시항고(민집 129조)를, 매수인은 대금을 낼 때까지 매각허가결정의 취소신청(민집 127조 1항)을 할 수 있다.

7. 매각의 진행절차

가. 기일입찰 기일의 절차

민사집행규칙 65조에서는 기일입찰 기일에 집행관이 행할 절차를 규정하고 있다. 입찰자가 행할 입찰행위에 관하여는 같은 규칙 62조에서 규정하고 있다. 입찰기일의 절차에 관하여는 이 규칙 이외에 재민 2004-3에서 자세히 규정하고 있다.

(1) 입찰표 및 입찰봉투의 비치(재민 2004-3, 14조)

집행과 사무실 및 경매법정 그 밖의 입찰을 하는 장소(약칭하여 '경매법정 등'이라 한다)에는 입찰표와 입찰봉투를 비치한다. 매수신청보증을 넣는 흰색 작은 봉투와 이 보증금 봉투와 입찰표를 함께 넣는 황색 큰 봉투의 두 가지가 있다.

(2) 입찰표의 견본과 주의사항의 게시(재민 2004-3, 15조)

입찰표 기재대에는 필요사항을 기재한 입찰표 견본을 비치하여야 하고, 경매법정 등의 후면에는 다음과 같은 주의사항을 게시하여야 한다(재민 2004-3, 31조 2호부터 13호).

(가) 일괄매각결정이 있는 사건의 경우에는 일괄매각한다는 취지와 각 물건의 합계액

(나) 매각사건목록 및 매각물건명세서의 비치 또는 게시장소

(다) 기일입찰의 기재방법 및 기일입찰표는 입찰표 기재대, 그 밖에 다른 사람이 엿보지 못하는 장소에서 적으라는 것

(라) 현금(또는 자기앞수표)에 의한 매수신청보증은 매수신청보증봉투(흰색 작은 봉투)에 넣어 1차로 봉하고 도장을 찍은 다음 필요사항을 적은 기일입찰표와 함께 기일입찰봉투(황색 큰 봉투)에 넣어 다시 봉하여 날인한 후 입찰자용 수취증 절취 선상에 집행관의 날인을 받고 집행관의 앞에서 입찰자용 수취증을 떼어 내 따로 보관하고 기일입찰봉투를 입찰함에 투입하라는 것,

보증서에 의한 매수신청보증은 보증서를 매수신청보증봉투(흰색 작은 봉투)에 넣지 않고 기일입찰표와 함께 기일입찰봉투(황색 큰 봉투)에 함께 넣어 봉하여 도장을 찍은 후 입찰자용 수취증 절취 선상에 집행관의 날인을 받고 집행관의 앞에서 입찰자용 수취증을 떼어 내 따로 보관하고 기일입찰봉투를 입찰함에 투입하라는 것 및 매수신청보증은 법원이 달리 정하지 아니한 이상 최저매각가격의 1/10에 해당하는 금전, 은행법의 규정에 따른 금융기관이 발행한 자기앞수표로서 지급제시기간이 끝나는 날까지 5일 이상의 기간이 남아 있는 것, 은행 등이 매수신청을 하려는 사람을 위하여 일정액의 금전을 법원의 최고에 따라 지급한다는 취지의 기한의 정함이 없는 지급보증위탁계약이 매수신청을 하려는 사람과 은행 등 사이에 맺어진 사실을 증명하는 문서이어야 한다는 것

(마) 기일입찰표의 취소, 변경, 교환은 허용되지 아니한다는 것

(바) 입찰자는 같은 물건에 관하여 동시에 다른 입찰자의 대리인이 될 수 없

으며, 한 사람이 공동입찰자의 대리인이 되는 경우 외에는 두 사람 이상의 다른 입찰자의 대리인으로 될 수 없다는 것과 이에 위반한 입찰은 무효라는 것
　(사) 공동입찰을 하는 때에는 입찰표에 각자의 지분을 분명하게 표시하여야 한다는 것
　(아) 입찰을 마감한 후에는 매수신청을 받지 않는다는 것
　(자) 개찰할 때에는 입찰자가 참석하여야 하며, 참석하지 아니한 때는 법원사무관 등 상당하다고 인정되는 사람을 대신 참석하게 하고 개찰한다는 것
　(차) 최고의 가격으로 입찰한 사람을 최고가매수신고인으로 정하되, 두 사람 이상일 경우에는 그들만을 상대로 추가입찰하고, 이 경우에 추가입찰자는 종전 입찰가격보다 낮은 가격으로 입찰할 수 없다는 등의 최고가매수신고인 등의 결정절차의 요지
　(카) 공유자는 집행관이 매각기일을 종결한다는 고지를 하기 전까지 매수신청보증을 제공하고 우선 매수신고를 할 수 있으며, 우선 매수신고에 따라 차순위매수인으로 간주되는 최고가매수신고인은 매각기일이 종결되기 전까지 그 지위를 포기할 수 있다는 것
　(타) 최고가매수신고인과 차순위매수신고인 외의 입찰자에게는 입찰절차의 종료 즉시 매수신청보증을 반환하므로 입찰자용 수취증과 주민등록증을 갖고 반환 신청하라는 것

(3) 매각기일의 준비 및 시작(민집규 65조 1항)

　입찰하는 장소에는 매각절차의 감독과 질서유지를 위하여 법원사무관 등으로 하여금 경매법정 등에 참여하도록 할 수 있다(재민 2004-3, 26조). 집행관은 매각기일에 들어가기 전에 참가자들에게 입찰사항, 방법 및 주의사항을 알려야 한다(재민 2004-3, 27조).
　입찰기일의 시작은 입찰의 개시를 알리는 종을 울린 후 집행관이 입찰표의 제출을 최고하고, 입찰마감시각과 개찰시각을 알림으로써 시작한다(재민 2004-3, 32조 1항).
　입찰은 입찰의 마감을 알리는 종을 울린 후 집행관이 이를 선언함으로써 마감되나, 입찰표의 제출을 최고한 후 1시간이 지나지 아니하면 입찰을 마감하지 못한다(재민 2004-3, 32조 2항). 입찰행위의 성질상 일정한 시간이 걸리게 되므로 지나치게 시간을 짧게 하면 매수희망자가 매수의 신청을 할 기회를 박탈하게

되고, 지나치게 길게 하는 경우에는 입찰의 적정을 해칠 염려가 있기 때문이다. 1시간경과 전에 입찰을 마감한 때에는 매각허가에 대한 이의사유가 된다(민집 121조 7호). 그러나 1시간이 경과되더라도 집행관의 자유로운 판단으로 입찰의 마감을 늦출 수 있다.

(4) 개찰 참여인(민집규 65조 2항)

입찰을 마감하게 되면 곧이어 개찰에 들어가게 되는데, 개찰의 공정성을 담보하기 위하여 집행관은 입찰표를 개봉하는 때에 입찰을 한 사람을 참여시켜야 한다(민집규 65조 2항 전문). 입찰을 한 사람이라 함은 입찰 명의인을 말하는 것이 아니라, 입찰행위를 한 사람을 말하는 것으로, 예를 들어, 대표자 또는 대리인에 의하여 입찰을 한 때에는 그 대표자 또는 대리인을 가리킨다. 입찰을 한 사람 중에 개찰할 때에 매각장소에서 퇴장해 버린 사람에 대하여는 참여시킬 필요가 없으나, 매각장소에 있는 사람은 전원을 참여시켜야 한다.

입찰을 한 사람 중 일부라도 남아 있어서 개찰에 참여한 때에는 다른 사람을 참여시킬 필요가 없지만, 그 전원이 퇴장하여 아무도 남아있지 아니한 때에는 집행관은 적당하다고 인정하는 사람을 입찰표의 개봉에 참여시켜야 한다(민집규 65조 2항 후문, 재민 2004-3, 33조 2항). 여기서 입찰을 한 사람이란 당해 물건에 관하여 입찰을 한 사람을 의미하는 것임은 물론이다. 누구를 참여시킬 것인지는 집행관의 재량에 맡겨 있는데, 법원사무관 등을 참여시키는 것이 통상이다(재민 2004. 3. 33조 2항). 이처럼 입찰을 한 사람 외의 사람을 참여시킨 때에는 기일입찰조서에 그 취지를 표시하여야 한다(민집규 67조 1항 2호).

(5) 1기일 2회 입찰

(가) 기일입찰 또는 호가경매의 방법에 따른 매각기일에서 매각기일을 마감할 때까지 허가할 매수가격의 신고가 없는 때에는 집행관은 즉시 매각기일의 마감을 취소하고 같은 방법으로 매수가격을 신고하도록 최고할 수 있다(민집 115조 4항). 즉, 매각기일에 유찰되는 부동산에 대하여는 최저매각가격의 저감 없이 즉시 제2회의 입찰을 할 수 있다.

(나) 다만, 2회 이상을 할 수 없으므로, 두 번째로 매수가격의 신고를 최고한 후에도 매수가격의 신고가 없어 매각기일을 마감하는 때에는 매각기일의

마감을 다시 취소하지 못한다(민집 115조 5항).

(다) 같은 매각기일에 다시 매수신고를 허용할 수 있는 것은 기일입찰 및 호가경매의 방법에 따른 경우에 한하고 기간입찰의 경우에는 이러한 방법을 사용할 수 없다.

(라) 1기일 2회 입찰을 한 경우 이를 조서에 적어야 한다(민집 116조 1항 7호).

(6) 개찰의 절차(민집규 65조 3항)

(가) 입찰마감의 선언, 개찰 시작의 고지

집행관이 미리 고지된 입찰마감시각에 종을 울린 후 입찰마감을 선언하고, 개찰을 시작한다고 알린 후, 개찰을 시작한다. 개찰시각은 입찰마감시각(입찰표 제출을 최고한 후 1시간경과 시)으로부터 10분 이내로 한다(재민 2004-3, 33조 1항).

입찰을 마감한 후에는 신청을 받지 않는다(재민 2004-3, 31조 9호). 입찰봉투는 마감시각 안에 입찰함에 넣어야 한다. 따라서 입찰표가 작성되어 있더라도 입찰마감 종이 울린 후에는 입찰함에 넣을 수 없다.

(나) 입찰함의 개함

집행관은 입찰을 마감한 후 즉시 입찰함을 개함하여 입찰봉투를 펴서 사건번호별로 입찰기록과 함께 정리한다. 이로써 입찰자가 있는 사건과 입찰자가 없는 사건이 구분된다. 입찰자가 없는 사건은 입찰불능으로 입찰절차를 종결한다.

(다) 입찰봉투의 개봉

집행관은 입찰표를 개봉함에 있어 입찰자(혹은 그 이외의 참여인)의 앞에서 먼저 입찰봉투만을 개봉하고, 입찰표에 의하여 사건번호(필요시에는 물건번호까지), 입찰목적물, 입찰자의 이름, 입찰가격을 불러야 한다(민집규 65조 3항, 재민 2004-3, 33조 3항).

(라) 매수신청보증봉투의 개봉(보증의 제공 여부의 확인)

매수신청보증봉투는 우선 최고의 가격으로 입찰한 사람의 것만 개봉하여 정하여진 보증금액에 해당하는지를 확인한다. 만약 최고가매수신고인이 보증을 제공하지 아니하였거나, 매수신청보증이 정하여진 보증금액에 미달하는 경우에는 당해 입찰자의 입찰을 무효로 하고, 차순위가격으로 입찰한 자의 매수신청보증봉투를 개봉한다(재민 2004-3, 33조 5항).

입찰표에 입찰가격만 기재하고 보증금의 기재를 빠뜨렸으나, 보증금 봉투에 들어 있는 보증금이 법원이 요구하는 액수에 달하는 경우에는 그 자리에서 보정하게 하여 유효한 것으로 처리한다. 그러나 반대로 입찰표에 보증금을 기재하고 보증금 봉투에 그 상당액이 들어 있으나, 입찰가격을 기재하지 아니한 경우에는 입찰가격을 알 수 없으므로 무효로 처리한다.

(7) 입찰의 무효사유
(가) 입찰가격의 기재를 수정한 경우
(나) 매수신청보증이 부족한 경우
(다) 동일사건에 관하여 입찰자이면서 다른 입찰자의 대리인이 된 경우(민 124조, 재민 2004-3, 31조 7호)
(라) 동일물건에 관하여 이해관계가 다른 2인 이상의 대리인이 된 경우(위 3항과 동일 근거)
(마) 자격증명 서면을 제출하지 않은 경우
(바) 한 장의 입찰표에 여러 개의 사건번호나 물건번호를 기재한 경우
(사) 채무자, 매각절차에 관여한 집행관이나 매가부동산을 평가한 감정인(민집규 59조) 또는 재매각절차에서 전의 매수인(민집 138조 4항)이 응찰한 경우
(아) 입찰가격이 최저매각가격 미만인 경우

(8) 개찰 후의 절차
(가) 최고가매수신고인의 결정
집행관은 적법한 매수신청을 한 자 중 최고가매수신고인을 정한 때에는, 최고가매수신고인의 이름과 그 가격을 불러야 한다(민집 115조 1항). 이는 최고가매수신고인의 확정을 외부적으로 명백히 밝히는 동시에 최고가매수신고인이 된 자에 대한 통지의 기능도 하게 된다.

다음으로 집행관은 차순위매수신고를 최고한 뒤, 적법한 차순위매수신고가 있으면 차순위매수신고인을 정하여 그 이름과 가격을 부른 다음 매각기일을

종결한다고 알려야 한다(민집 115조 1항).

(나) 2인 이상이 같은 금액으로 입찰한 경우

입찰은 호가경매와 달리 최고가로 매수신고를 한 입찰자가 둘 이상 있을 수 있으므로, 이 경우 집행관은 그 사람들에게 다시 입찰하게 하여 최고가매수신고인을 정한다(민집규 66조 1항 본문). 이 경우의 추가입찰에 대하여도 성질에 반하지 않는 범위 내에서 입찰의 규정이 적용된다.

다만 매수신청의 보증은 이미 제공되어 있으므로, 다시 제공할 필요가 없다. 집행관은 추가입찰의 최고를 하여야 하는데, 그들 전원에게 입찰에 응하도록 할 필요는 없다. 그들 전원이 입찰을 한 때에는 곧바로 입찰을 마감하여 개찰하게 되고, 입찰하지 아니한 사람이 있는 경우에는 1시간이 경과한 뒤에 입찰을 마감하고 개찰을 한다.

추가입찰에서 입찰자는 전의 입찰가격에 못 미치는 가격으로는 입찰할 수 없다(민집규 66조 1항 후문). 추가입찰의 성질상 당연하며, 전의 입찰가격과 같은 금액으로 입찰하는 것은 가능하다.

추가입찰의 결과 최고가로 신고한 사람이 한 사람인 경우에는 그 사람이 최고가매수신고인으로 되며, 입찰자 전원이 입찰에 응하지 아니하거나(전의 입찰가격에 미달하는 가격으로 입찰한 경우에는 입찰에 응하지 아니한 것으로 본다), 두 사람 이상이 다시 최고의 가격으로 입찰한 때에는 여전히 최고가매수신고인은 결정되지 아니한 상태가 되므로, 이 경우에는 추첨으로 최고가매수신고인을 정한다(민집규 66조 2항). 추첨의 구체적인 방법에 관하여는 규정이 없으므로, 적당한 방법을 선택하면 될 것이다.

입찰자가 추첨하는 자리에 출석하지 아니하거나 추첨을 하지 아니하는 때에는 집행관은 법원사무관 등 상당하다고 인정하는 사람으로 하여금 대신 추첨하게 할 수 있다(민집규 66조 3항). 추첨으로 정하는 경우에는 입찰한 사람의 출석 여부와 관계없이 추첨의 대상자가 된다.

전의 입찰가격과 같은 가격의 추가입찰자와 추가입찰을 하지 아니한 사람이 있는 경우에는 추가입찰을 하지 아니한 사람은 추첨에 참가시켜서는 안 될 것이다. 추가입찰을 하지 않는 것은 권리를 포기한 것으로 해석되기 때문이다. 최고가매수신고인이 있음에도 집행관이 그의 이름과 가격을 부르고 매각의 종결을 알리는 절차를 밟음이 없이 추가입찰을 한 경우 이는 직권으로 매

각을 불허가할 사유(민집 121조 7호, 123조 2항)에 해당한다.474)

(다) 차순위매수신고인의 결정

차순위매수신고를 한 사람이 둘 이상인 때에는 신고한 매수가격이 높은 사람을 차순위매수신고인으로 정하며, 이 경우 신고한 매수가격이 같은 때에는 추가입찰을 거치지 아니하고, 곧바로 추첨으로 차순위매수신고인을 정한다(민집 115조 2항). 추첨의 방법은 앞서 본 바와 같으며, 마찬가지로 입찰자가 추첨하는 자리에 출석하지 아니하거나 추첨을 하지 아니하는 때에는 집행관은 법원사무관 등 상당하다고 인정하는 사람으로 하여금 대신 추첨하게 할 수 있다(민집규 66조 3항).

(라) 기일입찰조서의 기재

위와 같은 방법에 따라 최고가매수신고인 또는 차순위매수신고인을 정한 때에는 집행관은 그 취지를 기일입찰조서에 적어야 한다(민집규 67조 1항 3호).

(9) 입찰절차의 종결

(가) 매수신고인(입찰자)이 있는 경우

개찰 후 집행관은 '○○호 사건에 관한 최고가매수신고인은 금○○○원으로 신고한 ○○(주소)에 사는 ○○○(이름) 입니다. 차순위매수신고를 할 사람은 신고하십시오'라고 한 후, 차순위매수신고가 있으면 차순위매수신고인을 정하여 '차순위매수신고인은 매수가격 ○○○원을 신고한 ○○(주소)에 사는 ○○○(이름) 입니다'라고 한 다음 '이로써 ○○○호 사건에 관한 입찰절차가 종결되었습니다'라고 고지한다. 이로써 입찰절차는 종결된다(민집 115조 1항, 재민 2004-3, 35조 1항).

(나) 매수가격의 신고인이 없는 경우(입찰불능)

매수신고인이 없는 사건은 입찰불능으로 처리하고, '○○호 사건은 입찰자가 없으므로 입찰절차를 종결합니다'라고 고지한다.

---

474) 대결 2000. 3. 28. 2000마724

나. 기간입찰에서 매각기일(개찰기일)의 절차

(1) 매각기일의 절차

매각기일(개찰기일)의 절차에 관하여는 민사집행규칙 65조 2항, 3항이 준용된다(민집규 71조). 그러므로 개찰에는 입찰을 한 사람을 참여시켜야 하고, 입찰을 한 사람이 참여하지 아니하는 경우에는 적당하다고 인정하는 사람을 참여시켜야 한다(민집규 65조 2항, 71조). 기간입찰에서는 입찰을 한 사람이 개찰기일에 출석하지 아니하는 것이 자주 있을 것이므로 민사집행규칙 65조 2항 후문이 적용되는 경우가 많을 것이다.

집행관은 입찰표를 개봉할 때에 입찰자의 이름, 입찰목적물 및 입찰가격을 불러야 한다(민집규 65조 3항, 71조). 집행관은 적법한 매수신청을 한 자 중 최고가매수신고인을 정한 때에는 최고가매수신고인의 이름과 그 가격을 불러야 한다. 다음으로 집행관은 차순위매수신고를 최고한 뒤, 적법한 차순위매수신고가 있으면 차순위매수신고인을 정하여 그 이름과 가격을 부른 다음, 매각기일을 종결한다고 고지하여야 한다(민집 115조 1항).

(2) 최고가매수신고인 등의 결정

최고가매수신고 또는 차순위매수신고를 한 사람이 둘 이상 있는 경우의 최고가·차순위매수신고인의 결정에 관하여는 민사집행규칙 66조가 준용된다.

최고가매수신고인이 둘 이상 있는 경우에는 추가입찰을 하되(민집규 66조 1항 전문, 71조), 매각기일에 출석하지 아니한 사람에게는 추가입찰 자격을 부여하지 아니한다. 집행관은 출석한 사람들로 하여금 추가입찰하게 하고, 출석한 사람이 1인인 경우 그 사람에 대하여만 추가입찰을 실시한다(재민 2004-3, 38조 1항, 2항). 추가입찰은 기간입찰의 방법에 따를 수 없고, 기일입찰의 방법으로 실시한다.

추가입찰에 의하여도 결정이 되지 아니하는 때에는 추첨으로 정하며(민집규 66조 2항, 71조), 이때 입찰자 중 출석하지 아니한 사람 또는 추첨하지 아니한 사람이 있는 경우에는 법원사무관 등 상당하다고 인정되는 사람으로 하여금 대신 추첨하게 된다. 차순위매수신고를 한 사람이 둘 이상 있는 경우에는 추첨으로 정한다(민집 115조 2항 후문).

다. 호가경매 기일의 절차

(1) 말 및 호창(呼唱)

집행관은 매수신청의 최고를 한 후 1시간이 지나면 사건번호순서에 따라 사건번호 등을 부른 후 '매수신청을 할 사람은 앞으로 나오시오'라고 말한 뒤 매수신청을 하게 한다. 매수신청은 매각기일에 매각장소에서 반드시 말로(서면의 제출만으로는 매수신고의 효력이 없다) 집행관에게 하여야 한다(이 점에서 입찰이 입찰표라는 서면 제출의 방법으로 행하여지는 것과 다르다). 집행관은 매수신청이 있을 때에는 그 신고한 매수가격을 3회 부른다(민집규 72조 3항).

경매는 점차로 고가의 가격 신고한 사람을 구하여 그 사람에게 매각하는 것을 목적으로 하므로 매수가격의 신고는 그 신고한 가격을 매각기일에 출석한 매수희망자 전원이 알 수 있을 정도의 말로 신고를 하여야 한다. 따라서 농아자 등 말로 신고를 할 수 없는 자는 통역인을 동반하지 아니하면 매수신청을 할 수 없다. 매수신청에는 조건, 기한을 붙일 수 없다.

(2) 호가경매의 방식

(가) 1기일 2회 경매

매각기일에 유찰되는 부동산에 대하여는 최저매각가격의 저감 없이 즉시 제2회의 경매를 할 수 있다(민집 115조 4항). 이때에는 1기일 2회 경매를 하였다는 취지를 조서에 적어야 한다(민집 116조 1항 7호).

(나) 시간부족의 경우

매수신청은 있었으나 경매할 부동산이 다수이기 때문에 그 매각기일에 경매할 수 없었던 경우에는, 집행관은 경매를 종결할 것이 아니라, 일시 경매를 중지하고 집행법원에 그 사유를 보고하여 속행기일을 지정받아야 한다. 자기의 독자적인 판단으로 경매를 다음 날로 속행할 수 없다.

(다) 경매불능

매각기일에 매수신청이 전혀 없는 경우에는 만 1시간경과 후 적당한 시기에 '매수신청이 없으므로 경매를 종결합니다'라고 알림으로써 경매의 종결을 고지하고(재민 2004-3. 35조 3항), 매각기일조서에 그 취지를 기재하고 집행법원의 새 매각기일지정을 기다려야 한다.

(라) 경매종결 고지 후의 매수신청
경매종결 고지 후에는 매수신청을 허용하지 아니한다.

(3) 최고가매수신고인의 결정방법
최고액의 매수가격을 신고한 자를 최고가매수신고인으로 한다(재민 2004-3, 34조 1항 본문).

같은 가격을 신고한 자가 수인 있을 경우에는 먼저 신고한 자를 최고가매수신고인으로 정할 것이고, 그 신고가 동시일 경우에는 집행관은 추첨의 방법으로 최고가매수신고인을 정하면 될 것이다.

매수가격신고가 차례로 행하여져서 새로운 고가의 신고가 없게 된 때에는, 집행관은 최고가매수신고인의 이름과 그 가격을 부르고 차순위매수신고를 최고한 뒤, 적법한 차순위매수신고가 있으면 차순위매수신고인을 정하여 그 이름과 가격을 부른 다음 매각기일을 종결한나고 고시하여야 한다(민집 115조 1항).

담임 집행관이 경매를 종결할 때에는 '최고가매수신고인은 매수가격 금○○원을 신고한 ○○(주소)에 사는 ○○○(이름)입니다. 차순위매수신고를 할 사람은 신고하십시오'하고 차순위매수신고를 최고한 후, 차순위매수신고가 있으면 차순위매수신고인을 정하여 '차순위매수신고인은 매수가격 ○○원을 신고한 ○○(주소)에 사는 ○○○(이름)입니다'라고 부른 다음 '이로써 경매가 종결되었습니다.'라고 알림으로써 경매가 종결된다(재민 2004-3, 35조 1항).

매수신청이 계속 이루어지고 있는 동안은 집행관은 적당한 방법으로 매수신청의 액 중 최고의 것을 부르면서 다시 매수신청을 최고하면 된다. 그런데 매수신청이 끊어진 때에는 최고의 것을 3회 부른 후 그 신청을 한 사람을 최고가매수신고인으로 정하여야 한다(민집규 72조 3항).

3회 부르기 전에 다시 고액의 매수신청이 있으면, 그 신청이 "최고의 것"이 되므로, 다시 그 액을 3회 불러야 한다. 매수신고인이 1인밖에 없는 경우에도 3회 불러야 한다. 3회 불렀음에도 더욱 고액의 신고가 없으면 그 사람을 최고가매수신고인으로 정하지만, 그를 최고가매수신고인으로 정하여 그 이름 및 매수신청의 액을 알리기 전에 더욱 고액의 신고가 있으면, 3회 부른 후라도 유효한 신청으로 인정한다. 최고가매수신고인을 정하여 고지한 후의 매수신청은 무효이다.

집행관은 최고가매수신고인을 정한 때에는 그의 이름 또는 명칭 및 매수신청의 액을 알려야 한다. 이 점은 입찰과 같으며, 그 후의 절차도 입찰과 완전히 같다. 호가경매에서는 이미 제출된 매수신청의 액보다 고액의 매수신고만이 허용되므로 같은 금액의 매수신청은 있을 수 없고, 따라서 최고가·차순위매수신고인의 결정에 관한 민사집행규칙 66조의 규정은 준용되지 아니한다.

라. 매수신청보증의 반환

(1) 보증의 반환

매각기일의 종결이 고지되면 최고가매수신고인과 차순위매수신고인을 제외한 다른 매수신고인은 매수의 책임을 벗게 되고, 즉시 매수신청의 보증을 돌려줄 것을 신청할 수 있다(민집 115조 3항).

자기보다 고가의 매수신고가 있더라도 매각종결 전에는 보증금의 반환을 청구할 수 없다. 최고가매수신고인은 보증의 반환을 청구하지 못하고, 차순위매수신고인은 매수인이 대금을 모두 지급한 때 매수의 책임을 벗게 되고 즉시 매수신청의 보증을 돌려 달라고 요구할 수 있다(민집 142조 6항).

기일입찰의 경우 집행관은 입찰절차의 종결을 고지한 때에는 최고가매수신고인과 차순위매수신고인 이외의 입찰자로부터 입찰자용 수취증을 교부받아 입찰봉투의 연결번호 및 간인과의 일치 여부를 대조하고, 아울러 주민등록증을 제시받아 보증금제출자 본인인지의 아닌지를 확인한 후, 그 입찰자에게 매수신청보증을 즉시 반환하고 입찰표 하단의 영수증란에 서명 또는 날인을 받아 매각조서(기일입찰조서)에 첨부한다(재민 2004-3, 40조 1항).

기간입찰의 경우 예외적으로 현금으로 매수신청보증이 제공된 경우에는 주민등록증 등으로 본인인지 아닌지를 확인한 후 매수신청인에게 매수신청보증을 즉시 반환하고, 기간입찰표 하단의 보증 제공 방법란에 빨간색 펜 등으로 '현금 또는 자기앞수표 제출'이라고 기재한 후 기간입찰표 하단의 영수인란에 서명 또는 날인을 받아 매각기일조서에 첨부한다(재민 2004-3, 40조의2 1항).

(2) 조서에 영수증 첨부

집행관이 매수신청의 보증을 돌려준 때에는 영수증을 받아 매각기일조서에 붙여야 한다(민집 116조 3항).

(3) 보증의 반환청구가 없는 경우

집행관은 매각기일조서와 매수신청의 보증으로 받아 돌려주지 아니한 것을 매각기일로부터 3일 이내에 법원사무관 등에게 인도하여야 한다(민집 117조). 현금이나 자기앞수표로 받은 보증은 취급점에 비치된 납부서를 작성하여 최고가매수신고인과 차순위매수신고인이 제출한 매수신청보증을 즉시 법원의 세입세출 외 현금출납공무원에게 납부하고 매수인 정보를 전산으로 입력·전송한 후 사건기록을 정리하여 집행법원에 송부 하여야 한다(보관금규 9조 5항, 재민 2004-3, 41조). 보증이 집행법원에 인도된 후에는 매수신고인은 법원사무관 등에 대하여 그 반환을 청구할 수 있다. 그 인도 및 반환절차는 법원보관금취급규칙 13조에 정한 절차에 따른다.

(4) 보증의 반환방법

금융기관이 발행한 자기앞수표는 매각기일이 종료된 직후 즉시 반환하면 되지만, 집행법원에 제출되어(민집 117조 참조) 그 교환과정에서 수수료가 필요한 경우에는 수수료를 공제한 잔액만을 반환하면 된다. 매수신청의 보증으로 지급보증위탁계약을 체결한 증명문서가 제출된 경우의 보증 반환은 그 매각기일이 종료된 직후 집행관이 그 증명문서를 반환하는 방법으로 한다(재민 2004-3, 44조 1항).

보증이 계좌입금의 방법으로 제공된 경우에는 계좌입금증명서의 반환만으로는 계좌에 입금된 돈을 반환할 수 없고, 따라서 최고가·차순위매수신고인 이외의 입찰자에 대하여는 법원이 직접 반환하게 된다(재민 2004-3, 42조).

마. 외국 주소를 가진 최고가매수신고인 등의 송달영수인신고

(1) 의 의

최고가매수신고인과 차순위매수신고인은 대한민국 안에 주소·거소 와 사무소가 없는 때에는 대한민국 안에 송달이나 통지를 받을 장소와 영수인을 정하여 법원에 신고하여야 한다(민집 118조 1항).

매수인에 대한 최초의 송달·통지는 대금지급기한의 통지를 하는 경우인데, 그 통지를 외국으로 하여야 한다면 대금지급기한의 지연을 노리고 주소를 외국으로 신고하는 일부 매수인에 대한 효과적인 대응 수단으로서는 미흡하므로, 최고가매수신고인이나 차순위매수신고인이 주소를 외국으로 신고한 경우에는 반드시 국내에 송달 또는 통지할 장소를 함께 신고하도록 하고 신고가 없는 경우에는 통지를 생략할 수 있도록 하였다.

위 신고를 하지 아니한 때에는 법원은 그에 대한 송달이나 통지를 하지 아니할 수 있다(민집 118조 2항). 국내에 주소를 둔 최고가매수신고인이나 차순위매수신고인에게는 신고의무가 없다.

(2) 신고방법

위 신고는 집행관에게 말로 할 수 있다(민집 118조 3항 전문). 즉, 송달영수인신고는 매각기일조서를 집행법원 담임 사무관 등에게 인도하기 전까지는 집행관에게 할 수 있다. 매각기일에 말로 신고한 경우에는 매각기일조서에 기재한다(같은 항 후문). 매각기일 후에 서면신고 한 경우에는 그 서면을 매각기일조서에 첨부하면 되고, 말로 하는 신고의 경우에는 그 취지의 조서를 작성하여 매각기일조서에 첨부한다.

바. 무잉여 통지에 따른 채권자의 매수신청이 있는 경우의 주의사항

민사집행법 102조 남을 가망이 없는 경우의 경매취소 규정에 따라 무잉여 통지를 받은 채권자가 일정한 보증(최저매각가격과 매수신청액의 차액)을 제공하고 매수신청을 한 경우 그 매수 신청금액은 최저매각가격의 의미가 있으므로 매각기일에서 압류채권자의 매수신청금액 이상의 액으로 매수가격의 신고가 없으면 그 신고가격이 최저매각가격을 초과하더라도 곧바로 매각허가를 하여서는 아니 되고, 채권자의 매수신고금액 이상의 매수가격 신고가 없는 경우에는 압류채권자가 매각기일에 출석하였는지를 불문하고 압류채권자를 최고가매수신고인으로 하여 그 이름과 가격을 부른 후 매각기일을 종결한다고 알려야 한다.

한편 최고매수신고가격이 압류채권자의 매수신청금액과 동액인 경우에는 그 매수신청인이 최고가매수신고인이 된다. 압류채권자의 매수신고가격보다 더 높은 가격으로 매수 신고한 사람이 나오면 압류채권자의 매수신청은 그 효력을 잃는다.

8. 공유자의 우선 매수

> **민사집행법**
>
> **제140조(공유자의 우선매수권)**
> ① 공유자는 매각기일까지 제113조에 따른 보증을 제공하고 최고매수신고가격과 같은 가격으로 채무자의 지분을 우선매수하겠다는 신고를 할 수 있다.
> ② 제1항의 경우에 법원은 최고가매수신고가 있더라도 그 공유자에게 매각을 허가하여야 한다.
> ③ 여러 사람의 공유자가 우선매수하겠다는 신고를 하고 제2항의 절차를 마친 때에는 특별한 협의가 없으면 공유지분의 비율에 따라 채무자의 지분을 매수하게 한다.
> ④ 제1항의 규정에 따라 공유자가 우선매수신고를 한 경우에는 최고가매수신고인을 제114조의 차순위매수신고인으로 본다.

> **민사집행규칙**
>
> **제76조(공유자의 우선매수권 행사절차 등)**
> ① 법 제140조 제1항의 규정에 따른 우선매수의 신고는 집행관이 매각기일을 종결한다는 고지를 하기 전까지 할 수 있다.
> ② 공유자가 법 제140조 제1항의 규정에 따른 신고를 하였으나 다른 매수신고인이 없는 때에는 최저매각가격을 법 제140조 제1항의 최고가매수신고가격으로 본다.
> ③ 최고가매수신고인을 법 제140조 제4항의 규정에 따라 차순위매수신고인으로 보게 되는 경우 그 매수신고인은 집행관이 매각기일을 종결한다는 고지를 하기 전까지 차순위매수신고인의 지위를 포기할 수 있다.

가. 취 지

민사집행법 140조에 규정된 공유자의 우선 매수권 제도는 우리나라에 특유한 것으로서, 공유자는 공유물 전체를 이용 관리하는 데 있어서 다른 공유자와 협의하여야 하고(민법 265조), 그 밖에 다른 공유자와 인적인 유대관계를 유지할 필요가 있기 때문에, 공유지분의 매각 때문에 새로운 사람이 공유자로 되는 것보다는 기존의 공유자에게 우선권을 부여하여 그 공유지분을 매수할 기회를 주는 것이 타당하다는데 그 입법 취지가 있다.

공유자는 매각기일까지 매수신청의 보증(민집 113조)을 제공하고 최고매수신고가격과 같은 가격으로 채무자의 지분을 우선 매수하겠다는 신고를 할 수 있다(민집 140조 1항). 이 경우 법원은 최고가매수신고가 있더라도 그 공유자에게 매각을 허가하여야 한다(같은 조 2항). 여러 사람의 공유자가 우선 매수하겠다는 신고를 하고 그 절차를 마친 때에는 특별한 협의가 없으면 공유지분의 비율에 따라 채무자의 지분을 매수하게 한다(같은 조 3항). 공유물분할판결을 근거로 하여 공유물 전부를 경매에 부쳐 그 매각대금을 분배하기 위한 현금화의 경우에는 공유자 우선 매수가 적용되지 않는다.[475]

나. 우선 매수권을 행사할 수 있는 시한

공유자는 매각기일까지 민사집행법 113조에 따른 보증을 제공하고 최고매수신고가격과 같은 가격으로 채무자의 지분을 우선 매수할 것을 신고할 수 있는데, 공유자의 우선 매수의 신고는 집행관이 매각기일을 종결한다는 고지를 하기 전까지 할 수 있다(민집규 76조 1항).

따라서 공유자는 집행관이 같은 법 115조 1항에 따라 최고가매수신고인의 이름과 가격을 호창(呼唱)하고 매각의 종결을 알리기 전까지 최고매수신고가격과 동일가격으로 매수할 것을 신고하고 즉시 보증을 제공하면 적법한 우선 매수권의 행사가 될 수 있으므로,[476] 우선 매수권을 행사할 수 있는 시한을 입찰마감 시각까지로 제한할 것은 아니다.[477] 그러나 매각의 종결 후에는 위 매수권을 행사할 수 없다. 또 이러한 법리는 호가경매와 입찰 모두에 적용된다. 관련 판례는 아래와 같다.

대법원 2002. 6. 17.자 2002마234 결정

[판시사항]

[1] 입찰에 있어 공유자의 우선 매수신고 및 보증의 제공 시한(=집행관의 입찰 종결선언 전)

[2] 공유자가 입찰기일 전에 우선 매수신고서만을 제출하거나 최고가입찰자가 제공한 입찰보증금에 미달하는 금액의 보증금을 제공한 경우, 입찰기일에 집행관은 최고가매수신고를 확인한 후 공유자의 출석 여부를 확인하고 공유자에게 최고가매수신고가격으로 매수할 것인지를 물어 보증금을 낼 기회를 주어야 하는지 여부(적극)

[3] 입찰기일 전에 공유자 우선 매수신고서를 제출한 공유자가 입찰기일에 입찰에 참가하여 입찰표를 제출한 경우, 우선 매수권을 포기한 것으로 볼 수 있는지(소극)

---

475) 대결 1991. 12. 16. 91마239
476) 대결 2000. 1. 28. 99마5871
477) 대결 2004. 10. 14. 2004마581

[결정요지]

[1] 민사소송법 제650조 제1항은, 공유자는 매각기일까지 보증을 제공하고 최고매수신고가격과 같은 가격으로 채무자의 지분을 우선 매수할 것을 신고할 수 있다고 규정하고, 같은 조 제2항은, 제1항의 경우에 법원은 최고가매수신고에 불구하고 그 공유자에게 경락을 허가하여야 한다고 규정하고 있는바, 이와 같은 공유자의 우선 매수권은 일단 최고가매수신고인이 결정된 후에 공유자에게 그 가격으로 경락이나 낙찰을 받을 기회를 부여하는 제도이므로, 입찰의 경우에도 공유자의 우선매수신고 및 보증의 제공은 집행관이 입찰의 종결을 선언하기 전까지이면 되고 입찰마감시각까지로 제한할 것은 아니다.

[2] 공유자가 입찰기일 이전에 집행법원 또는 집행관에게 공유자 우선 매수신고서를 제출하는 방식으로 우선 매수신고를 한 경우에도 반드시 이와 동시에 입찰보증금(최고가입찰자가 제공하게 될 입찰보증금 이상의 금액)을 집행관에게 제공하여야만 적법한 우선 매수신고를 한 것으로 볼 것은 아니고, 우선매수신고서만을 제출하거나 최고가입찰자가 제공한 입찰보증금에 미달하는 금액의 보증금을 제공한 경우에도 입찰기일에 입찰법정에서 집행관은 최고가입찰자와 그 입찰가격을 호창하고 입찰의 종결선언을 하기 전에 그 우선 매수신고자의 출석 여부를 확인한 다음, 최고가입찰자의 입찰가격으로 매수할 의사가 있는지 확인하여 즉시 입찰보증금을 제공 또는 추가 제공하도록 하는 등으로 그 최고입찰가격으로 매수할 기회를 주어야 한다.

[3] 입찰기일 전에 공유자 우선 매수신고서를 제출한 공유자가 입찰기일에 입찰에 참가하여 입찰표를 제출하였다고 하여 그 사실만으로 우선 매수권을 포기한 것으로 볼 수도 없다.

다. 매수경쟁

호가경매의 경우 공유자가 우선 매수권을 행사한 경우라도 최고가매수신고인은 다시 더 고가의 매수신고를 할 수 있고, 이에 대하여 공유자가 그 매수신고가격으로 매수할 것을 신고하지 아니하면 일반매수신고인이 매각허가를 받는다. 그러나 입찰의 경우에는 매수경쟁이 허용되지 않는다.[478]

라. 매각기일 전의 우선 매수권 행사

공유자는 매각기일 전에 미리 매각할 집행관 또는 집행법원에 민사집행법 113조에 따른 보증을 제공하고 최고매수신고가격과 같은 가격으로 우선 매수권을 행사하겠다는 신고를 함으로써 우선 매수권을 행사할 수도 있다. 공유자로부터 우선 매수신고서가 제출되면 이를 문서건 명부에 올려 접수하고, 경매

---

478) 대결 2004. 9. 24. 2004마496, 497, 대결 2004. 10. 14. 2004마581

기록에 가철하며, 인지는 첨부하지 아니한다(재민 91-1). 미리 우선 매수권을 행사하였다고 하여도 매각기일 종결의 고지 전까지 보증을 제공하지 않으면 우선 매수권 행사의 효력이 발생하지 않는다. 매각기일 전에 우선 매수신고가 들어 온 경우 실무에서는 기록 표지에 공유자의 우선 매수신청이 있다는 취지를 적어 둠으로써 집행관이 매각절차 시에 이를 간과하지 않도록 하고 있다.

마. 공유자 우선 매수청구권의 행사와 그 제한

공유자가 민사집행법 140조 1항의 규정에 따른 우선 매수신고를 하였으나 다른 매수신고인이 없는 때에는 최저매각가격을 같은 법 140조 1항의 최고매수신고가격으로 보아(민집규 76조 2항) 우선 매수를 인정한다. 최고가매수신고인이 없는 때에는 최저매각가격을 상당히 낮추어 새 매각기일을 진행하게 될 것인바(민집 119조), 그것보다는 공유자가 최저매각가격으로 매수하는 것이 경매의 당사자나 이해관계인에게 유리하기 때문이다.

공유자 우선 매수제도의 취지, 관련 규정 등에 비추어 보면, 공유자가 매각기일 전에 우선 매수신고를 하였으나 다른 매수신고인이 없는 경우 공유자는 그 매각기일이 종결되기 전까지 보증을 제공하고 우선 매수권 행사의 효력을 발생시킬 수 있으나, 다른 한편 보증을 제공하지 아니하여 우선 매수권 행사의 효력을 발생시키지 아니하는 것을 선택할 수도 있다고 보는 것이 타당하고, 다른 특별한 사정이 없으면 공유자가 우선 매수신고를 하고도 그 매각기일에 보증을 제공하지 아니한 것만으로 우선 매수권을 행사할 법적 지위를 포기하거나 상실하는 것으로 볼 수는 없다.[479]

하지만 관계 법령 및 민사집행법상의 공유자 우선 매수권 제도의 취지 또는 한계, 경매제도의 입법 취지 등에 비추어 보면, 공유자가 민사집행법 140조의 우선 매수권 제도를 이용하여 채무자의 지분을 저가에 매수하기 위하여 수차례에 걸쳐 우선 매수신고만 하여[480] 일반인들이 매수신고를 꺼릴 만한 상황을 만들어 놓은 뒤, 다른 매수신고인이 없는 때에는 매수신청보증금을 내지

---

[479] 대결 2011. 8. 26. 2008마637
[480] 우선 매수권 행사 횟수에 제한이 있는 것은 아니다(예컨대 1회 기일에 보증의 제공 없이 우선 매수신고를 하였다가 일반 매수희망자가 없자 보증을 제공하지 아니한 경우 제2회 매각기일에 다시 우선 매수 신고를 할 수 있다). 다만 동일 사건에 대한 수 회의 우선 매수신고를 거듭하여 수 회 유찰되게 만들어 싼 가격에 매수 신고하여 낙찰을 받은 경우 경매절차의 적정한 행사를 방해한 자로 매각의 불허 사유가 된다(관련 판례 대법원 2011. 8. 26.자 2008마637 결정).

아니하는 방법으로 유찰되게 하였다가 최저매각가격이 수차례 저감된 매각기일에 다른 매수신고인이 나타나면 그때 비로소 매수신청보증금을 내 법원으로 하여금 공유자에게 매각을 허가하도록 하는 경우에는 민사집행법 121조, 108조 2호의 '최고가매수신고인이 매각의 적정한 실시를 방해한 사람'에 해당되어 매각불허가 사유가 된다.

바. 차순위매수신고인의 지위 포기(민집규 76조 3항)

공유자가 민사집행법 140조 1항의 규정에 따라 우선 매수신고를 한 경우에는 최고가매수신고인은 절차상 차순위매수신고인으로 취급된다(같은 법 140조 4항). 이처럼 공유자의 우선 매수신고에 따라 최고가매수신고인은 자신을 차순위매수신고인으로 취급하여 달라는 신고나 의사표시 없이 바로 위 규정에 따라 차순위매수신고인이 되는데, 이 경우 최고가매수신고인은 자신의 의사와 관계없이 우연한 사정에 따라 최고가매수신고인이 되지 못하게 될 뿐 아니라, 나아가 차순위매수신고인이 되어 매수의 보증도 돌려받지 못하는 불합리한 지위에 있게 되므로, 최고가매수신고인을 차순위매수신고인으로 보게 되는 경우 그 매수신고인은 집행관이 매각기일을 종결한다는 고지를 하기 전까지 차순위매수신고인의 지위를 포기할 수 있게 하였다.

다만 차순위매수신고인의 지위가 유동적인 상태에 놓이는 것은 절차의 안정을 위하여 바람직하지 아니하므로, 그 포기의 의사표시는 집행관이 매각기일을 종결한다는 고지를 하기 전까지로 제한하였다. 최고가매수신고인이 차순위매수신고인의 지위를 포기한 때에는 집행관은 매각기일조서에 그 취지를 적어야 한다(민집규 67조 1항 6호, 71조, 72조 4항).

사. 공유자 우선 매수가 인정되지 않는 경우

실무상 경매개시결정 기입등기 이후 공유지분 취득자의 우선 매수권 인정 여부에 관하여, 법 조문 상 압류등기 이전의 공유지분 취득자로 한정한다는 규정이 없다는 이유로 이를 사실상 인정하고 있다.[481] 다만 매각허가결정이 있을 때까지 이해관계인임을 입증해야 한다. 공유자 우선 매수가 인정되지 아니한 경우는 다음과 같다.

---

481) 법원행정처 발행, 사법보좌관 실무편람 362면.

(1) 일괄매각된 수 개의 부동산 중 1개의 부동산 만에 관한 공유자 우선 매수신고(대법원 2006. 3. 13. 2006마1078)

(2) 집합건물과 그 대지권의 매각절차에서 그 대지 일부만의 공유자 우선 매수신고(대구지법 2004. 4. 8 2003라217 결정)

(3) 공유물 분할 판결에 기초한 공유물 전부를 경매에 부쳐 그 판매이익금을 분배하기 위한 현금화 절차에서 그 공유물의 공유자 우선 매수신고(대법원 1991. 12. 16. 91마 239 결정)

(4) 공유지분 전체에 대하여 경매가 진행되는 경우 공유자 우선 매수신고(대법원 2008. 7. 8.자 2008마693,694 결정)

(5) 갑이 을과 부동산을 공유하던 중 을이 사망하자 을의 재산을 상속한 후 을이 생전에 위 부동산의 공유지분에 설정한 근저당권의 실행으로 매각절차가 진행되자 위 부동산의 공유자로서 우선 매수신고(대법원 2009. 10. 5.자 2009마1302 결정)

(6) 누가 공유자가 되더라도 이해관계가 없다고 판단되는 공유관계, 예컨대 아파트, 상가, 또는 다세대주택 등의 대지권의 목적인 토지의 공유자

(7) 경매개시결정등기(압류등기) 이후 매각등기 지분 중 일부 또는 전부를 취득한 취득자

(8) 구분 소유적 공유관계인 경우

아. 기타 특별법에 따른 우선 매수

(1) 구 임대주택법(법률 제13499호로 개정되기 것, 이하 같음)에 따른 임대주택임차인의 우선 매수

임대주택법 22조에 의하면 임대주택(건설임대주택 및 매입임대주택 포함)을 경매하는 경우 해당 임대주택의 임차인은 매각기일까지 민사집행법 113조에 따른 보증을 제공하고 최고매수신고가격과 같은 가격으로 채무자인 임대사업자의 임대주택을 우선 매수하겠다는 신고를 할 수 있다. 그 우선 매수권 행사 절차에 대하여는 아무런 규정이 없지만 앞서 본 공유자의 우선 매수권 행사 절차가 준용된다고 보는 것이 타당하다. 임대주택법에 따른 임차인 우선 매수신고서 양식은 아래와 같다.

|양식| **임대주택법에 따른 임차인 우선 매수신고서**

임대주택법에 따른 임차인 우선 매수신고서

사　건　　20○○타경○○○ 부동산강제(임의)경매
채권자
채무자(소유자)
■ 매각기일　20 . . .　00:00
부동산의 표시 : 별지와 같음

　임차인은 임대주택법 15조의2 1항의 규정에 따라 매각기일까지(집행관이 민사집행법 115조 1항에 따라 최고가매수신고인의 성명과 가격을 부르고 매각기일을 종결한다고 고지하기 전까지) 민사집행법 113조에 따른 매수신청보증을 제공하고 최고매수신고가격과 같은 가격으로 채무자인 임대사업자의 임대주택을 우선 매수하겠다는 신고를 합니다.

첨부서류

1. 임차인의 주민등록표 등본 또는 초본 1통
2. 기타(　　　　　　　　)

20 . . .

　　　　　우선매수신고인(임차인)　　　　　　㊞
　　　　　　(연락처 :　　　　　　　　　　)
　　　　　　　　　　　　　　　　　　○○지방법원 경매○계 귀중

　이때 우선 매수 신고를 할 수 있는 자(임차인)는 임대주택법 제21조 1항의 건설임대주택의 경우에 같은 법 조항에 따라 우선 분양 전환을 받을 수 있는 임차인에 한하며 그 외의 임대주택의 경우에는 임대차 계약의 당사자에 한한다(임대주택법 22조 2항). 한편 우선 매수신고 할 수 있는 임차인에 해당한다는 임차인의 지위 소명은 원칙적으로 집행관이 당해 사건의 입찰 종결을 선언하기 전까지 일 것이나, 그 당시 해당 자료를 갖추지 못한 경우에는 집행법원의 매각허가결정 시까지 해당 자료를 제출하면 될 것이다(대법원 1994. 9 13. 94마1342) 관련 판례는 아래와 같다.

> **대법원 2009. 3. 17.자 2008마1306 결정**
>
> [판시사항]
>
> [1] 구 임대주택법 제15조 제2항에 정한 '분양전환 당시 당해 임대주택에 거주하는 임차인'의 의미
>
> [2] 임대사업자의 동의를 받지 않은 무단 전차인은 민사집행법에 따른 매각절차에서의 우선 매수권 있는 임차인에 해당하지 않는다고 한 사례
>
> [판결요지]
>
> 원심은 그 채택 증거를 종합하여, 구 임대주택법(2008. 3. 21. 법률 제8966호로 전문 개정되기 전의 것, 이하 '법'이라고 한다) 제15조의2, 제15조 제2항에서 정한 임대사업자의 부도에 따른 당해 임대주택 거주 임차인의 우선 분양전환권 및 민사집행법에 따른 매각절차에서의 우선 매수권의 대상이 되는 이 사건 임대아파트를 2003. 9. 30.경 임대사업자의 동의 없이 신청외 1이 최초 임차인이던 신청외 2로부터 그 임차권을 양도받았다가 2007. 3. 1. 재항고인에게 이를 무단 전대한 사실, 2006년 3월경 위 임대아파트에 관하여 임의경매절차가 개시되어 신청외 3이 최고가매수신고인이 되었으나 집행법원은 법 제15조의2, 제15조 제2항을 근거로 임차인 우선 매수신청을 한 재항고인을 최고가매수신고인으로 하여 매각허가결정을 선고한 사실을 인정한 다음, 법 제13조는 임대주택 임차인의 임차권 양도 및 전대를 원칙적으로 금지하고 있고, 예외적으로 구 임대주택법 시행령(2008. 6. 20. 대통령령 제20849호로 전문 개정되기 전의 것) 제10조 제1항이 정하는 세 가지 경우에 해당하고 임대사업자의 동의를 얻은 경우에 한해 그 양도 및 전대를 허용하고 있는 점 및 법 제15조 제1항, 제2항, 제15조의2에서 임차인에게 우선 분양권이나 우선 매수권을 부여한 것은 자격 있는 적법한 임차인에게 우선적 권리를 줌으로써 거주의 안정성을 도모하고자 하는 취지인 점 등에 비추어 법 제15조 제2항에서 말하는 '분양전환 당시 당해 임대주택에 거주하는 임차인'은 임대사업자와 임대차계약을 체결한 임차인이나 위 시행령 제10조 제1항에 정한 요건을 갖춘 임차인을 뜻한다고 보아야 할 것이므로, 임대사업자의 동의를 받지 아니한 무단 전차인에 불과한 재항고인은 위 우선 매수권 있는 임차인에 해당하지 아니한다는 이유를 들어, 이와 달리 재항고인의 우선 매수신청을 받아들인 집행법원의 매각허가결정을 유지한 제1심결정을 취소하였다.

(2) 부도공공건설임대주택 임차인 보호를 위한 특별법에 따른 주택매입사업시행자의 우선 매수

부도 공공건설임대주택의 임차인대표회의 등이 같은 법 6조의 규정에 따라 주택매입사업시행자에게 매입 요청한 경우에는 앞서 본 임대주택법에 따른 임대주택임차인의 우선 매수청구권이 주택매입사업시행자에게 양도된 것으로

간주되고, 이 경우 주택매입사업시행자는 보증의 제공 없이 우선 매수신고를 할 수 있다(같은 법 12조).

(3) 전세 사기 피해자 지원이나 주거 안정에 관한 특별법 제25조에 따른 공공주택 사업자의 우선매수 : 「민사집행법 관련(제113조, 매수신청의 보증) 규정」

자. 공유자 우선 매수 관련 판례들

대법원 2006. 3. 13.자 2005마1078 결정

[판시사항]

[1] 집행법원이 여러 개의 부동산을 일괄매각하기로 한 경우, 매각대상 부동산 중 일부에 대한 공유자가 매각대상 부동산 전체에 대하여 공유자의 우선 매수권을 행사할 수 있는지(한정 소극)

[2] 매수신고인의 우선 매수신고 자체가 부적법하므로 민사집행법 제129조 제1항의 매각허가결정에 대한 즉시항고를 할 수 없다고 한 사례

[결정요지]

[1] 집행법원이 여러 개의 부동산을 일괄매각하기로 한 경우, 집행법원이 일괄매각결정을 유지하는 이상 매각대상 부동산 중 일부에 대한 공유자는 특별한 사정이 없으면 매각대상 부동산 전체에 대하여 공유자의 우선 매수권을 행사할 수 없다고 보는 것이 타당하다.

[2] 매수신고인의 우선 매수신고 자체가 부적법하므로 민사집행법 제129조 제1항의 매각허가결정에 대한 즉시항고를 할 수 없다.

대법원 1991. 12. 16.자 91마239 결정

[판시사항]

마. 공유물분할판결을 근거로 하여 경매로 매득금을 분배하기 위한 값 환산의 경우, 민사소송법 제649조, 제650조 규정의 적용 여부(소극)

[결정요지]

마. 공유물분할판결을 근거로 하여 공유물 전부를 경매에 부쳐 그 매득금을 분배하기 위한 환가의 경우에는 공유물의 지분경매에 있어 다른 공유자에 대한 경매신청통지와 다른 공유자의 우선 매수권을 규정한 민사소송법 제649조, 제650조는 적용이 없다.

대법원 2008. 7. 8.자 2008마693,694 결정

[판시사항]

[1] 민사집행법 제139조가 공유물 전부에 대한 경매에도 적용되는지 여부(소극)

[2] 공유자의 지분이 경매대상 목적물에 포함된 경우 우선 매수권을 행사할 수 없다고 보아 집행법원이 그에 대한 매각불허가결정을 넘어 당해 매각기일에 최고가매수신고를 한 자에게 매각허가결정을 한 것은 적법하고, 이에 대한 위 공유자의 즉시항고는 매각허가결정에 대한 항고로서 매각대금의 10분의 1에 해당하는 보증을 제공하여야 한다고 한 원심의 판단을 수긍한 사례

[결정요지]
민사집행법 제139조는 공유물 지분을 경매하는 경우에 다른 공유자의 우선 매수권을 보장하는 규정으로서 공유물 전부에 대한 경매에서는 그 적용의 여지가 없고, 공유물 지분의 경매라도 경매신청을 받은 당해 공유자는 우선 매수권을 행사할 수 없다.

대법원 2009. 10. 5.자 2009마1302 결정
[판시사항]
[2] 갑이 남편인 을과 부동산을 공유하던 중 을이 사망하자 을의 재산을 상속한 후, 을이 생전에 위 부동산의 공유지분에 설정한 근저당권의 실행으로 매각절차가 진행되자 위 부동산의 공유자로서 우선 매수신청을 한 사안에서, 갑은 위 매각절차에서의 채무자로서 매수신청이 금지된 자이므로 민사집행법 제121조 제2호에 정한 '부동산을 매수할 자격이 없는 자'에 해당한다고 한 사례

대법원 2011. 8. 25.자 2008마637 결정
[판시사항]
[1] 채무자의 공유지분에 대한 경매절차에서 공유자가 우선 매수신고를 하고서도 매각기일까지 보증을 제공하지 않은 경우, 우선 매수권을 포기하거나 상실한 것으로 볼 수 있는 여부(원칙적 소극)

[2] 공유자가 여러 차례 우선 매수신고만을 하여 일반인들의 매수신고를 꺼릴 만한 상황을 만들어 놓은 뒤, 다른 매수신고인이 없을 때는 보증금을 내지 않는 방법으로 유찰되게 하였다가 다른 매수신고인이 나타나면 보증금을 나 자신에게 매각을 허가하도록 하는 것이 민사집행법 제121조, 제108조 제2호의 '최고가매수신고인이 매각의 적정한 실시를 방해한 사람'에 해당되는 매각불허가 사유인지 여부(적극)

[3] 공유자가 민사집행법 제140조의 우선 매수권 제도를 이용하여 공유 부동산의 채무자 지분에 관한 경매절차에서 두 차례에 걸쳐 우선 매수신고를 하였으나 제2회 매각기일까지 다른 매수신고인이 없자 매수신청보증금을 내지 않는 방법으로 유찰되게 하였다가 제3회 매각기일에 다시 우선 매수신고를 하면서 입찰에 참가한 사안에서, 공유자가 우선 매수신고를 하고도 매각기일까지 보증을 제공하지 않은 것을 우선매수권의 포기로 본 원심판단은 잘못이나, 위 공유자는 '매각의 적정한 실시를 방해한 사람'에 해당하므로, 매각을 불허가한 결론은 결국 정당하다고 한 사례

차. 공유자 우선 매수에 관한 실무자료[482]

문. **공유자가 입찰표를 제출한 경우 우선 매수권을 포기한 것으로 볼 것인지?**

답. 우선 매수신고서를 제출한 공유자가 매각기일에 입찰에 참가하였다고 하여 그 사실만으로 우선 매수권을 포기한 것으로는 볼 수 없으므로(대법 2002. 6. 17. 2,002마234 결정) 집행관은 최고가매수신고가격을 확인 후 우선 매수할 것인지 의사를 물어야 할 것이다.

문. **우선 매수신고는 서면에 의할 것인지 아니면 구술로도 가능한지?**

답. 민사집행법에 특별히 서면 또는 구술로 한다는 규정이 없으므로(민집 140조, 민사규 76조 참고) 우선 매수권의 행사는 서면 또는 구술로 할 수 있다(법원행정처 가족관계등록과 1624(2009. 5. 1.)).

문. **공유자가 매수보증금을 제공하고 우선 매수신청을 하였다가 매각기일에 이를 취하하고 보증금의 반환을 요구할 수 있는지?**

답. 입찰은 취소, 또는 변경, 교환할 수 없고(민집규 02조) 우선 매수신고를 하였으니 다른 매수신고인이 없는 때에는 최저매각가격을 법 제140조 1항의 최고가매수신고가격으로 보므로(민집규 72조 2항) 공유자는 매각기일에 우선 매수권의 행사를 취소할 수 없으며, 매수보증금의 반환도 요구할 수 없다.(법원행정처 가족관계등록과 1624(2009. 5. 1.).

문. **경매개시결정등기 후에 매각되지 아니한 지분을 이전받은 공유자가 우선 매수권을 행사할 수 있는지?**

답. 경매기입등기 이후 매각되지 아니한 지분을 이전받은 공유자는 우선 매수할 수 없다는 특별한 규정이 없으며, 이해관계인은 경매신청등기 이전에 그 부동산의 등기부에 등기된 소유자 기타 부동산 위의 권리자뿐 아니라 경매신청등기 이후에 소유권 등 권리를 취득하여 이를 등기하고 그 사실을 경매법원에 증명한 자도 포함되고 동 증명은 매각허가결정이 있을 때까지 할 수 있으므로(대법원 1964. 9. 30. 64마525 결정; 대법원 1994. 9. 13. 94마1342 결정) 따라서 이 경우 공유자도 우선 매수권을 행사할 수 있고, 다만 매각허가결정이 있을 때까지 이해관계인임을 입증해야 한다.

---

[482] 전국법원 집행관연합회, 2015, 집행관 업무자료집, 20~21면.

카. 공유자 우선 매수 시 참고사항[483]

1. 공유자가 입찰표를 제출하였다 하더라도 이와는 별도로 우선 매수권을 행사할 수 있다.

2. 여러 사람의 공유자가 우선 매수 신고를 했을 때는 특별한 협의가 없으면 공유지분의 비율에 따라 채무자의 지분을 매수하게 한다(민집 140조3항).

3. 공유자 우선 매수 신고는 등기부상의 공유자로서 경매개시결정 전후와 관계없이 인정한다(A와 B 공유일 때 B 지분에 대한 경매 시 A 지분을 취득한 공유자는 경매개시결정 전후 시기와 관계없이 가능하다).

4. 2005. 12. 13. 당시 임대 중인 공공건설임대주택으로서 이 법 시행 전에 임대주택법 제2조7호의 부도 등이 발생한 임대주택에 한한다.

5. 공유자 우선 매수와 임차인 우선 매수신청은 우선 매수 신고와 보증금의 제공은 집행관이 입찰 종결을 선언하기 전까지 행사할 수 있다.

6. 공유자 우선 매수 신고를 한 공유자가 최고가매수신고인의 신고가격으로 매수할 수 없어 매각결정 선고 전에 우선 매수를 포기하면 공유자 우선 매수신고인에게 입찰보증금을 반환하는 것이 상당하다.

7. 공유자가 보증금을 제공하고 우선 매수신청을 한때에는 매각기일에 우선 매수권의 행사를 취소할 수 없으며, 따라서 보증금의 반환요구도 할 수 없다.

8. 그러나 공유자가 우선 매수 신고를 하고 보증금을 냈는데 개찰 결과 매수인이 없자 차회 기일에 더 저가에 매수할 목적으로 우선 매수를 취하하겠다고 하는 경우 보증금의 반환은 할 수 없다. (민집규 제76조 제2항 규정에 따라 우선 매수 신고를 한 공유자가 최저매각가격으로 매수한 것으로 되어 보증금을 반환해서는 안 된다)

9. 공유자 우선 매수 신청보증이 보증금에 미달하면 입찰 종결선언 때까지 그 보완이 가능하다.

10. 매수 신청보증을 적지 않거나 보증금액 정정의 경우, 매수 신청보증 이상의 보증금이 제공되면 유효하다.

11. 공유자가 입찰 법정에서 구두로 우선 매수 신고를 하면 집행관은 즉시 그 사실을 고지하고 매각기일 조서에「구두」로 우선 매수 신고를 하였다는 취지와 그 공유자의 이름과 주소를 기재한다. 그러나 통상은 입찰 법정 직원이 즉석에서 컴퓨터로 공유자 우선 매수신고서를 작성하여 날인을 받는다.

12. 공유자가 입찰기일 전에 우선 매수신고서만 제출하였을 때 집행관은 입찰 종결을 선언하기 전에 우선 매수신고자의 출석 여부를 확인한 다음 최고가매수신고인의 매수가격으로 공유자 우선 매수 의사가 있는지 확인하여 의사가 있으면 입찰보증금을 내게 하는 등 최고가 입찰가격으로 매수할 기회를 주어야 한다.

---

483) 전국법원집행관연합회. 2024. 집행관업무편람 124~125면

> 13. 통상 특별매각 조건으로 공유자 우선 매수 신고는 1회만 가능하므로 우선 매수 신고 시 입찰자가 없으면 우선 매수권을 행사하지 아니한다는 조건부 신고도 유효하게 처리한다.

9. 매각기일조서

가. 매각기일조서의 작성

(1) 매각기일별 작성

집행관은 매각을 시행한 때에는 매각기일마다 매각기일조서를 작성하여야 하므로, 각 매각기일을 일괄하여 하나의 조서로 작성하여서는 아니 된다.

(2) 매각기일조서의 기재사항

매각기일조서에는 다음 사항을 적어야 한다(민집 116조).

- **(가)** 부동산의 표시: 별지 목록으로 부동산의 표시를 하여도 무방하다.
- **(나)** 압류채권자의 표시: 경매신청채권자의 이름을 기재한다.
- **(다)** 매각물건명세서·현황조사보고서 및 평가서의 사본을 볼 수 있게 한 일
- **(라)** 특별한 매각조건이 있는 때에는 이를 고지 한 일
- **(마)** 매수가격의 신고를 최고 한 일
- **(바)** 모든 매수신고가격과 그 신고인의 이름, 주소 또는 허가할 매수가격의 신고가 없는 일: 보증을 제공하지 아니한 부적법한 매수가격의 신고인도 모두 적어야 한다.
- **(사)** 매각기일을 마감할 때까지 허가할 매수가격의 신고가 없어 매각기일의 마감을 취소하고 다시 매수가격의 신고를 최고 한 일: 1기일 2회 입찰을 한 경우 이를 조서에 적어야 한다.
- **(아)** 최종적으로 매각기일의 종결을 고지 한 일시
- **(자)** 매수하기 위하여 보증을 제공한 일 또는 보증을 제공하지 아니하므로 그 매수를 허가하지 아니한 일: 보증의 제공이 있는 때에는 그 액수와 보증의 제공방법을 적어야 한다.
- **(차)** 최고가매수신고인과 차순위매수신고인의 이름과 그 가격을 부른 일:

최고가 매수신고인이나 차순위매수신고인이 매각기일에 말로 송달영수인신고를 하면 이것도 매각기일조서에 적어야 한다(민집 118조 3항).

한편 매각기일조서에는 작성자인 집행관이 기명날인 또는 서명하여야 하고(민집 10조 2항 6호), 그밖에 최고가매수신고인 및 차순위매수신고인과 출석한 이해관계인은 조서에 이름을 쓰고 도장을 찍어야 하며, 그들이 이름을 쓰고 도장을 찍을 수 없을 때에는 집행관이 그 사유를 적어야 한다(민집 116조 2항). 집행관은 위 사람들에게 서명날인에 앞서 조서를 읽어주거나 보여주고, 그 승인과 이름을 쓰고 도장을 찍은 사실을 조서에 적어야 한다(민집 10조 2항 5호).

집행관은 매각기일조서를 법원사무관 등에게 인도할 때까지는 조서상의 오기가 있거나 빠진 것이 있으면 이를 경정할 수 있다. 그 경정에는 이해관계인이나 최고가매수신고인 등의 동의를 요구하지 않으며 이 때문에 불이익을 받는 이해관계인이나 최고가매수신고인 등은 매각허가 여부의 단계에서 다른 증거에 의하여 경정이 진실에 맞지 않음을 주장·증명할 수 있다.

경정의 방법은 별도의 경정조서를 작성하는 방법과 매각기일조서에 직접 삽입하거나 삭제하는 방법으로 정정하고 경정 연월일을 덧붙여 하는 방법이 있다. 경정의 내용과 정도에 따라 집행관이 적절히 선택하면 될 것이다.

(3) 기일입찰조서의 기재사항(민집규 67조 1항)

매각기일조서 중 매각이 기일입찰방식으로 진행된 경우 작성되는 기일입찰조서에는 민사집행법 116조에 규정된 사항 외에 다음 각 호의 사항을 적어야 한다(민집규 67조 1항).

(가) 입찰을 최고 한 일시, 입찰을 마감한 일시 및 입찰표를 개봉한 일시(1호) : 민사집행규칙 65조 1항의 규정에 따라 입찰이 시행되었는지를 분명히 하기 위한 취지이다.

(나) 민사집행규칙 65조 2항 후문의 규정에 따라 입찰을 한 사람 외의 사람을 개찰에 참여시킨 때에는 그 사람의 이름(2호) : 개찰에 참여시킨 사람을 특정할 수 있는 정도로 표시하여야 할 것이므로 참여사무관 등 법원 직원인 때에는 그의 이름과 직책을 적으면 충분하지만, 그 외의 사람인 때에는 이름과 주소, 주민등록번호 등을 적어야 할 것이다.

(다) 민사집행규칙 66조 또는 민사집행법 115조 2항의 규정에 따라 최고가매수신고인 또는 차순위매수신고인을 정한 때에는 그 취지(3호) : 최고가매수신고인 등을 정한 때에는 그 취지를 매각기일조서에 적도록 하였다. 위 조항에 따라 다시 입찰하게 한 때에는 입찰의 최고와 마감의 시각을 적어야 하며, 추첨을 한 때에는 그 취지와 추첨의 경과, 민사집행규칙 66조 3항의 규정에 따라 법원사무관 등에게 대신 추첨하게 한 때에는 그 취지와 대신 추첨한 사람의 이름 등도 적어야 한다.

　(라) 민사집행법 108조에 규정된 조처를 한 때에는 그 취지(4호) : 같은 법 108조에 규정된 입장금지, 퇴장 또는 매수신청의 금지 중 어느 조처를 하였는지를 명백히 밝혀야 할 것이고, 같은 법 108조 각 호의 사유 중 어느 사유에 해당되는지를 구체적으로 적어야 한다.

　(마) 민사집행법 140조 1항의 규정에 따라 공유자의 우선 매수신고가 있는 경우에는 그 취지 및 그 공유자의 이름과 주소(5호) : 공유자의 우선 매수신고는 매수인의 결정이나 최고가매수인의 지위 등에 영향을 미치는 등 절차상 매우 중요한 의미로 쓰이게 되므로, 공유자의 우선 매수신고가 있는 경우에는 그 취지 및 그 공유자의 이름과 주소를 적어야 한다.

　(바) 민사집행규칙 76조 3항의 규정에 따라 차순위매수신고인의 지위를 포기한 매수신고인이 있는 때에는 그 취지(6호)

(4) 기간입찰, 호가경매절차에의 준용

　민사집행법 116조는 매각기일조서의 작성 및 기재사항 등에 관하여 규정하고 있는데, 이는 기일입찰, 기간입찰, 호가경매절차에 모두 적용된다. 위 조항의 보충규정인 민사집행규칙 67조(기일입찰조서의 기재사항)도 기간입찰, 호가경매절차에 준용된다(민집규 71조, 72조 4항).

(가) 기간입찰조서

　기간입찰조서에 관하여는 민사집행규칙 67조의 규정이 준용된다. 기간입찰조서에 관하여도 민사집행법 116조가 먼저 적용되는 것은 물론이다. 그러므로 집행관은 기간입찰을 하는 때에는 같은 법 116조의 기재사항 외에 민사집행규칙 67조 1항에 기재된 사항을 적은 기간입찰조서를 작성하여 법원에 제출하여야 한다.

다만 같은 규칙 67조 1항 1호 중 입찰을 최고 한 일시, 입찰을 마감한 일시는 기간입찰에는 적용되지 아니하는 것이므로 같은 규칙 66조 1항에 의하여 추가입찰을 한 경우가 아니면 적을 필요가 없다.

(나) 호가경매조서

호가경매조서에 관하여도 기일입찰조서에 관한 민사집행규칙 67조가 준용된다(민집규 72조 4항). 호가경매조서에 관하여도 민사집행법 116조가 먼저 적용되는 것은 물론이다.

다만 같은 규칙 67조의 기재사항 중 1호부터 3호까지는 호가경매의 성질상 기재할 필요가 없으며, 호가경매의 성질상 입찰표의 첨부에 관한 같은 규칙 67조 2항의 규정은 준용되지 아니한다.

(5) 입찰표 및 매수신청의 보증에 관한 영수증의 첨부

기일입찰조서에는 입찰표를 붙여야 한다(민집규 67조 2항). 이는 입찰조서의 기재를 보충하는 동시에 입찰절차가 적정하게 이루어진 사실을 명백히 밝히기 위한 취지이다. 추가입찰을 한 때에는 그 입찰표도 붙여야 한다. 기간입찰조서에는 입찰표를 붙여야 한다(민집규 67조 2항, 71조). 다만 호가경매에는 입찰표가 없으므로 위 조항은 준용되지 않는다. 입찰표 이외에 집행관이 반환한 매수신청의 보증에 관한 영수증도 붙여야 한다(민집 116조 3항).

나. 매각기일조서 및 보증금의 인도

(1) 매각기일조서의 인도

집행관은 매각기일부터 3일 이내에 매각기일조서를 경매기록과 함께 법원사무관 등에게 인도하여야 한다(민집 117조). 매수신청이 없는 상태에서 매각을 종결한 때에는 매각불능 조서와 경매기록만 인도하면 된다. 3일 이내에 인도하라는 것은 훈시규정으로 해석된다. 매각기일조서를 인도한 후에는 집행관은 당해 사건에 관한 직무권한을 상실한다.

(2) 보증금의 인도

집행관은 매수의 보증으로 받아 돌려주지 아니한 것은 매각기일부터 3일 이내에 법원사무관 등에게 인도하여야 한다(민집 117조). 여기서 돌려주지 아니한 것

이라 함은 최고가매수신고인이나 차순위매수신고인으로부터 받은 보증뿐만 아니라 최고가매수신고인 등이 아닌 매수신고인으로부터 제공받은 보증으로서 그 매수신고인이 반환을 청구하지 아니한 것도 포함한다.

3일 이내에 인도하라는 것은 훈시규정이므로 조서·보증을 3일 이내에 인도하지 아니하였다 하여 경매가 무효로 되는 것은 아니고 그 인도가 지연되어 매각결정기일을 실시할 수 없는 때에는 집행법원은 매각결정기일을 변경하여야 할 것이다.

매수의 보증 중 현금이나 자기앞수표는 당일에 대리인 자격으로 취급점에 비치된 법원보관금취급규칙 서식인 납부서를 이용하여 취급점에 납부하여야 하고(보관금규 9조 5항, 재민 2004-3, 41조), 법원사무관 등에게 직접 인도하여서는 아니 된다.

다. 농지매각을 할 때의 최고가매수신고인 등 증명서의 교부

농지매각의 경우에는 최고가매수신고인 등은 매각결정기일까지 농지취득자격증명(농지법 8조)을 집행법원에 제출하여야 매각허가를 받을 수 있다.[484] 1,000㎡ 미만의 농지에 관하여도 농지취득자격증명을 발급받을 필요가 있다(농지법 6조 2항 3호, 7조 3항). 집행관은 매각기일 종결 후 최고가매수신고인 또는 차순위매수신고인이 농지취득자격증명의 발급을 신청하기 위하여 최고가매수신고인 또는 차순위매수신고인이라는 사실을 증명하여 줄 것을 신청하는 경우에는 아래 최고가(차순위)매수신고인증명을 교부하여 주어야 한다(재민 97-1).

---

484) 대판 1997. 12. 23. 97다42991, 대결 1999. 2. 23. 98마2604

|양식| **최고가(차순위)매수신고인증명**

최고가(차순위)매수신고인 증명신청

사 건   20○○타경○○○ 부동산강제(임의)경매

　위 사건에 관하여 신청인이 최고가(차순위)매수신고인임을 증명하여 주시기 바랍니다.

부동산(농지)의 소재지 표시

20   .   .   .

　　　　　신 청 인   ○ ○ ○ (날인 또는 서명)

○○법원 ○○지원 소속 집행관 귀중

최고가(차순위)매수신고인 증명

　위 사실을 증명합니다.

20   .   .   .

　　　　　○○법원 ○○지원 소속 집행관 ○ ○ ○

10. 매각수수료의 지급

가. 매각허가의 경우

집행법원은 매각허가결정이 확정된 이후 집행관의 신청에 따라 예납금 중에서 집행관수수료규칙 16조 소정의 매각수수료를 지급하여야 한다(재민 79-5, 5조 1항). 다만 매각허가결정이 확정되기 전에 그 결정이 취소되지 아니한 상태에서 경매신청이 적법하게 취하된 경우에는 그 취하가 있은 후 집행관의 신청에 따라 즉시 지급한다. 그 지급은 보관금의 지급방법에 따른다.

나. 매수신청이 없거나 매각이 불허가된 경우

매각기일에 허가할 매수가격의 신고가 없는 경우, 매각이 불허가된 경우(민집

123조) 및 매각허가결정이 취소된 경우(민집 127조)에도 소정의 수수료를 지급한다(집행관수수료규칙 17조 2항). 위 경우에는 그 사유를 기재한 보고서를 접수한 후 집행관의 신청에 따라 즉시 지급한다(재민 79-5, 5조 2항).

11. 새 매각

가. 개 념

(1) 의 의

새 매각이라 함은 매각을 하였으나 매수인이 결정되지 않았기 때문에 다시 기일을 지정하여 시행하는 경매를 말한다.

(2) 재매각과의 구별

재매각이란 매각허가결정이 확정되어 매수인이 결정되었음에도 그 사람이 대금을 지급하지 아니하였기 때문에 시행하는 경매를 말하는 것으로서, 새 매각과는 다르다.

(3) 새 매각을 하여야 할 경우

매각기일에 허가할 매수가격의 신고가 없는 경우(민집 119조), 매각기일에 법원이 최고가매수신고인에 대하여 매각을 허가할 수 없는 사유가 있어 매각을 허락하지 않거나 매각허가결정이 항고심에서 취소된 경우(민집 125조) 또는 매수가격 신고 후에 천재지변, 그 밖에 자기가 책임을 질 수 없는 사유로 부동산이 현저하게 훼손된 사실 또는 부동산에 관한 중대한 권리관계가 변동되어 최고가매수신고인이나 매수인의 신청에 따라 매각불허가결정을 하거나 매각허가결정을 취소한 경우(민집 121조 6호, 127조 1항)에 새 매각을 하게 된다.

여러 개의 부동산을 동시에 매각하는 경우에 일괄매각하는 경우를 제외하고는 일부의 부동산에 대하여서만 매수가격의 신고가 없는 경우에는 그 부동산에 대하여서만 새 매각을 할 것이고 모든 부동산에 대하여 새 매각을 할 것은 아니다.

나. 허가할 매수가격의 신고가 없는 경우의 새 매각

(1) 새 매각의 요건

허가할 매수가격의 신고 없이 매각기일이 최종적으로 마감된 때에는 법원은 최저매각가격을 상당히 낮추고 새 매각기일을 정하여야 한다(민집 119조).

(가) 적법한 매각기일

매각기일이 적법하게 열린 경우에 한하므로, 적법한 매각기일의 공고가 없었던 경우나 매각기일이 변경된 경우에는 최저매각가격을 낮출 수 없다.

(나) 허가할 매수가격의 신고 없음

매수가격의 신고가 전혀 없었던 경우는 물론 신고한 매수가격이 최저매각가격에 미달한 경우 및 민사집행법 113조에 따른 적법한 보증을 제공하지 아니하여 적법한 매수가격의 신고라고 볼 수 없는 경우도 포함한다.

(2) 새 매각의 절차

(가) 최저매각가격의 저감

새 매각을 할 경우 법원은 민사집행법 91조 1항의 잉여주의 원칙을 해하지 않는 한도에서 최저매각가격을 상당히 낮출 수 있다(민집 119조).

(나) 자유재량

법원은 매각절차의 진행과정과 이해관계인의 이해를 형량하여 자유재량으로 최저매각가격을 저감할 수 있으므로,[485] 1회 저 감액이 3할 정도라 하여도 위법은 아니지만,[486] 합리적이고 객관적인 타당성을 갖추지 못할 정도로 과도하게 가격을 낮춘 최저매각가격절차는 위법하여 무효이다.[487] 현재 실무는 대체로 20%씩 낮춤하고 있다. 그러나 민사집행법 91조 1항의 잉여주의 원칙을 해하지 아니하는 한도에서만 저감이 가능하다.

---

[485] 대결 1969. 1. 9. 68마982
[486] 대결 1966. 12. 17. 66마1027
[487] 대결 1994. 8. 27. 94마1171

(다) 가격저감절차

최저매각가격을 저감하는 경우 재평가는 필요하지 않고, 가격 저감 산출근거를 명시할 필요도 없으며 별도의 가격저감결정서를 작성할 필요도 없다.[488] 저감은 매각명령서에 기재하고 매각기일공고에 기재함으로써 충분하다.

(라) 계속 저감

새 매각기일에서도 매수가격의 신고가 없으면 매수가격의 신고가 있을 때까지 차례로 최저매각가격의 저감 및 새 매각기일의 지정 절차를 되풀이할 수 있다. 다만 최저매각가격을 계속 저감한 결과 압류채권자에 우선하는 부동산상의 부담과 절차비용을 변제하고 남을 가망이 없게 된 경우에는 법원은 민사집행법 102조의 절차를 밟아야 한다.

이처럼 차례로 열렸던 새 매각기일 중 어느 하나가 부적법한 것인 경우에 그 부적법한 기일의 직후에 열린 새 매각기일에서 저감된 최저매각가격 이상이고 저감 전의 최저매각가격 이하의 가격으로 매수가 허가되었다면 그것은 최저매각가격 저감의 위법이 직접적으로 그 경매에 영향을 주었던 것이 명백하므로 그 경매는 위법한 것으로 된다.

나아가, 최저매각가격의 저감 자체가 잘못된 경우에는 비록 새 매각기일에서 매수 허가된 가격이 저감되기 전의 최저매각가격 이상이었다 하더라도 그 매각절차는 위법하다.[489] 그러나 부적법한 기일의 직후에 열린 새 매각기일에 저감한 최저매각가격으로 경매하였으나 역시 매수가격의 신고가 없어서 다시 지정한 새 매각기일이나 그 후의 기일에 매수가격의 신고가 있어 경매를 허가하였다면 부적법한 기일에서의 저감 절차의 하자는 치유되므로 매각을 허가할 수 있다.[490]

(마) 가격 저감에 대한 불복

가격 저감에 대하여는 독립된 불복방법이 없다.[491] 다만 매각결정기일에서 매각허가에 대한 이의 또는 매각허가결정에 대한 항고로 불복할 수는 있다.

---

488) 대결 1968. 3. 30. 68마186
489) 대결 1969. 9. 23. 69마544
490) 대결 1970. 10. 13. 70마618
491) 대결 1971. 7. 19. 71마215

(바) 새 매각기일과 매각결정기일의 지정, 공고, 실시

법원은 사유발생일로부터 1주 안에 직권으로 새 매각기일과 매각결정기일을 지정·공고하여야 한다(재민 91-5). 이에 관하여도 최초의 매각기일, 매각결정기일의 지정·공고에 관한 규정이 전부 적용되므로, 매각기일(기간입찰의 방법으로 진행하는 경우에는 입찰기간의 개시일)의 2주일 전까지 공고하여야 한다(민집규 56조). 매각기일의 공고는 법원게시판 게시, 관보·공보 또는 신문 게재, 전자통신매체를 이용한 공고 중 어느 하나의 방법으로 한다(민집규 11조 1항). 새 매각기일에서의 매각절차는 일반의 경우와 같다.

다. 매각 불허가를 한 경우의 새 매각

(1) 집행법원이 매각결정기일에 민사집행법 121조 소정의 매각허가에 대한 이의사유가 있음을 이유로 이해관계인의 이의신청(민집 123조 1항)에 따라 또는 직권으로(민집 123조 2항) 매각불허가결정을 한 경우에 그 사유가 종국적으로 매각을 허락하지 않거나 일시 정지하여야 할 사유가 아니고, 다시 매각을 허용할 수 있는 때에는 직권으로 새 매각기일을 정하여야 한다(민집 125조).

(2) 경매의 일시적 정지사유가 있어서 매각이 불허된 경우에는 그 사유가 해소되어야 새 매각기일을 정할 수 있다. 이 경우에도 매각기일(기간입찰의 방법으로 진행하는 경우에는 입찰기간의 개시일)의 2주일 전까지 공고하여야 한다(민집규 56조).

(3) 매각허가결정이 있었으나 항고로 취소되고 다시 경매할 경우[492] 또는 매각허가결정이 확정되어 대금지급까지 마친 후에 추후보완 항고로 매각허가결정이 취소된 경우(재민 66-3 참조)[493]에도 새 매각을 명하여야 한다.

(4) 최저매각가격 저감 불가 : 위의 사유로 새 매각을 하는 경우에는 최저매각가격을 저감할 수 없다.

---

492) 대결 1962. 11. 26. 62그17
493) 대결 1965. 7. 19. 65마440

라. 부동산의 훼손이나 권리변동으로 매각불허가 등을 한 경우의 새 매각

매수가격의 신고 후에 천재지변, 그밖에 자기가 책임을 질 수 없는 사유로 부동산이 현저하게 훼손된 사실 또는 부동산에 관한 중대한 권리관계가 변동된 경우 최고가매수신고인은 매각허가에 대한 이의신청(민집 121조 6호)을, 매수인은 대금을 낼 때까지 매각허가결정의 취소신청(민집 127조 1항)을 할 수 있는바, 이에 따라 법원이 매각불허가결정을 하거나 매각허가결정을 취소한 때에는 다시 감정인으로 하여금 평가하게 하여 최저매각가격결정부터 새로 한 후 새 매각기일을 지정한다(민집 134조, 97조).

다만 부동산에 관한 중대한 권리관계가 변동되었음을 사유로 매각허가결정이 취소된 경우 반드시 재감정을 하여야 하는 것은 아니고, 필요한 경우에 하여야 한다. 경매목적물이 없어진 경우에는 매각절차를 취소하여야 하므로(민집 96조 1항), 훼손의 경우처럼 다시 새 매각절차를 밟을 여지가 없다.

제2장
조사명령의 집행사무

제1절 부동산현황조사

1. 법원의 현황조사명령

> **민사집행법**
>
> **제85조(현황조사)**
> ① 법원은 경매개시결정을 한 뒤에 바로 집행관에게 부동산의 현상, 점유관계, 차임(借賃) 또는 보증금의 액수, 그 밖의 현황에 관하여 조사하도록 명하여야 한다.
> ② 집행관이 제1항의 규정에 따라 부동산을 조사할 때에는 그 부동산에 대하여 제82조에 규정된 조치를 할 수 있다.
>
> **민사집행규칙**
>
> **제46조(현황조사)**
> ① 집행관이 법 제85조의 규정에 따라 부동산의 현황을 조사한 때에는 다음 각 호의 사항을 적은 현황조사보고서를 정하여진 날까지 법원에 제출하여야 한다.
> 1. 사건의 표시
> 2. 부동산의 표시
> 3. 조사의 일시·장소 및 방법
> 4. 법 제85조 제1항에 규정된 사항과 그 밖에 법원이 명한 사항 등에 대하여 조사한 내용
>
> ② 현황조사보고서에는 조사의 목적이 된 부동산의 현황을 알 수 있도록 도면·사진 등을 붙여야 한다.
> ③ 집행관은 법 제85조의 규정에 따른 현황조사를 하기 위하여 필요한 때에는 소속 지방법원의 관할구역 밖에서도 그 직무를 행할 수 있다.

가. 조사명령

법원은 경매개시결정을 한 뒤에 바로 집행관에게 부동산의 현상, 점유관계, 차임 또는 보증금의 액수, 그 밖의 현황을 주제로 조사하도록 명하여야 한다(민집 85조 1항). 이것을 일반적으로 현황조사명령이라고 부르는데, 그 성질은 결정이며, 집행관에게 발하여지는 직무명령이다. 실무상으로는 등기된 용익권 자(임차인 포함)나 공유자가 있는 경우에는 정확한 현황조사와 집행관의 편의를 위하여 현황조사명령을 발령할 때 전산으로 출력되는 '이해관계인 표'를 첨부하고 있다.

나. 명령시기

실무에서는 경매개시결정등기촉탁과 동시에 조사명령을 내리고 있다. 그러나 경매개시결정등기가 이루어지기 전에 조사에 착수되면 채무자가 매각부동산을 타인에게 처분할 염려가 있으므로 같은 법원의 등기과에 경매개시결정등기를 촉탁하는 경우라면 모르되 그렇지 않은 한 경매개시결정등기를 촉탁한 2~3일 뒤에 조사명령을 하는 것이 무난할 것이다. 임의경매에서는 개시결정일(같은 일자에 경매개시결정촉탁이 있게 된다)부터 3일 안에, 강제경매에서는 등기완료통지서 접수일로부터 3일 안에 조사명령을 발하도록 하고 있고, 보고서의 제출기간은 2주간으로 하고 있다(재민 91-5).

다. 수명자

현황조사를 집행관에게 명하여야 하며, 집행관 이외의 자에게 명할 수 없다(민집 85조 1항). 다만 집행법원의 소재지에 집행관이 없는 때에는 지방법원장이 미리 정한 바에 따라 법원사무관 등으로 하여금 집행관의 직무를 대행하게 할 수 있으므로(집행관법 11조) 집행관이 없는 집행법원에서는 법원사무관 등에게 그 조사를 명할 수 있다 할 것이다.

라. 불복

현황조사명령의 발령이 위법한 경우(예를 들어, 현황조사의 목적물이 틀렸다든가, 압류가 경합된 경우에 후행 사건으로 절차를 속행하는 것이 아닌데도 다시 현황조사명령을 발한 경우 등) 이에 대하여 불복이 있는 자는 집행에 관한 이의를 신청할 수 있다(민집 16조 1항).

마. 추가조사명령, 재조사명령

이중경매개시결정을 한 경우에 먼저 개시결정 한 경매신청이 취하되거나 그 절차가 취소되어 민사집행법 87조 2항에 따라 뒤의 개시결정에 따라 절차를 속행하는 경우에는 압류에 대항할 수 있는 권리의 범위는 후행사건의 압류가 기준이 되므로 앞의 압류와 뒤의 압류 사이에 임차권 그 밖 용익권의 설정, 가처분의 집행이 있으면 매각물건명세서의 기재사항(민집 105조 1항 3호 의 기재사항)이 다르게 되는 경우가 있으므로, 선행 사건에 의한 현황조사가 뒤의 압류 후에 행해진 경우 등을 제외하고는 다시 현황조사를 명할 필요가 생기게 된다.

한편 선행의 매각절차가 정지된 경우에는 그 매각절차가 취소되더라도 같은 법 105조 1항 3호의 기재사항이 변경되지 않을 때에만 뒤의 경매개시결정에 따라 매각절차를 속행할 수 있으므로(민집 87조 4항) 앞의 개시결정과 뒤의 개시결정과의 사이에 용익권이 설정되어 있는지 등을 확인하기 위하여 다시 현황조사를 명할 필요가 있다 할 것이다.

이러한 경우에는 원칙적으로 당초 이루어진 현황조사 후의 변동사항만을 조사하면 충분하다. 일단 현황조사를 하여 현황조사보고서가 제출되었으나 새로운 사항에 관하여 현황조사를 할 필요가 생기거나 이미 제출된 조사보고서 상의 조사결과에 관하여 다시 보충조사를 할 필요가 있을 때에는 추가조사명령을 하거나 재조사명령을 발할 수 있음은 물론이다.

2. 집행관의 조사사항

현황조사를 할 때에 조사할 사항은 부동산의 현상, 점유관계, 차임 또는 보증금의 액수, 그 밖의 현황이다(민집 85조 1항). 그러나 여기서 적시한 것은 예시에 불과하고 매각조건의 결정, 최저매각가격의 결정 및 인도명령의 허가 여부 판단 등을 함에 필요한 부동산에 관한 사실관계 및 권리관계 전반에 걸친 것이 곧 여기서 말하는 현황으로서 모두 이 조항의 조사할 사항에 속한다 할 것이다.

그러나 조사사항을 이처럼 개괄적으로 기재하여 조사명령을 발하게 되면 구체적으로 어떠한 항목을 주제로 조사할 것인지 명확하지 못하므로 실무에서는 현황조사사항을 부동산의 현상 및 점유관계, 임대차관계, 그 밖의 현황 등 크게 셋으로 나누고 전자에 속한 사항으로서는 부동산의 위치 및 현상, 부동산의 내부구조 및 사용용도 등과 부동산의 점유자와 점유권원을, 그리고 임대차에 속하는 사항으로서는 임차목적물, 임차인, 임차내용(보증금, 전세금, 임대차기간 등), 주민등록전입 여부 및 그 일자, 일자확정 여부 및 그 일자 등을 조사하도록 그 조사사항을 구체적으로 세분하여 조사명령을 발하고 있다.

그 밖의 현황도 발령 당시에 법원이 구체적으로 특정하여 조사를 명할 수 있는 것(예를 들어, 목적물이 공장재단인 경우 공장에 설치된 기계, 기구 등 부속물의 설치 상황 등)은 막연히 그 밖의 현황으로만 기재하여 조사명령을 할 것이 아니라「그 밖의 현황(공장에 설치된 기계, 기구 등 부속물의 설치상황 등)」이라고 구체적으로 적시하여 발령하는 것이 바람직하다. 이 경우 점유자의 점유권원의 유무 또는 매수인에게 대항할 수 있는 여부는 가리지 않는다. 강제집행의 목적물이 부동산의 공유지분인 경우 그 조사의 목적물은 공유지분 그 자체가 아니라 공유지분의 대상인 본래의 부동산인 토지 또는 건물이라 할 것이다.

|양식| **현황조사명령**

○ ○ 지 방 법 원
현황조사명령

○○지방법원 집행관 귀하

사 건   20○○타경○○○   부동산강제(임의)경매

별지 기재 부동산에 대한 다음 사항을 조사하여 그 결과를 기재한 현황조사보고서를 . . .까지 제출하되(열람·비치용 사본 1부 첨부), 야간·휴일 현황조사를 한 때에는 그 사유를 기재하여 주시기 바랍니다.

1. 부동산의 현황 및 점유관계
    가. 부동산의 위치, 현황, 사용용도 및 내부구조 등(현장도면 및 사진을 첨부하고, 특히 등기 기록상 지목은 농지이나 현황이 농지에 해당하는지에 의문이 있는 경우에는 이를 즉시 집행법원에 보고)
    나. 현황조사 대상 건물이 멸실되고 다른 건물이 신축된 경우에는 관계인의 진술과 신·구건물의 동일성 상실 여부에 대한 집행관의 의견(구건물에 관한 멸실등기가 경료 되었으면 그 등기사항 전부증명서를 첨부)
    다. 부동산의 점유자와 소유자가 다른 경우에는 점유자, 점유권원, 점유기간, 점유부분(일부를 점유하는 경우에는 점유 부분을 도면에 특정하여 표시)
    라. 감정평가에 중대한 영향을 미칠 수 있는 부합물, 종물, 구성 부분(제시 외 건물, 고가의 정원석, 건축 중인 건물 등)이 있는 경우에는 그 내용 및 제시 외 건물의 보존등기 여부(제시 외 건물의 본 건물에의 부합 여부와 동물성을 판단할 수 있는 제시 외 건물 부분에 대한 사진 등 자료 첨부)

2. 임대차관계
    가. 임차목적물의 용도, 주민등록(상가건물인 경우에는 등록사항 등의 현황서)상의 동·호수와 등기기록 등 공부상에 표시된 동·호수가 다른 경우에는 실제 동·호수, 주민등록(또는 등록사항 등의 현황서)상의 동·호수와 공부상의 동·호수(용도가 주거와 영업의 겸용인 경우에는 주거 부분 및 영업용 부분을 명확히 도면에 구분하여 표시)
    나. 임대차계약의 내용(임차인 성명, 임차보증금, 임차기간, 확정일자 유무 등)
    다. 매각부동산에 여러 명의 임차인이 있는 경우에는 각 임차인의 해당 임차 부분, 입주인원수, 임차목적물이 주택인 경우 임차인 본인과 그 가족들의 전·출입 상황(건물의 내부구조와 부분별로 임차인을 표시한 도면을 첨부)

라. 매각부동산이 주택인 경우 그 소재지에 전입신고된 세대주 전원에 대한 주민등록 등·초본, 상가건물인 경우 임차인 전원에 대한 등록사항 등의 현황서 및 건물도면의 등본 첨부

3. 기타 현황
채 권 자 : ○○○   채 무 자 : ○○○
소 유 자 : ○○○(××××××-×××××××)   청구금액: 금   원

4. 야간·휴일 현황조사를 실시한 사유
배당요구종기일 : ○○○○. ○○. ○○.

20 . . .

판사(사법보좌관)   (인)

가. 농지에 대한 매각 절차에서 집행관의 현황조사 시 유의사항 등(재판예규 제1725호)

1. 목 적
 이 예규는 농지에 대한 매각절차에서 매각목적물의 현황에 대한 정확한 파악과 적정한 매각가격의 형성을 통한 농지매각절차의 합리화를 도모하기 위하여, 농지에 대한 집행관의 현황조사 및 감정인의 감정평가시에 유의할 사항과 최고가매수신고인 등의 농지취득자격증명 발급신청을 위한 증명서 교부 등을 규정함을 목적으로 한다.

2. 집행관의 현황조사시 유의사항
 (1) 집행관은 등기부상의 지목이 전, 답, 과수원에 해당하는 매각목적물에 대한 현황조사시에는 그 현황 및 이용 상황을 객관적으로 조사하여 이를 정확히 기재한 현황조사보고서에 현장 사진 및 도면을 첨부하여 집행법원에 제출하여야 한다.
 (2) 다만 등기부상의 지목은 전, 답, 과수원에 해당하지만 그 현황지목이 농지법 제2조 소정의 농지에 해당하는지 여부에 대하여 의문이 있는 경우에는 이를 즉시 집행법원에 보고하여야 한다.

3. 집행법원의 유의사항

(1) 집행법원은 집행관으로부터 위 2.항기재의 보고를 받은 경우에, 사실조회서 [전산양식 A3336]에 의하여 농지 소재지 관할 시장, 군수, 자치구 구청장에 대하여 매각목적물인 토지의 현황이 농지법 제2조 소정의 농지인지 여부, 토지현황이 농지가 아닌 경우에는 농지전용허가가 이루어졌는지 여부, 농지전용허가가 이루어진 경우에는 그 허가 연월일, 허가조항, 전용목적 및 허가신청자의 주소와 성명, 농지전용허가를 얻지않고 토지현황이 변경된 경우에는 향후 원상회복명령이 발하여질 가능성이 있는지 여부 등에 관하여 사실조회를 함과 동시에 감정인에 대하여는 사실조회를 하였다는 취지와 감정평가서의 작성을 유보할 것을 통지하여야 한다.

(2) 집행법원은 시장, 군수, 자치구 구청장으로부터 매각목적물에 대한 사실조회 회보서가 도착한 경우에는 그 사본을 매각물건명세서의 사본에 첨부하여 함께 비치한다.

4. 감정인의 유의사항

(1) 감정인은 농지법 제2조 소정의 농지에 대한 감정평가서를 집행법원에 제출함에 있어 그것이 도시지역안의 주거·상업·공업 지역 내의 농지 및 도시·군계획시설의 예정지로 결정된 농지에 해당하는지 여부를 판단하는데 필요한 토지이용계획확인서를 첨부하여 제출하여야 한다.

(2) 감정인은 집행법원으로부터 감정서 작성 유보 통지를 받은 경우에는 매각목적물의 현황에 대한 집행법원의 별도 통지가 있을 때까지 매각목적물에 대한 감정평가업무 및 감정평가서의 작성을 중단하여야 한다.

5. 최고가매수신고인 등에 대한 증명서 교부

집행관은 매각기일 종결 후 최고가매수신고인 또는 차순위매수신고인이 농지취득자격증명의 발급을 신청하기 위하여 최고가매수신고인 또는 차순위매수신고인이라는 사실을 증명하여 줄 것을 신청하는 경우에는 최고가(차순위)매수신고인증명[전산양식 A3369]을 교부하여 주어야 한다.

부 칙(2019.09.25 제1725호)

① (시행일) 이 예규는 즉시 시행한다.

3. 집행관의 조사권한

가. 강제력 사용권 및 직무집행구역 밖에서의 현황조사권

집행관은 현황조사를 위하여 건물에 출입할 수 있고, 채무자 또는 그 건물을 점유하는 제3자에게 질문하거나 문서를 제시하도록 요구할 수 있다(민집 85조 2항, 82조 1항). 또 건물에 출입하기 위하여 필요한 때에는 잠긴 문을 여는 등 적절한 처분을 할 수도 있고(민집 85조 2항, 82조 2항), 관할구역 밖에서도 그 직무를 행할 수 있다(민집규 46조 3항). 잠긴 문을 여는 등의 처분을 한 경우에는 현황조사서에 그 조사방법을 구체적으로 적어야 한다(민집규 46조 1항 3호).

나. 경찰 또는 국군의 원조 요청

집행관은 현황조사를 하는데 저항을 받으면 경찰 또는 국군의 원조를 요청할 수 있다(민집 5조 2항). 집행관이 경찰의 원조를 요청하는 때에는 경찰원조요청서를 작성하여 그 집행에 관한 직무의 수행 장소를 관할하는 경찰서장에게 원조를 요청하여야 하고, 다만 긴급을 요하는 때에는 집행장소에서 가장 가까운 곳에 있는 파출소 등의 경찰관에게 구두로 직접 원조를 요청할 수 있으며, 해상에서 집행에 관한 직무를 수행할 때에는 해양경찰서장에게 원조요청을 할 수 있다.

집행관이 원조를 요청하여 집행 시에 그 원조를 받은 때에는 당해 집행에 관한 직무의 수행에 관하여 작성한 집행조서에 저항배제를 위한 경찰원조사실을 기재하여야 한다. 다만 부동산 현황조사 등과 같이 집행조서를 작성하지 아니하는 경우에는 위 사실을 명백히 기재하고 이름을 쓰고 도장을 찍은 서면을 작성하여 집행기록에 가철하여야 한다(재민 99-1).

반면, 집행관이 국군의 원조를 요청하는 경우에는 집행법원에 신청하여 집행법원이 그 요청 여부를 결정하게 되는데(민집 5조 3항), 집행관으로부터 원조요청을 받은 법원은 ㉠ 사건의 표시, ㉡ 채권자·채무자와 그 대리인의 표시, ㉢ 원조를 요청한 집행관의 표시, ㉣ 집행할 일시와 장소, ㉤ 원조가 필요한 사유와 원조의 내용을 적은 서면을 법원장 또는 지원장과 법원 행정처장을 거쳐 국방부 장관에게 보내는 방법으로 국군원조의 요청을 한다(민집규 4조).

다. 야간·휴일 조사

집행관은 폐문 부재로 평일 주간에 현황조사를 할 수 없을 때에는 야간·휴일에 현황조사를 하고, 현황조사보고서에 야간·휴일에 현황조사를 한 사유를 기재하여 집행법원에 제출하여야 한다(재민 97-8).

4. 현황조사보고서

가. 조사사항

집행관은 현황을 조사한 때에는 ⓐ 사건의 표시, ⓑ 부동산의 표시, ⓒ 조사의 일시·장소 및 방법, ⓓ 민사집행법 85조 1항에 규정된 사항과 그 밖에 법원이 명한 사항 등을 조사한 내용을 기재한 현황조사보고서를 정하여진 날까지 집행법원에 제출하여야 한다(민집규 46조 1항). 집행관은 2주 안에 현황조사보고서를 작성하여 제출하여야 한다(재민 91-5).

현황조사보고서에는 조사의 목적이 된 부동산의 현황을 알 수 있도록 도면, 사진 등을 붙여야 한다(민집규 46조 2항). 그 사진은 조사의 대상 전체를 촬영한 것이 아니고 그 일부를 촬영한 것이라도 그 현황을 파악할 수 있을 정도면 충분하다. 다만 일부를 촬영한 사진을 첨부한 때에는 그 취지를 기재하고 촬영한 부분에 대한 설명을 덧붙여 적어야 한다(재민 97-8).

나. 조사 시 유의할 점

현황조사 시 건물의 현황과 등기 기록상 표시가 현저히 다른 결과 조사대상 건물이 멸실되고 다른 건물이 신축된 경우에는 관계인의 진술을 청취하여 그 내용을 현황조사보고서에 기재하되 신·구건물의 동일성에 대한 집행관의 의견을 덧붙여 적으며, 구건물에 대한 멸실 등기가 마쳐졌으면 그 등기사항증명서를 붙여야 한다(재민 97-8).

현황조사의 대상인 토지·건물에 부합물, 종물, 구성 부분이 될 수 있는 물건이 있고 그로 매각 부동산의 감정평가에 중대한 영향을 미치리라 판단되는 경우(예를 들어, 고가의 정원석, 상당한 규모의 제시 외 건물, 지하굴착공사에 의한 콘크리트 구조물, 건축 중인 건물 등)에는 이를 현황조사보고서에 적어야 한다(재민 97-8).

현황조사의 대상이 주택인 경우에 임대차관계의 확인을 위하여 경매·입찰 목적물 소재지에 주민등록 전입신고 된 세대주 전원에 대한 주민등록 등·초본을 발급받고, 임대차계약서 사본도 가능한 한 취득하여 현황조사보고서에 붙여야 하며, 현황조사의 대상이 상가건물인 경우에는 상가건물임대차보호법 시행령 3조 2항이 정하는 등록사항 등의 현황서 등본과 건물도면의 등본을 발급받아 현황조사보고서에 첨부하여야 한다(재민 97-8).

집행관의 조사보고는 현실로 존재하는 임대차의 실체를 있는 그대로 보고하면 충분하고 그 임대차가 제3자에게 대항할 수 있는 것인가 여부의 법률적 판단까지 할 필요는 없다.

또한, 집행관은 현황조사의 대상인 주택 또는 상가건물에 임차인이 여러 명 있는 경우에는 각 임차인의 해당 임차 부분과 입주 인원수를, 주민등록(또는 등록사항 등의 현황서)상의 동·호수와 등기기록 등 공부상에 표시된 동·호수가 다른 경우에는 실제 동·호수, 주민등록(또는 등록사항 등의 현황서)상의 동·호수와 공부상의 동·호수를, 임차목적물이 주택인 경우에는 임차인 본인과 그 가족들의 선·출입 상황을 현황조사보고서에 기재하고, 건물의 내부구조와 부분별로 임차인을 표시한 도면을 현황조사보고서에 첨부하여야 한다.

집행관은 등기 기록상의 지목이 전, 답, 과수원에 해당되는 경매목적물에 대한 현황조사 시에는 그 현황 및 이용 상황을 객관적으로 조사하여 이를 정확히 기재한 현황조사보고서에 현장사진 및 도면을 첨부하여 집행법원에 제출하여야 하고, 등기 기록상의 지목은 전, 답, 과수원에 해당하지만, 그 사실상 지목이 농지법 2조 소정의 농지에 해당하는지에 대하여 의문이 있는 경우에는 이를 즉시 집행법원에 보고하여야 한다(재민 97-1).

다. 현황조사 및 보고서 작성 시 유의사항[494]

1. 토지만 조사할 때 등기부상 존재하나 실제로 토지가 없거나 다를 수(예: 합병, 분할, 구획정리 등)도 있으므로 지적도를 발급받아야 하고 면적에 대하여 맨눈으로 확인하여야 한다.
2. 현황조사 명령상의 건물 층수가 실제의 건물 층수가 일치하는지 확인하고 현황 조사명령서의 부동산 표시 중 전유부분(예: 건물을 철거하고 새로운 건축물을 신축하였으

---

[494] 전국법원집행관연합회, 2024, 집행관업무편람 63~67면 요약

나 없어진 건물의 등기부가 폐쇄되지 않고 그 상태에서 경매를 신청하였을 때)만 표시된 것은 특별하게 주의를 하여야 한다.

3. 현황조사 명령상 1동의 표시의 "가"동을 실제로는 "1"동이나 "A"동으로 표시되었을 때 있고 극히 드물지만, 전혀 다른(예: "가"동 이 "C"동) 때도 있어 주의하여야 한다.

4. 전입세대를 발견하지 못한 경우에는 불능 보고는 자제하고 당사자를 찾아서 면담하는 방법이 바람직하다(예로 실제 주민등록이 되어 있음에도 불구하고 동사무소에서 전입가구 열람을 잘못하는 때도 있어 임차인이 빠질 가능성이 매우 큼).[495]

5. 실제 임차인이 거주하고 있음에도 주민등록 미등재의 경우도 있고 또한 등기부상 "1동 101호"인 경우 주민등록에 "에이동 101호, A동 101호"로 등재되어 있거나 "지층 01호 가 101호"로, 또는 "3층 301호 가 103호"로 등재된 예도 있으며 층·호수나 세대 호수 명칭이 실제 현황과 다른 때도 있으므로 주의를 필요로 한다.

6. 건물(특히 단독주택)의 대지가 공유지분일 때 한 필지의 대지 위에 현황조사 대상 건물 이외의 다른 건물이 있을 가능성이 크다.

7. 미등기건물에 대하여 등기하기 위한 현황조사는 측량감정사를 선임하여 정확하게 실측하여 건축허가서와 일치하는지를 확인하고 감정서를 원용하여 현황조사 보고서를 작성하여야 한다.

8. 전입세대주 모두 실거주 여부를 조사하여 반드시 기재하여야 하며 특히 동거인도 세대주와의 관계를 조사하여야 하며 전차인이 있는 경우에는 전차인이나 임차인 모두를 조사하고 특히 유치권행사 목적의 점유자를 빠뜨리는 일이 없도록 하여야 한다.

9. 집합건물 상가를 조사할 때는 관리소 직원이나 주변 상인의 진술만 믿고 조사하여서는 안 되고 반드시 건물도면(예: 대상 건물호수가 도면과 다른 예도 있음)을 보고 조사하여야 하며 층별 평면도를 첨부하여야 한다.

10. 토지만 현황조사 명령이 있어도 그 지번에 대하여 전입세대 열람을 하여 해당 지번에 건물이 있는 경우에는 임대차 조사를 하여 보고서에 등재하고 그 토지 위 건축물이 있는 경우에는 등기부등본 또는 건축물대장 등본(미등기건물일 때) 첨부하여야 한다.

11. 오피스텔에 전입세대주가 등재되어 있고 당사자를 만나 주거용 건물로 확인되면 주거용으로 임대차 조사를 하고, 전입세대주가 발견되지 않으면 세무서에 등록사항 열람을 하여 사무실로 확인이 되면 상가 임대차 조사를 하여야 한다.

12. 전입신고 날짜는 세대주 및 세대원 중 제일 먼저 전입 신고한 날짜를 기재하여야 한다.

---

[495] 대판 2008.11.13. 2008다43976

라. 현황조사서에 대한 불복방법

집행관의 현황조사 자체는 집행관이 집행기관으로서 행하는 직무집행이 아니라 집행법원의 보조기관으로서 행하는 직무집행이므로 집행에 관한 이의의 대상이 될 수 없고, 다만 이에 터 잡아 이루어진 그 이후의 결정, 즉 최저매각가격의 결정이나 일괄매각결정 등에 대하여 집행에 관한 이의를 신청하거나(민집 16조 1항), 매각 허가 이후에는 매각 허가에 대한 이의 또는 매각허가결정에 대한 항고로 다툴 수밖에 없을 것이다.

5. 집행법원의 조치

가. 현황조사서의 비치

법원은 현황조사보고서의 사본을 매각물건명세서 및 평가서의 사본과 함께 비치하여 누구든지 볼 수 있도록 하여야 한다(민집 105조 2항). 비치시기는 매각기일(기간입찰의 방법으로 진행하는 경우에는 입찰기간의 개시일)마다 그 1주 전까지이다(민집규 55조 본문). 매각기일의 1주 전부터 매각시행일까지 계속하여 비치하여야 함은 물론이다.

이를 미리 비치하는 것은 매수신고를 희망하는 사람에게 충분한 열람의 기회를 부여하기 위한 것이다. 따라서 집행관은 열람·비치용 사본 1통을 더 제출하여야 한다. 다만 법원은 상당하다고 인정하는 때에는 현황조사보고서의 기재 내용을 전자통신매체로 공시함으로써 그 사본의 비치에 갈음할 수 있다(민집규 55조 단서). 집행관이 위 보고서를 법원에 제출하면 법원은 집행관으로부터 영수증을 받고 수수료 및 비용을 지급한다(집행관법 19조).

나. 집행법원에 의한 심문

집행관의 조사보고 내용이 충분하지 못하면 추가조사명령 또는 재조사명령을 발할 수 있으나, 이로써도 점유관계에 관한 사실을 확정할 수 없는 경우에는 집행법원이 심문기일을 정하여 채무자, 부동산을 점유하는 제3자 그 밖의 참고인을 심문할 수 있다(민집규 2조).

실무상으로는 임차목적물의 보증금이 통상적인 경우보다 상당한 정도로 낮거나 높은 경우, 임차인이라고 주장하는 자가 채무자 또는 소유자와 특별한 인적관계가 있어서 가장(假裝) 임차인인지 아닌지가 의심스러운 경우에는 통상적인 보증금 액수와 달리 보증금 약정을 하게 된 사유, 임차인과 임대인의 관계, 임차목적물이 유일한 주거지인지 아닌지를 심문하고, 임차인의 가족관계등록부 등본 등을 제출하게 하는 경우도 많다.

집행관 현황조사보고서의 기재만으로는 목적물의 동일성을 판단할 수 없거나 부합물인지의 아닌지가 분명하지 아니한 경우 심문기일을 지정하여 당사자, 이해관계인 그 밖의 참고인을 심문할 수 있음은 물론 필요에 따라서는 변론을 열어 변론기일에 압류채권자로부터 증거신청을 받아 그에 따른 증거조사(예를 들어, 검증 등)를 할 수도 있다(민소 134조 1항 단서). 실무에서는 심문기일을 지정하여 그 심문절차에서 검증 등을 시행하기도 한다.

다. 집행법원의 임차인에 대한 통지

경매법원은 집행관의 현황조사보고서 등의 기재에 의하여 주택임차인 또는 상가건물임차인으로 판명된 자, 임차인인지 아닌지가 명백하지 아니한 자, 임차인으로 권리신고를 하고 배당요구를 하지 아니한 자에 대하여 아래 양식 또는 다른 양식 기재 통지서를 보내 주택 임대차보호법 3조 1항부터 3항까지 정하는 대항요건과 임대차계약서(위 3조 2항, 3항의 경우에는 해당 법인과 임대인 사이의 임대차계약서를 말함) 상의 확정일자를 갖춘 임차인 또는 같은 법 8조 1항이 정하는 소액임차인이거나, 상가건물 임대차보호법 3조 1항이 정하는 대항요건을 갖추고 임대차계약서 상의 확정일자를 받은 임차인 또는 같은 법 14조 1항이 정하는 소액임차인이라도 배당요구종기까지 배당요구를 하여야만 우선변제를 받을 수 있음을 알려야 한다(재민 98-6).

이 통지를 받은 임차인은 배당요구의 종기까지 배당요구를 하여야 배당을 받을 수 있다.

라. 임차인에 대한 경매절차 진행 사실 등의 통지(재판예규 제1883호)

> 제1조 (배당요구의 고지)
> 경매법원은 집행관의 현황조사보고서 등의 기재에 의하여 주택임차인 또는 상가건물임차인으로 판명된 사람, 임차인인지 여부가 명백하지 아니한 사람, 임차인으로 권리신고를 하고 배당요구를 하지 아니한 사람에게 다음 각 호 가운데 어느 하나에 해당하는 임차인이더라도 배당요구 종기까지 배당요구를 하여야만 우선변제를 받을 수 있음을 고지하여야 한다.

1. 「주택임대차보호법」 제3조 제1항 부터 제3항까지의 규정이 정하는 대항요건과 임대차계약서(제3조 제2항 및 제3항의 경우에는 법인과 임대인 사이의 임대차계약서를 말함)상 확정일자를 구비한 임차인
2. 「주택임대차보호법」 제8조 제1항이 정하는 소액임차인
3. 「상가건물 임대차보호법」 제3조(대항력 등)의 규정에 의한 대항요건을 갖추고 임대차계약서상 확정일자를 받은 임차인
4. 「상가건물 임대차보호법」 제14조(보증금 중 일정액의 보호)의 규정에 의한 임차인

제2조 (임대주택 우선매수신고의 고지)

경매법원은 「구 임대주택법(법률 제13499호로 개정되기 전의 것을 말한다)」상 임대주택을 경매하는 경우 제1조 본문의 사람(상가건물임차인으로 판명된 사람은 제외한다)에게 해당 임대주택의 임차인이 매각기일까지 「민사집행법」 제113조에 따른 보증을 제공하고 최고매수신고가격과 같은 가격으로 채무자인 임대사업자의 임대주택을 우선매수하겠다는 신고를 할 수 있음을 고지하여야 한다.

제3조 (고지의 방법)

제1조 및 제2조에 따른 고지는 주택임차인용 통지서 [전산양식 A3337] 또는 상가건물임차인용 통지서 [전산양식 A3338]를 송부하는 방법으로 한다.

부 칙(2022.12.26 제1833호)

이 예규는 즉시 시행한다.

|양식| **주택임차인에 대한 통지서**

[전산양식 A3337]

[경매○계]

○ ○ 지 방 법 원
통지서(주택임차인용)

사 건 20 타경   부동산강제(임의)경매
채 권 자 ○ ○ ○
채 무 자 ○ ○ ○
소 유 자 ○ ○ ○

부동산의 표시 별지와 같음

1. 별지 기재 부동산에 관하여 위와 같이 매각절차가 진행 중임을 알려드립니다.
2. 귀하가 소액임차인 또는 확정일자를 갖춘 임차인인 때에는 다음 사항을 유의하시기 바랍니다.

   가. 귀하의 임차보증금이 서울특별시에서는 1억 6,500만 원 이하, 수도권정비계획법에 따른 과밀억제권역(서울특별시는 제외), 세종특별자치시, 용인시, 화성시 및 김포시는 1억 4,500만 원 이하, 광역시(수도권정비계획법에 따른 과밀억제권역에 포함된 지역과 군지역을 제외), 안산시, 광주시, 파주시, 이천시 및 평택시는 8,500만 원 이하, 그 밖의 지역에서는 7,500만 원 이하(주택임대차보호법시행령 2023. 2. 21. 일부개정)이고, 주택임대차보호법 제8조 제1항 소정의 소액임차인으로서의 요건을 갖추고 있는 경우에는 배당요구종기인 20○○. ○. ○까지 이 법원에 배당요구를 하여야만 매각대금으로부터 보증금중 일정액을 우선 변제받을 수 있습니다.

   나. 귀하가 주택임대차보호법 제3조 제1항, 제2항 또는 제3항 소정의 대항요건과 임대차계약서(제3조 제2항, 3항의 경우에는 법인과 임대인 사이의 임대차계약서를 말한다. 이하 같다.)상의 확정일자를 갖춘 임차인인 경우에는 이 법원에 배당요구종기인 20○○. ○. ○.까지 배당요구를 하여야만 매각대금으로부터 후순위권리자 기타 채권자에 우선하여 보증금을 변제받을 수 있습니다.

      (다만, 이 통지서 송달 전에 적식의 배당요구신청서를 해당법원에 제출하였을 경우에는 다시 제출할 필요는 없습니다.)

   다. 배당요구는 임대차계약서(확정일자를 갖춘 임차인의 경우에는 임대차계약서가 공정증서로 작성되거나 임대차계약서에 확정일자가 찍혀 있어야 한다.)사본, 1개월 이내에 발급된 주민등록표등초본(주소변동사항 포함)[임차인(제3조 제2항의 경우에는 지방자치단체의 장 또는 해당 법인이 선정한 입주자, 제3조 제3항의 경우에는 해당 법인이 선정한 직원) 본인의 전입일자 및 임차인의 동거가족이 표시된 것이어야 한다.] 및 연체된 차임 등이 있을 때에는 이를 공제한 잔여보증금에 대한 계산서를 첨부하여 위 경매사건의 배당요구종기까지 이 법원에 제출하여야 하고, 만일 배당요구를 하지 아니하거나 배당요구를 하더라도 임차권등기를 경료함이 없이 배당요구 종기 이전에 임차주택에서 다른 곳으로 이사 가거나 주민등록을 전출하여 대항요건을 상실한 경우에는 우선 변제를 받을 수 없습니다. 또한, 배당요구의 종기가 연기된 경우에는 연기된 배당요구의 종기까지 대항요건을 계속 구비하여야 합니다.

3. 귀하가 소액임차인 또는 확정일자를 갖춘 임차인에 해당되지 않는 때에는 일반채권자와 마찬가지로 첫 경매개시결정등기 후의 가압류채권자 또는 집행력 있는 정본을 가진 채권자로서 가압류 등기된 등기사항증명서 또는 집행력 있는 정본이나 그 사본을 첨부하여 배당요구종기까지 배당요구를 하거나 첫 경매개시결정등기 전에 가압류집행을 한 경우에 한하여 배당을 받을 수 있습니다.

4. 가. 구 임대주택법(법률 제13499호로 전면 개정되기 전의 것)이 적용되는 임대주택을 「민사집행법」에 따라 경매하는 경우 해당임대주택의 임차인은 매각 기일까지 민사집행법 제113조에 따른 보증을 제공하고 최고매수신고가격과 같은 가격으로 채무자인 임대사업자의 임대주택을 우선매수하겠다는 신고를 할 수 있습니다(구 임대주택법 제22조 제1항).

　나. 제가항에 따라 우선매수신고를 할 수 있는 임차인은 임대주택법 제21조 제1항의 건설임대주택의 경우에는 같은 조에 따라 우선 분양전환을 받을 수 있는 임차인에 한하며, 그 외의 임대주택의 경우에는 임대차계약의 당사자에 한합니다(구 임대주택법 제22조 제2항).

20○○. ○. ○.

법원사무관 ○ ○ ○

주택임대차보호법 3조의2, 8
주의 : 1. 대한민국법원 법원경매정보 홈페이지(www.courtauction.go.kr) '경매사건검색'을 이용하시면 매각물건 등 각종 정보를 편리하게 열람할 수 있습니다.
　　　 2. 사건진행에 관하여 전화안내를 받고자 하는 경우에는 '(02) 3480-1100[또는 '각급 법원 대표번호']'을 이용하실 수 있습니다.

법원 소재지 전 화[장소]	서울시 ○○구 ○○로 ○○○　○○지방법원 (02)210-1261(123) [본관 2층 민사과내]

|양식| **상가건물임차인에 대한 통지서**

[전산양식 A3338]

[경매○계]

○ ○ 지 방 법 원
통지서(상가건물임차인용)

사　건　　　20　타경　○○　　부동산강제(임의)경매
채 권 자　　○○○
채 무 자　　○○○
소 유 자　　○○○

부동산의 표시 별지와 같음

1. 별지 기재 부동산에 관하여 위와 같이 매각절차가 진행 중임을 알려드립니다.
2. 귀하가 소액임차인 또는 확정일자를 갖춘 임차인인 때에는 다음 사항을 유의하시기 바랍니다.

　가. 귀하의 임차보증금(차임이 있는 경우에는 월 단위 차임액에 1분의 100을 곱하여 산출한 금액과 보증금을 합한 금액)이 서울특별시에는 6,500만원, 수도권정비계획법에 의한 수도권 중 과밀억제권역(서울특별시는 제외한다. 수도권정비계획법시행령 제9조 별표1 참조)에서는 5,500만원, 광역시(「수도권정비계획법」에 따른 과밀억제권역에 포함된 지역과 군지역을 제외한다), 안산시, 용인시, 김포시 및 광주시에서는 3,800만원, 그 밖의 지역에서는 3,000만원 이하(상가건물임대차보호법시행령 제25036호 2013.12.30. 일부개정)이고, 상가건물임대차보호법 제14조 제1항 소정의 소액임차인으로서의 요건을 갖추고 있는 경우에는 배당요구종기인 2014.4.24.까지 이 법원에 배당요구를 하여야만 매각대금으로부터 보증금중 일정액을 다른 담보물권자보다 우선하여 변제받을 수 있습니다.(다만, 이 통지서 송달 전에 적식의 배당요구신청서를 해당법원에 제출하였을 경우에는 다시 제출할 필요가 없습니다.)

　나. 귀하가 상가건물임대차보호법 제3조 제1항의 소정의 대항요건과 임대차계약서상의 확정일자를 갖춘 임차인인 경우에는 이 법원에 배당요구종기인 2007.12.24.까지 배당요구를 하여야만 매각대금으로부터 후순위권리자 그 밖의 채권자보다 우선하여 보증금을 변제받을 수 있습니다.

　다. 배당요구는 임대차계약서(확정일자를 갖춘 임차인의 경우에는 임대차계약서에 세무서장으로부터 받은 확정일자가 찍혀 있어야 한다.)사본, 상가건물 임대차보호법시행령 제3조 제2항 소정의 관할세무서장이 발행한 등록사항 등의 현황서 등본 및 연체된 차임 등이 있을 때에는 이를 공제한 잔여보증금에 대한 계산서를 첨부하여 위 경매사건의 배당요구 종기까지 이 법원에 제출하여야 하고 만일 배당요구를 하지 아니하거나 배당요구를 하더라도 임차권등기를 경료함이 없이 배당요구종기 이전에 임차건물에서 다른 곳으로 옮기거나 사업자등록이 말소되어 대항요건을 상실한 경우에는 우선변제를 받을 수 없습니다. 또한, 배당요구의 종기가 연기된 경우에는 연기된 배당요구의 종기까지 대항요건을 계속 구비하여야 합니다.

3. 귀하가 소액임차인 또는 확정일자를 갖춘 임차인에 해당되지 않는 때에는 일반채권자와 마찬가지로 첫 경매개시결정등기 후의 가압류채권자 또는 집행력 있는 정본을 가진 채권자로서 가압류 등기된 등기부등본 또는 집행력 있는 정본을 첨부하여 배당요구 종기까지 배당요구를 하거나 첫 경매개시결정등기 전에 가압류집행을 한 경우에 한하여 배당을 받을 수 있습니다.

20○○. ○○. ○○.

법원사무관　○　○　○

상가건물임대차보호법 5②, 14

주의 : 1. 대한민국법원 법원경매정보 홈페이지(www.courtauction.go.kr) '경매사건검색'을 이용하시면 매각물건 등 각종 정보를 편리하게 열람할 수 있습니다.
　　　 2. 사건진행에 관하여 전화안내를 받고자 하는 경우에는 '(02) 3480-1100[또는 '각급법원 대표번호']'을 이용하실 수 있습니다.

법원 소재지	서울시 ○○동 ○○번지 ○○지방법원
전 화[장소]	(031)210-1261(123) [본관 2층 민사과내]

6. 농지에 대한 집행법원의 사실조회를 위한 집행관의 보고

농지를 취득하고자 하는 자는 원칙적으로 농지취득자격증명을 발급받아야 한다(농지법 8조 1항). 매매는 물론이고 경매, 입찰, 공매, 명의신탁해지의 경우에도 농지취득자격증명을 발급받아야 농지를 취득할 수 있다. 따라서 경매목적물인 토지가 농지법 2조 1호에서 정한 농지인지 조사할 필요가 있다. 농지취득자격증명은 등기요건이고,[496] 효력발생요건은 아니지만,[497] 경매절차에서 농지에 대한 매수인의 농지취득자격증명의 취득 여부는 매각허가요건이다.[498]

따라서 농지에 관한 경매절차에서 이러한 농지취득자격증명 없이 매각허가 결정 및 대금납부가 이루어지고 그에 따른 소유권이전등기까지 경료 되었다 하더라도 농지취득자격증명이 그 후에라도 추완 되면 소유권취득의 효력에는 영향이 없다.499) 또한, 경매법원이 농지취득자격증명의 미제출을 이유로 매각불허가 결정한 이후 그 결정에 대한 항고사건 계속 중에 농지취득자격증명이 제출된 경우에는 항고법원으로서는 이와 같은 사유까지 고려하여 매각불허가 결정의 당부를 판단하여야 한다. 농지취득 관련 판례는 아래와 같다.

> **대법원 2004. 2. 25.자 2002마4061 결정**
>
> [판시사항]
> 구 민사소송법이 적용되는 부동산경매사건에서 경락 불허가결정에 대한 항고사건 계속 중에 농지취득자격증명이 제출된 경우, 항고법원이 취할 조치
>
> [결정요지]
> 구 민사소송법(2002. 1. 26. 법률 제6626호로 전문 개정되기 전의 것)이 적용되는 사건에서 경매법원에 의하여 경락 불허가결정이 내려진 이후 그 결정에 대한 항고사건 계속 중에 농지취득자격증명이 제출된 경우에는 항고법원으로서는 이와 같은 사유까지 고려하여 경락 불허가결정의 당부를 판단하여야 할 것이다.

하지만 농지취득자격증명을 제출하지 아니하였다는 이유로 경매법원이 매각불허가결정을 한 이후, 재항고인이 그 결정에 대하여 항고를 하고 그 항고가 기각되자 재항고를 하여, 재항고사건이 계속 중에 비로소 농지취득자격증명을 제출하였다고 하더라도, 재항고심은 법률심으로서 사후심이므로 그와 같이 재항고사건 계류 중에 농지취득자격증명 제출한 사정은 재항고심의 고려사유가 될 수 없다.500)

어떤 토지가 농지법 소정의 농지인지의 아닌지는 공부상의 지목 여하에 불구하고 당해 토지 사실상의 현상에 따라 가려져야 할 것이다.501) 경매목적인

---

496) 대판 1998. 2. 27. 97다49251
497) 대판 2008. 2. 29. 2007도11029
498) 대판 1997. 12. 23. 97다42991
499) 대판 2008. 2. 1. 2006다27451
500) 대결 2007. 6. 29. 2007마258

토지의 지목이 전으로 되어 있지만 사실상 대지화하여 농경지로 사용되지 아니하고 있어 객관적인 현상으로 보아 농지법의 적용대상인 농지가 아니라면, 토지의 최고가매수신고인이 농지법 소정의 농지취득자격증명을 제출하지 아니하였다는 이유만으로 매각불허를 할 수 없다.502)

따라서 집행관은 등기 기록상의 지목이 전, 답, 과수원에 해당하지만, 그 사실상 지목이 농지법 2조 1호에서 정한 농지에 해당하는지에 대하여 의문이 있는 경우에는 이를 즉시 집행법원에 보고하여야 한다(재민 97-1).

보고를 받은 집행법원은 '사실조회서'에 의하여 농지소재지 관할 시장, 군수, 자치구 구청장에 대하여 경매목적물인 토지의 현황이 농지법 2조 1호에서 정한 농지인지 아닌지, 토지현황이 농지가 아닌 경우에는 농지전용허가가 이루어졌는지 여부(농지법 34조), 농지전용허가가 이루어진 경우에는 그 허가 연월일, 허가조항, 전용목적 및 허가신청자의 주소와 이름, 농지전용허가를 얻지 않고 토지현황이 변경된 경우에는 앞으로 원상회복명령이 발하여질 가능성이 있는지 등에 관하여 사실조회를 함과 동시에 감정인에 대하여는 사실조회를 하였다는 취지와 감정평가서의 작성을 유보할 것을 통지하여야 한다.

집행법원은 시장, 군수, 자치구 구청장으로부터 경매목적물에 대한 위 사실조회 회보서가 도착한 경우에는 그 사본을 매각물건명세서의 사본에 첨부하여 함께 비치한다(재민 97-1).

위와 같이 예규에는 사실조회서를 농지소재지 관할 시장, 군수, 자치구 구청장에 대하여 보내게 되어 있지만, 실무상으로는 농지취득자격증명 발급기관으로서 농지법상 소재지 관서에 속하는 시장(구를 두지 아니한 시의 시장을 말하며, 도농복합형태의 시에서는 농지의 소재지가 동 지역인 경우에 한한다)·구청장(도농복합형태의 시의 구에 있어서는 농지의 소재지가 동 지역인 경우에 한한다)·읍장 또는 면장에게 사실조회서를 보내고 있다.

---

501) 대판 1998. 4. 10. 97누256, 대결 1999. 2. 23. 98마2604
502) 대결 1987. 1. 15. 86마1095

7. 부동산경매·입찰절차 관련 판례

> **대법원 1990. 1. 23.자 89다카21095 결정**
>
> [판시사항]
> 토지임차권을 근거로 하여 식재된 수목을 토지경락인이 경락 취득하는지 여부(소극)
>
> [판결요지]
> 토지의 사용대차권을 근거로 하여 그 토지 상에 식재된 수목을 이를 식재한 자에게 그 소유권이 있고 그 토지에 부합되지 않는다 할 것이므로 비록 그 수목이 식재된 후에 경매에 의하여 그 토지를 경락받았다고 하더라도 경락인은 그 경매로 그 수목까지 경락 취득하는 것은 아니라고 할 것이다.
>
> **대법원 1998. 10. 28.자 98마1817 결정**
>
> [판시사항]
> [4] 경매 대상 토지 위에 수목이 생립하고 있는 경우, 당해 토지의 평가 및 최저경매가격의 결정 방법
>
> [결정요지]
> [4] 경매의 대상이 된 토지 위에 생립하고 있는 채무자 소유의 미등기 수목은 토지의 구성부분으로서 토지 일부로 간주되어 특별한 사정이 없으면 토지와 함께 경매되는 것이므로 그 수목의 가액을 포함하여 경매 대상 토지를 평가하여 이를 최저경매가격으로 공고하여야 하고, 다만 입목에 관한 법률에 따라 등기된 입목이나 명인방법을 갖춘 수목의 경우에는 독립하여 거래의 객체가 되므로 토지 평가에 포함되지 아니한다.

8. 현황조사 관련 실무사례 등

> **(1) 현황조사와 목적물의 확인**503) 「昭和 58 札幌」
> * 현황조사의 목적물을 확인함에 있어 집행관에게 어느 정도의 조사의무가 있는가?
> * 부동산집행의 신청채권자가 목적물의 존재에 관하여 증명책임을 부담하는 것은 일반 원칙상 당연하다. 목적물의 존재에 관하여는 소명으로는 부족하고 민사집행절차의 성질에 비추어 자유로운 증명으로 충분한 것이라고 해석된다. 목적물인 토지의 소재가 전혀 불명인 경우 민사집행법 55조를 유추 적용하여 절차를 취

소할 수 있다고 해석된다. 특히 민사집행법 55조는 "부동산의 멸실, 기타 매각으로 부동산의 이전을 방해하는 사정이 명백하게 된 때"라고 규정하고 있으므로, 목적인 토지의 소재가 전혀 불명이라고 하여 취소결정을 함에는 가능한 한 모든 자료를 수집해야 하지 않는가 하는 의문이 있을 수 있지만,

일본의 등기제도는 등기를 특정하면 그 구획을 現地로 나타내는 것이 가능한 지도를 내재한 것으로 법정 되어 있지만, 실제로는 그 정비가 불충분한 점, 부동산집행절차는 경계확정소송과 같이 경계를 둘러싸고 당사자 쌍방의 주장·입증이 다한다고 하는 절차구조를 취하지 아니하고, 집행재판소의 판단에 기판력이 없는 점, 신청채권자가 목적물의 존재에 관하여 증명책임을 부담하는 이상 목적물 존부의 판단에 있어 그 태도를 참작할 수 있는 점 등을 고려하면, 현황조사에서 통상의 조사절차를 밟은 다음, 목적물을 現地에서 확인할 수 없다고 보고된 경우, 집행재판소가 필요하다면 신청채권자, 채무자 등을 심문하고 또한 불명이라고 판단이 될 때에는 민사집행법 52조를 유추적용 하여 절차를 취소할 수 있다고 해석된다.

(2) 경계에 다툼이 있는 경우의 현황조사[504] 「昭和 58 札幌」
* 현황조사에서 경계에 다툼이 있는 경우에는 어느 정도 조사해야 하는가?
* 현황조사에서는 경계에 관하여도 조사해야 되지만 이것을 확정할 필요는 없다. 경계에 다툼이 있는 경우에는 현황조사보고서에 다툼의 내용을 알 수 있도록 기재하면 충분하다.

(3) 현황조사 목적물이 광대한 산림의 경우 조사방법[505] 「平成 5 仙台」
* 광대한 산림이나 100여 필지를 초과하는 다수의 필지로 된 일단의 산림 및 그에 연접하여 목적 외 토지가 산재하는 38만 제곱미터에서 40만 제곱미터 2단의 산림으로 현지 안내인도 없고, 있다고 하더라도 현지를 답사하는 것이 곤란한 상황에서 형상, 점유의 조사방법은 어떻게 해야 하는가?
* 본문과 같은 광대한 물건에 관한 현황조사는 직무를 원활하게 하기 위하여 감정평가인과 협동작업이 유용하다. 형상에 관하여는 산림은 채무자, 소유자, 인접지 소유자, 농업위원회, 산림조합 등 관계기관의 담당자 등에 대하여 설명, 자료제시를 구하고 이것과 현장에 임한 결과를 종합하여 판단하게 될 것이다. 가능한 범위 내에서 확인하고 자료를 검토한 후에는 그 내용을 기재한 다음 특히 공도(公圖)의 기재에 반하는 사정이 없는 한 공도 기재와 같다고 하면 무방하다.

또 조사해도 토지의 경계 등이 명확하지 아니하고 대상을 확정할 수 없는 경우 등에는 관계인의 설명내용이나 능선, 계곡, 산림모양 등을 그림으로 명백하게 한 다음 이유를 들어 불능의 보고를 하게 된다. 특히 산림조합은 항공사진 외에 각종

자료를 가지고 있으므로 이것을 입수하고 공도와 대조하면 효과가 있다(특히 산림조합에 대하여는 비협조적인 경우도 많아, 때로는 입목(立木)의 평가를 산림조합에 의뢰하고 그 과정에서 필요서류를 보는 방법을 사용하는 예도 있다).

한편 점유에 관하여는 나무 심기, 잡초제거, 가지치기 등을 하고 있다든지, 각인, 묵서, 표지등에 의한 명시적 표식이 있는 때는 그 행위자나 표시된 자를 점유자로 인정해도 무방하다. 어떻게 하더라도 조사방법, 결론에 의문이 있는 때에는 결론을 내기 전에 반드시 집행재판소에 상담할 필요가 있다.

(4) 현황조사 목적건물이 저당권설정 전 또는 후에 개축된 경우의 조사방법[506] 「昭和 57 東京」
* 현황조사의 목적 건물이 저당권설정 전에 개축되어 외견상 전혀 새로워지고 그 현황이 등기부의 표시와 크게 다른 경우 물건 부존재로 처리하여도 되는가?
또는 현재 건물의 점유관계에 관하여 조사를 요구하는가?
* 저당권설정 전에 개축된 때는 현재의 건물에 저당권이 설정된 것이 명백하므로 현재의 건물이 등기부상에 표시된 건물과 동일물인가 라는 법률상의 동일성의 문제가 된다. 이것이 상당한 차이가 있고 등기부의 표시로는 같은 건물이라고 인정되지 않는 때에는 동일성이 없는 것으로 처리하는 수밖에 없다.

저당권설정 후에 개축된 때는, 우선 개축의 전후를 통하여 건물이 물리적으로 같은가 어떤가의 문제가 된다. 대규모의 개축 결과 전혀 새로운 건물로 된 때는 목적물은 부존재로 하여 처리하고 물리적 동일성이 있는 때는 등기부의 표시에 관하여 법률상의 동일성 유무를 판단하게 된다.

제2절 선박 현황조사사무

1. 의 의

선박 집행에 있어서도 집행법원이 집행관에게 현황조사명령을 하면 집행관은 선박에 대해 현황조사를 하여 소정의 날짜 안에 보고하여야 하는데 부동산에 대한 현황조사와는 다른 특칙이 몇 가지 있다.

---
503) 日 最高裁判所 事務總局, 2011, 執行官事務(제4판), 「511」
504) 전게서, 「508」
505) 전게서, 「107」
506) 전게서, 「513, 114」

2. 현황조사보고서의 특칙

가. 보고서의 내용

선박 집행에 있어서 선박의 현황조사에 관하여도 원칙적으로 부동산강제경매의 현황조사에 관한 민사집행법 85조가 준용된다(민집 172조). 그러나 선박이라는 매각대상의 특성에 따라 민사집행규칙에 현황조사보고서의 기재사항과 첨부서류에 관하여 별도로 규정하고 있다(민집규 99조).

나. 기재사항

집행관이 선박의 현황조사를 한 때에는 다음 사항을 적은 현황조사보고서를 정하여진 날까지 법원에 제출하여야 한다(민집규 99조 1항). 위 보고서에 적을 사항은 다음과 같다.

① 사건의 표시(1호)
② 선박의 표시(2호)

선박을 특정하기 위한 것이므로 선박등기기록 중 선박의 표시란에 기재되어 있는 사항을 표시하면 되고, 민사집행법 184조에 따라 매각기일의 공고에 적어야 할 사항이기도 하다.

③ 선박이 정박한 장소(3호)

민사집행법 184조에 따라 매각기일의 공고에는 선박이 정박한 장소를 적어야 하므로 이를 현황조사보고서의 기재사항으로 하고 있다.

④ 조사의 일시·장소 및 방법(4호)
⑤ 점유자의 표시와 점유의 상황(5호)

여기서 점유자란 자기를 위한 의사로 선박을 소지하는 사람을 말하고 선장과 같은 점유보조자는 포함하지 아니한다. 그런데 선박에 대한 강제집행에서는 선박국적증서 등의 수취명령은 채무자에 대하여만 집행할 수 있고, 임차인 등 제3자가 선박을 점유하고 있는 때에는 그 사람이 마음대로 선박국적증서를 제출하지 아니하는 한 선박을 정박시킬 수 없고 선박 집행절차를 취소하여야 하므로 현황조사명령도 발령할 수 없다. 그러므로 선박 집행의 현황조사를 명한 선박의 점유자는 채무자인 경우가 보통이다.

채무자가 점유자인 경우에는 점유의 상황, 선장의 이름, 선장 이외의 승조원, 적하의 상황 등을 간략하게 적으면 충분하다. 반면, 채무자 이외의 사람이 선박을 점유하고 있는 때에는 점유의 상황을 상세하게 적어야 한다. 즉 채무자 이외의 사람이 압류 전부터 권원에 기하여 선박을 점유하고 있는 때에는 그 권원이 매수인에게 대항할 수 있는 것으로 인정되는 경우를 제외하고는 인도명령을 발할 수 있기 때문에(민집 172조, 136조), 채무자 이외의 사람이 선박을 점유하고 있는 때에는 점유자의 점유권원의 유무 및 내용과 개시결정 전부터 점유하고 있는지 등을 적어야 한다.

⑥ 그 선박에 대하여 채무자의 점유를 풀고 집행관에게 보관시키는 가처분이 집행된 때에는 그 취지와 집행관이 보관을 개시한 일시(6호)

선박 집행에도 물건명세서가 작성되는데, 물건명세서에는 선박에 관한 가처분으로서 매각으로 효력을 잃는 것을 표시하여야 하므로, 당해 선박에 관하여 집행관보관의 가처분이 있는 때에는 그 취지와 집행관이 보관을 개시한 일시를 적도록 한 것이다.

⑦ 그밖에 법원이 명한 사항(7호)

위 사항 외에 선박을 매각하는 데 필요하다고 인정되는 사항을 말한다.

다. 불복방법

현황조사보고서의 내용에 관하여는 독립하여 불복을 신청할 수 없고, 다만 이에 기초하여 이루어진 그 이후의 결정, 즉 최저매각가격의 결정이나 일괄매각결정 등에 중대한 흠이 있는 때에는 매각허가에 대한 이의신청을 하여(민집 121조 5호) 구제받을 수밖에 없다.

라. 첨부서류

선박의 현황조사보고서에는 선박의 사진을 붙여야 한다(민집규 99조 2항). 이 사진은 선박의 외관과 그 밖에 선박의 개략적인 상황을 알 수 있을 정도의 것이면 된다. 현황조사명령, 조사사항, 집행관의 조사권한, 집행법원에 의한 심문 등에 관하여는 부동산 강제집행에서 설명한 바와 같다.

제3절 미등기건물 조사사무

1. 의의 및 성질

민사집행법 81조 3항은 채권자가 미등기 건물에 대하여 경매신청을 할 때에는 경매신청과 동시에 그 건물에 대한 조사를 집행법원에 신청할 수 있고 신청을 받은 집행법원은 집행관으로 하여금 미등기 건물의 구조 및 면적을 조사하게 하여야 한다고 규정하고 있으므로 집행법원의 미등기 건물 조사명령에 따라 집행관은 미등기건물을 조사하여 법원에 제출하여야 한다. 법원의 집행관에 대한 조사명령은 성질상 결정에 해당되며 직무명령의 일종이다.

2. 미등기 부동산과 경매

가. 의의

미등기 부동산이라고 하더라도 채무자의 소유이면 강제경매를 할 수 있다. 미등기 부동산에 관하여 경매개시결정을 하면 등기관이 직권으로 소유권보존등기를 하고 경매개시결정등기를 하게 된다. 등기부가 멸실되고 아직 회복등기가 되어 있지 아니한 부동산도 위와 마찬가지이다. 미등기부동산에 대한 경매를 신청할 때는 즉시 채무자의 명의로 등기할 수 있음을 증명할 서류 즉 채무자의 소유임을 증명하는 서면과 부동산의 표시를 증명하는 서면(부등법 132조 2항)을 붙여야 한다. 미등기 부동산경매 관련 판례는 아래와 같다.

> **대법원 2013. 9. 13. 선고 2011다69190 판결**
> [판시사항]
> 건축허가나 신고 없이 건축된 미등기 건물에 대하여 경매에 의한 공유물분할이 허용되는지 여부(소극)
>
> [판결요지]
> 민사집행법 제81조 제1항 제2호 단서는 등기되지 아니한 건물에 대한 강제경매신청서에는 그 건물에 관한 건축허가 또는 건축신고를 증명할 서류를 첨부하여야 한다고 규정함으로써 적법하게 건축허가나 건축신고를 마친 건물이 사용승인을 받지 못한 경우에 한하여 부동산

집행을 위한 보존등기를 할 수 있게 하였고, 같은 법 제274조 제1항은 공유물분할을 위한 경매와 같은 형식적 경매는 담보권 실행을 위한 경매의 예에 따라 실시한다고 규정하며, 같은 법 제268조는 부동산을 목적으로 하는 담보권 실행을 위한 경매절차에는 같은 법 제79조 내지 제162조의 규정을 준용한다고 규정하고 있으므로, 건축허가나 신고 없이 건축된 미등기 건물에 대하여는 경매에 의한 공유물분할이 허용되지 않는다.

나. 민사집행법 81조 1항 2호 본문에 따른 집행방법 및 경매신청절차

민사집행법

제81조(첨부서류)

① 강제경매신청서에는 집행력 있는 정본 외에 다음 각 호 가운데 어느 하나에 해당하는 서류를 붙여야 한다.
  1. 채무자의 소유로 등기된 부동산에 대하여는 등기사항증명서
  2. 채무자의 소유로 등기되지 아니한 부동산에 대하여는 즉시 채무자명의로 등기할 수 있다는 것을 증명할 서류. 다만, 그 부동산이 등기되지 아니한 건물인 경우에는 그 건물이 채무자의 소유임을 증명할 서류, 그 건물의 지번·구조·면적을 증명할 서류 및 그 건물에 관한 건축허가 또는 건축신고를 증명할 서류

② 채권자는 공적 장부를 주관하는 공공기관에 제1항 제2호 단서의 사항들을 증명하여 줄 것을 청구할 수 있다.

③ 제1항 제2호 단서의 경우에 건물의 지번·구조·면적을 증명하지 못한 때에는, 채권자는 경매신청과 동시에 그 조사를 집행법원에 신청할 수 있다.

④ 제3항의 경우에 법원은 집행관에게 그 조사를 하게 하여야 한다.

⑤ 강제관리를 하기 위하여 이미 부동산을 압류한 경우에 그 집행기록에 제1항 각 호 가운데 어느 하나에 해당하는 서류가 붙어 있으면 다시 그 서류를 붙이지 아니할 수 있다.

(1) 미등기 건물에는 무허가 건물과 아직 사용 승인을 받지 못하였으나 사회 통념상 이미 건물의 실체를 갖추고 있는 신축 건물이 있는데, 미등기 건물에 대하여도 미등기 토지와 같이 민사집행법 81조 1항 2호 본문에 따라 즉시 채무자 명의로 등기할 수 있다는 것을 증명할 서류, 즉 부동산등기법 65조에서 정한 서류를 붙여서 경매신청을 할 수 있다.[507] 미등기 건물에 관하여 경매개시결정을 하면 등기관이 직권으로 소유권보존등기를 하고 경매개시결정

---

507) 대결 1995. 12. 11. 95마1262

등기를 하게 된다.

(2) 채무자의 명의로 등기할 수 있음을 증명할 서류는 건축물대장, 수용증명서(재결서등본과 공탁서원본) 등이다(부등법 65조).

(3) 종래 실무에 의하면 건축물대장이 생성되어 있지 않은 건물에 대하여도 확정판결 또는 그 밖의 특별자치도지사, 시장, 군수 또는 구청장(자치구의 구청장을 말한다)의 확인서면에 의하여 소유권을 증명하여 소유권보존등기를 신청할 수 있다고 보았으나, 아예 건축물대장이 생성되어 있지 않은 건물에 대하여는 판결 또는 위 서면에 의하여 소유권을 증명하더라도 소유권보존등기를 신청할 수 없다 할 것이다. 관련 판례는 아래와 같다.

> **대법원 2011. 11. 10. 선고 2009다93428 판결**
> [판시사항]
> 건축물대장이 생성되지 않은 건물에 대하여 구 부동산등기법 제131조 제2호에 따라 소유권보존등기를 마칠 목적으로 제기한 소유권확인청구의 소에 확인의 이익이 있는지 여부(소극)
>
> [판결요지]
> 구 부동산등기법(2011. 4. 12. 법률 제10580호로 전부 개정되기 전의 것, 이하 '구법'이라 한다) 제131조 제2호에서 판결 또는 그 밖의 시·구·읍·면의 장의 서면에 의하여 자기의 소유권을 증명하는 자가 소유권보존등기를 신청할 수 있다고 규정한 것은 건축물대장이 생성되어 있으나 다른 사람이 소유자로 등록되어 있는 경우 또는 건축물대장의 소유자 표시란이 빈칸으로 되어 있거나 소유자 표시에 일부 누락이 있어 소유자를 확정할 수 없는 등의 경우에 건물 소유자임을 주장하는 자가 판결이나 위 서면에 의하여 소유권을 증명하여 소유권보존등기를 신청할 수 있다는 취지이지, 아예 건축물대장이 생성되어 있지 않은 건물에 대하여 처음부터 판결 내지 위 서면에 의하여 소유권을 증명하여 소유권보존등기를 신청할 수 있다는 의미는 아니라고 해석하는 것이 타당하다.
> 위와 같이 제한적으로 해석하지 않는다면, 사용승인을 받지 못한 건물에 대하여 구법 제134조에서 정한 처분제한의 등기를 하는 경우에는 사용승인을 받지 않은 사실이 등기부에 기재되어 공시되는 반면, 구법 제131조에 의한 소유권보존등기를 하는 경우에는 사용승인을 받지 않은 사실을 등기부에 적을 수 없어 등기부상으로는 적법한 건물과 동일한 외관을 가지게 되어 건축법상 규제에 대한 탈법행위를 방조하는 결과가 된다.
> 결국 건축물대장이 생성되지 않은 건물에 대해서는 소유권확인판결을 받는다고 하더라도 그 판결은 구법 제131조 제2호에 해당하는 판결이라고 볼 수 없어 이를 근거로 건물의 소유

> 권보존등기를 신청할 수 없다. 따라서 건축물대장이 생성되지 않은 건물에 대하여 구법 제131조 제2호에 따라 소유권보존등기를 마칠 목적으로 제기한 소유권확인청구의 소는 당사자의 법률상 지위의 불안 제거에 별다른 실효성이 없는 것으로서 확인의 이익이 없어 부적법하다.

다. 민사집행법 81조 1항 2호 단서에 따른 집행방법

미등기 건물의 경우에는 민사집행법 81조 1항 2호 본문에서 규정하고 있는 부동산등기법 제65조 소정의 즉시 채무자 명의로 등기할 수 있다는 것을 증명할 서류를 붙일 수 없는 경우라 하더라도, 민사집행법 81조 1항 2호 단서에 따라 그 건물이 채무자의 소유임을 증명할 서류, 그 건물의 지번·구조·면적을 증명할 서류 및 그 건물에 관한 건축허가 또는 건축신고를 증명할 서류를 붙여서 경매신청을 할 수 있다.

다만 민사집행법 81조 1항 2호 단서에 따른 미등기 신축건물에 대한 경매신청은 모든 미등기 건물에 대하여 허용되는 것이 아니라 적법하게 건축허가나 건축신고를 마쳤으나, 사용승인이 나지 않은 경우에만 적용된다. 만일 건축허가나 건축신고를 하지 아니한 무허가 건물에 대해서도 부동산집행을 허용하게 되면 불법 건축물이 양산되어 건축물 관리의 근본 취지가 크게 훼손될 뿐 아니라 절차적인 측면에서도 건축허가 등이 없는 무허가 건물의 경우에는 그 소유권자를 확인하기 어려운 문제가 있기 때문이다.

민사집행법 81조 1항 2호 단서가 완공된 건물뿐 아니라 완공되지 아니한 건물에 대하여도 경매를 인정하고 있기는 하지만 최소한 건축허가의 내역과 같은 층수의 골조공사가 완공되고, 주벽과 기둥 등의 공사가 이루어져 건축허가의 내역과 같은 건물로서의 외관은 갖춘 건물로 인정될 수 있는 정도의 공사가 이루어진 경우에만 이를 경매의 대상으로 삼을 수 있다.[508]

그 1동 전체를 1개의 구분 건물로 등기하는 것도 가능하고 그 1동 전체를 1개의 건물로 하여 등기하는 것도 가능하며, 집합건물의 소유 및 관리에 관한 법률 60조 1항에 의하면 관계 공무원의 조사 결과 집합건물로서의 구조상, 이용상 독립성을 갖추지 못한 경우에는 그 등록을 거부하고 그 건물 전체를 하나의 건물로 하여 일반건축물대장에 등록하도록 규정하고 있으므로, 1동의 신

---

508) 대결 2003. 7. 15. 2003마353, 대결 2004. 10. 14. 2004마342

축건물이 건물로서의 실질과 외관을 갖추고 있고 그 지번·구조·면적이 건축허가의 내용과 사회 통념상 동일하다고 인정된다면, 그 1동의 건물 중 일부가 아직 건축허가에서 예정한 대로 구분 건물로 될 수 있는 요건을 갖추지 못하고 있더라도, 1동의 건물 전체를 원시취득 소유자의 채권자들은 1동의 건물 전체를 일반 건물로 하여 부동산강제경매의 대상으로 삼을 수 있다고 할 것이다.509)

라. 민사집행법 81조 1항 2호 단서에 따른 경매신청절차

(1) 첨부할 서류

건축허가나 신고를 마친 뒤 사용승인을 받지 못한 미등기 건물에 대한 강제집행을 신청함에는 ㉠ 그 건물이 채무자의 소유임을 증명할 서류(실무에서는 통상 건축허가서나 건축신고서를 제출받고 있고, 미흡할 경우 건축도급계약서 등을 추가로 받고 있다), ㉡ 그 건물의 지번·구조·면적을 증명할 서류, ㉢ 그 건물에 관한 건축허가 또는 건축신고를 증명할 서류를 첨부하면 충분하다(민집 81조 1항 2호 단서).

(2) 위 사항의 증명 청구

채권자는 공적 장부를 주관하는 공공기관에 위 사항들을 증명하여 줄 것을 청구할 수 있다(민집 81조 2항). 채권자가 건물의 지번·구조·면적을 증명하지 못한 때에는 채권자는 경매신청과 동시에 그 조사를 집행법원에 신청할 수 있고(민집 81조 3항), 신청을 받은 집행법원은 집행관으로 하여금 미등기 건물의 구조 및 면적을 조사하게 하여야 한다(같은 조 4항). 법원의 집행관에 대한 조사명령은 성질상 결정에 해당되며 직무명령의 일종이다.

집행관은 위와 같은 조사를 위하여 건물에 출입할 수 있고, 채무자 또는 건물을 점유하는 제3자에게 질문하거나 문서를 제시하도록 요구할 수 있다(민집 82조 1항). 건물에 출입하기 위하여 필요한 때에는 잠긴 문을 여는 등 적절한 처분을 할 수 있다(같은 조 2항). 민사집행법 81조 3항·4항의 규정에 따라 집행관이 건물을 조사한 때에는 '㉠ 사건의 표시, ㉡ 조사의 일시·장소와 방법, ㉢ 건물의 지번·구조·면적, ㉣ 조사한 건물의 지번·구조·면적이 건축허가 또는 건축신

---

509) 대결 2013. 1. 18. 2012마690

고를 증명하는 서류의 내용과 다른 때에는 그 취지와 구체적인 내역'에 건물의 도면과 사진을 붙여 정하여진 날까지 법원에 제출하여야 한다(민집규 42조 1항).

민사집행법 81조 1항 2호 단서의 규정에 따라 채권자가 제출한 서류 또는 민사집행규칙 42조 1항의 규정에 따라 집행관이 제출한 서면에 의하여 강제경매신청을 한 건물이 건축허가 또는 건축 신고된 사항과 같다고 인정되지 아니하는 때에는 법원은 강제경매신청을 각하하여야 한다(민집규 42조 2항).

따라서 미등기 건물이 건축신고 또는 건축 허가된 것과 사회 통념상 같다고 인정되는 경우에만 강제집행이 허용되며, 이 경우 동일성 여부는 구체적인 사건에서 법원이 판단할 수밖에 없다. 아울러 미등기 건물이 건축허가 또는 건축 신고된 것과 면적·구조 등에서 다소 차이가 있으나 사회 통념상의 동일성은 인정되어 경매개시결정을 하는 경우에는 집행관의 조사결과 등에 의하여 나타난 실제 현황을 기준으로 등기촉탁을 하여야 하고, 건축허가 또는 건축 신고된 내용을 기준으로 맡겨서는 아니 된다.

(3) 위 서류의 붙임 여부

민사집행법 81조 1항 2호 소정의 서류를 붙이지 아니하였고, 같은 조 3항의 조사를 신청하지 아니하였다고 하더라도, 법원으로서는 민사집행법 23조 1항, 민사소송법 254조에 따라 그 보정을 명하고 이에 불응할 경우 경매신청을 각하할 수 있다고 할 것이지 위 서류를 붙이지 아니하였다고 하여 바로 그 경매신청이 부적법하다고 할 수는 없다.[510]

---

510) 대결 2005. 9. 9. 2004마696

제5편

기타 직무명령에 따른 사무

제1절 선박 강제집행에서의 선박국적증서의 수취제출명령 집행

1. 의 의

선박 강제집행의 집행법원이 선박에 관한 경매개시결정을 함에 있어서 집행관에게 선박의 선박국적증서 등을 받아 법원에 제출할 것을 명령하는 경우, 집행관은 선박국적증서 등의 수취, 제출명령의 집행사무를 처리하게 된다.

2. 선박강제경매신청에 대한 법원의 심리와 개시결정

가. 심 리

선박강제경매신청에 대한 심리는 심문기일이나 변론기일을 열어 할 수도 있으나 변론이나 심문 없이 서면에 의하여 심리하는 것이 통상적이다. 심리의 결과 신청의 요건을 갖추었다고 판단되면 강제경매개시결정을 하고 만약 요건에 흠이 있고, 그 흠이 보정될 수 없으면 결정으로 신청을 각하한다. 보정할 수 있는 것이면 보정을 명한다. 신청의 이유가 없으면 기각한다. 강제경매신청을 기각하거나 각하하는 재판에 대하여는 즉시항고를 할 수 있다(민집 172조, 83조 5항).

나. 강제경매개시결정의 내용

선박강제경매개시결정에는 대체로 다음 사항을 적고 판사가 서명날인 한다(민집 172조, 83조, 174조, 176조). 그러나 기명날인할 수 있다(민집 23조 1항, 민소 224조 1항).

(1) 채권자, 채무자의 이름·주소, 선장의 이름과 현재지
(2) 채권자, 채무자의 대리인이 있는 때에는 대리인의 표시
(3) 선박의 표시: 보통 별지로 첨부
(4) 청구금액

(5) 집행력 있는 집행권원
(6) 선박에 대하여 강제경매절차를 개시한다는 취지
(7) 채권자를 위하여 선박을 압류한다는 취지의 선언
(8) 선박을 압류항에 정박하게 하는 명령(정박명령): 다만, 경매개시결정에 적지 아니하고 별도의 결정으로도 가능
(9) 집행관에게 선박국적증서 그 밖의 선박운행에 필요한 문서를 받아 법원에 제출할 것을 명하는 명령(선박국적증서 등 수취·제출명령)
(10) 결정 연월일

|양식| **선박강제경매개시결정**

○ ○ 지 방 법 원

경매개시결정

사　　건　　20○○타경○○○　　선박강제경매
채　권　자
채　무　자

주　문

1. 별지 기재 선박에 대한 경매절차를 개시하고 채권자를 위하여 이를 압류한다.
2. 채무자는 위 선박을　　　에 정박하여야 한다.
3. 이 법원 소속 집행관은 위 선박의 선박국적증서 그 밖에 선박운행에 필요한 문서를 받아 이 법원에 제출하여야 한다.

청구금액

　10,000,000원과 이에 대한 20○○. ○. ○.부터 다 갚을 때까지 연 20%의 비율에 의한 이자

이　유

　채권자가 위 청구금액을 변제받기 위하여 ○○지방법원 20○○가단○○○ 대여금 청구사건의 집행력 있는 판결정본에 기초하여 한 이 사건 신청은 이유 있으므로 주문과 같이 결정한다.

20　.　.　.

판　사　　　　　　　　(인)

```
                        선 박 목 록
    선박의 종류와 명칭        기선 제100호
    선 적 항              ○○시
    선     질             강(鋼)
    총 톤 수              1199.72톤
    순 톤 수              600.47톤
    기관의 종류 및 수        디젤발동기 1개
    추진기의 종류 및 수       나선추진기 1개
    진수년월일              20○○. ○. ○.
    선박의 정박항            ○○항
    선장의 이름 및 현재지   ○○○(위 선박 안에 있음)
```

다. 경매개시결정등기의 촉탁

(1) 등기 선박의 경우

이미 등기된 선박의 경우 법원이 경매개시결정을 하면 법원사무관 등은 즉시 그 사유를 등기부에 기입 하도록 등기관에게 강제경매개시결정등기를 맡겨야 함은 부동산강제경매의 경우와 같다(민집 172조, 94조 1항). 등기촉탁의 시기, 촉탁서의 기재사항 및 첨부서류, 촉탁방법, 기입등기 후 등기관의 조치 등에 관하여는 부동산 강제집행에서 설명한 바와 같다. 등기촉탁서의 양식은 부동산집행에 관한 양식을 맞게 바꾸어 사용하면 된다.

(2) 미등기선박의 경우

미등기선박의 경우에는 등기관은 직권으로 소유권보존등기를 한 다음 경매개시결정등기를 하게 되므로, 선박의 표시 외에 미등기선박이라는 취지를 적어 등기를 맡겨야 한다. 구체적 등기절차는 선박등기규칙 20조에 의한다.

다만 미등기선박의 소유권보존등기를 위해서는 해운 관서로부터 총톤수 측정을 받아 총톤수가 기재된 선박 총톤수 측정증명서(선박법 시행규칙 4조, 그 양식은 같은 규칙 별지 3호 서식)를 교부받아 제출하여야 하는데(또는 어선 총톤수 측정증명서를 제출하여야 한다. 선박등기규칙 11조 2항), 아직 총톤수 측정절차를 마치지 아니한 미등기선박에 대하여는 채권자가 소유자를 대위하여 선적항을 정하고 선박법 7조에 의한 총톤수 측정신청을 하여 측정을 마친 후 선박 총톤수 측정증명서를 받아 경매를 신청하여야 한다.

(3) 건조 중인 선박의 경우

건조 중의 선박에 대하여도 저당권을 설정할 수 있으므로(상 790조, 787조) 건조 중인 선박에 저당권의 등기를 할 수 있으나(선박등기규칙 23조), 건조 중인 선박에 대하여 소유권보존등기를 할 수는 없다(선박등기규칙 24조 참조). 그러므로 건조 중인 선박에 대한 강제집행에 관하여 선박 집행설의 태도를 보이더라도(선박 집행설보다는 동산집행설이 더 유력함은 앞서 설명한 바와 같다. 위 2. 다. 참조), 경매개시결정등기는 할 수 없다.

따라서 건조 중인 선박에 대한 강제경매신청을 받아들이는 경우에도 그 선박에 대하여 이미 저당권의 등기가 되어 있더라도 경매개시결정등기를 촉탁할 수 없다.

(4) 외국선박의 경우

외국선박에 관하여 경매개시결정을 한 경우에도 그 등기의 촉탁을 하지 아니한다(민집 186조).

3. 선박국적증서 등의 수취·제출

가. 개 설

법원은 경매개시결정을 한 때에는 집행관에게 선박국적증서 그 밖에 선박운행에 필요한 문서("선박국적증서 등")를 선장으로부터 받아 법원에 제출하도록 명하여야 한다(민집 174조 1항). 이는 경매개시결정과 함께 압류선박의 운행에 필요한 서류를 받게 하여 법률상 그 선박의 운행이 불가능한 상태에 둠으로써 압류의 실효성을 확보하려는 규정이다. 위 규정은 대한민국 선박뿐만 아니라 외국선박, 무국적선박에도 적용된다.

나. 수취·제출명령의 대상문서와 그 시기

(1) 수취·제출명령의 대상인 문서는 선박국적증서 그 밖에 선박 운행에 필요한 문서이다. 선박국적증서는 선박의 소유자가 선박의 등록신청을 하면 선

적항을 관할하는 지방해양항만청장(지방해양항만청 해양사무소장을 포함한다)이 이를 선박원부에 등록하고 나서 신청인에게 발급하는 문서로서(선박 8조 1항, 2항), 그 양식은 선박법 시행규칙 별지 8호서식으로 정하여져 있다. 선장은 선내에 선박국적증서 등을 갖추어 두어야 한다(선원법 20조 1항). 그 밖에 선박운행에 필요한 문서로는 선원명부, 항해일지, 화물에 관한 서류와 그 밖에 해양수산부령으로 정하는 서류(선원법 20조 1항), 선박검사증서, 임시항해검사증서(선박안전법 17조 1항, 8조 2항, 11조 2항), 임시선박국적증서(선박 9조) 등이 있다.

(2) 선박국적증서 등의 수취·제출명령은 경매개시결정과 동시에 당사자의 신청 없이도 직권으로 하여야 한다. 보통 경매개시결정에 함께 적는다. 집행법원이 경매개시결정에서 이를 빠뜨린 때에는 경매개시결정을 경정하거나 별도로 수취·제출명령을 하여야 한다. 이중경매개시결정이 있고, 이미 선행사건의 경매절차에서 선박국적증서 등이 수취·제출되어 있을 때에는 다시 수취·제출명령을 할 필요는 없다. 법원의 선박운행허가에 의한 선박의 운행(민집 176조 2항)이 끝난 경우에는 집행법원은 직권 또는 이해관계인의 신청에 따라 집행관에 대하여 선박국적증서 등을 다시 수취할 것을 명할 수 있다(민집규 101조 1항).

다. 수취·제출명령의 내용과 상대방

(1) 수취·제출명령은 집행법원의 집행관에 대한 직무명령으로서 명령에 집행관의 이름을 적을 필요는 없다. 그 집행법원 소속의 집행관 외에 다른 법원 소속의 집행관에게 이 명령을 발할 수 없고, 집행관은 소속법원의 관할구역 외에서 이 명령을 집행할 수 없다(집행관 규칙 4조 1항).

명령의 내용은 집행관에게 목적 선박의 선장으로부터 그 선박의 선박국적증서 그 밖에 선박운행에 필요한 문서를 받아 집행법원에 제출할 것을 명하는 것이다. 수취·제출명령은 집행관에 대한 직무명령임에도 실무상 집행관이 바로 그 명령에 따라 집행하지 아니하고 자동차인도명령의 집행과 같이 경매신청채권자로부터 다시 집행위임을 받아 명령을 이행하고 있다.

(2) 선박에 대한 강제경매는 앞서 본 바와 같이 채무자가 스스로 점유하거나 선장과 같은 대리인으로 하여금 점유하게 하고 있는 경우에 한하여 가능하고, 채무자 이외의 사람이 점유하고 있는 선박에 대하여는 그 점유가 압류채권자

에게 대항할 수 있는 것인지를 불문하고 강제경매가 허용되지 않는다. 따라서 수취·제출명령의 집행 상대방도 선박을 점유하는 채무자(소유자 또는 선장)에 한정된다.

라. 수취·제출명령의 효력

(1) 수취·제출명령의 집행은 이 명령을 받은 집행관이 선박을 점유하는 채무자(그의 대리인인 선장)로부터 선박운행에 필요한 문서를 직접 받는 방법으로 이루어진다. 집행관이 선박국적증서 등을 받은 때에는 법원에 제출하는 외에 바로 그 취지를 채무자·선장 및 선적항을 관할하는 해운 관서의 장에게 통지하여야 한다(민집규 96조). 채무자에 대한 통지는 당해 선박에 대해 강제집행절차가 개시되었다는 것을 알려주기 위한 것이고, 선장에 대한 통지는 선박국적증서 등을 선내에 비치할 의무가 있는 선장에게(선원법 20조 1항) 이를 수취한 사실을 알게 하기 위한 것이다.

다만 선박국적증서 등을 선장으로부터 수취한 경우에는 다시 선장에게 통지할 필요가 없다. 그러므로 채무자에 대한 통지를 받을 권한을 갖는 선장(상 749조)으로부터 선박국적증서 등을 수취하는 통상의 경우에는 채무자와 선장에 대하여 그 수취사실을 별도로 통지할 필요가 없게 된다. 해운 관서의 장에 대한 통지는 선박국적증서 등을 집행관에게 제출한 선박소유자가 선박국적증서 등을 재 발급받는 것을 방지하기 위한 것이다. 이 통지 의무는 대한민국 선박에 관해서만 적용되고 외국선박의 경우에는 적용되지 아니한다.

(2) 경매개시결정이 송달 또는 등기되기 전에 집행관이 선박국적증서 등을 받은 경우에는 그때에 압류의 효력이 생긴다(민집 174조 2항). 선박국적증서 등의 수취는 사실상 경매개시결정에 의한 출항금지명령의 집행이라고 볼 수 있기 때문이다. 감수·보존처분의 경우에도 같은 취지의 규정이 있다(민집 178조 2항).

(3) 집행관이 민사집행법 174조 1항의 명령에 따라 선박국적증서 등을 수취하려 하였으나 그 목적을 달성하지 못한 때에는 그 사유를 법원에 서면으로 신고하여야 한다(민집규 97조). 이 경우 집행관은 집행불능 조서를 작성하여야 한다(민집 10조). 위 신고는 집행법원이 민사집행법 183조에 따라 선박경매절차를 신속하게 취소할 수 있도록 하기 위한 것이므로, 같은 법 174조 1항에 의한 수

취명령의 집행이 불능으로 된 때에만 신고하면 충분하고, 같은 법 175조 1항의 인도명령의 집행이 불능으로 된 때에는 신고할 필요가 없다(민집규 97조 참조).

한편 강제경매개시결정이 있은 날부터 2월이 지나기까지 집행관이 선박국적증서 등을 넘겨받지 못하고 선박이 있는 곳이 분명하지 아니한 때에는 집행법원이 강제경매절차를 취소할 수 있다(민집 183조).

(4) 집행법원이 집행관으로부터 수취한 선박국적증서 등을 제출받았을 경우에는 집행기록에 그대로 편철할 것이 아니라, 민사보관물관리에 관한 예규(재민 79-7)에 따라 민사보관물로 보아 사건담당 참여사무관 등이 민사보관물 대장에 기재하고, 민사보관물 봉투에 넣어 다른 물품과 구분하여 특별히 보관하여야 한다(위 예규 3조, 4조, 5조 참조). 취급자가 보관하는 선박국적증서 등을 다른 법원 등에 한때 교부 또는 보내는 경우에는 담당재판장의 허가를 받아야 하고, 대출 및 반환의 취지, 대출 영수자 및 일자 등 필요사항을 민사보관물 대장의 비고란에 명기하여야 한다(위 예규 6조).

선박국적증서 등을 집행법원에서 유치할 필요가 없게 되면 반환청구를 기다리지 아니하고 즉시 반환하여야 한다(위 예규 7조 1항). 선박매각대금을 납부한 때에는 매수인에게 선박국적증서 등을 교부하고, 선박 집행절차가 취소되거나 선박운행허가결정이 확정된 때에는 채무자나 그의 대리인인 선장에게 이를 반환하여야 한다. 반환절차는 이를 반환받을 제출자 또는 송부자에게 교부하고 민사보관물 대장에 영수자의 이름을 기재하고 날인을 받아야 하며, 다만 상당하다고 인정하는 때에는 등기우편에 의해 보낼 수 있다. 이 경우에는 민사보관물 대장에 그 사유를 기재하고 특수우편물 수령증 등 증빙을 첨부해 놓아야 한다(위 예규 7조 2항).

제6편
임명에 관한 사무

제1절 부동산 강제관리 관리인으로서의 사무

1. 총 설

가. 의 의

강제관리라 함은 채무자로부터 부동산의 소유권을 박탈하지 아니하고 그 부동산의 수익을 가지고 금전채권의 만족을 얻는 부동산에 대한 강제집행방법이다. 즉 강제관리는 채무자 소유의 부동산으로부터 생기는 천연과실이나 법정과실 등의 수익을 총괄하여 집행의 목적물로 삼아 그 부동산을 압류하고 국가가 채무자의 관리·수익기능을 박탈하여, 관리인으로 하여금 그 부동산을 관리하게 하고 그 수익을 추심·현금화하여 변제에 충당하는 강제집행절차이다. 부동산에 대한 강제경매를 원본 집행이라고 하고, 강제관리는 수익집행이라고 부른다.

강제관리는 목적부동산의 가격이 오를 가능성이 있는 경우 강제경매를 하기보다 강제관리를 하여 이익을 거두면서 적절한 강제경매 시기를 기다릴 필요가 있을 때, 임대용 빌딩이나 아파트와 같이 매각을 통한 현금화보다 임대료를 통한 고수익을 얻을 수 있을 때, 선순위 채권자들 때문에 부동산의 매각대금으로는 집행의 실효성이 없을 때, 집행채권이 비교적 소액일 때 등에 활용될 수 있다.

나. 절차의 개요

강제관리절차는 대체로 목적물을 압류하여 현금화한 다음 채권자의 채권을 갚는 3단계의 절차로 진행된다. 강제관리절차의 개요는 다음과 같다.

먼저, 채권자의 신청이 있으면 집행법원은 강제관리개시결정을 하여 목적부동산을 압류하고, 채무자에게는 관리사무에 대한 간섭과 부동산 수익의 처분을 금함과 동시에 부동산 수익을 채무자에게 지급할 제3자에 대하여는 그 후 관리인에게 지급할 것을 명하며, 관할 등기소에 강제관리개시결정등기를 촉탁한다. 그다음 채무자와 위 제3자에게 강제관리개시결정 정본을 송달하고 목적부동산을 관리·수익할 관리인을 임명하고, 관리인은 법원의 감독 아래 부동산을 관리하여 그 수익을 추심 하며 또 이를 현금화한다.

관리인은 부동산수익에서 그 부동산이 부담하는 조세 그 밖의 공과금을 뺀 뒤에 관리비용을 변제하고 그 나머지 금액으로써 각 채권의 변제에 충분한 때에는 각 채권을 변제한다(민집 169조 1항). 만약 모든 채권자를 만족하게 할 수 없는 때에는 관리인은 채권자 사이에 배당협의를 하도록 하여 배당협의가 이루어지면 그 협의 내용에 따라 배당을 하고 배당협의가 이루어지지 못하면 그 사유를 법원에 신고하여야 한다(같은 조 2항, 3항). 위 신고가 있는 때에는 법원은 강제경매의 경우에 따라 배당표를 작성하고 이에 따라 관리인으로 하여금 채권자에게 지급하게 하여야 한다(같은 조 4항).

채권자들이 부동산수익으로 전부 변제를 받았을 때에는 법원은 직권으로 강제관리취소결정을 하고 이 결정이 확정된 때에는 법원사무관 등은 강제관리개시결정등기를 지우도록 촉탁하며(민집 171조 2항, 4항) 강제관리절차를 종결한다. 강제관리는 집행력 있는 정본에 의한 강제집행에만 인정될 뿐이고 담보권의 실행으로서 강제관리를 신청할 수는 없다(민집 268조 이하 참조).

|강제관리 절차 도해도|

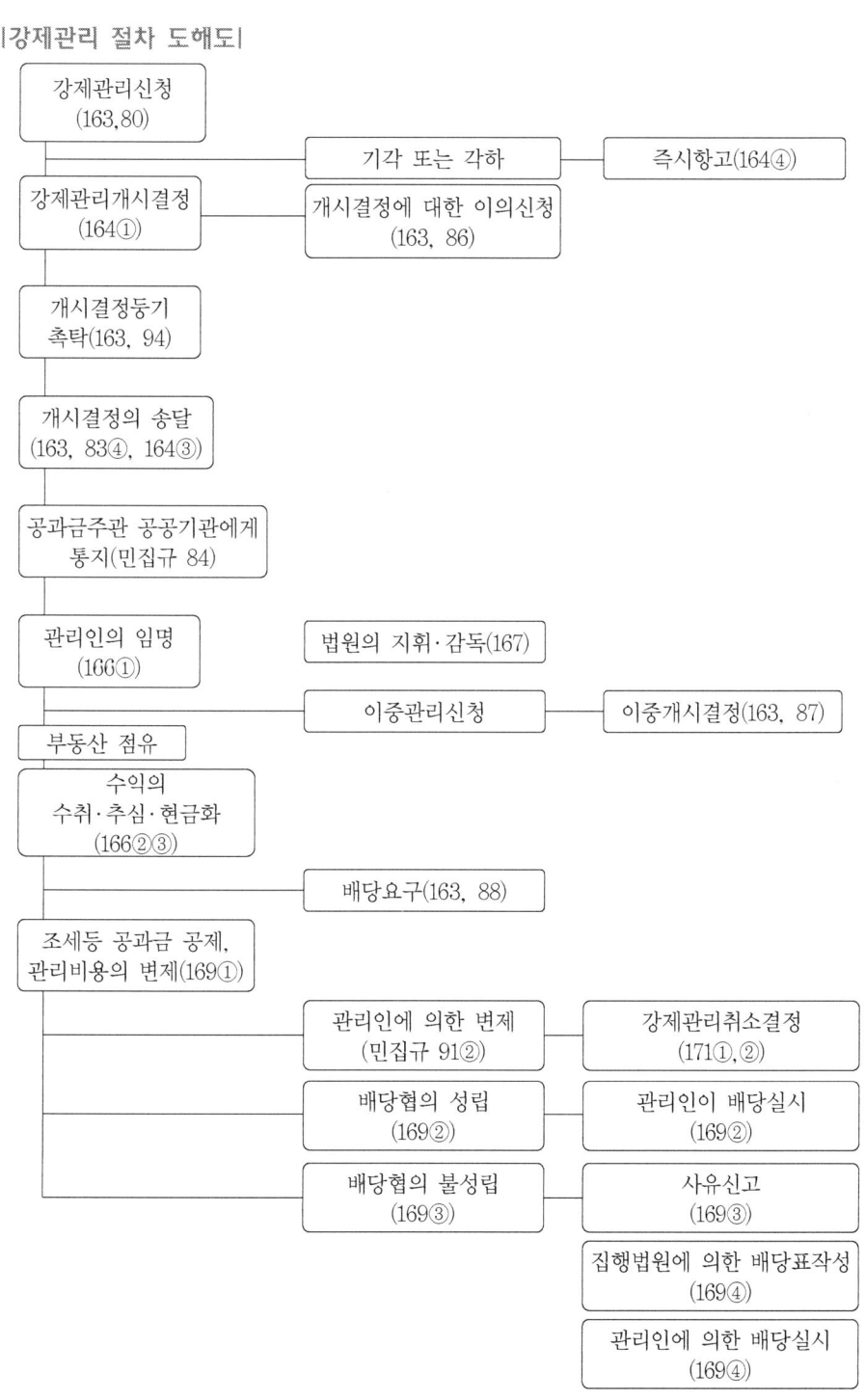

2. 관리인

가. 총 설
강제관리는 부동산 자체의 현금화가 필요하지 아니하고 그 수익만을 대상으로 하는 집행이므로, 강제관리절차를 실시하기 위해서는 부동산 수익의 관리를 구체적으로 담당할 집행법원의 집행보조기관이 필요하다. 그 집행보조기관으로서 부동산의 수익을 관리·추심 하여 갚는 자가 관리인이다.

나. 관리인의 임명
(1) 관리인은 집행법원이 임명한다(민집 166조 1항 본문). 채권자는 적당한 사람을 추천할 수 있으나(같은 조 1항 단서) 법원은 이에 구속되지 아니하고 자유롭게 적당한 자를 임명할 수 있다. 관리인의 자격에는 제한이 없으므로 관리행위를 함에 적당한 능력이 있으면 누구라도 관계없다. 신탁회사, 은행, 그 밖의 법인도 가능하다(민집규 85조 2항). 관리인의 직무나 권한에 비추어 볼 때 채무자는 관리인으로 임명되기에 적당하지 아니하다.

그러나 만약 농지나 과수원과 같이 채무자에게 계속 관리하도록 하는 것이 적당한 경우에는 채무자를 포함한 여러 명의 관리인을 선임하든가 혹은 채무자를 관리인의 보조자로 하여 관리를 계속하도록 할 수는 있을 것이다. 채권자를 관리인으로 임명할 수 있는가에 관하여는 긍정설과 부정설이 있다.

통상 변호사나 집행관을 관리인으로 임명하면 좋을 것이다. 변호사나 집행관을 관리인으로 임명하는 경우에는 그 변호사나 집행관은 정당한 이유 없이 취임을 거절하지 못한다 할 것이나(변호사법 27조 2항, 집행관법 6조, 14조), 그 이외의 일반인은 관리인에 취임할 의무가 없으므로 일반인을 관리인으로 임명하려면 사전에 심문하여 취임 의향을 확인하거나 승낙을 얻어 임명하는 것이 좋을 것이다. 관리인은 필요에 따라서는 한 사람 이상이라도 무방하다. 관리인이 여러 사람인 때에는 공동으로 직무를 수행하되, 법원의 허가를 받아 직무를 분담할 수 있다(민집규 86조 1항). 또한, 관리인이 여러 사람인 때에는 제3자의 관리인에 대한 의사표시는 그 중 한 사람에게 할 수 있다(민집규 86조 2항).

(2) 관리인의 임명결정은 강제관리개시결정과 다른 결정이나, 개시결정의 발효와 동시에 채무자는 사용수익권을 상실하고 관리인이 이것을 행사하여야

해서, 관리사무의 원활화를 위하여 강제관리개시결정과 동시에 임명하여야 한다(민집규 85조 1항). 그런데 부득이한 사정으로 관리인의 임명이 지체되어 강제관리개시결정을 한 후에 별도로 임명결정을 하거나, 관리인으로 임명된 사람이 급병 등으로 관리 사무에 착수하기 전에 관리인을 사임한 경우에는 개시결정 후에 개임하여도 무방하다.

|양식| **관리인 임명결정**

```
                    ○ ○ 지 방 법 원
                         결 정

    사    건    20○○타기○○  부동산강제관리
    채 권 자
    채 무 자

                          주 문

    위 사건에 관하여 이 법원이 20  .  .  .에 한 강제관리개시결정의 관리인으로 아래
    사람을 임명한다.

    ○ ○ 지방법원 소속 집행관   ○  ○  ○(또는 변호사   ○  ○  ○)

                         20  .  .  .

                    판 사      ○○○   (인)
```

관리인이 임명된 때에는 법원사무관 등은 압류채권자·채무자 및 수익의 지급의무를 부담하는 제3자에게 그 취지를 통지하여야 하고(민집규 85조 3항), 법원은 관리인에게 그 임명을 증명하는 문서를 교부하여야 한다(민집규 85조 4항).

(3) 관리인의 임명에 불복이 있는 이해관계인은 집행에 관한 이의(민집 16조 1항)를 신청할 수 있다.

다. 관리인의 해임·사임

(1) 관리인의 해임

관리인에게 관리를 계속할 수 없는 사유가 생긴 경우에는 법원은 직권으로 또는 이해관계인의 신청에 따라 관리인을 해임할 수 있다(민집 167조 3항 전문). 관리인에게 관리를 계속할 수 없는 사유란 집행법원의 구체적인 지시라든가 행동기준에 따르지 않는 경우 또는 부적임이라는 것이 밝혀진 경우 등이 이에 해당될 것이나, 획일적으로 단정할 수는 없고 구체적인 경우에 따라 개별적으로 판단될 성질의 것이다. 해임을 신청할 수 있는 이해관계인에 강제관리 자체에 이해관계를 맺는 채권자, 채무자가 포함됨에는 이론이 없다. 그러나 개개의 관리행위를 하면서 관리인과 접촉하는 제3자(예를 들어, 수익의 지급의무를 부담하는 제3자, 과실의 매수인 등)에게까지 해임신청권을 인정해야 할 것인가에 관하여는 의문이 있다.

법원이 관리인을 해임하는 경우에는 관리인을 심문하여야 한다(민집 167조 3항 후문). 관리인이 해임된 때에는 법원사무관 등은 압류채권자·채무자 및 수익의 지급명령을 송달받은 제3자에게 그 취지를 통지하여야 한다(민집규 87조 2항). 따라서 객관적으로는 수익의 지급의무를 부담하고 있더라도 아직 수익의 지급명령을 송달받지 아니한 제3자에 대하여는 해임사실을 통지할 필요가 없다. 보통의 경우는 전임자가 해임되면 바로 후임자가 임명될 것이므로, 후임자의 임명통지서에 전임자의 해임사실을 명시하면 될 것이다. 해임결정에 대하여는 즉시항고를 할 수 있다는 규정이 없으므로 불복이 있는 자는 집행에 관한 이의를 할 수 있다(민집 16조 1항).

(2) 관리인의 사임

관리인은 정당한 이유가 있는 때에는 법원의 허가를 받아 사임할 수 있다(민집규 87조 1항). 정당한 이유는 질병, 공직에의 취임 등 관리인의 개인적 사정과 당해 관리절차의 진행 정도, 그 관리인의 필요성 등을 종합적으로 판단하여, 적절한 후임자가 내정되어 있고 원활한 사무인계가 가능하다면 이를 넓게 해석하더라도 무방하다. 관리인이 사임한 때에는 법원사무관 등은 압류채권자·채무자 및 수익의 지급명령을 송달받은 제3자에게 그 취지를 통지하여야 한다(민집규 87조 2항, 1항). 불허가결정에 대하여는 집행에 관한 이의가 허용된다 할 것이다. 허가결정에 대하여는 불복할 수 없는 것으로 해석된다.

라. 관리인의 지위

관리인의 지위에 관하여는 국가의 집행권을 행사하는 집행기관이라는 견해도 있으나, 강제관리는 국가가 강제집행권을 근거로 하여 채무자로부터 박탈한 부동산의 관리·수익권을 법원이 관리인에게 수여하고, 관리인은 그 수권을 근거로 하여 관리·수익권을 행사하는 것이므로 집행법원의 집행보조기관이라고 보는 것이 다수설이다. 따라서 관리인은 법원의 임명으로 집행보조기관으로 직무를 행하는 것이며, 채권자 또는 채무자의 대리인이 아니므로 채권자 또는 채무자의 의사에 따라서 관리행위를 할 필요는 없고 오직 집행법원의 지휘·감독을 따르면 충분하다.

관리인과 집행법원과의 관계는 집행법상의 관계이나, 채무자 및 수익을 지급할 제3자에 대한 관계에서는 자기의 이름으로 채무자의 관리·수익권을 행사하고 그 효과도 채무자에게 귀속되므로 부동산의 수익에 관한 개개의 행위는 집행행위가 아니고 사법상의 행위이다. 따라서 수익을 지급할 제3자가 관리인에게 지급하는 것은 채무자에 대한 변제가 되며, 관리인이 수취한 수익을 배당하는 것은 채무자의 채권자에 대한 변제가 된다.

마. 관리인의 권한

(1) 부동산의 점유

(가) 관리인은 관리와 수익을 하기 위하여 채무자가 점유하는 부동산을 인도받아 스스로 그 부동산을 점유할 수 있다(민집 166조 2항 전문).

(나) 채무자가 마음대로 부동산을 인도하지 아니하고 관리인의 점유를 실력으로 저항할 때에는 집행관에게 원조를 요구할 수 있다(민집 166조 2항 후문, 7조 2항). 이 경우 집행관은 저항을 배제하기 위하여 스스로 강제력을 사용할 수 있고(민집 5조 1항), 경찰 또는 국군의 원조를 요청할 수 있다(민집 5조 2항).

(다) 제3자가 부동산을 점유하고 있고 이를 관리인에게 인도할 것을 거부하는 때에는, 그 제3자가 채무자에게 인도의무를 부담하고 있는 경우에 한하여 관리인은 채무자를 대신하여 그 인도를 청구할 수 있음에 그치고 제3자에 대하여 강제력을 사용하여 직접 인도받을 수 없다. 이 경우 관리인은 제3자를 상대로 인도청구 소송을 제기할 수 있다. 관리인의 소송행위는 그 자격에 의하여 당사자로서 소송을 벌이는 것이다(제3자의 소송담당).

(라) 채무자의 부동산의 공유지분에 대한 강제관리의 경우에는 목적부동산

에 대한 다른 공유자의 사용수익권을 방해하면서까지 그 인도를 청구할 수는 없다. 그러나 채무자의 지분권의 범위 내에서의 사용수익을 채무자가 방해할 때에는 민사집행법 166조 2항 후문에 의하여 그 방해를 배제할 수 있다.

(2) 제3자에 대한 수익의 추심

관리인은 부동산의 수익을 채무자에게 지급할 제3자가 있는 때에는 채무자에 갈음하여 그 제3자에 대하여 수익을 자기에게 지급할 것을 청구할 수 있다(민집 166조 3항). 제3자가 임의로 지급하지 아니할 때에는 관리인은 자기의 이름으로 이행청구소송을 제기하고 강제집행을 할 수 있다.

(3) 관리의 방법

관리인은 강제관리의 목적을 달성하기 위하여 부동산의 용법에 따라 이를 관리·수익하여야 할 법률상·사실상의 권한과 책임이 있다.

관리의 방법으로서는 토지를 경작하여 수확물을 적당한 방법으로 현금화하는 것, 부동산에 관하여 임차권·지상권 등 용익권을 설정하고 차임·지료 등을 수취하는 것, 건물의 가치보존을 위하여 수리하는 것 등이 있을 수 있다.

강제관리개시결정에 의한 압류 전에 채무자가 용익권을 설정하여 압류 당시에 수익지급의무를 부담하는 제3자가 있는 경우에는 관리인도 그 용익권에 구속된다(민집 166조 3항, 164조 3항). 이 경우 채무자가 설정한 용익권에 대항요건이 갖추어져야 하는가에 대하여는 긍정설과 부정설이 나뉜다. 긍정설은 부동산을 점유하지 못하고 또한 채권자에게 대항할 수 없는 용익권자는 관리인이 부동산을 점유하더라도 불복을 주장할 길이 없으므로 대항요건이 필요하다고 주장하고, 부정설은 대항요건을 갖추지 못한 용익권자(用益權者)가 목적부동산을 점유하고 있어도 이를 관리인이 강제로 빼앗을 수가 없고, 그 용익권이 채무자와의 사이에서 유효한 이상 목적부동산의 인도를 청구할 수도 없으므로 대항요건을 갖추지 못한 용익권도 관리인을 구속한다고 본다.

목적부동산의 압류 후에 채무자가 설정한 용익권은 관리인을 구속하지 아니한다. 그러나 관리인은 이를 승인하고 수익의 지급을 청구할 수 있다. 강제관리의 방법으로서 관리인이 설정한 용익권은 강제관리의 취소 후에도 채무자를 구속한다. 공유지분에 대한 강제관리의 경우 공유자 사이에 목적부동산에 대한 사용·수익의 약정이 되어 있으면 관리인도 이에 구속된다. 용익권의 설정은 공유물의 관리에 관한 사항이므로 모든 공유자지분의 과반수의 찬성이 있어야 할 것이다(민 265조 본문). 이 경우 관리인은 채무자의 지분에 상당하는 수익만을 추심할 수 있음은 물론이다.

관리인은 부동산의 용법에 따라 관리·수익함을 요구한다. 따라서 경지를 택지로 전환하거나 주택을 공장으로 개조하는 등 그 성질을 변하게 하여 수익을 할 수는 없다. 또 민법 619조에 정한 기간을 넘어 부동산을 임대할 때에는 채무자의 동의를 얻어야 할 것이다. 관리인은 그 직무수행을 위하여 필요한 때에는 보조자를 사용할 수 있다.

집행법원은 관리에 필요한 사항과 관리인의 보수를 정하고, 관리인을 지휘·감독한다(민집 167조 1항). 이러한 관리에 필요한 사항을 알아보기 위하여 집행법원은 채권자와 채무자를 심문할 수 있고, 또 적당하다고 인정한 때에는 감정인을 참여하게 하여 관리인에게 관리에 관한 필요사항을 지휘하여 관리인의 업무를 감독할 수 있다.

그런데 관리의 방법 또는 그 변경은 원칙적으로 관리인의 판단에 위임되는 것이고, 법원은 필요하다고 인정한 때에 한하여 수시로 위와 같은 감독권의 행사로서 관리방법에 관하여 지시할 수 있을 뿐이며 항상 법원이 관리방법을 결정하여야 하는 것은 아니다(항상 집행법원이 정하여야 한다는 반대설 있음).

바. 관리인의 의무

(1) 선관의무

관리인은 선량한 관리인의 주의로써 관리할 책임이 있다. 명문의 규정은 없으나 민법상의 수임인과 동일한 지위(민 681조)를 가진다고 보므로 당연하다.

따라서 관리인이 그 직무를 게을리하여 관계인에게 손해를 입힌 때에는 이를 배상할 책임이 있으므로, 법원은 필요하다고 인정한 때에는 관리인에게 보증을 제공하도록 명할 수 있다(민집 167조 2항). 26조가 부재자재산관리인에게 담보를 제공하게 할 수 있다고 한 것과 같은 취지이다. 보증의 액은 사건의 성질 그 밖의 제반 사정을 참작하여 법원이 재량으로 정한다. 관리인이 그 보증을 제공하지 아니하더라도 법원은 그 제공을 강제할 수는 없고 관리인을 해임할 수 있을 따름이다. 관리인에 대하여 손해배상청구권을 취득한 자는 그 보증 위에 질권자와 동일한 권리를 가진다. 관리인은 보증제공명령에 대하여 집행에 관한 이의를 신청할 수 있다(민집 16조 1항).

(2) 계산보고의 의무

관리인은 매년 채권자·채무자와 법원에 수익 지출에 관한 계산서를 제출하여야 한다. 그 업무를 마친 뒤에도 또한 같다(민집 170조 1항). 강제관리가 여러 해 계속되는 경우에는 연도마다 계산서를 작성하여야 하며 또한 업무를 마친 뒤, 즉 관리인의 사임·해임 시나 관리절차의 종결 시에도 계산서를 작성하여야 한다. 채권자와 채무자에게 계산서를 제출하는 방법에 관하여는 법에 규정되어 있지 아니하다. 그러나 후술하는 이의신청의 기산일을 명확히 할 필요가 있으므로, 관리인이 직접 채권자와 채무자에게 제출하는 방법보다는 그들에게 송달할 부분을 필요한 통수만큼 일괄하여 법원에 제출하면 법원이 이를 채권자와 채무자에게 송달하는 것이 상당하다.

여기서 채권자라 함은 강제관리신청을 한 채권자 외에도 강제경매신청을 한 압류채권자와 배당요구채권자 등도 모두 포함하는 취지로 풀이된다. 계산서에는 관리에 의한 수익, 관리비용 및 조세 그 밖의 공과금 등의 지출 등의 명세를 구체적으로 적어야 한다. 수익에서 관리비용, 공과금 등을 뺀 뒤에 그 잔액을 채권자에게 교부·배당한 때는 그 내용도 적어야 한다.

채권자와 채무자는 계산서를 송달받은 날부터 1주 이내에 집행법원에 이에 대해 이의신청을 할 수 있다(민집 170조 2항). 채권자 등으로부터 이의신청서가 제출되면 접수하여 주 기록인 강제관리신청기록에 시간적 접수순서에 따라 이를 편철하며 위 신청서에는 인지를 붙이지 아니한다(재민 91-1). 적법한 이의신청이 있는 때에는 법원은 관리인을 심문한 뒤 결정으로 재판하여야 한다(민집 170조 4항 전문). 관리인의 계산에 잘못된 것이 없으면 이의신청을 기각하고, 이의신청이 이유 있는 때에는 관리인에게 관리방법의 변경, 계산의 시정 등을 명할 수 있고 부당지출금의 변상을 명할 수도 있다.

위 이의신청은 성질상 민사집행법 16조 1항의 집행에 관한 이의신청의 일종이고, 이에 대한 집행법원의 결정이 같은 법 17조 1항의 사유에 해당하지 아니하므로, 위 이의신청에 대한 집행법원의 결정 중 신청인에게 불리한 결정에 대하여는 신청인이 즉시항고를 할 수 없고(민집 17조 1항 참조), 반대로 신청인에게 유리한 결정에 대하여는 상대방은 결정서를 송달받은 뒤 1주 이내에 집행에 관한 이의신청을 할 수 있다고 할 것이다. 민사집행법 170조 2항의 기간 내에 이의신청이 없는 때에는 관리인의 책임이 면제된 것으로 본다(같은 조 3항).

그러나 책임이 면제되는 것은 그 계산서에 나타난 것에 한하고 계산서 자체에 숨긴 사실은 책임면제의 대상이 될 수 없다고 해석할 것이다. 신청한 이의를 매듭지은 때에는 법원은 관리인의 책임을 면제한다(민집 170조 4항 후문). 민사집행법 170조 4항 후문의 규정대로라면 신청한 이의를 매듭지은 때에는 법원은 따로 관리인의 책임을 면제하는 결정을 해야 할 것 같기도 하나, 무의미하므로 필요 없다고 본다.

관리인이 계산서를 제출하지 아니하는 경우에 채권자나 채무자에게 그 제출청구권이 있는가? 법원은 관리인에 대하여 지휘·감독권이 있으므로(민집 167조 1항) 채권자나 채무자는 법원에 대하여 그 지휘·감독권의 발동을 촉구하는 의미에서 계산서 제출명령신청을 할 수 있다. 이 경우 법원은 신청이 이유 있다고 인정되는 때에는 관리인에 대하여 계산서의 제출을 명할 수 있다.

사. 법원의 지휘·감독

강제관리에서 관리인은 집행법원의 보조기관으로 행동하는 것이므로 집행법원은 관리인에 대한 지휘·감독권을 가진다. 법원은 그 지휘·감독권을 적정히 행사하기 위하여 우선 채권자, 채무자 그 밖의 이해관계인을 심문할 수 있고, 필요한 경우에 전문가의 조력을 얻기 위하여 감정인을 참여하게 하여 그 의견을 듣고 관리방법을 결정할 수 있다(민집 167조 1항, 민집규 2조). 이해관계인은 관리인의 관리 사무에 관하여 직접적으로 간섭할 수는 없으나, 관리인의 관리 행위에 부적당한 점이 있으면 법원에 대하여 직권의 발동을 촉구하는 의미에서 그 시정을 요구할 수 있다.

아. 관리인의 보수

관리인은 부동산을 관리·수익하고 배당절차를 행하는 자이므로 상당한 보수를 지급하여야 한다. 법원은 보수액을 결정할 때 필요한 경우에는 채권자와 채무자를 심문하고, 나아가 적당하다고 인정한 때에는 감정인으로 하여금 감정시킨 후에 제반 사정을 고려하여 결정한다(민집규 2조 참조). 관리인의 보수액에 대하여 채권자나 채무자가 불복이 있으면 법원에 집행에 관한 이의신청을 할 수 있고(민집 16조 1항), 그 이의사유가 명백한 경우에는 법원은 직권으로 정정할 수 있다. 보수의 결정은 관리인뿐만 아니라 채권자, 채무자에게도 알려야 한다. 고지의 방법에는 아무런 제한이 없으나 통상 결정정본을 송달하는 방법에 따른다.

제2절 부동산관리명령 관리인으로서의 사무

1. 총 설

> **민사집행법**
>
> 제136조(부동산의 인도명령 등)
> ② 법원은 매수인 또는 채권자가 신청하면 매각허가가 결정된 뒤 인도할 때까지 관리인에게 부동산을 관리하게 할 것을 명할 수 있다.
> ③ 제2항의 경우 부동산의 관리를 위하여 필요하면 법원은 매수인 또는 채권자의 신청에 따라 담보를 제공하게 하거나 제공하게 하지 아니하고 제1항의 규정에 준하는 명령을 할 수 있다.
> ⑤ 제1항 내지 제3항의 신청에 관한 결정에 대하여는 즉시항고를 할 수 있다.
> ⑥ 채무자·소유자 또는 점유자가 제1항과 제3항의 인도명령에 따르지 아니할 때에는 매수인 또는 채권자는 집행관에게 그 집행을 위임할 수 있다.

강제경매에서 매수인은 매각대금을 지급한 후가 아니면 그 부동산의 인도를 청구하지 못한다(민집 136조 1항). 따라서 매수인이 매각허가결정을 받은 후 대금을 지급하고 그 부동산의 인도를 받을 때까지 사이에 채무자인 그 부동산 소유자의 법률상 처분행위 또는 사실상의 행위로 그 부동산의 가치가 감소되어 매수인이나 채권자의 이익을 해할 염려가 있으므로, 매각허가결정이 있은 후 인도할 때까지 매수인이나 채권자의 신청이 있으면 법원이 관리인을 선임하여 그 관리인으로 하여금 그 부동산을 관리하게 하는 관리명령을 발할 수 있다(민집 136조 2항).

2. 관리명령의 신청

가. 신청권자

관리명령을 신청할 수 있는 자는 매수인 또는 채권자이다(민집 136조 2항). 매각대금을 다 낸 뒤에는 매수인은 직접 자기에게 인도할 것을 구할 수 있으므로 관리명령을 신청할 수 없다. 재매각을 명한 후에는 전의 매수인은 관리명령의 신청권이 없다. 여기서 '채권자'라 함은 집행채권자만을 의미하고 매각대금으로부터 변제를 받을 권리를 가진 채권자를 모두 포함하는 개념은 아니다.

나. 신청의 시기

관리명령의 신청은 매각허가가 결정된 뒤 인도할 때까지 사이에 할 수 있다(민집 136조 2항). 관리명령은 보전처분이므로 매각허가결정에 대한 즉시항고가 있더라도 항고법원에 의하여 허가결정이 취소되지 않는 한 관리명령의 신청을 할 수 있고 또 허가결정 후 매각절차가 집행정지로 정지된 경우라도 관리명령의 신청을 할 수 있다(반대설 있음).

다. 관 할

관리명령은 집행법원의 전속관할에 속한다. 이는 사법보좌관의 업무범위에 속하지 않는다.

라. 신청의 방법

관리명령의 신청은 집행법원에 서면 또는 말로 할 수 있다(민집 23조 1항, 민소 161조 1항). 신청서에는 매각부동산을 매수인에게 인도할 때까지 법원이 상당하다고 인정하는 관리인(또는 신청인이 추천하는 사람)을 선임하여 관리를 명하도록 신청하는 취지를 적어야 한다. 보전의 필요성에 관하여 기재함을 요구하지는 않는다. 신청서에는 1,000원의 인지를 첨부한다(인지 9조 5항, 재민 91-1). 관리인에 대한 보수 또는 관리에 드는 비용은 관리명령신청인이 부담하므로 신청인은 이를 예납하여야 한다.

이 신청이 있으면 독립된 기타 집행사건으로 취급하여 독립된 사건번호(예를 들어, 20○○타기○○○)를 부여하고, 그 신청서는 경매신청기록에 합철하며 그 표지에 관리명령신청의 사건번호와 사건명(예를 들어, 부동산관리명령)을 함께 적는다(재민 91-1).

|양식| **관리명령**

○○ 지방법원
부동산관리명령

사　　건　　　20○○타기○○○　　부동산관리명령

신청인(매수인)　○○○　　　　　서울 ○○구 ○○로 ○○

상대방(채무자)　○○○　　　　　서울 ○○구 ○○로 ○○

주　문
　이 법원 20○○타경○○○ 부동산강제경매 사건에 관하여 이 법원 소속 집행관 ○○○를 관리인으로 선임하고 위 관리인에게 채무자 소유의 별지 기재 부동산의 관리를 명한다.

이　유
　이 법원 20○○타경○○○ 부동산강제경매 사건에 관하여 신청인의 부동산관리명령 신청은 이유 있다고 인정되므로 민사집행법 제136조 제2항에 의하여 주문과 같이 결정한다.

20 ． ． ．

판　사　　　○○○　(인)

3. 관리명령의 재판

　관리명령의 신청이 있으면 집행법원은 필요적 변론을 거치지 않고 심리하여 신청이 이유 있다고 인정할 때에는 관리인을 선임하고 그로 하여금 매각부동산의 관리를 명하는 재판, 즉 관리명령을 발한다. 관리명령의 신청에 관하여는 특별한 사정이 없으면 신청일로부터 2일 안에 재판하여야 한다(재민 91-5). 관리인의 자격에 관하여는 법률상 제한이 없다. 따라서 법원은 관리의 구체적 내용, 부동산의 종류, 위치, 구조 등을 고려하여 적임자를 관리인으로 선임하여야 한다. 통상 집행관이나 변호사를 관리인으로 선임한다.

그러나 채권자나 채무자 또는 매수인을 관리인으로 선임할 수는 없다. 특히 매수인을 선임하는 것은 대금지급 전에 부동산을 인도하는 결과가 되어 부당하다. 신청인이 적임자를 추천할 수도 있으나 법원은 이에 구속되지 아니한다. 관리명령에는 상대방을 적어야 한다. 관리명령의 상대방은 채무자, 소유자 및 매각부동산을 점유하고 있는 제3자이다.

관리명령은 송달 그 밖의 적당한 방법으로 신청인과 상대방에게 알려야 한다(민집규 7조 1항 2호). 다만 실무상으로는 신청하지 않은 매수인 또는 경매신청채권자에게도 고지를 하고 있다. 신청을 기각 또는 각하한 결정은 신청인에게만 알리면 된다. 관리명령신청에 관한 재판에 대하여는 즉시 항고할 수 있다(민집 136조 2항, 5항).

4. 관리의 착수

관리인으로 선임된 자는 관리명령을 근거로 하여 채무자에 대하여 매각부동산의 인도를 구하여 채무자가 마음대로 인도하면 인도를 받아 관리에 착수한다. 즉, 관리인은 부동산을 관리하기 위하여 부동산을 점유할 필요가 있으며 그 인도로 비로소 관리권을 행사할 수 있게 된다. 그러나 채무자가 관리인의 인도요구에 응하지 아니하는 경우에 관리인은 관리명령만으로써는 인도를 강제할 수 없다. 그러므로 채무자가 인도를 거부한 경우에는 매수인 또는 채권자의 신청에 따라 법원으로부터 인도명령을 받아 인도를 강제할 수 있을 뿐이다(민집 136조 3항).

5. 인도명령

채무자가 관리인에게 매각부동산을 마음대로 인도하지 아니하는 경우에는 관리인은 관리명령만 가지고서는 그 인도를 강제할 권한을 가지지 아니하므로 관리에 착수할 수 없다. 따라서 관리명령을 한 경우 부동산의 관리를 위하여 필요하면 법원은 매수인 또는 채권자의 신청에 따라 담보를 제공하게 하거나 제공하게 하지 아니하고 민사집행법 136조 1항의 규정에 따르는 명령(인도명령)을 할 수 있다(민집 136조 3항). 이 신청서에는 500원의 인지를 첨부한다(인지 10조).

인도명령신청에 대하여는 독립한 사건번호를 부여하지 않고 문서건 명부에 등록하고 시간적 접수순서에 따라 경매사건 기록에 편철한다. 법원은 이 신청이 이유 있다고 인정하는 경우에는 인도명령을 발한다. 법원이 인도명령의 정본을 신청인에게 송달하면 신청인은 이를 근거로 하여 집행관에게 집행을 위임하여(민집 136조 6항) 민사집행법 258조에 의하여 인도를 집행하도록 한다. 인도명령 정본은 집행 전에 채무자에게 송달하거나 집행관으로 하여금 집행과 동시에 채무자에게 송달하게 한다. 위 인도명령의 신청에 관한 재판에 대하여는 즉시항고를 할 수 있다(민집 136조 5항).

|양식| **인도명령**

○○ 지 방 법 원
부동산인도명령

사 건   20○○타기○○○ 부동산관리명령

신청인(매수인) ○○○
            서울 ○○구 ○○로 ○○
상대방(채무자) ○○○
            서울 ○○구 ○○로 ○○

주 문
상대방은 별지 목록 기재 부동산을 관리인 ○○○에게 인도하라.

이 유
  이 법원 20○○타기○○○ 부동산관리명령 사건에 관하여 이 법원이 20 . . . 이 법원 소속 집행관 ○○○를 관리인으로 선임하고 관리를 명하는 결정을 하였는바, 신청인의 관리를 위한 인도명령 신청이 이유 있다고 인정되므로(담보를 제공하게 하는 경우에는 담보로 ○○○원을 공탁하게 하고 또는 담보로 ○○○원을 공탁하는 것을 조건으로) 민사집행법 제136조 제2항·제3항에 의하여 주문과 같이 결정한다.

20 . . .

판 사   ○○○ (인)

6. 관리의 방법

관리인은 매각부동산의 인도를 받은 후 선량한 관리자의 주의로써 이를 보존·유지하여야 한다. 관리인은 위 목적범위 내에서 관리권을 가지므로 그 목적범위를 넘어 부동산을 제3자에게 사용 또는 임대시켜 차임 등을 얻는 등의 수익권을 가지는 것은 아니다. 다만 천연과실이 발생하는 경우에는 관리인은 이를 관리·수취할 권한이 있다. 관리인은 부동산의 현상을 유지하기 위하여 관리비용을 지출할 수 있으며 이 경우 일일이 법원의 허가를 받거나 이해관계인의 동의를 얻을 필요가 없다. 그러나 법원은 관리인에 대하여 필요에 따라 관리상의 지휘·감독을 할 수 있다.

7. 관리의 종료

가. 매수인이 대금을 다 낸 경우

관리인은 매수인이 매각대금을 다 내고 관리인의 관리하에 있는 매각부동산의 인도를 청구한 때에는 관리 사무를 청산하고 그 부동산을 매수인에게 인도하여야 한다. 이때 매수인은 대금을 완납한 것을 증명하여 관리인으로부터 인도를 받으면 충분하고 법원으로부터 별도의 인도명령을 받을 필요는 없다. 관리인이 그 부동산을 인도하면 당연히 그 관리권은 종료된다.

나. 매각허가결정이 실효된 경우

경매개시결정의 취소, 항고에 의한 매각허가결정의 취소, 경매신청의 취하 또는 재매각명령에 따라 매각허가결정의 효력이 상실된 경우에 관리인의 관리가 언제 종료되는가에 관하여, ① 관리명령은 부수적 보전처분이므로 매각허가결정이 실효되면 관리명령도 당연히 실효되어 그때 관리인의 관리도 종료된다는 견해와 ② 허가결정의 실효사실을 아는 법원이 직권으로 관리명령의 실효를 선언하는 관리명령취소결정을 하여야 관리가 종료된다는 견해가 대립하고 있다. ①의 견해가 다수설인바, 이 견해를 취하는 경우라도 법원은 관리인에게 관리명령의 실효를 통지하여야 할 것이다.

8. 관리비용

관리인에 대한 보수 그 밖의 관리에 드는 비용은 관리명령을 신청한 매수인이나 채권자가 부담하여야 하며 이것이 집행비용으로 되어 채무자의 부담으로 되는 것은 아니다. 왜냐하면, 관리명령은 직접적으로 매수인 또는 채권자를 보호하기 위한 것이고 또 이것은 집행절차의 파생적 부수처분으로서 매각절차에 속하지 아니하기 때문이다(집행비용으로 보아야 한다는 반대설 있음).

제3절 부동산수익권에 대한 가압류(강제관리) 관리인으로서의 사무

1. 개 요

강제관리는 부동산, 즉 토지 또는 건물의 수익인 차임 등으로 채권자의 금전채권을 만족하게 하려는 집행방법이다(민집 78조 2항 2호, 163조 이하). 가압류를 위한 강제관리의 경우(민집 294조)에는 가압류의 성질상 변제(배당)의 단계까지 갈 수 없으므로 강제집행을 위한 강제관리처럼 관리인이 받은 수익에서 조세, 공과금을 뺀 나머지를 채권자에게 지급(배당)하는 것(민집 169조)이 아니라 가압류 청구채권액에 해낭하는 금액을 받아 공탁하여야 한다(민집 294조).

그 외 가압류를 위한 강제관리의 신청에 첨부할 서류, 기입등기의 촉탁, 관리인의 선임과 그 보수결정, 관리인의 권한과 강제관리의 집행, 그 취소절차 등은 모두 본서의 강제집행으로서의 강제관리에 따라 생각하면 된다.

다만 이와 같은 강제관리의 방법은 관리의 절차가 다소 번잡하다는 흠이 있어 실무상 많이 이용되고 있지 아니하나 경우에 따라서는 가압류의 집행방법으로도 적당하다. 예를 들어 가압류의 목적물이 빌딩이나 큰 아파트 같은 경우에는 이를 경매하여 돈으로 바꾸는 것은 매우 어려운 일이지만 채무자가 임대료 등을 임차인으로부터 추심하고 있는 때에는 일정 기간이 지나면 그 수익으로 채권자에게 만족을 줄 수도 있기 때문이다. 강제관리의 신청은 이미 가압류한 부동산에 대하여 할 수도 있다(민집 291조, 78조 3항).

2. 보전의 필요성

강제관리는 가압류의 대상이 되는 부동산의 수익에 관하여 채무자의 처분권을 제한하는 것으로, 배당절차가 없다는 것 이외에는 본집행과 거의 유사하여 이른바 만족적 가처분에 가깝다. 따라서 강제관리가 개시되면 채무자의 불이익이 대단히 클 수밖에 없으므로, 부동산 강제관리사건에서 보전의 필요성은 엄격히 판단되어야 할 것이다.

|양식| **가압류를 위한 부동산 강제관리**

○ ○ 지 방 법 원
결 정

사 건   20○○카기○○○ 가압류를 위한 부동산강제관리
채 권 자
채 무 자
제 3 자

주 문
1. 채무자 소유의 별지 목록 기재 부동산에 대한 강제관리절차를 개시하고 채권자를 위하여 이를 가압류한다.
2. 채무자는 관리인의 사무에 간섭하거나 또는 위 부동산의 수익을 처분하여서는 아니된다.
3. 제3자는 위 부동산의 수익을 관리인에게 지급하여야 한다.
4. 아래 사람을 이 사건 관리인으로 임명한다. ○○지방법원 집행관 ○○○
5. 채무자는 다음 청구금액을 공탁하고 가압류집행의 정지 또는 그 취소를 신청할 수 있다.
청구채권의 내용
청구금액
금 10,000,000원   20○○. ○. ○.자 대여금
금 2,500,000원   20○○. ○. ○.부터 20○○. ○. ○○.까지 연 20%의 비율에 의한 이자 합계 12,500,000원

이 유
이 사건 가압류신청은 이유 있으므로 담보로   원을 공탁하게 하고 주문과 같이 결정한다.

20 . . .
판 사   (인)

(주) ① 수익을 지급할 제3자가 없는 때 또는 그 존재가 판명되지 아니한 때에는 제3자의 이름과 주소 및 제3자는 위 수익을 관리인에게 지급하여야 한다는 문구를 기재하지 아니한다. ② 관리인을 개시결정과 동시에 임명하지 아니하는 때에는 관리인의 임명에 관한 문구를 기재하지 아니한다.

3. 수익의 공탁

관리인은 부동산의 수익에서 그 부동산이 부담하는 조세, 그 밖의 공과금을 뺀 뒤에 관리비용을 변제하고 나머지를 공탁하여야 한다(민집 294조, 민집규 92조 1항). 공탁서는 법원에 제출하며 법원은 이를 민사보관물관리에 관한 예규(재민 79-7)에 규정된 보관요령에 따라 보관한다. 그와 같이 공탁한 총액이 가압류 청구채권액에 이르면 법원은 직권으로 강제관리의 취소결정을 하고, 그 결정이 확정된 경우 법원사무관 등은 가압류등기의 말소를 촉탁한다(민집 291조, 171조). 가압류의 효력은 이 공탁금회수청구권에 미치게 된다.

제4절 선박 강제집행의 감수·보존인으로서의 사무

1. 감수·보존처분의 의의와 집행관의 사무

> **민사집행법**
>
> 제178조(감수·보존처분)
> ① 법원은 채권자의 신청에 따라 선박을 감수(監守)하고 보존하기 위하여 필요한 처분을 할 수 있다.
> ② 제1항의 처분을 한 때에는 경매개시결정이 송달되기 전에도 압류의 효력이 생긴다.

선박은 경매절차 중에는 압류항에 정박시켜 두는 것을 원칙으로 한다(민집 176조 1항). 그러나 부동산과 달리 이동할 수 있고 선박 및 속구의 은닉·훼손 등에 의한 가치감소 등의 위험이 있으므로 이를 방지하여 경매절차의 수행을 확실하게 하고 그 가격을 유지하게 하기 위하여, 법원은 채권자의 신청에 따라 감수인을 선임하여 선박을 감수하도록 하거나 그 보존에 필요한 처분을 명할 수 있도록 하였다(민집 178조 1항).

> **민사집행법**
>
> **제174조(선박국적증서 등의 제출)**
> ① 법원은 경매개시결정을 한 때에는 집행관에게 선박국적증서 그 밖에 선박운행에 필요한 문서(이하 "선박국적증서등"이라 한다)를 선장으로부터 받아 법원에 제출하도록 명하여야 한다.
> ② 경매개시결정이 송달 또는 등기되기 전에 집행관이 선박국적증서등을 받은 경우에는 그 때에 압류의 효력이 생긴다.
>
> **제175조(선박집행신청전의 선박국적증서등의 인도명령)**
> ① 선박에 대한 집행의 신청전에 선박국적증서등을 받지 아니하면 집행이 매우 곤란할 염려가 있을 경우에는 선적(船籍)이 있는 곳을 관할하는 지방법원(선적이 없는 때에는 대법원규칙이 정하는 법원)은 신청에 따라 채무자에게 선박국적증서등을 집행관에게 인도하도록 명할 수 있다. 급박한 경우에는 선박이 있는 곳을 관할하는 지방법원도 이 명령을 할 수 있다.
> ② 집행관은 선박국적증서등을 인도받은 날부터 5일 이내에 채권자로부터 선박집행을 신청하였음을 증명하는 문서를 제출받지 못한 때에는 그 선박국적증서등을 돌려주어야 한다.
> ③ 제1항의 규정에 따른 재판에 대하여는 즉시항고를 할 수 있다.
> ④ 제1항의 규정에 따른 재판에는 제292조 제2항 및 제3항의 규정을 준용한다.
>
> **민사집행규칙**
>
> **제103조(감수·보존처분의 방식)**
> ① 법원이 법 제178조 제1항의 규정에 따른 감수 또는 보존처분을 하는 때에는 집행관, 그 밖에 적당하다고 인정되는 사람을 감수인 또는 보존인으로 정하고, 감수 또는 보존을 명하여야 한다.
> ② 제1항의 감수인은 선박을 점유하고, 선박이나 그 속구의 이동을 방지하기 위하여 필요한 조치를 취할 수 있다.
> ③ 제1항의 보존인은 선박이나 그 속구의 효용 또는 가치의 변동을 방지하기 위하여 필요한 조치를 취할 수 있다.
> ④ 감수처분과 보존처분은 중복하여 할 수 있다.

　선박국적증서 등의 수취제도(민집 174조, 175조)와 함께 압류의 실효성을 확보하기 위한 장치이다. 감수처분과 보존처분은 원래 별개의 처분이다. 감수는 주로 선박이나 그 속구의 이동을 방지하기 위한 처분을 말하고(민집규 103조 2항), 보존은 주로 선박이나 그 속구의 효용 또는 가치의 변동을 방지하기 위한 처분을 말한다(민집규 103조 3항). 따라서 감수처분은 성질상 감수인이 직접 선박과 그 속구를 점유할 필요가 있으나 보존처분은 반드시 선박의 점유가 필요하지는 않다. 그러나 실제에 있어서는 감수처분과 보존처분이 중복하여 신청되고 발령되는 것이 보통이다(민집규 103조 4항). 감수·보존처분은 선박 집행의 부수처분으로서 일종의 집행보전절차이다.

2. 감수·보존처분의 신청과 명령

가. 신 청

감수·보존처분은 채권자의 신청이 있어야만 발령할 수 있다. 그 신청은 서면으로 하여야 한다(민집 4조). 선박감수·보존신청서에는 1,000원의 인지를 붙여야 하고, 이를 접수한 때에는 사건번호를 부여한 다음 집행사건기록에 합철한다(그 표지에 감수·보존처분신청사건 번호를 함께 적어야 한다. 재민 91-1). 신청은 경매개시결정 전에도 할 수 있으나(민집규 102조 참조), 적어도 경매신청과 동시 또는 그 이후이어야 하고 경매신청 이전에는 신청할 수 없다. 민사집행법 178조의 법원은 집행법원을 의미하므로 경매신청이 있을 것을 전제로 하기 때문이다.

신청의 종기에 관하여는 환가가 종료되면 감수·보존처분을 신청할 이익이 없다고 할 것인바, 부동산의 강제집행에 관하여 대금이 납부되지 않는 것을 해제조건으로 하여 매각허가결정 확정 시에 소유권을 취득한다고 한 구 민사소송법(1990. 1. 13. 법률 4201호로 개정되기 전의 것)하에서는 감수·보존처분의 신청은 매각허가결정 선고 시까지 하여야 하고, 다만 매각허가결정이 항고심에서 취소되거나 재매각이 시행되는 경우에는 재 현금화의 종료 시까지 다시 감수·보존처분을 신청할 수 있다는 견해와 매각허가결정 확정 시까지 신청할 수 있다는 견해가 대립하였다.

그러나 매각대금을 다 낸 때에 매수인이 선박의 소유권을 취득하도록 하고 있는 민사집행법 하에서는(민집 172조, 135조) 감수·보존처분의 신청 시기를 위와 같이 대금납부 전의 시기로 제한할 필요는 없을 것이다. 선박에 대한 가압류의 경우에도 감수·보존처분을 할 수 있다(민집규 208조, 102조, 103조).

나. 비 용

채권자는 감수·보존처분신청을 할 때 집행비용으로서 법원이 정하는 금액을 미리 내야 한다. 예납 하지 않으면 법원은 신청을 각하하거나 감수·보존집행절차를 취소할 수 있다. 따라서 집행법원은 민사예납금 외에 선박감수·보존비용이 예납되었는지 확인하여야 한다. 예납 불이행으로 말미암은 신청 각하, 집행절차 취소결정에 대해서는 즉시항고가 가능하다(민집 18조).

감수·보존비용이 집행비용에서 차지하는 비중이 크기 때문에 집행법원으로서도 합리적인 비용기준을 세워 적정하게 집행할 필요가 있다. 집행법원은 매년 선박의 규모에 따른 선박감수·보존비용 지급기준표를 작성하여, 그 지급기준표의 1개월에서 2개월의 선박감수·보존비용을 미리 내게 하는 것이 타당하다.

만약 집행관을 감수·보존인으로 선임한 경우 집행관이 감수·보존집행을 완료한 다음 감수·보존대행회사가 당해 선박에 드는 월간 감수·보존비용예산서를 작성하여 집행법원에 제출하면, 집행법원은 이에 기초하여 예납된 감수·보존비용을 확인하여 부족한 부분이 있으면 다시 상당액의 예납을 명한다. 그 후 1개월마다 집행관은 매달 대행회사가 청구하는 1개월 동안의 감수·보존비용의 청구서를 집행법원에 제출하고, 이때 부족분이 있으면 집행법원은 채권자에게 비용납부명령을 하도록 한다.

이상은 집행관을 감수·보존인으로 지정한 경우에 관한 설명이나, 실무상 대부분은 집행관이 아닌 적당하다고 인정되는 사람(대개 선박관리회사)을 감수·보존인으로 지정하고 있고, 이러한 경우에는 보통 채권자와 선박관리회사와의 사이에 감수·보존에 관한 계약이 체결되어 있어 그 비용의 지급이 어느 정도 확보된 셈이므로, 사안에 따라 비용의 전부 또는 일부의 미리 받지 않는 실무례도 있다(이러한 방식은 채권자로서는 비용예납의 부담이 적고, 비용 과다청구에 대해 직접 감독이 가능하다는 점에서 유리한 점이 있고, 법원으로서도 집행비용을 줄일 수 있다는 장점이 있다).

다. 감수·보존명령의 내용

채권자가 감수·보존처분을 신청하고 비용을 예납 하면 법원은 결정으로 감수·보존명령을 발령한다. 이는 경매개시결정 전에도 할 수 있다(민집규 102조). 위 감수·보존명령의 내용은 집행관 그 밖에 적당하다고 인정되는 사람을 감수인 또는 보존인으로 정하고 감수 또는 보존을 명하는 것이다(민집규 103조 1항). 구체적으로 감수처분의 경우에는 선박이나 그 속구의 이동을 방지하기 위하여 선박의 엔진 열쇠를 빼앗아 보관하거나 조타장치에 봉인하는 것 등을 명할 수 있고, 보존처분의 경우에는 선박이나 그 속구의 가치를 유지하기 위하여 선박의 고장부위를 수리하거나 정기적으로 엔진 등의 점검을 하는 것, 속구의 이동방지를 위하여 적당한 장소에 봉함하여 보관할 것 등을 명할 수 있다.

집행관을 감수·보존인으로 선임한 경우는 구체적인 조치를 명함이 없이 추상적으로 "별지 목록 기재 선박의 감수·보존을 명한다." 또는 "채무자의 별지 목록 기재 선박에 대한 점유를 풀고 채권자의 위임을 받은 이 법원 소속 집행관으로 하여금 감수·보존하게 한다"라는 문구를 사용하고 있다. 만약 채권자의 위임에 따라 집행관이 아닌 선박관리회사를 감수·보존인으로 지정한 경우는 "채무자의 별지 목록 기재 선박에 대한 점유를 풀고, 채권자의 위임을 받은 ○○선박 주식회사(주소)로 하여금 감수·보존하게 한다"라는 문구를 사용하고 있다.

감수·보존명령은 채무자(또는 그 대리인인 선장)에게 송달하여야 하며 채권자에게도 적당한 방법으로 알려야 한다. 실무상 감수·보존명령은 신속성, 밀행성을 위하여 채권자의 위임에 따라 집행관 송달을 통하여 경매개시결정 정본과 같이 송달하고 있다.

|양식| **감수·보존명령**

○ ○ 지 방 법 원
결 정

사 건   20○○타기○○○   선박감수·보존

채 권 자

채 무 자

주 문

(○○법원 소속 집행관 또는 ○○선박 주식회사)를 감수·보존인으로 선임하여 별지 목록 기재 선박의 감수·보존을 명한다.

이 유

위 당사자 사이의 ○○지방법원 20○○타경○○○ 선박강제경매사건에 관한 채권자의 신청은 이유 있으므로 주문과 같이 결정한다.

20 . . .

판사   (인)

주: 위 주문은 "채무자의 별지 목록 기재 선박에 대한 점유를 풀고 채권자의 위임을 받은 이 법원 소속 집행관(또는 ○○선박 주식회사)으로 하여금 감수·보존하게 한다"는 형식으로 적을 수도 있다.

3. 감수·보존처분의 집행

가. 집행의 방법

감수·보존처분의 집행방법에 관하여는 견해의 대립이 있으나, 감수·보존명령을 독립한 집행권원으로 보기는 어렵고 선박에 관한 경매개시결정에 따르는 부수적인 집행처분이라고 보는 통설에 따르면, 감수·보존인은 별도로 집행위임을 기다리지 아니하고 스스로 선박을 점유하고 감수·보존에 해당하는 행위를 할 권한을 가진다고 본다. 다만 감수·보존인을 채권자가 위임하는 집행관으로 정한 명령이 발하여진 경우에는 그 명령의 취지에 따라 채권자의 특정 집행관에 대한 집행위임이 필요하다.

채무자가 마음대로 선박을 인도하지 않는 경우에는 감수인은 독립된 집행기관은 아니므로 직접 강제력을 사용하여 채무자로부터 선박의 점유를 취득할 수는 없고, 채권자 또는 감수인이 집행관에게 선박의 인도집행 위임하여야 한다. 다만 집행관이 감수인인 때에는 굳이 다른 집행관에게 위임할 필요 없이 스스로 인도 집행할 수 있다. 집행관이 인도집행 중 선장 등의 저항을 받은 때에는 민사집행법 5조의 규정에 따른 강제력을 사용할 수 있다.

나. 집행의 내용

(1) 감수명령의 집행은 채무자의 점유를 풀고 감수인이 선박을 점유하여 선박이나 그 속구의 이동을 방지하기 위하여 필요한 조처를 하는 것이므로(민집규 103조 2항), 예를 들어 선박을 일정한 장소에 계류시키고 무단이동을 방지하기 위하여 조타장치를 봉인하거나 엔진의 열쇠를 보관하는 등의 조처를 하는 방법으로 한다. 실제로는 감수인이 직접 점유를 계속하는 데에는 기술적으로 어려움이 따르므로 감수·보존회사에 감수를 대행하게 하는 것이 보통이다. 실무상 법원별로 선박관리회사를 등록받아 매년 심사를 거쳐 등록된 선박관리회사 중에서 대행자를 선임한다. 이 경우 대행자에 대한 보수도 감수비용에 포함된다.

(2) 보존명령의 집행에서는 보존인이 반드시 선박을 점유할 필요는 없고 선박이나 그 속구의 효용 또는 가치의 변동을 방지하기 위하여 필요한 조처를 하면 되므로(민집규 103조 3항), 예를 들어 선박이나 그 속구가 손괴된 경우에 이를 독(dock)에서 수리하게 하는 등의 조치를 하면 된다. 또 그러한 구체적 집행처분의 필요 여부를 결정하기 위하여 보존인이 정기적으로 선박을 점검하는 것도 보존명령의 집행에 해당한다.

(3) 감수·보존명령을 중복하여한 보통의 경우에는(민집규 103조 4항) 감수·보존인이 위와 같은 집행처분을 적당하게 할 수 있다. 실제로 집행과정을 보면, 집행관이 감수·보존인으로 지정된 경우 감수·보존인(집행관), 채권자(또는 대리인), 감수·보존회사 직원과 선원이 동시에 승선하여 당해 선박의 선장(또는 당직사관)에게 법원의 감수·보존결정문을 제시하면서, 당해 선박은 집행관이 점유하게 되었음을 통지하고, 선박감수·보존회사에 당해 선박의 관리를 위임함으로써 선박의 점유가 확보된다. 집행을 마친 뒤에는 감수·보존인은 집행요지를 기재한 공시서를 선박에 게시하여 집행사실을 공고할 필요가 있다. 위 집행 시 감수·보존인은 당해 선박에 대하여 유치권을 행사할 제3자가 있는지를 면밀히 검토하여야 한다.

(4) 감수·보존인은 선박을 점검한 결과 특별한 조처를 할 필요가 있으면 집행법원에 그 보고서와 비용청구서를 제출할 수 있다. 또 채권자나 감수인의 집행위임으로 선박의 인도 집행 한 집행관은 집행조서(감수·보존처분집행조서)를 작성하여야 하고, 선박을 점검한 때에는 점검조서를 작성하여야 한다.

4. 감수·보존처분의 효력

가. 압류의 효력발생

원래 선박에 대한 압류의 효력은 경매개시결정의 송달 시 또는 압류결정의 등기 시(또는 선박국적증서 등의 수취 시)에 발생하는 것이 원칙이다(민집 172조, 83조 4항, 94조, 174조 2항). 그런데 감수·보존처분으로 채무자는 보통 선박의 점유를 상실하게 되어 압류의 집행과 같은 효과가 있으므로, 감수·보존처분이 있는 때에는 경매개시결정이 송달되기 전에도 압류의 효력이 생긴다(민집 178조 2항). 그러므로 선박압류의 효력은 개시결정의 송달 시나 압류의 등기 시 또는 감수·보존처분의 집행 시나 선박국적증서 등의 수취 시 중 가장 이른 시점에 발생하는 것이 된다.

그러나 감수·보존처분의 집행으로 압류의 효력이 생겼다 하더라도 압류의 등기가 없는 한 이를 제3자에게 대항할 수 없으므로, 감수·보존처분의 집행 후라도 압류의 등기 전에 선박이 제3자에게 양도되어 그 이전등기가 된 때에는 집행법원의 경매개시결정등기 촉탁은 각하되어야 하고, 집행법원은 경매절차를 취소하여야 한다(민집 172조, 96조).

나. 감수·보존처분의 효력지속시기

감수·보존처분은 매각허가결정이 확정된 후 매수인이 매각대금을 납부하여 소유권을 취득할 때까지 존속한다고 보아야 한다.

다. 감수명령을 위반한 발항(發港)의 효력

감수명령의 집행으로 감수인이 압류된 선박을 감수하고 있는 동안에 선박이 압류항으로부터 발항한 경우에는 감수인은 당해 선박을 회항하게 하여 이를 다시 점유할 수 있다. 반드시 집행법원의 회항 명령이 있어야 하는 것은 아니나, 실무례에 따라서는 집행법원이 회항 명령을 발하기도 한다. 이러한 회항의 현실적인 집행을 위해서는 집행관에게 집행위임을 하여야 한다.

그러나 선박의 소재가 불명하거나 소재가 확인되더라도 국외에 있을 때에는 선박의 감수명령 집행은 사실상 불가능하므로 집행법원은 채권자에게 일정한 기간 내에 이를 회항시킬 것을 명하고, 그 기간 내에 회항 되지 않으면 집행 불능을 이유로 경매절차를 취소할 수밖에 없다.

제5절 부동산 등의 인도 또는 권리이전청구권에 대한 집행에 있어서 보관인으로서의 사무

1. 의 의

채무자가 제3자에 대하여 부동산인도청구권을 가지고 있거나 부동산소유권 이전청구권 또는 소유권이전등기의 말소등기청구권 등 부동산에 관한 등기청구권을 가지고 있는 경우에 채권자는 그 부동산으로부터 자기의 금전채권의 만족을 얻기 위하여 채무자의 제3자에 대한 부동산에 관한 위와 같은 청구권을 압류하여 그 청구권의 내용을 실현하고 그 부동산을 채무자의 책임재산으로 귀속시킨 후 이를 현금화하거나 강제관리를 하여 그 매각대금이나 수익금으로부터 채권의 변제를 받을 수 있다(따라서 청구권 자체를 처분하는 것이 아니다. 민집 242조, 244조).

2. 보관제도의 취지

부동산의 등기청구권에는 소유권 그 밖에 부동산물권이 채무자에게 귀속하고 있어 실체적 권리관계와 일치시키기 위하여 채무자 명의로 등기를 구하는 물권적 청구권(주로 말소등기청구권 또는 진정등기명의 회복청구권)에서부터 채무자, 제3채무자 사이의 법률행위에 기초한 부동산물권의 설정 또는 이전등기를 구하는 채권적 청구권까지 다양한 것이 있다.

부동산에 대한 청구권의 강제집행은 어느 경우에도 제3채무자로부터 부동산에 대한 채무자 명의의 등기를 실현하거나 그 부동산을 보관인에게 인도하게 하여(또는 그 양자를 실현시켜) 부동산물권 자체에 대한 강제경매 또는 강제관리를 하여 현금화하는 것이 궁극적인 목적이다. 즉, 등기청구권 등 권리이전청구권에 대한 집행의 경우에는 그 집행을 통하여 제3채무자로부터 채무자 명의로 등기하게 하여 부동산 그 자체에 대한 강제경매 또는 강제관리를 개시할 수 있도록 하는 데 의미가 있다.[511]

그러나 인도청구권에 대한 강제집행의 경우에는 부동산에 대한 채무자 명의의 등기가 이미 경료 되어 있음을 전제로 하는 이상, 제3자가 점유하는 부동산에 대하여도 강제경매나 강제관리를 개시할 수 있으므로 그 필요성이 적다. 다만 강제경매개시결정 전에 부동산의 점유를 미리 취득하여 점유자의 고의적인 부동산의 가치손상행위를 막고(이 경우 민집 83조 3항의 조치를 이용할 수도 있다) 부동산이 매각된 다음 인도명령(민집 136조)의 요건에 해당하지 아니하는 경우에도 매수인에게 쉽게 부동산을 인도할 수 있도록 하기 위한 준비행위로서의 의미가 있는 정도이고, 강제관리를 위한 경우에는 부동산의 점유를 미리 취득하여 관리인으로 하여금 개시결정 후 바로 이익을 얻을 수 있도록 준비하는데 그 뜻이 있다.

---

511) 대판 2002. 10. 25. 2002다39371

3. 집행의 대상

여기서 말하는 부동산에는 부동산집행의 대상이 되는 것이 모두 포함되므로 민법상의 부동산뿐 아니라 광업권, 어업권 등도 포함된다. 그러나 임차인의 임대인에 대한 인도청구권처럼 보관인이 목적물의 점유를 취득하더라도 부동산에 대한 강제경매나 강제관리의 목적이 될 수 없는 것은 위 집행의 대상이 되지 않는다. 선박 또는 항공기의 인도청구권에 대한 압류와 선박·자동차·건설기계 또는 항공기의 권리이전청구권에 관해서는 부동산청구권의 집행에 관한 규정들이 준용된다(민집규 171조 1항). 다만 자동차 또는 건설기계의 인도청구권에 대한 압류에 관하여는 유체동산 인도청구권의 규정을 준용한다(민집규 171조 2항).

부동산청구권의 집행 중 가장 중요한 것은 등기청구권에 대한 집행이라고 할 수 있는데 이 등기청구권에는 소유권이전등기청구권, 등기의 말소 또는 진정등기명의 회복을 구하는 청구권 등이 포함된다. 다만 본등기청구권만이 집행의 대상으로 되고 가등기청구권은 그 대상이 되지 않는다. 부동산인도청구권에 대한 집행은 유체동산인도청구권의 경우와는 달리 부동산의 소유권이 반드시 채무자에게 귀속될 것을 요하지 아니하고 그 부동산을 채무자의 점유로 회복한 다음 강제관리를 할 수 있는 것이면 여기에서 청구권집행의 대상이 된다.

즉, 채무자가 전세권자로서 목적물을 제3채무자에게 임대한 경우 임대차계약 종료 때문인 건물인도청구권을 가지는 경우 등이다. 부동산청구권에 대한 집행절차는 유체동산청구권의 경우와 거의 같은 방법으로 시행되므로 이하에 설명하는 차이점을 제외하고는 유체동산청구권집행에 관한 설명을 참조하면 된다.

4. 보관인선임과 인도나 권리이전등기절차

가. 보관인선임과 인도·권리이전명령의 신청

채권자는 부동산이 있는 곳의 지방법원에 대하여 목적부동산의 보관인을 정하고, 제3채무자에 대하여 그 부동산을 보관인에게 인도하거나 권리이전등기절차를 이행하라는 결정을 하여 주도록 신청할 수 있고, 채권자가 그 신청을 지체하는 경우에는 제3채무자도 면책을 위하여 이를 신청할 수 있다(민집 244조 1항, 2항). 보관인은 채무자 명의의 권리이전등기 신청에 관하여 채무자의 대리인이 된다(민집 244조 3항). 그 성격은 법정대리인이다.

유체동산에 관한 청구권의 집행절차는 집행관이 관여하나 부동산에 관한 청구권에 있어서는 따로 보관인이 선임되어 절차에 관여하게 된다. 또 유체동산에 관한 청구권의 압류 경우에 별도의 신청이 없더라도 목적물을 집행관에게 인도할 것을 명하여야 하지만, 부동산에 관한 청구권의 압류에서는 이후의 집행에 부동산의 점유가 반드시 필요한 것은 아니므로 채권자 또는 제3채무자의 신청이 있는 경우에만 인도명령을 발할 수 있고 직권으로는 이를 발할 수 없다.

이 신청은 부동산청구권의 관할 집행법원이 아니고, 부동산이 있는 곳의 지방법원에 하여야 하므로 압류명령을 내린 집행법원(채무자의 보통재판적이 있는 곳의 지방법원)의 관할구역 내에 목적부동산이 존재하지 아니하는 경우에는 압류명령을 내린 법원과 보관인선임 및 인도·권리이전명령을 내린 법원이 다를 수 있다.

두 법원이 같은 경우에는 압류명령신청과 함께 보관인선임과 인도·권리이전명령 신청을 할 수도 있으나, 같지 않은 경우에는 압류명령의 발령 여부가 그 부동산이 있는 곳의 법원으로서는 분명하지 않으므로 압류명령이 있었다는 취지의 해명자료(압류명령정본)를 붙여서 신청하여야 한다. 수 개의 부동산이 있는 곳이 모두 다른 때에는 각각 부동산이 있는 곳의 지방법원에 대하여 신청하여야 한다.

나. 재판의 내용

신청이 이유 있으면 법원은 결정으로 보관인을 선임하고, 그 부동산을 보관인에게 인도하거나 보관인에게 부동산에 대하여 채무자 명의로 권리이전등기 절차를 이행할 것을 명한다. 권리이전청구권을 집행하는 경우에 보관인은 채무자 명의로 권리이전등기를 신청함에 있어서 채무자의 대리인이 된다(민집 244조 3항).

보관인은 채무자의 대리인인 관리적 수탁자에 불과하고 강제관리의 관리인과 같은 지위나 관리수익권을 가지지 않는다. 압류법원과 부동산이 있는 곳의 법원이 같은 경우에는 압류명령 중에 보관인선임과 인도·권리이전명령을 적어도 무방하다. 보관인선임과 인도·권리이전명령은 압류명령 그 자체의 효력과는 관계가 없으며, 압류명령의 본질적 부분을 구성하는 것도 아니다.

보관인의 선임, 해임, 감독, 보수 등에 관하여는 아무런 규정이 없으므로 강제관리의 관리인에 관한 규정을 유추 적용한다. 따라서 보관인의 자격에는 제한이 없으므로 법원이 자유롭게 선임할 수 있다. 신청인이 보관인을 지정하여 신청하더라도 법원을 구속하는 것은 아니다. 실무에서 부동산이 있는 곳에 주소나 사무소를 둔 변호사나 집행관을 선임하는 사례가 많다. 보관인은 자연인을 선임하는 것이 바람직하나 타인의 재산을 신탁, 관리하는 신탁회사 같은 경우에는 법인이라도 무방하다. 선임된 보관인은 직무를 수락하여야 할 의무를 지는 것이 아니므로 심문 등의 방법으로 사전에 수락 여부를 확인하여 두어야 한다.

보관인은 인도명령 또는 권리이전명령에 따라 제3채무자로부터 임의인도나 권리이전을 받을 권한이 있으므로 채권자의 특별위임이 필요하지 않고 독립하여 마음대로 인도나 채무자 명의로 권리이전을 받을 수 있고, 이 경우에 선량한 관리자의 주의로써 현금화 절차에 따라 매수인 등에게 인도할 때까지 보관하여야 한다. 보관인에 대하여는 상당한 보수를 지급하여야 하고 그 보수액은 법원이 정한다. 보수는 집행비용이 되므로 법원은 채권자에게 예납시킬 수 있고 채권자가 이에 따르지 아니하면 보관인을 선임하지 않거나 이미 결정한 선임을 취소할 수 있다(민집 18조 2항). 이 비용은 종국적으로 채무자의 부담이 되어 집행절차에서 우선 변상을 받게 된다(민집 53조 1항).

|양식| **부동산 보관인선임 및 인도명령**

○ ○ 지 방 법 원
결 정

사 건   20○○타채○○○   부동산 보관인선임 및 인도
채 권 자
채 무 자
제 3 채무자

주 문

1. ○○○(○○지방법원 집행관)를 별지목록 기재 부동산의 보관인으로 한다.
2. 제3채무자는 위 부동산을 위 보관인에게 인도하여야 한다.

이 유

○○지방법원 20○○타채○○○   부동산인도청구권 압류사건에 관한 채권자의 이 사건 보관인선임 및 인도명령 신청은 이유 있으므로 주문과 같이 결정한다.

20 . . .

판사(사법보좌관)   (인)

㈜ 소유권이전등기청구권압류사건의 경우에는 주문에 "제3채무자는 위 부동산에 관하여 20 . . .자(법률행위)를 원인으로 채무자 명의 소유권이전등기절차를 위 보관인에게 이행하여야 한다."라는 방식으로 적는다.

다. 결정의 송달

보관인선임 및 인도·권리이전명령은 채무자와 제3채무자에게 송달하여야 하며, 제3채무자의 신청에 의한 때에는 채권자에게도 송달하여야 한다. 이 결정에 대하여는 집행에 관한 이의(민집 16조)로써 다툴 수 있다.

라. 결정의 효력

보관인에 대한 인도 또는 권리이전의 명령은 강제력이 없으므로 위 결정만

으로 보관인이 목적물의 점유를 강제로 취득하거나 일방적으로 등기신청을 할 수는 없다. 제3채무자가 임의로 등기의무를 이행하는 경우에는 채무자의 대리인인 보관인과 제3채무자와의 사이에 등기신청으로 등기가 이루어지고 그로써 청구권의 집행은 종료한다. 채무자 앞으로의 권리이전에 필요한 서류를 보관인에게 교부하면 되고, 이 경우 채무자 명의의 이전등기신청에 있어서 보관인만이 채무자의 법정대리인으로 채무자를 대리하여 이전등기신청을 할 수 있으며 채무자 스스로는 이를 할 수 없다. 이전등기는 채무자 명의로 경료하여야 하고 보관인 명의로 등기하는 것은 아니다.

압류명령과 인도명령 등이 송달된 경우에도 제3채무자가 부동산에 관한 청구권에 대하여 가지는 권리는 그대로 행사할 수 있으므로 제3채무자는 해제권, 취소권, 항변권 등을 행사할 수 있고[512] 제3채무자가 선택권을 가진 때에는 이를 행사할 수 있다. 위와 같은 압류 등의 효력은 부동산 그 자체나 그 수익의 처분행위에 아무 제한을 가하지 않으며, 부동산 자체 또는 그 수익에 대한 압류의 효력은 그 후에 이루어지는 강제경매나 강제관리가 개시됨으로써 비로소 생긴다.

5. 추심 및 현금화와 보관인의 인도

제3채무자가 보관인선임과 인도·권리이전등기명령에 따라서 보관인에 대하여 임의로 부동산의 인도의무를 이행하지 않거나 등기절차의 이행에 협력하지 않을 경우에는 압류채권자는 추심명령을 얻어 추심소송을 제기하여야 한다(민집 244조 4항). 추심의 소를 제기하여야 하는 것은 채권자이지 보관인이 아니므로 보관인은 소를 제기할 권한이 없다.

또 추심소송의 피고는 제3채무자이고 등기절차에 관여할 수 없는 채무자를 상대로 하는 추심의 소는 권리보호의 이익이 없다. 추심소송에서는 제3채무자에 대하여 청구의 목적물인 부동산을 보관인에게 인도할 것 또는 보관인에 의하여 대리 되는 채무자에게 등기신청의 의사표시를 할 것만을 청구할 수 있다.

이 승소판결이 확정되면 민사집행법 258조 또는 263조에 의한 강제집행의 방법으로 인도 또는 직접 채무자 명의로 등기를 실현하며, 이로써 부동산에

---

[512] 대판 2000. 4. 11. 99다51685

관한 청구권의 집행은 종료하고, 그 후의 강제집행은 부동산에 대한 강제경매 또는 강제관리로 들어가게 된다. 종국적인 만족을 얻기 위해서는 채권자는 본래의 집행권원에 기초하여 인도 또는 권리 이전받은 부동산에 대한 강제경매 또는 강제관리를 신청하여야 한다(민집규 170조).[513]

보관인은 인도받은 부동산을 강제경매의 경우에는 매수인에게, 강제관리의 경우에는 관리인에게 인도한다. 부동산권리이전청구권을 집행의 대상으로 하는 강제집행에 관하여는 민사집행법 241조 소정의 특별현금화방법이 허용되지 않는다.[514]

---

[513] 대판 2002. 10. 25. 2002다39371
[514] 대결 1999. 12. 9. 98마2934

제7편
그 외 기타 집행관 사무

제1장
대체집행의 작위실시자로서의 사무 등

|도표| **강제집행의 종류 등**

채무의 종류		채무의 예	강제집행의 종류	적용법규
주는 채무		금전채무	직접강제	민법 389조 1항, 민사집행법 2편 2장 2절~4절
		물건의 인도, 명도	직접강제 or 간접강제	민법 389조 1항, 민사집행법 2편 2장 2절~4절
				민법 389조 1항 민사집행법 257조~259조
하는 채무	대체 가능	작위채무, 부작위 채무	대체집행 or 간접강제	민법 389조 2항, 3항 민사집행법 260조, 262조,
	대체 불능		간접강제	민사집행법 261조
	의사 표시 의무	등기의무 등	의사표시의 의제	민사집행법 263조

제1절 "하는 채무"에 대한 강제집행방법 일반

> **민사집행법**
>
> **제260조(대체집행)**
> ① 민법 제389조 제2항 후단과 제3항의 경우에는 제1심 법원은 채권자의 신청에 따라 민법의 규정에 의한 결정을 하여야 한다.
> ② 채권자는 제1항의 행위에 필요한 비용을 미리 지급할 것을 채무자에게 명하는 결정을 신청할 수 있다. 다만 뒷날 그 초과비용을 청구할 권리는 영향을 받지 아니한다.
> ③ 제1항과 제2항의 신청에 관한 재판에 대하여는 즉시항고를 할 수 있다.

 금전의 지급이나 물건의 인도 또는 명도를 목적으로 하는 채권 등, 이른바 "주는 채무"에 관해서는 집행기관이 그 권력을 행사하여, 금전지급을 목적으로 하는 채권의 경우는 채무자의 재산을 환가(換價)하여 그 매각대금에서 추심을 하고, 물건의 인도 또는 명도인 경우는 채무자가 지배하고 있는 목적물을 취득하여 채권자에게 점유를 취득시키는 방법으로 집행(직접강제)하지만 채무자 자신에게 일정한 행위를 하도록 하는 것 즉 작위(作爲), 혹은 하지 않도록 하는 것 즉 부작위(不作爲) 등이 집행의 내용을 이루는 채무 이른바 "하는 채무" 관하여는 그 결과를 직접 집행기관의 손으로 실현하는 것이 불가능하거나 적어도 곤란하고 만약 직접강제의 방법으로 행하여진다면 채무자 인격의 존중이라고 하는 근대법의 이상과의 관계에서 문제가 생길 수 있다. 그러나 그 때문에 이런 종류 채무의 집행은 불가능하고, 항상 채권자는 손해배상의 청구밖에 할 수 없다고 한다면, 금전배상이 반드시 완전한 만족을 주지 못하게 되는 것이 일반적이라는 것을 생각하면, 그 권리는 지극히 실효성이 없는 것으로 된다.

 여기서 이런 종류의 의무이행 결과를 채권자에게 취득시키는 방법으로서 민법 및 민사집행법은 채무자의 인격에 직접적으로 강제력을 가하여 채권의 실현을 도모하는 것은 인정하지 않고 채권의 내용인 채무자의 행위가 제3자에 의하여 대체 가능한 것인가 어떤가를 기준으로 하여 2개의 집행방법, 즉 대체성이 있는 경우에는 민사집행법 260조에 의한 대체집행을, 대체성이 없는 경우에는 민사집행법 261조에 의한 간접강제의 방법에 따라 이행할 수 있도록 하였다.

대체집행이란 채무자의 비용으로 채무자 이외의 제3자에 의하여 대체 가능한 경우에는 법원의 명령(이른바 수권결정)에 의하여 채무자에 대신하여 채무자 이외의 자에게 그 행위를 하도록 하고 그에 든 비용을 채무자로부터 강제적으로 받아내 채무의 내용을 실현하는 것이다.

이에 반하여 간접강제란 채무자의 행위가 채무자 이외의 자에 의하여 대체할 수 없는 경우에는 채무자 자신에게 행위를 하도록 하는 수밖에 없으므로 이 경우 집행법원은 채무자에 대하여 일정 기간 내에 채무의 이행을 하도록 하고 만약 이행하지 않는 때에는 상당하다고 인정되는 일정금액을 지급해야 한다는 취지의 명령을 받아 채무자에게 심리적 압박을 가하여 채무자 자신으로 하여금 채무의 내용을 실현하게 하는 방법을 말한다. 나아가 채무의 성질상 간접강제도 불가능할 경우에는 결국 청구권의 실현은 손해배상의 방법에 따를 수밖에 없다.

"하는 채무"는 다시 채무자의 작위를 목적으로 하는 작위채무와 채무자의 부작위를 목적으로 하는 부작위채무로 나눌 수 있다. 작위채무는 다시 대체적 작위채무와 부대체적 작위채무로 분류할 수 있는데, 대체적 작위채무에 관하여는 대체집행이 가능하지만, 부대체적 작위채무와 부작위채무에 관하여는 민사집행법 261조에 의한 간접강제만이 허용되고 부작위채무 가운데 민법 389조 3항의 경우에는 대체집행이 적용된다. 그러므로 작위채무와 부작위채무의 구별이 집행방법의 결정에 있어 1차적으로 중요한 의미가 있다. 이처럼 대체집행의 경우에 수권결정에서 집행관을 실시자로 지정하는 것이 보통인바 이때 집행관이 그 작위실시자로서의 사무를 담당한다.

제2절 대체적 작위채무(민법 389조 2항 후단)에 대한 강제집행(대체집행)

1. 의 의

대체집행은 채무자의 행위가 채무자 이외의 사람에 의하여 대체될 수 있는 경우에 집행법원의 수권결정에 따라 채무자에 갈음하여 채무자 이외의 사람으로 하여금 그 행위를 하도록 하고, 그 비용을 채무자로부터 강제로 추심하는 것을 말한다(민집 260조). 실무상 자주 보이는 대체적 작위채무의 예로서는 ① 채무자가 건물을 철거하여 그 부지를 명도해야 할 채무를 부담하고 있음에도 그 건물을 철거하지 않는 때는 채무자 이외의 자가 채무자를 대신하여 철거의 강제집행을 하는 경우가 있다. 이 경우 건물의 철거에 관한 집행은 여기서 말하는 대체집행이고 그 후의 토지 명도는 민사집행법 258조(부동산 등의 인도청구의 집행)에 의하여 집행관이 명도집행을 하게 된다.

2. 작위채무의 대체성

대체집행이 허용되는 작위채무는 일신 전속적이 아닌 것, 즉 대체성이 있는 것이어야 한다(민법 389조 2항 후단). 대체적이라고 하기에는 채무자 이외의 자가 수권을 얻으면 채무자에 대신하여 본래의 급부를 할 수 있을 것을 필요로 한다.

가. 대체성의 판단 기준

일반적으로 대체성이 있다고 인정되는 행위이더라도 그 시점 또는 장소에 따라서는 불가능한 때도 있으므로 채무가 대체적인가 어떤가는 구체적인 사정에 따라서 집행법원이 판단하게 된다. 대체성의 판단 기준에 관하여는 비한정설과 한정설이 대립한다.

전사는 작위주체가 누구인가에 따라 그 작위의 경제적, 법률적 효과가 차이가 있는가를 기준으로 하여, 그 차이가 없는 때에는 대체성을 인정하는 처지고, 따라서 채무자 대리인의 자격에서 하는 것도 대체성을 긍정하게 된다. 반면 후자는 이를 더욱 한정하여 그러한 결과에 있어서의 동가치성(同價値性)뿐만 아니라 채무자의 처지에서 볼 때 제3자가 채무자의 대리인이 아니라 그 자신의 지위에서 당해 작위를 하는 것이 허용되는 것인가를 기준으로 삼는다.

예컨대 어음의 발행과 같은 어음행위를 하여야 할 채무의 경우에 전자로서는 채무자의 대리인에 의한 어음행위라도 채권자에게는 채무자의 어음행위와 마찬가지이므로 대체성을 긍정하는 만면, 후자로서는 채무자의 대리인이 아닌 제3자가 그러한 행위를 하는 것이 허용되지 않으므로 대체성이 없다고 한다. 현재에는 후자인 한정설이 더 유력하다.

나. 구체적 사례

구체적으로는 다음과 같은 점이 문제가 된다.

(1) 채무자의 협력이 있어야 하는 경우

포스터의 철거라고 하는 채무에 있어 그 게시장소를 채무자만이 알고 있는 경우처럼 채무자의 협력이 불가결할 때에는 대체성이 없다.

(2) 작위내용의 전문성

예술적 작품의 제작, 연극의 출연 등의 채무와 같이 채무자 고유의 능력, 자질이 급부의 내용을 구성하는 경우에는 대체성이 없다. 그러나 전문적인 작위를 내용으로 하는 것이라도 채무자의 개인적 자질이나 능력을 문제로 하는 것이 아니라 그 결과만을 중시하는 경우에는 다른 전문가에 의한 대체집행이 인정된다.

(3) 법률적인 제약

작위 그 자체는 기술적으로 대체성이 있더라도 법률상 채무자만이 그 작위를 할 수 있을 때에는 대체성이 없다. 전기공급채무와 같은 것(전기사업법 14조)이 그 예에 속한다.

(4) 의사표시를 요소로 하는 작위

의사표시 그 자체만이 문제 될 때에는 민사집행법 263조에 의하여 해결할 수 있으나, 의사표시와 채무자의 일정한 행동(서명 등)이 결합한 채무의 경우에는 대체성이 없다. 어음행위나 인적 보증의 제공, 채무인수 등을 목적으로 하는 채무 등이 이에 해당한다.

(5) 명예훼손에 대한 원상회복

종래의 학설이나 판례는 명예훼손을 한 사람이 부담하는 사죄광고이행의무는 원칙적으로 대체집행이 가능하다고 보았으나 헌법재판소는 이러한 사죄광고의 명령은 헌법에 위반된다고 하였으므로(헌재 1991. 4. 1. 89헌마160) 명예훼손에 대한 원상회복의 수단으로 고려될 수 있는 것은 주로 명예를 훼손하는 주장의 철회나 판결의 공시이다.

외국의 학설은 주장의 철회는 간접강제에 의하여만 이루어져야 한다고 보고 있으나, 판결 등의 공시는 대체집행이 가능하다고 한다. 그리고 언론중재 및 피해구제 등에 관한 법률에 정해진 반론보도와 정정 보도를 명하는 집행권원의 집행은 채무자 스스로에 의하여 이루어져야 하므로 대체성이 없고 따라서 간접강제에 의하여야 한다.

(6) 제3자의 협력이 있어야 하는 채무

제3자의 소유 토지에 건물을 축조하는 것을 목적으로 하는 채무와 같이 제3자의 동의나 협력이 있어야 하는 채무의 강제집행방법에 관하여는 견해가 갈린다. 일설은 그러한 제3자의 동의나 협력이 있음을 채권자가 증명하여야만 대체집행을 위한 수권결정을 발할 수 있고 그렇지 않으면 간접강제에 의하여야 한다고 하며, 다른 설은 그러한 동의나 협력의 여부와 관계없이 집행법원이 수권결정을 발령하여야 하며 협력이나 동의가 없으면 작위의 실시가 불능으로 될 뿐이라고 한다.

(7) 채무의 면책

채권자가 제3자에 관하여 부담하고 있는 채무를 채무자가 면책시켜 주어야 할 채무는 채무자가 채권자의 채무를 변제하는 것이 허용되는 한 대체성이 있는 채무이다.

3. 수권(授權)결정

대체집행의 절차는 우선 법원이 대체집행의 권한을 채권자에게 부여하는 수권결정의 단계와 이 수권결정에 의한 채권자의 실제 집행의 2단계로 나눌 수 있다.

가. 신청과 관할

수권결정의 신청은 서면으로 하여야 하며(민집 4조) 여기에는 2,000원의 인지를 붙여야 한다(인지 9조 4항 1호). 이 신청이 있으면 민사집행사건으로 접수하여 사건번호와 사건명을 붙이고 전산 입력하면 된다. 수권결정은 제1심법원의 전속

관할에 속한다(민집 260조 1항). 가집행선고부 판결이 집행권원인 경우에 사건이 상소심에 계속 중이라고 하여도 관할법원은 제1심 수소법원이 된다.

집행권원이 제소전화해조서일 때에는 그 조서를 작성한 법원이 관할법원이 되며, 인낙조서나 소송상 화해조서가 집행권원일 때에는 그 인낙이나 화해가 상소심에서 이루어졌다고 하더라도 제1심법원이 관할법원이다. 제1심은 청구를 기각하였으나 항소심에서 비로소 청구가 인용된 경우에도 마찬가지이다.

가처분명령이 집행권원인 경우에 관하여는 ① 가처분신청사건에 관하여 제1심으로서 재판을 한 법원이 관할하지만, 본안이 항소심 계속 중 항소심에서 가처분명령을 한 경우에는 본안의 제1심법원이 관할한다는 견해, ② 가처분명령을 한 법원이 아니라 본안의 제1심법원이 관할하지만 예외적으로 급박한 경우에는 가처분명령을 한 법원이 관할한다는 견해, ③ 가처분명령을 한 법원이 관할한다는 견해가 있다.

다만 가처분명령에 집행명령이 기재되어 있는 때에는 별도의 수권결정을 필요로 하지 않는다. 외국판결이나 중재판정에 기초하여 집행하는 경우에는 집행판결을 구하는 소에 관한 제1심법원이 관할법원이 된다. 신청을 받은 법원이 심리한 결과 관할이 없음이 판명되면 관할법원으로 이송하여야 한다.

나. 심 리
수권결정을 하기 위해서는 다음의 사항을 심리하여야 한다.

(1) 집행당사자
집행채권자나 집행채무자가 집행권원에 표시된 채권자, 채무자와 일치하는지, 승계집행문이 부여된 경우에는 승계집행문에 표시된 승계인과 일치하는지를 심리하여야 한다.

(2) 작위채무 내용의 특정
집행권원에 표시된 작위의 내용을 집행권원의 해석으로 명백히 밝히고 그것이 대체적임을 확인한 다음 당해 작위와 신청의 대상인 작위의 동일성을 판정할 필요가 있다. 만일 실시할 강제집행의 범위가 명백하지 않은 경우에는 대체집행은 허용되지 않는다.

건물철거를 명하는 집행권원에 있어서는 토지가 특정되고 지상건물의 철거의무가 적혀 있으면 건물은 특정되어 있지 않더라도 등기사항증명서의 기재 등을 종합하여 건물이 특정되어 있다고 보는 견해가 유력하다. 그러나 같은 필지 내에 여러 개의 같은 종류의 건물이 존재함에도 그 철거를 명하는 집행권원인 판결에서 대상인 건물의 위치 및 태양을 명시함이 없이 평수만을 표시한 경우에는 목적건물이 특정되지 않으므로 대체집행이 허용되지 않는다.515)

나아가 집행권원이 화해조서 또는 조정조서인 경우에 그 집행권원이 성립할 당시에는 건물이 현존하고 있지 않았으나 장차 그러한 건물이 세워질 것에 대비하여 "계약해제 시에 현존하는 상대방 소유의 일체의 건물을 철거한다"는 취지의 기재가 있을 수 있는데, 이 경우에는 집행권원에서 토지의 특정으로 건물이 특정될 수 있다고 하더라도 이는 집행권원이 성립할 당시에 존재하였던 건물에 한하는 것이고 그 특정을 위한 자료는 등기사항증명서나 당사자 쌍방의 진술 등에 의하여야 하지 집행권원의 해석을 위하여 감정까지 필요로 할 정도라면 이러한 집행권원은 특정되지 않았다고 보아야 한다는 견해가 있으나, 반대견해도 있다. 반면 건물의 증·개축으로 실물과 집행권원 표시 사이에 구조, 면적 등에 차이가 생겨도 다른 자료에 의하여 동일성이 인정되는 한 수권결정을 할 수 있다.

(3) 강제집행 개시의 요건

수권결정을 하는 것은 강제집행의 개시이므로 집행개시의 요건을 갖추어야 한다. 예를 들어, 집행권원의 송달, 반대급부의 제공, 집행문의 부여 등이다.

특별히 문제 되는 것은 다음과 같다.

(가) 이행기의 도래

이행의 목적인 작위가 1회로 종료하는 채무, 예를 들어 건물의 철거 등과 같은 채무는 그 작위는 1회적이라고 하더라도 이행기가 도래한 후에도 이행할 수 있으므로 그 이행을 강제할 수 있다.

그러나 특정한 일시에 어떠한 행위를 하여야 하는 채무(확정기한부 채무)나, 특정의 역사적인 사실이 생기면 이를 텔레비전에 방송하는 것과 같은 채

---

515) 대결 1956. 12. 21. 4289민재항63

무(조건부 또는 불확정기한부 채무)는 그 이행기가 지난 후 또는 조건이 성취된 후에는 이행불능되고 이를 추후보완 이행함으로써 채권의 만족을 얻을 수 없으므로 그 강제는 허용되지 않는다.

일정한 기간을 두고 또는 종기를 정하지 않고서 반복적으로 일정한 작위를 하여야 할 이른바 반복적 작위채무에 있어서는 이를 전체적으로 1개의 작위채무로 파악할 수도 있고, 아니면 여러 개의 작위채무의 복합으로 파악할 수도 있다. 그러나 강제집행의 측면에서는 일부의 이행기가 도래하였으면 나머지 채무의 이행도 강제할 수 있는지가 문제 되고, 이러한 점에서 본다면 반복적 작위채무는 여러 개의 채무의 복합으로 파악하는 것이 타당하다.

따라서 개개의 작위가 추완 이행을 허용하지 않는 채무인 때에는 대체집행을 할 수 없고, 추완 이행이 허용되는 것이라도 대체집행을 할 수 있는 것은 이미 이행기가 도래한 부분에 한정된다고 보아야 한다.

그러나 고용계약에 기초한 노무제공이나 전기·가스 등의 공급채무와 같은 계속적 작위채무의 경우에는 채권자로서는 그러한 작위에 의하여 얻는 만족 자체를 단일한 것으로 파악할 수 있으므로 이때에는 단일한 채무로 파악하여 최초의 이행기가 도래하면 전체의 이행기가 도래하였다고 보는 견해가 유력하다.

(나) 채무자의 채무불이행

채무자의 채무를 불이행할 것이 수권결정을 하기 위한 요건인지에 관하여는 학설상 다툼이 있으나, 판례는 대체집행을 명하는 법원의 결정에 대한 항고는 단순히 그 집행방법으로서의 하자가 있음을 이유로 하는 경우에 한하고 청구권의 존부 등에 관한 주장은 항고이유가 될 수 없다고 하고 있어,[516] 채무자의 채무를 불이행할 것을 수권결정의 요건으로 보고 있지는 않은 것으로 보인다.

학설은 채무불이행 사실의 존재도 수권결정의 발령요건이므로 그 불이행이 불가항력 때문이었다거나 또는 채권자 측의 속임수 때문이었음이 명백한 경우에는 채무불이행은 없어서 수권결정을 하여서는 아니 되고, 다만 채무자의 작위가 불완전이행에 해당하는가 하는 점은 청구이의의 소에 의하여 확정하

---

516) 대결 1990. 12. 27. 90마858, 대결 1992. 6. 24. 92마214

여야 하며 수권결정의 신청절차에서 심리할 것은 아니라고 하는 적극설도 있으나, 청구이의의 소에서 주장하여야 할 이행의 사실이나 이행할 수 없었다는 사정을 수권결정의 신청절차에서 원칙적으로 주장할 수는 없다는 소극설이 유력하다.

(다) 채무자의 작위권능, 사실상의 실시 가능성

채무자가 당해 작위를 실시할 수 있는 실체법상의 권능을 가졌는지는 심사의 대상이 되지 않는다. 따라서 철거의 대상인 건물이 채무자의 소유가 아니라든가 또는 철거의 대상인 건물에 채무자 이외의 거주자가 있다는 것 등의 사유는 수권결정을 하는데 장애가 되는 것은 아니다. 다만 대체집행 때문에 이러한 제3자의 권리를 침해하게 될 때에는 제3자에 대하여 불법행위를 구성할 수 있고, 또 제3자로서는 제3자이의의 소에 의하여 대체집행을 저지할 수 있다.

다. 채무자의 심문

법원은 수권결정을 함에 있어서는 반드시 변론을 열 필요는 없으나 결정하기 전에 채무자를 심문하여야 한다(민집 262조). 이처럼 채무자를 필요적으로 심문하도록 한 것은 대체집행의 결과가 채무자에게 중대한 영향을 미치므로 채무자에게 방어의 기회를 주기 위한 것이다. 보전처분의 집행으로서 수권결정을 하는 경우에도 청문권을 보장하기 위해서 채무자를 심문하여야 한다.

법원이 변론을 열지 않는 경우에 채무자를 심문하기 위해서는 서면 또는 말로 채무자가 의견을 진술할 기회를 주면 충분하다. 심문기일을 여는 경우에는 채무자에게 그 심문기일을 통지하여야 하고, 심문기일을 열지 않는 경우에는 채무자에게 심문서를 보내어 그 심문서 도달 후 일정한 날짜 안에 서면으로 의견을 진술할 것을 최고 하면 된다.

실무에서는 심문기일을 여는 경우도 있으나, 심문기일을 열지 않고 서면심리에 의하는 것이 편리하다. 심문함에는 채무자에게 진술의 기회를 주면 충분하고, 채무자에게 심문기일을 통지하였음에도 불구하고 채무자가 정당한 사유 없이 출석하지 아니한 때에까지 반드시 채무자의 진술을 들어야 하는 것은 아니다.[517]

이러한 심문절차를 거치지 아니하고 강제집행의 결정을 하는 것은 위법하므로 채무자는 즉시항고를 제기하여 그 결정의 취소를 구할 수 있다. 그러나 대체집행의 신청이 부적법하거나 이유 없어 이를 각하 또는 기각하는 경우에는 채무자를 심문할 필요가 없다.

채무자가 심문절차에서 어떠한 내용을 진술할 수 있는지에 관하여는 견해의 대립이 있다. 주로 문제 되는 것은 채무자가 자기의 채무를 이행하였다는 것이나 부작위채무의 위반이 없었다는 것을 주장하여 강제집행신청의 기각을 구할 수 있는가 하는 점인데, 이러한 사항이 수권결정이나 간접강제결정의 요건이 아니라고 보는 처지에서는 채무자는 심문절차에서 이를 주장할 수 없다고 본다.

라. 결 정

(1) 각하 또는 기각결정

수권결정의 신청이 부적법하면 각하하고, 이유 없으면 기각하며, 신청인에게 알린다(민집규 7조 2항).

(2) 인용결정과 집행관의 업무

수권결정의 신청이 이유 있으면 인용하는 결정을 하고, 신청인과 채무자에게 결정정본을 보내 고지한다(민집규 7조 1항 2호). 수권결정에서 반드시 채무자에 갈음하여 작위를 실시할 사람을 특정하여 지정할 필요는 없다. 그 지장이 없으면 채권자가 스스로 작위를 실시하거나 제3자를 지정하여 실시하게 할 수 있다. 그러나 수권결정에서 그 지정되어 있었으면 채권자는 이에 구속되어 피지정자를 실시자로 해야 한다.[518] 민법 389조의 문언에서는 채권자 이외의 제3자에 한정되는 것처럼 보이지만 채권자 자신이 실시하는 것도 무방하다. 수권결정의 양식은 다음과 같다.

---

517) 대결 1977. 7. 8. 77마211
518) 대판 1966. 1. 25. 65다2318

|양식| **수권결정(대체적 작위의무 위반)**

○ ○ 지 방 법 원
제 ○ 부
결 정

사　　건　20○○타기○○○　대체집행
　　　　　　20　타기　대체집행비용선지급

채 권 자 김 갑 동　　　　　○○시 ○○로 100

채 무 자 이 을 동　　　　　○○시 ○○로 200

주　문
1. 채권자는 그가 위임하는 이 법원 소속 집행관으로 하여금 ○○시 ○○로 200 대 1,000㎡ 중 별지도면 표시 ㄱ, ㄴ, ㄷ, ㄹ, ㄱ의 각 점을 순차로 연결한 선내 지상에 건립된 목조 기와지붕 1층 주택 1동 건평 50평을 채무자의 비용으로 철거하게 할 수 있다.
2. 채무자는 채권자에게 금 1,000,000원을 지급하라.

이　유
채권자와 채무자 사이의 이 법원 20　가합　건물철거 청구사건의 집행력 있는 판결정본에 기초한 채권자의 이 사건 수권결정 및 대체집행비용 선지급 신청은 이유 있으므로 주문과 같이 결정한다.

20 . . .

재판장　판　사　○　○　○
　　　　판　사　○　○　○
　　　　판　사　○　○　○

(3) 결정에 대한 불복방법

수권결정의 신청에 관한 재판에 대하여 당사자는 즉시항고를 할 수 있다(민집 260조 3항). 즉시항고는 그 집행 절차상의 형식적인 하자(집행개시요건의 결여, 수권결정발령절차의 하자 또는 수권결정절차에서의 심사사항 위배 등)를 이유로 하여야 하고, 집행권원상의 실체적 청구권의 존부와 내용 같은 실체법상의 이유를 가지고 즉시항고를 할 수는 없다.[519]

마. 수권결정의 집행력과 집행문부여의 요부

대체집행을 위한 수권결정은 즉시 집행력이 생긴다. 수권결정 그 자체는 집행권원이 아니므로 수권결정에 대하여 별도의 집행문을 부여받을 필요는 없다. 그러나 수권결정을 한 후 채무자의 승계가 있는 때에는 본래의 집행권원에 대하여 승계집행문을 부여받아 다시 승계인에 관하여 수권결정을 받아야 한다. 수권결정에 대하여 즉시항고가 있더라도 집행정지의 효력은 없고 집행을 정지하기 위해서는 별도로 집행정지의 잠정처분이 필요하다(민집 15조 6항).

다만 1개의 결정으로 수권결정과 대체집행비용선지급결정을 하는 경우에는 대체집행비용선지급결정 부분은 집행권원이 되고, 대체집행비용선지급결정을 집행하는 때에는 뒤에서 보는 바와 같이 집행문을 부여받아야 한다.

4. 수권결정에 기초한 작위의 실시(대체집행의 시행)

가. 작위실시자의 결정

수권결정에서 작위실시자가 지정되어 있으면 채권자는 그 지정에 구속되지만 지정된 제3자로서는 실시자가 되어야 할 의무를 부담하는 것은 아니고 채권자가 그 제3자와 교섭하여 동의를 얻지 않으면 안 된다. 만일 집행관이 실시자로 지정되어 있으면 채권자는 작위를 실시할 장소를 관할하는 지방법원이나 지원의 집행관에게 그 실시를 위임하여야 하고, 집행관으로서는 정당한 사유 없이 이를 거부하지 못한다.

반면 수권결정에서 작위실시자의 지장이 없는 때에는 채권자는 스스로 작위를 행하거나 제3자와의 사이에 도급계약 등을 맺어 그로 하여금 실시자가 되게 할 수 있다. 채권자가 스스로 실시하는 경우라도 제3자를 보조자로 사용할 수 있다. 작위실시자로서 집행관이 지정되지 않은 때에는 집행관에게 작위의 실시를 위임할 수 없고 그 신청이 있으면 집행관은 이를 각하하여야 한다.

---

[519] 대결 1990. 12. 27. 90마858, 대결 1992. 6. 24. 92마214

나. 작위실시자의 지위

수권결정의 본질은 채무자가 하여야 할 작위를 채권자가 실시할 수 있도록 허용하는 것이므로 작위실시자가 집행관이나 그 밖의 제3자로 지정된 경우에도 그의 작위 실시 권능은 채권자의 권한으로부터 유래하는 것이다. 이러한 작위실시자나 채권자가 집행기관이나 집행보조기관에 해당하는가 하는 점을 주제로 논의가 있다. 이는 이러한 작위실시자의 행위로 국가배상책임이 발생할 수 있는가 하는 문제와 관련이 있다.

통설은 집행 실시권을 받은 채권자를 집행기관인 제1심 수소법원의 보조자로서 공권력을 행사하는 사람에 해당한다고 본다. 그러므로 집행실시자의 불법행위에 대하여는 국가가 국가배상책임을 부담할 수 있다. 이에 반하여 작위실시자인 채권자의 지위는 청구권의 실현절차 일부를 담당하기는 하지만 집행기관이거나 집행기관인 제1심 수소법원의 보조자에는 해당하지 않는다는 반대설이 있다.

다만 이 설도 집행관을 작위실시자로 지정한 경우에는 공무원으로 하여금 실시의 적정을 도모하려는 것이므로 집행관의 작위 실시에 관하여는 국가배상법의 적용이 있다고 한다. 나아가 작위 실시 그 자체는 집행기관의 집행처분은 아니므로 민사집행법 16조에 정해진 집행에 관한 이의를 신청할 수는 없다고 보는 것이 일반적이나, 직접적인 규정은 없더라도 집행에 관한 이의가 가능하다는 반대설도 있다.

다. 작위의 실시

(1) 집행관에 대한 신청절차

집행관에 대한 신청은 실무상 신청인과 대리인을 표시하고 신청할 사항을 적은 서면으로 한다. 대리인에 의한 신청의 경우에는 신청서에 대리권을 증명하는 서면을 붙여야 한다. 다만 집행관에 의한 집행절차에서는 대리인의 자격에 제한이 없으므로 변호사 이외의 사람도 대리인이 될 수 있다.

수권결정에 정해진 작위의 실시를 집행관에게 신청하는 경우에 붙여야 할 서류는 ① 수권결정의 정본, ② 위 결정이 채무자에게 송달된 송달증명서, ③ 위 결정에 대하여 즉시항고가 없는 것을 증명하는 증명서나 확정증명서이다. 수권결정은 즉시 집행력이 생기고 결정의 송달도 집행개시의 요건이 아니므로 ②, ③은 이론상 필요가 없지만, 건물철거 등의 집행으로 생기는 손해의 회복이 곤란한 경우가 많으므로 실무상 이를 붙이도록 하는 것이 바람직하다.

또한, 건물철거 및 토지인도의 집행을 집행관에게 신청하는 때에는 위에서 본 서류 이외에도 집행력 있는 집행권원 정본과 그 송달증명이 필요한지 아닌지가 문제가 되는데, 이 집행은 건물철거의 대체집행과 토지인도의 직접강제가 병존하는 것이고, 직접강제에 대해서는 집행력 있는 집행권원 정본과 그 송달증명이 필요하므로, 이러한 집행의 경우에는 집행관에게 집행신청을 할 때 토지인도의 집행을 위하여 위에서 본 서류들 외에도 기본 되는 집행력 있는 집행권원의 정본과 그 송달증명을 집행관에게 제출하여야 한다.

(2) 제3자의 동의, 허가

수권결정은 채무자가 하여야 할 작위의 대체실시를 채권자에게 허가하는 것에 지나지 않으므로 당해 작위의 실시에 관한 제3자의 동의나 행정관청의 허가가 있어야 하는 경우에는 동의나 허가가 없는 한 수권결정이 유효하다고 하더라도 그 실시가 불가능하다. 이러한 허가나 동의의 신청은 채권자가 하여야 하고 집행기관이나 채무자 또는 실시자 등이 신청할 수는 없다.

(3) 채무자의 수인의무와 저항배제

수권결정이 있으면 채무자는 채권자의 작위 실시를 방해하여서는 아니 되는 수인의무를 부담하지만, 수권결정이 채무자의 작위 실시권을 박탈하는 것은 아니므로 작위의 실시가 완료될 때까지 채무자가 마음대로 이행할 수 있다. 그러나 채무자가 임의이행을 제안하는 것이 집행을 지연시키는 방책으로 악용되어서는 아니 되므로 집행의 내용인 작위를 이행하는데 상당한 시간이 필요하고, 채무자의 진정한 의도가 의심스러울 때에는 채권자로서는 임의이행의 제안을 거부할 수 있다.

집행관에 의하여 작위를 실시하는 경우에는 집행관은 그 직무집행을 위하여 채무자의 주거 등의 장소를 수색하거나, 잠근 문을 여는 등 적절한 조치를 할 수 있다(민집 5조 1항). 채무자가 이를 거부하는 것은 작위의 실시에 대한 저항에 해당하므로 작위내용의 범위에서 위력을 사용하여 이를 배제할 수 있고, 경찰 또는 국군의 원조를 요청할 수 있다(민집 5조 2항).

집행관 이외의 사인(私人)에 의하여 작위를 실시하는 경우 채무자가 이러한 수인의무에 위반하여 수권결정의 시행을 방해하고 그에 저항할 때에는 채권자는 집행관에 대하여 원조를 구할 수 있고, 그 원조요구를 받은 집행관은 채무자의 주거 등의 장소를 수색하거나 잠근 문과 기구를 여는 등 적절한 조치를 할 수 있고 경찰 또는 국군의 원조를 청구할 수 있다(민집 7조, 5조). 다만 위 각 경우에 국군의 원조는 집행법원에 신청하여야 한다(민집 5조 3항).

이러한 집행수인의무는 채무자에게 한정되고 제3자까지 집행수인의무를 부담하는 것은 아니므로 채권자가 저항을 배제할 수 있는 상대방도 채무자나 그 법정대리인과 그 보조자(가족, 채무자로부터 의뢰를 받은 사람)에 한정된다. 이 경우 저항배제의 신청을 할 수 있는 사람은 채권자이다. 따라서 채권자로부터 의뢰를 받은 작위실시자가 저항을 받으면 채권자에게 보고하여 채권자로 하여금 저항배제의 신청을 하도록 하여야 한다.

(4) 그 밖의 문제
(가) 철거의 준비

채무자는 수권결정을 근거로 한 행위의 실시 및 이에 필요한 행위, 예컨대 행위실시자가 건물철거를 위하여 채무자 점유의 토지에의 출입이나 철거를 위한 철거작업 등의 실시를 수인해야 한다. 행위실시자는 직무를 행할 즈음에 그 권한을 증명하는 서면을 휴대하고 이해관계가 있는 자의 청구가 있으면 이를 제시해야 한다.

(나) 퇴거집행의 시행

건물철거, 토지 명도의 집행권원을 근거로 한 강제집행에서는 건물철거의 전제로서 건물에 거주하는 채무자를 퇴거시킬 수 있다. 따라서 채권자는 집행관에 대하여 퇴거의 집행으로서의 건물 명도의 신청을 하고 이에 의하여 집행관은 채무자에 대하여 명도집행을 한다. 건물명도 집행이 종료하면 철거업자에게 건물 철거작업을 행하도록 하게 되지만 집행관은 철거작업이 종료한 단계에서 목적토지에 대한 채무자의 점유를 해제하여 채권자에게 그 점유를 취득시키고 이에 의하여 토지 명도의 집행은 종료한다.

건물 점유자에 대하여 건물로부터의 퇴거집행의 집행권원이 있는 때는 그 퇴거 집행은 가능한 한 건물철거와 동시에 해야 한다. 건물의 소유자 아닌 점유자는 건물철거를 수인할 의무를 부담함에 불과하기 때문이다.

(다) 철거건물의 특정

수권결정에는 그 해야 할 행위가 구체적으로 표시되고 집행의 대상이 명확하게 되어 있어야 한다. 건물철거의 경우에는 철거해야 할 건물이 명확하게 표시되어 있을 것을 필요로 한다. 만약 채권자로부터 「○○의 토지 상에 있는 건물 및 공작물 일체를 철거할 수 있다」라는 수권결정에 의한 건물 철거집행의 신청이 있는 경우에는 집행관은 집행권원과 수권결정과의 관계를 판단할 권한은 없지만, 수권결정에 표시된 대체집행의 범위를 판단할 직책이 있고, 위와 같이 철거해야 할 건물 등을 포괄적으로 표시하고 구체적 개별적으로 명시되어 있지 아니한 때는 원칙적으로는 목적물의 특정을 흠결한 경우로서 집행을 거부할 수 있다.[520] 그러나 채무자의 이의가 없는 때는 위의 표시로 특정되었다고 해석하여 철거집행도 가능하다는 견해도 있다.

(라) 철거 후 신축건물의 처리

건물철거의 대체집행에서는 그 철거로 채무자가 당해 집행권원상 의무를 이행한 것과 같은 효과를 발생하는 것이므로 집행은 종료하는 것이므로 그 후에 채무자가 동 지상에 건물 기타 공작물을 축조한 경우는 새로이 이들 물건의 철거 집행권원을 얻지 아니하면 이를 제거하지 못한다.

(마) 철거업자의 감독

건물철거 집행의 행위를 해야 할 집행관은 해체업자를 사용할 수 있지만, 이들을 사용할 경우라도 철거행위의 주체는 집행관이므로 건물의 철거작업이 수일 또는 수 주간을 필요로 하는 경우에도 집행관은 철거행위의 실시자로서 현장에서 철거의 방법, 잔존물의 처리 등에 관하여 철거업자에게 적절한 지시를 하여야 한다.

(바) 철거범위의 확정과 전기·수도·가스관의 처리

건물을 철거하는 경우에는 철거해야 할 건물에 부속된 창고, 차고, 다실(茶室) 등은 철거명령에 특별히 기재되어 있지 아니하여도 당연히 철거할 수 있다. 철거해야 할 건물의 일부가 명도해야 할 토지의 인접지에 걸쳐 존재하고

---

520) 日 執行官提要 288면

있는 경우는 그 부분을 철거해야 하는가 아닌가는 철거명령의 내용에 따라서 결정된다.

철거해야 할 건물에 설치된 전기, 가스, 수도 등의 각 미터기류 및 이들과 외부의 본관 등을 연결하는 전선, 가스관, 수도관 등은 통상은 건물소유자의 소유는 아니고 전력회사 등의 소유라고 생각되므로 철거의 대상으로 되지는 않는다. 따라서 철거 집행에 임해서는 채권자 또는 집행관이 당해 전력회사 등과 연락을 취하고, 그 철거나 이에 수반하는 조치를 요청할 것이 필요하다.

(사) 철거대상 건물이 경매 중, 혹은 처분금지·집행관보관 가처분이 된 경우

철거해야 할 건물에 대하여 금전채권자 또는 담보권자에 의한 경매절차가 진행 중이라든지, 체납처분에 의한 압류가 되어 있더라도 건물철거의 집행권원에 의하여 철거의 대체집행을 할 수 있다. 압류의 효력은 당해 목적물을 철거해야 할 집행권원의 집행력에까지는 미치지 아니한다. 이 경우 건물철거행위를 실시하는 자는 압류관청에 철거해야 한다는 취지를 통지하고 그로부터 일정 기간이 경과한 후에 철거집행을 해야 할 것이다. 철거해야 할 건물에 처분금지가처분이 되어 있는 경우에도 마찬가지로 해석할 수 있다.

(아) 건물철거 후의 잔존물 처리

건물을 철거 후 철거된 건물의 잔존물은 채무자에게 인도해야 하지만 채무지 등이 수령을 거부하고 현실적으로 토지 명도 집행을 방해하는 경우, 또는 채무자가 소재불명으로 그 인도가 불가능한 때이더라도 건물철거의 집행행위로서는 사실상 건물이 제거된 때에 집행은 완료되었다고 해야 하므로 잔존물의 처리만을 고려하면 충분하다. 잔존물의 인도가 불가능 한때는 집행관 기타 수권결정을 집행한 자는 잔존물을 일응 상당기간 보관하고도 이를 인도할 수 없는 때에는 이를 동산집행의 매각절차에 따라서 매각하고 그 매각대금에서 매각 및 보관에 든 비용을 빼고 그 잔여금을 채무자에게 내주고 채무자에게 내주지 못할 시는 공탁을 하게 된다. 환가(換價) 가치가 없어도 매각을 시도해 보고 수 회 매각을 시도해도 매각할 수 없고 무가치물(無價値物)이라고 판단된 경우에는 폐기처분을 해도 지장이 없다.

(자) 건물저당권자의 물상대위(物上代位)

철거된 건물에 저당권이 설정된 경우라도 철거의 집행은 그에 의하여 방해받지 아니하고 잔존물의 매각대금에 대하여는 저당권의 물상대위가 미치므로 저당권자는 위 대금에서 피담보채권의 변제를 받을 수 있다.

(차) 입목수거 · 토지 명도의 집행 시 주의의무

토지 상의 입목(立木)을 수거 하고 토지를 명도해야 한다는 취지의 확정판결을 근거로 한 강제집행은 건물 또는 공작물을 철거하는 경우와 마찬가지의 방법에 따른다. 다만 수거 해야 할 생입목(生立木)에는 상당한 고가의 것이 있을 수 있고 이식(移植)시기의 문제도 있으며 그 취급 여하에 따라서는 고사(枯死)할 경우도 있기 때문에 신중한 고려(식목 전문가의 의견을 듣는 등)를 해야 한다.

라. 대체집행의 종료와 집행정지 등

(1) 대체집행의 종료 시기

이는 주로 그 집행정지나 취소할 수 있는 최종시한이 언제인가를 정하는 데 의미가 있다. 이 점에 관하여는 수권결정의 발령 또는 그 확정이 있으면 대체집행이 종료한다는 견해도 있을 수 있으나, 현재는 일반적으로 집행권원에 표시된 청구권의 만족이라는 관점에서 대체집행의 종료 시기를 파악하여, 수권결정 확정 후라도 실시가 있기 전까지는 채무자가 청구이의의 소를 제기하고 그 판결에 기초하여 집행처분의 취소를 구할 수 있다고 본다.

(2) 집행의 정지와 취소

집행법원이 수권결정의 신청을 받고 아직 결정하기 전에 강제집행의 정지사유에 해당하는 민사집행법 49조의 서류가 집행법원에 제출된 때에는 집행법원으로서는 수권결정을 하여서는 안 된다. 그리고 그것이 강제집행을 종국적으로 허락하지 않는 서류일 때에는 법원은 수권결정의 신청을 허락하지 않아야 한다. 문제는 집행의 일시 정지를 명하는 서류가 제출된 경우에 법원은 어떠한 조처를 할 것인가 하는 점인데, 집행절차는 신속을 꾀하는 것이므로 수권결정의 신청에 대한 응답은 상당한 기간 내에 하여야 하고 따라서 상당기간 내에 정지의 사유가 소멸되지 않는 한 수권결정의 신청을 기각하여야 한다는 설이 있다.

수권결정 후에 강제집행의 취소사유가 발생하였을 때에는 집행법원은 수권결정을 취소하고 채권자와 채무자에게 알림으로써 수권결정에 기초한 작위의 실시를 금지하여야 한다. 수권결정 후에 집행정지서류가 제출된 경우에는 수권결정 자체를 취소할 수는 없고, 이때에는 추심명령이 있은 후 강제집행정지서류가 제출된 경우에 관한 민사집행규칙 161조 1항을 준용하여 법원사무관 등이 채권자에게 그 서류가 제출되었다는 사실과 위 서류의 제출에 따른 집행정지가 효력을 잃기 전에는 채권자는 대체집행의 시행을 하여서는 아니 된다는 취지를 통지하여야 한다. 위와 같은 취소 또는 정지의 통지 등을 하는 데 있어서 집행법원이 실제로 작위의 실시가 완료되었는지를 조사할 필요는 없다.

수권결정의 취소 또는 정지 등의 조치만으로는 현실의 작위 실시의 중지를 강제할 수는 없다. 현실적으로 집행정지의 목적을 신속히 달성하기 위하여 집행정지서류를 직접 실시자인 집행관에게 제출하는 것도 허용된다는 견해가 있다. 수권결정의 취소 또는 정지의 조치가 있었음에도 채권자가 작위의 실시를 중지하지 아니한 때에는 위법한 집행이 된다.

수권결정에 대하여 즉시항고를 제기한 것만으로 당연히 대체집행이 정지되지는 아니하나, 이러한 경우에도 민사집행법 15조 6항에 의한 집행정지 등의 재판을 받은 때에는 수권결정의 효력이 정지되는데, 이때에는 수권의 효력 자체가 정지되는 것이고 따로 집행법원이 정지하여야 할 집행처분도 없으므로 별도로 그 결정을 제1심 수소법원에 제출할 필요가 없다.

5. 대체집행의 비용

대체집행의 비용에는 수권결정절차의 비용과 수권결정에 기초한 작위 실시의 비용이 있다. 양자는 그 비용의 추심절차에 있어 다소 차이가 있다.

가. 수권결정절차의 비용

수권결정절차의 비용에 포함되는 것으로는 집행권원 송달신청비용, 그 송달비용, 집행문부여비용, 수권결정신청비용 등이 있다. 이러한 것들은 원래 집행비용으로서 채무자가 부담할 비용이다. 이러한 집행비용은 민사집행법

53조 1항에 따라서 먼저 변상을 받는 것이지만 대체집행의 경우에는 금전 집행과 달라서 먼저 변상을 받는 것이 불가능하다.

따라서 이에 대하여는 소송비용액의 확정절차에 따라 채권자의 신청에 따라 집행법원이 결정으로 그 금액을 정하며(민집규 24조 1항), 이 결정을 집행권원으로 하여 금전 집행의 방법에 따라 채무자로부터 추심할 수 있다. 이 결정절차에는 소송비용액의 확정절차에 관한 민사소송법의 규정이 준용된다(민집규 24조 2항).

나. 작위 실시의 비용

수권결정에 기초한 작위 실시를 위하여 필요한 비용은 채무자가 부담하여야 한다(민 389조 2항). 즉, 작위의 준비에서 그 완료까지 드는 비용을 말하며 여기에 포함되는 것으로는 집행관이 실시자인 경우에 채권자가 집행관에게 지급할 수수료, 집행관이 작위 실시를 위하여 고용하는 기술자나 노무자의 수당 등의 비용을 들 수 있다.

실시자가 집행관이 아닌 경우에는 채권자가 실시자를 선정하는데 드는 비용, 채권자와 실시자 사이에 계약을 체결하는데 드는 비용, 그 계약으로 실시자에게 지급할 보수, 실시자에 대한 감독비용 등이 이에 해당한다. 채무자의 저항배제를 위하여 집행관의 원조를 요청하는데 드는 비용은, 비록 사전에 저항배제의 필요성이 예측된다고 하더라도 작위 실시의 비용에 포함되지 않는다는 견해와 작위 실시의 비용에 포함된다는 견해가 있다.

다. 대체집행비용의 선지급결정

채권자는 채무자가 위 작위 실시비용을 그 강제집행이 완료되기 전에 미리 지급할 것을 채무자에게 명하는 결정을 신청할 수 있다(민집 260조 2항). 이를 대체집행비용 선지급결정이라고 부른다.

(1) 신 청

이 결정은 채권자의 신청이 있어야만 할 수 있다. 채권자가 이를 수권결정과 동시에 신청하는 것이 보통이지만, 그 신청 후에도 작위 실시 완료 전에는 언제라도 할 수 있다. 그러나 작위 실시가 완료한 후에는 비용 선지급을 신청할 수 없다. 이 경우에는 민사집행규칙 24조에 의하여 집행비용확정결정을 받아 이를 집행권원으로 하여(민집 56조 1호) 받아낼 수밖에 없다. 위 신청은 서면으로 하여야 하고, 신청서에는 1,000원의 인지를 붙여야 한다(재민 91-1). 위 신청서가 접수되면 별도의 사건번호를 붙여 사건입력 프로그램에 전산 입력한 다음 원래의 대체집행신청사건기록에 한데 묶는다. 다만 수권결정과 동시에 신청하는 때에도 별도의 사건번호를 부여하여야 한다.

위 신청서에는 실시할 작위는 명시되어 있어야 하나 그 지급을 구하는 금액을 명시할 필요는 없고, 그 금액을 명시한 경우에도 법원은 그에 구속되지 아니하며 청구액을 초과하는 금액의 지급을 명할 수 있다. 다만 법원이 지급할 비용을 결정하는데 판단자료를 제공하기 위하여 견적서 등을 제출하여야 한다. 그러나 신청서에 금액을 표시하여야 한다는 반대설도 있다.

(2) 심 리

위 신청은 수권결정을 관할하는 제1심법원이 심리한다.

법원이 수권결정과 동시에 비용 선지급결정을 하는 경우에는 수권결정 발령의 요건이 갖춰져 있는지를 심리하여야 하고, 그 밖의 경우에는 수권결정의 존재와 그 작위 실시가 완료되지 않았는지를 심리하여야 한다.

대체집행비용에는 ① 수권결정절차에 필요한 비용, ② 수권결정에 기초한 행위의 실시비용이 포함되고, 그 비용의 구체적인 액수는 법원이 채권자가 제출한 자료에 기초하여 판단하며 필요한 경우에는 사실 조사나 감정인의 감정을 명할 수 있다. 비용 선지급결정은 변론 없이 할 수 있으나 변론을 열지 않는 경우에는 채무자를 심문하여야 한다(민집 262조).

채무자가 채권자에 대하여 반대채권을 가지고 있더라도 심문절차에서 상계의 항변을 주장하지 못하고, 비용 선지급결정을 집행권원으로 하여 금전채권 집행방법에 따라 집행할 때 청구이의의 소를 제기하여 상계의 항변을 주장하여야 한다고 보는 것이 일반적이나, 본래의 집행권원이 채무자에게 금전채권 지급과 상환이행을 내용으로 할 때에는 채무자로서는 그 반대채권으로 상계할 수 있다는 반대설도 있다.

(3) 결정 및 불복

집행법원은 선지급명령신청이 이유 있으면 채무자에 대하여 작위의 실시에 필요한 비용의 지급을 미리 명하는 결정을 한다. 반면 그 신청이 부적법하거나 이유 없으면 결정으로 이를 각하 또는 기각하여야 한다. 수권결정의 신청이 부적법하거나 이유 없으면 비용 선지급신청도 배척하여야 한다. 또 작위 실시를 완료하기 전에 신청하였더라도 결정전에 작위 실시가 완료되었으면 신청을 기각하여야 한다. 비용 선지급결정은 당사자 쌍방에게 알려야 하며, 집행의 편의를 위해서는 채무자에게 송달하는 방법으로 알리는 것이 좋다.

|양식| **대체집행비용선지급결정**

○ ○ 지 방 법 원
제 ○ 부
결 정

사 건 20○○타기○○○ 대체집행비용선지급

채 권 자 김 갑 동
○○시 ○○로 100

채 무 자 이 을 동
○○시 ○○로 200

주 문
채무자는 채권자에게 1,000,000원을 지급하라.

이 유
채권자의 이 법원 20○○타기○○○ 대체집행 결정에 기한 대체집행비용선지급 신청은 이유 있으므로 주문과 같이 결정한다.

20 . . .

재판장 판 사 ○ ○ ○
판 사 ○ ○ ○
판 사 ○ ○ ○

위 비용 선지급의 신청에 관한 재판에 대하여는 즉시항고 할 수 있다(민집 260조 3항). 이 경우에도 대체집행결정에 대한 불복과 마찬가지로 집행권원의 내용인 실체법상의 청구권에 관한 이의를 주장하여 비용 선지급결정의 집행력 배제를 구할 수는 없다(대판 1987. 9. 8. 86다카2771). 즉시항고에는 집행정지의 효력이 없으므로 비용 선지급결정에 의한 집행을 정지하기 위해서는 집행정지의 잠정처분을 받아 집행기관에 제출하여야 한다.

(4) 비용 선지급결정의 집행

비용 선지급결정은 그 자체가 독립하여 금전지급을 명하는 집행권원이 되고(민집 56조 1호), 그 고지가 있으면 확정되기 전에도 집행력이 있다. 다만 집행을 위해서는 집행문을 받아야 한다(민집 57조). 그 구체적인 집행방법은 통상 금전채권의 지급을 명하는 집행권원과 마찬가지이다. 그 집행기간에도 제한이 없다. 그 집행을 완료하기 전에 수권결정에서 정한 작위의 실시가 완료되더라도 비용 선지급결정의 집행에는 장애가 되지 아니한다. 다만 작위의 실시가 완료되어 실제로 든 비용이 확정된 때에는 채무자는 청구이의의 소에 의하여 실제 비용을 넘는 부분에 관하여는 집행을 저지할 수 있고, 비용 선지급결정에 대한 즉시항고 제기기간 내이면 즉시항고로 다툴 수도 있다.

비용 선지급결정 그 자체에 관하여 집행정지나 취소가 인정됨은 물론이고, 다른 한편으로는 이는 수권결정에 부수된 것이므로 수권결정의 기초가 된 본래의 집행권원에 기초한 강제집행이 정지 또는 취소되거나 수권결정의 집행이 정지된 때에는 비용 선지급결정에 기초한 강제집행 또한 정지되거나 취소되어야 한다.

다만 그 구체적인 방법에 관하여는 집행권원 또는 수권결정의 정지 등을 명하는 결정정본을 비용 선지급결정을 근거로 한 금전집행의 집행기관에 제출함으로써 충분하다는 견해와 금전집행의 집행권원은 비용 선지급결정 그 자체이며 절차를 명확하기 위하여 선지급결정 자체의 정지 또는 취소결정을 받아 이를 제출하여야 한다는 견해가 대립된다.

(5) 청 산

비용 선지급결정에 따라 받아낸 돈이 실제의 비용에 미치지 못할 경우에는 채권자는 그 초과비용을 집행비용으로서 청구할 수 있다(민집 260조 2항 단서). 이때에는 집행비용액 확정절차에 관한 민사집행규칙 24조가 적용된다.

반면 비용 선지급결정에 따라 받아낸 돈이 실제의 비용보다 많을 때에는 채무자는 부당이득으로서 그 차액의 반환을 청구할 수 있다. 다만 채권자가 마음대로 반환하지 않는 경우에는 이를 돌려받을 수 있는 다른 간편한 수단이 마련되어 있지 않으므로 채무자가 소를 제기하는 수밖에 없다.

6. 대체집행 관련 실무사례

(1) **임의경매절차 중인 건물에 대한 철거집행의 可·不**[521] 「昭和 44 廣島」
* 저당권실행에 의한 경매절차 중의 건물에 대하여 철거의 집행을 할 수 있는가?
* 저당권실행에 의한 경매절차 중인 것에 의하여 건물의 철거집행을 하는 것은 방해되지 않는다.

(2) **수권결정을 근거로 한 지상건물 및 공작물 등의 철거 범위**[522] 「昭和 46 廣島」
* 일정한 부지 내에 있는 건물과 동 지상에 있는 보일러 1기 및 공작물 일체를 제거시킬 수 있다는 취지의 수권결정을 근거로 하여 집행할 때에 다음과 같은 사정이 있는 경우 집행관은 어떻게 처리해야 하는가?
   (1) 채무자 A 회사의 문전에는 B 회사(미등기의 회사)의 문패도 걸려있다.
   (2) A, B 양 회사의 사람은 소재불명이다.
   (3) 부지 내에는 목적건물 외에 변소, 창고가 증축되어 있고, 나아가 보일러 2기가 설치되어 있다.
* 우선 B 회사의 문패가 게시되어 있는 것만으로는 B 회사의 점유가 있다고는 인정할 수 없고, B 회사가 현실적으로 점유하고 있는가 어떤가를 집행관은 조사해야 한다. 보일러에 관하여는 2기 중 수권결정의 목적물이 어느 것인가를 특정할 수 없는 때에는, 어느 것도 제거할 수 없다. 또한 "공작물 일체"는, 보일러 이외의 물건을 지정하는 취지라고 해석되기 때문에 그중에 보일러는 포함되지 않는다. 또한, 증축된 변소, 창고에 관하여는 그것이 주물인 건물과 일체로 된 것이라면, 제거할 수 있다.

(3) **철거해야 할 목적물을 포괄적으로 표시한 수권결정을 근거로 한 집행의 신청**[523]
「昭和 57 執研」
* "피고는 원고에 대하여 00의 지상에 있는 건물 및 공작물 일체를 철거하고 동 토지를 명도하라"는 판결에 기초하여 동 취지의 주문에 의한 수권결정을 얻어 건물 철거 집행이 신청된 경우 어떻게 처리해야 하는가?

* 집행관은 집행권원과 수권결정의 관계를 판단할 권한은 없지만, 수권결정에 표시된 대체집행의 범위를 판단할 직책이 있고, 설문과 같이 제거해야 할 건물 등을 포괄하여 포괄적으로 표시하고, 구체적 개별적으로 명시하고 있지 않은 때는 원칙적으로는 목적물의 특정을 흠결한 경우라고 하여 집행을 거부할 수 있다고 해석된다. 특히 채무자에게 이의가 없는 때에는 위 표시로 특정되었다고 해석되는 것도 가능하지만, 어느 쪽도 실무에 있어서는 설문과 같은 집행의 신청이 있는 때에는 즉시 집행재판소에 조회하고 그 진의를 확인하는 것이 상당하다.

(4) 토지 명도의 집행권원을 근거로 하여 가옥철거의 수권결정이 있는 경우와 그 집행의 가부524) 「昭和 34 廣島」

* 집행권원인 화해조서에는 토지 명도만이 기재되고 가옥철거에 관하여는 기재되어 있지 않음에도 가옥철거의 수권결정이 이루어지고 그 집행위임이 있는 경우 집행관은 그 집행을 할 수 있는가?
* 토지 명도의 화해조항이 가옥철거의 집행력 있는 집행권원으로 될 수 있는가 어떤가에 대해서는 다툼이 있지만, 재판소가 요건을 심사하여 수권결정을 한 이상 그것에 따라서 집행을 해야 한다. 요컨대 수권결정은 집행권원에 관하여 재판소가 해석하여 재판하는 것이고, 집행관은 수권결정과 집행권원의 관계를 판단해야 할 권한이 없기 때문이다.

(5) 건물철시의 전기, 가스, 수도의 각 설비의 철거 등에 관하여 취하여야 할 조치525)
「昭和 54 執研」

* 건물철거의 대체집행 착수 시에 같은 건물에 설치된, 전기, 수도, 가스 설비 등의 제거에 대하여 집행관은 구체적으로 어떠한 조치를 생각해야 하는가?
* 제거해야 할 건물에 설치된 전기, 가스, 수도의 각 미터기 및 그들과 외부의 관등을 연결하는 전기선, 수도관 등은 통상은 건물소유자의 것이 아니고 전력회사 등의 소유라고 판단이 되고, 철거의 대상이 될 수 없다. 또한, 기술상, 안전상의 관점에서도 건물철거의 집행에 있어서는, 채권자 또는 집행관은 당해 전력회사 등과 연락을 취하고, 위 각 물건의 철거나 이것에 수반되는 조치를 요청할 것이 필요하다. 전력회사 등에서 협력을 얻을 수 없다고 판단되지 않지만, 가령 협력을 얻을 수 없는 경우는 철거해야 할 부분 만에 대하여 집행하고, 위 각 물건에 대하여는 기술자를 집행보조자로 하여 안전상의 문제가 없는 조치를 해둠과 동시에 그 취지를 전력회사 등에 연락해 두어야 한다.

---

521) 日 最高裁判所 事務總局, 2011, 執行官事務(第4版), 「452」
522) 日 最高裁判所 事務總局, 1997, 執行官事務(第3版), 「494」
523) 日 最高裁判所 事務總局, 2011, 執行官事務(第4版), 「458」

제3절 부작위의무위반에 대한 대체집행

1. 총 설

가. 부작위채무

부작위채무 자체는 성질상 대체성이 없으므로 부작위채무 자체의 이행을 강제하기 위하여 대체집행을 할 수는 없고, 민사집행법 261조에 의한 간접강제에 의하는 것이 원칙이다. 그러나 그 부작위의무 위반결과의 제각(除却)과 위반행위의 반복을 방지하기 위한 장래에 대한 적당한 처분(민법 389조 3항)은 대체성이 없는 것이 아니므로 대체집행에 의한다(민집 260조 1항). 여기서 대체집행의 대상이 되는 것은 부작위채무 그 자체는 아니고, 부작위채무로부터 파생하는 별개의 채무로서 그 변형물에 대한 작위채무의 집행이라고 할 수 있다.

부작위채무도 그 형태에 따라 1회적 부작위채무, 반복적 부작위채무 및 계속적 부작위채무로 나눌 수 있다. 1회적 부작위채무란 위반행위로서의 침해가 1회적인 것을 말한다. 예를 들어, 특정 일시·장소에서 개최되는 연주회에 출연하지 않을 채무, 특정일에 공사하지 않을 채무, 일정 기간 채권자의 비밀을 공표하지 않을 채무 등이다.

이러한 1회적 부작위채무는 그 위반행위가 1회라도 있으면 그 후에는 채무는 목적을 상실하여 소멸하여 버리고 위 부작위채무는 손해배상채무 또는 원상회복채무로 변형되어 버리므로 강제집행을 할 수 없게 되어 대체집행은 문제 되지 않는다. 다만 위반결과를 제거하기 위한 대체집행은 1회적 부작위채무의 경우에도 인정된다는 설이 있다. 예를 들어 일조방해를 이유로 한 건축금지의 부작위채무에 위반하여 건축한 건물의 철거 같은 경우이다.

반복적 부작위채무는 위반행위로서의 침해가 반복적인 것을 말한다. 예를 들어, 매일 밤 10시 이후에는 소음을 내지 않기로 하는 채무라든가 채권자가 필요에 따라 채무자의 소유 토지에 출입하는 것을 방해하지 않을 채무 등이다. 그리고 계속적 부작위채무란 위반행위로서의 침해가 계속된 것으로서, 물품판매의 금지, 소음발생의 금지 등 금지되어야 할 침해행위가 계속된 것이면

---

524) 전게서, 「462」
525) 전게서, 「464」

충분하고 현실의 침해행위가 반복적이어야 할 필요는 없다. 이러한 반복적 또는 계속적 부작위채무에 관하여는 1회의 위반행위가 있더라도 그 후의 부작위채무는 소멸하지 아니하고 따라서 대체집행이 가능하다.

원래는 이러한 대체집행을 위해서는 부작위를 명하는 원래의 집행권원 외에 별도의 집행권원을 얻어야 할 것이나, 민사집행법 260조는 이러한 경우에 별도의 집행권원 없이도 종전의 부작위를 명한 집행권원에 기초하여 수권결정을 받기만 하면 강제집행이 가능한 것으로 정하고 있다. 이 점에서 이와 같은 강제집행은 집행권원에 표시된 급부내용 이외의 것을 강제하는 결과가 된다.

나. 대체집행의 내용

(1) 부작위 위반결과의 제거(除却)

부작위의무에 위반한 상태를 제거하는 것이 대체집행의 대상이 되기 위해서는 대체성이 있어야 한다. 건물건축금지의무에 위반하여 축조된 건물, 통행방해금지의무에 위반하여 축조된 방해물 등의 제거가 이에 해당하는 예이다. 그러나 물적 위반의 결과를 남기지 않는 침해의 회복에 관하여는 별도로 집행권원을 얻어야 하고 수권결정에 따라 집행할 수 없다.

또한, 명예훼손의 문서를 공표하지 않을 채무에 위반하여 이를 신문에 게재한 경우에는 위반상태의 물적 결과는 존재하지만, 그 제거 자체를 대체집행에 의할 수는 없고, 의무위반 때문인 명예훼손에 대한 별도의 구제수단을 마련하여야 한다.

(2) 장래에 대한 적당한 처분

민법 389조 3항에 정해진 "장래에 대한 적당한 처분"이란 반복적 또는 계속적 부작위채무에서 그 처분이 하여진 이후 부작위의 이행을 확보하기 위한 적당한 처분을 말한다. 이는 부작위채무의 집행법상의 변형물로서, 부작위채무 자체가 소멸한 경우에는 민사집행법 260조에 의한 집행은 불가능하다.

그런데 그 구체적인 내용에 관하여는 학설상 다툼이 있다. 가령 출입금지의무의 위반을 방지하기 위하여 담을 쌓는 것과 같은 물적 설비를 설치하는 것이 "적당한 처분"의 전형적인 예이지만 그 이외에도 위반행위에 대한 담보제공명령, 위반행위에 대한 배상금지급의 예고명령 등도 포함된다는 견해가 일반적이다. 나아가 채무자의 위반행위를 제지하기 위한 집행관에 대한 제지명령을 이에 포함하는 경우도 있다. 그러나 담보의 제공이나 배상금 지급의 예고 등 심리적 압박을 가하는 것은 간접강제의 일종으로 이러한 수단은 민사집행법 261조의 강제집행에 의하면 된다고 하여 결국 "적당한 처분"은 물적 설비의 설치에 국한된다고 하는 반대의 견해도 유력하다.

적당한 처분의 범위를 넓게 인정하는 견해에서도 수권결정의 대상이 되는 것은 부작위채무 자체에서 그 예방조치임이 분명한 경우에 한정된다고 하여 담보제공명령이나 배상명령 등의 처분은 간접강제보다 더 유효적절하다고 인정되는 때에 한한다고 하는 설명도 있다. 나아가 물적 설비의 설치에 의하는 경우에도 여러 가지 방법을 생각할 수 있어 어느 것을 선택할 것인가가 문제될 수 있고 또 그 구체적인 이행방법도 쉽게 확정하기 어려우므로 사안이 중대한 경우에는 판결로 직접 그 이행을 구하도록 하는 것이 옳다.

(3) 수인 채무의 집행

부작위채무에는 채권자나 다른 제3자가 일정한 행위를 하는 것을 방해하지 않을 것을 목적으로 하는 것이 있다. 이를 수인 채무 또는 인용채무라고 한다. 예를 들어, 채권자나 제3자의 통행을 방해하여서는 안 된다는 것 등이다. 이러한 수인 채무 위반의 경우에 어떠한 강제집행이 가능한가에 관하여 제1설은 민사집행법 5조를 유추하여 바로 집행관에게 그 저항의 배제·진압을 위임할 수 있다고 하고, 제2설은 민사집행법 260조에 의한 수권결정에 따라 집행관에 대하여 채무자의 방해 행위를 제지할 것을 명할 수 있다고 하며, 제3설은 민사집행법 261조 소정의 간접강제에 의하여야 한다고 한다.

2. 대체집행의 절차

그 절차는 대체적 작위채무의 대체집행과 대체로 같다. 특별히 유의하여야 할 점은 다음과 같다.

가. 신 청

집행권원에 표시된 부작위채무를 명시하고, 제거해야 할 물건과 수권을 구하는 작위나 장래에 대한 적당한 처분의 내용을 구체적으로 특정하여야 한다. 신청의 취지는 대체적 작위채무의 경우와 마찬가지로 "채권자(또는 채권자의 신청을 받은 집행관)는 별지 목록 기재의 ……를 채무자의 비용으로 제거할 수 있다"는 재판(수권결정)을 구하는 것이고, "채무자는 별지 목록 기재의 ……를 채무자의 비용으로 제거하라"는 명령(대체적 작위를 명하는 집행권원)을 구하는 것은 아니다.

신청의 이유로는 부작위채무에 관한 집행권원이 성립한 후에 채무자의 의무위반으로 유형적 침해상태가 발생하였다는 것과 실제로 부작위의무의 이행을 방해하고 있다는 것을 구체적으로 주장하여야 한다. 위 사실은 신청인이 증명할 필요가 있으므로 그 입증자료를 붙여야 한다.

나. 심리와 결정

집행권원에 표시된 부작위채무가 특정되어 있는지, 집행권원이 성립한 후에 의무위반이 이루어졌는지 와 그 의무위반의 결과로서 제거의 대상인 유형적 상태가 발생한 사실을 심리한다. 의무위반의 시기와 관련하여 집행권원의 성립 시를 언제로 보아야 하는가에 관해서는 집행권원이 외부적으로 성립한 때라는 것이 통설이다. 따라서 확정판결의 경우에는 사실심의 변론 종결 시에 존재한 위반의 결과를 제각할 수 없는 것은 당연하고 사실심 변론 종결 시부터 판결선 고시까지 사이에 생긴 의무위반행위의 결과에 대하여도 그 판결에 기초한 대체집행이 불가능하므로 별도로 소구할 필요가 있다.

다만 그 기준시점이 사실심 변론종결 시라는 반대견해도 있다. 의무위반, 즉 부작위채무의 불이행은 부작위의 강제집행에서 일반적 요건으로 해석할 것은 아니지만, 의무위반물의 제거채무는 부작위채무의 변형물인 별개의 채무이며, 그 발생원인인 의무위반은 채권자가 주장·증명하여야 할 사실이므로 의무위반물의 제거의 수권결정에 관해서는 불이행도 심리대상이 된다.

우선 부작위채무가 소멸한 것이 신청 자체로부터 명백할 때에는 신청을 각하하여야 하지만 그렇지 않은 경우에는 일단 수권결정을 발령하여야 하고, 이에 대하여 부작위채무의 소멸을 주장하는 채무자가 청구이의의 소로써 다투어야 한다.

수권결정의 주문에는 위반결과의 제거를 위한 구체적 행위나 장래에 대한 적당한 처분을 명시하여야 한다. 법원은 결정함에 있어서 채권자의 신청에 구속되므로 그 신청의 범위 안에서 방법은 다른 것을 명할 수 있으나 신청 이외의 것을 명할 수는 없다. 다만 그 신청에 구속되지 않는다는 반대설도 있다.

그 결정양식은 다음과 같다.

|양식| **수권결정(부작위의무 위반)**

○ ○ 지 방 법 원
제 ○ 부
결 정

사　　　건　20○○타기○○○　대체집행
　　　　　　20○○타기○○○　대체집행비용선지급

채 권 자　김 갑 동
　　　　　○○시 ○○로 100
채 무 자　이 을 동
　　　　　○○시 ○○로 200

주　문

1. 채권자는 그가 위임하는 이 법원 소속 집행관으로 하여금 별지목록기재 건물을 철거하고 ……한 행위를 하게 할 수 있다.
2. 채무자는 채권자에게 1,000,000원을 지급하라.

이　유

　채권자와 채무자 사이의 이 법원 20 가합 건축금지 청구사건의 집행력 있는 판결정본에 기한 채권자의 이 사건 수권결정 및 대체집행비용 선지급신청은 이유 있으므로 주문과 같이 결정한다.

20 ． ． ．

재판장　판　사　○　○　○
　　　　판　사　○　○　○
　　　　판　사　○　○　○

주: 수권결정과 대체집행비용 선지급 결정을 동시에 하는 경우

위 수권결정의 신청에 관한 재판에 대하여는 즉시항고를 할 수 있고(민집 260조 3항), 그 밖에 그 실시에 관한 것은 대체적 작위채무의 경우와 마찬가지이다. 대체집행비용의 선지급도 신청할 수 있다. "적당한 처분"으로서 담보제공명령이나 배상금지급명령을 할 수 있다고 보는 경우에 그 실시를 어떻게 할 것인가 하는 점이 문제가 되는데, 일반적으로는 이러한 담보제공명령이나 배상금지급명령을 집행권원으로 하여 금전 집행에 기초한 강제집행의 방법으로 집행한다고 본다. 다만 담보제공명령의 경우, 이는 "하는 채무"에 속하고 공탁하여야 할 담보액이 대체집행의 비용에 해당한다고 보아 비용 선지급 결정을 받아 이를 금전지급의 집행권원으로 하여 강제집행 한다고 하는 설이 있으나 다소 기교적이고 우회적으로 보인다.

제4절 간접강제

> **민사집행법**
>
> **제261조(간접강제)**
> ① 채무의 성질이 간접강제를 할 수 있는 경우에 제1심 법원은 채권자의 신청에 따라 간접강제를 명하는 결정을 한다. 그 결정에는 채무의 이행의무 및 상당한 이행 기간을 밝히고, 채무자가 그 기간 이내에 이행을 하지 아니하는 때에는 늦어진 기간에 따라 일정한 배상을 하도록 명하거나 즉시 손해배상을 하도록 명할 수 있다.
> ② 제1항의 신청에 관한 재판에 대하여는 즉시항고를 할 수 있다.

1. 간접강제의 적용범위

가. 간접강제의 보충성

간접강제는 채무불이행에 대하여 금전지급의무를 부과할 것을 예고하고, 채무자를 심리적으로 압박함으로써 채무자의 자발적인 채무의 이행을 촉구하는 강제집행의 방법이며 이러한 간접강제의 방법은 채무자의 인격을 존중한다는 의미에서 직접강제나 대체집행의 방법에 따른 강제집행이 불가능한 경우에 한해 보충적으로 인정되고 있다. 실제에 있어서 간접강제에 의한 강제집행의 대상이 되는 것은 부대체적 작위채무와 부작위채무의 2가지이다. 그리고 간접

강제마저 허용되지 아니하는 채무도 있다.526)

나. 부대체적 작위채무

간접강제의 대상이 되는 부대체적 작위채무의 중요한 예로서는 다음과 같은 것들이 있다.

우선 "주는 채무" 가운데 직접강제가 불가능한 경우가 이에 해당한다. 구체적으로는 무체물인 에너지 등의 공급채무, 의사능력 있는 사람의 인도를 목적으로 하는 채무, 수확물 매각대금의 인도와 같이 특정되지 않은 금전의 지급 또는 수량이 특정되지 않은 물건의 인도를 목적으로 하는 채무, 채무자가 점유하고 있지 않은 물건의 인도를 목적으로 하는 채무, 수도설비를 설치하여 물을 공급하는 것과 같이 인도에 관하여 특별한 장치나 기술을 필요로 하는 채무, 제조·가공한 후 그 제품이나 가공품을 인도하는 채무, 일정 기간 채권자 명의로 일정한 액수의 금전을 은행에 예금할 채무 등이다.

그리고 "하는 채무" 가운데 대체집행이 불가능한 것도 간접강제의 방법에 따라 집행할 수 있다. 즉, 채무자 본인이 그 책임으로 행할 것이 요구되는 채무(재산관리의 정산을 할 채무, 재산목록이나 대차대조표를 작성할 채무, 제소 등과 같은 소송행위를 할 채무 등), 사실상 채무자 또는 그 대리인이 아니면 할 수 없는 채무(채무자만이 게시장소의 일부 또는 전부를 알고 있는 포스터 등을 제거할 채무 등), 채무자 자신이 하지 않으면 효과가 생기지 않는 채무(어음 등에 서명하여야 할 채무, 변제수령을 하여야 할 채무 등), 어떠한 내용의 작위를 할 것인가가 채무자의 재량에 맡겨 있는 작위채무(대리인을 선임하여야 할 채무, 민법 223조의 공사에 필요한 청구에 응할 채무 등)가 이에

---

526) 中野, 民事保全, 213면.
간접강제는 채무자 본인에게 심리적인 압박을 가하여 채무를 이행하도록 하는 것이므로, 채무자가 실행하려고 하는 의사만 가지면 할 수 있는 경우가 아니면 목적을 달성할 수 없다. 따라서 채무자가 주식회사에서 신주의 발행·교부를 받아 채권자에게 인도해야 할 의무 등, 실행에 관하여 제3자의 협력이 필요하여 그것을 쉽게 얻을 가망이 없는 경우나, 채권자의 수전설비완료 전에 전력회사의 송전의무 등 채권자 측에서 특수한 설비를 해야만 채무자가 실행할 수 있는 경우, 실행에 대하여 채무자의 자력에 상당하지 않는 다액의 비용이 필요한 경우에는 간접강제를 하는 것도 허용되지 않는다. 또한, 채무자가 실행의 의사가 있으면 할 수 있더라도, 예술적 창작 등 채무자의 의사를 억압하여서 하도록 하는 것은 본래 내용의 실행이 불가능한 경우, 부부의 동거의무 등 그것을 강제하는 것이 현대의 문화 관념에 반하는 경우도 간접강제를 하는 것은 허용되지 않는다. 이들 경우에는 채권자로서는 채무불이행에 의한 손해배상 청구로 만족을 얻을 수밖에 없다.

해당한다.

다만 이러한 부대체적인 "하는 채무" 가운데에는 강제집행 자체가 불가능한 것도 적지 않다. 한편 언론중재 및 피해구제 등에 관한 법률에 정해진 반론보도나 정정보도청구권의 강제집행도 간접강제의 방법에 따른다.

다. 부작위채무

1회적 부작위채무는 강제집행 개시의 요건을 갖춤과 동시에 실체법상 소멸하여 버리므로 강제집행의 여지가 없다는 견해가 있으나 이 견해는 간접강제결정을 위하여 부작위의무 위반행위가 있을 것을 요구한다는 위반행위 필요설의 입장을 전제로 한 것이고, 위반행위 불요설의 입장에서는 1회적 부작위채무에 대해서도 부작위채무를 명하는 집행권원의 집행방법으로서 간접강제가 허용된다고 본다.

계속적 부작위채무와 반복적 부작위채무에 관하여는 대체집행이 허용되지만, 이는 위반 결과의 제거와 장래에 대한 적당한 처분에 한정되므로 그로써 불충분한 경우에는 간접강제의 필요성이 인정된다. 구체적으로는 다음과 같다.

(1) 부작위의무위반의 결과가 물리적으로 존재하기는 하지만 유체물의 제거라는 방법으로는 위반상태를 배제할 수 없는 경우

소음발생금지채무에 위반하여 조업을 계속하는 경우, 민법 217조 1항에 위반하여 배수의 유출을 내버려두는 경우에는 어떠한 예방처분을 하여야 하는지가 불명확하면 간접강제가 허용된다.

(2) 부작위의무위반이 존재하지만, 물적 위반상태를 남기지 않는 경우

주택출입금지의무에 위반하여 주택에 거주하는 경우에는 적당한 처분으로서 집행관의 원조를 구할 수는 있겠으나 사실상 그것이 곤란하다면 간접강제도 허용될 수 있다. 화물반입방해금지채무에 위반하여 화물의 반입을 방해하는 경우에도 마찬가지이다.

그리고 일조방해금지채무에 위반하여 일조를 방해하는 경우에도 대체집행을 할 수 없는 것은 아니지만, 그 위반행위가 매일 반복되는 경우에는 간접강제가 허용되는 것으로 해석된다. 이러한 부작위의무의 위반행위는 원칙적으로 집행권원이 성립한 후에 생긴 것이어야 하지만, 위반상태가 집행권원이 성

립하기 전부터 있었어도 집행권원이 성립한 후의 행위로 침해상태가 계속되는 경우에는 부작위집행의 대상이 된다고 보아야 한다.

라. 간접강제가 허용되지 않는 경우

간접강제는 채무자 본인에게 심리적 압박을 가하여 채무를 이행하도록 하는 것이므로 채무자가 실행하려고 하는 의사만 가지면 할 수 있는 경우가 아니면 목적을 달성할 수 없다. 직접강제나 대체집행이 불가능할 뿐만 아니라 간접강제도 허용되지 않으므로 강제집행이 불가능한 채무로는 다음과 같은 것을 들 수 있다.

(1) 채무자가 그 의사만으로는 할 수 없는 채무

제3자와 계약을 체결하여야 할 의무, 계산서 작성에 필요한 자료가 제3자의 수중에 있는 경우의 계산서작성채무, 제3자인 주식회사로부터 멸실된 주권에 갈음하는 신주권의 발행을 받아 채권자에게 교부하여야 할 채무와 같이 제3자의 협력이 있어야 하는 채무, 채무자가 채권자에게 제3자 소유의 부동산을 취득하게 할 채무와 같이 채무자의 능력을 초과하는 과다한 비용지출을 요하는 채무 등이다.

이러한 경우에는 간접강제가 전혀 허용되지 않는다는 주장도 있으나 이러한 경우에도 채무자에게 그가 할 수 있는 노력을 다할 것(예를 들어, 제3자에게 소를 제기하는 등)을 요구할 수는 있으므로, 제3자가 채무자의 노력에도 그러한 협력을 거부하거나 채무자가 그에 필요한 비용을 조달할 수 없음이 밝혀진 경우에만 간접강제가 배제된다고 해석된다.

(2) 채무의 이행에 특별한 예술적 또는 학문적 기능을 필요로 하는 경우

오페라를 작곡하거나 교과서를 쓸 것을 내용으로 하는 채무 등이다.

(3) 인격존중의 견지에서 강제집행이 허용되지 않는 채무

부부의 동거의무나 약혼에 기초한 혼인의무 등은 채무자의 인격을 존중하여야 한다는 관점에서 강제집행이 허용되지 않는다. 이 가운데 약혼에 기초한 혼인의무의 이행은 소로써도 청구할 수 없으나(민법 803조), 부부 동거의무의 이행을 소로써 청구하는 것은 가능하다. 부대체적 노무의 제공의무도 인격존중의

견지에서 또는 간접강제를 허용하더라도 그 실효성을 거둘 수 없다는 이유에서 허용되지 않는다.

마. 제한능력자에 대한 간접강제

간접강제는 채무자에 대한 심리적 강제를 그 내용으로 하는 것이므로 채무자가 채무불이행으로 자기에게 불이익이 있다는 것을 이해하지 못할 때에는 채무자에 대한 간접강제는 무의미하다. 이 점에서 제한능력자에 대한 간접강제가 허용되는가, 허용된다면 구체적으로는 어떻게 하여야 하는가가 문제 된다.

이에 관하여는 법정대리인을 의무자로 하여 간접강제의 결정을 하여야 하고 이에 기초한 배상금도 제한능력자 본인이 아닌 법정대리인의 재산에서 받아내야 한다는 설과 채무자는 어디까지나 제한능력자이므로 법정대리인이 채무자로 하여금 그 이행을 하도록 하는 것을 기대할 수밖에 없다는 설 및 실제로 그 이행행위를 누가 하여야 하느냐에 따라 예고결정 등의 상대방을 정하고, 배상금도 그 상대방의 재산에서 받아내야 한다는 설(이 경우에도 채무자 자신에게 간접강제의 의미를 파악할 만한 의사능력이 없을 때에는 간접강제가 허용되지 않는다) 등이 있다.

2. 부대체적 작위채무의 간접강제

가. 신청과 관할

간접강제를 명하는 결정은 제1심법원의 관할에 속한다(민집 261조). 제1심법원의 구체적인 의미는 대체집행에 있어서와 같다. 집행권원이 가처분인 경우, 채권자가 간접강제의 방법으로 그 가처분결정에 대해 집행을 할 때에도 가압류에 관한 민사집행법 292조 2항의 규정이 준용되어 가처분결정이 채권자에게 고지된 날부터 2주 이내에 간접강제를 신청하여야 하는 것이 원칙이고, 그 집행기간이 지난 후의 간접강제 신청은 부적법하다.

다만 가처분에서 명하는 부대체적 작위의무가 일정 기간 계속되는 경우라면, 채무자가 성실하게 그 작위의무를 이행함으로써 강제집행을 신청할 필요 자체가 없는 동안에는 위 집행기간이 진행하지 않고, 채무자의 태도에 비추어 작위의무의 불이행으로 간접강제가 필요한 것으로 인정되는 때에 그 시점부터 2주의 집행기간이 기산된다.[527]

간접강제의 신청은 서면으로 하여야 하며(민집 4조), 여기에는 2,000원의 인지를 붙여야 한다(인지 9조 4항 1호). 신청서에는 채무자가 하여야 할 작위를 구체적으로 명시하여야 한다. 집행권원에 그 작위가 명시된 경우에도 마찬가지이다. 이 신청서에 채무자가 이행하여야 할 기간 또는 배상금 등을 반드시 구체적으로 적어야 하는 것은 아니며, 적었다고 하더라도 법원을 구속하지 않는다. 그러나 법원의 판단에 참고될 수 있도록 그 기간과 배상금을 적고 그 근거가 될 수 있는 자료를 붙이는 것이 바람직하다. 물론 집행력 있는 집행권원 정본을 붙여야 한다.

나. 심 리

법원은 신청이 있으면 간접강제의 요건이 갖추어졌는가를 심리하여야 한다. 주로 문제 되는 것은 집행권원에 표시된 작위채무의 내용이 신청서에 표시된 것과 일치하는가, 그것이 간접강제가 가능한 부대체적 작위채무인가 하는 점 등이다. 작위채무를 불이행한 사실은 채권자가 적극적으로 증명할 사항이 아니므로 법원도 이를 심리할 필요는 없다. 작위채무를 이행하였다고 주장하는 채무자가 그 이행을 증명하여 청구이의 등의 방법에 따라 다툴 수 있을 뿐이다. 법원은 간접강제의 결정을 하기 전에 반드시 채무자를 심문하여야 한다(민집 262조). 그 심문절차 등은 대체집행의 경우와 같다.

간접강제의 신청이 부적법하면 법원은 그 신청을 각하하여야 하고, 이유 없으면 이를 기각하여야 한다. 이러한 결정은 신청채권자에게 알려야 한다(민집규 7조 2항). 이 결정에 대하여는 신청채권자가 즉시항고를 할 수 있다(민집 261조 2항).

다. 결 정

(1) 간접강제결정

간접강제의 신청이 이유 있으면 법원은 간접강제를 명하는 결정을 하여야 한다. 이 결정에는 집행권원에서 명한 부대체적 작위의무와 이를 이행하여야 할 상당한 이행 기간을 밝히고, 채무자가 그 기간 이내에 이행하지 아니하는 때에는 늦어진 기간에 따라 일정한 배상을 하도록 명하거나 즉시 일정 금액의 손해배상을 하도록 명한다(민집 261조 1항). 이를 예고결정이라고도 한다.

---

527) 대결 2010. 12. 30. 2010마985

실무에서 위 배상금의 지급을 명하는 주문례는 "채무자가 위 이행 기간 이내에 위 채무를 이행하지 아니할 때에는 채권자에게 위 기간이 끝난 다음 날부터 그 이행을 마칠 때까지 1일 10만 원의 비율에 따른 금원을 지급하라." 또는 "채무자가 위 기간 이내에 위 채무를 이행하지 아니할 때에는 채권자에게 500만 원을 지급하라"라는 방식이 된다.

위 이행기간의 결정이나 배상금의 액수, 일시금의 지급을 명할 것인가 아니면 정기금의 지급을 명할 것인가 하는 점 등은 법원이 모든 사정을 참작하여 결정하여야 하고, 채권자의 신청에 구속되는 것은 아니다. 이에 대한 법원의 판단은 그것이 현저히 부당하다고 볼 특별한 사정이 없으면 상소심 법원에서도 존중되어야 한다. 간접강제결정의 양식은 다음과 같다.

|양식| **간접강제결정**

○ ○ 지 방 법 원
제 ○ 부
결 정

사　　　건　20○○타기○○○　간접강제
채 권 자　김 갑 동
　　　　　○○시 ○○로 100
채 무 자　이 을 농
　　　　　○○시 ○○로 200

주　문

1. 채무자는 이 결정을 고지 받은 날로부터 10일 이내에 별지 목록 기재의 어음을 발행하라.
2. 만약 채무자가 위 기간 내에 위 채무를 이행하지 아니할 때에는 채권자에게 위 기간이 만료된 다음날부터 그 이행완료시까지 1일 10만원의 비율에 의한 금원을 지급하라.

이　유

이 법원 20 가합 어음발행 등 청구사건의 집행력 있는 판결정본에 기초한 채권자의 이 사건 간접강제 신청은 이유 있으므로 주문과 같이 결정한다.

```
                        20  .   .   .
            재판장  판 사    ○    ○    ○
                    판 사    ○    ○    ○
                    판 사    ○    ○    ○
```

(2) 간접강제결정의 변경

간접강제결정을 한 제1심법원은 사정변경이 있는 때에는 채권자 또는 채무자의 신청에 따라 그 결정의 내용을 변경할 수 있다(민집규 191조 1항). 이처럼 결정의 변경을 인정한 취지는 원래 간접강제절차에서 명하는 배상금은 채무자에 대한 심리적 강제수단일 뿐이어서 실제 손해의 유무나 금액과는 무관하게 법원이 재량으로 정하는 것이므로 사정의 변경이 있을 경우에는 그 변경을 인정하는 것이 상당하기 때문이다.

이 변경결정은 채권자 또는 채무자의 신청이 있어야만 할 수 있다. 그 신청시기에 관하여는 특별한 제한이 없으나, 지급예고결정이 일시금을 명한 경우에는 그 이행기간이 지나기 전에 한하여 변경신청을 할 수 있고, 정기금을 명한 경우에도 이미 기간이 지난 것에 대하여는 변경신청을 할 수 없다. 뒤에서 보는 바와 같이 이 변경결정의 효력은 과거로 소급하지 않기 때문이다. 이 신청서를 접수한 때에는 독립된 사건번호를 부여할 필요가 없으며 재판사무시스템의 문서건명부에 입력한 후 원래 간접강제신청사건의 기록에 가철한다.

위 변경의 요건으로서 사정의 변경은 간접강제결정 당시에 이미 존재하였던 사정이 후에 판명된 경우도 포함한다고 보는 것이 타당하다. 다만 원결정 당시의 평가나 예견의 착오 등은 여기에서 말하는 사정변경에는 해당하지 아니하고 이러한 경우에는 즉시항고에 의하여 구제를 받아야 한다. 변경결정을 하는 경우에는 신청의 상대방을 심문하여야 한다(민집규 191조 2항).

위 변경결정을 함에는 정기금을 일시금으로 할 수도 있고 그 반대로 일시금을 정기금으로 할 수도 있으며, 배상금액의 증감은 물론 이행기간의 연장이나 단축도 가능하다. 그 주문의 예로서는 원래의 결정(예를 들어, 매월 50만 원을 지급하라)에 추가로 집행권원을 작성하는 형식(별도로 매월 20만원을 지급하라)과 종래의 결정 대신 새로운 결정을 하는 형식(매월 70만원을 지급하라)의 2가지를 생각할 수 있으나, 후자의 형식을 취하는 경우에는 분명하게 하기 위하여 원래 결정의 예고결정은 취소하는 것이 바람직하다.

위와 같은 변경의 효력은 그 결정이 고지된 때로부터 효력이 생기고 그 변경결정이 확정될 때 비로소 효력이 생기는 것이 아니다. 그 효력은 장래에 향하여만 미치므로 이미 기간이 지난 부분에 대하여 발생한 배상금의 지급의무에는 영향을 미치지 않는다. 간접강제는 장래의 이행을 확보하기 위한 것이므로 이미 심리 강제의 수단으로서의 사명을 마친 과거의 결정을 변경할 필요는 없기 때문이다.

(3) 간접강제결정에 대한 불복

간접강제를 명하는 결정에 대하여는 즉시항고가 가능하다(민집 261조 2항). 변경결정에 대하여도 마찬가지이다(민집규 191조 3항). 다만 이 즉시항고에는 집행정지의 효력이 인정되지 않는다(민집 15조 6항). 또한, 이와 별도로 배상금의 지급을 명하는 간접강제결정을 집행권원으로 하여 강제집행을 하는 경우에는 그에 대하여 청구이의의 소를 제기할 수 있다.

라. 배상금의 집행

(1) 간접강제절차와의 관계

채무자가 그 이행 기간 이내에 이행하였다는 점에 관한 증명이 없는 한 채권자는 그 이행기간이 지나면 그 간접강제결정에서 명한 배상금에 대하여 강제집행을 할 수 있다. 간접강제의 절차는 법원이 간접강제결정을 함으로써 일단 종료되고(다만 변경결정의 여지가 있는 동안은 사건이 완결된 것으로 처리해서는 안된다), 그 결정에 기초하여 배상금을 현실적으로 집행하는 절차는 간접강제절차와 독립된 별개의 금전채권에 기초한 집행절차이다.

그런데 이처럼 간접강제의 절차와 배상금의 집행절차는 별개라는 점을 근거로 하여, 채무자가 마음대로 작위채무를 이행하더라도 이미 발생한 배상금 지급의무를 면하는 것은 아니라는 견해(추심가능설)와 간접강제결정에 기초한 배상금의 추심은 과거의 지연에 대한 제재나 손해배상이 아니고 작위의무의 이행에 관한 심리적 강제수단에 불과하므로 작위의무의 이행이 있으면 배상금을 받아냄으로써 심리적 강제를 꾀할 목적이 상실되어 버리므로 채권자가 이제는 배상금을 추심할 수는 없다는 견해(추심불능설)가 대립한다.

판례는 채무자가 간접강제결정에서 명한 이행기간이 지난 후에 채무를 이행하였다면 채권자가 특별한 사정이 없으면 채무의 이행이 지연된 기간에 상응하는 배상금의 추심을 위한 강제집행을 할 수 있다고 하여 전자의 견해를 취하고 있다. 작위의무를 이행하여 그 의무가 소멸된 이후의 부분에 대해서까지 채권자가 배상금의 강제집행을 계속하려고 할 때에는 채무자는 작위를 명하는 본래의 집행권원에 대한 청구이의의 소(민집 44조)를 제기하여 구제를 받아야 한다. 그리고 이행이 있었는데도 집행이 완료된 때에는 부당이득반환의 청구를 할 수 있다.

(2) 집행절차

간접강제결정에 의한 배상금의 집행은 금전채권에 기초한 집행절차와 같다. 위 간접강제결정 자체가 독립된 집행권원이 되며, 간접강제결정에 대하여 즉시항고를 제기하더라도 집행정지의 효력은 없다(민집 15조 6항 본문). 그 집행을 위해서는 집행문을 받아야 하는데, 배상금의 집행에 관하여 집행정지의 결정이 있은 때에는 집행문을 내어 주어서는 안된다. 간접강제결정에서 명시된 이행기간이 지난 것은 집행개시의 요건(민집 40조 1항)이지만 채권자가 적극적으로 채무자의 이행이 없었음을 증명할 필요는 없으므로 민사집행법 30조 2항 은 적용되지 않는다.

일단 채무자로부터 추심한 배상금은 채무자의 작위의무 불이행 때문인 손해배상청구권에 충당될 성질의 것이고, 배상금으로 충당하더라도 손해가 완전히 전보되지 않을 때에는 채권자가 채무자를 상대로 별도로 손해배상을 청구할 수 있다. 문제는 채무자로부터 추심한 액수가 채권자의 실제 손해액을 초과하는 경우인데, 이 경우에는 초과하는 액수를 채무자에게 반환하여야 한다는 견해도 있을 수 있으나, 추심금의 실체법적 성격은 금액의 결정을 집행법원에 위임한 법정위약금이므로 반환할 필요가 없다는 견해가 유력하다. 만일 채무자에게 반환하여야 한다면 이행의 확보라고 하는 제도적 의의에 어긋나게 된다.

마. 집행의 정지 및 취소

간접강제 자체의 정지와 취소 및 간접강제결정에 기초한 금전 집행의 정지와 취소를 구분할 필요가 있다.

(1) 간접강제의 정지와 취소

채무자가 작위의무를 이행하면 간접강제의 집행을 종료하고, 일정한 금전의 지급을 명하는 결정은 효력을 잃는다. 작위의무의 이행이 없는 때에는 채권자가 결정의 내용에 따라 금전을 추심한 때에 집행은 종료한다. 간접강제의 대상인 작위의무를 명하는 본래의 집행권원 자체의 집행을 취소하여야 할 사유가 있는 경우에는 집행법원인 제1심법원에 집행취소문서를 제출하면 제1심법원은 이미 내려진 간접강제결정을 취소하여야 한다(민집 49조 1호, 50조).

간접강제결정을 취소하는 경우에는 이미 내린 금전지급의 예고명령을 취소한다. 이 취소결정이 금전 집행에 대한 집행취소문서가 된다. 이 취소결정에는 소급효가 없으므로 이미 시행된 집행의 효력에는 영향이 없다. 다만 배상금의 집행이 이루어진 때에는 채무자는 그 부당이득의 반환을 청구할 수 있다.

반면 본래 집행권원의 집행에 관하여 집행정지의 사유가 있는 때 간접강제절차의 집행정지 방법에 관하여는 간접강제결정(지급예고명령)을 취소하고 정지사유가 소멸한 때에 다시 간접강제의 결정을 하여야 한다는 견해와 이 경우에 간접강제결정을 취소할 것이 아니라 간접강제결정에 관하여 집행정지결정을 하는 것이 타당하다는 견해가 있다. 판례는 전자의 견해를 취하고 있다.[528] 전자의 견해를 취하여 간접강제결정을 취소하더라도 간접강제결정을 근거로 하여 이미 시행된 집행의 효력에는 영향이 없다.

(2) 금전집행의 정지 및 취소

간접강제결정을 독립된 집행권원으로 하는 금전 집행에 관하여는 민사집행법 49조 1항, 50조에 의한 집행의 정지, 취소가 인정된다. 이 경우 간접강제의 기본이 되는 집행권원 자체의 집행에 관하여 정지 또는 취소를 명하는 서류가 바로 금전집행 자체의 정지 또는 취소사유가 되는가를 논의가 있으나, 위 기본적인 집행권원의 집행절차와 간접강제결정에 기초한 집행절차는 서로 별개의 절차이므로 기본이 되는 집행권원에 관하여 집행의 정지 또는 취소를 명하는 서류의 제출만으로는 금전집행의 정지 또는 취소사유가 되지 아니하고, 위 전자의 서류가 간접강제절차의 집행법원에 제출되면 집행법원이 정지, 취소의 방법으로서 별도로 간접강제결정에 대해 재판을 하고 이것이 금전집

---

528) 대결 1997. 1. 16. 96마774

행의 집행정지, 취소문서가 된다.
 간접강제결정에 대한 청구이의의 소를 제기하는 경우에는 간접강제결정 자체에 대한 즉시항고의 사유나 원래의 집행권원에 대한 실체적 이의사유를 직접 주장할 수는 없고 원래의 집행권원에 대한 강제집행이 정지 또는 취소되었거나 이미 배상금을 지급하였음을 주장하여야 한다.

바. 간접강제 결정의 재발령
 간접강제결정에 의한 배상금 추심이 완료되어도 채무자가 작위를 실시하지 않는 경우에, 간접강제결정에서 늦어진 기간에 따라 일정 비율에 따른 배상금의 지급을 명한 경우에는 간접강제결정에 그 종기가 정하여진 것이 아니므로 다시 추심 후의 늦어진 기간에 대하여 배상금을 받아낼 수 있다. 그러나 한꺼번에 일정금액의 배상을 명한 경우에 그 배상금의 추심을 마친 뒤에도 채무자가 작위를 실시하지 아니하여 다시 심리적 강제를 가하려면 새로운 간접강제결정을 얻어야 한다.

3. 부작위채무의 간접강제

가. 신청과 관할
 부작위채무의 간접강제의 관할이나 그 신청방식은 부대체적 작위채무의 경우와 같다. 신청할 수 있는 기간은 제한이 없으므로 채권자는 언제든지 신청할 수 있다. 집행권원이 가처분인 경우, 판례는 채무자에 대하여 단순한 부작위를 명하는 가처분은 그 가처분 재판이 채무자에게 고지됨으로써 효력이 발생하는 것이지만, 채무자가 그 명령 위반의 행위를 한 때에 비로소 간접강제의 방법에 따라 부작위 상태를 실현할 필요가 생기므로 그때부터 2주 이내에 간접강제를 신청하여야 함이 원칙이고, 다만 채무자가 가처분 재판이 고지되기 전부터 가처분 재판에서 명한 부작위에 위반되는 행위를 계속하고 있는 경우라면, 그 가처분결정이 채권자에게 고지된 날부터 2주 이내에 간접강제를 신청하여야 하고, 그 집행기간이 지난 후의 간접강제신청은 부적법하다고 한다.[529]

---

529) 대결 2010. 12. 30. 2010마985

신청서에는 간접강제의 대상이 되는 부작위의무의 내용을 명시하여야 한다. 그 명시에 관하여는, 채무자의 위반행위와 이를 중지하는 행위(예를 들어, 건물출입금지의 집행권원 성립 후에도 건물에 거주하고 있는 경우에는 거주하고 있다는 행위 및 퇴거하여야 한다는 행위)를 특정하여야 한다는 견해와 부작위채무 자체만 특정하면 된다는 반대설이 있다.

신청서에 배상금의 액수 등을 적을 필요는 없고, 이를 적더라도 법원을 구속하지는 않는다. 다만 계속적 부작위채무의 경우에 간접강제를 구하는 기간을 한정하여 신청하는 것은 무방하고 이때에는 법원은 그 신청취지에 따라야 한다고 해석된다.

나. 심 리

신청을 받은 집행법원이 집행권원 표시의 부작위채무와 신청된 부작위채무의 동일성을 확인하는 등 간접강제의 요건이 갖추어졌는가를 확인하여야 하는 것은 부대체적 작위채무의 경우와 같다. 문제는 간접강제결정의 신청단계에서 채무자의 위반행위가 있어야 하는지 내지 이를 신청채권자가 증명하여야 하는지 이다.

이를 긍정하는 위반행위 필요설에 따르면 위반행위의 사전예방은 부작위채무의 집행으로서는 인정되지 않고, 다만 방해예방청구나 다툼의 대상에 관한 가처분(민집 300조 1항) 또는 임시의 지위를 정하는 가처분(민집 300조 2항)에 따라 위반행위를 예방할 수밖에 없다.

이에 대하여 위반행위 불요설은 특히 위반결과를 남기지 않는 1회적 부작위채무의 경우에는 위반행위가 있으면 바로 청구권이 소멸하게 되므로 전혀 집행방법이 없게 되고 위반이 있으면 회복하기 어려운 손해가 생기게 되는 경우에도 위반행위가 있을 때까지 집행할 수 없다고 하는 것은 불합리하다고 하여 위반행위가 없다고 하더라도 간접강제를 신청할 수 있다고 한다.

그중에도 어느 경우에 간접강제를 신청할 수 있는가에 관하여는, 위반행위의 위험이 중대하고 명백하여야 한다는 설, 위반행위의 우려가 있어야 한다는 설 및 위반행위의 우려도 필요로 하지 않는다는 설 등으로 나누어져 있다. 판례는 위반행위 불요설의 견해를 밝히고 있는 것으로 보인다.[530]

---

530) 대판 1996. 4. 12. 93다40614, 40621

집행법원은 간접강제의 결정을 하기 전에 반드시 채무자를 심문하여야 한다(민집 262조). 집행법원의 심리결과 신청이 부적법할 때에는 이를 각하하고, 이유가 없으면 기각하여야 한다. 이러한 결정은 신청채권자에게 알려야 한다(민집규 7조 2항). 이 결정에 대하여는 즉시항고를 할 수 있다(민집 261조 2항).

다. 결 정

집행법원은 채권자의 신청이 이유 있을 때에는 간접강제의 결정을 하여야 한다. 위 결정에서는 채무자가 이행하여야 할 부작위의무를 특정하여야 한다. 그 밖의 사항은 부대체적 작위채무에 관한 간접강제결정과 대체로 같다.

그 주문례를 들어보면, "채무자는 간접강제결정이 송달된 날부터 채권자가 그 소유건물의 수리를 위하여 채무자 소유의 별지 목록 기재 토지에 출입하는 것을 방해하여서는 아니 된다"라고 하여 부작위채무를 명시하고 "채무자가 위 의무를 위반할 때에는 그 위반이 있을 때마다 1회에 10만 원을 지급하라"라고 하여 지급하여야 할 배상금을 정한다.

채권자 또는 채무자는 위 간접강제결정의 변경을 청구할 수 있고(민집규 191조 1항), 위 간접강제결정이나 변경결정에 대하여 즉시항고로 불복할 수 있는 것(민집 261조 2항, 민집규 191조 3항)은 부대체적 작위채무의 경우와 마찬가지이다.

라. 간접강제 결정의 집행

간접강제결정을 집행권원으로 하여 강제집행을 하기 위해서는 집행문을 받아야 한다. 다만 집행문을 받기 위하여 채권자가 채무자의 부작위의무 위반사실을 증명하여야 하는가를 주제로 논의가 있다. 간접강제결정의 신청단계에서는 채무자의 부작위의무 위반사실을 증명할 필요가 없다고 하는 위반행위 불요설에 따를 때에는 간접강제결정의 집행단계에서 위반행위가 있을 것이 집행의 조건에 해당하므로 민사집행법 30조 2항에 의하여 채권자가 그 조건의 성취를 증명하여야 집행문을 받을 수 있다.

반면 간접강제결정의 신청단계에서 부작위의무 위반사실의 증명이 필요하다는 위반행위 필요설에 따를 때에는 간접강제결정의 집행을 위하여 집행문을 내어 주는 단계에서 따로 채권자가 위반사실을 증명할 필요가 없다. 판례는 채무자의 부작위의무 위반은 부작위채무에 관한 간접강제결정의 집행을 위한 조건에 해당하므로 민사집행법 30조 2항에 의하여 채권자가 조건의 성취를 증명하여야 집행문을 받을 수 있다531)고 하여 전자의 견해를 취하고 있다.

또한, 위 판례는 부작위의무를 위반하였다는 집행문부여 조건의 성취 여부는 집행문부여의 소 또는 집행문부여에 대한 이의의 소에서 주장 심리되어야 할 사항이므로 부작위채무에 관한 간접강제결정의 집행력 배제를 구하는 청구이의의 소에서 채무자에게 부작위의무위반이 없었다는 주장을 청구이의사유로 삼을 수 없다고 한다.

그 밖에 금전집행의 절차, 집행정지, 집행취소 등은 부대체적 작위채무의 경우와 같다.

한편 계속적 부작위의무를 명한 가처분을 근거로 한 간접강제명령이 발령된 상태에서 의무위반행위가 계속되던 중 채무자가 그 행위를 중지하고 장래의 의무위반행위를 방지하기 위한 적당한 조처를 했다거나 그 가처분에서 정한 금지기간이 경과하였다고 하더라도, 그러한 사정만으로는 간접강제결정 발령 후에 행해진 부작위의무위반행위의 효과가 소급적으로 소멸한다거나 위반행위를 하지 않은 것과 같이 볼 수는 없으므로 채무자는 간접강제결정 발령 후에 행한 의무위반행위에 관하여 간접강제결정에서 정한 배상금의 지급의무를 면하지 못하고 채권자는 그 위반행위에 상응하는 배상금의 추심을 위한 강제집행을 할 수 있다는 것이 판례의 입장이다.532)

4. 간접강제의 구체적 실무사례

가. 부대체적 작위 의무인 경우

(1) 졸업생의 졸업학교에 대한 졸업증명서 등의 교부 청구에 의한 간접강제 「京都 地判 平成 7. 9.22 判示 1570호 99면」
이행확보를 위하여 정기금의 지급을 명하는 것이 상당한가 아닌가는 강제집행절차에서 고려되어야 할 문제이고, 증명서의 미교부에 의한 위자료 청구소송에서 참작사항으로 하는 것은 상당하지 않다고 하였다.

(2) 주거용건물의 건축의무에 관하여 건물의 설계비용 등에 대하여 특정이 없다고 하여 대체

---

531) 대판 2012. 4. 13. 2011다92916
532) 대판 2012. 4. 13. 2011다92916

집행은 상당하지 아니하고 간접강제가 허용된 사례 「名古屋地決, 昭和 38. 2. 13 下民集 14권 2호」

(3) 사죄광고를 명예훼손한 특정잡지에 게재할 경우의 강제집행으로서 간접강제의 방법에 따를 수밖에 없다고 한 사례 「東京地判, 平成 7.3.14. 判示 1552」

나. 부작위 의무인 경우

(1) 폭력단체사무소로서의 건물사용금지의 가처분 결정을 근거로 한 간접강제 「大阪地決, 平成 3.5.29. 判示 1397호 24면」
건물 내에 폭력단구성원을 집합시키는 등으로 동 건물을 폭력단체사무소로 사용하는 것의 금지 가처분에 관하여, 그 의무에 위반하여 동 건물 내에 1일에 대하여 연 7명 이상 출입시키는 등으로 동 건물을 폭력단체사무소로써 사용한 때는 당해 위반 1일에 대하여 100만 엔의 지급을 명하는 간접강제를 명령한 것이다.

(2) 문서의 배포행위 등 금지의 집행권원을 근거로 한 간접강제 「東京地判, 平成 11. 7. 1. 判示 1694호 94면」
채권자의 명예·신용을 훼손하는 내용의 프랑 카드·간판 등의 게시행위 및 문서의 배포행위금지 판결에 기초한 간접강제로 위 부작위의무의 강제집행은 위 부작위의 인용 판결이 확정된 경우 이를 집행권원으로 하여 민사집행법 172조 1항의 지급예고결정을 행하는 간접강제에 의하여 행해져야 하지만, 본 사례에서는 당초의 소송에서 위 채무자의 부작위와 함께 채무자의 부작위의무의 간접강제로서의 금전의 지급 판결을 구하고 있고, 그와 같은 급부청구권 법률상의 근거를 발견할 수 없다고 하여, 채무자의 부작위와 함께 청구한 채무자의 부작위의무의 간접강제로서의 금전지급의 청구에 관해서는 기각하였다.

(3) 임차인의 임대인에 대한 출입문 폐쇄금지의 가처분을 근거로 한 간접강제 「東京高決, 昭和 50. 10. 28. 判示 336호 237면」
위 재판 례에서는 간접강제로서 손해배상액을 정하는 것은 집행권원의 내용인 행위(작위, 부작위) 의무를 심리적으로 강제하여 그에 의하여, 그 행위를 행하도록 하는 취지이고 그 행위의무의 전보배상액을 정하여 본래의 집행에 대신하여 그 금전채권의 만족을 얻는 취지는 아니며, 그 손해배상액은 통상 그 취지목적을 달성함에 필요충분조건으로 일단의 합리성이 존재하면 충분하고, 반드시 민법 415조 또는 709조 이하의 채무불이행 또는 불법행위에 의한 손해배상액의 산정과 완전히 같은 것은 아니고 채권자(임차인)의 상점에서의 이익을 기준으로 하는 그 손해액의 산정은, 위 간접강제의 액으로서는 그 목적을 달성함에 필요충분조건으로 일단의 합리성이 존재한다고 할 수 있다고 하였다.

(4) 다른 집행방법이 집행 불능으로 된 경우의 간접강제 「東京高決, 昭和 50. 10. 28. 判示 336호 237면」

부작위의무의 의무위반물 제거의 대체집행이 집행할 수 없게 된 경우 간접강제로 표시사용금지의 판결에 기초하여 의무위반물인 빌딩옥상의 금지된 표시가 되어 있는 간판에 대하여 부작위의무 위반물(옥상에 표시된 간판물) 제거의 수권결정이 다수 사건으로 발령되었지만, 일부 채권자, 채무자 이외의 제3자인 빌딩의 소유자가 강제집행을 하러 온 집행관의 출입을 거부함으로써 집행 불능으로 되고 당해 의무 위반물인 빌딩옥상의 금지된 표시가 되어 있는 간판제거의 간접강제가 인정된 사례.

제2장
송달사무 등

제1절 송달사무

1. 송 달

가. 송달의 의의

송달이라 함은 당사자 그 밖의 소송관계인에게 소송상 서류의 내용을 알 기회를 주기 위해 법정의 방식에 좇아 하는 통지의 행위이며, 재판권의 한 가지 작용에 속한다. 송달해서 제대로 알림으로써 당사자의 절차적 권리가 보장된다. 집행관은 법원이나 검사의 명령에 따라 송달사무를 처리하게 되는바 이하에서는 송달에 관한 일반적인 사항을 간략하게 설명하고 집행관의 송달사무에 관계되는 부분을 중심으로 설명하겠다.

나. 송달기관

(1) 송달담당기관(송달사무처리자)

송달사무는 원칙적으로 법원사무관 등이 한다(민소 175조 1항). 그 사무로는 송달서류의 수령, 작성, 송달받을 자, 송달장소, 송달방법의 결정, 송달실시기관에의 서류교부, 실시 후의 송달증서 수령 및 기록에 편철, 그리고 공시송달의 경우에 송달서류의 보관 등이 포함된다. 집행증서정본 등의 송달 경우에 송달사무처리자인 동시에 송달실시기관이 된다.

(2) 송달실시기관

원칙적인 송달실시기관은 집행관과 우편집배원이며 그 밖의 대법원 규칙이 정하는 방법에 따라서 하여야 한다(민소 176조). 집행관은 소속지방법원의 관할 구역 내에 한하여 송달할 수 있다(집행관법 2조).

(3) 기타

국가 및 행정청, 지방자치단체 그 밖의 공법인에 대하여는 각각의 법률에 따라 대표자가 규정되어 있다.

다. 송달시행의 방법

교부송달을 원칙으로 하되 이 밖에 보충송달, 유치송달, 우편송달, 공시송달의 방법이 있으며 새로운 민사소송법은 송달한 송달제를 신설하였다.

2. 집행관이 송달하는 경우

가. 소송서류의 송달

집행관은 민사소송사건에 있어서 서류송달을 하는 송달실시기관의 하나이다(민소법 176조 1항).

(1) 민사소송사건에 있어서 송달사무처리기관은 법원사무관 등이며 집행관은 법원사무관 등의 촉탁에 따라 송달을 하는 송달실시기관이다. 송달실시기관으로서는 집행관 이외에도 법원사무관 등, 우편집배원, 법정경위 등이 있다(민소법 176조 177조, 법원조직법 64조 3항).

(2) 법원사무관 등이 집행관에 의해 송달하는 경우에는 집행관수수료규칙에 따른 비용을 예납 받아야 한다(집행관법 19조 1항).

(3) 집행관 송달이 주로 행해지는 경우로는 우편에 의한 것보다 신속한 송달이 있어야 하는 경우와 법원의 관할구역 내에서도 법원과 가까운 거리에 송달할 경우뿐만 아니라 특히 송달의 일시를 지정하여 송달할 경우와 야간 또는 휴일 송달의 경우이다. 형사소송사건이나 비송사건 등에 있어서의 소송서류의 송달도 민사소송사건에 있어서의 송달규정을 준용한다(형사소송법 65조 등).

나. 집행증서의 정본 등의 송달

공증인, 법무법인 또는 공증인가 합동법률사무소가 작성한 집행증서 등은 채권자가 송달과 동시에 강제집행 하는 것을 위임하는 경우 또는 우편송달로는 그 목적을 달성할 수 없는 때에는 집행관에게 송달을 위임할 수 있다(민집규 22조 2항).

우편송달로는 목적을 달성할 수 없는 때라 함은 서류를 우편 또는 교부로 송달할 수 없는 경우 또는 우편으로 송달하기가 상당히 곤란한 사정이 있는 경우 등이다. 집행관이 집행기관으로서 집행권원의 송달을 하는 경우에 민사소송법 186조 규정에 따른 유치송달 또는 보충송달을 할 수 없는 경우에는 민사소송법 187조를 준용하여 집행관 스스로 등기우편으로 발송할 수 있다(민집규 22조 6항).

채무자의 주소, 주거 그 외 송달할 장소를 알지 못하는 경우, 혹은 민사소송법 107조 1항 규정에 따른 등기우편으로 부치는 송달을 할 수 없는 경우에, 또는 외국에서 해야 할 송달에 대해서 그 송달이 상당히 곤란한 경우에, 채권자가 그 서류의 공시송달에 대해서 채무자의 보통재판적의 소재지를 관할하는 지방법원(보통재판적이 없는 때는 청구목적 또는 압류할 수 있는 채무자의 재산 소재지를 관할하는 지방법원)의 허가를 받아 집행관에 대해서 신청을 하였을 때 집행관은 그 공시송달을 실시한다(민소규 20조 4항).

이 공시송달은 집행관이 송달해야 할 서류를 보관하고 언제라도 송달을 받아야 할 자에게 교부한다는 내용을 법원게시판에 게시하는 방법에 따라 실시하여야 하며, 게시를 시작한 날부터 2주간 또는 6주간이 경과하면 그 효력이 발생된다(민소규 20조 5항).

집행증서 정본 등을 실지로 송달받아야 할 자(이하 수송달자라고 하는 일도 있다)에게 교부하게 되는 송달에는, 공증인에 의한 송달과 집행관에 의한 송달 등이 있으나, 시점으로 보아 집행관에 의한 송달은 강제집행 시점에 시행되는 일이 많은 데 비해서 공증인에 의한 교부송달은 집행증서 등의 작성시점에 실시되는 것으로서 가장 빠른 시기에 이루어지는 것이므로 이들 각 서류의 송달에 대해서 채권자는 우선 공증인에 대해서 송달을 신청하게 될 것이다.

공증인이 작성하는 집행증서의 정본이나 등본의 송달은 우편이나 민사집행규칙 22조가 정하는 방법에 의하고(공증인법 56조의4 1항), 우편에 의한 송달은 신청에 따라 공증인이 행한다(공증인법 56조의4 2항). 다만 공증인법 46조 또는 공증인법

50조의 규정에 따라 증서의 정본 또는 등본을 교부받은 자에 대하여는 그 증서의 정본 또는 등본을 교부받은 자에 대하여는 그 증서의 정본 또는 등본의 송달이 있는 것으로 보게 되어 있으므로(공증인법 56조의4 1항 단서) 다시 이를 송달할 필요는 없다.

실무는 공증 시에 집행채무자에게 집행증서의 정본 또는 등본을 내주는 것이 관례이다. 한편 강제집행을 개시할 수 있는 요건으로서의 집행권원의 송달은 원칙적으로 채권자의 신청에 의할 것이나, 이미 법률규정에 따라 직권으로 집행권원의 송달이 이루어진 경우(예컨대 민소 210조 1항에 의한 판결의 송달 및 민소 469조 1항에 의한 지급명령의 송달)에는 집행을 위하여 다시 송달할 필요가 없고, 화해, 인낙 또는 조정조서 등도 그 정본을 직권으로 송달하게 되어 있다(민소규 56조, 민조 33조 2항).

3. 송달의 요건

송달은 적법하게 송달을 수행할 수 있는 장소(송달장소)에서 송달을 받을 자격을 지닌 자(송달받을 자)에 대해서, 법률에서 정한 방법(송달방법)으로 이루어져야 된다.

가. 송달장소(민소법 제183조)
(1) 원칙 : 주소, 거소, 영업소 또는 사무소

주소는 생활의 근거가 되는 곳(민법 제18조 제1항)을 말하지만, 반드시 주민등록상의 주소에 국한되는 것은 아니다.

거소는 생활의 근거가 될 정도에 이르지는 못하지만 상당 기간 계속하여 거주하는 장소를 말한다(예: 하숙집, 장기입원 중인 병원, 장기체류 중인 호텔 등).

영업소 또는 사무소는 송달받을 사람의 사무 또는 영업이 일정 기간 지속적으로 행하여지는 중심적 장소를 말하며, 반드시 본점이거나 등기된 지점일 필요는 없고 사실상 독립하여 주된 영업행위의 전부 또는 일부가 총괄적으로 경영되는 장소이면 족하다.[533] 여기서의 영업소 또는 사무소는 송달받을 사람

---

533) 대판 2003. 04. 11.자 2002다59337

본인이 경영하는 곳을 의미하므로 송달받을 사람이 고용되어 일하는 단순한 근무처에 불과한 곳은 이에 해당하지 아니한다.534) 송달받을 사람이 경영하는 그 와 별도의 법인격을 가지는 회사의 사무실은 송달받을 사람의 영업소나 사무소라고 할 수 없다.535)

(2) 근무 장소

주소 등 송달 할 장소를 알지 못하거나 그 장소에서 송달 할 수 없는 때에는 송달받을 사람이 고용·위임 그 밖의 법률상 행위로 취업하고 있는 다른 사람의 주소 등(이하 "근무 장소"라 한다)에서 송달 할 수 있다. 취업이나 학업을 위하여 낮에 집을 비우고 또한 다른 사람의 영업소 사무소에 취업하여 근무하는 것이 현실인 점을 반영한 보충적인 송달장소이며 근무 장소는 취업하고 있는 업체의 고용주가 자연인이건 법인이건 불문하며 공무원의 근무 장소도 포함한다. 지속적인 근무 장소이어야 하므로 출장이나 파견 등으로 원래의 근무 장소를 떠나 일시적으로 머물고 있는 장소는 이에 해당하지 않는다.

(3) 송달받을 장소로 신고된 곳

당사자·법정대리인 또는 소송대리인은 주소 등 외의 장소(대한민국 안의 장소로 한정)를 송달받을 장소로 정하여 법원에 신고할 수 있는데, 이 경우에는 송달영수인을 정하여 신고할 수 있다(민소법 제184조). 또한 당사자들이 송달장소를 바꿀 때는 바로 법원에 그 취지를 신고하여야 하는데 위 신고를 하지 아니한 사람에게 보낼 서류는 달리 보낼 장소를 알 수 없는 경우 종전에 송달받던 장소에 대법원 규칙이 정하는 방법으로 발송할 수 있다(민소법 제185조).

나. 송달을 받을 사람

(1) 송달받을 본인

송달을 받을 사람 본인에게 교부함을 원칙으로 한다(민소 제178조 교부 송달 원칙).

외국으로부터의 송달 수탁에 따라 집행관 송달을 시행할 때는 송달촉탁서에 반드시 송달받을 사람 본인에게 직접 전달하여 달라고 요청하는 것으로 기

---

534) 대판 1997. 12. 9.자 97다31267
535) 대결 2004. 7. 21.자 2004마535

재되어 있는지 확인하여야 하며, 촉탁서에 송달받을 사람 본인에게 직접 전달하여 달라고 요청할 때는 촉탁을 요청하는 국가(특히 미국)의 법 규정에 따라 송달받을 사람 본인이 직접 받아야 송달의 효력이 있게 되고 유치송달이나 보충송달은 허용되지 않을 수 있으므로 집행관에 의하여 송달받을 사람 본인이 직접 교부받을 수 있도록 송달하여야 하고, 본인이 직접 교부받을 수 없는 경우에는 송달불능으로 처리하여야 한다(국제민사사법공조 등에 관한예규 제15조 제2항).

(2) 제한능력자인 경우

소송무능력자(미성년자, 피한정후견인, 피성년후견인 등)에게 할 송달은 그의 법정대리인에게 하여야 한다(민소법 제179조). 따라서 미성년자에게는 친권자인 부 또는 모(민법 제911조), 미성년자에게 친권자가 없는 경우에는 미성년후견인, 미성년자를 제외한 제한능력자에게는 성년후견인(민법 제938조)에게 송달함이 원칙이다.

(3) 법인인 경우

소송법상 법정대리인에 관한 규정은 법인의 대표자에게 준용되므로(민소제64조) 법인에 대한 송달은 그 대표자가 송달받을 사람이 된다. 여러 사람이 공동으로 대리권을 행사하는 경우의 송달은 그 가운데 한사람에게 하면 된다(민소법제180조).

(4) 군관계인에게 할 송달

군사용의 청사 또는 선박에 속하여 있는 사람에게 할 송달은 그 청사 또는 선박의 장에게 한다(민소법 제181조). 주거지로의 송달을 시행하는 과정에서 동거하는 가족으로부터 송달받을 사람이 현재 군에 입대하였다는 취지의 말을 들었을 때 송달불능으로 종결하고, 복무부대, 계급 등을 물어 송달사유통지서의 비고란에 그 취지를 기재하여 촉탁법원으로 하여금 재송달을 실시할 때 참고하도록 하여야 한다.

(5) 구속된 사람 등에게 할 송달

교도소·구치소 또는 경찰관서의 유치장에 체포·구속 또는 유치된 사람에게 할 송달은 교도소 또는 국가경찰관서의 장에게 한다. 주거지로의 송달을 시행하는 과정에서 동거하는 가족으로부터 송달받을 사람이 현재 수감 중이라는 말을 들었을 때 송달불능으로 처리하고 수감기관을 물어 송달 사유 통지서의 비고란에 그 취지를 가재하여 촉탁법원으로 하여금 재송달을 실시할 때 참고 하도록 하여야 한다.

> 「관련판례」
> 재감자에 대한 송달을 교도소 등의 소장에게 하지 아니하고 수감되기 전의 종전 주소, 거소지에 하였다면 이는 무효이고, 이는 수소법원이 송달을 시행하면서 당사자 또는 소송관계인의 수감 사실을 모르고 종전의 주소, 거소지에 하였다고 하더라도 무효이다.[536]
> 교도소, 구치소 또는 경찰관서의 유치장에 체포·구속 또는 유치된 사람에게 할 송달은 교도소, 구치소 또는 경찰관서의 장에게 하게 되어 있다. 따라서 재감자에 대한 재심 기각 결정의 송달을 교도소 등의 장에게 하지 아니하였다면 적법하지 않아 무효이고, 즉시항고 제기 기간의 기산일을 정하게 되는 송달 자체가 적법하지 않은 이상 재감자인 피고인이 재심 기각 결정이 고지된 사실을 다른 방법으로 알았다고 하더라도 송달의 효력은 여전히 발생하지 않는다.[537]

다. 송달의 방법

(1) 교부송달의 원칙(민소법 제178조)

송달받을 사람 본인에게 교부함을 원칙으로 한다.

(2) 조우송달(민소법 제183조 제3항, 제4항)

송달받을 사람의 주소 등 또는 근무 장소가 국내에 없거나 알 수 없는 때에는 그를 만나는 장소에서 송달 할 수 있고 주소 등 또는 근무 장소가 있는 사람의 경우에도 송달받기를 거부하지 아니하면 만나는 장소에서 송달 할 수 있다.

조우송달은 송달받을 사람 본인을 만난 때에 하는 것이므로 송달받을 본인 이외의 보충송달을 받을 수 있는데 불과한 동거인 등 수령대행인에 대하는 조우송달을 할 수 없다. 또한 송달받을 사람 본인이 임의로 받는 경우에만 가능

---
536) 대결 2009. 10. 8.자 2009마629
537) 대결 2009. 8. 20.자 2008모630

하므로 만난 장소에서 송달받기를 거부할 때는 조우송달은 물론 유치송달도 할 수 없다.

(3) 보충송달538)

> **민소법 제186조 제1, 2항**
> ① 근무 장소 외의 송달 할 장소에서 송달받을 사람을 만나지 못한 때에는 그 사무원, 피용자 또는 동거인으로서 사리를 분별할 지능이 있는 사람에게 서류를 교부할 수 있다.
> ② 근무 장소에서 송달받을 사람을 만나지 못한 때에는 제183조 제2항의 다른 사람 또는 그 법정대리인이나 피용자 그 밖의 종업원으로서 사리를 분별할 지능이 있는 사람이 서류의 수령을 거부하지 아니하면 그에게 서류를 교부할 수 있다.

(가) 수령대행인의 판단 및 확인

① 송달받을 사람을 만나지 못한 이상 외출, 여행과 같은 현실적 부재나 질병, 근무 중 등으로 면회를 거절당한 경우에도 이에 해당한다.

② 수령대행인이 될 수 있는 자인지 그 자격에 관하여는 충분한 조사를 요구하므로 본인과의 관계 등을 적극적으로 문의하여 확인한 후 송달을 시행할 것인지의 가부를 결정하여야 하며, 송달을 시행하면 영수인의 "관계"란에 수령대행인의 직위 및 수취인과의 관계를 구체적으로 기재하여야 한다.

③ 수령대행인이 될 자격은 사리를 분별할 지능이 있음이 전제되는데 이 경우 사리를 분별할 지능이 있다고 하려면 사법제도 일반이나 소송행위의 효력까지 이해할 수 있는 능력이 있어야 한다고 할 수는 없을 것이지만 적어도 송달의 취지를 이해하고 그가 영수한 서류를 송달받을 사람에게 교부하는 것을 기대할 수 있는 정도의 능력은 있어야 한다. 따라서 수령대행인이 어린이일 때 반드시 나이와 재학 여부 등을 확인하고 법원에서 온 중요문서이니 꼭 부모에게 건네줄 것을 다짐받고 그 취지를 송달 사유 통지서 비고란에 기재하여야 한다.539)

---

538) 보충송달이란 수송달자 본인에게 소송서류를 내줄 수 없는 경우에 보충적 방법에 따라 송달이 이루어지게 하는 것으로 송달장소에 있는 수송달자와 밀접한 관계로 되어 있는 자로서 그에게 소송서류를 내주면 곧 수송달자 본인에게 도달될 것이 기대되는 사람을 법으로 정하여 그러한 사람에게 송달서류가 교부되면 송달이 된 것으로 보는 제도이다(대구고법 1972. 9. 28. 선고 72나 7).

539) 대결 2005. 12. 5. 2005마1039

(나) 수령대행인이 될 자격
① 근무 장소 외의 곳에서의 수령대행인
㉮ 사무원

송달받을 사무원임이 원칙이나 법인의 대표자에 대한 송달은 그 법인의 사무소 또는 영업소에서 실시할 수 있으므로 이 경우에는 법인의 영업소에 근무하는 사무원도 이에 해당한다.

법정대리인에 대한 송달은 제한능력자 본인(미성년자, 심신상실자인 피성년후견인, 심신박약자인 피한정후견인)의 사무소, 영업소에서도 할 수 있는데 이 경우 제한능력자 본인의 사무원은 수령대행인의 자격이 있다.

사무원은 송달받을 본인의 사무를 계속해서 처리하는 자이면 되고 동거인과 달리 송달장소에서의 거주는 요건이 아니다.

합동법률사무소의 사무원은 그 사무소를 사용하는 변호사 모두의 사무원으로 볼 수 있다.

㉯ 피용자

송달받을 사람의 영업, 업무의 보조자로서 사무원을 제외한 개념이다. 본인을 위하여 특정한 종류나 범위의 사무를 계속 처리하는 사람(경비원, 관리원, 청소부, 가정부, 운전기사 등)을 말한다.

㉰ 동거인

송달받을 사람 본인과 같은 세대에 속하여 생계를 같이 하는 사람을 말하며, 일시적으로 동거하더라도 생계를 같이 하면 동거인으로 본다. 법률상 친족관계가 성립할 필요도 없고, 주민등록상 같은 세대에 속할 필요도 없다. 같은 가옥을 사용하더라도 세대를 달리하는 가옥의 임대인, 관리인 등이나 생계를 달리하는 하숙인은 동거인이 아니다.[540] 이혼소송 중인 부부의 경우 비록 같은 가옥 내에서 동거 중이라도 일방은 상대방에 대하여 수령대행인이 될 수 없다. 다만 이혼한 처라도 사정에 따라 사실상 동일 세대에 소속되어 생활을 같이하고 있다면 민사소송법 제186조 제1항에서 말하는 수령대행인으로서의 동거자가 될 수 있다.[541]

---

540) 대판 1978. 2. 28. 77다2029
541) 대결 2000. 10. 28. 2000마5732

② 근무 장소에서의 수령대행인

근무 장소에서의 수령대행인은 송달받을 사람을 고용, 위임 등으로 취업시켜 자신의 주소, 영업소, 사무소에서 용하고 있는 사람 또는 그 법정대리인이나 피용자 그 밖의 종업원을 말한다. 송달받을 사람의 측면에서 보면 직장의 사장, 전무, 동료 직원들이다.

(4) 보충송달 관련 판례 모음
(가) 수령능력 유무
① 수령능력이 부정되는 경우

대법원 2005. 12. 5. 2005마1039 결정
[판시사항]
[1] 보충송달 수령자의 수송달능력에 대한 판단 기준
[2] 이행권고결정을 수령한 약 8세 3개월인 초등학교 2학년 남자 어린이의 수송달능력을 부정한 사례

[결정 요지]
[1] 송달받을 사람의 동거인에게 송달할 서류가 교부되고 그 동거인이 사리를 분별할 지능이 있는 이상 송달받을 사람이 그 서류의 내용을 실제로 알지 못한 경우에도 송달의 효력은 있다 할 것인바, 이 경우 사리를 분별할 지능이 있다고 하려면, 사법제도 일반이나 소송행위의 효력까지 이해할 수 있는 능력이 있어야 한다고 할 수는 없을 것이지만 적어도 송달의 취지를 이해하고 그가 영수한 서류를 송달받을 사람에게 교부하는 것을 기대할 수 있는 정도의 능력은 있어야 한다고 보아야 한다.
[2] 약 8세 3개월인 초등학교 2학년 남자 어린이에게 이행권고결정등본을 보충송달 한 경우, 남자 어린이의 연령, 교육 정도, 이행권고결정등본이 가지는 소송법적 의미와 중요성 등에 비추어 볼 때, 그 소송서류를 송달하는 집행관이 남자 어린이에게 송달하는 서류의 중요성을 주지시키고 부모에게 이를 교부할 것을 당부하는 등 필요한 조처를 하였다는 등의 특별한 사정이 없으면, 그 정도 연령의 어린이의 대부분이 이를 송달받을 사람에게 교부할 것으로 기대할 수는 없다고 보이므로 이행권고결정등본 등을 수령한 남자 어린이에게 소송서류의 영수와 관련한 사리를 분별할 지능이 있다고 보기 어렵다고 한 사례.

대법원 2011. 11. 10. 2011재도148 판결
[판시사항]
근로복지공단을 상대로 유족급여 및 장의비 부지급 처분 취소 청구소송을 제기한 갑에 대하여 우편집배원이 상고기록접수통지서를 송달하기 위해 갑의 주소지에 갔으나 갑을 만나지

못하자 갑과 동거하는 만 8세 1개월 남짓의 딸 을에게 이를 교부하고 을의 서명을 받은 사안에서, 상고기록접수통지서의 보충송달이 적법하지 않다고 한 사례

[판결요지]
근로복지공단을 상대로 유족급여 및 장의비 부지급 처분 취소 청구소송을 제기한 갑에 대하여 우편집배원이 상고기록접수통지서를 송달하기 위해 갑의 주소지에 갔으나 갑을 만나지 못하자 갑과 동거하는 만 8세 1개월 남짓의 딸 을에게 이를 교부하고 을의 서명을 받은 사안에서, 을의 연령, 교육 정도, 상고기록접수통지서가 가지는 소송법적 의미와 중요성 등에 비추어 볼 때, 소송서류를 송달하는 우편집배원이 을에게 송달하는 서류의 중요성을 주지시키고 갑에게 이를 교부할 것을 당부하는 등 필요한 조치를 취하였다는 등의 특별한 사정이 없는 한, 그 정도 연령의 어린이 대부분이 이를 송달받을 사람에게 교부할 것으로 기대할 수는 없다고 보이므로 상고기록접수통지서 등을 수령한 을에게 소송서류의 영수와 관련한 사리를 분별할 지능이 있다고 보기 어렵다는 이유로, 상고기록접수통지서의 보충송달이 적법하지 않다고 한 사례.

② 수령능력이 인정된 판례

대법원 1990. 3. 27. 89누6013 판결
[판시사항]
만 9세 7개월된 국민학교 3학년 학생의 송달수령능력

[판결요지]
원고의 재심청구에 대한 노동부 산업재해보상심사위원회의 재결서가 만 9세 7개월로서 국민학교 3학년 학생인 원고의 딸에게 송달되었다면, 사리를 변식할 지능이 있는 자에 대한 송달이라고 할 것이므로 위 재결서는 같은 날 원고에게 송달된 것으로 보아야 할 것이다.

대법원 1990. 2. 14. 89재다카9 결정
[판시사항]
만 11세 6월인 아이의 송달수령능력 유무(적극)

[판결요지]
만 11세 6월의 아이는 송달영수에 관하여 사리를 변식할 지능이 있는 자라고 볼 수 있다.

대법원 2000. 2. 14. 99모225 결정
[판시사항]
[1] 형사소송절차에서 보충송달에 관한 민사소송법 제172조 제1항의 준용 여부(적극) 및 보

충송달 수령자의 수송달능력에 대한 판단 기준

　[2] 소송기록접수통지서를 송달받은 피고인의 동거 가족이 문맹이고 거동이 불편한 자인 경우, 그 송달의 효력(유효)

[결정요지]

　[1] 형사소송절차에서도 형사소송법 제65조에 의하여 보충송달에 관한 민사소송법 제172조 제1항이 준용되므로, 피고인의 동거 가족에게 서류가 교부되고 그 동거 가족이 사리를 변식할 지능이 있는 이상 피고인이 그 서류의 내용을 알지 못한 경우에도 송달의 효력이 있고, 사리를 변식할 지능이 있다고 하기 위하여는 사법제도 일반이나 소송행위의 효력까지 이해할 필요는 없더라도 송달의 취지를 이해하고 영수한 서류를 수송달자에게 교부하는 것을 기대할 수 있는 정도의 능력이 있으면 족하다.

　[2] 피고인의 어머니가 주거지에서 항소사건 소송기록접수통지서를 동거자로서 송달받은 경우, 그 어머니가 문맹이고 관절염, 골다공증으로 인하여 거동이 불편하다고 하더라도 그것만으로 사리를 변식할 능력이 없다고 할 수 없으므로 위 송달은 적법한 보충송달로서의 효력이 있다.

(나) 사무원의 범위 관련 판례

대법원 2007. 12. 13. 2997다53822 판결

[판시사항]

　[1] 민사소송법 제186조 제1항에 정한 보충송달에 있어 수령대행인이 될 수 있는 '사무원'의 의미

　[2] 송달받을 변호사와 같은 사무실을 나누어 사용하는 다른 변호사의 사무원에게 한 송달이 보충송달로서 적법하다고 한 사례

대법원 2009. 1. 30. 2008다1540 결정

[판시사항]

　[1] 민사소송법 제186조 제1항에 정한 보충송달에 있어 수령대행인이 될 수 있는 '사무원'의 의미

　[2] 대학교에서 문서의 접수, 발송, 분류 등의 업무를 담당하는 교직원이 그 대학교 내 창업보육센터에 입주한 송달받을 기업과 고용관계에 있지는 않으나 평소 그 기업을 위하여 우편물 수령사무 등을 보조해 온 자로서, 민사소송법 제186조 제1항에 정한 보충송달에 있어 그 기업의 수령대행인이 될 수 있는 '사무원'에 해당한다고 본 사례

(다) 송달장소가 아닌 곳에서 배우자에게 송달 한 경우

부산고법 2008.11.18. 2008라290 결정
우편집배인이 지정된 송달장소와 다른 곳에서 송달받을 사람의 새로운 거주지라고 판단하여 그곳에서 송달받을 배우자에게 서류를 교부한 것은 민사소송법 제186조 제1항에 정한 적법한 보충송달이 아니다.

(라) 우체국 창구에서 한 보충송달의 유효성 여부

대법원 2001.08.31. 2001마3790 판결
[판시사항]
[1] 보충송달은 민사소송법 제170조 제1항 소정의 '송달장소'에서 하는 경우에만 적법한지(적극)
[2] 우체국 창구에서 송달받을 자의 동거자에게 송달서류를 교부한 것은 적법하지 않은 보충송달이라고 한 사례

[결정 요지]
[1] 송달은 원칙적으로 민사소송법 제170조 제1항에서 정하는 송달을 받을 자의 주소, 거소, 영업소 또는 사무실 등의 '송달장소'에서 하여야 하는바, 송달장소에서 송달받을 자를 만나지 못할 때는 그 사무원, 고용인 또는 동거자로서 사리를 분별할 지능이 있는 자에게 서류를 교부하는 보충송달의 방법에 따라 송달할 수는 있지만, 이러한 보충송달은 위 법 조항에서 정하는 '송달장소'에서 하는 경우에만 허용되고 송달장소가 아닌 곳에서 사무원, 고용인 또는 동거자를 만난 경우에는 그 사무원 등이 송달받기를 거부하지 아니한다고 하더라도 그곳에서 그 사무원 등에게 서류를 교부하는 것은 보충송달의 방법으로서 적법하지 않다.
[2] 우체국 창구에서 송달받을 자의 동거자에게 송달서류를 교부한 것은 적법하지 않은 보충송달이라고 한 사례.

(마) 근무장소를 송달받을 장소로 신고한 경우

대법원 2005.10.28. 2005다25779 판결
[판시사항]
송달받을 사람이 자신의 근무장소를 송달받을 장소로 신고한 경우에도 민사소송법 제186조 제2항의 근무장소에서의 보충송달에 관한 규정이 적용되는지 여부(적극)

[판결요지]
민사소송법 제186조 제2항은 근무장소에서 송달받을 사람을 만나지 못한 때에는 그를 고

용하고 있는 사람 또는 그 법정대리인이나 피용자 그 밖의 종업원으로서 사리를 분별할 지능이 있는 사람이 서류의 수령을 거부하지 아니하면 그에게 서류를 교부할 수 있다고 규정하고 있는바, 근무장소에서의 보충송달에 관한 이 규정은 본래 원칙적인 송달장소인 송달받을 사람의 주소·거소·영업소 또는 사무소(이하 '주소 등'이라 한다)에서 송달이 불가능하거나 또는 주소 등의 송달장소를 알 수 없을 때에 보충적인 송달장소인 근무장소, 즉 송달받을 사람이 고용·위임 그 밖에 법률상 행위로 취업하고 있는 다른 사람의 주소 등에서 송달하는 경우(민사소송법 제183조 제2항)뿐 아니라 송달받을 사람이 자신의 근무장소를 송달받을 장소로 신고한 경우에도 마찬가지로 적용된다.

(바) 수령권의 묵시적 위임

대법원2011. 5. 11. 2010다108876 판결

[판시사항]

[1] 국세기본법 제10조 제4항에서 정한 '동거인'의 의미

[2] 과세처분의 상대방인 납세의무자 등 서류의 송달을 받을 자가 다른 사람에게 우편물 기타 서류의 수령권한을 명시적·묵시적으로 위임한 경우, 수임자가 해당 서류를 수령하면 위임인에게 적법하게 송달된 것으로 보아야 하는지 여부(적극) 및 그러한 수령권한을 위임받은 자가 반드시 위임인의 종업원이거나 동거인이어야 하는지 여부(소극)

[3] 갑이 을의 아파트에 방 1칸을 임차하여 거주하고 있었는데 을을 수취인으로 하여 우송되어 온 납세고지서를 수령하면서 우편물배달증명서에 자신을 동거인이라고 기재한 사안에서, 갑이 2년 이상 을의 자녀들과 같은 아파트에 사는 동안 가끔 우편물을 수령하여 을의 자녀들이 거주하던 방 앞에 놓아두기도 하였던 점만으로는 갑이 을로부터 우편물 수령권한을 묵시적으로 위임받았다고 인정하기에 부족하다고 보아 부과처분은 적법한 납세고지 없이 이루어진 것으로서 송달의 효력을 인정할 수 없으므로 당연무효라고 판단한 원심판결에는 국세기본법 제10조 제4항이 규정하는 납세고지서의 송달에 관한 법리오해가 있다고 한 사례

(4) 유치송달(민소법 제186조 제3항)

서류를 송달받을 사람 또는 제1항의 규정에 따라 서류를 넘겨받을 사람이 정당한 사유 없이 송달받기를 거부하는 때에는 송달할 장소에 서류를 놓아둘 수 있다.542)

---

542) 구 민소법 제172조 제2항(현행 민소법 제186조 제3항)의 "송달을 받을자란 송달을 받을 본인뿐만 아니라 본조 제1항에 규정한 동거자도 포함한다."라는 대법원 결정의 취지(대법원 1965. 8. 18. 65마665 결정)에 따라 법문으로 유치송달 받을 자의 범위를 확대하였다.

(가) 유치송달의 전제 요건

송달받을 사람 또는 근무 장소 외의 송달장소에서의 수령대행인 정당한 사유없이 송달받기를 거부하여 그 장소에서 서류를 두어 송달 하는 것이므로, 송달받을 사람 또는 근무 장소 외의 장소에서 수령대행인의 자격이 있음이 확인된 때에만 유치송달이 가능하다.

유치송달하기 전에 송달받을 사람과의 구체적인 관계 등을 묻고 될 수 있으면 신분증의 확인 절차를 거치며 그 내용을 송달사유통지서의 "기타"란에 구체적으로 기재하여야 한다.

근무 장소 이외의 곳에서만 유치송달이 가능하고, 근무 장소에서의 수령 대행인은 보충 송달을 거부할 수 있으므로 이 경우에는 유치송달도 할 없음에 주의하여야 한다.

(나) 유치송달을 할 수 없는 경우 사례[543]

> ① 수령대행인이 그 우편물을 받아 송달받을 사람에게 전달할 수 없음이 입증된 때(가출하여 행방불명, 교도소 또는 구치소에 수감된 경우, 군대 복무 등 장기 부재)
> ② 송달장소에서 수취인이 사실상 거주하지 아니할 때
> ③ 송달장소에서 만난 자가 송달받을 본인의 사무원, 피용자, 동거인이 아닌 때
> ④ 수취인과 동명이인이었을 때
> ⑤ 송달의 취지를 이해하고 송달받을 사람에게 송달물을 건네줄 능력이 있는지 의심스러운 경우(9세 이하 어린이인 경우)

4. 송달의 절차

가. 송달사무취급의 단서

(1) 소송서류의 경우

법원사무관 등이 송달사무처리자가 되므로 송달장소 송달받을 자 및 송달방법의 적법요건의 유무 심사는 법원사무관이 하게 되고, 집행관은 법원사무관 등이 지정한 장소에서 송달하면 된다. 법원사무관 등으로부터 집행관에 대한 송달실시의 촉탁이 사무취급의 단서가 되고 법원사무관은 송달할 서류에

---

[543] 전국법원집행관연합회, 2024, 집행관업무편람, 24면~26면 요약

대하여 송달을 해야 할 장소 및 송달을 받아야 할 자를 구체적으로 특정해서 명시하여야 한다.

(2) 집행증서 정본 등의 송달 경우

집행관이 송달사무 처리자인 동시에 송달실시기관이 된다. 사무취급의 단서는 채권자의 송달신청이며 그 신청은 신청인과 대리인을 표시하고 신청사항의 내용을 기재하여 서면으로 하여야 한다. 또한, 대리인에 의한 신청을 하는 경우에는 신청서에 대리권을 증명하는 서면을 첨부하여야 하며, 신청서에는 송달장소와 송달받을 자 및 집행관 송달이 있어야 하는 이유를 구체적으로 특정하여 명확히 기재하여야 한다. 집행관은 송달사무처리자로서 송달 신청서에 송달받을 자 및 송달 장소가 적법하게 기재되어 있는지를 심사하여야 하나 형식적인 범위 내에서 심사하면 된다.

나. 송달의 시행

집행관은 송달실시기관으로서 송달해야 할 장소로서 법원사무관 등이 촉탁한 또는 신청서에 기재된 장소에서 필요한 한도에서 송달하면 된다. 필요한 한도란 송달을 위해서 송달을 해야 할 장소에 임하였을 때 송달받을 자 본인에게 교부송달을 하거나 교부 송달을 할 수 없지만, 보충송달이나 유치송달의 요건이 충족된다면 보충송달 또는 유치송달을 하는 것이다.

등기우편으로 부치는 송달은 송달사무처리자의 권한에 속하는 것이고 송달실시기관이 그 실시를 고려할 성질의 것이 아니므로 집행증서 정본 등의 송달에 대해서만 집행관이 등기우편으로 부치는 송달을 할 수 있다. 집행관은 송달해야 할 장소에 임해서 그 자리에서 교부송달, 보충송달 및 유치송달 중 어떤 방법도 취할 수가 없었다면 송달불능으로 송달증서를 작성하여 처리한다.

송달받을 자의 취업 장소 등 그 외 송달을 해야 할 장소를 조사할 필요도 없으며 이미 임한 장소에 휴일, 야간에 다시 임할 필요도 없다. 또 다시 송달 촉탁 또는 신청이 있다면 그 내용에 따라서 다시 지정된 장소에 송달하면 된다.

5. 송달의 통지

집행관은 소송서류를 송달하거나 송달불능이 되었을 때는 신속하게 송달에 관한 사항을 기재한 송달증서 또는 송달불능조서를 작성하여 법원에 제출하여야 된다(민소 193조 행정예규 447호). 집행증서 정본 등을 송달하였을 때도 송달증서에 따른 서면을 작성해서 신청인에게 교부한다.

6. 개정된 집행관의 송달사무처리 지침에 관한 예규

집행관의 송달방식에 통합송달방식이 2017년 신설됨에 따라 그 절차 및 방식 등을 반영시킴으로써 송달사무처리의 알맞고 바르게 하고자 하는 취지이며 그 주요 내용으로는 통합송달을 신청하여 송달한 결과 수취인 부재 또는 폐문부재로 송달불능된 경우에는 송달사무의 처리기한을 20일 이내로 하고(제1조 제1항), 수취인 부재 또는 폐문부재로 통합송달을 총 3회 실시하는 경우 주간·야간·휴일송달을 각 1회씩 실시하도록 하고, 각 송달시행일 사이에 3일 이상의 간격을 두도록 하였다(제3조 제1항).

한편 2022년 새로 개정된 송달사무처리 지침에 관한 대법원 행정예규 제1284호에서는 휴일 송달의 송달사무 처리기한을 현실에 맞게 정비하여 송달사무처리의 알맞고 바르게 하고자 휴일 송달을 신청하여 송달을 시행한 결과 수취인 부재 또는 폐문부재로 송달불능된 경우 송달사무 처리기한을 20일로 하였다.

그리고 "송달현장상황탐지 등 결과통지서"의 명칭을 통일하기 위하여 "송달현장탐지 등 결과통지서"를 "송달현장상황탐지 등 결과통지서"로 변경하였다. 개정된 예규는 아래와 같다.

【집행관의 송달사무처리에 관한 지침 「대법원 행정예규 제1284호 시행 2022.1.1.」】

제1조 (송달사무의 처리기한 등)

① 집행관은 서류송달사건을 접수한 날로부터 7일(휴일송달과 제3조 제1항 후단에서 정한 통합송달의 경우에는 20일) 이내에 송달을 실시하여야 한다.

② 집행관이 송달을 실시한 때에는 [별지1] 양식(전산양식 A1440)의 송달사유통지서에 의하여 지체 없이 송달에 관한 사유를 통지하되, 위 통지는 「민사소송규칙」 제53조 단서에 따라 전자통신매체를 이용하여 한다.

제2조 (송달실시시간)

① 집행관에 의한 송달을 신청하는 사람은 송달실시를 희망하는 시간을 미리 표시할 수 있다.

② 야간송달은 부득이한 사정이 없는 한 20:00 이후 또는 08:00 이전에 실시하여야 한다.

제3조 (송달불능시의 조치)

① 집행관이 송달을 실시하였으나 수취인부재 또는 폐문부재로 송달불능된 경우에는 제1조 제1항에 규정된 송달사무처리기한 내에서 총 3회까지 송달을 실시하되, 주간·야간·휴일송달을 각 1회씩 실시하는 통합송달의 경우 각 송달실시일 사이에 3일 이상의 간격을 두어야 한다.

② 집행관이 송달을 실시하였으나 송달불능이 된 때에는 이웃사람, 공동주택의 관리인 또는 경비원 등에게 송달받을 사람의 거주 여부 등을 확인한 내용과 건물의 외관상 나타나는 특이사항(가스·전기 등의 사용 상황, 우편물의 수취 상황 등 포함) 및 제2조 제2항의 20:00 이후 또는 08:00 이전 외의 시간에 송달한 사유 등을 [별지2] 양식(전산양식 A1441)의 '송달현장상황탐지 등 결과통지서' 해당란에 구체적으로 적어서 전자통신매체를 이용하여 법원에 제출하여야 한다.

③ 제2항의 '송달현장상황탐지 등 결과통지서'에는 현장상황의 설명을 위하여 건물의 외부 사진·도면 등의 자료를 붙여야 한다.

④ 집행관은 송달이 불능된 때에는 송달물을 해당 법원으로 반송하여야 한다. 다만 「민사소송 등에서의 전자문서 이용 등에 관한 법률」 제12조 제1항에 따른 송달의 경우에는 그러하지 아니하다.

|양식| **송달사유통지서**

접수일	20 . . .	송달부 진행번호		제 호	제 단독·부
사건번호 및 송달서류					
발송한 법원		지방법원		지원	
송달받을 사람					
송달장소	(근무장소□)				

송달	영수인 (성명: 　　　서명 또는 날인: 　　　)			
	송달일시	20 년 월 일 시 분		
	송 달 방 법		본인과의 관계	
	1	본인에게 주었다.	—	
	2	본인을 만나지 못하여 ① 내지 ③ 사람에게 주었다.	① 본인 영업소, 사무소의 사무원 또는 피용자	
			② 본인 주소, 거소의 동거인	
			③ 본인 근무장소의 사용자, 종업원 등	
	3	① 내지 ③ 사람이 수령을 거부하므로 그 장소에 서류를 두었다.	① 송달받을 본인	—
			② 본인 영업소, 사무소의 사무원 또는 피용자	
			③ 본인 주소, 거소의 동거인	

	송달시행일시	불능사유						송달자 확인
		수취인 부재	폐문 부재	수취인 불명	주소불명	이사불명	기타	
송달불능	제1회 20 . . . :							
	제2회 20 . . . :							
	제3회 20 . . . :							
	첨부 1. 송달현장상황탐지 등 결과통지서 1부,							

기타사항	* 송달이 불능된 경우에는 반드시 송달현장상황탐지 등 결과통지서를 첨부 * 보충송달·유치송달의 경우에 확인한 사항, 기타 참고할 사항 등 기재

위와 같이 통지합니다.
　　　　　　　　　　20 년 월 일

○○지방법원 ○○지원 집행관사무소 집행관　　　　㊞

|양식| **송달현장상황탐지 등 결과통지**

접수일	20 . .	송달부 진행번호	제 호	제 단독·부
발송한 법원	지방법원 지원	송달받을 사람		
송달장소				

현장상황탐지	상황1.
	상황2.
	상황3.

탐문결과	탐문대상자 인적사항	탐문한 내역

송달불능	집행관의 송달사무처리에 관한 지침 제2조 제2항의 20:00 이후 또는 08:00 이전 외의 시간에 송달한 사유
제1회	□송달장소 야간탐색곤란 □주변인 야간탐문곤란 □송달장소가 주간근무지(□회사 □공장 □상가) □동절기 일몰후 □송달신청인 주간송달 요청 □지리적 특수성(□산간벽지 □도서지역) □기타:
제2회	□송달장소 야간탐색곤란 □주변인 야간탐문곤란 □송달장소가 주간근무지(□회사 □공장 □상가) □동절기 일몰후 □야간수령거부 □야간송달 항의 □주간송달 요청(□수송달자 □송달신청인) □수송달자 야간근무 □수송달자 주간거주 □지리적 특수성(□산간벽지 □도서지역) □기타:
제3회	□송달장소 야간탐색곤란 □주변인 야간탐문곤란 □송달장소가 주간근무지(□회사 □공장 □상가) □동절기 일몰후 □야간수령거부 □야간송달 항의 □주간송달 요청(□수송달자 □송달신청인) □수송달자 야간근무 □수송달자 주간거주 □지리적 특수성(□산간벽지 □도서지역) □기타:

기타 사항	

첨부	사진 부, 도면 부.
	사진 및 도면 등 보기 *사진 및 도면 등 보기* *사진 및 도면 등 보기* *사진 및 도면 등 보기* *사진 및 도면 등 보기*

위와 같이 통지합니다.
20   년   월   일
○○지방법원 ○○지원 집행관사무소 집행관   ㊞

※ 작성요령
* '송달현장상황탐지'란의 기재 사항(현장상황 설명을 위하여 필요한 현장사진, 도면 등을 '첨부란'에 붙임)
  ▶ 전기·가스 등 이용상황(계량기의 작동상황, 야간의 조명상황)
  ▶ 우편물 수취상황(우편함에 우편물이 쌓여 있는지 여부 및 우편물의 발송일자 등등)
  ▶ 건물의 외관(창문커튼의 상태, 세탁물의 건조 여부 등 사람이 살고 있는지 알 수 있는 간접적인 정황들)
  ▶ 건물 내외의 차량의 주차상황
* '탐문대상자의 인적사항'은 가능한 자세히 기재하되, 현실적으로 확인할 수 없는 경우에는 '이웃주민' 등의 표시와 인상착의를 기재를 하고, '탐문 내역'란은 탐문한 결과를 상세히 기술
* '집행관의 송달사무처리에 관한 지침 제2조 제2항의 20:00 이후 또는 08:00 이전 외의 시간에 송달한 사유'란은 해당란에 표시(괄호안도 구분하여 표시)하되, 만일 해당란을 부연하거나 해당란 이외의 사유가 있는 경우에는 기타란에 그 사유를 상세히 기재
* 기타 송달받을 사람이 송달장소에 거주하는지 여부를 판단하는데 도움이 될 사항을 상세히 기재
* 서면으로 송달불능사유를 통지하는 경우 첨부란의 사진과 도면은 별지로 첨부

7. 부실 송달에 따른 영향

가. 부정적 효과

송달에 관한 규정을 위배하여 행해진 송달은 무효이다. 송달이 무효일 때 그 송달을 매개로 하여 이루려고 하는 다른 소송행위의 효력도 생기지 않는다. 따라서 송달이 무효일 때 설사 당사자가 판결 선고 사실을 알았다고 하더라도 상소기간이 진행되지 아니한다(대법원 1980. 12. 9. 87다1489 판결). 또한 허위 부실 송달로 인하여 형법상의 책임(형법 제227조, 제229조)은 물론 손해배상책임이 뒤에 따를 수 있다.

나. 부실 송달에 따른 관련 판례들

(1) 손해배상책임의 발생

(가) 당사자가 아닌 다른 사람에게 송달 한 사안 판례

> **대법원 2009. 5. 28. 2008다89965 판결**
> [판시사항]
> [1] 특별송달 우편물에 관하여 우편집배원의 고의 또는 과실로 손해가 발생한 경우, 국가배상법에 의한 손해배상을 청구할 수 있는지 여부(적극)
> [2] 채권가압류결정의 부적법한 송달로 가압류의 효력이 발생하지 않아 채무자가 제3채무자에 대한 채권을 직접 수령하거나 타에 처분함으로써 채권자가 채권의 만족을 얻지 못하는 손해를 입은 경우, 그 손해의 성격(=통상손해)
> [3] 우편집배원의 직무상 과실로 채권가압류결정이 부적법하게 송달되어 가압류의 효력이 발생하지 않음으로써 채권자가 채권의 만족을 얻지 못하는 손해를 입은 경우, 그 손해의 범위
>
> [이유]
> 가. 우편법 제38조에 관한 법리오해의 점에 대하여
> 우편법 제15조 제2항 및 우편법 시행규칙 제25조 제1항 제6호 소정의 특별송달의 대상인 소송관계서류에 관해서는 우편집배원 이외에도 집행관(민사소송법 제176조 제1항), 법원경위(법원조직법 제64조 제3항), 법원사무관 등(민사소송법 제177조 제1항)도 송달을 실시할 수 있는데, 이러한 과정에서 관계자에게 손해가 발생한 경우, 특별히 국가배상책임을 제한하는 규정이 없으므로 그 손해가 송달을 실시한 공무원의 경과실에 의하여 생긴 것이라도 피해자는 국가에 대하여 국가배상법에 의한 손해배상을 청구할 수 있는바, 소송관계서류를 송달하는 우편집배원도 민사소송법 제176조가 정한 송달기관으로서 위 집행관 등과 대등한 주의의

무를 가진다고 보아야 하므로 그에 위반하는 경우 국가가 지는 손해배상책임도 달리 보기는 어렵다고 할 것이고, 따라서 특별송달 우편물에 관하여 우편집배원의 고의 또는 과실에 의하여 손해가 발생한 경우에는 우편물 취급에 관한 손해배상책임에 대하여 규정한 우편법 제38조에도 불구하고 국가배상법에 의한 손해배상을 청구할 수 있다고 봄이 상당하다(대법원 2008. 2. 28. 선고 2005다4734 판결 참조).

다. 특별손해인지 여부에 대하여

채권가압류결정이 적법하게 송달되지 아니하여 그 가압류의 효력이 발생하지 아니한 경우, 채무자가 제3채무자에 대한 채권을 직접 수령하거나 이를 타에 처분하게 되면 채권자로서는 가압류의 효력이 발생하였더라면 만족을 얻었을 채권에 대하여 만족을 얻지 못하게 되는 손해를 입게 되는데, 이러한 손해는 그 가압류결정의 부적법한 송달과 상당인과관계 있는 통상의 손해라고 보아야 할 것이다.

(나) 수령대행인의 자격이 없는 사람에게 소송서류를 송달하고 허위의 우편송달통지서를 작성한 사안 판례

대법원 2009. 7. 23. 2006다87798

[판시사항]

[1] 특별송달우편물의 배달업무에 종사하는 우편집배원이 압류 및 전부명령 결정 정본을 부적법하게 송달한 경우 집행채권자가 그로 인해 손해를 입게 될 것에 대하여 예견가능성이 있다고 볼 수 있는지 여부(적극)

[2] 우편집배원이 압류 및 전부명령 결정 정본을 특별송달함에 있어 부적법한 송달을 하고도 적법한 송달을 한 것처럼 보고서를 작성하였으나 압류 및 전부의 효력이 발생하지 않아 집행채권자가 피압류채권을 전부받지 못한 경우, 국가가 집행채권자의 손해에 대하여 배상책임을 부담하는지 여부(적극)

[판결요지]

[1] 특별송달우편물의 배달업무에 종사하는 우편집배원으로서는 압류 및 전부명령 결정 정본에 대하여 적법한 송달이 이루어지지 아니할 경우에는 법령에 정해진 일정한 효과가 발생하지 못하고 그로 인하여 국민의 권리 실현에 장애를 초래하여 당사자가 불측의 피해를 입게 될 수 있음을 충분히 예견할 수 있다고 봄이 상당하다.

[2] 우편집배원이 압류 및 전부명령 결정 정본을 특별송달하는 과정에서 민사소송법을 위반하여 부적법한 송달을 하고도 적법한 송달을 한 것처럼 우편송달보고서를 작성하여 압류 및 전부의 효력이 발생한 것과 같은 외관을 형성시켰으나, 실제로는 압류 및 전부의 효력이 발생하지 아니하여 집행채권자로 하여금 피압류채권을 전부받지 못하게 함으로써 손해를 입게 한 경우에는, 우편집배원의 위와 같은 직무상 의무위반과 집행채권자의 손해 사이에는

> 상당인과관계가 있다고 봄이 상당하고, 국가는 국가배상법에 의하여 그 손해에 대하여 배상할 책임이 있다.

(2) 소송절차에 미치는 영향

송달 일자를 착오로 잘못 기재하여 재심의 사유가 된 사안으로 소송기록접수통지서는 2004.10.21. 피고들 소송대리인의 사무실에 송달되었는데 위 소송기록접수통지서를 송달한 서초우체국 집배원의 착오로 법원에 송부한 송달보고서에 그 송달 일자를 2004.10.21.로 잘못 기재하였고 피고들의 소송대리인이 상고이유서 제출 기간 내인 2004.11.10. 상고이유서를 제출하였으나 이 법원은 위와 같이 송달 일자가 잘못 기재된 송달보고서에 기초하여 위 상고이유서가 상고이유서 제출 기간을 도과하여 제출된 것으로 보아 상고가 기각되었다면 이는 민사소송법 제451조 제1항 제9호에 해당하는 재심사유가 된다고 할 것이다(대법원 2006. 3. 9. 2004재다672 판결).

제2절 거절증서[544]의 작성사무

> **거절증서령**
>
> **제1조(목적)**
> 이 영은 법률 제5009호 어음법 부칙 제84조 및 법률 제5010호 수표법 부칙 제70조에 따라 거절증서의 작성에 관한 사항을 규정함을 목적으로 한다.
>
> **제2조(작성자)**
> 어음(환어음 및 약속어음을 말한다. 이하 같다) 및 수표의 거절증서는 공증인 또는 집행관이 작성한다.
>
> **제3조(기재사항)**
> ① 거절증서에는 다음 각 호의 사항을 적고 공증인 또는 집행관이 기명날인하여야 한다.

---

[544] 어음이나 수표를 가진 사람이 지급이나 인수를 거절당할 때 그 사실을 증명하기 위하여 공증인이나 집행관에게 청구하여 작성하는 공정증서를 말한다.

1. 거절자 및 피거절자의 성명이나 명칭
2. 거절자에 대하여 청구하였다는 사실 및 거절자가 그 청구에 응하지 않았거나 거절자를 면회할 수 없었다는 사실 또는 청구할 장소를 알 수 없었다는 사실
3. 청구를 하였거나 청구를 할 수 없었던 장소 및 년월일
4. 거절증서를 작성한 장소 및 년월일
5. 법정 장소 외의 곳에서 거절증서를 작성할 때에는 거절자가 이를 승낙한 사실

② 지급인이 「어음법」 제24조 제1항 전단에 따라 두 번째 제시를 할 것을 청구하였을 때에는 거절증서에 그 사실을 적어야 한다.

제4조(작성 방법)
① 거절증서는 어음이나 수표 또는 이에 결합한 보충지에 적어 작성한다.
② 거절증서는 어음 또는 수표의 뒷면에 적은 사항에 계속하여 작성하고, 보충지에 작성할 경우에는 공증인이나 집행관이 그 이음매에 간인(間印)하여야 한다.

제5조(어음이나 수표의 복본 또는 등본이 있는 경우의 작성 방법)
① 어음이나 수표의 여러 통의 복본 또는 원본 및 등본을 제시한 경우에는 거절증서를 1통의 복본, 원본 또는 보충지에 작성한다.
② 제1항에 따라 거절증서를 작성할 때에는 다른 복본이나 등본에 그 사실을 적고 공증인이나 집행관이 기명날인하여야 한다.
③ 제2항에 따른 복본이나 등본의 작성 방법에 관하여는 제4조를 준용한다.

제6조(어음의 원본이 없는 경우의 작성 방법)
① 「어음법」 제68조 제2항(같은 법 제77조 제1항에서 준용하는 경우를 포함한다)에 따라 거절증서를 작성할 때에는 어음의 등본 또는 보충지에 작성하여야 한다.
② 인수의 일부 거절로 인하여 거절증서를 작성할 때에는 공증인이나 집행관이 어음의 등본을 작성하고 그 등본 또는 보충지에 작성하여야 한다.
③ 제1항과 제2항에 따른 등본 또는 보충지의 작성 방법에 관하여는 제4조 제2항을 준용한다.

제7조(거절증서의 수)
여러 명에게 청구하거나 동일인에게 여러 차례 청구하였을 때에는 거절증서 1통을 작성한다.

제8조(작성 장소)
① 거절증서는 청구를 한 장소에서 작성하여야 한다. 다만, 거절자가 승낙하였을 때에는 다른 장소에서 작성할 수 있다.
② 청구를 할 장소를 알 수 없을 때에는 거절증서를 작성할 공증인 또는 집행관은 그

장소를 관공서에 조회하여야 한다. 다만, 관공서에 조회하여도 그 장소를 알 수 없을 때에는 그 관공서나 자기의 사무소에서 거절증서를 작성할 수 있다.

> **제9조(거절증서의 등본)**
> ① 공증인 또는 집행관은 거절증서를 작성하였을 때에는 다음 각 호의 사항을 적은 등본을 작성하여 그 사무소에 갖추어 두어야 한다.
> 1. 환어음·약속어음 또는 수표의 구별 및 번호가 있을 때에는 그 번호
> 2. 금액
> 3. 발행인, 지급인 및 지급받을 자 또는 지급받을 자를 지시하는 자의 성명이나 명칭
> 4. 발행 년월일 및 발행지
> 5. 만기 및 지급지
> 6. 지급을 위하여 지정된 제3자 및 예비 지급인 또는 참가 인수인이 있을 때에는 그 성명이나 명칭
> ② 거절증서가 멸실된 경우에 이해관계인이 청구하면 공증인 또는 집행관은 제1항에 따라 작성한 등본에 따라 거절증서의 등본을 작성하여 이해관계인에게 교부하여야 하며, 이 등본은 원본과 같은 효력이 있다.

1. 거절증서의 의의

거절증서의 작성은 소구권(遡求權)의 보전(保全)을 위한 절차이다. 거절증서에 관하여는 거절증서령이 규정하고 있다. 거절증서는 의무이행의 거절 사실에 대한 입증방법을 법정(法定)하여 소구권자는 간이·신속하게 소구권을 행사할 수 있도록 하고, 소구의무자는 그 입증을 믿고 상환할 수 있게 하여 어음 거래의 원활과 확실을 도모하는 제도이다.

2. 거절증서의 필요성

어음소지인은 소구 원인이 발생하면 소구권을 행사할 수 있지만 적법한 청구에도 인수 또는 지급이 거절되었다는 사실은 소구의무자가 아닌 자에게서 생기고, 그러한 사실의 여부는 소구 의무자에 대하여 중대한 영향을 미치게 된다. 그리하여 사실의 입증방법을 법정하여 어음소지인으로 하여금 간단하게 신속하게 입증할 수 있도록 함과 동시에 소구의무자는 그러한 방법에 따른 입증을 믿고 상환할 수 있게 한 것이 거절증서제도라고 할 수 있다.

이러한 제도에 의하여 어음거래의 원활과 확실을 도모할 수 있게 된다. 그러나 거절증서의 작성은 어음상의 기재에 의하여 그 작성을 면제할 수 있기 때문에 일반적으로 어음용지에 거절증서의 작성을 면제하는 문구가 인쇄되고 있어서 거절증서를 작성하는 경우가 많지 않다.

3. 거절증서의 작성

가. 작성기관

공정증서인 거절증서의 작성은 어음소지인과 그 대리인 및 실질적 권리를 증명한 자의 위탁으로 공증인, 집행관, 법무법인(변호사법 제49조)과 공증인가 합동법률사무소(59조) 등이 어음의 인수 또는 지급을 청구하는 장소에서 작성할 수 있다. 공증인과 집행관은 그 권한에 차이가 없으므로 누구에 대하여 그 작성을 위임하더라도 관계없다. 작성기관은 거절증서의 작성위임을 정당한 이유 없이 거절하지 못한다.

어음소지인이 거절증서의 작성을 위하여 공증인 또는 집행관에게 어음을 교부한 경우에는 어음의 제시를 위한 대리권을 수여한 것이라고 할 수 있다. 그리하여 공증인 또는 집행관은 어음소지인의 대리인으로 어음을 제시하여 인수 또는 지급이 거절된 사실이나 피제시자가 부재인 사실을 기재하여 거절증서를 작성한다. 그리고 제시로 지급된 때에는 그 수령권한이 있는 것이다.

나. 작성위탁자

거절증서의 작성위탁자는 어음상의 권리를 행사할 수 있는 형식적 자격이 인정되는 어음소지인과 그 대리인이다. 그러므로 거절증서의 작성기관은 어음소지인의 형식적 자격을 직권으로 조사하여야 한다. 그러므로 배서가 연속되지 않은 어음 소지인의 위탁으로 작성한 거절증서는 효력이 없다. 형식적 자격은 갖추고 있지 아니하나 실질적인 권리를 다른 형식적인 방법으로 증명한 경우는 예외라고 할 것이다. 그러나 만기 전의 배서가 연속되지 않은 최종 소지인의 위탁에 의한 거절증서의 작성은 그 효력이 없다. 그 결과 이러한 소지인에게 지급한 전자는 재소구권을 취득하지 못한다.

다. 작성장소

거절증서의 작성 장소는 어음에 의한 인수 또는 지급을 청구하는 장소이다. 일반적으로 작성 장소는 거절자의 영업소 또는 주소만 지급장소의 기재가 있는 때에는 그 장소에서 작성하여야 한다. 그러므로 지급장소가 은행의 지점인 경우에 그 은행의 본점에서 작성한 거절증서는 그 효력이 인정되지 않는다. 그러나 거절자의 승낙이 있는 경우에는 다른 장소에서 작성할 수 있다. 그런데 청구를 할 장소를 알 수 없는 때에는 공증인 또는 집행관은 그 장소를 관공서에 조회하여야 하며 조회를 하여도 알 수 없는 때에는 그 관공서나 자기의 사무소에서 거절증서를 작성할 수 있다.

라. 작성기간

거절증서의 작성기간은 원칙적으로 인수 또는 지급의 제시기간과 같으며, 제척기간(除斥期間)이다. 이 기간이 도래하기 전이나 경과한 후에 작성한 거절증서는 무효이다. 그러나 거절증서의 작성기간 내에 그 작성이 피할 수 없는 장애로 방해된 그 기간만큼 작성기간은 연장된다. 그러나 불가항력이 만기로부터 30일이 넘어 계속된 때에는 거절증서의 작성 없이 소구권을 행사할 수 있다. 수표는 수표제시기간의 경과 전에 거절증서를 작성하여야 하며 제시기간 말일에 제시한 경우에는 이에 이은 제1의 거래일에 작성시킬 수 있다(수표법 제40조).

4. 기재사항

가. 거절자 및 피 거절자의 성명이나 명칭

거절자는 어음상의 청구를 받는 지위에 있는 자로서 지급인·인수인·제3자명의 기재가 있는 경우에는 지급담당자를 포함한다. 거절자가 사망한 경우에도 기재해야 한다. 거절자의 대리인이 거절한 경우에는 본인을 거절자로 기재하여야 할 것이다. 피 거절자는 거절증서의 작성을 위탁한 자로서 보통 어음의 적법한 소지인을 말하지만, 인수거절의 경우에는 단순한 어음의 점유자도 된다.

나. 거절자에 대하여 청구를 한 뜻 등

이것은 청구의 취지 및 결과에 관한 사항이다. 청구의 취지는 인수·지급·참가원본 또는 복본의 반환 일자 기재의 청구 등이다. 즉 청구한 뜻이란 청구의 취지를 말하는 것으로서 이 기재는 어떠한 청구가 있었으며 어떠한 종류의 거절증서인가를 분명하게 하기 위하여 하는 것이다. 그러나 청구의 취지는 다른 기재사항이나 어음상의 기재에 의하여 알 수 있었거나 합리적인 판단이 가능하므로 엄격한 기재를 필요로 하는 사항은 아니라고 본다. 그리고 거절자에 대한 청구의 불응이나 면회불능 및 청구 장소의 불명에 관하여는 그 사실만 기재하면 되고 그 이유를 기재할 필요는 없다.

다. 청구하였거나 이를 하지 못한지 및 연월일

이 경우는 청구지만 기재하면 되고 청구 장소까지 기재할 필요는 없다.

라. 거절증서작성의 장소 및 연월일

거절증서의 작성 장소는 원칙적으로 청구 장소와 일치한다. 작성연월일은 거절증서령 3조 1항 3호의 청구연월일과 같다고 본다. 그러므로 작성연월일의 기재가 없는 때에는 청구연월일의 기재가 없는 한 거절증서를 무효라고 할 것은 아니다.

마. 법정장소 이외의 지에서 거절증시를 작성한 때에는 거절자가 이를 승낙한 사실

바. 지급인이 어음법 24조 1항의 전단의 규정에 따라 제2의 제시를 구한 때에는 그 뜻

사. 작성자의 기명날인

1995년의 개정 어음법과 수표법에서 기명날인뿐만 아니라 서명만으로도 어음 수표행위를 할 수 있게 되었으나 거절증서의 작성자가 서명만 한 것은 효력이 없다고 본다.

아. 거절증서 작성 관련 판례

대법원 1984. 4. 10. 83다카1411 판결

[판시사항]
거절증서작성면제와 지급제시의 입증책임

[판결요지]
약속어음의 소지인은 특단의 사정이 없는 한 적법한 지급제시를 한 경우에만 그 배서인에 대한 소구권을 행사할 수 있으되, 그 어음배서인이 지급거절증서작성을 면제한 경우에는 그 어음소지인은 적법한 지급제시를 한 것으로 추정되어 적법한 지급제시가 없었다는 사실은 이를 원용하는 자에게 주장·입증책임이 있고, 어음배서인에 대한 지급제시는 적법한 지급제시의 요건이 아니므로 어음소지인이 그 배서인에게 지급제시하지 않았다 하여 적법한 지급제시가 없었으므로 소구권이 상실되었다고는 할 수 없다.

[이 유]
약속어음의 소지인은 특단의 사정이 없는 한 법정기간내에 발행인에게 지급제시를 하는등 적법한 지급제시를 한 경우에만 그 배서인에 대한 소구권을 행사할 수 있으되 그 어음배서인이 지급거절증서작성을 면제한 경우에는 그 어음소지인은 적법한 지급제시를 한 것으로 추정되고 그러한 적법한 지급제시가 없었다는 사실은 이를 원용하는 자에게 그 주장 및 입증책임이 있다 할 것이고 어음배서인에 대한 지급제시는 적법한 지급제시의 요건이 아니므로 어음소지인이 그 배서인에게 지급제시를 하지 아니하였다고 자인하더라도 이로써 적법한 지급제시가 없었던 것으로 판단되어 소구권이 상실된 것이라고는 할 수 없다.

제8편
특별법상의 사무

제1절 채무자 회생 및 파산에 관한 법률에서의 직무

1. 봉인 및 봉인의 제거

> **채무자 회생 및 파산에 관한 법률**
>
> **제480조(봉인)**
> ① 파산관재인은 필요하다고 인정하는 때에는 법원사무관 등·집행관 또는 공증인으로 하여금 파산재단에 속하는 재산에 봉인을 하게 할 수 있다. 이 경우 봉인을 한 자는 조서를 작성하여야 한다.
> ② 제1항의 규정은 봉인을 제거하는 경우에 관하여 준용한다.

파산관재인의 신청에 따라 집행관은 파산재단에 속하는 재산에 봉인하거나 봉인의 제거를 하여야 한다. 이러한 경우 그 내용을 조서로 작성하여야 한다. 파산재단에 속하는 재산인지의 아닌지는 파산관재인의 판단에 따르며 봉인을 함에 있어서 파산자, 그 외 제3자로부터 저항을 받을 때에는 이를 배제할 수 있다고 해석된다. 조서작성에 있어서 민사집행 조서에 관한 규정의 적용은 없으나 이에 따라 기재하는 것이 적당하다.

2. 조사의 원조

> **채무자 회생 및 파산에 관한 법률**
>
> 제79조(관리인의 검사 등)
> ① 관리인은 다음 각 호의 어느 하나에 해당하는 자에 대하여 채무자의 업무와 재산의 상태에 관하여 보고를 요구할 수 있으며, 채무자의 장부·서류·금전 그 밖의 물건을 검사할 수 있다.
>   1. 개인인 채무자나 그 법정대리인
>   2. 개인이 아닌 채무자의 이사·감사·청산인 및 이에 준하는 자
>   3. 채무자의 지배인 또는 피용자
> ② 관리인은 필요한 경우 법원의 허가를 받아 감정인을 선임하여 감정을 하게 할 수 있다.
> ③ 관리인이 제1항의 규정에 의한 검사를 하는 때에는 법원의 허가를 받아 집행관의 원조를 요구할 수 있다.

관리인이 회사의 업무 및 재산상태 그 외 회사정리에 필요한 사항을 조사함에 있어서 법원의 허가를 받아 집행관의 원조를 요구할 때에는 이를 원조하여야 한다.

제2절 벌금 등의 재판 집행

1. 의의 및 집행절차

집행관은 법원과 검사의 명령에 따라 벌금, 과태료, 과료, 추징 또는 공소에 관한 소송비용의 재판 집행사무를 처리한다(집행관법 제6조). 형사소송법 477조는 벌금, 과료, 몰수, 추징, 과태료, 소송비용, 비용배상 또는 가납의 재판은 검사의 명령에 따라 집행하며, 이 명령은 집행력 있는 집행권원과 같으며, 위 재판의 집행에는 민사소송법의 집행에 관한 규정을 준용하며, 단 집행 전에 재판서의 송달이 필요하지 아니한다고 규정하고 있다.

위 규정은 재산형의 집행에 관한 규정으로서 벌금, 과료, 추징, 과태료, 소송비용 등 벌과금의 재판과 몰수의 재판은 검사의 집행명령에 따라서 집행한다는 검사 주의를 선언한 것이며 그 집행절차에 있어서는 민사소송법의 강제집행에 관한 규정이 준용된다는 내용을 규정하고 있다.

2. 집행관에 대한 명령의 방식

검사의 집행관에 대한 명령은 재판서 또는 재판을 기재한 조서의 등본 또는 초본을 첨부한 서면(재판집행지휘서)으로 하여야 하며 단 형을 집행하는 경우가 아니면 재판서의 원본, 등본이나 초본 또는 조서의 등본이나 초본에 인정하는 날인으로 대신할 수 있다(형사소송법 461조). 검찰징수사무규칙 제17조는 검사가 징수금에 관하여 강제집행을 할 때에는 징수명령서를 작성하여 집행관에게 집행을 명하거나 법원에 부동산강제경매신청을 하는 등 필요한 조치를 하여야 하며, 징수사무담당직원은 징수금 원표에 그 뜻을 기재하여야 한다고 규정하고 있다.

제9편

집행관의 강제집행 관련 부수 사무
(집행권원 등)

제1절 강제집행 요건 등

집행관이 민사집행 사무를 수행함에 있어서는 민사집행에 관한 일반적인 법리가 그대로 적용되므로 강제집행의 요건·강제집행의 개시·종료·정지·제한·취소 및 강제집행실시에 관한 불복방법 및 집행비용의 예납 등을 설명한다.

1. 집행당사자

가. 의 의

집행절차에서 대립하는 두 당사자를 집행채권자, 집행채무자라고 칭한다. 집행을 구하는 능동적 당사자를 채권자, 집행을 받는 수동적 당사자를 채무자라고 한다. 이는 실체법상의 의미는 없고 단순히 절차법상의 명칭에 불과하다. 실체법상 물권적 청구권을 가진 사람도 집행법상으로는 채권자이고, 또한 실체법상 채권을 가지지 않은 사람도 집행권원이 있으면 집행법상으로는 채권자가 될 수 있다.

채권자, 채무자는 통상은 선행하는 소송의 원고, 피고에 상응하나 반드시 일치하는 것은 아니고 승계가 있으면 원고 또는 피고 이외의 승계인이 채권자 혹은 채무자가 되고, 판결에 있어서 주문 중 '소송비용은 원고가 부담한다.'라는 소송비용의 재판 집행에 있어서는 원고가 집행채무자의 지위가 된다. 금전채권에 기초하여 한 집행에서 수인이 공동으로 동일 채무자의 동일재산에 대하여 집행을 신청한 경우 그 집행은 원칙적으로 하나의 절차로 진행하기 때문에 위의 수인은 공동집행채권자가 된다. 반면에 조합재산과 같이 수인의 공동재산에 대한 집행에 있어서는 그 수인이 공동채무자가 된다. 채권자, 채무자 이외의 사람은 실체적 권리·의무의 유무와 관계없이 집행에 관하여는 모두 제3자이고, 채무자에 대하여는 채무를 부담하는 제3자를 특히 제3채무자라고 한다(민집 223조, 224조, 296조).

나. 집행당사자의 확정

집행당사자의 확정은 강제집행을 신청한 사람과 집행을 받을 사람의 성명이 판결이나 이에 덧붙여 적은 집행문이 누구를 위하여 또는 누구에 대하여 부여되어 있는가에 따라 집행의 채권자 또는 채무자로 집행당사자 확정이 된다. 즉 그를 위해서 집행문이 부여된 사람이 채권자이고 그에 대하여 집행문이 부여된 사람이 채무자이다.

따라서 집행당사자는 집행문의 부여로 비로소 확정되고, 후술하는 바와 같이 집행당사자 적격을 가진 사람도 집행문을 부여받지 아니하면 집행당사자가 될 수 없으며 적격을 가지지 아니한 사람이라도 그 명의로 집행문이 부여되어 있으면 집행당사자가 된다.

다만 집행문의 부여 없이도 집행력이 있는 집행권원의 경우에는 그 집행권원에 표시된 당사자가 채권자 또는 채무자로 된다. 강제집행은 이를 신청한 사람과 집행을 받을 사람의 성명이 판결이나 이에 덧붙여 적은 집행문에 표시되어 있고 판결을 이미 송달하였거나 동시에 송달한 때에만 개시할 수 있다. 판결의 집행이 그 취지에 따라 채권자가 증명할 사실에 매인 때 또는 판결에 표시된 채권자의 승계인을 위하여 하는 것이거나 판결에 표시된 채무자의 승계인에 대하여 하는 것일 때에는 집행할 판결 외에, 이에 덧붙여 적은 집행문을 강제집행을 개시하기 전에 채무자의 승계인에게 송달하여야 한다.

집행적격자 이외의 사람에 대하여 착오로 집행문이 부여된 경우에는 그는 집행문부여에 대한 이의신청(민집 34조 1항) 또는 이의의 소(민집 45조)에 의하여 그 부여의 취소를 구할 수 있으나 취소될 때까지 집행당사자로 된다. 집행문에 표시된 사람 이외의 제3자가 채무자로 오인되어 집행을 받아도 당사자가 되는 것은 아니지만, 그 제3자는 집행에 관한 이의신청(민집 16조 1항) 또는 제3자 이의의 소(민집 48조 1항)에 의하여 그 오인을 바로잡을 수 있다.

다. 집행당사자의 적격과 변동

(1) 집행당사자의 적격

(가) 적격자

집행당사자의 적격은 특정한 집행절차에서 누가 정당한 집행당사자인가 인가의 문제로 누가 집행적격자 또는 피집행적격자인가 하는 문제이다. 채권자의 적격은 집행권원의 집행력이 자기를 위하여 존재하는 사람에게 있고 채무자의 적격은 집행권원의 집행력이 자기에 대하여 존재하는 사람에게 있다. 다만 재산형의 형사판결이나 과태료재판의 집행은 검사가 해야 할 것으로 국가를 대표하는 검사에게 채권자의 적격이 있다. 이 경우 법무부 장관 또는 법무부 장관의 지정을 받은 사람만이 적격자가 되는 것은 아니다.

한편 전술한 집행당사자의 확정, 즉 집행당사자가 누구인가는 집행문이 부여된 후의 문제임에 반하여 집행당사자의 적격은 누구를 위하여 또는 누구를 대하여 집행문을 부여하여야 하는 문제로 적격의 유무는 집행문부여에서 조사할 사항이다.

일정한 책임재산에 대하여는 수인을 공동채무자로 하지 아니하면 피 집행적격이 없는 때도 있다. 예를 들면 수인의 수탁자가 있는 신탁재산에 대한 집행(신탁법 22조 1항 단서, 50조 1항), 조합채무로 말미암은 조합재산에 대한 집행(민법 704조 참고)의 경우가 그것이다. 이에 반해 조합원의 고유재산에 대하여 그 해당 조합원이 부담할 비율의 채무를 집행하는 경우 그만을 채무자로 하면 충분하다.

(나) 집행당사자 적격의 범위

집행권원의 집행력이 미치는 주관적 범위에 의하여 집행 당사자적격 결정된다. 확정되거나 가집행의 선고가 있는 종국판결의 집행력이 미치는 범위는 그 기판력의 주관적 범위에 의하여 결정된다. 그 범위에 관하여는 아래와 같다.

① 당사자(당해 판결의 원·피고)
② 제3자(기판력이 미치는 제3자)
㉠ 변론을 종결한 뒤의 승계인(변론 없이 한 판결의 경우에는 판결을 선고한 뒤의 승계인, 민소 218조 1항)

판결의 기판력과 집행력은 소송절차에서 스스로 권리를 주장하고 방어하는 등 실제로 소송을 한 당사자에게만 미치는 것이 원칙이지만 민사소송법 218조 1항은 변론을 종결한 뒤의 승계인(무변론 판결의 경우에는 판결을 선고한 뒤의 승계인)에게도 판결의 효력이 미치는 것으로 하고 있고, 나아가 민사소송법 218조는 당사자가 변론을 종결할 때(무변론 판결의 경우에는 판결을 선고할 때까지)까지 승계사실을 진술하지 아니한 때에는 변론을 종결한 뒤(무변론

판결의 경우에는 판결을 선고한 뒤)에 승계한 것으로 추정하고 있는데, 이처럼 판결의 효력이 당사자 외의 사람에게 미치는 때에는 집행력도 같이 확장되므로 그 사람에 대하여 그 사람을 위하여 집행할 수 있다(민집 25조 1항 본문).

여기서 승계인은 분쟁의 대상인 권리 또는 법률관계(소송물) 자체를 승계한 사람뿐만 아니라 소송물에 관한 당사자적격을 승계한 사람 또는 소송물인 권리의무로부터 발전 또는 파생된 분쟁의 주체에 관한 지위를 승계한 사람도 포함한다고 보는 것이 통설이다.

승계의 원인은 상속, 합병 등 포괄승계(일반승계)에 한정되는 것이 아니고 채권양도, 목적물의 매매와 같은 특정승계의 경우까지 포함하며545) 권리의 승계와 의무의 승계를 포함한다. 또한, 특정승계는 그 원인이 임의양도에 의한 것 외에 경매, 전부명령 등 국가의 집행행위 또는 법률상대 위(민법 399조)에 의한 것도 포함된다.

그러나 승계인이 상대방의 권리주장에 대항할 수 있는 자신의 고유한 법률상 권한을 가지는 경우, 예를 들어 소유권을 근거로 한 동산인도청구소송의 변론종결 후에 패소한 피고로부터 제3자가 선의로 목적물의 점유를 취득한 경우, 점유회복소송의 변론종결 후에 패소한 피고로부터 제3자가 선의로 목적물의 점유를 취득한 경우, 부동산의 매수인이 제기한 소유권이전등기청구소송에서 패소한 매도인으로부터 제3자가 이중양도를 받아 소유권을 취득한 경우, 진의 아닌 의사표시를 원인으로 한 이전등기말소 소송의 변론종결 후에 패소한 피고로부터 제3자가 선의로 목적부동산의 소유권을 취득한 경우 등에서 고유의 실체법상 지위를 갖는 제3자에게 고유의 이익을 주장할 기회를 보장하여야 한다는 점에서는 이론이 없다. 다만 그 방법에 관하여 실질설546)과 형식설547)이 대립하고 있다.

---

545) 대판 1957. 10. 7. 4290민상320, 대결 1963. 9. 27. 63마14
546) 법원행정처, 2014, 법원실무제요, 민사집행(1), 146면.
   실질설은 제3자에게 실체법상 보호할 만한 고유의 이익이 없음이 확인된 경우에 비로소 판결의 효력이 미치는 승계인으로 인정된다고 하는 것으로 이 설에 의할 때 변론종결 후에 지위를 승계한 사람에게 실체법상 보호할 만한 고유의 이익이 없음이 확인되지 않은 이상 집행문부여기관은 승계집행문 부여를 거절하여야 하고 채권자가 집행문부여의 소를 제기하여 집행문의 부여를 청구할 수 있다는 견해.
547) 전게서
   형식설은 제3자가 실체법상 보호할만한 자기 고유의 이익을 주장하는 것이 전소의 기판력에 의하여 방해받지 않는다고 하더라도 일단 변론종결 후에 소송물과 관련한 당사자 지위의 승계

분쟁의 대상인 권리 또는 법률관계(소송물) 자체를 승계한 승계인의 예로는, 이행판결을 받은 채권의 양수인·채무의 면책적 인수인(채무의 중첩척 인수인)은 승계인에 해당하지 않는다.548) 소송물인 권리의무 자체를 승계한 것이 아니라 계쟁물에 대한 당사자적격 또는 분쟁의 주체인 지위를 당사자로부터 전래적으로 옮겨 받은 승계인의 예로는 회사에 대하여 주주명부의 개서를 명한 판결의 원고로부터 그 주식의 양도를 받은 사람, 소유물의 인도를 명한 판결 후 그 목적물의 소유권을 양도받은 사람, 토지소유권을 근거로 해 건물소유자에 대하여 건물철거·토지인도를 명한 판결 후 그 건물의 소유권과 토지점유권을 넘겨받은 사람, 소유권을 근거로 해 건물의 인도를 명한 판결의 변론종결 후 피고로부터 그 점유를 승계한 사람, 원인이 없는 무효의 등기임을 이유로 말소등기절차의 이행을 명한 판결의 변론종결 후에 피고로부터 등기명의를 취득한 사람549), 재판상 화해 성립 후 등기명의를 취득한 사람550), 채권의 추심명령을 얻은 사람551) 등이 있다.

그러나 매매나 그 밖의 사유로 소유권이전등기이행청구의 승소판결을 받아 확정되었다고 하더라도 소유권이전등기를 마치지 않은 이상 그 확정판결의 변론종결 후에 채무자로부터 목적물을 양수하여 소유권이전등기를 마친 제3자는 승계인에 해당하지 아니하고552) 화해권고결정에 관하여 채권계약에 터잡은 통행권에 관한 확정판결의 변론종결 후에 당해 토지를 특정승계취득한 사람은 변론종결 후의 승계인에 해당하지 아니하여, 판결의 기판력이 미치지 않으며553) 소유권이전등기가 원인무효라는 이유로 그 말소등기청구를 인용한 판결이 확정된 경우 그 확정판결의 변론종결일 후에 패소자를 상대로 처분금지가처분등기를 마친 사람이 당연히 말소등기청구를 인용한 판결의 변론종결

가 있었다는 사실만 있으면 변론종결 후의 승계인에 해당한다고 하는 설로 이 견해에 의할 경우 집행문부여기관은 위와 같은 사실만 있으면 바로 승계집행문을 부여하여야 하고, 승계인은 집행문부여에 관한 이의의 소 또는 청구이의의 소를 제기하여 실체법상 자기 고유의 권리를 주장할 수 있다는 견해.

548) 대결 2010. 1. 14. 2009그196; 대결 1956. 6. 28. 4289민재항1; 대판 1991. 3. 27. 91다650
549) 대결 1963. 9. 27. 63마14; 대판 1972. 7. 25. 72다935
550) 대판 1976. 6. 8. 72다1842; 대판 1977. 3. 22. 76다2778
551) 대판 2008. 8. 21. 2008다32310
552) 대판 1993. 2. 12. 92다25151; 대판 2003. 5. 13. 2002다64148
553) 대판 1992. 12. 22. 92다30528

후의 승계인에 해당한다고 할 수는 없다.554) 승계가 있으면 채권자는 승계집행문을 부여받아 집행할 수 있고(민집 31조 1항) 승계인을 위하여 또는 승계인에 대하여 다시 집행권원을 얻을 필요가 없다.

㉯ 당사자 또는 승계인을 위하여 청구의 목적물을 소지한 사람(민소 218조 1항)

청구의 목적물은 소송물이 특정물의 이행을 목적으로 하는 청구권인 경우의 그 물건인 경우를 말한다. 물건은 동산이거나 부동산이거나 불문한다. 또한, 그 청구권이 물권이거나 채권이거나 불문하며 소지(所持)는 변론종결 전후를 따지지 아니하나 수치인, 창고업자, 운송인과 같이 오로지 본인을 위하여 소지하는 것을 가리키는 것이고 임차인이나 질권자와 같이 자기 고유의 이익을 위하여 목적물을 소지하는 경우는 포함되지 아니한다.

㉰ 제3자를 위하여 당사자가 된 사람이 받은 판결에서의 제3자(민소 218조 3항)

이 경우의 판결 집행력은 제3자에게 미치므로 그 제3자에게 집행당사자의 적격이 있다. 예를 들어 선정당사자(민소 53조 1항), 파산관재인(회생 359조) 선장(상법 894조 1항, 2항), 대표소송을 수행한 주주(상법 403조)가 자기의 이름으로 당사자가 되어 받은 판결의 집행력은 선정자, 파산자, 구조료의 채무자, 회사에 대하여도 미친다. 채권자가 대위권에(민법 404조)서 기하여 채무자의 권리를 대위하여 행사한 소송에서 판결의 기판력이 채무자에게 미치는지를 판례는 당초 소극적으로 해석하였다가 후에 판례를 변경하여 어떠한 사유로 인하였든 적어도 채무자가 채권자대위권에 의한 소송이 제기된 사실을 알았을 경우에는 그 판결의 기판력이 채무자에게 미친다고 하였으나555) 그렇다 하더라도 그 판결의 집행력은 원·피고 간에 생기는 것이고 원고와 피대위자(채무자) 사이에는 생기지 아니한다.556)

㉱ 독립당사자참가 또는 승계참가·인수참가의 경우에 소송에서 탈퇴한 당사자(민소 79조, 81조, 82조, 80조 단서)

위 각 경우의 종전 당사자는 그 소송에서 탈퇴할 수 있으나 참가인과 상대방 사이의 판결은 탈퇴당사자에게도 그 효력이 미친다. 위 판결의 효력에 집행력은 포함되지 않는다는 견해도 있으나, 적극적으로 해석하는 것이 다수설이고 이 견해에 의할 때 탈퇴당사자에게도 집행 당사자적격이 있다.557)

---

554) 대판 1998. 11. 27. 97다22904
555) 대판 1975. 5. 13. 74다1664
556) 대결 1979. 8. 10. 79마232

이에 따라 무엇이 탈퇴당사자에 대하여 집행권원이 되느냐가 문제가 되는데 잔존당사자 사이의 판결에서 탈퇴자에 대한 이행의무의 선고가 필요한 때에는 판결주문에서 그 취지를 밝히든가 승소자가 추가판결의 형식으로 그 선고를 신청할 수 있으며 이러한 판결이 집행권원이 된다는 견해 등이 있다.

㉺ 보조참가의 경우에 피참가인이 받은 패소판결의 보조참가인에 대한 효력(민소 77조)

이 효력은 보조참가인과 피참가인 사이에 생기는 이른바 참가적(參加的) 효력이고 기판력(旣判力)이 아니므로 이에 대하여는 집행력이 인정되지 아니한다(민집 25조 1항 단서).

③ 인낙조서, 화해조서(민집 56조 5호, 민소 220조) 조정조서(민조 29조), 확정된 지급명령(민집 56조 3호), 소액사건에서 확정된 이행권고결정(소액 5조의7 1항) 확정된 화해권고결정(민소 231조)의 집행력은 확정판결의 그것과도 같다.

④ 공증인, 법무법인·법무법인(유한) 또는 법무조합이 작성한 집행증서(민집 56조의4) 공증인법 15조의2, 56조의2, 56조의3에서는 증서상의 채권자, 채무자와 승서작성 후의 포괄·특정승계인(민집 57조, 31조)에게 집행 당사자적격이 있다.

(2) 집행당사자 적격자의 변동
(가) 집행문부여 전 변동의 경우

집행문 부여 전에는 집행당사자는 확정되지 않는다. 집행권원 성립 후 집행문부여 전에 당사자의 사망이나 그 밖의 승계로 집행권원에 기재된 집행당사자의 적격에 변동이 생긴 경우에는 새로 적격을 취득한 사람을 위하여 또는 그 사람을 위하여 또는 그 사람에 대하여 승계집행문을 부여받지 않으면 아니된다. 그 이유는 적격 있는 사람을 집행당사자로 확정하여야 하기 때문이다. 한편 집행권원상의 청구권이 양도되어 대항요건을 갖춘 경우 집행당사자 적격이 양수인으로 변경되고 양수인이 승계집행문을 부여받음에 따라 집행채권자는 양수인으로 확정되는 것이므로, 승계집행문의 부여로 인하여 양도인에 대한 기존 집행권원의 집행력은 소멸한다.558)

집행문의 부여 없이도 집행력이 있는 집행권원이라 하더라도 그 지위의 승

---

557) 법원행정처 2014, 법원실무제요, 민사집행(Ⅰ), 148면.
558) 대판 2008. 2. 1. 2005다 23889

계로 그것에 표시된 사람 이외의 사람을 위하여 또는 그 사람에 대하여 집행을 하려면 판결에 따라 승계집행문을 부여받아야 한다(민집 58조 1항 2호, 3호, 292조 1항, 301조).

점유이전금지가처분이 집행된 후 그 목적물의 점유를 승계한 제3자에 대하여 본안판결을 집행하기 위하여 승계집행문을 부여받아야 할 것인가가 문제되는데 판례는 점유이전금지가처분에 가처분채무자가 가처분채권자에 대한 관계에서 여전히 그 점유자의 지위에 있다는 의미로서의 당사자 항정(恒定)의 효력이 인정될 뿐이므로 그 가처분의 효력으로 직접퇴거를 강제할 수 없고, 가처분채권자로서는 본안판결의 집행단계에서 승계집행문을 부여받아야 한다는 판례가 있다.559)

소송비용부담의 재판 이후에 소송비용부담의 재판 이후에 비용부담 의무자의 승계가 있는 경우에 그 승계자를 상대로 소송비용액 확정 신청을 위해서는 승계집행문을 부여받아야 하고 이를 부여받지 아니하고 그 승계인을 상대로 소송비용액 확정 신청을 하였다면 이는 소송비용부담재판의 당사자가 아닌 사람에 대하여 한 것으로 부적법하다는 판례가 있다.560)

(다) 집행문부여 후 집행 적격의 변동

① 원칙

집행문부여 후에 당사자적격에 변동이 있는 때에는 새로운 적격자를 위하여 또는 그에 대하여 집행문을 부여받지 아니하면 그를 위하여 또는 그에 대하여 집행문을 부여받지 아니하면 그를 위하여 또는 그에 대하여 집행의 착수 또는 속행할 수 없다. 강제집행이 개시된 후 신청채권자가 승계된 경우에 승계인이 집행기관에 승계집행문이 붙은 집행권원 정본을 제출하며 자기를 위하여 강제집행의 속행을 신청하는 때에는 민사집행법 31조에 규정된 집행문이 붙은 집행권원의 정본을 제출하여(민집 57조 규정에 따라 준용되는 경우 포함) 강제집행절차를 승계하여 속행할 수 있다(민집규 23조 1항).561)

---

559) 대판 1999. 3. 23. 98다59118
560) 대판 2009. 8. 6. 2009마897
561) 법원행정처, 2002, 민사집행규칙 해설, 67면.
강제집행이 개시된 후 신청채권자의 지위가 일반승계 또는 특정 승계된 경우의 절차 진행에 대해서는 신 채권자가 승계집행문을 부여받은 후가 아니면 신 채권자를 위하여 강제집행을 속행할 수 없다는 것이 통설이고 실무례이다.

위 정본이 제출된 때에 법원사무관 등 또는 집행관은 그 취지를 채무자에게 통지하여야 한다(민집규 23조 2항). 강제집행이 개시된 후 신청채권자가 승계된 사실을 집행기관이 알게 되었음에도 승계인이 이 절차를 밟지 아니한 경우에 집행기관이 어떠한 조처를 할 것인지가 문제이다. 그 예로 채권자가 사망한 경우 강제집행절차를 정지하여야 한다는 견해, 승계인에 대하여 기간을 정하여 승계절차를 밟을 것을 촉구한 다음 이를 이행하지 않은 경우 강제집행절차를 취소하여야 한다는 견해, 채권자의 능동적인 관여가 필요한 절차는 진행할 수 없으므로 위 속행절차가 밟아질 때까지는 채권자의 능동적인 관여가 필요하지 않은 절차만 진행하여야 한다는 견해가 있다. 한편 채권자가 특정승계 된 경우에는 설령 그 사실을 집행기관이 알게 되었다고 하더라도 승계집행문이 제출되지 않는 한 종전 채권자를 위하여 집행을 속행할 수밖에 없다는 견해가 유력하다.[562]

② 예외

집행개시 후 채무자의 지위에 포괄승계가 있는 경우에는 승계집행문이 없이도 그 채무자에 속하는 책임재산에 대하여 그대로 집행할 수 있다. 원래 집행문부여 후 집행당사자가 사망하거나 기타 원인으로 집행당사자의 변동이 생길 경우 집행절차가 중단되지는 않으나 새로운 당사자를 위하여 또는 그에 대하여 집행문을 부여받지 아니하면 원칙적으로는 집행 개시나 속행을 하지 못하는데 민사집행법 52조에서는 위 원칙에 대한 예외를 규정한 것이다. 강제집행을 개시한 뒤에 채무자가 죽은 때에는 채권자는 그 상속재산에 대하여 강제집행을 계속하여 진행한다(민집 52조 1항). 파산신청 또는 파산선고가 있은 후에 상속이 개시된 때에 파산절차가 상속재산에 대하여 속행되는 것(채무자회생 308조)과 비슷하다. 상속인의 존부, 상속 승인의 여부를 불문한다.

다만 채무자의 관여가 있어야 하는 개개의 행위, 예를 들어 채무자에 대한 압류 또는 배당요구에 관한 통지(민집 189조 3항, 219조), 배당기일의 통지(민집 255조), 특별 현금화 명령 허가 전의 채무자 신문(민집 241조 2항), 채무자에 대한 집행목적 외의 동산인도가 있어야 하는 경우에는 상속인 또는 이에 갈음하는 유언집행자, 상속재산관리인 등에 대하여 이를 하지 아니하면 안된다.[563]

---

[562] 법원행정처 2014, 법원실무제요, 민사집행(Ⅰ), 150면.
[563] 이 경우 상속인이 없거나 있는 곳이 분명하지 아니하고, 이를 대신할 유언집행자나 상속관리인 없는 때에는 집행법원은 채권자의 신청에 따라 상속재산 또는 상속인을 위하여 특별대리인을

회사나 그 밖의 단체가 합병으로 소멸한 경우에는 특별한 규정은 없으나 채무자 사망의 경우에 따라 합병 당시 있었던 재산에 대하여 집행절차를 속행할 수 있다고 해석된다.564) 신탁재산에 대한 집행개시 후 채무자인 수탁자의 변경이 있는 때에는 신수탁자에 대하여 집행을 속행할 수 있다(신탁법 53조 3항). 또한, 선장에 대한 판결로 선박채권자를 위하여 선박을 압류한 뒤에 소유자나 선장이 바뀌더라도 집행절차를 속행할 수 있다(민집 179조 2항).

라. 집행당사자능력과 소송능력

(1) 집행당사자능력

집행채권자 또는 채무자로 되기 위해서는 소송법상 주체로서 당사자능력이 있어야 하는 것은 판결절차에서와 같다. 단순한 민법상 조합은 당사자능력이 없으므로 조합재산에 속하는 권리의 집행절차에서는 조합원 전원이 채권자로 되고 조합채무에 기인한 조합재산에 대한 집행에서는 조합원 전원이 채무자로 된다.

(2) 소송능력

집행당사자가 스스로 집행기관에 대하여 필요한 집행법상의 소송행위를 하려면 판결절차에서와 같이 소송능력이 있어야 한다. 채권자는 집행신청 등에 관하여 소송능력이 필요하고 미성년자, 피성년후견인, 피한정후견인 등 제한능력자는 법정대리인에 의하여야 한다. 다만 제한능력자가 독립하여 법률행위를 할 수 있는 경우, 예를 들어 미성년자가 법정대리인의 허락을 얻어 독립하여 영업한 경우(민 8조 1항)나 근로계약을 체결한 경우(근로기준법 67조 1항, 68조) 등에 그 범위 안에 있는 집행을 할 때에는 단독으로 집행행위를 할 수 있다.

채무자는 집행을 받을 처지에 있고 적극적으로 집행행위에 관여하지 않는 것이 대부분이므로 원칙적으로 소송능력은 필요하지 아니하나, 예외적으로 채무자에게 알려야 할 집행행위의 실시 또는 채무자가 적극적으로 집행행위를 하는 경우, 예를 들어 ① 채무자의 명령수령이 집행행위의 요건인 경우(민집 83조 4항, 163조, 227조 2항), ② 집행행위를 하기 위하여 채무자의 심문이 필요한 경우

선임하여 그를 집행에 관여시켜야 된다(민집 52조 2항).
564) 법원행정처 2014, 법원실무제요, 민사집행(Ⅰ), 152면.

(민집 241조 2항, 262조). ③ 즉시항고(민집 15조 1항)나 집행에 관한 이의신청(민집 16조 1항)을 하는 경우 등에서 채무자에게 소송능력이 없으면 법정대리인에 대하여 하거나 법정대리인에 의하여야 하고, 그렇지 아니하면 그 집행행위는 무효이다.

채무자에게 법정대리인이 없는 때에는 채권자는 특별대리인의 선임을 신청하여 선임된 특별대리인에 대하여 필요한 행위를 하여야 한다(민집 23조 1항, 민소 62조 1항). 소송능력 없는 사람의 행위는 적법한 추인이 있으면 행위 시에 소급하여 그 효력이 있다(민집 23조 1항, 민소 60조).

마. 집행당사자의 대리

집행절차에서 당사자는 그가 마음대로 선정한 대리인에 의하여 소송행위를 할 수 있다. 집행관에 의한 집행절차에서는 대리인 자격에 제한이 없으나 집행법원이나 수소법원의 집행절차에서는 원칙적으로 변호사가 아니면 대리인이 될 수 없다(민집 23조 1항, 민소 87조). 그러나 집행법원이나 수소법원이 단독판사일 경우에는 당사자의 배우자 또는 4촌 이내의 친족으로서 당사자와 생활관계에 비추어 상당하다고 인정되는 때, 당사자와 고용, 그 밖에 이에 따르는 계약관계를 맺고 그 사건에 관하여 통상 사무를 처리·보조하는 사람으로서 그 사람이 담당하는 사무와 사건의 내용 등에 비추어 상당하다고 인정되는 때에는 법원의 허가를 받아 대리인이 될 수 있다(민집 23조 1항, 민소 88조 1항).

집행기관은 대리인에 의한 집행신청이 있을 때에는 위임장과 그 밖의 서류에 의하여 그 대리권의 유·무를 조사할 필요가 있다(민소 89조 준용). 대리권을 개개의 집행행위에 관하여 수여할 수 있음은 물론이나, 판결절차의 소송대리인은 그 판결에 기초한 집행에 관하여도 당연히 대리권을 가진다(민소 90조 1항).

2. 집행권원(執行權原)

> **민사집행법**
> **제24조(강제집행과 종국판결)**
> 강제집행은 확정된 종국판결(終局判決)이나 가집행의 선고가 있는 종국판결에 기초하여 한다.

> **제56조(그 밖의 집행권원)**
> 강제집행은 다음 가운데 어느 하나에 기초하여서도 실시할 수 있다.
> 1. 항고로만 불복할 수 있는 재판
> 2. 가집행의 선고가 내려진 재판
> 3. 확정된 지급명령
> 4. 공증인이 일정한 금액의 지급이나 대체물 또는 유가증권의 일정한 수량의 급여를 목적으로 하는 청구에 관하여 작성한 공정증서로서 채무자가 강제집행을 승낙한 취지가 적혀 있는 것
> 5. 소송상 화해, 청구의 인낙(認諾) 등 그 밖에 확정판결과 같은 효력을 가지는 것

가. 의 의

집행권원은 일정한 사법상 이행청구권의 존재와 범위를 표시하고 그 청구권에 집행력을 인정한 공증의 문서로 구 민사소송법에서는 채무명의(債務名義)라고 하였다. 구체적으로 어떠한 증서가 집행권원이 되는지는 민사집행법과 그 밖의 법률에 정하여져 있다. 주로 재판과 이에 따르는 효력을 가지는 조서가 집행권원이 되나 당사자 등의 촉탁에 따라 공증인, 법무법인, 법무법인(유한) 또는 법무조합이 작성한 증서인 경우도 있다. 집행권원은 일정한 사법상(私法上) 이행청구권을 표시하여야 하므로 그러한 표시가 없는 형성판결이나 확인판결은 집행권원이 될 수 없다.

나. 집행권원의 필요성

집행기관은 강제집행만을 하는 기관이기 때문에 집행권원에 의해서만 집행을 하도록 하고 그 집행기관으로서는 이를 신뢰하여 그 문서의 존부·범위만을 조사하면 될 것이고 집행권원상 표시된 실체상 권리의 존부를 조사할 필요 없이 바로 집행을 할 수 있도록 하고 있는 것이다.

현행법이 집행권원의 작성기관과 집행기관을 분리하고 있어 집행의 신속처리라는 기술적 요청에서 나온 것이지, 강제집행이 실체상의 청구권과 무관하게 시행되는 것을 의미하지는 않는다. 집행권원의 존재에 의하여 발생한 집행청구권을 실제로 행사하기 위해서는 원칙적으로는 집행문이 부여되어야 한다. 따라서 집행권원에 의하여 집행청구권이 발생되나 이를 행사하기 위해서는 집행문의 부여가 필요하다.[565]

다. 집행권원의 내용

집행권원에 의하여(집행문이 부여된 경우에는 이와 결합하여) 집행당사자와 집행의 내용·범위가 정하여진다. 따라서 이에 의하여 한정된 이외의 집행행위는 위법하고 채무자나 이해관계 있는 제3자는 이의신청이나 소로서 그 배제를 구할 수 있다.

(1) 사법상 이행청구권의 표시

집행권원에는 반드시 강제집행에 적합한 이행청구권이 표시되어야 한다. 급부의무를 내용으로 해야 하고 그 급부의 내용은 가능·적법·특정하여 강제이행을 할 수 있어야 한다. 급부의 내용 자체가 부적법하거나 사회질서에 반하는 것일 때에는 잘못하여 판결로 그러한 급부를 명하였다 하더라도 무효이므로 집행할 수 없다. 예를 들어 근육을 절단하여 인도하라는 판결은 집행할 수 없다. 그러나 급부내용 자체가 부적법한 것이 아니면 그 원인이 불법이라 하더라도 집행은 가능하다. 왜냐하면, 집행기관은 급부원인의 당부를 판단할 수 없기 때문이다.

(2) 급부의무의 종류·내용·범위의 직접·구체적인 표시

(가) 집행권원에는 강제집행으로 실현되어야 할 급부 목적물 종류·범위·내용·급부의 구체적시기 등이 표시되어야 한다. 예를 들어 종류채권의 급부를 명하고 있는 경우에는 그 종류를 특정하는 데에 필요한 사항이 표시되어 있어야 한다. 또한, 작위·부작위를 명한 때에는 그 구체적인 내용이 명시되어 있지 않으면 아니 된다.

집행권원의 내용·범위만이 집행의 기준이 되고 따라서 집행권원의 내용·범위가 확실하지 아니한 때는 집행기관이 집행할 때 집행권원에 기재된 내용의 의미를 해석 판단하는 권한과 직책이 있다. 집행기관은 집행권원에 표시된 문언을 해석하여 집행의 목적, 범위 등을 명백히 밝힌 후에 집행하여야 한다.

이러한 해석에서 집행기관이 집행력 있는 정본 이외의 자료를 참조하여 해석할 수는 없다. 집행권원이 종국판결인 때에는 주문에 의할 것이지만 이유도 주문해석의 유력한 자료가 된다. 집행권원만의 해석으로 집행권원의 내용이

---

565) 한국 사법행정학회, 2012, 주석 민사집행법(Ⅱ), 74~75면.

끝내 불명확할 때에는 집행기관은 집행할 수 없고 채권자는 다시 새로운 집행권원을 얻어야 할 것이다

집행기관의 해석·판단에 대해서 불복이 있는 당사자는 집행에 관한 이의(민집 16조)나 잘못된 해석·판단에 기초해서 행해진 집행기관의 집행처분에 대하여 즉시항고 또는 집행에 관한 이를 신청할 수 있다.

(나) 집행을 할 수 있는 범위의 최대한도는 집행권원에 표시된 바에 의하여 정하여진다. 집행권원에 표시된 액수 이상의 채권이 있다고 하더라도 그 초과 부분은 집행할 수 없다. 한편 집행권원에 표시된 액수를 항상 집행할 수 있는 것도 아니다.

예를 들어 1,000만 원의 지급을 명한 판결에 대하여 피고가 항소한 경우 항소심에서 원고가 청구를 감축(소의 일부 취하)하여 700만 원만을 구한 경우 결국 항소가 기각된 경우 집행권원이 되는 것은 제1심판결이고 그 판결에 형식상 표시된 것은 1,000만 원이라 하여도 집행할 수 있는 금액은 700만 원에 한한다.

이러한 관계를 명확히 하기 위해서는 항소심 판결의 주문에서 "항소를 기각한다."라고 한 다음에 "원판결은 소의 일부 취하 때문에 다음과 같이 변경되었다. 피고는 원고에게 700만 원을 지급하라"고 표시하는 경우를 보는데 이는 주의적 기재에 불과하고 집행권원이 되는 것은 여전히 제1심판결문이다.

청구이의 소에서 집행권원 표시의 일부에 대하여 집행 불허의 판결이 있는 경우에도 집행할 수 있는 액은 집행 불허가되지 않는 잔존 부분이다. 이처럼 집행권원에 표시된 금액 일부에 대해서만 집행하여야 할 경우에는 집행문을 부여하면서 그 일부에 대해서만 집행할 수 있다는 취지를 집행문에 명기하여 집행기관에 대하여 집행할 수 있는 범위를 알려주어야 한다.

(3) 이행의무 태양의 표시
(가) 예비적 이행의무
본래의 이행의무에 대하여 다른 이행의무가 예비적으로 정해진 경우에 채권자는 먼저 본래 의무에 대해 집행을 하고 그것이 불능이면 예비적 의무에 대해 집행을 하여야 한다. 다만 예비적 의무에 대한 집행에서 본래 의무의 집행 불능이 민사집행법 30조 2항의 조건인 것은 아니다. 본래 의무의 집행 불

능은 집행절차에서 집행기관이 인식한 현저한 사실이기 때문이다. 그러므로 따로 집행문을 부여받을 필요는 없을 것이다.

(나) 선택적 이행의무

집행권원의 급부 목적물이 여러 가지인 경우에 채무자에게 선택권이 있는 경우에 채무자에게 선택권이 있는 경우에는 채무자가 선택한 후에 집행할 수 있으나 채무자가 선택권을 행사하지 아니하면 채권자는 상당한 기간을 정하여 재촉할 수 있고 채무자가 그 기간 내에 선택하지 아니하면 선택권은 채권자에게 이전하므로 이러한 절차를 거친 후에 집행한다(민법 381조).

이러한 경우는 민사집행법 30조 2항의 "조건이 붙어 있어 그 조건이 성취되었음을 채권자가 증명하여야 하는 때"에 해당하므로 채권자가 증명서를 제출하여 조건이 성취되었음을 증명하여야만 집행문을 부여받을 수 있다.

(다) 기한부 또는 조건부 이행의무

이 경우에는 기한이 도래하거나 조건이 성취되지 아니하면 집행을 할 수 없다. 다만 집행권원을 근거로 한 또는 조건이 표시된 경우에 집행 절차상 어떠한 취급을 하는가 에는 차이가 있다. 즉 확정기한의 도래는 집행개시의 요건이고 불확정기한의 도래와 정지조건의 성취는 집행문부여의 요건이다. 그러나 해제조건은 청구권의 소멸사유이므로 상대방이 증명책임을 지게 되며 민사집행법 30조 2항의 조건에 해당하지 않는다.

(라) 동시이행의무

집행권원이 채무자에 대하여 채권자의 채무자에 대한 반대급부와 동시에 일정한 급부를 할 것을 표시한 경우, 예를 들어 판결 주문에 "피고는 원고로부터 100,000원을 받음과 동시에 특정건물 1동을 인도하라"고 표시된 경우, 이러한 동시이행관계에서 채권자가 하여야 할 반대급부에 관하여는 기판력이나 집행력이 없으므로 채무자가 이를 집행권원으로 하여 채권자에 대하여는 집행을 할 수는 없다. 다만 화해조서 등에서 당사자 쌍방이 서로 상대방에 대하여 일정한 급부를 할 것을 약정하고 다시 그 두 개의 급부를 동시이행으로 할 것을 정한 때에는 어느 쪽의 급부도 집행력을 가진다.

반대급부의 이행과 동시에 의사표시의 이행을 명하는 경우(민집 263조)를 제외하고는 동시이행을 명한 집행권원에서 채권자의 반대급부 이행 또는 그 제공은 집행문 부여의 요건이 아니라 집행개시의 요건이 된다.566) 다만 임차인이 임차주택 또는 상가건물에 대하여 보증금반환청구소송의 확정판결 또는 이에 따르는 집행권원을 근거로 하여 경매를 신청하는 경우에는 민사집행법 41조 규정에도 반대의무의 이행 또는 이행의 제공을 집행개시의 요건으로 하지 아니한다(주택 임대차보호법 3조의2 1항, 상가건물 임대차보호법 5조 1항). 이러한 반대급부의 표시가 불완전하여 결국 불명으로 되면 그 집행권원을 근거로 한 집행은 불능으로 된다.

(4) 집행당사자의 표시

집행권원에는 강제집행의 당사자를 정확하게 표시해야 한다. 집행당사자의 승계가 있을 때에는 승계집행문(민집 31조)에 의하여 명확하게 표시됨으로써 그 자를 위하여 또는 그자에 대하여 강제집행을 개시하거나 속행할 수 있다. 집행권원에 표시되어 있지 아니한 자 또는 그 승계인이 아닌 자를 위하여 또는 그자에 대하여 한 강제집행은 무효이다.567)

(5) 책임질 재산의 한도표시

금전채권에 기초한 집행에서 집행권원에 어떠한 제한이 붙어 있지 않으면 채무자의 전 재산이 책임재산으로서 집행의 대상이 된다. 만약 채무자가 특정재산 또는 일정 범위의 재산으로만 갚을 책임이 있는 경우에는 집행의 대상이 되는 재산의 한도가 집행권원에 명시되어야 한다. 유한책임의 예로는 상속 한정승인(민법 1,028조)의 경우와 유언집행자, 파산관재인, 신탁재산의 수탁자와 같은 재산관리인이 관리인의 지위로 집행채무자가 되는 경우가 있다.

유한책임의 문제는 집행제한과 달리 실체법상의 관계이므로 집행기관이 조사할 사항이 아니고 따라서 집행권원에 한정의 표시가 없는 한 집행기관이 책임재산 외의 재산에 대하여 집행을 하여도 위법이 아니다. 다만 유언집행자와 같은 직무상 당사자의 경우에는 직무상 당사자라는 집행권원상의 표시로 그

---

566) 대결 1961. 7. 31. 4294민재항437; 대판 1962. 2. 15. 4924민상708.
567) 대판 2002. 11. 13. 2002다41602

관리재산만이 책임재산이 되는 것이 명백하므로, 그 한정의 표시가 없더라도 집행기관은 그의 고유의 재산에 대해서는 집행할 수 없는 것으로 본다.568) 집행권원에 한정의 표시가 없는 경우에 집행문을 부여하면서 집행문 중에 그 표시를 할 수 있는가는 다툼이 있으나, 위 같은 경우라면 긍정해야 할 것이다.

유한책임의 취지가 집행권원 또는 집행문에 명기되어 있음에도 채무자의 고유재산에 대하여 집행을 한 때에 채무자는 즉시항고(민집 15조 1항), 집행에 관한 이의신청(민집 16조 1항)을 하거나 제3자이의의 소(민집 48조 1항)를 제기할 수 있다(이 경우 청구에 관한 이의의 소로 불복할 수는 없다).569)

한정승인이 있었음에도 항변을 하지 아니하여 책임재산에 관한 아무런 유보 없이 판결이 선고된 경우에 그 판결의 기판력에 관하여는 기판력 긍정설과 기판력부정설 등으로 견해가 나뉘었으나, 판례는 "채권자가 피상속인의 금전채무를 상속한 상속인을 상대로 그 상속채무의 이행을 구하여 제기한 소송에서 채무자가 한정승인 사실을 주장하지 아니하면 책임의 범위는 현실적인 심판대상으로 나타나지 아니하여 주문은 물론 이유에도 판단하지 아니하므로 그에 관하여 기판력이 미치지 아니한다.

그러므로 채무자가 한정승인을 하고도 채권자가 제기한 소송의 사실심 변론 종결할 때까지 그 사실을 주장하지 아니하여 책임의 범위에 관한 유보가 없는 판결이 선고되어 확정되었다고 하더라도 채무자는 그 후 한정승인 사실을 내세워 청구에 관한 이의의 소를 제기할 수 있다570)라는 기판력부정설을 취하였다.

한편 이와 같은 기판력에 의한 실권효 제한의 법리는 채무의 상속에 따른 책임의 제한 여부만이 문제 되는 한정승인과 달리 상속에 관한 채무가 문제되어 그에 관한 확정판결의 주문에 당연히 기판력이 미치게 되는 상속 포기의 경우에는 적용될 수 없으므로 채무자가 상속포기를 하였으나 채권자가 제기한 소송의 사실심 변론 종결시 까지 이를 주장하지 아니하여 채권자 승소판결 확정 후에는 채무자는 청구이의의 소를 제기할 수는 없다.571)

구체적인 집행에서 어떠한 물건이나 권리가 이른바 책임재산에 속하는지

---

568) 법원행정처, 2014, 법원실무제요, 민사집행(Ⅰ), 158면.
569) 대결 2005. 12. 19. 2005그128
570) 대판 2006. 10. 23. 2006다23138
571) 대판 2009. 5. 28. 2008다79876

아닌지가 항상 문제가 되는데 그때마다 집행기관이 일일이 그 물건 또는 권리가 책임재산에 속하는지를 조사·판단하는 것은 집행기관의 성질상 적당하지 않을뿐더러 집행이 지연될 개연성이 있고 집행법의 근본이념에도 어긋난다.

따라서 집행절차에서는 실체법상의 권리귀속을 따지지 아니하고 단지 그 권리귀속의 개연성을 인정할 수 있는 외형상의 징표를 법률로 규정하여 그것의 구비 여하에 따라 집행 여부를 결정하도록 하고 있다. 즉 유체동산의 집행에서는 목적물에 대한 점유를 표준으로 하여 채무자가 점유하고 있으며 설령 그것이 채무자의 소유가 아니더라도 압류를 할 수 있으며(민집 189조 1항) 채무자의 소유라도 제3자가 점유하고 있는 경우에는 그 제3자가 제출을 거부하면 압류를 할 수 없다(민집 192조).

부동산·선박·자동차·건설기계·소형선박과 항공기에 대한 집행에서 채무자 소유로 등기나 등록된 등기사항증명서나 등록원부등본 또는 즉시 채무자의 명의로 등기할 서류를 제출한 때 책임재산으로 인정하게 되어 있으며(민집 81조, 187조), 채권과 그 밖의 재산권에 대한 집행에서는 집행채권자의 주장만으로 채무자에 속하는 것으로 인정하고 압류명령을 발한다(민집 225조, 226조).

라. 집행권원의 경합

같은 청구권에 관하여 다수의 집행권원이 경합하는 수가 있다. 예를 들어 집행증서가 작성된 후에 이행판결을 얻은 경우 등이 있다. 이러한 경우에 ① 신 집행권원이 당해 청구권에 대한 가장 새로운 상태를 나타내는 것으로 구 집행권원을 무력화시키는 것이므로 신 집행권원만 유효하다는 설572)과 ② 신 집행권원이 작성되었다고 해서 구 집행권원이 당연히 실효될 이유는 없고 또 어느 집행권원으로 집행하여도 당사자의 이해에 영향이 없으며 구 집행권원으로 집행신청을 한 경우 집행기관으로서는 신 집행권원의 존부를 알 수 없을 뿐 아니라 집행기관으로 하여금 중복하는지 여부를 판단하게 하는 것도 적절하지 못하다는 이유로 신구집행권원이 유효하다는 설573)이 있으며 실무상으로는 ②항 후설을 따른다.574)

---

572) 이영섭, 강제집행(하), 58면.
573) 민일영, 청구이의의 소에 관한 실무상 문제점 법원행정처, 재판자료(35)
574) 법원행정처 2014, 법원실무제요, 민사집행(Ⅰ), 160면.

집행권원의 경합 문제는 아니나 제1심판결과 이를 유지한 항소기각 판결의 관계에서는 제1심판결만이 집행권원이 되기 때문에 집행권원의 경합문제는 일어나지 않는다.

마. 집행권원의 실효(失效)

집행권원이 효력을 잃는 경우로는 여러 가지가 있다. 첫째 집행권원이 그 효력을 잃는 것이고 둘째는 집행권원이 그 존재를 상실하는 것이다. 전자의 예로는 가집행의 선고가 있는 종국 판결이 가집행의 선고 또는 본안판결을 바꾸는 판결의 선고로 바뀌는 한도 내에서 그 효력을 잃는 경우(민소 215조 1항), 확정판결이 재심판결로 취소되어 효력을 잃는 경우 등이 있다.

이처럼 효력이 상실된 판결로 집행하는 경우에는 채무자는 집행문 부여에 대한 이의신청(민집 34조 1항)을 할 수 있다. 그러나 집행종료 후 집행권원이 실효된 경우에 그에 의하여 이미 행하여진 집행이 실효되지 않는다. 따라서 가집행선고에 의한 판결로 집행한 후 당해 판결이 변경된 경우에나, 확정판결로 집행한 후 그 확정판결이 재심소송에서 취소된 경우에도 이미 종료한 집행은 실효되지 않는다.[575]

후자의 예로는 화재, 천재지변 등으로 판결원본 등 집행권원의 원본이나 소송기록이 멸실된 경우를 들 수 있다. 이 경우에 채권자는 원칙적으로 신소 제기나 그 밖의 방법으로 새로운 집행권원을 얻어야 하고 이러한 재소에 대해서는 권리보호의 이익이 인정된다. 다만 이 경우에도 채권자가 이미 집행정본을 가지고 있는 때에는 이에 의하여 집행을 개시, 속행하는데 아무런 지장이 없다.

그러나 새로이 집행정본을 필요로 하는 경우에는 판결원본이 없을지라도 채권자가 소지하고 있는 판결정본만으로 집행문을 부여받아 집행할 수 있는지에 관하여는 집행권원은 판결의 원본 등 집행권원의 원본 그 자체이며 집행정본의 효력은 그 원본의 존재를 전제로 한다는 이유에서 이를 부정하는 견해도 있으나 판결의 정본에 급부청구권이 표시되어 있고 판결정본과 상소 없었음을 증명하는 서면, 송달증명서 등에 의하여 집행권원의 존재를 인정할 수 있는 경우에는 소송경제와 채권자의 권리보호를 위하여 집행문을 부여하여도 좋을 것이다.[576]

---

575) 대판 1993. 4. 23. 93다3165; 대판 1996. 12. 30. 96다42628

이 경우에는 집행문 부여의 취지와 그 날짜를 적을 판결원본 등이 없으므로 편의상 법원사무관 등은 당사자가 제출한 정본을 근거로 하여 등본을 작성하고 여기에 민사집행법 36조 소정의 기재를 하여야 할 것이다. 공증인법 41조 1항은 증서의 원본이 멸실된 경우에 공증인은 이미 내준 증서의 정본이나 등본을 회수하여 없어진 증서에 대신하여 이를 보존토록 규정하고 있으므로 원본에 대신하는 정본이나 등본을 근거로 하여 집행문을 부여받을 수 있다.577)

바. 집행권원의 양도

집행권원은 거기 표시된 청구권과 함께 제3자에게 양도할 수 있으나, 집행권원만을 독립하여 양도할 수는 없다. 승계집행문 부여에 관한 민사집행법 31조는 채권자의 승계인을 위하여 청구권의 승계가 있는 경우에만 부여할 수 있도록 하였다.

사. 집행권원의 종류

집행권원에는 민사소송법 및 민사집행법에서 규정하는 것과 그 외의 법률에서 규정하는 것이 있다. 집행권원을 분류해 보자면 종국적 집행권원과 일시적 집행권원, 본집행의 집행권원과 보존집행의 집행권원, 기판력이 있는 집행권원과 그것이 없는 집행권원, 조건부 집행권원과 기한부 집행권원이 있다. 현행법상 집행권원의 종류로 인정되고 있는 것은 다음과 같다.

(1) 민사집행법과 민사소송법에 규정된 집행권원
(가) 판결
㉮ 확정된 종국판결(민집 24조)
㉯ 가집행의 선고가 있는 종국판결(민집 24조)
㉰ 외국법원의 확정판결 또는 이와 같은 효력이 인정되는 재판에 대한 집행판결(민집 26조 1항)

---

576) 법원행정처, 2014, 법원실무제요, 민사집행(Ⅰ), 161면.
577) 전게서, 「161」

(나) 판결 이외의 집행권원

㉮ 소송상 화해조서, 제소전 화해조서(민집 57조, 56조 5호)
㉯ 청구의 인낙조서(민집 57조, 56조 5호)
㉰ 항고로만 불복할 수 있는 재판(민집 57조, 56조 1호)
㉱ 확정된 지급명령(민집 57조, 56조 3호)
㉲ 집행증서(민집 57조, 56조 4호)
㉳ 가압류명령, 가처분명령(민집 291조, 301조)
㉴ 과태료의 재판에 대한 검사의 집행명령(민집 60조)
㉵ 확정된 화해권고결정(민소 231조)

(2) 민사집행법과 민사소송법 이외의 법률에 규정된 집행권원

㉮ 중재판정에 대한 집행판결(중재법 37조 1항)
㉯ 회생채권자표, 회생담보권자표, 파산채권자표, 개인회생채권자표(채무자회생 168조, 255조, 460조, 535조, 603조)
㉰ 법인 회생절차 또는 파산절차에서 법인의 이사 등에 대한 출자이행청구권 또는 그 책임을 근거로 한 손해배상청구권의 조사확정 재판(채무자회생 115조, 117조, 352조, 354조)
㉱ 조정조서(민조 29조)와 확정된 조정에 갈음하는 결정(민조 30조, 34조 4항)
㉲ 가사소송법에 따른 심판(가소? 41조), 조정이나 확정된 조정에 갈음하는 결정(가소? 59조 2항)
㉳ 소액사건심판법에 따른 확정된 이행권고결정(소액 5조의7 1항)
㉴ 언론중재위원회의 조정 결과 당사자 간에 합의가 성립한 경우, 출석요구를 받은 피신청언론사 등이 2회에 걸쳐 출석하지 아니하여 조정신청 취지에 따라 정정보도 등을 이행하기로 하는 합의가 이루어진 것으로 보는 경우, 직권조정결정에 대하여 이의신청이 없는 경우 및 중재결정(언론중재 및 피해구제 등에 관한 법률 23조, 25조 1항)
㉵ 당사자가 예납하지 아니한 비용의 수봉(收捧)결정, 소송구조와 구조의 취소에 의한 비용 추심의 결정(민비 12조 1항, 민소 131조, 132조)
㉶ 비송사건절차법상의 과태료 재판에 대한 검사의 명령(비송 249조)
㉷ 비송사건절차의 비용에 관한 재판(비송 29조 1항)
㉸ 벌금, 과료, 몰수, 추징, 과태료, 소송비용, 비용배상 또는 가납의 재판

에 대한 검사의 명령(형소 477조)

㈏ 이의신청에 대한 중앙토지수용위원회의 재결이 확정된 경우(공익사업을 위한 토지 등의 취득 및 보상에 관한 법률 86조 1항)

㈑ 특허권, 실용신안권, 디자인권, 상표권의 심판, 항고심판, 재심과 관련하여 특허심판원장이 정한 심판비용액 또는 심판관이 정한 대가에 관하여 확정된 결정(특허 166조, 실용신안법 33조, 디자인 보호법 72조의30, 상표법 77조의29)

㈒ 확정된 배상명령 또는 가집행선고가 있는 배상명령이 기재된 유죄판결 또는 보호처분 결정서(소촉 34조 1항, 가정폭력범죄의 처벌 등에 관한 특례법 61조 1항)

㈒-1 형사피고사건의 피고인과 피해자 사이에 민사상 다툼(해당 피고사건과 관련된 피해에 대한 다툼을 포함하는 경우로 한정)에 관하여 이루어진 합의가 기재된 공판조서(소촉 36조 5항)

㈒-2 변협징계위원회의 과태료 결정(변호사법 90조 4호, 98조의5 2항), 소관 지방법원장의 소속 법무사에 대한 과태료 결정(법무사법 48조 2항 3호, 3항)

(3) 확정된 종국판결

민사집행법 24조는 강제집행은 확정된 종국판결이나 가집행선고가 있는 종국판결에 기초한다고 규정되어 있고 이 두 가지가 집행권원의 대표적임을 말하고 있다.

(가) 종국판결

종국판결은 하나의 심급에서 소송의 전부 또는 일부를 종결시키는 판결을 말한다. 전부판결(민소 198조), 일부판결(민소 200조), 추가판결(민소 212조 1항, 2항) 본소판결, 반소판결, 모두 집행권원에 포함된다. 그러나 중간 판결(민소 201조)[578]은 종국판결이 아니므로 집행권원이 될 수 없다. 외국법원의 판결에 의한 강제집행은 집행판결을 필요로 하므(민집 26조 1항)로 여기서 말하는 집행권원이 되는 판결은 국내법원의 판결을 말한다. 이행판결이라도 모두 집행권원이 되는 것은 아니고 그 강제실현이 허용되지 않는 것과 불가능한 것은 집행권원이 되지 아니

---

[578] 한국 사법행정학회, 2012, 주석 민사집행법(Ⅱ), 74~75면.
중간판결은 종국판결의 준비로서 혹은 독립된 공격·방어의 방법, 그 밖 중간의 다툼에 대하여 재판을 하거나 청구의 원인과 수액에 대하여 다툼이 있는 경우에 그 원인에 대하여 재판하는 것으로 집행권원이 될 수 없다.

한다. 우선, 부부의 동거의무나 일정한 장소에서 일정한 노무를 제공할 의무 등의 경우에는 그 의무의 이행을 강제하면 채무자의 인격에 대한 침해가 커서 현대의 문화 관념상 시인될 수 없으므로 위와 같은 의무의 이행을 명한 판결은 집행권원이 되지 아니한다.

그리고 소설을 쓸 의무나 연주를 할 의무 등의 경우에는 그 의무를 강제력에 의하여 실현하게 하더라도 채무의 본지에 적합한 이행이 기대되기 어려워 강제집행이 적당하지 아니하므로 위와 같은 의무의 이행을 명한 판결도 집행권원이 되지 아니한다. 소각하의 소송판결은 물론, 확인판결(청구기각의 판결도 포함한다) 또는 형성의 판결[579]도 집행권원이 되지 않는다. 소송비용에 관하여는 통상 소송비용액확정결정이 행하여지는데, 이 경우 소송비용부담의 재판과 확정결정이 결합하여 집행권원이 되는가, 확정결정만이 집행권원이 되는가에 대하여는 다툼이 있다.

(나) 판결의 확정

종국판결은 확정된 것이어야 한다. 판결의 확정이란 판결이 통상의 불복신청방법인 상소(항소, 상고)로 취소될 수 없는 상태에 이른 경우를 말한다. 이러한 경우의 효력을 판결의 형식적 확정력이라고 한다. 이에 의하여 판결의 기판력(실체적 확정력)이 생기고 집행력도 생긴다.

① 판결 확정의 시기

㉮ 상소가 허용되지 않는 판결은 그 판결 선고할 때에 확정된다. 상소를 제기하지 아니하기로 하는 합의가 있는 경우에도 마찬가지로 판결이 선고된 때 확정된다. 그러나 상고할 권리를 유보하고 항소를 하지 아니하기로 합의한 때에는(민소 390조 1항 단서) 상고기간이 경과하여야 판결이 확정된다. 한편 당사자의 일방만이 항소하지 아니하기로 약정하는 합의는 공평에 어긋나 불항소합의의 효력이 없다.[580]

㉯ 상소가 허용되는 판결은 당사자가 상소기간(민소 396조 1항, 425조, 판결서가 송달된

---

579) 한국 사법행정학회, 2012, 주석 민사집행법(Ⅱ), 90면.
    확인 판결은 그 기판력에 의해 법률관계나 서면의 眞否를 확인함으로써 권리보호의 목적을 이루고, 형성판결은 그 형성력에 의하여 법률관계가 관념적으로 새로이 형성되는 것으로 각 강제집행을 할 필요가 없기 때문이다

580) 대판 1987. 6. 23. 86다카2728

날부터 2주일)을 넘긴 경우, 상소기간 경과 후에 상소를 취하하거나 상소가 부적법하다 하여 각하된 경우에는 상소기간 만료 시에 확정된다.581)

㈐ 상소기간 경과 전이라도 상소할 수 있는 당사자 전부가 상소권을 포기한 경우에는 그 포기 시에 확정된다(민소 394조, 425조).

㈑ 상소기간 내에 적법한 상소가 제기되면 판결의 확정이 차단되었다가, 상소심에서 상소기각의 판결이 있고 그 판결이 확정되면 그때에 원판결도 확정된다. 원판결이 이행판결이면 그것이 확정판결로서 집행권원이 된다.

㈒ 상소가 판결 일부에 대하여만 있는 경우에도 원칙적으로 판결 전부에 대하여서이심의 효력이 생기므로 판결 전부의 확정이 차단된다.582) 따라서 제1심에서 원고가 일부패소 한 경우 그 부분에 대하여만 상소를 하거나, 본소와 반소가 하나의 판결로 선고된 경우 본소재판에 대하여서만 상소하였다 하더라도 피고는 변론 종결 시까지 부대항소를 제기할 수 있으므로 원고의 일부승소 부분이나 반소재판은 독립하여 확정되지 아니한다. 그러나 통상의 공동소송에서 일부의 공동소송인만이 상소한 경우 그 효력은 다른 공동소송인에게 미치지 아니하므로 상소하지 않은 공동소송인과 관계된 청구에 관한 판결은 확정된다.

② 판결의 확정증명

판결의 확정은 판결확정증명서에 의하여 증명된다. 판결확정증명서는 원고 또는 피고의 신청에 따라 제1심법원의 법원사무관 등이 내어주지만, 소송기록이 상급심에 있는 때에는 상급법원의 법원사무관 등이 그 확정 부분에 대하여만 증명서를 내어준다(민소 499조 1항, 2항).

③ 확정판결의 취소

확정판결이 상소의 추후보완(민소 173조 1항), 재심(민소 451조 1항)으로 취소되면 그것은 판결의 효력을 잃어 집행권원이 되지 않는다. 그러나 상소의 추후보완신청이나 재심청구가 있더라도 그 취소가 될 때까지는 판결의 집행력이 정지되지 않고, 다만 법원은 신청에 따라 집행의 일시 정지 또는 실시한 강제집행처분의 취소 등을 명할 수 있다(민소 500조 1항).

---

581) 재민 70-5 재판예규 제82호(항소취하 때문인 판결의 확정시기)
582) 대판 2002. 4. 23. 2000다9048

(4) 가집행의 선고가 있는 종국판결
(가) 가집행선고를 하는 경우

가집행의 선고가 있는 종국판결이란 이 경우에 확정된 종국 판결과 마찬가지로 집행력을 가지며 집행권원이 되고 다시 말하자면 가집행선고라는 형성적 재판과 이를 합한 미확정 종국판결이 하나가 되어 집행권원이 되는 것이다.

재산권의 청구에 관한 판결은 가집행의 선고를 붙이지 아니할 타당한 이유가 없는 한 직권으로 담보를 제공하거나 제공하지 아니하고 가집행을 할 수 있다는 것을 선고하여야 한다.[583] 다만 어음금·수표금 청구에 관한 판결에는 담보를 제공하게 하지 아니하고 가집행의 선고를 하여야 한다(민소 213조 1항). 가집행의 선고는 종국 판결의 주문에 적어야 한다(민소 213조 3항). 비재산권의 청구나 의사표시를 하여야 할 의무에 관한 이행판결(민집 263조 1항, 민법 389조 2항)에 대하여는 가집행의 선고가 허용되지 않는다. 결정으로 가집행을 선고하는 경우도 있다. 즉, 상소법원은 원판결 중 불복신청이 없는 부분에 대하여는 당사자의 신청에 따라 결정으로 가집행의 선고를 할 수 있다(민소 406조 1항, 435조).

(나) 가집행 선고의 효력

가집행의 선고로 종국판결에 즉시 집행력이 발생한다. 담보를 조건으로 하는 가집행의 선고에서 담보의 제공은 집행력 발생의 조건이 아니고 단지 집행개시의 요건에 지나지 아니하므로 담보를 제공하기 전이라도 집행문을 부여할 수 있다(민집 30조 2항, 40조 2항). 가집행의 선고 중에 채무자가 담보를 제공한 때에는 가집행을 면제받을 수 있다는 취지의 기재가 있는 경우가 있는데(민소 213조 2항), 이 경우에 채무자가 담보를 제공한 것은 집행문부여의 장애사유는 아니고 집행행위의 정지, 취소사유가 될 뿐이다(민집 49조 3호, 50조 1항). 가집행의 선고에 의한 집행력은 상소가 있어도 정지되지 아니한다. 다만 법원이 집행정지 등의 조치를 한 때에는 예외이다(민소 501조, 500조 1항).

---

583) 한국 사법행정학회, 2012, 주석 민사집행법(Ⅱ), 94면.
가집행 선고를 재산권의 청구에 관한 판결에만 붙일 수 있도록 한정한 이유는 재산권에 관한 판결의 경우에는 가집행을 근거로 하여 권리실현의 부당성이 후일 판명된 때(예를 들어 상소심에서 판결이 취소된 때)에도 원상회복이 비교적 수월하고, 원상회복이 곤란할 때에는 금전배상에 의한 그 손해가 쉽게 진보될 수 있기 때문이다.

가집행의 선고를 근거로 한 집행도 원칙적으로 청구권의 최종적 만족의 단계에까지 나아간다는 점에서는 확정판결을 근거로 한 집행과 같나, 그 효과가 확정적이 아니고 후일 본안판결 또는 가집행의 선고가 취소, 변경되지 아니할 것을 해제조건으로 하는 점584) 가집행 면제의 선고가 있는 판결에 기초한 경우에는 집행관이 금전을 받아내거나 매각대금을 영수하더라도 채무자가 지급한 것으로 간주되지 아니하는 점(민집 201조 2항 단서, 208조 단서)이 확정판결을 근거로 한 집행의 경우와 다르다.

가집행의 선고를 근거로 한 집행절차의 계속 중 상소법원에서 원판결이 그대로 확정된 경우에 그 확정판결을 집행기관에 제출하면 가집행은 본 집행으로 전환하여 기존의 집행을 확정판결을 근거로 한 집행과 같이 보게 된다. 새삼스럽게 확정판결을 근거로 한 집행을 개시할 필요가 없고, 또한 새로운 집행문을 부여받을 필요도 없다.

(다) 가집행 선고의 실효

가집행의 선고는 상소심에서 그 선고 또는 본안판결을 바꾸는 판결의 선고로 그 한도에서 당연히 효력을 잃으며 집행력도 소멸한다(민소 215조 1항). 취소 또는 변경의 판결이 확정되거나 그 판결에 가집행의 선고가 있지 않아도 된다. 피고는 그 재판의 정본을 집행기관에 제출하여 집행의 정지 또는 집행처분의 취소를 청구할 수 있다(민집 49조 1호, 50조 1항).

그러나 상소심의 판결로 가집행의 효력이 소멸되거나 집행채권의 존재가 부정된다 하더라도 그에 앞서 이미 완료된 집행절차나 이를 근거로 한 매수인의 소유권취득 효력에는 아무런 영향을 미치지 아니한다.585) 가집행의 선고가 있는 제1심판결이 항소심에서 취소되면 가집행의 선고는 실효되나 항소심 판결이 상고심에서 파기되면 그 효력은 다시 회복된다는 것이 판례586)이므로 특별한 다른 사정이 없는 한 가집행의 선고가 있는 제1심판결에 기하여 다시 집행을 속행할 수 있다. 제1심에서 가집행선고부 승소판결을 받아 그 판결에 기초해 강제경매를 신청한 다음 항소심에서 조정(조정에 갈음하는 결정 포함) 내지 화해가 성립한 경우, 제1심판결 및 가집행선고의 효력은 조정이나 화해

---

584) 대판 1963. 7. 11. 63다252, 대판 1982. 1. 19. 80다2626
585) 대판 1993. 4. 23. 93다3165
586) 대결 1964. 3. 31. 63마78, 대결 1993. 3. 29. 93마246, 247

에서 제1심판결보다 인용 범위가 줄어든 부분에 한하여 실효되고 나머지 부분에 대하여는 여전히 효력이 미친다.[587]

(5) 집행판결
(가) 개설

외국법원의 확정판결 또는 이와 같은 효력이 인정되는 재판과 중재판정에 관하여 이를 근거로 한 강제집행이 가능함을 선언하는 판결이다. 외국법원의 확정재판 등이 요건을 갖추었는지의 심사를 집행기관에 맡기는 것은 적절하지 아니하므로, 미리 소송절차에서 그 요건을 갖추었는지를 심사한 후 확정재판 등의 집행을 허가할 것인지를 정하도록 하기 위하여 민사집행법 26조 1항은 "외국법원의 확정판결 또는 이와 같은 효력이 인정되는 재판에 기초한 강제집행은 대한민국 법원에서 집행판결로 그 적법함을 선고하여야 할 수 있다."라고 규정하고 있다.

(나) 집행판결의 대상이 되는 외국판결의 범위

외국법원의 확정재판 등에 대한 승인요건을 정한 민사소송법 217조와 217조의2는 이행판결뿐만 아니라 확인·형성판결도 포함하는 취지로 해석하는 것이 당연하겠지만, 민사집행법 26조 1항의 집행판결은 외국법원의 확정재판 등을 우리나라에서 강제집행하기 위한 것이므로 집행판결의 대상이 되는 외국법원의 확정재판 등은 강제집행을 할 수 있는 집행력 있는 이행판결을 대상으로 한 것으로 해석된다.

이와 관련하여 문제가 되는 것은 외국법원의 혼인무효나 이혼판결과 같은 신분에 관한 판결에 대하여도 집행판결이 필요한가이다. 이에 관하여는 긍정설과 부정설이 있다. '외국법원의 이혼판결에 의한 가족관계등록사무 처리지침(가족관계등록예규 173호)'과 '외국법원의 이혼판결에 의한 이혼신고(가족관계등록예규 174호)'는 외국법원의 이혼판결은 민사소송법 217조 소정의 승인요건을 갖추면 우리나라에서도 그 효력이 있으므로 위 요건을 갖춘 외국판결에 의한 이혼신고는 우리나라 판결에 의한 이혼신고와 마찬가지로 가족관계의 등록 등에 관한 법률 78조, 58조의 규정에 따른 절차를 따르도록 하여 원칙적으로 집행판결이

---

587) 대결 2011. 11. 10. 2011마1482

필요하지 않은 것으로 하고, 다만 외국판결의 확정 여부가 불분명한 경우, 송달의 적법 여부가 불분명한 경우, 외국법원의 판결절차가 진행될 당시 피고가 해당 외국에 거주하지 않은 경우, 그 밖에 외국판결의 효력이 의심스러운 경우에는 감독법원에 질의하고 그 회답을 받아 처리하도록 하되,

외국판결상의 피고인 대한민국 국민이 해당 외국판결에 의한 이혼신고에 동의하거나 스스로 이혼신고를 한 경우나 외국법원의 이혼판결에 대하여 민사집행법 26조 및 27조에 따른 집행판결을 받은 경우에는 감독법원의 질의가 필요하지 않은 것으로 하고 있다. 그러나 호적선례는 외국법원의 혼인무효나 취소판결의 경우에 국내에서 집행판결을 받아야만 호적정정신청(혼인무효의 경우)이나 호적신고(혼인취소의 경우)를 할 수 있다고 하였다(호적선례 1-200, 1-336, 2-220).[588]

(다) 집행판결 절차

① 소의 성질

집행판결 소의 성질에 관하여 무엇이 집행권원이 되는지에 관하여 외국판결이 집행권원이 된다는 견해, 집행판결만이 집행권원이 된다는 견해, 그리고 외국판결과 집행판결이 일체로서 집행권원이 된다는 견해[589]로 나누어 있으나 외국판결만으로는 집행력이 구체화 되지 아니하고 또 집행판결은 집행의 기본인 청구권의 존재 여부와 범위를 확정하는 것이 아니므로 외국판결과 집행판결이 일체로서 집행권원이 된다는 견해가 타당하다.[590]

② 당사자와 관할법원

집행판결소송에서 원고는 외국판결에서 청구권이 있는 당사자로 표시된 자 또는 그 승계인이고 피고는 그 상대방인 집행채무자 또는 그 승계인이다. 여기서 당사자적격이 있는 승계인에 해당하는지는 승인 및 집행국인 우리나라의 소송법이 아닌 판결국의 소송법이 정하는 바에 따라 결정된다.

집행판결을 청구하는 소는 채무자의 보통재판적이 있는 곳의 지방법원이 관할하며, 보통재판적이 없는 때에는 민사소송법 11조의 규정에 따라 청구의 목적 또는 담보의 목적이나 압류할 수 있는 채무자의 재산이 있는 곳의 지방

---

588) 법원행정처 2014, 법원실무제요, 민사집행(Ⅰ), 169면.
589) 이영섭, 강제집행(하), 64면.
590) 한국 사법행정학회, 2012, 주석 민사집행법(Ⅱ), 125면.

법원이 관할한다(민집 26조 2항). 사물관할은 외국법원의 확정재판 등에서 인정된 권리의 가액(그 2분의 1이 소송목적의 값임)에 의한다(인지규칙 16조 1호).

외국법원의 확정재판 등이 가정법원의 심판사항을 내용으로 하는 경우에도 집행판결청구소송의 관할법원은 가정법원이 아니라 지방법원이다.591) 이 중 토지관할은 전속관할이다(민집 21조).

중재판정에 대한 승인·집행판결을 청구하는 소는, 중재합의에서 지정한 법원, 중재지를 관할하는 법원, 피고 소유의 재산이 있는 곳을 관할하는 법원, 피고의 주소 또는 영업소, 주소 또는 영업소를 알 수 없는 경우에는 거소, 사는 곳도 알 수 없는 경우에는 최후로 알려진 주소 또는 영업소를 관할하는 법원 중 어느 하나에 해당하는 법원이 관할한다(중재법 7조 4항).

(라) 소제기와 심리

집행판결의 청구는 소제기의 방식에 의하여야 하므로 반드시 당사자와 법정대리인, 청구의 취지와 원인을 적은 서면을 법원에 제출하는 방식으로 하여야 하고(민소 248조, 249조 준용), 소장에는 민사소송 등 인지법 2조 소정의 인지를 붙여야 한다. 소장이 접수되면 사건번호(가단, 가합)와 사건명(집행판결)을 붙이고 민사 사건부에 전산 입력한 뒤 기록을 만든다. 중재판정에 대한 승인·집행판결을 청구하는 경우 원고는 중재판정의 정본 또는 인증등본과 중재합의의 원본 또는 인증등본을 제출하여야 하고, 중재판정 또는 중재합의가 외국어로 작성된 경우에는 정당하게 인증된 한국어 번역문을 첨부하여야 한다(중재법 37조 2항).

심리의 대상은 외국법원의 확정재판 등이 민사소송법 217조와 217조의2에서 정한 요건을 모두 갖추었는가이고, 외국법원 확정재판 등의 옳고 그름이 아니다(민집 27조 1항). 소송절차이므로 변론을 열어 심리하여야 한다. 외국판결이나 그 밖의 외국어로 작성된 문서에는 번역문을 붙여야 한다(민소 277조).

외국법원의 손해배상에 관한 확정재판 등이 우리나라의 법률 또는 우리나라가 체결한 국제조약의 기본질서에 현저히 반하는 결과를 가져올 경우에는 해당 확정재판 등의 전부 또는 일부도 그 효력이 인정될 수 없다(민소 217조의2 1항). 이를 심리할 때에는 외국법원이 인정한 손해배상의 범위에 변호사보수를 비

---

591) 대판 1982. 12. 28. 82므25

롯한 소송과 관련된 비용과 경비가 포함되는지와 그 범위가 고려되어야 한다(민소 217조의 2항).

(마) 판결

① 각하판결

심리 결과, 원고가 외국법원의 확정재판 등이 확정된 것을 증명하지 아니하거나 외국판결이 민사소송법 217조의 조건을 갖추지 아니한 때에는 법원은 소를 각하하여야 한다(민집 27조 2항). 민사소송법 217조의2에 따라 외국법원의 손해배상에 관한 확정재판 등이 승인될 수 없는 때에도 마찬가지로 보아야 할 것이다.

② 집행판결

심리 결과 집행판결청구가 이유 있다고 인정될 때에는 그 외국판결(또는 중재판정)을 명시하여 집행할 수 있음을 선언하는 집행판결을 한다.

그 주문은 일반적으로 "위 당사자 사이의 ○○국 ○○법원 ○○호 ○○사건에 관하여 위 법원이 20……. 선고한 판결(또는 ○○사건에 관하여 20 . . . 중재인 ○○○가 한 중재판정)에 기한 강제집행을 허가한다. 소송비용은 피고가 부담한다. 제1항은 가집행할 수 있다." 또는 "위 당사자 사이의 ○○국 ○○법원 ○○호 ○○사건에 관하여 위 법원이 20……. 선고한 피고는 원고에게 ○○달러를 지급하라는 판결(또는 200……. 중재인 ○○○가한 피고는 원고에게 ○○원을 지급하라는 중재판정)에 기초한 강제집행을 허가한다. 소송비용은 피고가 부담한다. 제1항은 가집행할 수 있다."라는 형식이 된다.

외국법원 확정재판 등의 당사자와 집행판결의 당사자가 다른 경우에는 "○○국 ○○법원이 소외 ○○○와 피고 사이의 같은 법원 ○○호 ○○사건에 관하여 선고한(또는 ……지급하라는) 판결에 기초한 '원고의 피고에 대한' 강제집행을 허가한다."라는 식으로 '원고의 피고에 대한'이라는 문구를 삽입한다. 외국화폐로 표시된 외국법원 확정재판 등의 주문을 집행판결에서 우리나라의 화폐로 환산하여 표시할 필요는 없다. 환산은 집행할 때 그 당시의 환율에 의하여야 한다(민법 378조).

(바) 집행판결에 의한 집행

집행판결이 있는 경우에 무엇이 집행권원이 되는가에 관하여는, 집행판결의 성질을 확인판결로 보는가, 이행판결로 보는가, 또는 형성판결로 보는가에 따라 결론이 달라지나, 통설인 형성판결설에 의하면 외국판결 또는 중재판정과 집행판결이 결합한 것이 집행권원이 된다.

그러나 집행판결의 주문에 집행되어야 할 청구권이 표시된 경우에는 집행판결만으로써 집행권원이 된다고 보아도 무방할 것이다. 집행판결은 가집행의 선고가 있거나 확정되면 집행권원이 된다. 일반판결과 같이 집행문의 부여가 있어야 한다. 집행문은 집행판결소송의 제1심 수소법원 법원사무관 등이 집행판결 정본의 끝에 덧붙여 적는 방법으로 부여한다(민집 28조 2항, 29조 1항).

(6) 항고로만 불복할 수 있는 재판

(가) 의의

항고로만 불복할 수 있는 재판은 판결 이외의 재판인 결정·명령으로서 법률에 따라 항고로써 불복신청이 허용되는 것을 말한다. 항고는 즉시항고나 통상항고를 불문한다. 단 민사소송법 449조의 특별항고와 같이 이례적인 것은 제외된다. 현실로 항고의 여지가 없는 재판, 예를 들어 대법원이 한 재판이나 즉시항고를 위한 불변기간이 경과하거나 항고권을 포기한 재판이라 하더라도 그것이 추상적으로 항고할 수 있는 성질의 재판이면 여기에 포함된다.

이러한 재판이 집행권원으로 되기 위해서는 그 내용이 이행을 명하는 것이며 집행할 수 있어야 한다. 이러한 재판은 고지에 의하여(민소 221조 1항) 즉시 협의의 집행력이 생기며 집행권원이 된다(민집 56조 1호).

(나) 종류

① 소송비용 상환결정(민소 107조 1항, 2항)
② 소송비용액 확정결정(민소 110조 1항)
③ 피구조자의 소송승계인이나 피구조자에 대한 유예소송비용의 납입명령(민소 130조 2항, 131조)
④ 증인 또는 감정인에 대하여 소송비용의 부담을 명하는 결정(민소 311조 1항, 318조, 326조, 333조)
⑤ 부동산인도명령 등(민집 136조 1항, 3항) : 부동산인도명령(민집 136조 1항)은 집행문을 부여받아야 집행할 수 있고, 청구이의의 소로 그 집행력의 배제를 청구할 수 있다. 한편 부동산의 관리를 위한 인도명령(민집 136조 3항)은 보전처분

에 따르는 성질을 가지므로 발령 후 당사자의 승계가 없는 한 집행문 없이 집행할 수 있다.
⑥ 대체집행에서 채무자에게 비용의 지급을 명하는 결정(민집 260조 2항)
⑦ 간접강제에서 금전배상을 명하는 결정(민집 261조 1항)

(다) 소송비용액확정결정이 독립하여 집행권원이 되는가의 문제

소송비용상환청구권과 관련하여 소송비용액확정결정만이 집행권원이 되는가(독립설) 또는 소송비용부담의 재판과 확정결정 양자가 결합한 것이 집행권원이 되는가에 관하여 견해가 대립되고 있다. 확정결정은 항고로만 불복을 신청할 수 있는 재판에 해당하므로 독립하여 집행권원이 될 수 있을 뿐 아니라 비용부담의 재판에 포함된 소송비용상환의무의 존재와 그 지급명령은 확정결정의 내재적 전제로서 확정결정에도 당연히 포함되어 있으므로 확정결정만으로 독립된 집행권원이 된다고 하여도 무방하며 실제로도 양자가 결합한 것에 집행문을 부여하는 것보다 확정결정에만 집행문을 부여하는 것이 간편하므로 독립설이 타당하다.

'소송비용액확정결정에 대한 집행문부여(재민 80-2)'는 소송비용액확정결정을 민사집행법 56조 1호의 항고로만 불복할 수 있는 재판으로 보아 독립하여 단독으로 집행권원이 되는 것으로 하여 소송비용액확정결정이 확정된 뒤에 판결정본에 집행문을 부여하는 예에 의하여 집행문을 부여하도록 하고 있다. 다만 확정결정의 효력은 비용부담의 재판에 근거하고 있으므로 후자가 실효되면 전자도 당연히 실효된다.

(라) 집행력

통상항고를 할 수 있는 결정·명령은 고지로 즉시 집행력이 발생하고 항고가 있어도 집행정지의 효력이 없으므로 항고를 제기한 채무자는 민사소송법 448조의 집행정지 결정을 받아 그 재판 정본을 집행기관에 제출하여야만 집행의 개시, 속행을 저지할 수 있다(민집 49조 2호). 소송비용액확정결정과 같이 민사소송법상의 즉시항고를 할 수 있는 재판도 고지로 즉시 집행력이 발생하나, 즉시항고는 집행을 정지시키는 효력을 가지므로(민소 447조) 즉시항고 기간이 경과한 후에 집행문을 부여하는 것이 타당하며(재민 80-2), 즉시항고 제기 후에는 집행문을 부여할 수 없다. 다만 즉시항고에 집행정지의 효력이 있는 경우라도 즉시항고의 제기 전에 집행문이 부여되어 집행이 개시된 경우에는 즉시항고의 제기 때문에 당연히 집행이 정지되는 것은 아니고 채무자는 민사소송법 448조의 재판 정본을 집행기관에 제출하여서 집행을 정지시킬 수 있을 뿐이다.

그러나 집행절차에 관한 집행법원의 재판에 대한 즉시항고(민집 15조 1항)는 집행정지의 효력을 가지지 않는다(민집 15조 6항 본문). 다만 항고법원은 즉시항고에 관한 결정이 있을 때까지 담보를 제공하게 하거나 담보를 제공하게 하지 아니하고 원심재판의 집행을 정지하거나 집행절차의 전부 또는 일부를 정지하도록 명할 수 있고, 담보를 제공하게 하고 그 집행을 계속하도록 명할 수 있다(민집 15조 6항 단서).

그런데 이처럼 집행절차에 관한 즉시항고에 대하여 집행정지의 효력을 무차별적으로 부정하면 항고인에게 돌이킬 수 없는 손해를 입힐 염려가 있다. 이에 민사집행법은 즉시항고를 할 수 있는 재판을 확정되어야 효력이 발생하는 재판과 즉시 효력이 발생하는 재판으로 나누어, 재판의 내용이 당사자나 그 밖의 이해관계인에게 중대한 이해관계가 있는 것에 관하여는 즉시 집행력을 부정하고 확정되어야 효력이 발생하는 것으로 하였다.

확정되어야 효력이 발생하는 재판에 해당하는 것으로는 ① 집행절차를 취소하는 결정, 집행절차를 취소한 집행관의 처분에 대한 이의신청을 기각·각하하는 결정 또는 집행관에게 집행절차의 취소를 명하는 결정(민집 17조 2항), ② 매각허가 여부의 결정(민집 126조 3항), ③ 선박운행허가결정(민집 176조 4항), ④ 전부명령(민집 229조 7항), ⑤ 채권의 특별한 현금화 명령(민집 241조 4항) 등이 있다.

(7) 확정된 지급명령

지급명령에 대하여 이의신청이 없거나 이의신청을 취하하거나 각하결정이 확정된 때에 지급명령은 확정되어 확정판결과 같은 효력이 있으므로(민소 474조), 확정된 지급명령은 집행권원이 된다(민집 56조 3호). 확정된 지급명령을 근거로 한 강제집행은 원칙적으로 집행문을 부여받을 필요 없이 지급명령 정본에 의하여 행한다(민집 58조 1항 본문). 구 민사소송법은 확정된 지급명령의 경우에도 확정판결과 마찬가지로 집행문을 부여받도록 하였으나, 민사집행법에서 이를 개정하여 확정된 지급명령의 경우에는 집행문 없이 곧바로 강제집행을 할 수 있도록 하였다.[592]

그러나 지급명령의 집행에 조건을 붙인 경우, 당사자의 승계인을 위하여 강제집행을 하는 경우, 당사자의 승계인에 대하여 강제집행을 하는 경우에는 집행문을 부여받아야 하고(민집 58조 1항 단서), 이러한 경우 집행문은 지급명령을 내린 지방법원의 법원사무관 등이 재판장(사법보좌관)의 명령을 받아 내어준다(민집 57조, 28조 2항, 30조 2항, 31조 1항, 32조 1항).

채권자가 여러 통의 집행문을 신청하거나 전에 내어 준 집행문을 돌려주지 아니하고 다시 집행문을 신청(재도 부여신청)한 경우에, 집행권원이 확정판결인 때에는 재판장의 명령이 있는 때에 한하여 법원사무관 등이 이를 내어 주는데 반하여(민집 35조 1항), 집행권원이 확정된 지급명령인 때에는 재판장의 명령 없이 법원사무관 등이 이를 부여하고 그 사유를 원본과 정본에 적어야 한다(민집 58조 2항).

확정된 지급명령에 관한 집행문부여의 소, 청구이의 소 또는 집행문부여에 대한 이의의 소는 지급명령을 내린 지방법원의 단독판사 또는 합의부가 관할한다(민집 58조 4항, 5항). 확정된 지급명령에 관한 청구이의의 주장에 관하여는 집행증서에 관한 경우와 마찬가지로 민사집행법 44조 2항의 규정이 적용되지 않으므로 이의이유의 발생 시기에 관하여 아무런 제한이 없다(민집 58조 3항).

(8) 확정된 이행권고결정

소액사건에 관한 이행권고결정에 대하여 피고가 이의신청기간 내에 이의신청하지 않거나 이의신청을 하였다가 이를 취하하거나 이의신청에 관한 각하결정이 확정된 때에 이행권고결정은 확정되어 확정판결과 같은 효력을 가지므로(소액 5조의7 1항), 민사집행법 56조 5호의 집행권원이 된다.

이행권고결정이 확정되면 법원사무관 등은 이행권고결정서의 정본을 원고에게 송달하여야 하는데(소액 5조의7 2항), 원고는 이 결정서 정본에 집행문을 부여받을 필요 없이 강제집행을 할 수 있다(소액 5조의8 1항 본문).

다만, ① 이행권고결정의 집행에 조건을 붙인 경우, ② 당사자의 승계인을 위하여 강제집행을 하는 경우, ③ 당사자의 승계인에 대하여 강제집행을 하는 경우에는 집행문을 부여받아야 하고(소액 5조의8 1항 단서), 이러한 경우 집행문은 이행권고결정을 한 지방법원 또는 시·군 법원의 법원사무관 등이 재판장(사법

---

592) 한국 사법행정학회, 2012, 주석 민사집행법(Ⅱ), 355면.

보좌관)의 명령을 받아 내어준다(민집 57조, 28조 2항, 30조 2항, 31조 1항, 32조 1항).

채권자(원고 또는 원고의 승계인)가 여러 통의 이행권고결정서의 정본을 신청하거나 전에 내어준 이행권고결정서 정본을 돌려주지 아니하고 다시 이행권고결정서 정본을 신청한 때에는 법원사무관 등이 재판장의 명령을 받을 필요 없이 독자적인 서면심사를 거쳐 이를 내어주고 그 사유를 원본과 정본에 적어야 한다(소액 5조의8 2항).

확정된 이행권고결정에 대한 집행문부여의 소, 청구에 관한 이의의 소 또는 집행문부여에 대한 이의의 소는 이행권고결정을 한 지방법원 또는 시·군 법원의 관할에 속하는 것으로 해석되고, 그 토지관할은 전속관할이다(민집 21조). 청구에 관한 이의의 주장에 관하여는 민사집행법 44조 2항의 규정이 적용되지 않으므로(소액 5조의8 3항), 이의이유의 발생 시기에 관하여 아무런 제한이 없다.

(9) 확정된 화해권고결정

법원·수명법관 또는 수탁판사는 소송에 계속 중인 사건에 대하여 직권으로 당사자의 이익, 그 밖의 모든 사정을 참작하여 청구의 취지에 어긋나지 아니하는 범위 안에서 사건의 공평한 해결을 위한 화해권고결정을 할 수 있고(민소 225조 1항), 화해권고결정은 민사소송법 226조 1항의 기간 이내에 이의신청이 없거나 이의신청에 관한 각하결정이 확정되거나 당사자가 이의신청을 취하하거나 이의신청권을 포기한 때에는 재판상 화해와 같은 효력이 있다(민소 231조).

(10) 가압류명령, 가처분명령

가압류·가처분의 집행에는 강제집행에 관한 규정이 준용되므로(민집 291조, 301조), 가압류·가처분 명령은 집행권원이 된다. 이 명령은 그 자체가 집행력 있는 집행권원과 같은 효력이 있어 집행문의 부여가 필요하지 않고 즉시 집행할 수 있다. 다만 재판이 있은 뒤에 채권자나 채무자의 승계가 이루어진 경우에는 승계집행문의 부여가 필요하다(민집 292조 1항, 301조).

(11) 집행증서
(가) 의의

공증인이 작성한 공정증서 가운데 집행권원이 되는 아래 ①, ②, ③을 특히 집행증서라고 한다.

① 공증인, 법무법인·법무법인(유한) 또는 법무조합이 작성한 공정증서 중 일정한 금액의 지급이나 대체물 또는 유가증권의 일정한 수량의 급여를 목적으로 하는 청구에 관하여 작성한 것으로서 채무자가 강제집행을 승낙한 취지가 적혀 있는 증서(민집 56조 4호, 공증인법 15조의2)와

② 공증인 등이 어음·수표에 첨부하여 강제집행을 인낙 하는 취지를 적어 작성한 공정증서(공증인법 56조의2 1항) 및

③ 공증인 등이 건물이나 토지 또는 대통령령으로 정하는 동산(이하 '특정동산'이라 한다)의 인도 또는 반환을 목적으로 하는 청구에 대하여 강제집행을 승낙하는 취지를 기재하여 작성한 공정증서는 집행권원이 된다. 다만 위 ③의 공정증서 중 임차건물의 인도 또는 반환에 관한 것은 임대인과 임차인 사이의 임대차 관계 종료를 원인으로 임차건물을 인도 또는 반환하기 전 6개월 이내에 작성되는 경우로서 그 증서에 임차인에 대한 금원 지급에 대하여도 강제집행을 승낙하는 취지의 합의내용이 포함된 경우에만 작성할 수 있다(공증인법 56조의3 1항).

(나) 집행증서의 요건

공정증서가 집행증서로서 집행력을 가지기 위해서는 다음과 같은 요건을 갖추어야 한다.

① 공증인, 법무법인·법무법인(유한) 또는 법무조합이 그 권한 내에서 작성한 공정증서이어야 한다.

공증인, 법무법인·법무법인(유한) 또는 법무조합이 스스로 작성한 증서이어야 하고, 사문서의 진정 성립 또는 그 내용이 진실하다는 것을 인증한 것만으로는 집행증서가 되지 아니한다. 단 사서증서를 인용하여 작성한 공정증서도 집행권원이 된다. 공증인, 법무법인·법무법인(유한) 또는 법무조합의 권한에 의한 것이란 적극적으로는 당사자나 그 밖 관계인의 촉탁에 의하여야 하고(공증인법 2조), 그 직무집행구역 내의 직무집행행위에 해당하여야 하며(공증인법 16조), 소극적으로는 공증인, 법무법인·법무법인(유한) 또는 법무조합의 구성원인 변호사에게 법정의 제척원인이 없을 것(공증인법 21조) 등을 가리킨다.

촉탁은 당사자 쌍방으로부터 있어야 하며 일방 촉탁에 의한 공정증서는 집행권원이 될 수 없다. 어음·수표 공증의 경우에는 그 발행인과 수취인, 양도인과 양수인 또는 각 그 대리인의 촉탁이 있을 경우에 한하여 작성할 수 있다

(공증인법 56조의2 2항). 한편 건물·토지·특정동산의 인도 등에 관한 법률행위 공증의 경우에는 어느 한 당사자가 다른 당사자를 대리하거나 어느 한 대리인이 당사자 쌍방을 대리하여 촉탁 할 수 없다(공증인법 56조의3 2항).

집행증서는 법률이 정한 방식에 따라 작성되어야 한다. 공증인법상 증서 작성의 절차와 형식에 관한 규정(공증인법 35조 또는 40조)에 따라 국어를 사용하여 작성되어야 한다(공증인법 26조 1항). 어음·수표 공증의 경우에는 어음·수표의 원본을 붙여 증서의 정본을 작성하고, 그 어음·수표의 사본을 붙여 증서의 원본 및 등본을 작성한다(공증인법 56조의2 3항). 구 변호사법(2005. 1. 27. 법률 제7357호로 개정되기 전의 것) 59조에 의하면 공증인가 합동법률사무소도 공증에 관한 업무를 할 수 있었으나, 변호사법이 위 법률로 개정되면서 공증인가 합동법률사무소 제도가 폐지되었다. 다만 위 법률 개정 당시 종전의 규정에 따라 인가를 받은 공증인가 합동법률사무소는 공증인의 직무에 속하는 업무를 계속 수행할 수 있다(위 개정법률 부칙 6조).

② 일정한 금액의 지급, 대체물 또는 유가증권의 일정한 수량의 급여, 건물이나 토지 또는 특정동산의 인도 또는 반환을 목적으로 하는 특정의 청구를 표시하여야 한다. 종전에는 금전의 지급이나 대체물 또는 유가증권의 급여를 목적으로 하는 청구에 관해서만 집행증서를 작성할 수 있었으나, 공증인법이 2013. 5. 28. 법률 제11823호로 개정되면서 56조의3이 신설되어 건물이나 토지 또는 특정동산의 인도 또는 반환을 목적으로 하는 청구에 관하여도 집행증서를 작성할 수 있게 되었다.

다만 임차인 보호를 위하여 임차건물의 인도 또는 반환에 관한 집행증서는 임대차 관계 종료를 원인으로 임차건물을 인도 또는 반환하기 전 6개월 이내에, 나아가 임차인에 대한 보증금 반환도 함께 이루어지도록 그 금원 지급에 대하여도 강제집행을 승낙하는 취지의 합의내용이 포함된 경우에만 작성할 수 있도록 하는 한편, 건물·토지·특정동산의 인도 등에 관한 집행증서의 집행문은 법원의 허가를 받아 부여하도록 하였다.

구체적으로 특정한 청구인 것이 명확히 필요하다. 즉, 다른 청구와 식별할 수 있을 정도의 표시가 있어야 한다. 집행증서에 관한 집행력의 존부·범위는 그것에 표시된 특정청구만을 표준으로 하여 결정하여야 하며, 그 특정청구가 객관적 사실에 합치되는가는 집행증서의 집행권원의 효력에 영향을 미치지 않는다. ③ 지급할 금액, 수량 등이 증서상 일정하여야 한다. 즉, 증서상 금액 또는 수량이 명기되어 있든가 증서 자체로부터 이를 산출할 수 있어야 한다(예를 들어, 이자에 관하여 이율과 기간이 결정되어야 한다). 그것이 명확하게 되어 있으면 청구가 기한부, 조건부 또는 반대급여에 달린 경우라도 무방하다. 예를 들어, 일정한 백미를 인도하되 인도불능인 경우에는 시가로 환산한 금액을 지급한다는 기재가 있으면 전단의 백미 인도 부분은 집행권원이 되나 후단의 금전채무에 관한 부분은 일정한 것이라고 할 수 없어 집행권원이 되지 못한다.

당좌대월계약에 의한 한도액의 기재는 당사자 사이에 장래 거래되는 금액의 최고한도를 표시한 것일 뿐이고 채무자가 실제로 부담한 채무의 금액은 아니므로, 이러한 공정증서의 기재 내용은 일정한 금액의 지급을 정한 것이라 할 수 없다는 것이 통설의 입장이다.

③ 채무자가 채무를 이행하지 아니한 때에는 강제집행을 승낙하는 취지의 기재가 있어야 한다. 이러한 의사표시의 기재를 집행수락문서 또는 집행약관이라고 한다. 집행수락의 의사표시는 집행력 발생의 기본이 되는 것으로서 공증인, 법무법인·법무법인(유한) 또는 법무조합에 대한 채무자의 소송행위이다. 따라서 소송능력, 소송대리권 등 소송행위의 일반요건에 흠결이 있으면 그 집행증서에 집행력이 생기지 아니한다. 또한, 학설은 견해가 나뉘나, 집행수락의 의사표시에는 민법상의 표현대리 규정이 적용 또는 준용될 수 없다는 것이 판례의 입장이다.[593]

기본이 되는 행위의 대리권을 받은 사람이 그 수권의 범위를 넘는 행위를 하고 그에 관하여 공정증서를 작성한 경우에 그 수권의 범위 내에서는 본인이 기본이 되는 행위에 따른 실체법상의 채무를 부담하지만, 그 공정증서는 무권대리인의 촉탁으로 작성된 것이므로 집행권원의 효력이 없고,[594] 무효인 공정증서를 근거로 하여 진행된 경매절차 역시 무효이어서 매수인은 소유권을 취득하지 못하며 그 등기는 원인무효로서 말소되어야 함이 원칙이고, 다만 무효 주장이 금반언(禁反言) 및 신의칙에 위반되는 경우에는 그 주장이 제한될 뿐이다.[595]

---

593) 대판 1984. 6. 26. 82다카1758, 대판 1994. 2. 22. 93다42047
594) 대판 2001. 2. 23. 2000다45303, 45310
595) 대판 2002. 5. 31. 2001다64486

한편 대리권의 흠결이 있는 공정증서라고 하더라도 추인은 가능하지만, 그 집행인낙에 대한 추인의 의사표시는 당해 공정증서를 작성한 공증인 등에 대하여 그 의사표시를 공증하는 방식으로 하여야 하고, 그러한 방식에 의하지 아니한 추인행위가 있다 한들 그 추인행위에 의해서는 채무자가 실체법상의 채무를 부담하게 됨은 별론으로 하고 무효의 집행권원이 유효하게 될 수는 없다.[596)

쌍방대리의 금지에 관한 민법 124조의 적용에 관하여도 견해가 대립되나, 가령 집행약관을 포함한 계약조항이 이미 당사자 사이에 결정되어 있고 공정증서 작성의 대리인이 단지 위 계약조항을 공정증서로 작성하기 위한 대리인이고 새로이 계약조항을 결정하는 것이 아니라면 이러한 대리관계는 쌍방대리금지의 원칙에 저촉되지 아니한다 할 것이다.[597) 한편 공증인법은 건물·토지·특정동산의 인도 등에 관한 집행증서의 작성을 촉탁할 때에는 어느 한 당사자가 다른 당사자를 대리하거나 어느 한 대리인이 당사자 쌍방을 대리하지 못한다는 명문의 규정을 두고 있다(공증인법 56조의3 2항).

(다) 효력

① 집행력

집행증서가 앞에서 살펴본 요건을 갖춘 경우에는 다른 집행권원과 마찬가지로 집행력이 있다. 다만 집행증서에는 기판력이 없으므로, 증서에 기재된 청구가 당초부터 불성립 또는 무효인 경우에도 청구이의의 소를 제기할 수 있고(민집 59조 3항), 집행증서 있는 청구권에 관하여도 이행 또는 확인의 소를 제기할 수 있다.

② 집행증서의 요건에 흠결이 있는 경우

앞에서 살펴본 집행증서의 요건 가운데 하나라도 흠결된 경우에 그 집행증서는 집행력이 없고, 이러한 의미에서 그 집행증서는 무효라 할 것이다. 따라서 공증인, 법무법인·법무법인(유한) 또는 법무조합은 이에 대하여 집행문을 부여할 수 없고, 만일 집행문이 부여된 경우에는 집행문부여에 대한 이의로써 다툴 수 있다(민집 59조 2항).

---

596) 대판 2006. 3. 24. 2006다2803
597) 대판(전) 1975. 5. 13. 72다1183

집행증서가 집행권원으로서 집행력을 가질 수 있도록 하는 집행인낙의 표시는 공증인 등에 대한 채무자의 단독 의사표시로서 법률에 규정된 방식에 따라 작성된 증서에 의한 소송행위이므로, 집행수락약관의 기재가 있으나 그것이 미성년자 또는 무권대리인에 의하여 이루어지고 추인이 없는 경우에 그 집행증서는 집행권원의 효력이 없다.

한편 이 경우 그 무효를 주장하는 방법에 관하여, 종래의 실무는 집행증서의 무효원인이 무권대리와 같이 실체법을 근거로 한 것인 경우에 그 무효원인의 존부를 기록만으로 쉽게 판단할 수 없다는 이유에서 청구에 관한 이의의 소에 의하여 집행력의 배제를 구하여야 한다는 입장이었으나,[598] 이 "집행 증서상의 명의를 모용 당하였다고 주장하는 채무자는 그 집행증서에 채무자 본인의 집행촉탁 및 집행수락의 의사가 없었음을 내세워 집행문부여에 대한 이의로써 무효인 집행증서에 대하여 부여된 집행문의 취소를 구하는 것도 가능하다고 할 것이고, 이 경우 이의를 심리하는 법원으로서는 임의적 변론을 거쳐 결정의 형식으로 그 당부를 판단하면 충분하며, 반드시 심문 또는 변론절차를 열거나 제출된 자료만으로 소명이 부족하다 하여 신청인에게 추가 소명의 기회를 주어야 하는 것은 아니다."라고 하여 청구에 관한 이의의 소와 집행문부여에 대한 이의신청이 모두 가능하고 어느 방법에 따를지는 당사자가 자유로이 선택할 수 있다는 견해를 채택하였다.

③ 집행증서의 기재 내용이 객관적 사실과 일치하지 아니하거나 증서에 기재된 청구의 성립원인인 **법률행위가 무효 또는 취소될 수 있는 경우**

이러한 경우에 그 집행증서는 집행권원으로서 유효하다. 공증인법 25조는 '공증인은 법령을 위반한 사항, 무효인 법률행위와 무능력 때문에 취소할 수 있는 법률행위에 관하여는 증서를 작성할 수 없다'고 규정하고 있어 이에 위반한 증서는 집행증서의 요건에 흠결이 있어 무효가 아닌가 하는 의문도 들지만, 이 규정은 공증인에 관한 훈시규정으로 봄이 타당하므로 이에 위반하여 작성된 증서를 무효라고 보아서는 아니 될 것이다. 따라서 증서에 기재된 청구권이 실체법상 불성립 또는 무효라 하더라도 청구이의의 소에 의하여 그 집행력을 배제하지 않는 한 그 집행증서는 일응 유효하다고 보아야 한다.

---

[598] 대결 1999. 6. 23.자 99그20

한편 청구이의 판결이 확정되더라도 당해 집행권원의 원인이 된 실체법상 권리관계에 기판력이 미치지 않으므로, 집행증서에 대하여 청구이의의 소를 제기하지 않고 그 작성원인이 된 채무에 관하여 채무부존재확인의 소를 제기한 경우에 그 목적이 오로지 집행증서의 집행력 배제에 있는 것이 아닌 이상 청구이의의 소를 제기할 수 있다는 사정만으로 채무부존재확인소송이 확인의 이익이 없어 부적법하다고 할 것은 아니다.[599]

(12) 그 밖의 집행권원

(가) 조정조서

민사사건에 관한 민사조정과 가사사건에 관한 가사조정이 있으며 이들 조정이 성립하고 조정조서가 작성된 때에는 그 조서에는 재판상 화해 다시 말해 확정판결과 같은 효력(민사조정법 29조, 가사조정법 59조 2항)이 있으므로 그 조서의 내용과 적합하면 집행권원이 된다.

(나) 파산채권표(破産債權表)

파산절차에서 확정된 채권에 관한 채권표의 기재는 확정판결과 같은 효력이 있으므로 집행권원이 된다(채무자회생법 460조, 468조). 그러나 채권조사기일에 파산자가 이의를 진술하지 않은 경우에 한한다(채무자회생법 458조, 463조, 466조).

(다) 보상금재결(補償金裁決)

중앙토지수용위원회의 보상금에 관한 이의신청에 대한 재결이 확정되었을 때는 확정판결이 있는 것으로 보아 재결정본(裁決正本)은 집행력 있는 판결정본과 같은 효력이 있다(공익사업을 위한 토지 등의 취득 및 보상에 관한 법률 86조 1항).

(라) 회생채권자표(回生債權者)와 회생담보권자(回生擔保權者)표

회생계획인가결정이 확정된 때에는 회생채권 또는 회생담보권에 기초하여 그 표에 의하여 인정된 권리에 대하여는 회생채권좌표와 회생담보권좌표에 기재는 회사 회생채권자·회생담보권자, 회사의 주주와 회생을 위하여 채무를 부담하거나 혹은 담보를 제공하는 사람에 대하여 확정판결과 같은 효력이 있

---

[599] 대판 2013. 5. 9. 2012다108863

으며(채무자회생법 168조). 위의 권리로서 금전 기타의 이행 청구를 내용으로 하는 것을 가진 사람은 회생절차 종결 후 회사와 회생을 위하여 채무를 부담한 사람에 대하여 회생채권자표 또는 회생담보권자표에 의하여 강제집행을 할 수 있다(채무자회생법 249조). 개인회생절차에서 개인회생채권자표가 확정된 경우도 마찬가지이다(채무자회생법 603조 3항).

(마) 회생절차(回生節次)에서 주금납입 청구권 등의 사정

회생절차에서 주금납입청구권 또는 그 책임에 기초한 손해배상청구권의 사정에 대하여 법정기간 안에 이의 소가 제기되지 아니하면 이행을 명한 확정판결과 같은 효력이 인정된다(채무자회생법 115조 또는 117조).

(바) 특허법(特許法)에 따른 보상금액 등의 심결(審決)

특허권에 관한 심판·항고심판 또는 재심에 관한 비용 또는 특허법에 따른 보상금액과 대가에 대하여 확정된 심결 또는 결정의 강제집행에 관하여는 민사집행법 56조 1호의 집행권원과 같은 효력이 인정된다(특허법 166조).

(사) 국가배상심의회 배상결정(賠償決定)

국가배상심의회의 배상결정을 받은 신청인은 즉시 그 결정에 대한 동의서를 첨부하여 국가 또는 지방자치단체에 대하여 배상금지급을 청구하여야 한다(국가배상법 15조 1항). 그러나 신청인이 동의한 배상결정에 따라 강제집행을 할 수 있는지가 문제가 되는바 국가배상법 시행령 26조에서 배상결정에 동의하고 지급청구를 하였으나 배상금을 받지 못한 청구인이 그 심의회 소재지 관할 지방법원에 배상결정서 정본을 제출하여 집행문 부여를 신청한 경우, 관할 법원은 국가배상심의회에 결정서 등본의 촉탁을 하여 결정서 등본을 송부받아 그 결정서 등본을 판결원본으로 보고 집행문을 부여하도록 하고 있으나 위 시행령 규정은 위헌결정(헌재 1995. 5. 25. 91헌가7 결정)에 의해 민사집행법 24조와 56조에서 정한 집행권원이 아니므로 법률적 근거가 없어 배상결정서 정본에 의하여 강제집행을 할 수 없고 또한 집행문도 내어 줄 수 없다 할 것이다.[600]

---

600) 한국 사법행정학회, 2012, 주석 민사집행법(Ⅱ), 353면.

3. 집행문

가. 의 의

집행문이란 집행권원에 집행력 있음과 집행당사자를 공증하기 위하여 법원사무관 등이 공증기관으로서 집행권원의 끝에 덧붙여 적는 공증 문언을 말하며(민집 29조 1항, 2항), 집행문이 있는 집행권원의 정본을 집행력 있는 정본이라고 한다(민집 28조 1항).

집행문은 강제집행을 하기 위하여 신청에 따라 부여되는 것으로서 채권자가 집행기관(집행법원 또는 집행관)에 강제집행을 신청 또는 위임하면서 첨부·제출하여야 한다. 민사집행법 28조 2항은 판결정본에 대한 집행문을 제1심 법원의 법원사무관 등이 내어 주되 소송기록이 상급심에 있는 때에는 그 법원의 법원사무관 등이 내어 주도록 하여 집행문부여기관과 집행기관을 다르게 규정하고 있다. 이는 집행기관이 집행권원의 집행력 유무와 범위를 쉽게 판단하여 신속한 집행을 할 수 있도록 하기 위함이다.

나. 집행문의 요부

(1) 집행문이 필요한 경우

집행권원만 가지고 통상적인 강제집행은 할 수 없다. 확정된 이행판결, 가사비송심판(가소 41조), 가집행 선고 종국판결, 가집행의 가사비송심판(가소 42조 1항) 집행판결(민집 27조), 집행증서(민집 56조 4호)와 같이 집행권원 자체에 집행력 있는 취지가 있는 것에 대하여도 집행문이 필요하다. 집행문은 당사자의 합의에 따라 배제하지 못하고 비록 집행문 없이 실시한 집행에 관하여 책문권(責問權)을 포기하여도 무효임에는 변함이 없다.601) 소송상 화해 또는 청구 인낙이 기재된 조서는 확정판결과 같은 효력(민소 206조)이 있고, 민사조정법 29조에 의한 민사조정, 가사소송법 59조에 의한 가사조정은 재판상 화해와 같은 효력이 있으므로 역시 집행문이 필요하다(민집 56조 5호). 민사집행법 136조 1항에 의하여 매각된 부동산 인도명령에 대하여 집행문이 필요한지 과거에는 견해의 대립이 있었으나, 개정 민사집행법 이후의 실무례는 인도명령은 즉시항고로 불복할 수 있는 독립된 집행권원이라는 이유로 집행문이 필요하다고 본다.

---

601) 한국 사법행정학회, 2012, 주석 민사집행법(Ⅱ), 143면.

(2) 집행문이 필요 없는 경우(예외)

예외적으로 집행문을 부여받지 아니한 집행권원에 의하여 강제집행을 하는 경우가 있다.

(가) 집행절차에 있어서 극도의 간이성·신속성 요구에 따라 집행문부여가 필요하지 않은 경우가 있다. 확정된 지급명령을 근거로 한 강제집행은 원칙적으로 집행문을 부여받을 필요 없이 지급명령 정본에 의하여 행하고(민집 58조 1항 본문), 다만 지급명령의 집행에 조건을 붙인 경우, 당사자의 승계인을 위하여 강제집행을 하는 경우, 당사자의 승계인에 대하여 강제집행을 하는 경우에는 집행문을 부여받아야 강제집행을 할 수 있다(민집 58조 1항 단서). 확정된 이행권고결정을 근거로 한 강제집행도 원칙적으로 집행문을 부여받을 필요 없이 이행권고결정 정본에 의하여 행하고(소액 5조의8 1항 본문), 다만 지급명령에서와 같은 예외적인 경우에만 집행문을 부여받아야 강제집행을 할 수 있다(소액 5조의8 1항 단서).

(나) 가압류·가처분 명령을 집행하는 경우에도 집행문을 부여받을 필요가 없지만, 가압류·가처분에 대한 재판이 있은 뒤에 채권자나 채무자의 승계가 이루어진 경우에는 예외적으로 집행문을 부여받아야 승계된 채권자를 위하여 또는 승계된 채무자에 대하여 집행을 할 수 있다(민집 292조 1항, 301조). 민사집행법 136조 1항의 부동산인도명령의 경우에는 집행문을 부여받아야 집행할 수 있지만, 민사집행법 136조 3항의 부동산의 관리를 위한 인도명령은 보전처분에 따르는 성질을 가지므로 발령 후 당사자의 승계가 없는 한 집행문 없이 집행할 수 있다.

(다) 법률에서 "집행력 있는 집행권원(집행권원, 집행명의)" 또는 "집행력 있는 민사판결 정본"과 같은 효력이 있는 것으로 인정되기 때문에 집행문부여가 필요하지 않은 경우이다. 과태료의 재판(민집 60조, 비송 249조, 질서 42조)이나 형사소송법상 재산형 등의 집행을 위한 검사의 집행명령(형소 477조), 소송비용의 수봉결정, 소송구조와 구조의 취소에 의한 비용 추심의 결정(민비 12조 1항, 민소 131조, 132조 1항), 배상명령(소촉 34조 1항, 가정폭력범죄의 처벌 등 특례법 61조 1항), 특허심판원장이 정한 심판비용액 또는 심판관이 정한 대가에 관하여 확정된 결정(특허 166조, 실용신안법 33조, 디자인 보호법 72조의30, 상표법 77조의29) 같은 경우가 이에 해당한다. 반면 금전의 지급, 물건

의 인도 등의 의무이행을 명하는 심판은 "집행권원이 된다."라고만 규정되어 있으므로(가소 41조), 집행문부여가 필요하다. 가사사건의 판결, 조정조서, 화해조서의 경우에도 마찬가지로 집행문을 부여받아야 강제집행을 할 수 있다.

(라) 집행절차 중의 부수적 집행이기 때문에 별도로 집행문이 필요하지 않은 경우이다. 이에는 채권압류명령에 따른 채권증서의 인도집행(민집 234조 2항), 강제관리개시결정에 의한 부동산의 점유집행(민집 166조 2항)과 같은 때도 있다.

(마) 판결이 확정됨으로써 의사의 진술이 있는 것으로 간주되기 때문에 이로써 집행이 완료되고 따로 집행문이 필요 없는 경우가 있다(민집 263조 1항). 부동산 등기절차의 이행을 명하는 판결 같은 경우가 여기에 해당된다. 다만 반대의무가 이행된 뒤에 권리관계의 성립을 인낙하거나 의사를 진술할 것인 경우에는 민사집행법 30조와 32조의 규정에 따라 집행문을 내어 준 때에 그 효력이 생긴다(민집 263조 2항).

다. 집행문 없이 한 집행의 효력

(1) 집행권원의 흠결

흠결 있는 무효인 집행권원에 기초한 강제집행은 집행채무자에 대한 관계에서 무효라고 일관되게 판시하고 있다.[602] 허위주소로 송달된 집행권원의 효력은 집행채무자에게 미치지 아니하고, 이러한 집행권원에 의하여 집행채무자 소유의 부동산에 대하여 이루어진 강제경매절차는 집행채무자의 관계에서는 효력이 없다고 보며, 무권대리인의 촉탁으로 작성된 공정증서는 집행권원으로서 효력이 없고 이러한 집행권원을 근거로 하여 발하여진 채권압류 및 전부명령은 채무자에 대한 관계에서 효력이 없고, 강제경매가 진행된 경우라면 경매절차 역시 무효이어서 매수인은 소유권을 취득하지 못하고 그 등기는 원인무효로서 말소되어야 함이 원칙이라고 본다.[603]

---

602) 대판 1973. 6. 12. 71다1252; 대판 1987. 5. 12. 86다카2070
603) 대판 1989. 12. 17. 87다카3125

(2) 집행문의 흠결

집행문이 없거나 무효인 집행문을 내어준 집행권원을 근거로 하여 이루어진 강제집행의 효력에 관한 문제로, 예를 들어 법원사무관 등의 기명날인 빠진 집행문이나 집행문이 필요함에도 집행문이 없는 집행권원에 의하여 강제집행이 이루어진 경우에는 그 집행행위는 무효[604]이고 집행기관이 그 흠결을 알았을 때는 집행을 개시하거나 속행을 하여서는 안 되며, 이미 한 집행처분은 직권으로 취소되어야 한다.

라. 집행문부여기관

(1) 원 칙

집행문은 법원사무관 등, 공증인 등의 공증기관이 내어준다. 집행권원의 성립이 소송 계속을 전제로 하는 경우에는 원칙적으로 제1심법원의 법원사무관 등이 집행문을 내어 주지만, 소송기록이 상급심에 있는 때에는 그 법원의 법원사무관 등이 집행문을 내어 준다(민집 28조 2항). 법원사무관 등이 집행문을 내어 주는 것은 그 자신의 이름으로 행하는 고유한 업무에 속하고 설령 집행문부여에 재판장(사법보좌관)의 명령이 필요한 경우에도 그 명령은 법원의 내부적 지시에 불과하다.

집행문부여를 소송기록을 보관하는 수소법원 법원사무관 등의 직무로 하는 이유는 소송기록이 없는 집행기관으로 하여금 집행권원의 집행력 존부, 예를 들어 판결의 확정 여부, 집행조건의 성취 여부나 당사자승계 시의 집행 적격 등을 조사하게 하는 것이 적당하지 않고 신속한 집행을 위하여 불합리하기 때문이다.

집행권원이 소송 계속을 전제로 하지 않는 경우, 예를 들어 조정조서, 제소전화해조서, 항고로만 불복할 수 있는 재판(민집 56조 1호) 또는 당사자의 승계가 있는 경우의 가압류·가처분 명령 등에서도 위에서 살펴본 바에 따라 관계 사건기록을 보관하는 법원의 법원사무관 등이 집행문을 내어 준다.

법원이나 법원 조정위원회 이외의 각종 조정위원회, 심의위원회, 중재위원회 또는 중재부나 그 밖의 분쟁조정기관이 작성한 화해조서, 조정조서, 중재조서, 조정서 등 명칭의 여하를 불문하고 재판상의 화해와 같은 효력이 있는

---

604) 대판 1978. 6. 27. 78다446

문서에 대한 집행문은 그 조서를 작성한 조정위원회의 소재지를 관할하는 지방법원(그 소재지가 지방법원 지원의 관할구역에 속하는 경우에는 그 지방법원의 본원을 말한다)의 법원사무관 등이 조서를 작성한 조정위원회로부터 조서 등본을 송부받아 신청인이 제출한 조서의 정본과 위 조서 등본을 대조하여 일치함을 확인한 후 집행문을 내어 준다(각종 분쟁조정위원회 등의 조정조서 등에 대한 집행문부여에 관한 규칙 2조, 3조, 6조, 7조 1항).

(2) 예 외

집행증서(민집 56조 4호)의 경우에는 그 증서를 보존하는 공증인, 법무법인·법무법인(유한) 또는 법무조합이 집행문을 내어 준다(민집 59조 1항). 건물·토지·특정동산의 인도 등에 관한 집행증서에 대한 집행문은 그 증서를 보존하는 공증인 등이 그 사무소가 있는 곳을 관할하는 지방법원 단독판사의 허가를 받아 부여하고, 이 경우 지방법원 단독판사는 허가 여부를 결정하기 위하여 필요하면 당사자 본인이나 그 대리인을 심문할 수 있다(공증인법 56조의3 4항).

특허법 166조, 실용신안법 33조, 디자인 보호법 72조의30, 상표법 77조의29는 특허심판원장이 정한 심판비용액 또는 심판관이 정한 대가에 관하여 확정된 결정의 경우에 특허심판원 공무원이 집행력 있는 정본을 부여한다고 규정하고 있으나, 위 규정은 다른 한편으로 위 각 결정이 집행력 있는 집행권원과 같은 효력을 가진다고 규정하고 있으므로 집행문을 부여받을 필요 없이 집행할 수 있다고 할 것이다.

마. 집행문부여의 요건

집행문 부여는 집행권원에 집행력이 있다는 것을 공증하는 것으로써 실체법상의 청구권에 관한 사항은 집행문 부여의 요건은 아니다. 집행문 부여의 요건을 살펴보면 우선 확정판결 또는 집행증서가 집행권원으로서 형식적 요건을 갖추고 있는지, 집행권원의 집행력이 유효하게 발생하고 존재하며, 집행권원의 내용이 집행 가능할 것이고, 당사자의 특정 및 집행을 하는데 조건을 붙인 경우에는 그 조건이 성취된 것이 집행문 부여의 요건이 될 것이다. 아래 상세하게 집행문 부여의 요건에 대하여 설명한다.

(1) 집행권원이 판결인 경우

판결의 경우에는 선고로 유효하게 성립하고 그 뒤에 소취하, 소송상 화해, 상소 또는 재심에 의한 취소 등 판결의 실효 사유가 없어야 하고, 집행문은 판결이 확정되거나 가집행의 선고가 있는 때에만 내어준다(민집 30조 1항). 판결을 집행하는 데에 조건을 붙인 경우(민집 30조 2항), 승계집행문의 경우(민집 31조 1항) 및 여러 통의 집행문을 내어 주거나(집행문의 수통 부여) 전에 내어 준 집행문을 돌려주지 아니하고 다시 집행문을 내어 줄(집행문의 재도 부여) 경우(민집 35조 1항)에는 재판장의 명령이 있어야 한다(민집 32조 1항, 35조 1항).

(가) 확정된 종국판결

종국판결 중에서도 확인판결이나 형성판결은 그 판결이 확정됨으로써 권리관계가 확정 또는 형성되어 버리므로 강제집행의 여지가 없다. 그러므로 집행권원이 될 수 있는 것은 이행판결뿐이다. 그러나 등기절차의 이행을 명하는 판결 등 의사의 진술을 명하는 판결은 이행판결이지만 집행문이 필요하지 아니하며 승소채권자는 판결정본과 판결확정증명서만으로써 단독으로 등기신청이 가능하다. 다만 이 경우에도 이행의무가 조건에 걸린 때에는 그 조건의 성취를 증명하고 집행문을 받아야 등기신청이 가능하다. 판결은 확정되지 아니하면 가집행의 선고가 없는 한 집행력이 생기지 아니하므로 집행문을 내어 줄 때에는 반드시 판결의 확정 여부를 조사하여야 한다.

(나) 가집행의 선고가 있는 종국판결

미확정의 종국판결이라 할지라도 가집행의 선고가 있으면 집행력이 부여되므로 당사자가 가집행의 선고가 있는 판결정본을 붙여 집행문의 부여를 신청하여 오면 당해 사건기록의 판결원본과 대조·확인한 후 집행문을 내어 준다. 가집행의 선고는 가집행의 선고를 붙이지 아니할 타당한 이유가 없는 한 모든 재산권의 이행판결에 붙여지고(민소 213조 1항), 담보를 조건으로 하는 경우도 있으나 판결에 정해진 담보를 공탁했는지 여부(민집 30조 2항 단서 참조) 또는 그 판결정본이 패소자에게 송달되었는지는 집행문부여의 요건이 아니고, 이들은 다만 집행개시의 요건일 뿐이다(민집 39조 2항, 40조 2항).

(다) 판결의 집행에 조건을 붙인 경우

판결을 집행하는 데에 조건이 붙어 있는 경우에는 채권자가 증명서로 그 조건의 성취를 증명한 때에 한하여 재판장의 명령을 받아 집행문을 내어 준다(민집 30조 2항 본문, 32조 1항). 확정된 지급명령(민집 58조 1항)의 집행에는 집행문이 필요하지 아니하지만, 지급명령의 집행에 조건을 붙인 경우에는 집행문을 부여받아야 집행할 수 있다(민집 58조 1항 단서 1호).

여기에서 말하는 "조건"이란 넓게 말해서 집행의 민법상의 개념보다는 넓은 것으로서 불확정기한(不確定期限)이나 그 밖에 즉시 집행을 저지할 모든 사실을 포함하는 개념이다. 판결의 집행에 이들 조건이 붙여진 경우에 신청인은 그 조건의 성취를 증명하는 증명서(예를 들어, 변제영수증, 공탁서, 그 밖의 사문서도 무방)를 제출하여야 한다(다만 조건의 성취가 법원에 명백한 사실인 때에는 증명서를 제출할 필요가 없다고 보는 것이 타당하다).

이 경우에 집행문은 재판장의 명령이 있는 때에 한하여 내어 주게 되어 있으므로(민집 32조 1항) 법원사무관 등은 집행문의 부여가 재판장의 명령이 있어야 하는지만을 조사하여 재판장의 명령을 받으면 충분하고 조건의 성취 여부를 독자적으로 조사할 필요도 권한도 없다.

재판장의 명령은 집행문부여신청서 표지에 가부를 표시하여 재판장이 도장을 찍는 방법으로 간략히 함이 실무상의 취급례이고, 집행문에는 그 취지를 기재하여야 한다(민집 32조 3항). 재판장은 그 명령 전에 서면이나 말로 채무자를 심문할 수 있으나(민집 32조 2항), 실무상은 거의 행해지지 않는다. 이처럼 증명서에 의하여 집행문을 내어 준 때에는 그 증명서의 등본을 강제집행을 개시하기 전에 채무자에게 송달하거나 강제집행과 동시에 송달하여야 한다(민집 39조 3항). 실무상 위와 같은 조건에 해당하여 집행문부여 시에 그 조건이 성취된 것을 증명하여야 하는 경우로는 다음과 같은 것들이 있다.

① 정지조건

피고는 피고가 소외 갑으로부터 대여금 ○○○원을 지급 받으면 즉시 원고에게 100만 원을 지급한다고 한 경우

② 불확정기한

피고는 소외 갑이 사망한 때에 원고에게 100만 원을 지급한다고 한 경우

③ 채권자의 선이행(先履行)

건물명도 소송에서 조정으로 "피고는 원고로부터 이사비용으로 100만 원을

받고 그 1개월 후에 원고에게 건물을 인도한다."고 한 경우로 이 조항에서 원고의 이사비용 지급은 피고의 인도에 대한 선이행이며 인도집행 위한 정지조건이므로 원고가 선이행 사실을 증명해야 되고, 반면에 위 조항 중 이사비용 100만 원 지급 부분은 원고에 대한 집행권원이 된다.

④ 채권자의 최고(催告)

"피고는 원고로부터 10일 이상의 유예기간을 두고 지급의 최고가 있으면 원고에게 그 지정기일에 100만 원을 지급한다고 한 경우"로 위 최고는 100만 원의 이행청구권을 집행하기 위한 정지조건이 되므로 원고는 10일 이상의 유예기간을 두고 최고한 사실을 증명해야 한다.

⑤ 급부의무의 특정이 선택권 행사에 걸린 경우

"피고는 원고에 대하여 원고가 2016. 3. 15까지 A 물건과 B 물건 가운데 어느 것을 지정한 때에는 그 지정한 날로부터 10일 이내 지정물건을 인도한다."라는 조항에서 선택권을 행사한 사실은 정지조건에 해당되어 그 행사사실을 증명한 때에 한하여 집행문을 내어 준다.

⑥ 동시이행

"피고는 원고로부터 100만 원을 받음과 동시에 부동산에 대한 소유권이전등기절차를 이행한다."고 한 경우로 일반적으로 동시이행관계에 있는 채무의 이행은 집행개시의 요건에 불과하여 집행기관이 집행개시 시에 조사하면 충분하지만, 의사표시를 명하는 집행권원의 경우에는 별도의 집행절차가 존재하지 아니하므로 집행문부여기관이 반대급여의 제공 여부를 조사하여 그 제공사실이 명확해진 때에 의사표시의 효력이 발생하도록 하기 위하여 집행문 부여의 절차를 밟도록 하고 있다(민집 263조 2항).

(라) 판결집행의 조건에 해당하지 않는 경우

① 확정기한

"피고는 원고에게 ○○년 ○월 ○일까지 100만 원을 지급하라"고 한 경우

② 해제조건

"피고는 원고에게 20○○. 3. 31.까지 100만 원을 지급한다. 단, 원고가 20○○. 1.에 시행하는 ○○대학교의 입학시험에 불합격한 경우에는 위 돈을 지급하지 않는다."고 한 경우

③ 대상적 급부(代償的 給付)

"피고는 원고에게 백미 5가마(가마당 80kg들이)를 인도한다. 만약 인도할 수 없을 때에는 80만 원을 지급한다고 한 경우"

④ 실권약관(失權約款)

"피고는 원고에게 200만 원을 지급하되, ○○년 ○월 ○일까지 100만 원, ○○년 ○월 ○일까지 100만 원을 각 나누어 지급한다. 단, 피고가 위 1회의 분할지급을 게을리 한때에는 그 후의 기한의 이익을 상실하고 전액을 일시에 청구하여도 이의 없이 지급한다."고 한 경우 피고가 1회분의 지급을 게을리하였다는 사실은 채권자가 증명할 집행문부여의 조건이 아니다. 그러나 기한의 이익 상실이 '타인으로부터 강제집행·가압류·가처분을 받은 때', '영업을 폐지한 때', '담보물건을 훼손한 때' 등의 사유에 매인 때에는 그러한 사실은 채권자가 증명할 집행문부여의 조건에 해당한다.

⑤ "임대료를 계속하여 3개월 이상 지급하지 않을 때에는 임대차계약은 당연히 해제되고 채무자는 건물을 철거하고 토지를 인도한다."고 한 경우 채무자의 임대료지급 의무 불이행도 채권자가 증명할 집행문부여의 조건에 해당하지 않는다.

⑥ 동시이행

"피고는 원고로부터 35만 원을 받음과 동시에 원고에게 백미 2가마를 인도한다고 한 경우" 동시이행판결의 경우에 그 판결에 기초하여 피고를 위하여 집행문을 내어 줄 수는 없음을 주의하여야 한다.

⑦ 대상청구(代償請求)

"채무자는 채권자에게 주권(株券)을 인도한다. 만약 인도 집행이 불능일 때는 100만 원을 지급한다."라는 조항에서 금전의 지급을 구하는 부분은 주권의 인도불능이 조건으로 되어 있기는 하나 그것은 집행에 착수하여야 판명되는 것이고 본래의 이행에 대신하는 배상청구이기 때문에 민사집행법 30조 2항에서 말하는 조건이 아니고 집행개시의 요건이다(민집 41조 2항).

⑧ 그 밖의 경우

㉮ 주 채무자와 보증인에게 각각 지급을 명한 확정판결을 근거로 하여 보증인에 대해 집행을 하기 위하여 집행문부여를 신청하는 경우 그 주 채무자가 이행하지 않았다는 증명은 필요하지 않다.

㉯ 원고가 100만 원을 담보로 제공한 때에는 가집행할 수 있다는 내용의 판

결에 대하여 집행문을 내어 줌에는 그 공탁증명서는 필요치 않다(담보제공은 집행개시요건).

㉰ 피고가 담보를 제공하고 가집행을 면할 수 있다는 내용의 선언을 한 판결에 있어, 피고가 그 판결에서 명한 담보를 제공한 증명서를 집행문부여기관인 법원사무관 등에게 제시하였더라도 원고가 그 판결에 대해 집행문부여신청을 하면 집행문을 내어 주어야 한다. 왜냐하면, 이러한 사유는 집행문부여의 장애사유가 아니라, 집행개시의 장애사유에 지나지 않기 때문이다.

(2) 집행권원이 조서인 경우

(가) 조서의 종류

청구의 인낙 또는 화해(소송상 화해와 제소전 화해를 포함한다)를 변론조서·변론준비기일조서에 적은 때에는 그 조서는 확정판결과 같은 효력을 가지며(민소 220조), 민사조정법에 따른 조정조서 및 조정에 갈음하는 결정, 가사소송법에 따른 가사조정절차에서 성립된 조정조서 및 조정에 갈음하는 결정 등에는 재판상 화해와 같은 효력이 인정된다(다만 조정에 갈음하는 결정은 이의신청 기간 내에 이의신청이 없는 때에 한한다(민조 29조, 34조 4항, 가소 59조 2항)).

이들 조서에 관하여도 집행문부여 시에는 판결을 집행권원으로 하는 경우가 준용되므로 [민사집행법 57조에 의하여 준용되는 민사집행법 32조 및 35조의 규정에 따른 집행문부여 명령에 관한 법원(재판장)의 사무도 사법보좌관이 행할 수 있는 업무에 속한다(사보규 2조 1항 4호)] 앞 항목에서 설명한 바를 기준으로 처리하면 될 것이지만, 주의를 필요로 하는 점에 관하여 다음에 살펴보기로 한다. '각종 분쟁조정위원회 등의 조정조서 등에 대한 집행문부여에 관한 규칙'이 적용되는 조서에 관하여는 아래(5) 항에서 따로 설명한다.

(나) 신청자

보통 화해 또는 조정조서에는 여러 가지 항목이 기재되지만, 그중에서 집행권원이 될 수 있는 것은 일정한 이행의무가 약정된 것으로 기재된 부분에 한한다. 따라서 당사자 어느 쪽이든 급부의무의 약속을 받은 측은 집행문부여를 신청할 수 있다. 예를 들어, 갑의 을에 대한 건물인도청구소송에서 20○○. 5. 1. 기일에 화해가 성립되어 화해조서에

"1. 갑과 을은 이 사건 건물의 임대차계약을 해제한다.

2. 을은 갑에게 이 사건 건물을 20○○. 6. 30.까지 인도한다.
  3. 갑은 을에게 이 사건 건물에 대한 연체임대료 및 전항의 인도기한까지의 임료 상당의 돈 일체의 채무를 면제한다.
  4. 을이 제2항의 기한 내에 인도를 완료하지 않는 때에는 을은 갑에게 20○○. 7. 1.부터 인도완료일까지 월 30,000원의 비율에 따른 돈을 지급한다.
  5. 갑은 을에게 을이 이 사건 건물의 지붕수선 및 화장실 개조를 위해 지출한 돈 중 150,000원을 20○○. 5. 30.까지 지급한다. 을은 그 나머지의 돈은 청구하지 않는다.
  6. 소송비용은 각자가 부담한다."

라고 기재되었다면, 위 각 항의 기한까지 임의이행하지 아니한 경우 갑은 제2항과 제4항에 관하여, 을은 제5항에 관하여 이를 집행권원으로 하여 집행문부여를 신청할 수 있다. 이 경우 집행문에는 "위 정본은 피고 을에 대하여 화해조항 중 제2항 및 제4항에 관한 강제집행을 하기 위해서 재판장의 명령에 따라 원고 갑에게 부여한다."고 기재하여(갑이 신청한 경우) 집행문이 부여되는 화해소항을 명백히 밝혀 줄 필요가 있다.

화해나 조정에서 이해관계 있는 제3자가 개입하여 급여의무를 약속함으로써 조서에 기재된 경우, 예를 들어 갑의 을에 대한 대여금청구소송에서 병이 화해에 참가하여 을을 위한 보증인으로 약속하여 화해가 이루어진 경우에는 그 제3자(병)에게도 집행력이 미치므로 그를 상대로 한 집행문부여도 구할 수 있다.

(다) 부여시기

화해 또는 조정의 경우에는 이들 조서가 성립한 이상 급여를 약속한 것이 장래의 채무이더라도 즉시 집행문을 부여할 수 있으며 그 기한의 도래를 기다릴 필요가 없다. 또 조서의 정본이 당사자에게 송달되었는가도 집행문부여 시에는 고려할 필요가 없고 이들은 모두 집행개시의 요건이 될 뿐이다.

(라) 집행에 조건이 붙은 경우

조서의 경우에도 이행에 조건이 붙은 경우에는 판결의 경우에 준하여(민집 57조 30조 2항) 조건의 성취를 증명하는 서면을 제출한 경우에 한하여 재판장의 명을 받아 집행문을 내어 주어야 한다. 판결의 경우보다 화해 또는 조정의 경우에는 이행에 조건을 붙여 합의되는 경우가 훨씬 더 많다. 다음과 같은 사례들이 있다.

① 조건이 급여의무의 특정과 그 집행력의 발생을 위하여 붙여지는 경우

예를 들어, 건물임대차의 화해에 있어서 현재의 임대료를 정하고 장래 일정 시점 이후의 임대료에 대해서는 당사자 간에 협의에 따라 결정한다고 합의된 경우, 위 시점 이후의 임대료청구권을 집행하기 위하여 집행문부여를 구하는 때에는 협의한 사항에 관한 서면(계약서 등)을 제출하여야 하며, 집행문에는 "다만, ○○○○년 ○월분 이후부터는 ○○○○원의 비율에 의함."이라고 덧붙여 명백히 밝혀야 한다.

② 급여의 목적물은 확정되어 있지만, 그 집행력의 발생이 조건에 걸리는 경우

예를 들어, 건물인도청구사건의 화해조서에 "을은 갑에게, 갑이 모처에 건축 중인 아파트의 132㎡ 및 99㎡짜리 각 1세대를 임대를 위해 제공한 때에는 그 제공일로부터 1개월 이내에 별지목록 기재의 건물을 인도한다."라고 합의된 경우, 갑이 집행문을 부여받음에는 갑이 을에게 위 화해조항으로 약속한 아파트의 임대 부분을 특정하여 이를 을에게 제공한 사실 및 그 날짜가 명백히 되어 있는 계약서 또는 그 계약에 입회한 제3자가 서면으로 기재한 것을 제출하여야 한다.

③ 확정된 급여에 붙여진 조건이지만 그 조건 자체에도 집행력이 붙여진 경우

예를 들어, 건물인도청구소송에서 화해로 "① 갑은 을에게 ○○○○년 ○월 ○일까지 이전료로서 100만 원을 지급한다. ② 을은 전항의 받은 때에는 갑에게 ○○○○년 ○월 ○일까지 별지목록 기재 건물을 인도한다."고 약정된 경우, 을은 제1항을 집행권원으로 하여 집행문을 부여받을 수 있고, 갑은 제2항을 집행권원으로 하여 집행문을 부여받을 수 있는데, 다만 이 경우 甲은 위 돈에 대한 乙 명의의 영수증 또는 변제공탁서를 제출하여야 한다.

④ 특정한 급여의무에 대한 집행력의 발생이 채권자의 의사표시를 조건으로 하는 경우

예를 들어, 건물인도청구사건의 화해에서 계속하여 임대하는 것으로 하면서 "을이 전항 임대료의 지급을 2회 이상 게을리 한때에는 갑은 최고를 필요로 하지 아니하고 바로 임대차계약을 해지할 수 있다. 이 경우 을은 갑에게 이 사건 건물을 인도한다."고 약정한 경우, 갑이 인도 집행 위하여 집행문을 구함에는 갑이 을에게 해지의 의사표시를 한 사실을 증명하는 서면(보통은 내용증명우편)을 제출하여야 한다.

⑤ 급부의무의 특정이 선택권 행사에 걸린 경우

예를 들어, "을은 갑에게, 갑이 언제까지 어느 목적물 가운데 어느 것을 선택(지정)한 때에는 그 지정한 날로부터 10일 이내에 이를 인도한다."고 약정한 경우에는 선택권을 행사한 것을 서면으로 증명하여 그 급여의 목적에 대한 집행문을 구할 수 있다.

(3) '각종 분쟁조정위원회 등의 조정조서 등에 대한 집행문부여에 관한 규칙'이 적용되는 경우

위에서 든 각 조서는 민사소송법이 적용되거나 준용되는 절차에서 법원사무관 등이 작성하여 그 원본을 법원에 보관하는 것이므로 법원사무관 등이 판결에 대한 집행문부여절차를 준용하여 그 조서에 대한 집행문을 내어주는 데에 별다른 문제점이 없다.

그러나 법원 또는 법원의 조정위원회 이외의 각종 조정위원회, 심의위원회, 중재위원회 또는 중재부 그 밖의 분쟁조정기관(이하 '조정위원회'라고 한다)이 작성한 화해조서, 조성조서, 중재조서, 조성서 그 밖에 명칭의 여하를 불문하고 재판상의 화해와 같은 효력이 있는 문서[이하 '조서'라고 한다. 예를 들어, 언론중재위원회 중재부에서 한 합의, 합의 간주, 직권조정결정, 중재결정을 적은 서면(언론중재 및 피해구제 등에 관한 법률 23조, 25조 1항), 국가계약분쟁조정위원회가 한 조정을 적은 서면(국약 31조 2항) 등]에 대한 집행문의 부여절차는 판결에 대한 집행문부여절차를 그대로 준용하기에 어려움이 있으므로 '각종 분쟁조정위원회 등의 조정조서 등에 대한 집행문부여에 관한 규칙'(이하 '집행문부여규칙'이라고 한다)이 그 집행문의 부여신청과 부여의 절차를 규정하고 있다(집행문부여규칙 1조, 2조).

집행문부여규칙이 적용되는 조서의 경우 당해 조서에 대한 집행문부여신청 사건은 그 조서를 작성한 조정위원회의 소재지를 관할하는 지방법원(그 소재지가 지방법원 지원의 관할구역에 속하는 경우에는 그 지방법원의 본원)의 관할에 속한다(집행문부여규칙 3조).

조서에 표시된 채권자가 집행문부여신청을 함에 있어서는 조서의 정본(채권자가 조정위원회로부터 송달 또는 받은 문서)을 제출하여야 하고(집행문부여규칙 4조 1항), 500원의 인지를 붙여야 하며, 조서 등본의 송부촉탁과 집행문부여통지 등에 필요한 비용을 예납 하여야 한다(집행문부여규칙 4조 2항). 민사집행업무를 담당하는 과의 담당 법원사무관 등은 위 신청이 제출되면 문서건 명부에 전산 입력하여 접수하고(집행문부여규칙 5조 1항), 신청서와 이에 관련된 문서는 '각종 분쟁조정위원회 등의 조정조서 등에 대한 집행문부여 신청서철'에 접수순으로 편철하여야 한다(집행문부여규칙 5조 2항).

법원사무관 등은 집행문을 내어 준 경우에는 그 사실을 조서의 등본에 덧붙이고, 위 규칙에서 정한 제2호 서식으로 조정위원회에 통지하여야 하며(집행문부여규칙 7조 2항), 조정위원회가 그 통지를 받은 때에는 지체없이 조서의 원본에, 신청인 또는 피신청인을 위하여 집행문이 부여되었다는 취지와 그 부여 일자 및 법원의 명칭을 덧붙여 적어야 한다(집행문부여규칙 7조 3항).

이 조서에 대한 집행문부여절차에 관하여 민사집행법이 준용되므로(민집 57조, 56조 5호, 집행문부여규칙 8조), 조서의 집행에 조건을 붙인 경우, 승계집행문을 신청한 경우와 여러 통의 집행문을 신청하거나 전에 내어 준 집행문을 돌려주지 아니하고 다시 집행문을 신청하는 경우에는 재판장의 명령이 있어야만 집행문을 내어 줄 수 있는 것(민집 32조 1항, 35조 1항)은 판결에 대한 집행문부여의 경우와 같다.

(4) 당사자의 특정과 승계가 있는 경우

집행권원에 표시된 당사자와 집행문부여의 신청 시 표시하는 당사자가 일치되어야 한다. 집행권원에 표시된 당사자 이외의 자를 위하여 또는 그러한 자에 대하여 집행문부여 신청이 있을 때에는 그들의 집행적격과 피집행적격을 조사해야 한다. 집행문은 판결에 표시된 채권자의 승계인을 위하여 내어 주거나, 판결에 표시된 채무자의 승계인에 대한 집행을 위하여 내어 줄 수 있다. 다만 그 승계가 법원에 명백한 사실이거나 증명서로 증명한 때에 한하여 재판장의 명령을 받아 내어 준다(민집 31조 1항, 32조 1항).

확정된 지급명령(민집 58조 1항)과 가압류·가처분 명령의 집행에는 집행문이 필요하지 않지만, 그 집행권원 성립 후에 당사자의 승계가 있어 승계인이 또는 승계인에 대하여 집행하려면 승계집행문을 받아야 한다(민집 58조 1항 단서 2호, 3호, 292조 1항, 301조).

이 경우의 집행문부여는 판결에 당사자로 표시된 사람의 승계인에 대하여도 집행력이 미치는 사실을 공증함으로써(민집 25조 참조) 집행권원을 보충하는 의미가 있으며 승계집행문으로써 승계한 집행채권자 또는 집행채무자가 새로이 특정된다. 승계는 포괄승계이든 특정승계이든 불문하나 그 시적 기준은 사실심 변론종결 후임을 필요로 한다(민소 218조 1항 참조). 재판장이 명령에 앞서 서면이나 말로 채무자를 심문할 수 있음은 전항에서 적은 바와 같다(민집 32조 2항).

(가) 포괄승계(包括承繼)
① 공동상속 중 불가분채권(不可分債權)·가분채권(可分債權)

당사자가 사망하여 상속인에 대하여, 또는 당사자인 법인의 합병이 있어 합병으로 신설되거나 존속하는 법인에 대하여 승계집행문을 신청하는 경우에는, 그 승계를 증명하는 서면으로 피상속인과 상속인의 가족관계증명서·기본증명서 또는 법인 등기사항증명서를 제출하는 것이 보통이다. 그러나 승계를 증명하는 증명서가 위 서면에 한정되는 것은 아니고 재판장이 심증을 얻을 수 있는 정도의 다른 증명서를 제출하여도 될 것이지만, 제출한 서면만으로 재판장이 심증을 얻을 수 없다면 집행문부여의 소(민집 33조)를 제기하여 다른 방법으로 승계를 증명하여야 한다.

청구가 불가분채권이고 승소판결을 받은 채권자가 사망하여 2인 이상의 상속인이 공동으로 상속한 경우, 상속인 중 1인은 자기를 위하여 전부 급부에 관한 승계집행문 부여를 구할 수 있지만, 공동상속인 전원을 위하여 승계집행문 부여를 구할 수는 없다는 견해와 그 취지를 승계집행문에 기재하고 나머지 공동상속인과 함께 전원을 위하여 승계집행문을 부여할 수 있고 공동상속인 중 한 명이라도 제외하고서는 승계집행문을 부여할 수 없다는 견해가 대립하고 있지만, 후설이 타당하다.[605] 다만 공유물의 보존행위로서 공유자 중의 1인이 그 인도청구를 하는 경우에는 공유자 중 1인을 위한 승계집행문의 부여도 가능할 것이다.

그 채권이 가분채권이면 신청인의 상속분에 대하여 그 뜻을 기재하여 부여할 수 있으나, 각자가 신청해 오지 않는 한 신청하지 아니한 사람에 대하여는 부여할 수 없다. 공동상속인들의 건물철거의무와 같이 성질상 불가분채무[606]에 속하는 판결의 집행을 위하여서는 상속인 전원에 대한 승계집행문이 필요할 것이다. 그리고 집행문에 상속인이 2명뿐인 것으로 표시되었는데 집행관

---

[605] 법원행정처, 2014, 민사집행 실무(Ⅱ), 189면.
[606] 대판 1980. 6. 24. 80다756

(또는 집행법원)이 상속인이 더 있다는 것을 우연히 알게 되었다고 하더라도 집행관 등은 집행문에 따라 집행하여야 한다.

② 상속의 포기(相續의 抛棄), 한정승인(限定承認)

상속인은 상속개시 있음을 안 날로부터 3월(이른바 熟慮期間) 내에 한정승인 또는 상속포기를 할 수 있고, 상속채무가 상속재산을 초과하는 사실을 중대한 과실 없이 위 기간 내에 알지 못하고 단순승인을 한 경우에는 그 사실을 안 날부터 3월 내에 한정승인을 할 수 있다(민법 1019조 1항, 3항).

상속인이 상속포기를 할 수 있는 숙려기간 중에 승계집행문을 부여할 수 있는지가 문제 되지만, 긍정하는 것이 타당하다. 따라서 채권자나 채무자 어느 쪽의 상속이든 집행문부여를 신청한 채권자가 상속을 증명하는 서면을 제출하면 집행문부여기관은 숙려기간 내이더라도 승계집행문을 내어주어야 하고, 상속의 효과를 다투는 채무자는 상속 포기사실 또는 숙려기간 중임을 주장하여 집행문부여에 대한 이의신청(민집 34조 1항)이나 이의의 소(민집 45조)를 제기할 수 있다.

집행문부여 단계에서 채무상속인이 한정승인을 한 사실이 밝혀진 경우에는 집행문에 상속재산의 범위 내에서 강제집행을 하기 위하여 부여한다는 내용을 기재하여야 하고, 집행문부여 단계에서 한정승인 사실이 밝혀지지 않아 책임재산의 유보 없이 집행문이 부여되었거나 집행문부여 후에 한정승인을 한 경우에는 채무자는 집행문부여에 대한 이의신청(민집 34조 1항)이나 이의의 소(민집 45조)를 제기하여 책임재산의 유보를 청구할 수 있다. 상속인의 존부가 불분명한 경우에는 그 상속재산관리인에 대하여 승계집행문을 부여할 것이다. 다만 위와 같은 상속재산관리인의 선임(민 1053조 1항)은 별도로 가정법원에 청구하여야 한다.

(나) 채권양도 또는 채무인수

승소한 원고로부터 판결에 표시된 채권의 양도를 받은 사람이 승계인으로서 집행문부여를 신청하는 경우에는 양도증서라든가 계약서 및 채무자에 대한 대항요건을 증명하는 서면, 즉 채무자의 승낙서 또는 양도인이 채무자에게 통지한 내용증명우편을 제출하여야 한다(민 450조 1항).

패소한 피고(채무자)의 채무를 인수한 제3자에 대하여 승계집행문을 구할 때에는 채권자, 채무자와 인수인 등에 의하여 성립된 계약서 등을 제출하여야 한다. 다만 채무자의 채무를 소멸시켜 당사자인 채무자의 지위를 승계하는 이른바 면책적 채무인수(免責的 債務引受)는 민사집행법 31조 1항에서 말하는 승계인에 해당한다고 볼 수 있지만, 중첩적 채무인수(重疊的 債務引受)는 당사자의 채무는 그대로 존속하며 이와 별개의 채무를 부담하는 것에 불과하므로 소극적으로 해석하여야 한다.607)

(다) 채권의 전부명령(민집 229조 1항, 3항)

판결에 표시된 채권을 압류한 제3자가 전부 받았음을 이유로 승계집행문의 부여를 신청함에는 그 전부명령의 정본 또는 등본과 그 확정증명을 제출하여야 한다.

(라) 대위(代位)

대위변제자는 법률로 채권자를 대위하므로(민 480조 1항, 481조), 집행권원에 표시된 채무자를 위하여 집행권원에 표시된 채권자에게 변제한 사람은 채권자로부터 그 집행권원을 받았는지와 관계없이 승계집행문을 받아 채무자에게 집행할 수 있다. 이 경우 승계의 증명서로는 변제영수증 또는 채권자의 승낙서(임의대위의 경우) 및 대위변제를 함에 있어서 채권자가 채무자에게 통지한 사실을 증명하는 서면 또는 채무자의 대위승낙서 등(민 480조 2항)이 포함된다. 대위변제자가 채권자로부터 집행력 있는 정본을 받았을 때에는 그 집행 정본도 집행문부여기관에 제출하여야 한다.

연대채무자 또는 보증인이 주 채무자와 공동피고가 되어 패소판결을 받은 후 채권자(원고)에게 변제하고 다른 연대채무자 또는 주 채무자에 대하여 구상권을 행사할 경우에도 민법이 정하는 범위 내에서 채권자를 대위하여 권리를 행사할 수 있으므로(민 425조 1항, 441조 1항, 444조 1항, 447조, 448조, 481조) 승계집행문을 부여받을 수 있다.

이들 구상권을 행사하기 위하여 대위하는 사람은 승계집행문 부여신청 시 승계의 증명서로서 채권자로부터 교부받은 집행력 있는 정본(전부 변제의 경우) 또는 영수증을 제출하여야 한다. 이 경우 승계집행문을 부여받을 수 있는 것은 피구상자가 판결에 공동당사자로서 표시된 경우에 한하고 그렇지 않은

---

607) 대결 2010. 1. 14. 2009그196

때에 변제자는 단지 구상채권을 취득하는 것일 뿐이다. 승계집행문에는 피구상자에 대하여 집행할 수 있는 부담부분의 범위가 명백히 표시되어야 한다.

이 경우에 채권자로부터 변제자에게로 이전되는 권리가 1인의 채무자에 대한 권리 등의 경우처럼 채무자의 부담부분을 따질 필요가 없거나 달리 부담부분별로 나누어 소구할 필요가 없는 경우에는 바로 승계집행문을 부여받아 그 권리를 행사할 수가 있으나, 구상권을 행사할 수 있는 각 채무자의 부담부분이 따로 있고 확정판결에서 각 채무자의 부담부분을 확정하고 있지 않은 경우에는 확정판결에 의한 승계집행문을 부여받는다 하여도 그가 구상하고자 하는 부분에 대해 집행을 할 수는 없으므로 실제로 구상할 수 있는 부담부분 등 그 구상범위를 확정하기 위하여 별도의 구상금청구 소송을 제기하여야 한다.[608]

(마) 특정물의 소유권 양도

집행권원에 표시된 청구권이 특정물의 급부청구권(동산 또는 부동산의 인도 등)인 경우, 그 물건의 소유권을 집행권원에 표시된 채권자로부터 양수한 자는 그 사실을 증명하는 계약서(동산의 경우) 또는 등기사항증명서(부동산의 경우) 등을 제출하여 승계집행문 부여를 신청할 수 있다. 급부청구권의 법적 구성이 소유권에 기초한 경우는 물론, 채권에 기초한 경우(임대차종료 등)에도 승계한 것으로 인정된다.

(바) 특정물에 관한 채무자의 점유 등의 승계

집행권원에 표시된 채무자가 집행권원에 표시된 채권자에 관하여 부담하는 급부의무 그 자체를 승계한 것은 아니지만, 제3자가 변론 종결한 뒤에 그 급부 목적물의 점유 등을 승계한 경우에는 채권자는 그 제3자를 채무자로 하는 승계집행문을 부여받을 수 있는가? 예를 들어, 건물인도 등 특정물의 급부를 내용으로 하는 집행권원이 있는 경우에 제3자가 채무자로부터 그 물건의 점유를 승계한 때, 건물철거를 내용으로 하는 집행권원이 있는 경우에 제3자가 채무자로부터 그 건물의 소유권을 승계한 때, 이전등기절차 또는 말소등기절차의 이행을 내용으로 하는 집행권원이 있는 경우에 제3자가 채무자로부터

---

[608] 대판 1991. 10. 22. 90다20244

등기명의를 이전받은 경우 등이다. 채무자에게 그 급부를 구하는 근거가 물권적 청구권인 경우에는 제3자에게 집행력의 확장을 인정하는 데에 이론이 없다. 그 근거가 채권적 청구권인 경우에 관하여는 견해가 대립하고 있지만, 판례가 구소송물이론을 채택하고 있으므로 대체로 부정하는 것이 타당하다.

문제는 집행문부여절차에서 선의의 제3자인지 여부, 선의취득 여부, 시효취득 여부 등 승계인에게 고유의 방어방법이 있는지를 어느 정도까지 심사하여야 하는가이다.

① 실질설은 집행문부여기관은 제3자에게 고유의 방어방법이 없는 것을 확인하지 않는 한 집행문을 부여할 수 없다고 한다. 따라서 이 견해에 따를 경우 승계집행문을 신청한 채권자는 승계사실을 증명하는 서면뿐만 아니라 승계인에게 고유의 방어방법이 없음을 증명하는 서면까지도 제출하여야 하고 서면에 의하여 이를 증명할 수 없는 경우에는 집행문부여의 소를 제기하여 집행문부여를 구할 수밖에 없다.

② 형식설은 집행문부여기관은 목적물의 점유승계 등 채무자 측 특정승계의 근거로 되는 사실이 채권자가 제출한 증명서류에 의하여 인정되면 집행문부여를 거절할 수 없고, 승계인으로 된 자의 고유한 방어방법은 그가 집행문부여에 대한 이의의 소를 제기하여 주장할 수 있다고 한다.

③ 권리확인설은 집행문부여기관은 제3자에게 고유의 방어방법이 없는 것을 개연적으로 추측할 수 있는 때에는 집행문을 부여할 수 있지만, 그렇지 않은 경우에는 집행문부여를 거절하여야 한다고 한다. 주의하여야 할 점은, 통상적인 경우에 형식설을 취한다고 하더라도 집행권원의 내용이 의사의 진술을 명한 것인 경우에는 승계집행문의 부여에 신중하여야 한다는 점이다.

통상적인 경우에는 집행절차 진행 중에 승계인이 집행문부여에 대한 이의의 소를 제기하여 고유의 방어방법을 주장할 수 있지만, 의사의 진술을 명하는 집행권원의 경우에는 승계인이 알지 못하는 사이에 집행이 종료되므로 승계인이 집행문부여에 대한 이의의 소로 집행을 저지할 기회가 보장되지 않기 때문이다.

이 경우 법원사무관 등은 승계인에 대하여 일정 기간을 정하여 고유한 방어방법을 증명하는 서면을 제출할 것을 최고 하고 승계인이 그 기간 내에 그 서면을 제출하지 않는 경우에 한하여 승계집행문을 부여할 수 있다고 하는 견해가 있다(반대설 있음). 실무상의 처리방법으로는 민사집행법 32조 2항의 서면이나 말로 하는 채무자 심문절차를 적극적으로 활용하는 것이 좋을 것이다.

(사) 당사자 또는 승계인을 위하여 청구의 목적물을 소지하는 자(민소 218조 1항, 민집 25조 1항)의 경우

승계인과 다르지만, 집행문부여에 있어서는 승계집행문 부여의 절차를 준용한다. 따라서 채권자가 당사자 또는 승계인을 위하여 청구의 목적물을 소지하는 자에 대하여 집행하기 위해서는 승계집행문을 부여받아야 하고, 승계집행문을 신청하는 때에는 본인을 위하여 목적물을 보관하고 있는 수치인, 창고업자 또는 운송인이라는 사실을 증명하는 서면을 제출하여야 한다.

(아) 타인을 위하여 원고 또는 피고가 된 자에 대한 확정판결이 그 타인에게 미치는 경우(민소 218조 3항, 민집 25조 1항)

실체상으로는 권리의무의 승계가 아니나 강제집행에 있어서는 승계집행문 부여의 절차와 같은 방법으로 집행문을 받아야 한다. 선정당사자가 있는 소송의 선정자(민소 53조 1항), 파산관재인이 한 소송의 파산자, 유언집행자가 한 소송의 상속인 등이 집행문을 부여받거나 그들에 대하여 집행문을 부여하는 경우가 그 예이다.

집행권원에 선정당사자가 채권자로 표시된 경우 선정당사자가 단독으로 일괄하여 강제집행을 신청할 수 있지만, 선정자가 강제집행을 신청하기 위해서는 승계집행문을 부여받아야 하고, 집행권원에 선정당사자가 채무자로 표시된 경우에는 선정자에 대하여 승계집행문을 부여받아야 선정자에 대한 강제집행을 신청할 수 있다고 하는 것이 실무이다.609)

집행권원의 주문에 선정자의 권리의무에 관한 내용이 명기되어 있으면 통상의 승계집행문으로 충분하지만, 이러한 기재가 없는 때에는 승계집행문에 집행당사자와 권리의무의 범위를 밝혀야 한다.

통상적으로 당사자 사이의 관계가 법원에 현저하므로 증명서가 필요하지 않은 수가 있는데, 그런 경우에는 집행문에 "이 정본은 재판장의 명령에 따라 피고 ○○○에 대한 강제집행을 하기 위하여 이 법원에 명백한 원고 ○○○의 선정자 ○○○를 위하여 부여한다."고 기재한다(민집 31조 2항).

---

609) 법원행정처 2014, 법원실무제요, 민사집행(Ⅰ), 195면.

(자) 그 밖의 경우

건물을 인도하기로 재판상 화해가 성립한 후, 피고가 그의 처와 이혼을 하고 다른 곳에 이사하고 이혼한 처만이 계속 그 건물에 거주하고 있다면 그 처에 대하여 인도 집행을 하기 위해서는 승계집행문을 부여받아야 할 것이다. 점유이전금지가처분이 집행된 후 그 목적물의 점유를 승계한 제3자에 대하여 본안판결을 집행함에 있어서 승계집행문을 부여받아야 할 것인가에 관하여는 점유이전금지가처분의 당사자 항정효(恒定效)와 관련하여 견해의 대립이 있으나, 실무는 승계집행문이 필요하다는 긍정설의 견해를 밝히고 있다.[610]

(5) 집행문의 수통 또는 재도 부여

채권자가 여러 통의 집행문을 신청하거나(실무상 수통 부여 신청이라고 한다), 전에 부여한 집행문을 반환하지 아니하고 다시 집행문을 신청(실무상 재도 부여신청이라고 한다) 한때에는 원칙적으로 재판장의 명령이 있어야만 이를 내어 준다(민집 35조 1항). 또한, 가압류 또는 가처분명령 정본을 여러 통 내어 달라는 신청 또는 다시 내어 달라는 신청이 있는 경우에는 민사집행법 35조를 준용하여야 하므로(민집 291조 본문, 301조 본문) 재판장의 명령이 있어야만 이를 내어 줄 수 있다.

다만 확정된 지급명령의 경우에는 재판장의 명령을 받을 필요 없이 담당 법원사무관 등이 이를 부여하고 그 사유를 원본과 정본에 적으면 되며(민집 58조 2항), 소액사건에서 확정된 이행권고결정의 경우에도 같다(소액 5조의8 2항). 이 특칙은 법원의 업무효율을 높이기 위한 것이므로 이 경우에도 담당 법원사무관 등은 여러 통 또는 재도 부여가 있어야 하는 사유가 소명되었는지를 따져 부여 여부를 판단하여야 한다.

또한, 집행증서의 경우에는 그 증서를 보존하는 공증인, 법무법인·법무법인(유한) 또는 법무조합이 집행문을 내어 주며, 여러 통의 집행문을 내어 주거나 새로 내어 주는 때에도 재판장의 명령을 받을 필요가 없는데(민집 59조 1항), 이에 관하여는 뒤에서 따로 적는다. 같은 집행권원을 근거로 하여 집행기관의 관할을 달리하는 여러 지역에서 또는 여러 가지 집행방법으로 집행하지 않으면 채권의 완전한 변제를 받을 수가 없는 경우에는(민집 38조 참조) 여러 통의 집행

---

610) 대판 1999. 3. 23. 98다59118

문 또는 재도의 집행문을 신청할 수 있다.

실무상 분실을 이유로 재도 교부를 구하여 오는 경우도 적지 않다. 이 경우에는 여러 통 또는 재도 부여가 있어야 하는 사유에 대한 소명이 필요하다. 재도 부여를 구하여 온 경우, 첫 번째 교부 시에 조건을 이행한 증명서 또는 승계된 사실의 증명이 제출되어 있으면 다시 증명이 필요하지 아니한다.

같은 당사자 사이에 건물인도를 명하는 부분에는 가집행의 선고가 붙고, 손해금의 지급을 명하는 부분에는 가집행의 선고가 없는 미확정판결 중 건물인도 부분에 대하여는 이미 집행문이 부여되고 손해금 부분에 대하여는 판결 확정 후에 집행문을 부여하는 경우에는 여러 통 또는 재도 부여에 해당하지 아니하므로 민사집행법 35조의 적용이 없다.

가집행의 선고가 붙은 제1심판결에 기하여 집행문을 부여받은 원고가 항소심에서 제1심판결을 일부 취소 또는 변경하는 판결이 선고되어 확정되었음을 이유로 집행문부여를 신청한 경우에 종전의 집행력 있는 정본을 반환하는 때에는 제1심판결과 항소심판결정본을 간인하여 새로 집행문을 부여하면 되므로 재판장의 명령이 필요한 재도 부여에 해당한다고 할 수 없으나, 종전의 집행력 있는 정본을 근거로 하여 강제집행이 진행 중이라는 등의 사유로 그 정본을 반환하지 못하는 경우에는 집행문의 재도 부여에 따라 재판장의 명령을 받아 내어 줄 것이다.

그리고 가분채무에 있어 패소한 피고 2명 중 1명은 항소를 제기하고, 다른 1명은 항소하지 않고 확정되어 이미 집행문이 부여되고, 항소한 피고에 대하여는 그 후 항소기각판결이 확정된 후에 그 피고에 대하여 집행문을 내어 주는 경우에도 각기 다른 피고에 대한 것이므로 여러 통 또는 제도의 부여에 해당하지 아니한다. 그러나 불가분채권자 중 1명이 전원을 위하여 집행문을 부여받은 후 다른 채권자가 다시 집행문의 부여를 청구한 경우나, 집행문부여 후 채권자의 승계가 이루어져 집행문의 부여를 청구한 경우에 집행문을 내어 주는 것은 여러 통 또는 제도의 부여에 해당한다.

채권자가 집행문을 부여받아 채무자의 봉급 등 장래채권에 대하여 압류 및 전부명령을 받았다면 그 전부명령이 무효가 되지 않는 한 그 집행권원을 근거로 한 강제집행은 이미 종료되었다고 할 것이므로, 채무자의 봉급 등의 장래 채권이 발행되지 않는다거나 채권자가 변제받아야 할 채권액의 일부 만에 한정하여 압류 및 전부명령을 받았다는 등의 사정이 주장·증명되지 않는 한, 같

은 내용의 집행력 있는 판결정본을 채권자에게 다시 내어주는 것은 허용되지 않는다.611)

채권자가 여러 통의 집행문을 신청하거나 전에 내어 준 집행문을 돌려주지 아니하고 다시 집행문을 신청한 때에는 재판장의 명령이 있어야만 이를 내어주고(민집 35조 1항), 재판장은 그 명령에 앞서 서면이나 말로 채무자를 심문할 수 있음은 앞에서 설명한 조건이 붙은 경우와 같다(민집 35조 2항 전단).

다만 채무자를 심문하지 아니하고 여러 통의 집행문을 내어 주거나 다시 집행문을 내어 준 때에는 채무자에게 그 사유를 통지하여야 한다(민집 35조 2항 후단). 그러나 위 통지규정은 훈시규정이므로 통지하지 않았다고 하더라도 그 이후의 집행절차의 효력에는 아무런 영향이 없고, 상대방에게 통지서를 발송하였으나 주소불명 등으로 반송되었을 경우에 다시 공시송달까지 할 필요는 없다.612)

여러 통의 집행문을 내어 주거나 다시 집행문을 내어 주는 때에는 그 사유를 원본과 집행문에 적어야 한다(민집 35조 3항).

바. 집행문부여의 절차

(1) 신 청

집행문을 내어 달라는 신청은 말로도 할 수 있으나(민집 28조 3항), 서면으로 하는 것이 대부분이며 다음 사항을 명시하여야 한다(민집규 19조 1항).

① 채권자·채무자와 그 대리인의 표시

② 집행권원의 표시

③ 집행권원을 집행하는 데에 조건이 붙어 있어 그 조건이 성취되었음을 증명하여야 하는 경우(민집 30조 2항), 승계집행문을 신청하는 경우(민집 31조 1항), 여러 통의 집행문을 신청하거나 전에 내어 준 집행문을 돌려주지 아니하고 다시 집행문을 신청하는 경우(민집 35조 1항, 57조), 반대의무가 이행되었음을 증명하여 권리관계의 성립을 받아들이거나 의사를 진술할 것을 명하는 집행권원에 집행문을 신청하는 경우(민집 263조 2항)에는 그 취지 및 사유 확정되어야 효력이 있는 재판에 관하여 집행문을 내어 달라는 신청을 하는 때에는 그 재판이 확정되었음

---

611) 대결 1999. 4. 28. 99그21
612) 대결 1980. 10. 8. 80마394

이 기록상 명백한 경우가 아니면 신청서에 그 재판이 확정되었음을 증명하는 서면을 붙여야 한다(민집규 19조 2항).

또 승계집행문을 신청하는 때에는 법원사무관 등은 승계인의 주소 또는 주민등록번호(주민등록번호가 없는 사람의 경우에는 여권번호 또는 등록번호, 법인 또는 법인 아닌 사단이나 재단의 경우에는 사업자등록번호·납세번호 또는 고유번호)를 소명하는 자료를 제출하게 할 수 있다(민집규 19조 3항).

(2) 심 사

집행문을 내어 줌에는 전술한 바와 같이 그 요건을 세심히 검토하여야 하는데, 특히 다음 사항에 유의하여야 한다.

(가) 집행권원 원본과의 대조

신청인이 제출한 판결정본 등 집행권원 정본의 주문이 법원에 보관된 원본의 주문과 일치하는지를 자세히 확인하여야 한다.

(나) 확정판결 또는 조서 등이 집행권원으로서 형식적 요건을 갖추고 있을 것

판결의 경우에는 후에 소의 취하, 상소 또는 재심에 의한 취소 등 실효사유가 없어야 한다.

(다) 집행권원의 집행력이 유효하게 발생하고 존재할 것

판결이면 확정되었거나 가집행의 선고가 있어야 하고, 가집행의 선고가 취소되거나 청구에 관한 이의의 소에 의해 그 집행력이 소멸되어 있지 말아야 한다. 즉시항고로만 불복할 수 있는 재판은 고지되면 즉시 집행력이 발생하므로(민소 221조 1항) 집행문을 부여할 수 있으나, 민사소송법상의 즉시항고가 있으면 집행력이 정지되므로 이를 각하 또는 기각하는 재판이 효력을 발생할 때까지 집행문을 내어 줄 수 없다.

소송비용액확정결정에 대하여는 그 결정이 확정된 뒤에 집행문을 부여받아 이를 집행하도록 하고 있는데, 집행비용액 확정결정도 달리 볼 이유가 없으므로 그 결정이 확정된 뒤에 집행문을 부여받아 강제집행을 할 수 있다고 할 것이다. 한편 즉시항고 할 수 있는 가사심판은 확정되어야 그 효력이 있으므로(가소 40조 단서) 즉시항고기간이 경과한 후에 집행문을 내어 주어야 한다.

확정판결에 대하여 재심의 소가 제기되거나 가집행선고가 붙은 판결에 대하여 상소를 제기하면서 집행정지결정을 받은 경우, 집행채무자에 대한 파산선고, 회생 또는 개인회생절차의 개시는 집행장애사유가 되지만 집행문을 내어주는 데에는 장애가 되지 않는다고 본다.

공증인 등은 집행증서를 작성한 날부터 7일(공증인법 56조의3에 따른 집행증서 중 건물이나 토지의 인도 또는 반환에 관한 집행증서인 경우에는 1개월)이 지나지 아니하면 집행문을 부여할 수 없고(공증인법 56조의4 1항), 공증인 등이 집행증서에 적힌 양쪽 당사자 또는 그 대리인의 촉탁을 받아 채무의 전부 변제 사실이나 계약의 전부 해소 사실을 증서의 원본에 덧붙인 경우(공증인법 35조의2 1항)에는 집행문을 부여할 수 없다(공증인법 56조의4 2항).

(라) 집행에 조건을 붙인 경우에는 조건의 성취를 증명하는 서면의 제출

조건은 집행권원 자체에 표시된 것에 한하므로 집행권원만을 조사하면 된다.

(마) 집행적격 및 피집행적격이 있을 것

당사자의 승계가 있는 경우에는 그 승계사실을 증명하는 서면의 제출이 있어야 한다.

(3) 집행문부여의 방식

집행문은 판결정본의 끝에 덧붙여 적는데(민집 29조 1항), 그 기본적인 기재 내용은 민사집행법 29조 2항에 정하여져 있고, 사법부 전산망에 의하여 운영되는 법원전산시스템에 등록된 양식(전산양식)을 사용한다. 재판장(사법보좌관)의 명령이 있어야 내어 줄 수 있는 집행문에는 재판장(사법보좌관)의 명령에 따라 내어 준다는 취지를 기재하여야 하고(민집 32조 3항), 승계집행문의 경우 승계가 법원에 명백한 사실인 경우에는 집행문에 그 취지를 기재하여야 한다(민집 31조 2항). 또한, 집행권원에 표시된 청구권 일부에 대하여 집행문을 내어 주는 때에는 강제집행을 할 수 있는 범위를 집행문에 적어야 하고(민집규 20조 1항), 민사집행규칙 19조 3항의 규정에 따른 주민등록번호 등을 소명하는 자료가 제출된 때에는 집행문에 승계인의 주소 또는 주민등록번호 등을 적어야 한다(민집규 20조 2항). 집행문에는 법원사무관 등이 기명날인하여야 한다(민집 29조 2항).

(4) 공증인 등의 집행문부여절차

공증인, 법무법인·법무법인(유한) 또는 법무조합이 작성한 공정증서 중 일정한 금액의 지급이나 대체물 또는 유가증권의 일정한 수량의 급여를 목적으로 하는 청구에 관하여 작성한 것으로서 채무자가 강제집행을 승낙한 취지가 적혀 있는 증서(민집 56조 4호)와 공증인 등이 어음·수표에 첨부하여 강제집행을 인낙하는 취지를 적어 작성한 공정증서(공증인법 56조의2 1항) 및 공증인 등이 건물이나 토지 또는 특정동산의 인도 또는 반환을 목적으로 하는 청구에 대하여 강제집행을 승낙하는 취지를 기재하여 작성한 공정증서(다만 임차건물의 인도 또는 반환에 관하여는 임대인과 임차인 사이의 임대차 관계 종료를 원인으로 임차건물을 인도 또는 반환하기 6개월 이내에 작성되는 경우로서 그 증서에 임차인에 대한 금원 지급에 대하여도 강제집행을 승낙하는 취지의 합의내용이 포함된 경우, 공증인법 56조의3 1항)가 집행권원이 된다는 것, 이러한 집행증서도 집행문을 부여받아야 강제집행을 신청할 수 있다는 것(민집 57조), 집행증서에 대한 집행문부여기관은 그 증서를 보존하는 공증인 등(민집 59조 1항)이라는 것은 위에서 설명한 바와 같다.

공증인 등에 대하여 집행문의 부여를 신청하는 방식에 관하여는 특별한 규정이 없으므로 서면 또는 말로 할 수 있다고 할 것이고(민집 28조 3항 준용), 신청할 때에는 10,000원의 수수료를 내야 하며, 조건부 집행증서에 집행문을 내어 달라고 신청하거나 승계집행문을 신청하는 경우와 여러 통의 집행문 또는 다시 집행문을 내어 달라고 신청하는 경우에는 10,000원을 더한다(공증인 수수료 규칙 23조).

집행문부여 신청이 있으면 공증인 등은 위에서 본 법원사무관 등의 심사에 따라 그 집행증서가 유효하게 존재하는가, 그 내용이 집행에 적당한 것인가, 집행증서의 내용으로 보아 집행하는 데에 조건이 붙어 있는 때에는 신청인이 제출한 서류에 의하여 조건이 성취되었음이 증명되는가, 승계집행문의 부여 신청이 있는 때에는 신청인이 제출한 증명서에 의하여 승계의 여부가 증명되는가 등을 심사하여야 한다.

그러나 집행증서에 표시된 실체법상의 청구권에 대한 존부 등은 심사의 대상이 되지 아니한다. 공증인 등의 집행문부여절차에 관하여는 민사집행법 32조와 35조가 준용되지 않으므로(민집 57조, 59조 1항 참조) 집행증서를 집행하는 데에 조건을 붙인 경우, 승계집행문 부여신청의 경우 및 여러 통 또는 재도 부여신청의 경우에도 재판장의 명령을 받을 필요 없이 공증인 등이 독자적으로 심사하여 집행문을 내어 줄 것인지를 판단하여야 한다.

다만 건물이나 토지 또는 특정동산의 인도 또는 반환을 목적으로 하는 청구에 관한 집행증서(이하 '인도 등에 관한 집행증서'라고 한다)에 대한 집행문은 그 증서를 보존하는 공증인 등이 그 공증인 등의 사무소가 있는 곳을 관할하는 지방법원 단독판사의 허가를 받아 부여하고, 이 경우 지방법원 단독판사는 허가 여부를 결정하기 위하여 필요하면 당사자 본인이나 그 대리인을 심문할 수 있다(공증인법 56조의3 4항). 민사집행규칙 22조에 그 허가 절차 등이 규정되어 있다. 한편 공증인 등이 인도 등에 관한 집행증서에 집행문을 부여하는 경우 허가서 사본을 당사자에게 내주도록 하고 있으므로, 이러한 집행증서를 근거로 하여 인도 집행 위임받는 집행관은 그 허가서 사본도 함께 제출받는 것이 바람직할 것이다.

공증인 등은 공정증서를 작성한 날부터 7일(인도 등에 관한 집행증서 중 건물이나 토지에 대한 것의 경우에는 1개월)이 지나지 아니하면 집행문을 부여할 수 없고(공증인법 56조의4 1항), 집행증서에 채무의 전부 변제나 계약의 전부 해소 사실이 부기 되어 있는 때에는 집행문을 부여할 수 없다(공증인법 56조의4 2항, 35조의2 1항). 집행문의 내용과 부여방식은 법원사무관 등의 업무처리방법에 따라 하면 될 것이다.

제2절 강제집행 개시의 요건

1. 의의 및 조사

집행을 신청함에 있어서 구비 할 필요는 없으나 집행기관이 현실로 집행을 개시함에 있어서는 그 존재를 요구하는 적극적 요건(협의의 집행개시요건)과 그 부존재가 요구되는 소극적 요건(집행 장애)을 집행개시의 요건이라 한다.

집행기관은 독립하여 또는 자기의 책임으로 집행개시의 요건을 조사하여 그 요건의 흠결이 있으면 보정을 명하고 만일 보정하지 아니하면 집행신청을 배척한다. 위 요건의 흠결을 간과하여한 집행에 대하여는 채무자나 그 밖의 이해관계인은 집행에 관한 이의신청(민집 16조 1항)이나 즉시항고(민집 15조 1항)에 의하여 취소를 구할 수 있는 것이 원칙이나, 경우에 따라서는 절대 무효로 되는 것도 있다.

집행개시의 요건 중에는 그 요건이 존재하지 아니하면 집행에 착수할 수 없는 적극적 요건과 그 요건이 존재하면 집행에 착수할 수 없는 소극적 요건(집행 장애)이 있다. 적극적 요건으로서는 각종의 집행에 공통되는 일반적 요건과 특정한 집행에만 필요한 특별요건이 있는바, 집행당사자의 표시 및 집행권원의 송달(민집 39조 1항)은 전자에 속하며, 집행문 또는 증명서의 송달(민집 39조 2항, 3항), 이행일시의 도래(민집 40조 1항), 담보제공 증명서의 제출과 그 등본의 송달(민집 40조 2항), 반대의무의 이행 또는 이행의 제공(민집 41조 1항), 집행 불능의 증명(민집 41조 2항) 등은 후자에 속한다.

한편 집행개시의 요건은 집행을 개시할 때 구비 하여야 할 것은 물론이나 집행절차의 진행 중에 그것이 흠결된 경우에는 그 속행을 위하여 다시 구비해야 할 때가 있다. 예를 들어, 집행절차의 진행 중에 채권자가 교체된 때에는 새로운 채권자가 승계집행문을 부여받아 이를 송달하지 아니하면 집행절차를 속행할 수 없다.

2. 적극적 요건

가. 집행당사자의 표시

강제집행은 이를 신청한 채권자와 집행을 받을 채무자의 이름이 집행문이 부여된 집행권원의 정본에 표시된 경우에 한하여 개시할 수 있다(민집 39조 1항). 집행기관은 집행력 있는 정본 이외의 자료로서 집행요건을 조사할 권한이 없으므로 집행권원이나 집행문에 그 표시가 없으면 집행을 할 수 없다. 집행당사자를 확정할 수 있는 것이면 이름뿐만 아니라 아호도 무방하며 만일 집행당사자의 표시에 오류가 있거나 부정확한 때에는 판결의 경정(민소 211조 1항)에 따라 집행권원 또는 집행문의 경정을 구할 수 있다.

현실로 집행을 신청한 사람 또는 집행을 받을 사람이 집행정본의 표시와 일치하는지도 역시 집행기관이 조사하여 판단할 사항이나 집행개시의 요건은 아니다. 집행정본에 표시되어 있지 아니한 사람을 위하여 또는 그에 대하여 한 집행은 집행권원 없이 한 집행과 다름이 없으므로 위법할 뿐만 아니라 무효이다.

나. 집행권원의 송달

(1) 송달의 요부 및 필요성

(가) 원칙

강제집행을 하기 위해서는 원칙적으로 집행할 집행권원을 집행개시 전 또는 늦어도 집행개시와 동시에 채무자에게 송달하여야 한다(민집 39조 1항). 이는 집행의 기본인 집행권원의 존재와 내용을 채무자에게 미리 알림으로써 채무자로 하여금 적당한 방어방법을 생각할 기회를 주기 위한 것이다.

회생절차나 개인회생절차의 종결·폐지 결정이 확정되어 채권자표에 기하여 강제집행을 신청하는 경우에도 그 채권자표를 채무자에게 송달하여야 한다. 다만 판결이나 지급명령과 같이 법원사무관 등이 미리 직권으로 송달한 것이라면 다시 송달할 필요가 없다.

화해조서정본, 인낙조서 정본도 직권으로 당사자에게 송달하게 되어 있으므로(민소규 56조) 다시 송달할 필요가 없다. 송달할 수 있는 요건으로서의 집행권원의 송달은 등본이라도 무방하며, 공증인법 56조의5 1항은 공증인이 작성한 집행증서의 송달에 관하여 이를 명문으로 인정하고 있다.

그러나 민사소송법 210조 2항에 의하면 판결의 송달은 정본에 의하게 되어 있으므로 이 경우에는 등본에 의한 송달은 허용되지 않으며, 화해 또는 인낙조서도 그 화해 또는 인낙이 있는 날부터 1주 안에 그 조서의 정본을 송달하게 되어 있다(민소규 56조). 집행과 동시에 송달하는 예로서 집행하는 집행증서(민집 56조 4호)에 기초한 강제집행에 대하여도 집행권원의 송달에 관한 민사집행법 39조 1항이 준용되므로(민집 57조) 집행증서의 정본 등의 송달은 다른 집행권원의 경우와 마찬가지로 집행개시요건이 된다고 할 것이다.

그 송달방법은 우편이나 민사집행규칙 22조의2가 정하는 방법에 의하고(공증인법 56조의5 1항), 우편에 의한 송달은 신청을 받아 공증인이 수행한다(공증인법 56조의5 2항). 집행관으로 하여금 집행증서를 지참시켜 채무자에게 송달케 하는 것과 같이 집행관이 집행기관인 경우에 생긴다. 법원이 집행기관인 경우에는 동시송달이 있을 수 없다.

(나) 예외

집행권원의 송달이 집행개시요건이 아닌 경우는 다음과 같다.

① 가압류·가처분명령의 집행(민집 292조 3항, 301조)
② 비송사건절차법상의 비용에 관한 재판의 집행(비송 29조 2항 단서)
③ 과태료 재판에 대한 검사의 명령의 집행(비송 249조 2항 단서)
④ 벌금, 과료, 몰수, 추징, 과태료, 소송비용, 비용배상 또는 가납의 형사재판에 대한 검사의 명령 집행(형소 477조 3항)

(2) 송달절차

집행권원의 송달을 채권자가 직접 할 수는 없다. 우선 집행권원 중 판결 등 법원이 작성하는 것은 법원사무관 등이 그 송달사무를 처리한다(민소 175조 1항). 이 송달은 집행행위에 속한 송달이 아니므로 민사집행법 12조의 적용은 없다. 그러나 공증인이 작성하는 집행증서의 정본이나 등본의 송달은 우편이나 민사집행규칙 22조의1이 정하는 방법에 의한다(공증인법 56조의5 1항).

그 송달에 관하여는 민사소송법 176조 2항, 178조 1항, 179조부터 183조까지, 186조 및 193조를 준용한다(공증인법 56조의5 3항). 채권자는 집행증서정본 등의 송달과 동시에 강제집행 할 것을 위임하는 경우나 우편에 의한 송달로는 그 목적을 달성할 수 없는 경우에는 집행관에게 송달을 위임할 수 있는데(민집규 22조의2 우편에 의한 송달은 신청을 받아 공증인이 수행하는데(공증인법 56조의5 2항), 2항), 그 송달에는 민사소송법 178조 1항, 179조부터 183조까지 및 186조의 규정을 준용하고(민집규 22조의2 6항), 송달이 이루어진 경우 집행관은 그 송달에 관한 증서를 위임인에게 교부하여야 한다(민집규 22조의2 3항).

외국송달 및 공시송달이 있어야 하는 경우에는 채권자가 공증인의 직무상 주소를 관할하는 지방법원에 신청하여야 하는데(민집규 22조의2 4항, 5항), 전자의 경우에는 민사소송법 191조의 규정을, 후자의 경우에는 민사소송법 194조부터 196조까지와 민사소송규칙 54조의 규정을 준용한다(민집규 22조의2 6항).

다만 공증인법 46조 또는 50조에 따라 증서의 정본 또는 등본을 받은 사람에 대하여는 그 증서의 정본 또는 등본이 송달된 것으로 보게 되어 있으므로 (공증인법 56조의5 1항 단서) 다시 이를 송달할 필요가 없다. 실무는 공증할 때에 집행채무자에게 집행증서의 정본 또는 등본을 내주는 것이 관례이다.

한편 강제집행을 개시할 수 있는 요건으로서의 집행권원의 송달은 원칙적으로 채권자의 신청에 의할 것이나(예: 공증인법 56조의5 1항, 민집규 22조의2 2항), 이미 법률의 규정에 따라 직권으로 집행권원의 송달이 이루어진 경우(예를 들어, 민소 210조 1항에 의한 판결의 송달 및 민소 469조 1항에 의한 지급명령의 송달)에는 집행을 위하여 다시 송달할 필요가 없음은 앞에서 본 바와 같고, 화해, 인낙 또는 조정조서 등도 그 정본을 직권으로 송달하게 되어 있다(민소규 56조, 민조 33조 2항).

(3) 송달증명

집행권원의 송달이 있었는가는 집행기관이 조사할 사항이나 채권자는 송달증명서 등에 의하여 송달을 증명할 필요가 있다. 송달증명서는 송달사무처리자인 법원사무관 등에게 신청하여 받는다.

다만 민사집행규칙 22조의2 2항, 3항에 의하면, 채권자의 위임에 따라 공정증서의 정본 등의 송달을 한 집행관은 그 송달에 관한 증서를 위임인에게 교부하도록 되어 있으므로, 이 경우에는 집행관으로부터 받은 위 송달증서를 직접 제출하면 될 것이다. 제3자가 송달증서의 교부를 신청함에는 이해관계의 소명이 있어야 한다(민소 162조 1항).

구 민사소송법은 법원사무관 등이 기명날인하고 법원의 인을 찍어야 하는 것으로 되어 있었으나 개정된 민사소송법에서는 법원사무관 등이 기명날인만 하는 것으로 되어 있으므로, 법원의 청인 날인은 생략되고 법원사무관 등이 기명한 후 직인을 도장을 찍으면 된다.

보통 송달증명신청서의 뒤에 "위 증명함. 20 . ○○법원 법원사무관 ○○○"라고 기재하고 직인을 도장을 찍는다. 집행기관이 직접 송달하는 등으로 집행 기록상 송달사실이 명백한 때에는 송달증명이 필요 없음은 물론이다. 한편 확정판결을 근거로 한 집행에는 송달증명을 요하지 않는다는 견해도 있으나 상소권의 포기라든가 상소의 취하로 송달 전에 판결이 확정되는 일도 있을 수 있으므로 이 경우에도 송달증명서의 제출이 필요하다 할 것이다.

다만 확정된 지급명령과 확정된 이행권고결정의 경우에는 담당 법원사무관 등이 채무자에 대한 송달과 확정을 확인한 후 송달 일자와 확정일자를 적고 도장을 찍은 정본을 채권자에게 송달하므로 위 집행권원에 기초하여 강제집행을 신청하는 경우에는 별도로 송달증명과 확정증명은 필요하지 않다.

(4) 집행권원의 송달 없이 한 집행행위의 효력

이에 관하여는 절대 무효라는 설, 본래는 무효이나 압류 후에 송달이 있으면 그 후에는 유효하다는 설, 채무자가 이의나 항고로서 취소를 구하지 않는 한 유효하며 취소되기까지 송달이 있으면 하자가 치유된다는 설이 있다. 판례는 집행권원인 판결이 피고의 허위주소로 송달된 경우에 관하여는 절대 무효설을 취하고 있음에 비하여,[613] 승계집행문의 송달이 빠진 경우에는 무효가 아니라고 한다.[614]

다. 집행문 및 증명서의 송달

통상의 집행에 있어서는 집행권원의 송달만으로 충분하고 집행문을 송달할 필요는 없으나, 집행이 집행권원의 취지에 따라 채권자가 증명할 사실에 매인 때 또는 집행권원에 표시된 채권자의 승계인을 위하여 하는 것이거나 집행권원에 표시된 채무자의 승계인에 대하여 하는 것일 때에는 집행권원 외에 이에 덧붙여 적은 집행문을 집행개시 전에 또는 동시에 채무자 또는 그 승계인에게 송달하여야 한다(민집 39조 2항). 그 집행문은 집행권원의 내용을 보충하는 역할을 하고 있기 때문이다. 법원이 집행기관인 경우에는 동시송달은 있을 수 없으므로 항상 집행개시 전에 송달되어야 한다. 후술의 증명서도 같다.

집행권원의 집행에 조건이 붙은 경우에 집행문을 부여하거나 집행권원에 표시된 사람 이외의 사람을 위하여 또는 그에 대하여 승계집행문을 부여하기 위해서는 채권자가 증명서로 조건의 이행사실 또는 승계사실(법원에 명백한 사실이 아닌 한)을 증명하여야 하는데(민집 30조 2항, 31조 1항), 이처럼 증명서에 의하여 집행문을 내어 준 경우 채무자를 보호하기 위하여 집행개시 전 또는 동시에 그 증명서의 등본을 채무자 또는 그 승계인에게 송달하여야 한다(민집 39조 3항).

그러나 증명서의 제출 없이 집행문이 부여되는 경우(예를 들어, 승계가 법원에 명백한 경우, 이 경우에는 집행문에 이를 기재 하게 되어 있다(민집 31조 2항) 또는 집행문부여의 소에 의하여 집행문을 부여받고 그 판결이 송달된 경우에는 증명서의 송달은 필요 없다.

집행문 또는 증명서는 그 등본을 송달한다. 집행문이 법원사무관 등에 의하여 부여된 경우에는 채권자의 신청이 있는 경우에 한하여 그 기록을 보관하고 있는 법원사무관 등이 그 등본을 작성하여 송달한다. 집행문이 공증인에 의하여 부여된 경우에는 채권자의 신청을 받아 공증인이 송달사무처리자로서 우

---

613) 대판 1973. 6. 12. 71다1252, 대판 1987. 5. 12. 86다카2070
614) 대판 1980. 5. 27. 80다438

편에 의한 송달을 수행하게 되나(공증인법 56조의5 2항) 경우에 따라서는 채권자의 위임으로 집행관이 송달사무처리자 겸 송달실시기관으로서 송달을 한다(민집규 22조의2 2항).

후자의 경우에는 채권자가 집행문, 증명서의 등본을 공증인으로부터 발급받아 직접 집행관에게 그 송달을 위임한다. 그러나 외국송달 및 공시송달이 있어야 하는 경우에는 채권자가 공증인의 직무상 주소를 관할하는 지방법원에 이를 신청하여야 하며(민집규 22조의2 4항, 5항), 그 송달방법은 전자의 경우에는 민사소송법 191조에 규정된 방법에 따르고 후자의 경우에는 민사소송법 194조에서 196조 및 민사소송규칙 54조에 정해진 방법에 의한다(민집규 22조의2 6항). 집행문이나 증명서의 송달 없이 한 집행행위의 효력에 관하여도 전술한 집행권원의 송달이 없는 경우와 같이 보아야 한다.

라. 이행일시의 도래

집행을 받을 사람이 일정한 시일에 이르러야 그 채무를 이행하게 되어 있는 때에는 그 시일이 지난 뒤에 강제집행을 개시할 수 있다(민집 40조 1항). 위 시일은 집행권원에 표시된 것임을 필요로 한다. 확정기한의 도래는 역일(曆日)의 조사로 쉽게 알 수 있으므로 집행기관의 조사에 맡기고 있다. 불확정기한(예를 들어, 어떤 사람이 사망한 후 1주일 내)의 도래에 있어서 채무자는 그 기한이 도래한 것을 안 때로부터 이행지체로 되고 기한을 정하지 아니한 때는 이행의 청구를 받은 때로부터 지체의 책임이 있다. 그 불확정기한은 조건의 경우와 마찬가지로 집행문부여 시에 조사할 사항으로 되어 있다. 확정기한에 이르기 전에 착수한 집행은 위법하나 집행에 관한 이의신청(민집 16조 1항) 또는 즉시항고(민집 15조 1항) 등에 의하여 취소되기 전에 그 기한이 도래하면 그 하자는 치유된다.

마. 담보제공증명서의 제출과 그 등본의 송달

집행이 채권자의 담보제공에 의한 때(예를 들어, 담보제공을 조건으로 가집행의 선고를 한 경우)에는 채권자가 담보를 제공한 증명서류(공탁증명서나 법원의 담보제공증명서)를 제출하여야 하고 또 그 증명 서류의 등본을 집행 전에 또는 동시에 채무자에게 송달하지 아니하면 집행을 개시할 수 없다(민집 40조 2항). 이 등본의 송달도 채무자에게 집행이의(민집 16조 1항) 등 불복의 기회를 주기 위한 것이다.

채권자는 담보액을 공탁한 후 그 공탁서를 채권자나 채무자의 보통재판적이 있는 곳의 지방법원이나 집행법원에 제출함으로써 담보제공을 하나(민집 19조 1항), 담보제공명령을 한 법원에 제출하여도 무방한 것으로 해석된다. 이처럼 담보제공을 한 경우에 채권자는 그 법원으로부터 담보제공증명서(공탁증명서)를 교부받아(민집 19조 2항) 집행법원이나 집행관 등 집행기관에 제출한다. 집행법원에 의한 집행의 경우에는 집행법원에 그 등본의 송달을 신청할 수도 있고 또는 집행관으로 하여금 송달케 한 후 그 송달증명서를 집행법원에 제출할 수도 있다.

채권자가 집행법원에 집행신청과 동시에 공탁서를 제출한 경우에는 별도로 담보제공증명서를 제출할 필요가 없으므로, 법원은 채권자의 신청에 따라 공탁서의 등본을 작성하여 송달할 수 있다 할 것이다. 담보제공을 조건으로 한 가집행의 선고가 있는 판결이 확정된 경우에는 담보제공증명서 대신에 판결확정증명서를 집행기관에 제출하면 충분하다.

담보를 제공하였으면서도 위 증명서등본의 송달 없이 한 집행은 당연히 무효가 아니고,615) 채무자의 이의신청으로 취소되기 전에 그 송달이 되면 하자는 치유된다. 한편 담보의 제공이 없이 집행이 개시된 경우에 관하여는, 비록 나중에 담보제공명령서가 제출되더라도 그 하자가 치유되지 않는다고 하는 견해와 이 경우에도 강제집행절차가 취소되기 전에 담보제공명령서가 제출되면 장래에 향하여 유효한 것으로 볼 것이라는 견해가 있다.

바. 반대의무의 이행 또는 이행의 제공

반대의무의 이행과 상환으로 이행을 명하는 재판을 집행권원으로 하는 집행에 관하여는 집행문부여 시에 채권자가 반대의무를 이행한 것을 증명하도록 하면 이는 채권자로부터 동시이행의 이익을 박탈하여 선 이행을 하도록 하는 결과가 되므로 집행문부여 시에는 반대의무의 이행 증명이 필요 없고 집행 전에 집행기관에 반대의무의 이행을 제공하였음을 증명하면 충분하다.616) 즉, 동시이행관계에 있는 반대의무의 이행은 집행문부여의 요건이 아니고 집행개

---

615) 대판 1965. 5. 18. 65다336
616) 대결 1961. 7. 31. 4294민재항437, 대판 1962. 2. 15. 4294민상708

시의 요건이다(민집 41조 1항).

　전세권자의 전세목적물 인도의무 및 전세권설정등기말소등기의무와 전세권설정자의 전세금반환의무는 서로 동시이행의 관계에 있으므로, 전세권자인 채권자가 전세목적물에 대한 경매를 청구하려면 우선 전세권설정자에 대하여 전세목적물의 인도의무 및 전세권설정등기말소의무의 이행제공을 완료하여 전세권설정자를 이행지체에 빠뜨려야 한다.617) 그러나 임차인이 임차주택이나 임차한 상가건물에 대하여 보증금반환청구소송의 확정판결, 그 밖에 이에 따르는 집행권원을 근거로 하여 경매를 신청하는 경우에는 집행개시요건에 관한 민사집행법 41조에도 반대의무의 이행이나 이행의 제공을 집행개시의 요건으로 하지 아니한다(주택 임대차보호법 3조의2 1항, 상가건물 임대차보호법 5조 1항 참조).

　따라서 그 판결주문에서 건물의 인도와 동시이행으로 보증금지급을 명하였다 하여도 이행제공 여부를 따질 것 없이 경매개시결정을 할 수 있다. 다만 이 경우에도 임차인이 배당금을 받을 때는 인도확인서를 제출하여야 한다. 한편 예외적으로 반대의무의 이행과 상환으로 권리관계 인낙이나 의사를 진술할 의무에 대하여는 그 판결 확정 후에 채권자가 그 반대의무를 이행한 사실을 증명하고 재판장의 명령에 따라 집행문을 내어 준 때에 의사표시의 효력이 생기므로(민집 263조 2항), 이 경우에는 반대의무의 이행 또는 이행의 제공은 집행문부여의 요건이 된다.

　또한, 집행권원이 되는 화해조항에 일정한 반대의무의 불이행(예를 들어, 금전지급의무의 불이행)을 조건으로 하여 일정한 의무의 이행(예를 들어, 토지인도의무의 이행)을 약속한 경우에는 민사집행법 30조 2항의 이른바 '집행하는 데에 조건이 붙어 있는 경우'에 해당하므로 그 의무(토지인도의무)에 대한 집행문을 부여하기 위해서는 채권자가 증명서로서 그 조건의 성취를 증명하여야 한다.618)

　일반의 경우에 집행개시시까지 채권자가 반대의무의 이행 또는 이행의 제공을 하여 채무자가 수령지체에 빠지게 되면 이 요건이 충족되며 그 증명방법에는 민사집행법 40조 2항과 같은 특별한 제한이 없다. 집행관에 의한 집행의 경우에는 채권자가 집행관과 동행을 하여 반대의무의 이행을 제공하거나 집

---

617) 대결 1977. 4. 13. 77마90
618) 대판 1971. 6. 29. 71다1035, 대결 1977. 11. 30. 77마371

행관에게 이를 위임하여서 할 수도 있으며(다만 이에 대하여는 소극설도 있다) 그 외의 경우에는 집행 전에 집행기관에 대하여 반대의무의 이행 또는 이행의 제공이 있었음을 서면으로 증명하여 집행을 개시한다.

필요에 따라서는 집행법원이 심문으로 반대의무의 이행 또는 이행의 제공이 있었음을 확인할 수도 있다. 집행을 개시함에 있어 이 증명서의 등본을 미리 또는 동시에 채무자에게 송달함을 해야 하는가에 관하여는 다수설은 이를 긍정하나, 담보제공증명서의 경우(민집 40조 2항)와는 달리 송달이 필요하다는 규정이 없으므로 실무는 불요설에 따른다.

집행개시의 요건인 반대의무의 이행을 상계의 방법으로 할 수 있는가에 관하여는 긍정설과 부정설이 있으나, 그 증명이 확실한 경우, 예를 들어 반대의무가 상계로 소멸되었음을 이유로 하는 채무부존재 확인판결을 받아 집행기관에 제출하거나 상계를 인정하는 뜻 채무자의 확인서를 제출함 같은 경우에는 이를 허용하더라도 무방하다 할 것이다.

반대의무의 이행제공 없이 한 집행행위는 무효이고, 반대의무의 이행이 불능으로 되면 집행도 불능으로 된다. 어음, 수표와 같이 상환으로 지급할 채무의 경우에는 강제집행은 채권의 이행청구가 아니므로 어음, 수표의 제시는 필요 없으며 또 집행개시의 요건도 아니므로 집행관이 미리 이를 소지하고 있다가 채무의 이행이 있을 때 채무자에게 내주면 충분하다.

사. 대상청구(代償請求)

채권자의 대상청구(代償請求)가 인용된 경우, 집행권원의 내용은 채무자로 하여금 원고에게 특정물이나 대체물의 인도를 명하는 한편, 변론종결 후의 이행불능(특정물의 경우)이나 집행 불능(대체물의 경우)의 경우에 그에 갈음하여 금전의 지급을 명하게 된다. 통상 대상청구 부분은 "위 물건인도의 강제집행이 불능인 때에는……" 또는 "위 백미에 대한 강제집행이 불능인 때에는……"라는 형식으로 기재된다.

이와 같은 대상청구권을 내용으로 하는 집행권원의 경우에 민사집행법은 본래의 급부청구권에 관한 집행 불능을 집행문부여의 조건이 아니라 집행개시의 요건으로 하고 있다. 즉, 다른 의무의 집행이 불가능한 때에 그에 갈음하여 집행할 수 있다는 것을 내용으로 하는 집행권원의 집행은 채권자가 그 집행이 불가능하다는 것을 증명하여야만 개시할 수 있으므로(민집 41조 2항), 채권자가 집행권원상의 대상청구권에 관한 집행을 신청하기 위해서는 집행관의 확인이나 다른 집행기관의 집행기록등본을 제출하는 등의 방법으로 본래의 급부청구권이 집행 불능이라는 것을 증명하여야 한다.

여기서 집행 불능은 실체법상의 이행불능보다 넓게 해석하여 특정물 인도 집행의 경우 목적물의 멸실 등은 물론 한번 강제집행에 착수하여 그 목적을 달성할 수 없었던 때에는 후일 다른 장소에서 집행할 수 있는지를 묻지 않고 바로 집행 불능에 해당한다고 본다.

3. 소극적 요건(집행장애)

집행개시의 적극적 요건이 갖춰져 있다 하여도 일정한 사유의 존재로 집행의 개시 또는 속행에 장애가 되는 경우가 있다. 이를 집행개시의 소극적 요건 또는 집행 장애라 한다. 이는 집행기관이 직권으로 조사하여야 하며 그것이 발견되면 집행을 개시할 수 없고 속행 중의 집행절차는 정지된다. 집행 장애는 어떤 집행권원을 근거로 한 집행의 전체에 관한 것이므로 각개의 집행행위에 특별한 장애사유(예를 들어, 민집 195조의 압류금지)와 구별하여야 한다. 집행 장애 사유로는 다음과 같은 것이 있다.

가. 채무자의 파산

채무자가 파산선고를 받으면 파산채권은 파산절차에 의하지 아니하고는 행사할 수 없게 되므로(채무자회생 424조), 파산채권을 근거로 하여 파산재단에 속하는 재산에 대하여 행하여진 강제집행·가압류 또는 가처분은 파산재단에 대하여는 그 효력을 잃고(채무자회생 348조 1항 본문), 새로운 강제집행 등도 개시할 수 없다. 여기서 효력을 잃는다는 것은 소급하여 효력을 잃는다는 것을 의미하므로 중지된 강제집행 등의 절차는 집행법원의 별도 재판 없이도 그 효력을 잃게 된다.

따라서 파산관재인은 기존의 강제집행 등을 무시하고 파산재단에 속하는 재산을 파산법원의 허가를 받아 자유로이 관리·처분할 수 있으나, 다만 이미 진행된 강제집행 등의 외관을 제거하기 위한 형식적인 절차가 필요하므로 실무상 파산관재인이 집행법원에 집행취소신청을 하면 집행법원은 경매개시결정기입등기의 말소촉탁 등 집행취소절차를 밟고 있다.

파산관재인은 기존의 강제집행절차를 속행하는 편이 당해 재산을 신속하고 고가로 매각할 수 있다고 판단하는 경우에는 그 강제집행절차를 스스로 속행할 수 있다(채무자회생 348조 1항 단서). 이때 파산관재인은 집행기관에 채무자가 파산선고를 받았고 자신이 파산관재인으로 선임되었음을 알리고 소명자료를 첨부하여 강제집행을 속행하겠다는 취지의 신청을 하여야 한다.

파산취소결정은 소급하여 파산의 효과를 소멸시키므로 채무자는 처음부터 파산선고를 받지 아니한 것이 되나, 거래의 안전을 위하여 파산선고 시부터 취소할 때까지 사이에 파산관재인에 의하여 행하여진 행위의 효력은 그대로 유효하다고 해석된다. 따라서 강제집행 등이 개시된 후 파산선고가 있었다가 파산취소결정이 있은 때에는 그 취소결정 전에 위에서 본 바와 같은 집행취소절차가 이루어지지 않은 경우에 한하여 파산선고로 실효된 강제집행 등이 파산선고 때의 상태를 기준으로 그 효력을 회복하여 절차를 속행할 수 있다고 본다. 파산폐지결정은 파산선고의 효력을 장래를 향하여 소멸시킨다는 점에서 파산취소와 다르다. 파산선고 전에 개시되어 파산선고로 실효된 강제집행 등이 파산폐지로 부활하는가에 관하여 긍정설과 부정설로 견해가 대립되지만, 실무는 소극설의 입장이고, 소극설에 의하면 채권자는 파산폐지결정 확정 후에 다시 강제집행 등을 신청하여야 한다.

구 파산법에는 면책절차 중 강제집행 등의 금지에 관한 근거 규정이 없었으나, 채무자 회생 및 파산에 관한 법률은 채무자의 갱생을 실질적으로 도모하기 위하여 "면책신청이 있고, 파산폐지결정의 확정 또는 파산종결결정이 있는 때에는 면책신청에 관한 재판이 확정될 때까지 채무자의 재산에 대하여 파산채권을 근거로 한 강제집행·가압류 또는 가처분할 수 없고, 채무자의 재산에 대하여 파산선고 전에 이미 행하여지고 있던 강제집행·가압류 또는 가처분은 중지된다."라는 규정(채무자회생 557조 1항)을 신설하였다.

위 규정에서 말하는 '면책신청'에는 명시적인 면책신청뿐만 아니라 간주면책신청(채무자회생 556조 3항)의 경우도 포함되고, 면책신청을 하는 경우에는 동의폐지신청(채무자회생 538조)을 할 수 없으므로 위 규정에서 말하는 '파산폐지결정'은 동시(同時) 또는 이시(異時) 폐지결정에 한 한다.[619] 면책결정이 확정되면 면책절차 중에 중지된 강제집행·가압류 또는 가처분은 그 효력을 잃는다(채무자회생

---

619) 대결 2009. 1. 9. 2008카기181

557조 2항). 반면 면책신청의 각하·기각결정 또는 면책불허가결정(일부 면책결정 포함)이 확정되면 다시 강제집행 등을 할 수 있고 중지된 강제집행 등은 속행된다. 그러나 집행법원이 면책절차 중의 집행신청임을 간과하고 강제집행을 개시한 다음 이를 발견한 때에는 이미 한 집행절차를 직권으로 취소하여야 하고, 이는 강제집행 개시 후 면책불허가결정이 확정된 경우에도 마찬가지이다.620) 면책결정이 확정되면, 채무자 회생 및 파산에 관한 법률 566조 단서의 비면책채권에 해당하지 않는 한, 면책을 받은 채무자는 파산절차에 의한 배당을 제외하고는 파산채권자에 대한 채무의 전부에 관하여 그 책임이 면제되므로(채무자회생 565조, 566조), 파산채권자는 면책된 채무에 관하여 집행권원을 가지고 있을지라도 강제집행을 할 수 없다.

그럼에도 강제집행이 개시된 경우에 채무자가 그 집행을 취소시키는 방법이 문제 되는데, 판례는 면책결정이 확정되어 채무자의 채무를 변제할 책임이 면제되었다는 사정은 면책된 채무에 관한 집행권원의 효력을 당연히 상실시키는 사유는 되지 아니하고 다만 청구이의의 소를 통하여 그 집행권원의 집행력을 배제할 수 있는 실체상의 사유에 불과하며 면책결정의 확정이 면책된 채무에 관한 집행력 있는 집행권원 정본을 근거로 하여 면책결정 확정 후 비로소 개시된 강제집행의 집행 장애사유가 되지 아니하므로, 위와 같은 사정은 면책된 채무에 관한 집행력 있는 집행권원을 근거로 하여 면책결정 확정 후 신청되어 발령된 채권압류 및 추심명령에 대한 적법한 항고이유가 되지 아니한다고 하였다.621) 따라서 청구이의의 소에 의하여야 할 것이다.

담보에 관한 법률'에 따른 담보권 또는 전세권을 가진 사람은 그 목적인 재산에 관하여 별제권을 가지고, 별제권은 파산절차에 의하지 아니하고 행사하므로(채무자회생 411조, 412조), 파산재단에 속하는 재산에 대한 담보권의 실행을 위한 경매절차는 파산선고가 있어도 실효되지 않고, 채무자의 지위가 파산관재인에게로 승계되어 계속 진행된다. 채권자의 파산은 집행 장애가 되지 않지만, 파산관재인이 채권자의 승계인으로서 집행채권자가 되므로 승계집행문을 부여받아야 한다.

---

620) 대결 2013. 7. 16. 2013마967
621) 대결 2013. 9. 16. 2013마1438

나. 채무자에 대한 회생절차의 개시

회생절차개시결정이 있으면 회생채권 또는 회생담보권을 근거로 한 채무자의 재산에 대한 강제집행의 개시나 가압류·가처분을 할 수 없고, 또한 채무자의 재산에 대하여 이미 행한 회생채권 또는 회생담보권을 근거로 한 강제집행 등의 절차는 중지된다(채무자회생 58조 1항, 2항).

다만 회생법원은 회생에 지장이 없다고 인정하는 때에는 중지된 절차의 속행을 명할 수 있는데(채무자회생 58조 5항 전문), 이 경우에도 회생채권, 회생담보권에 대한 회생절차에 의하지 아니한 변제는 금지되므로 그 강제집행 등에 의하여 얻은 금전이 있더라도 회생법원의 허가를 받지 아니하는 한 그 채권의 변제에 충당할 수 없고, 회생계획에서 그 회생채권, 회생담보권의 권리변경과 변제방법을 정할 때에 그 금전의 처리방법도 함께 정하게 된다.

한편 회생법원은 회생을 위하여 필요하다고 인정하는 때에는 중지된 절차의 취소를 명할 수 있다(채무자회생 58조 5항 후단). 회생계획인가결정 전에 회생절차가 종료되는 경우(개시결정취소, 계획인가 전 절차폐지, 회생계획 불인가)에는 회생절차개시결정에 따라 중지된 강제집행 등의 절차가 당연히 속행된다.

반면 회생계획인가의 결정이 있으면, 회생법원이 속행을 명한 때가 아닌 한, 중지된 강제집행 등의 절차는 그 효력을 잃는다(채무자회생 256조 1항). 여기서 효력을 잃는다는 것은 소급하여 효력을 잃는다는 것을 의미하고, 따라서 중지된 강제집행 등의 절차는 집행법원의 별도 재판 없이도 그 효력을 잃게 된다.

다만 이미 진행된 강제집행 등의 외관을 제거하기 위한 형식적인 절차가 필요하므로, 실무상 관리인 등이 집행법원에 집행취소신청을 하면 집행법원은 경매개시결정기입등기의 말소촉탁 등 집행취소절차를 밟고 있다. 회생계획인가의 결정에 따라 강제집행 등의 절차가 실효되는 효과는 인가결정과 동시에 발생하고 그 인가의 결정이 나중에 취소되더라도 실효된 강제집행 등의 효력이 회복되지 않으므로, 채권자가 다시 새로운 강제집행 등의 신청을 하여야 한다고 보고 있다.

다. 개인채무자를 위한 개인회생절차의 개시

개인채무자를 위한 개인회생절차개시의 결정이 있는 때에는 개인회생채권자목록에 기재된 개인회생채권을 근거로 하여 개인회생재단에 속하는 재산에 대하여 강제집행의 개시나 가압류·가처분할 수 없고, 이미 개시한 집행절차는 중지되며(채무자회생 600조 1항), 변제계획의 인가결정일 또는 개인회생절차 폐지결정의 확정일 중 먼저 도래하는 날까지 개인회생재단에 속하는 재산에 대한 담보권의 설정 또는 변제계획의 불인가결정이나 개인회생절차폐지결정이 확정되면 개인회생절차는 종료하여 개인회생절차개시결정에 따라 중지된 강제집행 등의 절차가 당연히 속행된다.

중지되어 있던 개인회생채권을 근거로 한 강제집행·가압류 또는 가처분은 그 효력을 잃는다(채무자회생 615조 3항). 여기서 효력을 잃는다는 것의 의미와 집행취소절차 등은 회생절차에서와 같다.

한편 개인회생재단에 속하는 재산상에 존재하는 유치권, 질권, 저당권, '동산·채권 등의 담보에 관한 법률'에 따른 담보권 또는 전세권을 가진 사람은 그 목적인 재산에 관하여 별제권을 가지고, 별제권은 개인회생절차에 의하지 아니하고 행사하므로(채무자회생 586조, 411조, 412조), 개인회생절차개시결정에 따라 중지되어 있던 담보권 실행을 위한 경매절차는 변제계획인가결정이 있으면 속행할 수 있게 된다(채무자회생 600조 2항).

변제계획인가 후 개인회생절차의 폐지는 개인회생절차의 규정에 따라 생긴 효력에는 영향을 미치지 아니하므로(채무자회생 621조 2항), 변제계획인가결정에 의한 강제집행 등의 실효는 그 후의 개인회생절차가 폐지되더라도 번복되지 않는다.

라. 강제경매 개시 후 파산 등의 등기가 된 경우

당사자가 파산선고나(개인) 회생절차개시결정 등의 신고를 하지 않아도 파산 등의 등기가 된 사실이 밝혀진 경우에는 이제는 절차를 속행하여서는 아니된다.

마. 집행채권의 압류 등

집행채권이 압류·가압류되더라도 기존의 집행채권자는 집행채무자에 대하여 현재의 이행 소를 제기하여 무조건의 승소판결을 얻을 수 있지만, 압류 등의 효력에 의하여 집행채권자의 추심·양도 등의 처분행위와 집행채무자의 변제가 금지되고 이에 위반하는 행위는 집행채권자의 채권자에게 대항할 수 없게 되므로, 집행기관은 압류 등이 해제되지 않는 한 집행할 수 없고 집행채무자로서는 압류 등이 된 것을 이유로 자기에 대한 집행의 배제를 구할 수 있다.[622]

따라서 집행채권의 압류 등은 집행 장애사유에 해당한다. 다만 집행채권의 압류 등이 집행 장애가 되는 것은 집행법원이 압류 등의 효력에 반하여 집행채권자의 채권자를 해하는 처분을 할 수 없기 때문이고 집행채권자는 집행채권을 압류한 채권자를 해하지 않는 한도 내에서는 집행채권을 행사할 수 있으므로, 강제집행의 3단계, 즉 압류, 현금화, 배당의 모든 단계에 대하여 집행장애사유인 것은 아니다.

집행채권이 압류된 경우의 부동산 강제경매에 관하여는 배당절차까지 속행하되 압류채권자의 채권상당액을 공탁하여야 한다는 설, 압류 및 현금화 절차는 허용되고 배당절차만 정지된다는 설, 압류절차만 허용될 뿐 현금화 절차에 나갈 수 없다는 설, 압류절차마저도 허용될 수 없다는 설이 대립되고 있는데, 실무에서는 배당까지 하여 공탁하여야 한다는 설이 우세하다.[623]

바. 특수보전처분의 집행

회생절차개시의 신청이 있는 때에는 법원은 회생절차개시신청에 대한 결정 전이라도 채무자의 재산에 관하여 가압류·가처분 그 밖에 필요한 보전처분을 명할 수 있고(채무자회생 43조 1항), 파산절차 및 개인회생절차에도 같은 취지의 규정이 있다(채무자회생 323조 1항, 592조 1항). 처분금지보전처분이 등기된 때에 당해 재산에 대한 강제집행의 개시, 속행 여부가 문제 된다. 우선 그 보전처분의 등기 전에 경매개시결정기입등기가 된 경우에는 이에 따른 강제집행의 속행은 처분금지보전처분의 영향을 받지 아니한다(다만 매수인 명의로 소유권이전등기를 하기 위해서는 보전처분에 관한 등기를 지워야 한다).

처분금지보전처분의 등기 후에 강제집행이 신청된 경우에 관하여는, 경매절차의 개시는 허용되지만, 현금화 절차에 들어갈 수 없고 현금화하였더라도 매수인은 회생절차 등과의 관계에서는 경매목적물에 관한 권리취득을 주장할 수 없다는 견해와 처분금지보전처분은 채무자에 대한 처분으로서 채권자 등에 의한 경매절차의 개시를 금지하거나 경매절차의 진행을 중단할 근거가 없고 이를 중단하기 위한 별도의 절차로 중지·취소명령 등이 마련되어 있다는 점에 비추어 허용된다는 견해가 있다.

---

622) 대결 2000. 10. 2. 2000마5221
623) 법원행정처, 2014, 법원실무제요, 민사집행(Ⅰ), 228면.

채무자 회생 및 파산에 관한 법률에서는 회생절차나 개인회생절차의 개시를 신청한 경우에 법원이 필요하다고 인정하는 때에는 회생절차나 개인회생절차 개시신청에 관한 결정이 있을 때까지 이미 하고 있는 강제집행 등의 중지·취소 등을 명할 수 있도록 규정하고 있다(채무자회생 44조, 45조, 593조). 파산절차에는 이와 같은 규정이 없어서 강제집행중지명령 등을 할 수 있는지 의문이 제기될 수 있으나, 위 법률 323조 1항의 '그 밖에 필요한 보전처분'에 강제집행중지명령 등도 포함된다고 해석하는 것이 일반적이다.[624]

사. 목적부동산이 공장재단, 광업재단 일부일 때

목적부동산이 공장재단, 광업재단 일부를 구성하고 있는 것일 때(공장 및 광업재단 저당법 3조, 53조)에는 공장재단, 광업재단 전부에 대한 경매신청이 아닌 한 경매신청을 각하하여야 하고, 개시결정 후 밝혀진 경우에는 경매절차를 취소하여야 한다.

아. 신탁법상의 신탁재산

(1) 개 설

신탁법 22조 1항에 의하면 "신탁 전의 원인으로 발생한 권리" 또는 "신탁사무의 처리상 발생한 권리"에 기한 경우를 제외하고는 신탁재산에 대하여는 강제집행 또는 경매할 수 없음이 원칙이다. 그러나 이에 위반하여 이루어진 강제집행에 대하여 위탁자, 수익자 또는 수탁자가 민사집행법 48조에 의한 제3자이의의 소를 제기하여 강제집행을 배제할 수 있을 뿐이고, 이의 없이 강제집행이 완료된 경우에는 당연히 무효가 되지는 않는다(신탁법 21조 2항).

(2) 신탁 전의 원인으로 발생한 권리

강제집행이 허용되는 '신탁 전의 원인으로 발생한 권리'란 신탁 전에 이미 신탁부동산에 저당권, 가압류, 가처분, 압류가 이루어진 경우 등 신탁재산 그 자체를 목적으로 하는 채권이 발생된 경우를 말하는 것이고, 신탁 전에 위탁자에 대하여 생긴 모든 채권이 포함되는 것은 아니다.[625] 신탁대상 재산이 신

---

624) 법원행정처, 2014, 법원실무제요, 민사집행(Ⅰ), 228~229면.
625) 대판 1987. 5. 12. 86다545, 86다카2876

탁자에게 상속됨으로써 부과된 국세라 하더라도 신탁법상 신탁이 이루어지기 전에 압류하지 않은 이상, 그 조세채권이 '신탁 전의 원인으로 발생한 권리'에 해당된다고 볼 수 없다.[626]

(3) 신탁사무의 처리상 발생한 권리

신탁사무의 처리상 발생한 권리'란 신탁설정 후에 신탁재산의 관리·처분으로 발생한 권리를 말하는 것인데, 신탁재산에 대한 조세채권이나 신탁재산에 속하는 공작물 등의 하자에서 생기는 불법행위를 근거로 한 손해배상 책임 등 신탁재산 자체에서 연유하는 권리도 포함된다고 보아야 할 것이다.

신탁법에 따른 신탁재산은 대내외적으로 소유권이 수탁자에게 완전히 귀속되고 위탁자와의 내부관계에서 그 소유권이 위탁자에게 유보된 것이 아닌 점, 신탁법 22조 1항은 신탁의 목적을 원활하게 달성하기 위하여 신탁재산의 독립성을 보장하는데 그 입법 취지가 있는 점 등을 고려할 때, '신탁사무의 처리상 발생한 권리'에는 수탁자를 채무자로 하는 것만이 포함되며, 위탁자를 채무자로 하는 것은 여기에 포함되지 아니한다고 할 것이다.[627]

제3절 강제집행의 개시 및 종료

1. 집행의 개시

집행권원의 내용을 실현하기 위하여 권한 있는 집행기관이 최초로 채무자에 대하여 강제적 행동을 취한 때에 집행이 개시된다. 집행개시의 요건은 집행개시 당시에 갖춰져 있어야 하며 집행에 관한 이의신청도 집행개시 후에 허용되므로 이러한 점 등에 있어서 집행개시의 시점이 문제 된다. 집행관이 집행기관인 경우에는 유체동산압류를 위하여 수색을 시작한 때, 특정의 동산, 대체물의 인도 집행 위하여 또는 부동산, 선박의 인도 집행 위하여 채무자의 점유를 푼 때나 집행의 목적이 아닌 가구 그 밖의 동산을 반출한 때에 집행의

---

626) 대판 1996. 10. 25. 96다17424
627) 대판 2012. 7. 12. 2010다67593

개시가 있다. 그러나 채무자의 주거에 임하여 임의변제를 최고한 정도로서는 아직 집행의 개시에 해당하지 않는다.

집행법원·수소법원이 집행기관인 경우에는 최초의 집행행위인 재판(채권과 그 밖 재산권의 압류명령, 강제경매개시결정, 강제관리개시결정, 제3자의 점유에 있는 인도할 물건에 관한 압류명령, 대체집행·간접강제에 관한 결정 등)이 발하여진 때에 개시된다. 집행신청을 각하하는 결정은 집행개시가 아니다.628)

2. 집행의 종료

가. 전체로서의 강제집행종료

어떤 집행권원에 표시된 청구권 및 집행비용에 관하여 채권자가 완전한 만족을 얻은 때 또는 이와 같은 만족이 종국적, 전면적으로 불능으로 된 때에 전체로서의 강제집행은 종료한다. 따라서 하나의 청구권에 관한 집행방법으로 여러 개의 집행절차가 병용되고 있는 경우에 그 중 어느 한 가지의 집행이 종료되어 일부의 만족을 얻어도 전체로서의 집행은 종료되지 않는다. 청구에 관한 이의의 소나 집행문부여 등에 대한 이의신청 또는 이의의 소를 집행종료 후에는 제기할 수 없다 함은 이러한 의미에 있어서의 종료를 말한다.

나. 개개의 집행절차종료

일정한 재산에 대하여 일정한 집행방법에 따라 개시된 개개의 집행절차는 그 최후 단계의 행위가 완료되었을 때 또는 그 집행신청이 채권자에 의하여 취하된 때 또는 그 집행절차가 집행기관에 의하여 취소된 때에 종료한다. 예를 들어 유체동산, 부동산에 대한 금전 집행은 압류 금전 또는 매각대금을 채권자에게 교부 또는 배당한 때, 채권에 대한 추심명령의 경우에는 채권자가 추심의 신고를 한 때나 배당절차가 끝난 때, 전부명령의 경우에는 그 명령이 확정된 때에 각각 종료하고, 동산·부동산·선박의 인도 집행 목적물을 채권자

---

628) 대결 1969. 12. 8. 69마703
재판인 결정서 원본이 법원사무관 등에게 교부된 때에 그 재판의 성립이 있다는 것이므로 그때를 그 재판이 발하여진 때라고 보아야 할 것이고, 그 재판의 효력이 발생한 때 또는 그 재판이 송달된 때에 집행이 개시되는 것이 아니라 할 것이다.

에게 인도하여 점유시킨 때, 목적물이 제3자의 점유하에 있는 경우의 인도 집행 집행관이 목적물을 제3자로부터 수취하여 채권자에게 인도한 때에 각각 종료하며, 대체집행은 채권자가 이행을 받은 때, 간접강제는 채권자가 이행을 받거나 배상을 받은 때에 각각 종료한다.

이러한 의미의 집행종료는 집행에 관한 이의신청,[629] 제3자 이의의 소와 이들을 근거로 한 집행의 정지, 취소가 집행종료 후에는 허용되지 않는다는 점(집행에 관한 이의신청 기각결정에 대한 즉시항고나 부동산인도명령에 대한 즉시항고의 경우에도 마찬가지이다.[630])에 있어서 의미가 있다.

제4절 강제집행의 정지, 제한, 취소

> **민사집행법**
>
> **제49조(집행의 필수적 정지·제한)**
> 강제집행은 다음 각 호 가운데 어느 하나에 해당하는 서류를 제출한 경우에 정지하거나 제한하여야 한다.
> 1. 집행할 판결 또는 그 가집행을 취소하는 취지나, 강제집행을 허가하지 아니하거나 그 정지를 명하는 취지 또는 집행처분의 취소를 명한 취지를 적은 집행력 있는 재판의 정본
> 2. 강제집행의 일시정지를 명한 취지를 적은 재판의 정본
> 3. 집행을 면하기 위하여 담보를 제공한 증명서류
> 4. 집행할 판결이 있은 뒤에 채권자가 변제를 받았거나, 의무이행을 미루도록 승낙한 취지를 적은 증서
> 5. 집행할 판결, 그 밖의 재판이 소의 취하 등의 사유로 효력을 잃었다는 것을 증명하는 조서등본 또는 법원사무관등이 작성한 증서
> 6. 강제집행을 하지 아니한다거나 강제집행의 신청이나 위임을 취하한다는 취지를 적은 화해조서(和解調書)의 정본 또는 공정증서(公正證書)의 정본

---

[629] 대결 1979. 10. 29. 79마150
[630] 대결 2008. 2. 5. 2007마1613

1. 집행의 정지와 제한

가. 강제집행의 정지

강제집행의 정지란 집행기관이 법률상 1개의 집행권원을 근거로 한 전체로서의 강제집행의 개시, 속행 또는 이미 개시된 개개 집행절차의 속행을 할 수 없는 상태를 말한다. 강제집행절차가 집행기관이나 당사자의 태도에 의하여 사실상 중단상태에 있는 경우(예를 들어, 집행기관의 태만으로 집행에 착수하지 않는 경우 또는 채권자가 집행을 취하하거나 연기신청을 한 경우)는 여기서 말하는 정지가 아니다. 집행정지를 다른 법률에서는 집행의 중지라고도 한다(채무자회생 44조, 58조, 180조, 383조, 593조).

집행의 정지는 현실의 강제집행행위에 관한 것이며 그 준비행위와는 관계가 없다. 따라서 정지의 원인이 있다 하더라도 집행의 준비로서의 법원사무관 등 또는 공증인의 집행문부여행위가 당연히 불가능한 것으로 되지는 않는다. 다만 조건부 의사의 진술을 명하는 판결은 집행문부여기관이 조건의 성취 여부를 조사하여 그 성취가 명확해진 때에 의사를 진술한 것으로 보기 위하여 집행문부여 절차를 밟도록 하고 있으므로(민집 263조 2항), 집행문을 내어 주기 전까지는 집행정지가 가능하고, 그동안에 집행정지결정이 집행문부여기관에 제출되면 집행문을 내어 줄 수 없다고 본다. 조건부 의사의 진술을 명하는 판결에서 정한 반대급부 이행 등 조건이 성취되지 않았는데도 등기신청의 의사표시를 명하는 판결 등 집행권원에 집행문이 잘못 부여된 경우에는 그 집행문부여는 무효이나, 이러한 집행문부여로써 강제집행이 종료되고 더 이상의 집행문제는 남지 않는다는 점을 고려하면 집행문부여에 대한 이의신청이나 집행문부여에 대한 이의의 소를 제기할 이익이 없으므로, 채무자로서는 집행문부여로 의제되는 등기신청에 관한 의사표시가 무효라는 것을 주장하거나 그에 기초하여 이루어진 등기의 말소 또는 회복을 구하는 소를 제기하여야 한다.[631] 집행의 정지는 통상 집행이 개시된 후에 하는 것이지만 집행이 착수되지 아니한 경우 장래의 집행개시를 저지하는 것도 이에 포함된다.

---

631) 대판 2012. 3. 15. 2011다73021

나. 강제집행의 제한

강제집행의 제한이란 정지가 하나의 집행권원을 근거로 한 전체로서의 집행 또는 개개의 집행절차 전부에 미치지 아니하고 집행의 범위를 감축하는 데 불과한 경우를 말한다. 즉, 집행채권 일부나 다수채권자 중의 일부, 집행목적물의 일부 또는 어느 집행행위에 대하여서만 정지되는 경우이며 실질적으로는 양적인 일부 정지와 다름이 없다.

이 경우에는 그 정지의 원인이 미치지 않는 청구나 다른 집행행위에 대하여는 계속하여 진행할 수 있다. 의사의 진술을 명하는 재판(예를 들어, 소유권이전등기절차이행 또는 말소등기절차이행)은 확정된 때에 의사를 진술한 것으로 보므로 현실적인 강제집행절차가 존재할 수 없고, 따라서 집행정지도 인정되지 아니하며,[632] 등기관은 집행정지결정이 제출되더라도 이에 구애됨이 없이 그 등기신청을 받아들여 등기의 기입을 하여야 한다.

다. 집행정지의 원인

집행정지(제한)의 원인은 법정서류의 제출과 법정사실의 발생 등 두 가지로 크게 나뉜다. 위와 같은 사유가 있을 때에만 집행정지가 가능하며 그 외에 통상적인 가처분의 방법으로 집행을 정지할 수 없다.[633]

(1) 법정서류의 제출

(가) 집행할 판결 또는 그 가집행을 취소하는 취지나, 강제집행을 허가하지 아니하거나 그 정지를 명하는 취지 또는 집행처분의 취소를 명한 취지를 적은 집행력 있는 재판의 정본(민집 49조 1호).

① 여기서 말하는 집행력 있는 재판의 정본이라 함은 집행할 수 있는 재판의 정본을 의미하며 집행문이 부여된 이른바 집행력 있는 정본을 의미하는 것이 아니므로 집행문의 부여가 있어야 하는 것은 아니다. 확정된 판결, 가집행의 선고가 붙어 있는 판결(예를 들어, 민집 47조 2항의 가집행선고부 정지결정인가의 재판), 그 밖에 집행력이 있는 재판의 정본이면 충분하다. ② 집행할 판결을 취소하는 재판이라 함은 가집행의 선고 있는 판결을 상소심에서 취소

---

632) 대결 1979. 5. 22. 77마427, 대판 1995. 11. 10. 95다37568
633) 대결 1969. 3. 5. 68그7, 대결 1986. 5. 30. 86그76

하는 판결이나 재심으로 확정판결을 취소하는 판결을 말한다. 판결 이외의 집행권원을 취소하는 재판(예를 들어, 준재심에 의하여 화해조서를 취소하는 경우)도 이에 속한다(민집 57조).

③가집행을 취소하는 재판이라 함은 본안판결의 당부를 심판하기 전에 가집행의 선고만을 취소하는 판결(민소 215조 3항)을 말한다. ④강제집행을 허가하지 아니하는 재판이라 함은 집행문부여에 관한 이의신청을 인용한 결정(민집 34조 1항), 즉시항고 또는 집행에 관한 이의신청을 인용한 결정(민집 15조, 16조), 청구에 관한 이의의 소·집행문부여에 대한 이의의 소·제3자이의의 소를 인용한 종국판결(민집 44조, 45조, 48조)과 같이 집행 또는 집행행위의 위법을 확정하고 그 종국적 불허를 선언하는 취지의 재판을 말한다.

⑤강제집행의 정지를 명하는 재판이라 함은 위 ④의 재판 중에서 집행의 일시적 불허를 선언한 재판을 말하며, 변제기한의 일시적 유예를 이유로 한 청구에 관한 이의의 소를 인용한 판결, 기한도래 전의 집행개시를 이유로 한 집행에 관한 이의를 인용한 결정 등이 이에 속한다. 집행처분의 취소를 명한 재판이란 청구에 관한 이의의 소, 집행문부여에 관한 이의의 소, 제3자 이의의 소에 부수하여 행하여지는 잠정처분(민집 46조, 47조, 48조)이나 재심 또는 상소의 추후보완신청이나 상소제기에 부수하여 행해지는 집행정지에 관한 재판 중 이미 실시한 집행처분의 취소를 명하는 재판(민소 500조, 501조)을 가리킨다. 즉시항고(민집 15조 6항), 집행이의(민집 16조 2항), 집행문부여 등에 대한 이의신청(민집 34조 2항, 16조 2항)의 경우에는 잠정처분으로서 집행의 정지만을 명할 수 있을 뿐 이미 실시한 집행처분의 취소를 명하는 재판은 허용되지 아니한다.

(나) 강제집행의 일시 정지를 명한 취지를 적은 재판의 정본(민집 49조 2호)

위에서 본 잠정처분 또는 집행정지에 관한 재판 중 집행의 일시적 정지를 명한 취지를 기재한 재판을 말한다. 이에 해당하는 것으로서는 항고에 관한 결정이 있을 때까지의 집행정지(민소 448조), 재심 또는 상소의 추후보완신청으로 말미암은 집행정지(민소 500조), 가집행의 선고가 붙은 판결에 대하여 상소를 한 경우 또는 정기금의 지급을 명한 확정판결에 대하여 변경의 소(민소 252조 1항)를 제기함으로 말미암은 집행정지(민소 501조, 500조), 즉시항고(민집 15조 6항), 집행이의(민집 16조 2항), 집행문부여 등에 대한 이의신청(민집 34조 2항, 16조 2항)의 경우에 잠정처분으로 하는 집행정지, 청구이의의 소와 집행문부여에 대한 이의의 소제기

시에 잠정처분으로 하는 집행정지(민집 46조 2항, 4항), 수소법원이 이의 소의 판결에서 한 집행정지(민집 47조 1항), 제3자 이의의 소제기로 말미암은 집행정지(민집 48조 3항), 압류금지물의 확장 부분에 대한 집행정지(민집 196조 3항, 16조 2항) 등이 있다. 만약, 담보의 제공을 조건으로 정지를 명한 때에는 그 재판을 받은 사람은 담보를 제공한 증명서(민집 19조)를 동시에 제출하여야 한다.634)

(다) 집행을 면하기 위하여 담보를 제공한 증명서류(민집 49조 3호)

법원이 가집행의 선고를 하면서 채무자에 대하여 채권 전액을 담보로 제공하고 가집행을 면제받을 수 있다는 것을 선고한 경우(민소 213조 2항)에 그 담보를 제공하였다는 증명서(민소 502조 2항, 민집 19조 2항)가 이에 해당한다. 가압류해방금액(민집 282조)의 공탁에 따른 가압류집행의 취소에 관하여는 민사집행법 299조가 별도로 규정하고 있다.

(라) 집행할 판결이 있은 뒤에 채권자가 변제를 받았거나 의무이행을 미루도록 승낙한 취지를 적은 증서(민집 49조 4호)

위와 같은 사유를 근거로 하여 집행을 종국적으로 저지하기 위해서는 청구에 관한 이의의 소(민집 44조)에 의하여야 할 것이나 채권자가 작성한 위와 같은 증서가 있으면 채무자를 보호하기 위하여 일단 집행을 정지하도록 한 것이다. 판결이 있은 뒤의 증서뿐만 아니라 그 밖의 집행권원이 성립한 뒤의 증서도 포함됨은 물론이다.

이러한 증서는 반드시 공정증서나 공증인이 인증한 증서임을 필요로 하지 아니하고 사서증서라도 집행기관에서 진정한 것이라고 인정된 정도의 것이면 된다. 그 구체적인 내용으로서는 우선 채권자가 스스로 작성한 서면(집행신청서에 날인된 인감이 사용되었거나 인감증명서가 첨부된 경우에는 진정한 것으로 인정될 수 있을 것이다)으로서 변제의 사실을 기재한 것(영수증서, 변제증서, 대물변제증서 등) 또는 이에 따르는 것(채권자의 채무면제, 채권 포기 또는 상계의 의사표시를 기재한 서면, 채권양도의 통지서 등)이거나 의무이행의 유예를 승낙한 취지의 기재가 있는 것이어야 한다.

---

634) 대판 1963. 9. 12. 63다213, 대결 1968. 10. 1. 68마1036

화해가 진행 중임을 이유로 하는 경매연기신청서가 의무이행의 유예문서에 해당하는가에 관하여는 견해가 나뉘어 있으나 실무는 소극적으로 해석하되 2회 정도에 한하여 매각기일을 연기해 주는 것이 일반적인 취급례이다. 그러나 실무의 위와 같은 운용에 있어서는 민사집행법 51조의 취지를 항상 염두에 두어 집행절차가 무한히 지연되는 일이 없도록 유의하여야 할 것이다. 채권자 이외의 사람이 작성한 서면도 이와 동시할 수 있는 것이면 좋다. 다만 이 경우에는 채권자, 채무자를 심문하는 등의 방법으로 그 진실성을 확인할 필요가 있을 것이다.

변제공탁서가 본 호에 해당하는가에 대하여는 다툼이 있으나, 본 호의 증서는 채권자의 의사가 명확히 표현된 것임을 필요로 하는데, 공탁서가 제출된 경우에는 그 공탁원인의 존부 및 이에 따른 공탁의 유효 여부를 조사할 필요가 생기기 때문에 이는 본 호의 증서에 해당하지 아니한다고 보는 것이 통설이다. 변제 등 위와 같은 사실이 존재하는데도 불구하고 채무자에게 이를 증명할 증서가 없거나 아니면 급속하게 제출할 수 없는 사정이 있는 경우에 채무자는 그 존재를 이유로 하여 청구이의의 소를 제기하고 집행정지의 잠정처분을 받아 이를 제출하여 정지를 받을 수밖에 없다.

한편 위 4호의 서류 중 변제증서의 제출에 의한 강제집행의 정지기간은 2월로 하고(민집 51조 1항), 의무이행을 미루도록 승낙하였다는 취지를 적은 증서의 제출에 의한 강제집행의 정지는 2회에 한하며 통산하여 6월을 초과할 수 없다(민집 51조 2항). 통산하여 6월이란 당해 경매절차에 있어서 통산하여 6월이란 뜻이고 그 기간에 연속함이 필요하지 아니한다.

(마) 집행할 판결, 그 밖의 재판이 소의 취하 등의 사유로 효력을 잃었다는 것을 증명하는 조서 등본 또는 법원사무관 등이 작성한 증서(민집 49조 5호)

가집행의 선고가 붙은 판결 선고 후에 상소심에서 소의 취하가 있는 때(청구의 교환적 변경이 있는 경우도 마찬가지이다)에는 그 가집행의 선고가 붙은 판결은 실효된다. 이 경우의 소취하조서(구술로 소를 취하한 경우)나 소취하증명서를 제출하면 집행을 정지하여야 한다. 가집행의 선고가 붙은 판결의 상소심에서 화해가 성립되거나 청구의 포기가 이루어진 경우 그 화해조서와 청구의 포기조서도 5호의 문서에 해당하는 것으로 볼 것이다.

그러나 사인이 작성한 문서는 5호의 문서에 해당하지 않는다. 가집행의 선고가 붙은 판결 이외에 확정 전에 집행력을 발휘하는 결정에 관하여도 취하로 효력이 소멸되는 것이므로 법문이 판결뿐만 아니라 '그 밖의 재판'이라고 한 것이다. 판결, 그 밖의 재판 외에 다른 집행권원에도 5호가 준용되는가에 관하여는 긍정설과 부정설로 견해가 나뉘어 있다.

(바) 강제집행을 하지 아니한다거나 강제집행의 신청이나 위임을 취하한다는 취지를 적은 화해조서의 정본 또는 공정증서의 정본(민집 49조 6호)

당사자 사이에 강제집행을 하지 않겠다는 부집행합의(不執行合意)가 화해조서나 공정증서에 명백히 되어 있을 경우에 그 문언의 취지로 보아 이를 인정할 수 있는 경우에도 민사집행법 49조 6호에 해당되는 것으로 해석되며 청구에 관한 이의의 소를 제기하거나 집행에 관한 이의를 신청할 것도 없이 바로 집행정지신청을 할 수 있다. 강제집행신청을 취하하기로 한 합의 역시 마찬가지이다. 위 사유를 증명할 서류는 화해조서와 공정증서이다. 조정조서도 화해조서에 따라 이를 인정하여야 할 것이다. 공증인, 법무법인·법무법인(유한) 또는 법무조합이 사문서를 인증한 것은 법문이 특히 공정증서의 정본이라고 표시하고 있음에 비추어 이에 포함되지 않는다고 해석된다.

(2) 법정사실의 발생

집행기관이 집행을 당연히 무효로 하는 집행요건의 흠결 또는 집행 장애사유의 존재를 발견한 때, 예를 들어 집행정본의 무효, 채무자에 대한 회생절차의 개시(채무자회생 58조), 파산선고(채무자회생 348조), 개인회생절차의 개시(채무자회생 600조) 등이 있는 때에는 직권으로 집행을 정지하여야 한다.

라. 집행정지의 방법

(1) 집행정지기관

집행의 정지는 집행기관이 사실상 집행을 정지하는 행동으로 나타난다. 집행을 정지할 수 있는 기관은 실제로 강제집행을 하는 집행기관이다. 집행기관이 아닌 집행법원이나 수소법원은 집행정지명령을 발하여 집행기관으로 하여금 집행을 정지할 의무를 지게 할 수는 있으나 스스로 집행을 정지할 수는 없다.

(2) 신청에 의한 정지

(가) 신청의 방법

강제집행은 원칙적으로 채권자, 채무자 또는 제3자의 신청에 따라 정지된다. 즉, 집행기관으로서 실제로 집행을 하는 집행관, 집행법원 또는 수소법원에 민사집행법 49조 소정의 서류를 제출하여 정지를 구한 경우에만 비로소 정지되는 것이며 정지명령 또는 정지의 효과가 수반되는 재판의 성립이나 그 확정과 동시에 당연히 정지되는 것은 아니다.[635]

다만 민사집행법 49조의 문언에는 그 소정의 서류만 제출하면 정지하게 되어 있으므로 반드시 정지를 구하는 취지의 서면을 함께 제출하여야 되는 것은 아니고, 비록 신청서가 제출되었다 하더라도 강제집행의 필요적 정지를 촉구하는 의미 이상은 없으므로 이에 관하여 기각결정을 하는 것은 위법하며, 집행법원이 강제집행을 계속 진행할 때에는 집행에 관한 이의 절차에 의하여 불복할 수 있을 따름이다.[636] 실무에서는 집행정지신청서를 제출하는 것이 통례이다.

이 신청서가 제출되면 정식의 신청번호를 부여할 필요 없이 문서건 명부에 전산 입력하고 집행기록에 시간적 접수순서에 따라 가철하며, 이 신청서에는 인지를 붙일 필요가 없다. 민사집행법 49조 소정의 집행정지서류는 이를 집행기관에 제출할 것이나, 매각허가결정에 대한 항고가 제기되어 경매기록이 상급법원에 있는 동안에는 기록이 있는 상급법원에 이를 제출하는 것이 실무례다.

(나) 집행신청 전의 정지서류 제출

집행정지의 서류는 집행신청 후이면 집행개시 전후를 불문하고 집행기관에 제출하여 당해 집행의 정지를 구할 수 있으나, 집행신청 전(예를 들어, 강제경매 신청 전)에 미리 위 서류를 제출할 수는 없으므로 집행신청 전에는 이러한 서류가 제출되더라도 접수할 필요가 없다 할 것이다.

(다) 집행정지 서류 등의 제출시기

① 부동산 강제경매 경우

부동산강제경매 절차에서는 이미 매각기일이 진행되어 매수신고가 있은 후

---

[635] 대판 1963. 9. 12. 63다213, 대결 1966. 8. 12. 65마1059
[636] 대결 1983. 7. 22. 83그24, 대결 1986. 3. 26. 85그130

에는 민사집행법 49조 3호(집행을 면하기 위한 담보제공증서), 제4호(변제증서·기한유예증서) 또는 6호(부집행합의의 화해조서·공정증서)의 서류를 제출하여 집행정지 또는 취소를 구하기 위해서는 최고가매수신고인 또는 매수인과 차순위매수신고인의 동의가 있어야 한다. 이와 관련하여 본조의 각 호 서류마다 제출에 따른 효과가 다르게 나타나므로 이를 아래와 같이 구분하여 설명한다.

첫째 민사집행법 49조 1호(집행할 판결 또는 그 가집행을 취소하는 취지나, 강제집행을 허가하지 아니하거나 그 정지를 명하는 취지 또는 집행처분의 취소를 명한 취지를 적은 집행력 있는 재판의 정본), 또는 5호(집행할 판결, 그 밖의 재판이 소의 취하 등의 사유로 효력을 잃었다는 것을 증명하는 조서 등본 또는 법원사무관 등이 작성한 증서)의 서류는 매수인이 매각대금을 내기 전까지 제출하면 이후의 경매절차가 곧바로 정지되고, 이미 실시한 집행처분 역시 취소하여야 한다(민집규 50조 1항).637)

둘째 민사집행법 49조 2호의 서류(강제집행의 일시 정지를 명한 취지를 적은 재판서 정본)는 매수인이 매각대금을 내기 전까지 제2호의 서류가 제출되면 이후의 경매절차만 정지될 뿐(민집규 50조 1항) 이미 실시한 집행처분은 취소되지 아니한다. 최고가매수신고인 또는 매수인과 차순위매수신고인의 동의는 필요 없다. 위 서류가 제출되어 절차의 진행이 정지되므로 인하여 불안한 지위에 서게 되는 매수인의 보호를 위하여 매각허가결정을 받은 매수인으로 하여금 매각대금을 낼 때까지 매각허가결정의 취소신청을 할 수 있도록 하였고 이 신청에 관한 결정에 대하여는 즉시 항고를 할 수 있다(규칙 50조 2항).

셋째는 민사집행법 49조 3호(집행을 면하기 위하여 담보를 제공한 증명서류), 6호(강제집행을 하지 아니한다거나 강제집행의 신청이나 위임을 취하한다는 취지를 적은 화해조서의 정본 또는 공정증서의 정본)의 서류로 3호, 6호의 서류도 매수인이 매각대금을 내기 전까지만 제출하면 집행이 취소되지만, 매수신고가 있은 뒤에 위 서류를 제출하는 경우에는 최고가매수신고인 또는 매수인과 민사집행법 114조의 차순위매수신고인의 동의를 받아야 그 효력이 생긴다(민집 93조 3항). 동의하지 아니하면 경매절차는 계속 진행되며, 배당절차가 시행되는 경우에는 제1호, 제5호의 서류가 제출된 경우와 마찬가지로 그 채권

---

637) 대판 1992. 9. 14. 92다28020

자를 배당에서 제외한다(민집규 50조 3항 1호).

넷째는 민사집행법 49조 4호(집행할 판결이 있은 뒤에 채권자가 변제를 받았거나, 의무이행을 미루도록 승낙한 취지를 적은 증서)의 서류는 최고가매수신고인 또는 매수인과 민사집행법 114조의 차순위매수신고인의 동의를 받아야 그 경매절차가 정지되나(민집 93조 3항) 이미 실시한 집행처분은 취소되지 아니한다. 다만 매각을 허가하는 결정이 취소되거나 효력을 잃게 된 때, 또는 매각을 허가하지 아니하는 결정이 확정된 때에는 이제는 보호할 매수인과 차순위매수신고인이 없게 되므로 경매절차는 정지된다.

다섯째 매각대금 납부 후 배당 전에 정지서류가 제출된 경우는 민사집행규칙 50조 3항에 의하여 매수인이 매각대금을 납부하게 되면 소유권을 취득하게 되므로 정지서류가 제출되더라도 경매절차는 정지되지 아니한다. 다만 이 경우 배당을 시행함에 있어서 민사집행법 49조 1호, 5호의 서류가 제출된 경우에는 그 채권자를 배당에서 제외하고(민집규 50조 3항 1호) 같은 법 2호의 서류가 제출되면 그 채권자에 대한 배당액을 공탁하며(민집규 50조 3항) 4호의 서류가 제출된 경우에는 당해 채권자에 대한 배당액을 그 채권자에게 배당한다.

② 임의경매의 경우

민사집행규칙은 담보권실행을 위한 임의경매의 경우에 민사집행법 266조 1항에서 규정하고 있는 경매절차 정지서류의 제출시기에 관하여 "매수신고가 있었는지"와 관련하여 그 시적 한계를 정하지 아니한 채 민사집행규칙 제50조를 준용하는 한편 일부 예외를 인정하고 있다(민집규 194조).

㉮ 민사집행법 266조 제1항 제1, 2, 3, 5호 서류

민사집행법 266조 제1항의 집행정지 서류 중 제1호(담보권의 등기가 말소된 등기사항증명서), 2호(담보권 등기를 말소 하도록 명한 확정판결의 정본), 3호(담보권이 없거나 소멸되었다는 취지의 확정판결 정본) 서류나 제5호(담보권 실행을 일시 정지하도록 명한 재판의 정본)의 서류가 매수인이 매각대금을 내기 전까지 제출되면 이후의 경매절차를 정지하여야 한다(민집규 194조, 51조 1항). 그 중 1호 또는 3호의 서류가 제출된 경우에는 이미 실시한 경매절차를 취소하여야 한다(민집 266조 2항 전문). 제5호의 서류가 제출된 경우에도 그 일시 정지를 명하는 재판에서 이미 실시한 경매절차를 취소한 때에는 역시 이미 실시한 경매절차를 취소한다(민집 266조 2항 후단). 이 취소 결정에 대하여는 즉시항고가 허용되지 아니한다(민집 266조 3항).

㉯ 민사집행법 266조 1항 4호 서류(채권자가 담보권을 실행하지 아니하기로 하거나 경매신청을 취하하겠다는 취지 또는 피담보채권을 변제받았거나 그 변제를 미루도록 승낙한다는 취지를 적은 서류)

위 서류는 6호 서류에 상응하나 화해조서의 정본 또는 공정증서의 정본일 것을 요구하지 않는 점이 다르다. 한편 피담보채권을 변제받았다거나 그 변제를 미루도록 승낙한다는 취지를 적은 서류는 매각기일에서 매수의 신고가 있기 전에 제출하여야 경매절차가 정지되고, 그 후에 제출할 경우에는 최고가매수인 또는 매수인과 차순위매수인의 동의가 있어야 비로소 경배절차가 정지된다(민집 268조, 93조 2, 3항). 특히 위 서류가 화해조서 정본 또는 공정증서 정본인 경우에는 이미 실시한 경매절차를 취소한다(민집 266조 2항 전문).

㉰ 매수인이 매각대금을 내게 된 경우

이런 경우 매수인은 소유권을 취득하게 되므로 민사집행법 266조 1항 각 호 서류가 제출되더라도 경매절차는 정지되지 아니하고 다만 배당절차가 시행되는 경우 같은 법 266조 1항 1호, 2호, 3호의 서류가 제출된 때에는 그 채권자를 배당에서 제외하고(민집규 194조) 5호의 서류가 제출된 경우에는 그 채권자에 대한 배당액을 공탁해야 한다. 제4호의 서류는 화해조서 정본이나 공정증서 정본으로 제출된 경우에는 그 채권자를 배당에서 제외하나(민집규 194조) 그 밖의 서류가 제출된 때에는 그 채권자에게 배당한다(민집규 194조 본문).

(3) 직권에 의한 정지

앞에서 본 바와 같이 집행을 당연무효로 할 집행요건의 흠결이나 집행 장애사유의 존재는 집행기관의 조사사항이므로 이를 발견한 때에는 집행기관은 직권으로 집행을 정지하여야 한다. 이와 달리 집행요건의 흠결이 있더라도 단지 취소할 수 있는 것에 불과한 때에는 취소의 재판 정본이 제출되지 않는 한 직권으로 정지할 수 없다.

(4) 집행정지 시의 조치

집행의 정지는 집행기관이 사실상 집행을 정지하는 행동으로 나타난다. 그 구체적인 내용은 경우에 따라 다르다.

(가) 집행관이 집행기관인 경우에는 압류나 매각절차를 사실상 행하지 아니

함으로써 정지된다. 정지서류가 제출되면 이를 기록에 매고 기록표지에 정지의 취지를 표시한다.

(나) 집행법원이 집행기관인 경우에는 그 후의 채권자의 집행행위 신청을 각하하거나 집행의 완결을 막는 조치를 한다.

(다) 채권 등에 대한 집행의 경우

민사집행법 242조에 규정된 유체물의 인도청구권이나 권리이전청구권에 대하여 민사집행법 243조 1항의 압류명령(유체동산에 관한 청구권의 압류) 또는 민사집행법 244조 1항, 2항의 압류명령(부동산에 관한 인도청구권·권리이전청구권의 압류)과 민사집행규칙 171조 1항, 2항의 규정에 따라 위 조항들이 준용되는 경우의 압류명령(선박·항공기·자동차 또는 건설기계의 인도청구권 또는 권리이전청구권의 압류)이 있은 후 2호·4호의 서류가 제출된 경우에도 법원사무관 등은 집행관 또는 보관인과 제3채무자에게 위와 같은 취지의 통지를 하여야 한다(민집규 161조 2항).

마. 집행정지의 효력

(1) 내 용

(가) 개시·속행의 금지

집행이 정지되면 집행기관은 새로운 집행을 개시할 수가 없고 개시된 집행을 속행할 수 없지만, 이미 행하여진 집행처분은 특히 취소되는 경우(1호·3호·5호·6호의 서류가 제출된 경우)를 제외하고는 그 효력이 그대로 존속한다(2호·4호의 서류가 제출된 경우, 민집 50조 1항). 다만 부동산의 이중경매신청인(민집 87조)과 유체동산이나 채권에 대한 압류가 경합된 경우의 제2의 채권자(민집 215조, 235조)에 대한 관계에서는 따로 정지사유가 없는 한 집행을 계속하여 진행할 수 있다.[638] 또 유체동산의 경매절차에서 2호·4호의 서류 제출이 있더라도 압류물을 즉시 매각하지 아니하면 값이 크게 내릴 염려가 있거나 보관에 지나치게 큰 비용이 드는 때에는 집행관은 그 물건을 매각할 수 있고 그 경우에는 그 대금을 공탁하여야 한다(민집 198조 3항, 4항).

---

638) 대결 1980. 2. 7. 79마417

(나) 예외

집행정지 중이라 하더라도 모든 집행처분이 허용되지 않는 것이 아니고, 집행정지의 취지에 반하지 않는 집행처분은 할 수 있다. 예를 들어, 부동산의 멸실 등으로 말미암은 경매절차의 취소(민집 96조 1항), 압류선박의 운행허가(민집 176조 2항), 남을 가망이 없을 경우의 경매나 동산압류의 취소(민집 102조, 188조 3항, 민집규 140조 2항) 등과 같다.

(다) 집행정지 중 집행처분의 효력

집행정지사유가 있음에도 집행기관이 집행을 정지하지 아니하고 집행처분을 한 경우에 이해관계인은 집행에 관한 이의신청[639] 또는 즉시항고에 의하여 취소를 구할 수 있으나, 이러한 불복의 절차 없이 강제집행절차가 그대로 완결되면 그 집행행위로 발생된 법률효과를 부인할 수 없다.[640]

(2) 범위

집행정지의 효력이 미치는 범위는 정지사유에 따라 다르다. 청구에 관한 이의의 소의 승소확정판결(민집 44조)이나 위 소의 제기에 의한 집행정지명령(민집 46조)은 하나의 집행권원을 근거로 한 전체로서의 집행을 정지한다. 이 경우에는 집행개시의 전후를 불문하고 집행이 정지되나, 채권자가 완전한 만족을 얻어 집행이 종료된 후에는 정지의 여지가 없다. 집행에 관한 이의신청의 인용결정(민집 16조), 제3자이의의 소의 승소확정판결(민집 48조) 및 위 소의 제기에 의한 집행정지명령(민집 48조 3항)은 개개의 구체적 집행절차를 정지할 뿐이다. 이 경우에는 집행절차가 개시된 후가 아니면 정지할 수 없다.

바. 정지된 집행의 속행

정지된 집행을 계속 진행하는 것에 관하여 일반적인 규정은 없으나, 집행정지서류의 제출 때문에 집행이 정지된 경우에 채권자가 그 정지사유의 소멸을 증명한 때에는 정지된 절차를 속행하여야 한다. 예를 들어, 상소심 판결 선고할 때까지 집행을 정지한다는 집행정지결정에 따라 집행이 정지된 경우에 채

---

[639] 대결 1986. 3. 26. 85그130
[640] 대판 1992. 9. 14. 92다28020, 대결 1995. 2. 16. 94마1871

권자가 상소심 판결선고가 있었음을 증명하면 절차를 속행하여야 한다. 상소가 취하된 경우도 마찬가지로 해석된다. 집행정지의 재판에 채권자가 담보를 제공하면 집행을 속행할 수 있다고 되어 있는 경우에는 그 담보를 제공한 증명서(민집 19조 2항)를 제출하여 속행을 구할 수 있다.

이 같은 경우에 집행기관이 우연히 상소심 판결 선고가 있었다든가 채권자의 담보제공이 있었음을 알게 되었다 하더라도 채권자의 증명이 없는 한 절차를 속행할 수 없다고 할 것이다.[641] 그러나 변제 영수증서의 제출로 집행이 정지된 경우에서 2월을 경과한 때와 의무이행 유예증서의 제출로 집행이 정지된 경우에서 그 유예기간이 경과하거나 통산하여 6월의 집행정지기간이 경과한 때에는 채권자의 신청 여부와 관계없이 집행을 속행하여야 한다(민집 51조 1항, 2항).

한편 민사집행법 49조 1호·3호·5호·6호의 집행취소서류가 제출된 경우에는 민사집행법 50조 1항에 의하여 이미 시행한 집행처분도 취소되므로, 그 후 이들 서류에 관계된 재판이 취소되거나 소 취하 등의 사유로 효력이 없게 된 것이 증명되더라도 이미 집행처분의 취소로 종료되어버린 집행절차를 재개하여 속행할 수 없고 다시 집행을 신청하는 수밖에 없다. 그러나 집행 장애, 예를 들어 채무자의 파산선고 또는 (개인) 회생절차의 개시로 집행이 정지된 경우에는 그 정지사유가 소멸되면 직권으로 또는 채권자의 신청에 따라 집행을 개시 또는 속행한다. 만일 집행기관이 부당하게 집행의 계속 진행을 거부할 때에는 채권자는 집행에 관한 이의(민집 16조)로써 다툴 수 있다.

2. 집행처분의 취소

가. 의 의

집행의 취소란 집행절차 진행 중에 이미 실시한 집행처분의 전부 또는 일부의 효력을 상실시키는 집행기관의 행위를 말한다. 집행취소의 범위가 집행절차 일부에 한정되는 경우에는 집행정지의 경우와 마찬가지로 집행의 제한이라 부른다. 집행개시 전에는 집행의 취소가 있을 수 없고, 또 집행절차 종료 후에는 시행한 집행처분을 취소할 여지가 없다. 집행처분이 당초부터 당연히

---

641) 법원행정처, 2014, 법원실무제요, 민사집행(Ⅰ), 246면.

무효인 경우에도 외관상 존재하고 있는 이상 이에 따른 장해를 제거하기 위하여 취소할 수 있다(예를 들어, 무효인 압류 봉인의 제거).

나. 집행처분 취소의 사유

(1) 집행처분 취소서류의 제출

위에 말한 집행정지서류 가운데 민사집행법 49조 1호·3호·5호·6호의 서류가 제출되었을 때에는 집행기관은 이미 시행한 집행처분을 취소하여야 한다(민집 50조 1항).

(2) 기타의 경우

그 밖의 개별적인 취소사유로는, ① 집행비용을 예납하지 아니한 때에 하는 집행취소(민집 18조 2항), ② 부동산의 멸실 등의 경우에 하는 강제경매절차의 취소(민집 96조 1항), ③ 남을 가망이 없고 압류채권자가 매수신청과 보증을 제공하지 아니하는 경우에 하는 강제경매절차의 취소(민집 102조 2항), ④ 동산집행 시, 남을 가망이 없을 경우에 집행관이 하는 압류절차의 취소(민집 188조 3항, 민집규 140조 2항), ⑤ 부동산의 수익으로 채권자들이 전부 변제를 받았을 때에 하는 강제관리의 취소(민집 171조 2항), ⑥ 선박압류 후 관할위반이 판명된 때에 하는 선박압류절차의 취소(민집 180조), ⑦ 선박압류 후 채무자가 민사집행법 49조 2호 또는 4호 서류를 제출하고 압류채권자와 배당요구채권자의 채권과 집행비용에 해당하는 보증을 제공한 때에 하는 선박압류절차의 취소(민집 181조 1항) 등이 있다.

민사집행법 207조는 유체동산에 대한 강제집행절차에서 매각대금으로 채권자에게 변제하고 강제집행비용을 지급하기에 충분하게 되면 즉시 나머지 압류물의 매각을 중지하여야 한다고 하고 있는데, 중지 이후의 조치로서 매각하지 않은 물건에 대한 압류처분을 취소하여야 한다. 집행기관이 집행개시요건의 흠결(예를 들어, 집행력 있는 집행권원을 결한 경우)과 같이 당해 강제집행을 무효로 할 사유를 발견한 때에는 직권으로 강제집행절차를 취소하여야 한다. 이 경우 이미 개시된 강제집행은 무효지만, 부동산압류의 등기나 동산압류의 봉인 등의 집행처분을 해제할 필요가 있으므로 그 취소를 해야 한다. 그러나 그 하자가 취소할 수 있는 것에 불과한 경우에는 직권으로 집행처분을 취소할 수 없다.

(3) 집행신청의 취하

채권자는 신청한 강제집행을 그 완결 전에 취하할 수 있으며, 강제집행절차는 채권자의 취하로 당연히 종료되므로 법원이 집행기관인 경우에도 별도로 집행절차의 취소결정을 할 필요가 없다.

다. 집행처분 취소의 방법

집행의 취소는 그 집행처분을 한 집행기관이 한다. 다만 채권압류 및 전부명령 등의 기초가 된 가집행의 선고가 있는 판결이 상소심에서 취소되었다는 사실은 적법한 항고이유가 될 수 있고[642] 채권압류 및 전부명령 등에 대한 항고심에서 항고인이 가집행의 선고가 있는 판결을 취소한 항소심 판결의 사본을 제출하였다면 항고심으로서는 항고인으로 하여금 그 정본을 제출하도록 한 후, 즉시항고를 받아들여 채권압류 및 전부명령 등을 취소하여야 한다.[643]

집행기관이 아닌 소송기관인 법원에 대하여 집행취소를 구할 수 없고 이 경우에 그 신청은 부적법하므로 각하하여야 한다.[644] 집행의 취소는 집행정지의 경우처럼 당사자 또는 제3자의 신청에 의하는 것이 원칙이나, 집행기관 자체에 취소사유가 명백한 때에는 직권에 의하여 취소할 수 있다. 신청의 경우에는 취소원인이 된 서면을 제출하여야 한다.

취소는 집행처분의 존재를 없애버리(滅却)게 하는 방법으로 하여야 하나 그 구체적인 방법은 집행의 종류에 따라 다르다. 즉, 유체동산 압류를 취소하는 때에 집행관은 압류물을 수취할 권리를 갖는 사람에게(수취권자가 채무자 외의 사람인 때에는 채무자에게도) 압류취소의 취지를 통지하고 압류의 표지를 제거하여 그 압류물이 있던 장소에서 수취권자에게 이를 인도하여야 하고(민집규 142조 1항), 채권자에게는 취소의 취지와 취소의 이유를 통지하여야 한다(민집규 17조, 비금전집행의 경우도 같다).

집행법원이 집행처분을 취소하는 때에는 강제집행절차를 취소하는 결정을 하여, 그 재판이 신청에 의한 경우에는 신청인과 상대방에게, 그 밖의 경우에는 강제집행신청인과 상대방에게 알려야 하고(민집규 7조 1항 2호, 3호), 제3채무자

---

[642] 대결 2007. 3. 15. 2006마75
[643] 대결 2004. 7. 9. 2003마1806, 대결 2008. 10. 9. 2006마914
[644] 대결 1957. 6. 13. 4290민재항29

또는 관리인과 제3자에게 통지가 있어야 하는 경우도 있다(민집규 90조 2항, 160조 1항, 2항).

집행법원이 강제집행절차를 취소하는 방법과 관련하여, 예를 들어 부동산 강제경매에서 "강제경매개시결정을 취소하고 경매신청을 각하한다."라든가 또는 이와 함께 "매각허가결정을 취소하고 매각을 허락하지 않는다."라는 식으로 그 단계까지 이루어진 결정을 취소하여야 한다는 견해도 있으나, 어느 경우에나 "이 사건 부동산에 대한 강제경매절차를 취소한다."라는 주문으로 충분하다고 할 것이다.

집행처분의 취소는 집행개시 후 그 종료 전까지 허용된다. 그러나 부동산 강제경매에서 매수의 신고가 있은 후에 민사집행법 49조 3호·6호의 서류를 제출하는 경우에는 최고가매수신고인 또는 매수인과 차순위매수신고인의 동의가 있어야 하므로(민집 93조 3항), 이러한 동의가 없는 한 위 각 서류의 제출에 의한 집행처분의 취소는 허용되지 아니한다.

라. 건물명도 집행 중 강제집행정지 결정정본이 제출된 경우 실무사례

> 가옥명도 집행 중 강제집행정지 결정정본이 제출된 경우[645] 「昭和 39 名古屋」
> * 집행관이 수실(數室)로 된 가옥의 1실에 관하여 명도집행을 완료하고, 다시 집행하려고 하는 때에 집행정지 결정정본이 제출된 경우에 위 명도 부분을 원상으로 회복해야 하는가?
> * 가옥명도의 집행은 채권자 또는 대리인이 수취를 출석하지 않으면 이를 할 수 없으므로 집행관은 채무자의 점유를 해제하면 즉시 출석한 채권자에게 그 점유를 취득시켜야 하고, 명도 부분에 대하여 집행관이 점유한다고 하는 것은 원칙적으로 생각할 수 없다. 따라서 명도받은 1실이 그 자체 독립한 것이라면 명도집행의 일부 완료라고 보아야 하고 이 경우 강제집행정지에 의한 원상회복의 문제는 생기지 않는다.

마. 집행신청취하서 또는 집행 포기의 서면이 제출된 경우의 조치

집행관이 집행기관인 경우에 채권자의 집행신청(위임) 취하가 있으면 이미 실시한 집행절차를 해제(취소)하고(이 경우 별도로 집행 또는 압류해제신청을 받을 필요는 없다), 유체동산 압류의 경우에는 민사집행규칙 142조에 규정된

---

645) 日 最高裁判所 事務總局, 1997, 執行官事務(第3版), 「105」

절차를 밟아야 하며, 또 채권자의 압류해제신청이 있으면 그 신청범위 내에서 압류를 해제하여야 한다.

바. 집행처분 취소의 효과

집행행위는 취소로 법률상 존재하지 아니한 것으로 되어 이를 근거로 한 효과도 소멸한다. 따라서 채무자는 압류물건의 자유처분이 가능하고 제3채무자는 채무자에게 변제할 수 있다. 그러나 취소가 있더라도 이미 완결된 집행행위의 효과는 소급하여 소멸되지 아니하고 원상회복을 하여야 하는 것도 아니다. 따라서 추심명령이 취소되더라도 제3채무자가 압류채권자에게 한 채무의 변제는 유효하다. 집행의 취소로 그 집행절차 또는 집행처분은 종료하고 집행정지의 경우처럼 집행의 속행을 구할 수 없다. 그러므로 채권자는 취소사유가 없어진 경우, 예를 들어 취소를 명한 재판 또는 취소를 수반하는 재판이 불복신청으로 취소되더라도 원상회복이 되는 것이 아니고 다시 집행신청을 하여 집행을 개시할 수밖에 없다.

집행처분을 취소하는 재판은 원칙적으로 확정되어야 효력이 발생하고 이에 대하여는 즉시항고가 허용되나(민집 17조 1항, 2항), 민사집행법 49조 1호·3호·5호·6호의 집행취소서류 제출에 의한 취소의 경우에는 재판이 고지되면 곧바로 효력이 발생하고 즉시항고도 허용되지 아니한다(민집 50조 2항). 그러나 집행에 관한 이의신청은 할 수 있다.

찾아보기

[ㄱ]

가격저감결정서 771
가격저감절차 771
가등기담보권 365
가분채권 15, 997
가압류명령 975
가압류의 집행사무 507
가압류집행의 신청 509
가입전화사용권 643
가집행면제선고 190
가집행의 선고 966
가처분결정취소판결정본 41
가처분과의 경합 515
가처분기입등기 41
가처분명령 975
가처분의 경합 547
가처분채권자 41
가처분해제신청서 41
간이변제충당 310
간접강제 886
간접강제결정 891
간접점유 106
간접점유자 164
감독기관 4
감수·보존 843
감수·보존인 843
감수·보존처분 842, 845
감수명령 843
감수보전명령 11
감수보존인 11
감정가격 194

감정사항 194
감정위탁 194
감정인 24, 194
감정인 평가 121
감정지시 194
감정평가법인 217
감정평가신청 198
강제개문 20
강제경매절차 217
강제관리 817
강제관리절차 817
강제주의 44
강제집행 14, 28
강제집행개시 36
강제집행신청인 178
강제통용력 188
강행규정 131
개별동산 담보 338
개별매각 222
개찰기일 745
거래의 객체 94
거절자 929
거절증서 925
거절처분 41
건물인도 23
건설공사 141
건설공제조합 525
건축공사 552
경매절차 354
경합집행 515
계산보고의 의무 826

계산액 7
계좌부상 655
고용인 106
골프회원권 644
골프회원권 집행 25, 644
공고방법 206
공동입찰신청 698
공동재산 103
공동채무자 29
공무상비밀표시무효죄 482
공무원 597
공무원노동조합 597
공사금지가처분 552
공사방해금지가처분 561
공영의 경매소 203
공유관계부인 289
공유수면점용허가권 677
공익권 658
공적실행 321
공표 138
공휴일 18
관리인 24, 820
관리인의 권한 823
관리인의 보수 827
관리인의 사임 822
관리인의 의무 825
관리인의 임명 820
관리인의 지위 823
관리인의 해임 822
관할구역 154
관할구역 밖 268
관할권의 부존재 16
관할법원 집행관 14
교부송달 35
구제절차 362
구조결정 55

구조신청 55
구체적 절차 166
국고수입 6
국내거소신고 448
국내거소이전신고 448
권리이전청구권 624
권리주 522
귀속불명재산 103
귀속정산 367
근로관계존재확인소송 598
근로자지위보전가처분 598
금융기관 229
금전의 가압류 511
금전의 교부 190
금전집행 42
금전추심 189
기간입찰 765
기간입찰봉투의 보관 716
기간입찰조서 765
기록의무 216
기명유가증권 253
기재방법 44
긴급매각 173, 282

[ㄴ]

납부당사자 50
내용압류금지물건 145
노동가처분 595
농지매각 767
농지취득자격증명 791

[ㄷ]

단결권침해 601
단체교섭 595
단체교섭응낙가처분 534, 595, 601

단행가처분 534
담보권 55
담보권설정계약서 334
담보권설정자 316
담보권실행 11
담보권에 기한 집행절차 322
담보권의 승계 334
담보권의 효력 319
담보권자 316
담보등기 317
담보등기부 166, 316
담보목적물 314
담보약정 317
담보제공 금지 141
담보제공증명서 1015
담임법관 690
당사자 10, 144, 146
당사자적격 43, 290
당선자지위보전가처분 604
대금의 지급 225
대금지급 225
대금지급일 206, 226
대금충당 227
대리인적격 698
대법원규칙 14
대의원선거 604
대체집행 31
대체집행비용선지급결정 867
대표집행관 54
대행자 5
도메인이름 680
도장 138
독립한 압류 270
동산 91
동산담보권 10, 275, 367
동산담보권자의 지위 365

동산의 반출 23
동산인도단행가처분 572
동산인도청구권 373
동산인도청구의 집행 186
동산집행사건 50
동산집행시 20
동시압류 262
동행 27
등기담보권 324
등기사항증명서 166
등기청구권 630
등기촉탁 352

[ㅁ]

매각기일 745
매각기일조서 763
매각대금 295
매각불허가 238
매각불허가사유 221
매각의 공개 239
매각의 불성립 223
매각의 중지 222
매각조건 고지 212
매각허가 221
매수경쟁 753
매수보증금 727
매수신고보증 227
매수신고보증금액 227
매수신고의 보증 227
매수신청인 217
매수신청인의 자격 216
매수의 허가 238
면책증권 101, 246
명예증표 137
명의개서 253, 585

명의개서금지 585
목적물반환청구권 230
목적물의 인도 230
목적물의 점유 159
목적물의 조사 20
묘지 분양권 679
무권리자 363
무기명식채권증권 245
무기명증권 245
무기명채권증권 101
무잉여 126
무잉여압류 125
무잉여압류의 금지 156
물적편성주의 318
미등기 799
미등기 부동산 799
미등기선박 809
미분리 과실 99
미분리과실 101
민사집행사무 10
민사집행절차 35

[ㅂ]

바리케이트 23
반소판결 962
발령법원 497
방해 22
방해물배제 561
방해배제 561
방해배제가처분 601
방해배제청구권 554
배당계산서 191, 299
배당요구 284
배당요구의 통지 283
배당요구채권액 284

배당요구채권자 38, 88, 280, 284
배당협의 191, 297, 299, 300
배당협의기일 297
배당협의기일통지서 298
배상금의 집행 894
배서 10, 92, 253
배우자 287
배우자의 지급요구권 287
백지보충 252
백지어음보충권 641
법원공무원 여비 규칙 5
법원보관금취급규칙 644
법원사무관 37
법원사무관등 689
법원서기관 5
법원소속집행관 8
법원의 명령 7
법인등록번호 703
법정매각조건 213, 240
변론조서 31
변제자 29
변호사 55
보관 동산 423
보관명령집행 458
보관압류물 180
보관위임 323
보관인 177, 635
보관인선임 634, 847
보관인의 선임 636
보관자 422
보관조건 175
보상금재결 981
보전집행 190, 495
보전집행기간 497
보전처분 11, 495
보전처분 집행 495

보존처분 178
보증금의 인도 766
보증반환청구권 228
보증제공방법의 제한 734
보충송달 35
보호예수유가증권반환청구권 665
보호예수의뢰인 664
보호예수제도 664
본소판결 962
봉안시설 679
봉인 935
봉인표 162
부당이득 286
부당집행 362
부대채권 279
부도공공건설임대주택 449
부동산강제집행절차 217
부동산관리명령 828
부동산담보권 324
부동산소유권이전청구권 629
부동산수익권 834
부동산인도명령의 집행 428
부동산인도집행조서 450
부동산인도청구권 629
부동산인도청구권의 압류 631
부동산점유자 446
부동산청구권 630
부동산평가 24
부부공동생활 103
부부공유 103
부부공유유체동산 287
부부공유재산 103
부부별산제 103, 347
부속물 92
부양료채권 145
부작위의무위반 881, 888

부작위채무 881, 888
부정경쟁방지법 579
부족액 부담의무 237
부족액의 부담 237
부합물 338
분양권 678
분할채무자 29
불가분채권 15, 997
불가분채무 15
불가분채무자 29
불법행위책임 241
불복방법 46
불복신청 39, 186
불확정채권 295
비업무집행사원 670
비용선지급결정 878
비점유질 311

[ㅅ]

사단법인회원제 645
사법보좌관 40, 47
사법상 17
사용가치 127
사용차권 676
사원 670
사원의 지분권 670
사유신고 300
사적실행 366, 368
산업재산권 574
상급기관 46
상대방 185
상사채권 321
상속 한정승인 956
상환청구권 543
생산관리 608

서면심리 186
서명날인 168
선거중지가처분 604
선관의무 825
선박 797
선박국적증서 466, 797, 807, 810
선박국적증서등의 수취 810
선박등기법 315
선박집행 465, 797
선의취득 182, 354
선행집행 264
소극적 저항 22
소멸주의 354
소송구조 54, 151
소송구조결정정본 151
소송능력자 15
소유권유보부매매 115, 311
소유권의 취득 230
소유권취득시기 189
소유자 446
소음발생금지채무 888
송달 903
송달담당기관 903
송달사무 903
송달사무취급 917
송달영수인신고 749
송달증서 36
수명자 775
수분양권 678
수인의무 559
수탁증권회사 664
승계인 38
승계집행문 544
시기 20
시장가격 240
시장가치 127

신가처분명령설 550
신주발행 522, 590
신주발행금지가처분 589, 590
신주인수권 650
신주인수권의 양도 650
신주인수권증서 650
신체보조기구 139
신탁법 140, 655
신탁사무 655
신탁재산 655
실무상 집행 15
실질주주 593
실질주주명부 593
심리 186

[ㅇ]

아파트 분양권 678
압류 159
압류금지규정 142
압류금지물건 87, 144, 156
압류명령 10
압류목적물의 양도 259
압류물의 보관 351
압류물의 보존 172
압류물의 양도 23
압류물의 입찰 237
압류물의 점검 180
압류물의 평가 198
압류물의 회수 182, 491
압류사유의 통지 171
압류의 경합 120, 262
압류의 방법 101, 159
압류의 소멸 303
압류의 제한 120
압류의 표시 163

압류조서　31
압류채권　35
압류채권자　88
압류취소　128
압류취소(해제)　303
야간 집행의 허가　40
야간의 집행　18
양도담보　115
양도담보권　365
양도담보권설정자　275
양도담보권자　232, 275
어업　134
어업인　135
어업자　135
어음　250
업무방해금지　611
업무집행조합원　671
연대채권　15
연대채무　15
연대채무자　29
열람·등사가처분　590
영수증　28
영수증청구권　30
영업비밀침해금지가처분　581
영업비밀침해행위　582
영업소　27
예납금　7
예납금의 출급　50
예납명령　7
예납액　49
예납유예　55
예납유예의 취소　56
예납의 유예　54
예납의무자　50
예납절차　50
예납제도　7

예탁금반환청구권　645
예탁금제회원권　646
예탁금회원제　645
예탁금회원제 골프회원권　645
예탁금회원제 압류　646
예탁유가증권　652
예탁유가증권등　661
예탁유가증권지분매각명령　662
예탁유가증권지분매각명령등본　663
예탁유가증권집행　654
예탁자　653
외국선박　810
외국항공기　473
외국화폐　245
요물계약　308
우선매수권　751
우선매수권행사　753
우선매수청구권　754
우선변제권　115
우선특권　274
운행허가　483
원조요청　23
위반의 효과　241
위임자　7, 15
유가증권　92, 573
유동집합물　314
유아의 인도의무　377
유아의 인도청구권　377
유아인도　376
유언집행자　105
유예비용의 추심　56
유체동산　10, 33, 91, 308, 624
유체동산압류취소조서　305
유체동산의 집행　92
유체동산인도청구권　625
유체동산집행　91, 95

유체동산집행의 대상 95
유체동산호가경매공고 205
유체물인도청구권 10
유추해석 131
유치권 278
유치송달 36
의결권 585
의결권행사 587
의사표시 117
이동명령 11
이부명령 430
이부명령의 효력 430
이사작업중인 동산 113
이사회의사록 594
이중압류 263
이중압류 시기 266
이중압류의 요건 263
이중압류의 효과 269
이중압류채권자 120
이행권고결정서 41
이행청구 29
인감도장 138
인격권침해금지 612
인계명령 11
인도 집행 18
인도명령 9
인도명령의 당사자 444
인도명령의 재판 186
인도명령의 집행 9
인도명령집행 449
인도명령집행의 사무 463
인도청구권 378, 429, 630
인수 251
인수주의 354
인적편성주의 318
인적항변 254

인터넷 680
인터넷 도메인 680
일괄매각 214
일반원칙 131
일부압류 657
일부판결 962
일조권 554
일조권 침해 554
임금지급가처분 597
임대주택법 756
임대주택임차인 756
임의대리인 17
임의변제 32
임의변제금 188
임의이행 18
임의인도 449
입찰보증금봉투 710
입찰봉투 710
입찰절차의 종결 744
입찰표 191, 713

[ㅈ]

자격수여적 254
자기앞수표 229
자동차 473
자동차의 보관 481
자동차인도명령 473
자동차집행 477
자주점유 106
작위실시자 867
작위채무 857
잠정처분 47, 147, 301
잠정처분신청 47
장애인 139
재매각 236

재매각의 절차　236
재집행　501
재판　18
재판비용　55
재판의 효력　45
쟁의권보장　606
쟁의행위　595
쟁의행위금지가처분　595
저당권　365
저작인접권　676
저작재산권　676
저항　22
저항의 배제　22, 26
저항의 판단　26
전기공사공제조합　525
전기통신사업법　642
전부명령　10
전부판결　962
전세금반환채권　676
전속관할　43, 145
전용실시권　577
전원부재　405
전직명령효력정지가처분　599
전화사용권　642
절차지연　44
점검조서　180
점유방해금지가처분　560
점유보조자　106
점유보호청구권　164
점유이전금지가처분　542
점유인정　112
점유자　106
정부보관금증서　141
제소전화해　544
제척원인의 존재　16
제출불거부　117

조기매각　173
조망권　554
조망권 침해　555
조사권　20
조사권한　781
조사명령　775
조합채권　15
종국판결　962
종물　92, 338
주거　20
주관적가치　127
주권　175
주권발행　523
주권제출　175
주물　92
주식에 대한 집행　648
주식회사　522
주위토지통행권　564
주주회원제　645
주주회원제 회원권　646
주택매입사업시행자　736
중복경매　364
즉시항고　40, 454
즉시항고장　43
증거증권　102, 246
증권대체결제제도　652
증권채권　10
증인의 참여　27
지급보증위탁계약　735
지급보증위탁계약체결증명서　735
지급의제　190
지명채권양도　254
지시증권　245
지위보전가처분　603
직권발동　47
직무의 대행　5

직무집행구역 154, 182
직장점거 606
직장폐쇄 602
직접점유형 343
진입금지가처분 557
질권 274
질권자 274
집합동산 담보 339
집행 494
집행관 3, 5
집행관 보관명령 461
집행관 업무 9
집행관 점유 547
집행관법 3
집행관보관명령의 집행 428
집행관사무소 50
집행관수수료 7
집행관에 대한 수수료 6
집행관에 의한 매각 628
집행관에게 집행위임 324
집행관의 관할 8
집행관의 보수 55
집행관의 임명 4, 9
집행관의 제척 5
집행관이외의 자 685
집행관직무대행자 5
집행관합동사무소 14
집행권원 951
집행기간 도과 504
집행기관 494
집행목적물 32
집행문부여 41
집행문부여기관 986
집행문부여의 요건 987
집행방해 505
집행법원 302

집행법원의 명령 9
집행법원의 배당 302
집행비용 177
집행비용의 예납 336
집행사건기록표지 151
집행신청 14, 40
집행에 관한 직무관할 8
집행위임 9, 14, 269
집행위임의 거부 42
집행위임의 취하 16
집행위임의 효과 16
집행위임장 38
집행의 경합 262
집행의 대상 95, 641
집행의 목적물 31, 391
집행의 속행 504
집행의 착수 27
집행일시 17
집행장애 1019
집행절차 40
집행정본 28
집행조서 30, 38
집행조서의 작성 233
집행참여자 33
집행채권자 43, 49
집행채무자 43
집행처분 42, 44
집행판결 967
집행행위 6, 8, 18, 19, 23, 36, 42
집행행위의 지체 42
집행현장 18

[ㅊ]

차순위매수신고 724
차순위매수신고인 219

참여의무 216
참여증인 33
창고 20
채권자적격 603
채무의 성질 29
채무자 보관 161
채무자 집행 20
채무자 퇴거 549
채무자의 배제 23
채무자의 저항 23
처분정산 368
천연과실 99
천연물 352
철거금지가처분 557
청구권 30
청구인 38
체당금 6
초과분의 압류 123
초과압류 120, 123
초과압류의 금지 120, 156
촉탁절차 575
최고 34
최고가매수신고가격 220
추가판결 962
추심 189
추심명령 10
추심절차 628
출급지시서 54
출입금지가처분 608
출자증권 526, 665
출장소 5
취소의 통지 122
침해금지가처분 576
침해방지 459
침해행위 183, 459
침해행위방지조치 460

[ㅌ]

토지관할 8, 43
토지소유권 564
토지이용권 552
통상실시권 577
통상의 감정 194
통지 34, 299
통지의 절차 283
통행방해금지가처분 561
퇴사청구권 669
특별매각조건 214, 220
특별위임 17
특별항고 41, 47
특별현금화 192, 257
특별현금화명령 257
특수보전처분 1024
특유재산 103, 347
특정동산 382
특정동산인도청구권 373
특정동산저당법 315
특허법 138

[ㅍ]

파산관재인 105, 935
파산채권표 981
포괄승계 997
피구조자 55
피담보채권 321
피담보채권의 표시 325
피보전권리 543, 574
피압류 재산권 675
피케팅 607

[ㅎ]

한국자산관리공사 736

합금물   193
합명회사등   668
항고인   454
항공기   471
항공기 임의경매   471
항공기 집행   471, 472
해고효력정지가처분   596
행방불명인   113
행위능력   218
허가재판   33
현금화권한   201
현금화금지   192
현금화절차   187
현상변경   548
현황조사권   781
현황조사보고서   782
호가경매   87, 191, 210, 724
호가경매기일   198, 200
호가경매기일 단축신청서   199
호가경매기일의 변경   200

호가경매기일의 지정   198
호가경매의 공고   205
호가경매의 방식   219
호가경매의 실시   210
호가경매의 준비   210
호가경매의 통지   206
호가경매장소   202
호가경매조서   233, 766
호창   746
확대해석   131
환경권   554
회계장부   590
회사   591
회사성립   650
회생담보권자표   982
회생채권자표   981
효력확장   270
후행집행   264
훈장   137

[저자 주요 약력]

저자 문 성진

    고려대학교 법무대학원 법학석사
    법원 부이사관 명예퇴임
    전 수원지방법원 용인등기소장
    전 인천지방법원 집행관
    전 서울동부지방법원 민원상담위원
    현 법무사

[주요논문] 동산·채권 등 담보권실행에 관한 연구

[제3판] 집행관실무제요

2017年 6月 5日 1 版 發行
2020年 5月 28日 2 版 發行
2024年 7月 25日 3 版 發行
2024年 7月 10日 3 版 1刷

著　者　　문성진
發行人　　김정원
發行處　　도서출판 유로
        서울특별시 강북구 도봉로34길 62 미아동, 1층 A동 101호
        電話 948-5824　팩스 959-9994
        登錄 2006. 9. 14. 제310-2006-00022호

破本은 바꿔 드립니다. 本書의 無斷複製行爲를 禁합니다.
定　價　97,000원
ISBN　978-89-93796-60-5　93360